도스토예프스키(1821~1881) 러시아의 대문호. 소설가·사상가·비평가. 실존주의 창시자

〈볼가 강의 배 끄는 인부들〉 일리야 레핀. 1873

〈쿠르스크 지방의 부활절 행렬〉 일리야 레핀. 1883.

모스크바의 생가(기념관) 앞 정원에 세워진 도스토예프스키 석상

〈상트페테르부르크, 넵스키 대로〉 일리야 레핀. 1887.
레핀은 19세기 후반 러시아 사회주의 리얼리즘 회화를 대표하는 화가이다.

〈대심문관〉 일리야 글라주노프. 1985.
《카라마조프 형제들》에서 예수와 대심문관이 마주하는 극적인 장면. 글라주노프는 현대 러시아를 대표하는 화가이다.

프리드리히 니체(1844~1900) 독일 철학자. 생철학 대표자로 실존주의 선구자.
도스토예프스키의 실존주의는 니체에서 현대 실존주의자에 이르는 사상적 계보를 이루어 놓았다.

〈유형수들의 휴식〉 야코비. 1861. 트레차코프 국립미술관
1850년 1월~54년 2월까지 4년 동안 도스토예프스키는 정치범으로서 시베리아에 유배되었다. 이 그림은 족쇄찬 죄수들이 유형지로 호송되는 장면을 그린 것이다.

페트로파블롭스크 요새 1849년 4월 페트라셰프스키 사건에 연루되어 체포된 도스토예프스키는 그해 12월까지 상트페테르부르크의 네바 강가에 세워진 이 요새에 수감되었다. 오른쪽 페이지는 요새 안에 위치한 페트로파블롭스크 성당.

《카라마조프의 형제들》(1879~80) 표지

World Book 273
Фёдор Михайлович Достоевский
БРАТЬЯ КАРАМАЗОВЫ
카라마조프 형제들 Ⅱ
도스토예프스키/채수동 옮김

동서문화사

디자인 : 동서랑 미술팀

카라마조프 형제들 I II
차례

카라마조프 형제들 II

제3부

제7편 알료샤 … 505
1 썩는 냄새/2 그 기회
3 한 뿌리의 파/4 갈릴리 가나

제8편 미차 … 561
1 쿠지마 삼소노프/2 사냥개(랴가브이)
3 금광/4 어둠 속에서
5 엉뚱한 결심/6 내가 왔다!/8 헛소리

제9편 예심 … 687
1 관리 페르호친의 출세 배경/2 공황(恐慌)
3 영혼의 고뇌—첫 번째 시련
4 두 번째 시련/5 세 번째 시련
6 독 안에 든 쥐/7 미차의 중대 비밀—조소를 받다
8 증인심문, 그리고 '아귀'/9 미차 호송되다

제4부

제10편 소년들 … 785
1 콜랴 크라소트킨/2 꼬마들
3 학교 아이들/4 잃어버린 개 '주치카'

5 일류샤의 침대 옆에서
6 조숙/7 일류샤

제11편 이반 … 855
1 그루셴카의 집에서/2 병든 발
3 작은 악마/4 찬가와 비밀/5 형님이 아니에요!
6 스메르자코프와의 첫 대면/7 두 번째 방문
8 스메르자코프와의 세 번째이자 마지막 대면
9 악마, 이반의 악몽/10 '그자가 그렇게 말했어!'

제12편 오판 … 991
1 운명의 날/2 위험한 증인
3 의학 감정과 호두 한 자루
4 행운이 미차에게 미소짓다
5 뜻밖의 파국/6 검사의 논고. 성격론
7 범행 경위/8 스메르자코프론
9 전속력의 심리분석. 질주하는 트로이카. 검사 논고의 결론
10 변호사의 변론·양날의 칼
11 돈은 없었다, 강탈 행위도 없었다/12 그리고 살인도 없었다
13 사상의 밀통자/14 농부들이 고집을 관철하다

에필로그 … 1129
1 미차의 탈주 계획/2 한순간 거짓이 진실이 되다
3 일류샤의 장례식. 바위 옆의 인사

《카라마조프 형제들》에 나타난 작가혼 … 1159
도스토예프스키 연보 … 1176

카라마조프 형제들 I

지은이로부터 … 17

제1부

제1편 어느 집안의 내력 … 23
1 표도르 파블로비치 카라마조프/2 맏아들을 버리다
3 재혼과 두 아들/4 셋째 아들 알료샤/5 장로들

제2편 빗나간 모임 … 60
1 수도원에 도착하다/2 늙은 어릿광대
3 믿음을 가진 시골 아낙네들/4 믿음이 부족한 귀부인
5 아멘, 아멘!/6 어떻게 이런 사람이 태어났을까!
7 야심에 불타는 신학생/8 추태

제3편 음탕한 사람들 … 147
1 하인 방에서/2 리자베타 스메르자시차야
3 열렬한 마음의 고백—시의 형식으로
4 열렬한 마음의 고백—에피소드 형식으로
5 열렬한 마음의 고백—'나락으로 떨어지다'
6 스메르자코프/7 논쟁/8 코냑을 마시면서
9 음탕한 사내들/10 두 여자/11 짓밟힌 또 하나의 명예

제2부

제4편 착란 … 253
1 페라폰트 신부/2 아버지의 집에서
3 초등학생들과 함께/4 호흘라코바 부인의 집에서
5 객실에서의 착란/6 오두막집에서의 착란

7 신선한 공기 속에서

제5편 찬성과 반대 … 330
1 약혼/2 기타를 든 스메르자코프
3 서로 새롭게 인식하는 형제
4 반역/5 대심문관
6 아직은 매우 애매하지만
7 현명한 자와는 이야기가 통한다

제6편 러시아의 수도사 … 435
1 조시마 장로와 그의 손님들
2 조시마 장로의 전기에서
3 조시마 장로의 담화와 설교 중에서

제3부

제7편 알료샤

1 썩는 냄새

고인이 된 조시마 장로의 유해는 정해진 의식에 따라 매장해야 했으므로 사람들은 그 준비에 들어갔다. 모두 알고 있는 바와 같이, 수도사나 고행자의 유해는 물로 씻지 않도록 되어 있다. 교회의식 규범에도 '수도사가 하느님의 부름을 받을 때는, 지명을 받은 수도사(즉 의식을 행하도록 임명된 사람)가 더운 물에 적신 해면으로 죽은 사람의 이마에서부터 가슴, 손, 발, 무릎에 성호를 그으면서 몸을 닦을 것이며, 그 밖에는 어떤 일도 해서는 안 된다'고 씌어 있다.

이러한 모든 일을 집행하게 된 사람은 파이시 신부였다. 그는 더운 물로 몸을 닦은 다음 수도원에서 쓰는 법의를 입히고 다시 망토 모양의 겉옷으로 쌌는데, 규정에 따라 십자형으로 감기 위해 그것을 군데군데 가위로 조금 찢었다. 그리고 머리에는 그리스 십자가가 달린 두건을 씌웠다. 두건은 앞의 단추를 채우지 않은 채 열어 두고, 장로의 얼굴을 검은 천으로 덮은 다음 손에는 구세주의 성상을 쥐어 주었다. 이러한 모양으로 유해는 새벽녘에 이미 오래 전부터 준비해 두었던 관에 넣어졌다. 이 관은 장로가 살아 있을 적에 수도승들과 일반 방문객들을 접견하던 수도실 안 큰 방에 하루 동안 안치해 두기로 결정을 보았다.

고인이 된 장로는 가장 엄격한 의미에서 성직자인 동시에 수도사(주교에 해당함)였기 때문에 빈소를 지키는 수도사들은 〈시편〉이 아니라 복음서를 낭독해야 했다. 고인을 위한 진혼미사가 끝나자 이오시프 신부가 낭독을 시작했다.

파이시 신부도 밤낮을 가리지 않고 고인을 위해 온종일 복음서를 낭독할 생각이었으나, 지금 당장은 암자 책임자인 신부와 함께 몹시 분주한 가운데 다른 한가지 일에도 몹시 마음을 졸이고 있었다. 왜냐하면 수도원 안의 수도사들을 비롯하여 수도원에 딸린 숙박소와 읍내에서 모여든 수많은 사람들 사이에서도 무언가 이례적이라 할 수 있는 전대미문의 심상찮은 흥분과 기대의 빛이 갑자기 일어나서, 시간이 지날수록 더욱 뚜렷해졌기 때문이다. 그래서 수도실 책임자와 파이시 신부는 이와 같은 흥분과 동요를 가라앉히기에 온 힘을 다 기울이고 있었다.

날이 완전히 밝아오자 이번에는 병자들, 특히 병든 어린아이들을 데리고 오는 사람들이 읍내 쪽에서 모여들기 시작했다. 그들은 분명 이제야말로 어떤 신비스런 치유의 기적이 나타날 것이라 믿고 진작부터 이 순간을 고대하고 있었던 것 같았다. 이 읍내의 모든 사람들이 얼마나 조시마 장로를 위대한 성자로 믿었는지, 또 장로가 세상에 있는 동안 얼마나 존경받고 있었는지 이때 비로소 분명히 나타난 셈이다. 군중들 중에는 평민 계급과는 거리가 먼 사람들도 끼어 있었다.

이토록 지나치게 성급하고도 노골적으로 나타난 신자들의 열렬한 기대, 아니 오히려 고집에 가까운 초조한 희망은 파이시 신부에게는 분명 도에 넘친 것으로 생각되었다. 그는 이미 오래 전부터 이런 종류의 일을 예감하고는 있었으나, 결과는 그의 예상을 훨씬 넘어선 것이었다. 흥분에 휩싸인 수도사들과 마주칠 때마다 파이시 신부는 그들에게 이렇게 타일렀다.

"그렇게 성급하게 어떤 위대한 기적이 일어나기를 기대하는 건 속세의 경솔한 사람들이나 하는 짓이오. 아무쪼록 우리는 경거망동하지 말아야 합니다."

그러나 그의 말에 귀를 기울이는 사람은 아무도 없었다.

파이시 신부는 적지않은 불안을 느끼며 이 사실을 주목하고 있었다. 그러나 솔직하게 말한다면 그 자신조차 주위 사람들이 지나치게 성급한 기대를 가지고 있는 데 분개하면서도(그것이 분명 경거망동이라 생각하고 있으면서도) 마음으로는 흥분한 군중과 거의 같은 기대를 하고 있었다. 이것은 스스로도 부정할 수 없는 사실이었다. 그러나 그는 특히 몇몇 사람들 얼굴이 마주치면 몹시 언짢은 느낌을 지울 수가 없었다. 그것은 그들의 존재가 그에게 거의 직감적으로 커다란 의혹을 불러일으켰기 때문이다.

장로의 암자에 몰려든 군중 가운데 아직도 이 수도원에 머물고 있는 오브도르스크에서 온 수도사라든가 라키친의 모습을 발견했을 때, 파이시 신부는 혐오의 감정을 억제할 수가 없었다. 물론 그는 그때 곧 자기의 그러한 생각을 꾸짖기는 했지만, 갑자기 그들 두 사람이 어쩐지 수상한 인물이라는 생각이

들었다. 그러나 사실, 그러한 의미에서의 수상한 인물은 비단 그들 두 사람뿐만이 아니었다.

오브도르스크에서 온 수도사는 흥분한 군중들 속에서도 가장 수선을 떨고 다녔다. 그의 모습은 곳곳에서 눈에 띄었다. 그는 어디서나 질문을 쏟아내고, 어디서나 귀를 기울이며 어디서나 무슨 비밀이라도 지닌 것 같은 얼굴로 사람들과 수군거리고 있었다. 그의 얼굴은 더할 수 없이 초조한 빛을 띠었고 자기의 기대가 빨리 실현되지 않는 데 대해 안절부절 못하는 기색까지 엿보였다. 한편 라키친은, 나중에 알게 된 일이지만 호흘라코바 부인의 특별한 부탁을 받고 그처럼 일찍부터 암자에 나타난 것이었다. 마음씨는 좋으나 주책이 없는 호흘라코바 부인은 아침에 일어나서 조시마 장로가 죽었다는 이야기를 듣자마자 굉장한 호기심이 일어나 서둘러 라키친을 자기 대신 수도실로 보내 그곳에서 일어나는 '모든 일'을 자세히 관찰하여 30분마다 편지로 보고하도록 했던 것이다. 물론 그것은 부인이 수도원에 직접 갈 수 없는 사정이 있기도 했지만 라키친을 결백하고 신앙이 두터운 청년으로 믿고 있었기 때문이었다. 그만큼 라키친은 주위 사람들의 비위를 교묘하게 맞출 줄 알았고, 조금이라도 자기에게 유리하다고 생각되면 상대의 마음에 드는 인간으로 변하는 재주를 가지고 있었다.

하늘은 맑게 개이고 태양이 눈부시게 빛나고 있었다. 참배자들은 거의 모두 수도실 근처의 무덤 주위에 몰려와 있었다. 무덤은 주로 성당 주위에 있었으나, 수도실 부근 여기저기에 흩어져 있는 것들도 있었다. 수도실 주위를 돌아보다가 파이시 신부는 문득 알료샤에 대해 생각이 미쳤다. 벌써 날이 새기 전부터 꽤 오랫동안 알료샤의 모습이 보이지 않았던 것이다. 그러나 여기까지 생각했을 때 문득 수도실 뜰 구석진 울타리 옆에 알료샤가 있는 것이 눈에 띄었다. 알료샤는 벌써 오래 전에 세상을 떠난, 여러 가지 고행으로 이름이 알려졌던 어떤 수도사의 묘석 위에 앉아 있었다. 그는 수도실 쪽으로 등을 돌리고 울타리를 향해 앉아 있었기 때문에 마치 묘비 뒤에 몸을 숨기고 있는 듯이 보였다.

그 옆으로 가까이 다가간 파이시 신부는 그가 얼굴을 두 손으로 감싸고 소리없이 그러나 온몸을 떨면서 슬피 흐느껴 울고 있는 것을 알았다. 파이시 신부는 잠시 동안 그 곁에 서 있었다.

"자, 이젠 그만하렴, 알료샤, 그만 울라니까." 이윽고 그는 감동어린 목소리로 입을 열었다. "어째서 우니? 슬퍼할 것이 아니라 기뻐해야지. 넌 오늘이 그분의 가장 위대한 날이라는 것을 모르느냐? 지금 이 순간 그분께서 어디에 계실지 한번 생각해 보렴!"

알료샤는 어린애처럼 울어서 퉁퉁 부은 얼굴을 쳐들고 파이시 신부를 힐끗 바라보았으나, 이내 아무 말 없이 얼굴을 돌린 채 다시 두 손으로 얼굴을 감싸 버렸다.

"하긴 실컷 우는 게 더 좋을지도 모르지." 파이시 신부는 생각에 잠긴 어조로 말했다. "어쩌면 그렇게 우는 편이 더 나을지도 모르겠다. 그 눈물은 그리스도께서 너에게 보내 주신 것일 테니까."

파이시 신부는 알료샤의 옆을 떠났으나 애정어린 마음으로 이 젊은이를 생각하며 마음속으로 중얼거렸다.

'너의 그 비통한 눈물은 비록 영혼의 휴식에 불과하지만 그래도 너의 사랑스러운 마음을 위로하는 데 도움이 될 게다.' 그는 알료샤의 모습을 바라보고 있으면 자기도 울음이 터져나올 것만 같아서 서둘러 그 자리를 떠났던 것이다. 그러는 동안에도 시간은 흘러 갔다. 고인을 위한 수도원의 의식과 미사는 순서에 따라 진행되고 있었다. 파이시 신부는 이오시프 신부와 교대하여 관 옆에 서서 복음서 낭독을 계속하였다.

그러나 오후 3시가 채 되기 전에 이미 '제6편'의 끝머리에서 잠깐 언급해 두었던 사건이 일어났다. 누구 한 사람 예기치 못했던 이 사건은, 사람들의 기대와는 정반대되는 것이었기 때문에, 거듭 되풀이하거니와 여기에 대한 어리석기 짝이 없는 잡다한 이야기가 지금까지도 읍내는 물론 이 지방 일대에까지 마치 어제 일처럼 생생하게 화제에 오르고 있는 형편이다.

여기서 나는 다시 한번 나 자신의 개인적 의견을 덧붙이려 한다. 나는 이 어처구니없고도 사람을 미혹시키는 사건을 떠올릴 때마다 거의 혐오에 가까운 감정을 느낀다. 더욱이 이 사건은 실상 아무런 의미도 없는 매우 자연스러운 현상이었던 것이다. 따라서 이것이 이 소설의 주인공―미래의 주인공이긴 하지만―알료샤의 영혼과 마음에 그토록 강렬한 영향을 주지 않았던들 물론 나도 이런 사건에 관해서는 한마디도 언급할 필요가 없었으리라. 그러나 사실 이 사건은 그의 영혼에 하나의 전환기를 가져다 주어, 그의 일생을 통해 어떤 목적 위에 그 이성을 확고부동하게 형성시켜 놓았던 것이다.

다시 하던 이야기를 계속하기로 하자. 날이 새기 전에 매장 준비를 끝낸 장로의 유해를 관에 넣었다. 그 관을 전에 방문객들을 위해 응접실로 썼던 옆방으로 옮겨 놓았을 때, 관 옆에 서 있던 사람들 사이에 창문을 열어 두어야 할지, 어떨지에 대한 의문이 생겼다. 그런데 누군가가 우연히 꺼낸 이 물음에 아무도 대꾸하는 사람이 없었고, 또 아무도 유의하려 하지도 않았다.

설혹 그들 중 몇몇 사람이 이 물음에 유의했다 하더라도 거룩한 성자의 유해가 썩어서 악취를 풍길지도 모른다고 생각한다는 것은 도저히 있을 수 없는 일이었다. 그런 질문을 한 사람은 비록 비웃음거리까지는 되지 않았지만 신앙심이 부족하고 경박한 사람이라고 동정을 불러 일으켰을 정도였다. 그도 그럴 것이 사람들은 그것과는 전혀 반대되는 것을 기대하고 있었기 때문이다.

그런데 정오가 지난 지 얼마 안 되어서부터 이상한 조짐이 나타나기 시작했다. 관이 안치된 방에 드나들던 사람들은 자기들 마음속에서 고개를 쳐들기 시작한 의혹을 처음에는 묵묵히 가슴속에 감추고 어느 누구에게도 말하는 것을 몹시 두려워하고 있는 것 같았다. 그러나 오후 3시가 가까워지자 이제는 부정할 수 없을 정도로 냄새가 뚜렷해졌으므로, 이 소식은 곧 수도실 전체에 알려져 참배자들 사이에 퍼졌고, 순식간에 수도원에도 전해져 수도사들을 온통 놀라게 한 다음, 이윽고 눈깜박할 사이에 읍내에까지 퍼져, 신앙을 가진 자고 안 가진 자고 간에 모든 사람들을 흥분의 도가니로 몰아넣었다.

신앙심이 없는 자들은 쾌재를 불렀지만, 신앙을 가진 자들 중에도 오히려 그들 이상으로 기뻐한 자들이 있었다. 그것은, 이미 고인이 된 장로가 훈계한 대로 '사람이란 올바른 자의 타락과 치욕을 기뻐하는 법'이기 때문이었다.

사실 처음에는 관 속에서 조금씩 흘러나오던 시체 썩는 냄새가 시간이 지남에 따라 심해져서, 오후 3시경에는 의심할 여지가 없게 되었다. 이런 사실을 발견하고 난 직후 사람들 사이에, 심지어는 수도사들 사이에서까지 즉각적으로 야기된 점잖지 못한 소동과 추태는, 이 수도원의 과거 역사 전체를 살펴보아도 찾아볼 수 없는, 아니 도저히 상상조차 불가능한 일이었다. 아마 다른 사람의 경우였다면 이런 일은 절대로 일어나지 않았을 것이다.

그 뒤 몇 해가 지나고 난 다음의 일이지만 몇몇 분별 있는 수도사들은 그날의 사건을 떠올리고는 어떻게 그런 수치스런 일이 벌어질 수 있었을까 하고 새삼 놀라움과 공포를 느꼈다. 물론 그 전에도 엄한 계율 밑에서 경건한 생활을 함으로써 모든 사람들로부터 인정받은 수도사나 신앙심이 매우 깊은 장로가 죽었을 때, 그 경건한 관 속에서도 역시 모든 시체에서 일어나는 매우 자연스러운 썩는 냄새가 새어나온 일이 종종 있었지만 이번과 같은 수치스러운 소동이 일어난 적은 없었다. 소동은커녕 약간의 동요도 없었던 것이다.

물론 이 수도원에도, 오랜 옛날에 세상을 떠난 성인들 중에는 유해에서 냄새가 나지 않았다는 전설이 전해 오는 사람이 있긴 하다. 그런 성인에 관한 기억은 아직도 수도원 내에 생생하게 남아 있어, 자못 감동적이고 신비스러운, 일종의 기적으로서 수도사들의 가슴속에 간직되어 있다. 그들은 때가 이르면 하느님의 은총으로 더욱 위대한 영광이 반드시 그들의 무덤에서 일어나리라는 것을 하나의 약속처럼 기다리고 있었다.

그러한 사람들 중에서도 특히 기억에 새로운 수도사로는 백 다섯 살까지 살았다는 욥이라는 장로였다. 유명한 고행자이자 위대한 정진자이고 침묵수행자였던 그 사람은 오래 전인 1810년대에 세상을 떠났다. 처음 이 수도원을 방문하는 순례자들은 누구나 그의 무덤으로 안내된다. 안내자는 그 무덤에 특별한 경의를 표한 뒤 어떤 위대한 기적이 기대되고 있다는 신비적인 암시를 하곤 했다(그 무덤은 바로 그날 아침 알료샤가 앉아 있다가 파이시 신부에게 발견된 바로 그 무덤이었다).

이 밖에도 조시마 장로에게 장로직을 넘겨 주고 최근에 세상을 떠난 바르소노피 장로에 관한 기억도 아직 수도원내에 생생하게 살아 있는데 그는 생전에 수도원을 찾아오는 모든 순례자들로부터 유로지비로서 존경받고 있었다. 이 두 사람에 대해서는 다음과 같은 전설이 전해지고 있다. 그들은 관 속에 넣었을 때도 마치 살아 있는 사람처럼 얼굴이 환하게 빛났고, 장례 때도 전혀 부패한 것 같지 않았다고 한다. 심지어 몇몇 사람들은 그들의 시체에서 그윽한 향기까지 풍겨왔다고 주장하고 있다.

이렇게 감동적인 기억들이 많음에도, 조시마 장로의 관 옆에서 벌어진 그처럼 경솔하고 어리석고 악의에 찬 소동의 직접적인 원인은 뭐라고 설명하기가 매우 곤란하다. 나의 개인적인 의견을 말한다면, 이 사건에는 각각 다른 여러 가지 요인이 한데 어우러져 동시에 작용한 것 같다.

이를테면 그런 원인 중의 하나로 장로 제도를 유해한 새 제도라고 보는 뿌리 깊은 적의를 들 수 있는데, 이것은 수도원 내의 의외로 많은 수도사들 마음속에 깊이 숨어 있었다. 그리고 더욱 중요한 요인의 하나는, 성자로서의 고인의 신성한 지위에 대한 질투심이었다. 이 신성함은 장로가 생존해 있었을 때는 너무나 확고부동한 것이었기 때문에, 아무도 왈가왈부할 수 없었던 것이다.

고인이 된 조시마 장로는, 기적보다는 사랑의 힘으로 많은 사람의 마음을 끌어, 자기를 사랑하는 사람들로 자기 주위에 하나의 세계를 이룩하고 있었다. 그럼에도, 아니 오히려 그 때문에 시기하는 자들과 적을 많이 만들게 되었다. 그들 중에는 드러내놓고 반감을 나타내는 자가 있는가 하면, 몰래 뒤에서 쑥덕거리는 자들도 있었다. 그런데 이러한 반대자들은 비단 수도원뿐만 아니라 상류계급 사람들 사이에도 있었다. 장로는 누구에게도 해를 끼친 일이 없었으나 '왜 사람들은 그를 저토록 성인 대접을 하는 것인가?'라는 의문이 늘 그의 주위에 떠돌고 있었다. 그러한 의문이 자꾸 되풀이되는 동안 마침내 끝없는 증오를 불러일으키기에 이르렀다. 내 생각으로는 바로 이러한 이유 때문에 많은 사람들이, 그렇게도 빨리, 즉 만 하루도 지나기 전에 장로의 유해에서 썩는 냄새가 나는 것을 보고 좋아서 날뛴 듯싶다. 이와 동시에, 그때까지 장로에게 헌신적인 사랑을 바쳐온 사람들 중에서도, 이 사건으로 인해 자기가 모욕을 당하기라도 한 것처럼 개인적으로 상처받은 사람들이 이내 나타났다. 그 사건은 다음과 같이 일어났다.

유해가 썩기 시작했음이 드러나자, 고인이 된 장로의 수도실에 들어오는 수도사들의 얼굴만 보아도 그들이 무엇 때문에 들어왔는지 단번에 알 수 있었다. 그들은 들어왔다가도 오래 머물러 있지 않고, 떼를 지어 바깥에서 기다리고 있는 군중에게 소문이 사실이라는 것을 알리기 위해 서둘러 나가 버리곤 했다. 밖에서 기다리고 있는 사람들 중에는 슬픈듯이 고개를 설레설레 젓는 사람들도 있었으나, 그 외의 사람들은 악의가 가득 찬 눈길 속에 노골적으로 빛나기 시작한 기쁨의 빛을 숨기려고 하지 않았다. 그리고 이미 아무도 그것을 비난하나 거기에 대해 변호하는 자가 없었다. 참으로 기이한 일이었다. 뭐니 뭐니 해도 수도사들의 대부분은 죽은 장로에게 깊은 존경을 바쳐왔던 자들이었기 때문이다. 그러나 이번만큼은 하느님은 보란 듯이 일시적으로 소수파가 승리를 거두는 것을 허락하신 것이 틀림없었다.

얼마 뒤에는 수도사가 아닌 상류계급 사람들도 상황을 살피려고 수도실에 들어오기 시작했는데 그것은 주로 교양있는 조문객들이었다. 평민들은 수도실

입구에 운집해 있었으나 안에까지 들어오는 사람은 별로 없었다. 오후 3시가 지나자 일반 참배자들이 물밀듯이 밀려와 엄청난 군중을 이루었는데 이것이 그 유혹적인 소문 때문이라는 것은 의심할 여지가 없었다. 다른 때 같으면 이런 날 수도원을 찾아올 리 만무한 사람들, 그런 생각조차 하지 않을 사람들까지 일부러 마차를 몰고 달려오는 것이었다. 그중에는 신분이 높은 귀부인도 몇몇 끼어 있었다.

그래도 표면상의 예절만은 여전히 유지되고 있었다. 엄격한 표정을 지은 파이시 신부는 확고한 어조로 한마디 한마디 힘을 주며, 자기 주위에서 일어나고 있는 일에는 전혀 무관심한 태도로 여전히 소리 높이 복음서를 낭독하고 있었다. 그는 벌써부터 어떤 상서롭지 못한 일이 일어나고 있다는 것을 눈치채고 있었다. 그러자 이윽고 처음에는 속삭이듯 하던 사람들의 수근거림이 점점 커져 그의 귀에까지 들려오게 되었다.

"하느님의 심판은 인간의 판단과는 같지 않은 모양이야!"

이 말이 문득 파이시 신부의 귀에 들려왔다. 이런 말을 처음으로 입밖에 낸 사람은 나이가 지긋한 읍내의 관리였는데 신앙심이 깊은 사람으로 알려진 사람이었다. 그는 벌써부터 수도사들 사이에 속삭여지고 있던 말을 큰 소리로 되풀이한 데 지나지 않았다. 수도사들은 벌써부터 이런 절망적인 말을 입에 담고 있었다. 무엇보다 좋지 않은 일은 일종의 의기양양한 만족감이 이런 말을 입에 올릴 때마다 얼굴에 나타나, 그것이 시시각각으로 더욱 뚜렷해져 갔다는 사실이다. 이윽고 그들은 표면적인 예의까지 무시하기 시작했다. 사람들은 마치 그것을 무시할 권리가 자기에게 부여되기라도 한 것 같은 기분인 모양이었다.

"어째서 이런 일이 일어나게 되었을까?"

수도사들 중에는 처음엔 동정하는 어조로 이렇게 말하는 자들도 있었다.

"자그마한 몸집에 뼈와 가죽 밖에 남지 않았는데, 도대체 어디서 썩는 냄새가 나는 것일까?"

"이건 하느님께서 일부러 우리에게 보여 주시려는 것이 틀림없어."

다른 수도사가 얼른 말을 받았다. 그리고 이 의견은 아무런 이의도 없이 그 자리에서 받아들여졌다.

왜냐하면 비록 썩는 냄새가 자연스러운 현상이기는 하지만, 아무리 죄 많은 사람의 시체일지라도 썩는 냄새가 나는 것은 분명 이보다는 늦게, 적어도 24시간이 지난 뒤부터이기 때문이다. 그러나 이번의 이 지나치게 빠른 부패는 '자연을 초월한 것'인만큼 하느님의 거룩하신 손이 하신 일이라고 해석할 수밖에 없다는 것이 그들의 의견이었다. 이 의견은 부정할 수 없는 힘을 가지고 사람들의 마음에 충격을 주었던 것이다.

고인이 된 장로의 각별한 사랑을 받아온 도서 담당자 이오시프 신부는 평소에는 성격이 온화한 사람이었으나, 이러한 몇몇 독설가들을 향해 반드시 그런 것은 아니라고 반박을 시도했다. 즉 성자의 유해가 썩지 않는다는 것은 러시아 정교의 교의가 아니라 단지 하나의 견해에 불과하다는 것이었다. 예컨대 정교가 가장 널리 전파된 아토스 같은 곳에서도 시체 썩는 냄새가 난다고 해서 이토록 혼란에 빠진 일은 없었다, 구원을 받은 자에 대한 하느님의 축복의 주된 징후는 그 시체가 썩지 않는 것이 아니라 시체를 땅에 매장한 지 몇 년이나 완전히 부패했을 때 나타나는 뼈의 색깔이라고 열심히 변호했다.

"만약에 뼈가 밀랍처럼 노랗게 되어 있으면, 이것이야말로 하느님께서 고인을 성자로서 축복하셨다는 가장 큰 징조이고, 만약에 뼈의 빛깔이 거무죽죽하게 되어 있으면, 그것은 하느님께서 그 사람에게 영광을 베풀어 주시지 않았다는 것을 의미한다. 이것이 옛날부터 광명과 순결 속에서 확고하게 정교를 지켜온 위대한 성지 아토스 사람들의 신조이다."

이오시프 신부는 이렇게 결론을 내렸다.

그러나 이 신중한 이오시프 신부의 말은 아무런 효과도 내지 못했을 뿐만 아니라, 오히려 비웃음을 샀다.

"저런 건 모두 새것이라면 무턱대고 따르려는 엉터리 학자의 수작이니까 귀 기울여 들을 가치가 없다."

수도사들은 제멋대로 단정을 내렸다.

"우리는 옛날부터 지켜오는 교의를 따르면 되는 거야. 요즘은 별의별 새로운 주장이 다 나타나는 판이니 일일이 그것을 따를 수야 있나."

"우리 러시아에도 아토스에 못지 않게 훌륭한 성인들이 많이 있었어. 아토스는 터키인의 지배하에서 모든 것을 다 잊어버리고 만 거야. 거기서는 벌써 오래 전에 정교의 순수성이 흐려져 버리고 말았어. 또한 그들에겐 종(鐘)도 없지 않은가."

가장 조소하기를 즐기는 사람들은 이렇게 말했다.

이오시프 신부는 수심에 잠겨 그 자리를 떠났다. 그러한 그의 모습은 자기가 표명한 의견에 그다지 자신이 없어 보였고 그 자신도 반신반의하는 기색이었다. 그는 마음속으로 적지 않은 혼란을 느끼며 무언가 몹시 온당치 못한 일이 바야흐로 일어나기 시작한 것을 예감했다. 사실 이미 공공연한 반항의 징조가 나타나고 있었다. 이오시프 신부가 논박을 시도한 뒤로는 일부 수도사들의 신중론도 침묵 속으로 사라지고 말았다. 그러자 생전에 조시마 장로를 사랑했고, 순종적으로 장로 제도를 받아들였던 사람들까지 갑자기 기가 죽어, 어쩌다 서로 눈이 마주쳐도 겁에 질린 듯이 상대의 눈치만 살피는 것이다.

그 반면에 실정에 맞지 않는 새로운 제도라 하여 장로 제도를 반대해온 사람들은 의기양양하게 고개를 들고 다녔다.

"바르소노피 장로의 시체에서는 썩는 냄새는커녕 좋은 향내만 풍겨 나왔었지."

그들은 악의에 찬 표정으로 이렇게 말하는 것이었다.

"그러나 그분은 장로의 지위에 있었기 때문이 아니라, 스스로 올바른 길을 걸었기 때문에 그런 영광을 얻은 거야."

이런 말에 잇달아 이번에는 조시마 장로를 비난하고 비판하는 소리가 쏟아져 나왔다.

"그 사람의 가르침은 옳지 않은 것이었어. 그의 가르침에 의하면, 인생이란 눈물겨운 인종(忍從)의 의무가 아니라 위대한 기쁨이라는 거야."

그중에서도 가장 분별이 없는 자들은 이런 말도 했다.

"그 사람의 신앙은 요즘의 유행을 따른 것이어서, 물질적인 지옥의 불을 인정하지 않았다더군."

그러면 그들과 다름없이 지각 없는 자들은 이렇게 장단을 맞추었다.

"그리고 단식도 그리 엄격하게 지키지 않았어. 단 음식도 거리낌없이 입에 넣었고, 차와 함께 버찌 잼도 먹었는데, 특히 그것을 좋아했기 때문에 귀부인들이 늘 보내 주곤 했지. 고행하는 수도사가 차를 마시다니, 될 법이나 한 일인가."

장로를 시기하는 자들의 입에서는 이런 비난의 말이 흘러나왔다.

"거만하게 버티고 앉아서 말이야," 가장 악의에 찬 인간들은 냉혹한 어조로 이렇게 뇌까렸다. "자기야말로 성인이라는 듯이 사람들이 자기 앞에서 무릎 꿇는 것을 아주 당연하다는 태도로 대했단 말이야."

"그 사람은 고해의 비밀을 남용했어."

장로 제도에 심하게 반대를 해온 사람들은 빈정거리는 투로 그렇게 수군거렸다. 더욱이 이렇게 말하는 자들은 수도사들 중에서도 가장 나이가 많은 편에 속하며 신앙면에서도 매우 준엄하여 진정한 의미에서의 금욕과 침묵의 고행자라 할 수 있는 사람들이었다. 그들은 조시마 장로의 생존시에는 줄곧 침묵을 지키고 있다가 이제 와서야 갑자기 입을 연 것이다. 이것이 가장 무서운 일이었다. 왜냐하면 그들의 말은 아직 확고한 신념을 지니지 못한 젊은 수도사들에게 커다란 영향을 주기 때문이다.

오브도르스크의 성(聖) 실리베스트르 수도원에서 온 수도사는 이런 모든 말에 열심히 귀를 기울였다. 그는 끊임없이 깊은 한숨을 내쉬고 고개를 저으며 마음속으로 이렇게 생각했다.

'그러고 보니, 어제 페라폰트 신부님의 말씀이 옳았군.'

마침 바로 그때 페라폰트 신부가 그 자리에 나타났다. 그것은 마치 사람들의 동요를 더욱 부채질하려고 일부러 나타난 것처럼 생각될 정도였다.

앞에서도 이미 말한 바와 같이, 페라폰트 신부가 양봉장 옆에 있는 그의 목조 수도실에서 나오는 것은 매우 드문 일이었다. 심지어 그는 성당에도 나오는 일이 거의 없었는데, 수도원 측에서는 그를 '유로지비'로 간주하여 수도사들에 대한 일반적인 규칙을 그에게만은 적용하지 않고 관대히 보아주고 있었다.

그러나 사실을 따지고 보면, 그에게 관대하게 대하는 것은 수도원 측으로는 어쩔 수 없는 일이기도 했다. 왜냐하면 그렇게 밤이나 낮이나 기도만 드리고 있는(사실 그는 잠도 무릎을 꿇은 채로 잤다) 위대한 금욕과 침묵의 고행자인 그에게 그 자신이 복종을 원하지 않는 이상 억지로 일반적인 규칙을 강요하는 것은 오히려 수치스러운 일이기 때문이었다. 만일 수도원 측에서 그래도 일반 규칙만은 지켜야 한다고 주장한다면 수도사들은 이렇게 말할 것이다.

"그분은 우리 수도원에서 누구보다 신앙심이 두터운 분이다. 그분은 우리가 규칙에 복종하는 것보다 몇 배나 어려운 고행을 하고 있지 않은가. 그분이 성당에 나오지 않는 이유는 자신이 성당에 나와야 할 때를 너무 잘 알고 있기 때문이다. 그분에게는 그분 나름대로의 규칙이 있다."

이런 불평이나 항의를 피하기 위해 수도원 측에서는 페라폰트 신부를 관대하게 방임해 두고 있었던 것이다.

모두 다 알고 있다시피 페라폰트 신부는 조시마 장로를 몹시 싫어했다. 그런데 지금 갑자기 그의 수도실에 '하느님의 심판은 인간의 판단과 다르다'는 것과, 이것은 '자연을 초월한 것'이라는 소식이 들려왔다. 이런 소식을 가지고 맨 처음 그에게 달려간 사람들 중에는 그 전날 그를 방문하였다가 놀라운 충격을 받고 그의 수도실에서 물러나온 오브도르스크의 수도사도 끼어 있었으리라는 것은 상상하기 어렵지 않다.

그러나 앞에서도 말한 바와 같이 의연한 태도로 관 앞에서 복음서를 낭독하고 있던 파이시 신부는 수도실 밖에서 일어나는 일에 대해선 보지도 못하고 들을 수도 없었으나, 그래도 중요한 점만은 모두 마음속으로 정확히 통찰하고 있었다. 자신을 에워싸고 있는 주위 사람들을 너무도 잘 알고 있었던 그는 조금도 흔들리는 빛이 없이 아무런 두려움도 느끼지 않고 다음에 일어날 일들을 기다리면서. 이미 자신의 심안(心眼)에 비치고 있는 이 소동의 경과를 날카로운 통찰력으로 응시하고 있었다.

바로 이때 입구 쪽에서, 분명히 이 자리의 예의를 파괴하는 엄청나게 시끄러운 소음이 갑자기 그의 귀에 들려왔다. 그러자 문이 홱 열리더니 페라폰트 신부가 문 앞에 나타났다. 그 뒤를 이어 읍내에서 몰려온 많은 사람들과 더불어 여러 명의 수도사들이 현관 층계 밑으로 몰려드는 것이 암자 안에서도 똑똑히 보였다. 그러나 그들은 암자까지 들어오지는 못하고 층계 밑에 서서 페라폰트 신부가 무슨 말을 하고 어떤 행동을 할 것인지 숨을 죽이며 기다리고 있었다. 그들은 자신들도 무례한 언행을 하고 있었음에도 불구하고, 페라폰트 신부가 이리로 온 이상 반드시 무슨 일이 일어나고야 말 것이라 상상하고 일종의 공포감에 사로잡혀 있었다.

페라폰트 신부는 문턱 위에 서서 두 팔을 위로 쳐들었다. 그러자 그의 오른쪽 팔 밑으로 오브도르스크에서 온 수도사의 날카로운 조그만 눈이 번쩍 빛났다. 그는 끝내 격렬한 호기심을 억제할 수 없어 혼자서 신부의 뒤를 따라 층계를 올라왔던 것이다. 이와는 반대로 다른 사람들은 요란한 소리를 내며 문이 홱 열린 순간, 갑자기 뜻하지 않은 공포에 사로잡혀 서로 밀치며 뒤로 물러섰다. 그러자 페라폰트 신부는 두 팔을 높이 쳐들더니 소리 높이 외쳤다.

"사탄은 내가 쫓아내리라!"

그러고는 곧 방 안을 한 바퀴 빙 돌며 벽과 네 구석을 향하여 성호를 긋기 시작했다. 그를 따라온 모든 사람들은 이 동작이 무엇을 의미하는지를 곧 깨달았다. 그는 어디에 들어갈 때면, 반드시 이런 동작으로 악마를 내쫓기 전에는 결코 앉지도 않고 말도 하지 않는다는 것을 모두들 알고 있었기 때문이다.

"사탄이여, 물러가라! 사탄이여 물러가라!" 그는 성호를 한 번 그을 때마다 일일이 이렇게 되풀이했다. "내 너를 쫓고 또 쫓으리라!"

그는 여느때와 마찬가지로 허름한 법의를 걸치고 새끼줄로 허리를 동여매고 있었다. 삼베로 만든 속옷 밑으로는 회색 털로 덮인 가슴팍이 드러나 보였다. 발은 신을 신지 않은 맨발이었다. 그가 두 손을 흔들자, 그가 법의 밑에 달고 다니는 고행용 쇳사슬이 요란하게 철그럭거렸다.

파이시 신부는 복음서 낭독을 멈추고 그에게 한 걸음 다가가더니 뭔가를 기다리는 것처럼 그 앞에 우뚝 섰다.

"신부님 무엇 때문에 오셨습니까? 무엇 때문에 질서를 문란케하는 겁니까? 무엇 때문에 온순한 양떼의 마음을 교란시킵니까?"

마침내 그는 준엄한 눈초리로 상대를 바라보며 이렇게 말했다.

"날더러 뭣하러 왔느냐고? 무슨 볼일이냐고 묻는건가?" 페라폰트 신부는 신들린 듯한 목소리로 소리쳤다. "여기 있는 그대들의 손님들, 부정한 마귀를 내쫓기 위해서 왔네. 어디 내가 없는 동안 그놈들이 얼마나 많이 모여들었는지 볼까? 모두 자작나무 비로 쓸어내 버려야지."

"마귀를 내쫓겠다고 하지만 신부님 자신이야말로 마귀에게 봉사하고 있는지도 모릅니다." 파이시 신부는 두려워하는 기색도 없이 말을 계속했다. "또 과연 '나야말로 성인이다' 장담할 수 있는 자가 어디 있겠습니까? 신부님께서는 그렇게 말씀하실 수 있습니까?"

"나는 성인이 아니야. 더러운 인간이지. 그래서 나는 안락의자에 앉지도 않고 우상처럼 절을 받지도 않아!" 페라폰트 신부는 벽력같이 소리질렀다. "요즘 인간들은 참다운 신앙을 망치고 있어. 고인이 된 그대들의 성인은 말이지" 그는 군중을 향해, 손가락으로 관을 가리키며 이렇게 소리쳤다. "악마를 물리치려고 귀신을 쫓는 약 같은 걸 사람들에게 먹였어. 그래서 방 구석구석에 거미 새끼처럼 악마들이 들끓게 된 거야. 그리고 이번에는 자기 자신이 고약한 냄새를 피우기 시작했지. 우리는 바로 이 사실에서 하느님의 위대한 계시를 볼 수 있어."

페라폰트 신부가 지적한 것은 다음과 같은 일이었다. 아직 조시마 장로가 살아 있을 때였다. 어떤 수도사 한 사람이 밤마다 꿈에 악마의 환상에 시달리다 못해 이윽고 눈을 뜨고 있을 때도 그것이 눈앞에 나타나게 되었다. 그가 극도의 공포에 사로잡혀 이 일을 조시마 장로에게 고백했더니, 장로는 쉬지 않고 기도하며 열심히 정진해 보라고 권했다. 그러나 그것도 아무런 효과가 없자 장로는 기도와 정진을 계속하는 한편, 어떤 약을 복용해 보도록 권했다. 그 당시 많은 사람들이 이 일에 대해 의혹을 품고 고개를 설레설레 저으며 서로 숙덕거렸는데, 그중에서도 페라폰트 신부가 특히 심했다. 그것은 그때 장로를 비난하던 몇몇 사람들이 곧 페라폰트 신부에게 달려가 장로의 이 '유례 없는 지시'를 귀띔했기 때문이었다.

"나가 주시오, 신부님!" 파이시 신부는 명령조로 말했다. "심판을 하시는 분은 하느님이시지 인간이 아닙니다. 지금 여기서 우리가 보고 있는 '계시'는 신부님이나 나나 그 밖의 어느 누구도 이해할 수 없는 것인지도 모릅니다. 나가 주십시오, 그리고 양떼를 미혹케 하지 마십시오."

파이시 신부는 강경한 태도로 되풀이했다.

"그 사람은 수도사로서 마땅히 지켜야 할 재계를 지키지 않았기 때문에 이런 계시가 나타난 거야. 이건 너무도 분명한 일이니까 숨길 생각은 아예 하지 말게." 이미 이성을 잃고 흥분할 대로 흥분한 이 광신자는 좀처럼 진정하려 들지 않았다. "달콤한 과자에 유혹되어 부인네들을 시켜 주머니에 몰래 과자를 넣어 오게 하는가 하면, 차까지 마시지 않았느냐 말이야. 그리하여 뱃속은 단 것으로 머리는 교만한 생각으로 가득 차 있었지……. 바로 그 때문에 지금 이런 수치를 당하게 된 것이야……."

"그건 너무 경솔한 말씀이오, 신부님!" 파이시 신부도 언성을 높였다. "당신의 엄격한 재계와 여러 가지 고행에는 경의를 표하는 바이지만, 그 경솔한 말씀만은 철없는 속세의 젊은이들이 하는 것과 다를 게 없지 않습니까! 자, 어서 나가주시오. 이건 명령입니다, 신부님!"

파이시 신부도 말이 끝날 무렵에는 거의 외치다시피 말했다.

"나가고말고!" 조금 주춤하는 듯싶었으나, 그래도 적의를 품은 어조로 페라폰트 신부는 말했다. "당신들은 모두 대단한 학자님들이니까! 지식이 있다고 해서, 나 같은 보잘것없는 인간을 무시하고 있는 것이야. 나는 무식함을 무릅쓰고 이곳에 왔는데, 여기 와보니 과거에 내가 알고 있던 것까지 모두 잊고 말았어. 그렇지만 하느님께서 이 보잘것 없는 나를 그대들의 그 대단한 학문으로부터 지켜 주셨지……."

파이시 신부는 상대를 내려다보면서 의연하게 기다리고 있었다. 페라폰트 신부는 잠시 말을 멈췄다가 갑자기 침울한 표정으로 오른손을 턱에 대고, 죽은 장로의 관을 바라보며 노래라도 부르는 듯한 목소리로 말하기 시작했다.

"내일이면 모두 이 사람을 위해 〈우리를 도와 주시는 보호자〉(사제의 장례 때 부르는 성가)를 불러 줄 테지. 그건 참으로 훌륭한 찬송가야. 그렇지만 내가 죽으면 고작해야 〈지상의 기쁨〉(수도사의 장례 때 부르는 성가)이란 찬송가나 불러 주겠지."

그는 울먹이는 목소리로 푸념하듯이 말했다.

"그렇게 잘난 체 거드름을 피우더니…… 이곳이야말로 허황된 자리가 아닌가!"

그는 미친 사람처럼 외치고 손을 한 번 휘두르더니 홱 돌아서서 쏜살같이 층계를 달려내려갔다. 밑에서 기다리고 있던 군중들이 동요하기 시작했다. 어떤 사람들은 곧 그의 뒤를 따라갔으나, 어떤 사람들은 그 자리에 그대로 서성거리고 있었다. 암자 문이 아직 그대로 열려 있는데다, 페라폰트 신부를 뒤쫓아나온 파이시 신부가 현관 앞에서 그의 거동을 지켜보고 있었기 때문이다. 그러나 극도로 흥분한 이 늙은 신부는 아직 울분을 완전히 토해낸 것은 아니었다. 수도실에서 약 스무 걸음쯤 걸어간 페라폰트 신부는 갑자기 저물어가는 태양을 향해 걸음을 멈추고 두 팔을 높이 쳐들더니, 마치 누가 다리를 걸기라도 한 것처럼 무서운 소리를 외치며 땅 위에 쓰러졌다.

"우리 주님께서 이기셨도다! 그리스도께서 저물어가는 태양을 이기셨도다!"

태양을 향해 두 손을 뻗으면서 미친 듯이 이렇게 외치더니, 얼굴을 땅바닥에 묻은 채 온몸을 떨며 흐느껴 울었다. 그러더니 두 팔을 벌리고는 어린아이처럼 소리내어 통곡하는 것이었다. 그것을 보고 모두 그의 주위로 달려갔다. 그에게 공명하는 환희의 아우성과 오열하는 소리가 주위에 울려퍼졌……. 일종의 광적인 흥분이 모든 사람들을 휩쓸었던 것이다.

"이분이야말로 성인이시다! 이분이야말로 올바른 분이시다!"
이제 환호성은 거리낌없이 사람들의 입에서 터져나왔다.
"장로의 자리에 앉아야 할 사람은 바로 이분이었다."
다른 사람의 증오에 넘친 목소리가 이렇게 덧붙였다.
"이분은 그런 장로의 자리엔 앉으시지 않을 거야. 자기 쪽에서 거절해 버리실걸. 그런 저주받을 새 제도에 봉사하실 분이 아니야. 어리석은 자들의 흉내를 내실 리 만무하지."
또다른 목소리가 이렇게 말을 받았다.
그대로 계속 내버려두면 어떤 말이 나오게 될지 예측할 수 없는 상황 속에서 마침 저녁 기도를 알리는 종소리가 들려왔다. 모두 재빨리 성호를 긋기 시작했다. 페라폰트 신부도 역시 일어나서 연이어 성호를 그으면서 뒤도 돌아보지 않고 자기 수도실을 향해 걸어갔다. 그러면서 여전히 갈피를 잡을 수 없는 말을 소리 높이 뇌까리고 있었다. 몇 사람만이 그의 뒤를 따라갔을 뿐, 대부분의 사람들은 저녁 미사에 참례하러 서둘러 흩어져 갔다.
파이시 신부는 복음서의 낭독을 이오시프 신부에게 부탁하고 자기는 층계 밑으로 내려왔다. 늙은 광신자의 흥분된 외침 때문에 자신의 신념이 흔들릴 그가 아니었지만, 어떤 까닭인지 마음이 몹시 서글퍼지며 무언가 다른 생각에 괴로워하고 있었다. 파이시 신부 자신도 그것을 느끼고 있었다. 그는 조용히 걸음을 멈추고 서서 문득 스스로에게 물어 보았다.
'왜 나는 이렇게 서글픔을 느끼는 것일까?'
그 순간 그는 이 갑작스러운 슬픔이 어떤 아주 사소하고 특수한 사실 때문임을 깨닫고 놀라움을 금할 수 없었다. 그것은 다름 아니라 암자 수도실 입구까지 몰려온 군중들 사이에서 알료샤의 흥분한 모습이 눈에 띄었는데, 그는 이 젊은이를 발견하자마자 자기 마음에 그 어떤 아픔 같은 것을 느꼈던 것이 생각났던 것이다.
'도대체 어째서 이 젊은이가 지금 내 마음에 그렇게 큰 의미를 가지고 있는 것일까?'
그는 더욱더 놀라며 스스로에게 물었다. 바로 그 순간 알료샤가 그의 곁을 지나갔다. 몹시 서둘러 어디론가 가고 있는 것 같았으나, 성당을 향해 가는 것은 아니었다. 두 사람의 시선이 마주쳤다. 알료샤는 얼른 시선을 돌리고 눈을 내리깔았다. 파이시 신부는 그의 이런 태도만으로도, 지금 이 순간 이 젊은이의 마음속에 급격한 변화가 일어나고 있다는 것을 알 수 있었다.
"알료샤, 너까지 시험에 빠진건 아니겠지?" 파이시 신부는 느닷없이 그렇게 외쳤다. "그래, 너까지 저 신앙이 부족한 자들과 한패인건 아니겠지?"
파이시 신부는 슬픈 어조로 덧붙였다.
알료샤는 걸음을 멈추고 멍하니 파이시 신부를 쳐다보더니, 다시 얼른 시선을 돌려 눈을 내리깔고 말았다. 그는 옆으로 돌아 선 채 자기에게 묻고 있는 상대에게 얼굴을 돌리지 않았다. 신부는 주의깊게 그를 관찰하고 있었다.
"어디로 그리 급히 가는 거냐? 저녁 미사 종소리를 듣지 못했느냐?" 그는 다시 한번 물었다. 그러나 알료샤는 여전히 대답이 없었다. "혹시 암자를 떠나려는 것이냐? 설마 허락도 축복도 받지 않고 나가려는 건 아니겠지?"
갑자기 알료샤는 일그러진 웃음을 짓더니, 자신의 마음과 지혜의 지배자였던 사랑하던 장로가 임종 직전에 자신의 장래의 지도를 부탁한 파이시 신부를 말할 수 없이 이상한 눈초리로 쳐다보았다. 그러고는 여전히 말 한마디 없이 갑자기 경의를 표하는 것조차 잊어버린 것처럼 한 손을 내젓고는 빠른 걸음으로 암자에서 바깥으로 통하는 문을 향해 걸어갔다.
"다시 돌아오겠지!"
슬픔과 놀라움에 휩싸여 알료샤의 뒷모습을 바라보면서 파이시 신부는 중얼거렸다.

2 그 기회

파이시 신부가 자기의 '귀여운 소년'이 다시 돌아올 것이라 생각한 것은 물론 잘못된 판단은 아니었다. 오히려 알료샤의 심리 상태의 참된 의미를(물론 완전하다곤 할 수 없어도) 예리한 눈으로 잘 통찰한 것이었는지도 모른다. 그러나 솔직히 말해서, 내가 진심으로 사랑하는 이 젊은 주인공의 생애에서 이와 같은 기이하고도 애매한 순간이 가지는 의의를 지금 여기서 분명하게 전한다는 것은 매우 어려운 일이다. 알료샤에게 던져진 질문—'너까지 저 신앙이 부족한 자들과 한패인건 아니겠지?' 파이시 신부의 슬픈 질문에 대해, 물론 나는 알료샤를 대신하여 결코 그는 신앙이 부족한 자들과 한패가 아니라고 자신 있게 대답할 수 있다. 뿐만 아니라 이에 대해서는 그와는 정반대로 해석하는 편이 더 옳을 것이다. 즉 그의 모든 동요는 지나칠 만큼 두터운 신앙심에서 온 것이라고.

그러나 어쨌든 동요가 있었던 것만은 사실이었고, 그것은 그 뒤 상당한 시일이 지난 다음에도 알료샤 스스로가 이 슬픈 하루를 자기의 생애에서 가장 괴로운 운명적인 날의 하나로 기억할 만큼 가슴 아픈 일이었다.

그러나 만일 어떤 사람이 솔직하게 '그의 마음에 그러한 비애와 불안이 생겨난 것은, 장로의 유해가 곧 중병 환자의 병을 낫게 하는 기적을 나타내는 대신, 반대로 너무 일찍 부패하기 시작했기 때문이 아닌가?'라고 묻는다면, 나는 이에 대해 서슴지 않고 '그렇다, 그것은 사실이다.'라고 대답할 것이다. 단지 나는 너무 성급하게 나의 젊은 주인공의 순진한 마음을 조롱하지 말아 달라고 독자들에게 간청하고 싶을 뿐이다. 물론 필자인 나 자신으로서는 그를 위해 용서를 빌 생각도 없거니와 그의 단순하고 소박한 신앙을 아직 나이가 어리기 때문이라든가, 또는 이전에 습득한 학문이 변변치 못하기 때문이라든가 하는 따위의 이유로 변명할 생각은 조금도 없다. 오히려 그와는 반대로 그의 천성에 대해 진심으로 존경하고 있다는 것을 분명히 선언해 두고 싶다.

물론 세상에는 마음의 여러 가지 인상을 조심스럽게 받아 들이고, 뜨겁지 않고 온화한 마음으로 사랑하는 방법을 알며, 그 지성 또한 정확하기는 하지만 나이에 비해 지나치게 사려와 분별이 있어 오히려 값싸게 보이는 젊은이들도 있다. 아마 이런 젊은이들이라면 나의 주인공의 마음에 일어났던 것과 같은 일은 애써 피하려고 했을 것이 틀림없다. 그러나 그것이 비록 분별 없는 것이긴 하지만 위대한 사랑에서 끓어오르는 것이라면 이런 감격에 몰두하는 편이 회피해 버리는 것보다는 훨씬 훌륭한 것이다. 특히 청년 시절에는 더욱 그렇다. 언제나 지나치게 사려와 분별만을 따지는 젊은이는 어쩐지 믿음성이 없어 보이며, 따라서 애초에 인간으로서도 천박하다는 것이 나의 견해이다.

이에 대해 사려와 분별이 있는 사람들은 다음과 같이 따지듯 물어볼 것이다.

'세상의 모든 청년들이 다 그런 편견을 믿을 리가 없으며, 또 당신의 젊은 주인공이 다른 모든 청년들의 모범이 될 수는 없지 않은가?'

여기에 대해 나는 이렇게 대답하겠다.

'그렇다, 나의 주인공은 그런 편견을 믿고 있었고 신성하고 흔들림없는 신앙을 갖고 있었지만, 그래도 역시 나는 그를 위해 변명할 생각은 조금도 없다'고.

나는 이미 나의 주인공을 위해 용서를 빌거나 변명을 하지는 않겠다고 조금 성급하게 언명한 바 있지만 앞으로의 이야기를 이해하는 데 도움을 주기 위해서는 역시 얼마쯤 설명이 필요할 것 같다. 따라서 나는 이렇게 말하고 싶다. 즉 문제는 결코 기적에 있는 것이 아니라고. 그의 마음속에는 기적에 대한 성급하고 경솔한 기대는 없었다. 그리고 그 당시 알료샤에게는 어떤 신념의 승리를 위한 기적이 필요치도 않았다. 사실 그럴 필요는 전혀 없었다. 또한 전부터 마음속에 자리잡고 있던 어떤 이념이 대번에 다른 이념을 압도하기를 원했기 때문도 아니었다.

아아, 절대로, 절대로 그런 것은 아니었다. 이 일에서 그의 마음 한가운데를 차지하고 있던 것은 하나의 얼굴, 오직 하나의 얼굴뿐이었다. 그가 사랑해 마지않았던 장로의 얼굴, 그가 숭배해 마지않았던 의로운 사람의 얼굴, 바로 그것이었다. 그의 젊고 순결한 마음에 깃들어 있던 '모든 인간과 모든 사물'에 대한 사랑은 1년 전부터 그날에 이르기까지 시종일관 오직 그가 사랑하던 장로 한 사람에게만 집중되어 있었다. 어쩌면 그 사랑은 비정상적인 것이었거나 아니면 적어도 격정적인 것이었는지는 모르지만 어쨌든 지금은 고인이 된 조시마 장로 한 사람에게만 집중되어 있었던 것이다. 사실 이 인물은 오랜 세월을 두고 의심할 여지 없는 하나의 이상으로 그의 눈앞에 서 있었으므로 그의 젊은 힘과 노력은 온통 이 이상 하나만을 향해 나아갈 수밖에 없었다. 그러므로 때로는 '모든 사람, 모든 사물'의 존재를 완전히 잊어버리는 일조차 있었다(이것은 그 자신도 나중에야 비로소 생각난 일이지만, 바로 그 전날 그렇게까지 자기를 걱정시키고 괴롭힌 형 드미트리조차 그는 이 괴로운 하루 동안 완전히 잊고 있었다. 그리고 그 전날 밤 그토록 열심히 생각했음에도 일류샤의 아버지에게 2백 루블의 돈을 전하는 것도 까마득하게 잊고 있었던 것이다).

거듭 되풀이하거니와 그에게 필요했던 것은 새로운 기적이 아니라 '가장 높은 정의'였다. 그런데 그의 신념에 의하면 그것이 무참히도 유린당하고 말았기 때문에 그의 마음은 그토록 참혹하게 짓밟히고 만 것이다. 그렇다면 이 '정의'가 알료샤의 마음속에서의 진전과 더불어 기적의 형태를 통해 자기가 경애하던 스승의 유해에서 당장 나타나 주리라고 믿었다 해도 결코 무리한 일은 아니지 않겠는가. 더욱이 수도원 내의 모든 사람들, 심지어는 알료샤가 높은 지성을 지닌 수도사로서 숭배하고 있던 파이시 신부까지 그렇게 생각하고 또한 기대하고 있었다. 그런만큼 알료샤는 털끝만큼도 의혹을 품지 않고 다른 모든 사람들과 마찬가지로 자기가 품고 있는 꿈에 기적이라는 옷을 입혔던 것이다. 더구나 만 1년 동안에 걸친 수도원 생활을 통해 이 꿈은 그의 마음속에 확고한 형태로 형성되어 이런 기대가 거의 습성처럼 되어 버렸다.

그러나 그가 열망하고 있던 것은 정의, 어디까지나 정의였지 단순히 기적만은 아니었다!

그런데 세계에서 어느 누구보다 가장 높이 찬양받아야만 할 그분이 당연히 받아야 할 영광은 받지 못하고 오히려 뜻밖에도 모욕과 수치를 당하고 있지 않은가!

도대체 무엇 때문일까? 이것은 누구의 심판일까? 누가 이같은 심판을 내릴 수 있는 것일까? 바로 이것이 그때 아직 경험이 없고 순진한 그의 마음을 괴롭힌 의문이었다. 그가 진심으로 분노와 모욕을 느끼지 않을 수 없었던 것은 그 의로운 사람들 중에서도 가장 의로운 자인 장로가 자기보다 훨씬 낮은 위치에 있는 경박한 군중으로부터 노골적인 증오와 조롱을 당했다는 사실이었다.

비록 기적 같은 건 전혀 일어나지 않아도 좋다. 기적적인 일 같은 건 전혀 나타나지 않고, 그의 기대를 충족시켜 주지 않아도 좋다. 그렇지만 이 불명예는 무엇 때문이며, 이 치욕은 무엇 때문인가? 그리고 저 악의에 찬 수도사들의 말마따나 '자연을 초월할' 급작스러운 시체의 부패는 무엇 때문일까? 또한 지금 그들이 페라폰트 신부와 한편이 되어 의기양양하게 외치고 있는 '하늘로부터의 계시'란 도대체 무엇이며, 도대체 어떻게 그들이 그런 소리를 떠들어댈 권리가 있다는 것일까? 아아, 하느님의 섭리는 어디 있는가? 하느님의 손길은 어디에 있을까? 왜 하느님께서는 '이런 가장 필요한 순간'(알료샤는 그렇게 생각했다)에, 자기의 손을 뒤로 감추고, 눈에 보이지 않고 말도 못하는 무자비한 자연의 법칙에 모든 것을 맡기신 것일까?

알료샤가 마음으로 피를 흘린 것은 바로 이런 이유 때문이었다. 앞에서도 말한 바와 같이 이때 그의 눈앞에 가장 먼저 떠오른 것은 물론 세상에서 누구보다 사랑하는 얼굴이었다. 그런데 바로 그 얼굴이 멸시당하고 명예를 빼앗긴 것이다. 나의 주인공의 이런 불만을 경박하고 지각없는 것이라고 생각하는 이도 있을지 모른다. 그러나 나는, 벌써 세 번이나 되풀이하지만(이 사실 역시 경박하다는 비난을 받을지 모르지만, 그 점은 나 스스로 미리 시인하는 바이다) 필자의 젊은 주인공이 이런 순간에 그다지 신중하지 못했다는 것을 오히려 기쁘게 생각한다. 왜냐하면 분별심이란 아주 바보가 아닌 이상 언제라도 생기게 마련이지만, 사랑은 이런 예외적인 순간에 젊은이의 마음속에서 용솟음치지 않는다면 결코 솟아나는 일이 없기 때문이다.

그렇지만 이제 나는 여기서 어떤 기묘한 현상에 대해 말해 두어야겠다. 그것은 알료샤에게 숙명적이고도 암담한 그 순간에 그의 마음속에 퍼뜩 떠오른 생각이다. 그의 마음속에 떠오른 새로운 현상이란 다름 아니라, 어제 이반 형과의 대화에서 받았던 어떤 괴로운 인상이었다. 그것이 하필이면 지금 이런 순간에 그의 마음속에 떠올랐던 것이다.

그렇다고 해서 물론 그의 영혼 속에서 근본적이고 자연발생적이라고도 할 수 있는 신앙이 동요하기 시작했다는 것은 아니다. 그는 자기의 하느님을 사랑하고 있었고, 비록 지금 갑자기 하느님에 대해 불만을 품을 뻔하기는 했지만, 그는 굳은 신앙을 지니고 있었다. 그러나, 그래도 역시 어제 이반 형과 주고 받은 대화에서 받은 참을 수 없이 불길한 인상이 막연하기는 하지만 지금 갑자기 그의 마음속에 되살아나서 점차 영혼의 표면으로 떠오르려 하고 있었다.

주위는 이미 황혼이 깃들고 있었다. 암자를 나와 소나무밭을 지나 수도원 쪽으로 걸어가던 라키친이 문득 나무 밑에 엎드려 있는 알료샤를 발견했다. 마치 깊이 잠들어 있는 듯 꼼짝도 하지 않고 있었다. 라키친은 가까이 다가가 말을 건넸다.

"알렉세이, 자네 여기 있었군. 정말 자네도……."

어처구니 없다는 듯이 라키친은 여기까지 말하다가 문득 입을 다물어 버렸다.

그는 '정말 자네도 갈 데까지 가버린 모양이군?' 이렇게 말하려던 참이었다. 알료샤는 거들떠보지도 않았으나 라키친은 그가 몸을 움직이는 것으로 보아, 그가 자기 말을 듣고 그 말의 뜻을 이해하고 있다는 것을 곧 눈치챘다.

"도대체 왜 그러나?" 그는 자못 놀란 듯한 어조로 계속 물었으나, 그 얼굴은 이미 미소를 머금고 있었고 그 미소는 점차 조소의 빛을 더해갔다.

"이봐, 듣고 있나? 난 벌써 두 시간 전부터 자넬 찾아다니고 있었어. 갑자기 자네가 감쪽같이 사라져 버렸으니 말이야. 도대체 여기서 뭘하고 있는 건가? 뭘 그렇게 심각하게 그러나. 잠깐 날 좀 쳐다봐!"

 알료샤는 고개를 들고 일어나 앉아 뒤에 있는 나무에 등을 기댔다. 울고 있지는 않았으나 얼굴에 고통과 초조의 빛이 감돌고 있었다. 알료샤는 라키친을 보지 않고 어딘가 다른 데를 바라보고 있었다.

 "자네 자신은 모를 테지만 자네 얼굴이 말이 아니야. 그처럼 호감을 샀던 온유한 표정은 털끝만큼도 찾아볼 수가 없어. 누구에게 화를 내고 있기라도 한 건가? 누가 자네에게 무례한 말이라도 했나?"

 "제발 저리로 가줘!"

 알료샤는 불쑥 이렇게 한마디 했으나, 여전히 라키친을 외면한 채 피곤한 듯이 한 손을 내저었을 뿐이었다.

 "아니, 이런 일이 있을 수 있나! 어쩌면, 마치 죄 많은 속세 사람들처럼 말하는군! 천사라는 소리를 듣고 있는 자네가……. 너무 사람 놀라게 하지 말게. 이건 진정으로 하는 말이야. 여기 온 뒤론 웬만한 일에는 놀라지 않기로 하고 있지만. 난 그래도 자네를 교양있는 사람으로 생각하고 있었는데……."

 알료샤는 비로소 그를 쳐다보았다. 그러나 여전히 방심한 표정으로, 라키친이 무슨 소리를 하는 건지 좀처럼 알아듣지 못하는 듯한 얼굴이었다.

 "그래, 자네는 그 늙은이가 고약한 냄새를 풍기기 시작했다는 그것만으로 그렇게 풀이 죽어 있나? 설마 그 늙은이가 정말로 기적을 일으킬 거라고 믿었던 건 아니겠지?"

 다시금 라키친은 더없이 진지한 얼굴로 이렇게 말했다.

 "믿고 있었어. 지금도 믿고 있어. 난 그렇게 믿고 싶었어. 앞으로도 믿을 거야. 그 밖에 또 묻고 싶은 것이 있나?"

 알료샤는 흥분된 목소리로 소리쳤다.

 "없어, 더 이상 아무것도 묻지 않겠네. 제기랄, 요즈음은 열세 살짜리 초등학생도 그 따위 말은 믿지 않는단 말이야. 그렇지만 그런 건 아무래도 좋아……. 그러니까 자네는 지금 하느님께 화가 나서 반항하고 있는 셈이군 그래. 요컨대 하느님께서 계급도 올려 주시지 않았고, 경축일에 흔히 주는 훈장도 수여하시지 않았다, 이 말이지! 자네도 참 어이없는 친구로군!"

 알료샤는 눈을 가늘게 뜨고 한참 동안 라키친을 바라보고 있었다. 그러자 그의 눈 속에서 갑자기 한 가닥 빛이 번뜩였다. 그러나 그것은 라키친에 대한 분노는 아니었다.

"나는 하느님에 대해 반항하고 있는 게 아니야. 단지 '하느님이 창조한 세계를 인정하지 않는 것'뿐이야."

이렇게 말하고 알료샤는 문득 일그러진 미소를 지어 보였다.

"무슨 소린가? 그, 세계를 인정하지 않는다는 말은?" 라키친은 알료샤의 대답에 잠시 고개를 갸웃거렸다. "무슨 잠꼬대 같은 소린가?"

알료샤는 아무 대꾸도 하지 않았다.

"그런 시시한 이야긴 이제 그만두세. 이제부터 실제적인 문제로 들어가지. 어때, 자네 오늘 식사는 했나?"

"글쎄…… 아마 먹었을 거야."

"안색을 보니, 아무래도 뭘 좀 먹고 체력을 보충할 필요가 있을 것 같군. 자네 얼굴을 보고 있노라면 측은해질 정도야. 어젯밤에 한숨도 자지 않았다지? 나도 들었어, 암자에서 모임이 있었다는 얘긴. 그러고 나서 곧 그 야단법석이 일어났으니, 아마 먹은 것이라곤 성찬식에 쓰는 얄팍한 빵 한 조각밖엔 아무것도 없었을 거야. 지금 내 호주머니에 소시지가 몇 개 들어 있어. 만일의 경우를 생각해서 아까 읍내에서 나올 때 집어갖고 온 거야. 그렇지만, 자네야 소시지 같은 건……."

"좀 주게나."

"저런, 저런! 도대체 어찌된 일이야! 그렇다면 이건 아주 방어벽까지 쌓고 완전한 반역을 할 셈인 게로군! 하긴 알료샤, 그렇다고 해서 그걸 경멸할 이유는 하나도 없지. 그럼, 내 집으로 가세. 실은 나도 보드카를 한잔 들이켜고 싶은 마음이 간절하던 참이야. 몸이 굉장히 피곤해서 말이야. 설마 보드카까지 달란 소리야 못하겠지만, 아니면, 자네도 한잔 마셔 보겠나?"

"보드카고 뭐고 다 좋아."

"아니, 뭐라고? 별 희한한 소리를 다 듣는군." 라키친은 깜짝 놀라 알료샤를 쳐다보았다. "하긴 소시지나 보드카나 다 괜찮은 물건이지. 하여간 멋들어진 기회니만큼 놓쳐선 안 되겠군. 자, 어서 가세."

알료샤는 말없이 일어나 라키친의 뒤를 따라갔다.

"만약 자네 형 이반이 이걸 본다면 아마 굉장히 놀랄걸. 말이 났으니 말이지,

자네 형 이반이 오늘 아침 모스크바로 떠났다더군, 알고 있나?"

"알고 있어."

알료샤는 귀찮다는 듯이 대꾸했다. 그러자 문득 형 드미트리의 모습이 머릿속에 떠올랐다. 그러나 그것도 한 순간이었다. 하긴 이 순간 무언가 긴급한 일을, 잠시도 지체할 수 없는 일종의 의무, 무서운 의무 같은 것을 생각해 냈으나 그런 생각도 그의 마음속 깊이 파고들지는 못하고 아무런 인상도 남기지 못한 채 곧 머릿속에서 사라져 까마득히 잊혀지고 말았다. 그런데도 이때 일은 그 뒤 두고두고 알료샤의 기억 속에 남게 된다.

라키친은 속삭이듯이 말했다.

"자네 형 이반은 언젠가 나를 가리켜 '자유주의자를 흉내 내는 무능한 얼간이'라고 평했고 자네 또한 언젠가 한번 홧김에 '파렴치한 인간'이라고 말한 적이 있었지. 그건 그렇고, 이제부터 나는 자네들의 재능과 양심이 자네들에게 어떤 도움이 되는지 꼭 지켜보겠네."

그는 다시 큰 소리로 말했다. "이봐! 수도원 옆을 빠져나가 사잇길로 해서 곧장 읍내로 나가지……. 아차! 그래, 난 잠깐 호흘라코바 부인한테 들러 봐야겠네. 그런데 말일세, 내가 오늘 일어난 일을 죄다 부인한테 적어 보냈더니, 부인이 당장에 연필로 회답을 써보내 오지 않았겠나. 하여간 그 부인은 편지 쓰기를 굉장히 좋아하거든. 그런데 뭐라고 왔을 것 같은가? '나는 조시마 장로와 같이 거룩한 분이 '그런 꼴'이 될 줄은 꿈에도 생각지 못했어요!' 이런 식이야. 정말 그렇게 씌어 있더라니까! '그런 꼴'이라고 말야. 부인도 역시 분개하고 있는 거야. 정말 모두 하나같이! 아니, 잠깐만!" 그는 갑자기 이렇게 외치며 걸음을 멈추더니 알료샤의 어깨를 잡아 세웠다.

"여보게, 알료샤." 문득 마음속에 떠오른 새로운 생각에 사로잡혀, 라키친은 조심스럽게 알료샤의 눈을 들여다보았다. 그는 겉으로는 웃고 있었으나 분명 그 뜻하지 않은 새로운 생각을 입밖에 내기를 두려워하고 있는 것처럼 보였다. 지금 알료샤의 정신에 일어난 너무도 기이하고 돌발적인 변화를 라키친 자신도 좀처럼 믿기 어려웠던 것이다. "알료샤, 자네 생각엔 어디로 가는 게 좋을 것 같은가?" 이윽고 라키친은 알료샤의 비위를 맞추려는 듯이 조심스런 어조로 물었다.

"어디라도 좋아……. 자네 좋을 대로 하게."

"그럼 그루셴카한테 갈까? 어때, 가겠나?"

불안한 기대로 온몸을 떨기까지 하며 라키친은 마침내 이렇게 말했다.

"좋아, 그루셴카한테 가세."

침착한 어조로 알료샤는 대답했다. 이것은 라키친에게 너무도 뜻밖의 일이었다. 알료샤가 조금도 망설이는 기색 없이 침착한 어조로 자기 제의에 동의하리라고는 꿈에도 생각지 못했으므로 하마터면 뒤로 껑충 물러설 뻔했다.

"뭐, 뭐, 뭐라구! ……이것 참!"

그는 너무도 놀라서 이렇게 소리치더니, 얼른 알료샤의 팔을 꽉 움켜쥐고, 혹시나 알료샤의 마음이 변하지나 않을까 염려하며 사잇길로 끌고 들어갔다. 두 사람은 묵묵히 걸어갔다. 라키친은 말을 건네는 것조차 조심스러워하고 있었다.

"그 여자가 얼마나 기뻐할지 모르겠네, 얼마나……."

그는 그렇게 중얼거리다가 다시 입을 다물었다.

그러나 라키친이 알료샤를 끌고 가는 것은 결코 그루셴카를 기쁘게 해주기 위해서가 아니었다. 빈틈없는 사람인 그는 조금이라도 자기 자신에게 이익이 될 만한 목적이 없이는 어떤 일도 하지 않는 사람이었다. 이 때에도 그는 두 가지 목적을 품고 있었다. 첫 번째 목적은 올바른 사람의 치욕을 보고 싶다는 복수의 의미를 띤 것으로 어쩌면 알료샤가 '성인에서 죄인'으로 확실하게 타락하는 것을 볼 수 있을지도 모르는 일이었다. 두 번째로는 그에게 매우 유리한 어떤 물질적인 목적을 염두에 두고 있었는데 거기에 관해서는 뒤에 얘기하기로 하겠다.

'마침내 그 기회가 찾아온 거로군.' 심술궂은 환희를 느끼며 그는 속으로 생각했다. '이런 기막힌 기회를 놓쳐서야 안 될 말이지. 좀처럼 얻기 힘든 기회니까.'

3 한 뿌리의 파

그루셴카는 소보르나야 광장 가까운, 읍내에서도 가장 번화한 곳에서 살고 있었다. 모로조바 부인의 집 뜰 안에 따로 떨어져 있는 그리 크지 않은 목조 건물에 세들어 있었던 것이다. 모로조바의 집은 커다란 2층 석조 건물로 몹시 낡아서 보기에 아주 흉했다. 부인은 나이가 많은데다 아직 홀몸인 두 조카딸과 함께 조용히 살고 있었다. 그녀는 구태여 이 별채를 빌려 줘야 할 필요까지는 없었지만, 그루셴카의 공공연한 보호자이며 동시에 부인의 친척이기도 한 상인 삼소노프의 비위를 거스르고 싶지 않아 4년 전에 그루셴카를 자기 집에 들인 것이었다. 이것은 모두가 다 알고 있는 사실이었지만 들리는 소문에 의하면, 질투심이 강한 삼소노프가 애당초 자기 '애인'을 모로조바 부인의 집에 맡긴 목적은, 이 노파가 자기 집에 새로 세든 젊은 여자의 품행을 날카로운 눈으로 감시해 줄 것이라는 속셈에서라는 것이었다. 그러나 얼마 되지 않아 이 날카로운 눈도 소용이 없다는 것을 알게 되어 결국 부인도 그루셴카와 좀처럼 맞닥뜨리지 않게 되었고 귀찮게 그녀의 행동을 감시하는 일도 없게 되었다.

하기는 4년 전 삼소노프 노인이 호리호리하게 여윈 몸집에다 겁먹은 듯이 수줍어하고 언제나 슬픈 얼굴로 생각에 잠겨 있는 열여덟 살짜리 소녀를 현청 소재지에서 이 집으로 데리고 온 이래 참으로 많은 일들이 있었다.

그러나 이 소녀의 과거에 대해 이 고장 사람들이 알고 있는 것은 그리 많지 않았고, 또 설혹 알고 있는 것이 있다 하더라도 그다지 믿을 만한 것이 못되었다. 근래에 와서 많은 사람들이 이 '굉장한 미인'(그루셴카는 4년 동안 이처럼 변모했던 것이다)에게 흥미를 느끼게 되었으나 그녀에 대해 자세한 것을 아는 사람은 거의 아무도 없었다.

단지 그루셴카가 열일곱 살 때 어떤 장교에게 유혹된 일이 있었으나 곧 버림을 받았으며, 그 장교는 다른 지방으로 가서 다른 여자와 결혼해 버렸고, 그 동안 그루셴카는 빈곤과 치욕 속에 허덕이게 되었다는 소문 정도가 떠돌고 있을 따름이다. 그때 그루셴카가 빈곤의 구렁텅이에서 삼소노프 노인에 의해 구원받은 것은 사실이었으나 들리는 소문에는 그녀가 성직자 계급의 상당한 집안에서 태어났다는 말도 있다. 다시 말해 일정한 교회가 없는 어떤 보제(補祭)나 혹은 그와 유사한 신분의 사람 딸이라는 것이다.

그런데 4년이란 세월이 흐르는 동안 이 감수성이 예민하고 상처를 입은 고아나 다름없는 소녀는, 혈색 좋고 풍만한 러시아 미인으로 변모해 있었다. 게다가 대담하고 결단력이 있으며 오만불손하고 자존심이 강했다. 이재에도 밝아 사업가 못지 않게 장사수완도 있었다. 또 인색하고 조심성 있는 여자로, 들리는 말에 의하면 그 수단 방법에 대해서는 알 수 없지만 이미 상당한 재산을 이루었다고 했다.

그러나 다만 한 가지, 그루셴카는 절벽 위의 꽃과 같아서 지난 4년 동안 그 후견인인 노인 외에 그루셴카의 사랑을 얻었다고 자랑할 만한 사람은 아무도 없다는 사실만큼은 누구나 굳게 믿고 있었다. 이것은 엄연한 사실이었다. 왜냐 하면 그루셴카의 사랑을 얻겠다고 나선 사람은 많았으나 (특히 지난 2년 동안), 그들의 모든 노력은 수포로 돌아가 버리고 말았기 때문이다. 개중에는 기가 센 젊은 이 여인한테서 조롱과 함께 가차없는 퇴짜를 당하고 우스꽝스럽기 짝이 없는 추태까지 연출하고 무참히 물러서야만 했던 자들도 몇 있었다.

또 다음과 같은 일도 잘 알려져 있었다. 이 젊은 여인이 특히 1년 전부터는 이른바 '투기'에 열을 올려 이 방면에서도 비상한 재주를 발휘하였기 때문에 나중에는 사람들로부터 '유대인보다 더한 여자'라는 말까지 듣게 되었다는 사실이다.

그렇다고 그녀가 비싼 이자를 받고 돈놀이를 했던 것은 아니었다. 이를테면 표도르 카라마조프와 한짝이 되어 얼마 동안 액면의 10분의 1밖에 안 되는 거저나 다름없는 헐값에 어음을 모조리 사들였다는 사실은 세상이 다 아는 일이었는데, 그중 어떤 것은 열 배나 되는 이익을 올린 것도 있었다.

늙은 홀아비 삼소노프는 1년 전부터 두 다리가 부어올라 걷지도 못하고 병석에 누워 있었다. 그는 백만장자 홀아비였으나 몹시 인색하여 다 자란 자식들에겐 마치 폭군 같은 태도로 군림하면서도, 자기의 보호를 받는 사람들에게는 퍽 고분고분한 편이었다. 하긴 그도 처음에는 이 여자를 혹독하게 대하며 '단식일 메뉴밖에 먹이지 않는다'고 뒷공론 하는 사람도 있었으나 그루셴카는 우선 자기의 정절에 대한 절대적인 신뢰감을 노인의 가슴속에 심어 놓음으로써 교묘하게 자신의 해방을 성취했던 것이다. 이제는 이미 고인이 된 지 오래지만 대단한 수완가인 이 노인 역시 주목할 만한 성격의 소유자로서 무엇보다도 굉장히 인색하고 돌처럼 완고한 사내였다. 그래서 그루셴카에게 넋을 잃을 정도로 반해 그녀 없이는 살 수 없을 정도였음에도(특히 마지막 2년간은 정말로 그랬다), 여전히 큰돈은 나눠 주지 않았다. 그는 아마 그루셴카 쪽에서 헤어지자고 위협을 한다 해도 끝내 물러서지 않았을 것이다.

그래도 적은 돈이지만 얼마쯤 나누어 주었는데, 이 사실조차도 그것이 세상에 알려졌을 때는 모두 깜짝 놀랐다.

"너는 여자라도 빈틈이 없는 계집이니까," 그는 8천 루블 가량의 돈을 그루센카에게 주면서 이렇게 말했다. "네 자신이 잘 간수해서 이리저리 운용해 보아라. 그렇지만 지금까지와 마찬가지로 해마다 주는 일정한 생활비 외에는 죽을 때까지 나한테서 더 이상은 동전 한푼도 못 받을 줄 알아라. 유언장에도 네 앞으로는 아무것도 쓰지 않을 테다."

그리고 그는 정말 그대로 했다. 그는 임종할 때 자기의 모든 재산을 일생 동안 하인같이 부려먹은 아들들과 며느리, 손자들에게 모두 나눠 주고, 그루센카에 대해서는 유언장에 한 마디도 써넣지 않았다. 물론 이런 모든 것은 나중에 가서야 알려진 일이었다. 그는 단지 자본의 운용에 대한 충고로서 그루센카에게 커다란 도움을 주었고, 사업 방법을 가르쳐 주었을 뿐이었다.

표도르 카라마조프는 처음엔 대수롭지 않은 투자 관계로 그루센카와 접촉하게 되었지만, 이윽고 자기 자신도 모르는 사이에 거의 미칠 지경으로 그녀에게 반하고 말았다. 그 당시 이미 중태에 빠져 있던 삼소노프는 이 말을 듣자 재미있어 죽겠다는 듯이 한바탕 웃어댔다고 한다. 여기서 주목해야 할 것은, 그루센카가 이 노인에겐 무엇 하나 절대로 숨기는 일 없이 진심으로 대하고 있었다는 사실이다. 그녀가 이 세상에서 그렇게 대해 준 사람은 아마 그 노인 한 사람뿐이었을 것이다. 그러나 최근에 드미트리 표도로비치가 등장하여 그루센카에게 사랑을 고백했을 때는 노인은 먼젓번처럼 웃으려 하지 않았다. 오히려 그와는 반대로 엄숙하고 진지한 얼굴로 그루센카에게 이렇게 충고까지 했다.

"만일 네가 그 부자 중에서 어느 한 사람을 택해야만 한다면 그 늙은이를 택하는 게 좋을 게다. 그렇지만 그 늙은 호색한이 틀림없이 너와 결혼을 하고, 미리 얼마간의 재산을 네 명의로 해준다는 조건이야만 해. 그리고 그 대위와는 손을 끊어라. 어차피 이로운 일은 하나도 없을 테니까."

이 말은 그때 이미 자기의 죽음이 머지않은 것을 느끼고 있던 늙은 호색한이 그루센카에게 한 충고인데 그는 이 충고를 한 뒤 다섯 달만에 죽었다.

참고로 말해 두지만 그루센카를 사이에 둔 카라마조프 부자의 어리석고 추악한 경쟁은 당시 읍내 사람치고 모르는 사람이 없을 정도였지만 이 부자에 대해 그루센카가 취한 태도의 참뜻이 과연 어떤 것이었는지는 아는 사람이 거의 없었다.

그루센카의 두 하녀까지 그 비극적인 대사건(여기에 관해서는 뒤에 말하기로 하겠다)이 일어난 뒤 법정에 소환되었을 때, 그루센카는 단지 드미트리가 죽이 겠다고 위협하는 통에 무서워서 그를 상대해 주고 있었을 뿐이라고 증언했다. 그루센카가 부리고 있던 하녀는 둘뿐이었다. 하나는 그녀의 생가에서 데려온 몸이 허약한데다 귀머거리인 늙은 식모였고 또 하나는 이 노파의 손녀로 그루센카의 잔시중을 들어 주는 스무 살 난 건강한 처녀였다.

그루센카는 아주 검소한 생활을 했기 때문에 방 안 장식도 정말 보잘 것 없었다. 그녀가 살고 있던 별채에는 방이 셋 있었지만 방안에는 이 집 주인의 소유물인 20년대에 유행했던 마호가니 의자와 테이블이 있을 따름이었다.

라키친과 알료샤가 그루센카의 방에 들어섰을 때는 이미 주위가 캄캄했으나 방 안에는 아직 불도 켜져 있지 않았다. 그루센카는 응접실에 있는 커다랗고 딱딱한 마호가니 소파 위에 누워 있었는데 그 소파는 구멍투성이의 등받이에 낡아빠진 가죽이 씌워진 보기 흉한 것이었다. 머리 밑에는 침대에서 가져온 흰 닭털 베개가 두 개 놓여 있었다. 그루센카는 두 손을 머리 밑에 넣고 몸을 쭉 뻗친 채 꼼짝 않고 누워 있었다. 누구를 기다리고 있는 중인지 검은 비단옷을 단정히 차려입고 머리에는 엷은 레이스 장식을 하고 있었는데, 그것이 그녀에게 썩 잘 어울려 보였다. 어깨에는 역시 레이스로 된 숄을 걸치고 앞자락을 순금으로 만든 큼직한 브로치로 여미고 있었다.

사실 그루센카는 누군가를 기다리고 있었다. 우울한 기분으로 소파에 누워 있는 그녀의 얼굴은 약간 핼쑥했다. 그녀는 입술과 눈이 뜨겁게 달아오르는 것 같은 초조감을 느끼면서 오른쪽 발끝으로 줄곧 소파의 팔걸이를 톡톡 차고 있었다.

라키친과 알료샤가 모습을 드러냈을 때 조금 시끄러워졌다. 홀에 들어선 그들은 그루센카가 소파에서 벌떡 일어나며 겁에 질린 목소리로 외치는 고함소리를 들었다.

"누가 오셨지?"

그러자 손님을 맞으러 나온 하녀가 곧 방 안을 향해 소리쳤다.

"그분이 아니에요. 다른 분들이에요. 그분하곤 상관없는 손님들이에요."

"도대체 무슨 일일까?"

알료샤를 응접실로 안내하여 들어가며 라키친이 혼자 중얼거렸다.

그루센카는 아직도 놀라움이 가시지 않은 모습으로 소파 옆에 서 있었다.

치렁치렁한 밤색 머리카락이 레이스 장식 밑으로 흘어져 내려와 어깨를 덮었으나, 그녀는 머리카락이 흘러내린 것도 모르고 손님들의 얼굴을 찬찬히 살펴보며 누구인가를 확인할 때까지 머리를 매만지려 하지 않았다.

"어머나, 라키트카, 당신이었군요! 난 또 누구라고, 정말 깜짝 놀랐어요. 그런데 누구를 데리고 왔지요? 같이 온 분은 누구예요? 어머나 이게 누구야!"

그제야 알료샤를 알아본 그루센카는 호들갑스럽게 외쳤다.

"어서 촛불이나 가져오도록 해요."

마치 이 집에선 뭐든지 명령할 수 있을 만큼 허물없는 사이라는 것을 보여주기라도 하는 듯이 라키친은 거리낌 없는 어조로 말했다.

"촛불…… 그렇지, 촛불을 가져와…… 페냐, 촛불 좀 가져오너라…… 그런데 왜 하필이면 이런 때 저분을 데리고 왔어요!"

그루센카는 턱으로 알료샤 쪽을 가리키며 다시 한번 소리쳤다. 그러곤 거울 쪽으로 돌아서 재빨리 두 손으로 흐트러진 머리를 매만졌다. 그녀는 무엇 때문인지 약간 불만인 듯이 보였다.

"내가 잘못 온 건가요?"

라키친은 금방 화가 난 것처럼 이렇게 물었다.

"사람을 너무 놀라게 하니까 그렇죠, 라키트카." 그루센카는 미소를 지으며 알료샤 쪽을 돌아보았다. "알료샤, 너무 무서워할 것 없어요. 난 당신이 이렇게 찾아와 줘서 얼마나 기쁜지 모르겠어요. 정말 뜻밖의 손님이에요. 그런데 라키트카, 아까는 정말 깜짝 놀랐어요. 난 또 미차가 달려들어온 줄만 알았지 뭐예요. 실은 아까 내가 그이를 속였거든요. 언제나 내 쪽에서 그이한테 내 말을 믿겠다는 다짐까지 받아 놓고서는 거짓말을 했지 뭐예요. 오늘 저녁은 우리 삼소노프 영감님한테 가서 밤늦도록 돈계산을 해야 한다고 말했거든요. 사실 난 일주일에 한 번씩 늘 영감님한테 가서 밤늦도록 계산을 해주게 되어 있어요. 우린 안에서 방문을 잠그고, 그이가 주판으로 계산을 하면 난 옆에 앉아서 장부에 기입하는 거예요. 그이는 나 한 사람 밖에 아무도 믿지 않거든요. 아마 미차는 내가 거기에 가 있는 줄만 알 거예요. 그렇지만 난 집에 들어앉아서 지금 이렇게 혼자 좋은 소식을 기다리고 있는 중이죠. 그런데 페냐가 어째서 당신들을 들어오게 했을까? 페냐, 페냐, 얼른 밖에 나가서 대문을 열고 대위님이 부근에 계시지 않나 보고 와, 어쩌면 숨어서 살피고 있을지 몰라. 아유, 난 정말 무서워 죽겠다니까!"

"아무도 없어요, 아그라페나 님. 방금 내다 본걸요. 또 줄곧 문틈으로 밖을 내다보고 있어요. 저도 무서워서 이렇게 벌벌 떨고 있는걸요."

"덧문은 모두 닫혀 있니? 커튼도 내리는 게 좋겠다, 이렇게!" 그루센카는 제 손으로 두터운 커튼을 내렸다. "이렇게 하지 않으면 그이가 불빛을 보고 곧장 달려올 거야. 알료샤, 오늘은 어쩐지 당신 형 미챠가 무서워 죽겠어요."

그루센카는 커다란 목소리로 지껄여댔다. 크게 걱정하는 기색이었으나 그러면서도 한편으론 무척 행복해 보였다.

"왜 오늘따라 미챠를 그렇게 무서워하지요?" 라키친이 물었다. "여느땐 그리 무서워하는 것 같지 않았는데. 오히려 미챠를 휘둘러 왔지 않아요?"

"아까 말하지 않았어요, 아주 좋은 소식을 기다리고 있는 중이라고……. 그러니까 지금 미챠가 나타나면 아주 곤란하단 말이에요. 그렇지만, 아무래도 그이는 내가 영감님한테 가 있으리라곤 믿지 않을 거예요. 어쩐지 그런 기분이 드는군요. 아마 지금 쯤 자기 아버지 집 뒤뜰 안에 숨어서 내가 나타나는 것을 지키고 있을 거예요. 만약 그렇다면 그가 여기엔 오지 않을 테니까, 오히려 잘된 일이죠! 그렇지만 난 정말 영감님 집에 갔다 왔어요. 미챠가 거기까지 바래다 줬지요. 그때 난 밤중까지 거기 있을 테니까 12시가 되면 꼭 와서 집에 데려다 달라고 부탁했어요. 그래서 그이는 그냥 돌아가고 말았지요. 난 영감님과 한 10분쯤 앉아 있다가 다시 이리로 돌아왔는데, 어찌나 무서웠는지, 혹시 미챠를 만나지나 않을까 싶어 마구 뛰어왔다니까요. 그이를 만나기라도 했다간 큰일이거든요."

"그런데 어딜 가려고 그렇게 옷치장을 하고 있어요? 참으로 이상한 머리장식도 다 있군!"

"라키친, 당신이야말로 참으로 이상하지 뭘 그래요. 난 좋은 소식을 기다리고 있다고 말했잖아요. 소식이 오는 대로 즉시 달려가는 거죠. 그렇게 되는 날엔 다신 만나지 못하게 될 거예요……. 그래서 언제든지 나갈 수 있도록 이렇게 차려입고 있는 거예요."

"그래, 어디로 달려간다는 거요?"

"너무 많은 걸 알면 쉬 늙어요."

"하지만 그렇게 들뜬 모습을 보니 굉장히 기쁜 모양인데…… 당신의 그런 모습은 여태까지 한번도 본 일이 없어요. 마치 무도회라도 나가는 듯이 차려입었군."

그러면서 라키친은 그녀의 아래위를 훑어보았다.

"무도회에 대해선 제대로 알지도 못하면서."

"그럼 당신은 알고 있나요?"

"적어도 무도회라는 걸 본 적이야 있지요. 재작년 삼소노프 영감님의 아들 결혼식 때 합창대석에서 구경했어요. 하지만 라키트카, 이런 귀하신 분이 서 계신데 당신 같은 사람을 상대하고 있을 수는 없잖겠어요? 진짜 손님은 이분이니까요. 알료샤, 난 이렇게 당신을 쳐다보고 있으면서도 어쩐지 내 눈을 믿을 수가 없어요. 아아, 당신이 제 발로 나를 찾아 주다니, 난 정말 당신이 이렇게 올 줄을 꿈에도 생각 못했어요. 어쩌면 당신이 여길 다 오셨을까! 공교롭게도 지금은 좀 때가 좋지 않지만 그래도 얼마나 기쁜지 모르겠어요. 자 여기 소파에 앉으세요. 네, 그렇게. 당신은 나의 젊은 달님이에요. 그런데 난 아직도 뭐가 뭔지 모르겠어……. 이봐요 라키트카, 어제나 그저께쯤 이분을 모시고 왔더라면 얼마나 좋았을까! 그렇지만 어쨌든 난 기뻐요. 어쩌면 그저께가 아니라 바로 이런 순간에 모시고 온 게 차라리 잘됐는지도 몰라."

그루센카는 가벼운 몸짓으로 알료샤와 나란히 소파에 자리를 잡고 앉더니 기뻐서 어쩔 줄 모르겠다는 듯이 알료샤의 얼굴을 바라보았다. 사실 그녀는 진심으로 기뻤고 그 말은 거짓이 아니었다. 그녀의 두 눈은 뜨겁게 반짝이고 입술에는 미소가 감돌고 있었는데, 그것은 참으로 소박하고 유쾌한 미소였다. 알료샤는 그녀가 이처럼 선량한 표정으로 맞이해 주리라고는 생각도 하지 못했다. 그는 어제까지만 해도 거의 그녀와 만난 적이 없었기 때문에 그녀에 대해 어딘지 모르게 무서운 여성이라는 선입견을 가지고 있었다. 뿐만 아니라 바로 어제 카체리나에 대한 그 표독하고 교활한 행동을 목격하고 무서운 충격을 받았기 때문에 지금 갑자기 그녀에게서 전혀 딴 사람 같은 뜻밖의 인상을 받게 되자 몹시 놀랐다. 알료샤는 지금 슬픔에 짓눌려 있기는 했지만 그의 눈은 저도 모르게 그루센카의 얼굴에 못박혀 주의 깊게 그녀를 관찰하고 있었다.

그녀의 행동 역시 어제와는 딴판으로 무척 호감이 갔다. 어제의 그 메스꺼울만큼 달콤한 말투나 거드름부리는 요염한 몸짓 같은 것은 거의 찾아볼 수 없이 모든 것이 소박하고 솔직하게만 보였다. 동작도 시원시원하고 경쾌하며 신뢰감으로 넘치고 있었다. 그러나 그녀는 몹시 흥분하고 있었다.
"아유, 오늘은 어쩌면 모든 일이 이렇게 척척 맞아들어 갈까요, 정말!" 그루센카는 다시 중얼거리듯이 말했다. "그런데 알료샤 난 또 어째서 당신이 온 게 이렇게 기쁜지 나 자신도 까닭을 모르겠어요. 당신이 물어도 난 아마 대답할 수 없을 거예요."

"그럴리가! 왜 기쁜지를 모르겠다고?" 라키친이 이죽거리며 웃었다. "뭔가 이 친구를 데려와 달라고 그렇게도 나를 못살게 군 사람이 누군데, 뭔가 목적이 있었을 텐데?"

"전에는 다른 목적이 있었지만, 이젠 다 지나간 일이에요. 지금은 그럴 때가 아니거든요. 그건 그렇고, 당신들에게 뭘 좀 대접해야 겠군요. 라키트카, 이젠 나도 제법 마음씨 착한 사람이 되었답니다. 자, 당신도 어서 앉아요. 왜 그렇게 버티고 서 있죠? 아니 벌써 앉아 있었군요. 하여간 라키트카는 자기 자신에 대해선 잊을 리가 없으니까 걱정 없어. 보세요, 알료샤, 잔뜩 기분이 나빠서 우리 앞에 저렇게 앉아 있는 모습을. 아마 내가 자기한테 먼저 앉으라는 소릴 안해서 화가 난 모양이에요. 아아, 라키트카는 우리집에 올때마다 걸핏하면 저렇게 화를 낸다니까." 이렇게 말하며 그루센카는 깔깔 소리내어 웃었다. "라키트카, 너무 화내지 말아요. 나는 지금 기분이 매우 좋으니까요. 그런데 알료샤 당신은 왜 그렇게 슬픈 얼굴을 하고 있어요? 내가 무서워서 그러는 건가요?"

반은 놀리는 투로 밝은 미소를 지으며 그녀는 알료샤의 눈을 들여다보았다.
"이 친구야말로 슬퍼할 일이 있지요. 승진을 못했거든요."
라키친은 잘 울리는 저음으로 말했다.
"승진이라니요?"
"이 친구의 장로님이 고약한 냄새를 풍기기 시작했지요."
"고약한 냄새? 그런 실없는 소린 그만 두세요. 또 무슨 추잡한 얘길 하려는 거죠? 그만 둬요, 그런 바보 같은 소린! 그보다도 알료샤, 당신 무릎 위에 나를 앉혀 줘요, 이렇게!" 그루센카는 발딱 일어나더니 마치 아양을 떠는 고양이처럼 알료샤의 무릎 위에 올라앉아 오른팔을 나긋하게 알료샤의 목에 감았다. "기분을 풀어 드리려는 거예요. 신앙심 깊은 우리 귀여운 도련님! 그렇지만 이렇게 무릎에 앉아도 정말 괜찮을까요? 화내지 않을 거예요? 안 된다고 하면 얼른 내려앉겠어요."

알료샤는 아무 말이 없었다. 그는 몸을 움직이는 것조차 두려운 듯이 꼼짝 않고 앉아 있었다. '안된다고 하면 얼른 내려앉겠어요'라는 말을 알아듣긴 했으나, 흡사 온몸이 마비된 듯 아무런 대꾸도 하지 못했다. 그러나 이때 그의 마음속에서 소용돌이치고 있던 것은 맞은편에서 혐오스러운 눈빛으로 지켜보고 있는 라키친이 기대하거나 상상하고 있는 것과는 전혀 다른 것이었다. 너무나 큰 영혼의 슬픔이, 지금 그의 마음속에 일어날 가능성이 있는 모든 감각을 송두리째 삼켜 버렸기 때문에, 만약 그가 이 순간에 자기 자신을 충분히 바라볼 수 있었다면 지금 자기가 모든 유혹과 시련으로부터 자기 자신을 방어할 수 있는 매우 견고한 무장을 하고 있다는 것을 스스로 깨달았을 것이다. 그러나 그는 뭐라고 설명할 수 없는 모호한 정신 상태와 그의 가슴을 무겁게 짓누르는 슬픔에도 불구하고, 문득 마음속에 일어난 새롭고 야릇한 감각에 스스로 놀랐다.

다름이 아니라 이 여자, 이 '무서운' 여자는 지금까지 여자에 대한 상념이 그의 마음속에 떠오를 때마다 언제나 경험했던 공포에 의해 자신을 겁에 질리게 하지 않을 뿐만 아니라 오히려 반대로 지금까지 가장 두려워하던 여자, 지금 자기 무릎 위에 앉아서 자기를 포옹하고 있는 이 여자가 여태까지 전혀 예상하지 못했던 어떤 독특한 감각을 그의 마음속에 불러일으킨 것이다. 그것은 어딘지 이상하고 터무니없이 큰 호기심, 털끝만한 위구심이나 그 어떤 공포도 섞여 있지 않은 순진무구한 호기심이었다. 그것이 가장 중요한 점이고 그를 놀라게 한 중요한 이유였다.

"그런 부질없는 소린 이제 그만 집어치워요." 라키친이 소리쳤다. "그보다 어서 샴페인이나 내놓지 그래요. 샴페인을 내놓을 의무가 당신에게 있다는 것쯤은 스스로 잘 알 게 아니오!"

"정말 그렇군요. 이봐요 알료샤, 이 사람에게 당신을 나한테 데려오면 내가 샴페인을 낸다고 약속했거든요. 그럼, 샴페인을 마십시다. 나도 마시고 싶어요. 페냐, 페냐, 샴페인을 가지고 와. 거 왜 미차가 두고 간 것 말이야. 빨리 가서 갖고 와! 난 구두쇠지만 한 병 내겠어요. 그렇지만 라키친, 당신을 위해서가 아니에요. 당신은 독버섯이지만 이분은 귀공자거든요! 지금 내 마음속은 다른 일로 꽉 차 있지만 그런 건 아무래도 좋아요. 당신들과 함께 마시고, 한바탕 떠들면서 우울한 기분을 풀어 버리고 싶군요."

"그런데, 지금이라니, 그게 무슨 뜻이오? 또 어떤 소식이란 건 뭐죠? 물어 봐도 괜찮겠지요? 혹시 비밀인가요?"

라키친은 줄곧 자기에게 날아오는 모욕적인 말은 전혀 못 들은 척하고 노골적으로, 호기심을 드러내며 다시 끼어들었다.

"천만에, 비밀은 무슨 비밀. 당신도 알고 있는 일인데."

그루센카는 문득 걱정되는 듯이 말하며 알료샤에게서 살짝 몸을 젖혀 라키친 쪽으로 얼굴을 돌렸으나 여전히 그의 무릎에 앉은 채 한쪽 팔로는 그의 목을 휘감고 있었다.

"다름 아니라, 장교님이 올 거예요, 라키친. 나의 그 장교님 말예요."

"아참, 그 얘긴 들었지, 그런데 벌써 온다는 말이오?"

"지금 모크로예에 와 있어요. 거기서 나한테 사람을 보내겠다고 연락이 왔지요. 바로 아까 그이가 직접 써 보낸 편지를 받았는데 거기 그렇게 씌어 있었어요. 그래서 그 심부름꾼을 기다리고 있는 거예요."

"그래요? 하지만 모크로예에 왜 왔지요?"

"얘길 하자면 길어요. 그리고 이제 당신하곤 그만 얘기하고 싶어요."

"그럼 미차는 지금…… 이것 참, 재미있게 돼 가는걸! 그래 미차는 그걸 알고 있소, 모르고 있소?"

"그가 어떻게 알겠어요! 전혀 몰라요! 만약 그가 알았다간 날 죽이려고 들 거예요. 그렇지만 난 지금 그까짓 것쯤은 조금도 무섭지 않아요. 그이의 칼부림쯤 무서울 거 없어요. 그보다도 라키트카, 그 입 좀 다물어요. 제발 내 앞에선 드미트리 씨 얘긴 꺼내지 말아 줘요. 그이는 내 마음에 가슴 아픈 상처만 안겨 주었으니까요. 정말이지 이런 때엔 그런 생각은 하고 싶지도 않아요. 그렇지만 알료샤를 생각하는 건 괜찮아요. 알료샤의 얼굴을 이렇게 자꾸만 들여다보고 싶어요……. 자, 나를 보고 좀 웃어 봐요, 귀여운 나의 도련님! 어서 기운 좀 내봐요. 그리고 바보같은 나를 보고 웃어 주세요. 아, 정말 웃었다. 정말 웃어 주었어요! 어쩌면 눈길이 이렇게 부드러울까! 이봐요, 알료샤, 난 당신이 그저께 그 일 때문에, 그 젊은 아가씨 때문에 나한테 화를 내고 있지 않나 걱정하고 있었답니다. 그날의 나는 정말 개였으니까! 정말이지 개나 다름없었어요. 그렇지만 그렇게 하길 잘했어, 물론 좋은 일은 아니었지만 역시 잘한 일이에요."

그루셴카는 뭔가 생각한 듯이 미소를 흘렸다. 그러나 그 미소 속에 한 줄기 잔인한 그림자가 스치고 지나갔다.

"미차의 말을 들으니 그 여자는 나를 가리켜 채찍으로 때려 줘야 할 계집이라고 소리쳤다더군요. 정말 내가 너무 심했던 가봐요. 하지만 그 여자는 달콤한 엿으로 날 꾀어 넘기려고 일부러 사람을 보내 불러 냈단 말예요. 그러니 역시 그렇게 하길 잘했지요." 그녀는 다시 미소를 지었다. "그렇지만 난 그 일 때문에 당신이 화를 내고 있을 거라고 줄곧 걱정했어요."

"아니, 이번엔 무척 솔직하시군 그래." 라키친이 진심으로 놀란 듯한 어조로 참견을 했다. "알료샤, 정말이지 이 사람은 자네를 두려워하고 있다네, 햇병아리같은 자네를."

"라키친, 그야 물론 당신 눈에는 이분이 햇병아리로 보이겠죠. 도대체 당신이란 사람에겐 양심이란 게 없으니까요. 알겠어요? 하지만 상관없어, 난, 난 이분을 진심으로 사랑하고 있으니까요. 믿어주시겠죠, 알료샤! 내가 진심으로 당신을 사랑하고 있다는 걸."

"정말 뻔뻔하군! 여보게 알료샤, 이 여자는 지금 자네에게 사랑을 고백하고 있는 거야!"

"그게 어떻단 말이죠? 이분을 사랑하는게 무슨 잘못인가요?"

"그럼 그 장교는? 모크로예에서 올 거라는 좋은 소식은."

"이것과 그건 전혀 다른 문제예요."

"그것 참, 여자들은 다 그렇게 생각하는 모양이지?"

"라키친, 제발 남의 비위 건드리지 말아요." 그루셴카는 발끈 화를 내며 쏘아붙였다. "이건 전혀 문제가 다른 거예요. 알료샤에 대한 사랑은 성질이 다르단 말예요. 알료샤, 그야 물론 나도 얼마 전까지는 당신에게 짓궂은 마음을 품고 있었던 것이 사실이에요. 난 말이죠, 심보가 사납고 더러운 계집이지만, 그래도 가끔 당신을 내 양심의 거울처럼 바라보곤 했어요. '그만한 사람이니까 지금쯤 나를 더러운 계집이라고 경멸하고 있을 거야' 늘 이런 생각만 하고 있었답니다. 그저께 그 아가씨 집을 뛰쳐나와 돌아올 때도 그렇게 생각했지요. 알료샤, 벌써 오래 전부터 난 당신을 그렇게 생각하고 있었어요. 미차는 그걸 알고 있어요. 내가 얘길 했으니까. 미차도 역시 나와 똑같이 생각하고 있어요. 당신은 믿어 주지 않을지 모르지만, 당신을 보고 있노라면 난 가끔 부끄러워질 때가 있어요. 나의 모든 것이 부끄러워 견딜 수가 없다니까요……. 무슨 까닭으로, 언제부터 그렇게 생각하게 되었는지 나도 모르겠어요. 생각이 나질 않아요…….”

페냐가 들어와서 테이블 위에 쟁반을 내려 놓았다. 쟁반에는 마개를 뽑은 술병 하나와 술이 남실남실 따라진 잔이 세 개 놓여 있었다.

“샴페인이 나왔군!” 라키친이 외쳤다. “아그라페나 씨, 보아하니 좀 흥분하신 모양인데 자, 이 샴페인이나 한 잔 들어요. 그러면 춤이라도 덩실덩실 추고 싶어질 테니까. 요런 것 하나 제대로 못한대서야 어디!” 그는 술병을 들여다보며 이렇게 덧붙였다. “식모 할멈이 부엌에서 미리 잔에 따라 내보냈군. 게다가 병에는 마개도 막지 않고 뜨뜻미지근한 걸 가져오다니! 하는 수 없지! 이거라도 마시는 수밖에.”

그는 테이블로 다가가 잔을 들고 단숨에 들이켜더니, 자기 손으로 다시 한 잔 따랐다.

“샴페인은 어지간해서는 구경하기가 쉽질 않거든.” 그는 입술을 핥으며 말했다. “여보게 알료샤, 어서 잔을 들고 남자다움을 보여주게. 그런데 무엇을 위해 건배하지? 천국의 문을 위해? 그루센카, 당신도 잔을 들어요. 그리고 천국의 문을 위해 건배합시다.”

“천국의 문이라니, 무슨 뜻이죠?”

그녀는 잔을 들었다. 알료샤도 자기 앞에 놓인 잔을 들어 한 모금 마신 뒤 그대로 다시 잔을 내려놓았다.

“역시 마시지 않는 게 좋겠어!”

그는 조용히 미소를 지었다.

“그럼, 아까 한 말은 공연한 허풍이었군!”

라키친이 소리쳤다.

“그럼 나도 그만두겠어요.” 그루센카가 말을 받았다. “실은 나도 그리 마시고 싶지 않아요. 라키트카, 당신 혼자서 모두 마셔요. 알료샤가 마신다면 나도 마시겠지만.”

“흥, 어지간히 조신하시군 그래!” 라키친이 빈정거렸다. “게다가 남자의 무릎 위에 올라 앉아서 말이야! 이 친구는 슬픈 일이 있어서 마시지 않는다지만, 당신은 무엇 때문에 그러는 거지? 이 친구는 자기의 하느님에게 반항하느라 소시지를 먹겠다고 했지만 말이야."

"그게 무슨 소리예요?"

"이 친구의 스승인 장로님이 오늘 세상을 떠났거든, 거룩한 성인 조시마 장로님이……."

"조시마 장로님이 돌아가셨단 말이에요?" 그루센카가 외쳤다. "어머나, 이걸 어째, 난 그것도 모르고 있었군요!" 그녀는 경건하게 성호를 그었다. "아아, 내가 이게 무슨 짓이람, 그런데도 나는 이렇게 이분의 무릎 위에 올라 앉아 있었으니!" 그루센카는 이렇게 외치며 재빨리 무릎에서 뛰어내려 소파에 옮겨 앉았다.

알료샤는 놀란 표정으로 한참 동안 그루센카를 바라보고 있었다. 그러자 그의 얼굴에 서서히 밝은 빛이 깃드는 것처럼 보였다.

"라키친." 그는 갑자기 단호한 어조로 소리 높여 말했다. "내가 하느님께 반항을 한다느니 뭐니 하고 놀리지 말아 주게, 난 자네에게 나쁜 감정을 품고 싶지는 않으니까. 그러니 자네도 좀더 선량한 마음으로 대해 줄 수 없겠나. 난 자네가 이제까지 한 번도 가져 보지 못한 귀중한 보물을 잃었어. 따라서 자네는 지금 이러니저러니하고 말할 자격은 없는 거야. 그보다는 이분을 잘 보게. 이분이 날 동정해 주는 건 자네도 보았겠지? 내가 이리로 온 건 인간의 사악한 마음을 발견하기 위해서였네. 나 스스로 그런 마음이 들었던 건 무엇보다 나 자신이 비열하고 사악 인간이기 때문이지. 그런데 난 뜻밖에도 여기서 참된 누님을 발견했네. 사랑에 충만된 영혼을, 귀중한 보배를 발견한 거야……. 이분은 날 측은히 여겨 주었어……. 아그라페나 씨, 지금 나는 당신 얘길 하고 있는 겁니다. 당신은 내 영혼을 심연에서 건져 주셨습니다."

알료샤는 입술이 떨리고 숨이 가빠왔다. 그는 여기서 입을 다물었다.

"마치 그루센카가 자네의 구세주라도 되는 것처럼 말하네그려……." 라키친이 독기 품은 웃음을 웃어댔다. "그렇지만 이 여잔 자넬 잡아먹으려 했단 말이야, 대체 그런 줄이나 알고서 그러는 건가?"

"닥쳐요, 라키트카." 그루센카가 발딱 일어났다. "두 분 다 잠자코 계세요. 이제 모든 걸 실토할 테니. 알료샤, 당신에게 잠자코 있으라고 한 것은, 당신의 말을 들으니 부끄러워 견딜 수가 없기 때문이에요. 난 당신이 말하는 것처럼 착한 여자는커녕 못된 여자예요. 아주 나쁜 여자란 말이에요. 그렇지만 라키트카, 당신에게 잠자코 있으라고 한 건 당신이 거짓말만 하기 때문이에요. 확실히 한때는 이분을 손아귀에 넣으려는 천한 생각을 품었던 것도 사실이지만, 지금은 그렇지 않아요. 당신이 지금 말한 것은 거짓말이에요, 지금은 전혀 다르니까……. 그리고 이젠 당신 같은 사람 얘긴 듣기도 싫어요, 라키트카!"

그루셴카는 이상한 흥분에 사로잡혀 소리쳤다.

"둘 다 미쳤군, 미쳤어!" 어이없다는 듯 두 사람을 바라보며 라키친은 우물우물 중얼거렸다. "내가 어디 정신 병원에라도 들어온 건가? 왜들 이러지? 그 모범생 같은 얼굴들을 보니 금방이라도 울음을 터뜨릴 것 같군."

"정말 울 거예요, 울고 말고요." 그루셴카가 단호하게 말했다. "이분은 나를 누님이라고 불러 주었어요. 난 죽을 때까지 절대로 잊지 않겠어요! 라키트카. 물론 난 못된 여자이긴 하지만, 그래도 남에게 파 한 뿌리를 준 일이 있다는 것을 알아 둬요."

"파 한 뿌리라니? 쳇, 그러고 보니 정말 돌아 버린 모양이군!"

라키친은 두 사람의 감격에 찬 모습을 보고 한편으론 놀라고 한편으론 모욕이라도 당한 듯한 격분을 느꼈다. 그러나 그가 만일 냉정히 생각해 보았다면 어떤 깨달음이 있었을 것이다. 일생 동안 그리 흔하지 않은, 인간의 마음에 깊은 감동을 주는 움직임이 지금 이 순간 두 사람의 마음에 동시에 일어났다는 것을 말이다. 그러나 자기 자신에 관계된 모든 일에 대해서는 매우 민감한 직감력을 가진 라키친도, 다른 사람의 기분이나 감정을 이해하는 데는 아주 둔감했다. 이것은 나이가 어리고 경험이 적은 탓도 있겠지만, 그보다는 그의 지나친 이기주의 때문이었다.

"그런데 알료샤." 그루셴카는 알료샤를 돌아보며 갑자기 발작적으로 웃어댔다. "방금 내가 파 한 뿌리를 준 일이 있다고 한 말은 라키트카에게 한번 뻐겨 보느라고 한 것이지 결코 당신에게 한 말은 아니었어요. 당신에게는 다른 의도로 얘기한 거예요. 이 얘긴 다만 비유에 지나지 않는 것이지만, 비유치곤 멋들어진 얘기죠. 내가 아직 어렸을 때, 마트료나—지금도 우리 집에서 식모로 있는 할멈한테서 들은 얘기인데 한번 들어 보세요. 옛날도 아주 옛날, 어떤 곳에 심보가 고약한 할머니가 있었대요. 그런데 그 할머니가 죽자 좋은 일이라곤 한 가지도 한 게 없었기 때문에, 그만 악마가 할머니를 붙잡아다 불바다 속에 던져넣었지요. 그 할머니를 지키는 천사는, 하느님께 말씀드릴 만한 좋은 일이 없었는가 곰곰이 생각해 본 끝에 겨우 한 가지 생각나는 일이 있어서 하느님께 여쭈었대요. '이 노파는 살아 있을 때, 자기 밭에서 파 한 뿌리를 뽑아 거지 여자한테 준 일이 있었습니다.' 그랬더니 하느님께서 이렇게 말씀하셨답니다. '그럼 네가 그 파를 가져다 불바다 속에 있는 노파에게 내밀고, 그걸 붙잡고 나오라고 해라. 만일 그렇게 해서 다행히 밖으로 끌어내는 데 성공하면 그 노파를 천국에 들여보내 주겠지만, 만일 그 파가 끊어지면 노파는 지금 있는 곳에 그대로 있을 수밖에 없다.' 그래서 천사는 노파에게 달려가 그 파를 내밀어 주었어요. '자, 이 파를 꼭 붙들어요. 내가 끌어올릴 테니.' 그리고 조심조심 끌어올리기 시작했지요. 그런데 천사가 거의 다 끌어올린 무렵에, 불바다 속에 있는 다른 죄인들이 노파가 파를 잡고 올라가는 것을 보고 자기네도 함께 나오려고 모두 그 파에 매달리기 시작했어요. 본디 심보가 고약했던 노파는 죄인들을 발길로 걷어차며 소리쳤지요. '나를 끌어 올려 주는 것이지, 너희가 아냐. 이건 내 파지 너희 파가 아니야.' 그런데 노파가 그렇게 말하자마자 그 파가 뚝 끊어져 버렸지 뭐예요. 결국 노파는 다시 불바다 속으로 떨어져 아직도 그 속에서 타고 있다더군요. 그래서 천사는 하는 수 없이 울면서 거기를 떠났다는 얘기랍니다.

비유라고 한 건 바로 이것인데, 알료샤, 나는 이걸 죄다 외우고 있어요. 왜냐하면 나 역시 그 노파와 같은 심술궂은 여자니까요. 라키트카에겐 나도 파를 준 일이 있다고 자랑했지만, 알료샤, 당신에게는 이렇게 말하겠어요. '난 일생 동안 파 한 뿌리밖엔 줘본 일이 없어요. 내가 한 착한 일이라곤 그것밖에 없어요.' 그러니까 알료샤, 당신도 날 칭찬하지 마시고 착한 여자라고도 생각지 말아 주세요. 나는 심보가 고약한 여자니까 당신한테 칭찬을 들으면 부끄러워서 견딜 수가 없답니다. 이렇게 된 이상 모든 걸 다 털어놓아야겠군요. 잘 들어 보세요. 실은 알료샤, 나는 당신을 이 집으로 끌어들이고 싶어서, 만약 당신을 우리집까지 데리고 오면 25루블을 주겠다고 약속하며 신신당부를 했답니다. 잠깐만, 라키트카, 잠깐만 기다려요!"

그루센카는 테이블 쪽으로 총총걸음으로 다가가서 서랍을 열고 지갑을 꺼내더니 그 안에서 25루블 짜리 지폐 한 장을 뽑아 냈다.

"아니, 이, 이건 무슨 맹랑한 소리야!"

몹시 당황한 라키친은 이렇게 외쳤다.

"자, 받아요, 라키트카, 약속했었잖아요. 자기 입으로 요구한 것이니까 사양할 것 없어요."

그러면서 그녀는 그에게 돈을 내던졌다.

"물론 사양할 이유야 없지."

라키친은 몹시 낭패한 듯했으나 그래도 겉으로는 태연을 가장하며 큰소리를 쳤다.

"어리석은 인간들 덕분에 현명한 사람이 덕을 보는 건 당연한 일이니까."

"이젠 그 입 좀 다물고 있어요, 라키트카! 이제부터 내가 하는 말은 당신 들으라고 하는 말이 아니니까요. 어서 저쪽 구석에 가서 가만히 앉아 있어요. 당신은 우리를 좋아하지 않으니까 잠자코 있기만 하면 되는 거예요."

"내가 무엇 때문에 당신들을 좋아해야 한다는 거요?"

라키친은 불쾌감을 감추지도 않고 화를 벌컥 냈다. 그는 25루블리짜리 지폐를 호주머니에 넣긴 했으나, 알료샤가 보는 것이 부끄러워 견딜 수가 없었다. 실은 알료샤 모르게 나중에 그 돈을 받을 셈이었는데 이렇게 수치를 당하고 보니 화가 치밀어올랐던 것이다. 지금 이 순간까지는 그루센카가 아무리 핀잔을 줘도 너무 비위를 거스르지 않는 것이 현명하다고 생각하고 있었다. 그녀가 자기에 대해 일종의 권력을 가지고 있는 것 같이 생각되었기 때문이다. 그러나 이번만은 그도 참지 못하고 그만 화를 벌컥 내고 만 것이다.

"인간이 인간을 사랑하는 데는 무슨 이유가 있어야 하는 법이오. 그런데 당신들이 나를 위해 뭘 해주었지?"

"이유가 없어도 사랑해야 해요, 알료샤처럼."

"도대체 무얼 보고 이 친구가 당신을 사랑한다고 단언하는 거요? 이 친구가 당신에게 무얼 보여주었기에 그처럼 야단법석이냐 말이오?"

그루센카는 방 한가운데 서서 상기된 어조로 말하고 있었다. 그 어조에는 히스테릭한 여운이 감돌고 있었다.

"그만둬요, 라키트카. 당신이 우리에 대해 뭘 안다고 그래요! 그리고 다신 날 당신이라고 부르지 말아요. 당신이 어째서 그런 투로 감히 말할 수 있느냐 말예요. 도대체 어디서 그런 뻔뻔스러운 배짱이 생겼는지 모르겠어. 어서 어디든 구석에 물러앉아 하인처럼 잠자코 있어요!

하지만, 알료샤, 당신에게만은 모든 걸 숨김없이 말하겠어요. 내가 얼마나 못된 계집인지 당신이 알 수 있도록 말이에요! 라키트카가 아니라 당신에게 말하는 거예요. 난 당신을 파멸시키고 싶었어요. 알료샤, 이건 털끝만큼도 거짓 없는 사실이에요. 당신을 데려오면 돈을 주겠다고 라키트카를 매수하기까지 했으니까요.

그런데, 내가 무엇 때문에 그런 짓을 하려고 했는지 아세요, 알료샤? 당신은 아무것도 모르고 언제나 외면을 한 채 눈을 내리깔고 내 곁을 지나곤 했지요. 그러나 나는 이제까지 백 번이 넘게 당신을 보았고 만나는 사람마다 당신에 대해 물었어요. 당신의 얼굴이 내 가슴 속에 달라붙어 한시도 떠나지 않는 거예요. '날 깔보고 있구나. 그래서 나 같은 건 거들떠보지도 않는 거야.' 이렇게 생각을 했죠. 그러자 마침내는 '무엇 때문에 내가 그까짓 애송이를 두려워하는 것일까?' 나 스스로 어처구니가 없을 지경이 되더군요. '오냐, 어디 두고 보자. 언제고 꼼짝 못하게 사로잡아 마음껏 웃어 줄 테니' 난 앙심을 품고 때가 오기를 기다렸죠. 당신은 곧이듣지 않겠지만, 적어도 이 고장에 사는 사람치고 어떤 야비한 목적을 품고서 이 그루센카의 집에 접근하려 하거나 그런 말을 떠벌리는 사람은 이젠 하나도 없어요. 나를 마음대로 할 수 있는 사람이라곤 저 늙은 영감님 하나밖에 없죠. 악마의 장난 때문인지 인연이 맺어져 그 늙은이에게 팔려왔지만, 그 대신 다른 사내는 하나도 없어요.

그런데 당신을 한번 본 순간 나는 저 애송이를 한입에 집어삼켜 버리고 마음껏 웃어 줘야겠다고 생각했어요. 내가 얼마나 천한 개 같은 계집인지 이제 아셨죠? 그런데도 당신은 나를 누님이라고 불러 주는군요.

그건 그렇고, 예전에 나를 차버렸던 남자가 이번에 돌아와요. 그래서 지금 이렇게 앉아 그 사람으로부터 연락이 오기를 기다리고 있는 중이에요.

나를 배반했던 그 남자가 내게 어떤 의미를 갖고 있는지 아세요? 5년 전 삼소노프 영감님이 나를 이곳으로 데려왔을 때, 나는 문을 꼭 닫고 방안에 틀어박혀 어느 누구도 내 얼굴을 보거나 목소리를 듣지 못하게 하고 있었어요. 나도 어지간히 어리석었지요. 여기 이렇게 앉아서 훌쩍훌쩍 울며 밤새도록 뜬 눈으로 누워 있곤 했으니까요. 그리고 '나를 저버린 그 사람은 지금 어디 있을까? 아마 다른 여자와 함께 나를 비웃고 있을 거야. 어디 두고 보자. 언제든 보기만 하면, 만나기만 하면 반드시 앙갚음을 하고 말 테다!' 생각했지요. 밤중에 어둠 속에서 베개에 얼굴을 파묻고 그 생각만 되풀이하면서 흐느껴 울곤 했답니다. 일부러 가슴을 쥐어뜯으며 타오르는 증오심으로 마음을 달랬던 거예요. '앙갚음을 해야지, 반드시 앙갚음을 하고야 말 테야!' 이렇게 어둠 속에서 혼자 부르짖기도 했지요.

그러다 문득 정신을 차리고 생각했어요. '지금의 나로서는 복수할 도리가 없지 않은가? 지금쯤 그는 나를 비웃고 있겠지. 아니, 어쩌면 나 같은 건 벌써 잊어버렸을지도 몰라.' 이런 생각이 떠오르면, 침대에서 벌떡 일어나 마룻바닥에 몸을 내던지고 하염없이 눈물을 흘리며 동이 틀 때까지 몸부림치곤 했어요. 그렇게 하고 나서 다음날 아침에 일어날 때면 나는 개보다 못한 여자가 되어 온 세상을 몽땅 집어삼키기라도 할 것 같은 악랄한 기분이 되곤 했지요.

그래서 어떻게 했는지 아세요? 그때부터 난 돈을 모으기 시작했어요. 의리도 인정도 없는 계집이 되어, 몸에는 점점 살이 오르기 시작했죠. 머리도 조금은 영리해졌을 거라고…… 당신은 생각하겠지요? 그런데 그렇지가 못했어요. 이 넓은 세상에서 누구 하나 보지도 알지도 못하지만, 밤이 찾아오고 주위에 어둠이 깔리면, 지금도 이따금 5년 전과 같은 소녀로 되돌아가 이를 악물고 밤새도록 울곤 한답니다. 그러고는 '두고 보자, 기어이 앙갚음을 하고야 말 테니!' 이렇게 마음속으로 다짐하죠. 알료샤, 듣고 있어요? 내가 어떤 계집이라는 걸 이제는 똑똑히 알았겠죠!

그런데 바로 한 달 전, 뜻밖에도 편지가 한 장 날아들었어요. 그이가 곧 오겠다는 거예요. 얼마 전에 홀아비가 되었는데 날 보고 싶다는 거였죠. 아아, 그때는 정말 숨이 막히는 것만 같았어요. 어쩌면 좋을까 생각하는데, 문득 이런 생각이 들지 않겠어요? '만약 그이가 와서 휘파람을 불며 나를 찾는다면, 나는 무슨 잘못을 저지르고 잔뜩 혼이 난 개처럼 어정어정 그 사람 곁으로 기어가지나 않을까?' 이런 생각을 하니, 나 자신을 믿을 수가 없더군요. '내가 그렇게 어리석은 여자란 말인가? 과연 나는 그 사람 곁으로 달려갈 것인가?' 이렇게 생각하니 지난 한 달 동안 나 자신에게 화가 나서 견딜 수가 없었어요. 5년 전보다 더 화가 나더군요.

알료샤, 이젠 당신도 알았겠죠? 내가 얼마나 거칠고 포악한 여자인지 나는 모든 것을 숨김없이 사실 그대로 얘기한 거예요. 미차를 희롱한 것도, 실은 단지 그이에게 달려가려는 나 자신을 막기 위해서였어요. 가만 있어요, 라키친. 당신은 나에 대해 이러쿵저러쿵 말할 권리가 없어요. 당신한테 얘기한 것이 아니니까요. 나는 당신들이 오기 전에, 여기 누워 기다리면서 생각하고 있었죠. 앞으로의 내 운명을 결정지으려 한 거죠. 당신들은 지금 내가 무슨 생각을 하고 있는지 알 리가 없어요. 그리고 알료샤, 그 아가씨에게 그저께 일어난 일 때문에 내게 너무 화를 내지 말아 달라고 전해 줘요. 아아, 이 세상에 지금 내 심정이 어떤지 아는 사람은 아무도 없어요. 결코 알리가 없지요……. 난 어쩌면 오늘 그곳으로 칼을 품고 갈지도 몰라요. 아직 결심은 못했지만…….”

이 '애처로운 말'을 하고 나자 그루셴카는 더이상 참지 못하고 두 손으로 얼굴을 감싼 채 소파 위에 있는 베개에 몸을 던지고 마치 어린애처럼 흐느껴 울었다. 알료샤는 자리에서 일어나 라키친에게 다가갔다.

“라키친 화를 내지 말아 주게. 그녀에게 화가 나겠지만 너무 나쁘게는 생각지 말아 줘, 자네도 지금 한 이야기 들었겠지? 인간의 마음에 그렇게 많은 것을 기대할 수는 없는 거야. 그보다는 연민을…….”

알료샤는 억제할 길 없는 충동에 사로잡혀 이렇게 말했다. 그는 자기의 가슴속에 복받쳐오르는 것을 말하지 않고는 견딜 수가 없어, 그 대상으로 라키친을 선택한 것뿐이었다. 만약 라키친이 없었다면 그는 허공을 향해서라도 외쳤을 것이다. 그러나 라키친이 냉소어린 시선으로 바라보는 바람에 알료샤는 말을 뚝 그치고 말았다.

“이봐, 하느님의 사도 알렉세이, 자넨 어젯밤에 가득 장전해 둔 장로의 설교라는 탄환을 지금 나한테 쏘아대는 셈이군 그래.”

라키친은 증오에 찬 미소를 띠며 이렇게 말했다.

“비웃지 말게 라키친. 조롱일랑 그만 둬. 죽은 그분을 그런 식으로 이야기하는 게 아니야. 그분은 이 세상의 어느 누구보다 훌륭한 분이었어!” 알료샤는 눈물을 글썽이며 외쳤다. “나는 심판자로서 이런 말을 하는 것이 아니야 나 자신이 가장 나쁜 피고의 한 사람이니까. 그분의 고통에 비하면 나 같은 건 정말 아무것도 아니야. 내가 여기 온 것은 나 스스로를 파멸시키고, 그래도 '괜찮아, 상관없어.' 이렇게 말하기 위해서였어. 그것은 모두 내 마음이 약하기 때문이었지. 그런데 여기 이분은 5년 동안이나 무서운 고통을 겪고도, 가장 소중한 사람이 찾아와 진심에서 우러나오는 말 한마디를 하자마자…… 이미 모든 것을 잊고, 모든 것을 용서하고 이렇게 울고 있지 않은가! 자기를 저버린 남자가 돌아와서 자기를 부르니까 이분은 모든 것을 용서하고 기꺼이 그 남자를 만나러 가려 하고 있지 않나! 아마 칼 따윈 결코 가져가지 않을 거야. 암, 절대로 가져가지 않고말고. 그렇지만 나라면 그렇게 못할걸세. 자네는 혹시 어떨지 모르겠지만, 난 그렇지 못해. 난 오늘, 아니 지금 이 자리에서 좋은 교훈을 얻은 셈이야……. 사랑에 대해서는 이분은 우리보다 몇 배나 훌륭해……. 자네는 이분이 지금 한 얘기를 전에 들은 적이 있나? 없지? 들어 본 적 없을 거야. 들은 적이 있다면 자네도 벌써 오래 전에 모든 것을 깨달았을 테니까……. 그리고 또 한 사람, 그저께 이분에게 모욕을 당한 그 아가씨도 역시 이분을 용서해 줄 거야! 사정을 알면 용서해 줄걸세. 사정을 알면……. 이분의 영혼은 아직 평안을 얻지 못하고 있으니까, 우린 이분을 위로해 주어야 해……. 그 영혼에는 어쩌면 귀중한 보물이 숨어 있을 지도 몰라…….”

알료샤는 거기서 입을 다물었다. 숨이 막혀 오는 것 같아서였다. 라키친은 증오심에 불타고 있었음에도 놀란 듯이 알료샤를 바라보고 있었다. 여느때는 조용하기만 하던 알료샤의 입에서 이런 웅변이 튀어나왔다는 것은 정말 뜻밖의 일이었다.

“이거 굉장한 변호사가 하나 나타났군! 혹시 자네 이 여자한테 반한 게 아닌가? 아그라페나 씨, 우리의 자랑스러운 고행자께서 당신한테 홀딱 반한 모양이오. 당신은 기어이 이 사람을 정복하고 말았군!”

뻔뻔스러운 웃음 소리와 함께 라키친이 소리쳤다.

그루센카는 베개에서 머리를 들고 알료샤를 바라보았다. 눈물로 갑자기 부어오른 얼굴에는 감동어린 미소가 감돌고 있었다.

“알료샤, 나의 천사, 저런 사람은 내버려 둬요. 당신한테 그런 소릴 하다니 어찌 그럴 수가 있겠어요!” 그녀는 라키친에게 몸을 돌렸다. “실은 아까 당신에게 무례한 말을 한 것을 사과할 생각이었지만, 이젠 그러고 싶지 않군요. 알료샤, 이리 와서 내 옆에 앉으세요.” 그녀는 기쁜 미소를 지으며 알료샤를 향해 손짓을 했다. “됐어요, 여기 이렇게 앉아서, 말해줘요.” 그녀는 알료샤의 손을 잡고 상냥하게 웃으면서 그의 얼굴을 들여다보았다. “대답해 줘요, 나는 정말 그 남자를 사랑하고 있는 것일까요? 나를 배반했던 그 사람을 사랑하고 있는 것 같은가요? 아까 당신들이 오기 전까지 나는 이 어둠 속에 누워 과연 내가 그 남자를 사랑하고 있는 것인지 아닌지 나 자신에게 물어 보고 있었어요. 알료샤, 나를 위해 내 마음을 결정해 주지 않겠어요? 이젠 시간이 없어요. 난 당신이 결정해 주는 대로 하겠어요. 그 사람을 용서할까요, 아니면 용서해서는 안 될까요?"

"그렇지만 당신은 벌써 용서하고 계신 것 아닙니까."

알료샤는 미소를 지으며 말했다.

"그래 참, 난 벌써 용서한 것이나 다름없군요." 그루센카는 생각에 잠기는 얼굴로 중얼거렸다. "아아, 이 얼마나 비굴한 마음일까요! 자, 그러면 나의 이 비굴한 마음을 위해서!"

그녀는 테이블에서 샴페인 잔을 들어 단숨에 들이켜더니 잔을 위로 들었다가 힘껏 마룻바닥에 동댕이쳤다. 술잔은 요란한 소리를 내며 박살이 났다. 그러자 한 오라기 잔인한 빛이 그루센카의 미소 속에 퍼뜩 스치고 지나갔다.

"그렇지만 용서하지 않았는지도 몰라요." 눈을 내리깔고 마치 자기 자신에게 말하듯이 어딘지 위협하는 투로 말했다. "어쩌면 내 마음이 그 사람을 용서하려 하고 있을 뿐인지도 몰라요. 아직 내 마음과 좀더 싸워 봐야 할 거예요. 이봐요, 알료샤, 나는 지난 5년 동안 나 자신의 눈물을 이루 말할 수 없이 좋아했어요……. 그런만큼 나는 내가 받은 모욕을 사랑해 왔을 뿐이지, 그 사람을 조금도 사랑하지 않았던 것인지도 모르겠어요!"

"그 사람 처지도 부러워할 게 못되는군."

라키친이 빈정거렸다.

"라키트카, 그런 걱정은 말아요, 그렇게 되고 싶어도 못될 테니까. 당신 따윈 내 신발이나 닦아요, 아마 그게 당신 분수에 맞을 거예요. 나한테 당신이 필요하다면 기껏 그 정도겠죠. 당신 따윈 나 같은 여자 곁에는 한 평생 얼씬도 못할 거예요. 하긴 그 사람 역시 그렇게 될지도 모르지만……."

"그 사람도? 그럼 무엇 때문에 그렇게 옷을 차려입고 있는 거요?"

라키친은 짓궂게 놀려댔다.

"옷차림 같은 걸 가지고 놀려대는 건 그만둬요, 라키트카. 당신은 아직 내 마음을 전혀 모른단 말이에요! 마음만 먹으면 이까짓 옷쯤은 당장에라도 찢어 버릴 수 있어요." 그녀는 과장된 목소리로 외쳤다. "당신은 내가 무엇 때문에 이렇게 차려 입었는지 모를 거예요. 어쩌면 그 사람한테 가서 '당신은 내가 이런 옷을 입고 있는 것을 본 적이나 있나요?' 이렇게 말해 주기 위해서였는지도 모르죠. 그이가 날 버렸을 때만 해도, 난 열일곱 살 난 빼빼 마른 울보였거든요. 나는 그 사람 곁에 바싹 붙어앉아 잔뜩 유혹을 해놓고는 이렇게 말해 주는 거예요. '자, 내가 이제 얼마나 매력적인 여자가 되었는지 아셨죠? 그렇지만 맛있는 국물은 수염에 묻어 흘러내릴 뿐, 그 입속으론 들어가지 않을 거예요.' 그러니까 내 옷차림에는 이런 목적이 있는 건지도 모르잖아요, 라키트카." 그루셴카는 악의가 담긴 엷은 웃음을 지으면서 말했다.

"알료샤, 난 이렇게 성질이 난폭하고 독한 여자예요. 이까짓 옷 같은 건 갈가리 찢어 버리고, 내 손으로 얼굴을 지지든지 칼로 상처를 만들든지 해서 그 아름다움을 망쳐 버리고 거지가 되어 걸식을 하러 나설 수도 있어요. 마음만 먹으면, 아무한테도 시집을 가지 않을지도 모르죠. 또 내일이라도 삼소노프에게서 받은 돈이고 물건이고 할 것 없이 모두 돌려주고 나머지 일생을 날품팔이 가정부로 나설 수도 있어요! 라키트카, 내가 그렇게 못할 것 같은가요? 당신에겐 내가 그만한 용기가 없을 것같이 보이나요? 천만에, 그쯤은 지금 당장이라도 할 수 있어요. 그렇지만 제발 내 신경을 자극하지 말아 주어요……. 그런 사내 따위를 퇴짜놓는 건 문제도 아니에요. 얼굴에 침을 뱉어 주고 다시는 내 앞에 얼씬거리지도 못하게 할 테에요!"

이 마지막 말을 그녀는 거의 히스테릭하게 비명을 지르다시피 외쳤으나, 또다시 억제하지를 못하여 두 손으로 얼굴을 감싸고 베개 위에 쓰러져 흐느껴 울며 몸부림치는 것이었다. 라키친이 자리에서 일어서며 말했다.

"가봐야 할 시간이야. 너무 늦었어, 어물거리다간 수도원 문이 닫혀서 들어갈 수 없게 되겠네."

이 말을 듣고 그루셴카는 자리에서 벌떡 일어났다.

"알료샤, 설마 이대로 돌아가 버리는 건 아니겠죠!" 그녀는 놀란듯이 슬픈 빛으로 소리쳤다. "그럼 난 어떡해요! 당신은 내 마음을 이렇게 뒤흔들어 갈기갈기 찢어 놓고는 이 괴로운 밤에 나 혼자 남겨둘 작정인가요?"

"그렇다고 이 친구가 당신 집에서 머물 순 없잖소? 하지만 본인이 원한다면 그야 물론 좋도록 하라지! 나는 혼자서 돌아 갈테니."

라키친은 독기 품은 어조로 비웃었다.

"닥쳐요! 이 악당! 그루셴카는 발끈 화를 내며 대들었다. "당신은 이분이 오늘 내게 해준 것과 같은 말을 한 번이라도 해본 적이 있었느냐 말예요."

"그래 이 친구가 오늘 대체 무슨 말을 했단 말이오?"

"이분이 무슨 말을 했는지 나는 외울 수도 없고, 또 알 수도 없어요. 하지만 내 마음에 느껴지는 것이 있었어요. 이분은 내 마음을 송두리째 뒤엎어 버렸어요, 나를 동정해 준 사람은 이분이 처음이에요. 그리고 이 분 단 한 사람뿐이에요. 정말 그래요. 오오 알료샤, 나의 천사, 왜 당신은 좀더 빨리 내게 와주지 않았나요?" 그녀는 거의 광적인 흥분 상태에 빠져 갑자기 그의 앞에 무릎을 꿇었다. "나는 여태까지 당신 같은 사람을 기다리고 있었어요. 난 당신 같은 사람이 반드시 나타나서 나를 용서해 주리라고 믿고 있었어요. 나처럼 더러운 여자라도 야비한 욕망을 갖지 않고, 진정으로 사랑해 줄 사람이 있으리라고 믿어 왔었지요……"

"내가 당신에게 무엇을 했다는 건가요?" 알료샤는 그녀에게 몸을 굽혀 그녀의 손을 다정하게 잡고 감동에 찬 표정으로 미소지으면서 대답했다. "나는 당신에게 파 한 뿌리를 주었을 뿐입니다. 조그마한 파 한 뿌리밖에 드린 것이 없습니다. 단지 그것뿐이에요!"

이렇게 말하고는 그 역시 눈물을 흘리기 시작했다. 바로 이때 현관 쪽에서 잡자기 법석대는 소리가 들려오더니, 누군가가 현관으로 들어왔다. 그루센카는 소스라치듯이 놀라 소파에서 벌떡일어났다. 페냐가 요란스럽게 소리치며 방으로 뛰어들어왔다.

"아씨, 아씨, 마차를 몰고 사람이 왔어요!" 페냐는 숨이 턱에 닿을 듯이 기쁜 목소리로 떠들어 댔다. "모크로예에서 아씨를 모시러 삼두마차가 방금 도착했어요! 치모페이라는 마부가 지금 다른 말들로 갈아 매고 있어요. 그리고 편지가, 아씨, 여기 편지가 있어요!"

정말 페냐의 손에는 편지가 한 통 들려 있었다. 그녀는 이렇게 지껄이고 있는 동안 줄곧 편지를 허공에 휘두르고 있었다. 그루센카는 페냐의 손에서 그 편지를 낚아채 촛불 옆으로 가까이 가져갔다. 편지는 두세 줄밖에 되지 않는 짧은 내용이었다. 그루센카는 숨도 쉬지 않고 그것을 읽어내렸다.

"나를 부르고 있어요!" 그녀는 이지러진 얼굴에 병적인 미소를 띠며 창백한 얼굴로 소리쳤다. "휘파람소리가 들려요! '자, 강아지야, 어서 이리 오렴. 꼬리를 흔들면서' 하구."

그래도 결심이 서지 않는듯이 그녀는 잠시 동안 그 자리에 서 있었으나 그것은 한순간에 지나지 않았다. 다음 순간 갑자기 온몸의 피가 그녀의 머리로 솟구쳐올라 두 뺨을 빨갛게 물들였다.
 "가겠어요!" 그녀는 외쳤다. "아아, 지난 5년간의 생활과도 이제 이별이군요! 알료샤, 당신과도 이별이에요. 내 운명은 결정되었어요, 자 어서들 돌아가세요, 돌아가 주어요. 그리고 다신 내 눈앞에 나타나지 마세요! 그루센카는 새로운 생활을 향해 떠나는 거예요……. 그리고 라키트카! 당신도 이젠 날 나무라지 말아요. 어쩌면 난 죽으러 가는 길인지도 모르니까! 아아, 꼭 술에 취한 것만 같군요!"
 그녀는 갑자기 두 사람을 그대로 남겨 둔 채 자기 침실로 달려들어갔다.
 "마침내 우리도 용도폐기된 모양이군!" 라키친이 투덜거렸다. "자, 가세. 어물거리고 있다간 또 그 히스테릭한 비명을 들어야 할 테니……. 눈물을 찔끔거리며 떠들어대는 데는 이제 진저리가 난다니까……."
 알료샤는 라키친에게 이끌려 밖으로 나왔다. 뜰안에는 포장을 씌운 여행용 마차가 한 대 서서 마침 말을 갈고 있는 참이었다. 등불을 든 사람이 부산하게 이리 저리 뛰어다니고 있었다. 활짝 열린 대문으로는 말 세 필이 끌려들어오고 있었다. 라키친과 알료샤가 현관 층계를 내려섰을 때, 그루센카의 침실 창문이 홱 열리더니 밝게 울리는 그녀의 목소리가 그들을 불러세웠다.
 "알료샤, 미챠 형님에게 인사 전해주세요. 그이를 괴롭혀 드리기만 했지만, 너무 나쁘게 생각지는 말라고요. 그리고 '그루센카는 당신과 같은 훌륭한 분을 버리고 비열한 사내의 손에 떨어졌다!'고, 내가 말하더라고 전해 주세요. 또 있어요. 그루센카는 한때, 아주 짧은 한때 정말로 미챠를 사랑했던 적이 있었다구요. 이 한때를 일생동안 잊지말아 달라고 그루센카가 말했다고 전해 주세요. 일생 동안!"
 그녀의 마지막 말은 거의 흐느낌에 가까웠다. 창문이 소리를 내며 닫혔다.
 "흥!" 라키친은 웃으면서 중얼거렸다. "드디어 자네 형 미챠에게 마지막 일격을 가했군. 그러곤 일생 동안 잊지 말아 달라고? 이건 너무 잔인하지 않나!"
 알료샤는 그의 말을 듣지 못한 것처럼 아무런 대꾸도 하지 않았다. 그는 몹시 서두르는 것처럼 라키친과 나란히 서서 빠른 걸음으로 걸어갔다. 그는 완전히 무아지경에 빠진 사람처럼 기계적으로 걸음을 옮겼다. 한편 라키친은 문득 채 아물지 않은 상처를 손으로 쓸어올리는 것 같은 찌르르한 아픔을 느꼈다. 그가 알료샤를 그루센카에게 데리고 갈 때는 이와는 전혀 다른 무엇을 기대하고 있었다. 그런데 그가 기대했던 것과는 완전히 다른 결과로 나타난 것이다.

"그 폴란드 사람, 그 장교라는 사내 말이야." 그는 다시 스스로를 억제하는 어조로 이렇게 말을 꺼냈다.

"지금은 장교도 아무것도 아니라는군. 시베리아의 중국 국경 지대에 있는 어느 세관에 근무하고 있었다니까, 아마 모르긴 해도 보잘것없는 거지 같은 폴란드인 나부랭이일 거야. 들리는 소문에는 이번에 실직을 하고, 그루센카가 돈을 좀 모았다는 소문을 듣고 다시 돌아왔다는 거야. 소위 기적의 정체는 이것이 전부지."

이번에도 역시 알료샤는 전혀 귀를 기울이지 않고 있는 것 같았다. 라키친은 더 이상 참을 수가 없어졌다.

"그래 자네는 타락한 계집을 구원이라도 한 것같이 생각하고 있는 건가?" 그는 악의를 드러내며 알료샤를 조롱했다. "자네는 막달라 마리아를 진리의 길로 인도했다고 자부하고 있는 건가? 일곱 마리의 마귀를 쫓아 버린 기분인가 말일세. 오늘 아침 우리가 고대하던 기적이 이제 여기서 실현되었다고 생각하고 있군 그래!"

"라키친, 그런 소린 듣고 싶지 않네."

마음의 고통을 그 한 마디에 담아 이렇게 대답했다.

"그리고 보니 자넨 아까 그 25루블 때문에 나를 경멸하고 있군 그래. 내가 소중한 친구를 팔아먹었다고 생각하는 모양이지. 그렇지만 자네는 그리스도가 아니고 나도 유다가 아니잖나?"

"라키친, 무슨 말을 그렇게 하는가? 난 그런 건 벌써 잊고 있었네, 정말이야." 알료샤는 소리쳤다. "자네 말을 듣고야 겨우 생각이 났어……"

그러나 이 말에 드디어 라키친은 분통을 터뜨리고 말았다.

"빌어먹을, 자네 같은 인간은 모조리 악마에게나 잡혀갔으면 속이 시원하겠군!" 라키친은 커다랗게 소리를 질렀다. "내가 왜 자네 같은 인간과 상종을 했을까! 다신 자네 따윈 얼굴도 보기 싫네, 자네 혼자서 가게. 그쪽이 자네가 갈 길이지?"

어둠 속에 알료샤를 혼자 남겨 두고 그는 홱 몸을 돌려 다른 길로 걸어가 버렸다. 시내를 벗어나자 알료샤는 들길을 걸어 수도원으로 향했다.

4 갈릴리 가나

알료샤가 암자 입구에 도착한 것은 수도원의 관례로 보아 퍽 늦은 시간이었다. 문지기는 특별 출입구로 그를 들여보내 주었다. 벌써 9시가 되어 있었다. 그것은 모든 사람에게 분주한 하루를 보내고 난 다음에 찾아 온 휴식과 안정의 시간이었다. 알료샤는 조심스럽게 문을 밀고 장로의 관이 안치된 수도실 안으로 들어섰다. 수도실 안에는 관을 향해 서서 쓸쓸하게 복음서를 읽고 있는 파이시 신부와 젊은 수습 수사 포르피리 외에는 아무도 없었다. 포르피리는 어젯밤의 담화와 오늘의 소동 때문에 지칠대로 지쳐 옆방 마루 위에서 젊은이답게 깊은 잠에 빠져 있었다. 파이시 신부는 알료샤가 들어오는 소리를 들었으나, 그쪽을 돌아다보지는 않았다.

알료샤는 문을 들어서자 오른쪽 구석으로 가서 무릎을 꿇고 기도를 드리기 시작했다. 그의 가슴은 무언가로 가득 차 있었으나 이상하게도 기분이 멍하여 뚜렷한 감정은 한 가지도 떠오르지 않았다. 뿐만 아니라 여러 가지 온갖 감각이 천천히 계속적으로 빙글빙글 맴돌면서 번갈아 불쑥불쑥 고개를 내밀곤 하는 것이었다. 그러나 그의 마음은 달콤하고 편안했다. 알료샤는 이러한 감정에 별로 놀라지 않았다. 그는 다시 눈앞에 놓여 있는 관을 바라보았다. 망토로 덮여있는, 자기에게는 무엇과도 바꿀 수 없는 사자(死者)를 바라보았지만 오늘 아침에 느꼈던 것처럼 울고 싶고 가슴이 쑤시는 것 같은 슬픔은 이미 그의 마음 속에 없었다. 그는 방안에 들어서자마자 성물(聖物) 앞에 섰을 때처럼 관 앞에 꿇어 엎드렸으나 그의 머리와 가슴은 형언할 길 없는 희열로 밝게 빛나고 있었다. 암자의 창문 하나가 열려 있어 신선한 공기가 감돌고 있었다.

'창문을 열어 놓은 걸 보니 냄새가 더욱 심했던 모양이군.'

알료샤는 그렇게 생각했다. 그러나 바로 몇 시간 전까지만 해도 무섭고 부끄럽던 썩은 냄새도, 이제는 그때처럼 슬픔이나 분노를 자아내지 않았다.

그는 조용히 기도를 시작했으나, 곧 그 기도가 거의 기계적이라는 것을 느꼈다. 단편적인 상념들이 그의 마음 속에 떠올라 별처럼 반짝이다가는 곧 사라지고, 또 다른 상념이 나타나곤 했다. 그러나 그 대신 완전하고 확고하며 슬픔을 치유해 주는 듯 무언가가 그의 영혼을 지배하고 있었다. 그 자신도 그것을 자각하고 있었다.

이따금 그는 불꽃처럼 뜨거운 기도를 올렸다. 무턱대고 감사와 사랑을 모두 쏟아놓고 싶은 욕망을 느꼈다……. 그러나 기도를 시작하기가 무섭게 갑자기 마음이 다른 데로 옮아가 생각에 잠겨 버리게 되어, 기도도, 그 기도를 방해한 것도 모두 잊어버리고 마는 것이었다. 그래서 이번엔 파이시 신부의 복음서 낭독에 귀를 기울이려고 했으나 쌓이고 쌓인 피로 때문에 자기도 모르는 새 꾸벅꾸벅 졸기 시작했다.

"사흘째 되던 날 갈릴리의 가나에서 혼례가 있어," 파이시 신부가 낭독하고 있었다. "예수의 어머니도 거기 있었고, 예수와 그 제자들도 초대를 받았더라……"

'혼례라구? 대체 무슨 말일까, 혼례…….' 알료샤의 머리를 그런 생각이 회오리바람처럼 스치고 지나갔다. '그 사람에게도 역시 행복이 찾아와서…… 잔치에 갔어…… 그래, 그 여자는 칼을 품고 가지 않았어, 칼 따위를 품고 갈 리가 없어…… 그건 단지 넋두리를 해본 데 지나지 않았던 거야…… 암, 그렇고말고…… 그런 넋두리는 반드시 용서해 줘야 해. 넋두리란 마음을 위로해 주는 법이니까…… 그것마저 없다면, 슬픔은 인간에게 견디기 어려운 짐일 거야. 라키친은 자기가 받은 모욕을 생각하고 있는 한 언제나 뒷골목만 걷게 되겠지…… 그렇지만 큰길은…… 인간이 걸어야 할 큰길은 넓고 곧고 수정처럼 맑고, 그 길이 끝난 곳에는 태양이 빛나고 있어. 그런데 지금 읽고 있는 건 뭐지?'

'……포도주가 모자라는지라, 예수의 어머니가 예수에게 이르되, 저희에게 포도주가 없다 하니……' 라는 구절이 알료샤의 귀에 들려왔다.

'아, 그렇지, 내가 이 구절을 잘못 듣고 넘겨 버렸구나. 이 구절은 놓치고 싶지 않은데…… 난 이 구절이 특히 좋아. 갈릴리의 가나에서 일어난 첫번째 기적…… 아아, 그 기적, 얼마나 고마운 기적인가! 그리스도께서 찾아간 것은 인간의 슬픔이 아니라 기쁨이었다. 그리스도께서는 인간의 기쁨을 돕기 위해 첫번째 기적을 행하셨지…… '사람을 사랑하는 자는 그들의 기쁨도 사랑하느니라……' 돌아가신 장로님께서는 늘 이렇게 말씀하셨지. 그것이 그분의 가장 중요한 사상 가운데 하나였어. 하긴 미차도 '기쁨이 없이는 살아갈 수 없다'고 했어…… 그래, 미차가 한 말이야, '무릇 참되고 아름다운 것은 모든 것을 용서하는 마음으로 가득 차 있는 법이다.' 장로님께서는 이런 말씀도 하셨지…….'

"예수께서 말씀하시되, 여인이여, 나와 무슨 상관이 있나이까, 내 때가 아직 이르지 못하였나이다. 그 어머니가 하인들에게 이르되, 그가 너희에게 무슨 말

쯤을 하시든지 그대로 하라, 하니라…….'

'그대로 하라……그렇다. 어느 가난한 사람들의 기쁜 잔치다. 아주 가난한 사람들의 기쁜 잔치…… 혼례 잔치에 포도주가 모자란다고 했으니, 그야 물론 가난한 사람들일 것은 뻔한 일이지…… 역사가들의 기록에 의하면, 그 당시 게네사렛 호수(〈누가복음〉 5장) 일대에는 상상도 못할 만큼 가난한 사람들이 살고 있었어…… 그런데 거기에 있던 또 하나의 위대한 존재, 즉 위대한 영혼을 가진 예수의 어머니는, 예수께서 오로지 위대한 사업을 하기 위해서만 이 땅에 오신 게 아니라는 것을 잘 알고 있었지. 자기네들의 보잘것없는 혼인 잔치에 기꺼이 예수를 초대한 무지하긴 하나 교활함을 모르는 사람들의 소박하고 단순한 즐거움을 예수께서도 같이 즐기실 수 있다는 것을 잘 알고 있었어.

'내 때가 아직 이르지 못하였나이다.' 예수께서는 부드러운 미소를 지으시면서 이렇게 말씀하셨지. 틀림없이 그는 어머니를 향해 온화하게 미소지었을 거야. 실제로 예수께서는 가난한 사람들의 혼인 잔치에 포도주를 넉넉히 해주시려고 오신 것은 아니지 않은가. 그러나 예수께서는 기꺼이 어머니의 청을 받아들여 기적을 일으킨 것이다…… 아아, 그 다음을 읽고 있군.'

"예수께서 저희에게 이르시되, 항아리에 물을 채우라 하신 즉, 아귀까지 채우니, 이제는 떠서 연회장(宴會長)에게 갖다 주라 하시매, 갖다 주었더니, 연회장은 물로 된 포도주를 맛보고 어디서 났는지 알지 못하되 물 떠온 하인들은 알더라. 연회장이 신랑을 불러 말하되 사람마다 먼저 좋은 포도주를 내고, 취한 뒤에 나쁜 것을 내거늘 그대는 지금까지 좋은 포도주를 두었도다, 하니라……."

'그런데, 이게 어찌된 일까? 어째서 점점 방이 넓어지는 걸까…… 오라. 그렇지…… 이건 혼례식이니까, 결혼 잔치니까…… 그러니까 당연하지. 저기 저렇게 손님들이 있고, 신랑 신부도 앉아 있고, 그리고 또 군중들이 즐거워하고 있구나…… 그런데 그 즐거운 연회장은 어디 있을까? 저건 또 누굴까? 도대체 뭣하는 사람일까? 이것 좀 봐, 또다시 방이 넓어지는군…… 저 커다란 식탁에서 일어서는 건 또 누구지? 아니, 저분은…… 저분이 어떻게 여길 오셨을까? 관 속에 누워 계실 텐데…… 그렇지만 확실히 여기 계신 건 그분이시다…… 일어서서 나를 보고 이리로 걸어오시는군…… 아아!'

그렇다. 그는 알료샤에게 다가오고 있었다. 얼굴에 잔주름이 가득한, 여위고

작은 몸집의 노인이 조용히 즐거운 듯이 웃고 있다. 이미 그곳에 관은 보이지 않는다. 그는 어제 저녁 손님들과 함께 담화를 나누었을 때와 똑같은 옷을 입고 있다. 얼굴 가득히 환한 표정을 띠고 두 눈은 밝게 빛나고 있다.

'이것이 도대체 어찌 된 일일까? 아마도 저분 역시 갈릴리 가나의 혼인 잔치에 초대를 받고 이 축연에 참석한 것임이 틀림없다······.'

"그래 나 역시 초대를 받고 온 거란다." 부드러운 목소리가 알료샤의 머리 위에서 들려왔다. "그런데 왜 이런 곳에 숨어 있지? 네 모습이 보이지 않지 않느냐? 자, 이리 나와 사람들이 있는 곳으로 가자."

'그분의 목소리다. 조시마 장로의 목소리다······ 이렇게 날 부르는 것을 보니 틀림 없어!'

장로는 그의 손을 부드럽게 잡아 이끌었다. 알료샤는 꿇었던 무릎을 펴고 일어섰다.

"즐겁게 놀자꾸나." 여윈 노인은 말을 이었다. "우리도 새 포도주를, 위대하고 새로운 환희의 포도주를 마시자. 봐라, 굉장히 많은 손님들이군 그래! 저기 신랑 신부가 있구나. 또 저기에서는 슬기로운 연회장이 지금 새 술을 맛보고 있구나. 왜 그렇게 놀란 얼굴로 나를 보지? 나는 파 한 뿌리를 적선해 준 덕분에 여기 초대를 받아 온 거란다. 여기 와 있는 대부분의 사람들은 파를 주었기 때문에, 그것도 단지 작은 파 한 뿌리를 적선하였기 때문에 초대를 받은 사람들 뿐이다······ 그런데 우리의 일은 잘되어 가니? 너도, 조용하고 얌전한 소년인 너도, 오늘 파 한 뿌리를 주지 않았니? 그것을 원하는 여자에게! 어서 시작하거라, 얌전한 아이야, 너의 일을 시작하거라. 저길 봐라, 우리의 태양이 보이느냐? 그분의 모습이 보이느냐?"

"두렵습니다······ 두려워서 감히 쳐다볼 수가 없습니다······."

알료샤는 속삭이듯 말했다.

"두려워할 것은 없느니라. 우리에겐 저분의 그 위대함이, 그 숭고함이 무섭게 보일지 모르지만, 저분은 한량없이 자비로우신 분이시다. 지금도 저분은 우리를 사랑하시는 마음에서 우리와 함께 즐기고 계시는 거란다. 그리고 손님들의 즐거움이 끊어지지 않도록 저렇게 물을 포도주로 변하게 하여 새 손님을 기다리고 계시지 않니. 저분은 영원히 쉬지 않고 새 손님을 잔치에 부르고 계시지. 저걸 봐라, 또 새 포도주를 날라오고 있구나. 저기 새 그릇을 가져오고 있는 것이 보이지?"

알료샤의 마음속에 무엇인가 타오르는 것이 있어, 가슴이 벅찰 만큼 꽉 차올랐다. 영혼의 깊은 곳에서 기쁨의 눈물이 솟구쳐올랐다. 그는 두 손을 내밀며 뭐라고 외친 순간 잠에서 깨어났다.

다시금 관과 열어젖힌 창문이 보이고, 조용하고 엄숙하게 한마디 한마디 음미하는 듯한 복음서 낭독소리가 들려왔다. 그러나 알료샤는 그것에 귀를 기울이려 하지 않았다. 그는 무릎을 꿇은 채 잠이 들었는데, 이상하게도 지금은 두 다리로 서 있는 것이었다. 그는 갑자기 무엇엔가 등을 떠밀린 것처럼 빠르고 확고한 걸음으로 세 발자국 앞으로 나아가 관 앞에 바싹 붙어 섰다. 이때 그의 어깨가 파이시 신부에게 부딪쳤으나, 그는 그것도 알지 못했다. 파이시 신부는 그 순간 책에서 잠시 눈을 떼었으나, 이 젊은이의 마음에 무언가 이상한 변화가 일어났다는 것을 깨닫고 곧 다시 눈을 옮겼다. 알료샤는 30초 가량 관 속을 들여다보고 있었다. 장로는 가슴에 성상을 얹고, 머리에는 그리스 십자가가 달린 두건을 쓴 채 관 속에 누워 있었다. 방금 들은 그의 목소리가 아직도 알료샤의 귀에 쟁쟁했다. 그는 조용히 귀를 기울이며 또다시 그 목소리가 들려오기를 기다렸다. 그러다가 갑자기 그는 몸을 돌려 수도실 밖으로 나가 버렸다.

그는 현관 앞 층계 위에서도 걸음을 멈추지 않고 빠른 걸음으로 아래까지 내려갔다. 환희에 가득찬 그의 영혼이 자유와 공간과 광활함을 갈망하고 있었다.

고요히 빛나는 무수한 별들을 뿌려 놓은 푸른 하늘이 끝없이 넓게 그의 머리 위에 펼쳐져 있었다. 파란 두 줄기 은하수가 하늘 한가운데에서 지평선을 향해 달리고 있었다.

상쾌하고 고요한 밤이 대지를 뒤덮고 수도원의 흰 탑이며 금빛의 둥근 지붕이 하늘을 배경으로 사파이어 색으로 빛나고 있었다. 찬란한 가을 꽃들은 건물 주위에 있는 화단에서 아침이 올 때까지 잠을 즐기고 있었다. 지상의 정적은 하늘의 고요 속으로 녹아들고 대지의 신비는 별들의 신비와 서로 접촉하고 있는 것 같았…….

뜰에 서서 이런 것들을 바라보고 있던 알료샤의 몸이 갑자기 대지 위에 쓰러졌다.

그는 자기가 왜 대지를 얼싸안았는지 스스로도 알 수 없었다. 왜 이 넓은 대지에 그리고 모든 것에 입맞추고 싶은 억제할 수 없는 충동을 느꼈는지 그 까닭은 설명할 수가 없었다. 그래도 그는 울면서 대지에 입맞추었고 자기의 눈물로 대지를 적셨다. 그리고 이 대지를 사랑하겠다고, 영원히 변함없이 사랑하겠다고 열정적으로 맹세하는 것이었다.

'너의 기쁨의 눈물로 대지를 적시고 그 눈물을 사랑하라.'

이러한 소리가 그의 영혼 속에서 울려퍼졌다. 대체 그는 무엇 때문에 울었던 것일까? 그렇다, 그는 하늘에서 자기를 향해 반짝이는 별들만 보아도 절로 환희의 눈물이 솟구쳐오르는 것이었다! 그는 이와 같은 광적인 흥분 상태를 조금도 부끄러워하지 않았다. 그리고 마치 하느님의 끝없는 세계로부터 던져진 실들이 일제히 그의 영혼에 집중된 것처럼 그 영혼은 타계(他界)와의 접촉 속에서 떨고 있는 듯이 보였다. 그는 모든 것에 대해, 모든 사람을 용서하고, 동시에 자기 자신도 용서를 구하고 싶었다. 그렇다! 그것은 결코 자기 자신을 위해서가 아니라 모든 사람, 살아있는 모든 것을 위해서였다.

'그리고 다른 사람들도 역시 나를 용서해 줄 것이다.'

이러한 소리가 다시 그의 마음속에서 울려 나왔다. 그러나 그는 시시각각으로, 저 끝없는 창공처럼 확고부동한 그 무엇이 그의 영혼 속으로 흘러들고 있는 것이 뚜렷하게 느껴지는 것만 같았다. 하나의 이상과 같은 것이 그의 머릿속에 군림하려 하고 있었다. 그것은 한평생, 그리고 영원히 계속될 것이다.

그가 대지에 몸을 던졌을 때는 한낱 나약한 젊은이에 지나지 않았으나, 땅에서 일어섰을 때는 한평생 흔들리지 않는 굳센 힘을 지닌 투사가 되어 있었다. 그는 환희를 느낀 바로 그 순간에 문득 그것을 의식하고, 직감한 것이다. 알료샤는 그 뒤 평생 동안 이 순간을 결코 잊지 못했다.

'그때 누군가가 내 영혼을 찾아왔던 것이다.'

그는 뒤에 확고한 신념을 지니고 이렇게 말하곤 했다……

그로부터 사흘 뒤, 그는 자기에게 '속세에 나가 살라'고 명한 장로의 뜻을 좇아 수도원을 나왔다.

제8편 미차

1 쿠지마 삼소노프

 한편 그루셴카가 새로운 생활을 향해 날아가면서 자기의 마지막 인사를 전해 달라고 '부탁'했고, 또 자기가 사랑을 바쳤던 짧은 한순간을 한평생 잊지말아 달라고 당부한, 바로 그 상대인 드미트리는 그때 그녀에게 일어난 변화에 대해서는 아무것도 모른 채 극도의 혼란에 빠져 돈을 구하느라 전전긍긍하고 있었다.
 그는 뒤에 자신도 말한 것처럼 지난 이틀 동안 상상도 할 수 없는 상태에 놓여 있었기 때문에 이러다간 열병이라도 앓을까 염려될 지경이었다. 전날 아침 알료샤는 끝내 그를 찾아낼 수 없었고 따라서 이반도 같은 날 음식점에서 계획했던 형과의 만남을 이루지 못하고 말았다. 그가 하숙하고 있는 집 사람들이 그의 지시에 따라 그의 행방을 아무에게도 말해 주지 않았기 때문이었다. 뒷날 자기 자신이 표현한 바와 같이 그는 이 이틀 동안 '운명과 싸워 자기 자신을 구하기 위해' 문자 그대로 사면팔방으로 뛰어 돌아다녀야만 했다. 그뿐 아니라 단 한 순간이라도 그루셴카의 감시를 소홀히 하는 것은 그에게 매우 두려운 일이었음에도, 그는 어떤 긴급한 볼일이 있어 몇 시간 동안 읍내를 떠나 있기도 했다. 이 모든 일은 나중에 기록의 형태로 아주 상세하게 밝혀지게 되었지만 지금 여기서는 그의 운명 위에 벼락처럼 떨어져 내린 그 무시무시한 파국에 앞선 이틀 동안, 즉 그의 생애에서 가장 무서운 이틀 동안 일어난 일들 중에서 특별히 필요한 부분만 사실대로 간단히 적어 보기로 하겠다.
 그루셴카가 비록 한순간이나마 그를 진정으로 사랑했다는 말은 어디까지나 사실이었다. 그러나 동시에 때로는 잔인하고 무자비할 정도로 그를 괴롭히곤 했다. 무엇보다 그에게 고통스러웠던 것은 여자의 속마음을 전혀 추측할 수 없었던 점이었다. 그녀의 비위를 맞추거나 강압적인 방법으로도 그것을 알아내는 것은 불가능한 일이었다. 그녀는 어떤 것에도 굴복하지 않았고 오히려 화를 내며 완전히 등을 돌려 버리리라는 것을 그는 이미 너무도 잘 알고 있었다.

그때 그는 그루셴카에 관하여 너무도 당연한 의혹을 품고 있었다. 그것은 그녀 역시 마음속으로 어떤 투쟁을 겪고 있는 것이 아닐까, 무엇을 몹시 망설이고 있어서 어떤 일을 단행하려고 마음은 먹고 있으면서도 결심을 못하고 있는 것이 아닌가, 하는 점이었다. 따라서 그는 이런 심경 아래 있는 그녀가 틀림없이 자기처럼 정욕에 불타는 사내를 증오할지도 모른다는 생각을 할 때마다 심장이 얼어붙는 듯한 느낌에 사로잡히곤 했다. 그것은 아주 근거없는 것은 아니었으며 사실은 정말 그랬는지도 모른다. 그러나 그로서는 그루셴카가 과연 무엇을 고민하고 있는 것인지 전혀 알 수가 없었다.

그의 처지에서 보면, 자신을 괴롭히는 문제는 결국 그 여자가 '자기 즉 미차를 택할 것인가, 아니면 아버지 표도르를 택할 것인가'하는 것이었다. 말이 나온 김에 여기서 하나의 확고한 사실을 짚어두어야 할 것 같다. 그는 아버지 표도르가 그루셴카에게 정식으로 청혼(만약 아직 하지 않았다면)하리라는 것을 믿어 의심치 않았다. 다 늙어 빠진 호색한이 단지 3천 루블이라는 돈만으로 여자를 낚는 데 성공하리라고는 도저히 믿을 수 없는 일이었다. 미차가 이런 결론을 내린 것은 그루셴카의 본성을 너무나 잘 알고 있었기 때문이다. 따라서 그녀의 모든 망설임은 단지 아버지와 아들 두 사람 중 어느 쪽을 택할 것인가, 또 어느 쪽이 자신에게 유리할 것인가, 하는 것을 결정치 못하는 데서 오는 것이라고 이따금 생각한 것도 결코 무리가 아니었다.

그리고 문제의 그 장교, 즉 그루셴카의 생애에 결정적인 영향을 주었으며 그루셴카가 그렇게도 흥분과 공포 속에서 기다리고 있던 그 사내에 관한 생각은 이상하게도 지난 며칠 동안 그의 머리에 떠오른 일이 전혀 없었다. 물론 그루셴카가 요즈음 그 사내에 대해 미차에게 한마디도 입밖에 내지 않은 건 사실이지만, 그녀가 이미 한 달 전에 옛날 애인에게서 편지를 받았다는 것은 그도 잘 알고 있었고 부분적으로 편지의 내용까지 알고 있었다. 처음 그루셴카가 문득 짓궂은 생각에서 그에게 그 편지를 보여주었을 때 놀랍게도 그는 그 편지를 별로 대수롭게 여기지 않았다.

그 이유를 설명하기란 쉬운 일이 아니지만, 아마도 이 여자를 대상으로 하는 피를 나눈 아버지와의 추악하고 무서운 싸움에 너무나 시달리고 지쳐서 적어도 그 시점에서는 자신에게 이보다 더 무섭고 위험한 사태는 꿈에도 상상하지 못한건지도 모른다. 때문에 그는 5년 동안이나 자취를 감추었다가 느닷없이 어디선가 뛰어나온 사내의 존재 따위는 아예 거들떠보려고도 하지 않았다. 더욱이 그 사내가 가까운 시일 안에 나타나리라고는 생각도 할 수 없는 일이었다. 뿐만 아니라 미차가 보았던 그 장교의 첫 번째 편지에는 이 새로운 경쟁자가 찾아올 가능성에 대해서는 매우 막연하게밖에는 암시되어 있지 않았다. 그 편지의 내용이 전체적으로 보아 너무 모호하고 거만하며 또한 감상적인 어휘로 가득 차 있었기 때문이다. 여기서 한 가지 지적해 두거니와 그때 그루센카는 그 사내의 도착 예정일을 좀더 상세하게 기록한 편지의 마지막 몇 줄은 미차에게 숨기고 보여주지 않았다. 뿐만 아니라 미차는 시베리아에서 보내온 그 편지에 대해 그 순간 그루센카의 얼굴에 자존심 강한 멸시의 빛이 떠오른 것을 재빨리 알아챌 수 있었다. 그 뒤 이 새로운 경쟁자와 그루센카 사이의 관계가 어떻게 진척되었는가에 대해 그녀는 전혀 말해 주지 않았으므로 시간이 점차 지남에 따라 미차는 그 장교의 존재를 까맣게 잊어버리고 말았던 것이다.

그는 단순히 이렇게만 생각하고 있었다. 즉 앞으로 무슨 일이 일어나든, 또 정세가 어떻게 변하든, 아버지 표도르와의 마지막 충돌이 이미 눈앞에 닥쳐온 이상 무엇보다 이 문제부터 먼저 해결해야만 했다. 그는 가슴이 얼어붙는 것 같은 심정으로 그루센카의 결심을 초조하게 기다리고 있었다. 그리고 그 결심은 어떤 정신적인 영감에 의해 돌발적으로 이루어질 것이라고 굳게 믿고 있었다.

만약 그녀가 느닷없이 '나를 어디로든 데려가 줘요. 나는 영원히 당신 것이에요'라고 말한다면, 모든 일은 그것으로 끝나는 것이다. 그때는 얼른 그녀의 손을 붙잡고 이 세상 끝으로 데려갈 것이다. 그렇다, 될 수 있는 대로 빨리, 될 수 있는 대로 멀리 데리고 가야 한다. 비록 이 세상 끝까지는 못 갈지언정 러시아의 끝에라도 데리고 가서 거기서 그 여자와 결혼하는 것이다. 그리하여 이곳 사람이나 그곳 사람이나 아니 그 밖에 어느 누구도 그들에 대해서는 알지 못하도록 남몰래 둘이서만 살기로 하자. 그때는, 아아, 그때야말로 새로운 생활이 시작될 것이다! 그는 이렇게 또 하나의 새로운 생활, 그 '고결한' 새 생활 (그것은 틀림없이 고결한 생활일 것이다. 그렇지 않은가!)을 감격과 함께 무아지경 속에서 공상해 왔다. 그렇게 부활하여 새롭게 시작하는 것을 갈망하고 있었다.

 처음에 자기 자신이 원해서 빠져들어간 그 치욕스러운 나락에서 견딜 수 없을 만큼 고통을 겪었기 때문에, 그러한 처지에 놓인 대부분의 사람들과 마찬가지로, 그도 역시 무엇보다 삶의 터전을 바꾸는 데 희망을 걸고 있었던 것이다. 이따위 인간들만 없다면, 이 따위 환경만 아니라면, 이따위 저주스런 곳에서 벗어날 수만 있다면 그는 곧 다시 태어나 새로운 인생의 길로 들어설 수 있으련만! 이것이 바로 그의 희망이고 동경이었다.

 그러나 이런 모든 일은 두 가지 경우 중 한 가지에 불과한 것으로서, 문제가 '행복한' 해결을 보게 될 때에야 비로소 가능한 것이다. 이와는 다른 또 하나의 해결, 또 하나의 무서운 결과를 예상할 수도 있었다. 만약 그녀가 돌연 '이제 나가 주세요. 나는 방금 당신의 아버지 표도르와 얘기를 끝내고 그이와 결혼하기로 했어요. 이제 당신은 필요없어요'라고 말한다면, 그때는…… 그때는…… 그러나 그때는 어떻게 될 것인지 미차 자신도 알 수 없었다. 마지막 순간까지도 그는 아무런 대책도 없이 있었던 것이다. 이 점은 그를 위해 밝혀 둘 필요가 있다. 그는 이렇다 할 결정적인 계획은 하나도 갖고 있지 않았다. 즉 '범행'은 계획적인 것이 아니었다. 그는 몰래 그루셴카를 감시하고 미행하면서 괴로워하고 있었으나, 그러면서도 자신의 운명이 행복한 해결을 보게 되는 첫 번째 경우만 예상하고 거기에 대해서만 준비하고 있었을 뿐이다.

 뿐만 아니라 그는 그 밖의 모든 생각을 머릿속에서 몰아내려고 했다. 그러나 이때 그와는 전혀 다른 종류의 근심거리가 이미 싹트고 있었다. 전혀 새롭고 이차적인, 그러나 역시 숙명적이고 도저히 해결할 길이 없는 사정이 발생했던 것이다.

 그것은 다름이 아니라, 만약에 그루셴카가 '나는 당신 것이에요. 나를 데리고 어디로든 달아나 주세요'라고 말한다면, 과연 그는 그녀를 어떻게 데리고 가야 할 것인가, 또한 그것을 결행하는 데 필요한 수단인 돈을 어디서 구하는가, 하는 문제였다.

 그때까지 몇 년 동안 표도르에게서 받아오던 돈이 바로 이때 한푼도 없이 다 떨어져 버렸기 때문이다. 물론 그루셴카는 돈을 가지고 있지만, 이 점에 대해 그에게는 무서울 정도의 자존심이 있었던 것이다. 그는 여자의 돈을 쓰지 않고 자신의 힘으로 여자를 데리고 달아나서 자신의 돈으로 새로운 생활을 꾸려가고 싶었다. 따라서 여자의 돈을 쓴다는 것은 생각조차 할 수 없는 일이었다. 그런 일은 생각만 해도 괴로울 정도로 혐오감이 치솟았다. 그러나 여기서는 이 사실을 설명하거나 분석하는 따위의 일은 그만두기로 하고, 다만 그 무렵 그의 심경이 어떠했는지에 대해서만 얘기하기로 하겠다.

그렇잖아도 그가 치사스러운 방법으로 빼돌린 카체리나의 돈에 대해 느끼는 남모르는 양심의 가책에서 자연히 이러한 생각이 일어나는 것은 얼마든지 있을 수 있는 일이다. '나는 이미 한 여자에게 비열한 놈이 되었는데, 또 다시 그런 일을 저지르면 다른 한 여자에게까지 비열한 놈이 되고 말 게 아니냐.' 뒤에 그 자신이 고백한 것처럼, 그때 그는 이렇게 생각했다. '또한 그루셴카가 만약 이런 사실을 알면 그따위 비열한 사내는 상대도 않겠다고 할 것이 분명하다.' 그렇다면 그 돈을 어디서 구할 것인가? 이 운명적인 돈을 어디서 마련한단 말인가? 만약 돈을 마련하지 못하면 그때는 모든 일이 틀어져 버리고 말 것이고, 아무 일도 할 수 없게 될 것이 틀림없었다. '그것도 돈이 없다는 단 한 가지 이유 때문에 그렇게 된다면 얼마나 한심한 일인가!'

미리 말해 두지만, 중요한 것은, 어쩌면 그는 그 돈을 어디서 마련할 것인지 어디에 그것이 있는지 아마 진작부터 알고 있었을지도 모른다는 점이다. 어디에 그것이 있는지 그러나 이 문제는 나중에 분명히 밝혀지게 될 것이므로 여기서는 자세히 설명하지 않기로 하겠다.

그러나 그의 가장 큰 불행은 바로 이 점에 있었으므로, 막연하게나마 몇 마디 설명해 둘 필요가 있을 것 같다. 즉, 지금도 어디엔가 들어 있을 그 돈을 손에 넣기 위해서는, 그 돈을 손에 넣을 수 있는 자격을 얻기 위해서는 우선 카체리나에게 3천 루블을 갚아야만 했다. 그렇지 않으면 '나는 그야말로 좀도둑, 악당이 되어 버린다. 나는 악당으로서 나의 새로운 생활을 시작하고 싶지는 않다' 미차는 그렇게 마음 먹고 있었다. 그런만큼 필요하다면 온 세상을 뒤엎어 버리는 한이 있더라도, 우선 이 3천 루블의 돈만은 카체리나에게 꼭 갚아야겠다고 생각했다. 그가 이러한 결심을 최종적으로 굳히게 되는 것은 그의 생애에서 가장 바빴던 몇 시간, 바로 알료샤와 마지막으로 만났던 이틀 전 저녁 길 위에서였다. 그것은 바로 그루셴카가 카체리나에게 모욕을 준 그날의 일로, 미차는 그 이야기를 듣고 자기야말로 비열한 인간임을 인정하고 만약 그것으로 카체리나의 마음이 조금이라도 풀어질 수만 있다면, 자신이 그렇게 자각한 것을 카체리나에게 전해 달라고 알료샤에게 부탁했던 것이다.
그날 밤 동생 알료샤와 헤어진 뒤, 그는 거의 무아지경에서 이런 생각을 했다.
'설령 사람을 죽이고 강도질을 해서라도 카체리나의 돈만은 꼭 갚아야한다. 세상 사람들이 모두 나를 살인 강도라고 생각해도 좋고, 또 시베리아로 유형을 간다 해도 좋다. 다만 카체리나의 입에서, 저 남자는 나를 배반했을 뿐만 아니라 내 돈을 훔쳐 가지고, 그 돈으로 고결한 생활을 시작한답시고 그루센카와 달아났다는 말을 듣는 것은 도저히 견딜 수 없는 일이다!'
"그런 짓은 죽어도 할 수 없다."
미차는 어금니를 깨물며 이렇게 혼자서 중얼거렸다. 어떤 때는 이러다가 정말 뇌염에 걸려 죽어버릴지도 모른다는 생각이 들 정도였다. 그러면서도 그는 여전히 분투를 계속하고 있었다…….
그런데 한 가지 이상한 점이 있다. 이렇게 결심한 이상 그에게는 절망밖엔 아무것도 남은 게 없을 것이라고 모두 생각할 것이다. 그도 그럴 것이 알몸뚱이 하나밖에 없는 그가 3천 루블이라는 큰 돈을 어떻게 갑자기 마련할 수 있겠는가.
그런데도 그는 이 3천 루블이라는 돈이 자기에게 생길 것이라고, 하늘에서 뚝 떨어지듯이 저절로 자기 손에 굴러들어올 것이라고 끝까지 믿어 마지않았다. 사실 드미트리처럼 상속으로 물려받은 돈을 쓸 줄만 알 뿐, 돈을 어떻게 버는가에 관해서는 아무런 관념도 갖고 있지 않은 사람에게는 이런 사고 방식도 있을 법한 일이다.
이틀 전 알료샤와 헤어진 뒤부터 그의 머릿속에는 터무니없이 현실과 동떨어진 망상의 회오리바람이 일어나 모든 생각을 뒤죽박죽으로 만들어 놓고 말았던 것이다. 이리하여 그는 더할 나위 없이 무모한 일에 착수하게 된다. 그러나 이러한 처지에 놓인 드미트리 같은 인간에게는, 도저히 불가능한 꿈 같은 계획도 가장 실질적인 일같이 보일 뿐만 아니라 쉽사리 성공할 것같이 생각되는 것인지도 모른다.
그는 느닷없이 그루센카의 보호자격인 상인 삼소노프를 찾아가서 어떤 계획을 제시하고, 그 계획을 담보로 하여 한꺼번에 필요한 금액을 끌어내리라 결심을 했다. 그는 이 계획의 상업적 가치를 조금도 의심하지 않았다. 단지 저쪽에서 이 계획을 단순히 상업적인 측면에서 생각하지 않을 경우, 과연 자기의 이 엉뚱한 행동을 어떻게 볼 것인가 하는 점만이 조금 불안할 따름이었다. 미차는 이 상인의 얼굴을 알고 있었지만 아직 가까이 사귀어 본 적도 없었고 서로 말을 주고 받은 일도 없었다. 그러나 그는 무엇 때문인지 이미 오래 전부터, 만약 그루센카가 '믿음직한' 남자와 결혼하여 견실한 생활을 하고 싶다고 한다면, 이제 죽음을 눈앞에 둔 이 늙은 상인도 결코 반대는 하지 않을거라 생각하고 있었다. 아니, 반대하기는커녕 오히려 그것을 바라고 있을지도 모르며, 기회만 오면 스스로 나서서 도와주려 할지도 모른다고 그는 믿고 있었다.

무슨 소문을 듣고서 그러는 것인지, 아니면 그루센카의 입에서 흘러나오는 말을 듣고 그렇게 추측하게 되었는지, 어쨌든 미차는 이 노인이 그루센카를 위해 아버지 표도르보다는 자기를 택할 것을 바라고 있다는 결론까지 내렸다.

이 이야기를 읽는 대부분의 독자는, 이런 도움을 계산에 넣고 자기가 반한 여자를 그 보호자의 손에서 빼앗으려고 계획하고 있는 드미트리의 행동을 지나치게 야비하고 염치없다고 느낄지도 모른다.

그러나 나는 여기서 이런 사실만은 지적할 수 있다. 그것은 미차가 볼 때 그루센카의 과거는 이미 깨끗이 청산된 것으로 보였다는 점이다. 그는 그루센카의 과거를 한없는 동정의 눈길로 보고 있었다. 그러므로 일단 그루센카가 '당신을 사랑해요. 당신을 따르겠어요'라는 말을 입밖에 내기만 한다면, 그 순간부터 그녀는 곧 새로운 그루센카로 변하고, 드미트리 자신도 아무런 결점도 없이 미덕만으로 가득찬 완전히 새로운 인간으로 다시 태어나 서로의 죄를 용서하고 전혀 새로운 생활을 시작할 수 있을 것이라는 공상에 스스로의 정열을 불태우고 있었다.

드미트리는 상인 쿠지마 삼소노프에 대해 그루센카의 타락했던 생활을 변화시키는 데 숙명적인 영향을 준 인물로 보고 있었다. 그러나 그루센카는 이 노인을 한 번도 사랑한 적이 없었을 뿐 아니라, 노인 역시 지금은 '과거'의 사람이 되어 사내 구실을 다한 형편이므로, 말하자면 지금은 전혀 존재하지 않는 것이나 다름 없다고 그는 생각했다. 더욱이 미차는 이 노인을 인간으로조차 생각하지 않았다. 왜냐하면 이 고장 사람이면 모르는 사람이 없듯이 노인은 병든 폐인에 지나지 않았고 그루센카에 대해서도 이제는 아버지와 같은 관계를 지속할 뿐, 결코 이전과 같은 위치에 있는 것이 아니기 때문이다. 더구나 그것은 이미 오래 전부터의 일로 이러저러 1년 이상이나 된다.

　어쨌든 미차의 이러한 판단에는 지나치게 순진한 면이 다분히 있었다. 사실 그는 여러 가지 결점이 있지만, 역시 무척 순진하고 단순한 사내였다. 이러한 순진성 때문에 미차는 다음과 같이 확신하고 있었다. 즉 늙은 쿠지마 삼소노프는 지금 저승으로 떠날 날을 앞두고 자기 자신과 그루셴카와 과거를 진심으로 뉘우치고 있다. 따라서 그루셴카에게는 이제, 절대로 해를 주지 않는 이 노인 이상으로 친절한 친구인 동시에 보호자가 될 만한 사람은 아무도 없다고.

　알료샤와 들판에서 이야기하고 난 뒤 미차는 그날 밤 거의 한잠도 이루지 못했으나, 다음 날 아침 10시경에는 삼소노프의 집을 찾아가서, 하인에게 자기가 찾아왔다는 것을 전해 달라고 말했다. 이 집은 굉장히 크고 음침한 낡은 2층집이었는데, 마당에는 여러 채의 작은 건물과 바깥채가 딸려 있었다. 아래층에는 이미 처자를 거느린 두 아들과, 그의 늙은 누이동생, 그리고 아직 출가하지 않은 딸들이 살고 있었다. 바깥채에는 관리인 두 사람이 살고 있었는데, 그중 하나는 역시 많은 가족을 거느린 사람이었다. 이렇게 아래층과 바깥채에는 많은 사람들이 득실거리며 살고 있었으나, 노인 자신은 2층을 혼자서 차지하고 자기를 간호해 주는 딸에게도 거기서 기거하지 못하도록 했다. 그래서 딸은 고질인 해수병으로 고통을 받고 있었음에도, 일정한 시간에는 물론이거니와 아버지가 때를 가리지 않고 누르는 초인종 소리가 울릴 때마다 아래층에서 2층으로 재빨리 달려올라가야만 했다.

　2층에는 상인 계급의 오랜 풍습에 따라 살림살이를 갖춘 커다란 방이 여러 개 있었다. 방안에는 마호가니로 된 멋대가리없는 안락의자와 보통 의자가 벽을 따라 터무니없이 길게 열을 짓고 있었고, 유리 샹들리에에는 갓이 씌워져 있었으며, 창문과 창문 사이의 벽에는 음산한 거울이 걸려 있었다.

　늙은 주인은 한쪽에 떨어진 작은 침실 하나만을 쓰고 있었고 나머지 방들은 모두 텅 빈 채로 통 사용하지 않고 있었다. 늙은이의 방에는 머리에 스카프를 쓴 노파가 시중을 들고 있는 외에, 젊은 하인 하나가 문간의 긴 의자에서 대기하고 있었다. 노인은 다리가 부어올라 거의 걸어다닐 수가 없었고 가끔 어쩌다가 가죽을 씌운 의자에서 몸을 일으켜 노파의 부축을 받으면서 방안을 한두 차례 거닐 뿐이었다. 그는 이 노파에게까지 엄격하게 대했고, 말도 별로 하지 않았다.

'대위님'이 찾아왔다는 전갈을 들었을 때도 그는 그 자리에서 만나지 않겠다고 거절했다. 그러나 미차는 끈덕지게 한 번 더 주인에게 말씀드려 달라고 부탁했다. 그러자 삼소노프는 젊은 하인에게 상세히 캐물었다.
"어때, 꼴이 어떻더냐? 술에 취하지나 않았던? 그래 한바탕 소동을 일으킬 듯 싶지는 않더냐?"
"술에 취하진 않았습니다만, 어지간해서는 그냥 돌아갈 것같지 않습니다."
이 대답을 듣고도 노인은 만나지 않겠다고 거절하고 말았다. 이런 경우를 예상하고 일부러 연필과 종이쪽지를 미리 준비해 갖고 왔던 미차는 곧 종이쪽지에다 깨끗한 필치로 '아그라페나 알렉산드로브나와 밀접한 관계가 있는 중대한 문제에 대해 의논드릴 일이 있습니다'라고 한 줄 적어서 노인에게 들여 보냈다.
노인은 잠시 생각한 뒤, 손님을 응접실로 모셔들이라고 하인에게 명령하고 나서, 아래층에 있는 작은 아들에게 노파를 보내 곧 2층으로 올라오라고 전했다. 이 작은 아들은 키가 2미터가 넘는 거인으로 엄청난 장사였는데, 수염을 말끔히 밀고 유럽식 옷차림을 하고 있었다. 삼소노프 자신은 터키풍 윗옷을 입고 수염을 기르고 있었다. 아들은 군소리 없이 당장 2층으로 올라왔다. 가족 모두가 아버지 앞에서는 벌벌 떨고 있었다.
노인이 이 아들을 불러올린 것은, 이 '대위'에 대한 두려움 때문이 아니라(그는 절대로 그런 소심한 사람이 아니었다), 단지 만일의 경우를 위해 증인으로 참관시키기 위해서였다.
노인은 이윽고 아들과 하인의 부축을 받아 비틀거리면서 응접실로 걸어나갔다. 노인은 미차에게 강한 호기심을 느낀 것 같았다. 미차가 주인을 기다리고 있던 응접실은 혼자 있으면 괜히 기가 죽을 정도로 음산하고 넓기만 한 방이었다. 발코니가 달린 창문이 아래 위로 두 개나 있고 벽은 대리석으로 장식되어 있으며 천으로 만든 갓을 씌운 커다란 유리 샹들리에가 세 개 매달려 있었다.
미차는 입구에 있는 조그만 의자에 앉아 신경질적인 초조감을 간신히 참아가며 자기의 운명을 기다리고 있었다. 미차가 앉아 있는 의자에서 20미터 가량 떨어진 반대쪽 문으로 노인이 나타나자 그는 벌떡 일어나 육중한 군대식 걸음걸이로 성큼성큼 걸어 갔다. 그는 훌륭한 옷차림을 하고 있었다. 단추를 꼭 채운 프록코트를 입고 손에는 동그란 모자를 들고 검은 장갑을 끼고 있었다. 이 모든 것은 사흘 전 조시마 장로의 암자에서 있었던 모임, 아버지 표도르를 비롯하여 두 동생이 한자리에 모였던 가족회의 때의 옷차림 그대로였다.

노인은 오만하고 위엄 있는 태도로 그 자리에 멈춰서서 그가 다가오기를 기다렸다. 미차는 자기가 노인에게 다가가는 동안, 노인이 자기라는 인간을 속속들이 꿰뚫어보고 있을 것이라고 직감적으로 느꼈다. 그와 동시에 미차는 삼소노프의 얼굴이 몹시 부어올라 있는 것을 보고 깜짝 놀랐다. 그렇잖아도 두꺼워 보이는 노인의 아랫입술이 축 늘어져 마치 둥근빵처럼 보였다.

노인은 근엄한 태도로 말없이 손님에게 허리를 굽혀 보이고 나서 소파 옆에 있는 안락의자에 앉도록 손짓을 하고는, 자기는 아들의 팔에 몸을 기댄 채 고통스럽게 쿨룩거리며 미차의 맞은편에 놓인 소파에 간신히 자리를 잡고 앉았다. 노인의 그 고통스러운 노력을 보고 있는 동안 미차는 곧 후회하기 시작했다. 자신이 지금 폐를 끼치고 있는 이 거물 앞에서 순박한 부끄러움을 느낀 것이다.

"그래, 나에게 무슨 볼일이 있으신지요?"

간신히 자리를 잡은 노인은 근엄하고 예의를 갖춘 어조로 천천히 입을 열었다.

미차는 흠칫 놀라 벌떡 일어설 뻔하다가 다시 자리에 앉았다. 그리고 곧 신경질적으로 손짓 몸짓을 섞어가며 몹시 흥분하여 큰 소리로 말하기 시작했다. 낭떠러지 끝에 이르러 멸망의 심연을 내려다보면서 마지막 활로를 찾고 있으나, 만일 그것마저 실패하면 당장 투신 자살이라도 감행하려는 남자의 모습이었다. 삼소노프 노인은 즉각 모든 것을 간파했지만 그의 얼굴은 여전히 조각처럼 차갑기만 했다.

"고결하신 삼소노프씨, 아마 나와 나의 아버지 표도르 카라마조프의 분쟁에 대해 여러 차례에 걸쳐 들었을 줄로 압니다. 아버지가 내 앞으로 남겨 준 어머니의 유산을 가로채 버렸기 때문입니다……. 아시다시피 지금 읍내에서는 이 얘기로 온통 야단법석들입니다……. 왜냐하면 이곳 사람들은 너나 할 것 없이 필요치도 않은 일을 갖고 떠들어 대기를 잘하거든요……. 그리고 또 이것은 그루센카의 입을 통해서도…… 아니, 실례했습니다. 아그라페나 씨…… 내가 존경해 마지않는 아그라페나 씨를 통해서도……."

이렇게 말을 꺼낸 것까지는 좋았지만 미차는 첫마디부터 허둥대기 시작했다. 그러나 그의 말을 여기에 한마디 한마디 기록하는 것은 그만두고 단지 요점만 간추려서 적기로 하겠다. 다름 아니라 3개월 전에 그는 특별히 (그는 '일부러'라는 말을 피하고 대신 '특별히'라는 말을 썼다) 현청 소재지에 있는 어떤 변호사와 상의했다는 것이다.

"그 사람은 바로 유명한 변호사 파벨 코르네플로도프라는 분입니다. 당신도 아마 들으신 일이 있을 줄 압니다만, 참으로 해박한 지식을 지닌 사람으로 전국에서도 손꼽힐 만한 인물이라 해도 지나친 말이 아니지요……. 그 사람은 당신에 대해서도 잘 알고 있더군요……. 무척 평판이 좋으시더군요."

여기서 미차는 또 말이 막혔다. 그러나 이야기를 아주 끝내지는 않고, 곤란한 점은 껑충껑충 뛰어넘으며 이야기를 점점 앞으로 끌고 나갔다.

이 코르네플로도프라는 변호사는, 미차가 언제라도 제시할 수 있다는 증서에 관해 세밀하게 캐묻고 여러 모로 검토한 결과(증서에 관한 미차의 설명은 매우 모호한 것이어서, 그는 이 대목도 어물어물 넘겨 버렸다.) 체르마시냐 마을은 어머니의 유산으로서 미차의 소유가 틀림없으므로, 이에 대해서는 실제로 소송을 제기하여 그 수치를 모르는 노인을 꼼짝 못하게 만들 수 있다고 장담했다.

"왜냐하면 모든 문이 닫혀 있는 것은 아니어서 법률가란 얼마든지 빠져나갈 구멍을 잘 알고 있기 때문입니다."

요컨대 그는 표도르한테서 6천 루블, 아니 7천 루블의 돈을 더 받아낼 수 있다는 것이었다.

"체르마시냐 마을은 아직도 최소한 2만 5천 루블…… 아마 2만 8천 루블의 가치는…… 아니, 3만, 3만 루블의 가치는 충분합니다. 그런데 나는 그 뻔뻔스런 영감에게서 여태껏 1만 7천 루블도 제대로 받질 못했거든요!"

그때 미차는 법률에 관해서는 아무것도 몰랐기 때문에 이 문제를 포기하다시피 내버려두었는데, 이제 와서 도리어 저편에서 소송을 제기하였으니 너무나 어처구니가 없다는 것이었다. 여기서도 미차는 또 혼란에 빠져 마구 얘기를 비약시켰다.

"그러니 고결하신 삼소노프 씨, 다름 아니라, 당신께서 그 악당에 대한 나의 권리 일체를 취득하실 의향은 없으신지요? 저에게는 단지 3천 루블만 주시면 됩니다……. 무슨 일이 있어도 소송에 질 염려는 없습니다. 그 점은 내 명예를 걸고 보증하겠습니다. 소송에 지기는커녕 3천 루블의 밑천으로 6천 내지 7천 루블의 이득을 얻을 수 있단 말입니다…….”

그런데 여기서 무엇보다 중요한 점은 이 일을 '오늘중으로' 결말지어야 한다는 것이었다.

"저, 저, 공증인한테 같이 가도 좋고 어떤 일이라도…… 즉…… 한마디로 말해서 어떤 일이라도 다 하겠습니다. 요구하시는 대로 증서도 모두 넘겨 드리겠고 어떤 서명이라도 다 하겠습니다……. 그러니까 지금이라도 곧 서류를 작성하시면 어떨까요? 가능하다면, 정말 가능만 하다면 오늘 오전중으로라도…… 그 3천 루블을 제게 주셨으면…… 당신과 어깨를 겨룰 수 있는 자본가는 이 읍내엔 아무도 없으니까요……. 그러니 나를 살려 주시는 셈치고…… 요컨대 당신께서는 이 가련한 인간을 선한 일을 위하여, 아니 고매한 사업을 위하여 구해 주시는 셈이 됩니다……. 그 이유는, 당신이 잘 아실 뿐만 아니라 친딸처럼 돌봐주시고 있는 그 여인에 대해, 내가 누구한테도 부끄럽지 않은 고결한 감정을 품고 있기 때문입니다. 만약 그렇지 않다면, 즉 당신이 그 여인을 아버지처럼 돌봐주고 있지 않았더라면 나는 이곳에 찾아오지도 않았을 겁니다. 그리고 사실 이번 일은, 이를테면 우리 세 사람이 이마를 부딪치게 된 셈이지요. 운명이란 참으로 얄궂은 것입니다, 삼소노프 씨! 리얼리즘입니다! 삼소노프 씨, 이것이 바로 리얼리즘이에요! 그렇지만 당신은 이미 오래 전에 제외되었어야 할 분이니까, 이제는 우리 두 사람 사이의 결전이 된 셈이지요. 혹시 제 표현이 좀 서툰지도 모르겠습니다만, 나는 문학가가 아니니까요. 당신도 아시다시피 두 사람이란 한쪽은 나고, 다른 한쪽은 그 늙은 악당이지요. 그러니 어느 한쪽을 선택해 주십시오. 나를 택하든지 그 악당을 택하든지. 이제 모든 것은 당신 손안에 있습니다. 세 사람에 대한 운명의 제비는 두 개밖에 없는 셈입니다……. 용서하십시오, 이야기가 그만 딴길로 흘렀습니다만 당신은 이해해 주실 줄 압니다……. 당신의 얼굴만 보아도 이해해 주신다는 것을 알 수 있습니다……. 만약 이해해 주시지 않는다면, 나는 오늘 당장에라도 투신 자살을 할 겁니다, 예!"

미차는 자신의 말도 안 되는 연설을 '예!'라는 말로 끝내 버렸다. 그러고는 의자에서 벌떡 일어나 자기의 이 어리석은 제안에 대한 대답을 기다렸다. 그러나 맨 마지막 한 마디를 입밖에 냈을 때 문득 그는 모든 게 와르르 무너져 버리는 것 같은, 뭐라 말할 수 없는 절망감에 사로잡혔다. 무엇보다 좋지 않은 것은 자기가 어리석은 말만 늘어놓았다는 자각이었다.

'참으로 야릇한 일이다. 이리로 오던 도중엔 모두 그럴싸하게 생각되던 것이 이제는 이렇게 바보 같은 짓이 되고 말았으니!'

그런 생각이 절망으로 가득찬 그의 머릿속을 퍼뜩 스치고 지나갔다. 그가 말하는 동안 노인은 꼼짝 않고 자리에 앉아 얼음같이 차가운 눈으로 줄곧 미차를 주시하고 있었다. 1분 가량 미차를 기다리게 한 뒤, 삼소노프는 이윽고 무자비할 만큼 퉁명스러운 말투로 입을 열었다.

"미안하지만, 나는 그런 일엔 손을 대지 않습니다."

미차는 갑자기 다리의 힘이 쑥 빠져나가는 것을 느꼈다.

"그럼, 나는 도대체 어떻게 하면 좋습니까. 삼소노프?" 그는 창백한 미소를 지으며 중얼거렸다. "이제 나한텐 파멸의 길밖에 없는 셈이로군요, 그렇습니까?"

"안됐군요……."

미차는 여전히 장승처럼 버티고 선 채 꼼짝 않고 미차의 얼굴을 응시하고 있었다. 그러자 문득 그는 노인의 얼굴에 어떤 움직임이 감도는 것을 발견하고 자기도 모르게 흠칫 놀랐다.

"우린 그런 일에 대해서는 잘 모릅니다." 노인은 느릿느릿 말을 이었다. "소송을 제기한다거나, 변호사를 댄다는건…… 정말 보통일이 아니지요. 정 소원이시라면 마침 적당한 사람이 하나 있으니, 그 사람한테 의논해 보시지요."

"그래요? 그게 누굽니까? 삼소노프 씨, 마치 지옥에서 살아 돌아온 것 같군요."

미차는 갑자기 잘 돌아가지 않는 혀로 이렇게 말했다.

"이곳 사람이 아닙니다. 지금은 여기에 있지도 않고요. 본디 농민 출신으로, 요즈음은 재목 장사를 하고 있는데 랴가브이(사냥개)라는 별명으로 통하고 있지요. 카라마조프 씨와는 벌써 1년 전부터 바로 그 체르마시냐에 있는 삼림 매매 때문에 옥신각신하고 있지만 가격이 맞지않아서 합의를 보지 못하고 있는 모양이더군요. 아마 당신도 이미 들으신 일이 있을 겁니다. 바로 그 사람이 지금 이곳에 나타나서 현재 일린스키 신부 댁에 묵고 있다고 합니다. 볼로비야 역에서 12㎞ 떨어진 일린스코예 마을이지요. 내게도 편지를 보내 그 사건, 즉 삼림 매매건에 대해 내 의견을 물어 왔습니다. 카라마조프 씨도 직접 그리로 가서 그를 만날 의향인가보더군요. 그런만큼 당신이 카라마조프 씨보다 먼저 랴가브이를 만나서, 지금 내게 제의하신 것을 그 사람한테 말씀해 보시면 아마 실현이 가능할지도……"

"거 참 좋은 생각입니다!" 미차는 좋아서 어쩔 줄 모르며 이렇게 삼소노프의 말을 가로챘다. "반드시 그분이라야만 합니다. 과연 그분이 적임자로군요! 사고는 싶지만 값이 너무 비싸서 옥신각신하고 있는 판에 대뜸 소유권 증서를 내보여 준다, 그 말씀이죠? 하 하 하!"

미차는 갑자기 짤막짤막 끊어지는 무표정한 웃음소리를 내었다. 그 웃음이 어찌나 느닷없었던지 삼소노프까지 놀라 머리를 떨게 만들었을 정도였다.

"삼소노프 씨, 뭐라고 감사의 말씀을 드려야할지 모르겠습니다."

미차가 흥분한 어조로 이렇게 외쳤다.

"천만의 말씀을……"

삼소노프는 고개를 숙여 보이며 말했다.

"당신은 잘 모르시겠지만, 당신은 나를 구해 주셨습니다. 아아, 내가 당신을 찾아온 것도 실은 어떤 예감이 있었기 때문입니다……. 그럼 나는 곧 그 신부님 댁을 찾아가 봐야겠습니다!"

"뭐, 감사할 것까진 없습니다."

"서둘러 달려가겠습니다. 몸도 편치 않으신데 실례가 많았습니다. 이 은혜는 절대 잊지 않겠습니다. 이건 러시아 남자로서 하는 말입니다. 삼소노프 씨, 러시아 남자로서 말입니다!!"

"그러시겠지요."

미차는 노인의 손을 잡고 팔을 흔들다가 노인의 눈에 무언가 악의에 찬 빛이 노인의 눈을 스치고 지나가는 것을 보았다. 미차는 자기도 모르게 손을 거두었으나, 곧 너무나 의심이 많은 자기 자신을 꾸짖었다.

'피곤해서 그런 것이겠지……'

"그녀를 위해서예요! 삼소노프 씨, 아시겠지만, 이것은 그 여인을 위한 것입니다!"

그는 응접실이 떠나가도록 이렇게 소리치고는 꾸벅 절을 하고 홱 돌아선 뒤,

다시는 뒤도 돌아보지 않고 빠른 걸음으로 뚜벅뚜벅 문으로 걸어나갔다. 그는 기쁨에 넘쳐 온몸을 떨고 있었다.
'모든 것이 끝장나 버리는가 했더니 수호천사가 구해 준 거야.'
그런 생각이 머리를 스치고 지나갔다.
'더욱이 그 같은 사업가가 어쩌면 그렇게도 점잖고 위엄 있는 노인인지! 이런 방법을 가르쳐 주었으니 이제 성공은 틀림없다. 이 길로 당장 달려갔다가 오늘 밤 안으로 돌아와야겠다. 밤중에라도 돌아와야 해. 아무튼 일은 틀림없이 성공할 테니까. 그 노인이 나를 놀릴 까닭이 없지 않나!'
미차는 하숙집을 향해 걸어가며 이렇게 속으로 부르짖었다. 다른 생각이란 있을 수가 없었다. 요컨대 상대인 랴가브이(별 괴상한 이름도 다 있다!)에 대해 잘 알고 있는 노련한 사업가의 실제적인 조언이니 틀림없을 것이다. 그러나, 혹시 노인이 나를 조롱한 것은 아닐까? 슬프게도, 나중 것이야말로 유일하고도 정확한 해석이었던 것이다.
훨씬 뒤에, 즉 그 비극적인 대사건이 일어난 뒤의 일이지만, 늙은 삼소노프는 웃으면서 고백하기를, 그때 자기는 그 대위를 조롱해 보았을 따름이라고 했다. 그는 악의로 가득하고 냉혹하며, 남을 비웃기 좋아하는 성격인데다 병적일 만큼 타인에게 반감을 가진 사람이었다. 그때 이 늙은이가 미차를 그런 식으로 조롱한 것은, '대위'의 기뻐하는 멍청한 얼굴 때문이었는지, 소위 그 어린애 속임수 같은 제의에 삼소노프가 응할지도 모른다는 이 '낭비가이자 방탕아의'의 바보 같은 확신 때문이었는지, 그것도 아니면 이 '망나니'가 금전을 강요하기 위해 끌어댄 그루셴카에 대한 질투심 때문이었는지 확실한 원인은 알 수가 없다. 하지만, 아무튼 노인 앞에 서 있던 미차가 다리의 힘이 쭉 빠져나가는 것을 느끼며, 이제 나는 파멸이라고 부르짖은 순간, 바로 그 순간에 노인은 어마어마한 증오심을 품고 그를 바라보면서 이 녀석을 한번 골려 줘야지 하는 생각을 했던 것이다. 미차가 나가 버리자 노인은 증오심으로 얼굴이 새파래져서 아들을 돌아보며 이렇게 명령을 내렸다.
"다시는 저 망나니 녀석이 눈앞에 나타나지 못하도록 해. 대문 안에도 들여놓아서는 안 된다. 그대로 내버려두었다가는……"
노인은 이 위협적인 말을 끝까지 다 말하지는 않았으나, 가끔 벌어지는 아버지의 분노에 익숙해진 아들조차 겁에 질려 소름이 끼칠 정도였다. 그러고 나서 한 시간이 지난 뒤에도 노인은 노여움을 가라앉히지 못하여 몸을 부들부들 떨고 있더니, 저녁때가 되어 열이 나기 시작하자 의사를 부르러 사람을 보냈다.

2 사냥개(랴가브이)

한편 미차는 곧장 전속력을 다해 '달려가야' 할 형편이었지만 마차삯이 한 푼도 없었다. 아니, 사실은 20코페이카짜리 동전이 두 닢 있었으나 그것이 그가 가진 것의 전부, 그야말로 몇 해 동안의 호탕한 낭비 생활 끝에 그의 수중에 남은 전부였다.

하기는 그의 하숙방에 벌써 오래 전에 못쓰게 된 낡은 은시계가 하나 굴러다니고 있었다. 그는 그것을 움켜쥐고 시장에서 가게를 하고 있는 어떤 유대인의 시계방으로 가져갔다. 유대인은 시계값으로 6루블을 주었다.

"이것 참 뜻밖인걸!"

너무 기뻐서 어쩔 줄 몰라 하며 미차는 이렇게 외쳤다(그는 여전히 기분이 들떠 있었다). 그는 6루블을 받아쥐고 집으로 달려갔다. 하숙집에 돌아온 그는 집 주인에게서 3루블을 빌려 필요한 금액을 마련했다. 이 집 사람들은 언제나 주머니를 털어서라도 기꺼이 미차에게 돈을 빌려주었다. 그 만큼 그들은 그를 좋아했던 것이다.

미차는 환희에 넘쳐 그들에게 자신의 운명이 오늘 결정될 거라고 털어 놓았다. 그리고 조금 전에 삼소노프에게 제의했던 자기의 '계획'과 거기에 대한 늙은 상인의 충고, 자기의 장래 희망, 그 밖의 여러 가지 얘기를 두서없이 그들에게 들려 주었다. 주인집 사람들은 전부터 그의 온갖 비밀얘기를 다 듣고 있었기 때문에 그를 한집안 식구나 다름없이 여겨왔고, 거만하고 자존심 강한 나리로는 전혀 생각하지 않았다.

이렇게 하여 9루블의 돈을 마련한 미차는 곧 볼로비야 역까지 가는 우편마차를 부르러 사람을 보냈다. 그런데 바로 이 일 때문에 다음과 같은 사실이 기억되고 동시에 기록되었던 것이다. 즉 '사건이 일어나기 전날 정오 무렵에 미차는 돈이 한 푼도 없었다. 그래서 돈을 마련하기 위해 시계를 팔았고, 하숙집 주인한테서 3루블을 빌렸으며, 이런 모든 일이 증인들이 보는 앞에서 이루어졌다.'

나는 이 사실을 특별히 언급해 두는 바이다. 내가 왜 이런 말을 하는가는, 뒤에 가서 밝혀질 것이다.

미차는 이것으로 드디어 모든 일이 해결될 것이라는 즐거운 기대에 부풀어 있었지만, 볼로비야 역으로 달려 가는 동안 혹시나 자기가 없는 동안 그루셴카가 무슨 일을 저지르지나 않을까 하는 두려움에 온몸이 떨려오기 시작했다. 만약 하필이면 오늘 같은 날에 그녀가 표도르를 찾아가기로 결심한다면 어쩔 것인가? 그래서 그는 그루셴카에게 아무 말도 하지 않았을 뿐더러 하숙집 사람들에게 누가 와서 자기에 대해 물어도 어디 갔는지 절대로 알려 주지 말라고 부탁하고 출발했던 것이다.

'어떤 일이 있어도 오늘 밤 안으로는 꼭 돌아와야겠다.'

그는 마차에 흔들리며 몇 번이고 이렇게 되풀이하고 있었다.

'그리고 그 랴가브이라는 자를 이곳으로 데리고 와서…… 서류를 작성하도록 하는 게 좋을 거야…….'

심장이 얼어붙는 듯한 느낌으로 미차는 이렇게 공상했다. 그러나 슬프게도 그의 공상은 그의 '계획'대로 실현될 운명에 있지 않았다.

우선 그는 볼로비야 역에서 시골길을 더듬어 가는 동안 많은 시간을 허비하고 말았다. 시골길은 12km가 아니라 18km는 족히 되었다. 다음으로는, 일린스코예 마을에 가보니 공교롭게도 신부는 이웃 마을에 가고 집에 없었다. 하는 수 없이 미차는 지친 말을 달려 이웃 마을로 가서 신부를 찾는 동안 날이 거의 어두워지고 말았다.

일린스키 신부는 키가 작고 내성적이면서도 무척 친절한 사람이었다. 그의 설명에 의하면 그 랴가브이라는 사람은 처음에는 자기 집에 묵고 있었으나 지금은 수호이 포숄로크라는 마을에 가 있으며, 역시 재목 매매에 관한 일 때문에 오늘은 산지기가 살고 있는 오두막에서 머물기로 되어 있다는 것이었다.

지금 당장 '나를 살려주는 셈치고' 랴가브이가 있는 곳으로 좀 데려가 달라는 미차의 간청을 듣고, 신부는 살짝 싫은 기색을 보였으나, 결국은 호기심을 느꼈는지 그를 수호이 포숄로크까지 데려다 주겠다고 승낙했다. 그런데, 마치 일부러 그러는 것처럼 신부는 여기서 1km가 '될까말까' 한 곳이니 걸어 가자고 했다. 미차는 물론 쾌히 승낙하고 큰 걸음으로 성큼성큼 걷기 시작했다. 그 바람에 가엾게도 신부는 거의 뛰다시피 그의 뒤를 따라가야만 했다. 신부는 그리 늙은 편은 아니었으나 매우 세심하고 신중한 사람이었다.
　미차는 곧 신부를 상대로 역시 자기의 '계획'에 대해 얘기하기 시작했다. 그리고 초조하고 흥분된 어조로 랴가브이에 대한 조언을 구하면서 줄곧 얘기를 계속했다.
　신부는 주의깊게 귀를 기울일 뿐 별로 말이 없었다. 미차의 질문에 대해서도 모호한 대답만 할 뿐 '잘 모르겠는데요, 나 같은 게 뭘 알아야지요'라는 식으로 자꾸만 얼버무리는 것이었다. 미차가 유산에 관한 문제로 아버지와 충돌한 이야기를 하자 신부는 그만 깜짝 놀라고 말았다. 왜냐하면 신부는 표도르와 서로 도움을 주는 관계에 있었기 때문이다.
　그래도 미차가 어째서 그 농부 출신의 장사치 고르스트킨을 랴가브이라고 부르느냐고 물었을 때 신부는 친절히 설명해 주었다. 그 자가 랴가브이라고 불리는 건 틀림없지만 랴가브이라고 부르면 몹시 화를 내는 것을 보면 랴가브이가 아닐 수 있다. 그러므로 반드시 고르스트킨이라고 불러야 한다는 것이었다.
　"그렇지 않으면 절대 아무 일도 성사시킬 수 없을 겁니다. 당신이 하는 말에 귀도 기울이지 않을 거예요."
　미차는 순간 묘한 기분이 들었으나 삼소노프가 그를 랴가브이라고 부르더라고 해명했다. 이 말을 듣자 신부는 곧 화제를 다른 데로 돌려 버리고 말았다. 만약 신부가 그 자리에서 그때 느꼈던 자기의 추측을 드미트리에게 밝혔던들 오히려 일이 잘되었을지도 모른다. 그것은 만약 삼소노프가 자기 자신이 랴가브이라고 부르는 미천한 농부에게 미차를 보냈다면 거기에는 필시 무슨 곡절이 있는 것이 아닐까, 아니면 미차를 희롱하기 위해 그런 것이나 아닐까, 하는 추측이었다.
　그러나 미차는 그런 '대수롭지 않은 일'에 얽매여 있을 시간의 여유가 없었다. 그는 한결같이 걸음을 서둘러 길을 재촉할 뿐이었다. 그리고 겨우 수호이 포솔로크 마을에 도착하고 나서야, 자기들이 걸어온 길이 1㎞도 1.5㎞ 아니라 3㎞는 된다는 것을 깨달았다. 그는 화가 치밀었으나 꾹 참았다. 두 사람은 오두막으로 들어갔다. 신부와 아는 사이인 산지기는 오두막의 반을 쓰고, 현관을 사이에 두고 맞은편 쪽에 있는 좀더 깨끗한 방을 고르스트킨이 차지하고 있었다. 그들은 이 깨끗한 방으로 들어가서 짐승 기름으로 만든 양초에 불을 붙였다.

오두막 안은 난로불이 지펴져 있어 훈훈했다. 소나무로 짠 테이블 위에는 불이 꺼진 사모바르와, 찻잔이 올려진 쟁반, 마시다 남은 보드카 병, 먹다 남은 빵부스러기 등이 널려 있었다. 손님으로 와 있는 이 방의 투숙객은, 베개 대신 웃옷을 둘둘 말아 머리에 베고 육중하게 코를 골면서 벤치 위에 길게 누워 있었다.

'물론 깨워야지, 내 볼일은 아주 급한 것이니까. 그래서 나는 이렇게 서둘러 달려왔고, 또 오늘 안으로 급히 돌아가야 하지 않는가.'

미차는 마음이 꽤나 조급했다. 그러나 신부와 산지기는 아무런 말도 없이 묵묵히 서 있을 뿐이었다. 미차는 잠든 사람 곁으로 다가가서 직접 그를 깨우기 시작했다. 손으로 마구 흔들어 보았으나 랴가브이는 좀처럼 눈을 뜨지 않았다.

'만취했군. 야단났는데, 어떡하면 좋지! 아아, 어쩌면 좋단 말인가!'

그는 갑자기 무서운 초조감에 사로잡혀 잠자고 있는 사람의 팔다리를 잡아당겨 보기도 하고, 머리를 뒤흔들어 보기도 하고, 심지어는 안아일으켜 의자에 앉혀 보려고도 했다. 그러나 한참 동안 애쓴 끝에 얻은 노력의 결과는, 랴가브이의 뜻도 모를 잠꼬대와 분명치는 않으나 격렬한 어조로 퍼부어대는 욕지거리뿐이었다.

"안 되겠습니다. 잠시 기다려 보는 편이 좋을 것 같군요." 이윽고 신부가 입을 열었다. "분명 정상적인 상태가 아닌 것 같습니다."

"하루 종일 마시고 있었답니다."

산지기도 한마디 했다.

"에잇, 빌어먹을!" 미차는 소리쳤다. "내가 얼마나 절박한 상태에 있는지, 내가 얼마나 절망에 빠져 있는지, 당신들은 알기나 하시오!"

"안 되겠습니다, 아침까지 기다리시는 게 좋겠어요."

신부가 되풀이해 말했다.

"내일 아침까지라구요? 맙소사, 그건 절대로 안 될 말이오!"

미차는 절망 속에서 또다시 곤드라진 주정뱅이에게 달려들어 깨워 보려 했으나, 곧 자기의 노력이 아무 소용 없음을 깨닫고 손을 떼고 말았다. 아직도 잠이 덜 깬 것 같은 산지기는 시무룩한 표정을 짓고 있었다.

"현실이란 사람들을 이렇게도 무시무시한 비극으로 몰아넣는 것이란 말이냐!"
 완전히 절망에 사로잡힌 미차는 이렇게 중얼거렸다. 그의 얼굴에서는 땀이 비오듯 흘러내렸다. 신부는 그에게 비록 지금 이 사내를 깨울 수 있다 하더라도, 이렇게 곤드레만드레 술이 취해 있는 사람과 무슨 이야기를 할 수 있겠느냐고 하면서 "게다가 당신의 용건은 매우 중요한 것이니까, 내일 아침까지 미루는 편이 좋겠습니다" 하고 너무나 당연한 의견을 말했다. 미차는 하는 수 없다는 듯이 두 팔을 벌려 보이고 신부의 말에 동의했다.
 "신부님, 나는 이 방에 촛불을 켜놓고 지키고 앉아 쉬면서 기회를 살피겠습니다……. 저 사람이 눈을 뜨는 대로 이야기를 하겠어요. 물론 초값은 내가 치를 테니까요……." 그는 산지기에게 고개를 돌렸다. "그리고 숙박료도 지불하겠소. 하여간 드미트리 카라마조프가 시시한 인간이 아니라는 걸 알게 될 겁니다. 그런데 신부님, 어떻게 자리를 잡아야 할지 모르겠군요, 신부님은 어디서 주무시겠습니까?"
 "괜찮습니다. 나는 집으로 돌아가겠습니다. 저 사람의 말을 빌려 타고 갈 테니 제 걱정은 마십시오." 신부는 산지기를 가리키며 말했다. "그럼, 저는 실례하겠습니다. 아무쪼록 일이 잘되기를 빌겠습니다."
 이리하여 그 얘기는 일단락이 되었다. 신부는 산지기의 말을 빌려타고 떠났다. 그는 귀찮은 일에서 겨우 빠져나온 것이 무척 기뻤으나, 도대체 자기의 은인격인 표도르 파블로비치에게 내일 이 야릇한 사건을 알릴 것인지, 어쩔 것인지 망설이며 난처한 듯이 고개를 흔들었다.
 '알리지 않았다가, 혹시 이 일이 그분 귀에 들어가는 날이면 화를 내고 앞으론 나를 모르는 척할지도 몰라'
 산지기는 몸을 긁적거리며 한마디 말도 없이 자기방으로 가버렸다. 미차는 자기 말대로 '적당한 기회를 붙들기' 위해 긴 나무 의자에 주저앉았다. 무거운 우수가 짙은 안개처럼 그의 마음을 내리덮었다. 그것은 무서울 만큼 깊은 우수였다! 그는 꼼짝 않고 앉아서 생각에 잠겼지만 아무런 묘안도 떠오르지 않았다. 촛불은 희미하게 타오르고, 귀뚜라미는 시끄럽게 울어대고, 난로에 지나치게 불을 지핀 방은 견딜 수 없을 만큼 숨이 탁탁 막혀왔다. 그때 문득 그의 눈앞에 정원이 떠올랐다. 정원 뒤쪽으로는 좁다란 오솔길이 보였다. 그러자 아버지가 살고 있는 집 문이 살그머니 열리더니, 그루센카가 그 안으로 뛰어들어갔다…… 그는 의자에서 벌떡 일어났다.
"비극이다!"
미차는 이를 갈며 소리쳤다. 그리고 무의식 중에 잠들어 있는 사나이 옆으로 다가가서 물끄러미 그 얼굴을 들여다 보았다. 아직 노인이라고는 할 수 없는 여윈 농부인데, 얼굴이 몹시 길쭉하고, 아마 빛 머리카락은 곱슬곱슬했으며 불그레한 턱수염은 유난히도 가늘고 길었다. 푸른 무명 셔츠에 검은 조끼를 껴입었고, 호주머니에서는 은시계줄이 갸웃이 내다보였다.

미차는 무서운 혐오감을 느끼며 그 얼굴을 응시하고 있었다. 어떤 까닭인지는 알 수 없었으나, 그의 곱슬곱슬한 머리카락이 유난히 그의 비위에 거슬렸다. 그러나 무엇보다도 화가 치미는 것은, 자기, 즉 미차가 모든 것을 희생하고, 모든 중요한 일을 젖혀두고 지칠대로 지친 몸으로 한시도 지체할 수 없는 긴급한 일로 이렇게 왔는데도, 이 망나니 같은 놈은 '그의 운명이 자기 손아귀에 쥐어져 있는 줄도 모르고, 마치 다른 별에서 온 인간처럼, 태평스럽게 쿨쿨 코만 골고 있다'는 사실이었다.

"아아, 얄궂은 운명이로다!"
이렇게 소리치던 미차는 갑자기 이성을 잃고 술에 취해 곤드라진 농부를 다시 깨우기 시작했다. 그는 미친듯이 농부를 잡아당기기도 하고 쿡쿡 찔러 보기도 하고, 심지어는 때리기까지 하면서 어떻게 해서든지 그를 깨워 보려고 애썼다. 그러나 그렇게 5분 가량 헛된 수고를 하고 난 뒤 아무런 소득도 얻지 못한 채 그는 절망에 빠져 맥없이 의자로 되돌아와 털썩 주저앉고 말았다.

"어리석지, 어리석은 짓이야!" 미차는 외쳤다. "게다가…… 이게 무슨 비열한 짓이람!"

무슨 생각을 했는지 갑자기 그는 그렇게 덧붙였다. 머리가 쑤시는 듯이 지끈지끈 아파왔다. '다 집어치우고 차라리 돌아가 버리고 말까?' 하는 생각이 머리에 떠올랐다. '아니야, 이미 늦었어, 아무튼 아침까지 기다려 보자. 오기로라도 남아 있어야지, 오기로라도! 하지만 그렇게까지 하면서 여기까지 무엇하러 찾아왔을까? 게다가 이젠 돌아가려 해도 탈 것이 없으니 여기서 떠날 수도 없지 않은가! 아아, 뭐가 뭔지 모르겠구나!'

그러나 두통은 점점 더 심해졌다. 그는 꼼짝 않고 앉아 있는 동안, 자신도 모르는 새 꾸벅꾸벅 졸다가 앉은 채로 잠이 들고 말았다.

아마 두어 시간, 아니 그 이상 잠을 잤으리라. 그는 문득 견딜 수 없이 머리가 아파 잠을 깼다. 소리라도 지르고 싶을 만큼 견딜 수 없는 아픔이었다. 양쪽 관자놀이를 무언가로 쿡쿡 쑤시는 것 같아서 금세 머리가 빠개지는 듯 싶었다. 눈을 뜨고서도 한참 동안 그는 정신을 차리지 못하고, 자기의 몸이 어떻게 되었는지조차 알 수가 없었다. 마침내 그는 난로에 지나치게 불을 땐 탓에 무서운 산소결핍으로, 하마터면 질식해서 죽을 뻔했다는 것을 깨달았다. 그러나 술에 취한 사나이는 여전히 코를 골며 늘어지게 잠을 자고 있었다. 촛불이 다 타들어가서 금방이라도 꺼질 듯이 보였다.

미차는 커다랗게 소리를 지르며, 비틀거리는 걸음으로 현관을 지나 산지기의 방으로 달려갔다. 산지기는 곧 눈을 떴다. 그리고 건넌방에 가스가 가득 찼다는 말을 듣고 곧 뒷처리를 하러 나오긴 했으나, 그 태도가 너무나 태연한 데 미차는 화가 치밀어오를 정도로 놀랐다.

"그러다가, 저 자가 죽으면, 저 자가 죽어 버리면…… 그땐…… 그땐 어떡할 거요?"

미차는 산지기에게 미친 듯이 소리쳤다.

그들은 방문과 창문을 활짝 열고 굴뚝 마개까지 뽑았다. 미차는 복도에서 물통을 들여다가 우선 자기 머리를 적시고 난 다음, 헝겊 조각을 찾아내어 그것을 물에 담갔다가 랴가브이의 이마에 얹어 주었다. 그러나 산지기는 여전히 별일 아니라는 듯, 창문을 열어젖히더니 "이젠 괜찮을 겁니다" 무뚝뚝하게 한 마디 하고는 불이 켜져 있는 무쇠 등잔을 미차에게 남겨둔 채 다시 잠자리로 돌아가 버렸다. 미차는 머리에 냉수 찜질을 해주며 하마터면 질식해 죽을 뻔한 주정뱅이를 돌보느라고 30분 가량 분주하게 움직였다. 그는 밤새도록 한숨도 자지 않기로 굳게 결심했지만 너무나 피곤했던 터라, 잠시 쉬려고 자리에 앉기가 무섭게 그만 저절로 눈이 감겨 자신도 모르게 의자 위에 다리를 쭉 뻗고 죽은 사람처럼 잠이 들고 말았다.

그가 눈을 뜬 것은 꽤 늦은 시각이었다. 벌써 아침 9시가 다 된 것 같았다. 오두막집에 있는 두 개의 작은 창문으로 눈부신 햇살이 비쳐들고 있었다. 간밤의 그 곱슬머리 사내는 이미 외투까지 걸쳐 입고 의자에 앉아 있었다. 그 앞에는 새로 끓인 사모바르와 새 술병이 놓여 있었다. 어제 먹다 남은 술을 다 마시고 나서 새 술병의 술도 벌써 반 이상이나 들이켠 모양이었다. 미차는 벌떡 일어났다. 그 순간 이 빌어먹을 놈의 사내가 또다시 정신을 못차릴 정도로 취해 있다는 것을 알았다.

미차는 눈을 부릅뜨고 잠시 동안 사내를 노려보았다. 사내는 사내대로 말없이 교활한 눈빛으로 이쪽을 보고 있었는데, 그 태도가 무례할 정도로 태연자약한데다 상대를 멸시하는 듯 어딘가 거만하게 보였다. 그는 사내 곁으로 달려갔다.

"실례합니다, 실은…… 나는…… 아마 이곳 산지기한테서 이미 들으셨을 줄 압니다만…… 나는 육군 중위 드미트리 카라마조프라고 합니다. 지금 당신이 흥정하고 있는 그 산림의 소유자인 카라마조프 노인의 아들입니다."

"거짓말 마라!"

사내는 침착한 목소리로 단호하게 소리쳤다.

"거짓말이라니요? 표도르 카라마조프를 모르신단 말입니까?"

"당신이 말하는 표도르 카라마조프라는 자는 난 몰라!"

그는 혀 꼬부라진 소리로 느릿느릿 말했다.

"산판 말입니다. 당신은 우리 아버지한테서 산판을 사려하고 있는 것이 아닙니까? 아직 잠이 덜 깨신 모양인데 정신 좀 차리십시오. 일린스코예 마을에 있는 파벨 신부가 나를 이리로 데려다 주었습니다……. 당신은 삼소노프 노인에게 편지를 보냈지요? 그 사람이 당신한테 가보라고 해서 왔습니다……."

미차는 숨을 헐떡이며 말했다.

"거짓말이야!"

랴가브이는 또다시 분명한 어조로 한마디 한마디 끊어서 소리를 질렀다. 미차는 다리가 얼어붙는 것을 느꼈다.

"무슨 말씀을, 이건 절대 농담이 아니에요. 아마 술에 몹시 취하신 모양이지만, 그래도 제대로 말도 하고 남의 말을 알아들을 수도 있을 게 아닙니까……. 그렇지 않으면…… 아아, 도대체 뭐가 뭔지 하나도 모르겠구나!"

"네 녀석은 페인트장이야!"

"무슨 농담을! 나는 카라마조프, 드미트리 카라마조프예요. 당신한테 상의할 일이 있어서…… 당신한테 좋은 일이 있어서…… 아주 좋은 일이 있어서 왔습니다……. 다름 아니라 바로 그 산판에 관련된 이야기입니다."

랴가브이는 거드름을 피우며 턱수염을 쓰다듬었다.

"당치도 않은 소리 마. 일을 이것저것 부탁했더니 비열한 짓만 하고, 네 녀석은 악당이란 말이다!"

"분명히 말씀드립니다! 당신은 뭔가 착각을 하고 있어요!"

미차는 절망에 사로잡힌 나머지 두 손을 움켜쥐었다. 랴가브이는 여전히 수염을 쓰다듬고 있다가, 갑자기 교활하게 눈을 반쯤 감으며 말했다.

"그보다 네 녀석한테 물어 볼 말이 있다. 대체 사람을 골탕먹여도 된다는 법률이 어디에 있지? 대답을 해봐! 그러니까 네 녀석은 악당이란 말이야, 알아 듣겠어?"

미차는 불쾌한 듯이 뒤로 물러섰다. 갑자기 무언가로 '뒤통수를 호되게 얻어맞은 것' 같았다. (이것은 미차 자신이 뒤에 한 말이다) 그 순간 그의 머리에 번뜩이며 지나가는 것이 있었다. '돌연 한 줄기 횃불 같은 빛이 비쳐서 나는 모든 것을 깨달았다'고 뒤에 그는 말했다. '그래도 나는 분별 있는 인간이 아닌가. 그런 내가 어떻게 이 따위 어리석은 수작에 홀려 이런 일에 말려들었단 말인가! 게다가 거의 하루 동안 랴가브이 같은 녀석의 머리까지 식혀 주다니!' 그는 당혹감에 빠져 그 자리에 멍하니 서 있었다.

'아아, 이 주정뱅이는 정신없이 취해 있어. 그리고 아직 일주일쯤은 계속해서 술을 들이켤 거야. 그렇다면 여기서 이렇게 기다려 봐야 소용이 없지 않은가? 만약에 삼소노프가 일부러 나를 이리로 보낸 것이라면? 그뿐인가, 만에 하나 그루셴카가…… 아아 내가 정말 이 무슨 미친 짓을 했담!'

랴가브이는 앉아서 그를 바라보며 히죽히죽 웃고 있었다. 만약 다른 때 같았으면 미차는 분통이 터진 김에 이 바보 같은 놈을 때려 죽였을지도 모른다. 그러나 그때 미차는 어린애처럼 기가 죽어 있었다. 그는 조용히 의자로 가서 외투를 집어들어 말없이 입은 뒤 그 오두막을 나와 버렸다. 건넌방에 있던 산지기도 보이지 않았고 그 밖에 사람이라곤 그림자도 없었다. 그는 호주머니에서 잔돈으로 50코페이카를 꺼내, 숙박료와 초값과 폐를 끼친 사례로 테이블 위에 놓아 두었다.

오두막을 나와 보니 주위는 모두 숲뿐이고 아무것도 없었다. 그는 오두막에서 어느 쪽으로 나가야 할지, 오른쪽으로 가야 할지, 왼쪽으로 가야 할지도 분간하지 못하고 무작정 걷기 시작했다. 지난 밤에 신부와 함께 이곳으로 올 때 너무 서둘렀기 때문에 오가는 길에는 아예 신경을 쓰지 않았던 것이다. 그는 어느 누구에게도, 심지어는 삼소노프에 대해서도 원한을 느끼지 않았다. 다만 '물거품처럼 사라져 버린 이상(理想)'을 가슴에 품은 채 어디로 향해 걸어가는지도 모르고 비틀비틀 숲속의 좁은 오솔길을 더듬고 있을 뿐이었다. 지금 같아서는 조그만 어린아이라도 그를 한주먹에 고꾸라뜨릴 수 있었을 것이다. 그만큼 정신적으로나 육체적으로나 기력이 조금도 남아 있지 않았던 것이다.

그러나 어떻게 이럭저럭 그는 숲을 빠져 나올 수가 있었다. 가을걷이를 끝낸 벌거숭이의 황막한 들판이 눈길이 닿는 데까지 까마득하게 펼쳐져 있었다.

'아아, 절망밖에 남지 않았구나! 어디를 봐도 온통 죽음만이 나를 에워싸고 있다!'

그는 쉬지 않고 무작정 걸어가면서 이렇게 되풀이하고 있었다.

삯마차를 빌려타고 시골길을 지나가던 어떤 늙은 상인이 우연히 미차를 보고 구해주었다. 미차는 그들에게 길을 물었다. 알고 보니, 그들 역시 볼로비야 역을 향해 가고 있는 것이었다. 몇 마디 주고 받은 끝에 서로 타협이 이루어져 미차는 마차에 올라탔다. 3시간 뒤에 그들은 목적지에 도착했다. 볼로비야 역에서 미차는 곧 읍내로 가는 역마차를 준비시켰으나 갑자기 참을 수 없이 배가 고팠다. 마차에 말을 매고 있는 동안에 그는 오믈렛을 주문했다. 그러곤 순식간에 그것을 먹어치우고, 커다란 빵 한 덩이와 소시지도 남김없이 처치한 뒤 보드카도 연거푸 석 잔이나 들이켰다.

뱃속이 든든해지자 기운이 나고 마음도 한결 가벼워졌다. 마부를 재촉하여 읍내로 달려가던 도중에, 그는 '그 빌어먹을 놈의 돈'을 그날 안으로 마련하기 위한, 두 번 다시 '변경할 수 없는' 새로운 '계획'을 생각해 냈다.

"도대체 겨우 3천 루블이라는 하찮은 돈 때문에 한 사람의 운명이 파탄나 버리다니, 에잇, 생각만 해도 어처구니가 없다니까!" 씹어뱉는 듯한 기분으로 그는 소리쳤다. "오늘 안으로 꼭 결말을 내고 말아야지!"

어쩌면 그루센카에 대한 생각, 그루센카에게 무슨 일이 일어나지 않았을까 하는 생각이 줄곧 머릿속에 떠오르지만 않았더라도 그는 다시금 완전히 유쾌한 기분으로 돌아갔을지도 모른다. 그러나 그녀에 대한 상념은 날카로운 칼날처럼 끊임없이 그의 마음을 찔러오고 있었다.

이윽고 마차는 읍내에 도착했다. 미차는 그 길로 곧장 그루센카에게 달려갔다.

3 금광

이미 미차의 이 방문에 대해서는 그루센카가 그날 저녁 그토록 호들갑을 떨며 라키친에게 얘기한 바와 같다. 그루센카는 애타게 '소식'이 오기를 기다리고 있었던 터라, 미차가 연 이틀째 나타나지 않자 마음을 푹 놓고 제발 자기가 떠나버릴 때까지 찾아오지 말아 주기만 바라고 있었다. 그러던 참에 갑자기 미차가 나타났던 것이다.

그 다음 이야기는 이미 우리가 다 아는 바와 같다. 그루센카는 그를 따돌려 버릴 속셈으로, 자기를 쿠지마 삼소노프의 집까지 바래다 달라고 간청했다. '장부' 계산 때문에 꼭 가봐야 한다고 우겼던 것이다. 미차는 곧 그녀를 데려다 주었고 삼소노프의 집 앞에서 헤어질 때 그루센카는 11시가 좀 지나서 다시 데리러 와 달라고 그에게 부탁했다. 미차는 그 부탁을 기꺼이 받아들였다.

'삼소노프 집에 있겠다는 걸 보니 필시 아버지한테는 가지 않을 모양이군. 하긴 거짓말일지도 모르지만……'

이런 생각이 문득 떠올랐으나 그가 보기에는 그루센카가 거짓말을 하고 있는 것 같지는 않았다. 요컨대 그는 질투가 심했고 사랑하는 여자와 함께 있지 않을 때는 이내 뭔지 모를 최악의 사태를 이리저리 생각해 내곤 했다. 자기가 없는 동안 여자에게 무슨 일이 일어나지 않을까, 또는 여자가 자기를 '배반'하지나 않을까 하고 최악의 경우만 상상하는 것이다. 그러나 그토록 애를 태우다가 틀림없이 배반했을 것이라고 단정하고 허겁지겁 여자한테 달려가서, 일단 여자의 얼굴을, 즐겁게 웃고 있는 여자의 상냥한 얼굴을 보게 되면 당장 기운이 솟아올라 모든 의혹을 날려 버리고 기쁘기도 하고 부끄럽기도 한 심정이 되어 스스로 자신의 질투를 후회하는 것이었다.

미차는 그루센카를 데려다 주고 나서 곧 자기의 하숙집으로 달려갔다. 그에게는, 그날 중으로 끝마쳐야 할 일이 너무나 많았다. 그러나 아무튼 마음만은 한결 가벼워진 것 같았다.

'자, 이제는 한시 바삐 스메르자코프란 놈을 붙잡고 어젯밤 아무 일도 없었는지 물어 보아야겠다. 만약에 그루센카가 아버지에게 갔다면 그야말로 큰일이니까!'

그런 생각이 그의 머릿속을 스치고 지나갔다. 아직 하숙집에 채 도착하기도 전에 불안한 가슴속에서 다시금 질투심이 고개를 쳐들기 시작했다.

질투!

"오델로는 결코 질투심이 강한 사람이 아니었다. 오히려 지나치게 남을 잘 믿었던 것이다."

이것은 푸시킨이 한 말이다. 이 말 한마디만으로도 우리의 위대한 시인의 깊은 통찰력을 엿볼 수 있다. 오델로는 다만 정신적으로 깊은 혼란에 빠져서 그의 모든 인생관이 흐려졌을 뿐이다. 그것은 자기의 이상이 무너졌기 때문이다. 그렇다고 오델로는 숨어서 엿듣거나 문틈으로 엿보지는 않았다. 그는 지나치리만큼 사람을 믿었던 것이다. 그러므로 그에게 아내의 부정을 깨닫게 하기 위해서는 온갖 수단과 노력을 다 해서 그를 충동질하고, 기름을 붓고, 부채질을 해야만 했다.

정말 질투가 강한 사람은 그런 자가 아니다. 진짜 질투가 강한 사람이, 아무런 양심의 가책도 없이 어떤 정신적인 타락과 굴욕 속에도 태연히 몸을 던질 수 있는 지, 우리는 감히 상상할 수도 없을 정도이다. 그렇다고 해서 그들이 모두 비열하고 추악한 영혼의 소유자인가 하면 반드시 그런 것도 아니다. 오히려 고결한 마음과 순수한 사랑, 자기 희생의 정신을 지닌 사람일수록, 한편으로는 테이블 밑에 숨어 엿듣기도 하고, 비열하기 짝이 없는 인간을 매수하여 염탐꾼 노릇을 시키거나, 몰래 뒤를 밟거나 소지품을 뒤지는 등 온갖 야비한 행위를 거리낌없이 해치우는 법이다.

오델로는 무슨 일이 있어도 배신은 용납할 수 없었다. 용서할 수 없었던 것이 아니라 타협할 수 없었던 것이다. 설사 그의 마음이 어린아이처럼 미움을 모르고 순진했다 하더라도 말이다. 그러나 진짜 질투가 강한 사람은 그렇지가 않다. 그런 부류의 질투꾼들이 얼마나 너그럽게 배신과 타협하고 얼마나 쉽사리 상대를 용서할 수 있는가는 정말 상상하기조차 어려울 정도이다!

질투가 강한 사람은 누구보다 상대에 대한 용서가 빠른 법이며, 이것은 여자라면 누구나 다 알고 있는 사실이다. 진짜 질투꾼은 어이가 없을 만큼 간단하게(물론 무시무시한 장면을 한 바탕 연출하고 난 뒤의 일이지만) 용서한다. 이를테면, 증거가 확실한 부정이라든가 심지어 자기가 직접 목격한 포옹이나 키스 같은 것까지 깨끗이 용서할 수 있는 것이다. 단, 그것은 이번이 '마지막'인 경우, 즉 자기의 라이벌이 당장 세상 끝으로 꺼져 버리고 그날부터 영영 나타나지 않는다거나 자기 자신이 여자를 데리고 아무도 없는 곳으로 달아날 수 있다는 확신이 생겼을 경우에야 비로소 가능한 일이다. 그러나 이러한 타협도 일시적인 현상에 불과한 것이며, 그는 라이벌이 정말로 자취를 감춰 버렸다 해도 단 이틀도 못 가서 또 다른 새로운 라이벌을 만들어내서는 다시 질투를 시작한다. 물론 이런 질투꾼이 아닌 사람은 감시를 해야만 하는 사랑이 과연 얼마나 즐거울 것이며, 그렇게까지 기를 쓰고 뒷조사를 해야 하는 사랑이 과연 무슨 가치가 있겠느냐고 의아하게 여기겠지만, 진짜 질투꾼은 그것을 결코 깨닫지 못한다. 그런데 그런 질투꾼들 중에는 고상한 정신을 지닌 사람들도 적잖게 섞여 있다. 여기서 특히 유의해야 할 사실은, 바로 이런 고상한 정신을 지닌 사람들이 골방 같은 곳에 숨어서 엿듣거나 엿볼 때, 한편으로는 그 '고상한 정신'으로 하여 스스로 빠져들어간 오욕의 깊이를 분명히 이해하면서도, 적어도 그 골방에 쪼그리고 있는 순간만큼은 절대로 양심의 가책을 느끼지 않는다는 사실이다.

미차도 그루센카의 얼굴을 보는 순간 질투심은 눈 녹듯이 사라져 버리고, 순식간에 남을 잘 믿는 고상한 남자로 변하여, 오히려 자기 자신의 추한 감정을 경멸하기까지 했다. 그러나 이것은 그루센카에 대한 그의 애정에 단순한 정욕이나, 그가 알료샤에게 말했던 '곡선미'같은 것만이 아니라, 미차 자신이 생각하고 있는 것보다 훨씬 고상한 그 무엇이 들어 있음을 의미하는 것이다. 그 대신 그루센카의 모습이 눈 앞에 없으면, 미차는 곧 다시 그루센카가 비열하고 교활한 방법으로 바람을 피우고 있지나 않나 의심하기 시작하는 것이었다. 그리고 그 의심에 양심의 가책 같은 건 전혀 느끼지 않았다.

이리하여 그의 마음에는 다시 질투심이 타오르기 시작했다. 아무튼 급히 서둘러야만 했다. 우선 당장 급한 데 써야 할 최소한의 돈이라도 마련해야 했다. 어제 구한 9루블은 여행 때문에 거의 다 써버리고 말았다. 돈이 한푼도 없으면 그야말로 꼼짝도 할 수 없지 않은가. 그러나 그는 방금 마차 안에서 새로운 계획과 더불어 당장 필요한 돈을 마련할 수 있는 방법까지 생각해 두었던 것이다.

그는 케이스에 든 멋진 결투용 권총 두 자루와 실탄을 가지고 있었다. 이때까지 그가 그것을 저당잡히지 않고 그대로 가지고 있었던 이유는 자기의 소지품 중에서 그것을 가장 좋아했기 때문이다. 그는 꽤 오래 전부터 '선술집 수도(首都)'에서 한 젊은 관리와 알고 지냈는데, 언젠가 그에 관한 이런 소문을 들은 적이 있었다. 즉 이 부유한 독신남은 아주 열렬한 무기의 애호자여서 권총, 연발총, 각종 단도 등을 수집하여 자기 방 네 벽면에다 걸어 놓고 가까운 사람들에게 자랑하면서, 권총의 구조와 장전법, 발사법 등을 제법 전문가처럼 설명한다는 것이었다.

미차는 오래 생각할 것도 없이 곧장 그에게 달려가 권총을 담보로 10루블만 빌려 달라고 요청했다. 젊은 관리는 매우 기뻐하며, 아주 자기한테 팔라고 간청했지만 미차는 승낙하지 않았다. 그러자 그 청년은 이자 같은 것은 받지도 않겠다고 말하며 그에게 10루블을 내주었다. 그리고 두 사람은 친구로서 기분좋게 헤어졌다.

미차는 한시 바삐 스메르자코프를 불러내려고 아버지 집 뒤쪽에 있는 그 정자를 향해 급히 달려갔다. 이리하여 또다시 다음과 같은 사실이 성립되었던 것이다. 즉 이제부터 내가 얘기하려고 하는 어떤 사건이 일어나기 서너 시간 전에도 미차는 한 푼도 없어서 자기가 애지중지하던 물건을 10루블에 저당잡혔는데, 불과 3시간 뒤에는 몇천 루블의 돈을 갖고 있었다……. 그러나 이것은 아직 얘기할 단계가 되지 않은 것 같다.

마리아 콘드라치예브나(표도르의 이웃에 사는 젊은 여자)의 집에서 미차는 스메르자코프가 앓아누웠다는 소식을 들었다. 그는 이상할 정도로 충격을 받고 마음이 혼란에 빠졌다. 스메르자코프가 지하실로 떨어져 발작을 일으켜서 의사가 다녀갔고 그 때문에 표도르가 그를 보살펴 주었다는 얘기에 그는 귀를 기울였다. 그리고 동생 이반이 그날 아침 모스크바로 떠났다는 이야기도 호기심을 갖고 들었다.

'그렇다면 나보다 먼저 볼로비야 역을 통과했겠군.'

드미트리는 문득 그렇게 생각했으나 스메르자코프의 발병 때문에 무서운 불안에 사로잡혀 있었다.

'자, 이제부터 어떻게 한다? 나를 위해 망을 보고 정보를 제공해 줄 사람이 없어졌으니?'

그는 그 집 모녀에게 어제 저녁에 무슨 별다른 일이 없었느냐고 열심히 캐물었다. 그녀들은 미차가 무엇을 알고 싶어하는지 잘 알고 있었으므로, 엊저녁에는 아무도 찾아온 것 같지 않으며, 이반도 집에 들어와서 잤으니까 모든 것이 여느 때와 다름 없었다고 대답하여 그의 의심을 풀어 주었다.

미차는 생각에 잠겼다. 오늘은 무슨 일이 있어도 망을 보아야 할 텐데, 어디서 보는 게 좋을까? 여기서, 아니면 삼소노프의 집 문 앞에서? 그는 상황을 봐가며 둘 다 감시해야겠다고 결심했다. 그러나 지금은…… 지금은…… 아까 마차에서 생각해 낸 새롭고 확실한 계획을 먼저 실천에 옮겨야만 했다. 이번 일만은 성공이 틀림없다고 확신하였다. 그 실행을 미루는 것은 더 이상 불가능했다.

그래서 미차는 그 일을 위해 꼭 1시간만 희생하기로 마음먹었다. 1시간이면 모든 것을 다 알아볼 수 있고, 모든 것을 해결할 수 있을 것이다. 그러고 나면 우선 삼소노프의 집으로 달려가서 그루셴카가 거기 있는지 확인한 다음 다시 이리로 돌아와서 밤 11시까지 망을 보기로 하자. 그런 다음 다시 한번 삼소노프의 집으로 가서 그루셴카를 집까지 데려다 주자, 그것이 그가 정한 순서였다.

그는 하숙집으로 서둘러 돌아가 얼굴을 씻고 머리를 빗은 다음 옷에 솔질을 하고 호흘라코바 부인을 찾아갔다. 그렇다. 그의 '계획'은 바로 거기에 있었다. 그는 이 부인에게서 3천 루블을 빌리기로 결심했던 것이다. 여기서 유의해 두어야 할 사실은, 그녀가 자기의 청을 거절하지 않을 것이라는 이상한 확신이 문득 그에게 생겨났다는 점이다. 만약 그만한 확신이 있었다면 어째서 처음부터 자신의 교제범위에 속하는 이 부인을 찾아가지 않고, 어떻게 말을 시작해야 좋을지 모를 정도로 전혀 다른 세계에 사는 삼소노프를 찾아갔을까 하고 의아하게 여기는 독자도 있을지 모르지만 거기에는 그럴 만한 까닭이 있었다.

그것은 그는 이전에도 부인과 그리 친하게 지내오는 사이가 아니었고 벌써 한 달 동안이나 부인과는 거의 교제를 끊고 있었다는 두 가지 사실이었다. 게다가 부인이 자기를 몹시 싫어한다는 것을 미차도 잘 알고 있었다. 그녀는 애초부터 미차를 미워했다. 그 이유라는 것도, 미차가 카체리나의 약혼자라는 한 가지 사실 때문이었다. 어떤 이유에서인지는 모르나, 그녀는 카체리나가 미차를 차버리고 '옛 기사와 같이 교양이 있고 몸가짐이 세련된' 이반과 결혼하기를 열렬히 바라고 있었다.

그런만큼 미차의 일거일동이 구역질이 날 만큼 보기 싫었던 것이다. 또한 미차는 미차대로 그녀를 경멸하고 있었기 때문에 언젠가 한번은 이런 말을 한 일까지 있었다.

"그 부인은 무척 활달한 여자이긴 하지만, 교육을 조금도 받지 못했나 싶을 만큼 교양이 없어서 탈이란 말이야."

그런데 그날 아침 마차에서 멋들어진 생각이 그의 머리에 떠올랐다. '만일 그 부인이 그렇게까지 나와 카체리나의 결혼을 반대하고 있다면—사실 그녀가 히스테리라도 일으킬 것처럼 그를 싫어하고 있다는 것을 그는 잘 알고 있었다—지금 나에게 3천 루블의 돈을 거절할 이유가 없다. 왜냐하면 나는 그 돈만 마련되면 카체리나를 버리고 영원히 이곳에서 떠날 테니까. 그렇게 호강하면서 살아온 상류 계급 부인들이란 어떤 일에 마음만 내키면 자기들의 변덕스런 마음을 충족시키기 위해 돈을 아끼지 않는 법이거든. 게다가 그 부인은 굉장한 부자라지 않는가.'

미차는 그렇게 판단했다.

부인에 대한 그의 '계획'이란 전과 마찬가지로 체르마시냐에 대한 자기의 권리를 양도하겠다는 것이었다. 그러나 어제 삼소노프를 상대했을 때와 같이 상업적인 목적은 없었다. 다시 말하면 3천 루블 대신 그 두 배인 6,7천 루블의 이익을 얻을 수 있다는 말로 부인을 유혹할 생각은 추호도 없었다. 그는 다만 자기의 부채에 대한 고상한 담보로서 제공하겠다는 것뿐이었다.

이 새로운 생각을 하면 할수록 미차는 황홀하기까지 했었다. 그는 뭔가 새로운 일을 시작할 때나 어떤 갑작스런 결심을 했을 때는 늘 그랬다. 언제나 자기의 새로운 생각에 정열적으로 몰두하는 버릇이 있었다. 그러나 막상 호흘라코바 부인의 저택 계단에 발을 내디딘 순간 그는 등골이 오싹해지는 것 같은 공포감을 맛보았다. 그것은 이번 일이야말로 자기에게 남겨진 마지막 희망이며, 그 밖에는 달리 아무런 방법도 없다, 만약 이번 일마저 실패하면 '겨우 3천 루블 때문에 도둑질을 하거나 강도질을 하는 수밖에 없다……'는 것을 그 순간에 비로소 완벽하게 계산할 수 있었기 때문이다. 그가 초인종을 울린 것은 7시 반쯤이었다.

처음에는 행운이 그에게 미소를 지어 보이는 것 같았다. 하녀를 시켜 부인을 찾아왔다는 뜻을 전하자마자 그는 곧 집안으로 안내되었다. '마치 나를 기다리고나 있었던 것 같군.' 그의 머릿속에 문득 그런 생각이 스치고 지나갔다. 아니나다를까, 그가 응접실로 안내되어 들어서자마자 부인이 달려와서 기다리고 있었다고 말하는 것이었다.

"그렇잖아도 기다리고 있던 참이에요! 무척 기다렸답니다! 정말이지, 당신이 날 찾아와 주시다니 생각도 못한 일이에요. 그렇지만 난 당신을 기다리고 있었어요. 드미트리 씨, 아마 저의 정확한 육감에 놀라셨겠죠? 나는 오늘 아침부터 당신이 틀림없이 찾아오실 거라고 확신하고 있었답니다."

"그것 참 놀라운 일이군요, 부인." 어색한 동작으로 의자에 앉으며 미챠는 이렇게 말했다. "그렇지만…… 나는 아주 중대한 볼일이 있어 찾아왔습니다. 정말 중대한, 가장 중대한 일이지요……. 아니 이건 물론 나 한 사람에게만 중대한 일이지만……. 게다가 아주 급해서……."

"그래요, 난 당신이 중대한 일 때문에 오셨다는 걸 잘 알고 있어요, 드미트리 씨. 이건 예감이니 육감이니 하는 문제가 아니고, 기적이 일어나기를 바라는 시대착오적인 기대도 아닙니다. 조시마 장로에 대한 소식은 들으셨나요? 이건, 수학적인 문제예요. 왜냐하면 카체리나 아가씨에게 그런 일이 있었는데 당신이 오시지 않을 리가 없지 않겠어요? 아무렴요, 오시지 않을 수가 없지요. 이건 수학적으로 분명한 일이니까요."

"실생활의 리얼리즘입니다, 부인. 바로 그거예요! 그건 그렇고 먼저 내 얘기를……."

"리얼리즘이란 말이 맞아요. 드미트리 씨, 나는 이젠 전적으로 현실주의의 편이 되고 말았답니다. 기적이니 뭐니 하는 것엔 넌더리가 날 지경이라니까요. 그런데, 조시마 장로님이 돌아가셨다는 얘긴 들으셨겠지요?"

"아, 그랬던가요?"

미챠는 조금 놀랐다. 그의 뇌리에 퍼뜩 알료샤의 모습이 떠올랐다.

"바로 어젯밤이었죠. 그런데 글쎄……."

"부인!" 미챠가 부인의 말을 가로막았다. "나는 지금 절망적인 상황에 빠져 있기 때문에, 만약 부인께서 도와 주시지 않으면 모든 것이 엉망이 되어, 지금 이 순간부터 파멸해 버리고 만다는 사실 외에는 아무것도 생각할 수 없는 형편입니다. 진부한 표현이어서 죄송합니다만 나는 지금 열에 들떠있어서 아무 생각도 할 수 없습니다."

"알아요, 지금 어떤 상황에 있는지는 나도 잘 알고 있어요. 당신은 지금 열병에 걸릴 수밖에 없을 테니까요. 당신이 제게 무슨 말씀을 하시려는지 나는 다 알고 있다니까요. 드미트리 씨, 나는 벌써 전부터 당신의 운명에 대해서 여러 가지로 생각해 보았어요. 당신의 운명에서 줄곧 눈을 떼지 않고 여러 모로 관찰해 왔거든요. 아무렴요, 이래뵈도 전 경험이 많은 영혼의 의사랍니다."

"부인, 당신께서 경험이 많은 의사시라면 저는 경험 많은 환자입니다." 미차는 상대의 비위를 맞추려고 애를 썼다. "만약 부인께서 내 운명을 그처럼 관찰해 오고 계셨다면, 파멸의 위기에 처한 그 운명을 구해 주실 수도 있으리라 믿습니다. 그러니 내 '계획'을 한번 들어 주십시오. 실은 그 계획을 말씀드리려고 이렇게 실례를 무릅쓰고 댁을 찾아온 것입니다……. 그리고 내가 부인께 무엇을 바라고 있는가도 들어 주시면 더 바랄 것이 없습니다. 내가 부인을 찾아온 것은 다름이 아니라……."

"그런 설명은 그만두세요. 그건 이차적인 문제니까요. 도와 주겠다는 말이 났으니 말이지, 내가 남을 도와 주는 것은 당신이 처음이 아니에요. 아마 당신도 내 사촌 동생 벨리메소바에 대해 들으신 일이 있으시겠죠? 그 애의 남편이 파멸의 위기에 처했을 때, 방금 당신이 말한 적절한 표현을 빌리자면 '만신창이가 되었을 때', 어쨌는지 아세요? 그때 나는 그 사람에게 종마(種馬) 기르기를 권했어요. 그래서 지금은 아주 번창하고 있답니다. 당신은 종마 기르기에 대한 약간의 지식이라도 갖고 계신가요, 드미트리 씨?"

"전혀 없습니다, 부인…… 아아, 부인, 난 그 방면엔 완전히 백지예요!" 신경질적으로 안절부절 못하며 이렇게 외친 미차는 자리에서 벌떡 몸을 일으켰다. "제발 내 얘기를 좀 들어 주십시오. 단지 2분 동안만 자유롭게 얘기할 시간을 주시면, 내 계획을 모두 말씀드릴 수 있습니다. 나에게는 지금 한가한 시간이 없어요. 나는 지금 정말 급합니다……." 부인이 곧 또 입을 열 것 같은 눈치였으므로 미차는 그것을 막으려고 신경질적으로 소리쳤다. "나는 절망에 빠져 당신을 찾아온 겁니다. 절망의 구렁텅이에 빠졌기 때문에 부인에게서 3천 루블을 빌리려고 찾아왔단 말입니다. 그렇지만 부인, 이 돈을 빌리는 데는 확실한, 가장 확실한 담보가 있습니다. 그야말로 가장 믿을 만한 보증이 있습니다! 그러니 먼저 내 얘기부터……."

"그런 얘기라면 나중에, 나중에 하세요!" 호흘라코바 부인도 지지 않고 손을 내저었다. "바로 조금 전에도 말씀드렸지만 나는 당신이 무슨 얘기를 하시려는지 다 알고 있어요. 당신은 얼마간의 돈, 즉 3천 루블의 돈이 필요하신 모양인데, 그보다 더 많은 돈이라도 드릴 수 있어요, 헤아릴 수 없을 만큼이라도요. 내가 당신을 구해 드리겠어요, 드미트리 씨, 그 대신 내가 하는 말대로 해 주셔야 해요!"

미차는 다시 의자에서 뛰어 일어났다.

"부인, 세상에 이렇게 친절한 분이 있다니!" 그는 가슴이 벅차 올라 이렇게 소리쳤다. "아아, 당신은 나를 살려 주셨습니다. 당신은 한 인간을 개죽음으로부터, 권총으로부터 구해 주셨습니다. 부인, 이 은혜는 영원히 잊지 않겠습니다!"

"나는 3천 루블보다 더 많은 돈을, 헤아릴 수 없을 만큼 많은 돈을 드리겠어요!"

호흘라코바 부인은 미차가 기뻐하는 모습을 환한 미소를 지으며 바라보았다.

"헤아릴 수 없을 만큼요? 그렇지만 난 그렇게 많은 돈은 필요없습니다. 내게 꼭 필요한 돈은 그 운명적인 3천 루블뿐이니까요. 그러면 내 쪽에서도 더 할 수 없는 감사의 표시로 그 금액에 대한 보증을 하겠습니다. 다름 아니라, 나는 어떤 계획을 하나 당신에게 제공할 생각인데, 그 계획이란……."

"그만두세요, 드미트리 씨, 나는 한번 말한 이상 꼭 실행하는 성미니까요." 자기야말로 진짜 자선가라는 순진한 자부심을 숨기려고도 하지 않고 호흘라코바 부인은 상대의 말을 가로챘다. "일단 당신을 구해 드리겠다고 약속한 이상, 나는 반드시 구해 드릴 거예요. 그런데, 드미트리 씨, 당신은 금광에 대해 어떻게 생각하시죠?"

"금광이라구요! 나는 그런 것은 아직 한 번도 생각해 본 적이 없는데요."

"그러시겠지요, 그래서 내가 당신을 대신해서 생각해 봤답니다! 생각하고 또 생각했지요! 나는 벌써 한 달 전부터 이 사실을 염두에 두고 당신을 관찰해 왔어요. 나는 당신이 옆으로 지나가는 것을 볼 때마다, 저분이야말로 금광을 하셔야 할 정력적인 사람이라고 혼자서 몇 번이나 되풀이해 생각해 보았어요. 나는 당신의 걸음걸이를 연구한 결과, 저분이야말로 금광을 수없이 발견할 수 있는 분이라는 결론을 내렸지요."

"걸음걸이로 아실 수가 있습니까?"

미차는 빙그레 웃었다.

"그러믄요, 걸음걸이로 얼마든지 알 수 있지요. 드미트리 씨, 그럼 당신은 걸음걸이로 그 사람의 성격을 알 수 있다는 의견을 부정하시나요? 이것은 자연 과학에서도 확인된 것이에요. 나는 이제 완전한 리얼리스트라니까요, 드미트리 씨! 오늘 나를 완전히 충격에 빠지게 한 수도원에서의 그 사건이 있고 난 뒤부터 나는 완전한 리얼리스트가 되기로 했답니다. 이제부터 나는 실제적인 사업에 헌신할 생각이에요. 덕택에 나의 고질병이 완전히 나아 버리고 말았어요. 투르게네프의 책 제목대로 '이것으로 족하다!'지요."

"그렇지만 부인, 부인께서 아까 그토록 친절하시게도 내게 빌려주시겠다고 약속하신 3천 루블은 어떻게 되는 겁니까?"

"그건 걱정 마세요, 드미트리 씨." 호흘라코바 부인은 재빨리 말을 가로막았다. "그 돈은 이미 당신 호주머니에 들어 있는 것이나 마찬가지예요. 아니, 3천 루블 정도가 아니라 3백만 루블이에요. 드미트리 씨, 그것도 아주 눈깜박할 사이에 손에 넣을 수 있어요. 그럼 내가 당신에게 해야 할 일을 가르쳐 드리지요. 당신은 금광을 발견해서 몇백만 루블의 큰 돈을 모아가지고 이리로 돌아오시는 거예요. 그리하여 훌륭한 사업가가 되어 우리를 선행으로 이끌어 주실 겁니다. 도대체 사업이란 사업은 모두 유대인에게 넘겨 주다니 어디 될 말인가요? 그러니까 당신은 많은 건물을 세우고, 여러 가지 사업을 일으키세요. 그리고 가난한 사람을 도와 주고 그들로부터 축복을 받으세요. 현대는 철도의 시대가 아닙니까, 드미트리 씨! 당신은 유명해지고 재무부에 없어서는 안 될 인물이 되실 겁니다. 재무부에서는 지금 그런 인물을 필요로 하고 있으니까요. 실제로 난 요즈음 러시아의 화폐 가치가 떨어지고 있는 것이 걱정되어 밤잠도 제대로 이루지 못하고 있어요. 사람들은 내게 이러한 면이 있다는 것을 잘 모르고 있지만요……."

"이것 보십시오, 부인!" 갑자기 어떤 불안한 예감에 휩싸여 미차는 다시 말을 가로챘다. "나는 기꺼이 진심으로, 기꺼이 당신의 충고에 따르겠습니다, 부인…… 나는 아마 당신의 충고대로…… 금광을 찾으러 떠나게 될 겁니다……. 그 일에 대해서는 다시 한번 찾아뵙고 의논을 드리겠습니다, 아니 몇 번이라도 찾아뵙겠습니다……. 그렇지만 지금은 당신이 그렇게도 친절하게 약속해 주신 그 3천 루블을…… 아아, 그것만 있으면 나는 자유로운 몸이 될 수 있습니다. 되도록이면 오늘 중으로 그 돈을 주실 수 있으시다면, 아시다시피 나는 지금 한시도 지체할 수가 없습니다. 한시도……."

"그만 하면 됐어요, 드미트리 씨. 다 알고 있대두요!" 호흘라코바 부인은 단호하게 그의 말을 제지했다. "문제는 단 하나예요. 당신이 금광으로 가실 것인가 안 가실 것인가 하는 것 뿐이에요. 그래, 완전히 결심이 되셨나요? 수학적으로 확답을 해주세요."

"가고말고요. 부인, 언젠가…… 부인께서 원하시는 곳이라면 어디든지 가겠습니다……. 그렇지만 지금은……."

"잠깐만요!" 부인은 이렇게 외치더니, 의자에서 벌떡 일어나 수많은 서랍이 달린 훌륭한 테이블 쪽으로 달려갔다. 그러고는 다급하게 무엇을 찾느라고 서랍을 하나 하나 뒤지기 시작했다.

'3천 루블이다!' 미차는 심장의 고동이 멎는 것 같은 흥분을 느끼며 생각했다. '그것도 지금 당장…… 어떤 증서도 서류도 없이…… 아아, 과연 귀부인다운 태도로군! 참으로 훌륭한 여자야! 단지 그 수다스러움만 없다면……'

"아, 이것이에요!" 부인은 호들갑스럽게 소리치며 미차에게 달려왔다. "바로 이것을 찾고 있었어요!"

그것은 가느다란 끈이 달린, 은(銀)으로 만든 작은 성상(聖像)으로, 흔히 십자가와 함께 목에 걸고 다니는 그런 것이었다.

"이건 키예프에서 만들어진 것이지요, 드미트리 씨." 부인은 자못 경건한 어조로 말을 이었다. "위대한 순교자 성(聖) 바르바라의 유품이에요. 이걸 내 손으로 당신 목에 걸어드리고 싶어요. 이것으로 새로운 생활과 새 사업을 시작하려는 당신을 축복해 드리려는 거예요."

그러고 나서 부인은 정말로 성상을 그의 목에 걸어 주려고 손을 내밀었다. 미차는 완전히 어리둥절해져서 몸을 앞으로 굽혔다. 그리하여 마침내 넥타이와 셔츠 칼라 사이로 성상을 넣어 가슴에 늘어뜨렸다.

"자, 이젠 언제든지 출발할 수 있어요!"

호흘라코바 부인은 모든 일이 뜻대로 이루어진 듯 환한 얼굴을 하고 다시 제자리로 돌아가 앉았다.

"부인, 난 얼마나 기쁜지 모르겠습니다. 사실 이 친절에 대해 뭐라 감사의 말씀을 드려야 할지 모르겠습니다. 그러나…… 아아, 지금 내게 시간이 얼마나 귀중한지를 부인께서 알아 주신다면! 내가 염치불구하고 당신한테 기대하고 있는 그 돈은…… 아아, 부인, 당신께서 그처럼 친절하게, 더할 나위 없이 관대하게 대해 주시니" 미챠는 감격에 넘쳐서 이렇게 외쳤다. "나도 모든 것을 당신한테 고백하겠습니다. 하긴 부인께서도 벌써 오래 전부터 알고 계시는 일입니다만, 나는 이 읍내에 사는 어떤 여인을 사랑하고 있습니다. 그래서 나는 카챠를 아니, 카체리나 씨를 배반했습니다. 나는 이 말씀을 꼭 드리고 싶었습니다. 아아, 나는 그 아가씨에게 비인간적이고 불성실한 남자였습니다. 이곳에 와서 다른 여자를 사랑하게 되었기 때문이죠. 부인께서는 아마 그 여자를 경멸하고 계실지도 모릅니다. 당신도 이미 모든 것을 다 알고 계시겠지만 나는 도저히 그 여자를 버릴 수가 없습니다. 그래서 지금 그 3천 루블의 돈이……."

"모든 것을 버리도록 하세요, 드미트리 씨!" 호흘라코바 부인은 무서울 만큼 확고한 어조로 그의 말을 막았다. "모든 것을 버려야 합니다. 특히 여자 같은 건 깨끗이 버려야 해요. 당신의 목적은 금광이니까, 그런 데로 여자를 데리고 갈 수는 없지 않겠어요? 장차 당신이 돈을 벌고 유명해져서 돌아오면, 그때 당신은 상류사회에서 마음에 드는 여자를 찾을 수 있을 거예요. 그야 말로 교육을 받고 진보적인 사상을 지닌 현대적인 아가씨일 겁니다. 바로 요즈음에 싹트기 시작한 여성 운동도, 그 무렵에는 충분히 터전이 잡힐 테니까 새로운 여성들도 반드시 나타날 거예요……."

"부인, 그런 얘기가 아닙니다. 그것과 이건……."

드미트리는 애원이라도 하는 듯이 두 손을 모아쥐었다.

"다를 게 없어요, 드미트리 씨. 당신에게 필요한 것은 바로 그것입니다. 당신 자신은 의식하고 있지 못하지만, 당신이 갈망하고 있는 것은 바로 그것이에요. 드미트리 씨, 나 역시 오늘날의 여성 운동에 대해 전혀 무관심한 것은 아니랍니다. 여성이 사회에 진출하여 머지않아 정치에 참여할 수 있게 되는 것, 이것이야말로 내 이상입니다. 나에게도 딸이 있으니까요. 내게 이런 면이 있다는 것을 세상 사람들은 잘 모르고 있답니다. 나는 언젠가 이 문제에 대해 작가 시체드린(러시아의 유명한 풍자 문학가)에게 편지를 써보낸 일까지 있었어요. 그분은 여성의 사명에 대해 나에게 정말 많은 것을 가르쳐 주셨지요. 그래서 나는 지난해에 단 두 줄의 편지를 익명으로 보냈어요. 그 내용은 '경애하는 작가여, 현대의 여성을 대신하여 당신에게 포옹과 키스를 보냅니다. 계속 분투하기를.' 이런 것이었답니다. 그리고 끝의 서명은 '한 어머니로부터'라고 했어요. 실은 '현대의 어머니로부터'라고 서명할까 조금 망설였지만, 결국 그저 '어머니'라고만 하고 말았지요. 그러는 편이 오히려 도덕적인 아름다움이 있을 것 같아서요. 더욱이 '현대'라는 말은 그 작가에게 '현대인'이라는 잡지를 연상시킬거든요. 요즘의 검열 제도는 달갑지 않은 기억이니까요……. 아니, 잡자기 왜 그러세요?"

"부인." 마침내 미차는 벌떡 일어나서 손에 무력한 기원을 담아 그녀 앞에서 합장했다. "부인께선 그렇게까지 친절하게 약속해 주신 것을 언제까지나 질질 끌기만 하시니, 나를 울리실 작정이십니까?"

"아아, 우세요, 드미트리 씨. 어서 실컷 우세요. 우는 것이야말로 아름다운 감정이니까요……. 당신 앞에는 이제부터 걸어가야 할 멀고도 긴 나그네길이 놓여 있어요! 눈물은 당신의 마음을 후련하게 해줄 겁니다! 하지만 나중에 다시 당신이 돌아오실 때는 기뻐하시게 될 거예요. 나와 기쁨을 나누기 위해 먼 시베리아에서 일부러 달려와 주신다면 얼마나 좋을까요……."

"그보다 내게도 한마디 말할 여유를 주십시오!" 미차는 갑자기 커다랗게 소리질렀다. "마지막으로 다시 한번 애원합니다. 제발 대답해 주십시오. 내게 약속하신 그 금액을 오늘 안으로 주실 수 있겠습니까? 만약 사정이 여의치 못하다면, 언제 그것을 받으러 오면 좋겠습니까?"

"그 금액이라니요, 드미트리 씨?"

"내게 약속해 주신 3천 루블 말입니다. 부인께서 그토록 친절하게……."

"3천? 3천 루블이라고요? 아아, 말도 안 돼요, 내겐 3천 루블이나 되는 돈이 없습니다."

어딘지 모르게 냉정한 표정으로 자못 놀란 듯이 호흘라코바 부인은 이렇게 말했다. 미차는 망연자실했다.

"그게 무슨 말씀입니까? 조금 전 부인께서 그 돈은 내 호주머니에 들어 있는 것이나 마찬가지라고…… 그렇게 말씀하시지 않았습니까?"

"아유, 그런 게 아니에요. 당신은 내 말을 잘못 들으셨군요, 드미트리 씨. 그렇게 말씀하시는 것을 보니, 당신은 내 말을 이해하지 못하신 게 분명하군요. 나는 금광 이야길 했을 뿐이에요……. 물론 나는 3천 루블, 아니 그보다도 훨씬 많은, 헤아릴 수 없을 만큼 많은 돈을 약속했어요. 이제 모두 생각이 나는군요. 그렇지만 그건 모두 금광을 염두에 두고 한 말이었어요."

"그럼, 그 돈은? 그 3천 루블은 어떻게 되는 겁니까?" 어리석게도 드미트리 표도로비치는 이렇게 부르짖었다. "아아, 당신은 아마도 현금이란 뜻으로 들으신 모양인데, 나한테 돈은 한 푼도 없어요. 조금도 가진 게 없답니다. 드미트리 씨. 나는 조금 전에도 돈 때문에 관리인과 말다툼까지 한걸요. 그리고 이삼 일 전에는 미우소프 씨한테서 5백 루블을 빌려온 형편이에요. 그러니 내게 돈이 있을 리가 있겠어요? 그리고 말예요, 드미트리 씨. 당신도 아시다시피 설혹 내게 돈이 있다 하더라도 당신에게 빌려 드리지는 않을 겁니다. 나는 어느 누구에게도 돈을 빌려주지는 않아요. 돈을 빌려주면 친구를 잃게 되고 마니까요. 특히 당신에겐 빌려주고 싶지 않은 이유가 있어요. 당신을 사랑하기 때문이죠. 당신을 구해 드리고 싶기 때문에 돈을 빌려드리지 않는 거예요. 당신에게 필요한 것은 금광이에요, 금광, 금광, 오직 금광뿐이에요!"

"에잇, 빌어먹을!"

미차는 버럭 고함을 지르며 두 주먹을 불끈 쥐고 테이블을 힘껏 내리쳤다.

"어머나!"

호흘라코바 부인은 질겁을 하도록 놀라 소리치면서 응접실 한쪽 구석으로 냉큼 달아났다.

미차는 침을 퉤 뱉고 빠른 걸음으로 방을 뛰쳐 나갔다. 저택을 빠져나가 거리로, 어둠 속으로 걸어갔다. 그는 미친 사람처럼 가슴을 쾅쾅 두들기며 걷고 있었다. 이틀 전 어두운 한길에서 알료샤와 마지막으로 만났을 때, 동생 앞에서 두들겨 보인 바로 그 자리였다. 그렇게 가슴을 두드리는 것이 무엇을 의미하는지, 또 그 동작으로 그가 무엇을 표시하려는 것인지, 그것은 아직 이 세상 누구에게도 알려지지 않은 수수께끼였다. 그것은 그때 알료샤에게도 말해 주지 않은 수수께끼였다. 그러나 그 수수께끼에는 그에게 오욕 이상의 것, 즉 파멸과 자살이 숨겨져 있었다. 만약 3천 루블이란 돈을 마련하여 카체리나에게 갚아줌으로써, '가슴의 그 부위에서' 오욕을 없애지 못할 경우, 그는 죽을 결심을 하고 있었던 것이다. 그 오욕은 그의 가슴속에 숨어서 그토록 그의 양심을 괴롭히고 있었다. 이런 모든 사실은 뒤에 독자들이 이해할 수 있도록 충분히 설명될 것이다.

아무튼 마지막 희망까지 사라져 버린 지금, 그렇게도 육체적으로 건장했던 이 사내는 호흘라코바 부인 집을 나와서 불과 몇 발짝도 걷지 못하고 갑자기

어린애처럼 엉엉 울음을 터뜨리고 말았다. 그는 자신이 무엇을 하고 있는지도 모르는 채, 주먹으로 눈물을 씻어가며 무턱대고 걸었다. 이리하여 광장에 다다랐을 때, 그는 갑자기 온몸이 무엇엔가 정면으로부터 부딪친 것 같은 느낌이 들었다. 그와 동시에 누군지 작달막한 노파가 악다구니를 퍼붓는 소리가 들렸다. 하마터면 그는 이 노파를 넘어뜨릴 뻔했던 것이다.

"이거, 사람 잡겠군! 좀 똑똑히 보고 걸어 다녀, 이 망할놈 같으니!"

"아니, 할멈 아니오?"

어둠 속에서 노파를 알아보고 미차가 소리쳤다. 노파는 삼소노프의 시중을 들고 있는 늙은 하녀였는데, 미차는 어제 이 하녀를 유심히 보아 두었던 것이다.

"누구신지요?" 노파는 조금 전과는 전혀 다른 사람 같은 목소리로 말했다. "너무 어두워서 뉘신지 알아볼 수가 없구만요."

"할멈은 쿠지마 삼소노프 씨 댁에서 그분의 시중을 들고 있지요?"

"맞아요. 지금 프로호르이치 님 댁에 심부름을 갔다 오는 길입죠……. 그런데 쇤네는 아직도 뉘신지 통 기억이 나질 않는데요."

"그보다도 할멈, 한마디 묻겠소. 그루셴카가 지금 그 집에 있소?" 미차는 초조한 기대 속에서 이렇게 물었다. "조금 전에 내가 그 집에 데려다 주었는데."

"네, 오셨습지요. 하지만 잠깐 앉았다간 곧 다시 돌아가셨는걸요."

"뭐? 돌아갔다고? 언제 돌아갔소?"

"오시자마자 곧 돌아가셨지요, 그저 잠깐 앉아서 무슨 얘길 했는지 주인 영감님을 한바탕 웃겨 놓고는 곧 돌아가 버리셨습지요."

"거짓말 마, 빌어먹을 할멈 같으니!"

미차는 호통을 쳤다.

"아이구머니나!"

노파는 비명을 질렀으나 미차는 벌써 어디로 갔는지 보이지 않았다. 그는 전속력을 다해 그루셴카가 살고 있는 집으로 달려갔다. 그가 그곳에 도착한 것은 그루셴카가 모크로예로 출발한 지 15분도 될까말까해서였다. 페냐는 식모 노릇을 하고 있는 자기 할머니 마트료냐와 함께 부엌에 앉아 있었는데, 거기에 느닷없이 '중위'가 뛰어들어왔다. 미차의 모습을 보자 페냐는 질겁을 하며 소리를 질렀다.

"소리는 왜 질러?" 미차는 버럭 호통을 쳤다. "그루센카는 어디 있지, 응?" 그러나 겁에 질려 벌벌 떨고 있는 페냐가 채 입을 열기도 전에 그는 털썩 페냐의 발밑에 무릎을 꿇었다.

"페냐, 제발 좀 가르쳐 다오! 그루센카는 어디 있지?"

"저는 몰라요, 나리. 저는 아무것도 몰라요. 당장 죽이신다해도 모르는 건 몰라요." 페냐는 열심히 맹세하면서 주기도문을 외었다. "아까 두 분이 함께 나가셨잖아요……."

"그러고서 다시 돌아왔잖아!"

"안 돌아오셨어요. 하늘을 두고 맹세하겠어요, 절대로 돌아오시지 않았어요!"

"거짓말 마라!" 미차는 또다시 꽥 고함을 질렀다. "네가 벌벌 떨고 있는 꼴만 보아도 알 수 있어, 그년은 어디 있는 거야!"

그는 화살처럼 바깥으로 달려나갔다. 가슴이 덜컥 내려앉을 만큼 혼이 난 페냐는, 쉽사리 그의 손아귀에서 벗어나게 된 것이 몹시 기뻤다. 그녀는 미차가 너무 급히 서두르고 있었기에 망정이지 그렇지만 않았더라면 자기도 무사하지 않았을 거라는 것을 잘 알고 있었다. 그러나 미차는 밖으로 달려나갈 때 뜻밖의 행동을 하여 페냐와 마트료냐를 또 한번 깜짝 놀라게 하였다. 다름이 아니라 조리대 위에 놋으로 된 절구가 놓여 있고, 그 안에는 역시 놋으로 된 20센티 가량의 조그만 절굿공이가 들어 있었는데, 미차가 달려나가면서 한 손으로는 문을 열고 다른 한 손으로는 절구 안에 들어 있는 공이를 빼들어 프록코트 주머니에 쑤셔넣고 그대로 휙 사라져 버렸던 것이다.

"큰일났어요, 누구를 죽이려는가봐!"

이렇게 소리치며 페냐는 손바닥을 탁 마주 쳤다.

4 어둠 속에서

대체 그는 어디로 달려갔을까? 그것은 뻔한 일이었다.

'아버지 표도르의 집 말고는 그년이 갈 만한 곳은 없다. 삼소노프의 집에서 곧장 그리로 달려간 것이 틀림없어. 이젠 더 의심할 여지도 없다. 모든 음모와 모든 속임수가 이제야 드러나는구나!'

이런 생각이 미차의 마음속에서 소용돌이쳤다. 그는 마리아 콘트라치예브나네 정원에는 들러 보지도 않았다. '거긴 가볼 필요도 없어. 암, 없고말고. 다른 사람들에겐 일절 알리지 말아야 해……. 곧 배반하고 고자질할 인간들이니까……. 마리아 콘트라치예브나도 저쪽 편이고, 스메르자코프도 역시 한패야, 모두 매수당한 게 분명해!'

그의 머릿속에는 또다른 행동 계획이 세워졌다. 그는 골목을 빠져 나가 표도르의 집을 크게 한 바퀴 돈 뒤 드미트롭스카야 거리로 나와 조그만 다리를 건너서, 집 뒤에 있는 호젓한 골목길로 곧장 빠져나왔다. 그 길은 인기척이 없는 텅 빈 뒷골목으로, 한쪽에는 이웃집 채마밭에 둘러쳐진 울타리가 있고, 다른 한쪽에는 표도르네 정원을 죽 둘러싼 높고 튼튼한 울타리가 있었다. 여기서 그는 한 지점을 선택했다. 그곳은 옛날 리자베타 스메르자스차야가 뛰어넘은 바로 그 장소가 틀림없었다. 그 이야기는 미차도 소문으로 전해 듣고 있었으므로 '그런 난장이 여자도 뛰어넘었는데……'하는 생각이 퍼뜩 그의 뇌리에 떠올랐던 것이다. '나 같은 사람이 못 넘는다면 말이 되나!' 과연 그는 훌쩍 몸을 날려 울타리 꼭대기를 손으로 붙드는 데 성공했다. 그런 다음 날쌔게 몸을 솟구쳐 울타리 위에 훌쩍 올라섰다. 뜰 안에는 바로 가까운 곳에 목욕탕이 있었으나, 불이 켜진 안채의 창문이 울타리 위에서도 잘 보였다.

'역시 그렇구나, 늙은이의 침실에 불이 켜져 있는 것을 보니 그년이 여기 와 있는 게 틀림없어!'

그는 울타리 위에서 뜰로 뛰어내렸다. 그는 그리고리 영감이 앓아누워 있고, 스메르자코프 또한 어쩌면 앓고 있을 거라는 것을 알고는 있었지만, 본능적으로 몸을 숨기고 그 자리에 서서 꼼짝 않고 숨을 죽이며 바싹 귀를 기울였다. 그러나 주위는 쥐죽은 듯이 고요하였고, 마치 일부러 그렇게 꾸며놓은 것처럼 바람 한 점 불지 않았다.

'고요의 속삭임만 들려올 뿐' 어떤 까닭인지 이런 시구가 그의 마음속을 스치고 지나갔다.

'내가 담장을 뛰어넘는 것을 본 사람이 아무도 없었으면 좋겠는데……. 하긴 보았을 리가 없겠지만.'

그는 잠시 동안 꼼짝 않고 그 자리에 서 있다가 잔디밭 위를 살금살금 걷기 시작했다. 그는 한 걸음 한 걸음 발소리를 죽이고 귀를 기울이며 여러 나무들과 떨기나무 숲을 피해서 한참을 걸었다.

5분 가량 걸려서 그는 불이 켜져 있는 창문 가까이에 다다랐다. 창문 바로 밑에 키가 큰 말오줌나무와 사철나무 덤불이 꽤 크게 몇 그루 자라고 있던 것을 기억하고 있었다. 마주보아 집 왼쪽에 있는, 저택에서 뜰로 내려가는 출입문은 꼭 닫혀 있었는데, 그는 그 곁을 지나갈 때 특히 이것을 주의해서 보아두었다. 이윽고 덤불이 있는 곳에 이르자, 그는 그 뒤에 몸을 숨기고 숨소리를 죽였다.

'여기서 좀 기다려야겠다 혹시 그들이 내 발소리를 듣고 안에서 귀를 기울이고 있다면 잘못 들었나 하고 안심시키기 위해서라도……. 제발 기침이나 재채기가 나오지 않으면 좋으련만…….'

그는 2분 가량 기다렸다. 그의 가슴은 마구 방망이질쳤다. 한순간은 거의 숨이 콱콱 막혀 버릴 것만 같았다.

'안 되겠다, 아무래도 가슴이 쉽게 가라앉지 않을 것 같군. 하지만 이제 더 기다릴 수는 없지.'

그는 덤불 그늘에 서 있었다. 덤불의 반은 창문에서 비쳐나오는 불빛으로 환하게 보였다.

"이건 인동덩굴, 딸기도 있구나. 어쩌면 이렇게도 붉을까!"

그는 까닭도 없이 이렇게 중얼거렸다. 그는 소리가 나지 않도록, 한 걸음 한 걸음 조용히 창문으로 다가가서 발돋움을 했다. 그러자 아버지 표도르의 침실이 손바닥 들여다보듯 그의 눈앞에 펼쳐졌다. 그것은 붉은 휘장으로 한가운데를 막아놓은 그리 크지 않은 방이었다. 이 붉은빛 휘장을 표도르는 늘 중국제 병풍이라고 부르고 있었는데 문득 그 '중국제'란 말이 미챠의 머리를 스치고 지나갔다.

'저 휘장 뒤에 그루셴카가 있겠군.'

그는 표도르의 모습을 눈여겨 살펴보았다. 노인은 그때까지 미챠가 본 적이 없는 무늬가 들어 있는 비단 가운을 입고 술이 달린 비단 허리 띠를 두르고 있었다. 가운 깃 사이로 깨끗하고 멋진 네덜란드제 새 셔츠가 엿보이고, 금빛 장식 단추가 번쩍이고 있었다. 그리고 머리에는 전에 알료샤가 본 것과 똑같은 붉은 붕대를 두르고 있었다.

'어지간히 멋을 부렸군.'

표도르는 생각에 잠긴 듯 창가에 서 있었다. 그러나 갑자기 고개를 번쩍 쳐들고 잠시 무엇엔가 귀를 기울이는 것 같았다. 그러나 아무 소리도 들려오지 앉아선지, 테이블로 가서 유리병을 집어들고 코냑을 반 잔쯤 따라서 단숨에 들이켰다. 그러고는 땅이 꺼지도록 푹 한숨을 내쉬고, 다시 잠깐동안 조용히 서 있다가, 창문과 창문 사이에 걸려 있는 거울 쪽으로 어슬렁어슬렁 다가가더니 오른손으로 이마에 두른 붕대를 살짝 치켜올리고 아직 채 아물지 않은 상처를 살펴보기 시작했다.

'아버진 혼자로구나. 분명 혼자 같은데.'

표도르는 거울에서 물러서서, 갑자기 창문 쪽으로 몸을 홱 돌려 밖을 내다보기 시작했다. 미차는 날쌔게 그늘로 숨어들었다.

'어쩌면 저 휘장 뒤에 있을지도 몰라. 아니, 어쩌면 벌써 잠들었는지도 모르지.' 그는 가슴이 뜨끔했다. 표도르는 창가에서 물러섰다. '아니, 창문으로 밖을 내다본 것은 그년이 오지 않았나 해서 였을 거야. 그렇다면 아직 오지 않은 모양이군. 그렇지 않고서야 어둠 속을 내다볼 리가 없지……. 분명 기다리다가 마음이 초조해서 저러는 거야…….'

미차는 얼른 창가로 달려가 다시 방안을 들여다보기 시작했다. 노인은 테이블을 향해 앉아 있었는데 눈에 띄게 기운을 잃은 모습이었다. 조금 뒤 노인은 팔꿈치를 세우고 오른쪽 손바닥으로 뺨을 괴었다. 미차는 뚫어지도록 그를 지켜보고 있었다.

'혼자야, 혼자 있어!' 미차는 다시 되풀이했다. '만약 그년이 여기 와 있다면 아버지의 얼굴이 저렇지는 않을 테니까.'

그때 참으로 이상한 일이 일어났다. 그루센카가 여기 와 있지 않다는 것을 알자 그의 마음속에 아무런 의미도 없는 기묘한 분노가 치솟아 오른 것이다.

'아니, 그년이 여기 와 있지 않아서가 아니야.'

미차는 곧 자기 자신에게 해명했다.

'과연 그년이 여기 와 있는지 없는지 분명히 알 수가 없어서 화가 나는 거야.'

미차는 이 순간 자신의 이성이 놀랄 만큼 명석해져서 아주 사소한 점까지 하나도 빠짐 없이 헤아리고 또 비교해 보았던 것을 뒤에 가서도 잘 기억하고 있었다. 그러나 초조감이, 상대의 상황을 정확하게 파악할 수 없어서 자신의 태도를 결정하지 못하는 데서 오는 견딜 수 없는 초조감이 시시각각 그의 마음속에서 자라나고 있었다.

'과연 그루셴카는 여기 있는 것일까, 없는 것일까?'

그 마음속에서 그런 의혹이 애타게 끓어올랐다. 갑자기 그는 배짱을 정하고 손을 내밀어 창문을 조용히 두드리기 시작했다. 처음 두 번은 약하게, 다음 세 번은 좀 빠르고 똑똑하게 똑똑똑. 이것은 스메르자코프와 노인 사이에 약속된 암호로 그루셴카가 여기 왔다는 것을 알리는 신호였다. 노인은 깜짝 놀라 고개를 번쩍 들고 벌떡 일어나 창가로 달려왔다. 미차는 재빨리 그늘진 곳으로 물러섰다. 표도르는 창 문을 열고 밖으로 머리를 내밀었다.

"그루셴카, 네가 왔니? 정말 네가 왔어?" 그는 떨리는 목소리로 반쯤 속삭이듯이 말했다. "어디 있지, 요 귀염둥이 천사. 대체 어디 있느냐?" 그는 무섭도록 흥분하여 숨을 헐떡거렸다.

'역시 혼자였구나!'

미차는 단정을 내렸다.

"도대체 어디 있어?" 노인은 다시 외쳤다. 그는 더욱더 머리를 내밀고 결국 어깨까지 내밀어 좌우를 두리번거리며 살피는 것이었다. "어서 이리 온, 널 주려고 여기 아주 멋진 선물을 준비해 놨다. 어서 이리 온, 보여줄 테니!"

'필시 그 3천 루블이 든 봉투를 두고 하는 말일 거야.'

이런 생각이 순간적으로 미차의 머리에 떠올랐다.

"아니, 대체 어디 있는 거냐, 문가에 와 있니? 내 곧 열어 주마……."

노인은 거의 창문에 기어오르다시피 하여, 뜰로 통하는 문이 있는 오른쪽을 살펴보며 어둠 속을 더듬느라고 애를 썼다. 1초만 더 있으면 그는 그루셴카의 대답을 기다리지도 않고 문을 열러 달려나갈 것이 분명했다. 미차는 꼼짝도 않고 옆쪽에서 노인을 지켜보고 있었다.

그가 그렇게도 미워하던 노인의 옆얼굴—축 늘어진 목의 결후(結喉), 달콤한 기대에 벌렁거리고 있는 매부리코와 두 입술, 모든 것이 왼쪽에서 비스듬히 비치는 방안의 램프 불빛을 받아 훤히 드러나 보였다. 무시무시한 증오가 갑자기 미차의 가슴속에서 치솟아 올랐다.

'이놈이다, 이놈이 바로 나의 경쟁자다! 이놈이야말로 나를, 내 인생을 망쳐놓고 있는 장본인이다!'

이것은 전에 그가 알료샤에게, 마치 어떤 예감이라도 느낀 듯이 예고했던, 그 돌발적인 복수심에 불타는 광포한 증오였다. 그는 나흘 전 정자에서 알료샤와 마주앉아 이야기를 주고 받았을 때 "아버지를 죽이다니, 어떻게 그런 말을 할 수 있어요?"라는 동생의 물음에 대해 이렇게 대답했다.

"그건 나 자신도 잘 모르겠어. 어쩌면 죽이지 않을지도 모르고, 또 어쩌면 죽일지도 몰라. 다만 걱정이 되는 것은 결정적인 순간에 아버지의 얼굴이 갑자기 미워지지나 않을까 하는 것이지. 그것이 두려울 뿐이야. 나는 그 결후가, 그 코가, 그 눈이, 그 뻔뻔스러운 웃음이 미워서 죽을 지경이란 말이야. 인간으로서 혐오감이 느껴져 못 견디겠어. 난 그것이 두려워. 그것만은 도저히 견딜 수가 없단 말이야……"

그 '인간으로서의 혐오감'이 지금 억제할 수 없는 힘을 가지고 밀려왔던 것이다. 미차는 거의 이성을 잃고 불현듯 호주머니에서 놋쇠 절굿공이를 끄집어냈다…….

"그때는 하느님께서 날 지켜 주셨어."

뒤에 미차는 스스로 이렇게 말했다. 바로 그 순간 앓아 누워 있던 그리고리 영감이 병상에서 눈을 뜬 것이다. 그날 저녁 일찍이 그는 스메르자코프가 이반에게 말한 대로 그 치료법을 시험했다. 즉 어떤 아주 강력한 비약(ql7藥)을 보드카에 타서, 마누라의 도움을 받아가며 온몸에 바르고, 나머지는 마누라가 웅얼거리는 특별한 기도문과 함께 훌쩍 들이켜고 잠자리에 들었던 것이다. 그의 마누라 마르파 이그나치예브나도 함께 그 약을 좀 마셨는데, 강한 술에 익숙치 못한지라 그대로 남편 곁에 쓰러져 죽은 듯이 잠이 들고 말았다.

그런데 그리고리는 뜻밖에도 한 밤중에 문득 눈을 떴다. 그리고 1분쯤 생각하고 나서, 등허리가 쿡쿡 쑤셔오는데도 곧장 침대에서 일어나 앉았다. 그러고는 또 무언가를 곰곰이 생각하더니 일어서서 재빨리 옷을 주워 입었다. 어쩌면 '이렇게도 위험한 때', 집을 지키는 사람이라곤 아무도 없는데 자기만 편안하게 자고 있었던 것에 대해 양심의 가책을 느꼈던 것인지도 모른다. 간질 발작으로 완전히 녹아 떨어진 스메르자코프는 옆방에서 꼼짝도 못하고 누워 있었다. 마르파 또한 쭉 뻗어 버린 듯이 잠자고 있었다.

'마누라도 몸이 꽤 약해졌군.'

그리고리는 아내의 잠든 모습을 흘깃 바라보며 이렇게 생각했다. 그러고는 헛기침을 하며 층계 쪽으로 갔다. 물론 그는 단지 층계에서 잠깐 뜰안을 살펴보려고 했을 뿐이었다. 참을 수 없을 만큼 등허리가 쑤시고 오른쪽 다리가 아파서 거의 걸을 수가 없었던 것이다. 그러나 바로 그 순간 그는 문득 정원으로 통하는 작은 문에 자물쇠를 잠그지 않고 그냥 내버려두었다는 것이 생각났다. 그는 더할 나위 없이 꼼꼼하고 정확한 사람으로, 일정한 규칙과 다년간에 걸친 습관에 젖어 있었던 터라, 쑤셔오는 다리를 절뚝거리면서 아픈 몸을 잔뜩 구부려 층계를 내려가 정원 쪽으로 다가갔다. 아니나 다를까, 과연 문은 열려 있었다. 그는 기계적으로 정원 안에 들어섰다. 어쩌면 그가 무슨 소리를 엿들었는지, 혹은 얼핏 무슨 그림자가 눈에 들어왔는지, 아니면 어떤 육감에서 그랬는지 모르지만 아무튼 문득 왼쪽으로 시선을 돌렸더니 주인방의 창문이 열려 있는 것이 눈에 띄었다. 창문은 텅 비어 있어 아무도 밖을 내다보고 있는 사람이 없었다.

'어째서 열려 있을까? 지금은 한 여름도 아닌데?'

그리고리는 문득 그렇게 생각했다. 그러자 바로 그 순간 무언가 이상한 것이 맞은편 뜰안에서 어른거리기 시작했다. 40걸음 가량 되는 그의 앞에서 사람으로 보이는 것이 어둠 속을 달리고 있었다. 이상한 그림자가 굉장히 빠른 속도로 움직이고 있는 것이었다.

'이것 큰일났구나!'

그리고리는 등이 아픈 것도 잊고 달아나는 괴한을 가로 막으려고 정신없이 달려나갔다. 그는 지름길을 택했다. 분명히 그리고리가 달아나는 괴한보다는 정원의 지리를 더 잘 알고 있었다. 괴한은 목욕탕 쪽으로 가더니 목욕탕 뒤로 빠져 담장 위로 기어오르기 시작했다. 그리고리는 그 모습을 놓치지 않으려고 애쓰며 안간힘을 다해 달려갔다.

그리하여 그리고리는 괴한이 막 울타리를 넘으려는 순간 울타리 밑에 다다를 수 있었다. 그리고리는 정신없이 그에게 달려들어 두 손으로 그의 한쪽 다리에 매달렸다.

과연 그의 예감은 적중했다. 그는 그 괴한의 정체를 똑똑히 알아보았다. 그것은 바로 '제 애비를 죽인 천하의 후레자식'이었던 것이다.

"살인이야!" 늙은 하인은 이웃에까지 들리도록 커다랗게 고함을 쳤지만 그것으로 다였다. 갑자기 그는 벼락이라도 맞은 듯이 그 자리에 푹 고꾸라지고 말았던 것이다. 미차는 다시 뜰로 뛰어내려와서 쓰러진 늙은 하인을 굽어보았다. 미차의 손에는 놋쇠 절굿공이가 쥐어 있었다. 그는 그것을 기계적으로 풀숲에 내던져버렸다.

절굿공이는 그리고리의 발끝에서 두어 발짝 쯤 되는 곳에 떨어졌는데, 그곳은 풀속이 아니라 오솔길 위, 가장 눈에 띄기 쉬운 곳이었다. 몇 초 동안 미차는 자기 앞에 쓰러져 있는 늙은 하인을 자세히 살펴보았다. 늙은이의 머리는 온통 피투성이였다. 미차는 손을 내밀어 그 머리를 어루만져 보았다. 이것은 뒤에 미차 자신이 기억해낸 것이지만, 그때 그는 자기가 늙은이의 두개골을 때렸는지, 아니면 단지 절굿공이로 쳐서 그냥 '기절시켰을' 뿐인지 '확실히 확인하고' 싶은 마음이었던 것이다. 그러나 피는 소름이 끼칠 정도로 뿜어져 나와, 그 뜨거운 피가 순식간에 미차의 손가락을 적시고 말았다. 그는 호흘라코바 부인을 방문하러 갈 때 준비했던 하얀 손수건을 꺼내, 늙은이의 머리에 대고 이마와 얼굴에서 피를 씻어내려고 헛된 노력을 계속했다. 이것도 뒤에 가서 그가 기억해낸 사실이었다. 그러나 손수건도 눈깜짝할 사이에 피에 흠뻑 젖어버렸다.

'아아, 대체 나는 무엇 때문에 이런 짓을 하고 있는 것일까!' 미차는 문득 제정신으로 돌아왔다. '만약 이 늙은이의 두개골이 박살났다면 이제 와서 그걸 확인해서 뭘 어떡하겠다는 건가! 그래봤자 달라질 건 아무것도 없다!' 그는 절망적으로 이렇게 덧붙였다. "죽인 것은 죽인 것…… 할아범, 하필이면 이때 나타나서……. 여기 그냥 누워 있으랄밖에!"

그는 이렇게 소리 높이 외치고, 얼른 울타리를 기어올라 뒷길로 뛰어내려서는 그대로 달아나기 시작했다. 그는 피에 흠뻑 젖은 손수건을 둘둘 말아서 오른손에 꼭 움켜쥐고 있었으나, 뛰어가면서 그것을 프록코트 주머니에 다시 쑤셔넣었다.

그는 정신없이 달렸다. 그날 밤 어두운 한길에서 그를 만난 몇몇 사람은 뒷날 맹렬한 기세로 달리고 있던 사내를 만났다는 사실을 기억해 냈다. 그는 다시 모로조바의 집을 향해 달려갔던 것이다.

이날 저녁 미차가 다녀가고 난 뒤, 페냐는 곧 문지기 나자르에게 달려가 제발 '일생의 소원'이니까, '오늘도, 내일도 앞으로는 절대로 그 대위님'을 들여보내지 말아 달라'고 신신당부했다. 나자르는 그러마고 약속했으나, 마침 2층에 있는 주인 마님이 급히 불러서 그리로 가버렸다. 가는 길에, 바로 얼마 전 시골에서 올라온 스무 살 가량 된 자기 조카를 만나 자기 대신 문을 지키라는 말은 하였으나, '대위'에 관한 주의를 주는 것을 그만 깜박 잊어버리고 말았다.

그런데 바로 그때 대문에 다달은 미차가 문을 두드렸던 것이다. 젊은이는 미차가 여러 차례 그에게 용돈을 준 일이 있었기 때문에 곧 그를 알아보았다. 젊은이는 곧 대문을 열고 그를 안으로 들어오게 하고는 유쾌하게 웃으면서 제딴에는 눈치있게 군다고 빠른 말로 이렇게 알려주었다.

"아그라페나 씨는 지금 집에 안 계십니다."
"그럼 어디 갔지, 프로호르?"

우뚝 멈춰서며 미차는 물었다.

"아까 두어 시간 전에 치모페이의 마차로 모크로예 마을로 가셨습니다."
"무엇하러?"

미차가 소리쳤다.

"그건 잘 모르겠습니다만. 어떤 장교님을 만나러 가신다던가요? 어떤 사람이 거기서 마차를 보내 아씨를 모셔간 모양이던데요……."

미차는 젊은이를 버려두고 미친 사람처럼 페냐에게 달려갔다.

5 엉뚱한 결심

페냐는 할머니와 함께 부엌에 있었다. 두 사람 다 잠자리에 들 채비를 하는 참이었다. 그들은 문지기 나자르만 믿고 이번에도 문단속을 하지 않고 있었다. 미차는 뛰어들어 가자마자 페냐에게 달려들어 멱살을 움켜잡았다.

"말해 봐! 그년은 어디 있지? 지금 어느 놈하고 모크로예에 있지?"

그가 미친 사람처럼 호통을 치자 두 여자는 비명을 질렀다.

"말씀드릴게요, 드미트리 씨, 하나도 숨기지 않고 모두 말씀드리겠어요."

죽을 만큼 놀란 페냐는 엉겁결에 이렇게 소리쳤다.

"아씨는 모크로예 마을로 가셨어요. 바로 그 장교님을 만나러요."
"장교라는 건 누구냐?"

미차도 소리쳤다.

"그전의 장교님 말예요. 옛날 애인이지요. 5년 전에 아씨를 버리고 어디론가 가버렸던……."

페냐는 여전히 빠른 소리로 단숨에 주워댔다.

미차는 페냐의 멱살을 잡았던 손을 놓았다. 그는 죽은 사람처럼 창백한 얼굴로 말 한마디 없이 페냐 앞에 서 있었으나, 그의 눈은 이제 모든 것을 다 알았다는 듯한 표정이었다. 페냐의 몇 마디 말에서 그는 모든 것을 마지막 하나까지 남김없이 깨달았던 것이다.

그러나 가엾게도 페냐는 그 순간 미챠가 알아들었는지 못 알아들었는지 관찰하고 있을 여유가 없었다. 그녀는 미챠가 뛰어들어왔을 때 궤짝 위에 걸터앉아 있었는데 지금도 여전히 그 위에 앉은 채 몸을 사시나무처럼 떨면서 마치 목숨을 구걸이라도 하는 듯이 두 손을 앞으로 내민 채 화석이라도 된 것 같았다. 공포에 싸여 휘둥그레진 눈으로 꿈쩍도 하지 않고 미챠를 뚫어지게 응시하고 있었다. 게다가 미챠의 두 손은 온통 피투성이였다. 달려오는 도중에 땀을 닦느라고 두 손으로 이마를 만졌는지, 그의 이마와 오른쪽 뺨도 피범벅이 되어 있었다.

페냐는 당장이라도 히스테리의 발작을 일으킬 기색이었다. 식모인 노파는 자리에서 벌떡 일어나, 공포 때문에 거의 의식도 없이 멍하니 미챠를 바라보고만 있었다. 드미트리는 한참 동안 그대로 서 있다가 갑자기 무너지면서 페냐 곁에 있는 의자에 털썩 주저앉았다.

그는 의자에 앉아서 생각에 잠겨 있다기보다 무엇에 크게 놀라서 그저 망연자실해 있었다. 모든 사실이 불을 보는 것보다 명백했다. 바로 그 장교였다. 그도 그 장교에 대해서는 알고 있었다. 그는 모든 것을 너무나 잘 알고 있었고 그루센카 본인한테서도 이야기를 듣고 있었다. 그리고 한 달 전에 편지가 왔다는 사실도 알고 있었다.

그러고 보니 한 달, 꼭 한 달 동안, 이 새로운 사내가 도착하는 오늘 이 순간까지 모든 일이 자기에게는 감쪽같이 숨겨진 채 비밀리에 진행되고 있었는데도 그는 그 사내에 대해서는 한번도 생각한 적이 없었던 것이다!

그렇지만 도대체, 왜 미챠는 그 사내를 꿈에도 생각지 못하고 있었을까? 어째서 그는 그때 그 장교 이야기를 듣고도 곧 잊어버리고 말았던 것일까? 어째서 그런 얘기를 듣자마자 이내 잊어버렸단 말인가?

이러한 의문이 무슨 작은 괴물처럼 그의 앞을 가로막는 것이었다. 그는 등골이 서늘해짐을 느끼며 공포에 휩싸여 그 작은 괴물을 응시하고 있었다.

그는 문득 온순하고 부드러운 어린애처럼 온화한 목소리로 페냐에게 말을 걸었다. 방금 자기가 페냐에게 얼마나 겁을 주고 욕을 보였는지에 대해서는 까

많게 잊어버린 듯 싶었다. 그는 이러한 상황에 있는 사람치고는 이상하리만큼 매우 냉철하게 페냐에게 여러 가지를 묻기 시작했다.

그녀도 그의 피묻은 손을 꺼림칙한 눈초리로 바라보고는 있었지만, 역시 이상하리만큼 상냥하게 미챠가 묻는 말에 하나하나 막힘없이 대답했다. 그 모습은 마치 그에게 조금이라도 빨리 '거짓없는 진실'을 죄다 털어놓으려는 것 같았다. 그녀는 왠지 기쁜 듯한 표정조차 지으며 모든 것을 낱낱이 설명하기 시작했다. 그러나 결코 그를 괴롭힐 생각은 조금도 없었고, 오히려 있는 힘을 다해 진심으로 그를 도우려는 초조함에서 였다.

그녀는 그날 하루 동안에 일어난 일을 하나도 빼놓지 않고 자세히 들려주었다. 라키친과 알료샤가 찾아왔던 일, 자기, 즉 페냐가 망을 보았던 일, 그루센카가 출발하던 때의 상황, 그리고 그루센카가 창문에서 알료샤를 불러세우고 미챠에게 인사를 전해 달라고 하며 "짧은 한때였지만, 내가 그이를 진심으로 사랑했다는 걸 한평생 기억해 달라고 전해 주세요"라고 소리쳤던 일까지 낱낱이 얘기했다.

그루센카가 인사를 전하더라는 말을 듣고 미챠는 문득 쓴웃음을 지었다. 그러자 그의 창백한 얼굴에 잠깐 홍조가 떠올랐다. 바로 그 순간 페냐는 자기의 호기심에 대한 보복 같은 건 조금도 생각하지 않는다는 듯이 이렇게 물었다.

"어머나, 손이 왜 그렇죠, 드미트리 씨? 온통 피투성이군요!"

"아, 이거?"

미챠는 반사적으로 대답하고 방심한 표정으로 자기 손을 바라보았으나, 다음 순간에는 그 손도 페냐의 질문도 잊어버리고 말았다. 그는 다시 침묵 속에 빠져들었다. 그가 이 집에 뛰어들어온 지도 이미 20분이 지났다. 처음의 놀라움은 사라지고, 대신 어떤 새롭고도 확고한 결심이 그를 사로잡고 있는 것 같았다. 그는 자리에서 벌떡 일어나더니, 뭔가 생각하는 듯이 미소를 지었다.

"나리, 대체 무슨 일이 있었어요?"

다시 페냐가 그의 손을 가리키며 물었다. 그것은 마치 자기가 지금 슬픔에 빠져있는 그를 위로해 줄 수 있는 가장 가까운 존재라도 되는 것 같은 동정어린 어조였다.

미챠는 다시 자기 손을 들여다보았다.

"이건 피야, 페냐." 그는 야릇한 표정으로 그녀를 바라보며 말했다. "사람의 피. 아아, 무엇 때문에 흘린 피란 말인가? 하지만…… 페냐…… 여기에 울타리가 있는데 말이야 (그는 마치 수수께끼라도 내는 것 같은 얼굴로 그녀를 바라보았다). 보기에도 무시무시할 정도로 높은 울타리지.…… '태양이 떠오르는' 내일 새벽에 나는 그 울타리를 뛰어넘는 거야…… 페냐, 너는 그게 어떤 울타린지 모르겠지…… 아니 뭐 아무래도 좋아. 어차피 내일이면 그 소문을 듣고, 아아, 그랬구나 하고 모두 알게 될 테니까…… 자, 그럼 잘 있어, 방해하지는 않겠어. 깨끗이 물러나지. 이래봬도 난 물러나는 것쯤은 할 수 있는 놈이니까. 잘 살아 다오, 나의 기쁨이여…… 한때나마 나를 사랑해 주었다면, 이 미치카 카라마조프를 영원히 잊지말아 다오……. 그루센카는 늘 나를 미치카라고 불러 주었지. 그렇지, 페냐, 너도 기억하고 있겠지?"

이 말을 던지고 그는 몸을 홱 돌려 부엌에서 나가 버렸다. 너무 느닷없이 나가버렸기 때문에 페냐는 아까 그가 뛰어들어와 자기에게 달려들었을 때보다도 훨씬 더 놀랐을 정도였다.

그로부터 꼭 10분 뒤, 드미트리는 아까 자기가 권총을 저당잡힌 젊은 관리 표트르 페르호친의 집으로 들어갔다. 그때는 이미 8시 반이었다. 페르호친은 차를 듬뿍 마시고 나서 술집 '수도'로 당구를 치러 가려고 프록코트를 입고 있던 참이었다. 미차는 그를 나가기 직전에 붙잡은 것이었다. 미차의 몰골과 온통 피투성이가 된 그의 얼굴을 보고 젊은 관리는 깜짝 놀라 소리를 질렀다.

"아니, 이게 어찌 된 일입니까?"

"다름이 아니라 아까 맡긴 권총을 찾으러 왔습니다. 돈을 가지고 왔어요. 정말 미안하게 됐습니다. 좀 급한 사정이 있어서 그러니 페르호친 씨, 서둘러 주십시오."

페르호친의 놀라움은 더욱더 커졌다. 미차의 손에는 한 뭉치의 지폐가 쥐어져 있었다. 그러나 무엇보다 놀란 것은, 그가 들어올 때부터 이 돈뭉치를 움켜쥐고 있었기 때문이었다. 돈을 그렇게 움켜쥐고 남의 집에 태연하게 들어오다니, 참으로 그다운 행동이었다. 그는 그 돈뭉치를 오른손에 움켜쥐고 보란 듯이 앞으로 내밀고 있었다.

현관에서 미차를 맞아들인, 페르호친의 심부름을 하는 아이는 역시 그가 돈을 손에 움켜쥔 채 현관으로 들어왔다고 증언했는데, 그렇다면 그는 돈을 쥔 오른손을 앞으로 내민 채 한길을 걸어왔는지도 모른다. 돈은 모두 무지개빛이 도는 100루블짜리 지폐뿐이었다. 그리고 돈을 쥐고 있는 그의 손가락은 온통 피에 젖어 있었다.

꽤 시간이 지난 뒤에, 이 사실에 관심을 가진 사람들로부터, 돈이 얼마나 되어 보이더냐는 질문을 받았을 때 페르호친은 얼핏 본 것만으로 판단하긴 어렵지만 아마 2천 루블 내지 3천 루블은 되었을 것이다, 아무튼 제법 두툼한 돈뭉치였다고 대답했다.

뒷날 스스로도 밝혔듯이 드미트리는 그때 제정신이 아닌 것 같았으나 결코 술에 취한 사람 같지도 않았다. 말하자면 몹시 흥분하여 침착성을 잃고 있었지만, 어떤 일에 주의력을 집중시키고 있는 것 같기도 했고, 그런가 하면 무언가 골똘히 생각하면서도 좀처럼 해답을 얻지 못하고 있는 것 같기도 했다. 그는 몹시 초조해하고 있어 대답도 통명스럽고 조리에 맞지 않았으며, 어떤 때는 자기는 조금도 슬프지 않다는 듯이 오히려 퍽 유쾌하게 보이기도 했다는 것이다.

"도대체 무슨 일이 있었습니까? 무슨 좋지 않은 일이라도 있는 게 아니오?"
페르호친은 꺼림칙한 눈으로 손님을 자꾸만 훑어보며 이렇게 외쳤다.
"왜 이렇게 피투성이가 되셨습니까? 어디서 넘어지시기라도 했나요? 자, 당신의 모습이 어떤가 좀 보십시오!"

그는 미차의 팔꿈치를 붙잡고 거울 앞으로 데리고 가 세웠다. 미차는 피투성이가 된 자기 얼굴을 보더니 흠칫 몸을 떨며 양미간을 찌푸렸다.
"제기랄! 게다가 또 이렇게까지……."

그는 씹어뱉듯 중얼거렸다. 그러고는 재빠르게 오른손에 쥐었던 돈뭉치를 왼손으로 바꿔 쥐고, 떨리는 손으로 주머니에서 손수건을 꺼냈다. 그러나 그 손수건 역시 피투성이여서(이것은 그리고리의 얼굴을 닦아 준 손수건이었다) 하얀 부분이라곤 거의 한 군데도 찾아 볼 수 없었을 뿐더러, 뻣뻣하게 굳어 버려서 아무리 해도 펴지지도 않는 것이었다. 미차는 화가 난다는 듯이 손수건을 마루 위에 내동댕이쳤다.
"이런, 빌어먹을! 뭐, 헝겊 조각 같은 거라도 없습니까? 얼굴을 닦아야 할 텐데……."
"피가 묻었을 뿐이지 다치신 데는 없는 것이군요? 그렇다면 아주 씻어 버리

제8편 미차 613

는 게 좋을 겁니다." 페르호친이 대답했다. "자, 거기 세수대야가 있습니다. 물을 가져 오지요."

"세수대야라구요? 참, 그래야겠군…… 한데 이건 어디다 놓아 두면 좋을까?" 미차는 이상하리만큼 당황한 표정으로 마치 상대가 자기 돈을 처분할 장소를 결정해야 할 의무라도 있는 듯이 의견을 구하듯 페르호친을 바라보며 100루블짜리 지폐뭉치를 가리켰다.

"옷 주머니에 넣으십시오. 그렇지 않으면 이 테이블 위에 놓으시든지…… 없어지진 않을 테니까요."

"옷 주머니요? 그렇지, 주머니가 좋겠군. 이젠 됐소…… 아니, 이게 문제가 아니오." 갑자기 제정신이 돌아온 듯 그는 이렇게 외쳤다. "그보다도 우선 그 문제부터, 그 권총 문제부터 끝냅시다. 그걸 내게 돌려주십시오. 여기 돈이 있으니까…… 실은 그 권총을 긴급히 꼭 쓸 데가 있어서 그러는 거요……. 더욱이 나는 시간이, 시간이 조금도 없어요……."

그는 돈뭉치에서 맨 위의 100루블짜리 한 장을 빼내어 페르호친에게 내밀었다.

"그렇지만 지금 내게는 그만한 거스름돈이 없는데요. 잔돈을 가지신 게 없습니까?"

"없는데요."

미차는 다시 한번 돈뭉치를 내려다보고 나서 말했다. 그러나 자기 자신이 한 말에 자신이 없었는지, 위에서부터 지폐를 몇 장 들춰 보았다.

"없어요! 모두 다 같은 것들뿐이군요."

이렇게 덧붙이고는, 다시금 의견을 구하듯이 페르호친을 바라보았다.

"그런데, 어디서 갑자기 그렇게 많은 돈을 구하셨지요? 잠깐만 기다리십시오. 심부름을 하는 아이를 플로트니코프네 상점에 보내 봅시다. 그 집은 늦게까지 문을 여니까 어쩌면 잔돈으로 바꿀 수 있을지도 모르겠어요. 이봐, 미샤!"

페르호친은 현관 쪽을 향해 소리쳤다.

"플로트니코프네 상점이라구요? 거, 아주 좋은 생각이군!" 미차는 정말로 뭔가 다른 생각이 떠오른 듯이 외쳤다. "미샤," 그는 들어오는 소년 쪽을 향해 말했다.

"너 곧 플로트니코프네 상점으로 달려가서, 드미트리 카라마조프가 안부를 전하더라고 말하고 내가 곧 그리로 간다고 일러 다오……. 그리고 말이다, 내가 갈 때까지 샴페인을, 그렇지, 세 궤짝쯤 준비해서 언젠가 모크로예 마을에 갔을 때처럼 마차에 실어 놓으라고 해라……. 그때 나는 그 가게에서 네 궤짝이나 팔아 주었었죠." 그는 갑자기 페르호친을 향해 말했다.

"그 집에서 다 알아서 해줄 테니까 다른 걱정은 할 것 없다, 미샤." 그는 다시 소년에게 얼굴을 돌렸다.

"그리고 말이지, 치즈와 스트라스부르 파이, 훈제 연어, 햄, 캐비어……하여튼 그 집에 있는 건 모두 준비해 달라고 일러 줘. 100루블어치나, 120루블어치, 요컨대 지난번처럼 하면 된다고 해라…… 그리고 또 있어. 토산품도 잊지 말도록…… 캔디와 배와 수박 두세 개, 아니면 네 개, 아니 수박은 한 개면 충분해. 그리고 초콜릿, 얼음사탕, 과일사탕, 엿…… 그러니까 지난번에 모크로예로 가지고 갔던 건 죄다 필요하다고 해라. 샴페인을 합쳐서 300루블 정도로 말이다……. 이번에도 지난번과 똑같이 하면 돼. 잊어버리면 안 된다. 미샤, 네 이름이 미샤라고 했지? 이애 이름이 미샤라고 했지요?"

미차는 페르호친을 돌아보았다.

"잠깐만." 불안한 듯이 귀를 기울이며 미차를 바라보고 있던 페르호친이 이렇게 제지했다. "차라리 당신이 직접 가서 주문하는 게 좋을 것 같군요. 저 녀석이 가서 엉뚱한 걸 주문하면 곤란하니까요."

"엉뚱한 걸…… 그렇지, 엉뚱한 걸 주문할지도 모르지! 얘, 미샤, 심부름값으로 네게 키스를 해주려 했는데……. 네가 제대로 심부름할 수 있다면 10루블을 줄 테니 빨리 갔다오너라. 그리고 코냑과, 붉은 포도주, 흰 포도주, 모두 지난 번처럼 해놓으라고 해……. 그때 내가 뭘 가져갔는지 그 집에서 다 알고 있을 게다."

"그만하고, 내 말을 좀 들어 보십시오!" 페르호친이 안절부절 못하며 다시 가로막았다. "저 녀석에겐 달려가서 그저 돈만 바꿔 오라고 하고, 문을 좀 있다가 닫으라고 전합시다. 그런 다음에 당신이 직접 가서 주문하시는 게 좋겠습니다……. 그 돈을 저 애에게 주십시오. 자, 어서 뛰어갔다 오너라, 미샤, 빨리 갔다와!"

페르호친은 일부러 미샤를 서둘러 내쫓는 듯 싶었다. 왜냐하면 손님 앞에 온 소년이, 피묻은 얼굴이며 돈을 움켜쥐고 부들부들 떨고 있는 시뻘건 손을 보고 깜짝 놀라 눈이 휘둥그래져서 입을 쩍 벌리고 장승처럼 우뚝 선 채 미차의 말은 하나도 귀담아 듣고 있는 것 같지 않았기 때문이다.

"자, 이젠 가서 얼굴이나 좀 씻으시지요." 페르호친이 엄격한 목소리로 말했다. "돈은 주머니에 넣든가 테이블 위에 두든가 하십시오⋯⋯. 예, 됐어요. 자, 갑시다. 그렇지, 그 프록코트는 벗으시고."

그리고 미차가 옷 벗는 것을 도와 주다가 다시 비명을 질렀다.

"아니, 프록코트에도 피가 묻어 있군요!"

"아니⋯⋯ 이건 프록코트가 아니오. 그저 소맷부리 근처가 조금⋯⋯ 아, 여긴 손수건을 넣어 두었던 곳이군요. 호주머니에서 피가 배어나온 모양이오. 페냐네 집에서 뒷주머니에 손수건을 넣은 채로 그냥 깔고 앉았기 때문에 피가 배어나온 거요."

놀랄 만큼 상대를 믿는 태도로 미차는 곧 설명했다. 페르호친은 양미간을 찌푸리며 듣고 있다가 이렇게 중얼거렸다.

"이런 봉변이 어디 있습니까. 누구와 싸우셨나보군요."

그는 피를 씻어내기 시작했다. 페르호친은 주전자를 들고 물을 부어 주었다. 굉장히 서두르고 있던 미차는 제대로 손에 비누칠도 못했다(페르호친은 뒷날 그의 손이 부들부들 떨고 있던 것을 떠올렸다). 페르호친은 곧 비누칠을 더해서 좀더 세게 문지르라고 명령했다. 이때 그는 미차에게 일종의 권력을 쥐고 있는 것같이 행동했는데, 시간이 갈수록 그 정도가 심해져 갔다. 말이 나왔으니 말이지만, 이 젊은 관리는 꽤 담력이 있는 사람이었다.

"보십시오, 아직도 손톱 밑이 깨끗이 지워지지 않았군요. 자, 이번엔 얼굴을 잘 문지르십시오. 여기 관자놀이께를 그리고 그 옆도⋯⋯ 그런데 그 셔츠를 입고 갈 참인가요? 도대체, 어디로 가시려는 거죠? 보십시오, 오른쪽 소매 끝이 온통 피투성이예요."

"그렇군, 온통 피투성이로군."

셔츠 소매 끝을 들여다보며 미차가 말을 받았다.

"그럼, 셔츠를 갈아입으시지요."

"시간이 없어요. 나는, 보시다시피⋯⋯."

벌써 수건으로 얼굴과 손을 닦고 프록코트를 입으면서, 미차는 여전히 상대를 전적으로 믿는 듯이 말을 계속 했다. "이렇게 소매를 접어넣으면⋯⋯ 보이지 않겠지요……. 자, 어떻습니까?"

"그럼 이젠 어찌 된 일인지 얘기좀 들려주시오. 누구와 싸우셨죠? 또 언젠가처럼 그 술집에서 싸운 건 아닙니까? 그때처럼 그 퇴역 대위를 끌어내서 패준 거 아닌가요?" 마치 나무라는 듯한 어조로 페르호친은 지난 일까지 들추어냈다. "이번엔 또 누굴 패주었습니까? 혹시 죽인 건 아닙니까?"

"무슨 그런 말도 안 되는!"

미차가 단언했다.

"뭐가 말도 안됩니까?"

"그만둡시다."

미차는 느닷없이 히죽 웃었다.

"방금 광장에서 어떤 노파를 때려눕히고 왔소."

"때려눕혔다구요? 노파를?"

"아니, 영감쟁이를!"

상대의 얼굴을 똑바로 바라 보며, 마치 귀머거리한테 말하듯 히죽히죽 웃으며 미차는 소리쳤다.

"나원참! 노파라고 했다, 영감쟁이라고 했다. 정말 누굴 죽였단 말입니까?"

"아니오, 벌써 화해했지요. 한바탕 뒤엉켜서 싸웠지만 곧 화해했어요. 내가 잘 알고 있는 어떤 곳에서 말이오. 우린 친구로서 헤어졌지요. 바보 같은 작자였는데……. 그자는 날 용서해 주었소……. 지금쯤 아마 날 용서했을 게 틀림없을 거요……. 만일 살아서 일어난다면 용서하지 않을지도 모르지만……." 미차는 갑자기 한쪽 눈으로 윙크를 해보였다. "그렇지만, 그런 건 아무래도 좋소, 페르호친 씨. 상관없어요, 별일 아니니까 이제 그 이야긴 그만둡시다! 지금은 얘기하고 싶지 않소!" 미차는 단호하게 말했다.

"내가 이런 말을 하는 것은 당신이 툭하면 아무하고나 싸우기 때문입니다?…… 그때도 그 퇴역 대위하고 하찮은 일로 그토록 싸웠으니…… 더욱이 한바탕 싸움을 하고 와서는 당장 파티를 벌이러 간다니, 도대체 당신이란 사람은……! 샴페인을 세 궤짝이나, 그래 그걸 다 뭣에 쓰려는 겁니까?"

"브라보! 자, 이제 권총을 주십시오. 정말 시간이 없어요. 실은 당신과 앉아서 좀 지껄이고 싶은 마음이 간절하지만 시간이 없어 안 되겠소. 하긴 이제 그럴 필요도 없지. 얘기를 하기엔 이미 너무 늦었으니까. 아 참! 내 돈을 어디에 두었지? 내가 돈을 어디 놓았을까!"
 두 손으로 주머니를 뒤지며 미차가 소리쳤다.
 "테이블 위에 놓지 않았습니까!…… 당신 손으로…… 보세요, 저기 있지 않습니까. 벌써 잊으셨나요? 당신에게는 돈도 물이나 먼지 같이만 보이는가보군요. 자, 여기 권총이 있습니다. 그렇지만 아까 5시 무렵에는 이걸 단돈 10루블에 잡히신 분이 지금은 몇천 루블이나 되는 돈을 갖고 있으니 참 이상한 일이군요. 아마 2,3천 루블은 될 것 같은데요?"
 "3천 루블은 되겠지요."
 미차는 바지 주머니에 돈을 쑤셔넣으면서 히죽 웃었다.
 "그런 데 넣었다간 잃어버릴 우려가 있어요. 그런데 당신은 금광이라도 발견했나요?"
 "금광요? 흠, 금광이라!"
 미차는 괴상한 소리로 외치더니 배를 잡고 웃기 시작했다.
 "페르호친, 그래 당신도 금광에 가고 싶소? 이 거리에는 당신이 금광으로 가겠다고 말만하면 당장에 3천 루블을 쾌히 던져 줄 부인이 있지요. 내게도 던져 주었으니……. 하여간 굉장히 금광을 좋아하는 여자예요! 혹시 호흘라코바 부인을 아십니까?"
 "알고 지내는 사이는 아니지만, 본 적도 있고 소문을 들은 적도 있지요. 그래 그 여자가 당신한테 3천 루블을 줬단 말입니까? 정말로 던져 주었단 말인가요?"
 아무래도 못 믿겠다는 듯이 페르호친은 그를 노려보았다.
 "그럼 내일 아침 해가 솟아올랐을 때, 영원히 젊음을 간직한 아폴로가 신을 찬양하며 솟아올랐을 때, 호흘라코바 부인한테 가서 정말로 내게 3천 루블을 줬는지 안 줬는지 물어 보십시오. 조사해 보란 말이오."
 "나는 두 사람의 관계를 모르지만…… 당신이 자신있게 그렇게 단언하는 걸 보니, 틀림없이 준 모양이군요……. 그런데 그 돈을 가지고 금광을 찾아 시베리아로 가는 대신 다른 곳으로 갈 생각이신가요? 정말 이제부터 어디로 갈 작정이십니까?"
 "모크로예로."
 "모크로예로? 이렇게 늦은 시간에요!"

"한때는 무엇 하나 부러울 것이 없던 젊은이가 하룻밤 자고 나니 알몸뚱이가 되었네!"

미차는 불쑥 홍얼거렸다.

"어째서 알몸뚱이란 말입니까? 그렇게 3천 루블이나 갖고 있으면서?"

"돈을 두고 하는 말이 아니오. 빌어먹을, 이런 돈 따위 무슨 소용이 있담! 나는 여자의 마음을 두고 하는 말이오.

바람에 날리는 갈대와 같이
여자의 마음은 믿을 수 없더라.

나는 율리시스와 동감이오. 이건 율리시스가 한 말이지요."

"무슨 말을 하는건지 도무지 모르겠군요!"

"그럼 내가 술에 취하기라도 했단 말인가요?"

"취한 건 아니지만, 그보다도 더한 것 같군요."

"나는 기분이 취해 있어요, 페르호친 씨. 기분이 취해 있단 말이오. 하지만 이제 이런 얘긴 그만둡시다······."

"그건 뭡니까! 권총에 총알을 재고 있는 겁니까?"

"예, 권총에 총알을 재고 있어요."

미차는 정말로 권총이 든 상자를 열고 약실(藥室) 뚜껑을 열더니 꼼꼼하게 화약을 채워 넣었다. 그리고 나서 총알를 꺼내 재기 전에 두 손가락으로 집어서 촛불에 비쳐 보았다.

"무엇 때문에 총알을 그렇게 들여다보는 겁니까?"

페르호친은 불안한 호기심에 사로잡혀 미차의 움직임을 지켜보고 있었다.

"그저, 뭘 좀 상상하고 있을 뿐이오. 어떻소, 만일 당신이 이 총알을 자기 골통에 쏘아 넣기로 작정했다면, 권총에 잴 때 그 총알을 자세히 보겠소, 안 보겠소?"

"그건 무엇 때문에 봅니까?"

"자기 골통을 뚫고 들어갈 총알이 어떻게 생겼나 살펴보는 것도 흥미로운 일이 아닙니까?······ 그렇지만 모두 쓸데없는 농담이오. 그저 잠깐 머리에 떠오른 망상이지요. 자, 이젠 끝났소."

그는 총알을 재더니 삼베 조각으로 마개를 하고 나서 이렇게 덧붙였다.
"페르호친 씨, 부질없는 얘기예요, 모든 것이 부질없어요, 이것이 얼마나 부질없는 얘긴지 당신은 아마 모를 거요. 그건 그렇고, 종이 조각이나 좀 주시오."
"여기 있습니다."
"아니, 깨끗하고 좋은 걸로 좀 주시오. 글을 쓸 거니까. 아, 이게 좋겠군."
미차는 테이블에서 펜을 집어 들고 무언가 두어 줄 흘려쓰더니, 종이를 네모로 접어 조끼 주머니에 밀어넣었다. 권총 두 자루는 상자에 넣고 자물쇠를 채운 뒤 그것을 손에 들었다. 그러고 나서 페르호친을 바라보며 흡족한 듯이 천천히 웃어 보였다.
"자, 이젠 가볼까?"
"어디로 가십니까? 아니, 잠깐만…… 혹시 당신은 그 총알을 자기 머리에 쏘려는 것은 아닙니까. 그 총알을……."
페르호친은 불안한 듯이 물었다.
"총알을 쏘다니, 천만에! 나는 살고 싶소, 나는 삶을 사랑해요! 이걸 알아 주시오. 나는 금발의 아폴로와 그 뜨거운 빛을 사랑한단 말이오……. 그런데 친애하는 페르호친 씨, 당신은 물러설 줄 아시오?"
"그게 무슨 말입니까, 물러서다니요?"
"양보하는 것 말이오. 사랑하는 사람과 미워하는 사람에게 길을 양보하는 것 말이오. 그래서 미운 사람도 사랑하게 되는 것, 이것이 바로 길을 양보한다는 뜻이지요. 나는 그 두 사람에게 이렇게 말해 줄 테요……. 그대들에게 축복이 있으라, 자 내가 길을 양보해 줄 테니 어서 지나 가시오……. 나는……."
"나는?"
"그만 하고 어서 갑시다."
"이거 큰일인걸. 정말이지, 누구한테 말해서" 그렇게 말하다가 페르호친은 미차의 얼굴을 바라 보았다. "당신을 거기로 가지 못하도록 해야겠군요. 대체 이렇게 늦은 시간에 모크로예엔 무엇 하러 가려는 겁니까?"
"거기 여자가 있어요, 여자가. 하지만 그 얘긴 그만 합시다, 페르호친 씨. 당신하곤 더이상 말하고 싶지 않아요!"
"그러지 말고 내 말 좀 들어 보십시오. 당신은 그렇게 야만적인 사람이지만,

나는 어쩐지 당신이 늘 좋았어요……. 그래서 지금 이렇게 걱정을 하는 것입니다."
"고맙소, 그렇게 걱정해 줘서. 당신 말대로 나는 야만적인 인간이오. 야만인! 야만인! 난 입버릇처럼 되뇌이고 있지요, 야만인이라고! 옳지, 미샤가 돌아왔군. 깜빡 잊고 있었군 그래."

잔돈으로 바꾼 돈뭉치를 손에 들고 미샤가 헐레벌떡 뛰어들어왔다. 그리고 지금 플로트니코프네 상점이 발칵 뒤집혔다고 보고했다.

"술병이니, 생선이니, 차 등을 꺼내며 야단법석이니까 곧 준비될 겁니다." 미차는 10루블짜리 지폐 두 장을 꺼내 한 장은 페르호친에게, 다른 한 장은 미샤에게 주었다.

"그건 안 됩니다!" 페르호친이 소리쳤다. "내 집에서 이러시면 곤란합니다. 게다가 어린애에게 나쁜 버릇을 길러 주게 되니까요. 그 돈은 그냥 넣어 두세요. 그렇게 공연히 뿌릴 필요가 어디 있습니까. 당장 내일이라도 그 돈이 필요할지 모르잖아요. 당신은 또다시 내게 와서 10루블만 빌려달라고 하게 될지도 모릅니다. 그런데 어째서 당신은 돈을 옆주머니에만 쑤셔넣는 겁니까? 그랬다간 잃어버린다니까요!"

"그보다도 어떻소, 우리 같이 모크로예에 가지 않겠소?"
"내가 뭣하러 거길 갑니까?"
"그럼 여기서 당장 한 병 터뜨려 인생을 위해 건배하기로 합시다! 나는 한 잔 들이키고 싶어졌소. 꼭 당신과 함께 말이오. 우리 둘이 함께 술을 마셔 본 적은 여태껏 한 번도 없는 것 같은데, 그렇지요?"
"좋습니다. 그럼 선술집 수도로 가시지요. 마침 나도 그리로 가려던 참이었으니까요."
"난 그럴 시간이 없다니까요! 그럼 우리 플로트니코프 상점 뒷방에서 마십시다. 그런데 어떻소, 내가 수수께끼를 하나 내어 볼까요?"
"해보시죠."

미차는 조끼 주머니에서 조금 전의 그 종이쪽지를 꺼내더니 펼쳐서 보여주었다. 거기에는 크고 분명한 글자로 다음과 같이 적혀 있었다.

'나의 모든 삶을 벌하리라, 나의 모든 삶을!'
"정말이지 누구에겐가 가서 알려야겠습니다. 당장 가서 알려야겠어요."

페르호친은 종이에 적힌 것을 읽더니 이렇게 말했다.
"그렇게는 못할 거요. 자, 가서 술이나 마십시다. 앞으로 전진!"

플로트니코프네 상점은 페르호친의 집에서 겨우 두어 집 건너 한길 모퉁이에 자리잡고 있었다. 그것은 부유한 상인들 몇이서 공동으로 경영하고 있는, 이 고장에서 가장 큰 식료 잡화상이었다. 점포 자체도 제법 훌륭하고 페테르부르크의 큰 상점에 있는 식료품이면 무엇이든 다 있었다. '옐리세예프 상회 직송'인 포도주, 과일, 잎담배, 차, 커피, 설탕 등 온갖 것이 다 갖추어져 있었다. 상점에는 언제나 점원 세 사람이 자리를 지켰고, 배달하는 아이들이 바쁘게 돌아다녔다. 이 고장은 점차 경기가 나빠져서, 지주들은 다른 곳으로 흩어져 가버렸고 상업도 침체 일로에 있었지만, 잡화상만은 여전히 활기를 띠고 있었을 뿐만 아니라 해마다 점점 번창해 갔다. 이런 종류의 상품을 찾는 손님들은 언제나 끊이지 않았기 때문이다.

상점에서는 이제나 저제나 하고 미차가 오기를 기다리고 있었다. 그들은 삼사 주일 전에 미차가 이번처럼 온갖 종류의 식료품과 주류를 한꺼번에 수백 루블어치나 현금을 주고 사간 사실을 너무나 잘 기억하고 있었다(외상이라면 빵 한 조각이라도 미차에게 내줄 리가 없었을 것이다). 지난 번에도 미차는 이번처럼 보란 듯이 무지개빛 지폐 뭉치를 손에 움켜쥐고, 무엇 때문에 그렇게 많은 식료품과 술이 자기한테 필요한지 생각지도 않고, 또 생각하려고도 하지 않고, 값을 깎으려는 기색도 없이 무턱대고 마구 돈을 뿌렸던 것이다.

나중에 온 읍내에 퍼진 소문에 따르면 그때 그는 그루센카와 함께 모크로예로 마차를 몰고 가서 '단 하룻밤과 한나절 사이에 3천 루블을 흥청망청 탕진하여, 돌아올 때는 그야말로 빈털터리였다'는 것이다. 그때 그는 한 무리의 집시(그때 그들은 이 고장으로 흘러들어와서 머물러 있었다)를 모두 불러서 놀았는데, 그들은 이틀 동안 형편없이 취해서 곤드라진 미차에게서 마구 돈을 뜯어 내고, 비싼 술을 아낌없이 마셔댔다고 한다. 사람들은, 그가 모크로예에서 더러운 농부들에게 샴페인을 실컷 마시게 하고, 시골 계집애들과 아낙네들에게 고급 과자와 스트라스부르 파이를 한아름씩 안겨 주었다고 비웃으며 쑤군거렸다. 또한 미차 자신의 입에서 나온 공개적인 고백 역시 마을에서, 특히 선술집이나 요리점에서 더욱 웃음거리가 되었다(그러나 맞대놓고 그의 면전에서 웃는 사람은 없었다. 그의 앞에서 맞대놓고 웃는 건 위험을 자초하는 일이었기 때문이다). 그 고백이란 다름이 아니라, 그렇게까지 무모한 탈선을 저지르고 얻은 것이라고는 그루셴카의 발에 키스를 한 것뿐, 그 밖에는 아무것도 허락받지 못했다는 것이다.

미차가 페르호친과 함께 그 상점에 다다랐을 때, 이미 좌석에 양탄자를 깔고 작은 방울까지 달아 놓은 삼두마차가 현관 앞에 준비되어 있었고 마부인 안드레이가 미차를 기다리고 있었다. 상점 안에서는 거의 모든 물건을 커다란 궤짝 하나에 가득 채워넣고, 미차가 오기만 하면 곧 못질을 해서 마차에 실을 수 있도록 준비해 두고 있었다. 페르호친은 눈이 휘둥그래져서 미차에게 물었다.

"대체 어느새 삼두마차까지 준비해 두었나요?"

"당신 집으로 달려가는 도중에 안드레이를 만나서 곧장 이 상점으로 마차를 몰고 오라고 일러 두었지요. 시간을 허비해선 안 되니까! 지난 번에는 치모페이의 마차로 갔지만, 그 치모페이란 놈은 오늘 어떤 매력적인 여자를 하나 태우고 나보다 먼저 날아가 버렸소. 이봐, 안드레이, 많이 늦을 것 같나?"

"치모페이도 고작해야 우리보다 한 시간쯤 먼저 도착할 겁니다. 하긴 두고 봐야겠지만, 어쨌든 한 시간 이상 앞서지는 못할 거예요. 아까 치모페이의 출발 준비도 제가 해준 걸요. 그 녀석의 말 모는 솜씨는 잘 알고 있어요. 그 솜씨로는 나를 따라오지 못할 겁니다. 어림도 없는 일입죠. 우리보다 한 시간도 앞서지 못할 거예요!"

아직도 혈기 왕성한 마부 안드레이는 이렇게 열을 올렸다. 그는 빨간 머리에 여윈 젊은이로 소매가 없는 누비옷을 입고, 왼팔에는 무명 외투를 걸치고 있었다.

"한 시간밖에 늦지 않는다면 술값으로 50루블을 주지."

"한 시간 정도는 문제 없습니다요, 나리. 한 시간은 고사하고 30분도 먼저 닿지 못할 겁니다."

미차는 이것저것 살피면서 부산스럽게 돌아보았으나, 하는 말투나 명령이 도무지 뒤죽박죽 종잡을 수가 없었다. 말을 하다가도 중간에 잊어버리기 일쑤였다. 페르호친은 도저히 그냥 보고 있을 수가 없어서 자기도 나가서 도와 참견하기 시작했다.

"400루블어치다. 400루블보다 적어서는 안 돼. 모두 지난번과 똑같이……."

미차가 명령했다. "샴페인은 네 궤짝, 한 병이라도 모자라면 그냥 두지 않을 테다."

"그렇게 많이 무엇에 쓰시렵니까? 그걸 다 누가 마셔요? 잠깐만!" 페르호친이 외쳤다. "이 상자는 웬 거지? 이 안에 뭣이 들어 있느냔 말이야? 정말로 400루블어치의 물건이 들어 있는 게 확실한가?"

분주하게 오락가락하던 점원들은, 그 상자에는 단지 샴페인 반 궤짝과 술안주, 캔디, 과일사탕, 그리고 꼭 없어서는 안 될 물건이 들어 있을 뿐이라고 짐짓 공손한 척 하면서 아첨 떨듯이 수다스럽게 설명했다. 그리고 미차가 주문한 나머지 물건들은 곧 전번처럼 다른 마차에 실어서 시간에 닿도록 보낼 테니까, 드미트리가 도착한 뒤 적어도 한 시간 안에는 물건이 도착할 것이라고 말했다.

"한 시간 내에 도착해야 돼! 틀림없이 한 시간 내에! 그리고 과일사탕과 엿을 더 넣어 주게. 그곳 계집애들은 그걸 무척 좋아하니까."

미차는 신이 나서 주워섬겼다.

"엿이라구…… 엿 같은 거야 그래도 좋지만, 대체 샴페인을 네 궤짝이나 어떻게 처치할 셈이에요? 한 궤짝이면 넉넉합니다."

페르호친은 자못 화가 난 듯이 말했다. 그는 계산서를 청구하는가 하면 이것저것 따지고 흥정을 하기도 하면서 점원의 말대로 고분고분 받아들이지 않았다. 그러나 겨우 100루블 정도의 값을 깎는 데 성공했을 뿐이었다. 그래서 결국 300루블 정도의 물건을 보내라고 타협하고 말았다.

"에이, 빌어먹을, 어서 마음대로들 하려무나!" 갑자기 생각이 달라졌는지 페르호친은 이렇게 중얼거렸다. "어차피 나하곤 아무 상관 없는 일이 아닌가. 공짜로 생긴 돈이라면 어서 마음대로 뿌리라지!"

"이리 오시오, 우리 경제학 교수님. 이리 오시라니까, 그렇게 화만 내지 마시고." 미차는 그를 가게 뒷방으로 끌고 들어갔다. "이제 곧 이리로 한 병 가져올 테니, 우선 한 잔 듭시다. 어떠시오, 페르호친 씨, 같이 가지 않겠소? 당신은 참 귀여운 데가 있는 사람이오. 나는 당신 같은 사람이 좋단 말이야."

미차는 버들가지로 엮은 의자에 앉았다. 앞에는 더러운 천을 씌운 테이블이 있었다. 페르호친은 맞은편에 자리를 잡았다. 곧 샴페인이 들어왔다. 점원은 '들어온 지 얼마 안 되는' 썩 좋은 굴이 있다면서 그들에게 굴 안주를 권했다.

"굴은 무슨 굴이냐! 난 안 먹겠어. 더 이상 아무것도 필요없어."

페르호친은 울화통이 터져 죽겠다는 듯이 소리쳤다.

"굴 같은 걸 먹고 있을 시간은 없어." 미차도 한마디했다. "또 먹고 싶지도 않고. 그런데 말이오." 미차가 갑자기 다정한 목소리로 말했다. "도대체가 난 이런 복잡한 일은 좋아 하질 않소."

"어느 누가 그런 걸 좋아한단 말입니까! 생각 좀 해보시오. 글쎄, 농부들에게 샴페인을 세 궤짝이나 던져 주다니, 그게 어디 될 법이나 한 일이오!"

"내 말은 그게 아니오. 나는 좀더 높은 의미의 질서를 말하고 있는 거요. 내게는 질서라는 게 없어요, 높은 의미의 질서라는 게…… 그렇지만…… 이제 모든 것은 다 끝났소. 이제 와서 탄식해 봤자 소용없는 일이지요. 이젠 너무 늦었어요. 될 대로 되랄 밖에! 내 일생은 무질서, 바로 그것이었소. 그러니까 이제는 질서를 세울 필요가 있어요. 이건 내가 무슨 익살을 부리고 있는 것 같군, 그렇잖소?"

"익살이 아니라 잠꼬대지요."

"하늘에 계신 신께 영광 있으라,
내 마음속에 계신 신께 영광 있으라!

이건 언젠가 내 영혼에서 솟구쳐나온 시의 한 구절이오. 아니, 시가 아니고 눈물이지……. 그렇지만 그 퇴역 대위의 수염을 잡아 끌고 다녔을 때 지은 것은 아니오."

"무엇 때문에, 새삼스레 그 사람 얘기는 또 끄집어내는 겁니까?"

"왜 별안간 끄집어내느냐? 부질없는 짓이지! 이제 모든 것이 다 끝나려 하고 있소. 모든 것이 다 똑같아질 거요. 줄만 하나 그으면 그것으로 끝나버린단 말이오."

"아무래도 당신의 그 권총이 자꾸 눈앞에 어른거려 견딜수가 없군요."

"권총도 부질 없어요! 술을 마시고 꿈이나 꿉시다. 나는 삶을 사랑하오. 너무나 사랑하고 사랑해서 이젠 진저리가 날 지경이오. 자 이제 그만둡시다! 삶을 위해…… 삶을 위해 마시지 않겠소? 자, 삶을 위해 건배합시다. 무엇 때문에 난 나 자신에게 만족하고 있는 것일까? 난 비열한 놈이지만, 나 자신에게 만족하고 있소. 난 나 자신이 비열한 놈이라는 의식 때문에 괴로워하고 있지만, 나 자신에게 만족하고 있단 말이오. 나는 신의 창조물을 축복하오. 난 지금 당장이라도 신과 신의 창조물을 축복할 용의가 있지만…… 그렇지만 우선은 구린내를 풍기는 벌레 한 놈을 죽여야 해. 그 놈이 살살 기어다니면서 남의 생활을 망쳐 놓지 않게 하기 위해서…… 자, 그런 삶을 위해 건배합시다. 도대체 생명보다 소중한 것이 어디 있단 말이오. 없지요, 절대로 없소! 자, 삶을 위해, 그리고 여왕 중의 여왕을 위해!"

"인생에 건배합시다. 그리고 당신의 그 여왕을 위해서도!"

두 사람은 샴페인을 한 잔씩 들이켰다. 미차는 기분이 좋아서 묘하게 들떠 있었으나, 한편으로는 어딘지 침울해 보였다. 그의 힘으로는 정복할 수 없는 무거운 불안이 눈앞에 드리워져 있는 것 같았다.

"미샤로군…… 저기 들어오는 건 당신네 미샤가 아니오? 미샤, 이리 오너라. 너도 나를 위해 한잔 하렴. 내일 아침 금발의 아폴로를 위해……."

"어떻게 저런 어린아이한테까지!"

페르호친은 화를 내면서 고함을 질렀다.

"괜찮아요, 한 잔 정도는! 이건 내 기분이니까."

"쳇!"

미샤는 꿀꺽 잔을 들이켜고 나서 허리를 굽신하더니 그대로 달아나 버렸다.

"저래 두면 오래오래 나를 기억해 주거든. 나는 여자를 좋아하오, 여자를! 여자란 무엇이냐? 이 땅의 여왕이지! 아, 어쩐지 마음이 서글퍼지는군. 페르호친 씨, 당신은 햄릿을 기억하시오? '호레이쇼, 어쩐지 마음이 서글퍼지는구나. 아, 가엾은 요리크!' 어쩌면 난 요리크인지도 몰라. 아무렴, 지금의 나는 요리크요. 언젠가는 해골이 되겠지만."

페르호친은 묵묵히 듣고 있었다. 미차도 잠시 입을 다물었다.

"저기 저 개는 무슨 개지?"

미차는 한쪽 구석에 앉아 있는, 눈이 까만 귀여운 강아지를 발견하고 방심한 듯이 점원에게 물었다.

"저건 우리 주인 마님 바르바라 알렉세에브나의 강아지입니다." 점원이 대답했다. "아까 이리로 안고 나오셨다가 그대로 두고 가셨습니다. 곧 보내 드려야겠군요."

"저놈과 똑같이 생긴 개를 본 적이 있었지…… 연대(聯隊)에서……." 미차는 꿈 꾸듯이 중얼거렸다. "다만 그놈은 뒷다리가 하나 부러져 있었지만……. 그런데 페르호친 씨, 당신에게 한마디 물어 볼 말이 있는데, 혹시 당신은 지금까지 남의 것을 훔쳐 본 일이 있소?"

"아니, 무슨 말을 그렇게 하십니까?"

"아니, 그저 좀 물어 봤을 따름이오. 남의 주머니나 지갑의 돈을 슬쩍해 본 적이 없었느냔 말이오? 물론 공금을 두고 말하는 게 아니오. 공금이야 누구나가 다 슬쩍하는 판국이니, 아마 당신도 했겠지만……."

"되지도 않은 소리!"

"나는 남의 돈을 말하는 것이오. 남의 주머니나 지갑에서 슬쩍 훔쳐 본 일이 있소, 없소?"

"단 한 번, 바로 내가 아홉 살 때, 어머니 돈을 20코페이카 훔친 적이 있었어요. 테이블 위에서 살짝 훔쳐서, 손에 꼭 쥐었지요."

"그래서 어떻게 됐소?"

"뭐, 별일 없었어요. 사흘 동안 가지고 있다가 부끄러운 생각이 들어 모두 실토하고 돌려 드렸지요."

"그래, 그 다음엔?"

"물론 매를 맞았지요. 그런데 당신은? 당신도 훔쳐 본 적이 있나요?"

"있지요."

미차는 능청스럽게 눈을 한 차례 꿈뻑이며 말했다.

"무얼 훔쳤는데요?"

페르호친은 부쩍 호기심을 나타냈다.

"아홉 살 때 어머니 돈을 20코페이카 훔쳤지만 사흘 뒤에 다시 돌려 드렸소." 이렇게 말을 던지고 미차는 벌떡 일어섰다.

"나리, 이젠 떠나셔야 할 텐데요?"

그때 안드레이가 상점 문 앞에서 불렀다.

"다 됐나? 그럼, 떠나세!" 미차는 갑자기 서둘러댔다. "마지막으로 하나 더 주문하지……. 안드레이가 기운을 내도록 지금 곧 보드카를 한 잔 주게. 그리고 코냑도 한 잔! 안드레이, 이 상자(그것은 권총이 든 상자였다)를 내 자리 밑에 넣어 두게. 잘 계시오, 페르호친 씨, 나쁘게 생각지는 말아 주시오."

"내일이면 돌아오시겠지요?"

"그럼요, 돌아올 겁니다."

"지금 계산을 끝내 주실 수 없을까요?"

점원이 달려나오며 소리쳤다.

"그렇지, 계산을 해야지! 물론 하고말고!"

그는 또다시 자기 호주머니에서 지폐 뭉치를 꺼내, 100루블짜리 석 장을 뽑아서 계산대 위에 던지고는 총총걸음으로 상점을 나섰다. 점원은 그의 뒤를 따라나가 굽실거리며 아첨 섞인 인사말로 그를 전송했다. 안드레이는 코냑을 꿀꺽 들이켜고 나서 마부석에 뛰어올랐다. 그런데 미차가 마차에 자리를 잡고 앉았을 때, 뜻밖에 페냐가 나타났다. 그녀는 헐레벌떡 달려와서 두 손을 모으며 그의 발 아래 몸을 던지고 커다란 소리로 외쳤다.

"드미트리 나리, 제발 우리 아씨를 죽이지 마세요, 네, 나리! 제가 공연히 모든 얘길 지껄였나 봐요!…… 그리고 그 장교님도 죽이지 말아 주세요. 그분은 아씨가 옛날에 좋아하시던 분이에요! 이번에 아씨와 결혼하려고 일부러 시베리아에서 돌아오신 거예요……. 드미트리 나리, 제발 그 두 분의 목숨을 살려 주세요!"

"아하, 그랬구나! 그래서 거기 가서 한바탕 소동을 벌일 셈이었어!"

페르호친은 혼자서 중얼거렸다. "이제야 모든 걸 알겠어. 그만하면 알고도 남음이 있지. 이보시오, 드미트리 씨, 정말 당신이 사람 구실을 하고 싶거든 당장 그 권총을 이리 내 놓으시오." 그는 미차에게 소리쳤다. "드미트리, 내 말이 들리지 않소?"

"권총? 걱정 마시오. 도중에 어디 웅덩이에 내던져 버릴 테니." 미차가 대답했다. "페냐, 일어나거라. 제발 내 앞에서 무릎일랑 꿇지 마라. 이 미차는 남을 파멸시키는 짓은 하지 않는다. 비록 미련한 나지만, 앞으로 사람을 죽이거나 하는 일은 절대로 없을 거야. 아참, 그렇지, 페냐." 마차 안에 완전히 자리잡고 앉아서 미차는 이렇게 소리쳤다. "아까 너에게 심한 짓을 한 것, 용서해라. 이 악당을 불쌍하게 생각하고 용서해 주렴. 그렇지만 용서해 주지 않아도 상관없어. 어차피 달라질 건 없으니까! 자, 안드레이, 힘차게 전속력으로 달리세!"

안드레이는 말에 채찍을 가했다. 말방울이 울리기 시작했다.

"잘 있으시오, 페르호친 씨! 당신을 위해 작별의 눈물을 바치겠소!"

'술취한 것도 아닌데, 어쩌면 저렇게 잠꼬대 같은 소리만 하는 것일까!'

페르호친은 그의 뒷모습을 바라보며 생각했다. 그는 아무래도 상점 점원들이 미차를 속여 넘길 것만 같아서 나머지 식료품과 술을 마차에(이것 역시 삼두마차였다) 싣는 것을 감시하기 위해 남아 있을 작정이었으나 갑자기 화가 치밀어올라 침을 퉤 뱉고는 선술집 수도로 당구를 치러 갔다.

"좋은 사람이긴 하지만 바보야······." 그는 걸어가며 혼자 중얼거렸다. "그루센카의 옛날 애인이라는 그 장교에 관해서는 나도 소문을 들은 적이 있지. 그건 그렇고, 미차가 그곳에 도착하면 그때는······ 쳇, 그놈의 권총이 아무래도 걱정인 걸! 에잇, 될 대로 되라지. 내가 뭐 그자의 아저씨라도 되나? 하고 싶은 대로 하도록 내버려둘 수밖에. 하긴 아무 일도 일어 나지 않을지도 몰라. 공연히 호통을 쳐보는 것뿐이지. 술이 잔뜩 취해선 싸움이나 하고 싸우고 나선 다시 화해하고, 고작해야 그 정도겠지. 요컨대 그런 친구는 아무런 일도 해내지 못하는 위인이니까. 그렇지만 '길을 양보하고 나 자신을 처벌한다'고 지껄인 건 대체 무슨 뜻일까? 뭐, 아무 일도 없을 거야. 그런 소린 선술집에서도 취했을 때 입버릇처럼 뇌까리던 말이니까. 그러나 오늘은 취하지 않았거든. 하긴 '정신적으로 취해 있다'고 말하긴 했지만 요컨대 악한들이란 그런 말투를 좋아하는 법이지. 도대체 내가 그의 아저씨라도 된단 말인가? 누군가와 싸움을 한 건 틀림없어, 얼굴이 온통 피투성이였으니까. 누구와 싸웠을까? 선술집에 가면 알 수 있겠지. 손수건도 온통 피투성이였어······. 제기랄, 우리집 방바닥에도 피를 묻히고······ 에잇, 될 대로 되라지!'

그는 몹시 불쾌한 기분으로 선술집에 들어가자 곧 당구를 치기 시작했다. 게임은 곧 그의 기분을 풀어 주었다. 두 번째 게임이 끝났을 때, 그는 문득 게임 상대에게 드미트리 카라마조프에게 또 돈이 생겼는데, 그것도 3천 루블이나 되는 것을 자기 눈으로 직접 보았다, 그리고 그루센카와 그 돈을 흥청망청 탕진하러 지금 모크로예로 마차를 몰고 갔다는 것을 이야기했다. 이 소식을 들은, 그 자리에 있던 사람들은 굉장한 호기심을 느꼈다. 그들은 웃지도 않고 기묘하게 진지한 태도로 이야기에 끼어들었다. 나중에는 게임까지 중단하고 말았다.

"3천 루블이라구! 도대체 그 3천 루블이라는 돈이 어디서 났을까?"
여기저기서 질문이 터져나왔다.
호흘라코바 부인에 관한 얘기는 아무래도 믿을 수가 없는 모양이었다.

"혹시 자기 늙은 아버지의 돈을 훔친 건 아닐까?"
"3천 루블이라! 아무래도 수상한걸."
"그자는 자기 아버지를 죽여버리겠다고 큰소리치며 다녔지. 여기 있는 사람치고 안 들은 사람이 없어. 그때마다 바로 그 3천 루블이란 돈을 화제에 올렸거든……."

페르호친은 이야기를 듣고 있는 동안 갑자기 사람들의 질문에 무뚝뚝하고 짤막하게 대답하기 시작했다. 그는 선술집으로 오면서 모든 걸 다 얘기할 작정이었으나, 미차의 얼굴과 손이 피투성이였다는 말은 끝내 하지 않았다. 이윽고 세 번째 게임이 시작되고 미차에 대한 이야기도 시들해져 버렸다. 그러나 세 번째 게임이 끝나자 페르호친은 더는 당구를 치고 싶지 않아서 그대로 당구봉을 놓고는 예정했던 밤참도 들지 않고 그냥 선술집을 나왔다. 광장에 이르렀을 때, 그는 자신도 어처구니가 없을 만큼 얄궂은 기분이 되어 멈춰섰다. 그는 자기가 이 길로 표도르 카라마조프의 집으로 가서, 무슨 별다른 일이 일어나지 않았는지 알아보려 하고 있다는 사실을 깨달았다.

'가봐야 별 일도 아닐 텐데, 일부러 다른 집 사람을 깨워 가지고 공연히 창피만 당하기 쉽지. 틀림없이 아무 일도 없었을 거야. 빌어먹을, 내가 그자의 보호자라도 된다면 몰라도.'

그는 몹시 침울한 기분으로 곧장 자기 집을 향해 발길을 돌렸으나, 도중에 문득 페냐가 머리에 떠올랐다.

"제기랄, 페냐에게나 물어 봐야겠다. 그러면 모두 알 수 있을 테지"

화가 나서 그는 중얼거렸다. 그러자 페냐와 이 얘기를 해서 모든 사정을 알아내고 싶은 초조하고 강렬한 욕망에 사로잡혀 마침내 그는 도중에 발길을 돌려 그루셴카가 살고 있는 모르조바의 집으로 갔다.

그는 대문으로 다가서서 노크를 했다. 그러나 밤의 정적 속으로 울려퍼지는 노크 소리를 듣자, 그는 다시 제 정신으로 돌아온 느낌이 들면서 자기 자신에게 화가 났다. 게다가 아무도 대답하는 사람이 없고 집안은 정적에 싸여 있었다.

'여기서 공연히 시끄러운 소동만 일으키는 것은 아닐까!'

그는 어떤 고통 같은 것을 느끼며 이렇게 생각했다. 그러나 깨끗이 단념하고 돌아가기는커녕, 있는 힘을 다해 문을 두드리기 시작했다. 밤거리가 온통 문

두드리는 요란한 소리로 가득 찼다.

"이렇게 된 이상, 끝까지 두드려서 깨우는 수밖에 없다!"

문을 두드릴 때마다 그는 미친듯이 화를 내며 이렇게 중얼거렸다. 동시에 주먹에는 더욱 힘을 주는 것이었다.

6 내가 왔다!

한편, 드미트리를 태운 마차는 한길을 따라 전속력으로 달리고 있었다. 모크로예 마을은 20km 남짓 떨어져 있으나, 안드레이가 모는 삼두마차는 1시간 15분이면 도착할 수 있을 것 같은 기세였다.

미차는 쏜살같이 달리는 마차의 속력 때문인지 다시 생기를 되찾고 있었다. 공기는 맑고 시원했으며 구름 한 점 없는 하늘에는 커다란 별들이 수없이 반짝이고 있었다. 그것은 알료샤가 대지에 엎드려, 영원히 이 대지를 사랑하겠다고 맹세한 바로 그날 밤이었다. 어쩌면 그와 똑같은 시간이었는지도 모른다. 그러나 미차의 마음은 무겁고 깊게 가라앉아 있었다.

온갖 것들이 그의 마음을 괴롭히고 있었으나, 그래도 이 순간 그의 존재는 억제할 수 없는 힘을 가지고 그 여자를 향해, 자기의 여왕을 향해 달리고 있었다. 그는 이 세상을 하직하기 전에, 마지막으로 그녀를 한번 만나보고 싶은 마음에 이렇게 마차를 몰고 있는 것이었다. 여기서 한 가지 확실한 사실은 그의 마음에는 단 한순간도 갈등이 없었다는 점이다.

미차처럼 질투심이 강한 사람이 땅에서 솟아오른 것처럼 갑자기 나타난 새로운 맞수, 즉 그 장교라는 사내에게, 조금도 질투를 느끼지 않았다고 한다면 독자 여러분은 아마 곧이듣지 않을 것이다. 만약 그 사내가 아니고 다른 남자였더라면, 그는 즉시 격렬한 질투심에 사로잡혀 그 무서운 손을 또다시 피로 물들였을지도 모를 일이다. 그러나 '그 여자의 첫사랑'인 이 사내에 대해서만은, 지금 이렇게 삼두마차에 앉아 달리고 있는 동안 질투심에 불타는 증오를 품지 않았을 뿐만 아니라 가벼운 반감조차 느끼지 않았다. 하기는 아직 상대를 만나보진 못했지만……

'이 문제에 대해선 이미 왈가왈부할 여지가 없다. 이건 그 여자의 권리이고, 또 그자의 권리이니까, 뭐니 뭐니 해도 5년 동안이나 잊지 못하고 있던 그 여자의 첫사랑이 아닌가. 그러고 보면 지난 5년이란 세월 동안 그루셴카는 그 사내 하나만을 사랑하고 있었다고 해야 할 것이다. 그렇다면 지금 대체 무엇을 하러 거기에 가고 있는 것일까? 나 같은 게 무슨 권리가 있단 말인가, 나하고 무슨 관계가 있느냐 말이다! 미차, 물러서라, 길을 비켜 주는 거야! 더욱이 지금의 네 처지를 생각해 봐라! 이제는 그 장교가 있건 없건 모든 일은 이미 끝난 것이 아닌가……. 그 장교가 나타나지 않았더라도 모든 일은 끝장난 것이다…….'

만약 이때 그에게 조금이라도 생각할 수 있는 힘이 있었다면, 대략 이런 말로 자기 자신을 표현했을 것이리라. 그러나 그는 이미 아무것도 생각할 능력이 없었다. 지금 그의 결심 역시 아무런 사고도 거치지 않고 한순간에 저절로 태어난 것이었다. 아까 페냐가 말을 꺼내기가 무섭게, 이 결심은 그의 마음속에 순간적으로 떠오른 것이었고 거기 따르는 모든 결과를 한꺼번에 즉각적으로 받아들인 것이었다. 그러나 그렇게 결심했음에도 불구하고 그의 마음은 깊게 가라앉아 있었다. 괴로울 정도로 깊이 가라앉아 이러한 결심도 그에게 평안을 가져다 주지는 못했다. 너무나 많은 것이 배후에 있어서 그를 괴롭히는 것이었다.

게다가 이따금 기묘하게 느껴지는 순간도 있었다. 분명히 자기 자신의 손으로 종이에 '나의 모든 삶을 벌하리라' 이렇게 선고문을 써서 주머니에 넣었고, 권총에는 총알이 재워져 있다. 그리고 내일 아침 '금발의 아폴로'의 뜨거운 첫 빛을 어떻게 맞이할 것인지도 결심이 되어 있다. 그럼에도 자신의 등 뒤에 숨어서 자신을 괴롭히고 있는 온갖 것을 역시 청산하지 못하고 있었고 그 사실을 괴로울 정도로 자각하고 있었다. 그리고 이 자각은 절망으로 변하여 그의 가슴을 갉아먹고 있었던 것이다.

모크로예로 가는 도중 그는 문득 안드레이에게 마차를 멈추게 하고, 마차에서 뛰어내려 이미 총알이 재워진 그 권총을 꺼내어 새벽까지 기다릴 것 없이 모든 것을 끝내 버리고 싶은 충동을 느끼기도 했다. 그러나 이런 순간은 이내 불꽃처럼 사라져 버리곤 했다. 삼두마차는 '공간을 탐욕스럽게 삼키며' 질주했고, 목적지에 가까이 다가갈수록 그 여자만 생각하는 마음이 점차 그를 사로잡아, 그 밖의 모든 무서운 환상을 밖으로 몰아내는 것이었다. 그는 단 한순간이라도, 그리고 멀리서나마 그녀의 모습을 꼭 한 번 보고 싶었다!

'그루셴카는 지금 그자와 함께 있겠지. 그자와 함께, 자기의 옛날 애인과 함

께 어떤 모습으로 있는지 잠깐만이라도 내 눈으로 보고 싶다. 그것만으로 충분해.'

그는 자기 생애에서 숙명적인 이 여인에 대하여 이 순간만큼 강렬한 애정을 느껴 본 적은 한 번도 없었다. 그것은 일찍이 겪어 보지 못한 새로운 감정이었다. 자기 자신도 전혀 예기치 못한, 기도와도 비슷한 부드러운 감정, 여자 앞에서 스스로 사라져버리고 싶을 만큼 절실한 감정이었다.

"그래, 사라져 주겠어!"

그는 문득 어떤 히스테릭한 환희에 휩싸여 이렇게 중얼거렸다.

마차는 거의 1시간 가까이 달리고 있었다. 미차는 말없이 앉아 있었다. 안드레이도 꽤나 수다스러운 편이었으나, 역시 말을 걸기가 두려운 듯 입을 꼭 다물고, 여위긴 했으나 날쌔게 달리는 밤색 말들에게 채찍질을 하고 있을 뿐이었다.

이때 불현듯 미차가 무서운 불안에 휩싸여 소리쳤다.

"안드레이! 만약에 그들이 자고 있으면 어떡하지?"

그 생각이 문득 그의 머리에 퍼뜩 떠올랐다. 여태까지 한번도 생각해 보지 않았던 일이다.

"지금쯤 자고 있을 거라고 생각하는 게 옳겠죠, 나리."

미차는 몹시 얼굴을 찡그렸다.

'그렇지, 정말 그렇다면 어떡한단 말인가? 내가 이런 감정을 품고…… 달려갔는데…… 그들이 벌써 자고 있다면?…… 어쩌면 그루셴카도 거기서 함께 자고 있을지 몰라…….'

악의 비슷한 감정이 그의 마음속에서 끓어 올랐다.

"좀더 채찍질을 하게, 안드레이! 좀더 빨리 몰아."

그는 정신이 나간 듯이 외쳤다.

"그렇지만 혹시 아직 자지 않고 있을지도 모르지요!" 안드레이는 잠시 입을 다물고 있다가 다시 말했다. "아까 치모페이의 이야기로는 거기엔 꽤 많은 사람들이 모여 있다고 하던데요."

"그 역참에 말인가?"

"역참이 아닙니다. 플라스투노프네 여관입지요. 이를테면 사설 역참이죠."

"그래, 나도 알고 있어. 그런데 무엇하러 사람이 많이 모여 있는 것일까? 어디서 그렇게 많은 사람이 왔을까? 대체 어떤 사람들이지?"

이 뜻하지 않았던 정보에 무서운 불안을 느끼며 미차는 자기도 모르게 으르렁댔다.

"치모페이의 말로는 모두 지체 있는 분들뿐이라더군요. 그 가운데 두 분은 우리 읍내 사람들이라지만 누군지는 모르겠습니다. 그리고 다른 고장에서 오신 손님이 두 분…… 그 밖에 누군지 또 있는 모양이더군요. 자세한 얘긴 못 들었습니다. 모두 트럼프 놀이를 시작했다더군요."

"트럼프 놀이를?"

"그러니까, 트럼프놀이를 시작했다면 아직 자지 않고 있을지도 모르지요. 이제 겨우 11시 조금 지났으니까요. 아마 그보다 더 늦지는 않았을 겁니다."

"더 빨리, 안드레이, 더 빨리!"

미차는 또 다시 신경질적으로 소리쳤다.

"그런데 나리, 한 가지 여쭤 볼 말이 있는 뎁쇼." 안드레이는 잠시 입을 다물었다가 다시 말을 꺼냈다. "그렇지만 제발 화는 내지 말아 주십시오."

"뭐야?"

"아까 페냐가 나리 앞에 꿇어엎드려, 자기네 아씨하고 누군지 또 한 사람을 죽이지 말아 달라고 하지 않았습니까……. 그래서 말씀입니다마는, 나리…… 제가 나리를 그리로 모시고 가는 것이 왠지, 아니, 용서하십쇼, 나리. 마음이 꺼림칙해서, 어쩌면 바보같은 소린지도 모르겠습니다."

미차는 등뒤에서 느닷없이 그의 어깨를 움켜쥐었다.

"자넨 마부지? 마부인가 아닌가?"

그는 격한 어조로 물었다.

"네, 마부입지요, 나리……."

"그럼 남에게 길을 비켜 준다는 게 어떤 건지 알고 있겠군? 난 마부니까 누구에게도 길을 비켜 줄 수 없다, 사람이 마차에 치건 말건 상관없다! 이런 식으로 말할 순 없겠지. 마부는 사람을 치이게 해서는 안 돼! 사람을 치이게 하거나 사람의 생명을 해쳐선 안 되고말고. 만일 남을 다치게 하거나 남의 생명을 빼앗는 일이 있다면, 자기 스스로에게 벌을 주어야 해……. 그땐 자기 자신을 벌하여 스스로 꺼져 버려야 하는 거야."

완전히 히스테리 상태에 빠진 것처럼 미차의 입에서 이런 말이 거침없이 터져나왔다. 안드레이는 그의 태도에 좀 놀랐지만 그대로 얘기를 계속했다.

"아무렴요, 그렇지요. 나리, 사람을 치게 하면 안 된다는 건 지당하신 말씀입니다. 사람뿐만 아니라 어떤 생물이건 그래서는 못쓰지요. 생물은 어느 것이나 다 하느님이 창조하신 거니까요. 가령 말의 경우만 하더라도 어떤 사람들은, 때론 우리 러시아의 마부들 중에서도 마구 때리기만 합니다만…… 그런 놈들은 자기를 억제할 줄 모르고 마구 몰아대기만 하지요. 거기 비켜! 거기 비켜! 하면서요."

"지옥으로 말인가?" 미차는 갑자기 말을 가로채더니, 그의 버릇인 폭발하는 것 같은 짤막짤막한 웃음을 웃어댔다. "안드레이, 자넨 참 솔직한 사람이군 그래." 그는 또다시 마부의 어깨를 움켜잡았다. "말해 보게, 안드레이. 드미트리 카라마조프는 지옥으로 떨어질 것 같은가, 아닌가? 자네는 어떻게 생각하지?"

"알 수 없습죠, 나리. 그건 나리께 달려 있지 않습니까? 왜냐하면 나리께서…… 그런데 말씀입니다. 나리, 옛날에 그리스도께서 십자가에 못박혀 돌아가셨을 때, 십자가에서 곧장 지옥으로 내려가셔서 거기서 고통을 받고 있는 죄인들을 모두 풀어 주셨지요. 그랬더니 지옥은, 이제부터는 아무도 자기에게 떨어져 내려올 죄인이 없을 거라 생각하고 끙끙 앓는 소리를 내며 슬퍼했답니다. 그때 하느님께서 지옥을 향해 이렇게 말씀하셨답니다. '지옥아, 그리 슬퍼할 것 없다. 이제 곧 고관 대작들과 지배자들과 재판관들과 부자들이 모두 너한테로 가서, 또다시 내가 찾아갈 때까지, 이전처럼 너를 하나 가득 채울 것이다.' 이건 틀림없습니다. 하느님께서 그렇게 말씀하셨으니까요……"

"민간 전설이로군. 그럴 듯한 얘기야! 왼쪽 말에 채찍질을 하게, 안드레이."

"그러니 말씀입니다, 나리. 지옥은 그런 사람들을 위해 있는 겁니다." 안드레이는 왼쪽 말에 채찍질을 가했다. "그런데 나리께선 순진한 어린애나 마찬가지거든요……. 적어도 제 생각엔 그렇다는 말입니다……. 나리께선 성미가 좀 급하신 게 사실이지만, 그 정직한 마음씨를 보아 하느님께서는 반드시 용서해 주실 겁니다."

"그럼 안드레이, 자네도 날 용서해 주겠단 말이지?"

"제가 무엇을 용서한단 말씀입니까? 나리께선 제게 해를 끼친 일이 한 번도 없는뎁쇼."

"그런 게 아니라, 모든 사람을 대신해서 말이야. 모든 사람을 대신해서, 자네 혼자 이 길 위에서 나를 용서해 줄 수 있겠나? 말해 보게, 자네는 정직한 사람 아닌가!"

"참, 나리께선 별말씀을 다하십니다! 전 나리님을 태우고 가기가 무서워졌습니다. 그렇게 이상한 말씀만 하시니……."

그러나 미차는 마부의 말을 듣고 있지 않았다. 그는 혼자서 미친 듯이 열띤 어조로 기도를 중얼거리고 있었다.

"주여, 방탕하기 이를 데 없는 놈이지만, 제발 저를 받아 주십시오. 그리고 저를 심판하지 말아 주십시오. 당신의 심판을 받지 않고 통과케 하여 주십시오……. 제발 저를 심판하지 말아 주십시오. 제 자신이 이미 저의 죄를 심판하였으니까요. 심판하지 말아 주십시오. 왜냐하면 저는 당신을 사랑하고 있으니까요. 저는 비열한 놈이지만, 당신을 사랑하고 있습니다. 비록 당신이 지옥으로 보내 버리신다 하더라도 지옥에서도 여전히 당신을 사랑할 겁니다. 지옥에서도 저는 영원히 당신을 사랑한다고 부르짖을 겁니다……. 그러니 이 사랑을 이룰 수 있게 해 주십시오……. 지금 이곳에서는 끝까지 사랑하게 해 주십시오……. 지금 이 지상에서 5시간 동안만이라도…… 당신의 타는 듯한 아침의 빛이 솟아오를 때까지……. 왜냐하면 저는 제 영혼의 여왕을 사랑하고 있으니까요. 사랑하지 않으려야 사랑하지 않을 수 없습니다. 하느님께서는 이미 제 마음을 샅샅이 알고 계시겠지만, 저는 이제부터 그리로 달려 가서 그 여자 앞에 엎드려 '나를 피하고 나를 지나쳐버린 너의 선택은 옳았다……. 너의 제물인 나를 용서하고 잊어다오, 이제부터는 나 때문에 불안에 떨 필요는 없다' 이렇게 말하겠습니다!"

"모크로예입니다!"

안드레이가 채찍으로 앞을 가리키며 소리쳤다.

어슴푸레한 밤의 어둠을 통해 드넓은 벌판에 흩어져 있는 건물들의 육중한 윤곽이 어렴풋이 드러나 보이기 시작했다. 모크로예 마을은 인구가 2천명쯤 되었으나, 지금은 이미 마을 전체가 잠들어 있고, 군데군데 희미한 불빛이 반짝이고 있을 뿐이었다.

"달려라, 좀더 안드레이, 달려, 내가 왔다!"

미차는 열병을 앓고 있는 사람처럼 소리를 질렀다.

"아직 다들 잠들지 않았군요!"

안드레이는 마을 어귀에 있는 플라스투노프네 여관을 채찍으로 가리키며 소리쳤다. 여섯 개의 창문에서 환한 불빛이 새나오고 있었다.

"아직 자지 않는가보군!" 기쁜 듯이 미차가 되뇌었다. "방울을 울려라! 안드레이, 방울을 울리며 요란하게 몰고 들어가는 거야! 내가 왔다! 내가 왔어!" 미차는 기쁨에 겨워 고함을 질러댔다.

안드레이는 지칠 대로 지친 말을 쏜살같이 몰아서 요란하게 방울을 울리면서 층층대 옆에 말을 들이댔다. 그리고 등에서 김을 모락모락 피워올리며 거친 숨을 몰아쉬는 말의 고삐를 힘껏 잡아당겼다. 미차는 마차에서 뛰어내렸다. 때마침 침실로 자러 가던 여관집 주인이, 도대체 누가 이런 시간에 이토록 요란스럽게 도착하는가 하고 호기심에 가득찬 눈으로 밖을 내다보았다.

"자네 트리폰 보리스이치가 아닌가?"

여관집 주인은 허리를 구부리고 자세히 바라보더니 계단을 달려 내려와서 얼굴 가득 비굴한 웃음을 지으고 반색하며 손님을 맞았다.

"아니, 이거 드미트리 나리가 아니십니까!"

트리폰 보리스이치는 보통 키에 체격이 다부지고 건강해 보이는 사내였다. 투실투실하게 살이 찐 그의 얼굴에는 웬만한 일은 용납하지 않을 것 같은 융통성 없는 표정이 깃들어 있었다. 특히 상대가 모크로예의 농부인 경우에는 더욱 심했지만, 조금이라도 자기에게 이득이 됨직한 사람에겐, 이내 그 얼굴을 아첨의 빛을 띤 비굴한 얼굴로 바꿀 수 있는 재주를 가지고 있었다. 그는 언제나 러시아식으로 깃을 비스듬하게, 꺾은 웃옷에 소매없는 작업복을 입고 다녔다. 벌써 돈냥이나 족히 모았음에도 불구하고 언제나 좀더 벌어서 재산을 불릴 꿈만 꾸고 있었다. 이 마을 농부의 반 이상이 그의 마수에 걸려 들어 빚을 지고 허덕이고 있었다. 그는 지주들에게서 많은 땅을 사거나 빌려서 평생이 걸려도 갚을 길 없는 빚 대신 농부들에게 그 땅을 경작시키고 있었다.

그는 홀아비로 다 자란 딸이 넷 있었다. 그중 하나는 과부가 되어, 그에겐 외손자가 되는 아이 둘을 데리고 아버지 집에 얹혀 살면서, 마치 고용살이나 하듯이 일을 해주고 있었다. 둘째 딸은 어느 모로 보나 농부의 딸로밖에 보이지 않는 여자인데, 이제 거의 연금을 탈 정도로 근무한 하급 관리한테 시집을 갔다. 이 여관의 한 방에 걸려 있는 몇 장의 조그만 가족 사진 중에는 견장이 달린 제복을 입은 그 관리의 사진도 눈에 띄었다. 밑의 두 딸은, 교회의 축일이나 남의 집에 나들이를 갈 때는, 허리가 꼭 끼고 두 자가 넘는 긴 소매가 달린 하늘색과 초록색의 최신 유행옷을 입곤 했다. 하지만 그 다음날이면 여느 때와 마찬가지로 동이 트기 전부터 일어나서 빗자루를 들고 손님 방을 청소하고 구정물을 내다 버리고, 숙박한 손님들이 떠나간 뒤의 휴지나 쓰레기를 치웠다.

트리폰 보리스이치는 이미 몇천 루블이나 되는 돈을 모아 놓고 있었는데도 여관에 드는 유흥객의 호주머니를 털어먹는 것을 무척 좋아했다. 그러므로 아직 한 달도 지나지 않은 그때, 미차가 그루센카와 호화판으로 파티를 벌였을 때, 일주일 동안 300루블은 못되었지만, 적어도 200루블이 넘는 돈을 우려 먹은 사실이 그의 기억에 생생하게 남아 있었다. 그래서 지금도 미차가 요란하게 현관 앞에 마차 대는 소리를 듣기가 무섭게 돈 냄새를 맡고 기쁜 듯이 줄달음쳐 나와 맞이했던 것이다.

"드미트리 나리, 어서 오십시오. 또다시 이렇게 뵙게 되다니!"

"잠깐만, 트리폰." 미차가 입을 열었다. "먼저 가장 중요한 것부터 묻겠는데, 그 여잔 어디 있지?"

"아그라페나 씨 말씀입니까?" 여관 주인은 날카로운 눈으로 미차를 쳐다보고는 곧 모든 것을 알아차렸다. "예, 그분도 여기에 와 계십니다만……."

"누구하고? 누구하고 와 있지?"

"여행중인 손님들인데요…… 한 분은 관리 양반인데, 말씨로 보아 폴란드인 같더군요. 그분이 여기서 아그라페나 씨를 모셔오라고 사람을 보냈습지요. 그런데 또 한 분은 그 관리 양반의 친구이신지, 그냥 동행하신 분인지 알 수가 없습니다. 두 분 다 평복을 입고 계시더군요……."

"그건 그렇고, 어때, 한바탕 파티를 벌이고들 있나? 돈은 많은 것 같던가?"

"파티요? 웬걸요, 아주 형편없습니다요, 나리."

"형편없다고? 그 밖에 다른 사람들은?"

"그분들은 읍내에서 왔습죠…… 쵸르느이에서 돌아오는 길에 여기 묵으셨지요. 한 분은 아주 젊은 양반인데, 이름은 잊었습니다만, 아마 미우소프 씨의 친척 되시는 분이 틀림없을 겁니다. 또 한 분은 나리께서도 아실거라고 생각합니다만, 막시모프라는 지주인데, 순례차 읍내에 있는 수도원에 들렀다가 미우소프 씨의 친척 되는 젊은 양반을 만나서 같이 여행을 하고 있다고 하더군요……."

"그 밖엔 없나?"

"예, 그렇습니다."

"됐어, 더 말할 필요 없어, 트리폰. 어서 가장 중요한 것이나 말해. 그 여잔 어떡하고 있지? 지금 뭘 하고 있지?"

"예에, 조금 전에 도착하셔서 그분들과 함께 계십니다."

"어때, 즐거운 얼굴이던가? 웃고 있던가?"

"아닙니다, 별로 웃으시는 것 같지 않더군요……. 오히려 따분한 표정으로 앉아서 그 젊은 양반의 머리를 빗겨 주고 있었습니다."

"그 폴란드인 장교의 머리를?"

"아니, 그분은 젊다고 할 수 없지요. 또 장교도 아니고요. 나리, 그분이 아니라 미우소프 씨의 조카뻘 되는 그 젊은이…… 이름이 통 기억나질 않는군요."

"칼가노프라고 하지 않던가?"

"아참, 맞습니다. 칼가노프입니다."

"좋아, 내가 직접 확인할 테다. 트럼프 놀이를 하고 있다지?"

"하다가 벌써 그만두었습죠. 차를 드시고 나서 그 관리 양반이 과실주를 주문하셨습니다."

"잠깐만, 트리폰. 기다려, 그리고 이번엔 가장 중요한 것, 내가 직접 가볼 테니까. 그보다도 또, 집시들은 없나?"

"요즈음은 전혀 없습니다, 나리. 당국에서 모두 쫓아내 버렸지요. 그 대신 유대인들이 있는데, 심벌즈를 치고 바이올린도 켜지요. 그 자들은 당장에라도 불러올 수 있습니다. 로제스트벤스카야에 있으니까 아마 금방 달려올 겁니다."

"불러오게, 꼭 불러오란 말이야." 미챠는 소리쳤다. "그리고 그때처럼 마을 처녀들도 모두 데려올 수 있겠지? 특히 마리아를, 그리고 스체파니다와 아리나도. 합창을 해주는 대가로 200루블 내겠네!"

"그렇게 많은 돈을 주신다면야, 지금쯤은 다들 자고 있겠지만 마을 사람들을 불러오겠습니다. 그런데 나리, 이곳 농부나 계집아이들에게 선심을 쓸 필요가 있을까요? 그런 비천한 사람들한테 그렇게 많은 돈을 뿌리시다니, 원! 그런 농군들에게 시가를 피우게 하시고, 그건 너무하시는 일입니다. 옆에 가면 똥냄새가 폭폭 풍기는 도둑 같은 자들 아닙니까! 그리고 계집애들만 해도 그렇습죠. 하나같이 온몸에 이가 들끓고 있다니까요. 그보다도 나리를 위해 제 딸년들을 깨우겠습니다. 그렇게 많은 돈을 주실 필요는 없습니다. 방금 잠자리에 들어갔으니까 제가 발길로 걷어차서 깨워다 노래를 부르게 하겠습니다. 일전엔 나리께서 농부들에게 마시라고 샴페인을 다 내주셨지만, 그렇게까지 하실 필요가 어디 있습니까?"

트리폰이 마치 미차를 위해 이런 수작을 늘어놓는 것 같지만 그것은 어디까지나 입에 발린 소리였다. 그는 지난번에도 샴페인을 반 궤짝이 감췄고, 또 테이블 밑에서 주운 100루블 짜리 지폐 한 장도 그대로 슬쩍해 버렸다.

"트리폰, 내가 전번에 여기서 뿌린 돈은 500이나 1천 루블 정도가 아니었어. 기억하고 있겠지?"

"그럼요, 나리. 어찌 그런 걸 잊을 수 있겠습니까? 아마 이 마을에 3천 루블은 뿌리고 가셨을 겁니다."

"좋아, 이번에도 그렇게 놀려고 온 거야. 이게 보이나?"

이렇게 말하며 그는 지폐 뭉치를 꺼내어 주인의 코끝에서 휘둘러 보였다.

"자, 그럼 잘 듣고 내 말대로 하게. 이제 한 시간만 있으면 술이 올 거야. 술안주와 파이와 과자도 올 테니…… 그걸 모두 한꺼번에 저리로 올려달란 말이야. 그리고 안드레이가 갖고 있는 상자는 지금 곧 날라다 뚜껑을 열고 곧 샴페인을 내오도록……. 그러나 가장 중요한 건 계집애들, 계집애들이 있어야 해. 특히 마리아를 잊지 말도록……."

그는 마차 쪽으로 돌아서서, 좌석 밑에서 권총이 든 상자를 끄집어냈다.

"자, 안드레이, 자네하고도 계산을 끝내세! 25루블은 마차삯이고, 그리고 이 50루블은 술값이야……. 내 말을 잘 들어 주었고, 또 자네가 마음에 들어서 주는 거니까…… 카라마조프를 잘 기억해 주게."

"이러시면 곤란합니다, 나리." 안드레이는 더듬거리면서 말했다. "마차삯은 5루블로도 충분합니다. 그 이상은 받지 않겠습니다. 트리폰 씨가 증인입니다. 제발 저의 바보 같은 말을 용서해 주십시오……."

"뭐가 곤란하단 말인가?" 미차는 마부를 노려보면서 말했다. "정 그렇다면 마음대로 하게!" 이렇게 소리치며 그는 5루블을 던져 주었다.

"자, 그럼, 트리폰, 나를 조용히 안내해서 우선 그 사람들을 볼 수 있도록 해 주게. 저쪽에서 눈치채지 않게 해야 해. 어디들 있지? 그 하늘색 방인가?"

트리폰은 조금 걱정스러운 표정으로 미차를 쳐다보았으나, 곧 순순히 하라는 대로 따랐다. 그는 미차를 안내하여 조심조심 현관을 지나 지금 손님들이 앉아 있는 방 옆에 있는 큰 방으로 혼자 들어가더니 켜 놓은 촛불을 들고 나왔다. 그러고는 다시 소리나지 않게 미차를 데리고 그 방으로 들어 가서 캄캄한 구석에다 세웠다. 거기서 미차는 저쪽 사람들은 모르게 자유로이 그들을 관찰할 수 있었다.

그러나 미차는 오랫동안 들여다 볼 수 없었다. 게다가 차근차근히 살펴본다는 것은 미차로서는 어림도 없는 일이었다. 그루센카의 모습을 보자마자 그는 벌써 가슴이 무섭게 뛰기 시작하고 눈앞이 뿌옇게 흐려지는 것이었다.

그루센카는 테이블 옆에 놓인 낮은 안락의자에 앉아 있었다. 그 옆의 소파에는 아직 젊고 잘생긴 칼가노프가 자리잡고 있었다. 그루센카는 그의 손을 잡고 웃고 있는 듯이 보였으나, 그는 여자 쪽은 돌아 보지도 않고 테이블을 사이에 두고 그루센카와 마주 앉아 있는 막시모프를 향해 화난 얼굴로 뭐라고 큰 소리로 말하고 있었다. 막시모프는 무엇이 우스운지 끊임없이 껄껄거리고 있었다. 소파에는 바로 '그 남자'가 앉아 있고, 그 옆의 벽 쪽에 놓인 의자에는 또 다른 낯선 사내가 앉아 있었다. 소파 위에 팔다리를 쭉 펴고 앉아 있는 그 자는 파이프를 입에 물고 있었다. 이 순간 미차의 머리에 떠오른 것은, 저 뚱뚱하고 얼굴이 넙적하며 키도 그리 크지 않은, 뭔가 몹시 못마땅해 하는 듯한 남자—, 그자가 바로 그 남자라는 생각이 얼핏 머리를 스치고 지나갔다. 그리고 그의 친구인 또 하나의 낯선 사내는 어쩐지 굉장히 키가 큰 것 같은 생각이 들었다. 그러나 그 이상은 아무것도 알아낼 수가 없었다.

그는 숨이 콱 막혀와서 1분도 서 있을 수가 없었다. 그는 권총이 든 상자를 서랍장 위에 올려놓은 다음, 심장이 얼어붙는 듯한 기분으로 하늘색 방에 있는 사람들이 있는 곳으로 갔다.

"어머나!"

가장 먼저 그를 알아본 그루센카가 깜짝 놀라 비명을 질렀다.

7 틀림없는 옛 애인

미차는 성큼성큼 테이블 바로 옆까지 걸어갔다.

"여러분." 그는 거의 외치는 듯한 큰 소리로, 그러나 심하게 더듬거리면서 입을 열었다. "나는…… 나는…… 아무 다른 뜻도 없습니다. 두려워하실 건 없습니다!" 그는 소리쳤다. "정말 괜찮습니다, 안심하십시오." 그는 갑자기 그루센카를 향해 돌아섰다. 그루센카는 안락의자에 앉은 채 칼가노프에게로 바싹 달라붙어 그의 손을 꼭 붙잡고 있었다. "나는…… 나도 역시 여행중입니다. 나도 아침까지만 여기 머물 것입니다. 여러분…… 나도 내일 아침까지 여러분들과 함께 여기 있으면 안될까요? 아침까지입니다. 마지막으로 이 방에서 함께 시간을 보내도록 해주십시오."

그는 파이프를 물고 소파에 앉아 있는, 키가 작고 뚱뚱한 사내 쪽으로 몸을 돌리며 이렇게 말을 끝냈다. 그 사내는 거만한 표정으로 입에서 파이프를 떼며 퉁명스럽게 대꾸했다. "파네(미스터라는 '판'의 호격), 우린 여기에 사적으로 모여 있소. 이 방 말고도 방이 있을 텐데요."

"아니, 이거 드미트리 씨가 아니십니까? 대체 어떻게 여길 다 오셨습니까?" 갑자기 칼가노프가 끼어들었다. "자, 어서 앉으십시오. 잘 오셨습니다."

"안녕하시오. 당신은 참으로 친절한 분이군요…… 정말 고맙습니다. 난 당신을 언제나 존경해 왔지요……."

미차는 곧 테이블 위로 그에게 악수를 청하며 기쁜 듯이 대답했다.

"아이쿠 아파! 너무 세게 쥐지 마십시오, 으스러질 것 같습니다!"

칼가노프는 웃었다.

"저분은 언제나 이런 식으로 악수 한다니까요."

그루센카가 유쾌한 듯이 미소를 띠며 입을 열었다. 그 미소는 아직도 조심스러운 것이었으나, 미차의 태도로 보아 난폭한 행동은 하지 않을 것이라 판단한 것 같았다. 그러나 여전히 불안을 느끼면서도 그를 두려운 호기심의 눈으로 지켜보고 있었다. 미차의 태도에는 그녀를 이상하도록 놀라게 하는 뭔가가 있었다. 게다가 이런 순간에 그가 갑자기 나타나서 이런 식으로 말을 걸어 오리라고는 전혀 예상치 못했던 것이다.

"안녕하시오?"

지주 막시모프도 은근한 목소리로 아는 척을 했다. 미차는 그에게도 반갑게 인사했다.

"안녕하십니까? 당신도 여기 계셨군요. 이런 데서 당신을 만나다니, 정말 반갑습니다! 그런데 여러분, 나는……."

그는 다시 파이프를 입에 문 신사 쪽으로 몸을 돌렸다. 아무래도 그가 이 자리의 주인공으로 보인 모양이었다.

"나는 지금 막 이리로 달려왔습니다……. 이 세상에서 마지막 하루, 마지막 한 시간을 이 방에서 보내고 싶었기 때문입니다……. 이전에 나는 바로 이 방에서 나의 동경을 바친 적이 있습니다! 나의 여왕에게 말입니다……. 파네, 용서하십시오." 그는 거의 무아지경에서 소리쳤다. "나는 여기로 달려오면서 맹세했습니다……. 절대로 두려워하실 건 없습니다. 이것이 나의 마지막 밤이니까요! 자, 사이좋게 술이나 드십시다, 파네. 이제 곧 술을 날라올 겁니다……. 내가 가져왔지요." 그는 무엇 때문인지 돈다발을 꺼내 보였다. "용서하십시오, 파네! 나는 음악이 듣고 싶어요. 전번처럼 한바탕 노래와 술의 향연을 벌이고 싶어요……. 하지만 이 벌레, 이 구더기만도 못한 벌레는 잠시만 더 땅바닥을 기어다니다가, 곧 없어져 버릴 겁니다. 마지막 밤에 나의 기쁨의 날을 바치고 싶습니다……."

그는 거의 숨을 헐떡거렸다. 아직도 하고 싶은 말은 많았지만, 입을 뚫고 나오는 것은 단지 이런 야릇한 절규뿐이었다. 폴란드인은 꼼짝도 않고 앉아서 미차와 돈다발과 그루센카를 번갈아 바라보고 있었으나, 무슨 영문인지 알 수 없다는 표정이었다.

"만약 나의 크룰레바가 허락만 한다면……."

그가 입을 열었다.

"크룰레바가 뭐죠? 코롤료바(여왕)란 뜻인가요?" 갑자기 그루센카가 말참견을 했다. "당신들의 얘기를 듣고 있으니 우스워서 못 견디겠어요. 그보다도 미차, 앉으세요. 도대체 당신은 무슨 얘기를 하고 있는 거예요. 제발 우리를 놀라게 하지는 말아요. 설마 우리를 놀라게 하려는 건 아니겠죠? 그렇다고 약속하신다면 나도 당신을 환영하겠어요……."

"내가 당신들을 놀라게 하다니요?" 미차는 두 손을 번쩍 쳐들면서 이렇게 소리쳤다. "천만에, 나 같은 건 상관하지 말고 그냥 가십시오. 내옆을 그냥 지나가시면 됩니다. 절대로 방해하지 않을 테니까요!"

그는 갑자기 의자에 몸을 던지고 반대편 쪽 벽으로 얼굴을 돌리더니 의자 등받이를 두 팔로 끌어안듯이하고 울음을 터뜨렸다. 그것은 방안에 있는 사람들은 말할 것도 없고 그 자신도 전혀 뜻하지 않은 일이었다.

"어머나, 저런! 어쩌면 무슨 사람이 그래요!" 그루셴카가 나무라듯이 말했다. "우리집에 올 때에는 언제나 저랬답니다. 뭐라고 느닷없이 지껄여대지만, 무슨 얘긴지 나는 통 알아듣지를 못하겠어요. 전에도 이런 식으로 울음을 터뜨린 적이 있으니까, 이번으로 두 번째군요. 아아, 창피하게 그게 뭐예요! 도대체 무엇 때문에 우는 거죠? 꼭 울어야하는 이유라도 있어요!"

짜증섞인 목소리로 한마디 한마디 힘을 주어가며 그루셴카는 이렇게 수수께끼 같은 말을 늘어놓았다.

"나는…… 나는…… 울고 있는 게 아니오……. 자 보시오!"

그는 의자에서 홱 돌아앉으며 별안간 껄껄 웃기 시작했다. 그러나 그것은 예전과 같이 생기없는, 특유의 폭발적인 웃음이 아니라, 신경질적으로 떨리는, 뭔가 듣기 거북한 웃음이었다.

"저런, 이번엔 또 저렇게…… 자 이젠 그만하고 기운을 내서 즐겁게 놀아요!" 그루셴카는 그를 타이르듯이 말했다. "미차, 당신이 와줘서 정말 기뻐요. 들리세요, 내가 기쁘다고 하는 말이? 난 이분도 우리와 자리를 함께 했으면 좋겠어요." 그녀는 사람들을 향하여 명령조로 말했으나, 사실은 소파에 앉아 있는 사내에게 들으라고 한 말인 것 같았다. "그래도 괜찮겠지요? 만일 이분이 가버린다면 나도 가겠어요. 아시겠죠?" 그루셴카는 눈을 반짝이며 이렇게 덧붙였다.

"우리 여왕께서 하시는 말씀은 곧 법률이지요!" 폴란드인은 자못 은근한 태도로 그루셴카의 손에 키스를 했다. "당신도 자리를 함께해 주시기 바랍니다!" 그는 미차를 향해 친절한 듯이 말했다.

미차는 다시 뭐라고 장광설을 늘어놓으려는 듯 벌떡 일어섰으나, 실은 그것이 아니었다.

"여러분, 그럼 모두 같이 마십시다!"

장황스러운 연설 대신 그는 이렇게 한마디 외쳤다. 모두들 웃었다.

"어쩌면! 난 또 이 사람이 한바탕 지껄여대려는 줄만 알았어요!" 그루셴카가 신경질적으로 소리쳤다. "이봐요, 미차. 이젠 다시 공연히 벌떡 일어나거나 하지 마세요. 그렇지만 샴페인을 가져오신 건 참 잘했어요. 나도 마시겠어요, 난 과실주 같은 건 정말 싫거든요. 그보다도, 당신이 오시길 참 잘했어요. 모두 따분해서 답답했는데…… 당신은 또 파티를 벌이려고 온 모양이군요? 하지만 그 돈은 제발 주머니에 넣어 두어요! 대체 어디서 그렇게 많은 돈을 구했어요?"

미차의 손에 아직도 들려 있는 돈다발은 모두의, 특히 두 폴란드인의 주의를 끌었다. 미차는 그것을 재빨리 주머니에 집어넣고 얼굴을 붉혔다. 이때 여관 주인이 마개를 딴 샴페인 병과 잔을 쟁반에 받쳐 들고 들어왔다. 미차는 술병에 손을 댔으나, 너무 당황하여 그것을 어떻게 처리해야 좋을지 모르는 것 같았다. 그러자 칼가노프가 병을 빼앗아 미차 대신 술을 따랐다.

"한 병 더 가져와, 한 병 더!"

미차는 여관 주인에게 소리쳤다. 그러고는 조금 전에 그렇게도 공손하게, 서로 사이좋게 술을 마시자고 청했던 폴란드 신사와 잔을 부딪치는 것도 잊고 다른 사람들이 미처 잔을 들기도 전에 혼자 꿀꺽 들이키고 말았다.

그러자 그의 얼굴이 갑자기 돌변했다. 방에 들어올 때의 그 엄숙하고 비극적인 표정은 사라지고, 이상하리만치 어린애 같은 표정이 떠올랐다. 그는 갑자기 기가 꺾여 얌전해진 것 같았다. 나쁜 짓을 한 강아지가 벌을 받다가 다시 용서를 받았을 때처럼 조심스러우면서도 감지덕지하는 표정으로, 줄곧 신경질적인 짤막한 웃음소리를 내면서 모두를 둘러보았다. 모든 것을 잊은 듯한 어린애 같은 그 미소는 환희의 빛을 띠고 있었다.

그는 줄곧 웃음을 지으며 그루센카를 보고 있었다. 그러고는 자기 의자를 끌고 가서 그루센카의 안락의자 옆에 딱 붙였다.

그는 차근차근 그 두 폴란드인을 관찰하고 있었으나, 아직도 그들에 대해 뭐라고 정확한 판단을 내릴 수는 없었다. 소파에 앉아 있는 폴란드 신사는 그 위엄 있는 태도와 폴란드 사투리, 그리고 특히 그가 갖고 있는 파이프로 미차에게 강한 인상을 주었다.

'대단한데, 파이프를 피우는 모습이 꽤 당당하군.'

미차는 그렇게 생각했다. 마흔이 다 된 듯한, 약간 살이 늘어진 그 중년 신사의 얼굴이며, 유난히 조그마한 코, 그 밑으로 염색한 것처럼 보이는 가느다랗고 짧고 빳빳한 콧수염은 미차의 마음에 아무런 의혹도 불러일으키지 않았다. 우스울 정도로 관자놀이께 머리카락을 앞으로 빗어붙인, 상당히 촌스러운 시베리아식 가발도 그다지 미차를 놀라게 하지는 않았다.

'가발이 다 저렇지 뭐.'

미차는 행복한 기분으로 관찰을 계속했다. 벽밑에 앉은 또 다른 폴란드인은 소파에 앉아 있는 신사보다 훨씬 젊어 보였는데, 거만하고 도전적인 태도로 좌중을 둘러보며, 말없이 멸시하는 듯한 표정으로 사람들의 대화에 귀를 기울이고 있었다. 이 사내가 미차에게 준 인상은 소파에 앉아 있는 신사와는 어울리지 않을 정도로 멋대가리없이 엄청나게 키가 크다는 것뿐이었다.
'저 사람이 일어서면 키가 아마 2미터 반은 될 거야.'
이런 생각이 미차의 머릿속을 스치고 지나갔다. 또한 이런 생각도 떠올랐다. 즉 이 키가 큰 사나이는 소파에 앉아 있는 신사의 친구인 동시에 보디가드가 틀림없을 것이니까, 파이프를 입에 문 작달막한 신사의 명령대로 움직일 것이다. 이러한 모든 것들이 미차에게는 당연한 일로만 생각되었다. 모든 경쟁의식이 이 강아지의 가슴 속에서 완전히 위축되어 사라지고 만 것이다. 그루센카의 태도나, 그녀의 입에서 나온 수수께끼 같은 몇 마디 말의 어조에서도 그는 아직 아무것도 눈치채지 못하고 있었다. 그는 오로지 그루센카가 자기에게 친절하게 대해 주고, 자기를 용서하여 옆에 앉게 해주었다는 사실이 그저 기쁠 뿐이었다. 그는 그루센카가 술잔을 들어 마시는 것을 보고 너무 기뻐서 어쩔 줄을 몰라했다. 그러나 사람들의 침묵이 문득 그를 놀라게 한 모양이었다. 그는 무엇을 기대하는 듯한 눈으로 모두를 둘러보았다.
'그런데 우리는 왜 이렇게 멍하니 앉아 있기만 하는 겁니까? 도대체 아무것도 시작하지 않고 있잖아요?'
미소를 띤 그의 눈은 이렇게 묻는 것 같았다.
"저 사람이 아까부터 자꾸 엉뚱한 소리만 하고 있어서, 우린 줄곧 웃고 있었습니다."
칼가노프가 미차의 마음을 꿰뚫어 보았는지 막시모프를 가리키며 말을 꺼냈다.
미차는 칼가노프를 바라본 다음 곧 막시모프 쪽으로 눈길을 돌렸다.
"엉뚱한 소리라고요? 하, 하, 하······." 미차는 무엇이 그리 즐거운지 토막토막 끊어지는 것 같은, 특유의 생기없는 웃음을 터뜨렸다.
"글쎄, 1820년대의 우리 러시아 기병들은 모두 폴란드 여자와 결혼했다고 하지 뭡니까? 그건 터무니없는 허튼 소리예요, 안 그렇습니까?"
"폴란드 여자와?"
미차는 넋이 나간 듯 상대의 말을 다시 되풀이했다.
칼가노프는 그루센카와 미차의 관계를 잘 알고 있었을 뿐만 아니라, 그 폴란드 신사에 대해서도 대략 눈치를 채고 있었지만 그런 일에는 그다지, 아니 전혀 관심이 없었다. 무엇보다도 그가 흥미를 느낀 것은 막시모프였다. 그가 막시모프를 만나 이 여관에 들게 된 것은 우연한 일이었고, 그리고 이 생면부지의 폴란드인들과도 여기서 처음 만난 것이었다. 그러나 그루센카와는 전부터 아는 사이였고, 언젠가 한 번 누군가와 그녀의 집에 가본 적도 있었다. 그때 그루센카는 그다지 그에게 호감을 주지 못했다. 그런데 오늘 여기서 그녀는 무척 애교있는 눈초리로 그를 바라보고 있었다. 미차가 오기 전까지는 거의 애무까지 있었지만, 그는 이상하리만치 무감각해 보였다.

칼가노프는 아직 스무 살이 될까말까한 나이에 멋진 옷차림을 한 청년이었다. 귀엽게 생긴 하얀 얼굴에 아름다운 금발이 탐스럽게 물결치고 있었다. 그의 하얀 얼굴에는 아름다운 하늘빛 눈이, 슬기롭고, 때로는 나이에 어울리지 않게 깊은 표정을 띠며 반짝이고 있었다. 그러면서도 이 젊은이는 이따금 마치 어린애 같은 말을 하거나 표정을 짓곤 했는데, 그것을 스스로 의식하면서도 별로 부끄러워하는 기색은 없었다. 그는 언제나 상냥한 젊은이였지만, 대체로 매우 독특하여 변덕스럽기까지 했다. 가끔 그의 표정에는 무언가 완고하다고 할 수 있을 만큼 확고한 뭔가가 나타났다가 사라질 때가 있었다. 다시 말해서, 상대의 얼굴을 바라보거나 남의 말을 듣고 있으면서도 마음속으로는 집요하게 자신만의 공상의 세계를 헤매고 있는 것같이 보였다. 어떤 때는 무관심하고 무기력한 표정을 짓고 있는가 하면, 얼핏 생각하기에는 별로 대수롭지 않은 일에 흥분하곤 하는 것이었다.

"그런데 나는 벌써 나흘째나 저 사람을 데리고 돌아다니고 있단 말입니다." 그는 말을 이었다. 그는 귀찮은 듯이 말을 질질 끌면서 얘기하고 있었으나 조금도 거드름을 피우는 기색이 없는 자연스러운 어조였다. "기억하실 줄 압니다만, 당신 동생이 저 사람을 마차에서 떠밀었을 때부터입니다. 그때 나는 그 일 때문에 저 사람에게 크게 흥미를 느껴, 저 사람을 시골로 데려갔지요. 그랬더니 어찌나 허튼 소리만 지껄여대는지, 같이 다니기가 부끄러워 지금 데리고 돌아오는 길이지요······."

"당신은 폴란드 여자를 본 적이 없어서 그런 터무니없는 말을 하는 거요." 파이프를 문 남자가 막시모프에게 말했다. 그의 러시아 말은 꽤 유창했다. 적어도 생각했던 것보다는 훨씬 능숙한 편이었다. 다만 그는 러시아말을 할 때도 늘 폴란드 말의 억양을 그대로 썼다.
"천만에, 나는 폴란드 여자와 결혼한 경험이 있는걸요."
막시모프는 이렇게 대답하며 킬킬 웃어댔다.
"그럼 당신은 정말 기병대에 근무한 일이 있단 말인가요? 지금 기병대 이야기를 하고 있던 참이었지요? 그러면 정말로 기병이었단 말입니까?"
칼가노프가 재빨리 말꼬리를 물고 늘어졌다.
"물론 그러시겠죠. 대단한 기병이야. 하하!"
미차가 소리쳤다. 그는 탐욕스럽게 이야기에 귀를 기울이면서 누군가 말을 시작하기만 하면 호기심에 찬 눈을 얼른 그쪽으로 돌리곤 했는데, 그러면서도 상대에게서 무슨 얘기를 기대하고 있는 건지 자신도 전혀 모르고 있는 눈치였다.
"아니, 그런 말이 아니라니까요." 막시모프는 미차를 돌아보면서 말했다. "내 말은 그게 아니라, 그곳 아가씨들은…… 모두 미인들 뿐인데 러시아의 경기병들과 마주르카를 추곤 하지요. 마주르카를 한 곡 추고 난 뒤에는 그 자리에서 고양이처럼 냉큼 남자 무릎에 올라앉는단 말입니다. 그런데도 아버지나 어머니는 그것을 보고도 못 본 척해 주지요……. 그걸 허락해 주는 거예요……. 그러면 경기병은 다음날 그 집을 찾아가서 청혼을 하는 거지요……. 아시겠어요, 대략 이런 식으로 청혼하는 겁니다."
막시모프는 말을 마치고는 킬킬 소리내어 웃었다.
"그런 엉터리가 어디 있담!"
의자에 앉아 있던 키 큰 폴란드인이 이렇게 중얼거리며 다리를 바꿔 꼬았다. 그때, 구두약을 듬뿍 칠한 구두가 미차의 눈에 들어왔다. 두꺼운 밑창에 진흙이 잔뜩 묻은 어마어마하게 큰 구두였다. 이 두 폴란드인은 대체로 옷차림이 지저분했다.
"어머나, 엉터리라니! 어쩌면 그렇게 함부로 말하지요?"
그루센카가 발끈 화를 냈다.
"아그리피나 씨, 저분은 폴란드의 시골뜨기 처녀들을 본 것이지, 귀족 아가씨를 본 것이 아닙니다."
파이프를 입에 문 폴란드인이 그루센카에게 말했다.
"고작해야 그 정도겠지요!"

의자에 앉은 키 큰 폴란드인 역시 경멸어린 어조로 이렇게 뇌까렸다.
"또, 저런 소릴! 저분의 이야기부터 들어 봐요! 남이 얘기를 하는데 왜 방해하는 거죠? 난 저분들의 얘기가 참 재미있어요."
그루셴카는 그에게 대들었다.
"난 방해하는 게 아닙니다."
가발을 쓴 신사는 잠시 그루셴카의 얼굴을 응시하며 의미심장한 듯이 말하고는 거만한 태도로 입을 다물고 다시 파이프를 입에 물었다.
"아닙니다, 아니에요, 지금 저 폴란드 양반의 말이 옳아요." 칼가노프는 무슨 대단한 문제나 되는 것처럼 또다시 열을 올렸다. "저 사람은 폴란드엔 가본 적도 없어요. 그런데 어떻게 폴란드 이야기를 왈가왈부할 수 있겠습니까? 이것 봐요, 당신은 폴란드에서 결혼한 것이 아니잖습니까, 그렇지요?"
"그래요, 스몰렌스크 현에서였지요. 그렇지만 내가 결혼하기 전에 어떤 경기병이 바로 내 아내가 될 사람과 그 어머니와 아주머니, 그리고 또 한 사람, 다 자란 아들이 있는 친척뻘 아주머니를 데려왔지요…… 폴란드에서…… 폴란드 본국에서 데리고 왔단 말입니다……. 그 경기병이 나에게 양보한 거죠. 그 경기병은 러시아의 중위였는데, 아주 기분 좋은 젊은이였지요. 처음엔 자기가 결혼할 작정이었지만, 그 여자가 절름발이라는 게 드러나서 그만 결혼을 단념하고 말았지요……."
"그럼 당신은 절름발이 여자와 결혼했단 말입니까?"
칼가노프가 소리쳤다.
"그렇습니다, 그때 그 두 사람이 짜고서 나한테 그 사실을 숨겼거든요. 난 처음엔 그저 그 여자가 깡충깡충 뛰고 있는 줄만 알았어요……. 언제까지나 깡충깡충 뛰고만 있기에 난 그 여자가 즐거워서 그러는 줄만 알았지요……."
"당신과 결혼하는 게 기뻐서 말인가요?"
어린애같이 쨍쨍 울리는 음성으로 칼가노프가 소리쳤다.
"예, 기뻐서 그러는 줄로만 알았다니까요. 그렇지만 곧 전혀 다른 이유 때문이라는 것을 알게 되었지요. 나중에 우리가 결혼했을 때, 결혼식을 올린 바로 그날 밤, 아내는 모든 걸 고백하고 진심으로 용서를 빌더군요. 어렸을 때, 물웅덩이를 뛰어넘다가 그만 다리를 다쳤다는 겁니다. 히히!"
칼가노프는 갑자기 어린애같은 목소리로 깔깔거리면서 소파에 쓰러지다시

피 몸을 던졌다. 그루센카도 웃음을 터뜨렸다. 미차는 행복의 절정에 있었다.

"여러분, 지금 이 사람이 한 말은 사실입니다. 이번에 한 말은 결코 거짓말이 아니에요!" 칼가노프가 미차를 돌아다보며 이렇게 소리쳤다. "그런데 이 사람이 결혼을 두 번 한 것을 아십니까? 지금 얘긴 첫 번째 부인 이야기예요. 그런데 두 번째 부인은 그만 도망을 가버렸답니다. 지금도 살아 있다더군요. 당신도 그걸 아십니까?"

"설마?"

미차는 그런 일도 있느냐는 듯이 놀라는 표정으로 막시모프를 돌아보았다.

"그렇습니다, 달아나 버렸지요. 나는 그런 유쾌하지 못한 경험을 가지고 있답니다." 막시모프는 순순히 시인했다. "어떤 프랑스 신사와 눈이 맞았거든요. 그리고 무엇보다 고약한 것은, 저의 얼마 되지 않는 재산을 모두 자기 명의로 바꿔 버린 겁니다. 그러고는 한다는 소리가 걸작이지요. 당신은 나보다 더 교육을 받은 사람이니까, 언제라도 벌어 먹고 살 수 있을 거라는 겁니다. 그렇게 해 놓고는 뺑소니를 쳐버렸답니다. 언젠가는 어떤 훌륭하신 주교께서 내게 하시는 말씀이, '당신 아내 하나는 절름발이였는데, 또 하나는 발이 너무 가벼워서 탈이었군' 하시지 않겠습니까, 헤헤헤!"

"저 좀 보세요, 내 말을 좀 들어 보십시오!" 칼가노프는 몹시 열띤 어조로 말했다. "설혹 저 사람이 거짓말을 하고 있다 해도(물론 늘 거짓말만 하고 있지만) 그건 단지 우리를 즐겁게 해주기 위해서지요. 그걸 나쁘다고만 할 수는 없지 않겠습니까? 나는 때때로 저 사람이 좋아질 때가 있어요. 저 사람은 비굴한 인간이긴 하지만, 그 비굴함이 그에게는 오히려 자연스러운 겁니다. 그렇잖습니까? 그렇게 생각지 않으십니까? 어떤 사람은 자기의 이익을 위해 비굴한 짓을 하지만 저 사람은 본디 그런 성격을 타고났기 때문에 그런 짓을 하는 것이거든요······. 그런데, 내 얘길 좀 들어 보십시오. 저 사람은 어제 오는 도중에, 고골리의 「죽은 혼」이란 소설에 자기를 모델로 삼은 부분이 있다고 우겨대는 거예요. 기억하시겠지만, 그 소설에 막시모프라는 지주가 나오지 않습니까? 허풍쟁이 노즈드료프가 흠씬 때려 주고, 재판에 회부되는 그 상대 말입니다. '술에 취해 지주 막시모프에게 채찍으로 개인적인 모욕을 가한 죄'였지요. 그런데 말씀입니다, 저 사람은 그 소설에 나오는 막시모프가 바로 자기이며, 자기가 정말 매를 맞았다고 우기는 거예요! 대체 어떻게 그럴 수가 있겠습니까. 치치코프(「죽은 혼」의 주인공)가 여행을 하며 돌아다닌 것은 아무리 늦게 잡아도 20년대 초반이니까, 도저히 연대가 맞지 않거든요. 그러니 그때 저 사람이 매를 맞았을 리가 없지요, 그렇지 않습니까?"

무엇 때문에 칼가노프가 이렇게 열을 올리는지 짐작하기는 어려운 일이지만, 그는 정말로 흥분하고 있었다. 미차도 무조건 칼가노프를 따라서 흥분했다.

"그렇지만, 만약 그가 정말로 매를 맞은 것이라면!"

미차가 큰 소리로 웃으며 외쳤다.

"채찍으로 맞았다는 게 문제가 아니라, 다만······."

막시모프가 끼어들었다.

"다만, 뭐요? 도대체 맞았다는 거요, 맞지 않았다는 거요?"

"Ktura godzina, pane(지금 몇 시나 됐지요, 파네)?"

파이프를 문 신사가 따분한 표정으로 안락의자에 앉아 있는 키다리 신사에게 폴란드어로 물었다. 키다리 신사는 대답 대신 어깨를 살짝 치켜올려 보였다. 그들은 둘 다 시계를 갖고 있지 않았던 것이다.

"왜 얘기를 하면 안 되는 건가요? 다른 사람들에게도 하고 싶은 얘기를 하라고 해야지요. 자기가 지루하다고 해서 남도 얘길 해선 안 된다는 법이 어디 있어요?"

일부러 트집을 잡으려는 듯이 그루셴카가 이렇게 쏘아붙였다. 이때야 비로소 미차의 마음속에 그 무엇이 퍼뜩 스치고 지나가는 것 같았다. 이번에는 그 폴란드인도 노골적으로 화를 내며 대꾸했다.

"Pani, ya nits ne muven protiv, nits ne povedzyalem(난 반대하지 않았소, 아무 말도 하지 않았다구요)."

"그렇다면 좋아요. 자, 어서 얘길 계속하세요." 그루셴카는 막시모프에게 소리쳤다. "왜들 이렇게 입을 다물고 있지요?"

"뭐 별로 얘기할 게 있어야지요. 모두가 실없는 얘기뿐이니까요." 막시모프는 자못 만족스러운 듯이 조금 뽐내면서 말을 받았다. "게다가 고골리의 작품에서는 모든 것이 비유의 형식을 취하고 있거든요. 등장 인물의 이름까지 모두 비유적으로 만들었지요. 노즈드료프도 정말은 노즈드료프(콧구멍)가 아니라 노소프(코)이고 쿠프신니코프도 쿠프신(주전자)과는 전혀 다른 이름입니다. 본

명은 시크보르네프라고 하니까요. 다만 페나르지는 실제로도 그대로 페나르지이지만, 이탈리아 사람이 아니라 페트로프라는 이름의 러시아 사람이랍니다. 그리고 페나르지는 정말 아름다운 아가씨인데, 그 예쁜 다리에 꼭 끼는 타이츠를 신고 금박 무늬가 있는 짧은 치마를 입고 팔랑팔랑 나는듯이 춤을 추지요. 그런데 4시간 동안 추었다는 건 거짓말이고 실은 고작 4, 5분 동안이었답니다……. 그렇게 해서 모든 사람들을 매혹한 거죠…….”

"그건 그렇다치고 당신은 무엇 때문에 얻어 맞았나요? 뭔가 이유가 있어서 맞았겠지요?”

칼가노프가 큰 소리로 외쳤다.

"피롱 때문이었지요!”

막시모프가 대답했다.

"피롱이 누구요?”

미차가 물었다.

"유명한 프랑스 작가 피롱 말입니다. 그때 우린 여럿이서, 바로 그 장터에 있는 술집에서 술을 마시고 있었습니다. 그들이 날 초대한 것인데, 그 자리에서 내가 가장 먼저 풍자시를 인용하기 시작했습니다. '오, 그대였던가, 브알로여, 그 우스꽝스러운 분장은 또 어찌된 일인고?' 그러자 브알로는 가장 무도회에 가는 길이라고 대답했지만, 실은 목욕탕에 가는 길이었지요. 히히. 그때 그들은 모두 자기를 두고 비꼬는 말일 거라고 생각했지요. 그래서 나는 또 재빨리 다른 풍자시 한 구절을 읊었습니다. 이건 정말 신랄한 구절인데 교육을 받은 사람이면 누구나 다 알고 있는 거지요.

> 그대는 사포, 나는 파온,
> 거기엔 나도 이론이 없노라.
> 그러나 나의 슬픔이여,
> 그대는 바다로 가는 길을 모르는도다.

그러자 그들은 더욱더 화를 내며 나에게 마구 욕을 퍼붓고 비난했습니다. 그래서 나는 그걸 어떡하든 수습해 보려고 하다가 오히려 봉변만 당하고 말았습니다. 다름이 아니라, 나는 피롱에 관한 그 교훈적인 에피소드를 하나 끄집어냈거든요. 피롱은 아카데미 프랑세즈에 들어가지 못한 데 대한 복수를 할 셈으로 이렇게 자기 자신의 묘비명을 썼다는 이야기지요.

Ci-gît Piron qui ne fut rien
Pas même académicien

여기 피롱이 잠들다.
그는 아카데미 회원도
아무것도 아니었다.

그랬더니 갑자기 모두 나를 붙들고 두들겨 패더군요."
"아니, 왜? 무엇 때문에?"
"내가 유식하기 때문이지요. 인간이란 공연한 트집을 잡고 사람을 때리는 법이니까요."
막시모프는 겸손하게 교훈을 주는 듯한 어조로 이렇게 말을 맺었다.
"아아, 이젠 그만하세요. 처음부터 끝까지 죄다 엉터리뿐이니, 나는 그 따위 소린 이제 듣고 싶지도 않아요. 난 또 무슨 재미난 이야기라도 있는 줄 알았지 뭐예요."
그루셴카가 끼어들며 말했다.
미차는 흠칫 놀라 곧 웃음을 그쳤다. 키다리 폴란드인은 자리에서 일어나더니, 자기 취향에 맞지 않는 자리에 끼어들어 지루해 죽겠다는 듯한 표정으로 뒷짐을 지고 방 안을 이리저리 거닐기 시작했다.
"흥, 가만히 앉아 있지 못하는군요?"
그루셴카가 조롱하듯이 그를 바라보며 말했다. 미차는 어쩐지 불안해졌다. 더욱이 그는 소파에 앉아 있는 폴란드 신사가 초조한 기색으로 자기를 흘끔흘끔 쳐다보고 있는 것을 눈치챘다.
미차는 소리쳤다. "신사 양반, 한잔 합시다! 또 저기 계신 분도! 자, 어서 마십시다."
그는 유리잔 세 개를 자기 앞에 모아 놓고 샴페인을 가득 따랐다.
"폴란드를 위해, 여러분, 여러분의 폴란드를 위해 건배합시다!"

미차가 외쳤다.

"Bardzo mi to milo, pane, vypiem(참으로 유쾌한 일입니다). 여러분, 건배합시다."
소파에 앉아 있던 폴란드 신사는 거만하면서도 호의적인 어조로 자기 앞의 잔을 집어들었다.

"저기 계신 분도…… 성함이 어떻게 되시더라, 어쨌든 같이 잔을 드십시오!"
미차가 제법 리드하듯이 말했다.

"저 사람은 판 브루블레프스키입니다."
소파에 앉은 폴란드 신사가 말했다. 브루블레프스키는 어깨를 흔들며 테이블로 다가와서 자기 잔을 들었다.

"여러분, 폴란드를 위해 건배, 우라(만세)!"
미차는 술잔을 높이 쳐들며 소리쳤다. 세 사람 다 잔을 기울였다. 미차는 술병을 들고 다시 세 잔에 가득 술을 따랐다.

"여러분, 이번에는 러시아를 위해 건배합시다. 그리고 서로 형제처럼 지냅시다!"

"나도 한잔 따라 줘요!" 그루센카가 말했다. "러시아를 위해서라면 나도 마시겠어요!"

"나도 마시겠습니다."
칼가노프가 말했다.

"나도 끼워 주십시오…… 우리의 러시아, 늙어빠진 할멈을 위해서!"
막시모프가 킬킬거리고 웃으면서 끼어들었.

"모두 다같이 건배합시다!" 미차가 외쳤다. "어이, 주인장!, 한 병 더!"
미차가 가져온 것 중에서 남았던 세 병이 한꺼번에 나왔다. 미차는 각자의 술잔에 가득히 따랐다.

"러시아를 위해 건배!"
미차가 소리높여 건배를 외쳤다.

두 폴란드 신사를 제외하고는 모두 잔을 들었다. 그루센카도 단숨에 잔을 비웠다. 그러나 폴란드 신사들은 술잔에 손도 대려고 하지 않았다.

"왜들 그러십니까?" 미차가 소리쳤다. "그러고 보니 당신들은 역시……."
그러자 브루블레프스키가 자기 잔을 쳐들며 쩌렁쩌렁 울리는 소리로 말했다.

"1772년(독일, 오스트리아, 러시아 세 나라가 폴란드를 분할한 해) 이전의 러시아를 위하여!"

"Oto bardzo penkne(그것 참 제법 그럴 듯하군)!"

다른 폴란드 신사가 이렇게 외치자, 그들은 단숨에 잔을 비웠다.

"당신들은 정말 어리석군요!"

무의식중에 미차의 입에서 이런 말이 새어나왔다.

"뭐요?"

두 폴란드 신사는 미차를 향해 마치 한 쌍의 수탉처럼 가슴을 내밀고 위협하듯이 이렇게 소리쳤다. 특히 브루블레프스키는 더 화를 냈다.

"Ale ne mójno ne metsi slabositsi do svoevo krayu(그래 자기 조국을 사랑해선 안 된단 말입니까)?"

그는 소리를 질렀다.

"그만둬요! 싸우지 말아요! 싸움을 하면 가만 있지 않겠어요!"

그루셴카가 명령조로 외치며 발로 마루를 탕 굴렀다. 그녀의 얼굴은 붉게 타오르고 눈물이 글썽이는 눈은 번쩍이기 시작했다. 방금 들이켠 한 잔의 술이 효력을 나타낸 것이다. 미차는 몹시 겁을 먹은 것 같았다.

"여러분, 용서하십시오! 내가 실수를 했습니다. 다시는 그런 말 하지 않겠습니다. 브루블레프스키, 판 브루블레프스키 씨, 다시는 그런 말 하지 않겠습니다……"

"그래요, 제발 당신만이라도 입을 다물고 있어요. 거기 앉아서, 바보 같은 소리 작작하고!"

그루셴카는 몹시 못마땅하다는 듯이 으르렁거렸다.

모두 자리에 앉았다. 그러나 서로들 얼굴만 바라보고 있을 뿐 말이 없었다.

"여러분, 모두가 내 책임입니다!" 그루셴카가 한 말의 참뜻을 알아차리지 못하고 미차는 또다시 입을 열었다. "그렇지만, 왜들 이렇게 멍하니 앉아만 있습니까? 무엇을 할까요? 무엇을 하면 아까처럼 다시 흥겨운 자리가 될까요?"

"아아, 이거 정말 흥이 깨져 버렸는걸."

칼가노프가 입속으로 중얼거렸다.

"은행놀이를 하면 어떨까요, 아까처럼……"

갑자기 막시모프가 킬킬거리며 웃었다.

"은행놀이? 거 참 멋진 생각이오!" 미차가 얼른 말을 받았다. "저분들만 좋으시다면……."

"Puzino pane(이미 많이 늦은 것 같은데요)!"

소파에 앉은 폴란드 신사가 그리 마음이 내키지 않는다는 듯이 대답했다.

"그것도 그래."

브루블레프스키가 맞장구를 쳤다.

"푸치노? 푸치노라니, 대체 그게 무슨 뜻이에요?"

그루셴카가 물었다.

"늦었다는 뜻입니다. 여러분, 시간이 너무 늦었어요."

소파에 앉은 폴란드 신사가 설명했다.

"어쩌면, 이 사람들은 뭐든지 늦었다, 못한다는 말밖에 할 줄 모를까!" 그루셴카는 자못 지긋지긋하다는 듯이 거의 비명에 가까운 목소리로 외쳤다. "자기들이 따분하게 앉아 있으니까, 남들도 따분하게 앉아 있으라는 심보지 뭐에요. 미차, 당신이 오기 전에도 저 사람들은 이런 식으로 입을 다물고 나에게 화를 내고 있었어요."

"천만에!" 소파에 앉은 폴란드 신사가 펄쩍 뛰었다. "Tso muvishi, to seni stane Vidzen nelasken, i estem smutny(그래요, 난 당신이 기분좋지 않은 것 같아서 우울했어요)." 폴란드 신사는 미차를 돌아보며 말을 끝맺었다. "Estem gotub, pane(내가 같이 해드리지요, 여러분)."

"그럼 시작합시다." 미차는 얼른 말을 받았다. 그는 호주머니에서 지폐 뭉치를 꺼내 거기서 200루블을 빼내어 테이블 위에 놓았다. "내가 많이 잃어 드리죠. 자, 어서 카드를 돌리고 돈을 거십시오!"

"카드는 여관 주인에게 가져오라 합시다."

키가 작은 폴란드 신사가 얕잡아 보는 듯이 말했다.

"Tonailepshi sposub(그게 제일 좋은 방법이군)."

브루블레프스키가 또 맞장구를 쳤다.

"이 집 주인한테? 좋습니다, 알겠어요. 그럼 이 집 주인에게 가져오라고 합시다. 참 좋은 생각입니다. 주인장, 새 카드를 갖고 오게!"

미차가 주인에게 명령하듯 소리쳤다.

주인은 아직 포장도 뜯지 않은 새 카드를 가지고 왔다. 그리고 마을 처녀들은 벌써 다 모였고 유대인 악사들도 곧 올 것이나, 아직 먹을 것을 실은 마차가 도착하지 않았다고 미차에게 자세히 보고했다. 미차는 곧 테이블에서 일어나 모든 걸 일일이 지시하기 위해 옆방으로 달려갔다.

그러나 마을 처녀들은 겨우 셋밖에 모이지 않았을 뿐만 아니라, 마리아도 아직 와 있지 않았다. 더욱이 미차 자신은 무엇을 어떻게 지시해야 하는지, 자기가 무엇 때문에 달려나왔는지 모르고 있었다. 그래서 그는 선물로 가져온 상자에서 얼음사탕과 엿을 꺼내 처녀들에게 나눠 주라고만 일렀다.

"아, 그렇지, 안드레이에게 보드카를, 보드카를 줘!" 그는 황급히 외쳤다. "아깐 내가 안드레이에게 너무 무례한 짓을 했어!"

이때 그의 뒤를 따라 나온 막시모프가 그의 어깨에 슬쩍 손을 얹으며 속삭였다.

"나에게 5루블만 빌려 주십시오 나도 은행놀이를 좀 해보고 싶어서요, 헤헤헤!"

"그러지요, 좋소! 자, 10루블 드리지!" 그는 또다시 호주머니에서 지폐를 몽땅 꺼내 10루블을 집었다. "잃거든 또 오시오. 또 오란 말이오······."

"알겠습니다."

막시모프는 기쁜 듯이 중얼거리면서 다시 방으로 달려갔다.

미차도 곧 되돌아가서, 기다리게 해 미안하다고 사과했다. 두 폴란드 신사는 이미 자리에 앉아서 카드의 포장을 뜯어 놓고 있었다. 그들은 상냥한 느낌이 들 정도로 아까보다 훨씬 기분이 좋아져 있었다. 소파에 앉은 신사는 파이프에 새로 담배를 담아 불을 붙이고는 카드를 돌릴 준비를 하고 있었다. 어쩐지 그의 얼굴에는 득의만면한 빛까지 감돌고 있었다.

"Na meistsa, panove(자리에 앉아주십시오, 여러분)!"

브루블레프스키가 말했다.

"나는 이제 그만하겠습니다. 아까 이분들한테 50루블이나 잃었어요."

칼가노프가 말했다.

"당신이 운이 나빴어요. 아마도 이번엔 운이 돌아올 겁니다."

소파에 앉은 폴란드 신사가 칼가노프를 돌아보며 말했다.

"얼마나 걸까요? 한도가 있습니까?"

미차는 벌써 흥분하고 있었다.

"얼마든지, 100루블이든 200루블이든 마음대로 거십시오."

"그럼 1백만 루블쯤 걸까요?" 미차는 큰 소리 내며 껄껄 웃었다. "대위님, 혹시 반 포드비소츠키라는 사람에 대해 들어 보신 적이 있습니까?"

"포드비소츠키가 누군데요?"

"바르샤바에서 '유한은행' 게임이 있었는데, 누구든지 와서 돈을 걸 수 있게 되어 있었지요. 거기에 포드비소츠키란 사람이 와서 1천 루블짜리 금화를 보고는 곧 돈을 걸었답니다. 그때 물주가 물었습니다. '포드비소츠키 씨, 금화를 거시겠소, 아니면 명예를 거시겠소?' '물론, 명예를 걸고 하겠소.' '그럼, 좋습니다.' 물주가 패를 돌렸습니다. 포드비소츠키가 이겨서 1천 루블짜리 금화를 가져가려 했습니다. 그러자 물주가 말했지요. '잠깐 기다리시오.' 그리고 그는 금고에서 1백만 루블을 꺼내 주었습니다. '자, 받으십시오, 손님. Oto esti tvoi rakhunek(이것이 당신이 딴 돈이오)! 판돈은 1백만 루블이었습니다.' '나는 그런 줄 몰랐습니다.' '포드비소츠키 씨, 당신이 당신의 명예를 걸었듯이, 나도 내 명예를 걸고 했을 뿐입니다. 그러니 어서 받으십시오.' 그래서 포드비소츠키는 1백만 루블을 벌었답니다."

"그건 거짓말이오."

칼가노프가 말했다.

"Pane Kalganov, v shlyakhetnoy kompanii tak muvits ne przhistoi(칼가노프 씨, 점잖은 사람들이 모인 자리에서 그런 말을 하는 건 실례입니다)."

"그런데 그 폴란드 도박꾼이 당신한테야 1백만 루블을 내줄 리 없겠지요!" 미차가 소리쳤다. 그러나 그는 곧 제정신으로 돌아와서 이렇게 말했다. "아니, 용서하십시오, 제가 또 실언을 했군요. 1백만 루블을 줄 겁니다, 줄 거예요. 폴란드의 명예를 걸고! 어떻습니까, 나도 폴란드말을 곧잘 할 줄 알지요? 하하하! 그러면 10루블부터 시작하겠습니다. 자, 나는 잭!"

"나도 1루블을 여왕님에게 겁니다, 귀여운 하트의 여왕님에게 말입니다. 히히!"

막시모프는 웃으면서 자기의 퀸을 내밀어 놓으며, 다른 사람들에게는 보이고 싶지 않다는 듯 테이블에 몸을 바싹 붙이고 테이블 아래에서 재빨리 성호를 그었다. 미차가 이겼다. 막시모프의 1루블짜리도 이겼다.

"코너(4분의 1을 더 건다는 뜻)!"

미차가 소리쳤다.

"나는 이번에도 1루블만 걸겠습니다. 조금씩 걸겠어요."

막시모프는 1루블을 딴 것이 너무 기뻐서 어쩔 줄 몰라하며 중얼거렸다.

"잃었군!" 미차가 외쳤다. "이번엔 7에다 더블(두배를 건다는 뜻)!"

이것도 졌다.

"그만해요!"

갑자기 칼가노프가 말했다.

"더블로! 또 더블로!"

미차는 계속 두 배씩 올렸으나 아무리 걸어도 모조리 지기만 했다. 1루블짜리는 계속해서 이겼다.

"또 더블!"

미친듯이 소리를 질렀다.

"벌써 200루블이나 잃으셨군요. 다시 200루블 거시겠습니까?"

소파에 앉은 폴란드 신사가 물었다.

"뭐, 200루블을 잃었다구요? 그럼 또 200루블! 모두 더블로!"

미차는 이렇게 외치며 호주머니에서 돈을 꺼내 200루블을 퀸에 던지려 했다. 그러자 갑자기 칼가노프가 손으로 그 카드를 덮었다.

"이제 그만해요!"

칼가노프가 언성을 높이며 말했다.

"왜 이러는 거요?"

미차가 그의 얼굴을 노려보았다.

"그만하라니까! 더 보고 있을 수가 없어요. 이제 노름은 집어치워요!"

"왜?"

"하여튼 그만두세요. 침이라도 탁 뱉고 그만 돌아가시란 말입니다. 노름을 더 계속하게 내버려 둘 수 없어요!"

미차는 어처구니 없다는 듯이 그의 얼굴을 응시했다.

"집어치워요, 미차. 이 사람이 하는 말이 옳을지도 몰라요. 그렇잖아도 벌써 어지간히 잃었잖아요."

이번엔 그루센카가 기묘한 느낌이 묻어나는 목소리로 말했다.

두 폴란드 신사는 몹시 모욕을 느낀 듯이 자리에서 벌떡 일어났다.

"Jartueshi, pane(농담으로 하시는 말이겠지요, 파네)?"

키 작은 신사가 엄격한 눈초리로 칼가노프를 노려보면서 말했다.

"Yaksen povajashi to robitsi, pane(당신은 어떻게 감히 그런 실례의 말을 하는 거요, 파네)!"

브루블레프스키도 칼가노프에게 호통을 쳤다.

"여기가 어디라고 그렇게 함부로 고함을 지르는 거예요!" 그루센카가 소리쳤다. "칠면조도 아니고!"

미차는 그들의 얼굴을 번갈아 바라보았다. 그러자 그루센카의 얼굴에 떠오른 어떤 표정에 놀라 한 순간 완전히 새로운 어떤 생각이 퍼뜩 머릿속을 스치고 지나갔다. 그것은 참으로 기묘하고 새로운 생각이었다!

"아그리피나 씨!"

키 작은 폴란드 신사가 화가 나서 홍당무처럼 얼굴이 빨개 가지고 말을 하기 시작했을 때, 갑자기 미차가 그의 곁으로 다가가서 그의 어깨를 툭 쳤다.

"이것 보시오, 선생. 말씀드릴 것이 있는데 들어 주시겠소?"

"Chevo khteshi, pane(무슨 일이오, 파네)?"

"저쪽 방으로, 저쪽 침실로 갑시다. 할 얘기가 있어서요. 아주 좋은 얘기요. 당신도 틀림없이 만족하실 거요."

키 작은 폴란드 신사는 어리둥절하여 불안한 눈초리로 미차를 빤히 쳐다보았다. 그러나 곧 동의했다. 단 브루블레프스키도 같이 간다는 조건이었다.

"보디가드로 말입니까? 그럽시다, 오히려 잘 됐어요. 그분도 꼭 필요하니까!" 미차는 소리쳤다. "자, 갑시다!"

"어디로 가는 거예요?"

그루센카가 물었다.

"곧 돌아옵니다."

미차가 대답했다. 그의 얼굴에는 어떤 대담함이, 뜻하지 않은 어떤 용기 같은 것이 떠올랐다. 한 시간 전에 이 방에 들어왔을 때와는 완연히 다른 표정이었다. 그는 처녀들이 합창 준비를 하고, 식탁을 차려 놓고 있는 홀 쪽으로 가지 않고, 오른쪽에 있는 침실로 두 폴란드인을 데려갔다. 이 방에는 궤짝이며 트렁크 외에도, 무명 베개를 산더미처럼 쌓아올린 커다란 침대가 두 개 놓여 있었다. 한쪽 구석에는 조그마한 테이블 위에 촛불이 타고 있었다. 폴란드인과 미차는 이 테이블을 사이에 두고 마주앉았다. 장승처럼 키가 큰 폴란드인 브루블레프스키는 뒷짐을 지고 두 사람 옆에 버티고 섰다. 둘 다 심각한 표정이었으나, 분명 호기심을 느끼고 있는 기색이었다.

"Chem mogen sluzhiti, pane(그래, 무슨 일이지요, 파네)?"

키 작은 폴란드 신사가 말을 꺼냈다.

"다름이 아니라, 간단히 말하자면 여기 돈이 있습니다." 그는 가지고 있던 돈다발을 꺼냈다. "어떻소, 3천 루블을 드릴 테니 이걸 가지고 사라져 주실 생각은 없으신지?"

폴란드인은 눈이 둥그래져서 살피듯이 미차의 얼굴을 응시했다.

"3천 루블이라고요?"

그는 브루블레프스키와 서로 시선을 교환했다.

"3천이오, 틀림없는 3천 루블! 보아하니 당신도 그만하면 알아들을 만한 사람 같아서 하는 말이니까, 이 돈을 가지고 어디든지 가고 싶은 데로 사라져 버리는 것이 어떻소? 물론 브루블레프스키도 함께……. 내 말을 알아듣겠소? 그렇지만 지금 당장이라야 해요. 그리고 영원히, 영원히 사라져 버리란 말이오. 알겠소? 여기 이 문으로 해서 나가요. 저 방에 뭐 두고 온 게 있나요? 외투, 털가죽 외투? 그건 내가 갖다 드리겠소. 당신들을 위해 내가 곧 삼두마차를 준비시킬 테니 그것으로 '굿바이!' 어떻소?"

미차는 자신만만한 태도로 대답을 기다렸다. 그는 자기가 한 말의 결과를 확신하고 있었다. 어떤 비장한 결심 같은 것이 폴란드 인의 얼굴을 스치고 지나갔다.

"그럼 돈은?"

"돈은 이렇게 합시다. 우선 여비조로 당장 500루블을 드리지요. 그리고 나머지 2천 5백 루블은 내일 읍내에서 드리겠소. 내 명예를 걸고 맹세합니다. 무슨 짓을 해서라도 틀림없이 마련해 드리겠소!"

미차는 외쳤다.

두 폴란드인은 또다시 서로 눈짓을 했다. 키 작은 폴란드 신사의 얼굴이 점점 험악하게 변해 갔다.

"700루블을 드리지요. 700루블이면 어떻소? 500루블이 아닙니다. 지금 이 자리에서 당장 드리겠소!"

미차는 어쩐지 불길한 예감을 느끼며 이렇게 액수를 올려 불렀다.

"어떻소? 왜 그러십니까? 그래, 내 말을 믿을 수 없단 말입니까? 지금 당장 3천 루블을 다 드릴 수는 없소. 또 지금 주면, 당신은 내일이라도 다시 저 여자 집에 올지도 모르겠고…… 게다가 지금 내겐 3천 루블이란 돈도 없습니다. 그 돈은 집에, 읍내에 있는 우리집에 있단 말입니다." 미차는 한마디 한 마디 내뱉을 때마다 점점 자신감을 잃어 가고 있었다. "틀림없어요, 집에 감춰 둔 게 있다니까……."

그 순간 비정상적이라 할 정도의 자존심이 키 작은 폴란드 신사의 얼굴에 나타나기 시작했다.

"또 뭐 할 얘기가 있소?" 그는 비꼬는 듯이 말했다. "Pfe! A pfe(비열한! 정말 비열한 자 같으니)!"

이렇게 말하며 그는 마루에 침을 퉤 뱉었다. 브루블레프스키도 침을 뱉었다.

"당신이 침을 뱉는 건," 이미 모든 것이 끝나고 말았다는 것을 알고 미차는 자포자기한 어조로 말했다. "요컨대 그루셴카한테서 좀더 뜯어 낼 수 있다고 생각하는 거로군요. 당신들은 둘 다 불알을 깐 수탉들이야, 그 정도밖엔 되지 않는단 말이오!"

"Estem do jivevo dorknentnym(이런 지독한 모욕은 처음이다)!"

키 작은 폴란드 신사는 얼굴이 새우처럼 새빨개져서, 이젠 한마디도 더 듣기 싫다는 듯이 몹시 험악한 기색으로 방에서 나가 버렸다.

브루블레프스키도 어깨를 흔들며 그의 뒤를 따라나갔다. 뒤이어 미차도 풀이 죽어 어쩔 줄 몰라 난감한 표정으로 걸어나왔다. 그는 그루셴카가 무서웠다. 폴란드인들이 곧 큰 소리로 떠들어 댈 것이라고 예상한 것이다. 아니나 다를까 폴란드 신사는 방에 들어서자 마자 연극배우 같은 거동으로 그루셴카 앞으로 가 섰다.

"아그리피나! 'Estem do jivevo dorknentnym(이런 지독한 모욕은 처음이오)!'"

그가 이렇게 소리치자 그루셴카는 자기의 가장 아픈 곳을 찔리기라도 한 듯이, 분통을 터뜨리며 소리쳤다.

"러시아말로 해요, 러시아말로! 한마디라도 폴란드말을 했다가는 용서하지 않을 테니까! 전엔 언제나 러시아말을 쓰던 사람이, 그래 5년 동안에 벌써 다 잊었단 말인가요?"

그녀는 얼굴을 붉히며 소리쳤다.

"아그리피나!"

"나는 아그라페나예요, 그루센카란 말예요. 러시아말로 해요, 그렇잖으면 듣지도 않을 테에요!"

폴란드 신사는 자존심이 상해 숨을 헐떡거리면서 엉터리 러시아어를 과장된 어조로 재빠르게 말하기 시작했다.

"아그라페나, 난 옛날 일을 잊고 용서하러 왔어요. 오늘까지의 일, 잊으려고 왔어요……."

"뭐요, 용서한다고요? 그래, 날 용서하러 여길 왔단 말인가요?"

그루센카는 그의 말을 가로막으며 자리에서 벌떡 일어섰다.

"Takesti, Pani(그렇습니다, 파니). 난 속 좁은 사람이 아니오. 관대한 사람이란 말이오. 그러나 당신의 애인들을 보고 bylem zdziviony(놀랐습니다). 미챠 씨가 저 방에서 나에게 trji tysiontsy(3천 루블) 주려고 했어요. 나에게 손 떼라는군요. 난 저자 얼굴에 침을 뱉어 주었지요."

"뭐라고요? 그래 저 사람이 날 위해 돈을 주겠다고 했단 말인가요?" 그루센카는 히스테리컬하게 외쳤다. "그게 정말인가요, 미챠? 어떻게 당신이 그런 무례한 짓을 할 수가 있어요! 내가 돈으로 사고 파는 물건인 줄 아셨나요?"

"이봐요, 당신!" 미챠는 마구 소리쳤다. "이 여자는 순결하오. 한 점의 티도 없이 깨끗해요! 내 애인이었던 적은 한 번도 없었소! 그렇게 함부로 입을 놀리지 말란 말이오……."

"당신이 뭐길래 감히 이 사람 앞에서 나를 변명하는 거예요?" 이번에는 그루센카가 악을 쓰며 소리질렀다. "내가 순결했던 건 정절이 굳어서도 아니고 또 삼소노프 노인이 무서워서 그랬던 것도 아니에요. 단지 저 사람 앞에 보란 듯이 떳떳하게 나서고 싶어서였어요. 언젠가 저 사람을 만나면, 넌 비열한 사내라고 말할 자격을 갖추고 싶었어요. 하지만 저 사람 설마 돈을 받은 건 아니겠죠?"

"아니, 받으려 했어요, 받으려 했단 말이오!" 미챠는 소리질렀다. "3천 루블을 한꺼번에 다 받고 싶어했지만 내가 당장에는 700루블밖에 주지 못하겠다니까 거절한 것이지요."

"이제야 알겠어요. 내가 돈을 갖고 있다는 소문을 듣고, 그래서 나와 결혼하려고 찾아온 거예요!"

"아그리피나." 키 작은 폴란드 신사가 외쳤다. "난, 난……기사(騎士)요, 난 귀족이오, 파렴치한이 아니란 말이오! 나는 당신을 내 아내로 맞기 위해 왔어요. 그런데 막상 와보니, 옛날의 당신이 아니라 upartu i bez vstydu(수치를 모르는 변덕쟁이)가 되어 버렸더군요."

"아, 그래요? 그렇다면 어서 당신이 있던 곳으로 되돌아가요! 내가 내쫓으라고 한마디만 하면, 당신 따윈 당장 쫓겨나고 말 테니까!" 그루센카는 미친 듯이 소리쳤다. "아아, 내가 바보였지, 내가 바보였어. 5년 동안 그토록 괴로워하다니! 그렇지만 이런 남자 때문에 괴로워했던 건 아니야. 다만 털어 버릴 길 없는 분노 때문에 자신을 괴롭혔던 것이지. 그리고 이 사람도 아주 딴사람처럼 변해 버렸어! 정말이지, 그 사람이 과연 이런 인간이었을까? 이건 아마 그 사람의 아버지일지도 몰라! 당신은 대체 어디서 그런 가발을 얻어 썼어요? 그때 그 사람은 매였는데, 여기 이 남자는 수탉이야. 그 사람은 웃기도 잘했고 또 내게 노래를 불러 주곤 했어……. 그런데 난 5년이나 울고 지냈으니, 이런 바보가 어디 있을까. 천박하고 수치를 모르는 바보였어!"

그루센카는 안락의자에 몸을 내던지고 두 손으로 얼굴을 가렸다. 바로 이때 모크로예 마을 처녀들의 합창소리가 왼쪽에 붙은 옆 방에서 들려왔다. 활기찬 춤곡이였다.

"이건 마치 소돔이로군!" 갑자기 브루블레프스키가 으르렁거리듯 소리쳤다. "이봐, 주인장, 저 더러운 계집들을 쫓아 버려!"

이 소리가 떨어지기가 무섭게 주인이 달려 들어왔다. 여관 주인은 고함소리를 듣고 손님들이 다투는가 싶어 아까부터 문틈으로 방 안을 흘끔흘끔 들여다보고 있었던 것이다.

"무엇 때문에 그렇게 소리를 지르는 거요? 그래, 목구멍이라도 터지고 싶은 거요?"

주인은 도무지 이해할 수 없는 무례한 태도로 브루블레프스키를 보며 말했다.

"이런 돼지 같은 놈을 봤나!"

브루블레프스키가 호통을 쳤다.

"돼지라고? 그렇게 말하는 네놈은 어떤 카드를 갖고 노름을 했지? 내가 준

새 카드는 감춰 버리고, 표시가 되어 있는 카드를 가지고 노름을 하지 않았느냔 말이야! 나는 사기 도박으로 네놈들을 고소해서 시베리아로 보낼 수도 있어. 카드 위조는 지폐 위조와 같다는 걸 모르나?"

이렇게 말한 주인은 소파로 걸어가 등받이와 쿠션 사이에 손을 넣더니 거기서 포장도 뜯지 않은 새 트럼프를 꺼냈다.

"봐, 이게 내가 준 카드야. 아직 포장도 뜯지 않은 채로 있군!" 그는 그 트럼프를 높이 쳐들어 모두에게 보여주었다. "내가 준 카드를 저 틈에 쑤셔넣고는 자기 것과 바꿔 치기하는 것을 나는 저기서 봤단 말이오. 당신은 사기꾼이야. 그러면서도 뭐, 귀족이라고?"

"나도 저 사람이 두 번이나 카드를 바꾸는 걸 봤어요!"

칼가노프도 소리쳤다.

"아아, 창피해. 이런 창피가 어디 있담!" 그루센카는 손뼉을 치며 외치더니 창피한 나머지 얼굴까지 새빨개졌다. "어쩌면 저렇게도 타락한 인간이 되어 버렸을까!"

"나도 역시 그렇게 생각했어!"

미차가 말했다. 그러나 그가 이 말을 채 끝맺기도 전에 낭패한 꼴을 당해 화가 머리끝까지 치민 브루블레프스키가 갑자기 그루센카를 향해 주먹을 휘두르며 소리쳤다.

"이 매춘부 같은 년이!"

그러나 그의 말이 떨어지기가 무섭게 미차가 달려들더니 두 손으로 그를 떠밀어 눈깜짝할 사이에 오른쪽 옆에 붙은 방으로 그를 몰아냈다. 그 방은 조금 전에 미차가 두 사람을 데리고 들어갔던 바로 그 침실이었다.

"그놈을 마룻바닥에 내동댕이치고 왔소!" 미차는 곧 되돌아와서 흥분한 나머지 숨을 헐떡거리며 보고했다. "악당 같으니라고, 그래도 나한테 반항하려고 하더군요. 하지만 이제 다시는 거기서 나오지 못할 거요……."

미차는 양쪽으로 여닫는 문의 한 쪽을 닫고, 다른 한 쪽은 열어젖힌 채로 키 작은 폴란드 신사를 향해 소리쳤다.

"신사양반, 댁도 저 방으로 물러나시는 것이 어떻겠소? Psheprasham(간절히 애원하는 바입니다)!"

여관주인 트리폰이 큰 소리로 말했다. "드미트리 나리, 저놈들한테 돈을 내

놓으라고 하시지요, 나리께서 잃으신 것 말입니다! 당신한테서 도둑질한 것이나 다름없으니까요."

"난 내가 잃은 50루블을 도로 빼앗을 생각은 없소."

칼가노프가 불쑥 끼어들었다.

"나도 그까짓 200루블, 필요없어!" 미차가 소리쳤다. "절대로 뺏지 않을 테니까, 위로금으로 가지라 그래요!"

"훌륭해요, 미차. 정말 잘했어요, 미차!"

그루셴카가 외쳤다. 그 외침에는 폴란드 신사에 대한 야유가 깃들어 있었다. 키 작은 폴란드 신사는 격분한 나머지 얼굴이 울그락 푸르락하면서도 여전히 위엄을 잃지 않으려고 애쓰며 스스로 문 쪽으로 걸어가다가 갑자기 멈춰서서 그루셴카를 향해 돌아섰다.

"Pani, ezheli khtsesh isits za mnoyu, idzimy, esli ne-byvay zdrova(만약 나를 따를 생각이 있다면 같이 나갑시다. 그렇지 않으면 이것으로 작별이오)!"

그렇게 분노와 야심에 허덕이면서 거만한 걸음걸이로 문 뒤로 사라졌다. 무척이나 자존심이 강한 사내였다. 그와 같은 일이 일어났음에도 아직 여자가 자기를 따라올 것이라는 희망을 잃지 않을 만큼 자신이 있었던 것이다. 그가 나가자 미차는 문을 쾅 닫았다.

"아주 문을 걸어 잠가 가두어 버리십시오." 칼가노프가 말했다. 그러나 오히려 저 쪽에서 찰칵하며 자물쇠 채우는 소리가 났다. 그들이 먼저 안에서 문을 잠가 버린 것이다.

"잘했어요!" 그루셴카가 또다시 상대가 눈앞에 있는 것처럼 거침없이 소리쳤다. "잘 생각했어요! 당신들에겐 당연한 결과지 뭐예요!"

8 헛소리

뒤이어 바커스의 주연을 방불케 하는 요란한 술자리가 벌어졌다. 그루셴카가 가장 먼저 술을 달라고 소리쳤다.

"술을 마시고 싶어요. 지난번처럼 아주 곤드라지게 취해 보고 싶어요. 이봐요, 미차, 우리가 처음 친해졌던 그때의 일이 기억나요?"

미차는 마치 꿈을 꾸듯이 '자신의 행복'을 예감하고 있었다. 그러나 그루셴카는 자꾸만 자기 곁에서 그를 밀어내려고 했다.

"당신도 저리 가서 떠들며 즐겨요. 모두 한바탕 춤을 추라고 하세요. 지난번처럼 '집도 춤추고 페치카도 춤추게' 흥청망청 노는 거예요!"

그루셴카는 쉴새없이 지껄여대며 몹시 흥분하고 있었다.

미차는 그녀가 시키는 대로 지시하려고 재빨리 달려나갔다.

합창대는 옆방에 모여 있었다. 이제까지 앉아 있던 방은 지나치게 좁은데다 무명으로 만든 커튼으로 방을 둘로 나눠, 그 안쪽에는 폭신한 깃털 이불과 역시 무명으로 씌운 베개를 산더미처럼 쌓아 놓은 커다란 침대가 있었다. 이 여관엔 깨끗한 방이 네 개 있었는데 모두 안에 침대가 놓여 있었다.

그루셴카는 바로 문 옆에 자리를 잡았다. 미차가 그리로 안락의자를 가져다 주었다. '그때' 즉 처음으로 여기서 난장판을 벌였을 때도, 그루셴카는 바로 이 자리에 앉아 옆방에서 노래하고 춤추는 것을 구경했다.

모여든 처녀들도 '그때' 왔던 바로 그 얼굴들이었다. 바이올린과 기타를 든 유대인 악사들도 와 있었다. 드디어 고대하고 있던 술과 먹을 것을 가득 실은 마차가 도착했다. 미차는 이리저리 분주하게 뛰어다녔다. 아무런 상관도 없는 농부와 아낙네들까지 구경하려고 방안으로 들어왔다. 그들은 이미 잠자리에 들었다가, 한 달 전과 같은 굉장한 파티가 벌어진 것을 눈치채고 자리에서 일어나 몰려온 것이다.

미차는 낯이 익은 사람이면 모두 인사를 나누고 포옹을 했다. 그러자 그들의 얼굴이 하나하나 기억에 되살아났다. 그는 끊임없이 술병의 마개를 따서는 아무에게나 닥치는대로 따라 주었다. 샴페인을 마시고 싶어하는 건 주로 처녀들이었고 농부들은 럼이나 코냑, 특히 뜨거운 펀치를 좋아했다. 미차는 처녀들 모두에게 초콜릿을 끓여주고, 또 모든 사람이 차와 펀치를 마실 수 있도록, 밤새도록 세 개의 사모바르에 물을 끓이라고 지시했다.

한마디로 말해 참으로 어처구니없고 무질서한 난장판이 벌어진 것이다. 그러나 미차는 마치 물 만난 물고기처럼 파티가 난장판이 되어 가면 갈수록 더욱더 신바람이 났다. 이럴 때 만약 농부들이 와서 그에게 돈을 요구했다면 그는 곧 그 돈다발을 꺼내 마구 뿌렸을 것이다.

여관 주인 트리폰이 미차의 곁에 거의 달라붙듯이 하여 따라다니는 것은, 아마도 그런 이유에서 그를 감시하고 있음이 틀림없었다. 주인은 그날 밤에 잠을 잘 생각은 이미 단념한 듯이 보였다. 그는 술도 그리 마시지 않고(펀치 한 잔을 마셨을 뿐이었다) 자기 나름의 견지에서 미차의 동태를 감시하고 있었다. 그리고 필요한 경우에는 아첨 섞인 말로 미차를 제지하며 '그때'처럼 '시가와 라인산 백포도주'나 어리석게 돈까지 농부들에게 마구 뿌리는 것을 막았다. 그리고 계집애들이 함부로 리큐어를 마시고 과자를 집어먹는다고 몹시 못마땅해하며 화를 내는 것이었다.

"나리, 저런 것들은 모두 이가 득실거리는 거지들입니다. 나 같으면 저것들을 모두 발길로 한 차례씩 차 버리겠습니다. 그래도 저것들은 도리어 고맙다고 굽실거릴 테니 두고 보십시오. 그만한 가치밖에 없는 놈들이지요!"

미차는 또다시 안드레이가 생각나서, 그에게 펀치를 갖다 주라고 명령했다.

"난 아까 안드레이를 모욕했어."

그는 미안한 듯이 부드러운 목소리로 몇번이나 말했다.

칼가노프는 처음엔 술도 마시려 하지 않고, 처녀들의 합창도 그다지 마음에 들지 않는 눈치였다. 하지만 샴페인을 두어 잔 마시고 나서는 무척 신이 나 방 안을 돌아 다니면서 웃고 떠들며, 노래도 좋고, 음악도 좋고, 모든 것이 다 좋다고 마구 칭찬해 대는 것이었다. 얼근하게 취한 막시모프는 기분이 좋아서 잠시도 칼가노프의 곁을 떠나지 않았다. 그루센카 역시 술기운이 오르기 시작했는지 칼가노프를 가리키며 미차에게 말했다.

"어쩌면 저렇게 귀여울까요, 정말 멋진 도련님이에요!"

그러자 미차는 너무나 기뻐서 어쩔 줄 몰라하며 곧장 달려가 칼가노프와 막시모프에게 키스를 했다. 아아, 그는 참으로 많은 것을 예감하고 있었다! 그루센카는 아직 아무 말도 하지 않았지만, 말하고 싶은 것을 일부러 참고 있는 것처럼 보였다. 그러나 이따금 미차를 바라보는 그녀의 눈은 한결 부드럽고 열정적인 빛을 띠고 있었다. 마침내 그녀는 갑자기 미차의 손을 꼭 붙잡고 힘껏 자기 쪽으로 끌어당겼다. 그녀는 이때 문 옆에 놓인 안락의자에 앉아 있었다.

"아까 당신이 이곳에 들어왔을 때는 어떤 기분이었어요, 네? 그때의 그 모습…… 정말이지, 깜짝 놀랐어요! 어째서 당신은 날 그 사람에게 양보하려고 했어요? 정말 그럴 작정이었나요?"

"나는 당신의 행복을 망쳐 놓고 싶지 않았어!"

미차는 황홀감에 젖어 중얼거렸다. 그러나 그루센카는 그의 대답이 듣고 싶어서가 아니었다.

"자, 저리로 가서 즐겁게 노세요……." 그루센카는 또다시 그를 쫓아 버렸다. "그렇다고 울지는 말아요, 또다시 부를 테니까."

그러면 그는 얼른 저쪽으로 달려가 버리는 것이었다. 그루센카는 그가 어디에 있든 언제나 눈으로 그의 뒤를 쫓으면서, 노랫소리에 귀를 기울이기도 하고 춤도 구경했다. 그러나 15분쯤 지나면 그를 다시 불렀고, 미차는 다시 그녀에게로 달려오곤 했다.

"이리 와서 내 옆에 앉으세요, 어서. 내가 여기 온 걸 어떻게 알았지요? 말해 보세요, 맨 먼저 누구한테서 들었나요?"

그래서 미차는 모두 이야기하기 시작했다. 열띤 어조로 두서없이 얘기했지만 어딘지 모르게 묘한 느낌을 주면서 이따금 미간을 찌푸리는가 하면 얘기 도중에 문득 입을 다물어 버리기도 하는 것이었다.

"표정이 왜 그래요?"

그루센카가 물었다.

"아무것도 아니야……. 거기 환자를 하나 두고 와서…… 만일 그 사람이 살아난다면, 아니, 완전히 회복될 수 있다면, 당장에라도 내 수명을 10년쯤 나눠 줄 용의가 있는데!"

"환자쯤이야, 그까짓것 아무러면 어때요. 그보다도 당신은 정말 내일 자살할 작정이었나요? 바보 같은 사람. 그래 무엇 때문에 자살하겠다는 거예요? 하긴 나는 당신처럼 무모한 사람이 좋아요." 살짝 혀꼬부라진 소리로 그루센카는 이렇게 말했다. "그럼, 당신은 나를 위해서는 어떤 일이라도 하겠군요? 그렇죠? 정말 당신은 내일 권총으로 자살할 작정이었나요? 바보 같으니! 그러지 말아요, 조금만 기다려요, 내일 내가 당신에게 좋은 얘기를 들려줄 테니까……. 오늘은 말고, 내일 얘기해 드리겠어요. 당신은 오늘 듣고 싶겠지요? 그렇지만 안 돼요. 자, 이제 저리로 가세요. 어서 가서 흥겹게 노세요."

그러나 그녀는 다시금 뭔가 몹시 염려하는 것 같은 얼굴로 미차를 불렀다.

"왜 그렇게 슬픈 얼굴을 하고 있어요? 당신이 슬픔에 잠겨 있다는 걸 난 알 수 있어요……. 난 잘 알고 있어요." 그의 눈을 뚫어지게 들여다보며 그녀는 이렇게 덧붙였다. "당신은 저기서 농부들과 키스를 하고 고함을 지르기도 하지만, 난 다 알고 있어요. 그러면 안 돼요, 좀더 흥겹게 노세요. 나도 이렇게 흥겨워하고 있으니까, 당신도 좀더 기분을 내줘요……. 여기 있는 사람들 중에 내가 좋아하는 사람이 있어요. 누군지 알아 맞춰 보세요……. 어머나, 내가 좋아하는 도련님이 잠들어 버렸네요, 가엾게도 그만 술에 곤드라지고 말았군요."

이것은 칼가노프를 두고 한 말이었다. 그는 술에 취해 소파에 주저앉자마자 그만 잠이 들어 버린 것이다. 그러나 그는 단순히 술에 취해서 잠이 든 것만은 아니고 갑자기 왠지 모르게 기분이 울적해졌던 것이다. 그의 말을 빌리면, '같이 어울릴 수 없는' 느낌이 들었던 것이다. 파티가 고조될수록 점점 추잡스럽게 변해 가는 여자들의 노랫소리가 나중에는 그의 기분을 아주 망쳐 놓고 말았다.

춤도 역시 마찬가지였다. 처녀 둘이 곰으로 변장하고, 손에 막대기를 든 스체파니다라는 활발한 처녀가 곰 조련사 흉내를 내며 곰에게 재주를 부리게 했다.

"마리아, 좀더 기운을 내, 그렇잖으면 이 몽둥이로 때려 줄 거야!"

드디어 곰들은 보기 민망할 정도의 음탕한 자세로 마루에서 뒹굴었다. 그러자 빽빽이 모여든 마을 아낙네들과 농부들이 와아 웃음을 터뜨렸다.

"좋아요, 마음껏들 놀게 해줘요. 마음껏." 그루센카가 행복한 표정으로 제법 의젓하게 말했다. "저 사람들이 저렇게 즐길 수 있는 기회가 여간해선 없을 테니, 이런 때 마음껏 즐기도록 해야지."

칼가노프는 무슨 더러운 물건에 몸이 닿기라도 한 것 같은 표정으로 그들을 바라보았다.

"차마 눈뜨고 볼 수가 없군. 정말 못 말릴 국민성이야!" 그는 자리를 뜨면서 한마디 내뱉었다. "저건 봄 축제 때 하는 놀이인데, 여름에 밤새도록 태양을 지키며 논다는 내용이야."

무엇보다 그의 기분이 잡친 것은 경쾌한 춤곡에 붙인 이른바 '새로운' 노래의 가사 때문인데, 그것은 지나가던 어떤 귀족이 마을 처녀들의 마음을 떠본다는 내용이었다.

어르신네께서 계집애에게 물어 봤다네,
큰애기야, 내가 좋으냐, 싫으냐?

그러나 처녀들은 그 귀족을 사랑해서는 안 될 것 같다.

어르신네께선 나를 개패듯이 때려 줄 거야.
그런 사람한텐 반하지 않아요.

그때 한 집시가 지나가다가 다시 처녀들의 마음을 떠본다.

집시가 계집애들에게 물어 보았네,
큰애기야, 내가 좋으냐, 싫으냐?

그러나 집시를 사랑해서도 안 될 것 같다.

집시는 도둑질이나 하다가 잡혀갈 거야.
그러면 난 눈물로 세월을 보내게 될 걸.

그러자 온갖 사람들이 처녀에게 와서 그녀를 유혹하려 든다. 나중에는 병사까지 와서 떠본다.

병사가 계집애에게 물어 보았네,
큰애기야, 나는 어떠냐?

그러나 병사는 무참히도 거절당한다.

병사는 배낭을 지고 다니지
그럼 난 그 뒤를 따르고…….

그 다음 구절은 아주 음탕한 것이었다. 그것을 아무 거리낌 없이 불러대자 청중들은 열광적인 갈채를 보냈다. 노래는 결국 어떤 상인의 이야기로 끝을 맺었다.

장사치가 계집애에게 물어 보았네,
큰애기야, 내가 좋으냐, 싫으냐?

결국 처녀들이 홀딱 반할 수 있는 건 상인이라는 사실이 드러났다. 그 이유는 다음과 같았다.

장사치는 돈을 버니까
나는 실컷 호사할 수 있겠지.

칼가노프는 벌컥 화를 내고 말았다.
"새로운 노래라는 게 고작 이거야?" 그는 커다란 소리로 외쳤다. "도대체 누가 이따위 노래를 그들에게 지어 주는 것일까? 철도원이나 유대인이 와서 처녀들을 유혹하지 않는 게 이상하군. 그런 자들이라면 모두 넘어갔을 텐데."
그는 울화통이 치밀어 올라 더 이상 어울리고 싶지 않다고 그 자리에서 선언한 뒤 소파에 앉아, 그대로 잠들고 만 것이다. 소파의 쿠션에 기댄 그의 귀여운 얼굴은 조금 창백한 빛을 띠고 있었다.
"보세요, 참 귀엽지요?" 그루센카는 미차를 소파 옆으로 끌고 가서 이렇게 말했다. "조금 전에 나는 이 사람의 머리를 빗겨 주었어요. 정말 아마처럼 탐스러운 머리죠?"
그루센카는 이렇게 말하며 감동하는 표정으로 허리를 굽혀 젊은이의 이마에 키스를 했다. 칼가노프는 깜짝 놀라 눈을 번쩍 뜨고 그녀의 얼굴을 바라보더니, 몸을 조금 일으키며 불안한 표정으로 막시모프는 어디 있느냐고 물었다.
"그 사람이 그렇게 걱정이 되나요?" 그루센카는 웃었다. "그러지 말고 내 곁에 좀 앉아 있어요. 미차, 얼른 달려가서 막시모프를 이 사람에게 데려다 줘요."
막시모프는 이따금 리큐어를 마시러 달려 갈 때 외에는 한시도 처녀들의 곁을 떠나지 않는 모양이었다. 그는 벌써 초콜릿도 두 잔이나 마셨다. 그의 조그만 얼굴은 새빨갰고, 코 역시 자주빛으로 변했으며, 두 눈은 음탕한 빛을 띠며 번들거리고 있었다. 그는 가까이 달려오더니 지금 곧 어떤 '재미있는 곡'에 맞추어 나막신 춤이라는 걸 한 차례 추겠다고 말했다.
"이래봬도 난 어렸을 때부터 상류 사회에서 추는 고상한 춤을 배웠거든요……."
"자, 어서 가보세요, 미차. 어서 그 사람하고 같이 춤을 추세요. 나는 여기서 저 사람이 어떤 춤을 추는지 구경하겠어요."

"그럼 나도 저리로 가서 구경이나 해볼까."

자기 곁에 앉아 있어 달라는 그루센카의 청을 어린애다운 순진한 태도로 거절하며 칼가노프는 이렇게 소리쳤다. 그래서 그들은 같이 구경하러 갔다. 막시모프는 정말로 나막신 춤이라는 걸 추어 보였다. 그러나 미차 말고는 아무도 칭찬해 주는 사람이 없었다. 그의 춤이라는 것은 단지 깡충깡충 뛰어 오를 때마다 구두 밑창을 탁탁 치는 것뿐이었다. 칼가노프는 전혀 마음에 들어하지 않았지만 미차는 춤춘 사람에게 키스까지 해 주었다.

"수고했소, 피곤하지 않소? 무엇을 찾고 있지? 과자? 아니면 시가라도?"

"여느 궐련으로 한 대만."

"술은 안 마시겠소?"

"방금 저기서 리큐어 마셨어요……. 초콜릿은 없습니까?"

"저기 저 식탁 위에 얼마든지 있소. 마음대로 드시오. 당신은 참 귀여운 데가 있어서 좋아!"

"아니, 내가 찾는 건 바닐라가 든 과자요……. 늙은이에겐 그저 그게 최고거든요……. 헤헤!"

"없어요, 그런 특별한 과자는 없어요."

"잠깐만." 늙은이는 갑자기 허리를 굽히고 미차의 귀에 대고 속삭였다. "저, 다른 얘기가 아니라, 저기 저 계집애 말입니다. 마리아 말예요, 히히히! 어떻게 그 애하고 좀 가까이 사귈 수 있도록 힘을 써줄 수 없을까 해서……."

"오라, 엉뚱한 야심을 품고 계시군! 안 돼, 안 돼, 그런 어리석은 소린 그만 둬요."

"그렇지만 난 아무한테도 나쁜 짓은 하지 않습니다."

막시모프는 풀이 죽어서 이렇게 중얼거렸다.

"알았어요, 알았어. 저 애들은 아무튼 춤추고 노래하려고 여기 온 것뿐이니까…… 에이, 그까짓건 아무려면 어때! 잠깐만, 뭐 그리 급하게 굴 건 없어요……. 우선은 실컷 먹고 마시고 놀아요. 돈은 필요없소?"

"나중에……." 막시모프는 히죽 웃었다.

"좋아요, 좋아……."

미차는 머리가 뜨겁게 타오르는 것 같았다. 그는 2층 목조 베란다로 나갔다.

베란다는 이 집 뜰과 마주하여 한쪽에 길게 붙어 있었다. 신선한 바깥 공기를 쐬자 살 것 같았다. 그는 혼자서 한쪽 구석의 어둠 속에 묵묵히 서 있다가 두 손으로 와락 머리를 움켜쥐었다. 산산이 흩어졌던 상념들이 한데 뭉치고, 잡다한 감각이 하나로 융합되어 모든 것이 그의 마음속에 환하게 떠올랐다. 그리고 모든 것이 빛을 발하는 것이었다. 그것은 소름이 끼칠 만큼 무서운 빛이었다.

'그렇다, 자살을 하려던 그때가 바로 지금이 아닌가!' 이런 생각이 그의 머리를 스치고 지나갔다. '그 권총을 이리로 가져와 여기서, 이 어둡고 더러운 베란다 구석에서 아주 끝장을 내버려야 한다.'

거의 1분 동안이나 그는 결정을 내리지 못하고 그 자리에 서 있었다. 몇 시간 전, 이리로 마차를 몰고 달려올 때는 치욕이 그의 등을 덮쳐오고 있었다. 그가 저지른 절도 행위와 피, 그 피에 쫓기고 있는 기분이었다. 그러나 그때가 오히려 마음이 홀가분했다. 훨씬 홀가분했다! 그때는 이미 모든 게 끝나 버린 때였던 것이다. 그는 여자를 잃었고, 남에게 양보했다. 그루센카는 영영 그에게서 사라져 버린 존재였다. 아아, 그때는 자기에게 사형 선고를 내리는 것도 아주 쉬운 일이었다. 적어도 피할 수 없는 필연적인 것으로 생각되었다. 왜냐하면 그가 이 세상에 살아 남아 있어야 할 이유가 없었기 때문이다!

그러나 지금은? 그때와 사정이 똑같다고 할 수 있을까! 이제는, 적어도 한 가지 무서운 환영이 사라져 버린 것이다. 그 여자의 첫사랑인 그 정당한 애인, 그 숙명적인 사내는 흔적도 없이 사라져 버렸다. 그 무서운 환영은 갑자기 보잘것없는 우스꽝스러운 존재로 변해 버렸다. 자신의 두 팔로 힘들이지 않고 침실로 쫓아 가둬 버렸다. 이제 다시는 돌아오지 못할 것이다. 그루센카는 부끄러워하고 있었다. 뿐만 아니라 그는 그루센카의 눈만 보고도 그녀가 사랑하는 사람이 누구인지 알 수 있었다. 오오, 이제야말로 살아있기만 하면 된다. …… 그러나 자신은 이제 살 수 없는 몸이다. 절대로 살 수 없다. 아아, 이 무슨 저주받은 운명이란 말인가!

'아아 하느님, 그 울타리 밑에 쓰러져 있는 사람을 살려 주십시오! 이 무서운 운명의 잔을 제발 치워 주십시오! 주여, 당신께서는 나 같은 죄인을 위하여 기적을 일으키지 않으셨습니까! 만약에 그 늙은이가 살아 있다면…… 오오, 그렇다면 나는 그 밖의 수치스러운 불명예를 모두 씻어 버리겠습니다. 훔친 돈도 돌려보내겠습니다. 무슨 일이 있어도 꼭 돌려 주겠습니다……. 그렇게 하면 치욕의 흔적은 내 마음속에밖엔 영원히 남지 않을 것입니다! 하지만 틀렸어, 안 돼, 이 비겁한 꿈이 어떻게 이루어질 수 있단 말인가! 오오, 이런 저주가 또 어디 있담!'

그러나 한 줄기, 밝은 희망의 빛이 그의 캄캄한 마음속을 비추는 것 같았다. 그는 벌떡 몸을 일으켜 방안으로 달려 들어갔다. 그 여자에게, 그루센카에게, 그의 영원한 여왕인 그 여자 곁으로!

'비록 치욕의 고통에 빠져 있을망정, 그녀와 사랑하는 한 시간, 아니 한순간이 나머지 삶의 전부 만한 가치가 있는 게 아닐까?' 이런 거친 의문이 갑자기 그의 마음속을 엄습했던 것이다. '그 여자에게 가자. 그 여자에게 가기만 하면 된다. 그녀의 얼굴을 보고, 그녀의 목소리를 듣기만 하면 된다. 오늘 하룻밤만이라도, 한 시간만이라도, 아니 한순간만이라도 좋다. 아무것도 생각하지 말고 모든 걸 다 잊어 버리자!'

베란다에서 방안으로 막 들어서려는 순간, 그는 여관 주인 트리폰과 딱 마주쳤다. 주인은 어쩐지 잔뜩 찌푸린 얼굴을 하고, 무언가 걱정스러운 일이 있는 것같이 보였다. 아마 미차를 찾아 다니고 있었던 모양이었다.

"왜 그러나, 트리폰, 나를 찾고 있었나?"

"아닙니다." 주인은 갑자기 당황하는 기색으로 대답했다. "제가 무엇 때문에 나리를 찾아다니겠습니까? 그건 그렇고…… 대체 어디 계셨습니까?"

"자네 왜 그리 시큰둥한 얼굴을 하고 있지? 뭐, 화나는 일이라도 있나? 잠깐만 기다리게, 곧 잠을 잘 수 있게 해줄 테니까……. 지금 몇 시지?"

"글쎄요, 3시쯤 되지 않았을까요? 아니, 어쩌면 3시가 훨씬 넘었는지도 모릅니다."

"그럼 이제 곧 끝내도록 하지."

"원, 별말씀을. 괜찮습니다, 걱정마시고 얼마든지……."

'무슨 일이 있었나?'

미차는 잠시 의아심을 품고 생각하다 처녀들이 춤추고 있는 방으로 곧장 달려들어갔다. 그러나 그루센카는 거기 없었다. 하늘색 방에도 보이지 않았다. 거기에는 칼가노프 혼자 소파에 앉아 졸고 있을 뿐이었다. 미차는 칸막이 휘장을 들치고 들여다보았다. 그루센카는 거기에 있었다. 한쪽 구석에 놓인 궤짝에 걸터앉아서 두 팔과 머리를 옆에 있는 침대에 파묻고, 남이 들을세라 억지로 소리를 죽여가며 흐느껴 울고 있었다. 미차를 보더니 그녀는 손짓을 해서 자기 곁으로 불러 그의 손을 꼭 잡았다.

"아아, 미차, 난 그 사람을 정말 사랑했어요!" 그루센카는 낮은 목소리로 소곤거리듯 말하기 시작했다. "그 사람을 지난 5년 동안 줄곧 사랑해 왔어요! 내가 사랑한 것은 정말 그 사람이었을까, 아니면 나 자신의 증오에 불과한 것이었을까? 아니야, 내가 사랑한 것은 그 사람이야! 어디까지나 그 사람이었어! 내가 사랑한 것은 증오뿐, 그 사람을 사랑한 것은 아니라고 한 말은 거짓말이었어! 미차, 나는 그때 열일곱 살밖에 안 되었지만, 그는 내게 무척 친절했어요. 내게 정말 다정하게 대해 주었답니다. 그는 노래도 곧잘 불러 줬어요. 하긴 그땐 어리석은 계집애였기 때문에 그렇게 생각한 것뿐인지는 모르지만....... 그런데 지금은, 어쩌면 아주 다른 사람같이 변해 버렸어요. 얼굴까지 달라졌어요. 완전히 딴판이에요. 그래서 그를 알아보지 못했을 정도였다니까요. 나는 치모페이와 함께 이리로 달려오면서 줄곧 이런 생각만 하고 있었죠.

'그 사람에게 어떻게 대해야 할까? 무슨 말을 하면 좋을까? 어떤 식으로 우리는 서로 얼굴을 마주 하게 될까?'

괴로워서 가슴이 터질 것만 같았어요. 그런데 막상 만나고 보니 그 사람은 마치 구정물을 한 통 끼얹어 주는 것 같은 태도로 날 대하지 뭐예요. 마치 학교 선생님 같은 말투로 엄숙하고 유식한 말만 하면서 아주 거만한 태도로 대하는 바람에 나는 그만 어리둥절해지고 말았어요. 한마디도 입을 뗄 수가 없었어요. 처음엔 그 사람이 키다리 폴란드인 앞에서 체면을 차리느라고 그러는 줄만 알았어요. 나는 그저 두 사람의 거동만 바라보면서 내가 왜 저 사람에게 말 한마디 하지 못하고 있는 것일까 생각해 보았어요. 그 사람을 그렇게 만들어 놓은 건 그의 부인이었을 거예요. 그 사람이 나를 버리고 결혼한 그 부인 말이에요. 그 여자가 그 사람을 아주 딴 사람으로 만들어 놓은 게 틀림없어요. 미차, 이렇게 부끄러운 일이 또 어디 있겠어요! 정말이지, 이 부끄러움은 죽는 날까지 잊지 못할 거예요! 나는 지난 5년을 저주해요. 저주하고 또 저주해요!"

그루센카는 또다시 흐느껴 울기 시작했으나 미차의 손은 꼭 잡은 채 놓으려 하지 않았다.

"미차, 가지 말고 여기 좀 있어요. 당신에게 한마디 할 말이 있어요." 그녀는 그렇게 속삭이더니 갑자기 미챠 쪽으로 얼굴을 돌렸다. "잘 들어 보세요. 내가 지금 누구를 사랑하고 있는지 말할게요. 내가 사랑하는 사람이 여기 있는 사람들 중에 있어요. 그게 누군지 아세요? 어디 당신이 한번 말해 보세요." 울어서 퉁퉁 부어오른 그루셴카의 얼굴에 미소가 떠오르고 눈이 어둠 속에서 반짝였다. "아까 매가 한 마리 날아 들어왔을 때 난 그만 맥이 탁 풀리는 것 같았어요. '바보, 네가 사랑하는 건 그 사람이 아니냐.' 그 순간 내 마음이 대뜸 나에게 이렇게 속삭여 주었어요. 당신이 방안에 들어오자 모든 것이 환하게 밝아지는 것 같았어요. 그런데 저 사람은 무얼 저렇게 두려워 하고 있는 것일까 하고 나는 생각했죠. 정말이지 당신은 무엇엔가 겁을 집어먹고 말도 제대로 하지 못했으니까요. 그러나 저 사람은 여기 있는 폴란드인들을 두려워하고 있는 건 결코 아니라고 생각했어요. 당신이 그들을 두려워할 리가 없으니까요. 저 사람은 나를, 나 한 사람을 두려워하고 있는 게 틀림없다고 생각했죠. 내가 창문 밖으로 알료샤를 불러세워, 잠시나마 한때는 미챠를 사랑했지만, 지금은 다른 사람에게 사랑을 바치러 간다고 한 말을 페냐가 당신에게 틀림없이 했을 테니까요. 미챠, 미챠, 어쩌면 내가 당신 같은 사람을 두고 다른 사람을 사랑한다고 생각할 수가 있었을까요! 내가 바보였어요. 용서해 줘요, 미챠. 용서해 주시겠죠? 안 해 줄 거예요? 날 사랑해요? 나를 사랑해 주시겠지요?"

그루셴카는 벌떡 일어나더니 두 손으로 미챠의 어깨를 움켜잡았다. 미챠는 너무 기뻐서 어쩔 줄 몰라 벙어리가 된 것처럼 여자의 눈을, 얼굴을, 미소를 멍하니 바라보다가, 갑자기 두 팔로 그녀를 꼭 끌어안고 열정적으로 키스를 퍼붓기 시작했다.

"이제까지 당신을 괴롭힌 것을 용서해 주시겠지요? 공연히 화풀이를 하느라고 나는 당신을 괴롭혀 왔어요. 그 영감님을 미쳐 날 뛰게 한 것도 순전히 화풀이를 위해서였어요……. 미챠, 기억하세요? 언젠가 우리집에서 술을 마시다가 당신이 술잔을 내동댕이쳐 깨뜨려 버린 일을? 그때 일이 생각나서 아까는 나도 술잔을 깨뜨렸어요. 그리고 더럽혀진 내 마음에 건배했어요. 미챠, 당신은 매예요. 왜 더 이상 키스해주지 않아요? 한 번 키스를 하고는 물러서서 내 얼굴만 보며 귀를 기울이고 있군요. 내 말 따위엔 귀를 기울일 필요가 없어요. 그보다도 키스를 해줘요. 좀더 세게. 네, 그렇게…… 사랑한다고 한 이상 끝까지 사랑할 거예요. 나는 이제부터 당신의 노예가 되겠어요! 평생 당신의 노예가 되겠어요! 노예가 될 수 있어서 기뻐요!…… 자, 키스해 줘요, 나를 때리든 괴롭히든 당신이 하고 싶은 대로 하세요……. 정말 나 같은 계집은 괴롭혀주어야 마땅해요……. 가만 계세요! 잠깐만 기다려 줘요. 나중에 다시, 지금은 어쩐지 그러고 싶지 않군요……." 그녀는 갑자기 미차를 떠밀어 냈다. "미차, 저리로 가세요. 나도 곧 가서 좀더 마시겠어요. 난 마음껏 취해 보고 싶어요. 이제 곧 취해서 나도 춤을 춰야겠어요. 그러고 싶어요, 그러고 싶어요!"

그녀는 미차의 팔에서 빠져나가 휘장 밖으로 달려갔다. 미차는 주정뱅이 같은 꼴을 하고 그 뒤를 따라나갔다.

'에잇, 될 대로 되라지. 앞으로 어떤 일이 벌어지든 상관없어. 그 한 순간을 위해서라면 이 세상을 다 주어도 아깝지 않아.'

이런 생각이 그의 머리를 스쳤다. 그루셴카는 정말로 샴페인을 한 잔 가득히 들이키고는 금방 취해 버렸다. 그녀는 얼굴에 행복한 미소를 지으며 아까 앉았던 안락의자로 가 앉았다. 얼굴이 발갛게 달아오르고 입술은 불타고 있었으며, 두 눈은 거슴츠레해졌다. 정열에 넘치는 그녀의 눈길은 뭔가를 호소하는 것 같았다. 칼가노프까지 가슴을 푹 찌르는 것 같은 뭔가를 느끼며 그루셴카의 곁으로 끌려갔다.

"아까 당신이 잠들었을 때 내가 키스한 것을 알았나요?" 그녀는 혀꼬부라진 소리로 말했다. "아아, 이젠 완전히 취해 버렸어……. 당신은 취하지 않았나요? 그런데 미차는 왜 술을 마시지 않을까? 왜 마시지 않아요, 미차? 나는 이렇게 취했는데 당신은 마시지도 않는군요……."

"나도 취했어! 벌써 이렇게 많이 취했는걸……. 당신한테 취한 거요. 하지만 이젠 샴페인에 취하고 싶군."

그는 한 잔을 더 마셨다. 그러자 —미차 자신도 이상하게 여긴 일이지만— 마지막 한 잔이 그를 완전히 취하게 만들고 말았다. 지금까지는 정신이 아주 말짱했던 것을 미차 자신도 기억하고 있었다. 그런데 취기가 돈 순간부터 갑자기 요지경 속에 들어간 듯이 모든 것이 그의 주위를 빙글빙글 맴돌기 시작했다.

그는 공연히 이리저리 걸어다니며 웃고 아무나 붙들고 지껄여댔지만 자기 자신이 무엇을 하고 있는지 전혀 알지 못하는 것 같았다. 다만 뜨겁게 불타오르는, 흔들리지 않는 하나의 감정만이 끊임없이 그의 마음속에 떠오르고 있었다. 뒤에 그는 이때 일을 떠올리며 '마치 가슴속에 뻘겋게 타오르고 있는 숯덩이가 들어 앉은 것 같은' 느낌이었다고 말했다. 그는 몇 번이나 그루센카 곁으로 다가가서 그 옆에 앉아 그녀의 얼굴을 바라보기도 하고 목소리에 귀를 기울이기도 했다……. 한편 그루센카는 갑자기 수다스러워져서, 이 사람 저 사람 아무나 닥치는대로 자기 곁으로 불렀다. 합창대의 처녀들까지 손짓해 불러서는 자기 옆에 앉히고 키스를 해주기도 하고, 한쪽 손으로 성호를 그어 주기도 했다. 그런가하면 1분도 못되어 다시 울먹울먹하는 것이었다. 그녀의 마음을 흥겹게 해준 것은 '영감님', 즉 막시모프였다. 그는 자꾸만 그루센카한테 달려가서는 '손가락 하나하나에' 키스를 하곤 했는데, 그러고는 제멋에 겨워 옛날 노래를 부르면서 또 다른 춤을 보여주었다. 특히 다음과 같은 후렴을 부를 때는 더욱 열정적으로 춤을 추었다.

　　돼지새끼는 꿀, 꿀, 꿀!
　　송아지는 음매, 음매, 음매!
　　오리새끼는 꽥, 꽥, 꽥!
　　거위새끼는 꺼우, 꺼우, 꺼우!
　　병아리는 뜰을 아장아장 걸으며
　　삐약삐약 울었네
　　삐약삐약 울었네!

"저 사람에게 뭘 좀 주세요, 미챠." 그루센카가 말했다. "뭐든 선물을 주어요, 저 사람은 참 가난한 늙은이에요. 아아, 어쩌면 세상에는 가난한 사람, 불쌍한 사람들이 이렇게 많을까! 미챠, 나는 수녀원에 들어갈 거예요. 정말이에요, 언젠가는 꼭 들어갈 거예요. 오늘 알료샤가 일생을 두고 잊을 수 없는 말을 해주었거든요…… 정말이에요……. 그렇지만 오늘은 실컷 춤추고 놀기로 해요, 네! 내일은 수녀가 되더라도 오늘은 흥청망청 놀고 싶어요. 뭐, 거리낄 것 없어요, 하느님도 용서해 주실 테니까. 만약에 내가 하느님이라면, 누구든지 다 용서해 주겠어요. '내 사랑하는 죄인들아, 오늘부터 너희를 모두 용서하노라' 이렇게 말이에요. 그리고 나는 사람들에게 용서를 빌겠어요. "여러분 이 어리석은 여자를 용서해 주십시오."

나는 정말 짐승이나 다름없는 계집인 걸요. 그렇지만 나는 기도를 올리고 싶어요. 나도 남에게 파 한 뿌리를 준 일이 있거든요. 나 같은 어리석은 계집도 기도를 올리고 싶을 때가 있답니다. 미챠, 어서 춤추고 놀도록 내버려두어요, 그들을 방해하지 말아요. 이 세상 사람들은 모두 좋은 사람들뿐이에요. 한 사람도 남김없이. 이 세상은 참 좋은 곳이에요. 우린 이렇게 더러운 인간이지만, 이 세상은 참으로 멋진 곳이에요. 우린 더러운 인간이긴 하지만, 한편으론 좋은 인간이거든요……. 그건 그렇고, 자, 물어 볼 말이 있으니까 모두 이리 가까이 와서 대답해 보세요. 왜 나는 이렇게 좋은 여자일까요? 내가 좋은 여자라는 건 당신들도 알고 있지요? 난 정말 좋은 여자거든요……. 자, 그러니까 내가 왜 좋은 여자인지 대답해 보란 말이에요."

그루센카는 점점 취기가 더해서 혀꼬부라진 소리로 이렇게 말했다. 그리고 드디어 자기도 춤을 추겠다고 선언하더니 안락의자에서 비틀거리며 일어났다.

"미챠, 제발 술은 이제 그만 권하세요. 술을 마시니까 마음이 가라앉질 않는군요. 모든 것이 빙글빙글 도는 것만 같아요. 페치카도 사람들도 모두가 다 빙글빙글 도는 것만 같아요. 춤을 추고 싶어요. 내가 춤추는 것을 사람들에게 보여주고 싶어요……. 내가 얼마나 멋들어지게 춤을 추는지 구경하세요……."

그녀는 정말 춤을 추고 싶어했다. 주머니에서 하얀 삼베 손수건을 꺼내, 춤을 추면서 흔들려고 오른손으로 한쪽 귀퉁이를 가볍게 잡았다. 미챠는 이것저것 지시하기 시작했고 합창대 처녀들은 이쪽에서 신호만 하면 다같이 노래를 부를 수 있도록 준비하고 조용히 기다리고 있었다. 막시모프는 그루센카가 춤을 추려한다는 말을 듣고 기뻐서 어쩔 줄을 모르며 목청이 터져라 노래하면서 구루센카 앞에서 깡충깡충 뛰었다.

  가느다란 두 다리에 통통한 허리
  꼬리는 살짝 말아올리고……

그러나 그녀는 손수건을 내두르며 그를 쫓아 버렸다.

"조용히 해요! 그런데 미챠, 어째서 모두 오지 않는 거예요? 다들 와서…… 구경하라고 하세요. 저기 저 방에 갇힌 사람들도 불러내 오구요. 무엇 때문에 그 사람들을 거기에 가둬 두었지요? 가서 내가 춤을 춘다고 말해 주어요. 내가 춤추는 걸 그 사람들에게도 보여주고 싶어요……."

미차는 술에 취한 채 의기양양한 걸음걸이로 폴란드 신사들이 갇혀있는 방으로 다가가 주먹으로 문을 쾅쾅 두들겼다.

"이봐, 안에 있는 포드비소츠키 형제들! 이리 나오지 그래, 그루센카가 춤을 춘다고 너희를 부르라는데."

"개자식!"

대답 대신 폴란드인 하나가 이렇게 소리쳤다.

"내가 개자식이면 네 놈은 고양이 새낀가! 너는 쩨쩨한 악당이야!"

"폴란드를 비웃는 건 그만두는 게 좋을 겁니다."

칼가노프가 제법 훈계조로 말했다. 그도 역시 몸을 가눌 수 없을 만큼 취해있었다.

"자넨 잠자코 있게나! 내가 저놈에게 악당이라고 한다 해서, 폴란드인 모두를 악당이라고 욕하는 건 아니니까. 저 개망나니가 폴란드인을 대표하는 것도 아니고. 도련님은 얌전하게 사탕이나 빨고 있으라고."

"아아, 어쩌면 사람들이 저 모양일까! 저 사람들도 인간이긴 매한가지인데, 왜 화해하려 하지 않을까?"

이렇게 말하고 그루센카는 앞으로 걸어나와 춤을 추기 시작했다. 합창대는 '오, 나의 집, 나의 새로운 보금자리'를 부르기 시작했다. 그루센카는 고개를 뒤로 젖히고 입술을 반쯤 벌린 채, 미소를 지으며 손수건을 흔들다가 갑자기 비틀거리면서 방 한가운데 우뚝 멈추어서서 당황한 표정을 지었다.

"기운이 없어요……." 그녀는 기진맥진한 목소리로 말했다. "용서하세요……. 기운이 없어서 안되겠어요…… 미안해요……."

그녀는 합창대 쪽으로 머리를 숙여 보인 뒤, 번갈아 이곳저곳에 절을 하기 시작했다.

"미안합니다……. 용서하세요……."

"아씨께서 취하셨나보군요, 취하셨어요, 귀여운 아씨."

여기저기서 이러한 소리가 들려왔다.

"아씨께서 술이 너무 과하셨던 모양이야."

막시모프가 비굴한 웃음소리를 내면서 처녀들에게 설명했다.

"미차, 나를 데려다 주어요……. 날 좀 부축해 주어요, 미차."

제8편 미차 681

기진맥진한 소리로 그루센카가 말했다. 미차는 그녀에게 달려가서 두 팔로 번쩍 안아들고 그 귀중한 포획물을 휘장 뒤로 서둘러 옮겨갔다.
'나는 이제 슬슬 돌아가 볼까.'
칼가노프는 생각했다. 그리고 하늘색 방을 나가며 문을 뒤로 닫아 버렸다. 홀에서는 여전히 술자리가 계속되고 있었고 더욱 떠들썩해진 것 같았다.
미차는 그루센카를 침대 위에 눕히고 그 입술에 키스했다.
"나를 그냥 내버려 두세요……." 그녀는 꼬부라지는 목소리로 기도하듯이 애원하는 듯한 목소리로 말했다. "나에게 손을 대지 마세요, 아직은 당신 것이 아니니까……. 아까 당신 것이라고 말하긴 했지만 아직은 손대지 말아 줘요……. 용서하세요……. 그들이 있는 여기서는 싫어요. 여긴 더러운 곳이라서 싫어요."
"당신 말은 무엇이든 따르겠어! 난 그런 건 생각지도 않아……. 난 당신을 하느님처럼 숭배하고 있으니까! ……" 미차는 그렇게 중얼거렸다. "그래, 여기는 기분 나빠, 더러운 곳이야."
미차는 그루센카를 안은 채 침대 옆에 무릎을 꿇고 앉았다.
"난, 당신이 야수 같은 데가 있긴 하지만 마음만은 고결한 사람이라는 걸 알고 있어요." 그루센카는 무거워진 혀를 움직여 이렇게 말했다. "이런 일일수록 우린 떳떳하게 해야 해요……. 앞으론 언제나 떳떳하게 행동하기로 해요, 네…… 그리고 우린 정직한 인간이 되어요……. 나를 데려가 주세요, 멀리 멀리 데리고 가주세요, 알겠지요?…… 난 이런 데선 살기 싫어요. 어디든지 먼 곳으로 데려가 주세요."
"그래야지, 아무렴, 그러고말고!" 미차는 그루센카를 안은 팔에 힘을 주며 말했다. "당신을 데리고 갈 테니, 멀리 멀리 함께 떠납시다. 아아, 그 피가 어떻게 되었는지만 알 수 있다면 내 한평생을 1년과 맞바꾸어도 아깝지 않으련만……."
"피라니, 그게 무슨 말이에요?"
그루센카가 주저하면서 물었다.
"아무것도 아냐." 미차는 이빨 사이로 내뱉듯이 말했다. "그루센카, 당신은 정직한 사람이 되자고 말했지만, 나는 도둑놈이야. 난 카체리나의 돈을 가로챘어. 아아, 이런 치욕, 이런 오욕이 어디 있단 말인가!"

"카체리나라니? 그 젊은 아가씨 말예요? 아니에요, 당신은 가로챈 게 아니에요! 갚아 주면 돼요, 내가 드릴 테니…… 그까짓 걸 가지고 그렇게 떠들 필요 없어요! 이제 내것은 모두 당신 거예요. 도대체 우리에게 돈 같은 게 무슨 문제가 되겠어요? 어차피 다 써버리고 말 것인데…… 우리 같은 사람은 어차피 다 써버리게 마련이에요. 차라리 우린 어디로든지 가서 농사라도 짓고 사는 게 나을 거예요. 나는 내 손으로 땅을 일구고 싶어요. 우리는 일을 해야만 해요. 내 말을 듣고 있나요? 알료샤가 그렇게 하라고 했어요. 난 당신의 정부(情婦)는 되고 싶지 않아요. 당신의 노예가 되어 당신을 위해 일하겠어요. 우리 둘이 함께 그 아가씨한테 가서 머리 숙여 사죄하고, 그 아가씨가 용서해 주면 그때 우리 떠나기로 해요. 만약 용서해 주지 않더라도, 그래도 역시 떠나야만 해요. 당신은 그 아가씨의 돈을 갚으러 가요. 그리고 나를 사랑해 주세요…… 그 아가씨를 사랑해서는 안 돼요……. 앞으로도 그 여자를 사랑하면, 난 그 여자의 목을 졸라 죽여 버릴 테야……. 그 여자의 눈을 송곳으로 찔러 버릴 테예요……."

"나는 당신을 사랑해, 당신을 사랑해. 시베리아에 가게 되더라도 당신만을 사랑할 거야……."

"시베리아엔 왜 가요…… 하지만 좋아요, 당신이 원한다면 시베리아도 상관 없어요……. 우리 함께 열심히 일해요……. 시베리아엔 눈이 많지요? 난 눈 위로 썰매를 달리는 게 참 좋아요. 말에는 방울을 달아야지…… 어머나, 방울 소리가 들려오네요. 어디서 울리는 방울 소릴까? 누군가 마차를 타고 오는가봐요……. 이젠 멎었군요……."

그루센카는 기운이 하나도 없이 눈을 감았다. 그러더니 금세 잠이 들고 말았다. 정말 어딘가 멀리서 방울 소리가 울리고 있었으나 갑자기 멎어 버렸다. 미차는 그루센카의 가슴에 머리를 묻었다. 그는 방울 소리가 멎어 버린 것도 몰랐고 또 갑자기 노랫소리가 그치고 술취한 사람들의 노래와 소란 대신 죽음과도 같은 고요가 갑자기 온 집안을 휩싸고 있는 것도 몰랐다. 그루센카가 눈을 떴다.

"어머나, 내가 잠이 들었었나? 그렇지…… 방울 소리가 났었어……. 깜박 잠든 사이에 방울을 단 썰매를 타고 눈 위를 미끄러지는 꿈을 꾸었어요. 끄덕끄덕 졸며, 내 사랑하는 사람, 바로 당신과 함께 타고 있었어요. 우리는 어딘가 먼 곳으로 가고 있었지요. 나는 당신을 꼭 끌어안고 바싹 다가앉아서 키스를 했어요. 추웠어요, 흰 눈이 반짝거리고…… 달빛이 환한 밤에는 눈이 반짝거려요. 난 어쩐지 이 세상에 있는 것 같지 않았어요……. 그런데 눈을 떠보니, 사랑하는 그 사람이 곁에 있지 않겠어요? 정말 행복해요……."

"난 죽 당신 곁에 있었어."

미차는 그녀의 옷이며 가슴이며 손에 마구 키스를 퍼부으며 이렇게 중얼거렸다. 그러자 문득 이상한 생각이 들었다. 그녀가 자신이 아니라, 자신의 얼굴이 아니라 똑바로 앞쪽, 자신의 머리 뒤를 꼼짝도 하지 않고 응시하는 것 같았기 때문이다.

순간 그루셴카의 얼굴에 놀라움이, 거의 공포에 가까운 놀라운 표정이 떠올랐다.

"미차, 저기서 우리를 바라보고 있는 게 누굴까요?"

그녀는 속삭였다.

미차는 뒤를 돌아보았다. 정말로 누군가가 휘장을 들치고 이쪽을 살피고 있었다. 그것도 한 사람만이 아닌 것 같았다. 그는 벌떡 일어나서 빠른 걸음으로 그들을 향해 걸어갔다.

"이쪽으로 나오시오."

나지막하면서도 강경하고 위압적인 어조로 누군가의 목소리가 말했다.

커튼 밖으로 나간 미차는 그 자리에 못 박힌 듯 선 채 온몸이 굳어버리고 말았다. 방안 전체가 사람들로 가득 차 있었는데, 아까 있던 자들과는 전혀 다른 사람들이었다. 순간 그의 등골에 전율이 스치고 지나갔다. 그는 부르르 몸을 떨었다. 순식간에 그는 거기 와 있는 사람들이 누군지 금방 알아보았던 것이다. 외투를 입고 모표가 붙은 모자를 쓴, 키가 크고 뚱뚱한 사내는 경찰서장 미하일 마카로프였다. 그 옆에 '폐병쟁이처럼 생긴, 언제나 반들거리는 구두를 신는' 말쑥한 멋쟁이 검사보(檢事補)가 있었다. '저 사람은 400루블이나 하는 몸시계를 가지고 있다. 언젠가 내게 보여준 일이 있지.' 미차는 생각했다. 그리고 또 키가 작고 안경을 쓴 젊은 사내는 얼마 전에 법률학교를 나와서 최근에 이 고장으로 부임해 온 예심판사였다. 미차는 그의 이름은 잊었지만 그를 본 적이 있어서 잘 알고 있었다. 그 밖에 그와 잘 아는 사이인 경찰 지서장 마브리키도 와 있었다.

그런데 도대체 무엇 때문에 저런 배지를 단 친구들이 몰려온 것일까? 그들 외에도 농부같이 보이는 사내가 둘…… 그리고 문 안에는 칼가노프와 여관 주인 트리폰이 서 있었다.

"여러분…… 무슨 일로 이렇게?" 미차는 그렇게 말하다가 갑자기 제정신을 잃은 듯 미친듯이 큰소리로 외쳤다. "아아, 그 일 때문이군요!"

안경을 쓴 젊은 사람이 재빨리 앞으로 걸어 나와 미차에게 다가오더니, 위엄 있는 어조이긴 하나 약간 허둥지둥하며 입을 열었다.

"우리는 당신에게…… 아무튼 이리로 와서 소파에 좀 앉으십시오……. 꼭 당신의 설명을 들어야 할 일이 있어서요."

"그 늙은이에 관한 일이군요!" 미차는 미친 듯이 소리쳤다. "그 늙은이와 피 때문이지요?…… 알…겠…습니다!"

그러고는 마치 발목을 잘리기라도 한 것처럼 옆에 있는 안락의자에 쓰러지듯이 주저앉았다.

"알겠다고? 네가 그랬단 말이지? 애비를 죽인 이 짐승만도 못한 놈, 네 늙은 애비의 피가 너를 부르고 있다!"

늙은 경찰서장이 미차에게 다가서며 별안간 으르렁거리듯 고함을 질렀다. 그는 넋을 잃고 얼굴이 새파래져 온몸을 부들부들 떨고 있었다.

"이러지 마십시오!" 몸집이 작은 젊은 사내가 소리쳤다. "미하일 씨, 이러시면 안 됩니다!…… 제발 나 혼자 말하게 해주십시오……. 당신이 그런 행동을 하실 줄은 정말 상상도 못했습니다……."

"그렇지만 이건 악몽이야, 여러분, 이건 악몽이에요!" 경찰서장은 여전히 큰 소리로 외쳤다. "저 놈을 좀 보십시오. 밤중에 술이 취해 저 음탕한 계집과 함께…… 제 아비의 피가 묻은 손으로…… 이게 어디 제정신이라 할 수 있습니까!"

"미하일 씨, 제발 부탁입니다. 제발 오늘만은 감정을 억제해 줄 수 없겠습니까." 검사보가 늙은 경찰서장에게 빠른 말로 속삭였다. "그렇지 않으면 나도 부득이, 적절한 조치를 취하는 수밖에……."

그러나 몸집이 작은 예심판사는 그의 말이 끝나기도 전에 미차를 향해 커다란 목소리로 엄숙하게 입을 열었다.

"예비역 육군중위 카라마조프 씨, 나는 당신이 간밤에 일어난 당신의 부친 표도르 카라마조프 씨를 살해한 혐의로 기소되었음을 통고하는 바입니다……."

그는 또 뭐라고 몇 마디 덧붙였다. 검사보 역시 무슨 말인가 한 것 같았으나, 미차는 그들의 말을 듣고 있으면서도 무슨 뜻인지 통 알아듣지 못했다. 다만 그는 의아한 눈초리로 그들을 둘러보고 있을 뿐이었다.

제9편 예심

1 관리 페르호친의 출세 배경

표트르 페르호친이 과부 모로조바네 집의 굳게 닫힌 대문을 있는 힘을 다해 두드리는 대목에서 우리는 일단 이야기를 중단했다. 결과부터 이야기하면 물론 그는 결국 자기의 목적을 이루고야 말았다.

두 시간 전에 받은 충격으로 아직 흥분이 가라앉지 않은 채 잠자리에 들 생각도 못하고 있던 페냐는, 또다시 맹렬하게 대문을 두드리는 소리가 들리자 히스테리를 일으킬 정도로 놀랐다. 그녀는 미차가 마차를 타고 떠나는 것을 자기 눈으로 똑똑히 보았음에도, 그가 다시 와서 문을 두드리는 줄로만 알았다. 왜냐하면 그 사람 외에는 그처럼 '난폭하게' 문을 두드릴 사람은 아무도 없었기 때문이다.

페냐는 문지기한테 달려가서(그는 벌써 잠이 깨어 대문 쪽으로 나가고 있었다) 제발 문을 열어 주지 말라고 애원했다. 그러나 문지기는 문을 두드리고 있는 사람에게 소리를 쳐서 그가 누구인지 알아본 뒤, 상대가 매우 '중대한 용건' 때문에 페냐를 만나보고 싶어한다는 말을 듣고는 드디어 문을 열어 주고 말았다.

페르호친은 아까 미차처럼 부엌으로 안내되었다. 이때 페도시야 마르코브나, 즉 페냐는 페르호친의 양해를 얻어(만일의 일을 위하여) 문지기도 같이 들어오게 했다. 페르호친은 그녀에게 화살처럼 질문을 퍼부은 끝에 가장 중요한 사실을 알아내고야 말았다. 그것은 드미트리가 그루셴카를 찾으러 달려나갈 때 절구에서 절굿공이를 집어들고 갔는데, 다시 돌아왔을 때는 그의 손에서 절굿공이가 보이지 않았고 대신 손이 온통 피투성이가 되어 있었다는 사실이다.

"그래요, 그때까지도 두 손에서 피가 뚝뚝 떨어지고 있었어요. 그분에게서 피가 철철 흐르고 있더라니까요!"

페냐는 그렇게 소리쳤다. 아마도 그녀는 자기의 혼란된 상상 속에서 이런 무서운 광경을 무의식중에 만들어 내었음이 분명했다. 그러나 페르호친은 비록 피가 '철철 흐르는 것'은 보지 못했을지언정, 어쨌든 피투성이가 된 미챠의 손을 제 눈으로 똑똑히 보았고, 또 그 손을 씻도록 도와 주기까지 했던 것이다.

그러나 문제는 피가 그렇게 빨리 말라붙는가 하는 것이 아니라, 드미트리가 절굿공이를 들고 달려간 곳이 과연 어디인지, 정말로 표도르에게로 달려갔는지, 무엇을 근거로 그토록 확실하게 결론을 내릴 수 있는가 하는 점이었다. 페르호친은 특히 이 점을 자세히 추궁해 보았으나, 결국 이렇다 할 아무것도 발견해 내지 못했다. 그래도 그는 드미트리가 달려갔을 만한 곳은 아버지의 집 외에는 없을 것 같아서, 틀림없이 거기서 무슨 일이 있어났을 것이라고 거의 확신하게 되었다.

"그분이 다시 돌아왔을 때," 페냐는 흥분에 휩싸여 말을 계속했다. "난 그분에게 죄다 이야기해 드렸어요. 그러고 나서 이번엔 제가 캐묻기 시작했지요. '드미트리 나리, 왜 그렇게 손에 피가 묻어 있어요?' 그랬더니 그분이 대답하시기를, '이건 사람의 피다, 방금 사람을 죽이고 오는 길이다' 하시면서 몹시 후회하는 듯이 저에게 죄다 고백하더군요. 그러곤 갑자기 미친 사람처럼 뛰어나갔답니다. 저는 그 자리에 힘없이 주저앉아서 곰곰이 생각해 보았지요. 그분은 대체 어디로, 저렇게 미치광이처럼 이런 시간에 뛰어나가는 것일까, 하고요. 그러자, 모크로예 마을로 가서 우리 아씨를 죽이려는 거구나 하는 생각이 들더군요. 그래서 저는 아씨를 죽이지 말아 달라고 그분에게 애원하러 그의 하숙집을 향해 달려갔어요. 그런데 도중에 플로트니코프네 상점 앞을 지나다 보니, 문득 그분이 곧 출발하려는 것이 보이지 않겠어요? 그때는 이미 그분의 손에 피가 묻어 있지 않았어요(페냐는 이 사실을 눈여겨보았기 때문에, 훨씬 뒤에도 기억하고 있었다)."

페냐의 할머니인 늙은 하녀도 손녀딸의 이 증언을 하나하나 뒷받침해 주었다. 페르호친은 그 밖에도 몇 마디 더 묻고 나서, 조금 전에 들어왔을 때보다 더 불안하고 혼란한 마음으로 그 집에서 나왔다.

이제부터 곧장 표도르의 집으로 가서 별다른 일이 없었는지 물어 보고, 만일 있었다면 어떤 일인지 알아내어 충분한 확신을 얻은 뒤에 비로소 경찰서장한테 가는 것이 가장 빠르고 손쉬운 순서일 것 같았다. 페르호친은 그렇게 하기로 마음먹었다. 그러나 밤은 캄캄했고, 표도르의 집 대문은 굳게 잠겨 있었다. 그는 또다시 문을 두드려야만 했다. 표도르와는 조금 안면이 있을 뿐 그리 잘 아는 사이도 아닌 처지인데, 문을 두드려서 사람을 깨워 열어 달라는 것까지는 괜찮겠지만 만약에 아무 일도 일어나지 않았다면 그때는 어떻게 할 것인가. 그렇게 되는 날이면 본디 심술궂기 짝이 없는 표도르는 날이 새기가 무섭게 온 읍내를 돌아다니며 자기와는 그리 안면도 없는 페르호친이라는 애송이 관리가, 자기가 누구한테 살해당하지 않았는가 하고 한밤중에 자기 집 문을 부서져라고 두들겨대더라는 말을 퍼뜨릴 것이다. 그야말로 추문도 이만저만한 추문이 아니다! 페르호친은 추문이라는 것을 이 세상에서 가장 두려워하고 있었다.

그러나 그를 사로잡고 있는 감정은 뜻밖에도 매우 강렬한 것이었다. 그는 공연히 화가 나서 사뭇 발을 구르며 자기 자신에게 분통을 터뜨리다가, 곧 다른 방향으로 달려가기 시작했다. 그곳은 표도르의 집이 아니라 호흘라코바 부인의 집이었다. 만약에 호흘라코바 부인이 드미트리에게 3천 루블을 준 일이 없다고 부정하면 곧장 경찰서장을 찾아가고, 부인이 3천 루블을 주었다고 할 경우에는 내일 아침까지 모든 일을 미루고 집으로 돌아가자고 그는 결심했던 것이다.

물론 페르호친 같은 젊은 남자가 한 밤중에, 그것도 밤 11시가 가까운 시간에, 전혀 안면도 없는 상류 사회 부인의 집을 찾아가서 벌써 잠자리에 들었을지도 모르는 부인을 깨워, 어떻게 보면 괴이하기 짝이 없는 질문을 던진다는 것은, 표도르의 집을 찾아가는 것 이상으로 추문을 불러일으킬 우려가 짙다는 것은 의심할 여지도 없는 일이었다. 그러나 지금과 같은 경우처럼 아무리 정확하고 냉철한 인간일지라도 간혹 이런 결단을 내릴 때가 있는 법이다. 하물며 이 순간의 페르호친은 결코 냉철한 인간일 수가 없었다!

그의 마음을 점점 강하게 사로잡기 시작한 억제할 수 없는 불안은 이윽고 고통을 느낄 만큼 커져서, 그의 의지를 거역하면서까지 그를 마구 몰아대는 것이었다. 그는 일생을 두고 이때의 일을 잊을 수가 없었다. 물론 그는 부인의 집을 향해 끌려가듯 걸어가고 있는 자기 자신에게 줄곧 욕지거리를 퍼부었으나, 한편으로는 '아무튼 무슨 일이 있어도 끝까지 알아내고야 말겠다'고 이를 악물며 수없이 되풀이했다. 그리하여 결국 자기의 목적을 이루고야 말았다.

그가 호흘라코바 부인의 집에 들어섰을 때는 정각 11시였다. 대문에서는 비교적 빨리 안으로 들어갈 수 있었지만, 부인이 잠자리에 들었는지 어떤지를 묻는 말에, 문지기는 대개 이맘때쯤이면 자리에 드신다는 말 외에는 정확한 대답을 하지 않았다.

"현관으로 올라가서 면회를 부탁해 보시지요. 부인께서 만나보실 의사가 있으면 만나주실 게고 그렇지 않으면 만나 주시지 않겠지요."

페르호친은 2층으로 올라갔다. 그러나 여기서는 일이 그리 수월치가 못했다. 하인은 좀처럼 손님이 온 것을 알리려 하지 않다가 마지못해 젊은 하녀를 불러내 주었다. 페르호친은 정중하면서도 강압적인 태도로, 이 읍내에 사는 관리 페르호친인데 특별한 용건으로 부인을 찾아왔다고 말했다. 그렇게 중대한 용건이 아니면 이런 시각에 찾아왔을 리가 없지 않느냐며 부인에게 꼭 전해달라고 하녀에게 열심히 부탁했다.

"이 말을 한마디도 빼놓지 말고 그대로 전해 주시오."

그는 하녀에게 거듭 당부했다.

하녀는 안으로 들어갔고 그는 현관에서 기다렸다. 호흘라코바 부인은 잠은 들어 있지 않았지만 이미 자기 침실에 들어가 있었다. 부인은 아까 미차가 다녀간 뒤로 기분이 크게 언짢아 있었다. 이런 흥분 뒤에는 으레 편두통이 일어나기 때문에 오늘밤도 밤새도록 고통을 받을 것이라 체념하고 있었다. 부인은 하녀의 전갈을 듣고 크게 놀라며 짜증 섞인 어조로 면회를 거절하라고 분부했다. 그러면서도 한편으로는, 자기와 아무런 안면도 없는 '읍내의 관리'가 이런 시간에 찾아왔다는 사실이 그녀의 여자로서의 호기심을 크게 자극했다.

그러나 페르호친도 이번만큼은 고집불통으로 완강하게 버티었다. 그는 면회를 사절한다는 말을 듣자, 더욱 끈덕진 태도로 다시 한번 자기가 찾아온 뜻을 부인에게 전해 달라고 간청했다.

"매우 중대한 용건으로 찾아왔습니다. 만약 만나 주시지 않는다면 나중에 반드시 후회하시게 될 겁니다."

이 말을 그대로 전해 달라고 부탁했다.

"나는 그때 마치 절벽에서 뛰어내리는 것 같은 심정이었다."

그는 나중에 이때 일을 그렇게 사람들에게 말하곤 했다. 하녀는 몹시 놀라서 그의 얼굴을 빤히 바라보다가 그 말을 전하려고 다시 안으로 들어갔다.

호흘라코바 부인은 어리둥절해서 잠시 생각에 잠겼다가, 겉보기에 그 사람이 어떻더냐고 물었다. 하녀는 '옷차림이 단정할 뿐만 아니라, 점잖게 생긴 젊은 분'이라고 대답했다. 여기서 잠깐 말해 두지만, 페르호친은 상당히 잘생긴 젊은이로 자기 자신도 그것을 의식하고 있었다.
　호흘라코바 부인은 그를 만나보기로 결심했다. 부인은 벌써 가운으로 갈아입고 실내화를 신고 있었지만, 그차림 그대로 어깨에 검은 숄만 걸쳤다. '관리'는 바로 얼마 전에 미차가 안내되어 들어갔던 방, 즉 응접실로 안내되었다. 부인은 엄하게 힐책하는 듯한 표정으로 손님에게 다가오더니, 앉으라는 말도 하지 않고 다짜고짜 묻기 시작했다.
　"무슨 일로 오셨나요?"
　"다름이 아니라, 부인께서도 잘 아시는 드미트리 카라마조프 씨와 관련된 일로 이렇게 실례를 무릅쓰고 찾아왔습니다."
　페르호친이 이렇게 드미트리의 이름을 입 밖에 내자마자 갑자기 부인의 얼굴에 심한 초조의 빛이 떠올랐다. 그녀는 날카롭게 소리를 지르면서 상대의 말을 가로막았다.
　"아아, 나는 언제까지, 대체 언제까지 그 무시무시한 사람 때문에 고통을 겪어야만 하는 건가요!" 그녀는 격앙하여 소리쳤다. "아무런 안면도 없는 부인을, 더욱이 이런 시간에 집으로 찾아오다니, 정말 예의를 몰라도 한참 모르는군요! 게다가 그 용건이라는 게 3시간 전에 이 응접실에 와서 발을 구르며 나를 죽이려 하던 바로 그 사람의 일이라니, 참 어이가 없군요. 점잖은 신분의 집에 왔다가 그런 식으로 무례하게 자리를 박차고 나가는 사람이 또 어디 있겠어요. 똑똑히 들으세요, 난 당신을 고발하겠어요. 결코 용서하지 않을 테니까. 당장 나가주세요……. 난 자식을 거느린 어미예요. 지금 당장에 …… 난, 난……."
　"죽이려 했다고요? 그럼, 그는 부인까지 죽이려 했단 말입니까?"
　"어머나, 그럼 그 사람이 벌써 누군가를 죽였단 말인가요?"
　호흘라코바 부인은 귀가 번쩍 뜨이는 것처럼 맹렬한 기세로 물었다.
　"부인, 제발 30초 가량만 제 말을 들어 주십시오. 모든 사정을 간단하게 설명해 드리겠습니다." 페르호친은 자신 있게 대답했다. "오늘 오후 5시경에 카라마조프 씨가 나를 찾아와서 10루블을 빌려갔습니다. 그래서 나는 그가 돈이 한 푼도 없었다는 걸 확실히 알고 있습니다. 그런데 밤 9시에 그는 손에 100루블짜리 지폐 뭉치를—아마도 2천 내지 3천 루블은 될 겁니다—보란듯이 들고 우리집에 오지 않았겠습니까? 게다가 그의 두 손과 얼굴은 온통 피투성이였습니다. 마치 미친 사람 같더군요. 그렇게 많은 돈이 어디서 생겼느냐고 내가 물었더니, 호흘라코바 부인한테 얻었다, 부인이 금광인가 어딘가에 가는 조건으로 자기에게 주셨다고 하더군요……"

호흘라코바 부인의 얼굴에 갑자기 심한 병적인 흥분의 빛이 떠올랐다.

"아아, 저걸 어쩌나! 그 사람은 자기의 늙은 아버지를 죽인 거예요!" 부인은 손뼉을 마주치며 외쳤다. "나는 그 사람에게 돈을 준 일이 없어요, 절대로 없어요! 자, 어서 빨리 달려가 보세요! …… 빨리 가서 그 노인을 구해 드려야 해요. 어서 그 사람의 아버지에게 달려가 보세요!"

"부인, 그렇다면 부인은 그에게 돈을 주지 않으셨단 말씀이지요? 확실히 기억하고 계십니까? 단 1루블도?"

"절대로 주지 않았어요! 깨끗이 거절해 버렸지요. 그 사람은 돈의 고마움을 모르는 인간이니까요. 그랬더니 그 사람은 화가 나서 발을 동동 구르며 뛰어나가더군요. 게다가 나한테 막 덤벼들려고까지 해서 난 깜짝 놀라 얼른 피해 버렸답니다. 이제 아무것도 숨기지 않고 죄다 말해 드리겠어요. 그 사람은 내게 침까지 뱉으려고 했답니다. 믿어지세요? 그건 그렇고 우리는 어째서 이렇게 서 있을까요? 자, 이리 앉으세요. 용서하세요…… 내가 그만……. 아니, 그보다도 역시 달려가 보시는 게 좋겠어요. 지금 당장 가셔서 그 가엾은 노인을 무서운 죽음에서 구해 줘야 해요!"

"그렇지만 이미 죽고 난 뒤라면 어떡하죠?"

"아아, 하느님, 이 일을 어째! 그럼 우린 이제 어떡하면 좋을까요? 이제부터 어떻게 해야 할 것인지, 당신 생각은 어떠세요?"

이런 말을 주고받는 동안 그녀는 페르호친에게 의자를 권하고 자기도 마주 앉았다. 페르호친은 간단하지만 알아듣기 쉽게 사건의 전말을, 적어도 오늘 자기가 목격한 사실에 대해 부인에게 이야기하고, 또 조금 전에 페냐를 찾아갔던 일과 절굿공이에 대해서도 설명했다. 이런 상세한 이야기는, 그렇잖아도 흥분에 휩싸여 있던 부인을 극도로 전율시켰다. 부인은 줄곧 찢는 듯한 소리를 지르는가 하면, 두 손으로 얼굴을 가리기도 했다…….

"사실은, 난 이렇게 되리라는 걸 처음부터 예감하고 있었답니다! 내게는 그런 면에 특별한 재능이 있어서 내가 상상하는 것은 무엇이든 사실이 되어 나타난답니다. 나는 그 무서운 남자를 볼 때마다, 저 사람은 언젠가는 끝내 나를 죽이고야 말 것이라고 몇 번이나 생각했는지 몰라요. 그런데 결국 이런 일이 일어나고 말았지 뭐예요……. 그 사람이 날 죽이지 않고 자기 아버지를 죽인 건 틀림없이 하느님이 날 보호해 준 덕분일 거예요. 그리고 그 사람 자신도 날 죽이기가 부끄러웠을 거예요. 왜냐하면 나는 바로 이 응접실에서 그 사람의 목에 위대한 순교자 성 바르바라의 유물인 성상을 걸어 주었으니까요……. 그러고 보니 그 순간 나는 죽음 바로 옆에까지 가 있었군요. 나는 그 사람에게 바짝 다가서 있었고, 그 사람은 내게 목을 길게 내밀고 있었거든요…….

그런데 말이에요, 표트르 일리치씨, 실례지만 당신 성함이 표트르 일리치라고 하셨죠? 나는 기적이란 걸 믿지 않아요. 그렇지만 그 성상과 나에게 일어난 의심할 여지 없는 기적에는 나도 동요를 느끼지 않을 수가 없군요. 이제부턴 무엇이든지 믿을 수 있을 것 같은 심정이에요. 당신은 조시마 장로의 얘기를 들으셨나요? ……아이구, 내가 무슨 얘길 하고 있는 거지? 그렇지만 상상이 가세요? 그는 성상을 목에 걸고도 내게 침을 뱉으려 했어요…… 침을 뱉으려 했을 뿐 죽이지는 않았지만……. 그러고 나서, 그대로 어디론가 달려갔던 거예요! 그런데 우린 이제 어떻게 해야 좋을까요? 당신은 어떻게 하실 작정이세요?"

페르호친은 자리에서 일어나, 자기는 이제 곧장 경찰서장에게 가서 모든 사실을 알리고, 그 뒤의 처리는 그에게 맡길 생각이라고 말했다.

"오, 그분은 정말 훌륭한 분이에요. 나도 그 서장님에 대해선 잘 알고 있답니다. 물론 가장 먼저 그분에게 가야 해요. 페르호친씨, 당신은 정말 머리가 좋은 분이군요! 어쩌면 그렇게 잘 생각해 내실까! 내가 당신 같은 입장에 있다면 아무것도 생각해 내지 못했을 거예요!"

"아닙니다, 실은 나도 경찰서장과 잘 아는 사이니까요."

페르호친은 여전히 선 채로 이렇게 말했다. 그는 이 고집불통인 부인 곁에서 한시라도 빨리 달아나고 싶어하는 눈치였다. 그러나 부인은 그에게 작별 인사를 할 틈도 주지 않고, 언제까지나 그를 붙들고 놓아 주려 하지 않았다.

"그리고, 저어……." 그녀는 조금 주저하면서 말했다. "당신이 거기 가서 보고 들은 일을 나한테 와서 모두 알려줄 수 없을까요?…… 어떤 사실이 드러났는지…… 그리고 그들이 어떻게 재판을 하고…… 그가 어떤 선고를 받을 것인지…… 우리 러시아에는 사형이란 게 없다지요. 어쨌든 꼭 와서 알려주셔야 해요. 새벽 3시라도, 4시라도, 4시 반이라도 상관없어요……. 내가 잠이 깨지 않거든 하인들에게 흔들어서라도 깨우라고 하세요……. 아니, 난 오늘 밤 잠이 올 것 같지 않아요. 차라리 나도 당신과 같이 가는 게 어떨까요?"

"아닙니다, 그럴 필요까진 없습니다. 그보다도 만일의 경우를 위해, 부인께서 드미트리 씨에게 돈이라곤 한푼도 준 일이 없다는 사실을 손수 몇 자 적어 주실 수 없을까요?…… 혹시 쓸모가 있을지도 모르겠습니다……. 만일의 경우를 위해서 말이지요……."

"그럼요!" 호흘라코바 부인은 기뻐서 어쩔 줄 모르며 책상 앞으로 재빨리 달려갔다. "당신이 이런 사건을 이렇게 능숙하게 다루시는 데 정말 놀라지 않을 수 없군요……. 당신은 이 고장에서 일하고 계신다구요? 난 당신 같은 분이 이 고장에 근무하고 계신다는 것만으로도 얼마나 기쁜지 모르겠어요……."

그렇게 말하면서 그녀는 서둘러 작은 편지지에 다음과 같은 내용을 커다랗게 적었다.

나는 오늘 그 불행한 드미트리 카라마조프 씨에게(어쨌든 그가 불행하다는 것은 사실이니까) 3천 루블이란 돈을 빌려준 일이 절대로 없습니다. 뿐만 아니라 여태까지 한 번도 돈을 빌려준 적이 없습니다. 이 세상의 모든 거룩한 이름에 걸고 맹세하는 바입니다.

호흘라코바

"자, 다 썼습니다." 부인은 페르호친 쪽으로 돌아섰다. "자, 어서 가서서 그 사람을 구해 주세요. 당신의 커다란 공적이 될 겁니다."

이렇게 말하고 그녀는 그에게 세 번 성호를 그어 주었다. 그러고도 그를 따라서 현관까지 달려나와 수선을 떨었다.

"당신에게 뭐라고 감사드려야 할지 모르겠군요! 당신이 가장 먼저 나를 찾아오신 데 대해, 내가 얼마나 감사하게 생각하는지, 당신은 아마 상상도 못하실 거예요. 어째서 여태까지 당신을 만나뵙지 못했을까요? 앞으로도 저희 집에 자주 들러 주시면, 언제라도 환영하겠어요. 당신처럼 머리가 좋고 똑똑하신 분이 우리 고장에 근무하고 계신다니 얼마나 기쁜지 모르겠군요……. 다른 사람들도 당신의 가치를 인정해야 할 거예요. 언젠가는 모든 사람이 당신을 이해하게 될 거예요. 내가 도와드릴 수 있는 일이 있다면, 무엇이든지 당신을 위해 해드리겠어요……. 아, 정말이지, 나는 젊은 사람들이 좋아요! 난 젊은 분들에게 반해버렸어요. 젊은이들이야말로 고난의 길을 걷고 있는 우리 러시아의 초석이에요. 러시아의 모든 희망이지요……. 자, 어서 가보세요. 어서!"

페르호친은 이미 달려가고 있었다. 그렇지 않았으면 부인이 그를 그렇게 빨리 놓아 주었을 리가 만무했다. 그래도 호흘라코바 부인은 그에게 꽤 좋은 인상을 주었다. 그리고 그것은 이처럼 불쾌한 사건에 끼어든 데 대한 그의 불안을 어느 정도 덜어 주기까지 했다. 누구나 다 알고 있는 사실이지만, 사람의 취향이란 참으로 각양각색이다. 그는 매우 유쾌한 기분으로 이렇게 생각했다.

'그런데 부인은 아직 그리 늙어 보이지 않던걸. 늙기는커녕 그 집 딸이 아닌가 착각할 정도였어.'

한편 호흘라코바 부인도 이 젊은이에게 홀딱 반한 것 같았다.

'어쩌면 그렇게 유능하고 빈틈이 없을까! 그런 젊은이는 요즘 어지간해선 찾아보기 힘들지. 게다가 거동이 점잖고 용모도 단정하고……. 요즘 젊은이는 아무것도 할 줄 모른다고들 하지만 그건 거짓말이야, 그런 사람들에게 그 젊은이를 한번 보여주고 싶군.'

이럭저럭 부인은 '그 무서운 사건'을 거의 잊고 있었다. 잠자리에 들 때서야 비로소 자기가 '죽음 바로 가까이까지' 갔었다는 생각이 문득 떠오르자, "아이 무서워, 아이 무서워!"를 연발했다. 그러나 그녀는 곧 깊고 달콤한 잠에 빠져들었다.

그건 그렇고, 만약 이 젊은 관리와 아직 과히 늙지 않은 과부의 뜻하지 않은 만남이 결과적으로 보아 이 정확하고 민첩한 젊은이에게 출세의 실마리가 되지 않았더라면 필자인 나로서는 이런 사소한 에피소드를 이렇게까지 낱낱이 기술할 생각은 없었다. 지금도 읍내 사람들은 그 일에 대해 얘기하면서 놀라움을 금치 못하고 있는 실정이다.

그리고 나 역시 카라마조프 형제들에 관한 긴 이야기를 끝낼 때, 어쩌면 이 일에 대해 몇마디 언급하게 될지도 모르겠다.

2 공황(恐慌)

우리 고장 경찰서장인 미하일 마카로프는 7등 문관으로 옮아 앉은 퇴역 중령으로, 홀아비 생활을 하고 있는 제법 훌륭한 인물이었다. 그가 이 지방에 부임해 온 지는 불과 3년밖에 되지 않았으나, 이미 사회 각층에서 좋은 평가를 받고 있었는데, 그 가장 중요한 이유는 그가 사교계를 잘 이끌어 나가는 수완을 지니고 있기 때문이었다. 그의 집에는 손님이 끊일 줄 몰랐고, 그 또한 손님 없이는 하루도 살아갈 수 없는 것 같았다. 매일처럼 그의 식탁에는 반드시 누군가 한두 사람쯤은 같이 식사를 하곤 했다. 어쨌든 손님없이 식탁에 앉는 일이 거의 없었다. 그는 온갖 구실을 만들어, 때로는 얼토당토않은 구실을 만들어내어 정식으로 손님을 초대했다. 대접하는 음식은 세련된 것은 아니었으나 꽤 다양한 편이었다. 생선과 고기, 양배추가 들어간 파이가 특히 맛이 좋았고, 술도 고급은 아니지만 양만은 풍부했다. 현관에서 첫 번째 방에는 매우 세련된 가구와 함께 당구대가 놓여 있고, 방안의 장식도 거기에 어울리는 것이어서, 영국산 준마를 그린 그림이 들어 있는 검은 액자가 걸려 있었다. 이것은 아시는 바와 같이 독신자의 당구실 장식으로는 안성맞춤이다. 한 테이블에서 모두 함께 놀 수 있을 만큼 사람 수는 적었지만, 그래도 매일 밤 카드놀이가 벌어졌고 때로는 이 읍내의 상류사회 전체가 부인과 딸들을 동반하고 그의 집에 모여 댄스 파티를 여는 일도 있었다.

마카로프 서장은 홀아비이긴 했지만 혼자 살고 있는 것은 아니었다. 그의 집에는 과부가 된 딸이, 이미 학업을 마치고 꼭 찬 나이의 자기 두 딸(아직 미혼)을 데리고 와서 살고 있었다. 그에게 외손녀가 되는 이 두 아가씨는 용모도 괜찮은데다 성격도 활발하였으므로, 지참금이라곤 한푼도 가져올 것이 없는 줄 알면서도, 이 고장 사교계의 많은 젊은이들이 이 집에 뻔질나게 드나들고 있었다.

마카로프는 직무에서는 결코 유능한 편이 못되었으나, 어느 누구에게도 뒤떨어지지 않을 만큼 자기의 의무는 다하고 있었다. 솔직히 말해서 그는 교육을 별로 받지 못한 사람이었고 또 자기의 행정상 권한까지도 정확히 이해하지 못할 만큼 경박한 인물이었다. 그는 현세대에 진행된 몇몇 정치적 개혁에 대해서도 그 뜻을 충분히 파악하지 못했을 뿐만 아니라, 때로는 아주 엉뚱하고 그릇되게 해석하기도 했다. 이것은 그가 특별히 무능해서기보다는 다만 그의 경박한 성격 때문이었다. 왜냐하면 그에게는 무슨 문제를 깊이 생각할 시간이 없었기 때문이다.
"내 성격은 군대에나 적합하지 문관으론 적합하지 않습니다."
그는 곧잘 자기 자신에 대해 이렇게 말하곤 했다. 그는 농노 개혁에 대해서도 확실한 개념을 파악하지 못했다. 다만 한 해 두 해 지내는 동안 실제적인 면에 접하면서 자연히 그런 지식을 조금씩 터득함으로써 이해하고자 했다. 그러나 어쨌든 그도 어엿한 지주였다.
페르호친은 이날 밤에도 마카로프의 집에서 몇몇 손님을 만나게 될 것이라고 생각했다. 그러나 누구와 만나게 될 것인지는 알 수 없었다. 그런데 마침 공교롭게도 경찰서장 집에는 그때 검사와 이 지방의 공의(公醫)인 바르빈스키가 와서 카드놀이를 하고 있었다. 이 의사는 최근 페테르부르크에서 온 젊은이로, 의과 대학을 우수한 성적으로 졸업한 수재였다. 검사—실은 검사보였지만, 모두 검사라고 부르고 있었다—인 이폴리트 키릴로비치는 우리 읍내에서는 특별한 인물이었다. 이제 서른 다섯밖에 안 된 젊은 나이였지만, 이미 뚜렷한 폐병의 징후가 있었다. 이와는 반대로, 아이를 낳지 못하는 그의 마누라는 상당한 뚱보였다. 그는 자존심이 강하고 터무니없이 화를 잘 내는 사람이었으나, 두뇌는 명석한 편이며 마음씨 또한 착했다. 그의 성격상 결함은 자기 자신의 능력을 과대평가하는 데서 오는 것인 듯싶었다. 언제나 침착하지 않은 듯이 보이는 것도 실은 그런 이유 때문이었다.
게다가 그는 어떤 고상하고도 예술적이라고 할 수 있는 은밀한 야심을 지니고 있었다. 이를테면 심리적 관찰이라든가 인간의 감정에 관한 특별한 지식, 또는 범죄자와 그 범죄를 간파하는 특별한 재능같은 것을 얻고 싶어했다. 이러한 의미에서 그는 자기 자신이 직무상 불우한 처지에 놓여 있으며, 상부에서 자기의 진가를 알아 주지 않을뿐더러 자기를 모함하는 자들이 있다 여기고 늘 불만에 차 있었다. 그리고 기분이 우울할 때는 지금의 이런 자리는 내던져 버리고 차라리 형사 소송 전문 변호사가 되겠다고 아무도 알아 주지 않는 위협을 늘어놓기도 했다. 그러나 뜻하지 않은 카라마조프의 부친 살해 사건은 그의 심신을 모두 송두리째 뒤흔들어 놓았다. '이것이야말로 러시아 전국에 알려질 만한 사건'이라고 그는 생각했던 것이다. 그러나 필자는 또 너무 이야기를 앞질러 가고 있는 것 같다.

옆방에서는 젊은 예심판사 니콜라이 넬류도프가 이집 아가씨들과 함께 이 야기를 하고 있었다. 그는 불과 두 달 전에 이 고장으로 부임해 왔다. 나중에 사람들은, '범행'이 일어난 바로 그날 저녁에 일부러 의논이라도 한 듯이 경찰서장 집에 이런 인물들이 모여 있었던 사실을 기이하게 여기며 오랫동안 화제에 올리곤 했다. 그러나 이것은 아주 단순하고 자연스럽게 이루어진 일이었다. 검사인 이폴리트 키릴로비치의 아내는 이틀 전부터 치통을 앓고 있었기 때문에, 그는 신음소리가 들리지 않는 곳으로 도망쳐 나올 수밖에 없었다. 또 의사 바르빈스키는 본디 밤마다 카드놀이를 하지 않고는 하루가 끝나지 않는 사람이었고, 예심판사 넬류도프는 벌써 사흘 전부터 경찰서장의 집에 들르려고 벼르고 있었다. 그것은 마카로프의 큰 외손녀 올가에게 "나는 당신의 비밀을 알고 있습니다. 오늘이 당신 생일이지요. 읍내 사람들을 무도회에 초대하기 싫어서 숨기고 있다는 걸 누가 모를 줄 아십니까?" 이렇게 말함으로써 그녀를 깜짝 놀라게 해주고 싶어서였다. 그리고 또한 그녀의 나이에 대해 은근히 암시를 주어 놀리면서 한바탕 유쾌하게 놀아 보려고 생각했다.

'올가로 말할 것 같으면 자기 나이가 알려지는 것을 몹시 두려워하고 있으니만큼, 내일 당장 사람들에게 폭로하겠노라고 말을 건네 보자……'

이렇게 생각하고 잔뜩 벼르고 있었던 것이다.

이 애교만점인 젊은이는 이런 면에선 남달리 뛰어난 장난꾸러기였다. 그래서 읍내의 귀부인들은 그를 '장난꾸러기'라고 부르고 있었는데, 그 또한 그 별명은 매우 마음에 들어하는 것처럼 보였다. 그러나 그는 최상류 계급의 훌륭한 집안 출신으로, 훌륭한 교육을 받았고 마음씨도 선량했다. 비록 어느 정도 향락주의적인 데가 없지도 않았지만, 언제나 예의가 발랐고 그의 장난은 참으로 순진한 것이었다.

겉보기엔 키가 작고 허약해 보였으며, 가늘고 흰 손가락에는 언제나 커다란 반지가 여러 개 번쩍이고 있었다. 그러나 직무를 수행할 때는, 언제나 자신의 사명과 자기에게 주어진 의무가 무슨 신성한 것이나 되는 것처럼 평소와는 딴판으로 점잔을 빼고 엄숙한 태도가 되는 것이었다. 특히 그에게는 평민 출신의 살인범이라든가 그 밖의 흉악범들을 심문할 때면 묘한 질문을 던져 상대를 꼼짝없이 궁지로 몰아넣는 재주가 있어서 범인들의 마음에 존경심까지는 아니더라도, 일종의 경이로움을 느끼게 하는 것만은 사실이었다.

경찰서장의 집에 들어선 페르호친은 그만 당황하고 말았다. 거기에 모인 사람들이 이미 모든 것을 다 알고 있다는 것을 눈치챈 것이다. 그들은 이미 카드를 집어던지고, 모두 일어서서 의논하고 있는 중이었다. 예심판사 넬류도프까지 아가씨들을 내버려두고 달려와서는, 잔뜩 긴장하여 당장에라도 행동을 취할 듯한 기세를 보여주고 있었다. 페르호친이 여기서 가장 먼저 들은 소식은, 늙은 표도르 카라마조프가 그날 밤 자기 집에서 살해되었고 돈까지 강탈당했다는 것이었다. 그 소식은 그가 여기 나타나기 직전에 다음과 같은 경로를 통해 이 집에 알려졌다.

울타리 밑에 정신을 잃고 쓰러진 늙은 그리고리의 아내 마르파는, 자기 침대에서 깊이 잠들어 있었다. 약을 먹은 뒤였기 때문에 다음날 아침까지 내쳐 잠을 잤을 것이지만, 어쩌다가 문득 잠이 깨었다. 그녀가 잠을 깬 것은 인사불성이 되어 누워 있던 간질병 환자 스메르자코프가 무서운 비명을 질렀기 때문이었다. 발작이 일어나기 전에는 언제나 그런 비명을 질렀으므로, 그럴 때마다 마르파는 겁에 질려 거의 병적인 불안에 사로잡혔다. 그녀는 그 비명소리에는 도저히 익숙해질 수가 없었다.

그래도 그날 밤 마르파는 벌떡 일어나서 잠이 덜깬 상태로 스메르자코프의 방으로 달려갔다. 그러나 방안은 캄캄했고, 환자가 무섭게 신음하며 몸부림치는 소리만 들려올 뿐이었다. 그래서 마르파는 자기도 비명을 지르며 남편을 부르기 시작했으나, 문득 자기가 일어나 나올 때 남편이 자기 곁에 없었던 사실이 머리에 떠올랐다. 그녀는 침대로 다시 돌아가 손으로 더듬어 보았다. 아니나다를까 침대는 정말로 비어 있었다.

그렇다면 그리고리는 어디론가 나간 것이 분명했다. 대체 어디로 갔을까? 그녀는 계단 쪽으로 달려나가서 조심스럽게 남편을 불러보았다. 물론 대답이 있을 리 없었고 그 대신 캄캄한 밤의 어둠 속에서 정원 안 저 멀리 어디선가 신음소리 같은 것이 들려 왔다. 그녀는 귀를 기울였다.

그것은 분명 정원 쪽에서 들려오고 있었다.

'아유, 어쩌면 리자베타 스메르자시차야가 아기를 낳았을 때와 꼭 같을까!'

어수선한 마음으로 그녀는 이렇게 생각했다. 떨리는 가슴을 안고 주춤주춤 계단을 내려가 살펴보니, 정원으로 통하는 문이 활짝 열려 있었다.

'영감이 저기에 나가있는 모양이군.'

그녀는 문쪽으로 다가갔다. 그러자 뜻밖에도 "마르파! 마르파!"하고 자기 이름을 부르는 그리고리의 숨이 끊어질 것 같은 무서운 신음 소리가 분명하게 들려왔다.

"오오 주여, 우리를 불행에서 건져 주옵소서."

이렇게 중얼거리며 마르파는 소리가 나는 쪽으로 달려가 마침내 그리고리를 찾아냈다.

그러나 그리고리가 발견된 곳은 그가 처음 쓰러졌던 울타리 아래가 아니라, 거기서 스무 걸음쯤 떨어진 곳이었다. 나중에야 안 일이지만, 그리고리는 정신이 들어 거기까지 기어갔다고 한다. 모르긴 하나, 몇 번이나 의식을 잃으면서 오랫동안 땅 위를 기었던 모양이다. 그녀는 곧 그리고리가 온통 피투성이가 되어 있는 것을 보고 기겁을 하여 비명을 질렀다.

"죽였어……. 아비를 죽였어……. 뭘 꽥꽥거리고 있는 거야, 바보 같으니……. 어서 달려가서 사람을 불러와……." 그는 가느다란 목소리로 두서없이 중얼거렸다.

그러나 마르파는 들은 척도 하지 않고 계속 비명만 지르고 있다가 언뜻 보니, 주인 방 창문이 열려있고 거기서 불빛이 흘러나오고 있었다. 그녀는 재빨리 그리로 달려가서 주인 표도르를 부르기 시작했다.

그러나 창문으로 안을 들여다보았을 때 끔찍한 광경이 눈에 들어왔다. 주인은 마루 위에 반듯이 누운 채로 꼼짝도 하지 않았다.

연한 빛깔의 잠옷과 새하얀 셔츠가 새빨간 피로 물들어 있었다. 테이블 위에 놓여진 촛불이 그 피와 표도르의 죽은 얼굴을 환하게 비추고 있었다.

극도로 공포에 질린 마르파는 질겁을 하고 창문에서 물러나 정원 밖으로 뛰어가서는 대문의 빗장을 뽑고 뒷길로 해서 이웃에 사는 마리아네 집으로 간신히 달려갔다. 모녀가 모두 잠들어 있었으나, 마르파가 요란하게 덧문을 두드리는 소리와 계속적인 비명소리에 잠이 깨어 창가로 나왔다. 마르파는 목청이 찢어질 것처럼 커다란 소리로 횡설수설 지껄여댔지만, 그래도 '도와달라'는 중요한 요점만은 전할 수 있었다.

마침 그날 밤은 포마가 방랑길에서 돌아와 이 집에 묵고 있었다. 모녀는 곧 곧 그를 깨워서 범행 현장으로 달려갔다. 도중에 마리아는, 그날 저녁 9시쯤 이웃집 정원 쪽에서 무서운 고함소리가 들려왔던 사실이 문득 기억에 떠올랐다. 물론 그것은 그리고리가 울타리에 올라앉은 미차의 다리를 붙들고 "살인이야!"하고 외친 고함소리였다.

"아까 누군가가 죽는 소리를 지르더니만, 곧 잠잠해지더군요."

마리아가 달려가면서 말했다.

그리고리가 쓰러져 있는 곳에 닿자, 두 여인은 포마의 도움을 받아 노인을 바깥채로 옮겼다. 불을 켜보니, 스메르자코프는 아직도 발작이 멎지 않아 눈이 뒤집히고 거품을 입에 문 채 자기 방에서 몸을 뒤틀고 있었다. 그들은 식초를 탄 물로 그리고리의 이마를 씻어 주었다. 정신이 돌아오자 그리고리는 곧바로 "주인님은 살아 계신가?" 물었다.

그때야 두 여인과 포마는 안채로 달려갔다. 그런데 이번에는 주인 방의 창문뿐만 아니라 정원으로 통하는 문까지 활짝 열려 있었다. 표도르는 벌써 일주일 전부터 매일 밤 문을 굳게 잠그고는, 그리고리에게조차 무슨 일이 있어도 들어오지 못하게 하고 있었다. 그러던 그 문이 열려 있는 것을 보자, 두 여인과 포마는 갑자기 주인방에 들어서기가 두려워졌다. '나중에 무슨 시끄러운 일이라도 일어나면 곤란하다'고 생각했기 때문이다.

그들이 그리고리에게 되돌아오자 늙은 종은 경찰서장에게 가서 알리라고 말했다. 그리하여 마리아가 달려가서 경찰서장 집에 모여있던 사람들을 깜짝 놀라게 한 것이다. 그것은 페르호친이 그곳에 도착하기 겨우 5분전의 일이었다. 그러나 페르호친은 단지 자기 자신의 상상이나 추측만 가지고 그곳에 나타난 것이 아니라, 어떤 사실의 목격자로서 범인이 누구인가 하는, 사람들의 억측을 자기의 설명으로 뒷받침 하는 구실을 한 셈이었다(그러나 그는 마지막 순간까지 마음속으로는 자기의 추측을 믿으려 하지 않았다).

그리하여 이 자리에 모인 사람들은 온 힘을 다하여 활동을 개시할 것을 결의했다. 부서장에게는 네 사람의 증인에 대한 증거 수집의 일을 모두 맡겼고, 일정한 절차를 밟아(필자는 여기서 구태여 수사상의 형식적인 문제에 대해선 설명하지 않겠다) 그들은 표도르의 집으로 들어가서 현장 검증을 시작했다. 아직 경험은 적으나, 그 대신 자기 일에 열심인 지방 공의는 자청하다시피하여 서장과 검사와 예심판사 일행을 따라가기로 했다.

필자는 여기서부터 사건을 좀더 간단하게 설명하기로 하겠다. 표도르는 두 개골이 박살나서 그 자리에서 즉사하고 말았음이 판명되었다. 거기에 사용된 흉기는 분명히 나중에 그리고리를 습격한 바로 그 흉기가 틀림없는 것 같았다. 그래서 그들은 응급 치료를 받은 그리고리로부터 들릴락말락 더듬는 목소리이기는 했으나, 그가 상처를 입게 된 경위를 대략 듣고 곧 흉기를 찾기 시작했다. 등불을 켜들고 울타리 근처를 찾아보니 눈에 잘 띄는 정원 길 위에 놋쇠로 만든 절굿공이가 떨어져 있는 것이 발견되었다. 표도르가 쓰러져 있는 방에는 별로 어질러진 흔적은 없었으나 병풍 뒤에 있는 침대 옆 마루 위에 보통 관청에서 쓰는 두꺼운 종이로 만들어진 커다란 봉투가 하나 떨어져 있는 것이 보였다. 그 겉봉에는 '나의 천사 그루셴카에게 주는 선물. 만약 네가 여기 온다면'이라는 글이 씌어있고, 그 아래쪽에는 다시 아마 표도르 자신이 나중에 덧쓴 것인 듯 '나의 귀여운 병아리에게'라고 씌어 있었다.

봉투에는 빨간 봉랍으로 세 군데나 커다란 봉인이 찍혀 있었다. 그러나 봉투는 이미 찢겨지고 누군가가 돈을 꺼내간 듯 속이 비어 있었다. 마루 위에는 봉투를 묶었던 가느다란 분홍색 리본이 떨어져 있었다.

페르호친의 증언 중에서 검사와 예심판사에게 특히 강한 인상을 준 것이 한 가지 있었다. 그것은 다름이 아니라 드미트리가 새벽녘에는 틀림없이 권총으로 자살해 버릴 것이라는 그의 추측이었다. 그의 추측에 의하면, 드미트리 자신이 자살을 결심하고 자기 입으로 페르호친에게 말했을뿐더러, 그가 보는 앞에서 권총에 총알을 재고 유서까지 써서 호주머니에 넣었다는 것이었다. 그래도 페르호친이 그 말을 곧이들으려 하지 않고 누구에겐가 얘기해서 자살을 방해하겠다고 위협하자, 미차는 이를 드러내고 히죽 웃으며 "그렇게는 안 될 거요."라고 대답했다. 그런만큼 정말로 범인이 자살해 버릴지도 모르므로 당장 모크로예로 달려가 죽기 전에 체포해야 한다는 것이었다.

"틀림없습니다. 그건 확실해요!" 검사는 이상할 정도로 흥분하여 이렇게 외쳤다. "그런 자들은 대체로 그런 짓을 곧잘 하는 법입니다. 어차피 내일은 자살해 버릴 테니까, 죽기 전에 한바탕 실컷 놀아나 보자는 기분이지요." 드미트리가 상점에서 술이며 식료품을 사가지고 갔다는 말은 검사를 더욱 흥분시켰다. "여러분은 저 올스피예프라는 상인을 죽인 그 젊은 놈을 기억하고 계실 겁니다. 그놈은 1천 5백 루블을 강탈해 가지고는 그길로 이발소로 가서 머리를 지진 다음, 그 돈을 감추려고 하지도 않고 그냥 한 손에 움켜쥔 채 곧장 계집들한테 달려갔지요."

그러나 표도르의 집을 수색하고, 그 밖의 필요한 절차를 밟느라고 그들은 많은 시간을 허비했다. 그런 일 때문에 꽤 시간이 걸렸으므로 그들은 우선 자기들이 출발하기보다 두 시간 먼저 시골에 주둔하고 있는 지서장인 마브리키 시메르초프를 모크로예로 보내기로 했다. 그는 마침 그 전날 아침에 봉급을 타러 읍내에 와 있었던 것이다.

마브리키 시메르초프는 모크로예에 도착하면 절대로 떠들지 말고, 사법관 계자들이 도착할 때까지 빈틈없이 범인을 감시하는 동시에, 필요한 증인들과 마을의 촌장 등을 미리 소집해 두라는 지시를 받았다. 시메르초프는 그 지시대로 행동했다. 그는 전부터 잘 아는 사이인 트리폰에게만 비밀을 일부 얘기하고, 그 밖에는 모든 것을 비밀리에 이행했다. 미차가 자기를 찾고 있는 여관 주인을 어두운 복도에서 마주쳤을 때, 상대의 얼굴과 말투에 어떤 변화가 일어난 것을 느낀 바로 그 조금 전에 그는 트리폰에게 사실을 알려주었던 것이다. 이리하여 미차는 물론 그 밖의 아무도 눈치채지 못하게 그는 감시를 계속하고 있었던 것이다. 권총이 든 상자는 이미 트리폰이 훔쳐 내다가 안전한 장소에 숨겨 두었다.

이윽고 오전 4시가 지나 거의 동이 틀 무렵이 되어서야, 경찰서장과 검사와 예심판사 일행이 두 대의 삼두마차에 나누어 타고 모크로예에 도착했다. 공의는 다음날 피해자의 시체를 해부하기 위해 표도르의 집에 그대로 남아 있었다.

그러나 그보다 더 중요한 이유는 그 집 하인인 스메르자코프의 병세에 각별한 흥미를 느꼈기 때문이었다.

"48시간이나 계속하여 반복되는 이처럼 맹렬하고도 지속적인 간질 발작은 좀처럼 보기 드문 일입니다. 이건 연구해 볼 만한 가치가 충분히 있지요."

그는 모크로예로 떠나려는 사람들을 붙들고 흥분한 얼굴로 선언하듯이 말했다. 그들은 그의 발견을 웃으면서 축하했다. 이때 공의가 스메르자코프는 아마도 오늘 밤을 무사히 넘기지 못할 것이라고 한 말을 검사와 예심판사는 똑똑히 기억하고 있었다.

이것으로 필자는 지루하기는 했으나 필요하다고 생각되는 설명은 모두 끝냈으니만큼, 이제부터는 앞에서 중단했던 이야기의 그 순간으로 돌아가려고 한다.

3 영혼의 고뇌—첫 번째 시련

미차는 앉은 채 어리둥절한 눈초리로 주위 사람들을 둘러보고 있었다. 그는 사람들이 자기에게 무슨 말을 하는 것인지 전혀 알아듣지 못하고 있었다. 갑자기 그는 벌떡 일어서더니 두 팔을 높이 쳐들고 큰 소리로 외쳤다.

"나는 죄가 없소! 그 피에 대해서는 난 아무런 죄도 없소! 난 아버지의 피에 대해선 무죄란 말입니다……. 죽이려고 생각한 적은 있지만, 죽인 적은 없소! 절대로 내가 죽인 게 아닙니다!"

그러나 그가 이 말을 채 끝맺기도 전에 휘장 뒤에서 그루셴카가 달려나오더니 경찰서장의 발 아래 몸을 던졌다.

"그건 나예요, 이 죄많은 계집 때문이에요!" 그루셴카는 눈물에 젖은 얼굴로 그들 쪽으로 두 손을 내밀고 비통한 목소리로 외쳤다.

"저 사람이 그런 일을 저지른 것은 나 때문입니다!…… 내가 저 사람을 괴롭혔기 때문에 이런 일이 생기고 만 거예요. 가엾게 죽은 그 노인도 내가 못되게 괴롭혔기 때문에 이런 일이 일어난 거예요! 내가 나빴어요, 모든 책임은 내게 있어요!"

"물론 네가 나빴지! 네가 이 사건의 주범이야. 요사스럽고 음탕한 계집 같으니, 너야말로 가장 죄가 큰 죄인이란 말이다."

경찰서장은 주먹으로 그루셴카를 위협하듯 하며 호통을 쳤다. 그러나 그때 동료들이 재빨리 서장을 엄하게 제지했다. 특히 검사는 두 손으로 서장을 꽉 붙들기까지 했다.

"이러시면 죄다 엉망진창이 되고 맙니다, 서장님." 검사가 소리쳤다. "당신은 사건 심리를 정면으로 방해하는 것이나 다를 것이 없습니다……. 일을 아주 망쳐 놓고 말 작정이십니까?"

그는 숨을 헐떡거리다시피하며 말했다.

"단호한 조치를 취해야 합니다. 단호한 조치를! 단호한 조치를 취해야 해요!" 넬류도프 예심판사도 몹시 흥분하여 소리쳤다. "그러지 않고선 도저히 심문할 수가 없습니다……."

"나도 같이 재판을 받게 해주세요!" 그루셴카는 무릎을 꿇은 채 정신없이 소리쳤다. "나도 같이 처벌해 주세요. 저 사람과 함께라면 나는 사형이라도 기꺼이 받겠어요!"

"그루센카, 나의 생명, 나의 피, 나의 소중한 보물!" 미차는 털썩 그루센카의 옆에 무릎을 꿇고 두 팔로 힘껏 끌어안았다. "여러분, 이 여자가 하는 말을 믿지 마십시오. 이 여자는 아무 잘못도 없습니다. 아무 죄도 없어요!"

그는 몇 사람이 강제로 자기를 여자 옆에서 떼어 놓은 것과, 여자를 어디론가 데리고 가버린 것을 나중에야 기억할 수가 있었다. 그가 제정신이 들었을 때, 그는 이미 테이블 앞에 끌려와 앉아 있었다. 그의 앞뒤에는 금속 휘장을 단 사람들이 서 있었다. 그의 맞은편에는 예심판사 넬류도프가 앉아 있었는데, 테이블 위에 놓인 유리잔의 물을 좀 마시라고 자꾸만 미차에게 권하는 것이었다.

"이걸 마시면 기분이 좀 나아질 겁니다. 마음이 진정될 거요. 뭐 두려워하거나 불안해할 건 조금도 없습니다."

그는 매우 깍듯한 말투로 이렇게 덧붙였다. 그러나 미차는 문득 판사가 끼고 있는 커다란 반지에 흥미가 쏠렸다(그는 분명히 기억하고 있었다). 하나는 자수정, 또 하나는 투명한 황옥으로 무어라 형용할 수 없는 아름다운 빛을 내고 있었다. 나중에 그는 그처럼 무서운 심문이 진행되고 있는 동안 자기의 처지와는 아무 관계도 없는 그 반지에서 한시도 눈을 뗄 수 없었다는 것, 또 그것을 머릿속에서 도저히 몰아낼 수 없을 정도로 자기의 주의가 끌렸다는 사실을 두고두고 의아스러운 마음으로 회상하곤 했다.

간밤에 막시모프가 앉아 있었던 미차의 왼쪽에는 검사가 자리잡고 앉았고, 미차의 오른쪽, 즉 그루센카가 앉았던 자리에는 낡아빠진 사냥복 같은 괴상한 옷을 걸친, 볼이 불그레한 젊은이가 앉아 있었다. 그 젊은이의 앞에는 잉크와 종이가 놓여 있었다. 그는 예심판사가 데리고 온 서기였다. 경찰서장은 이때 방 한구석의 창가에 앉아 있는 칼가노프 곁에 서 있었다.

"물을 좀 마시시오!" 예심판사는 부드러운 목소리로 벌써 열 번이나 같은 말을 되풀이하고 있었다.

"마셨습니다, 여러분, 마셨어요……. 그보다…… 자, 여러분, 나를 단숨에 짓밟아 주십시오. 사형시켜 주십시오, 어서 내 운명을 결정지어 주십시오!"

미차는 무섭게 부릅뜬 눈으로 예심판사를 바라보며 외쳤다.

"그럼 당신은 자신의 아버지인 표도르 카라마조프의 죽음에 대해서는 무죄라고 끝까지 주장하는 것입니까?"

예심판사는 부드럽기는 하나 끈덕진 어조로 물었다.

"무죄입니다! 다른 피에 대해서는, 다른 노인의 피에 대해서는 죄가 있지만, 아버지의 피에 대해서는 절대로 죄가 없습니다. 오히려 나는 그 죽음을 슬퍼하고 있을 정도니까요! 죽이긴 죽였습니다. 그 노인을 죽였지요, 그를 때려눕혔지요. 그러나 그 피 때문에 다른 피에 대해서, 내게는 아무 관계도 없는 무서운 살인에 대해 책임을 질 수는 없습니다……. 여러분, 이건 너무나도 억울한 일입니다. 난 정말이지, 머리를 호되게 얻어맞은 것 같은 기분입니다! 그렇지만 도대체 누가 아버지를 죽였을까요? 내가 아니라면 대체 누가 아버지를 죽였을까요? 정말 이상합니다. 도저히 있을 수 없는 일입니다!"

"그러니까 누군가가 죽였다고 치고……."

예심판사가 말을 꺼냈으나, 검사(검사보이지만 우리는 간단하게 검사라고 부르기로 하자)가 예심판사와 눈짓을 교환하고는 미챠에게 말했다.

"하인 그리고리에 대해서라면 걱정할 필요가 없습니다. 그는 살아 있습니다. 의식이 돌아왔지요. 당신이 가한 것으로 추정되는 끔찍한 타격에도 불구하고—이건 그 노인의 증언과 당신 자신의 진술을 근거로 해서 하는 말입니다—적어도 의사의 말을 빌리면 생명에는 별다른 지장이 없다고 합니다."

"살아 있다구요? 그럼 그 노인은 죽지 않았단 말이지요!" 미챠는 가볍게 손뼉을 치면서 소리쳤다. 그의 얼굴은 갑자기 환하게 빛났다. "오오, 주여, 당신이 그토록 위대한 기적을 일으켜 주시니 감사하기 이를 데 없습니다! 당신께서는 나같이 죄 많은 악당의 기도를 들어 주셨군요……. 그렇습니다. 이건 하느님께서 내 기도를 들어 주신 겁니다. 나는 밤새껏 기도를 드렸거든요!"

그는 성호를 세 번 그은 뒤 가쁜 숨을 몰아쉬었다.

"그런데 우리는 그 그리고리한테서, 당신에 대한 아주 중대한 증언을 들었습니다. 다름 아니라……."

검사가 말을 계속하려고 하자 미챠가 갑자기 의자에서 벌떡 일어나면서 소리쳤다.

"잠깐만 기다려 주십시오, 여러분. 제발 잠시만 기다려 주십시오. 그 여자에게 잠깐 달려갔다 오겠습니다……."

"안 됩니다. 지금은 절대로 안 됩니다!" 예심판사도 거의 비명을 지르듯 외치며 의자에서 벌떡 일어났다. 가슴에 금속휘장을 단 사람들이 미챠를 붙들려

했다. 그러나 미차는 스스로 다시 자리에 앉았다.
"여러분, 참으로 유감스럽습니다! 나는 잠깐 동안 그 여자를 만나보고 싶었을 뿐인데요……. 밤새도록 나를 괴롭히고 있던 그 피가 깨끗이 씻겨 나갔습니다. 이제 나는 살인자가 아니라는 것을 그루센카에게 말해 주고 싶었습니다. 여러분, 그 여자는 지금 나의 약혼자입니다!" 그는 사람들을 둘러보며 감격에 찬 경건한 목소리로 말했다. "오오, 여러분, 정말 감사합니다! 여러분 덕분에 나는 한 순간에 다시 태어났습니다. 여러분은 나를 다시 살려 주셨습니다! 그 노인은 나를 품에 안고 길러 준 사람입니다. 여러분, 내가 아직 세 살밖에 되지 않은 나이에 모든 사람에게서 버림받았을 때 그 사람은 친아버지처럼 나를 씻어 주고 돌봐 주었습니다!"
"그래서 당신은……." 예심판사가 말을 시작하려 했다.
"여러분, 잠깐만, 잠시만 더 기다려 주십시오." 미차는 테이블 위에 팔꿈치를 올려놓고 두 손으로 얼굴을 가리면서 말을 멈췄다. "조금만 생각할 시간을 주십시오. 여러분, 내게 숨 돌릴 여유를 좀 주십시오. 이번 일로 너무나 혼란에 빠져 버렸습니다. 정말 무서운 일입니다……. 인간이란 북(鼓) 가죽이 아니니까요, 여러분!"
"저, 물을 좀더……." 예심판사가 중얼거렸다.
미차는 얼굴에서 손을 떼더니 킬킬거리며 웃기 시작했다. 그의 눈은 생생하게 빛났고 눈 깜짝할 사이에 아주 사람이 달라진 것같이 보였다. 말투까지 돌변해 버렸다. 그가 전부터 알고 있던 사람들과 그 자리에 있던 사람들, 그 모든 사람들과 다시 대등한 관계로 돌아간 한 인간이 거기에 있었다. 마치 아직 아무 일도 일어나지 않았던 그 전날, 어떤 사교적인 모임에서 그들을 만난 것 같은 태도였다. 말이 나왔으니 한마디 언급해 두는 것이지만, 미차가 우리 읍에 처음 왔을 때는, 경찰서장 집에서도 그를 따뜻하게 환영해 주었다. 그러나 그 뒤로는, 특히 최근 한 달 동안은 거의 서장집을 방문한 일이 없었고, 또한 서장 쪽에서도 간혹 길거리에서 미차를 만나도 눈살을 잔뜩 찌푸리고, 단지 예의에 벗어나지 않을 정도로 고개를 끄덕여 보이는 것이 고작이었다. 그런 눈치는 미차도 잘 알고 있었다.
검사와는 더욱 서먹한 사이였지만, 신경질적이고 공상을 좋아하는 그의 부인한테는 곧잘 놀러 갔는데, 물론 그것은 깍듯이 예의를 갖춘 방문이었다. 그러면서도 자기가 무엇 때문에 검사 부인을 방문하는 것인지 그 자신도 모르고 있었다. 그래도 검사 부인은 언제나 친절하게 미차를 맞이해 주었다. 검사 부인은 무슨 이유에선지는 모르나 최근까지 그에게 흥미를 느끼고 있었다. 예심판사와는 아직 가까이 사귈 만한 기회가 없었으나 두어 번 이야기를 주고받은 일은 있었는데, 두 번 다 여성에 관한 화제였다.

"넬류도프씨, 내가 보기에 당신은 아주 노련한 예심판사인 것 같군요." 미차는 이렇게 말하며 갑자기 밝은 웃음을 지었다. "그렇지만 이번엔 내가 당신을 도와 드리기로 하지요. 아아, 여러분, 나는 정말 새 생명을 얻은 기분입니다……. 그러니 내가 이렇게 툭 터놓고 허물없이 얘기한다고 해서 나무라진 마십시오. 뿐만 아니라, 솔직히 말씀드려서 나는 조금 취해 있으니까요. 넬류도프씨, 나는 내 친척 되는 미우소프의 집에서 당신을 만나뵐 수 있는 영광을 누렸습니다. 아, 여러분, 그렇다고 해서 내가 여러분들과 동등한 입장에 있다고 생각하는 것은 아닙니다. 나도 물론 당신들 앞에 내가 지금 어떤 인간으로 앉아 있는지는 잘 알고 있으니까요. 그야 물론 나는 지금 끔찍한 혐의를 받고 있습니다. 그리고리가 그렇게 증언했다면 내게는 무서운 혐의가 걸려 있겠지요. 무서운 일입니다. 참으로 무서운 일이에요. 나도 그런 것쯤은 잘 알고 있습니다! 그러나 여러분, 이 사건에 대해서는 나도 각오가 되어 있습니다. 이제부터 이 사건을 단숨에 해결해 버립시다. 왜냐하면 여러분, 내 말을 잘 들어 주십시오. 나 자신이 전혀 죄가 없다는 것을 분명히 알고 있는 이상 이 문제는 당장 해결할 수 있으니까요! 그렇지요! 그렇지 않습니까?"

미차는 마치 상대가 자기의 절친한 친구이기라도 한 것처럼, 성급하게 신경질적으로 감정을 드러낸 채 자기의 심정을 털어놓기 시작했다.

"그러시다면, 우선 그렇게 기록해 두겠습니다. 당신은 자신에게 걸려 있는 혐의를 전면 부인한다고."

넬류도프는 당당한 목소리로 이렇게 말하고, 서기를 돌아보면서 낮은 목소리로 기록할 사항을 지시했다.

"기록해 두겠다고요? 당신들은 그런 것을 기록해 두고 싶단 말입니까? 할 수 없군요, 어서 기록해 두시지요. 반대하지 않겠습니다. 전적으로 동의하는 바입니다, 여러분…… 그렇지만, 저…… 잠깐만, 잠깐만 기다려 주십시오. 기왕이면 이렇게 기록해 주세요. '그는 폭행을 가했다는 점에서는 유죄, 가엾은 노인에게 중상을 입혔다는 점에서는 유죄'라고 말입니다. 그리고 또 한 가지, 나는 마음속으로 나에게 죄가 있다는 것을 느낍니다. 그러나 이건 기록해 둘 필요가 없겠지요." 그는 별안간 서기 쪽을 돌아보았다. "여러분, 이건 어디까지나 나의 사생활에 관한 거니까, 여러분과는 아무 상관이 없는 일입니다. 말하자면 내 마음 깊은 곳의 문제지요……. 그렇지만 나는 아버지의 살해 사건에 관해서는 무죄입니다. 그건 터무니없는 일입니다! 정말 터무니없는 일이에요! 여러분이 확신을 가질 수 있도록 곧 증거를 들어 해명해 드리지요……. 그러면 여러분은 아마도 웃어 버리고 말 겁니다. 나에게 그런 혐의를 둔 여러분 자신이 아마도 우스워질 거예요!……"

"진정하십시오, 카라마조프 씨."

예심판사는 자신의 냉정한 태도로 극도로 흥분한 미차를 압도하려는 듯이 주의를 주었다. "심문을 계속하기에 앞서, 나는 만약 당신이 동의해 주신다면, 다음과 같은 사실을 승인할 것인지 어떤지 물어 보고자 합니다. 다름이 아니라, 당신은 고인이 된 표도르 카라마조프 씨를 좋아하지 않은 것 같던데요. 그래서 줄곧 그와 다투어 온 것으로 알고 있습니다만……. 다른 건 다 그만두고라도, 바로 15분 전에 이 자리에서 그를 죽이고 싶었다는 말을 한 것으로 나는 기억하고 있습니다. '죽이지는 않았지만, 죽이고 싶었던 것은 사실'이라고 커다란 소리로 말했지요?"

"내가 그런 말을 했습니까? 아, 여러분, 아마 그랬는지도 모릅니다! 그렇습니다, 불행하게도 나는 아버지를 죽이고 싶어 했습니다. 수없이 그런 생각을 했지요……. 불행한 일입니다, 참으로 불행한 일이에요!"

"그렇게 생각했단 말이지요. 그럼, 도대체 무슨 이유로 아버지에게 그런 증오를 품게 되었는지 설명해 줄 수 있겠습니까?"

"설명할 게 뭐 있습니까, 여러분!" 미차는 눈을 내리깔고 퉁명스런 얼굴로 어깨를 살짝 쳐들어 보였다. "나는 나 자신의 감정을 조금도 숨겨 본 일이 없으니까, 거기 대해선 읍내 사람이라면 누구나 다 알고 있지요. 술집에 드나드는 사람은 누구나 다 알고 있습니다. 바로 얼마 전에도 조시마 장로의 암자에서 나는 분명히 입밖에 내어 그들에게 말했습니다……. 그리고 그날 밤에 아버지를 죽도록 두들겨패주고 나서, 며칠 뒤에 다시 와 꼭 죽여 버리고 말겠다고, 사람들 앞에서 큰 소리로 선언했습니다……. 예! 그 증인은 얼마든지 있습니다!

거의 한달 동안이나 줄곧 그런 말을 떠들고 다녔으니까, 모두 다 증인이 될 수 있을 겁니다! …… 그런 사실은 엄연히 있는 것이니까 사실이 말해주겠지요, 사실이 큰 소리로 말하고 있어요. 그러나 감정이란 것은 말입니다, 여러분, 감정이란 전혀 별개의 것입니다. 그러니까 여러분." 미챠는 얼굴을 찌푸렸다. "여러분에게 나의 감정까지 심문할 권리는 없다고 생각합니다. 설사 여러분이 직책상 그런 권리를 갖고 있다 하더라도 이건 어디까지나 나 자신의 문제입니다. 나의 내면의 아주 사적인 문제라는 거지요. 그렇지만…… 과거에도 나는 내 감정을 숨긴 적이 없습니다……. 예를 들면, 술집에서도 아무에게나 닥치는 대로 털어놓곤 했으니까, 지금도 구태여 그것을 비밀로 해두고 싶지는 않습니다. 여러분, 이런 경우에 나에게 매우 불리한 증거가 꽤 많이 드러나 있다는 사실은 나도 잘 알고 있습니다. 나는 아버지를 죽여 버리겠다고 아무에게나 지껄이고 다녔으니까요. 그런데 갑자기 아버지가 피살되었습니다. 그러니 내게 혐의가 돌아오는 것도 당연한 일이겠지요! 하하하! 나는 결코 여러분을 탓하려는 것은 아닙니다. 여러분, 그건 매우 당연한 일이에요. 나 자신도 소름이 끼칠 지경이니까요. 왜냐구요? 만약에 내가 아니라면 누가 우리 아버지를 죽였겠습니까? 그렇잖습니까? 내가 아니면 대체 누가 죽였을까요. 대체 누가 죽였겠느냐 말입니다! 여러분." 그는 버럭 고함을 질렀다. "나는 한 가지 알고 싶은 게 있습니다. 아니, 여러분에게서 설명을 듣고 싶습니다. 여러분, 아버지는 대체 어디서 살해되었습니까? 어떻게 살해되었습니까? 흉기는 무엇이었나요? 그걸 좀 얘기해 주십시오." 그는 검사와 판사를 번갈아 바라보며 빠른 어조로 물었다.

"우리가 갔을 때, 부친께서는 머리가 깨어진 채 서재 마루에 쓰러져 계셨습니다."

검사가 대답했다.

"아아, 무서운 일입니다!"

미챠는 문득 몸을 부르르 떨며, 테이블 위에 팔꿈치를 올려놓고 오른손으로 얼굴을 감쌌다.

"그럼 심문을 계속하겠습니다." 넬류도프가 끼어들었다. "그렇다면, 그때 당신에게 그와 같은 증오심을 불러일으킨 원인은 대체 무엇인가요? 당신이 질투심 때문이라고 공공연히 떠들고 다닌 건 알고 있습니다만."

"그렇지요, 질투 때문이지요. 그러나 결코 질투뿐만은 아닙니다."

"그럼 금전상의 다툼이었습니까?"

"그렇습니다. 금전상의 문제도 있었어요."

"그 다툼이라는 것은, 당신이 상속할 권리가 있다고 주장한 3천 루블에 관한 것이라고 들었는데요?"

"3천 루블 정도가 아닙니다! 훨씬 더 많지요." 미차는 흥분하여 소리쳤다. "6천 루블 이상입니다. 아니, 1만 루블이 넘을지도 몰라요. 난 모든 사람들에게 그렇게 말했습니다. 그렇게 외치고 다녔지요! 그렇지만 하는 수 없이 나는 3천 루블에 타협하기로 결심했습니다. 3천 루블이라는 돈이 급하게 필요했기 때문이지요. 그래서 나는 아버지가 그루셴카에게 주려고 베개 밑에 준비해 두었던 그 3천 루블은 나한테서 훔친 돈이나 마찬가지라고 확신하고 있었어요. 그 돈을 거기 둔 걸 난 잘 알고 있었거든요. 그렇습니다, 난 그 돈을 내것이라 생각하고 있었습니다. 그건 사실 내 돈이나 다름없는 것이었으니까……."

검사는 의미 심장한 눈초리로 예심판사를 바라보며 미차가 눈치채지 못하도록 슬쩍 눈짓을 해보였다.

"그 문제는 나중에 다시 얘기하기로 하고," 판사가 사이를 두지 않고 말을 받았다. "그럼 우선, 당신이 그 봉투에 든 돈을 자기 것이나 다름없는 돈이라 생각하고 있었다는 사실에 동의하신 걸로 기록해 두겠습니다."

"어서 그렇게 기록하십시오. 여러분, 나도 그것이 내게 불리한 증거가 될 것이라는 것쯤은 잘 알고 있습니다. 그렇지만 난 증거 따위는 두렵지 않습니다. 나는 내 입으로 불리한 증언을 하고 있는 셈입니다, 내 스스로 말입니다! 여러분, 여러분은 아무래도 나를 실제의 나와는 전혀 다른 인간으로 보고 계신것 같군요." 그는 갑자기 어둡게 가라앉은 얼굴로 이렇게 덧붙였다. "지금 여러분과 마주앉아 이야기를 하고 있는 이 인간은 명예를 아는 인간입니다. 참으로 명예를 아는 인간입니다. 더욱이 무엇보다 중요한 사실은—이 점을 염두에 두시기 바랍니다—비열한 짓을 수없이 저질렀지만 언제나 마음속은 더없이 고결한 존재였던 남자, 또한 지금도 고결한 인간이라는 점입니다. 요컨대 마음속으로는…… 마음속 깊은 곳에서는…… 그러니까 한마디로 말해서…… 아니, 뭐라고 표현해야 할지 모르겠군요……. 아무튼 나는 고결함을 갈망하며 괴로움 속에서 살아 왔습니다. 말하자면, 고결한 순교자라고나 할까요, 난 등불을, 디오게네스의 등불을 들고 고결함을 추구해 왔습니다. 그러면서도 모든 다른 인간들과 마찬가지로 비열한 짓만 해왔습니다……. 아니, 이건 나 하나만의 이야기입니다. 여러분, 내가 그만 말실수를 했군요. 나 혼자뿐입니다. 혼자뿐이에요! …… 여러분, 아아, 머리가 아파오는군요." 그는 몹시 괴로운 듯이 미간을 찌푸렸다. "여러분, 솔직히 말해 나는 아버지의 그 뻔뻔스러운 얼굴이 마음에 들지 않았습니다. 어딘지 모르게 파렴치한 그 얼굴 말입니다. 아버지의 자신감도, 아무리 신성한 것도 짓밟아 버리는 점도, 냉소하는 버릇도 참으로 추악하기 이를 데 없었지요, 그렇지 않습니까? 그런데 아버지가 죽고나니, 이젠 생각이 좀 달라지는군요."

"어떻게 달라졌단 말씀입니까?"

"아니, 아주 달라진 게 아니라, 그저 그렇게까지 아버지를 미워하지 말 것을 그랬다는 생각이 들 뿐입니다."

"그럼, 후회하신단 말씀이군요?"

"아닙니다, 후회하는 건 아닙니다. 그렇게 기록하진 마십시오. 그렇게 말하는 나 자신도 그리 훌륭한 인간이 못되고, 또 그리 보기좋은 얼굴을 하고 있는 것도 아니니까. 아버지의 얼굴이 추악하다느니 뭐니 말할 권리는 없다는 그저 그런 정도의 의미입니다! 원하신다면 이 말은 기록하셔도 좋습니다."

이렇게 말한 미챠는 몹시 서글픈 표정을 지었다. 그는 벌써부터 예심판사의 심문이 계속됨에 따라 점점 기분이 어둡고 우울해졌던 것이다.

그런데 바로 이 순간, 또 하나의 뜻하지 않았던 장면이 벌어졌다. 그루셴카는 조금 전에 격리되었을 때 그리 먼 곳으로 끌려 간 것은 아니었다. 지금 심문이 진행되고 있는 하늘색 방에서 세 번째 방으로 끌려갔던 것이다. 그곳은 간밤에 춤을 추며 세상이 온통 뒤집힐 듯이 떠들어댄 커다란 방 바로 뒤에 있는, 창문이 하나밖에 없는 조그만 방이었다. 그녀는 그 방에 앉아 있었는데, 함께 있는 사람이라곤 막시모프뿐이었다. 막시모프는 엄청난 충격을 받고 완전히 얼이 빠져서 공연히 부들부들 떨며, 오직 그녀에게 구원을 하는 것처럼 그녀 곁에 꼭 달라붙어 있었다. 방 입구에는 가슴에 휘장을 단 농부 한 사람이 서 있었다.

그루셴카는 울고 있었다. 그러나 갑자기 억누를 수 없는 설움이 한꺼번에 복받쳐올라 벌떡 일어났다. 그러고는 두 손을 마주치며 "아아, 슬퍼서 견딜수가 없어!" 소리치더니 쏜살같이 그 방을 뛰쳐나가 사랑하는, 미챠에게 달려갔다. 너무나 갑작스런 일이었기 때문에 아무도 그녀를 제지할 틈이 없었다. 미차는 그루센카가 울부짖는 소리를 듣자 몸을 부르르 떨며, 뛰어일어나 울음을 터뜨리며 정신없이 그녀에게 달려나갔다. 그러나 그들은 서로 얼굴을 바라보았을 뿐 얼싸안을 수가 없었다. 미차는 두 팔을 꽉 붙들려 있었다. 미차가 세차게 몸부림을 치며 빠져나가려 했기 때문에, 그를 붙잡는 데 서너 사람이 달려들어야만 했다. 그루센카도 역시 붙잡혔다. 미차는, 그녀가 강제로 끌려가며 뭐라고 외치면서 자기쪽으로 팔을 내미는 것을 똑똑히 보았다. 그러한 소동이 지나가고 다시 제정신으로 돌아왔을 때, 그는 아까처럼 테이블을 사이에 두고 판사와 마주앉아 있는 자신을 발견했다. 그는 그들에게 고래고래 소리를 질러댔다.

"당신들은 저 여자에게 도대체 무슨 볼일이 있소? 무엇 때문에 저 여자를 괴롭히는 거요? 그 여자에겐 죄가 없소, 아무 죄도 없어요!"

검사와 판사는 그를 달랬다. 그러느라고 시간이 10분 가량 흘러갔다. 그러자 잠시 자리를 비웠던 마카로프 서장이 헐떡거리며 방안으로 들어오더니, 흥분한 표정으로 검사에게 말했다.

"여자를 멀찍감치 격리해 놓았습니다. 지금 아래층에 있어요. 그런데 여러분, 이 불행한 사내에게 꼭 한마디만 하고 싶은데 허락해 주실 수 없겠습니까? 여러분들 앞에서라도 좋습니다. 여러분들 앞에서라도 말입니다!"

"좋습니다, 마카로프 서장님. 경우가 경우이니만큼 우리도 그것을 반대하지는 않겠습니다."

판사가 대답했다.

"여보게, 드미트리 군, 잘 듣게나." 마카로프는 미차를 향해 말을 시작했다. 그 흥분한 얼굴에는 이 불행한 사나이에 대한 거의 아버지 같은 동정의 빛이 서려 있었다. "나는 지금 자네의 아그라페나를 아래층으로 데리고 가서 이 집 딸들에게 맡겨 두었네. 그 여자 곁에는 막시모프 노인이 잠시도 떨어지지 않고 붙어 있지. 나도 그 여자를 설득했네. 알겠나? 잘 타일러서 진정시켜 놓았단 말일세. 자네는 지금 죄가 없다는 것을 조리 있게 해명해야 할 처지에 있는만큼 자네를 방해하거나, 공연히 마음에 자극을 주어서는 안된다, 그렇잖으면 자네 머리가 혼란해져서 불리한 증언을 하게 될지도 모른다고 타일렀지. 내 말 알아듣겠나? 요컨대, 내가 잘 말했더니 그 여자도 곧 이해하더란 말일세. 여보게, 그 여자는 참 영리하더군. 좋은 여자야. 글쎄 나 같은 늙은이의 손에 키스까지 하면서 자네를 부탁하지 뭔가. 그러고는 나에게, 자네에게 가거든 자기 걱정은 하지 말라고 전해 달라고 했어. 그러니 나도 이제 곧 그 여자에게 내려가서, 자네가 진정했다는 것과 그 여자에 대해서도 안심하고 있다는 것을 알려 주어야겠단 말일세. 그러니까 여보게, 자네도 어서 마음을 가라앉히게나, 알겠지? 나는 이제까지 그 여자를 잘못 보아왔어. 그 여자는 그리스도교 신자다운 마음을 갖고 있어. 여러분, 그 여자는 참으로 착한 마음씨를 지녔더군요. 비난할 여지가 없는 여자입니다. 자, 드미트리 군, 그 여자에게 가서 뭐라고 말하지? 자네 얌전히 앉아 있을 수 있겠나?"

본디 호인인 경찰서장은 지나치게 장황한 말을 늘어놓았다. 그러나 그루센카의 슬픔, 인간적인 슬픔이 그의 선량한 마음을 파고들었는지 그의 눈에는 눈물까지 맺혀 있었다. 미차는 벌떡 일어나 그에게 달려가 몸을 던지며 외쳤다.

"용서하십시오, 여러분, 부디, 용서해 주십시오! 마카로프 씨, 당신은 정말 천사와 같은 마음을 가지신 분입니다. 그루센카를 대신해서 감사드립니다! 마음을 차분히 가라앉히겠습니다, 가라앉히겠어요. 얌전히 앉아 있겠습니다. 쾌활한 마음이 되겠어요. 더없이 친절하신 당신의 호의를 믿겠습니다. 그녀에게 내가 아주 쾌활해졌다고, 당신과 같은 수호 천사가 그녀 곁에 있다는 걸 알고 금방 웃음을 되찾을 정도로 기분이 좋아졌다고 전해 주십시오. 곧 모든 문제를 해결짓고 자유로운 몸이 되면 그녀 곁으로 달려가겠다고, 곧 만나게 될 테니까 조금만 기다려 달라고 전해 주십시오. 그럼, 여러분……" 그는 갑자기 검사와 판사를 돌아보며 말을 이었다. "이제부터 내 마음 속을 죄다 당신들에게 털어놓겠습니다. 모든 것을 숨김없이 다 말해 드리지요. 모든 문제를 해결지어 버립시다. 유쾌하게 끝내 버립시다. 그리고 모든 것이 끝나면 함께 웃을 수 있을 겁니다. 그렇잖습니까? 여러분에게 모든 걸 털어 놓을 테니까요. 그렇지만 여러분 그녀는 내 마음의 여왕입니다! 오오, 그렇게 말하게 해주십시오. 나는 그 사실을 숨김없이 말씀드리고 싶습니다. 여러분과 같은 고결한 분들과 함께 있다는 것을 나도 알고 있으니까요. 그녀는 나의 빛이고 거룩한 보물입니다. 아아, 당신들이 이 사실을 이해해 주신다면! 그녀가 '당신과 함께라면 사형이라도 기꺼이 받겠어요!'라고 외치는 소리를 여러분도 들으셨겠지요? 그런데 나는 그녀에게 무엇을 주었을까요? 나는 한 푼도 없는 알거지입니다, 알몸뚱이밖에는 가진 게 없습니다. 그런데 그녀는 무엇 때문에 이런 남자를 그토록 사랑해 주는 걸까요?

이렇게 추한 몰골을 한 짐승만도 못한 비열한 내가 과연 그런 사랑을 받을 만한 가치가 있을까요? 더욱이 나와 함께 유형지까지도 서슴지 않고 가겠다고 하지 않습니까? 아까만 해도 그처럼 자존심이 강하고 또 아무 죄도 없는 그녀가 나를 위해 당신들 발 아래 꿇어 엎드리지 않았습니까! 그러니 어찌 내가 그녀를 존경하지 않을 수 있겠습니까? 어찌 내가 소리 높이 외치지 않을 수 있으며, 어찌 내가 아까처럼 그녀한테 달려가지 않을 수 있겠습니까? 아아, 여러분, 용서하십시오! 그렇지만 이젠 안심입니다!"

이렇게 말하고 그는 의자에 쓰러지듯이 주저앉아 두 손으로 얼굴을 가린 채 흐느껴 울기 시작했다. 그러나 그것은 이미 행복한 눈물이었다. 그는 곧 제정신으로 돌아왔다. 늙은 경찰서장은 매우 흡족한 모습이었다. 두 법관들 역시 만족한 듯 보였다. 그들은 심문이 바야흐로 새로운 단계에 접어들 것이라고 생각했다. 경찰서장이 방에서 나가자 미차는 완전히 기분이 밝아졌다.

"여러분, 이제 나는 여러분들의 처분대로 하겠습니다. 하라는 대로 할 테니까요……. 아까처럼 쓸데없는 소리만 하지 않았더라도 우리는 당장에 일을 끝마쳐 버릴 수 있었을 텐데요. 아니, 또 내가 쓸데없는 말을 지껄였군요. 물론 난 여러분들의 처분에 순종하겠습니다만, 그러나 여러분, 필요한 것은 서로간의 신뢰입니다. 여러분은 나를, 나는 여러분을 믿어야 합니다. 그렇지 않으면 언제까지나 끝이 나지 않을 겁니다. 이건 여러분을 위해 하는 말입니다. 자, 본론으로 들어갑시다, 여러분, 본론으로. 그렇지만 한 가지 중요한 것이 있습니다. 부디 내 마음속을 파헤치지는 말아 주십시오. 사소한 일을 가지고 나를 괴롭히지 말고 직접 사건에 관계되는 사실만 물어 달라는 얘깁니다. 그러면 나는 곧 여러들이 만족할 만한 대답을 해드리겠습니다. 사소한 얘기는 제발 묻지말아 주십시오!"

미차는 이렇게 외쳤다.

심문은 다시 시작되었다.

4 두 번째 시련

"카라마조프 씨, 당신은 믿지 않을지 모르지만, 당신이 그처럼 기꺼이 대답해 주시겠다니 우리도 한결 힘이 납니다." 예심판사가 얼굴에 활기를 띠며 말했다. 방금 안경을 벗어 버린, 심한 근시 때문에 조금 불거져 나온 커다란 연회색 눈에는 매우 만족스러운 듯한 빛이 뚜렷이 나타나 있었다. "당신은 지금 서로의 신뢰라는 점을 지적하셨는데, 그건 참으로 옳은 말입니다. 사실 이런 중대한 사건의 경우에는 서로의 신뢰가 없으면 심리를 하는 것조차 불가능해질 수 있으니까요. 다시 말해서 그것은 용의자가 정말로 자기의 무죄를 밝혀 낼 것을 희망하고 기대하고 또는 그것이 실제로 가능한 경우를 두고 하는 말입니다. 그러니 우리도 우리의 힘이 닿는 데까지 애써 볼 생각입니다. 우리가 이 사건을 어떻게 다루고 있는지는 당신도 보아서 잘 아시리라 믿습니다…… 이폴리트 씨, 그렇지 않습니까?"

그는 검사 쪽을 돌아다보았다. "그럼요" 검사는 동의했으나, 그의 어조는 예심판사의 흥분에 비하면 약간 차가운 것이었다.

여기서 마지막으로 한 번 더 말해 두지만, 우리 마을에 새로 부임해 온 니콜라이 넬류도프 예심판사는 이 지방에서 처음 일을 시작했을 때부터 검사인 이폴리트에 대해 상당한 경의를 표해 왔고, 그와는 이제 거의 단짝이나 다름없는 사이였다. '직책상 불우한 처지에 있는' 이폴리트의 비상한 심리분석과 뛰어난 말솜씨를 무조건 인정하고 있는 사람은 아마도 넬류도프 한 사람뿐일 것이다. 그는 이폴리트가 냉대를 받고 있다고 믿고 있었다. 그는 페테르부르크에 있었을 때부터 이 검사에 대한 소문을 듣고 있었다. 또한 '냉대받고 있는' 검사가 진심으로 사랑하는 사람도 역시 이 넓은 세상에서 젊은 넬류도프 한사람뿐이었다. 모크로예로 오는 도중에 그들 두 사람은 눈앞에 부닥친 이번 사건에 관해서 미리 서로 협의하여 약속해 둔 바가 있었으므로, 지금 이렇게 테이블 앞에 마주앉아 있으면서도 넬류도프의 민첩한 두뇌는 연장자인 동료의 얼굴에 나타나는 하나하나의 표정을 대번에 알아챘고, 미처 끝맺지 못한 말이라도, 그 시선이나 눈짓 하나만 보고도 상대가 지시하려는 것을 재빨리 파악할 수 있었다.

"여러분, 제발 내 얘기를 들어 주십시오. 사소한 질문을 던져서 내 말을 방해하지 말아 주십시오. 곧 여러분에게 모든 걸 말씀드리겠습니다."

미차는 흥분한 어조로 이렇게 말했다.

"좋습니다. 어서 그렇게 해주시오. 그러나 당신의 진술을 듣기 전에, 우리의 관심을 끄는 또 하나의 문제에 대해 사실확인을 하겠습니다. 다름이 아니라, 어제 5시경에 당신이 친구인 페르호친 씨한테 권총을 저당잡히고 10루블을 빌린 사실 말입니다."

"저당잡혔습니다, 여러분, 10루블에 권총을 저당잡혔지요. 그게 어떻단 말입니까? 어디 좀 갔다가 읍내로 돌아오자마자 곧 저당잡혔습니다."

"읍내로 돌아왔다구요? 그럼 당신은 마을을 나가셨단 말입니까?"

"네, 나갔습니다. 왕복 40km나 다녀 왔습니다. 모르셨나요?"

검사와 예심판사는 서로 얼굴을 마주 보았다.

"그건 그렇다치고, 어쨌든 어제 아침부터 있었던 일을 순서대로 모두 얘기해 주십시오. 예를 들면, 당신은 왜 읍을 떠났으며, 언제 출발하여 언제 돌아왔는가 하는 것을……. 죄다 말입니다."

"그러면 그렇다고 처음부터 말해 주었으면 좋았을걸," 미차는 큰 소리로 웃었다. "그렇다면, 얘기는 어제 아침부터가 아니라 그저께 아침부터 시작해야겠습니다. 그래야만 내가 어디에, 어떻게 무엇 때문에 갔는지 아실 수 있을 겁니다. 여러분, 나는 그저께 아침에 이 고장 상인인 삼소노프 씨를 방문했습니다. 확실한 저당물을 잡히고 3천 루블을 빌리려고 했지요. 실은 갑자기 급한 사정이 생겨서요, 여러분, 다급히 그 돈이 필요했습니다……."

"얘기하시는 도중에 미안합니다만." 검사가 정중하게 말을 가로막고 나섰다. "무엇 때문에 갑자기 그렇게 많은 돈이, 3천 루블이나 되는 돈이 필요했습니까?"

"아아, 여러분, 그런 사소한 문제는 집어치우십시오! 언제, 어떻게, 무엇때문에 그만한 돈이 필요했느냐 하는 것은 어디까지나 하찮은 문제라니까요……. 이런 걸 일일이 기록하려면 책을 세 권 써도 모자랄 거예요, 에필로그까지 붙여야 할 겁니다!"

미차는 사실을 있는 그대로 남김없이 말해버리고 싶은 더없이 선량한 의도를 가진 인간 특유의 순박하고 성급하며 허물없는 어조로 이렇게 말하는 것이었다.

"여러분." 그는 갑자기 뭔가 생각난 것처럼 말했다. "제발 나의 무례를 용서하십시오. 거듭 부탁드립니다만, 내가 여러분을 존경하고 있다는 사실과 또 지금 나 자신의 처지를 잘 이해하고 있다는 것을 다시 한번 믿어 주십시오. 내가 술에 취해 있다고 생각하시면 곤란합니다. 이젠 술에서 완전히 깨어났습니다. 하긴 술에 취했다 해도 아무 상관은 없습니다만. 나라는 사람은 바로 이런 남자니까요.

    술이 깨면 영리해지는 것 같지만
    남의 눈엔 여전히 바보로 보이고
    술을 마시면 바보가 되는 것 같지만
    남의 눈엔 오히려 영리하게 보이네.

  하하하!
  그렇지만 여러분, 내가 지금 아직도 누명을 벗지 못한 처지에 이런 농담을 하는 것은 실례되는 일이라는 것쯤은 나도 잘 알고 있습니다. 제발 나 자신의 품위를 지키게 해주십시오. 물론 내가 여러분과는 다른 처지에 놓여 있다는 걸 잘 압니다. 어쨌든 나는 범죄자로서 여러분 앞에 앉아있다는 사실과, 따라서 여러분과는 하늘과 땅만큼이나 차이가 있는 인간이라는 것을 잘 알고 있습니다. 여러분은 나를 심문할 임무를 띠고 있는만큼 내가 그리고리에게 저지른 일을 칭찬하며 내 머리를 쓰다듬어 주기를 기대하고 있지는 않습니다. 사실 말이지, 늙은이의 머리를 깨놓았으면 응당 벌을 받아야하는 거니까요. 여러분들이 그 노인을 대신해서 나를 재판에 회부하여, 비록 신분은 박탈하지 않더라도 반 년 내지 1년 동안 감옥에 넣을 것이라는 건 예상하고 있습니다. 나는 그 처벌을 뭐라고 하는지는 모릅니다만, 설마 신분까지 박탈당하지는 않겠지요, 검사님? 아무튼 여러분, 나도 처지가 옛날과 다르다는 것쯤은 잘 알고 있다는 말입니다……. 그렇지만 생각해 보십시오, 여러분처럼, 어디를 갔느냐, 뭣하러 갔느냐, 언제 갔느냐, 어디로 들어갔느냐 하는 식으로 질문을 퍼부어 댄다면 아마 하느님도 정신이 없으실 겁니다. 여러분이 이런 식으로 질문하고, 또 그런 사소한 것에 집착하여 낱낱이 기록해서 대체 뭐에 쓰실 겁니까? 아무 소용도 없는 짓입니다.
  어쨌든 어차피 되지도 않은 소릴 지껄이기 시작했으니 끝까지 다 말하겠습니다. 여러분은 고등 교육을 받은 훌륭한 분들이니까 부디 용서해 주십시오! 마지막으로 한가지만 부탁하고 얘기를 끝내겠습니다. 다름이 아니라 그 판에 박은 듯한 심문 방법을 잊어 달라는 겁니다. 즉 처음에는, 어떻게 자리에서 일어났고 아침 식사로 무엇을 먹었으며 침은 어떻게 뱉었느냐는 식의 사소하고도 하찮은 것으로부터 심문을 시작하여, 범인의 주의를 딴 데로 돌려 놓고는, 느닷없이 '누구를 죽였지? 누구 것을 훔쳤지?' 하고 들이대는 방법 말입니다. 하하하! 이게 여러분의 상투적인 수법이지요. 또 여러분의 원칙이기도 하고요. 여러분이 어디서나 사용하는 교활한 수단 아닙니까?" 이런 교활한 수단으로는 농부들의 얼을 뺄 순 있을는지 모르지만 내겐 어림도 없을 겁니다. 나는 그런 속임수쯤은 뻔히 알고 있으니까요, 하하하! 여러분, 화내지는 말아 주십시오. 나의 무례함을 용서해 주시겠지요?" 그는 놀랄 만큼 선량한 태도로 두 사람을 바라보며 소리쳤다. "미차 카라마조프가 한 말이니까, 용서해 줄 수 있을 겁니다. 똑똑한 사람이 이런 말을 했다면 묵과할 수 없으시겠지만, 이 미차가 한 말이니까 용서하시겠죠. 하하하!"

이 말을 듣고 예비판사 넬류도프도 따라 웃었다. 검사는 웃지는 않았지만 마치 미차의 말 한마디, 사소한 동작 하나, 얼굴 근육의 미미한 움직임 하나도 놓치지 않으려는듯이, 잠시도 눈을 떼지 않고 날카로운 눈초리로 미차를 노려보고 있었다.

"그렇지만 우리가 당신을 대한 태도는 그렇지 않았을 텐데요?" 넬류도프는 여전히 웃는 얼굴로 말했다. "아침에 어떻게 일어났느니, 아침 식사로는 무엇을 먹었느니 하는 따위의 심문으로 당신을 괴롭히지는 않았습니다. 오히려 가장 중요하고 실질적인 문제부터 심문하기 시작했지요."

"그건 나도 잘 압니다. 그 점에 대해서는 벌써 감사하게 생각하고 있지요. 그리고 당신이 지금 내게 보여 주신 친절, 당신의 고상한 심정에서 우러나온 비할 데 없는 친절에 대해서는 더욱더 감사해 마지 않습니다. 여기 있는 우리 세 사람은 모두 고상한 신사들입니다. 그런만큼 우리는 귀족의 품위와 명예를 지닌 상류 사회의 교양 있는 사람으로서 서로의 신뢰를 바탕으로 모든 일을 처리해야 할 겁니다. 아무튼 내 생애의 바로 이 순간, 내 명예가 손상된 이 순간에도 여러분을 나의 가장 훌륭한 벗으로 생각할 수 있게 해주십시오. 이렇게 말해도 별로 실례가 되지는 않겠지요, 여러분, 실례가 되지는 않겠지요?"

"원, 천만에요, 오히려 당신이 하신 말씀은 참으로 훌륭합니다, 카라마조프 씨."

예비판사는 위엄 있고 호의적인 태도로 동의했다.

"그러니까 여러분, 이젠 그 하찮은 속임수 같은 질문은 그만 집어치웁시다!" 미차는 열광적으로 외쳤다. "그렇지 않으면 나중에 어떤 결과가 올지 알 수 없습니다. 그렇잖습니까?"

"당신의 현명하신 충고를 십분 고려하겠습니다." 갑자기 검사가 미차에게 말을 걸었다. "그렇지만 우리로서는 아까의 질문을 거둘 수는 없습니다. 무엇 때문에 당신에게 그런 큰 돈이, 3천루블이라는 큰 돈이 필요했는지 꼭 알아야겠단 말입니다."

"무엇 때문에 필요했느냐고요? 그건 빚을 갚기 위해서였습니다."

"누구에게 진 빚을?"

"여러분, 그것만은 절대 대답할 수 없습니다. 여러분! 아시겠습니까? 그것은 대답할 수 없는 것도 아니고, 감히 입밖에 낼 수 없기 때문도 아니고, 말하기가 두려워서도 아닙니다. 왜냐하면 모두가 하찮은 일, 그야말로 사소한 문제이기 때문입니다. 그것을 말하지 않는 것은 나의 신념이기 때문입니다. 이건 내 사생활의 문제입니다. 나는 내 사생활에 간섭을 받고 싶지는 않습니다. 이것이 나의 신념이지요. 당신의 질문은 이 사건과는 아무 관계가 없습니다. 사건과 관계없는 것은 모두 나의 사생활입니다! 나는 빚을 갚으려고 했던 겁니다. 빚을 갚고 싶었습니다. 그렇지만 상대가 누군지는…… 말할 수 없습니다."

"그 사실을 기록해 두어도 괜찮겠지요?"

검사가 말했다.

"좋습니다, 마음대로 하십시오. 절대로 말하고 싶어하지 않는다고, 아니, 내가 말을 꺼내는 것조차 수치스럽게 여긴다고 기록해 주십시오. 원, 여러분은 어지간히도 시간 보낼 일이 없으신 모양이군요, 그런 걸 일일이 다 기록하다니!"

"실례지만, 당신에게 주의를 환기시킬 일이 있습니다. 당신이 미처 모르고 계실까 해서 하는 말입니다만," 검사는 유난히 엄격하게 힐문하는 어조로 말했다. "다름이 아니라, 당신은 지금 우리가 묻는 말에 대해 답변을 거부할 완전한 권리를 갖고 있습니다. 반면 우리는, 만약 당신이 어떤 이유로든 답변을 거부할 경우, 당신에게 답변을 강요할 권리는 조금도 없습니다. 답변을 하건 하지 않건 그건 당신 개인의 판단에 달린 문제지요. 그러나 지금과 같은 경우에 있어 우리가 해야 할 임무는, 당신이 어떤 종류의 진술을 거부함으로써 자기 자신이 얼마나 불리해지는가를 잘 이해하도록 설명해 드리는 것입니다. 그러면 그 다음을 계속해서 말씀해 주십시오."

"여러분, 나는 결코 화를 내고 있는 것이 아닙니다…… 나는 그저……" 미차는 검사의 이 경고에 조금 당황하여 중얼거렸다. "실은, 그러니까, 여러분, 내가 그때 찾아간 삼소노프라는 사람은……."

물론 필자는 독자 여러분들이 이미 다 알고 있는 그의 이야기를 새삼스레 다시 되풀이하지는 않겠다. 미차는 아주 사소한 점에 이르기까지 하나도 빼놓지 않고 얘기하려고 애썼으나 동시에 얼른 끝내고 싶어 안절부절 못했다. 그러나 그의 진술은 검사측에서 그대로 기록하고 있었으므로 이따금 이야기를 중단시켰다. 드미트리는 그것을 항의했지만 결국은 따르게 되었다. 그는 기분이 상하기는 했으나 아직은 호의적인 태도를 잃지 않고 있었다. 물론 가끔 가다 "여러분, 이래선 하느님도 화를 내고 말 겁니다"라든가 "여러분, 지금 내 감정을 일부러 자극하시는 겁니까?"라고 언성을 높이기도 했지만, 그러면서도 여전히 모든 것을 다 털어놓으려는 호의적인 태도를 유지하고 있었다.

그리하여 그는 그저께 삼소노프가 자기를 골탕먹인 이야기를 죄다 늘어놓았다(그때 그는 이미 자기가 삼소노프에게 보기좋게 속아넘어간 사실을 잘 알고 있었던 것이다). 그가 여비를 마련하기 위해 시계를 6루블에 팔아치운 것은 아직 판사와 검사가 전혀 모르고 있던 사실이었으므로 곧 그들의 비상한 관심을 불러일으켰다. 그들은 미차가 전날에는 한푼도 갖고 있지 않았다는 또 하나의 증거로서 이 사실을 자세히 기록해 둘 필요가 있다고 생각했다. 미차는 점점 기분이 불쾌해졌다.

다음으로 그는 랴가브이를 만나러 가서 가스가 가득찬 산지기의 오두막에서 하룻밤을 보낸 것을 얘기하고 이윽고 읍내로 돌아온 것까지 얘기했다. 여기서 그는 특별히 요청받은 것도 아닌데 그루셴카에 대한 질투에서 오는 자기의 괴로움을 세세하게 얘기하기 시작했다.

검사측에서는 말없이 귀를 기울이고 듣고만 있었으나, 미차가 벌써 오래 전부터 마리아의 집 뒤뜰 덤불 속에 표도르와 그루셴카의 동정을 살피기 위한 장소를 만들어 두었다는 사실과, 스메르자코프가 그에게 여러 가지 정보를 제공해 주었다는 사실에 각별한 주의를 기울였다. 그들은 이 사실을 특히 중요시하고, 빠짐없이 기록했다.

미차는 자기의 질투에 대해 열심히 소상하게 이야기했다. 자기의 은밀한 감정을 '세상의 웃음거리'로 죄다 폭로해 버리는 사실을 마음속 깊이 부끄럽게 생각하면서도 자신의 결백을 밝히기 위해 부끄러움을 무릅쓰고 있는 것이 분명했다. 이야기하고 있는 동안 자신을 주시하고 있던 예심판사의 눈길, 특히 검사의 냉담하고 엄격한 눈길에 미차는 마침내 상당히 격렬하게 동요하고 말았다.

'바로 며칠 전까지만 해도 나하고 쓸데없는 여자 얘기나 나누었던 이 젖비린내 나는 니콜라이나 저 병약한 검사 따위에게 이런 얘기를 들려줄 가치가 있을까? 이건 수치다!'

이런 생각이 머리에 떠오르자 그는 몹시 서글픈 기분이 들었다. 그러나 그는 '참아라, 진정하라, 침묵하라'(추체프의 시)라는 시의 한 구절로 그 생각을 밀어내고는 자기 자신을 억제하며 다시금 기운을 내어 얘기를 계속했다. 그는 호흘라코바 부인에 대한 이야기로 넘어가자 또다시 흥분하여, 이 사건과는 관계가 없는데도 최근에 있었던 그 부인의 일화까지 얘기하려고 했다. 그러나 예심판사가 정중하게 그를 제지하며 '그보다 본질적인 문제'를 얘기해 주기 바란다고 말했다. 끝으로 미차가 그들에게 자기의 절망을 이야기하고, 호흘라코바 부인의 집을 나서던 순간 '누구를 죽이는 한이 있더라도 3천 루블을 꼭 손에 넣겠다'고 생각했다는 얘기에 이르자, 심문관들은 다시금 그를 제지하고 '죽이고 싶었다'는 말을 기록했다. 미차는 아무 말 하지 않고 기록하는 대로 내버려두었다.

다음 이야기로 넘어가서, 그루센카가 밤 12시까지 삼소노프의 집에 있겠노라고 속여 놓고는, 그를 보내기가 무섭게 곧 노인의 집에서 나왔다는 것을 갑자기 알게 되었다는 대목에 이르렀다.

"여러분, 내가 그때 페냐를 죽이지 않은 것은 단지 그럴 시간이 없었기 때문입니다."

무심코 그는 이렇게 내뱉고 말았다. 이 말도 역시 그대로 기록되었다. 미차는 침울한 낯으로 기록이 끝나기를 기다렸다. 이어서 어떻게 아버지의 집 정원으로 달려들어갔는지에 대해 애기하려하자, 예심판사가 갑자기 그를 제지하고 곁에 있는 소파 위에 놓아 두었던 커다란 가방에서 조그만 절굿공이를 꺼냈다.

"이 물건에 대해 알고 있습니까?"

판사는 절굿공이를 미차에게 보여주었다.

"아, 그것 말입니까?" 미차는 침통한 표정으로 히죽 웃었다. "모를 리가 있겠습니까! 잠깐만 보여주십시오……. 빌어먹을, 이젠 됐어요!"

"당신은 이 증거품에 대한 애기를 깜박 잊은 모양이군요."

예심판사가 말했다.

"빌어먹을. 뭐 숨기려 했던 건 아닙니다. 어차피 말하지 않을 수 없는 일 아닙니까. 그저 깜박 잊었던 것뿐입니다."

"실례지만, 이런 물건을 어떻게 손에 넣게 되었는지 말씀해 주시겠습니까?"

"애기하지요, 하고말고요."

미차는 자기가 그 절굿공이를 집어들고 갔을 때의 일을 낱낱이 애기했다.

"그런데 어떤 목적으로 이런 흉기를 집어들고 갔는지?"

"어떤 목적이었냐고요? 목적은 없었어요! 그저 집어들고 달려갔을 뿐입니다."

"목적이 없었다면 도대체 무엇 때문에?"

미차는 화가 치밀어올라 견딜 수가 없었다. 그는 이 '젖비린내 나는 애송이'를 지긋이 노려 보며 증오가 담긴 음산한 표정으로 소리없이 웃었다. 그는 자기가 지금까지 진정어린 마음으로 숨김없이 자기의 질투에 대한 애기를 '이런 인간들'에게 죄다 털어놓은 것이 점점 부끄럽게 여겨졌다.

"그까짓 절굿공이 같은 건 아무려면 어떻습니까!" 그는 자기도 모르게 이렇게 내뱉었다.

"그렇지만……"

"혹시 개가 덤비면 쫓으려고 가져갔소……. 그리고 어두운 밤이었으니까, 만일의 경우를 생각해서 갖고 갔었지요……."

"그렇게 어둠을 두려워한다면, 전에도 밤에 나다닐 때는 그런 흉기를 가지고 다녔습니까?"

"이런 제기랄, 당신들과는 정말 애기를 할 수가 없군요." 더이상 참을 수 없다는 듯이 미차는 이렇게 외쳤다. 그러고는 서기를 향해, 분노를 이기지 못해 시뻘개진 얼굴로 어딘가 미친 사람처럼 말했다.

"어서 이렇게 적게, 어서…… '자기 아버지…… 표도르 카라마조프에게로 달려가서 그 머리를 박살내기 위해 절굿공이를 집어들었다!'고. 자, 이젠 속이 시원하십니까? 만족하셨나요?"

그는 도전하는 듯한 눈초리로 검사와 판사를 노려보았다.

"잘 알고 있습니다, 당신이 지금 그런 진술을 한 것은 우리가 한 질문에 화가 나서 그랬다는 것을. 당신은 우리의 질문을 쓸데없는 것이라고 생각하겠지만, 실은 이것이 가장 근본적인 문제입니다."

검사는 싸늘한 어조로 미차에게 말했다.

"천만의 말씀! 내가 공이를 집어들고 간 것은 물론 사실입니다……. 그렇지만 그런 경우에 무엇이든 손에 집어드는 것은, 반드시 무슨 이유가 있어서 그러는 걸까요? 나는 그것이 무엇 때문이었는지 알 수 없습니다. 그저 집어들고 달려갔을 뿐입니다. 수치스런 일입니다, 여러분, Passons(지긋지긋하군요). 저주스러워요. 더 얘기하지 않겠습니다!"

그는 테이블 위에 팔꿈치를 세우고 한 손으로 머리를 짚었다. 그는 상대를 외면하고 앉아서, 구역질이 날 듯한 불쾌한 감정을 억제하며 벽을 바라보고 있었다. 사실 그는 당장이라도 자리를 박차고 일어나서 '설사 교수형에 처해지는 한이 있더라도 절대 입을 열지 않을 테니 두고 보라'고 커다랗게 소리치고 싶었다.

"여러분." 가까스로 자기 자신을 억누르며 그는 불쑥 다시 말을 시작했다. "여러분의 얘길 듣고 있으니 이런 생각이 드는군요……. 나는 가끔 꿈을 꿉니다……. 아주 이상한 꿈인데, 이따금 언제나 똑같은 꿈을 꾸곤 한답니다. 그 꿈에서 난 늘 누구에겐가 쫓깁니다. 내가 몹시 두려워하는 사람인데, 그 사람이 한밤중에 쫓아와서 나를 찾는 거예요. 나는 겁을 집어먹은 채 그 사람에게 잡히지 않으려고, 문 뒤라든가 찬장 뒤 같은 데 숨습니다. 그런데 이상하게도 그 사람은 내가 어디에 숨어 있는지를 훤히 알고 있단 말입니다. 그러면서도 일부러 내가 숨어 있는 곳을 모르는 척하고 조금이라도 오랫동안 날 괴롭혀서 내가 두려워하는 꼴을 즐기려고 합니다……. 지금 여러분이 하는 짓이 바로 그것과 똑같아요. 어쩌면 그렇게도 똑같은지 모르겠군요!"

"당신은 그런 꿈을 자주 꾸십니까?"

검사가 물었다.

"네, 그런 꿈을 곧잘 꾸지요……. 그런데 이건 기록하지 않아도 되나 보지요?" 미챠는 야유하는 듯이 말하며 쓴웃음을 지었다.

"예, 기록할 필요는 없습니다. 하지만 무척 흥미로운 꿈이군요."

"그렇지만 그건 이미 꿈이 아닙니다! 현실입니다. 여러분, 리얼리즘이에요. 현실 생활이란 말입니다! 나는 늑대고, 여러분은 사냥꾼이지요. 자, 어서 늑대를 잡으십시오."

"그건 잘못된 비유입니다……."

예심판사가 몹시 부드러운 목소리로 말했다.

"잘못된 비유라니요, 여러분, 뭐가 잘못된 비유라는 겁니까?" 미챠는 또다시 화를 내며 소리쳤다. 그러나 뜻하지 않았던 분노의 배출구를 얻어 마음이 한결 가벼워졌는지, 그는 조금씩 호의적인 태도로 되돌아갔다. "물론 여러분, 자신들의 질문으로 고통을 받고 있는 범죄자나 피고의 말을 믿지 않아도 좋겠지요. 그러나 여러분, 고결한 인간의 말은, 고결한 영혼의 부르짖음—나는 감히 이렇게 말합니다—만은 믿어야 합니다……. 반드시 믿어야만 합니다! 여러분에게는 믿지 않을 권리가 없으니까요……. 그렇지만

　　마음이여, 침묵하라
　　참으라, 진정하라, 침묵하라!

자, 어떻게 할까요, 다음을 계속할까요?"

그는 침울한 표정으로 갑자기 얘기를 멈췄다.

"물론입니다, 부탁드리겠습니다."

예심판사가 대답했다.

5 세 번째 시련

미챠는 무서운 어조로 얘기를 시작했으나, 자기가 진술하려는 사건과 관련된 사소한 사실 하나라도 잊어버리거나 빠뜨리지 않으려고 더욱 애를 쓰는 모습이 역력했다. 그는 어떻게 담을 넘어서 아버지 집 정원으로 들어가 창문 옆으로 다가갔는지 얘기하고, 끝으로 창문 밑에 서 있었던 일을 상세하게 들려

주었다. 그리고 그루셴카가 과연 아버지에게 와 있는지 어떤지 그것을 알려고 애를 쓰며 정원 안에서 기다리는 동안 여러 가지 감정에 가슴이 끓어오르던 일을 눈앞에 보듯이 정확하게 얘기했다.

그런데 이상하게도, 이번에는 검사도 예심판사도 왜 그런지 몹시 조심스러운 태도로 얘기를 듣고 있었고, 얼굴은 냉담하고 질문은 훨씬 적었다. 미차는 그들의 얼굴 표정에서 좀처럼 그 눈치를 살필 수가 없었다. '모욕을 느껴 기분이 상한 모양이군' 그는 생각했다. '에잇, 될대로 되라지!'

이윽고 그루셴카가 왔다는 신호를 보내 아버지가 창문을 열게 하기로 결심했다는 대목을 이야기했을 때도, 검사와 판사는 '신호'라는 말에 아무런 주의를 기울이지 않았다. 그들은 이런 경우 이 말이 어떤 의미를 지니고 있는지조차 전혀 깨닫지 못하고 있는 듯싶었다. 미차까지도 그 사실을 눈치챌 정도였다. 마침내 창문으로 얼굴을 내민 아버지를 보고 자기도 모르게 와락 증오심이 치밀어올라, 자기도 모르게 호주머니에서 절굿공이를 꺼낸 대목까지 이야기했을 때, 미차는 일부러 그러는 것처럼 갑자기 입을 다물어 버렸다. 그는 여전히 벽만 보고 앉아 있었으나, 그들이 뚫어질듯 자기를 응시하고 있다는 사실을 의식하고 있었다.

"그래서" 예심판사가 재촉했다. "흉기를 꺼내들고…… 다음엔 어떻게 되었나요?"

"그 다음에 말입니까? 그 다음엔 죽였다…… 머리를 내리쳐서 박살을 내고 말았다…… 여러분 생각엔 이렇게 되었을 거라는 것이겠죠, 그렇잖습니까?"

그의 눈이 갑자기 번뜩거리기 시작했다. 꺼져가던 분노의 불길이 다시금 맹렬한 힘으로 그의 가슴속에 불타올랐다.

"우리의 생각은 그렇습니다만," 예심판사 넬류도프가 말을 받아 되풀이했다. "그럼…… 당신 얘기로는?"

미차는 고개를 숙이고 오랫동안 말이 없었다.

"내 얘기는, 여러분, 내 얘기는 이렇습니다." 그는 조용히 말을 꺼냈다. "누구의 눈물의 힘이었는지, 아니면 돌아가신 우리 어머니가 하느님께 기도를 드렸기 때문인지, 혹은 그 순간 깨끗한 천사가 내게 키스를 해주었기 때문인지, 그건 모르겠습니다. 아무튼 악마는 정복당하고 말았습니다. 나는 재빨리 창문에서 물러나 울타리 쪽으로 달려갔습니다……. 아버지는 깜짝 놀란 표정을 하고 있었습니다. 그리고 그때야 비로소 내 얼굴을 알아보고는 뭐라고 큰 소리를 지르며 창가에서 물러나더군요……. 나는 그 순간을 똑똑히 기억하고 있습니다. 나는 정원을 가로질러 울타리 쪽으로 달려갔습니다. 그런데 내가 울타리 위에 올라선 바로 그 순간 그리고리가 나를 붙잡았습니다."

여기서 그는 비로소 눈을 들어 상대를 바라보았다. 그들은 매우 냉정한 눈으로 그를 바라보고 있는 것 같았다. 어떤 경련과도 같은 분노가 미차의 마음을 스치고 지나갔다.

"여러분은 지금 이 순간 날 비웃고 있군요!"

그는 갑자기 얘기를 중단했다.

"왜 그렇게 생각하십니까?"

"내 얘기는 하나도 믿으려 들지 않는군요! 나도 물론 내가 가장 중요한 대목에 이르렀다는 것은 잘 압니다. 지금 노인은 머리가 깨져 거기 쓰러져 있습니다. 그런데 나는…… 나는 그 노인을 죽이려고 절굿공이를 꺼내들었다는 비극적인 묘사를 한 뒤, 갑자기 창문에서 물러나 도망쳐 버렸다고 비극적인 느낌으로 얘기하고 있으니 말입니다……. 이건 제법 멋진 소설같지 않습니까? 이건 문학이 아니고 뭐겠습니까! 그런데 젊은 놈이 하는 이야기를 믿기나 할는지! 하하하! 당신들은 정말 냉소적인 분들이시군요!"

이렇게 말하고 그는 휙 몸을 돌려 외면해 버렸다. 의자가 삐걱거리는 소리를 낼 정도였다.

"그럼 당신은 알지 못했습니까?" 검사는 미차의 흥분 따윈 아랑곳없다는 듯이 갑자기 입을 열었다. "당신이 창문 옆에서 달아났을 때, 정원으로 들어가는 문이 열려 있는 것을 알지 못했습니까?"

"문은 열려 있지 않았습니다."

"열려 있지 않았다고요?"

"물론이지요, 꼭 닫혀 있었습니다. 도대체 누가 그 문을 열었겠습니까? 가만 있자, 문이라…… 잠깐만!" 갑자기 그는 정신이 든 듯이 몸을 가늘게 떨었다. "그럼 당신들이 보았을 때는 문이 열려 있었나요?"

"그렇습니다. 열려 있더군요."

"그럼, 당신들이 열지 않았다면, 대체 누가 그 문을 열었을까요?"

미차는 몹시 놀란 듯이 이렇게 외쳤다.

"문은 열려 있었습니다. 당신의 부친을 살해한 범인은 그 문으로 들어가서 범행을 저지르고는, 다시 그 문으로 빠져나간 것 같습니다." 검사는 한마디 한마디 끊어가며 차근차근히 말했다. "이것은 우리가 보기에는 명백한 사실입니다. 범행은 방안에서 이루어졌지 창문 너머로는 절대로 아닙니다. 이것은 현장 검증의 결과로 보나, 시체의 위치라든가 그 밖의 모든 사실로 보아 절대로 명백한 사실입니다. 이 점은 조금도 의심할 여지가 없습니다."

미차는 이 말에 무서운 충격을 받았다.

"그렇지만 여러분, 그건 절대 불가능한 일입니다!" 그는 무척 당황한 어조로 외쳤다. "나는 나는…… 들어가지 않았습니다……. 나는 분명히, 분명히, 단언합니다. 내가 정원에 있었을 때나, 정원에서 뛰어나왔을 때나 처음부터 끝까지 그 문은 닫혀 있었습니다. 나는 단지 창문 곁에 서서 창너머로 아버지를 보았을 따름입니다. 그뿐입니다. 그뿐입니다…… 나는 마지막 순간까지 모두 기억하고 있습니다. 설혹 기억하지 못한다 할지라도 마찬가지입니다. 왜냐하면 그 신호를 알고 있는 건 나와 스메르자코프 그리고 죽은 아버지밖에 없었기 때문입니다. 그리고 그 신호가 없으면, 아버지는 누가 와도 그 문을 절대로 열어 주지 않게 되어 있었습니다!"

"신호라뇨? 그 신호라는 건 대체 무엇입니까?"

검사는 탐욕스럽게, 거의 히스테리에 가까운 호기심을 나타내며 이렇게 물었다. 여태까지의 그의 위엄 있고 신중하던 태도가 일시에 자취를 감추고 말았다. 그는 조심스럽게 기어서 다가드는 듯한 비굴한 어조로 물었다. 그는 아직도 자기가 모르고 있는 어떤 중대한 사실이 있음을 알고, 그와 동시에 혹시 미차가 그 사실을 밝히지 않을지도 모른다는 걱정에 사로잡혔던 것이다.

"그럼 당신들은 아직 그것도 모르고 있었군요?" 미차는 조롱하는 듯한 짓궂은 미소를 띠며 윙크했다. "그렇지만 내가 말하지 않겠다면 어떡하시겠소? 누구한테서 알아내겠습니까? 그 암호를 알고 있는 것은 나와 스메르자코프와 죽은 아버지, 이 세 사람뿐입니다. 아, 그리고 하느님도 그걸 알고 있겠군요. 그렇지만 하느님은 당신들에게 말해주지 않을 겁니다. 아무튼 이건 아주 흥미로운 사실이어서, 이걸 기초로 하면 당신들은 얼마든지 그럴 듯한 추리를 해낼 수 있을 겁니다, 하하하! 그러나 안심하십시오, 여러분, 내가 다 말해 드릴 테니까요. 당신들은 정말 쓸데없는 걱정을 하고 있습니다그려. 도대체 내가 어떤 인간이란 것을 당신들은 모르고 있는 것 같군요! 당신들이 지금 상대하고 있는 이 인간은 자기 자신에게 불리한 증언을 하여 스스로 불리한 입장으로 자신을 몰아넣는, 그런 위인이란 말입니다. 왜냐하면 나는 명예를 소중히 여기는 기사이기 때문이지요. 그렇지만 당신들은 그렇지가 않습니다!"

검사는 미차가 뭐라고 빈정거리든 한마디 대거리도 없이 꾹 참고 있었다. 그는 다만 새로운 사실을 알고 싶어 안절부절못하고 있을 뿐이었다. 미차는 아버지가 스메르자코프를 위해 만들어 낸 신호를 정확하고 자세하게 들려주었다. 그는 테이블을 톡톡 두드려 보이면서, 그 두드리는 소리 하나하나가 무엇을 의미하는지 설명했다. 그리고 그가, 즉 미차가 아버지의 방 창문을 두드렸을 때 분명히 '그루셴카가 왔다'는 의미의 신호였느냐고 예심판사가 묻자, 그는 틀림없이 '그루셴카가 왔다'는 뜻의 신호였노라고 단언했다.

"자, 이제 다 얘기했으니 당신들 마음대로 추리를 해보십시오!"

미차는 통명하게 그렇게 말하고 다시금 경멸하는 듯한 태도로 외면해 버렸다.

"그러면 그 신호를 알고 있는 사람은 돌아가신 부친과 당신과 하인인 스메르자코프 외에 아무도 없었단 말인가요. 그 밖에 그걸 아는 사람은 없습니까?"

예심판사는 다시 한번 다짐하듯 물었다.

"그렇습니다. 하인인 스메르자코프, 그리고 하느님뿐이지요. 하느님이 알고 있다는 것도 기록해 두시죠. 그것도 기록해 두면 쓸 데가 있을지 모르니까요. 또한 당신들 자신에게도 하느님이 필요할 때가 있을 겁니다."

물론 미차의 증언은 기록되고 있었지만 그동안, 문득 무슨 새로운 생각이라도 떠올랐는지 검사가 불쑥 말을 꺼냈다.

"만약에 스메르자코프도 그 신호를 알고 있다면, 당신이 부친의 죽음에 대한 책임을 절대 부인하는 경우, 미리 약속된 신호를 써서 부친에게 문을 열게 한 뒤…… 그 범행을 저지른 자는 스메르자코프라고 할 수 있지 않을까요?"

미차는 자못 조소를 담은, 그리고 동시에 무서운 증오를 띤 눈초리로 검사를 바라보았다. 그의 말없는 응시가 너무나 오래 계속되자 검사는 눈을 깜박거렸다.

"또 여우를 한 마리 잡았군요!" 이윽고 미차는 입을 열었다. "악당의 꼬리를 붙든 셈이군요. 하하하! 검사님, 나는 당신 뱃속을 훤히 알고 있어요! 당신은 내가 얼른 뛰어일어나 당신의 조언에 감지덕지하여 매달리며 '예, 그건 스메르자코프의 짓입니다, 그놈이 범인입니다' 하며 있는 힘을 다해 소리칠거라고 생각하셨겠지요? 그렇지 않습니까, 실토해보십시오. 그래야만 나도 얘기를 계속 하겠습니다."

그러나 검사는 실토하지 았았다. 그는 입을 꽉 다물고 기다리고 있었다.

"이거 미안하게 됐군요. 잘못 짚으셨어요. 난 스메르자코프가 범인이라고 소리치지는 않을 겁니다."

"그럼 당신은 그를 전혀 의심하지 않는단 말인가요?"

"당신들은 그를 의심합니까?"

"일단 혐의는 두고 있습니다."

미차는 꼼짝 않고 마룻바닥만 내려다보고 있었다.

"농담은 그만 하고," 그는 음울한 어조로 말을 꺼냈다. "내 말 좀 들어 보십시오, 여러분. 나는 처음부터, 아까 저 커튼 뒤에서 이리로 달려나올 때부터 이미 '스메르자코프구나!' 하는 생각이 머리에 번뜩였습니다. 이 테이블 앞에 앉아서 그 피를 흘리게 한 것이 내가 아니라고 외치면서 마음속으로는 '스메르자코프다!' 쉴새없이 외치고 있었지요. 스메르자코프가 머릿속에서 한시도 떠나질 않는거예요. 지금도 문득 같은 생각을 했습니다. '스메르자코프다!'라고.

그렇지만 그렇게 생각한 건 한순간뿐이었고 곧 이렇게 생각했어요. '아니다, 스메르자코프가 아니다!' 여러분, 이건 결코 그의 짓이 아닙니다!"

"그렇다면 그 밖에 제3의 인물을 의심하고 계시는 겁니까?"

예심판사가 조심스럽게 물었다.

"대체 누구인지, 어떤 인물인지, 하느님의 인도인지 혹은 악마의 짓인지 나로선 알 수 없습니다. 그러나…… 스메르자코프는 절대로 아닙니다!"

미차는 결연한 목소리로 단언했다.

"어떻게 그처럼 자신있게 그의 짓이 아니라고 단언할 수 있습니까?"

"그렇게 확신하고 있기 때문입니다. 인상 때문이지요. 스메르자코프는 천한 천성을 지닌 인간인데다 겁쟁이입니다. 겁쟁이도 그냥 겁쟁이가 아니라, 온 세상의 겁이란 겁은 모조리 뭉쳐서 빚어만든 두 발로 걸어 다니는 겁덩어리 입니다. 그 녀석은 암탉에게서 태어난 인간입니다. 나와 얘기를 할 때도 내가 손을 쳐들어올리지도 않는데 항상 자기를 죽일까 싶어 벌벌 떨곤 했지요. 그 녀석은 내 발밑에 엎드려 눈물을 흘리면서 문자 그대로 내 구두에다 입을 맞추고 제발 위협하지 말아 달라고 애걸복걸합니다. 여러분, '제발 위협하지 말아 주십시오'라니…… 대체 이게 무슨 말입니까! 그래도 나는 그 녀석에게 여러 가지 선물을 주기까지 했습니다. 그 녀석은 바보 천치에다 간질병에 걸린 병든 암탉입니다. 여덟 살짜리 어린애도 그 녀석쯤은 때려눕힐 수 있을 겁니다. 그는 도대체 온전한 인간이라 할 수가 없습니다. 그러니까 여러분, 절대로 스메르자코프는 아닙니다. 더욱이 그 녀석은 돈에는 별로 욕심이 없습니다. 내가 돈을 줘도 한 번도 받지 않았으니까요……. 뿐만 아니라, 도대체 그 녀석이 아버지를 죽일 이유가 없지 않습니까? 게다가 그 녀석은 모르긴 해도, 우리 아버지의 아들 같던데요. 여러분도 아시다시피 사생아인 것 같단 말입니다. 여러분들도 그 애길 들은 적이 있겠지요?"

"그런 애긴 오래 전에 우리도 들은 적이 있습니다. 그렇지만 당신도 그 아버지의 아들이 아닙니까? 그런데 당신은 모든 사람들 앞에서 아버지를 죽이겠다고 공언하고 다니지 않았느냔 말입니다!"

"또 유도 심문이군요! 그렇지만 아주 고약하고 천박한 유도 심문입니다! 나는 그런것쯤엔 꿈쩍도 하지 않습니다! 여러분, 나에게 맞대놓고 그런 말을 한다는 건 아무래도 좀 비열하지 않을까요? 왜냐하면 그건 내가 내입으로 여러분에게 한 말이니까요. 나는 아버지를 죽이고 싶었을 뿐만 아니라, 정말 죽일 작정이었고, 또 하마터면 내 손으로 죽여 버렸을지도 모른다고 솔직히 자백하지 않았습니까! 그렇지만 난 아버지를 죽이지 않았습니다. 수호 천사가 나를 지켜 준 것이지요. 이걸 당신들은 고려해 볼 생각조차 하지 않습니다. 그래서 나는 당신들이 어리석다는 겁니다. 나는 죽이지 않았습니다. 절대로 죽이지 않았어요. 알겠습니까, 검사님, 나는 죽이지 않았단 말입니다!"

그는 거의 숨이 막힐 지경이었다. 그가 이렇게까지 흥분한 것은 오랜 시간에 걸친 심문 도중에 한 번도 없었던 일이었다.

"그건 그렇고 여러분, 그는, 내 말은 스메르자코프 말입니다만 당신들에게 뭐라고 말했습니까?" 잠시 말이 없다가 그는 갑자기 이렇게 말을 맺었다. "이런 걸 당신들에게 물어봐도 될까요?"

"무엇이든 물어 보십시오." 검사는 냉랭하고도 위엄 있는 표정으로 대답했다. "이 사건과 관련된 일이라면 무엇이라도 좋으니 물어 보십시오. 되풀이해 말하는 것 같지만, 우리로서는 당신의 질문에 대해서도 만족할 만한 대답을 해드릴 의무가 있습니다. 우리가 지금 물으신 스메르자코프라는 하인을 만났을 때, 그는 계속적으로 열 번 이상이나 반복된 극심한 간질 발작으로 의식을 잃은 채 침대에 누워 있더군요. 우리와 같이 갔던 의사는 환자를 진단하고 나서, 도저히 내일 아침까지 버티지 못할 거라고 했습니다."

"흠, 그렇다면 아버지를 죽인 것은 악마로군!"

미차가 갑자기 뇌까렸다. 그는 이 순간까지도 '혹시 스메르자코프가 아닐까?' 하고 쉴새없이 스스로에게 묻고 있는 것 같았다.

"이 문제는 나중에 다시 알아보기로 하고," 넬류도프 예심판사는 이렇게 결정을 내렸다. "지금은 다시 당신의 진술을 계속해 주십시오."

미차는 잠시 휴식을 청했다. 그의 요구는 정중하게 받아들여졌다. 잠깐 숨을 돌리고 나서 미차는 다시 진술을 계속했다. 그러나 그는 몹시 괴로운 듯했다. 그는 기진맥진한데다 굴욕을 느끼고 있었으며 동시에 큰 충격에서 헤어나지 못하고 있었다.

뿐만 아니라 검사도 이번엔 고의적으로 사소한 일에 집착하여 끊임없이 미차를 자극했다. 미차가 울타리 위에 올라앉아, 자기의 왼쪽다리를 붙들고 늘어지는 그리고리의 머리를 절굿공이로 내리치고는 곧 쓰러진 늙은이에게 뛰어내렸다는 대목을 이야기할 때였다. 검사는 갑자기 미차의 말을 가로막고, 울타리 위에 올라앉았을 때의 광경을 좀더 상세하게 설명해 달라고 요구했다. 미차는 어이가 없었다.

"난 그저 말을 탔을 때처럼 이렇게 올라앉아 있었지요. 한쪽 다리는 담 이쪽에, 다른 한쪽 다리는 담 저쪽에……."

"그럼 절굿공이는?"

"그건 손에 들고 있었습니다."

"주머니 속이 아니었나요? 당신은 그것을 정확하게 기억하고 있습니까? 그래서, 그것을 아주 세차게 내리쳤나요?"

"아마도 있는 힘껏 때렸을 겁니다. 그런데 그런 건 왜 묻습니까?"

"당신이 그때 울타리 위에 올라앉았던 것과 같은 자세로 이 의자에 앉아서, 어느 쪽으로 어떻게 손을 들어 내리쳤는지 한 눈에 알 수 있도록 보여줄 수 없겠습니까?"

"지금 나를 놀리는 건가요?" 미챠는 경멸하는 눈으로 검사를 노려보며 이렇게 물었으나, 검사는 눈도 깜짝하지 않았다. 미챠는 발작적으로 홱 몸을 돌리더니 의자를 타고 앉아 팔을 휘둘렀다.

"이렇게 내리쳤습니다! 이렇게 죽였어요! 또 무엇을 더 원하십니까?"

"됐습니다. 그럼 수고스러우시겠지만, 한 가지 더 설명해 주십시오. 무엇 때문에 일부러 울타리 밑으로 뛰어내렸지요? 어떤 목적으로, 무슨 생각으로 그렇게 했는지 설명해 주실 수 있는지요?"

"이런 제기랄…… 상대가 쓰러졌기에 뛰어내렸을 뿐입니다……. 무슨 목적이었는지는 나도 모르겠어요!"

"그렇게 흥분해 있었는데도? 게다가 달아나고 있는 도중이었는데도 말입니까?"

"그렇습니다. 흥분해서 달아나는 도중인데도 나는 다시 뛰어내렸어요."

"그럼 그 노인을 구하려는 생각에서였습니까?"

"구한다구요…… 예, 어쩌면 구하려는 생각에서였는지도 모르지요……. 잘 기억이 나지 않습니다."

"기억이 나질 않는다? 그럼 일종의 무의식 상태였군요?"

"아닙니다, 무의식 상태 같은 건 아니었습니다. 세세한 점에 이르기까지 전부 기억하고 있으니까요. 뛰어내려서 상태를 살펴본 뒤 손수건으로 피를 닦아 주었지요."

"당신의 손수건은 우리도 보았습니다. 그럼 당신은 자신이 때려눕힌 상대를 살리고 싶었던 것이군요?"

"그랬는지 어쨌는지는 모르겠습니다. 나는 다만 확인하고 싶었을 뿐입니다."

"아하, 그토록 확인하고 싶었다구요? 좋습니다, 그 다음은?"

"나는 의사가 아니기 때문에 죽었는지 살았는지 알 수가 없었습니다. 나는 죽은 줄로 알고 달아났습니다. 그런데 그는 살아났다지요?"

"좋습니다." 검사는 일단 말을 맺었다. "감사합니다. 내가 묻고 싶은 건 그것뿐입니다. 그럼, 다음을 계속해 주실까요."

오호 통제라! 미챠는 자신이 연민에 사로잡혀 다시 뛰어내린 뒤 죽은 줄만 알았던 노인에게 몸을 굽히고 '영감, 재수없게 여긴 뭣하러 왔소? 그냥 여기 누워 있으랄 수밖에!'라고 슬픔의 말을 던진 사실을 기억하고 있었으면서도, 이 자리에서 그것을 얘기할 생각은 전혀 떠오르지 않았다. 그래서 검사는 단지 다음과 같은 결론을 이끌어냈을 뿐이었다. 즉, 이 사나이가(그런 순간에, 그처럼 흥분하고 있었음에도) 일부러 다시 뛰어내려간 것은, 자기 범죄의 유일한 증인이 죽었는지 어떤지 확인하기 위해서였다고. 그런 순간에도 이 남자는 그만한 힘과 결단력과 냉철한 사고력을 지니고 있었다…… 등등. 검사는 '병적인 심리를 가진 범인'을 사소한 일로 격분케하여 무의식중에 말하고 싶은 것 이상의 말을 하게 했다는 데 만족감을 느꼈다.

미차는 고통을 견디면서 진술을 계속했다. 그러나 이번에는 예심판사가 곧 그의 말을 가로막았다.

"그렇지만 당신은 그렇게 피투성이가 된 손으로, 또 나중에 들으니 얼굴까지 피투성이가 되었다던데, 어떻게 하녀에게로 갈 수 있었나요?"

"아, 그때 난 내가 피투성이인 것을 몰랐습니다."

미차가 대답했다.

"아마도 그랬겠지요. 흔히 있는 일이니까요."

검사는 넬류도프 예심판사와 얼굴을 마주 처다보았다.

"정말 몰랐어요. 검사님의 말이 맞습니다."

미차는 얼른 동의했다. 이야기는 다음으로 계속되어 자진하여 '길을 양보해 두 사람에게 행복의 길을 열어 주겠다'고 미차가 순간적인 결심을 한 데까지 이르렀다. 그러나 미차는 이미 아까처럼 자기의 마음을 툭 터놓고 자기의 '마음의 여왕'에 대해 그들에게 이야기할 수는 없었다. 그는 '빈대 새끼처럼 자기에게 달라붙는' 이 냉혹한 인간들을 상대한다는 것이 말할 수 없이 싫었다. 그래서, 그는 몇 번이나 되풀이되는 질문에 매우 간단하고 신랄하게 대답했다.

"그래서 나는 자살하기로 결심했습니다. 무엇 때문에 내가 살 필요가 있는가, 하는 의문이 절로 떠올랐습니다. 여자의 첫사랑, 이렇다 저렇다 할 여지도 없는 첫사랑의 사내가 나타났으니 말입니다. 비록 여자를 배반했던 사내이긴 하지만, 5년이 지난 지금 정식으로 결혼하여 속죄를 하고 사랑을 바치려고 온 것입니다. 그래서 나는 이제 모든 것이 끝났음을 깨달았습니다……. 게다가 내 뒤에는 치욕이, 바로 그 피가 그리고리의 피가 도사리고 있었습니다……. 무엇 때문에 내가 더 살아야 할 필요가 있을까? 그래서 나는 저당잡힌 권총을 찾으러 갔습니다. 권총에 총알을 재어 내 머리에 대고 쏠 작정이었지요."

"그래서 죽기 전날 밤 그런 큰 파티를 벌인 건가요?"
"네, 정말 굉장한 파티였죠. 제기랄, 여러분, 이제 그런 얘긴 그만 집어치웁시다. 어찌됐든 나는 자살하려고 한 것만은 틀림없습니다. 여기와 가까운 곳에서, 이 마을 저 너머에서라도, 새벽 5시엔 결말을 짓기로 결심하고 유서까지 준비해 두었습니다. 권총에 총알을 잴 때 페르호친의 집에서 쓴 것이지요. 여기 유서가 있으니 읽어 보십시오. 그렇지만 이건 당신들을 위해서 하는 말은 아닙니다."

그는 경멸하는 듯한 어조로 이렇게 덧붙이면서 조끼 주머니에서 유서를 꺼내 테이블 위에 던졌다. 심문자들은 호기심을 드러내며 그것을 읽어 보고는, 언제나 그렇듯이 서류에 첨부했다.

"그럼 페르호친 씨 집에 가서도 손을 씻을 생각을 하지 않았습니까? 그때도 역시 혐의를 받게 될 것을 두려워하지 않았습니까?"

"무슨 혐의 말입니까? 혐의를 받건 안 받건 어차피 마찬가지지요. 이곳에 와서 새벽 5시쯤 자살을 해 버리면, 아무도 어쩔 도리가 없을 테니까요. 만약에 아버지가 그렇게 되지만 않았던들, 당신들도 그 사실에 대해선 아무것도 몰랐을 것이고, 따라서 여기에 오지도 않았을 게 아닙니까. 아아, 그건 악마의 짓입니다. 아버지를 죽인 건 악마예요. 당신들이 그 사실을 이토록 빨리 알게 된 것도 악마의 짓입니다! 그렇지만, 어떻게 이렇게 빨리 여길 오셨지요? 기적같군요, 정말 꿈만 같습니다!"

"페르호친 씨의 말에 의하면 당신은 그의 집에 갔을 때, 손에…… 피투성이가 된 손에…… 돈을…… 적지않은 돈을……100루블짜리 지폐 뭉치를 들고 있었다는데…… 그건 그 집에서 심부름하는 아이도 봤다고 하더군요."

"그렇습니다, 여러분. 나도 그렇게 기억하고 있습니다."

"그렇다면 거기에 또 하나의 의문이 생기는데요. 그것에 대해 설명해 주실 수 없습니까?" 넬류도프 예심판사가 매우 부드러운 목소리로 말을 꺼냈다. "당신은 대체 어디서 그렇게 많은 돈을 손에 넣으셨습니까? 시간적으로 따져 보아도 당신이 집에 들를 수는 없었을 것 같은데요."

검사는 이 노골적인 질문에 살짝 얼굴을 찌푸렸으나 넬류도프의 말을 제지하려고 하지는 않았다.

"그렇습니다, 집에 들르지 않았습니다."

미차는 침착한 어조로 대답했으나 눈은 마루를 내려다보고 있었다.

"그렇다면 미안하지만 다시 한번 되풀이해서 묻겠습니다."

넬류도프는 미차의 기분을 맞추려는 듯 차분하게 계속해서 물었다. "도대체 어디서 그렇게 많은 돈을 한꺼번에 손에 넣을 수 있었습니까? 당신의 진술에 따르면 어제 오후 5시까지도……."

"단돈 10루블도 없어서 페르호친에게 권총을 저당잡혔고 호흘라코바 부인에게 3천 루블을 빌리러 갔으나 보기좋게 거절당했다느니 어쩌니 하는 얘기지요?" 미차는 날카롭게 상대의 말을 앞질렀다. "그렇습니다, 여러분, 나는 그렇게 궁색했던 게 사실입니다. 그런데 갑자기 몇천 루블이라는 돈이 생겼지요. 어떻습니까? 당신들 두 사람은 내가 혹시 그 돈의 출처를 말하지 않을까 싶어 은근히 걱정하시는 것 같군요. 맞습니다, 여러분. 나는 절대로 말하지 않겠습니다. 입이 찢어지는 한이 있어도 결코 말하지 않겠어요." 미차는 매우 단호하게 한마디 한마디 끊어가면서 말했다. 심문관들은 잠시 말이 없었다.

"그렇지만 카라마조프 씨, 우리는 그것을 꼭 알아야겠는데요."

예심판사가 낮고 온화한 어조로 말했다.

"그건 나도 알고 있습니다. 하지만 역시 말하지 않겠어요."

그러자 이번에는 검사가 다시 끼어들어, 심문을 받는 자는 자기에게 유리하다고 생각될 경우에는 물론 묵비권을 행사할 수 있다, 그러나 그러한 경우 혐의를 받고 있는 자는 오히려 그 침묵 때문에 뜻하지 않은 커다란 손해를 입게 될 수도 있는데, 특히 이런 중요한 심문의 경우에는 더욱 그러하다고 주의를 주었다.

"들어 보나마나 그렇고 그런 얘기겠지요! 이젠 진력이 났습니다. 그런 설교라면 조금 전에도 들었으니까요!" 미차는 다시금 말을 가로막았다. "그것이 얼마나 중요한 일인가 쯤은 나도 잘 알고 있습니다. 그리고 거기에 가장 본질적인 점이 숨어있다는 것도 알고 있어요. 그렇지만 역시 말하지 않겠습니다."

"그렇다고 해서 우리에겐 조금도 문제될 것이 없습니다. 이건 우리의 문제가 아니라 당신 자신의 문제이니까요. 결국 당신을 불리하게 만들 뿐이지요."

예심판사가 신경질적인 어조로 말했다.

"여러분, 이제 농담은 그만 합시다." 미차는 눈을 들어 두 사람을 노려보았다. "나는 처음부터 우리가 이 점에 대해 정면으로 부딪치게 될 것이라고 예상하고 있었습니다. 그러나 내가 처음 진술하기 시작했을 때는 먼 뒷날의 일처럼 안개 속에서 어렴풋했을 뿐입니다. 그래서 나는 너무나 단순하게도 '우리 서로 간의 신뢰'를 제안하기까지 했던 것입니다. 그러나 나는 이제 신뢰란 있을 수 없다는 것을 깨달았습니다. 왜냐하면 우리는 어차피 이 저주스런 벽에 부딪칠 수밖에 없기 때문입니다. 그리고 마침내 우리는 그 벽에 부딪쳤습니다! 이젠 어쩔 수 없게 되었어요. 이제 모든 일은 끝난 겁니다. 그렇지만 난 당신들을 비난하지는 않겠습니다. 당신들도 역시 내 말만 듣고 믿을 수는 없을 테니까요. 물론 나도 그 점은 충분히 이해하고 있습니다!"

그는 어두운 얼굴로 입을 다물었다.

"그러시다면, 가장 중대한 점에 대해서는 말하지 않으려는 당신의 결심을 굽히지 않는다 쳐도, 이처럼 위기에 처해 있으면서도, 굳이 묵비권을 행사해야만 하는 그 강력한 동기에 관해 조금의 암시라도 줄 수는 없습니까?"

미차는 슬픈듯이 그리고 왠지 감개무량한 듯이 소리없이 웃었다.

"여러분, 나는 당신들이 생각하고 있는 것보다 훨씬 선량한 인간입니다. 그럼, 그 이유를 말씀드리지요. 암시를 해드리겠습니다. 하긴 당신들은 그것을 들을 가치조차 없지만 말입니다. 여러분, 내가 침묵을 지키는 이유는 그것이 내 명예에 관한 일이기 때문입니다. 내가 돈을 어디서 손에 넣었느냐는 질문에 대답한다면, 나는 아버지를 살해하고 그의 돈을 훔쳤다는 그 살인죄나 강도죄와는 비교할 수도 없는 커다란 치욕을 폭로하고 마는 것입니다. 내가 말하지 못하는 것은 바로 이런 이유 때문입니다. 치욕 때문에 나는 말할 수가 없습니다. 여러분, 이것도 기록하시렵니까?"

"기록해야지요." 예심판사가 우물거리면서 말했다.

"그렇지만 그 말만은, '치욕'이니 뭐니 하는 말만은 기록하지 않는 게 좋을 겁니다. 말할 필요가 없는 데도 당신들에게 이런 자백을 한 것은 오로지 나의 선의에서 나온 행동입니다. 말하자면 당신들에게 선심을 쓴 것에 지나지 않아요. 그런데도 당신들은 말이 떨어지기가 무섭게 일일이 기록하시는군요. 아니, 좋습니다, 어서 기록하십시오. 그게 좋으면 그렇게 하십시오." 그는 경멸을 담아 씹어뱉듯이 말했다. "난 당신들을 두려워하지 않습니다……. 나에게도 자부심은 있으니까요."

"그럼 그 치욕이란 어떤 종류의 것인지 말씀해 주실 수 없습니까?"

예심판사가 더듬더듬 입을 열었다. 검사는 얼굴을 몹시 찌푸렸다.
"안 됩니다, 안 돼요. C'est fini(이것으로 끝입니다). 애 써봤자 헛수고입니다. 또 일부러 수치를 드러낼 필요는 없지요. 이미 너무 깊이 들어갔어요. 도대체 가 당신들은 그걸 들을 자격이 없어요. 아니, 당신들뿐만이 아니라 어느 누구도…… 여러분, 이제 그 얘긴 그만둡시다. 난 더이상 말하지 않겠습니다."

그의 어조는 너무나 단호했다. 넬류도프는 더이상 추궁하는 것을 단념했지만, 검사 이폴리트의 눈을 보고 그가 아직도 미련을 버리지 않고 있다는 것을 알았다.

"그럼 이것만은 말해 줄 수 있겠지요. 당신이 페르호친 씨 집에 들어갔을 때, 손에 돈을 얼마나 쥐고 있었습니까? 정확히 말해서 몇 루블이나 되었나요?"

"그것도 말할 수 없습니다."

"당신은 페르호친 씨에게 호흘라코바 부인으로부터 3천 루블을 받았다고 말했다던데요?"

"아마 그렇게 말했을지도 모릅니다. 그렇지만 여러분, 여기까지만 합시다. 난 내가 돈을 얼마나 갖고 있었는지 말하고 싶지 않습니다."

"그러시다면, 귀찮으시더라도 당신이 어떻게 이리로 왔고, 또 여기 와서는 무얼 했는지 순서대로 말해 줄 수 없습니까?"

"아, 그것에 대해서라면 여기 사람들에게 물어 보시지요. 하지만 내가 얘기해 드릴 수도 있습니다."

그는 얘기를 시작했다. 그러나 그의 이야기를 새삼 여기서 되풀이할 필요는 없을 것 같다. 그는 담담한 어조로 죽 이야기했다. 그러나 그루센카와의 사랑의 기쁨에 대해서는 한마디도 언급하지 않았다.

그러나 자살하려고 했던 결심을 '어떤 새로운 사실로 말미암아' 포기했다는 말은 했다. 그는 동기에 대한 설명이라든가, 그 밖의 상세한 설명은 생략하고 대강 줄거리만 얘기했다. 이번에는 예심판사도 그를 귀찮게 굴지 않았다. 그들에게 중대한 문제가 그런 데 있지 않다는 것쯤은 너무나도 명백한 일이었다.

"그건 나중에 모두 확인하기로 하겠습니다. 어차피 증인들을 심문할 때 다시 한번 그 문제로 돌아가야 할 테니까요. 증인들의 심문은 물론 당신의 참관하에 하겠습니다." 넬류도프는 심문을 끝냈다. "그런데, 또 한가지 당신에게 부탁이 있습니다. 당신이 가지고 있는 소지품, 특히 현재 당신이 갖고 있는 돈을 모두 이 테이블 위에 내놓아 주십시오."

"돈을요? 좋습니다. 나도 그렇게 할 필요가 있다는 것은 잘 압니다. 사실은 당신들이 왜 아직 그 얘길 꺼내지 않나 이상하게 여기고 있었을 정도입니다. 하긴 난 어디로도 자리를 뜰 수 없는 형편이고, 또 이렇게 당신들 눈앞에 있으니까 걱정할 건 없겠지만, 자, 여기 돈이 있습니다. 세어 보십시오. 그것이 전부입니다."

그는 호주머니를 모두 털어놓았다. 그는 조끼 주머니에 들어 있던 20코페이카짜리 은화 두 개까지 다 꺼내 놓았다. 세어 보니 836루블 40코페이카였다.

"이게 전부입니까?"

예심판사는 물었다.

"전부입니다."

"조금 전에 증언하실 때, 플로트니코프 상점에서 300루블을 쓰셨다고 하셨지요. 페르호친에게 10루블을 갚고, 마부에게 20루블을 주고 카드놀이에서 200루블을 잃고 그리고……."

넬류도프는 하나하나 따지기 시작했다. 미차는 자진해서 협조해 주었다. 이리저리 기억을 더듬어 1코페이카도 빼놓지 않고 계산에 넣었다. 넬류도프가 대강 합계를 내보았다.

"그러니까 여기 있는 800루블까지 합쳐서 처음엔 모두 1천5백 루블 정도 갖고 있었군요?"

"그쯤 될 겁니다."

미차는 아무렇게나 대답했다.

"그런데 모두들 그보다 더 많았다고 하니 어찌 된 일입니까?"

"남들이야 뭐라하든 어떻습니까."

"그렇지만 당신 자신도 그렇게 말하지 않았습니까?"

"나도 그렇게 말했지요."

"그럼, 그것은 아직도 심문을 하지 않은 다른 사람들의 증언을 들어 다시 한 번 확인해 보기로 합시다. 여기 있는 돈에 대해선 걱정하지 마십시오. 이 돈은 규정에 따라 보관해 두었다가, 만약 당신에게 이 돈에 대한 확실한 권리가 있다고 인정되면, 요컨대 모든 것이 증명되면…… 이 사건이…… 해결된 뒤에 다시 돌려드리겠습니다. 그건 그렇고 다음은……."

넬류도프가 갑자기 일어나더니, '미차의 옷과 그 밖의 모든 소지품'을 정밀하고 엄중하게 검사를 할 필요가 있다고 단호하게 말했다.
　"그래야겠죠. 원하신다면 주머니 속까지 죄다 뒤집어 보이겠습니다."
　그는 정말로 자기 주머니를 뒤집기 시작했다.
　"옷을 벗어 주어야겠는데요."
　"뭐라고요? 옷을 벗으라고요? 그런 법이 어디 있습니까? 이대로 검사하십시오. 그렇겐 안 되나요?"
　"드미트리 카라마조프 씨, 절대로 그럴 순 없습니다. 옷을 벗어 주십시오."
　"맘대로들 하시오."
　미차는 어두운 얼굴로 그 말에 따랐다.
　"그대신 저 휘장 뒤에서 벗게 해주십시오. 어느 분이 검사하는 겁니까?"
　"물론 휘장 뒤에서 해야죠."
　넬류도프는 동의한다는 뜻으로 고개를 끄덕였다. 그의 얼굴에는 유난히 엄숙한 표정이 나타나 있었다.

6 독 안에 든 쥐

　미차에게는 전혀 뜻밖의 놀라운 사태가 일어나기 시작했다. 이전에는, 아니 바로 1분 전까지만 해도 어느 누구도 자기를, 미차 카라마조프를 이렇게 대할 수 있으리라고는 상상조차 못한 일들이었다. 그것은 무엇보다도 굴욕적인 일이었다. 그들에게 '너무나도 사람을 멸시하는 거만한' 태도가 나타난 것이다. 프록코트쯤 벗으라는 것은 참을 수 있었지만, 그들은 아랫도리까지 벗으라고 요구했다. 아니, 그것은 요구가 아니라 '명령'이었다. 미차는 이 사실을 똑똑히 깨달았다. 그는 자존심과 그들에 대한 경멸에서 대거리도 한마디 없이 이에 복종했다. 휘장 뒤로 검사와 예심판사 외에 몇몇 농부까지 따라 들어왔다.
　'완력이 필요할 때를 대비해서 그러는 거겠지.' 미차는 생각했다. '어쩌면 다른 이유도 있을지 몰라.'
　"그럼 속옷도 벗어야 합니까?"
　미차는 무뚝뚝하게 물었으나, 예심판사는 대답하지 않았다. 그는 검사와 함께 프록코트, 바지, 조끼, 모자 등을 검사하는데 열중해 있었다. 아무래도 두 사람은 이 수색에 꽤나 흥미를 느끼고 있는 것 같았다.

'도대체 체면이고 뭐고 없는 자들이로군. 최소한의 예의조차 무시하고 달려들다니.'

"다시 한번 묻겠습니다. 속옷도 벗어야 합니까?"

미차는 더욱 무뚝뚝하게 짜증섞인 어조로 물었다.

"미리 염려하실 필요는 없습니다. 필요하면 우리가 일러드릴 테니까요." 예심판사는 왜 그런지 고압적인 어조로 대답했다. 적어도 미차에게는 그렇게 생각되었다. 그러는 동안 예심판사와 검사는 낮은 목소리로 무언가 열심히 의논하기 시작했다. 웃옷에, 특히 왼쪽 등 밑에 커다랗게 피가 묻은 흔적이 나타난 것이다. 이미 완전히 말라서 뻣뻣했으나, 구겨져 있지는 않았다. 바지에도 역시 핏자국이 있었다. 예심판사는 참관인들 앞에서 웃옷의 깃과 소매, 바지의 솔기를 차근차근 손가락으로 만져 보았다. 무언가를 찾고 있음이 분명했다. 물론 돈이었다. 요컨대 그들은 미차가 돈을 자기 옷 속에 꿰매 넣었는지도 모르며, 또 그런 짓쯤은 능히 해낼 위인이라는 의심을 감추려고 하지 않았다.

'이건 완전히 나를 도둑놈으로 대하는 거지, 장교를 대하는 태도가 아니야.'

미차는 속으로 중얼거렸다. 심문관들은 놀랄 만큼 노골적인 태도로 미차에 관한 의견을 서로 주고받고 있었다. 이를테면, 역시 휘장 뒤로 들어와서 공연히 부산을 떨며 일을 거들고 있던 서기는 넬류도프에게 이미 조사가 끝난 미차의 모자에 대해 주의를 환기시켰다.

"그리젠코 서기를 기억하시지요?" 서기는 말했다. "지난 여름에 그 친구가 자기 관청 전체의 봉급을 받으러 갔다가 돌아와서, 술에 취해 돈을 잃어버렸다고 했지요. 그런데 그 돈이 어디서 나온 줄 아십니까? 바로 이런 모자 테두리에 100루블 지폐를 돌돌 감아서 꿰매 넣었더란 말입니다."

그리젠코 사건은 예심판사 검사도 잘 기억하고 있었다. 그래서 그들은 미차의 모자를 따로 제쳐 두고 나중에 좀더 자세히 검사해 보기로 결정했다. 옷도 모두 한 번 더 검사하기로 했다.

"아니, 이건?" 미차가 입고 있는 셔츠의 오른쪽 소매가 안으로 접혀있고, 그 소맷부리에 피가 묻어 있는 것을 발견하고 넬류도프 예심판사가 소리쳤다. "실례지만 이건 피가 아닙니까?"

"피입니다."

미차는 퉁명스럽게 대답했다.

"그런데, 이게 무슨 피죠?…… 그리고 소매는 왜 안으로 접어넣었습니까?"

미차는 그리고리를 보살펴 주다가 소매에 피가 묻어서, 페르호친의 집에서 손을 씻을 때 소매를 안으로 접어넣었다고 말했다.

"그럼 셔츠도 역시 압수해야겠습니다. 이건 증거물로서 아주 중요한 것이니까요."

미차는 얼굴을 확 붉히며 분개하여 소리쳤다.

"그럼 난 벌거벗고 있으란 말입니까?"

"염려 마십시오……. 우리가 어떻게든 마련해 드릴 테니까요. 아무튼 지금은 그 양말도 좀 벗어 주셔야겠습니다."

"농담 하시는 건 아니겠죠? 그래, 정말 그렇게 해야만 한단 말입니까?"

미차의 눈이 번쩍였다.

"농담이 아닙니다."

넬류도프는 엄격하게 말했다.

"할 수 없군요, 꼭 그래야만 한다면…… 나는 다만……."

미차는 이렇게 중얼거리며 침대에 걸터앉아 양말을 벗기 시작했다. 그는 말할 수 없이 수치스러웠다. 모두 다 옷을 입고 있는데 자기만 벌거숭이가 된 것이다. 그리고 이상하게도 옷을 벗고 나자, 그는 자기가 정말로 이 사람들한테 무슨 죄를 저지른 것 같은 느낌이 들었다. 정말 그들보다 천한 사람이 되어서 이제는 그들에게 자기를 멸시할 당연한 권리가 있다고 믿고 싶은 기분마저 들었다.

'모두 다 옷을 벗고 있다면야 부끄러울 게 없겠지만, 나 혼자만 벌거숭이가 되어 다른 사람들의 구경거리가 되다니 이런 치욕이 어디 있나!'

몇 번이나 그의 머릿속에 이런 생각이 떠올랐다.

'꼭 꿈만 같구나. 난 가끔 이런 치욕스러운 꼴을 당하고 있는 꿈을 꾸곤 했지.'

그러나 양말을 벗는 것은 그에게 커다란 고통이기도 했다. 양말은 몹시 더러웠고 속옷도 마찬가지였다. 그것을 모든 사람에게 보여야 하는 것이다. 그러나 무엇보다 그는 자기의 발이 마음에 들지 않았다. 자기의 두 엄지발가락을 볼 때마다 왜 그런지 언제나 못생겼다는 느낌이 들었다. 특히 볼품없는 넓적한 오른쪽 엄지발가락 속으로 파고든 발톱이 보기 싫어 견딜 수가 없었다. 이제 사람들에게 그걸 보여야 하는 것이다. 그는 견딜 수 없는 수치감에 갑자기 의식적으로 난폭하게 굴었다. 그는 자진하여 셔츠를 훌렁 벗었다.

"또 어디 조사하고 싶은 데가 있습니까? 당신들 쪽에서 수치스럽지 않다면 말이오."

"지금은 그럴 필요까진 없습니다."

"그래, 난 이렇게 벌거숭이로 있으란 말이오?"

미차는 거칠게 덧붙였다.

"그렇습니다. 잠시 동안은 별 도리가 없군요……. 죄송합니다만 잠깐 여기 앉아서 침대의 담요라도 두르고 계십시오. 곧…… 곧 이것들을 다 조사할 테니까요."

그들은 물건들을 일일이 증인들에게 보여 준 뒤, 조서를 작성했다. 이윽고 예심판사가 나가고, 뒤이어 옷도 가져가버렸다. 검사 이폴리트도 나갔다. 미차 곁에는 몇 명의 농부들만 남아서, 그에게서 눈을 떼지 않고 말없이 서 있었다. 미차는 담요를 몸에 둘렀다. 추위를 느꼈던 것이다. 맨발이 드러났지만 아무리 애써도 담요로 그 발이 보이지 않게 가릴 수는 없었다. 어찌된 일인지 넬류도프는 좀처럼 돌아오지 않았다.

'이건 고문이나 다름없어. 나를 강아지만도 못하게 생각하는 모양이군.' 미차는 이를 갈며 생각했다. '그 돼먹지 않은 검사 녀석까지 나가버린 걸 보면, 나를 경멸하고 있는 게 틀림없어. 아마도 벌거벗은 나를 보기가 메스꺼워진 모양이지.'

그래도 미차는 조사가 다 끝나면 자기 옷은 가져다 주려니 생각하고 있었다. 그랬던만큼, 예심판사 넬류도프가 전혀 다른 옷을 농부에게 들려 가지고 돌아왔을 때, 그의 분노는 극에 달해 있었다.

"여기 옷을 가져왔습니다," 판사가 천연덕스러운 태도로 말했다. 그는 자기의 일을 성공리에 끝낸 것을 꽤나 만족스레 여기고 있음이 분명했다. "이건 칼가노프 씨가 이 뜻하지 않은 사건을 위해 제공한 것입니다. 깨끗한 셔츠도 당신에게 드리겠다고 하더군요. 마침 이런 것들이 그분의 트렁크 속에 있어서 정말 다행입니다. 그리고 속옷과 양말은 당신 것을 그대로 입으셔도 좋습니다."

미차는 울컥 분통을 터뜨렸다.

"남의 옷은 싫소!" 그는 위협적인 기세로 소리쳤다. "내 옷을 주시오."

"그건 곤란합니다."

"내 옷을 달란 말이오. 칼가노픈지 뭔지 그 작자 옷은 악마에게나 줘버려!"

사람들은 오랜 시간이 걸려서 그를 설득한 끝에 가까스로 진정시켰다. 그 옷에는 피가 묻어 있으므로 '증거물'로 삼아야 하며, 또한 이 사건이 어떻게 결말지어질지 알 수 없으므로 지금은 심문관인 자기들도 그에게 자기 옷을 입게 할 '권리가 없다……'고 그를 타일렀다. 결국 미차도 이러한 사정을 인정하고 침울한 표정으로 말없이 옷을 입기 시작했다. 그는 옷을 입으면서, 그 옷이 자기 것보다 더 좋기 때문에 '덕을 보기는' 싫다고 중얼거렸다.

"이건 굴욕적일 정도로 몸에 꼭 끼는군. 그래, 이런 옷을 입고서 어릿광대 노릇을 하란 말이오?…… 당신들의 여흥을 위해서?"

사람들은 다시, 그건 너무 과장된 말이다, 사실 칼가노프 씨의 키가 좀 크긴 하지만 그리 큰 차이도 아니고 그저 바지가 조금 길 따름이라고 그를 달래기 시작했다. 그러나 프록코트는 어깨 부분이 꽉 끼었다.

"제기랄, 단추도 채울 수 없군." 그는 다시 불만을 터뜨렸다. "한가지 부탁이 있소. 지금 곧 칼가노프 씨에게 이렇게 전해 주시오. 내가 부탁해서 옷을 빌린 것이 아니라, 모두 달려들어 억지로 이 옷을 입혀 날 어릿광대로 만든 것이라고."

"그분도 그것을 잘 알고 심히 유감으로 생각하고 계십니다……. 물론 자기의 옷을 빌려주게 된 걸 유감으로 생각한다는 말이 아니라, 이번 일 자체를 유감스럽게 생각하고 있다는 말입니다……."

넬류도프는 입속말로 흐리터분하게 중얼거렸다.

"누가 그런 친구의 동정을 바란다고 했소! 자, 이젠 어디로 가는 겁니까? 아니면 여기 그냥 내내 앉아 있어야 하는거요?"

그들은 다시 '그 방'으로 돌아가자고 미차에게 말했다. 그는 화가 나서 얼굴을 찌푸리고 되도록이면 아무도 보지 않으려고 애쓰며 따라나갔다. 그는 남의 옷을 입고 있었기 때문에 농부들이나 트리폰에 대해서도 굴욕을 느꼈다. 무엇 때문인지 트리폰이 문득 문에서 안을 흘끗 들여다보고는 곧 사라졌다.

'저놈은 내꼴을 구경하러 온거야.'

미차는 생각했다. 그는 아까 앉았던 의자에 걸터앉았다. 무언가 악몽과도 같은 생각이 머리에 떠올라 스스로도 정신이 나간 것처럼 여겨졌다.

"자, 다음은 뭡니까? 매질이라도 시작할 작정입니까? 이제 남은 건 그것밖에 없는 것 같은데?"

그는 검사를 향해 이를 갈며 말했다. 그는 마치 상대할 가치도 없다는 듯이 예심판사의 얼굴을 쳐다보려고도 하지 않았다. '저놈은 내 양말을 지나치게 세세히 조사했어. 더욱이 내가 얼마나 더러운 것을 몸에 지니고 있는지 일부러 사람들에게 보여주려고 그걸 홀딱 뒤집어 보기까지 한 게 틀림없어. 빌어먹을 자식!'

"그럼 이제부터 증인 심문으로 들어가겠습니다."

예심판사는 미차의 질문에 대답이라도 하듯이 그렇게 말했다.

"그렇군요."

검사는 무언가 골똘히 생각에 잠긴 기색으로 대답했다.

"드미트리 카라마조프 씨, 우리는 당신의 이익을 위해 우리가 할 수 있는 일을 다했습니다." 예심판사가 말을 계속했다. "그러나 당신은 당신이 갖고 있는 돈의 출처를 밝힐 것을 그처럼 완강히 거절했으므로, 이제 우리로서는……."

"당신 반지의 그 보석은 무엇입니까?"

마치 꿈에서라도 깨어난 것처럼 미차는 예심판사의 오른손을 장식하고 있는 세 개의 큼직한 반지 중 하나를 가리키며 갑자기 이렇게 물었다.

"반지요?"

깜짝 놀란 듯이 판사가 되물었다.

"그렇습니다. 그 반지 말이에요……. 가운데 손가락의 가느다란 선이 많이 든 그 보석의 이름이 뭡니까?"

미차는 초조한 기색으로, 떼를 쓰는 어린애처럼 따져 물었다.

"이건 황옥입니다." 예심판사는 빙긋 웃으며 말했다. "원하신다면 빼서 보여드리죠……."

"아니, 뺄 필요까진 없습니다!" 미차는 문득 잠에서 깨어난 듯이 자기 자신에게 화를 내며 거칠게 소리쳤다. "빼지 마십시오, 그럴 필요까진 없습니다……. 제기랄…… 여러분, 당신들은 내 마음을 아주 추하게 만들고 말았어요! 설사 내가 아버지를 죽였다 해도, 그걸 당신들에게 숨기고 거짓말을 꾸며대거나, 어디로 도망칠 그런 인간인 줄 아십니까? 천만에, 드미트리 카라마조프는 그런 인간이 아닙니다. 그런 짓을 태연하게 할 수 있는 인간이 아니란 말이오. 만약에 내가 죄를 지었다면 구태여 당신들이 이곳을 찾아올 때까지 기다리지도 않았을 것이고, 당초에 예정했던 새벽녘이 되기 전에 자살해 버렸을 겁니다. 나는 지금 그것을 절실하게 통감하고 있습니다! 나는 지난 20년 동안 터득한 것보다도 훨씬 많은 것을 이 저주받은 하룻밤 사이에 깨달았습니다!

내가 정말로 아버지를 죽였다면 어떻게 오늘밤, 지금 이 순간 당신들과 이렇게 마주 앉아 있을 수가 있겠으며, 또 어떻게 이렇게 이야기할 수가 있겠습니까? 어떻게 당신들과 세상을 이렇게 태연한 태도로 대할 수 있겠느냐 말입니다. 난 뜻하지 않게 그리고리를 죽였다는 생각만으로도 밤새도록 마음이 불안해서 견딜 수가 없었습니다. 그러나 그건 두려웠기 때문이 아닙니다. 절대로 당신들의 형벌이 두려워서가 아니에요! 절대로 치욕 때문입니다!

그런데도 당신들은 내가 저지른 또 하나의 비열하고도 치욕적인 행위를 털어놓으라고 야단입니다. 그러나 그걸 말함으로써 설혹 내 혐의가 풀린다 해도, 두더지처럼 아무것도 보지 못하고 아무것도 믿으려 들지 않는 냉소적인 인간들에게는 절대로 말하기 싫습니다. 차라리 날 시베리아로 보내주십시오! 아버지에게 방문을 열게 하고 그 문으로 해서 안으로 들어간 자, 바로 그자가 아버지를 죽이고 아버지의 돈을 훔친 겁니다. 하지만 그자가 누구인지 내 머리로는 생각해 낼 수가 없습니다. 그러나 그것이 적어도 드미트리 카라마조프가 아니라는 것만은 사실입니다. 내가 말할 수 있는 건 그것뿐입니다. 그러니 이젠 더 이상 날 괴롭히지 말아 주십시오……. 유형을 보내든 사형에 처하든 마음대로 하십시오. 제발 내 마음을 더 이상 자극하지 말아 주십시오. 나는 이제부터 묵비권을 행사할테니 어서 당신들의 증인이나 부르시지요!"

더 이상은 절대로 말하지 않겠다고 단단히 각오하고 있었던 것처럼 미차는 느닷없이 이런 독백을 토해냈다. 줄곧 그를 지켜보고 있던 검사는 그가 입을 다물자, 매우 냉정하고도 침착한 태도로 마치 가장 평범한 이야기라도 하는 듯이 문득 말을 꺼냈다.

"당신은 방금 '문을 열고 들어간 자'라는 말을 하셨는데, 말이 났으니 한 가지 당신에게 알려 드릴 것이 있습니다. 이것은 매우 흥미로운 일로, 당신에게나 우리에게나 아주 중대한 것입니다. 다름이 아니라, 당신에게 상처를 입은 그리고리 노인의 증언입니다. 그때 노인은 층계에 나오자 정원 쪽에서 이상한 소리가 들려와 열려 있는 샛문으로 해서 정원으로 들어가기로 결심했습니다.

노인은 정원으로 들어서자마자, 이것은 조금 전에 당신이 말한 대로 당신이 부친의 모습을 보았다는 그 열어 젖혀진 창문에서 물러나 어둠속으로 도망치는 당신을 발견하기 직전의 일입니다만, 바로 그 순간 그리고리 노인은 왼쪽을 바라보았는데 정말로 그 창문이 열려 있었다고 합니다. 그런데 그와 동시에 그 창문보다 훨씬 가까이 있는 출입문이 활짝 열려 있는 것을 보았다고 하더군요. 이것은 노인이 의식을 회복한 뒤 우리의 질문에 대해 몇번이나 분명하게 증언한 내용입니다. 당신이 정원에 있는 동안 처음부터 끝까지 굳게 닫혀 있었다고 진술한 바로 그 출입문 말입니다. 숨길 필요가 없을 것 같으므로 말씀드립니다만, 그리고리 노인이 확고하게 증언한 바에 의하면 당신은 그 문으로 해서 도망친 것이 틀림없다는 겁니다. 물론 노인은 당신이 그 출입문으로 도망치는 것을 직접 목격한 것은 아닙니다. 노인이 당신을 처음 발견한 것은, 당신이 울타리 쪽을 향해 멀리 정원 안을 달리고 있을 때였으니까요……."

미차는 말이 채 끝나기도 전에 의자에서 벌떡 일어났다.

"말도 안 돼요!" 그는 격분하여 미친듯이 소리쳤다. "새빨간 거짓말입니다! 문이 열려 있는 것을 보았을 리가 없습니다, 왜냐하면 그때 문은 분명히 닫혀 있었으니까…… 노인이 거짓말을 한 거예요!"

"직무상 다시 한번 되풀이합니다만, 노인의 증언은 확고한 것이었습니다. 애매모호한 점은 한 군데도 없었습니다. 완강하게 자기 진술을 주장하고 있습니다. 우리는 여러번 되풀이해서 다짐을 두었습니다."

"그렇습니다. 나도 몇 번이나 되풀이해서 확인했지요!"

예심판사도 흥분한 어조로 맞장구를 쳤다.

"아닙니다, 거짓말입니다! 그건 나를 모함하려는 게 아니면 미치광이의 착각일 겁니다." 미차는 계속해서 소리쳤다. "그건 상처를 입고 피를 너무 많이 흘렸기 때문에 한 헛소리일 거예요. 제정신이 들었을 때 그렇게 생각되었을 뿐일 겁니다. 그렇습니다. 그 노인은 헛소리를 한 거예요."

"알겠습니다. 그렇지만 노인이 문이 열려 있는 것을 본 건, 상처를 입었다가 깨어났을 때가 아니라 바깥채에서 정원으로 들어서자마자였습니다."

"아니오, 그건 거짓말이오, 거짓말! 그럴 리가 없습니다! 노인은 나한테 원한을 품고 나를 모함하는 겁니다……. 그걸 보았을 리가 없습니다……. 난 출입문으로 도망쳐 나온 게 아닙니다."

미차는 숨을 헐떡거리면서 말했다.
검사는 예심판사를 돌아다보고, 엄숙한 어조로 말했다.
"그걸 보여드리시오."
"이 물건을 아시겠습니까?"
판사는 크고 두꺼운 사무용 봉투를 꺼내어 테이블 위에 놓았다. 봉투에는 아직도 세 군데나 봉한 자국이 남아 있었다. 속은 비어 있고, 한쪽 끝이 찢어져 있었다. 미차는 눈이 휘둥그레져서 바라보았다.
"이건…… 이건 분명히 아버지의 봉투이군요. 3천 루블이 들어 있던…… 그렇지만 겉봉에는 받을 사람의 이름이 적혀 있을 텐데…… 잠깐만 보여주십시오. '나의 귀여운 병아리에게…… 그리고 3천 루블!' 그는 소리쳤다. "3천 루블이라고 적혀 있어요, 보이시죠?"
"물론 보입니다. 그렇지만 이미 돈은 들어 있지 않았습니다. 봉투는 속이 빈 채 병풍 뒤, 침대 옆 마룻바닥에 떨어져 있었습니다."
미차는 잠시 어리둥절한 얼굴로 멍하니 서 있었다.
"여러분, 이건 스메르자코프의 짓입니다!" 갑자기 그는 있는 힘을 다해 소리쳤다. "우리 아버지를 죽이고 돈을 훔쳐간 건 그놈입니다! 아버지가 이 봉투를 어디다 감춰 두었는지 아는 사람은 그놈밖에 없습니다.……스메르자코프의 짓입니다. 바로 그놈이에요!"
"그렇지만 당신도 그 봉투에 대해 알고 있었고, 또 베개 밑에 있다는 걸 알지 않았습니까?"
"난 전혀 몰랐습니다. 난 지금까지 그걸 한 번도 본 적이 없었어요. 지금 처음으로 그걸 본 겁니다. 난 스메르자코프한테서 얘기만 들었을 뿐입니다……. 아버지가 그걸 어디에 숨겨 두었는지 알고 있는 건 그놈 하나뿐입니다. 나는 전혀 몰랐습니다."
미차는 거의 숨이 넘어갈 지경이었다.
"하지만 당신은 바로 조금 전에, 봉투는 돌아가신 부친의 베개 밑에 있었다고 당신 입으로 말하지 않았습니까? 당신이 베개 밑에 그 봉투가 있었다고 분명히 진술한 이상, 당신도 그것을 알고 있었다고 볼 수밖에 없지 않느냔 말입니다."
"여기 조서에도 그렇게 기록되어 있습니다."

예심판사가 맞장구를 쳤다.
"그냥 한 말입니다. 당치도 않은 얘기예요! 난 그것이 베개 밑에 있는 줄은 전혀 모르고 있었습니다. 그리고 어쩌면 베개 밑에 있었던 게 아닌지도 모르잖습니까……. 나는 그저 아무렇게나 베개 밑에 있다고 지껄였을 뿐입니다……. 스메르자코프는 뭐라고 하던가요? 그놈에게도 봉투가 어디 있었느냐고 물어 보았겠지요? 그래 스메르자코프는 뭐라고 했습니까? 그게 무엇보다 중요한 일입니다……. 난 일부러 나에게 불리한 거짓말을 했던 겁니다. 나는 아무 생각 없이 베개 밑에 있다고 되는 대로 말했던 겁니다. 그런데 당신들은 지금…… 아아, 누구나 아무런 뜻도 없이 허튼 소리를 지껄이는 일이 흔히 있다는 걸 당신들도 잘 알고 있지 않습니까? 스메르자코프 말고는 그걸 알고 있는 자가 없습니다. 알고 있는 건 스메르자코프뿐이에요. 그놈은 내게도 그게 어디 있는지 가르쳐 주지 않았으니까요. 아무튼 그놈의 짓입니다, 그놈이에요. 의심할 여지도 없습니다! 그놈이 아버지를 죽인 거예요. 이건 불을 보는 것보다 명백한 사실입니다." 미차는 갈수록 흥분하여 몹시 격분하면서 두서없는 소리를 미친 듯이 되풀이하는 것이었다. "내 말을 알아들으셨으면 당장 그놈을 체포하십시오, 되도록 빨리…… 내가 도망치고 있는 동안에, 그리고리가 의식을 잃고 있는 동안에 그놈이 죽인 게 틀림없습니다. 이제 모든 것이 분명해졌습니다……. 그놈이 신호를 보내 아버지에게 문을 열게 한 겁니다. 그놈밖에는 아무도 그 신호를 아는 자가 없으니까요. 또한 신호를 하지 않으면 어느 누가 와도 아버지는 절대로 문을 열어줄 리가 없으니까요."

"그렇지만 당신은 또 하나 잊고 있는 게 있습니다." 여전히 조심스러운 태도이기는 했으나 어딘지 의기양양한 어조로 검사는 이렇게 지적했다. "만약 당신이 거기 있을 때 문이 열려 있었다면, 구태여 신호를 할 필요가 없었을 게 아닙니까?"

"출입문이라, 출입문이라,"

미차는 잠시 중얼거리더니 말없이 검사를 바라보았다. 그는 다시금 맥없이 의자에 털썩 주저앉았다. 모두 말이 없었다.

"그래, 출입문! 그건 망령이야! 하느님은 날 버리셨어!"

그는 이미 사고력을 완전히 잃은 채 멍하니 앞을 바라보며 이렇게 부르짖었다.

"바로 그겁니다, 드미트리 카라마조프 씨." 검사는 점잔 빼는 듯한 어조로 말했다. "잘 생각해 보십시오. 한편에서는, 출입문은 분명히 열려 있었고 당신이 그 문으로 도망치는 것을 보았다는 증인이…… 당신은 물론, 우리까지도 꼼짝 못하게 하는 증언이 있는가 하면, 또 한편으로는 갑자기 당신 손에 들어온 돈의 출처에 대해 당신은 이상하리만큼 완고하게, 거의 광적인 태도로 침묵을 지키고 있습니다. 그런데 당신 자신의 진술에 의하면, 그 돈이 생기기 불과 3시간 전만 해도 당신은 단돈 10루블을 마련하기 위해 권총을 저당잡혔습니다. 이러한 사정을 염두에 두고, 당신 스스로 잘 생각해 보십시오. 도대체 우린 무엇을 믿어야 하겠습니까? 우리를 당신의 고결한 마음을 믿지 못하는 '냉소적이고 남을 조롱하기를 좋아하는 인간들'이라고 비난하지 마십시오……. 우리 처지도 좀 생각해 달란 말입니다……."

미차는 상상도 할 수 없는 흥분에 사로잡혀 있었다. 그의 얼굴이 새파래졌다.

"좋습니다!" 갑자기 그는 외쳤다. "여러분에게 내 비밀을 말하겠습니다. 내가 돈을 어디서 손에 넣었는지 밝히겠습니다……. 나중에 당신들이나 나 자신을 비난하는 일이 없도록, 나의 치욕을 털어놓겠습니다……."

"그리고 우릴 믿으십시오, 카라마조프 씨." 예심판사가 자못 감동에 찬 기쁜 목소리로 말을 받았다. "특히 지금과 같은 순간에 진지하게 모두 고백을 한다면, 나중에 당신이 운명의 짐을 더는 데 커다란 영향을 미치게 될지도 모릅니다. 또한 그뿐만 아니라……."

이때 검사가 테이블 밑으로 그를 가볍게 찔렀다. 그래서 그는 적당한 데서 말을 멈출 수 있었다. 물론 미차는 그 말은 귀담아 듣고 있지도 않았다.

7 미차의 중대 비밀—조소를 받다

"여러분." 그는 여전히 흥분한 상태로 말을 시작했다. "그 돈은…… 죄다 고백하겠습니다만…… 그 돈은 내 것이었습니다."

검사와 예심판사의 얼굴에 실망의 빛이 생생하게 떠올랐다. 그들이 예상하고 있던 대답이 전혀 아니었기 때문이다.

"어째서 당신 돈이란 말입니까?" 넬류도프 예심판사가 혀가 꼬이는 목소리로 물었다. "같은 날 5시쯤에는, 당신 자신의 진술에 의하면……."

"빌어먹을, 같은 날 5시니 내 진술이니 하는 말은 꺼내지도 마십시오! 그런 건 지금 이 문제와는 아무 상관이 없습니다. 내 돈이었단 말입니다. 아니, 내가 훔친 돈입니다……. 내 돈이 아니라 훔친 돈, 내가 훔친 돈이었어요. 모두 1천5백 루블이였습니다. 난 그걸 언제나 몸에 지니고 있었지요. 언제나, 언제나 말입니다……."

"그럼, 당신은 그 돈을 어디서 훔쳤습니까?"

"내 목에서요, 여러분, 바로 이 목에서 꺼냈습니다. 그 돈은 이렇게……그 돈을 헝겊조각에 꿰매넣고 이렇게 목에 걸고 있었습니다. 난 한 달 전부터 그걸 목에 걸고 다녔지요……. 한달동안 이 오욕과 치욕을 목에 걸고 다녔단 말입니다!"

"그럼 당신은 누구한테서 그 돈을…… 손에 넣었나요?"

"당신은 누구의 돈을 '훔쳤느냐'고 말하고 싶었겠지요? 좀더 솔직하게 말하십시오. 사실 그 돈은 훔친 것이나 다름없다고 나는 생각합니다. 하지만 말하기에 따라서는 '손에 넣었다'고 할 수도 있습니다. 그러나 내 생각으로는 '훔쳤다'고 하는 것이 좋을 것 같군요. 나는 어제 저녁, 이번에야 말로 정말 훔치고 말았습니다."

"어제 저녁에요? 당신은 방금, 그 돈을 손에 넣은 건 한 달 전이라고 하지 않았습니까?"

"네, 그렇지만, 아버지한테서 훔친 것은 절대로 아닙니다. 아버지의 돈이 아니에요. 염려마십시오. 아버지한테서 훔친 것이 아니라, 그 여자의 것입니다. 제발 내 말을 막지 말고 끝까지 들어 주십시오. 정말이지, 나에게는 괴로운 일이니까요. 실은 한 달 전에 내 약혼자인 카체리나 베르호프체바가 나를 불렀습니다. 당신들도 그 여자를 아시지요?"

"물론, 알지요."

"알고 계실 줄 알았습니다. 그 여자는 고결한 여자입니다. 고결한 여자 중에서도 가장 고결한 여자입니다만 벌써 오래 전부터 날 미워하고 있었지요. 그렇습니다. 벌써 오래 전부터입니다……. 하긴 나를 미워할 만한 이유가 있었지요, 당연한 이유가 말입니다."

"카체리나 씨가요? 판사는 깜짝 놀라서 외쳤다. 이 말에 검사도 역시 눈이 휘둥그레졌다.

"아아, 그 여자의 이름을 함부로 부르지 마십시오! 내가 이런 일에 그 여자의 이름을 끌어넣는 건 비열하기 이를 데 없는 짓입니다. 그러나 난 그 여자가 날 미워하고 있다는 것을 알았습니다……. 벌써 오래 전부터……처음부터…… 내 하숙에 처음으로 찾아왔을 때부터…… 아니, 이런 얘긴 그만둡시다. 당신들은 알 필요가 없는 것이니까요. 이런 얘기는 전혀 할 필요가 없습니다……. 다만, 약 한 달 전에 그 여자가 나를 불러 3천 루블을 내주면서, 그것을 모스크바에 있는 자기 언니와 또 한 사람의 친척에게 보내 달라고 했다는 얘기면 충분합니다. 마치 자기는 그걸 보낼 수가 없다는 듯이 말입니다! 그런데 나는…… 그것이 바로 내 일생의 운명적인 순간이었습니다만 그때 나는…… 나는 다른 여자를 사랑하기 시작했던 겁니다. 그 여자가 바로 지금 아래층에 앉아 있는 그루센카입니다……. 그래서 나는 그루센카를 데리고 이 모크로예로 와서, 이틀 동안 그 저주받을 3천 루블의 절반, 즉 1천5백 루블을 탕진해 버렸습니다. 그리고 나머지 절반은 그대로 남겨 두었지요. 나는 그 나머지 1천5백 루블을 언제나 향주머니처럼 목에 걸고 다니다가 드디어 어제 그걸 끌러서 써버렸습니다. 니콜라이 넬류도프씨, 지금 당신 손에 있는 그 800루블은 1천5백 루블에서 남은 돈입니다."

"실례지만, 당신이 그때, 한 달 전에 여기서 쓴 돈은 3천 루블이지 1천5백 루블이 아니지 않습니까? 그건 누구나 다 알고 있는 사실입니다."

"누가 그걸 안단 말입니까? 누가 그걸 계산해 봤습니까? 그래, 내가 누구한테 계산시켜 보기라도 했단 말입니까?"

"실례지만, 당신 자신의 입으로 모두에게 그렇게 말했습니다, 그때 꼭 3천 루블을 썼다고 말입니다."

"사실입니다, 내가 그랬지요. 온 읍내를 돌아다니며 그렇게 지껄였습니다. 그래서 읍내의 모든 사람도 그렇게 말했고 또 그렇게 생각하고 있습니다. 여기 모크로예에서도 모두들 3천 루블이라고 생각하고 있습니다. 그러나 내가 실제로 쓴 돈은 3천 루블이 아니라 1천5백 루블입니다. 그리고 나머지 1천5백 루블은 헝겊에 싸서 꿰매두었지요. 일이 그렇게 된 겁니다. 여러분, 이제 내가 어제 쓴 돈의 출처를 아셨겠지요?"

"이건 거의 기적과도 같은 얘기로군……."

예심판사가 응얼거렸다.

"그렇다면 한 가지 더 묻겠는데요," 마침내 검사가 입을 열었다. "당신은 전에 이 사실을…… 즉 1천5백 루블이 남아 있다는 말을 그때, 한 달 전에 누구에겐가 한 적이 있습니까?

"아무에게도 말하지 않았습니다."

"이상하군요. 그래 정말로 아무에게도 얘기한 적이 없단 말이지요?"

"정말 아무에게도 말하지 않았습니다. 누구에게도 말하지 않았어요."

"그럼 왜, 무엇 때문에 침묵을 지키고 있었나요? 무슨 이유로 그렇게까지 비밀에 붙여 두었습니까? 즘더 정확하게 설명한다면, 당신은 결국 우리에게 당신의 그 비밀은 당신의 표현에 의하면 몹시 '치욕적'인 것이라고 하셨지만 실제로는—물론 상대적인 얘기입니다만—그 행위는, 즉 남의 돈을 3천 루블 착복한, 그것도 단지 일시적으로 착복한 행위는, 나의 견해로 보면, 최소한 단지 지각없는 행위에 불과할 뿐, 당신의 성격을 염두에 둘 때, 그것은 결코 그렇게까지 굴욕적인 행위는 아닙니다……. 물론 정말 한심한 행위라는 데는 나도 동의하는 바입니다만, 한심한 행위일 뿐이지, 그렇게 수치스러운 행위는 아닙니다. 요컨대 내 말은, 당신이 써버린 그 3천 루블이라는 돈이 카체리나 양에게서 나왔다는 것은 이미 지난 한 달 동안 많은 사람들이 짐작하고 있던 일이었으니만큼, 당신이 실토하기 전에 나도 이미 그 소문을 듣고 있었습니다……. 예를 들면, 경찰서장 마카로프 씨도 이미 그런 말을 들었다고 합니다.

그래서 나중에는 거의 소문이라기보다 온 읍내의 가십거리가 되었지요. 뿐만 아니라 당신 자신이(나의 착오가 아니라면) 이 사실을, 즉 그 돈이 카체리나 양에게서 나왔다는 것을 어떤 사람에게 말한 증거가 있습니다. 그러므로 당신이 지금까지, 이 순간까지 따로 남겨 두었다는 그 1천5백 루블을 무슨 대단한 비밀이라도 되는 것처럼 말씀하셨을 뿐만 아니라 일종의 공포심까지 결부시킨 것은 정말 놀라지 않을 수 없습니다. 그런 비밀의 고백이 당신에게 그렇게 고통을 주는 것이리라고는 도저히 믿을 수가 없군요. 당신은 아까 그것을 고백할 바에는 차라리 시베리아로 가는 편이 낫다고 그렇게 외쳤지요?"

검사는 거기서 말을 멈췄다. 그는 흥분으로 이글이글 타오르고 있었다. 거의 증오에 가까운 분노를 숨기려하지도 않고, 가슴속의 울분을 죄다 토해 버렸다.

"치욕은 그 1천5백 루블에 있는 것이 아니라, 그 1천5백 루블을 따로 떼어 두었다는 데 있는 것입니다."

미차는 확고한 어조로 말했다.

"어째섭니까?" 검사는 신경질적으로 웃었다. "이미 당신이 비난받을 만한 방법으로—그러나 당신이 원한다면 수치스런 방법이라고 해둡시다—수치스런 방법으로 착복한 3천 루블에서 당신 자신이 절반을 따로 떼어 둔 게 어째서 수치스런 일이라는 것입니까? 가장 중요한 문제는 당신이 3천 루블을 착복한 데 있는 것이지, 그것을 어떻게 썼느냐 하는 데 있는 것이 아닙니다. 말이 나왔으니 말입니다만, 당신은 왜 그런 식으로 돈을 처분했습니까? 왜 그 절반을 따로 떼어 두었느냔 말입니다. 무엇 때문에 무슨 목적으로 그랬는지, 그걸 설명해 주실 수 없습니까?"

"아아, 여러분, 바로 그 목적에 모든 것이 들어 있습니다." 미차는 소리쳤다. "난 비열한 동기에서 그 돈을 따로 떼어 두었습니다. 즉 계산하고 있었던 겁니다. 이런 경우 계산한다는 것 자체가 비열한 행위이니까요……. 더욱이 이 비열한 행동은 한 달 동안이나 계속되었지요!"

"이해할 수가 없군요."

"참 어이가 없군! 하지만 한 번 더 설명해 드리지요. 혹시 정말로 이해가 안 되었는지도 모르니까요. 자, 잘 들어 주십시오. 만약에 내가, 나의 결백함을 믿고 맡긴 3천 루블을 몽땅 써버렸다고 합시다. 그리고 다음날 아침 그 여자에게 가서 '카차, 미안하오, 난 당신이 맡긴 3천 루블을 죄다 써버리고 말았소' 말했다고 합시다. 어떻습니까, 이렇게 하는 것은 잘하는 일일까요? 아니 좋지 않습니다. 그건 수치스럽고 비열한 행위지요. 짐승과도 같은 짓입니다. 짐승만큼이나 자기를 억제할 줄 모르는 인간입니다. 그렇잖습니까? 그렇지만, 도둑놈은 아니잖습니까? 진짜 도둑이라곤 할 수 없단 말입니다! 그렇잖아요? 남의 돈을 써버리긴 했지만 훔친 것은 아니니까요!

그런데 여기에 제2의 방법, 더 멋진 방법이 있습니다. 잘 들어 주십시오. 그렇지 않으면 틀림없이 또 뒤죽박죽이 되어 버릴테니까요. 어쩐 일인지 머리가 빙글빙글 도는 것 같군요. 그 제2의 방법이란 이런 겁니다. 그 3천 루블 중에서 절반, 즉 1천5백 루블만 쓴단 말입니다. 그러곤 다음날 그 여자에게 가서 나머지 돈을 내놓으며 이렇게 말하는 겁니다. '카체리나, 나에게서 이 비열하고 더러운 악당에게서, 이 1천5백 루블만이라도 받아 줘요. 나머지 절반은 다 써버렸고 또 어차피 이 돈마저 낭비해버리고 말 테니까, 제발 내가 더 이상 죄를 짓지 않도록 지켜 주오!' 어떻습니까, 이 경우는? 짐승이라해도 좋고 악당이라고 불러도 좋습니다. 그렇지만 도둑놈은 아닙니다. 엄격하게 말해 도둑은 아닌 겁니다. 만약에 진짜 도둑이라면 나머지 절반을 돌려주지 않고 그것까지 착복해 버렸을 테니까요. 그런데 내가 절반을 돌려준다면 그 여자는 나머지 절반, 즉 내가 써버린 절반도 꼭 가져올 것이라고 믿을 게 아닙니까. 어떻게든 돈을 마련하기 위해 평생을 걸려서라도 열심히 일하여 언젠가는 반드시 돌려줄 것이라고 생각할거란 말입니다. 그러니 난 비열한 인간이긴 하지만, 도둑놈은 아니란 말입니다. 누가 뭐라해도 도둑놈은 아니란 말입니다!"

"얼마 쯤 차이야 있겠지요." 검사는 싸늘하게 웃었다. "그렇지만 당신이 거기에 그처럼 결정적인 차이를 인정한다는 건 아무래도 이해가 안 가는데요."

"네, 나는 결정적인 차이를 인정합니다. 누구든지 비열한 인간이 될 수는 있습니다. 아니, 어쩌면 모두가 다 비열한 인간인지도 모릅니다. 그렇지만 누구나 다 도둑이 될 수는 없습니다. 비열한 인간 중에서도 비열한 인간이라야만 될 수 있는 겁니다. 아아, 이런 미묘한 차이를 어떻게 설명해야 좋을지 모르겠군요······.

아무튼 도둑은 보통 비열한 인간보다 몇 배나 더 비열합니다. 이건 내 신념입니다. 아시겠어요? 난 한 달 동안이나 그 돈을 몸에 지니고 다녔습니다. 결심만 한다면 내일이라도 그 돈을 돌려줄 수가 있었습니다. 그렇게만 하면 난 이미 비열한 놈이 아닙니다. 그러나 난 끝내 그것을 결행할 수가 없었습니다. 마음속으로는 매일같이 '결행해라, 어서 빨리 결행해라, 이 비열한 놈아.' 나 자신에게 재촉하면서도, 한 달 동안이나 미루어 왔단 말입니다. 어떻습니까, 이건 당신들이 볼 때 잘한 일인 것 같습니까?"

"그다지 잘한 일은 아니라 하더라도, 그 심정만은 충분히 이해할 수 있습니다. 그점에 대해서는 나도 이의가 없습니다." 검사는 신중하게 대답했다. "그러면 그런 미묘한 차이에 관한 토론은 다음으로 미루고, 본래의 문제로 다시 돌아가는 것이 어떻겠습니까? 본래의 문제란 다름이 아니라, 왜 당신은 처음에 그 3천 루블을 둘로 나누었는가, 다시 말해 왜 반만 쓰고 반은 따로 떼어 두었는가 하는 점입니다. 아까 당신에게 물었지만, 아직 설명하지 않았으므로 다시 묻는 겁니다. 대체 무슨 목적으로 따로 떼어 두었나요? 그 나머지 1천5백 루블은 어디에 쓸 작정이었습니까? 드미트리 카라마조프 씨, 그걸 꼭 설명해 주셔야겠습니다."

"아, 물론이지요!" 미차는 자기 이마를 탁 치며 이렇게 외쳤다. "용서하십시오, 당신들을 괴롭히기만 하고 가장 중요한 점을 설명하지 않았군요. 그것만 설명했더라면 당신들도 당장 이해했을 텐데요. 내가 말하는 치욕은 바로 그 목적에 숨어 있으니 말입니다! 당신들도 아다시피, 그 노인 때문에, 죽은 우리 아버지 때문에 그루센카는 늘 동요하고 있었습니다. 그래서 난 그것을 몹시 질투했지요. 그때 나는 그 여자가 나와 아버지 사이에서 어느 쪽을 선택할지 망설인다고 생각했습니다. 또한 날마다 이런 생각도 했지요. 만약에 그녀가 갑자기 결심을 하게 되면 어떡하나, 나를 더 이상 괴롭히지 않기로 마음을 정하고 '난 당신을 사랑해, 그 노인을 사랑하는 게 아니에요. 그러니 어서 날 세상 끝으로 데려가줘요'라고 말한다면 어떻게 하나? 지금 난 20코페이카짜리 은화 두 개밖엔 가진 것이 없다, 그런 내가 무슨 수로 여자를 데리고 갈 수 있단 말인가? 그땐 모든 것이 파멸이다! 그 당시만 해도 난 그녀를 잘 모르고 있었습니다. 이해하지 못하고 있었습니다. 그래서 난, 그 여자는 돈 없이는 살 수 없을 테니까 내 가난을 용서하지 않을 것이라고 생각했습니다. 그래서 나는 비열하게도 3천 루블 중에서 절반을 떼어 냉정하게 바늘로 꿰맸습니다. 그런 계산을 하면서 꿰매고 있었지요. 한바탕 파티를 벌이러 가기 전에 그렇게 꿰매 두고 나머지 절반으로 술을 마시러 떠났던 겁니다! 이런 비열한 짓이 또 어디 있겠습니까! 자, 이젠 이해가 되셨지요?"

검사는 껄껄 소리내어 웃었다. 예심판사도 따라서 웃음을 터뜨렸다.

"내 생각으로는 당신이 자신을 억제하고서 죄다 낭비하지 않았던 것은 오히려 현명하고도 도덕적인 처사였다고 보는데요?" 예심판사는 킬킬거리며 웃었다. "그걸 가지고 그토록 큰 잘못이라고 생각할 필요는 없지 않겠습니까?"

"그렇지만, 훔친 것이 되지 않습니까! 아아, 당신들은 정말 답답할 정도로 이해를 못하시는군요! 나는 그 1천5백 루블을 꿰매넣은 주머니를 목에 걸고 다니는 동안 매일같이, 아니 매시간마다 나 자신을 향해 '너는 도둑이다! 너는 도둑이다!' 말했습니다. 내가 지난 한 달 동안 난폭한 짓만 하고 다닌 것도, 술집에서 싸움을 한 것도, 아버지를 때린 것도 바로 여기에 이유가 있었습니다. 나는 도둑놈이라는 생각이 한시도 떠나지 않았기 때문이지요!

나는 동생 알료샤에게까지 그 1천5백 루블에 대해서만은 감히 고백할 수가 없었고, 그럴 용기가 나지 않았습니다. 그렇게까지 나 자신을 비열한 사기꾼으로 생각하고 있었던 겁니다. 그런데 말입니다, 난 그걸 몸에 지니고 다니면서도 그와 동시에 매일같이, 매시간마다 나 자신에게 '아니다, 드미트리, 넌 아직 도둑이 아닐지도 모른다.' 이렇게 말하곤 했습니다. 왜 그랬느냐구요? 난 내일이라도 카체리나한테 가서 그 1천5백 루블을 돌려 줄 수 있다고 생각했기 때문입니다. 그런데 바로 어제 페냐한테서 페르호친의 집으로 가는 도중에 마침내 그 주머니를 목에서 끌르기로 결심했습니다. 그때까지는 도저히 엄두를 내지 못했지만, 마침내 그 주머니를 끌러 내린 그 순간, 난 진짜 도둑이 되고 말았습니다. 영원히 돌이킬수 없는, 뭐라고 변명할 여지도 없는 진짜 도둑이 되어 버렸지요. 평생 동안 잊을 수 없는 파렴치한 인간이 되어 버린 것입니다. 왜냐구요? 난 내가 그 주머니를 열어 버리는 것과 동시에 카체리나한테 가서 난 비열한 놈이긴 하지만 도둑은 아니라고 말하려던 꿈을 짓밟아 버리고 말았으니까요. 이제 아시겠습니까? 이젠 이해가 갑니까?"

"하필이면 어젯밤에 당신이 그런 결심을 하게 된 이유는 무엇인가요?"

예심판사가 말을 가로막았다.

"왜냐구요? 당연하지 않습니까! 나는 오늘 아침 5시, 동이 틀 무렵 여기서 죽어 버리기로 나 자신에게 선언했으니까요. 비열한 인간으로 죽든 고결한 인간으로 죽든, 죽는 건 매한가지 아니냐고 생각했기 때문입니다. 그런데, 지금은 그게 그렇지가 않다, 매한가지일 수가 없다는 것을 알게 되었습니다! 여러분, 믿어 주십시오. 어제 밤새도록 날 괴롭힌 것은 내가 늙은 하인을 죽였다는 사실도 아니고, 바로 내 사랑이 이루어져 다시금 눈앞이 환해진 그 순간에 그것 때문에 시베리아로 유형을 갈지도 모른다는 두려움 때문도 아니었습니다. 물론 그것도 날 괴롭히긴 했지만 그리 대단한 건 아니었습니다. 드디어 그 저주스러운 돈을 목에서 끌러 내어 죄다 써버리고 말았으니, 나는 이제 오갈 데 없는 진짜 도둑이 되었구나 하는 견딜 수 없는 자각에 비하면 아무것도 아니었습니다! 아아, 여러분, 진심으로 다시금 되풀이해 말씀드립니다만, 나는 지난 하룻밤 사이에 참으로 많은 것을 배웠습니다. 사람이란 비열한 인간으로는 살아갈 수 없을 뿐더러, 비열한 인간으로 죽는 것 역시 불가능하다는 것을…… 아아, 여러분, 인간이란 죽을 때도 성실하게 죽어야만 합니다!"

미챠는 얼굴이 창백해져 있었다. 극도로 흥분해 있었음에도 얼굴에는 초조와 피로의 빛이 서려 있었다.

"카라마조프 씨, 당신의 심정을 조금은 알 수 있을 것 같습니다," 검사는 동정어린 부드러운 음성으로 차근차근 말했다. "그렇지만 내가 보기엔, 이렇게 말하는 것을 용서하십시오. 그것은 신경과민인 것 같습니다…… 병적인 신경이라고 할까요. 틀림없이 그럴 겁니다. 이를테면 말입니다, 거의 한 달 동안에 걸친 그처럼 격심한 고통에서 벗어나기 위해 왜 당신에게 돈을 맡겼던 아가씨에게 가서 그 1천5백 루블을 돌려주지 않았을까요? 당신 자신의 말대로 당신의 처지가 그렇게까지 비참한 것이었다면, 어째서 그 아가씨와 잘 의논하여 누구나 자연스럽게 생각해 낼 수 있는 그런 방법을 강구하지 않았을까요? 다시 말해서 그 아가씨에게 자신의 과오를 솔직이 고백하고 나서 필요한 돈을 빌려달라고 요청하지 못했느냔 말입니다. 만약 당신의 곤란한 형편을 안다면 그 아가씨도 관대한 마음을 베풀어 당신의 요구를 절대로 거절하지 않았을 겁니다. 무슨 증서 같은 걸 써주거나, 아니면 상인 삼소노프나 호흘라코바 부인에게 제공하려했던 담보를 제공할 수도 있었지 않습니까. 내가 보기엔, 당신은 지금도 그 담보물을 가치 있는 것으로 생각하는 것 같은데요."

미챠는 별안간 얼굴을 확 붉혔다.

"그럼 당신은 나를 그렇게까지, 그렇게까지 비열한 놈으로 생각하고 있단 말입니까? 설마 당신은 그걸 진심으로 말하고 있는 건 아니겠지요?"

그는 검사를 정면으로 응시하며, 믿을 수 없다는 듯이 격분한 어조로 말했다.

"물론이죠, 농담으로 하는 말이 아닙니다……. 어째서 당신은 내가 농담을 하고 있다고 생각하는 겁니까?"

오히려 검사가 깜짝 놀랐다.

"아아, 그런 비열한 짓이 또 어디 있겠습니까! 여러분, 당신들은 자신들이 지금 날 괴롭히고 있다는 걸 모르고 있습니다! 하는 수 없군요, 모든 걸 죄다 얘기하는 수밖에. 이렇게 된 이상 내 마음속의 지옥을 당신들에게 속속들이 털어 보이겠습니다. 그렇지만 이건 당신들에게 스스로 수치를 느끼게 하기 위해서지요. 인간의 감정이 시키는 수법이 얼마나 비열할 수 있는지 알게 되면 아마 당신들도 깜짝 놀랄 겁니다. 실은 나도 이미, 방금 당신이 말한 그런 계획을 세워 본 적이 있었어요! 여러분, 나도 역시 이 저주받을 지난 한 달 동안 마음속에 줄곧 그런 생각을 품고 있었습니다. 그래서 하마터면 카체리나를 찾아가려고 결심할 뻔했지요. 난 그렇게까지 비열한 놈이 되어 버렸던 겁니다! 그렇지만 그 여자에게 가서 나의 변심을 고백하고, 그 변심을 위해, 그 변심을 실행에 옮기기 위해, 변심을 실행에 옮기는 데 필요한 비용으로 그 여자한테, 카체리나한테 돈을 구걸해가지고—그건 구걸하는 겁니다. 아시겠어요? 구걸이에요!—다른 여자와 함께, 그 여자의 경쟁자와 함께, 그 여자를 미워하고 그 여자를 모욕한 바로 그 계집과 함께 달아난다, 도대체 어떻게 그런 것을 생각할 수가 있겠습니까. 여보세요, 검사님, 아무래도 당신 머리가 어떻게 된 것 아닙니까?"

"머리가 어떻게 된 건지는 잘 모르겠지만 그만 감정이 격해져서…… 여자의 질투심에 대해선 미처 생각지 못했군요. 만약 당신 말처럼…… 거기에 정말로 질투가 끼어들어 있다면 말입니다……. 그렇겠죠, 거기엔 아마도 그와 비슷한 뭔가가 있을 겁니다……."

검사는 히죽 웃었다.

"그건 어쨌든 파렴치하기 이를 데 없는 짓입니다!" 미차는 주먹으로 테이블을 쾅 내리쳤다. "그건 뭐라 형용할 수 없을 만큼 추악한 짓입니다! 하긴 그 여자는 내게 돈을 주었을지도 모릅니다. 아니, 틀림없이 주었을 거예요. 나에 대한 복수심에서, 자기의 복수심을 만족시키기 위해서, 나에 대한 경멸을 표시하기 위해서 주었을 겁니다. 왜냐하면 그 여자 역시 영혼에 악마가 살고 있고, 무서운 분노를 간직한 여자니까요! 그리고 나 또한 그 돈을 받았을 겁니다. 암, 받고말고, 틀림없이 받았을 겁니다. 그러나 그 대신 일생 동안…… 아아, 나는 구원받지 못할 겁니다. 여러분, 미안합니다, 지금 내가 이렇게 소리친 것은 바로 얼마 전까지 내가 그런 생각을 품고 있었기 때문입니다. 겨우 이틀 전의 일이에요. 그러니까 바로 내가 랴가브이를 상대로 고군분투하고 있었을 땝니다. 그리고 어제, 그렇습니다, 어제도 그랬습니다. 지금도 기억하고 있지만, 그 사건이 일어나기 바로 직전까지……."

"무슨 사건 말입니까?"

예심판사가 호기심어린 어조로 말했다. 그러나 미차의 귀에는 들리지 않았다.

"나는 당신들에게 무서운 고백을 했습니다." 미차는 침울한 얼굴로 이렇게 말을 맺었다. "그러니 당신들은 그 고백을 인정해 주십시오. 아니, 그것만으로는 부족합니다. 인정하는 것만으론 부족해요. 인정이 아니라 존중해 주어야 합니다. 만약에 그럴 수 없다면, 그 고백에도 당신들의 마음이 감동을 받지 않는다면, 그건 곧 당신들이 버려지만도 못하게 생각하고 있는 것입니다. 내가 말하는 것은 바로 그점입니다. 나는 당신들 같은 사람에게 그것을 고백한 것이 부끄러워 죽어 버릴 것만 같습니다. 그래요, 탕! 하고 한방 쏘는 겁니다. 나는 잘 알고 있습니다. 당신들은 내 말을 믿고 있지 않다는 것을! 아니, 여보세요, 당신들은 이런 것까지도 기록하려는 겁니까?" 그는 아연실색하여 소리쳤다.

"그렇습니다. 당신이 방금 한 말을 말이에요." 오히려 이해할 수 없다는 듯이 넬류도프 예심판사는 그를 바라보았다. "즉 당신은 마지막 순간까지 카체리나 양한테 가서 그 돈을 구걸할 생각을 하고 있었다고 말입니다……. 솔직히 말해서, 이 말은 우리에겐 매우 중요한 진술입니다, 카라마조프 씨. 사건 전체를 위해, 그리고 특히 당신을 위해, 당신 자신을 위해 매우 중요한 진술입니다."

"여러분, 제발 그러지 마십시오." 그는 손뼉을 탁 쳤다. "제발 그것만은 기록하지 마십시오. 부끄럽지도 않습니까? 난 당신들 앞에서 내 가슴 한가운데를 둘로 갈라 보였습니다. 그런데 당신들은 얼씨구나 좋다 하고 그 틈새에 손가락을 넣어 쑤시는 격입니다…… 아아, 세상에 이럴 수가 있습니까!"

그는 절망한 나머지 두 손으로 얼굴을 감쌌다.

"너무 걱정 마십시오, 카라마조프 씨." 검사가 말했다. "지금 기록한 것은 나중에 모두 당신에게 읽어 드리겠습니다. 만일 동의하지 않는 점이 있다면 그때 당신 말대로 수정하겠습니다. 그런데 벌써 세 번째 묻습니다만, 한 가지 더 되풀이해서 물어 볼 말이 있습니다. 다름 아니라, 당신이 그 돈을 향주머니에 꿰매 넣었다는 얘기를 당신한테서 들은 사람은 없습니까? 정말 아무도 없나요? 솔직히 말씀드려서 아무래도 그건 도저히 믿을 수가 없군요."

"아무도 없습니다. 아무에게도 말하지 않았다고 아까도 말하지 않았습니까! 당신들은 내가 하는 말을 전혀 알아듣지 못하는군요! 더 이상 귀찮게 묻지 마십시오!"

"좋습니다. 그렇지만 이 문제만은 꼭 설명해 주셔야겠습니다. 아직도 시간은 얼마든지 있으니까, 그동안 잘 생각해 보십시오. 그때 3천 루블을 썼다고 퍼뜨리고 다닌 것은 당신 자신입니다. 사실 당신은 가는 데마다 그렇게 떠들고 다니지 않았습니까. 여기에 대한 증인이 몇십 명은 될 겁니다. 당신은 3천 루블이라고 했지 1천5백 루블이라고는 하지 않았습니다. 그리고 어제 또 돈이 생겼을 때도, 3천 루블을 가져왔다고 여러 사람에게 떠들지 않았느냐 말입니다……."

"몇십 명이 아니라 몇백 명은 되겠지요. 그런 말은 들은 사람이 2백 명은 될 거예요. 아니 1천 명은 될 겁니다!"

미챠가 외쳤다.

"거 보십시오, 그럴 겁니다. 모두 그렇게 증명하고 있어요. 그렇다면 이 '모두'라는 말은 나름대로 어떤 의미를 가지게 되는 것이 아닐까요?"

"아무런 의미도 없습니다. 내가 허튼 소리를 하니까, 모두 그 말을 되풀이했을 뿐이지요."

"그렇지만 무엇 때문에—당신의 표현을 빌린다면—허튼 소리를 해야 할 필요가 있었습니까?"

"그건 나도 모릅니다. 아마도 자랑삼아 그랬겠지요……. 그러니까…… 나는 이렇게 많은 돈을 뿌렸다고 말입니다……. 아니면 내가 따로 꿰매어 둔 돈에 대해 잊어버리려고…… 그렇지, 분명히 그 때문이었을 겁니다……. 빌어먹을…… 도대체 당신들은 몇 번씩이나 묻는 거요? 나는 단지 허튼 소리를 했을 뿐입니다. 한번 허튼 소리를 하고 나니까, 그걸 새삼스레 정정하고 싶지 않았을 따름이지요. 인간이란 때로는 아무런 동기도 없이 거짓말을 하는 수가 있지 않습니까?"

"카라마조프 씨, 인간이 어떤 동기에서 거짓말을 하게 되는지 그걸 해명하기란 쉬운 일이 아닙니다," 검사는 타이르듯이 말했다. "그보다도 당신이 목에 걸고 다니던 그 향주머니는 큰 것이었습니까?"

"별로 크지 않았습니다."

"어느 정도의 크기였나요?"

"1백 루블짜리 지폐를 반으로 접은 정도의 크기였습니다."

"그럼 그걸 보여줄 수 없을까요? 어딘가에 그걸 가지고 있을 테니까요."

"제기랄…… 그게 어디 있는지 내가 알 게 뭡니까?"

"그렇다면, 언제 어디서 그걸 목에서 끌렀습니까? 당신의 진술에 의하면, 당신은 집에 들르지 않았다고 하지 않았습니까?"

"페냐한테서 나와 페르호친의 집으로 가는 도중에 그걸 목에서 끌러 돈을 꺼냈습니다."

"어둠 속에서요?"

"무엇 때문에 불빛이 필요합니까? 나는 손가락만으로도 순식간에 해치울 수 있는데."

"가위도 없이 길거리에서 말입니까?"

"아마도 광장에서였을 겁니다. 가위는 써서 뭐합니까. 낡아빠진 헝겊이어서 금세 찢어지더군요."

"그래서 그 헝겊은 어떻게 했습니까?"

"그 자리에서 버렸습니다."

"정확하게 말해서 그게 어디지요?"

"광장이라고 하지 않았소. 광장 근처 말이오! 광장 어디쯤이었는지는 그걸 어떻게 압니까? 대체 당신들은 그건 알아 뭐 하려는 거죠?"

"카라마조프 씨, 그건 매우 중요한 일입니다. 당신에게 유리한 물적 증거니까요. 그 점을 왜 이해하지 못하십니까. 한 달 전에 그걸 꿰매 넣을 때 도와 준 사람은 누굽니까?"

"아무도 도와 준 사람이 없습니다. 나 혼자서 했으니까요."

"당신은 바느질을 할 줄 압니까?

"군인은 바느질을 할 줄 알아야 합니다. 그렇지만 그걸 꿰매는 데 바느질을 할 줄 알고 뭐고 할 게 있습니까?"

"그럼 그 재료는, 즉 그 돈을 꿰매 넣은 헝겊은 어디서 구했습니까?"

"설마 당신은 나를 조롱하고 있는 건 아니겠지요?"

"천만에요. 내가 지금 누굴 조롱하고 있을 여유가 있습니까, 카라마조프씨."

"어디서 그 헝겊을 구했는지 기억이 나지 않습니다. 어디선가 생겼겠지요."

"그런 것까지 잊어버리진 않으셨을 텐데요."

"정말 기억이 나지 않습니다. 아마도 속옷 같은 데서 찢어 냈겠지요."

"거참 흥미로운 일이군요. 내일 당신 하숙집으로 가서 그 물건을 찾아보기로 합시다. 귀퉁이를 찢어 낸 셔츠 같은 게 나올지도 모르니까요. 그 헝겊은 어떤 천이었나요? 두꺼운 것이었습니까, 얇은 것이었습니까?"

"어떤 천이었는지 알 게 뭡니까. 아니, 잠깐만! 그 헝겊은 어디서 찢어 낸 것이 아닙니다. 그건 옥양목 조각이었어요……. 하숙집 안주인의 모자로 꿰맸던 것 같습니다."

"하숙집 안주인의 모자라구요?"

"그렇습니다, 안주인의 방에서 실례한 것입니다."

"훔쳤단 말인가?"

"사실은, 언젠가 걸레가 필요해서 모자를 하나 가져왔습니다. 아마 펜을 닦으려고 그랬던 것 같군요. 아무튼 물어 보지도 않고 집어왔습니다. 아무짝에도 쓸모없는 누더기였으니까요. 그런데 마침 그 1천5백 루블을 건사하는 문제가 생겼기 때문에 거기다 꿰매 넣었던 겁니다. 천 번이나 빨아서 낡아빠진 옥양목 조각이었지요."

"그건 확실히 기억이 난단 말이지요?"

"확실한 지는 잘 모르겠지만, 아무튼 모자였던 것 같습니다. 하지만 그게 뭐 어떻단 말입니까?"

"그렇다면 적어도 안주인은 그런 물건이 없어진 것을 기억할 수 있겠군요?"

"아니, 기억 못할 겁니다. 안주인은 그런건 찾지도 않았으니까요. 아까도 말했지만, 더 쓸래야 쓸 수 없는 낡아빠진 누더기였거든요."

"그럼 바늘과 실은 어디서 났습니까?"

"그만두겠습니다. 더 이상 대답하고 싶지않습니다. 제발 그 얘긴 이제 그만 집어치웁시다!"

마침내 미차는 화가 치밀어올라 이렇게 소리쳤다.

"그렇지만 당신이 광장 어디쯤에 그 헝겊조각을 내버렸는지 전혀 기억이 없다는 것은 아무래도 좀 이상하군요."

"그럼 내일이라도 그 광장을 죄다 청소하게끔 명령해 보시지요. 그러면 혹시 그게 발견될지도 모르니까요." 미차는 히죽 웃었다. "그만 합시다, 여러분. 그 얘긴 그만집어치워요." 그는 기진맥진한 목소리로 딱 잘라 말했다. "당신들이 내 말을 믿지 않는다는 건 나도 잘 압니다! 당신들은 정말 털끝만큼도 믿지 않는군요! 그렇지만 그건 내 잘못이지, 당신들의 잘못이 아닙니다. 공연히 그렇게 지껄일 필요가 없었던 거예요. 무엇 때문에 내 비밀을 당신들에게 털어놓고 내가 왜 자기혐오에 빠져야 하는지 알 수가 없군요! 당신들에겐 모든 게 우습게만 들릴 겁니다. 그 눈만 보아도 알 수 있어요. 검사님, 난 결국 당신의 수단에 넘어간 겁니다! 어서 승리의 찬가를 불러 보시지요, 그렇게 하고 싶다면…… 당신들은 영원히 저주받을 고문자들이오!"
 그는 고개를 숙이고 두 손으로 얼굴을 감쌌다. 검사와 예심판사는 말이 없었다. 잠시 뒤 미차는 고개를 쳐들고 멍하니 그들을 바라보았다. 그의 얼굴에는 돌이킬 수 없는 극도의 절망이 서려 있었다. 그는 입을 다문 채 무슨 일이 일어나고 있는지 아무것도 의식하지 못하는 사람처럼 의자에 앉아 있었다.
 그러나 일은 끝내야만 했다. 즉시 증인심문을 시작해야 했다. 벌써 아침 8시였다. 촛불을 꺼버린 지도 이미 오래되었다. 심문이 계속되고 있는 동안 줄곧 방안을 드나들고 있던 미하일 마카로프와 칼가노프가 이때 다시 방에서 나갔다. 검사도 판사도 몹시 피곤해 보였다. 날이 밝았지만 음산한 아침이었다. 하늘에는 구름이 가득 덮이고 비가 세차게 퍼붓고 있었다. 미차는 멍하니 창문을 바라보고 있었다.
 "창밖을 좀 내다봐도 괜찮겠습니까?"
 그는 문득 예심판사에게 물었다.
 "예, 얼마든지."
 판사가 대답했다.
 미차는 일어나서 창가로 걸어갔다. 빗줄기는 작은 창문의 푸르스름한 유리를 줄기차게 내리치고 있었다. 창문 바로 밑으로는 진창이 된 길이 보이고, 그 저쪽으로는 뿌연 안개속에 가뜩이나 볼품없는 초라한 오두막들이 비 때문에 더욱 초라하고 음침하게 보였다. 미차는 '금발의 아폴로'가 생각났다, 그 첫 햇살과 더불어 자신의 목숨을 끊으려고 했던 것이다. '그렇지만 이런 아침이 오히려 좋았는지도 모르지' 미차는 미소를 지었다. 그러더니 갑자기 한 손을 획 내리더니 자기의 '고문자'들 쪽으로 돌아섰다.
 "여러분!" 그는 소리쳤다. "난 나 자신이 이미 파멸했다는 걸 잘 알고 있습니다. 그렇지만 그 여자는 어떻게 되는 거지요? 제발 부탁입니다. 그 여자는? 나와 같은 파멸을 면할 수 없습니까? 그 여자에겐 아무런 죄도 없습니다. 그 여자가 어젯밤 '모든 것은 내 잘못'이라고 외친 건 제정신으로 한 말이 아닙니다. 그 여자에겐 죄가 없습니다. 정말 털끝만한 죄도 없습니다! 난 당신들과 마주 앉아 있는 동안에도 밤새도록 그 여자가 걱정되어 견딜 수가 없었습니다……. 앞으로 그 여자를 어떻게 할 작정인지, 그걸 지금 내게 말해 줄 수 없습니까?"
 "카라마조프 씨, 거기에 대해선 전혀 걱정하실 필요가 없습니다. 안심하십시오." 검사는 급하게 서두르는 듯한 어조로 재빠르게 대답했다. "당신이 그렇게 깊은 관심을 가지고 있는 그 부인에 대해서는, 아직 뭔가 괴로움을 끼쳐야 할 아무런 중대한 이유를 발견하지 못했습니다. 앞으로 이 사건의 수사가 진전되더라도 역시 마찬가지일 겁니다……. 아니, 우리로서는 힘닿는 데까지 그렇게 되도록 노력을 아끼지 않겠습니다. 그 점에 대해서는 절대 안심하십시오."

"감사합니다, 여러분. 여러 가지 일이 있긴 했지만 역시 당신들은 공정하고 결백한 분들입니다. 여러분은 내 마음의 무거운 짐을 덜어 주었습니다……. 자, 다음엔 또 무엇을 합니까? 무엇이든지 기꺼이 응하겠습니다."

"글쎄요, 아무튼 서둘러야겠습니다. 곧 증인심문으로 들어가야겠군요. 이건 반드시 당신이 보는 앞에서 진행해야 합니다. 그런만큼……."

"그보다도 먼저 차를 한 잔 마시는 게 어떻겠습니까?" 예심판사가 끼어들었다. "그만큼 일했으니 이제 좀 쉬어도 좋을 것 같군요."

만일 아래층에 차가 준비되어 있다면(마카로프 서장이 나간 것은 차를 마시러 간 것이 분명하니까) 먼저 차를 한 잔씩 들고 나서 일을 계속하기로 결정했다. 그리고 좀더 시간이 생길 때까지 정식으로 드는 차와 '가벼운 식사'는 미루기로 했다.

예상했던 대로 아래층에는 차가 준비되어 있어서 곧 2층으로 올려 보내졌다. 미차는 예심판사가 친절하게 권하는 차를 처음에는 사양했으나, 조금 뒤에는 자진해서 청하여 맛있게 마셨다.

전체적으로 그는 이상하리만큼 기진맥진한 것같이 보였다. 영웅담에 나오는 호걸같은 체력의 소유자인만큼, 아무리 강한 충격을 받았다 하더라도 하룻밤쯤 새우며 술을 마시는 정도로는 끄떡도 없을 것 같은데도 그는 이렇게 앉아 있는 것조차 힘겹게 느껴졌다. 그리고 이따금 주위에 있는 모든 사물들이 눈앞에서 뱅뱅 돌며 춤을 추는 것 같은 착각을 일으키는 것이었다.

'조금만 더 이러고 있다간 헛소리를 하게 될지도 모르겠군.'

그는 속으로 생각했다.

8 증인심문, 그리고 '아귀'

증인심문이 시작되었다. 그러나 필자는 여태까지 해왔던 것처럼 상세하게 이야기를 계속하지는 않기로 하겠다. 따라서, 호출된 증인 하나하나에게 예심판사가 진실과 양심에 따라 진술해야 한다느니, 후일에 증인선서를 하고 다시 그 진술을 똑같이 되풀이해야 한다는 등의 주의를 준 얘기는 생략하기로 하겠다. 또한 끝에 가서 증인 한 사람 한 사람에게 진술서에 서명을 요구한 사실도 생략하겠다.

다만 한 가지 유의해둘 점은 다름 아니라 심문하는 쪽에서 가장 주의를 기울인 요점은 3천 루블에 관한 문제였다는 점이다. 즉 한 달 전에 이곳 모크로예에서 드미트리가 주연을 벌였을 때 쓴 돈은 3천 루블이었느냐, 1천5백 루블이었느냐, 그리고 어제 두 번째 주연에서 쓴 돈은 3천 루블이었느냐, 아니면 1천5백 루블이었느냐 하는 문제였다.

그러나 안타깝게도 모든 사람의 증언은 한결같이 미차에게 불리한 것뿐이었다. 어느 하나도 미차에게 유리한 것은 없었다. 개중에는 깜짝 놀랄 만큼 새로운 증거를 제시하여 미차의 증언을 송두리째 뒤집어 엎는 자도 있었다.

가장 먼저 심문을 받은 증인은 여관주인 트리폰이었다. 그는 심문관 앞에 나와서도 조금도 겁내는 기색이 없었을 뿐만 아니라, 오히려 피고에 대하여 엄격하고도 준열한 분노의 빛을 나타내기까지 했다. 그렇게 함으로써 그는 자기 자신을 아주 정직한 인간으로, 특별한 위엄까지 지닌 인간으로 보이게 했다. 그는 신중한 태도로 띄엄띄엄 말했고, 심문관들이 묻는 말을 끝까지 잘 생각한 뒤 정확하게 대답했다. 그는 조금도 주저하지 않고 확고하게, 드미트리 카라마조프가 한 달 전에 여기서 낭비한 돈은 3천 루블보다 결코 적을 리가 없으며 이 마을의 농부들은 모두 본인한테서 3천 루블이라는 말을 들었다고 증언할 것이라고 말했다.

"집시 계집애들에게 뿌린 돈만 해도 얼마나 되는지 몰라요. 그것들의 주머니에 굴러든 돈만 해도 아마 1천 루블은 될 겁니다."

"난 5백 루블도 준 것 같지 않은데······." 미차는 어두운 얼굴로 한마디 반박했다. "하긴 그때 돈을 세어 보진 않았지······ 취해 있었으니까······."

이때 미차는 휘장을 등지고 테이블 곁에 비스듬히 앉아 침울한 얼굴로 듣고 있었다. '쳇, 어서들 멋대로 지껄이라지, 어차피 이젠 마찬가지니까!' 하는 듯한 지쳐빠진 처량한 표정이었다.

"그것들한테 준 것만도 1천 루블은 훨씬 넘습니다. 드미트리 나리." 트리폰은 단호하게 주장했다. "당신이 마구 뿌리면 그것들이 앞을 다투어 줍지 않았습니까. 그것들은 본디 악하고 사기꾼인데다 말도둑이어서 여기서 추방을 당했으니 그렇지, 만일 그것들이 있었다면 당신한테서 얼마만한 돈을 얻어 냈는지 증언했을 겁니다. 나도 그때 당신 손에 많은 돈이 쥐어져 있는 것을 보았습니다. 물론 세어 본 것은 아니지만요. 하긴 어디 세어 보게 해주었어야 말이죠. 하여튼 얼핏 보기에도 1천5백 루블은 훨씬 넘었던 걸로 기억하고 있습니다……. 원, 1천5백 루블밖에 안 되었다니, 말도 안 됩니다! 나도 액수가 많은 돈을 여러 번 봐왔기 때문에 그만한 것쯤은 눈어림으로 짐작할 수가 있어요……."

한편 어젯밤에 쓴 금액에 대해서도 그는, 드미트리가 마차에서 내리자마자, 이번에도 3천 루블을 가져왔다며 떠들어댔다고 확실하게 증언했다.

"작작 지껄이게, 트리폰. 내가 정말 그랬나?" 미차가 반박했다. "내가 3천 루블을 가져왔다고 확실히 말했단 말이지?"

"그럼요, 드미트리 나리. 마부 안드레이가 있는 앞에서 그렇게 말했어요. 안드레이가 이곳에 있습니다. 아직 돌아가지 않았으니까, 이리 불러서 물어보시지요. 그리고 홀에서 당신이 합창대에게 먹을 것을 주었을 때도, 여기서 6천 루블을 쓰고 간다고 큰소리로 말하지 않았습니까? 6천 루블이라니까, 우린 전번에 쓴 돈까지 합쳐서 그렇구나, 하고 생각했죠. 스체판과 세몬도 들었습니다. 그리고 표트르 칼가노프 씨도 그때 당신 옆에 있었으니까 아마 기억하고 계실 겁니다……."

6천 루블이라는 증언은 특히 심문관들의 주의를 끌었다. 이 새로운 증언이 마음에 들었던 것이다. 3천에 3천을 합하면 6천, 즉 그 가운데 3천 루블은 지난번에 쓴 돈이고, 나머지 3천 루블은 이번에 쓴 돈, 그래서 6천 루블, 참으로 명쾌한 계산이었다.

트리폰이 지명한 농부들, 즉 스체판과 세몬과 마부 안드레이, 그리고 칼가노프도 모두 심문을 받았다. 두 농부와 마부는 주저하지 않고 트리폰의 증언을 입증해 주었다. 뿐만 아니라 안드레이의 증언 중에서 그가 미차와 함께 이리로 오는 도중에 주고받은 대화도 기록되었다. 즉 '도대체 나는, 이 드미트리 카라마조프는 어디로 가게 될까, 천당일까 지옥일까, 그리고 저승에 가면 용서를 받을수 있을까, 없을까' 하는 따위였다. 심리학자인 이폴리트는 줄곧 야릇한 미소를 띤 채 귀를 기울이고 있었다. 그리고 마지막에 가서 드미트리가 어디로 갈 것인가에 관한 이 증언도 '사건 기록에 첨가하도록' 권고했다.

칼가노프는 자기가 심문받을 차례가 되자 달갑지 않다는 듯이 마지못해 얼굴을 잔뜩 찌푸리고 들어왔다. 그는 검사나 예심판사와는 매일처럼 만나다시피하는 사이였는데도, 마치 난생 처음 만난 것 같은 어조로 말했다. 그는 첫마디부터 "나는 이 사건에 관해서는 아무것도 모릅니다. 또 알고 싶지도 않습니다." 못박았다. 그러나 6천 루블이라는 말은 자기도 들었노라고 했다. 그리고 그때 자기가 미차 곁에 서 있었던 사실도 인정했다. 자기도 미차의 손에 돈이 들려 있는 것을 보았으나 얼마나 있었는지는 모르겠다고 말했다.

폴란드인이 카드를 속인 것에 대해서는 맞다고 증언했다. 그 다음 몇 번이나 되풀이되는 질문에 대하여 그는, 폴란드인들이 쫓겨난 뒤 미차와 그루센카 양의 사이가 확실히 원만해졌으며, 그녀도 자기 입으로 미차를 사랑한다는 말을 했다고 설명했다. 그는 그루센카 양에 관해 말할 때, 마치 상류 사회의 귀부인 얘기를 하는 것처럼 정중하고 조심스런 말투를 썼다. 그리고 단 한번도 그냥 그루센카라고 낮추어 부르지 않았다. 젊은 칼가노프가 노골적으로 혐오의 빛을 나타내었음에도 예심판사는 그를 오랫동안 심문했다. 그리하여 그날 밤 드미트리에게 일어난 로맨스의 내용이 어떤 것이었는지 그의 입을 통해 비로소 자세히 알아낼 수 있었다. 미차는 한 번도 칼가노프의 말을 가로채거나 제지하려 하지 않았다. 이윽고 심문에서 해방된 젊은이는 숨길 수 없는 분노를 드러내며 방에서 나갔다.

두 폴란드인도 심문을 받았다. 그들은 자기 방에서 자리에 들기는 했으나 밤새도록 잠을 못 이루고 있었다. 그러던 중 관리들이 왔다는 말을 듣고, 자기들도 틀림없이 불려갈 것이라 생각하여 서둘러 옷을 갈아입고 기다리고 있었다. 그들은 조금 두려운 듯한 기색을 보였으나, 그래도 제법 위엄 있는 태도로 증언했다.

키가 작은 폴란드인은 퇴직한 12등관으로, 시베리아에서 수의사로 일했다는 사실이 밝혀졌다. 성(姓)은 무샬로비치였다. 브루블레프스키는 개인적으로 개업하고 있는 치과의사였다. 두 사람은 방에 들어서자, 심문은 넬류도프 예심판사가 하고 있었음에도, 옆에 서 있는 마카로프 서장을 향해 답변하기 시작했다. 내막을 모르는 그들은 이 서장이 이들을 지휘하는 가장 높은 상관인 줄 잘못 생각한 모양이었다. 그들은 말끝마다 그를 'pane pulkovniku(대령님)'라고 불렀다. 그러나 몇번의 대화 끝에 서장 자신이 주의를 주자 그들도 예심판사에게 대답해야 한다는 것을 깨달았다.

그들은 이따금 발음이 조금씩 이상할 뿐 러시아 말을 상당히 정확하게 할 수 있음이 드러났다. 그루센카와의 과거와 현재의 관계에 대해 무샬로비치는 오만하고도 열띤 어조로 말하기 시작했다. 그러자 미차는 금세 흥분하여, 당신들 같은 '비겁자'들이 내 앞에서 그런 말을 하는 것은 용서할 수 없다고 소리쳤다. 무샬로비치는 곧 '비겁자'라는 말을 꼬집으며 조서에 기입해 주기를 바란다고 말했다. 미차는 격분하여 소리쳤다.

"비겁자이고말고, 이 비겁자들 같으니! 어서 이 말을 그대로 기록하시오. 조서에 써 넣건 말건 난 어디까지나 비겁자라고 부를 테니까, 이 비겁자들!"

예심판사는 이 말도 조서에 써 넣었으나, 이런 불쾌한 장면에서도 칭찬을 받을 만한 수완과 사무능력을 발휘했다. 그는 엄격하게 미차에게 주의를 준 다음, 사건의 로맨틱한 측면에 관한 그 뒤의 심문을 모두 그만두고, 곧 핵심 문제로 들어갔다.

핵심 문제에 대한 폴란드인의 증언 중에서도 특히 한가지 사실이 심문관들의 비상한 관심을 불러일으켰다. 그것은 미차가 바로 그 구석방에서 무샬로비치를 매수하려고 3천 루블을 주겠다고 제의한 사실이었다. 그는 그때, 700루블은 지금 당장 주겠다, 나머지 2천3백 루블은 '내일 아침' 읍내에 들어가서 주마, 이곳 모크로예에서는 그런 큰돈이 없지만 읍내에는 돈이 있다고 장담했다는 것이다. 미차는 화를 내며, 내일 읍내로 돌아가서 확실히 주겠다고 말한 기억은 없다고 반박했다. 하지만 브루블레프스키가 자기 친구의 진술을 입증하자 미차도 잠시 생각해 보고 나서는 그때 몹시 흥분하고 있었기 때문에 그런 말을 정말로 했을지도 모르겠다, 폴란드인들의 말이 맞는지도 모르겠다고 얼굴을 찡그리며 시인했다. 검사는 이 증언에 비상한 관심을 기울였다. 미차가 손에 넣은 3천 루블의 절반 또는 일부분이 정말로 읍내 어딘가, 아니 어쩌면 이곳 모크로예의 어딘가에 숨겨 두었는지도 모른다는 의심이 분명해졌기 때문이다(나중에 검찰은 그렇게 결론을 내렸다). 그리하여 검찰측으로서는 미심쩍게 남아있던 한 가지 사항이 설명된 셈이었다. 그것은 미차에게 다만 800루블밖에 없었다는 사실로, 비록 하찮은 증거이긴 하나 어쨌든 그때까지 유일하게 미차에게 그나마 유리했던 증거였다.

그런데 그에게 유일하게 유리한 그 증거도 무너지려하고 있었다. 자기 입으로는 1천5백 루블밖에 없다고 주장해 놓고도 폴란드인에게는 내일 꼭 나머지 2천3백 루블을 주겠다고 약속했다면, 그 2천3백루블은 어디서 구해 올 작정이었느냐고 검사가 물었다. 미차는 "내일 '폴란드 악당'에게 주려던 것은 현금이 아니다, 체르마시냐에 있는 토지 소유권에 대한 권리증이었다."고 주장했다. 그것은 삼소노프와 호흘라코바 부인에게 제공한 것과 같은 권리였다. 검사는 이 '순진한 변명'을 듣고 히죽 웃기까지 했다.
　"그럼 당신은 상대가 현금 2천3백 루블 대신으로 그 '권리'를 받을 거라고 생각했습니까?"
　"그럼요." 미차는 흥분하여 말을 가로챘다. "생각해 보십시오. 그가 그 권리에서 취득할 수 있는 것은 2천 루블 정도가 아니라, 4천 내지 6천 루블 정도는 될 것이니까요! 저놈은 곧 폴란드인과 유대인들과 변호사들을 끌어모아 가지고 3천 루블 정도가 아니라 체르마시냐의 땅 전부를 아버지 손에서 고스란히 빼앗아 버리고 말 겁니다."
　물론 무샬로비치의 증언은 매우 상세하게 조서에 기록되었다. 그리하여 폴란드인들도 무사히 나오게 되었다. 카드놀이의 속임수에 대해서는 한 마디도 심문당하지 않았다. 예심판사는 그들의 증언에 매우 감사하고 있었으므로 사소한 일로 그들을 괴롭히고 싶지 않았던 것이다. 더욱이 그것은 술에 취하여 카드놀이를 하면서 일어난 사소한 갈등에 지나지 않을 뿐이었고, 또 그날 밤은 전체적으로 모든 것이 난장판이었던 것이다……. 그리하여 200루블이라는 돈은 그대로 폴란드인의 주머니에 남게 되었다.
　다음에는 막시모프 노인이 불려갔다. 그는 겁을 집어 먹고 어정어정 다가왔다. 완전히 평정을 잃고 아주 침울해 보였다. 그는 이때까지 아래층에서 그루센카 옆에 말없이 앉아 있었다.
　"이따금 그녀를 바라보며 금방이라도 울음을 터뜨릴 듯한 얼굴을 하고, 푸른 체크 무늬 손수건으로 끊임없이 눈언저리를 닦고 있었다더군."
　나중에 마카로프 서장은 그때 일을 이렇게 얘기했다. 그래서 오히려 그루센카 쪽에서 그를 달래는 형편이었다. 노인은 곧 울먹이는 음성으로 '가난한 죄로 10루블이란 돈을' 드미트리로부터 빌린 것은 자기의 잘못이며, 그 돈은 언제든지 반드시 갚을 생각이라고 말했다. 드미트리에게서 돈을 빌릴 때, 그가 가지고 있는 돈을 누구보다 가까이에서 보았을 테니까, 수중에 돈이 얼마나 있었는지 모르느냐고 묻는 예심판사의 질문에 막시모프는 단호한 어조로 '2만 루블'이라고 대답했다.

"당신은 지금까지 2만 루블이나 되는 돈을 본 적이 있습니까?"

예심판사는 미소를 지으며 물었다.

"보았고말고요. 하지만 2만 루블이 아니라 7천 루블이었습니다. 그건 내 마누라가 내 소유인 영지(領地)를 저당잡혔을 때의 일인데, 마누라는 그걸 멀찍감치 떨어져서 보이며 자랑했습죠. 꽤 두툼한 지폐 뭉치로 죄다 무지갯빛 1백 달러짜리였습니다. 드미트리 씨의 돈도 모두 무지갯빛이더군요."

그도 곧 돌려 보내졌다. 마침내 그루셴카의 차례가 되었다. 심문관들은 그루셴카의 등장이 드미트리에게 심한 충격을 주지나 않을까 염려하는 눈치였다. 그래서 예심판사는 드미트리에게 뭐라고 몇 마디 주의를 주기까지 했다. 그러나 미차는 이에 대하여 묵묵히 고개를 숙여 보였을 따름이었다. 그것은 '아무 문제 없을 것'이라는 암묵적인 표시였다. 그루셴카를 데리고 온 것은 마카로프 서장이었다. 그녀는 몹시 딱딱하고 침울한 표정으로 들어왔으나 침착해 보였다. 그리고 정해진 의자에 조용히 앉아 예심판사와 마주했다. 그녀의 얼굴은 몹시 창백했다. 오한이 나는 모양인지 아름다운 검은 숄로 몸을 폭 감싸고 있었다. 사실 이때 그녀는 가벼운 오한을 느끼고 있었다. 그것은 이날 밤부터 오랫동안 그녀를 괴롭힌 무서운 병의 첫 징조였다.

그녀의 확고한 표정과 비굴하지 않은 진지한 눈초리, 그리고 침착한 거동은 모든 사람들에게 무척 좋은 인상을 주었다. 예심판사는 한눈에 거의 넋을 잃었을 정도였다. 그는 그 뒤에도 이때 얘기만 나오면, 그때 처음으로 그 여자가 얼마나 '괜찮은 여자'인지 알았으며 그전에도 여러 번 그루셴카를 본 적이 있었지만, 언제나 '시골 매춘부' 정도로 밖에 여기지 않았다고 털어 놓았다.

"그런데 그 여자의 태도나 거동은 그야말로 상류사회 부인 같았다니까요."

언젠가 그는 부인네들이 모인 자리에서 자기도 모르게 흥분하여 이렇게 말한 적이 있었다. 그때 부인네들은 아주 못마땅한 얼굴로 그의 말을 듣고 있다가, 곧 그 벌로써 그에게 '살살이'라는 별명을 지어 주었다. 그래도 그는 그것을 자못 만족스럽게 여겼다.

방에 들어서자 그루셴카는 흘긋 미차를 훔쳐보았다. 그러자 미차도 불안한 얼굴로 그녀에게 시선을 주었다. 그러나 그녀의 태도는 곧 그를 안심시켜 주었다. 우선 꼭 필요한 질문과 주의가 끝나자 예심판사는 조금 말을 더듬기는 했으나 매우 정중한 태도로, 퇴역 중위 드미트리 카라마조프와 어떤 관계였느냐고 물었다.

"그냥 알고 지내는 사이였습니다. 그냥 아는 사이로 지난 달부터 저희 집에 놀러 오곤 했습니다."

그러고는 계속해서 반쯤 호기심이 넘치는 질문에 대해, '이따금' 그가 마음에 들었을 때도 있었지만 결코 그를 사랑한 것은 아니다, 그 당시 그를 가까이 한 것은 단지 '짓궂은 생각'에서였을 뿐이다. 즉 그 영감님에 대한 태도와 마찬가지였다고 대답했다. 그녀는, 미차가 자기 때문에 표도르를 비롯하여 다른 모든 사람들을 질투하는 것도 알고 있었지만 자기는 오히려 그것을 재미있게 생각했다고 솔직히 고백했다. 또한 표도르와 결혼하려는 생각은 꿈에도 해본 일이 없으며 단지 그를 놀려 줬던 것뿐이었다고도 했다.

"사실, 지난 한달 동안 그 두 사람은 안중에도 없었으니까요. 저는 제게 야속한 짓을 한, 전혀 다른 남자를 기다리고 있었거든요……. 그러나 당신들은 이 일에 대해 호기심을 가질 필요가 전혀 없고, 또 저도 그런 문제에 대답할 필요는 없을 것 같군요. 이건 어디까지나 저의 사생활에 관한 문제니까요."

그녀는 이렇게 말을 맺었다.

예심판사는 곧 그녀의 말에 따르기로 했다. 그는 '로맨틱한' 점에 대해서는 다시 귀찮게 캐묻지 않고, 직접적이고 중요한 문제, 즉 3천 루블에 관한 문제로 들어갔다. 그루센카는, 정말로 미차는 3천 루블의 돈을 모크로예에서 탕진했으며, 물론 자기가 직접 세어 본 것은 아니지만 3천 루블을 썼다는 말을 미차에게 들어서 알고 있다고 증언했다.

"당신 한 사람에게만 그렇게 말했습니까? 혹은 다른 사람도 있을 때였습니까? 아니면, 당신이 있는 앞에서 다른 사람들에게 그런 말을 하는 걸 들었습니까?"

이 질문에 대해 그루센카는, 다른 사람에게 그렇게 말하는 것도 들었고, 또 그와 단둘이 있을 때도 그런 말을 들었다고 장담했다.

"단둘이 있을 때 들은 것은 한 번이었습니까, 아니면 여러 번이었습니까?"

검사 이폴리트가 다시 끼어들어 질문했다. 그리하여 그루센카한테서 여러

번이었다는 대답을 들었다. 검사는 이 증언에 대해 매우 만족했다. 심문이 진행됨에 따라, 그루셴카가 그 돈의 출처, 즉 미차가 카체리나의 돈을 가로챈 사실도 알고 있었음이 밝혀졌다.

"그럼, 한 달 전에 드미트리가 쓴 돈이 3천 루블보다 훨씬 적었다거나, 그 돈의 반액을 만일의 경우를 위해 숨겨 두었다는 말을 한 번이라도 들은 적이 있습니까?"

"없어요, 그런 말은 한 번도 들은 적이 없었어요." 그루셴카는 그뿐만 아니라 미차는 오히려 지난 한 달 동안, 자기에게는 돈이 한푼도 없다고 줄곧 말해 왔다고 말했다. "아버지에게서 돈을 받게 되기를 기대하고 있었어요."

"그럼 언젠가 당신 앞에서…… 우연히, 혹은 홧김에라도 자기 아버지를 죽여 버리겠다고 말한 적은 없습니까?"

예심판사가 갑자기 그루셴카의 말을 받아 이렇게 물었다.

"네, 있었습니다."

그루셴카는 한숨을 내쉬었다.

"한 번이었습니까, 여러 번이었습니까?"

"여러 번이에요. 화가 날 때면 언제나 그랬으니까요."

"그러면 당신은 그가 정말 그러리라고 믿었습니까?"

"아뇨, 전 결코 믿은 적이 없어요!" 그녀는 분명하게 대답했다. "전 그이의 결백한 마음을 믿고 있었으니까요."

"여러분," 갑자기 미차가 외쳤다. "여러분 앞에서라도 좋으니까 제발 아그라페나에게 한마디만 하도록 허락해 주십시오."

"말씀하십시오."

예심판사가 허락했다.

"그루셴카!" 미차는 의자에서 조금 몸을 일으키면서 말했다. "하느님과 나를 믿어 줘! 아버지 살해 사건에 대해선 난 결백해!"

말을 마치자 미차는 다시 의자에 앉았다. 그루셴카는 일어서서 성상을 향해 경건하게 성호를 그었다.

"주여, 당신에게 영광이 있기를!" 그녀는 듣는 이의 가슴을 파고드는 듯한 열렬한 목소리로 이렇게 말하고는 선 채로 예심판사를 향해 몸을 돌리고 이렇게 덧붙였다. "방금 저이가 한 말을 믿어 주세요! 저는 저 사람을 잘 알고 있어요.

저이는 쓸데없는 말을 곧잘 하지만, 단지 농담이거나 공연히 고집을 부려 보느라고 그러는 것뿐입니다. 저이는 양심에 벗어나는 거짓말은 절대로 하지 않아요. 저이는 지금 사실을 있는 그대로 말하고 있는 것이니까, 그 말을 믿어 주세요!

"고마워, 그루셴카. 덕택에 내게도 새로운 용기가 생기는 것 같아."

미차는 떨리는 목소리로 말했다.

어제 가져온 돈에 대한 질문에 대해서 그루셴카는 정확히 얼마였는지는 모르지만, 엊저녁에 다른 사람들에게 3천 루블을 가져왔다고 말하는 것은 여러 번 들었다고 대답했다. 돈의 출처에 대해서는 다음과 같이 설명했다. 미차는 카체리나한테서 훔쳐왔다고 자기에게 고백했지만 자기는 그 말에 대해 그건 결코 훔친 것이 아니다, 내일 돌려주면 되지 않느냐고 대답했다는 것이다. 카체리나한테서 훔쳐왔다고 한 것은 어느 돈을 두고 하는 말이냐, 어제 그 돈이냐, 아니면 한 달 전에 여기서 써버린 돈이냐고 묻는 검사의 집요한 질문에 대해 그녀는 한 달 전에 써버린 돈을 두고 하는 말이며, 적어도 자기는 그렇게 이해했다고 분명하게 대답했다.

이윽고 그루셴카에 대한 심문도 끝났다. 예심판사는 열의를 보이며 그녀에게 당장이라도 읍내로 돌아가도 좋다, 만약 자기가 힘이 될 수 있는 일이 있다면, 이를테면 마차를 주선한다든가, 혹은 보호해줄 사람이 필요하다면 자신이 알아봐 주겠다고 말했다.

"고맙습니다." 그루셴카는 그에게 인사를 했다. "전 막시모프 노인과 함께 가겠어요. 그 노인을 읍내까지 모시고 가겠습니다. 그렇지만 괜찮으시다면, 카라마조프 씨의 문제가 해결될 때까지 아래층에서 기다리겠습니다."

그녀는 방에서 나갔다. 미차는 마음이 진정되었을 뿐만 아니라, 완전히 기운을 되찾은 것 같이 보였다. 그러나 그것도 한 순간에 지나지 않았다. 점차 뭔가 기묘한 육체적 쇠약이 서서히 그의 온몸을 사로잡기 시작했다. 눈꺼풀이 피로 때문에 자꾸만 감겼다. 마침내 목격자들의 심문이 끝나고, 심문관들은 조서의 마지막 정리를 서둘렀다. 미차는 일어서서 자기가 앉아 있던 의자 옆 한구석에 드리워진 커튼 뒤로 들어가서 양탄자를 덮어 씌운, 여관주인의 커다란 궤짝 위에 드러누웠다. 그러고는 곧 그대로 잠에 빠져 들고 말았다.

그는 이상한 꿈을 꾸었다. 그것은 지금 있는 장소와 시간과는 너무나 동떨어진 꿈이었다. 그는 어딘지 모를 초원을 마차를 타고 나아가고 있었다. 그곳은 오래 전에 그가 근무했던 지방이었다. 한 농부가 두 마리의 말이 끄는 마차에 그를 태우고 진눈깨비가 휘날리는 진흙길을 달리고 있었다. 동짓달 초순이어서 미차는 꽤나 추위를 느꼈다. 굿은 진눈깨비는 땅에 떨어지자마자 그대로 녹아 버렸다. 농부는 능숙한 솜씨로 채찍을 휘두르며 힘차게 마차를 몰았다. 굉장히 긴 아마 빛 수염을 기르고, 나이는 쉰 살이 채 안돼 보이는 사내였다. 그는 잿빛 윗도리를 입고 있었다.

바로 근처에 작은 마을이 있고, 몇 채의 시꺼먼 농가가 보였다. 그러나 농가의 반 이상이 불타 버려서 타다 남은 기둥만이 우뚝우뚝 서 있었다. 그들이 마을에 들어서니, 길 양쪽으로 수많은 아낙네들이 죽 줄지어 서 있었다. 커다란 행렬이었다. 아낙네들은 거의가 다 비쩍 말라빠져 창백하고 부석부석한 얼굴들을 하고 있었다. 그중에서도 특히 맨 끝에 서 있는 여자는 키가 크고 배만 앙상한 마흔 살쯤 된 아낙네였는데, 어떻게 보면 스무 살 정도밖에 안 된 것 같이 보이기도 했다. 쭈그러진 긴 얼굴에, 울고 있는 젖먹이를 팔에 안고 있었다. 유방이 말라 버려서 젖도 나오지 않는 모양인지 젖먹이는 추위에 얼어 새파래진 작은 주먹을 내두르며 악을 쓰고 울어대는 것이었다.

"왜 저렇게 울고 있지? 무엇 때문에 저렇게 울고 있을까?"

그들 곁을 쏜살같이 스치고 지나갈때 미차는 이렇게 물어 보았다.

"아귀(餓鬼)입니다." 마부가 대답했다. "아귀가 울대고 있는 것이지요."

마부가 어린애라는 말 대신, 농부들의 말투대로 '아귀'라고 한 것이 미차의 마음을 감동시켰다. 마부가 '아귀'라고 불렀기 때문에 한결 애처롭게 느껴지는 것 같아서 그 말이 마음에 들었다.

"그런데 아귀가 어째서 저렇게 울고 있지?" 미차는 바보같이 똑같은 질문을 되풀이했다. "왜 저렇게 맨살을 드러내 놓고 있지? 왜 담요로 감싸 주질 않나?"

"아귀는 몹시 추워서 우는 것입죠. 옷이 꽁꽁 얼어서 몸을 녹여줄 수가 없거든요."

"하지만 왜 그렇게 되었지? 무엇 때문일까?"

미차는 바보처럼 계속해서 물었다. "가난한 데다 집까지 불타 버렸습죠. 먹을 것이 있어야죠. 집을 불태우곤 저렇게 구걸을 하고 있는 거랍니다."

"아니야, 그렇지 않아." 미차는 여전히 까닭을 모르겠다는 표정으로 말을 이었다. "집을 잃은 어머니들이 어째서 저기 저렇게 서 있는지를 말해 봐! 왜 인간은 가난하며, 왜 저 아귀는 불행할까? 왜 저 벌판은 저렇게 벌거숭이지? 왜 저 여자들은 서로 껴안고 키스를 하지 않지? 어째서 저들은 환희의 노래를 부르지 않지? 왜 저들은 어두운 불행때문에 저렇게 얼굴이 까맣게 되었단 말인가? 왜 저들은 아귀에게 젖을 주지 않지?"

그러면서도 그는 마음속으로 이런 것을 느꼈다.

'나는 지금 어리석고 미치광이 같은 질문을 되풀이 하고 있다, 그러나 나는 꼭 그렇게 묻고 싶다, 반드시 그렇게 묻지 않을수 없다.'

그는 일찍이 한 번도 경험해보지 못한 감동이 마음속에 용솟음치는 것을 느끼며 당장 울음을 터뜨리고 싶은 심정이었다.

이제부터는 절대로 아귀가 우는 일이 없도록, 젖도 완전히 말라버린 어머니들이 다시는 우는 일이 없도록 해주고 싶었다. 이 순간부터는 어느 누구의 눈에서도 눈물이 흐르지 않도록, 어떠한 장애가 가로막혀 있더라도 한시도 지체함이 없이 카라마조프식의 저돌적인 기세로, 지금 당장, 지금 당장, 어떻게든 온 힘을 다해 대책을 강구해 주고 싶었다.

"당신 곁에는 내가 있어요. 이제부터 당신은 혼자가 아니에요. 평생 당신과 함께 하겠어요."

애정어린 그루셴카의 부드러운 목소리가 미차의 귓전에서 울렸다.

그러자 갑자기 그의 마음은 순식간에 불타 올라 미지의 빛을 향해 곧장 나아가기 시작했다. 살고 싶다, 무슨 일이 있어도 살고 싶다. 그 어떤 길을 향해 걸어가고 싶다. 자기를 손짓해 부르는 것 같은 새로운 세상을 향해 걸어가고 싶다, 어서, 빨리, 지금, 당장!

"뭐야, 어딜 가는 거야?"

미차는 이렇게 소리치며 문득 잠에서 깨어났다. 그는 궤짝 위에서 일어나 앉았다. 마치 기절이라도 했다가 다시 깨어난 사람 같았으나 그의 얼굴에는 밝은 미소가 감돌고 있었다.

그의 곁에는 예심판사가 그를 내려다보며 서 있었다. 조서를 낭독할 테니 듣고서 서명해달라는 것이었다. 미차는 자기가 한 시간, 어쩌면 그 이상 잠을 잤구나 생각했지만, 예심판사의 목소리는 귀에 들어오지 않았다. 그는 아까 지칠 대로 지쳐서 궤짝 위에 드러누웠을 때는 없었던 베개가 지금 자기 머리 밑에 받쳐져 있는 것을 알고 깜짝 놀랐다.

"누가 내게 이 베개를 받쳐 주었지요? 그렇게 친절한 분이 누구지요?"

그는 마치 대단한 은혜라도 입은 것처럼 기쁨과 감사에 넘쳐 눈물어린 목소리로 외쳤다.

그 친절한 사람이 누구인지는 끝내 알 길이 없었다. 아마도 농부 중의 한 사람, 또는 예심판사의 서기가 동정어린 마음에서 그에게 베개를 베어 주었겠지만, 어쨌든 그의 마음은 눈물에 젖어 떨고 있었다. 그는 테이블 곁으로 다가가서 무엇이든 원하는 대로 서명하겠다고 말했다.

"여러분, 나는 참으로 멋진 꿈을 꾸었습니다."

마치 딴 사람이 된 것 같은 얼굴을 기쁨의 빛이 환히 비추고 있는 것 같았다.

9 미차 호송되다

조서의 서명이 끝나자, 넬류도프 예심판사는 피고 쪽을 향하여 다음과 같은 의미의 '구류장'을 엄숙하게 낭독했다.

"몇 년 몇 월 며칠, 어디에서, 모모 지방 법원 판사는 아무개(즉 미차)를, 이러이러한 사건 피고로서(죄상은 소상하게 기록되어 있었다) 심문한 결과, 피고는 자기에게 씌어진 혐의를 부인하면서도, 자신의 무죄를 입증할 아무런 증거도 제시하지 못하였다. 그러나 모든 증인(누구누구)이나 모든 상황(이러이러한)이 충분히 피고의 유죄를 입증하고 있으므로, 형법 제 몇 조 몇 조에 의하여 다음과 같은 결정을 내렸다. 즉 피고가 사건의 심리와 재판을 회피할 우려가 없도록 하기 위해 그를 모모 형무소에 구금하고, 이를 본인에게 통고하는 동시에 이 구류장의 사본을 검사보에게 제출한다."

간단히 말해서 미차는 이 순간부터 죄수로서 곧 읍내로 연행되어 아주 불쾌한 장소에 수감된다는 사실을 통고받은 것이다. 미차는 주의 깊게 이 판결문의 낭독을 듣고 나서 어깨를 살짝 치켜들어 보이며 말했다.

"할 수 없군요. 여러분, 난 당신들을 탓하지 않겠습니다. 난 이미 각오가 되어 있어요. 난 당신들도 달리 도리가 없었다는 사실을 충분히 알고 있습니다."

예심판사는 미차에게, 마침 이곳에 와 있는 경사(警査) 마브리키가 지금 곧 그를 호송하게 될 거라고 부드러운 목소리로 전해 주었다.

"잠깐만" 미차는 별안간 말을 가로막았다. 그러고는 억제할 길 없는 감정에 사로잡혀, 방안에 있는 모든 사람들을 향해 다음과 같이 말했다. "여러분, 우리는 모두가 잔인하고 비열합니다. 우리는 모든 사람을, 세상의 어머니와 그 젖먹이 어린애들까지 울리고 있습니다. 그러나 그중에서도 내가—이제는 그렇다고 낙인을 찍으셔도 좋습니다—그중에서도 내가 가장 비열한 악당입니다! 이제는 그렇게 낙인이 찍혀도 상관없습니다! 나는 이제까지 매일처럼 가슴을 치며 회개할 것을 맹세하면서도 매일처럼 똑같이 비열한 행위만 되풀이해왔습니다. 그러나 이제야 나는, 나 같은 인간에게는 채찍이, 운명의 채찍이 필요하다는 것을 깨달았습니다. 나 같은 인간은 새끼로 동여매어 외부의 힘으로 묶어둬야만 합니다. 나 혼자만의 힘으로는 영영 사람 구실을 못했을 겁니다!

그러나 이제 드디어 벼락이 떨어졌습니다. 나는 당신들의 질책을 그리고 일반 사회의 모멸의 고통을 달게 받겠습니다. 난 고통을 맛보고 싶습니다. 고통은 나를 정화시켜 줄 겁니다! 여러분, 그렇게 되면 내가 정말로 정화될지도 모르지 않겠습니까? 그러나 마지막으로 한마디만 더하고 싶습니다. 난 아버지의 피에 대해서는 아무런 죄도 없습니다. 내가 형벌을 받는 것은 아버지를 죽였기 때문이 아니라 죽이려는 마음을 품었기 때문입니다. 사실 말이지, 어쩌면 죽이고 말았는지도 모르니까요……. 그러나 난 아직도 당신들과 싸울 작정입니다. 미리 당신들에게 경고해 둡니다만, 나는 끝까지 당신들과 싸울 작정입니다. 그다음 일은 하느님께서 결정해 주실 테니까요. 여러분, 용서하십시오. 내가 심문을 받는 동안 당신들한테 소리쳤다고 해서 너무 화를 내지는 마십시오. 아아, 난 그때만 해도 아직 바보였어요……. 1분 뒤면 난 죄수의 몸이 될 겁니다. 그렇지만 이제 마지막으로, 드미트리 카라마조프는 아직 자유로운 한 인간으로서 당신들에게 악수를 청하겠습니다. 여러분과 작별함으로써 나는 모든 인간과 작별을 고하려는 것입니다!"

그의 목소리는 떨리고 있었다. 그는 정말로 손을 내밀었으나, 가장 가까이에 있던 넬류도프는 어찌된 셈인지, 거의 반사적인 기묘한 동작으로 손을 등뒤로 감추었다. 재빨리 이 사실을 눈치챈 미차는 몸을 떨었다. 그는 얼른 내밀었던 손을 아래로 내렸다.

"심리는 아직 끝나지 않았습니다." 예심판사는 조금 당황한 듯이 우물우물 중얼거렸다. "읍내로 돌아가서 다시 계속해야 합니다. 물론 나로서는 당신의 성공을…… 당신이 무죄가 증명되기를…… 바라고 있습니다……. 사실 나는, 카라마조프 씨, 나는 당신을 범죄자라기보다는 오히려…… 뭐랄까…… 오히려 불행한 인간이라 생각하고 있었습니다. 여기 있는 우리 모두, 모두를 감히 대표해서 말씀드린다면, 우리는 모두 당신을 근본적으로는 고결한 젊은이라고 인정하기를 주저하지 않는 바입니다. 그러나 유감스럽게도 당신은 어떤 정열에 지나치게 열중해 있었던 것입니다…….”

말이 끝나감에 따라 예심판사의 작달막한 몸집은 더할 수 없는 위엄을 띠기 시작했다. 순간 미차의 뇌리에는, '젖비린내 나는 애송이 녀석'이 금방이라도 자기 팔을 끼고 방 한구석으로 데리고 가, 얼마 전 둘이서 주고받았던 '아가씨들'에 관한 얘기라도 다시 늘어놓지 않을까 하는 생각이 문득 스치고 지나갔다. 하기는 처형장으로 끌려가는 죄수의 머릿속에도, 간혹 사건과는 전혀 관계가 없는, 그 장소의 상황과는 어울리지 않는 엉뚱한 생각이 문득 떠오르는 수가 있는 법이다.

"여러분, 당신들은 선량하고 인간적인 분들입니다. 마지막으로 한 번만 더 그루센카를 만나서 작별 인사를 나눌 수 없을까요?"

"물론 좋습니다. 그러나 여럿이 있는 앞에서…… 요컨대 지금은 참관인이 없이는 아무것도…….”

"그래야 한다면 옆에 계셔도 좋습니다!"

그루센카가 불려 들어왔다. 그러나 주고받은 말도 별로 없는 매우 짧은 작별이었다. 예심판사는 그것이 몹시 불만스러운 눈치였다. 그루센카는 미차에게 깊이 허리를 굽혀 인사했다.

"나는 당신 것이라고 한번 말한 이상, 난 어디까지나 당신 것이에요. 당신이 어디로 보내지든간에 나는 영원히 당신을 따라가겠어요. 그럼 안녕. 당신은 죄가 없어요. 당신은 정말 억울한 누명을 쓰게 되었군요!"

입술은 떨렸고 눈에서 눈물이 뚝뚝 떨어졌다.

"그루센카, 내 사랑을 용서해 줘, 내 사랑을 용서해줘. 내 사랑 때문에 당신마저 파멸로 밀어넣고 말았구료."

미차는 좀더 말을 하고 싶은 듯이 보였으나, 갑자기 말을 뚝 끊고는 나가 버렸다. 그를 지켜보고 있던 사람들이 곧 그를 둘러쌌다.

어제 안드레이의 삼두마차를 그렇게도 당당한 기세로 몰고 들어왔던 아래층 현관 계단에는 이미 준비가 다 된 마차 두 대가 기다리고 있었다. 얼굴이 부석부석하고 몸이 다부진 마브리키 경사는, 무엇인가 갑작스레 생긴 착오 때문에 크게 화가 나서 끊임없이 고함을 지르고 있었다. 그는 왜 그런지 몹시 엄격한 목소리로 미챠를 향해 마차에 오르라고 명령했다.

'이 녀석도 전에 내가 술집에서 술을 사줄 때와는 딴판인 얼굴이군.'

미챠는 마차에 오르면서 그렇게 생각했다. 현관문 옆에는 많은 사람들이, 농부들과 아낙네와 마부들이 떼를 지어 서 있었다. 트리폰도 현관 층계 밑으로 내려봤다. 모두 미챠를 바라보고 있었다.

"여러분, 모두 날 용서해 주시오."

미챠는 갑자기 마차 안에서 그들을 향해 소리쳤다.

"저희도 용서해 주십시오."

몇몇에서 이렇게 소리치는 목소리가 들려왔다.

"트리폰, 자네도 날 용서해 주게!"

그러나 트리폰은 쳐다보지도 않았다. 아주 분주했기 때문인지도 모른다. 그 역시 이리저리 뛰어다니며 무어라 소리치고 있었다. 마브리키를 수행할 마을 농부 두 사람이 탈 두 번째 마차가 아직 준비가 덜 된 모양이었다. 두 번째 마차에 타기로 되어 있는 농부는 외투를 잡아당기며, 읍내로 갈 사람은 내가 아니라 아킴이라고 하며 고집을 부리고 있었다. 그러나 아킴은 보이지 않았다. 사람들이 그를 부르러 달려갔다. 농부는 여전히 완고하게 고집을 부리며 조금만 더 기다려 달라고 간청하였다.

"마브리키 나리, 도대체 이놈들은 창피한 줄을 모른답니다!" 트리폰이 소리쳤다. "이봐, 네 녀석은 어제 아킴한테서 25코페이카를 받아서 죄다 술을 처마시고선 이제 와서 그게 무슨 수작이냔 말야, 엉! 마브리키 나리, 이런 돼먹지 않은 놈들을 상대하고 있는 당신의 선량함에는 정말 놀라울 따름입니다, 이 말만은 꼭 하고 싶었어요."

"그런데 마차를 두 대씩이나 무엇에 쓰려는 거지?" 미챠가 말참견을 했다. "마브리키, 한 대면 충분해. 난 절대로 자네들에게 반항을 하거나 도망치거나 하지는 않을 테니, 나를 호송할 필요는 없을 거야."

"이보십시오, 아직 모르신다면 죄송하지만, 우리한테 쓰는 말투나 좀 배우시지요. 난 당신한테 '자네'라고 불려질 아무런 까닭이 없으니 제발 그 '자네'

라는 호칭은 그만두시오. 그리고 지금과 같은 충고는 두었다가 다음에나 하시오."

마치 가슴속에 뭉쳤던 울분을 토해버릴 기회가 온 것을 아주 기뻐하는 듯, 마브리키는 갑자기 미차의 말을 냉혹한 목소리로 가로막았다.

미차는 얼굴이 벌개져서 입을 다물었다. 그러자 갑자기 심한 추위가 느껴졌다. 비는 멎었으나 뿌연 하늘에는 여전히 구름이 가득했고, 살을 에는 듯한 바람이 정면으로 휘몰아쳐 왔다. '감기라도 든 모양이로군.' 미차는 어깨를 움츠리며 생각했다. 드디어 마브리키가 마차에 올랐다. 그는 시치미를 떼고 미차의 몸을 구석으로 밀쳐 버리고는 넓게 자리를 잡고 앉았다. 사실 그는 자기에게 맡겨진 이 일이 죽을만큼 싫어서 몹시 기분이 나빠 있었던 것이다.

"잘 있게, 트리폰!"

미차는 다시 한번 소리쳤으나, 이번엔 선량한 마음에서가 아니라 증오감에서 자기도 모르는 사이에 터져나온 외침이라는 것을 미차 자신도 느꼈다.

그러나 트리폰은 뒷짐을 지고 똑바로 미차를 바라보며 오만하게 서 있었다. 그는 잔뜩 화난 얼굴로 미차를 노려보며 아무런 대답도 하지 않았다.

"안녕히 가십시오, 드미트리 씨, 안녕히 가세요!"

별안간 어디서 튀어나왔는지 칼가노프의 목소리가 울려왔다. 그는 모자도 쓰지 않은 채 마차 옆으로 달려와 미차에게 손을 내밀었다. 미차는 그의 손을 간신히 잡고 악수를 나눴다.

"잘 있으시오, 칼가노프. 당신의 관대한 마음을 나는 절대 잊지 않을 거요!"

그는 열정적인 어조로 외쳤다.

마차가 덜커덕거리며 움직이기 시작하자, 두 사람의 손은 떨어졌다. 방울이 울리고 드디어 미차는 호송되어 갔다.

현관으로 달려들어온 칼가노프는 한쪽 구석에 털썩 주저앉아, 고개를 숙이고는 두 손으로 얼굴을 가린 채 울기 시작했다. 오랫동안 그렇게 앉아서 울었다. 그 모습은 스무 살 젊은이가 아니라, 아직 어린 소년 같았다.

그렇다, 그는 미차의 무죄를 거의 확신하고 있었다.

"아아, 사람들이 도대체 어떻게 이럴 수가 있단 말인가? 그런 짓을 하고도 과연 인간이라고 할 수 있단 말인가!"

거의 절망에 가까운 쓰디쓴 우수에 잠기면서 그는 이렇게 동닿지 않는 말을 중얼거렸다. 그 순간 그는 살고 싶은 의욕을 모조리 잃고 말았다.
"살아야 할 가치가 있을까? 그럴 가치가 과연 있을까!"
 젊은이는 슬프게 외치고 있었다.

제4부

제10편 소년들

1 콜랴 크라소트킨

　11월 초순이었다. 영하 11도의 추위가 엄습하면서 살얼음이 끼었고, 밤이 되면 꽁꽁 얼어붙은 땅 위에 싸락눈이 흩뿌렸다. 살을 에는 듯한 차가운 바람이 눈가루를 흩날리며 이 조그만 도시의 쓸쓸한 거리를 따라 휘몰아쳤다. 장터 광장은 특히 심했다. 아침이 되어도 하늘은 여전히 흐린 채였으나 눈은 멎어 있었다.

　광장에서 그리 멀지 않은 플로트니코프 상점 근처에 아담하고 깨끗한 집이 한 채 있는데 그것은 전에 관리였던 크라소트킨의 부인이 사는 집이었다. 이 고장의 현청(縣廳) 서기관이었던 크라소트킨은 벌써 오래 전에, 거의 14년 전에 죽었으나, 그의 부인은 이제 겨우 서른 두세 살밖에 안 된, 아직도 미인이라고 할 수 있는 여성으로 아담하고 깨끗한 집에서 자기의 재산으로 살아가고 있었다. 상냥하고 쾌활한 성격인 그녀는 조심조심 정직하게 살고 있었다. 남편과의 결혼 생활은 겨우 1년뿐이었다. 열여덟 살 때 아들을 하나 낳고는 곧 남편을 잃었던 것이다.

　그뒤부터, 즉 남편이 죽은 다음부터 그녀는 자기의 소중한 보물인 콜랴(니콜라이의 애칭)를 기르는 데 모든 것을 바치고 있었다. 그녀는 지난 14년 동안 눈에 넣어도 아프지 않을 만큼 아들을 사랑했지만, 그래도 기쁨보다는 고생이 훨씬 더 컸다. 혹시나 아들이 무슨 병에 걸리지나 않을까, 감기에 걸리지나 않을까, 못된 장난이나 치지 않을까, 의자에 기어올랐다가 굴러 떨어지지나 않을까, 하는 따위의 걱정 때문에 전전긍긍하며 한시도 마음을 놓지 못하는 형편이었다.

　콜랴가 초등학교에 들어가고, 다시 읍내에 있는 중학교에 다니게 되자, 어머니는 곧 아들과 함께 다시 공부를 시작하여 예습과 복습을 도와 주었고 선생님들과 그 부인들과도 가까이 사귀었다. 뿐만 아니라, 심지어 콜랴의 학교 친구들도 잘 구슬러서 그들의 비위를 맞춰주며, 콜랴를 놀리거나 괴롭히거나 때리는 일이 없도록 여러 가지로 마음을 썼다. 그래서 아이들은 오히려 그 어머니 때문에 콜랴를 놀리기 시작했고, 저놈은 응석받이라고 흉을 보게 되었다.

그러나 콜랴는 자기 자신을 굳건히 지켜나갔다. 그는 담력이 강한 소년이었다. 얼마 지나지 않아 곧 '무지무지하게 센 놈'이라는 풍문이 학교 안에 퍼져, 그것이 정평이 되고 말았다. 그는 민첩하고 지기 싫어하며, 대담한데다 모험적인 기질을 지니고 있었다. 학과 성적도 제법 좋았고, 수학과 세계사는 선생인 다르다넬로프까지 쩔쩔맬 정도라는 소문이 퍼질 정도였다. 그는 모든 동급생들을 눈 아래 내려다보고 있었지만, 벗으로는 좋은 친구였고 결코 뻐기는 일이 없었다. 그는 자기 동급생들로부터 존경받는 것을 매우 당연하게 받아들였으나, 그러면서도 누구에게나 친절하게 대했다.

무엇보다 감탄스러운 것은, 모든 일에 분수라는 것을 알고 있어서 경우에 따라서는 자기 자신을 억제하는 방법을 터득하고 있다는 점이었다. 선생님에 대해서도, 사제지간으로서의 어떤 마지막 한계선을 넘어서는 법이 없었다. 그 선을 함부로 넘어서면 용서할 수 없는 과실이 되어, 무질서와 소란과 불법으로 변해 버린다는 것을 잘 알고 있었기 때문이다.

그러나 기회만 있으면 장난꾸러기 아이처럼 곧잘 장난을 쳤다. 학교에서 첫째가는 불량소년처럼 못된 장난을 칠 때도 있었다. 그러나 그것은 단순한 장난이라기보다 오히려 되지도 않는 엉터리 이론을 내세우거나, 기발한 언동을 하여 사람들을 바보로 만들어 버리며 우쭐거려 보는 경우가 많았다.

특히 그는 자존심이 무척 강했다. 어머니까지 자기에게 무조건 복종하게 하며 거의 폭군처럼 지배하고 있었다. 하긴 어머니 쪽에서도 기꺼이 복종했다. 아니, 벌써 오래 전부터 아들에게 복종하고 있었다. 그러나 다만 한 가지 아들이 '자기를 그리 사랑하고 있지 않다'는 것만은 도저히 견딜 수가 없었다. 그녀는 콜랴가 자기에게 그다지 정이 없는 것처럼 생각되었던 것이다. 그래서 가끔 히스테리컬하게 눈물을 흘리며 아들의 냉정함을 원망하곤 했다.

콜랴는 그것이 싫었다. 그래서 어머니가 자기에게 애틋한 애정을 요구하면 할수록 일부러 그러는 것이 아닐까 의심될 정도로 더욱더 완고해졌다. 그러나 그것은 일부러 그러는 것이 아니라 자신도 모르는 사이에 그렇게 되는 것이었다. 즉 본디 그는 그런 성격이었던 것이다. 사실 그의 어머니는 잘못 생각하고 있었다. 콜랴는 어머니를 무척 사랑하고 있었으나, 다만 그의 중학생다운 표현을 빌린다면 '양과 같은 나약한 감정'이 싫었을 따름이다.

아버지의 유품 중에 책장이 하나 있었는데, 그 안에 몇 권의 책이 보존되어 있었다. 콜랴는 독서를 즐겼기 때문에 이미 그중의 몇 권은 몰래 다 읽어 버렸다. 어머니는 그 일에 대해 별로 마음을 쓰지 않았으나, 무슨 아이가 놀러 나가지는 않고 책장 곁에 몇 시간씩이나 버티고 서서 무슨 책을 저토록 열심히 읽고 있을까, 하고 가끔 이상하게 생각했다. 이런 식으로 콜랴는 그 또래의 아이들에겐 아직 허용되지 않는 책까지 읽어 버렸던 것이다. 대체로 그는 지나친 장난은 좋아하지 않는 편이었지만, 요즘 들어서는 정말로 어머니를 깜짝 놀라게 하는 짓을 곧잘 하곤 했다. 그렇다고 해서 무슨 나쁜 짓을 하는 것은 아니었으나 간혹 어처구니없을 정도로 난폭하고 무모한 장난을 했다.

바로 그해 여름, 즉 7월 방학 때의 일이다. 어머니와 아들은 70km나 떨어져 있는 이웃 군(郡)에 사는 어떤 먼 친척 집에 가서 일주일 동안 머물렀던 적이 있었다. 그 집 바깥 주인은 그곳 철도역에 근무하고 있었다. 그 역은 이 고장에서 가장 가까운 역으로 한 달 뒤에는 이반 카라마조프도 거기서 기차를 타고 모스크바로 떠났다. 그곳에서 콜랴는 우선 철도를 자세히 관찰하고 그 구도를 연구하기 시작했다. 집에 돌아가면 동급생들에게 자기가 새로 얻은 지식을 자랑하려는 속셈이었다.

그때 마침 그곳에 몇 명의 아이들이 있어서 그는 곧 그들과 친구가 되었다. 그들 중 몇 명은 역사(驛舍)에, 그리고 다른 몇 명은 그 근처에 살고 있었다. 모두 열두어 살에서 열다섯 살까지의 비슷한 또래로 그중의 둘은 이 고장에서 간 소년이었다. 소년들은 함께 어울려서 놀기도 하고 장난도 쳤다. 4, 5일쯤 역 주위에서 지내는 동안 철부지 소년들 사이에서 그야말로 상상조차 할 수 없는 엉뚱한 내기, 그것도 2루블이나 건 내기가 벌어졌다. 그 내기란 다음과 같은 것이었다.

즉 콜랴는 소년들 중에서도 가장 나이가 어렸기 때문에 평소 나이 많은 애들에게 조금 무시를 당하고 있던 처지였으므로, 자존심에서인지 또는 무모한 용기에서인지 하여간 밤 10시 야간 열차가 전속력으로 달려가는 동안, 레일 사이에 꼼짝 않고 엎드려 있을 수 있다고 장담했던 것이다. 하기야 물론 그는 미리 조사해본 결과 레일 사이에 납작 엎드리면 기차가 무사히 통과한다는 것을 알고 있었다. 그러나 레일 사이에 엎드려 있을 때의 기분은 과연 어떨까! 아무튼 콜랴는 자기라면 충분히 해낼 수 있다고 우겼다. 처음에는 모두가 코웃음치면서 허풍이라느니 우쭐거려 보느라고 그러는 것이라느니 하며 놀려댔다. 그러나 그런 말들은 그의 모험심을 더욱 부채질을 하는 결과가 되고 말았다. 무엇보다도 열다섯 살 소년들이 아주 거만하게 콜랴를 '어린애'로 대하며, 친구로 대해주지 않는 것이 크게 분했다. 그리하여 결국 밤에 역에서 1km 가량 떨어진 곳으로 가기로 결정이 되었다. 거기서부터 기차는 역 구내를 완전히 벗어나 속력을 내기 시작하기 때문이었다. 그날 밤은 달이 없었으므로 어두운 정도가 아니라 거의 깜깜하다고 하는 편이 나았다. 아이들이 모여들자 약속대로 콜랴가 레일 사이에 엎드렸다. 내기에 어울린 다섯 아이는 둑 밑에 있는 철길 옆 숲속으로 들어갔다. 그들은 처음에는 스릴을 느꼈으나 나중에는 공포와 후회에 휩싸인 채 기차가 오기를 기다렸다. 이윽고 역을 출발한 기차의 우렁찬 소리가 멀리서 들려왔다. 두 개의 빨간 불빛이 어둠 속에서 반짝이며 나타나 가까이 다가옴에 따라 그 괴물은 우렁찬 음향을 토해냈다.

"도망쳐, 도망쳐. 레일에서 도망치라니까!"

아이들은 공포에 휩싸여 헐떡이며 숲속에서 콜랴에게 소리쳤다. 그러나 이미 때는 늦었다. 기차는 순식간에 홱 달려들어 그들 곁을 지나갔다. 아이들은 우르르 콜랴에게 달려갔다. 그는 꼼짝 않고 누워 있었다. 아이들은 조심조심 콜랴의 몸을 만지며 일으켜 세우려 했다. 그러자 그는 갑자기 벌떡 일어나더니 아무 말없이 둑에서 걸어내려갔다. 둑밑으로 내려오자 그는 아이들을 향해 너희를 깜짝 놀라게 해주려고 일부러 기절한 척했다고 말했다. 그러나 시간이 지난 뒤 그가 자기 어머니에게 실토한 바에 따르면 그는 정말로 의식을 잃고 있었던 것이다. 이리하여 '용감하다'는 그에게서 영원히 뗄 수 없는 것이 되었다. 그는 백지장같이 창백한 얼굴로 역에서 집으로 돌아갔다. 다음날 가벼운 신경성 미열이 있었지만 기분은 좋았고 꽤나 만족스러운 듯이 보였다.

이 사건은 바로 알려지지는 않았으나, 그들이 읍내로 돌아오자 이 고장에까지 소문이 퍼져서 학생들 사이에 화제가 되었을 뿐만 아니라 이윽고 선생님들의 귀에까지 들어갔다. 콜랴의 어머니는 아들이 벌을 받게 될까봐 학교로 달려가서 선생들을 붙잡고 눈물을 흘리며 애걸복걸했다. 결국은 존경받고 있는 교사 다르다넬로프가 콜랴를 위해 적극적으로 변호하고 나서는 바람에 이 사건은 흐지부지되고 말았다. 다르다넬로프 선생은 중년의 홀아비로, 벌써 오래 전부터 크라소트키나 부인을 열렬히 사랑하고 있었다. 이미 1년 전쯤의 일이지만, 그는 소심한 성격과 두려움 때문에 거의 심장이 얼어붙는 듯한 심정을 느끼며, 근엄한 태도로 결혼을 신청한 적이 있었다. 그러나 이 청혼을 받아들이는 것을 아들에 대한 배신이라고 생각한 부인은 단호하게 거절했다. 그러나 다르다넬로프 쪽에서는 두세 가지 묘한 징후로 미루어 판단한 결과, 이 아름다우면서도 지나치게 정숙하고 얌전한 부인이 자기를 아주 싫어하고 있는 것은 아니라고 공상하고 있었던 것 같다. 콜랴의 지나치리만큼 무모한 장난은 오히려 그에게 한 줄기 활로를 열어 준 것 같기도 했다. 다름이 아니라 다르다넬로프의 노력에 대해 분명하게 언질을 준 것은 아니지만, 아무튼 부인이 희망적인 암시를 주었기 때문이다. 그러나 다르다넬로프로 말하면 고결한 신사였으므로, 우선은 그것만으로도 충분히 그의 행복감을 채워 줄 수가 있었다.

그는 콜랴를 사랑하고 있었지만, 지나치게 감싸 주는 것은 비굴한 행동이라는 생각이 들어 교실에서는 엄격하게 대했다. 그리고 콜랴 자신도 존경을 잃지 않을 정도의 거리를 두고 그를 대했다. 콜랴는 공부도 잘하여 학급에서는 2등을 차지하고 있었지만 다르다넬로프에게는 비교적 냉담한 태도를 취하고 있었다. 동급생들은 콜랴가 세계사에서는 다르다넬로프도 '쩔쩔맬' 정도의 실력을 갖고 있다고 굳게 믿고 있었다.

사실 언젠가 콜랴는 그에게 "트로이는 누가 창건했습니까?"라고 물은 적이 있었다. 이 질문에 대해 다르다넬로프는 단지 그 민족이 어떤 민족이었고, 또 그들이 어떻게 이동해 왔으며, 그 시대가 얼마나 아득한 옛날이었는가, 그리고 그 신화가 얼마나 황당무계한 것인가를 대충 설명했을 뿐 누가, 즉 어떤 인물이 트로이를 창건했는가에 대해서는 한마디도 대답하지 못했을 뿐만 아니라 무엇 때문인지는 모르지만 이 질문을 장난삼아 던져보는 불성실한 것으로 받아들이는 눈치였다. 그러나 아이들은 여전히 다르다넬로프는 트로이의 창건자를 모른다는 확신을 버리지 않았다. 그런데 콜랴는 아버지가 남겨 준 책장에 보존되어 있는 스마라그도프의 저서를 읽고 트로이의 창건자가 누구인지 알고 있었다. 나중에는 모든 학생들이 트로이의 창건자는 누구일까 하는 문제에 흥미를 느끼게 되었으나 콜랴는 자기의 비밀을 끝내 공개하지 않았다. 그런 일이 있고서부터 모르는 것이 없다는 그에 대한 평판은 더욱 확고부동한 것이 되었다.

 철도 사건이 있은 뒤부터 어머니에 대한 콜랴의 태도에 조금 변화가 생겼다. 안나 표도로브나(크라소트키나 부인)는 아들의 모험담을 듣고 공포에 질려 거의 기절할 뻔했다. 그녀는 심한 히스테리 발작을 일으켰다. 뿐만 아니라 그 발작이 간헐적으로 여러 날을 두고 계속됐기 때문에 콜랴도 이번만큼은 진심으로 놀라서, 앞으론 결코 그런 장난을 하지 않겠다고 굳게 맹세했다. 그는 어머니가 시키는 대로 성상 앞에 무릎을 꿇고 돌아가신 아버지의 사진 앞에서 그 맹세를 되풀이했다. 그때만은 '용감한' 콜랴도 너무나 감동하여 마치 대여섯 살 난 어린애처럼 엉엉 소리내어 울었다. 어머니와 아들은 그날 하루 종일 얼싸안고 몸을 떨면서 울고 또 울었다.
 그러나 다음날 아침 눈을 뜬 콜랴는 여전히 '냉정한' 아들로 돌아가 있었다. 그래도 이전보다는 훨씬 말이 적고, 점잖고, 엄숙하고, 신중해졌다. 하긴 한 달 반쯤 지났을 때 그는 또다시 어떤 못된 장난꾸러기들과 어울려서 읍내의 치안판사에게까지 그 이름이 알려지게 되었지만, 그 장난도 이제는 전과는 전혀 성질이 다른 어리석고도 우스꽝스러운 것이었다. 뿐만 아니라, 콜랴가 주동한 게 아니라 어쩌다 그 장난에 끼어든 것에 불과하다는 사실이 밝혀졌다. 그러나 이 사건에 대해서는 뒤에 다시 언급하기로 하겠다.
 하여간 콜랴의 어머니는 여전히 조마조마해 하며, 애를 태우고 있었다. 그러나 다르다넬로프는 그녀의 근심이 더해 가면 더해 갈수록 더욱 희망을 품었다. 미리 말해 두지만, 콜랴도 이 점에 대해서는 다르다넬로프의 마음을 다 알고 있었으므로 다르다넬로프의 이런 '감정'을 깊이 경멸하고 있었던 것은 물론이다. 이전에는 그도 자기의 이러한 경멸감을 어머니 앞에서 거침없이 표시한 적도 있었다. 그는 자기가 다르다넬로프의 속셈을 빤히 알고 있다는 사실을 은근히 암시하곤 했던 것이다. 그러나 철도 사건이 있은 뒤부터 그는 이 점에 대해 자신의 태도를 바꾸었다. 이제는 그 어떤 은근한 암시를 통해서도 빈정거리는 따위의 일을 철저하게 삼가고 어머니 앞에서 다르다넬로프 이야기가 나오면 공손한 태도로 말하게 되었다. 민감한 크라소트키나 부인은 곧 아들의 심정을 이해하고 무척 고맙게 생각했다. 그러나 콜랴가 있는 자리에서 누가 다르다넬로프의 얘기를 꺼내면 그녀는 수줍음 때문에 얼굴을 붉히곤 했다. 이런 때면 콜랴도 얼굴을 찌푸리며 창문 쪽으로 고개를 돌리거나, 자기의 구두가 헤지지나 않았나 살펴보는 척하고, 또는 '페레즈본'을 소리쳐 부르곤 했다.
 페레즈본은 한 달 전에 어디선가 데려 온, 털이 더부룩하고 덩치 큰 개였다. 콜랴는 그 개를 집에 데리고 들어와서는 무슨 까닭에서인지 몰래 방안에서 기르며 친구들에겐 그 누구건 절대 보여주지 않았다. 그는 개에게 마치 무서운 폭군처럼 엄격한 태도로 여러 가지 재주를 가르쳤다. 그래서 마침내 이 가련한 개는 주인이 학교에 가고 없으면 줄곧 끙끙거리다가 콜랴가 집에 돌아오기만 하면 기뻐서 어쩔 줄 모르며 마구 짖어대고 미친 듯이 날뛰면서 주인의 심부름을 하기도 하고 땅바닥에 축 늘어져 죽은 시늉도 해보였다. 즉 주인의 명령 때문이라기보다 오직 감사와 기쁨에 넘쳐, 가르쳐 준 모든 재주를 시키지 않아도 부려 보이게 된 것이다.
 참고로 한마디 덧붙여 둘 것이 있다. 독자들이 이미 알고 있는 퇴역 대위 스네기료프의 아들 일류샤가, 자기 아버지를 '수세미'라고 놀려댔다고 분개한 나머지 칼로 찌른 상대가 바로 이 콜랴였다.

2 꼬마들

 눈보라와 북풍이 휘몰아치는 추운 11월 어느 날 아침, 콜랴 크라소트킨은 집안에 앉아 있었다. 마침 일요일이어서 학교 수업은 없었다. 그러나 이미 시계가 11시를 알렸으므로, 그는 꼭 필요한 '중대한 볼일' 때문에 외출해야만 했다. 그러나 그는 혼자 남아 집을 보고 있었다. 왜냐하면 마침 이 집에 살고 있는 어른들이 특별하고 희한한 어떤 사건 때문에 모두 집을 비우고 없었기 때문이다.
 크라소트키나 부인 집에는 그들이 쓰고 있는 방에서 현관을 사이에 두고 따로 떨어진 작은 방 두 개가 있었다. 그 방을 어린애가 둘 있는 어떤 의사 부인이 빌려 살고 있었다. 이 의사 부인은 크라소트키나 부인과 나이가 비슷하여 두 사람은 무척 사이가 좋았다. 남편인 의사는 벌써 1년 전부터 여행을 떠나고 집에 없었다. 들리는 풍문에는 처음엔 오렌부르크로, 다음엔 타슈켄트로 갔다고 했으나 그 뒤로는 벌써 반 년이 넘게 아무런 소식이 없었다. 그런만큼 만일 크라소트키나 부인같은 친구가 있어서 조금이나마 이 버림받은 의사 부인의 슬픔을 위로해 주지 않았던들 그녀는 아마 너무도 슬퍼하며 울다가 지쳐 죽었을지도 모른다.

그런데 운명은 온갖 잔혹한 짓을 다 부릴 셈인지 마침 토요일에서 일요일에 걸친 이날 밤에, 의사 부인에겐 하나밖에 없는 하녀 카체리나가 갑작스럽게, 새벽 전에 아이를 낳게 될 것 같다는 사실을 알려온 것이다. 어떻게 해서 그때까지 아무도 눈치를 채지 못했는지 그것은 거의 기적에 가까운 일이었다. 아무튼 깜짝 놀란 의사 부인은 아직 시간 여유가 있는 동안 이런 경우를 위해 있는 조산원으로 카체리나를 데리고 가야겠다고 생각했다. 그녀는 이 하녀를 아주 소중하게 여기고 있었기 때문에 지체없이 자기의 계획을 실행에 옮겨 카체리나를 산원으로 데리고 갔을 뿐만 아니라, 그곳에 남아서 시중을 들어 주기로 했다. 그런데 아침이 되자 어떤 이유에서인지는 모르나 크라소트키나 부인까지 나서서 도와 주어야 하게 되었다. 부인은 이런 경우 능히 다른 사람에게 도움을 청하거나 여러 가지로 친절히 돌봐줄 수 있는 사람이었다. 이런 일로 두 부인은 모두 외출하여 집을 비우고 있었다. 게다가 크라소트키나 부인의 하녀 아가피야까지 시장에 가고 없었다.

그래서 콜랴는 잠시 동안 '꼬마들', 즉 집에 남아 있는 그 의사 부인의 아들과 딸의 보호자겸 감시자가 된 것이다. 콜랴는 집을 지키는 것쯤은 조금도 무섭지 않았다. 뿐만 아니라 페레즈본도 함께 있었다. 페레즈본은 응접실 의자 밑에서 '꼼짝 말고' 자고 있으라는 명령을 받고 있었다. 그래서 집안을 이리저리 돌아다니고 있는 콜랴가 응접실로 들어올 때마다 머리를 흔들며 애교를 부리는 듯이 꼬리로 두세 번씩 마루를 툭툭 치곤 했다. 그러나 가엾게도 주인을 따라오라는 휘파람 소리는 들려오지 않았다. 콜랴가 위협하듯이 노려보면, 이 가엾은 개는 또다시 얌전하게 몸을 옴츠리곤 했다.

콜랴를 난처하게 하는 일이 있었다면, 그것은 단지 '꼬마들'뿐이었다. 물론 그는 카체리나에 관한 뜻밖의 사건을 깊은 경멸어린 눈으로 바라보고 있었다. 그래도 그는 의지할 곳 없는 어린 아이들을 아주 귀여워하고 있었으므로, 벌써 동화책까지 한 권 가져다 주었다. 여덟 살 난 누나 나스차는 벌써 책을 읽을 줄 알았다. 동생인 '꼬마', 즉 일곱 살 난 코스차는 나스차가 책 읽어 주는 걸 무척 좋아했다. 물론 콜랴는 이 두 아이들을 좀더 재미있게 놀도록 해줄 수도 있었다. 그들을 나란히 세워놓고 군대놀이를 하거나, 온 집안을 뛰어다니며 숨바꼭질을 하면서 놀 수도 있었다. 전에는 곧잘 그런 놀이를 했을 뿐만 아니라 콜랴 자신도 그리 싫어하지 않았다. 그래서 한번은 학교에, 콜랴가 자기 집에 세들어 있는 꼬마들과 말타기를 하고 놀면서, 말이 되어 뛰어오르기도 하고 머리를 처박거나 숙이기도 한다는 소문이 퍼진 일까지 있었다. 그러나 콜랴는 거만하게 이 공격을 반박했다. 만약 자기와 비슷한 또래, 즉 열세 살이나 먹은 아이들과 말타기놀이를 한다면 그것은 '내 나이에' 수치스러운 일이다. 하지만 자기가 그런 놀이를 하는 것은 어디까지나 '꼬마들'을 위해서이고 그들을 사랑하기 때문이므로, 자기의 그런 애정에 대해서는 어느 누구도 왈가왈부할 수 없다는 투로 일소에 부치고 말았다.

물론 '꼬마들'은 둘 다 그를 존경하고 있었다. 그러나 오늘만은 그런 놀이를 하고 있을 처지가 못되었다. 그에게는 매우 중대한, 얼핏 보기엔 거의 비밀에 가까운 어떤 볼일이 기다리고 있었기 때문이다. 게다가 시간은 사정없이 지나가기만 하는데 아이들을 부탁하려고 마음먹고 있는 아가피야는 시장에서 영 돌아오지 않는다. 그는 벌써 몇 번이나 현관을 거쳐 의사 부인의 방문을 열고 근심스러운 듯이 '꼬마들'을 들여다보곤 했다. 꼬마들은 콜랴가 시킨 대로 책을 읽고 있었으나, 그가 문을 열 때마다 말없이 콜랴 쪽을 바라보며, 커다란 입을 벌리고 방글방글 웃었다. 왜냐하면 그가 곧 들어와서 재미난 놀이를 벌일 것을 기대하고 있기 때문이었다.

그러나 콜랴는 마음이 초조하여 방안으로는 들어갈 생각조차 하지않고 있었다. 마침내 시계가 11시를 쳤다. 그는 앞으로 10분이 지나도록 그 망할 아가피야가 돌아오지 않으면, 더 이상 기다리지 않고 단연코 출발하리라고 결심했다. 물론 그전에 '꼬마들'한테 자기가 없다고 해서 공연히 겁을 집어먹거나, 장난을 치거나, 울어서는 안 된다고 다짐을 받아야 하는 것은 두말할 필요도 없는 일이었다. 이렇게 생각하며 그는 해달 털가죽으로 깃을 대고 솜을 넣어 누빈 겨울 외투를 입고, 한쪽 어깨에 가방을 메었다. 그리고 이런 추운 날에는 꼭 털신을 신고 외출하라는 어머니의 간절한 당부가 여러 번 있었음에도 불구하고, 응접실을 지나갈 때 그 털신을 멸시하는 듯한 눈초리로 한번 흘깃 보았을 뿐 장화만 신고 바깥으로 나갔다.

페레즈본은 그가 외투를 입은 것을 보자 신경질적으로 몸을 부르르 떨며, 꼬리로 세차게 마룻바닥을 치면서 애처로운 신음소리를 냈다. 그러나 콜랴는 자기 개가 이렇게 흥분하여 자기에게 달려오고 싶어하는 것은 비록 단 1분간일망정 규율을 어지럽히는 행동이라고 생각했다. 그래서 그는 개를 그대로 의자 밑에 엎드려 있게 했다가 현관문을 열었을 때에야 비로소 휘파람을 불었다. 개는 미친 듯이 뛰어일어나 좋아서 어쩔 줄 모르겠다는 듯이 앞장서서 달려갔다.

콜랴는 현관을 지나 올때 꼬마들이 있는 방의 문을 열었다. 두 아이는 여전히 테이블에 앉아 있었으나 책은 읽지 않고 무어라 서로 열띤 논쟁을 벌이고 있었다. 이 아이들은 세상의 여러 가지 일에 대해 서로 말다툼을 벌이는 일이 가끔 있었는데 그럴때면 으레 손위인 누나 나스차가 이겼다. 그러나 코스차는 누나의 주장에 동의할 수 없을 땐 거의 언제나 콜랴에게 호소하곤 했다. 그리고 콜랴의 판결은 둘에게 절대적인 선고가 되는 것이었다. 오늘 '꼬마'들의 말다툼은 콜랴에게 얼마 쯤 흥미로운 것이었기 때문에 그는 문 앞에 서서 엿듣고 있었다. 아이들은 그가 듣고 있는 것을 알자 더욱 신이 나서 논쟁을 계속했다.

"그런 게 어디 있어, 난 그런 말 절대로 믿을 수 없어." 나스차가 약이 올라 중얼거렸다. "산파 할머니가 갓난아기를 양배추밭 고랑에서 주워 온다고 누가 그래? 게다가 지금은 겨울이잖아? 양배추가 어디 있겠니? 그러니까 산파 할머니가 어떻게 카체리나에게 딸을 갖다 줄 수 있겠느냔 말야."

"휘익!"

콜랴는 속으로 휘파람을 불었다.

"그렇다면 아마 이런 걸거야. 산파 할머니는 어디선가 아기를 가져오긴 하는데, 결혼한 사람에게만 가져다 줄 거야."

코스차는 나스차를 빤히 쳐다보았다. 심각하게 귀를 기울이면서 무엇인가 깊이 생각하는 눈치였다.

"누나는 참 바보야." 이윽고 코스차는 침착한 어조로 이렇게 말문을 열었다. "카체리나는 결혼도 하지 않았는데 어떻게 아기를 낳는단 말이야?"

"넌 아무것도 몰라." 나스차는 발끈 화를 내며 말을 가로막았다. "아마도 카체리나는 남편이 있었을 거야. 지금은 감옥에 들어가 있는지도 몰라. 그러니까 카체리나는 아기를 낳은 거야."

"그렇지만 정말 카체리나의 남편은 감옥에 들어가 있을까?"

뭐든지 따지고 들기 잘하는 코스차는 거드름을 부리며 물었다.

"어쩌면 이런 건지도 모르지." 나스차는 자기의 처음 가설은 까맣게 잊어버린 듯 포기하고 재빨리 이렇게 말을 돌렸다. "네 말대로 카체리나에겐 남편이 없을 거야. 그건 네말이 옳을지 몰라. 그렇지만 카체리나는 시집이 가고 싶어서, 늘 결혼하는 것만 생각했지. 자꾸 그런 생각만 했기 때문에 남편 대신 아기가 생겨난 걸 거야."

"응 참, 그럴지도 몰라." 완전히 설득당한 코스챠는 이렇게 동의하고 말았다. "누나가 처음부터 그렇게 말해 주지 않았으니 내가 알 게 뭐야."

"이봐, 꼬마들아." 콜랴는 방안으로 들어서며 말했다. "너희는 정말 위험천만한 아이들이로구나, 응!"

"페레즈본도 데리고 왔어?"

코스챠는 벙글거리며 웃더니, 손가락을 탁탁 튕기며 페레즈본을 부르기 시작했다.

"얘들아, 참 곤란한 일이 하나 생겼다." 콜랴는 거들먹거리며 입을 열었다. "그래서 너희가 좀 도와 줘야겠어. 지금까지 돌아오지 않는 것을 보니, 아가피야는 아무래도 다리가 부러진 모양이야. 틀림없이 그럴 거야. 그런데 난 꼭 밖에 나가 봐야 할 일이 있어. 어때, 내가 나가도 괜찮겠지?"

아이들은 걱정스러운 듯이 서로 얼굴을 마주 바라보았다. 미소를 띤 얼굴에는 점차 불안한 기색이 감돌기 시작했지만 두 아이는 콜랴가 자기들에게 무엇을 요구하고 있는지 얼른 알아듣지 못했다.

"내가 없어도 나쁜 장난을 하진 않겠지? 장롱에 기어올라 갔다가 다리를 다치거나 하진 않겠지? 둘이만 있는 게 무서워서 울거나 하진 않겠지?"

아이들의 얼굴에 아주 불안한 기색이 떠올랐다.

"그 대신 내가 좋은 걸 보여줄게. 구리로 만든 대포야. 진짜 화약으로 쏠 수도 있어!"

아이들의 얼굴이 금방 환하게 밝아졌다.

"그 대포 보여줘."

코스챠는 신이 난 표정으로 말했다.

콜랴는 자기 가방에 한쪽 손을 집어넣어 그 안에서 청동으로 만든 작은 대포를 꺼내 테이블 위에 놓았다.

"자, 이거야! 잘봐, 여기 바퀴도 달려있어." 그는 장난감을 테이블 위에서 굴렸다. "쏠 수도 있어. 총알을 재어서 쏘면 되는 거야."

"그럼 사람을 죽일 수도 있어?"

"암, 누구라도 죽일 수 있지. 겨누고 쏘기만 하면 되는 거야."

이렇게 말하고 콜랴는 어디에 화약을 넣고, 어디에 총알을 재는지 설명한 뒤, 점화구처럼 생긴 구멍을 보여주기도 하고 반동이 있다는 것도 설명해 주었다. 아이들은 커다란 호기심을 가지고 귀를 기울이고 있었다. 특히 그들을 놀라게 한 것은 반동이 있다는 말이었다.

"그럼 화약도 갖고 있어?"

나스차가 물어보았다.

"갖고 있고말고."

"그럼 화약도 보여줘, 응?"

애원하는 듯한 미소를 지으며 나스차는 말꼬리를 길게 끌었.

콜랴는 다시 가방에 손을 넣어 자그마한 병을 하나 끄집어냈다. 그 안에는 진짜 화약이 조금 들어 있었다. 종이 봉지에서는 몇 개의 산탄(散彈)도 나왔다. 그는 병마개를 열고 화약을 손바닥에 조금 꺼내 보이기까지 했다.

"잘 봐. 그렇지만 근처에 불이 없어야 해. 그렇지 않으면 꽝 하고 폭발해서 우린 모두 죽고 말아."

콜랴는 효과를 높이기 위해 일부러 이렇게 경고했다.

아이들은 진지한 공포의 빛을 나타내며 화약을 들여다보았다. 그러나 그 공포심은 오히려 그들의 흥미를 더욱 자극할 뿐이었다. 코스차는 화약보다 산탄 쪽에 더 마음이 끌렸다.

"산탄은 불이 붙지 않는 거야?"

"응, 그건 불붙지 않아."

"그럼, 조금만 줘, 응?"

아이는 애원하는 듯한 목소리로 이렇게 말했다.

"그래, 조금만 줄게. 그렇지만 내가 돌아올 때까지 엄마한테 보여주면 안돼, 알겠지? 그렇지 않으면 엄만 이게 화약인 줄 알고 깜짝 놀라서 기절해 버릴 거야. 그리고 너희는 호되게 얻어맞을 테고."

"엄만 우릴 한 번도 때린 적이 없어."

나스차가 얼른 대꾸했다.

"그건 나도 알아. 그저 말을 재미있게 하느라고 그래 본 것뿐이야. 물론 엄마를 속이는 건 절대 안 될 일이지. 그렇지만 이번만, 내가 돌아올 때까지만이야, 알겠니? 애들아, 그럼 난 나가도 괜찮겠지, 응? 내가 없다고 무서워서 울진 않겠지?"

"싫어, 울 테야."

코스차는 금방이라도 울음을 터뜨릴 것처럼 말꼬리를 끌었다.

"울 거야, 틀림없이 울고 말거야."

나스차도 겁에 질린 듯이 빠른 어조로 맞장구를 쳤다.

"이거 참 골치아픈 놈들이군. 정말이지, 너희 또래는 위험하기 짝이 없단 말이야. 할 수 없지, 요 병아리들아, 아무래도 좀더, 얼마나 있게 될는지는 모르겠지만 너희와 같이 있어야겠구나. 그렇지만 시간이, 시간이 자꾸 가는데, 이를 어쩌면 좋지?"

"페레즈본한테 죽은 시늉을 한번 해보라고 시켜 봐, 응?"

코스차가 부탁했다.

"그렇군, 할 수 없지, 페레즈본이라도 써 먹어야겠다. 이리 와, 페레즈본."

콜랴는 개에게 명령을 내리기 시작했다. 개는 자기가 알고 있는 재주를 죄다 부려 보였다. 페레즈본은 곱슬곱슬한 털로 뒤덮인 보통 크기의 개로, 빛깔은 푸르스름한 잿빛이었는데, 어떤 이유에선지는 모르나 오른쪽 눈이 애꾸에다 왼쪽 귀는 찢어져 있었다. 페레즈본은 멍멍 짖어대기도 하고, 뛰기도 하고, 심부름도 하고, 뒷발로 걷거나, 네 다리를 들고 벌렁 드러눕기도 하고, 죽은 듯이 꼼짝 않고 누워 있기도 했다. 이 마지막 재주를 부리고 있을 때, 방문이 열리며 크라소트키나 부인의 하녀 아가피야가 나타났다. 아가피야는 뚱뚱하게 살이 찐 마흔 살 가량의 여자로 식료품을 잔뜩 사넣은 바구니를 손에 들고 시장에서 돌아오는 길이었다. 아가피야는 그 자리에 우뚝 서서, 왼손에 바구니를 든 채 개가 재주를 부리는 것을 구경하기 시작했다. 그처럼 눈이 빠지게 아가피야를 기다리고 있던 콜랴였지만 개가 재주 부리는 것을 중단시키지는 않았다. 이윽고 얼마 동안 페레즈본에게 죽은 시늉을 시킨 다음에야 개를 향해 휘파람을 불었다. 개는 발딱 일어나서 자기의 임무를 완수했다는 기쁨을 감추지 못하는 듯이 깡총깡총 뛰며 주위를 맴돌았다.

"저놈의 개새끼가!"

아가피야가 꾸짖듯이 말했다.

"뭐 하느라고 이렇게 늑장을 부린 거야?"

콜랴는 화난 목소리로 물었다.

"꼬마 녀석이 무슨 말 버릇이 그래?"

"뭐, 꼬마라고?"

"꼬마지 뭐야. 도대체 내가 늦었기로서니 네가 무슨 상관이야. 다 그럴만한 이유가 있었기 때문인데."

아가피야는 난로 옆을 왔다갔다 하며 중얼거렸다. 그러나 그 목소리는 조금도 못마땅하다거나 화난 것 같지는 않았다. 오히려 활발한 도련님과 농담할 수 있는 기회를 얻은 것을 무척 반기는 눈치였다.

"이봐, 주책 할멈." 콜랴는 소파에서 일어나며 말을 꺼냈다. "내가 없는 동안 이 꼬마들을 잘 봐줄 수 있어? 이 세상의 모든 신성한 것의 이름으로 맹세할 수 있느냔 말야? 난 좀 나가 봐야겠는데."

"내가 뭣 때문에 네게 맹세를 해야 하니?" 아가피야는 깔깔 웃어댔다. "맹세까지 안해도 내가 잘 봐주지."

"안 돼, 당신 영혼의 영원한 구원을 걸고 맹세하지 않으면 난 나갈 수가 없어."

"그럼 나가지 말렴. 내 알 바가 아니니까. 바깥이 추우니 꼼짝 말고 집에 있어요."

"애들아." 콜랴는 아이들을 향해 말했다. "내가 돌아오든지 너희 엄마가 돌아오든지 할 때까지, 이 아줌마가 너희하고 함께 있어줄 거야. 하긴 엄마도 벌써 돌아와야 할 때가 됐는데……. 이 아줌마가 너희에게 점심도 줄거야. 아가피야, 저 꼬마들에게 뭐 먹을 것을 좀 줄 수 있겠지?"

"그런 것쯤이야 할 수 있지."

"그럼, 병아리들아, 잘 있어. 난 안심하고 간다. 그런데 할멈." 그는 아가피야 곁을 지나가면서 나직한 목소리로 거드름을 부리며 말했다. "철없는 아이들의 나이를 생각해서라도 시시한 주책을 떨어가며 카체리나에 대해서 쓸데없는 얘기를 하면 안 돼, 알았지? 자, 페레즈본, 가자!"

"냉큼 꺼져 버려!" 아가피야가 화난 듯이 버럭 소리를 질렀다. "나 참 별 우스운 애도 다 보겠군! 그런 소릴 하는 너부터 단단히 혼이 나야 돼."

3 학교 아이들

그러나 이미 콜랴의 귀에는 이 말이 들리지 않았다. 그는 간신히 밖으로 빠져나갈 수가 있었다. 문 밖에 나서자 그는 주위를 둘러보고 어깨를 움츠리며 "엄청 추운데!" 이렇게 중얼거리고는 한길을 똑바로 걸어갔다. 그는 어느 길모퉁이에서 오른쪽 골목길로 들어서서 시장이 열리고 있는 광장 쪽을 향해 걸어갔다. 광장에 나서기 바로 한 집 전에 다다르자 그는 그 집 문 곁에 섰다. 그러고는 주머니에서 호루라기를 꺼내 무슨 신호라도 하듯이 힘껏 한 번 불었다. 채 1분도 되기 전에, 문에서 혈색 좋은 한 사내아이가 뛰어나왔다. 나이는 열한 살 가량으로 깨끗하고 따뜻해 보이는, 거의 사치스럽다고 할 수 있는 멋진 외투를 입고 있었다. 이 소년은 예과에 다니는 스무로프라는 학생으로 부유한 관리의 아들이었는데, 콜랴보다 두 학년 아래였다. 그의 부모는 자기 자식이 위험천만한 장난꾸러기 콜랴와 함께 노는 것을 허락하지 않았다. 그러니 지금 스무로프는 몰래 빠져나온 것이 분명했다. 독자 여러분은 아직 기억하겠지만, 이 스무로프는 두 달 전에 개울 저편에서 일류샤에게 돌을 던진 소년들 틈에 끼어 있던 아이로 그때 일류샤에 대해 알료샤에게 말해 준 바로 그 아이였다.

"콜랴, 난 벌써 1시간이나 기다리고 있었어."

스무로프는 단호한 어조로 말했다. 두 소년은 광장 쪽으로 걷기 시작했다.

"늦었어." 콜랴가 대답했다. "피치 못할 사정이 있어서 그랬어. 그런데 나와 함께 다니다가 나중에 매를 맞는 건 아니니?"

"무슨 소리야, 난 매라곤 맞아 본 일이 없어. 그런데 페레즈본도 데리고 왔니?"

"데리고 왔지."

"그럼 그리로 가는 거지?"

"응, 그리로."

"아아, 주치카가 있었더라면!"

"주치카 이야긴 하나마나야. 주치카는 이미 이 세상엔 없어. 주치카는 이미 미지의 어둠 속으로 사라져 버렸어."

"아, 이렇게 하면 안 될까?" 스무로프가 문득 걸음을 멈췄다. "일류샤의 말로는 주치카도 털이 곱슬곱슬한 데다 빛깔이 푸르스름한 잿빛이었다니까, 이 페레즈본을 주치카라고 하면 안 될까? 어쩌면 믿을지도 모르는데."

"학생은 거짓말을 하면 못써. 이것이 첫째 이유고, 둘째론 아무리 좋은 목적을 위해서라도 거짓말을 하는 건 결코 좋지 않아. 그건 그렇고, 너 거기서 내가 간다는 말을 절대 지껄이지 않았겠지?"

"천만에, 나도 내가 무엇을 해야 하는지쯤은 알고 있어. 그렇지만 저 페레즈 본으로는 그 애를 위로해 줄 수 없을 거야." 스무로프는 한숨을 내쉬었다. "그런데 그 애 아버지가, 그 '수세미' 대위가, 오늘 코끝이 까만 진짜 마스티프 종(種) 강아지를 얻어다가 일류샤에게 주겠다고 우리한테 말했어. 그 사람은 그 강아지로 일류샤의 마음을 달랠 생각이지만, 아마 어려울 거야."

"그건 그렇고 일류샤는 좀 어때?"

"나빠, 아주 나빠! 난 그 애가 아무래도 병에 걸린 것 같아. 정신은 또렷한데 숨 쉬는 게 이상하거든. 그 숨 쉬는 소리가 아주 좋지 않아! 요전에도 좀 걷게 해달라기에 구두를 신겨 주었더니, 한 발짝 걷고서는 푹 쓰러지고 말지뭐야. 그 주제에 '아빠, 이 장화는 처음부터 못쓰는 것이어서, 이걸 신고는 제대로 걷지 못하겠다고 전부터 말하지 않았어요?' 이러는 거야. 그앤 쓰러지는 것을 구두 탓으로 돌리고 있지만, 실은 몸이 쇠약해졌기 때문이야. 아마 일주일도 견디지 못할 것 같아. 게르첸시투베가 그 애를 봐주고 있어. 이젠 그 집도 돈이 생겼으니까. 돈이 꽤 많은가봐."

"모두 사기꾼들이야."

"누가?"

"의사라든가 의술을 팔아먹는 자들은 모두가 그래. 물론 일반적으로 그렇다는 말이지만, 개별적으로도 물론 그래. 난 의학이라는 것을 인정할 수가 없어. 아무런 소용도 없는 짓이지. 장차 내가 모두 속속들이 조사해볼 생각이야. 그런데 너희는 어쩌다 그런 감상적인 짓을 시작했지? 학급 전체가 매일처럼 거길 간다지?"

"학급 전체가 아니야. 단지 열 명 정도만 매일 그 애를 보러 다니고 있어. 그게 뭐 어때서 그래?"

"도대체 이번 일에서 이해가 가지 않는 건, 알렉세이 카라마조프가 하는 짓이란 말이야. 자기 형님이 내일이나 모레쯤 그런 범죄 사건 때문에 재판을 받게 되었는데, 어떻게 어린아이들과 어울려 그런 감상적인 일에 시간을 보낼 여유가 있을까!"

"이번 일은 절대 감상적이지 않아. 너 자신도 지금 일류샤와 화해를 하러 가고 있잖아."

"화해라고? 웃기는 소리군! 난 어느 누구에게도 행동을 분석하는 일은 용납할 수 없어."

"그렇지만 일류샤가 너를 보면 얼마나 기뻐할까. 그앤 네가 올 줄은 꿈에도 생각지 않고 있거든. 왜 너는, 도대체 그동안 가볼 생각을 하지 않고 있었어?"

스무로프는 갑자기 흥분해서 소리쳤다.

"이봐, 그건 내 일이니까 네가 알 바가 아니야. 난 내가 가기로 결정했으니까 갈 따름이야. 하지만 너희는 모두가 알렉세이 카라마조프에게 끌려서 거기 갔지? 바로 그점이 달라. 뿐만 아니라 내가 화해를 하러 가는 건지 아닌지 네가 어떻게 알아? 화해니 뭐니 하는 말 자체가 우스꽝스러운 표현이야."

"우린 카라마조프한테 끌려서 간 게 아니야, 절대로 아니야. 우린 그 애에게 가고 싶어서 가기 시작했을 뿐이야. 물론 처음엔 카라마조프 씨와 함께 갔지만, 결코 그렇게 어리석게 끌려간 것이 아니었어. 처음엔 한 사람이 갔고, 다음에 또 한 사람이, 이런 식으로 다니게 된 거야. 그 애의 아버진 우릴 보고 무척 반가워했어. 그런데 만약 일류샤가 정말로 죽기라도 한다면 그 애 아버진 정말로 미쳐 버리고 말 거야. 그 애 아버진 일류샤가 죽을 것을 벌써 다 알고 있어. 그래서 우리가 일류샤와 화해했을 때 얼마나 기뻐했는지 몰라. 일류샤는 뭐라고 네 얘길 물었지만, 그뿐이었어. 묻고 나선 다시 아무 말도 하지 않았어. 어쨌든 그 애 아버진 틀림없이 미쳐 버리거나, 목매어 죽고 말 거야. 그 사람은 전에도 미치광이 같은 짓을 하고 다닌 적이 있으니까. 그렇지만 너도 그가 결백한 사람이란 건 알 거야. 그땐 우리가 오해하고 있었어. 자기 아버지를 죽인 그 살인자가 그때 그 사람을 때린 게 전적으로 잘못이었어."

"하지만 어쨌든 카라마조프 씨는 나에겐 여전히 수수께끼야. 벌써 오래 전에 그와 친구가 될 수 있었지만, 왜 그런지 난 경우에 따라선 자존심을 세우는 걸 좋아한단 말이야. 뿐만 아니라 난 그 사람에 관한 내 의견을 정리했어. 하지만 그건 좀더 연구한 뒤에 밝힐 생각이야."

콜랴는 거드름을 피우며 입을 다물었다. 스무로프도 말이 없었다. 물론 스무로프는 콜랴 크라소트킨을 숭배하고 있었으므로 그와 대등해지는 것은 생각조차 못할 일이었다. 이때도 그는 콜랴에게 패나 흥미를 느꼈다. 왜냐하면 콜랴가 '자진해서' 일류샤를 만나러 간다고 말했기 때문이다. 따라서 콜랴가 오늘 갑자기 그리로 가려고 결심한 데는, 기필코 무슨 곡절이 있을 것이라고 생각했던 것이다. 두 소년은 시장이 선 광장을 걸어 갔다. 장터에는 시골에서 몰려온 짐마차가 여기저기 세워져 있고, 거위들이 우글거리고 있었다. 장사치 아낙네들은 천막을 친 점포에서 빵이나 실 따위를 팔고 있었다. 일요일에 서는 이런 시장을 이 고장에서는 좀 과장해서 정기시(定期市)라고 부르고 있었는데, 이런 정기시는 1년에 여러 번씩 있었다. 페레즈본은 길 이쪽저쪽을, 후각 신경을 왕성하게 발동시키며 신이 나서 뛰어다녔다. 그러다가 다른 개를 만나면, 개들의 법칙에 따라 서로 열심히 냄새를 맡곤 했다.

"스무로프, 난 현실을 관찰하는 것을 좋아해." 문득 콜랴가 이렇게 말을 시작했다. "넌 개들이 만나면 서로 냄새를 맡는 걸 보았을 거야. 거기에는 어떤 공통적인 그들의 자연 법칙이 있어."

"그래, 좀 우스운 법칙이긴 하지만."

"천만에, 하나도 우습지 않아. 너는 잘 모르고 있어. 편견이 가득찬 인간의 눈에는 어떻게 보일지 모르지만, 자연엔 우스운 것이라곤 하나도 없는 거야. 만약에 개가 생각도 하고 무엇을 비판할 수도 있는 존재라고 상상해 봐. 개들도 역시 자기네들의 명령자인 인간들의 사회적 관계에서 거의 그와 마찬가지인, 아니 오히려 훨씬 더 우스꽝스러운 점을 발견할 거야. 아, 오히려 더하면 더했지 못하지 않을 걸. 내가 이렇게 강조하는 건 우리 인간 쪽이 훨씬 더 어리석은 습관을 많이 가지고 있다는 것을 확신하고 있기 때문이야. 이건 라키친의 견해이지만, 정말 그럴 듯한 사상이지. 스무로프, 난 사회주의자야."

"사회주의가 뭔데?"

"그건 모든 인간이 평등하고, 모두가 재산을 공동으로 소유하고, 결혼이란 게 없고, 자기가 좋아하는 종교와 법을 갖고……. 모든 것이 다 이런 식이 되는 거야. 넌 아직 이것을 이해할 만큼 자라지 못했어. 그런데 되게 춥다."

"응, 영하 12도니까. 아까 아버지가 온도계를 보고 말했어."

"스무로프, 넌 영하 15도나 18도 되는 한겨울보다는 요즘처럼 갑자기 영하 12도의 추위가 닥쳐오는 초겨울이, 아직 눈도 내리지 않은 초겨울이 오히려 더 춥다는 걸 못 느꼈니? 그건 사람들이 아직 추위에 익숙해지지 않았기 때문이야. 사람이란 어쨌든 습관의 동물이야. 사회적이나 정치적 관계에서도 마찬가지지. 습관이야말로 위대한 원동력이라고 할 수 있어. 그런데 저 농부 차림새가 무척 우스꽝스러워!"

콜랴는 안에 양털을 댄 외투를 입고 선량하게 생긴 얼굴에 키가 후리후리하게 큰 농부를 가리켰다. 그는 추위를 막느라고 자기 마차 옆에 서서 가죽 장갑을 낀 손을 탁탁 마주치고 있었다. 그의 길다란 잿빛 수염에는 서리가 하얗게 앉아 있었다.

"저 농부의 턱수염이 꽁꽁 얼었네."

콜랴는 그의 곁을 지나면서 시비라도 거는 것처럼 큰 소리로 말했다.

"누구의 수염이든 다 얼게 마련이야." 그 농부는 조용하게 경구라도 외는 듯이 중얼거리며 대꾸했다.

"그렇게 놀려대지 마."

스무로프가 주의를 주었다.

"괜찮아. 사람이 좋으니까 화내진 않을 거야. 잘 가요, 마트베이."

"잘 가렴."

"아니 그럼 아저씨 이름이 마트베이예요?"

"그래, 내 이름도 모르고 불렀니?"

"몰랐어요. 무턱대고 그래 본 거죠."

"허 참, 이상한 아이도 다 있군! 너 학교에 다니니?"

"예."

"그럼 선생님께 매도 맞겠구나?"

"매라고 할 것까진 없지만 이따금……."

"꽤 아프지?"

"아프지 않다곤 할 수 없죠."

"저런! 가련한 인생이군."

농부는 진심에서 우러나오는 한숨을 쉬었다.

"안녕, 마트베이."

"안녕, 거 참 귀여운 놈이로군."

두 소년은 다시 걷기 시작했다.

"참 좋은 농부지?" 콜랴는 스무로프에게 말했다. "난 민중과 얘기하는 걸 좋아해. 늘 기꺼이 그들의 장점을 인정해 주지."

"근데 왜 우리가 매를 맞는다고 거짓말을 했어?"
"그를 위로 해줄 필요가 있으니까."
"그건 무슨 뜻이야?"
"스무로프, 난 같은 말을 두 번 되묻는 걸 싫어해. 난 처음의 한마디로 이해하는 사람이 좋아. 어떤 놈은 아무리 설명해도 말귀를 못 알아듣거든. 농부들은 학생이란 늘 매를 맞는 것, 그리고 매를 맞아야만 한다고 생각하고 있단 말이야. 그러니 만약 학생이 매를 맞지 않는다면 그게 무슨 학생이냐는 거지. 만약에 내가 우린 매를 맞지 않는다고 말하면, 그 사람은 얼마나 실망하겠니? 그렇지만 넌 아직 그런 건 이해 못 해. 농부들과 얘기를 하려면 말하는 법을 알아야 하는 거야."
"하지만 제발 덤벼드는 건 그만 둬, 뭐. 그렇지 않으면 또 그 거위 사건 때와 같은 일이 벌어질걸."
"넌 그게 무섭니?"
"웃지 마, 콜랴. 난 정말 무서워. 아버지가 굉장히 화를 내시니까. 아버진 내가 너하고 어울려 다니는 것도 금하고 있어."
"걱정 마. 오늘은 절대 그런 일이 없을 테니. 나타샤, 안녕하세요?"
콜랴는 물건을 팔고 있는 어떤 여자에게 이렇게 소리쳤다.
"난 나타샤가 아냐, 내 이름은 마리야야."
장사꾼 여인이 소리쳤다. 그녀는 아직 늙은 편은 아니었다.
"아, 마리야로군. 안녕!"
"아니, 저 망나니 같은 녀석이! 대가리에 피도 안 마른 녀석이 그게 무슨 말버릇이야."
"갈길이 바빠서 당신을 상대할 시간이 없군요. 다음 일요일에나 얘기합시다."
마치 이쪽이 아니라 장사꾼 여자 쪽에서 말을 붙이기라도 한 것처럼 콜랴는 손을 내저었다.
"다음 일요일에도 너 같은 것하곤 할 얘기가 없어. 네 놈이 먼저 수작을 걸어 놓고 건방지게 무슨 소리야!" 마리야는 버럭 고함을 쳤다. "한대 맞아 보겠어? 요 망나니 녀석 같으니!"
마리야와 나란히 가게를 벌이고 있던 다른 여자들이 와! 웃음을 터뜨렸다. 그때 갑자기 이때까지 가까이 있는 상점에서 엿듣고 있던 남자 하나가 화를 내며 뛰어나왔다. 그는 가게 지배인 같은 모습을 하고 있었지만 이 고장 사람이 아니라 다른 지역에서 온 사람이었다. 짙은 아마빛 곱슬 머리에, 얼굴은 길고 창백했고, 게다가 곰보였다. 기다란 푸른색 외투를 입고, 차양 달린 모자를 쓴 아직 젊어 보이는 그는 어처구니없을 만큼 흥분하여 주먹을 내휘두르며 콜랴를 위협하기 시작했다.

"난 네 녀석을 알아." 그는 화가 나서 소리쳤다. "네 녀석을 잘 안단 말이야!"

콜랴는 찬찬히 상대를 바라보았다. 그러나 자기가 그 남자와 언제 어떻게 싸웠는지 통 기억이 나질 않았다. 길거리에서 싸운 일이 한두 번이 아니었기 때문에 일일이 기억할 수가 없었던 것이다.

"날 안다구요?"

콜랴는 빈정대듯이 물었다.

"난 네 녀석을 알고 있어! 난 네녀석을 알고 있어!"

그 남자는 바보처럼 되풀이했다.

"그것 참 잘됐군요. 그렇지만 난 시간이 없어서 가봐야겠소."

"무엇 때문에 그런 건방진 소리를 하는 거냐." 그 사내는 소리쳤다. "난 네 녀석을 안단 말이다. 또 그따위 건방진 소리를 할 테냐, 응?"

"이봐요, 내가 건방진 말을 하건 말건, 그게 당신과 무슨 상관이오?"

콜랴는 여전히 선 채 그를 노려보면서 말했다.

"어째서 그게 나와 상관이 없단 말이냐?"

"없어요. 그건 당신이 상관할 문제가 아니에요."

"그럼 누가 상관할 문제야? 누가 상관할 문제지? 누가 상관할 문제냐 말이야."

"그건 트리폰 니키치치의 일이지 당신이 상관할 문제가 아니에요."

"트리폰 니키치치가 대체 누구지?"

그 남자는 여전히 화가 풀리지 않았지만 바보처럼 멍한 표정을 지으며 콜랴에게 따지고 들었다. 콜랴는 거드름을 부리며 남자를 빤히 쳐다보았다.

"부활절에 교회에 갔었나요?"

콜랴가 갑자기 엄하게 따지듯이 물었다.

"부활절이라니? 뭣하러? 안 갔어!"

그는 약간 당황하며 이렇게 말했다.

"그럼 사바네예프는 알아요?"

콜랴는 더욱 엄격하고 끈질긴 어조로 계속 물었다.

"사바네예프가 누구야? 난 몰라."

"흥, 그럼 말상대가 안 되는군." 콜랴는 갑자기 얘기를 뚝 끊어 버리고 오른쪽으로 홱 돌아서서, 마치 사바네예프도 모르는 바보와는 더 말할 필요도 없다는 듯이 뚜벅뚜벅 걸어갔다.

"이봐, 거기 섯! 대관절 사바네예프가 누구야, 응?" 젊은이는 순간적인 마취 상태에서 깨어나 다시금 흥분하면서 이렇게 외쳤다. "저 녀석이 대체 무슨 소릴 하는 거요?" 그는 장사꾼 여자들을 돌아보며 멍한 표정으로 물었다.

여자들은 깔깔 웃어댔다.

"좀 이상한 아이야."

누군가가 이렇게 말했다.

"저 녀석이 말하는 사바네예프란 게 대체 누구요?" 그 남자는 여전히 오른쪽 팔을 휘두르며 험악한 기세로 되풀이했다.

"그건 아마 쿠지미체프네 집에서 일했던 바로 그 사바네예프일 거야 틀림없어."

한 여자가 불쑥 이렇게 말했다.

남자는 눈이 휘둥그레져서 그 여자를 바라보았다.

"쿠지미……체프네?" 다른 여자가 말을 받았다. "그렇지만 그의 이름은 트리폰이 아니야. 그는 트리폰이 아니라 쿠지마였어. 그런데 그 애는 트리폰 니키치 치라고 말하지는 않았어. 그러니까 딴 사람이야."

"천만에, 그 사람 이름은 트리폰도 사바네예프도 아니고 치조프야."

그때까지 말없이 심각하게 듣고만 있던 다른 여자가 얼른 이렇게 말참견을 했다. "그 사람 이름은 알렉세이 이바느이치 치조프란 말이야."

"그래 그래, 정말 치조프였어."

또 다른 여자가 자신 있게 맞장구를 쳤다.

남자는 어리둥절하여 여자들을 번갈아 바라보았다.

"그런데 그 녀석은 무엇 때문에 그런 걸 물었을까? 왜 물었을까?" 그는 거의 절망적으로 소리쳤다. "그런데 사바네예프가 도대체 누구냔 말야. 도대체 누굴 말하는 거지."

"에이, 당신도 어지간히 둔하시군 그래. 사바네예프가 아니구 치조프라고 하지 않나. 알렉세이 이바느이치 치조프라고. 그게 그자의 이름이야."
 장사꾼 여자 중의 하나가 타이르듯이 그에게 소리쳤다.
 "치조프란 어떤 사람이오? 대체 누구지요? 알면 좀 말해 봐요."
 "키가 후리후리하고 콧물을 흘리면서 여름철이면 장터에 나와 앉아 있는 사내 말이야."
 "그런데 그 치조프가 나하고 무슨 상관이 있다는 거지?"
 "무슨 상관이 있는지 내가 어떻게 안담." 또 다른 여자가 끼어들었다. "그렇게 떠들어대는 당신이야말로 알고 있어야 할 게 아니오. 그 앤 당신에게 말한 거지, 우리한테 말한 게 아니니까. 당신도 어지간히 바보로군. 그래 정말로 모른단 말요?"
 "누구를?"
 "치조프 말이오."
 "치조프 같은 녀석은 귀신이나 물어가라지, 당신도 함께! 내 그 녀석을 두들겨 패주어야지. 나를 골리다니."
 "치조프를 패주겠다고? 오히려 얻어맞지나 말아요. 어쩌면 저렇게도 바볼까?"
 "치조프가 아냐, 치조프가 아니라니까. 짓궂은 여편네 같으니라구. 난 고놈의 꼬마를 패주겠다는 거야. 그 녀석을 잡아 와요, 그 녀석을 붙들어 오라니까! 감히 나를 놀리다니."
 여자들은 떠들썩하게 웃어댔다. 그러나 콜랴는 이때 의기양양한 낯으로 벌써 멀찌감치 걷고 있었다. 스무로프는 멀리 뒤에서 떠들고 있는 사람들을 돌아보며 콜랴를 따라가고 있었다. 그는 콜랴와 한패로 몰릴까 싶어 은근히 겁도 났으나, 그래도 기분은 좋았다.
 "네가 말한 그 사바네예프란 누구지?"
 콜랴가 어떤 대답을 할지 예상하면서 그는 이렇게 물었다.
 "어떤 사람인지 내가 어떻게 알아? 저 사람들은 하루 종일 저렇게 떠들어댈 거야. 이런식으로 사회 각계 각층의 바보 녀석들을 골려대는 게 재미있어 죽겠어. 저기 또 하나 얼빠진 녀석이 있군. 저기 저 농부 말이야. '못난 프랑스인보다 어리석은 놈은 없다'는 말이 있지만, 어리석은 러시아인은 상판대기에 자기가 바보라는 것을 그리고 다닌단 말이야. 저 농부의 얼굴에 난 바보올시다 하고 씌어 있는 게 보이지, 어때?"

"내버려두고 가, 그냥 지나가."

"절대로 그냥 둘 수 없어. 자 그럼 또 한번 골려 줄까. 안녕하세요, 농부님!"

건장한 체구의 농부가 그들 곁을 지나고 있었다. 둥그스름하고 순박한 얼굴에 희끗희끗한 턱수염이 더부룩했다. 그는 얼굴을 들어 콜랴를 바라보았다. 보아하니 술을 한잔 마신 모양이었다.

"어, 안녕! 그렇지만 날 놀려대는 건 아니겠지?" 그는 느릿한 목소리로 대꾸했다.

"혹시 골려 주는 거라면 어떡하죠?"

콜랴는 웃음을 터뜨렸다.

"골려 주건 말건 상관없어. 뭐, 제멋대로 실컷 하라지. 하고 싶으면 얼마든지 해."

"미안합니다. 그저 한번 농담해 본 거예요."

"그래? 하느님께서 용서해 주실 거다!"

"그럼 아저씨도 용서해 주시는 거죠?"

"물론 나도 용서하고말고. 어서 가봐라."

"아저씬 참 영리한 농부 같군요."

"너보다는 조금 영리하지."

뜻밖에도 그 농부는 여전히 점잖게 응수했다.

"설마."

콜랴는 속으로 조금 놀랐다.

"거짓말 아니야."

"그럴지도 모르겠군요."

"정말 그렇다니까."

"잘 가요, 농부님!"

"잘 가거라!"

"농부도 가지각색이야." 잠시 말없이 걷던 콜랴는 스무로프를 향해 이렇게 말했다. "설마 저렇게 영리한 친구를 만날 줄은 몰랐어. 난 이렇게 언제나 농부들의 지혜를 서슴지 않고 인정해 주고 있지."

멀리서 11시를 알리는 교회 종소리가 들려왔다. 두 소년은 걸음을 재촉했다. 그들은 아직도 꽤 멀리 있는 퇴역 대위 스네기료프의 집까지 있는 힘을 다해 아무 말 없이 걸어갔다. 그 집까지 20걸음 가량 남은 지점에서 콜랴는 우뚝 걸음을 멈추고, 스무로프에게 먼저 가서 카라마조프를 불러내라고 지시했다.

"우선 눈치를 살펴봐야지."

그는 스무로프에게 말했다.

"뭣하러 불러내는 거야?" 스무로프는 항의를 했다. "그냥 들어가도 모두 기뻐서 야단들일 텐데. 그런데 뭣 때문에 이런 추운 바깥에서 인사를 하겠다는 거야?"

"그를 이렇게 추운 데서 만나보자는 데는 내 나름의 이유가 있어." 콜랴는 '어린 소년들'에 대해 그가 즐겨 쓰는 고압적인 말투로 이렇게 단호하게 말했다. 스무로프는 그의 명령을 이행하기 위해 달려갔다.

4 잃어버린 개 '주치카'

콜랴는 거만한 태도로 울타리에 기대서서 알료샤가 나타나기를 기다렸다. 그는 벌써 오래 전부터 알료샤를 만나고 싶었다. 여태까지 아이들한테서 알료샤에 대한 얘기를 많이 들었으나, 그때마다 그는 늘 냉정하게 경멸하는 표정을 지었을 뿐만 아니라, 듣고나서 곧잘 알료샤를 비판하기까지 했다. 그러나 속으로는 알료샤와 가깝게 지내기를 너무나도 애타게 바라고 있었다. 알료샤에 대해 그가 들은 모든 얘기에는 언제나 무언가 공감과 매력을 느끼게 하는 것이 있었다. 그러므로 그에게는 바로 지금이 매우 중대한 순간이었다. 먼저 자기의 체면을 손상시키는 일 없이 독립적인 대등한 인간이라는 것을 보여주어야만 했다.

'그는 날 열세 살 난 어린애로 생각하고 저런 조무래기들과 같이 대할지도 모른다. 도대체 알료샤는 그 애들을 어떻게 생각하고 있는 것일까? 이번에 가깝게 지내게 되면 한번 물어 봐야지. 그렇지만 내 키가 작아서 아무래도 불리해. 투지코프는 나보다 어린데도, 키는 나보다 세 치나 더 크니 말야. 그렇지만 내 얼굴이 그보다는 영리하게 생겼으니까 상관없어. 물론 잘생기진 못했어. 내가 못생겼다는 건 나도 알고 있어. 그렇지만 영리하게 생긴 얼굴이야. 너무 지나치게 지껄이지 말아야지. 그렇지 않으면 알료샤는 곧 나를 얼싸안으면서 어

린애 대접을 하려 들 테니까. 제기랄! 어린애 대접을 받게 되면 그게 무슨 창피람……'

콜랴는 점점 흥분상태에 빠져들면서 끝까지 독립적인 태도를 보려고 애썼다. 무엇보다도 그를 괴롭힌 것은 키가 작다는 사실이었다. 얼굴이 못생긴 것은 키가 작다는 것보다는 덜 걱정되었다. 그의 집 벽 한모퉁이에는 지난 해부터 연필로 줄이 그어져 있었다. 그것은 그가 자기의 키를 표시해둔 흔적이었는데, 유감스럽게도 아주 조금밖에 자라지 않았던 것이다. 이것 때문에 그는 가끔 절망에 빠지기까지 했다. 얼굴은 결코 못생긴 편이 아니었다. 창백하리만큼 흰 살갗에 주근깨가 있었지만 제법 귀엽게 생긴 편이었다. 그의 작고 활기에 넘치는 회색 눈은 대담한 표정을 지니고 있었고, 가끔 강렬한 감정으로 불타오르곤 했다. 광대뼈는 조금 넓은 편이고 입술은 작고 아주 붉었으나 그리 두껍지는 않았다. 조그만 코는 위를 향해 발딱 들려 있었다.

'내 코는 영락없는 들창코야, 영락없는 들창코라니까!'

거울과 마주설 때면 콜랴는 늘 이렇게 중얼거리며 분연히 거울 앞에서 물러나곤 했었다.

'그러고 보니 얼굴도 그리 영리해 보이지 않아!'

때로는 이런 의심까지 해보는 적도 있었다. 그러나 얼굴이나 키에 관한 걱정이 그의 온 마음을 점령하고 있다고 생각해서는 안 된다. 오히려 그와는 반대로 거울 앞에 선 순간에는 아무리 쓰디쓴 기분이 되더라도, 그는 곧 그것을 잊어버리고(때로는 아주 오랫동안 잊어버리는 수도 있었다) 그가 스스로 자신의 행동을 정의한 바와 같이 '사상(思想)과 현실 생활의 여러 문제에 완전히 몰두하고' 있었던 것이다.

잠시 뒤 나타난 알료샤는 빠른 걸음으로 콜랴 앞으로 다가왔다. 알료샤가 채 곁에 다가서기 전부터 콜랴는 그가 아주 기뻐하고 있다는 것을 재빨리 알아차렸다. '나를 만나는 것이 저렇게도 기쁠까?' 콜랴는 흐뭇한 기분에 젖었으나 좀 의아한 생각이 들었다. 여기서 한 가지 말해 둘 것은, 우리가 알료샤에 관한 이야기를 중단한 뒤로, 알료샤의 모습은 완전히 변하고 말았다는 사실이다. 그는 수도복을 벗어던진 뒤, 지금은 프록코트를 맞춰 입고 짧게 깎아올린 머리에 중절모를 쓰고 있었다. 이런 것들이 그에게 잘 어울려 그는 아주 멋진 미남자로 보였다. 그의 사랑스러운 얼굴은 언제나 쾌활해 보였으나, 그 쾌활은 일종의 고요한 침착성을 띠고 있었다. 콜랴를 놀라게 한 것은 알료샤가 방안에 있던 그대로 외투도 걸치지 않은 채 나왔다는 사실이었다. 그는 급히 서둘러 달려나온 것이 분명했다. 그는 다가오자마자 콜랴에게 손을 내밀었다.

"드디어 자네도 와 주었군! 우리 모두 자넬 얼마나 손꼽아 기다렸는지 몰라!"

"이제 곧 얘기하겠지만, 좀 사정이 있었어요. 아무튼 이렇게 만나게 되어 기쁩니다. 오래 전부터 기회를 기다리고 있었고, 또 당신에 관한 이야기도 많이 듣고 있었어요."

콜랴는 조금 가쁜 숨을 몰아쉬며 중얼거렸다.

"아무튼 우린 오래전에 알고 지냈어야만 했어. 나도 자네에 관해선 여러 가지로 듣고 있었지. 그렇지만 여기 오는 것이 좀 늦었군."

"그런데 이곳 사정은 좀 어떻습니까?"

"일류샤의 병세가 아주 나빠, 아마 죽게 될거야."

"뭐라구요? 결국 의학이란 것도 아무 소용 없는 거군요? 그렇잖아요?"

콜랴는 흥분하여 외쳤다.

"일류샤는 늘 자네 얘길 했다네. 자면서 잠꼬대까지 하더군. 확실히 자넨 그 나이프 사건이 일어나기 전까진, 일류샤에게 굉장히 중요한 존재였는가봐. 그리고 또 하나 다른 이유가 있지……. 이 개는 자네 건가?"

"네, 페레즈본이라고 부릅니다."

"그럼, 주치카가 아닌가?" 알료샤는 유감스럽다는 듯이 콜랴를 바라보았다. "그럼 그 개는 영영 잃어버리고 말았나?"

"난 모두가 주치카를 몹시 원하고 있다는 걸 알아요. 얘길 다 들었어요."

콜랴는 히죽 수수께끼 같은 웃음을 지었다.

"들어 보세요, 카라마조프 씨. 당신한테 모든 사정을 설명해 드리겠어요. 내가 여기 온 것도 바로 그 때문이니까요. 내가 안에 들어가기 전에 그동안의 일을 죄다 설명하려고, 일부러 당신을 불러낸 겁니다."

그는 활기를 띠며 얘기를 시작했다.

"다름이 아니라 일류샤는 지난 봄에 예과에 입학했는데, 아시다시피 그 예과 학생들은 대개가 어린애들에 불과합니다. 그래서 곧 일류샤를 놀려대기 시작했지요. 난 두 학년이나 위였으니까 물론 멀리서 보고만 있었죠. 그랬더니 일류샤는 몸집이 조그맣고 힘도 약한데도 그들한테 좀처럼 지려고 하지 않더군요. 자존심이 무척 강해서 그들과 곧잘 맞붙어 싸웠어요. 눈에는 불이 번뜩이는 것 같았지요. 난 그런 애를 좋아합니다. 그런데 아이들은 더욱더 그 애를 괴롭혔어요. 특히 그때 일류샤는 초라한 외투를 입은데다 바지는 짧아서 발목 위로 올라오고 구두는 구멍투성이였어요. 그래서 아이들은 그걸 놀려댔지요. 사실 아이들은 그 애를 모욕한 거예요. 난 그런 짓을 가장 싫어합니다. 그래서 난 곧 그의 편을 들어서 야단을 치고 때려 줬지요. 그래도 아이들은 날 숭배하고 있단 말입니다, 아시겠어요?"

콜랴는 신이 나서 자랑했다.

"그렇지만 대체로 난 아이들을 좋아합니다. 요즘도 집에서 꼬마 둘을 돌봐 주고 있는데, 오늘 늦은 것도 그 녀석들 때문입니다. 그건 그렇고, 그래서 그들은 일류샤를 때리지 않게 되었습니다. 내가 보호해 준 셈이죠. 그런데 일류샤는 여간내기가 아니더군요. 당신에게 얘기지만, 걘 정말 보통 아이가 아니에요. 그렇지만, 드디어 그 애도 내게만은 노예처럼 복종하며 내 명령이면 어떤 일이라도 듣게 되었지요. 마치 내가 하느님이라도 되는 것처럼 내 말에 복종했고 사사건건 내 흉내를 내었습니다. 공부 시간이 끝나면 그는 곧 나한테로 달려왔고 난 늘 그 애하고 같이 다녔어요. 일요일도 마찬가지였습니다. 우리 학교에선 상급생이 어린 하급생과 친하게 지내는 것을 모두 비웃지만, 그건 편견입니다. 내 생각이 그러니까 남들이 이러쿵저러쿵해도 상관없습니다.

난 그 애를 가르치고 머리를 깨우쳐 주었습니다. 그 아이가 내 마음에 든 이상, 그를 깨우쳐 주고 싶어지는 건 당연한 일 아니겠습니까? 카라마조프 씨, 당신도 역시 저런 어린애들과 친하게 지내고 있지만, 그것도 요컨대 젊은 세대에 영향을 끼쳐 그들에게 유익하도록 계발시켜 주고 싶어서 그러는 게 아니겠어요? 당신의 그런 성격을 소문으로 듣고 그 점에 몹시 흥미를 느꼈습니다.

그런 그렇고, 본론으로 들어가지요. 사실 그 애의 내부에 어떤 감수성, 일종의 감상적인 면이 자라고 있다는 사실을 나는 눈치챘습니다. 그런데 난 본디 그런 '나약한 양같은 감정'은 질색입니다. 또한 일류샤에겐 하나의 모순이 있었습니다. 그 앤 자부심이 강하지만, 내게는 노예처럼 복종해 왔어요. 그야말로 노예처럼 그렇지만 어떤 때는 갑자기 눈을 번뜩거리며, 자기 생각을 고집하면서 달려들곤 했습니다. 내가 이따금 여러 가지 사상을 불어넣어 주면 그 애는 내 사상에 동의하지 않는다기보다 나에 대해 개인적으로 반항심을 일으키는 거예요. 나도 그것을 잘 알고 있습니다. 내가 그 애의 '순한 양 같은 나약한 감정'에 대해 매우 냉정한 태도를 취하고 있는 게 못마땅한 거죠. 그래서 난 그 애를 단련시키기 위해 그 애가 다정하게 굴면 굴수록 난 더욱 냉정하게 대했습니다. 일부러 그렇게 하는 거지요. 그것이 내 신념입니다. 내 목적은 냉철한 성격을 형성시켜서 인간을 만드는 데 있었으니까요…… 그리고 또…… 물론 당신은 내가 죄다 얘기하지 않아도 내 심정을 이해할 겁니다.

그런데 어느날 문득 나는 그가 사흘 동안이나 계속하여 번민하며 슬퍼하는 것을 알았습니다. 더욱이 그것은 '양 같은 감정' 때문이 아니라, 뭔가 더 강하고 더 차원이 높은 일 때문이라는 걸 알았습니다. 대체 무슨 일이 있었을까 하고 나는 생각했습니다. 그래서 그 애를 붙들고 물어 보니, 그 애가 어떤 기회에 당신의 돌아가신 아버님—그땐 아직 돌아가시기 전이지만—의 하인인 스메르자코프와 알게 되었다는 거예요. 결국 나는 스메르자코프가 그 애한테 어리석은 장난, 아주 잔인하고 비열한 장난을 가르쳐 주었다는 것을 알아냈습니다. 다름이 아니라, 말랑말랑한 빵조각에 바늘을 넣어서 뉘집 개에게 던져 주면 굶주린 개는 씹지도 않고 삼킬 테니 어떤 일이 벌어지는지 구경하라고 한 겁니다. 그래서 둘은 그런 빵을 만들어서 지금 문제가 되고 있는 그 복슬개 주치카에게, 온종일 짖어대도 집안에서 누구 하나 먹을 것을 주지 않는 그 주치카에게 던져 줬지요. 카라마조프 씨, 당신은 그 개가 멍청이처럼 짖는 소리를 좋아하세요? 난 도저히 못 견딥니다. 그러자 주치카가 덥석 빵에 달려들어 꿀꺽 삼켜 버렸으니 어떻게 됐겠어요. 깽깽 비명을 지르기 시작했습니다. 온몸을 뒤틀며 빙글빙글 돌다 무턱대고 달려나갔습니다. 깽깽거리며 비명을 지르면서 마침내 어디론가 자취를 감추고 말았지요. 일류샤는 나한테 이렇게 실토하고, 괴로운 듯이 훌쩍훌쩍 울어댔어요. 그 애는 날 꼭 끌어안고 온몸을 떨며 '울면서 달아났어, 울면서 달아났어.' 연달아 넋두리처럼 되풀이했습니다. 그 개의 모습이 그애한테 강한 충격을 준 거죠. 양심의 가책을 받고 있다는 것을 알 수 있었기 때문에, 나는 진지하게 그 얘기를 들었습니다. 그 전에 다른 일도 있고 해서 이번 기회에 한번 단단히 버릇을 가르쳐 주려고 나는 마음에도 없이 화가 난 척하면서 말했습니다.

'넌 비겁한 짓을 했어. 넌 치사한 놈이야. 물론 난 누구에게도 그 얘긴 하지 않겠지만, 당분간 너하곤 관계를 끊어야겠어. 난 이 문제를 잘 생각해 보고 스무로프—아까 나하고 같이 온 앱입니다. 그 앤 언제나 내게 복종하고 있지요—를 통해 너와 다시 교제를 계속할 것인지, 그렇지 않으면 비열한 놈으로서 영원히 낙인을 찍어 버릴 것인지 알려 주마.'

이게 그 애에게는 큰 충격을 주었던 모양입니다. 그때 난 너무 지나치지 않았나 하는 생각도 들었지만 그게 그때의 신념이었으니 어쩔 수가 없었습니다. 이삼 일 지난 뒤, 난 스무로프를 일류샤한테 보내서 '다시는 말도 하지 않겠다'고 통고했습니다. 이건 우리 사이에선 절교를 하겠다는 말로 쓰이고 있지요. 마음속으로는, 단지 그 앨 며칠 동안만 혼내 주어 조금이라도 후회하는 기색이 보이면 다시 손을 내밀 생각이었습니다. 그것이 내가 굳게 결심한 계획이었어요. 그런데 어떤 일이 일어났는지 아십니까? 그는 스무로프가 전한 말을 듣자 눈을 희번덕거리며 소리쳤답니다.

'크라소트킨에게 전해줘. 난 어떤 개에게든 모두 다 빵에 바늘을 넣어 던져 줄거라고.'

그래서 나도 '흥, 고것이 배짱을 부리는군. 그렇다면 그 녀석은 아주 따돌려 버려야겠다' 생각하고 그 뒤부터는 노골적으로 그 애를 경멸하는 태도를 취하기 시작했죠. 만날 때마다 슬쩍 외면하고, 비꼬듯이 히죽히죽 웃어 줬습니다. 그러는 동안 그 애의 아버지 사건이 일어났습니다. 아시겠지만, 그 '수세미' 사건 말입니다. 이런 일로 해서 벌써 그 애에게 무서운 신경증의 원인이 생기고 있었다는 걸 아셔야 합니다. 아이들은 내가 그애와 절교한 것을 알고는 모두 그애한테 달려들어 "수세미, 수세미" 하고 놀려댔습니다. 바로 그때부터 아이들 사이에 싸움이 벌어지곤 했는데 난 그걸 퍽 유감스럽게 생각합니다.

한번은 일류샤가 굉장히 얻어맞은 모양이더군요. 어느날 아이들이 학교에서 나오자마자 일류샤가 아이들 모두를 상대로 달려들었습니다. 난 바로 열 발짝쯤 떨어진 곳에서 보고 있었습니다. 하늘에 맹세하지만, 난 그때 분명히 웃지 않았습니다. 아니죠, 오히려 그때 난 그 애가 불쌍해서 견딜 수가 없었습니다. 그래서 금방이라도 달려가서 그 애를 도와 주려고 했습니다. 그런데 그 애는 그 순간 나와 눈이 마주치자 어떤 생각에서였는지 갑자기 연필깎는 칼을 꺼내 들고 내게 달려들어 내 넓적다리를 찔렀습니다. 바로 이 오른쪽 다립니다. 난 꼼짝도 하지 않았습니다. 카라마조프 씨 사실을 말하면 난 이따금 제법 용감해질 때가 있거든요. 그때 나는 다만, '이게 내 온갖 친절에 대한 너의 보답이냐! 원한다면 한 번 더 찔러, 가만 있을 테니 어서 실컷 해봐!'하는 듯이 경멸하는 눈초리로 그를 바라보고만 있었습니다. 그러자 그 애도 두 번 다시 찌르지는 못하더군요. 그만 자기 스스로 버틸 수가 없었던 거지요. 자기가 한 일에 겁을 집어먹었는지, 그 애는 칼을 내던지고 엉엉 울면서 달아나 버리고 말았습니다. 물론 난 일러바치지도 않았고, 또 선생님의 귀에 들어가지 않도록 아이들에게 단단히 일러뒀습니다. 어머니에게까지도 상처가 다 나은 뒤에야 비로소 이야길 했으니까요. 게다가 상처도 대단치 않았거든요.

나중에 들은 얘기지만, 바로 그날 그 애는 돌팔매질을 하며 싸우다가 당신의 손가락까지 깨물었다더군요. 그렇지만 그때 그 애의 심정이 어떠했을지는 당신도 이해하실 겁니다. 그때 그 애의 심정이 어떠했을지! 할 수 없죠, 내가 어리석었어요. 그 애가 앓아누웠을 때 왜 찾아가서 용서한다고 말해 주지 못했는지, 그 애하고 화해하지 못했는지 지금에야 후회가 됩니다. 그렇지만 거기에는 특별한 목적이 있었습니다. 내가 당신에게 얘기하고 싶었던 것은 이것뿐입니다...... 다만 내가 너무 어리석은 짓을 한 것만 같아서......"

"아아, 참으로 유감이군." 알료샤는 흥분하여 소리쳤다. "자네와 그 애의 관계를 이제까지 몰랐던 것이 유감이네. 그걸 알았더라면 벌써 자네 집엘 가서 그 애 집에 같이 가자고 간청했을 텐데. 정말이지 그 애는 열이 심할 때면 잠꼬대에서도 자네 얘길 하곤 했지. 나는 자네가 그 애에게 얼마나 소중한 사람이었는지 모르고 있었어. 그래 자넨 주치카를 찾지 못했나? 그 애의 아버지는 물론 아이들까지 모두 나서서 읍내를 샅샅이 찾아봤지만 헛일이었어. 그 앤 앓아 누워서도 '아빠, 내가 병든 건 그때 주치카를 죽였기 때문이에요. 그래서 하느님께서 내게 벌을 주신 거예요.' 이렇게 눈물을 흘리면서 내가 아는 것만으로도 세 번씩이나 되풀이해서 말했지. 도저히 그 애의 머리에서 그 생각을 지워버릴 수는 없을 거야. 그래서 만약 주치카가 발견되어 그 개가 살아 있다는 것을 보여주면 혹시 그 애의 병이 낫지 않을까 하는 한 가닥 희망을 품고 있을 정도라네. 우린 모두 자네에게 기대를 걸고 있어."

"그런데 어째서 주치카를 찾아낼 사람이 나라고 생각하게 됐지요?" 콜랴는 비상한 호기심을 느끼며 이렇게 물었다. "어째서 다른 사람이 아니고 나라고 생각했어요?"

"자네가 그 개를 찾고 있다거나, 또 찾으면 데리고 올거라는 말을 들었으니까. 스무로프도 그와 비슷한 말을 하더군. 아무튼 우리는 모두 어떻게 해서든지 주치카가 살아 있는 것처럼, 어디서 본 사람이 있는 것처럼 일류샤에게 믿게 하려고 애쓰고 있어. 전번엔 아이들이 어디선가 토끼를 한 마리 사로잡아 왔는데, 그 애는 토끼를 보곤 희미하게 미소를 지으며 들에 놓아 주라고 하더군. 그래서 우린 그렇게 했지. 방금 그 애 아버지가 어디선가 마스티프 종 강아지를 얻어가지고 돌아와서 그걸로 그 애를 위로하려고 했지만, 내 생각으론 그게 더 좋지 못한 결과를 가져온 것 같아."

"그럼 한가지 묻겠습니다만 카라마조프 씨, 그 애 아버지는 대체 어떤 사람입니까? 나도 그 사람을 알고는 있지만, 당신은 어떻게 생각하시죠. 어릿광대 같은 사람인가요?"

"천만에, 세상엔 깊은 감성을 지니고 있는 사람들이 있단다. 그들 가운데 어쩌다가 늘 억압을 받고 있는 사람들이 있는데, 그런 사람들의 어릿광대 짓은 다른 사람에 대한 증오에서 오는 일종의 아이러니라고 할 수 있지. 그들은 너무도 오랫동안 억눌려 살아온 나머지 그만 소심해져서 사람들 앞에서 감히 진실을 말하지 못하는 거야. 그러니까 크라소트킨군, 그런 종류의 어릿광대 짓은 때론 아주 비극적인 것이야. 지금 그 아버지는 이 세상의 모든 희망을 일류샤 하나에게만 걸고 있어. 그러니까 혹시 일류샤가 죽어 버리기라도 하면 그 애 아버지는 슬픔에 못 이겨 미치든가, 아니면 자살을 하고 말거야. 난 요즘 그 사람만 보면 그렇게밖엔 생각이 안 돼."

"카라마조프 씨, 당신의 심정을 잘 알겠습니다. 당신은 정말이지 인간에 대해 잘 알고 계신 것 같군요."

콜랴는 감동하여 이렇게 말했다.

"그런데 난 자네가 개를 데려온 걸 본 순간, 자네가 주치카를 데리고 온 줄로만 알았지."

"기다려 보세요, 카라마조프 씨, 어쩌면 우린 그 개를 찾아낼 수 있을지도 모릅니다. 그렇지만 이 개는 페레즈본입니다. 나는 이제 이 개를 그 애 방안에 데리고 들어갈 생각이에요. 아마 그 마스티프종 강아지보다는 이 개가 일류샤를 더 기쁘게 할 겁니다. 기다려 보십시오, 카라마조프 씨. 곧 여러 가지 일들을 아시게 될 겁니다. 아참, 내가 당신을 너무 오랫동안 붙잡고 있었군요!" 콜랴는 갑자기 힘차게 외쳤다. "이 추운 날씨에 외투도 걸치지 않은 당신을 밖에서 이렇게 오래 붙잡고 있다니, 난 이렇게 이기적이라니까요! 카라마조프 씨, 사실 우린 모두가 이기주의자예요!"

"걱정할 것 없어. 날씨는 춥지만 난 어지간해선 감기가 들지 않는 편이니까. 하여간 들어가자. 한데, 자네 이름이 뭐더라? 콜랴라고 부른다는 건 알고 있지만, 정식 이름은?"

"니콜라이 이바노프 크라소트킨이라고 해요. 관청식으로 하면 '크라소트킨 2세'라고 부르죠." 콜랴는 무엇 때문인지 소리내어 웃더니 재빨리 다음과 같이 덧붙였다. "물론 난 니콜라이라는 내 이름을 싫어해요."

"그건 왜?"

"평범한 이름인데 관청 냄새가 나서……."

"나이는 열셋이던가?" 알료샤가 물었다. "세는 나이로는 열넷이죠. 이제 두 주일만 지나면 만 열넷이 돼요. 카라마조프 씨, 당신에게 내 약점을 미리 하나 고백해 두겠어요. 그래야만 내 성격을 대번에 파악하실 수 있을 테니까요. 다름이 아니라 난 내 나이를 묻는 것이 딱 질색이에요……. 아니, 질색인 정도가 아닙니다……. 그리고 또 하나…… 내가 지난 주에 예과 애들하고 술래잡기놀이를 했다는, 나에 대한 터무니없는 소문이 떠돌고 있어요. 내가 그런 놀이를 한 건 사실이지만, 단지 나 자신을 위해 나 자신이 즐겁게 놀기 위해 그런 놀이를 했다는 건 그야말로 중상모략이에요. 난 이런 말이 당신 귀에 들어갔을 거라는 뚜렷한 근거를 갖고 있어요. 하지만 그건 나 자신을 위해 한 일이 아니거든요. 그 애들은 사실 내가 없으면 아무것도 생각해 내지 못하니까요. 이 고장은 언제나 터무니없는 소문만 퍼뜨리고 있어요. 그야말로 유언비어의 고장이죠."

"하지만 자기 자신을 위해 놀았다 해도 그리 나쁠 건 없지 않니?"

"자기 자신을 위해서…… 그렇지만 당신도 설마 말타기놀이 같은 걸 하지는 않으시겠지요?"

"그렇지만 이렇게 생각해 보는 건 어떨까." 알료샤는 미소를 지었다. "예를 들면 어른들은 연극을 보러 극장엘 가곤 하는데 극장에선 온갖 주인공들의 모험이 상연되지. 때로는 강도질이라든가 싸움판도 벌어진단 말이야. 이것 역시 일종의 놀이라고 봐야 하지 않을까? 그러니까 아이들이 노는시간에 하는 전쟁놀이나 술래잡기놀이 역시 예술의 처음 단계라고 할 수 있지. 그것은 어린 마음속에 자라나는 예술적 욕구의 표현이야. 때로는 그런 놀이가 극장에서 상연되는 연극 이상으로 훨씬 잘 짜여질 때도 있지. 단지 다른 점이 있다면 어른들은 배우를 보러 극장에 가는 데 비해 놀이에서는 애들 자신이 배우라는 점뿐이야. 게다가 이건 아주 자연스러운 일이지."

"당신은 그렇게 생각하세요? 그게 당신의 신념인가요?" 콜랴는 알료샤를 빤히 쳐다보았다. "당신이 말한 건 정말 흥미로운 사상이에요. 나도 오늘 집에 돌아가면 이 문제에 대해 좀 생각해 봐야겠어요. 실은 당신에게 무엇인가를 좀 배울 수 있을거라고 기대하고 있었지요. 카라마조프 씨, 난 당신한테 가르침을 받으려고 온 거예요."

콜랴는 진심에서 우러나는 감동어린 목소리로 이렇게 말을 맺었다.

"나도 자네에게 배워야지." 알료샤는 그의 손을 잡고 부드럽게 웃었다.

콜랴는 알료샤가 아주 마음에 들었다. 특히 콜랴를 감동시킨 것은 알료샤가 그를 동등하게 대해 줄 뿐만 아니라 마치 '어른'끼리 말하듯 그에게 말을 한다는 것이었다.

"카라마조프 씨, 곧 내가 당신에게 한 가지 '재주'를 부려 드릴게요. 이것도 하나의 연극이죠." 그는 묘하게 신경질적으로 웃었다. "사실은 내가 여기에 온 이유도 바로 거기 있어요."

"우선 왼쪽으로 돌아가서, 이 집 주인이 있는 곳으로 가자꾸나. 방이 작고 무더워서 외투를 거기다 벗어 두고 가야 하니까."

"괜찮아요. 잠깐만 들어갔다 나올 거니까 외투를 입은 채로 있겠어요. 페레즈본은 여기 현관에 남아서 죽은 시늉을 하고 있게 하지요. '이리 와, 페레즈본. 여기 누워서 죽어있어!' 어때요, 죽었죠? 이제 내가 먼저 들어가서 분위기를 살핀 뒤, 적당하다고 생각될 때 휘파람을 불면, 그땐 보세요, 그러면 저놈이 곧 미친 듯이 달려들어올 거니까요. 스무로프가 그 순간에 얼른 문을 여는 것만 잊지 않으면 됩니다. 내가 모든 준비를 해놓고, 그 '재주'를 보여드리겠어요······."

5 일류샤의 침대 옆에서

퇴역 대위 스네기료프의 가족이 살고 있는 방은 독자 여러분도 이미 다 알고 있을 것이다. 좁은 방안은 이때 문병을 온 손님들로 꽉 차서 거의 숨이 막힐 지경이었다. 몇몇 소년들이 일류샤 옆에 앉아 있었다. 그들은 모두 알료샤에게 끌려와서 일류샤와 화해를 했지만, 그들 역시 스무로프와 마찬가지로 그것을 부정하려 들 것이다. 여기서 알료샤는 능란한 솜씨를 발휘했는데, 그것은 양과 같은 나약한 감정에 호소하지 않고, 또 의도적인 것이 아니라 우연히 그렇게 된 것처럼 보이면서 그들 하나하나를 데리고 와서 일류샤와 화해를 시켰다는 점이다. 전에는 자기의 적이었던 아이들이 모두 깊은 우정과 동정을 표시하자, 앓고 있던 일류샤는 크게 감동했다. 단지 콜랴가 빠진 것이 그의 마음에는 무거운 짐이었다. 만약 일류샤의 쓰라린 추억 중에서도 가장 쓰라린 것이 있다고 한다면 그것은 자기의 하나밖에 없는 친구였을 뿐만 아니라 보호자였던 콜랴에게 칼을 들고 덤벼들었던 일이었다. 머리가 영리한 스무로프도 역시 그렇게 생각하고 있었다. '그는 가장 먼저 일류샤와 화해한 아이였다.'

콜랴는 스무로프를 통해 알료샤가 '어떤 볼일'로 그를 찾아오고 싶어 한다는 말을 들었을 때 두말 못붙이게 딱잘라 거절했다. 그는 자기가 취해야 할 행동은 자기가 잘 알고 있는만큼 누구의 충고도 받고 싶지 않으며 만약 일류샤한테 갈 필요가 있다면 스스로 언제 문병을 갈 것인지 결정하겠다고 말하면서 스무로프를 시켜 즉시 '카라마조프'에게 그렇게 전하도록 일렀던 것이다. 그것은 바로 2주일 전의 일이었다. 그래서 알료샤는 크라소트킨을 찾아갈 계획을 단념하고 말았지만, 그래도 다시 한번 스무로프를 콜랴에게 보냈다. 이번에도 콜랴는 무서울 정도로 화를 내며 격한 말투로 그 요구를 거절하면서, 만일 알료샤가 자기를 찾아온다면 일류샤한테 절대로 가지 않을 테니 더이상 귀찮게 하지 말라고 대답했다. 그래서 어제까지만 해도 스무로프는 콜랴가 이날 아침 일류샤를 찾아갈 예정이라는 것을 까맣게 모르고 있었던 것이다. 그런데 바로 엊저녁에야 스무로프와 헤어지면서 콜랴는 느닷없이, 내일 함께 스네기료프 씨 집에 갈테니 집에서 기다려 달라고 말했다. 그리고 자기는 예고없이 찾아가고 싶으니 아무에게도 알리면 안 된다고 해서 스무로프는 시키는대로 했다.

스무로프는 언젠가 콜랴가 "만약 주치카가 살아 있는데도 그 개를 찾아내지 못한다면 놈들은 모두 바보야." 하고 무심코 뇌까린 말에 근거를 두고 콜랴가 반드시 행방불명된 주치카를 데리고 올 것으로 상상하고 있었다. 그러나 스무로프가 기회를 엿보아 그 개에 관한 자기의 추측을 넌지시 비쳤을 때, 콜라는 펄쩍 뛰며 화를 냈다.
"내겐 페레즈본이란 개가 있어. 그런데도 내가 남의 개를 찾아 거리를 헤맬 그런 바보인 줄 알았니? 그리고 도대체 넌 바늘을 삼킨 개가 어떻게 살아 있을 거라고 상상하느냐 말이야! 그게 바로 '양 같은 나약한 감정'이라는 거야!"

한편 일류샤는 벌써 2주일 동안이나 방 한구석 성상 옆에 있는 작은 침대에 누워있어야 했다. 알료샤를 만나서 손가락을 깨문 뒤로는 학교에도 가지 않고 있었다. 바로 그날부터 앓기 시작한 것이다. 하긴 처음 한 달 가량은 침대에서 일어나 방안이나 현관을 거닐 수 있었으나, 지금은 완전히 쇠약해져서 아버지의 부축을 받지 않고서는 몸을 움직이지 못했다.

그의 아버지는 아들이 몹시 걱정되었다. 이제는 술도 아주 끊어 버린 그는 혹시 아들이 죽지나 않을까 걱정이 되어 거의 미칠 지경이었다. 특히 아들의 팔을 부축하여 방안을 조금 거닐게 하고 나서 침대에 눕히고 난 뒤에는 현관의 컴컴한 구석으로 달려가 이마를 벽에 대고, 일류샤에게 들리지 않도록 소리를 죽여가며 온몸을 떨면서 흐느껴 우는 일이 많았다.

방에 돌아오면 소중한 아들을 즐겁게 해주고 위로해 주기 위해, 옛날 얘기나 우스운 얘기를 들려주기도 하고, 자기가 본 우스꽝스러운 사람들의 흉내를 내고 심지어는 동물의 울음소리를 우스꽝스럽게 흉내내기도 했다.

그러나 일류샤는 아버지가 일부러 얼굴을 찡그려보이거나 어릿광대 짓을 하는 걸 아주 싫어했다. 소년은 불쾌한 기색을 나타내지 않으려고 애쓰고 있었으나, 자기 아버지가 세상 사람들한테 놀림을 받고 있다는 사실을 가슴이 아플 정도로 의식했다. 또한 '수세미'나, '무서운 그날'의 기억이 자꾸만 머릿속에 떠오르는 것이었다.

일류샤의 조용하고 얌전한 절름발이 누나 니노치카도 역시 아버지의 어릿광대짓을 좋아하지 않았다(바르바라 니콜라예브나는 이미 오래 전에 페테르부르크에 있는 대학으로 공부를 하러 떠나고 없었다). 그러나 반미치광이나 다름없는 어머니는 그의 어릿광대 짓을 아주 좋아했다. 남편이 어떤 흉내를 내거나 우스꽝스러운 몸짓을 하기 시작하면, 그것이 재미나서 손뼉을 쳐가며 웃곤 했다. 그녀에게 위안을 줄 수 있는 것이라곤 오직 그것뿐이었던 것이다. 다른 때는 이제 모두가 자기를 잊어버리고 말았다느니, 아무도 자기를 존중해 주지 않는다느니, 모두가 자기를 멸시한다느니 하고 불만을 터뜨리며 늘 눈물을 짜고 있었다.
 그러나 요즘은 그녀도 갑자기 변해 버린 것 같았다. 방 한쪽 구석에 있는 일류샤의 침대를 바라보며 이따금 깊은 생각에 잠기곤 했다. 그녀는 점점 말수가 적어지고 조용해졌다. 울 때도 거의 남에게 들리지 않을 정도로 조용히 울었다. 퇴역 대위는 자기 아내의 이런 변화를 눈치채고 크게 당황했다.
 그녀는 아이들이 찾아오는 것을 처음에는 못마땅하게 여겨서 화를 내기도 했으나 나중에는 그들의 쾌활한 고함소리와 이야기소리에 위안 같은 것을 느끼게 되었고, 이윽고 그들을 아주 좋아하게 되었다. 만약 아이들이 갑자기 찾아오지 않게 된다면 그녀는 틀림없이 몹시 쓸쓸해할 것이라고 생각될 정도였다. 아이들이 무슨 얘기를 하거나 놀이를 시작하면 그녀는 키득키득 웃어대면서 손뼉을 쳤고, 때로는 자기 곁으로 가까이 불러다 놓고 아이들에게 키스를 하기까지 했다. 그녀는 특히 스무로프를 귀여워했다.
 퇴역 대위는 일류샤를 위로하러 오는 아이들의 방문을 처음부터 열광적으로 환영했다. 그렇게 함으로써 일류샤가 마음의 상처를 잊고 병이 빨리 회복되리라는 희망을 품었던 것이다. 그는 일류샤의 병세에 불안을 느끼고는 있었지만 마지막 순간까지 아들의 병이 어느날 갑자기 회복되리라는 것을 한순간도 의심하지 않았다. 그래서 그는 어린 손님들을 정중하게 맞아들이고 그들 곁을 왔다 갔다 하며 정성껏 시중을 들었을 뿐만 아니라, 기꺼이 아이들의 말이 되어 언제라도 잔등에 태워 주려고까지 생각할 정도였다. 그러나 일류샤가 싫어했기 때문에 그런 일은 곧 그만두고 말았다. 그는 아이들을 위해 생강과자며 호두를 사오기도 했고, 차를 끓이는가 하면 샌드위치를 만들어주기도 했다.
 여기서 지적해두고 싶은 것은, 그 무렵 그는 경제적으로 여유가 있었다. 알료샤의 예언대로 그는 카체리나가 주는 2백 루블을 결국 받아들였던 것이다. 얼마 뒤에 카체리나는 그의 집안 형편과 일류샤의 병에 관해 자세히 알게 되자 직접 그의 집을 찾아가 온 가족과 사귀고, 심지어는 반미치광이인 대위의 부인까지 매혹시키는 데 완전히 성공했다. 그뒤부터 카체리나는 그들을 돕는 데 돈을 아끼지 않았다. 아들이 죽지나 않을까 하는 두려움에 사로잡힌 퇴역 대위는 예전의 자존심을 잊고 순순히 그녀의 도움을 받아들였다.
 그동안 의사 게르첸시투베는 카체리나의 부탁으로 이틀에 한 번씩 규칙적으로 왕진을 왔으나 치료 효과는 신통치 않은 것 같았다. 그는 환자에게 약만

무지무지하게 먹일뿐이었다.
 그러나 바로 이날, 즉 일요일 아침, 퇴역 대위 집에서는 모스크바에서 온 어떤 의사가 오기로 되어 있었다. 그 의사는 모스크바에서도 꽤 유명한 의사로 카체리나가 일부러 편지를 쓰고 막대한 비용을 들여서 불러온 것이었다. 물론 일류샤를 위해서만 부른 것은 아니고 다른 목적이 있어서이기도 했지만, 그 얘기는 다음에 적당한 곳에서 언급하기로 하자. 아무튼 의사가 도착하자 카체리나는 일류샤의 진찰까지 부탁했다. 물론 대위도 미리 통지를 받아 이 사실을 알고 있었다. 그는 자기 아들 일류샤가 그토록 마음에 걸려하는 콜랴 크라소트킨이 와주기를 오래 전부터 고대하고 있었지만, 이렇게 갑자기 찾아오리라고는 꿈에도 생각하지 않고 있었다.
 크라소트킨이 문을 열고 방안에 들어선 순간, 대위를 비롯한 아이들 모두는 환자의 침대 주위에 모여 방금 데려온 조그만 마스티프종 강아지를 보고 있던 중이었다. 그 강아지는 이제 겨우 태어난 지 하루가 된 것이었지만, 행방불명되어 이제는 아마도 죽어 버렸을 주치카 때문에 늘 괴로워하고 있는 일류샤를 위로할 겸 즐겁게 해주기 위해 대위가 벌써 2주일 전부터 미리 부탁해 놓았던 강아지였다. 그래서 벌써 2, 3일 전부터 조그만 강아지를, 그것도 보통 강아지가 아니라 순종 마스티프(물론 이것이 가장 중요한 점이었다)를 자기를 위해 가져다 주겠다고 한 것을 들어서 잘 알고 있던 일류샤는 그 섬세하고 착한 마음에서 겉으로는 이 선물을 기뻐하는 듯이 보이고 애를 쓰고 있었다. 하지만 이 새로운 강아지가 오히려 일류샤에게 전에 그가 죽인 불행한 주치카에 대한 기억을 더 새롭게 해주리라는 것을 아버지는 물론이고 아이들도 깨닫고 있었다.
 강아지는 일류샤 옆에서 꼼지락거리며 엎드려 있었다. 일류샤는 병색이 완연한 미소를 띠며, 바싹 여위어 가냘프고 창백한 손으로 강아지를 쓰다듬어 주었다. 강아지는 아무래도 그의 마음에 든 것처럼 보이기도 했다. 그러나……그래도 역시 주치카는 아니었다. 만약 주치카와 그 강아지가 둘 다 있었더라면 그는 그야말로 완전한 행복감을 느꼈으리라!
 "크라소트킨!"
 콜랴가 들어오는 것을 맨 먼저 발견한 아이가 이렇게 외쳤다. 콜랴의 출현은 아니나 다를까 방안에 동요를 불러일으켰다. 아이들이 얼른 침대 양쪽으로 갈라서 늘어섰기 때문에 콜랴의 눈에 병상에 누워있는 일류샤의 모습이 곧장 들어왔다. 대위는 반갑게 맞이하기 위해 재빨리 콜랴에게로 달려갔다.
"어서 오너라, 어서 와……. 정말 귀한 손님이 왔구나." 그는 혀가 잘 돌지 않는 소리로 말했다. "일류샤, 크라소트킨이 널 보러 왔다!"
그러나 콜랴는 얼른 대위에게 손을 내밀어 자기가 사교상의 예절을 훌륭하게 터득하고 있음을 재빨리 보여주었다. 그는 맨 먼저 안락의자에 앉아 있는 대위의 부인을 향해(그녀는 이때 아이들이 일류샤의 침대를 가로막고 자기에게는 새 강아지를 보여주지도 않는다고 불평을 하며 몹시 기분이 언짢아 있었다) 아주 정중하게 한쪽 발을 뒤로 물리며 절을 하고 나서, 다음으로는 니노치카를 향해 역시 귀부인에게 하는 것처럼 인사를 했다. 이 정중한 행동은 마음의 병에 걸려 있는 대위 부인에게 매우 좋은 인상을 주었다.
"나이는 어리지만 훌륭한 가정 교육을 받고 자란 도련님이란 걸 한눈에 알겠군요." 부인은 두 팔을 벌리면서 큰 소리로 말했다. "그런데 여기 오는 다른 손님들은 서로 목말을 타고 들어온다니까."
"당신도 원, 서로 목말을 타고 들어온다니, 대체 무슨 소리요?"
대위는 부드러운 목소리로 말했으나 아내가 조금 걱정스러운 듯한 눈치였다.
"현관에서부터 서로 목말을 타듯이 하며 밀고 들어온다니까요. 점잖은 집안에 목말을 타고 들어오다니, 그런 손님들이 어디 있담!"
"아니, 대체 누가 그렇게 들어왔다는 거요, '여보'"
"오늘도 저 애는 이 애의 어깨에 타고 들어왔고 또 저기 저 앤 이 애의 어깨를 타고……."
그러나 콜랴는 이미 일류샤의 침대 곁에 서 있었다. 환자의 얼굴이 순식간에 창백해졌다. 일류샤는 침대 위에 일어나 앉아 콜랴를 뚫어지게 바라보았다. 콜랴는 이미 두 달이나 자기의 어린 친구를 보지 못했기 때문에, 일류샤를 보고 완전히 충격을 받아 갑자기 그 앞에서 걸음을 멈췄다. 그는 설마 이토록 누렇게 여윈 얼굴을, 이처럼 열이 올라 퀭해진 눈을, 그리고 이처럼 뼈만 앙상한 손을 보게 되리라곤 상상도 못했던 것이다.
그는 일류샤의 몹시 거칠고 가쁜 숨결과 바싹 마른 입술을 슬픈 놀라움의 눈으로 바라보았다. 그는 일류샤에게 한 걸음 다가서서 손을 내밀고 거의 어찌할 바를 모른 채 말을 시작했다.
"영감…… 그동안 잘 있었니, 응?"
그러나 말소리가 자꾸 끊어지려 해서 좀처럼 평정을 유지할 수가 없었다. 갑자기 얼굴이 일그러지고, 입술 가장자리가 바르르 떨렸다. 일류샤는 병색이 완연한 미소를 지어 보였으나, 역시 아무 말도 못했다.
콜랴는 무슨 생각에선지 문득 손을 들어 일류샤의 머리를 쓰다듬었다.
"괜찮을 거야!"
그는 나직하게 일류샤에게 속삭였으나, 그렇다고 일류샤를 위로할 셈으로 한 말은 아니었다. 무슨 뜻으로 그런 말을 했는지, 자기 자신도 알 수가 없었다.
두 소년은 다시 잠시 동안 말이 없었다.
"이건 뭐니, 새 강아지가 생겼구나."
콜랴는 갑자기 무덤덤한 목소리로 물었다.
"으응…… 그래……."
일류샤는 숨을 헐떡이며 천천히 속삭이듯이 대답했다.
"코끝이 까만 걸 보니 사납겠다. 쇠줄로 매어 둬야 해." 마치 강아지와 그 까만 코끝이 당장에 부닥친 중대한 문제이기라도 한 것처럼, 콜랴는 정색을 하고 무뚝뚝하게 말했다. 그러나 그는 '어린애'처럼 울음이 터져나올 것만 같아서, 내부에서 솟구쳐오르는 감정을 억제하려고 안간힘을 썼으나, 아무래도 태연할 수가 없었다. "크게 자라면 쇠줄에 붙들어 매둬야 할 거야, 틀림없어."
"저 개는 굉장히 커질 거야!"
소년들 중의 하나가 소리쳤다.
"물론 커지고말고."
"순종 마스티프인 걸."
"굉장할 거야."
"송아지만큼 커질 거야."
여러 아이의 목소리가 한꺼번에 터져나왔다.
"송아지만큼 커지고말고, 진짜 송아지만큼."
대위가 맞장구를 쳤다. "그래서 내가 일부러 이런 사나운 놈을 얻어왔지. 저 놈의 어미도 굉장히 크고 사납거든. 일어서면 이 마룻바닥에서 이만큼이나 높단다……. 자, 어서 앉아라, 여기 일류샤의 침대 귀퉁이나 이쪽 의자에라도. 이렇게 와주어서 정말 고맙다. 우린 오래 전부터 얼마나 널 기다렸는지 모른다……. 그래, 알렉세이 카라마조프 씨와 같이 왔니?"

크라소트킨은 일류샤의 침대 한쪽 언저리에 걸터앉았다. 그는 이리로 오는 도중에 어색하지 않게 말을 꺼내려고 미리 준비하고 있었으나, 이제는 완전히 말의 실마리를 잊어버리고 말았다.

"아닙니다……. 나는 페레즈본과 같이 왔어요. 난 지금 페레즈본이란 개를 키우고 있거든요. 슬라브식 이름이죠(페레즈본은 종소리가 울려 퍼진다는 뜻). 밖에 있습니다……. 내가 휘파람을 불면 곧 달려들어올 거예요. 나도 개를 데리고 왔다." 그는 갑자기 일류샤를 돌아보았다. "너 주치카를 기억하고 있지?"

콜랴가 느닷없이 이렇게 묻자 일류샤는 흠칫 놀라는 것 같았다. 순간 일류샤의 작은 얼굴이 일그러졌다. 그는 괴로운 표정으로 콜랴를 바라보았다. 문어귀에 서 있던 알료샤는 얼굴을 찡그리며 주치카에 대한 말은 하지 말라는 뜻의 신호를 보냈으나, 콜랴는 알아채지 못했다. 아니, 일부러 알아차리지 못한 척하는 건지도 모른다.

"도대체 어디 있어…… 주치카는?"

일류샤가 괴로운 목소리로 물었다.

"그래, 너의 그 주치카…… 너의 주치카, 어디론가 사라져 버렸잖니!"

일류샤는 말이 없었으나, 다시 한번 콜랴를 뚫어지게 쳐다보았다. 알료샤는 다시 콜랴의 시선을 붙잡아 고개를 저으며 눈짓을 했지만, 콜랴는 여전히 외면하며 못 본 체했다.

"어디론가 달아나서 아주 사라져 버렸어. 그런 빵을 먹었으니 어디론가 사라져 버리는게 당연하지." 콜랴는 잔인하게 내뱉긴 했지만, 그도 몹시 숨이 가빠 오는 것을 느꼈다. "그 대신 나한테 페레즈본이란 개가 있어……. 슬라브식 이름이지……. 네게 보여주려고 이리 데리고 왔어."

"아, 안돼!"

일류샤는 내뱉듯이 소리쳤다.

"아니, 네가 꼭 봐야 돼……. 보면 너도 기분이 나아질 거야. 그래서 내가 일부러 데리고 왔어……. 주치카처럼 털이 복슬복슬한 개야……. 그런데 아주머니, 개를 이리로 불러들여도 될까요?"

그는 도무지 이해할 수 없는 흥분에 휩싸여 스네기료프 부인을 향해 이렇게 물었다.
"안돼, 필요없다니까!"
일류샤는 슬픔에 목이 메이는 목소리로 소리쳤다. 그의 눈에는 비난의 빛이 타오르고 있었다.
"부탁한다만……," 대위가 벽 옆에 있는 궤짝에 앉으려다가 벌떡 일어나서 다가왔다. "부탁한다만…… 그건 이담에……."
그는 애원하듯이 중얼거렸다.
그러나 이미 통제력을 잃어버린 콜랴는 서둘러 스무로프에게 소리쳤다.
"스무로프, 문 열어!"
스무로프가 문을 열자마자 그는 휘파람을 불었다. 페레즈본이 쏜살같이 방 안으로 달려들어왔다.
"일어섯, 페레즈본, 재주를 부려봐, 재주를!"
콜랴는 자리에서 벌떡 일어나며 소리쳤다. 그러자 개는 일류샤의 침대 앞에서 뒷발을 딛고 똑바로 일어섰다. 그러자 아무도 예상하지 못한 일이 일어났다. 일류샤는 꿈틀 몸을 떨더니 간신히 페레즈본 쪽으로 윗몸을 내밀고 가쁜 숨을 몰아쉬며 개를 바라보았다.
"이건…… 주치카다!"
그는 갑자기 고통과 기쁨이 뒤섞인 목소리로 이렇게 외쳤다.
"그럼 넌 뭐라고 생각했니?"
콜랴는 행복에 겨운 목소리로 있는 힘을 다해 소리쳤다. 그러고는 허리를 굽혀 개를 붙잡아서 일류샤에게 번쩍 들어 보였다.
"자, 봐! 한쪽 눈은 멀고, 왼쪽 귀는 찢어지고, 네가 나한테 말해 준 특징과 똑같지. 난 이런 특징을 보고 이 개를 찾아냈어. 그때 곧바로 찾아냈지. 어느 누구의 개도 아니었으니까." 그는 재빨리 대위와 대위 부인, 그리고 알료샤와 일류샤를 차례차례 둘러보며 빠른 어조로 설명했다. "이 개는 페도토프 씨 집 뒤뜰에 있었어. 그곳에 자리잡았지만, 그들은 개에게 먹을 것을 주지 않았어. 이 녀석은 시골서 도망쳐 나온 개였으니까……. 그때 내가 발견했지……. 그런데 말야, 이 개는 그때 네가 던져 준 빵조각을 삼키지 않았어. 삼켰더라면 정말로 죽었겠지. 죽어 버렸고말고! 이렇게 아직도 살아 있는 걸 보니, 그때 이 녀석은 곧 뱉어 버렸던 모양이야. 단지 넌 그걸 보지 못했던 거야. 뱉어 버리긴 했지만 혓바닥을 찔렸기 때문에 비명을 지른 거야. 비명을 지르며 달아나니까, 넌 아주 삼켜 버린 줄로만 알았지 뭐니. 이 녀석이 비명을 지른 것도 무리가 아니야. 개의 입속 피부는 여간 연약하지 않거든……. 사람의 입속보다 더 연약하지. 훨씬 더 보드랍다니까!"

콜랴는 신이 나서 소리쳤다. 그의 얼굴은 기쁨에 겨워 뜨겁게 달아오르고 붉게 빛나고 있었다.

일류샤는 아무 말도 할 수 없었다. 백지장처럼 창백한 얼굴로 입을 멍하니 벌린 채 금방이라도 튀어나올 것 같은 커다란 눈으로 콜랴를 바라보고 있었다. 만약 콜랴가 이런 순간이 이 환자에게 얼마나 무섭고 치명적인 영향을 주는지 알고 있었더라면, 무슨 일이 있어도 이렇게 심한 짓은 하지 않았을 것이다. 그러나 방안에 있는 사람들 중 그것을 알고 있는 것은 오직 알료샤 한 사람뿐이었다. 대위는 마치 어린아이로 되돌아간 것처럼 들떠 있었다.

"주치카, 그럼 이게 바로 주치카란 말이지?" 그는 기쁨에 넘쳐 소리쳤다. "일류샤, 이게 주치카다, 네 주치카란 말이야. 여보, 이게 바로 주치카라는군!" 그는 금방이라도 울음을 터뜨릴 듯이 말했다.

"난 그런 줄은 꿈에도 생각지 못했어!" 스무로프가 유감이라는 듯이 소리쳤다. "역시 크라소트킨이야! 내가 뭐라고 했어. 크라소트킨이 꼭 찾아낼 거라고 했지? 이것 봐, 정말로 찾아냈지 뭐야."

"정말 찾아냈구나!"

다른 아이가 기쁜 듯이 소리쳤다.

"크라소트킨, 대단해!"

또 다른 아이의 목소리도 들렸다.

"최고야, 최고!"

아이들은 환성을 지르며 다 같이 손뼉을 치기 시작했다.

"가만 있어봐, 가만!" 콜랴는 아이들의 환성을 제지하려고 있는 힘을 다해 외쳤다. "내가 그동안의 일을 얘기해 줄게. 다른 건 그만두고 어쩌다가 이렇게 됐는지 그것만 얘기할게! 나는 이 개를 찾아내어 집으로 데리고 와서 곧 남의 눈에 띄지 않게 숨겨 뒀어. 집 안에 가두고 자물쇠를 채운 뒤 오늘까지 누구에게도 보여주지 않았단 말이야. 스무로프만 이주일 전부터 알았지만 내가 그

녀석은 페레즈본이라고 속였기 때문에 전혀 모르고 있었어. 그동안 나는 이 녀석에게 여러 가지 재주를 가르쳤지. 이제 곧 이놈이 어떤 재주를 부리는지 다들 볼 수 있을 거야! 일류샤, 나는 이 녀석을 잘 훈련시킨 뒤에 너한테 데려오고 싶었어. 그래서 '자, 봐, 네 주치카가 얼마나 근사해졌는지' 이러면서 네게 자랑하고 싶었지. 그런데 여기 혹시 고기 조각이 없습니까? 이제 이놈이 여러분에 배꼽을 잡게 할 재주를 부려 보일 거예요. 댁에 고기 조각이 없습니까?"

대위는 현관을 지나, 그들의 식사까지 맡아서 하는 안주인의 집으로 달려갔다. 콜랴는 귀중한 시간을 허비하지 않으려고 꽤나 서두르며 페레즈본을 향해 "죽어!"라고 소리쳤다. 그러자 개는 몸을 뒤틀면서 반듯이 나자빠지더니 네 발을 번쩍들고 죽은 시늉을 했다. 아이들은 좋아라고 웃어댔다. 일류샤는 여전히 괴로운 미소를 지으며 바라보고 있었다. 그러나 페레즈본의 재주를 보고 누구보다 재미있어 한 사람은 엄마였다. 그녀는 그것을 보고 깔깔 웃어대면서 손가락을 퉁겨 개를 불렀다.

"페레즈본, 페레즈본!"

"누가 뭐래도 절대로 일어나지 않아요." 콜랴는 자랑스러운 듯이 의기양양하게 소리쳤다. "온 세상이 입을 모아 아우성쳐도 꼼짝하지 않을 거예요. 그렇지만 내가 부르면 금방 뛰어일어나죠. 일어나 페레즈본!"

개는 벌떡 일어나 기쁜 듯이 킁킁거리며 뛰어다녔다. 그때 대위가 요리한 쇠고기 한 조각을 들고 달려왔다.

"뜨겁지 않아요?" 콜랴는 고기 조각을 받아들면서 사무적인 어조로 빠르게 물었다. "음, 뜨겁진 않군. 개는 뜨거운 것은 싫어하거든. 자, 그럼 여러분, 보십시오……. 일류샤, 너도 봐라, 보라니까. 왜 보질 않니? 내가 이렇게 일부러 데리고 왔는데 일류샤 넌 보고 싶지 않은가 보구나!"

새로운 재주란 이런 것이었다. 조용히 서서 얼굴을 내밀고 있는 개의 콧잔등에 맛있는 고기 조각을 올려놓으면, 개는 콧잔등에 고기를 올려놓은 채 주인의 명령없이는 30분이든 1시간이든 꼼짝 않고 그대로 서 있어야 하는 것이었다. 그러나 페레즈본은 그다지 오래 기다리지 않아도 되었다.

"먹어!"

콜랴가 소리치자마자, 고기 조각은 어느새 페레즈본의 코에서 입으로 들어가 있었다. 구경꾼들은 물론 감탄사를 연발했다.

"그럼 넌 그동안 개를 훈련시키느라고 여길 오지 않았단 말인가?"
알료샤는 무의식중에 나무라는 듯한 어조로 외쳤다.
"물론이죠!" 콜랴는 아주 태연한 태도로 대답했다. "나는 이 개가 근사하게 훈련된 모습을 일류샤에게 보여주고 싶었거든요."
"페레즈본! 페레즈본!"
일류샤는 갑자기 그 여윈 손가락을 퉁기며 개를 불렀다.
"왜 그러니? 이녀석을 아주 네 침대 위에 뛰어오르게 하자! 이리 와, 페레즈본!" 콜랴가 손바닥으로 침대 위를 탁 치자 페레즈본은 쏜살같이 일류샤의 옆으로 훌쩍 뛰어올랐다. 일류샤는 다짜고짜 두 팔로 개의 머리를 끌어안았다. 개도 얼른 그의 뺨을 핥았다. 일류샤는 개를 꼭 끌어안은 채 침대에 눕더니 그 더부룩한 털에 얼굴을 파묻었다.
"아아, 아아!"
대위는 그저 소리만 지르고 있을 뿐이었다.
콜랴는 다시 일류샤의 침대에 걸터앉았다.
"일류샤, 또 한 가지 보여줄 것이 있어. 조그마한 대포를 하나 가지고 왔거든. 생각나지? 언젠가 내가 대포 얘길하니까 보고 싶다고 하지 않았니? 그래서 오늘은 그걸 갖고 온 거야."
이렇게 말하고 콜랴는 서둘러 자기 가방에서 청동으로 만든 대포를 꺼냈다. 그가 허둥댄 것은 자기 자신도 더없이 행복했기 때문이었다. 여느 때 같으면 그는 페레즈본으로 말미암아 야기된 흥분이 가라앉을 때까지 기다렸을 것이지만, 지금은 그럴 수가 없었다. '이것만으로도 지금 넌 기뻐하고 있지만, 더 기쁘게 해줄 게 있어!' 이런 기분으로 콜랴는 온갖 자제심을 내동댕이쳐 버리고 서둘러댔던 것이다. 그리하여 그는 자기 자신에게 완전히 도취된 상태에 있었다.
"난 벌써 오래 전부터 모로조프라는 관리의 집에 있는 대포를 보고 눈독을 들이고 있었어. 일류샤, 너를 위해, 영감, 너에게 주려고 말이야. 이건 모로조프가 자기 형한테서 얻은 것인데, 그 사람한텐 아무 쓸모도 없는 물건이었어. 그래서 나는 아버지의 책장에서 《무함마드의 친족, 또는 유익한 바보짓》이란 책을 갖다 주고 이 대포와 바꾸었지. 그 책은 아직 검열이란 게 없었던 약 100년 전에 모스크바에서 출판된 책으로 아주 추잡한 책이야. 그런데 모로조프는 그런 걸 수집하는 취미가 있어서 오히려 나한테 고맙다는 말까지 하지 뭐냐……."

콜랴는 모두가 좋아해 주기를 기대하며 대포를 손에 들고 사람들 앞으로 내밀었다. 일류샤도 몸을 일으켰다. 오른손으로는 여전히 페레즈본을 끌어안은 채, 그만 넋을 잃고 그 장난감을 바라보았다. 콜랴가 자기는 화약도 갖고 있으니, '만일 여성들이 놀라지만 않는다면' 당장에 여기서 쏘아 보일 수도 있다고 설명했을 때, 모두의 흥분은 절정에 달하였다. 일류샤의 어머니는 곧 그 장난감을 좀더 가까이서 보여달라고 했고, 콜랴는 그 요청을 받아들였다. 그녀는 바퀴가 달린 청동 대포가 아주 마음에 들었는지 그것을 자기 무릎 위에 놓고 굴리기 시작했다. 그녀는 대포를 쏘아도 좋으냐는 물음에 곧바로 동의했으나, 그러면서도 무엇을 하겠다는 것인지 전혀 모르고 있었다.

콜랴는 화약과 산탄을 꺼내 보여주었다. 전에 군인이었던 대위는 화약을 조금만 재도록 직접 거들었으나, 산탄을 쏘는 것은 다음 기회로 미루자고 했다. 콜랴는 대포의 포구를 사람이 없는 쪽으로 돌리고 그것을 마룻바닥 위에 놓았다. 그러고는 세 알 정도의 화약을 포구에 채워 넣고 성냥으로 불을 붙였다. 그러자 대포는 더할 수 없이 화려하게 발사되었다.

'엄마'는 꿈틀 몸을 떨었으나, 곧 즐거운 듯이 웃음을 터뜨렸다. 아이들은 흥분한 표정으로 말없이 구경하고 있었다. 어느 누구보다 가장 기뻐한 것은 일류샤를 지켜보고 있던 대위였다. 콜랴는 대포를 들어올려, 곧 화약이며 총탄과 함께 일류샤에게 주었다.

"이건 널 주려고 가져온 거야! 이건 네 거야. 벌써 오래 전부터 널 주려고 준비해 뒀지."

콜랴는 행복에 겨워 같은 말을 되풀이했다.

"아이, 날 주지 그래! 그 대포는 날 줘!"

갑자기 어머니가 어린애처럼 조르기 시작했다. 그녀의 얼굴에는 혹시 자기에게 주지 않을까봐 불안해하는 초조한 빛이 감돌고 있었다. 콜랴는 망설였다. 대위도 불안한 듯이 안절부절못했다.

"여보, 당신도 참." 대위는 아내 곁으로 달려갔다. "대포는 당신 것이야. 암 당신 것이고말고. 그렇지만 일류샤에게 갖고 있으라고 합시다. 일류샤가 받은 선물이니까. 그렇지만 어차피 당신 것이나 마찬가지야. 일류샤는 언제라도 당신이 그걸 갖고 놀게 해줄 거요. 그건 당신 것도 되고 일류샤 것도 되는 거란 말이오……."

"싫어, 함께 갖는 것은 싫어요. 나 혼자 갖고 싶어. 일류샤 것이 아니야." 어머니는 금방이라도 울음을 터뜨릴 것 같은 소리로 떼를 쓰며 말했다.

"엄마, 엄마에게 드릴게요, 어서 가지세요……." 갑자기 일류샤가 소리쳤. "크라소트킨, 이거 우리 엄마한테 줘도 괜찮지?"

그는 애원하는 듯한 표정으로 콜랴를 바라보았다. 마치 모처럼 자기에게 준 선물을 다른 사람에게 준다고 화를 내지나 않을까 걱정하는 눈치였다.

"괜찮고말고!"

콜랴는 곧 진심으로 동의하고, 일류샤의 손에서 대포를 받아 공손히 절을 하면서 직접 일류샤의 어머니에게 주었다. 그녀는 기쁨에 겨워 울음을 터뜨렸다.

"아아, 귀여운 일류샤는 어쩌면 저렇게도 착할까. 정말이지, 엄마를 위해 주는 사람은 너밖에 없구나!"

그녀는 감격한 목소리로 그렇게 말한 뒤 곧 다시 무릎 위에 대포를 놓고 이리저리 굴리기 시작했다.

"여보, 당신 손에 키스를 해야겠군."

남편은 아내 쪽으로 달려가서 얼른 키스를 했다.

"그리고 또 한 사람, 아주 귀여운 아이는 누구냐하면, 여기 있는 이 착한 아이예요!"

감사에 넘친 마음으로 부인은 콜랴를 가리키며 소리쳤다.

콜랴는 일류샤에게 다시 말했다.

"일류샤, 앞으로도 네가 원하는 만큼 화약은 얼마든지 가져다 줄게. 이젠 우리 손으로 화약을 만들 수 있으니까. 보로비코프가 만드는 방법을 알아냈어. 초석(硝石) 24에 유황 10, 그리고 자작나무 숯 6을 한데 섞어 빻아가지고 물에 부드럽게 이겨서 가는 체로 걸러 내면 화약이 돼."

"스무로프한테서 그 화약 얘긴 들었지만, 아버지 말에 의하면 그건 진짜 화약이 아니래."

일류샤가 말했다.

"뭐, 진짜가 아니라구?" 콜랴는 얼굴을 붉혔다. "그렇지만 발화가 되는데? 하긴 나도 잘 몰라……."

"아니, 그런 게 아니고, 내 말은 그러니까." 퇴역대위가 미안해하는 얼굴로 얼른 달려왔다. "진짜 화약은 그런 조성으론 만들 수 없다는 말은 했지만 아무렴 어때, 그렇게도 만들 수 없는 건 아니니까."

"나는 잘 모릅니다. 아저씨가 더 잘 아실 거예요. 그런데 사기로 만든 병에 넣고 불을 붙여 봤더니 멋들어지게 타더군요. 거의 다 타고 나서 재가 조금 남았어요. 그렇지만 그건 물에 섞은 반죽이었으니까. 만일 그걸 체에 걸렀더라면……. 하긴 아저씨가 물론 더 잘 아실 거예요. 난 잘 몰라요……. 그런데 불킨은 그 화약 때문에 아버지한테 매를 맞았다더군요. 너 그 얘기 들었니?"

콜랴는 갑자기 일류샤를 돌아보았다.

"나도 듣긴 했어."

일류샤가 대답했다. 그는 한없는 흥미와 기쁨을 느끼며 콜랴의 말에 귀를 기울이고 있었다.

"우린 병에 가득히 화약을 만들었는데, 그걸 침대 밑에 숨겨 두었다가 아버지에게 들켰지 뭐야. 폭발하면 어쩌려고 그러냐며 당장 불킨한테 매질을 했지. 그러고는 학교에 나를 일러바치려고까지 했단 말이야. 그래서 불킨은 지금 나하고 같이 놀지도 못하게 되었어. 다른 아이들의 부모도 나하고 놀지 못하게 하고 있고, 스무로프도 역시 나하고 어울리는 걸 부모가 알면 큰일나지. 나는 모든 사람들한테 나쁜 소문이 퍼져서 그들은 나를 가리켜 '망나니 녀석'이라 부르고 있어. 그때 그 철도 사건이 있은 뒤부터 그렇게 되었어." 콜랴는 경멸하듯이 히죽 웃었다.

"아, 맞아! 우리도 그 모험 얘기는 들었지." 대위가 소리쳤다. "그래, 철로 위에 누웠을 때의 기분이 어땠니? 기차가 위로 지나갈 때 아무렇지도 않든? 무섭지 않았어 그래도 조금도 무서웠겠지?"

대위는 콜랴의 비위를 맞추기에 바빴다.

"뭐, 그렇지도 않았어요." 콜랴는 아무렇지도 않게 대답했다. "하지만 이곳에서 무엇보다 내 평판을 떨어뜨린 것은 그 빌어먹을 거위 사건이었어."

그는 다시 일류샤 쪽을 돌아보면서 말했다. 그는 자기가 하는 말에 무관심한 척하고 있었지만, 그래도 역시 자기 자신을 억제할 수가 없어서 이따금 앞뒤가 맞지않는 말을 하기도 했다.

"응, 나도 그 거위 얘긴 들었어!" 일류샤는 환하게 웃었다. "얘긴 들었지만, 무슨 얘긴지 잘 몰랐어. 그래, 정말 그 사람들이 재판소로 널 끌고 갔니?"

"하나도 문제될 게 없는 아주 시시한 일이야. 그런 걸 가지고 여기 사람들은 언제나 그렇게 공연히 크게 떠들어댄단 말이야." 콜랴는 되는대로 지껄이듯 얘기를 시작했다. "어느날 내가 저기 장터를 지나고 있는데, 마침 사람들이 거위를 몰고 왔어. 나는 멈춰서서 거위를 보고 있었지. 그런데 그때 플로트니코프 상점에서 점원 노릇을 하는 비쉬냐코프라는 사람이 공연히 나를 보고 '왜 거위를 그렇게 보고 있는 거야?' 말하지 않겠니? 난 그 자의 얼굴을 올려다 보았어. 얼굴이 동그랗고 바보같이 생긴 스무 살쯤 된 애송이였지. 알다시피 나는 결코 민중을 절대로 무시해선 안 된다는 주의야. 난 민중과 함께 있는 것을 좋아하지. 우리가 민중과 너무 떨어져 있다는건 자명한 사실이야. 카라마조프 씨, 왜 웃으시죠?"

"아니야, 웃긴······. 난 열심히 듣고 있어."

알료샤가 진지하기 그지없는 표정으로 대답하자 의심많은 콜랴도 곧 기운을 얻었다.

"카라마조프 씨, 내 이론은 단순명쾌합니다." 그는 다시 기쁜 듯이 빠른 말투로 입을 열었다. "난 민중을 믿고, 그리고 언제나 그들을 정당하게 인정해 줍니다. 그렇지만 절대로 일정한 선을 넘도록 내버려두지는 않아요. 이것이 sine qua non(필수 조건)입니다······. 그건 그렇고, 나는 지금 거위 얘기를 하고 있었지요. 그래서 나는 그 바보 녀석을 돌아보며 '거위는 무엇을 생각하고 있을까, 그걸 생각하고 있는 중이야'라고 대답해 줬지. 그랬더니 그 녀석은 그야말로 밥통 같은 얼굴로 나를 힐끔 쳐다보며 '그래, 거위가 무얼 생각하고 있을 것 같니?' 내게 묻지 않겠어. 그래서 난 '저기 귀리를 가득 실은 마차가 보이지? 지금 부대에서 귀리가 새어나오고 있는데, 거위 한 마리가 바퀴 바로 밑에 고개를 처박고 귀리를 쪼아먹고 있지 않느냐 말이야······. 보여?' 이렇게 내가 말했더니 그 녀석이 '보이고말고' 하더군. 그래서 내가 '그럼 지금 마차를 앞으로 조금만 밀면, 바퀴에 거위 목이 잘릴까, 안 잘릴까?' 했더니, 녀석은 '그야 물론 잘리겠지' 하며 히죽거리고 웃는 거야. '그럼 우리 한번 해 볼까?' 했더니 '해보자'고 그 친구가 응했어.

뭐, 우린 준비하느라고 시간을 오래 잡아먹지도 않았어. 그 녀석은 살그머니

말고삐 옆에 붙어서고, 난 거위가 바퀴 밑에 들어가도록 하려고 옆으로 가서 섰어. 그리고 마침 이때 귀리 주인인 농부가 어떤 사람과 얘기를 하느라고 한눈을 팔고 있었기 때문에 난 일부러 거위를 바퀴 밑으로 몰아넣을 필요도 없었어. 거위란 놈이 귀리를 먹으려고 마차 밑으로, 바로 바퀴 밑으로 모가지를 들이밀었거든. 그래서 내가 그 녀석에게 눈짓하자 그 녀석은 얼른 고삐를 잡아당겼어. 바지직 하는 소리와 함께 거위 모가지는 두 동강이 나버렸어!

그런데 공교롭게도 농부들이 그걸 보고 그 친구에게 '네가 일부러 그랬지?' 하며 대번에 소동이 일어나고 말았어. '아뇨, 일부러 그런 것이 아니에요.' '뭐야, 일부러 그러고선!' 그러더니 '저놈을 치안판사한테 데리고 가자!' 하고 야단들인 거야. 물론 나도 붙들렸지. '너도 거기 있었으니까 함께 거들었을 거야. 시장에선 널 모르는 사람이 없어!' 하긴 무엇 때문인진 모르지만 시장 일대에서 날 모르는 사람이 없는 건 사실이지." 콜랴는 자랑스러운 듯 이렇게 덧붙였다.

"그래서 우리는 판사에게 몰려갔어. 그 거위도 갖고 말이야. 그 녀석은 그만 겁이 나서 엉엉 울기 시작하더군. 마치 계집애처럼 훌쩍훌쩍 우는 거야. 거위 장수는 '그따위 장난을 가만 내버려뒀다가는 살아남을 거위가 한 마리도 없겠어!' 하며 고래고래 소리를 지르더군. 물론 증인들도 있었지. 하지만 치안판사는 순식간에 처리해 버리고 말았어. 즉 그 녀석은 거위 임자에게 거위값으로 1루블을 치르고 그 대신 죽은 거위를 가지라는 거였어. 그리고 앞으로는 이런 장난을 절대로 해서는 안 된다고 훈계했지. 녀석은 여전히 계집애처럼 훌쩍훌쩍 울면서 '나한텐 죄가 없어요. 쟤가 시켜서 한 거예요' 하며 나를 가리켰어. 난 어디까지나 냉정한 태도로 '절대로 내가 시킨 게 아닙니다. 나는 단지 일반적인 명제(命題)를 내세우고 그것을 가정적으로 말해 보았을 뿐입니다'라고 대답해 줬지. 그랬더니 네페도프라는 그 판사는 빙긋이 웃었어. 그러나 곧 자기가 웃은 것에 대해 화를 내며 '나는 네가 앞으로 다시는 그런 일반적인 명제를 갖고 시간을 허비하지 않고, 얌전히 집에 들어앉아 책이나 읽고 학과 공부를 하도록 학교에 통지하겠다' 하더군. 그렇지만 학교에 통지하지는 않았어. 그저 농담으로 그랬을 뿐인가봐.

하지만 이 사건은 곧 떠들썩하게 퍼져서, 결국은 선생님들의 귀에도 들어가고 말았어. 학교 선생님들을 귀가 굉장히 넓거든! 특히 이 일을 문제삼고 떠들어댄 것은 라틴어 선생 콜바스니코프였어. 그러나 이번에도 다르다넬로프 선생님이 나를 변호해 줬지. 그런데 그 콜바스니코프는 요즘 심사가 뒤틀린 당나귀처럼 아무한테나 못살게 군단 말이야. 참, 일류샤, 너 그 선생이 결혼했다는 얘기 들었니? 미하일로프 집안에서 1천 루블의 지참금을 우려냈는데, 색시라는 게 천하에 둘도 없는 추물이야. 그래서 3학년 아이들은 당장에 이런 풍자시를 지었어.

    미남자 콜바스니코프가 장가들었네
    3학년 학생들은 깜짝 놀랐지

이런 식으로 계속되는데, 하여간 굉장히 우스워. 이 다음에 너한테 갖다 보여줄게. 다르다넬로프 선생에 관해선 난 아무것도 말하지 않겠어. 그는 학식이 있는 사람이야. 그 사실만은 의심할 여지가 없어. 난 그런 사람을 존경해. 그가 내 편을 들어주었다고 해서 그러는 건 절대 아니야……."
"그렇지만 트로이의 창건자에 관한 문제로 그 선생을 납작하게 해줬잖아!"
스무로프는 콜랴가 무척 자랑스러운 듯이 자기 일처럼 참견을 했다. 거위 얘기가 그를 매우 만족시켰던 것이다.
"그래 정말로 납작하게 해줬니?" 대위가 비위를 맞추듯이 물었다. "트로이를 창건한 사람이 누군가 하는 문제로 말이지? 우리도 그 얘긴 들었어. 그때 일류샤가 얘기를 해주더구나……."
"아버지, 저 앤 모르는 것이 없어요. 우리 학교에서 가장 많이 알고 있어요!" 일류샤도 맞장구를 쳤다. "겉으론 일부러 저런 척하고 있지만 전과목 일등인걸요……." 일류샤는 무한한 행복감을 느끼며 콜랴를 바라보았다.
"뭐, 트로이 얘기 같은 건 아무것도 아니에요. 난 그런 건 문제삼을 것도 못 된다고 생각하고 있지요."
콜랴는 겸손하면서도 자랑스럽게 대꾸했다. 그는 이제 완전히 위엄을 되찾았으나 아직도 조금은 불안했다. 그는 자기가 너무나 흥분하여, 예컨대 거위에 대한 얘기에서도 지나치게 도취했다고 느끼고 있었다. 더욱이 알료샤가 줄곧 말 한 마디 없이 신중한 태도를 보이고 있었으므로, 자존심이 강한 이 소년은 조금씩 불안에 사로잡히기 시작했다.
'저 사람은 나를 경멸하고 있기 때문에 침묵을 지키고 있는 것이 아닐까?

내가 자기의 칭찬을 바란다고 생각하는 것은 아닐까? 만약에 저 사람이 그런 식으로 생각하고 있다면 나는…….'
"난 그런 건 하잘 것 없는 일이라고 생각합니다."
그는 다시한번 자신 있게 단언했다.
"나도 트로이의 창건자가 누구인지 알고 있어."
이제까지 말이 없던 소년 하나가, 갑자기 이렇게 말하는 바람에 모두 깜짝 놀랐다. 그는 평소에도 말이 없고 부끄럼을 잘 타며 아주 귀엽게 생긴 열한 살 된 아이로 성은 카르타쇼프였다. 그는 바로 문 앞에 앉아 있었다. 콜랴는 놀란 듯이 엄격한 표정으로 그를 바라보았다. 그도 그럴 것이 트로이의 창건자가 누구인가 하는 문제는 모든 학생들에게 비밀로 되어 있었고, 그 비밀은 스마라그도프의 역사책을 읽어야만 알 수 있는 것이었다. 그리고 콜랴 외에는 아무도 그 책을 가지고 있는 사람이 없었다. 그런데 어느날 콜랴가 한눈을 팔고 있는 사이에, 카르타쇼프는 다른 책들 사이에 끼여 있는 그 책을 살짝 들춰 보았던 것이다. 그러자 마침 트로이의 창건자에 대해서 쓴 바로 그 대목이 눈에 띄었다. 이것은 벌써 오래 전의 일이었으나, 그는 어쩐지 겸연쩍어져서 자기가 알고 있다는 사실을 밝히기를 머뭇적거리고 있었다. 혹시나 무슨 일이 일어나지 않을까, 행여나 크라소트킨이 면박을 주지 않을까 염려되어 입밖에 낼 용기가 나지 않았던 것이다. 그러나 오늘은 더이상 참을 수가 없어서 그만 그것을 말해 버리고 말았다. 그는 아까부터 그 말이 하고 싶어 견딜 수가 없었다.
"그래? 그럼 누가 세웠지?"
콜랴는 자못 깔보듯이 오만하게 그를 돌아보며 물었다. 그러나 그는 카르타쇼프의 표정에서 그가 정말로 알고 있다는 것을 재빨리 알아채고, 곧 이 일을 어떻게 처리할까에 대해 생각해 냈다. 모두의 마음속에는 무언가 어색한 것이, 부자연스러움이라고도 할 수 있는 분위기가 감돌았다.
"트로이를 세운 건 테우크로스·다르다노스·일로스, 그리고 트로스야." 소년은 단숨에 대답했다. 다음 순간 그는 얼굴이 빨개졌다. 보기에도 민망할 정도로 빨갰지만 아이들은 모두 그를 뚫어지게 바라보았다. 거의 1분 동안이나 그렇게 응시하고 있던 모두의 시선이 이번엔 일제히 콜랴에게로 옮겨졌다. 콜랴는 경멸을 띤 냉정한 눈빛으로 여전히 이 대담한 소년을 핥듯이 노려 보고 있었다.

"그럼 그 사람들은 대체 어떻게 그걸 세웠을까?" 그는 천천히 입을 열었다. "도시나 나라를 세운다는 것은 과연 무엇을 의미할까? 그들은 그곳에 찾아와서 벽돌을 하나하나 쌓아올렸던 것일까?"

와 하고 웃음소리가 터졌다. 무안해하는 듯한 소년의 얼굴은 장밋빛에서 다시 새빨갛게 변했다. 말이 없는 그는 금방이라도 울음을 터뜨릴 것 같은 표정이었다. 콜랴는 1분 정도 소년을 그 상태로 내버려두었다.

"한 국가의 창설과 같은 역사상의 사건을 설명하려면, 먼저 그것이 어떤 의의를 가지고 있는가 하는 것을 이해해야 돼." 그는 설교하듯이 엄격한 어조로 말했다. "하긴 난 그런 감상적인 옛날이야기 따윈 중요시하지 않아. 뿐만 아니라, 대체로 난 세계사를 그다지 존중하지 않지." 모두를 향해 그는 대담하게 이렇게 덧붙였다.

"뭐, 세계의 역사를 존중하지 않는다고?"

대위가 깜짝 놀라며 물었다.

"그렇습니다, 세계사를요. 세계사란 다만 인류가 저지른 수많은 어리석은 행위를 연구하는 학문일뿐입니다. 내가 존중하는 것은 수학과 자연 과학뿐이지요."

이렇게 거만하게 말하고 콜랴는 알료샤를 힐끗 쳐다보았다. 그가 지금 두려워하는 것은 오직 알료샤의 의견뿐이었다.

그러나 알료샤는 여전히 말없이 진지한 표정을 짓고 있었다. 여기서 알료샤가 뭐라고 한마디만 했다면 그것으로 끝나 버렸겠지만, 그는 아무 말도 하지 않았다.

'그의 침묵은 어쩌면 경멸을 뜻하는 것인지도 몰라.'

콜랴는 화가 났다.

"게다가 우리 학교에서 지금 하고 있는 고전어 수업도 그래요. 그건 아무리 생각해도 미친 짓에 지나지 않아요. 카라마조프 씨, 당신은 아무래도 내 의견에 동의하지 않으시는 것 같군요?"

"난 동의할 수 없는데."

알료샤는 겸손한 미소를 지었다.

"하지만 고전이라는 것은, 만일 원하신다면 내 의견을 말씀드리지요, 치안 확보를 위한 수단에 불과합니다. 오직 그 때문에 그런 걸 학과에 넣은 거예요."

콜랴의 숨결은 다시 가빠지기 시작했다. "라틴어나 그리스어를 도입한 건, 그것이 따분하기 때문이고, 재능을 둔화시키기 때문이라는 거죠. 본디 따분한 것이지만, 어떻게 하면 더욱 따분하게 할 수 있을까? 본디 의미 없는 것이지만, 어떻게 하면 더욱 의미 없게 할 수 있을까? 이렇게 생각한 끝에 그들은 고전이라는 걸 착안해 낸 거예요. 요컨대 이게 제 의견입니다. 그리고 앞으로도 이 생각에는 변함이 없을 겁니다." 콜랴가 날카롭게 말을 맺었다. 그의 두 뺨에는 서서히 붉은 빛이 감돌기 시작했다.

"그건 사실이야."

열심히 귀를 기울이고 있던 스무로프가 갑자기 확신에 찬 쨍쨍 울리는 목소리로 동의했다.

"그렇지만 콜랴는 라틴어도 역시 일등이거든요."

갑자기 한 아이가 소리쳤다.

"그래요, 아버지. 말은 저렇게 해도 저 애는 라틴어도 전교에서 가장 잘해요."

일류샤가 맞장구를 쳤다.

"그게 어쨌다는 거지?" 콜랴는 칭찬을 받아서 기분이 좋기는 했지만, 그래도 역시 변명할 필요를 느꼈다. "그야 물론 나도 라틴어를 열심히 공부하곤 있어. 요컨대 그것이 필요하기 때문이지. 시험에 무사히 통과하겠다고 어머니와 약속을 했으니까. 또한 난 무엇이든지 한번 시작한 일은 훌륭히 해내야 한다고 생각해. 그렇지만 마음속으론, 고전주의니 뭐니 하는 하찮은 것을 아주 경멸하고 있어……. 카라마조프 씨, 당신은 어떻게 생각하십니까?"

"그것이 어째서 '하찮은 것'일까?"

알료샤는 다시 소리없이 웃었다.

"그건 말입니다, 고전이란 고전은 모두가 각 나라 말로 번역되어 있는만큼, 새삼스럽게 라틴어를 공부할 필요가 없기 때문이지요. 단지 치안확보의 수단으로서, 사람의 재능을 둔화시키기 위해서 필요할 뿐입니다. 그러니 어찌 '하찮은 것'이라고 하지 않을 수 있겠어요?"

"대체 누가 자네에게 그런 걸 가르쳐 주었나?"

마침내 알료샤는 놀란 빛을 띠며 이렇게 물었다.

"첫째로, 난 누가 가르쳐 주지 않아도 이 정도는 스스로 깨달을 수 있어요. 둘째로, 지금 내가 모든 고전은 다 번역되어 있다고 한 말은 콜바스니코프 선생님이 3학년 학생 모두에게 공공연히 한 말입니다."
"의사 선생님이 오셨어요!"
이제까지 잠자코 있던 니노치카가 갑자기 소리쳤다.
이때 정말 호흘라코바 부인의 마차가 대문 앞으로 다가오는 중이었다. 아침부터 고대하고 있던 대위는 허겁지겁 그를 맞으러 달려나갔다. 알료샤는 일류샤의 옆으로 다가가서 베개를 고쳐 주기 시작했다. 니노치카는 안락의자에 앉은 채 걱정스러운 눈으로 침대쪽을 지켜보고 있었다. 소년들은 서둘러 인사를 하고 돌아가기 시작했다. 개중에는 저녁에 다시 오겠다고 약속하는 아이도 있었다. 콜랴는 페레즈본을 불렀다. 개는 침대에서 얼른 뛰어내렸다.
"난 가지 않아, 가지 않을 거야." 콜랴는 재빨리 일류샤에게 소리쳤다. "현관에서 기다리고 있다가 의사 선생님이 돌아가면 다시 올게. 페레즈본을 데리고 다시 돌아올게."
의사는 이때 벌써 방안에 들어서고 있었다. 곰가죽 외투를 걸치고, 길다란 검은 구레나룻에 턱을 반들반들하게 면도한 그 모습은 자못 그럴싸해 보였다. 방안에 들어서자 그는 어리둥절해서 그 자리에 멈춰섰다. 아마 방을 잘못 찾아들어온 것이 아닌가 생각했던 모양이다.
"응? 이상하군. 여기가 어디지?"
그는 외투도 벗지 않고 물개가죽 차양이 달린 모자도 그대로 쓴 채 중얼거렸다. 북적대는 사람들, 누추한 방안 모습, 한쪽 구석 빨랫줄에 주렁주렁 걸린 빨래들, 이런 것들이 그를 몹시 놀라게 한 것 같았다. 퇴역 대위는 의사 앞에서 공손히 허리를 굽혀 절했다.
"여깁니다, 선생님, 바로 여기예요." 그는 황송하여 어쩔 줄을 몰라하는 눈치였다. "여깁니다, 잘못 들어오신 게 아닙니다. 선생님은 저희 집에 오시기로 되어 있습죠……."
"당신이 스……네……기료프?" 의사는 거만하게 커다란 소리로 말했다. "스네기료프 씨가 바로 당신입니까?"
"네, 접니다!"
"그래요?"
의사는 다시 한번 꺼림칙하다는 듯한 시선으로 방안을 둘러보고 나서 외투를 벗었다. 그의 목에 걸린 어마어마한 훈장이 모두의 눈에 번쩍 들어왔다. 대위는 외투가 방안에 떨어지기 전에 냉큼 받아들었다. 의사는 모자도 벗었다.
"환자는 어디 있죠?"
그가 커다란 목소리로 재촉하듯 물었다.

6 조숙

"의사가 뭐라고 말할 것 같아요?" 밖으로 나오자 콜랴가 빠른 말로 물었다. "그건 그렇고 얼굴이 어쩌면 그렇게 마음에 들지 않는지! 그렇잖아요? 나는 의학이라는 게 도무지 싫어요!"
"일류샤는 가망이 없어. 아무래도 내 생각엔 그럴 것만 같아."
알료샤는 침통하게 대답했다.
"사기꾼들 같으니! 의학이라는 건 모두가 사기예요! 그렇지만 카라마조프 씨, 난 당신을 알게 된 것이 여간 기쁘지 않아요. 난 벌써 오래 전부터 당신과 사귀고 싶었어요. 단지 유감스러운 것은, 우리가 이렇게 슬플 때 만났다는 것이지요."
콜랴는 무언가 좀더 열렬하고, 좀더 과장된 말을 하고 싶었으나 어쩐지 쑥스러운 기분이 들었다. 그것을 알아차린 알료샤는 미소를 지으며 그의 손을 꼭 잡아 주었다.
"난 전부터 당신을 세상에 보기드문 분이라 생각하고 존경해 왔어요." 콜랴는 다시 혼란에 빠져 말을 더듬으며 중얼거리듯 말했다. "나는 당신이 신비주의자이고, 수도원에 들어가 있었다는 말을 들었어요. 당신이 신비주의자라는 걸 알고 있지만…… 내 마음은 변하지 않았어요. 아마도 현실을 접하는 동안 그것을 바로잡을 수 있을 것이고…… 당신과 같은 성격의 사람들은 그렇게 되는 것이 당연하니까요."
"자네가 말하는 신비주의자란 어떤 거지? 그리고 무엇을 바로잡을 수 있다는 말인가?"
알료샤는 조금 놀라서 반문했다.
"이를테면 신(神)이니 뭐니 하는 것에 열중하는 것 말이에요."
"아니, 그럼 자넨 하느님을 믿지 않나?"
"그런 건 아니에요. 나도 결코 신을 반대하지는 않아요. 물론 신이란 하나의 가설에 불과하지만…… 나도 신의 필요성은 인정해요……. 세계의 질서라든가 그밖의 것을 위해서 말이지요. 그러니까 만일 신이 없다면 그걸 만들어 내기라도 해야 할 거예요."

콜랴는 점점 얼굴을 붉히면서 이렇게 덧붙였다. 그는 문득 알료샤가 '넌 네 지식을 과시하여 네가 '어른'이라는 것을 내게 증명하고 싶어하는구나' 이렇게 생각할 것만 같은 기분이 들었다. '그렇지만 난 조금도 그에게 내 지식을 자랑하고 싶은 마음은 없다'는 생각이 들자 콜랴는 말할 수 없이 불쾌해졌다.

"솔직히 말해서 난 이런 토론을 몹시 싫어해요." 콜랴는 퉁명스럽게 말했다. "신을 믿지 않고도 인류를 사랑할 수는 있잖아요, 안 그래요? 볼테르는 신을 믿지 않았지만 인류를 사랑했어요."

'아차, 내가 또 이런 말을 꺼내고 말았군.'

그는 속으로 생각했다.

"볼테르는 신을 믿었어. 다만 그 믿음이 그리 깊지는 않았던 것 같아. 또 인류도 그리 깊이 사랑하지는 않은 것 같고."

알료샤는 낮은 목소리로 겸손하게, 그러면서도 아주 자연스럽게 말했다. 마치 자기 또래나 손윗사람을 대하는 것 같은 말투였다. 콜랴는 알료샤가 마치 볼테르에 관한 자기의 견해에 자신이 없는 것처럼, 자기보다 어린 콜랴에게 이 문제의 해결을 맡기려는 듯한 태도를 보고 크게 놀랐다.

"그런데 자넨 볼테르를 읽은 적이 있나?"

알료샤가 물었다.

"아니, 읽었다고는 할 수 없지만……. 《캉디드》는 러시아어 번역판으로 읽었어요……. 낡은 판이라 번역도 괴상하고 우스꽝스럽게 되어서……."(아차, 또 이런 소릴!)

"그래, 이해할 수 있겠던가?"

"네, 뭐 대충은……. 그러니까, 그…… 그런데 어째서 당신은 내가 그걸 이해하지 못할 것이라고 생각하는 겁니까? 사실 그 책엔 저속한 대목이 많아요……. 나도 물론 그 책이 철학소설이고, 하나의 사상을 표현하기 위해 쓴 책이라는 정도는 이해할 수 있어요……." 콜랴는 벌써 횡설수설하고 있었다. "카라마조프 씨, 나는 사회주의자입니다, 나는 철저한 사회주의자예요." 갑자기 그는 영문 모를 소리를 불쑥 하고 나서 이유도 없이 입을 다물어 버렸다.

"사회주의자라고?" 알료샤는 웃었다. "아니, 언제 그렇게 되었지? 아직 열세 살밖에 안 되었는데?"

콜랴는 얼굴이 굳어졌다.

"나는 열 세 살이 아니라, 열 네 살이에요. 2주일만 지나면 만 열네 살이 됩니다." 그는 화난 듯이 얼굴이 새빨개졌다. "그리고 내 나이가 이 문제와 대체 어떤 상관이 있다는 겁니까? 문제는 내 나이에 있는 것이 아니라, 내 신념에 있는 겁니다. 그렇잖아요?"

"자네가 좀더 나이를 먹으면 그때는 나이가 사람의 신념에 어떤 영향을 주는지 스스로 알게 될 거야. 그리고 나는 자네가 하는 말이 아무래도 자네 자신의 사상이 아닌 것만 같이 생각되는군."

알료샤는 겸손하고 침착한 어조로 대답했으나 콜랴는 펄쩍 뛰며 그의 말을 가로막았다.

"천만에, 당신은 복종과 신비주의를 원하는 거예요. 이를테면 그리스도교가 천민계급을 노예로 만들기 위해 부자와 권력가에게만 봉사해 왔다는 것은 당신도 인정하시겠죠. 안 그래요?"

"아, 난 자네가 어디서 그런 구절을 읽었는지 알 수 있을 것 같아. 아니면 틀림없이 누군가가 자네에게 그런 걸 가르쳐 주었을 거야!"

알료샤는 소리쳤다.

"천만에요. 어째서 당신은 내가 책에서 읽었을 거라고 생각하는 거죠? 또, 아무도 내게 그런 걸 가르쳐 준 사람은 없어요. 나는 그 정도는 스스로 알 수 있으니까요……. 그리고 만일 원하신다면 말하겠지만, 나는 구태여 그리스도를 반대하진 않아요. 그리스도는 가장 인도주의적인 인격자였거든요. 그 사람이 만일 현대에 태어났더라면, 반드시 혁명가의 대열에 끼어 눈부신 활약을 했을 겁니다……. 틀림없이 그랬을 거예요."

"도대체 자넨 어디서 그런 소릴 주워들었나? 도대체 어떤 바보하고 사귀고 있나?"

알료샤는 소리쳤다.

"하는 수 없군요, 사실을 말하면 우연한 기회에 라키친 씨를 알게 되어서 자주 얘길 나눴어요……. 하지만 벨린스키 노인도 그런 말을 했다고 하던데요?"

"벨린스키가? 통 기억이 나질 않는데……. 그 사람은 어디에서도 그런 말을 쓰지 않았는데."

"쓰지 않았다면 말로 했겠지요. 나는 그걸 어떤 사람한테서 들은 적이 있어요. 그렇지만 그런 건 아무래도 좋아요……."

"그럼 자넨 벨린스키를 읽었나?"

"아니 그건…… 조금밖에 읽지 못했습니다. 그렇지만…… 타차나가 왜 오네긴(《예브게니 오네긴》의 여주인공과 남주인공)과 같이 떠나지 않았는가 하는 대목은 읽었어요."

"왜 오네긴과 같이 떠나지 않았는지…… 자네 벌써 그런 것까지 이해할 수 있나?"

"아니, 그럼 당신은 나를 스무로프와 같은 조무래기로 보고 있군요?" 콜랴는 신경질적으로 웃었다. "그렇지만 나를 그런 과격한 혁명가로 생각하지는 말아 주십시오. 난 라키친과도 가끔 의견이 대립될 때가 많아요. 조금 전에 타차나 얘길 꺼내긴 했지만, 난 절대 여성 해방론자는 아닙니다. 여성이란 종속적인 존재이므로 마땅히 순종해야 한다는 점을 나는 시인합니다. 나폴레옹의 말처럼, Les femmes tricottent(여자는 뜨개질이나 하라)지요." 이렇게 말한 콜랴는 무엇 때문인지 히죽 웃었다. "나는 이 점에 관해서만은 적어도 그 사이비 위인의 의견에 전적으로 찬성입니다. 또한 나는 조국을 버리고 미국으로 떠나 버리는 것은 비열한 짓이라고 생각해요. 아니, 비열하다 못해 어리석은 짓입니다. 러시아에서도 얼마든지 인류를 위해 유익한 일을 할 수 있는데 뭣 때문에 미국엘 갑니까? 더욱이 요즘 같은 시기에 말입니다. 지금 우리에게는 유익한 활동을 할 분야가 얼마든지 있지 않습니까. 난 이렇게 대답해 주었어요."

"그게 무슨 말이지? 누구한테 대답해 주었나? 누가 벌써 자네한테 미국에 가자는 말이라도 하던가?"

"솔직히 말하면 그런 유혹을 받았지만 거절해 버렸죠. 카라마조프 씨, 이건 물론 우리끼리만의 얘깁니다. 그러니 아무에게도 말하면 안 돼요. 당신에게만 하는 말이니까요. 나는 비밀경찰에 걸려들어 체프노이 다리 옆 건물에서 호되게 심문받는 건 질색이거든요.

체프노이 다리 옆에 세워진 그 집을 그대는 영원히 기억하리니!

기억나세요? 참 근사한 시예요! 왜 웃으십니까? 설마 내가 허튼 소리를 하고 있다고 생각하는 건 아니겠죠?"

'하지만 만일 그가 우리 아버지의 책장에는 《경종(警鐘)》(게르르젠이 런던에서 발간한 잡지)이 한 권밖에 없고, 내가 그 잡지의 그 부분외에는 아무것도 읽지 않았다는 걸 알면 어쩌지?'

문득 이런 생각이 들자 콜랴는 저도 모르게 몸이 떨렸다.

"아니, 그렇지 않아, 웃기는. 또, 나는 자네가 거짓말을 하고 있다고는 절대로 생각지 않아. 이건 정말이야. 왜냐하면 슬픈 사실이지만, 자네가 있는 그대로의 진실을 말했기 때문이지. 그보다도 자네, 푸시킨을 읽었나? 이를테면 《예브게니 오네긴》 같은 책 말이야....... 자넨 방금 타차나 얘길 했지?"

"아니, 아직 읽진 못했지만, 읽고 싶다고는 생각하고 있었어요. 카라마조프 씨, 난 편견을 갖고 있지 않으니까요. 모든 의견을 다 듣고 싶은 거지요. 그런데 왜 그런 걸 물으시죠?"

"아, 그저 좀……."

"카라마조프 씨. 당신은 날 굉장히 경멸하고 있지요?" 콜랴는 내뱉듯이 말하고서 마치 방어 태세를 취하기라도 하는듯이 알료샤 앞에 버티고 섰다. "그렇게 친절한 체만 하지 말고 얼마든지 솔직히 말씀해주세요."

"내가 자네를 경멸한다고?" 알료샤는 놀란 얼굴로 콜랴를 바라보았다. "무엇 때문에 그런 소릴 하지? 나는 다만 아직 생활의 때가 묻지 않은 자네의 훌륭한 천성이, 그따위 허무맹랑하고 어리석은 이론 때문에 비뚤어져 가는 것이 슬플 따름이야."

"내 천성 같은 것에 대해선 걱정하지 않아도 좋습니다." 콜랴는 얼마쯤 자기만족을 느끼며 알료샤의 말을 가로막았다. "그렇지만 내가 의심이 좀 많은 것만은 사실이에요. 어리석고도 무모할 만큼 의심이 많아요. 아까 당신이 웃으신 걸 보니, 생각 탓인지 몰라도 아무래도……."

"아, 내가 아까 웃은 건 전혀 다른 일 때문이야. 왜 웃었는지 얘기해 주지. 얼마 전 나는 러시아에 살고 있는 어떤 독일 사람이 현대 러시아 학생들에 대해 쓴 비평을 읽었다네. 거기에는 이런 구절이 있었어. '만약에 천체(天體)라는 것을 전혀 모르는 러시아 학생에게 처음으로 천체도를 보여주면, 그 학생은 다음날 벌써 그 천체도를 수정하여 돌려줄 것이다.' 이 독일 사람은 우리 러시아 학생들이 아무런 지식도 없으면서 터무니없이 자신만만하다는 것을 지적한 거야."

"그래요, 그건 정말 옳은 말이에요……." 콜랴는 갑자기 킥킥 소리내어 웃었다. "아주 정곡을 찌른 말이라니까요! 그 독일 친구, 말 한마디 잘했군요! 그렇지만 그 친구는 좋은 면은 보지 못했어요. 당신은 어떻게 생각하세요? 자신감, 그게 뭐 어때서요? 자신감은 젊음에서 우러나오는 것이에요. 만약에 그걸 고칠 필요가 있다면 나이를 먹으면서 자연히 고쳐질 겁니다. 그렇지만 거기에는 소시지 족속(독일인)의 노예 근성과는 다른, 타고난 불굴의 정신, 사상과 신념의 대담성이 있어요……. 아무튼 그 독일 친구, 멋진 말을 했군요! 정말 그럴 듯해요! 그렇지만 독일 사람은 역시 목을 졸라 버려야 해요. 그들은 과학과 학문에는 뛰어나지만, 그래도 역시 목을 졸라 죽여야……."

"어째서 목을 졸라 죽여야 한다는 건가?"

알료샤의 얼굴에 미소가 나타났다.

"내가 또 쓸데없는 소릴 지껄였는지도 모르겠습니다. 아니라고 우기진 않겠어요. 가끔 나는 형편없는 어린애가 될 때가 있거든요. 어쩌다 기분이 아주 좋을 때는 나 자신을 억제하지 못하고 터무니없는 소릴 지껄이곤 하거든요. 그건 그렇고, 우린 여기서 쓸데없는 얘기만 하고 있었군요. 그런데 의사는 안에서 뭘 그렇게 오래 꾸물거리고 있을까요? 하긴 일류샤 어머니와 절름발이 니노치카까지 진찰하고 있는지도 모르죠. 나는 그 니노치카가 마음에 들어요. 아까도 내가 나올 때 갑자기 '왜 좀더 일찍 와주지 않았어?' 속삭이더군요. 그 목소리에는 비난이 담겨 있었어요! 더없이 착하고 가엾은 여자인 것 같아요."

"정말 그래! 자네도 자주 여길 오게 되면, 니노치카가 어떤 처녀인지 잘 알게 될 거야! 그런 사람들을 알고, 또 그런 사람들과 사귀지 않으면 알 수 없는 많은 것을 이해할 수 있게 될 테니까." 알료샤는 열띤 어조로 충고했다. "그런 것이 다른 무엇보다도 자네를 새롭게 단련시켜 줄 거야."

"아, 내가 왜 좀더 일찍 찾아오지 못했는지 후회스럽군요. 그 일에 대해서는 나 자신을 때려주고 싶은 심정이에요."

콜랴는 비통한 어조로 외쳤다.

"정말 유감스러운 일이야. 그 가엾은 아이에게 자네가 얼마나 큰 기쁨을 안겨 주었는지 자네 스스로 똑똑히 보았을 거야! 그 앤 자네가 오기를 얼마나 기다렸는지 몰라!"

"이제 그 얘긴 그만하세요! 그런 말을 들으면 괴로워요. 하긴 그것도 자업자득이지만. 내가 지금까지 오지 않았던 건 자존심 때문이었으니까요. 이기적인 자존심과 비열한 고집 때문이었으니까요. 나는 아무리 몸부림쳐도 이 자존심을 떨쳐 버리지 못할 거예요. 이제야 난 그걸 알았습니다. 카라마조프 씨, 나는 여러 면에서 비열한 놈이에요!"

"아냐, 비록 비뚤어져 있긴 하지만, 자네의 천성은 훌륭해. 난 자네가 그 착하고 병적으로 민감한 소년에게 어떻게 그만한 영향을 줄 수 있었는지 너무나 잘 알고 있어!"

알료샤는 흥분한 어조로 말했다.

"아, 그렇게까지 말씀해 주시다니!" 콜랴는 소리쳤다. "하지만 난 어떻게 생각했는지 아세요? 난 벌써 몇 번이나 지금 이 자리에서도 당신은 나를 경멸하고 있다고 생각했어요. 아아, 내가 당신의 의견을 얼마나 높이 평가하고 있는지 당신이 알아준다면 얼마나 기쁠까!"

"아니, 자넨 그렇게까지 의심이 많은가? 아직 그 나이에? 자네가 곧이 들을지 모르겠지만, 솔직히 말해서 난 자네가 아까 방에서 얘기하고 있는 것을 보면서, 아아 저 학생은 남을 무척 의심하는 성격이구나 생각했어!"

"그렇게 생각했어요? 정말 날카로운 눈이로군요. 역시 날카로워요, 역시. 틀림없이 내가 거위 얘기를 하고 있을 때였죠? 맹세코 말이지만, 나도 그때, 내가 지나치게 잘난 체하려 들어서 당신이 날 몹시 경멸하고 있을거라고 생각했어요. 그래서 갑자기 나는 내가 미워져서 그런 돼먹지 않은 소릴 마구 지껄여대고 만 거예요.

그리고 아까 바로 여기서 '만일 신이 없다면 그것을 만들어 내기라도 해야 할 것'이라는 말을 했을 때도, 내가 너무 조급하게 내 지식을 자랑하려 든다는 생각이 들었어요. 사실 난 그 구절을 어떤 책에서 보고 외워 두었던 것이었으니까요. 하지만 맹세코 말하지만, 내가 그런 소릴 지껄인 건 허영심에서 나온 것이 아닙니다. 어째서 그랬는지는 잘 모르겠지만, 아마 너무 기뻐서 그랬을 거예요……. 물론 나도 기쁨에 이성을 잃고 남의 목을 끌어안는 따위의 짓은 수치스럽기 짝이 없는 일이라는 걸 잘 알고 있지만, 아무튼 분명히 기뻐서 그랬던 것 같습니다.

하지만 난 이제 당신이 날 경멸하고 있지 않다는 것을 확신해요. 그건 모두가 내 망상이었어요. 아아, 카라마조프 씨, 나는 정말 불행해요. 가끔 나는 모두가, 온 세상 사람들이 나를 비웃고 있다는 망상에 빠지곤 한답니다. 그럴 때면 난 이 세상의 모든 질서를 파괴해 버리고 싶어집니다."

"그리고 주위 사람들을 괴롭히는 거지?"

알료샤는 미소를 지었다.

"맞아요, 주위 사람들을 괴롭히죠. 특히 어머니를요. 카라마조프 씨, 이렇게 말하는 내가 굉장히 우스꽝스럽지요?"

"그런 생각은 하지 마. 그런 생각일랑 하지 않는 게 좋아!" 알료샤가 소리쳤다. "우스꽝스럽다는 게 대체 뭔가? 사람이 우스꽝스럽게 되거나 우스꽝스럽게 보이는 일은 얼마든지 있어. 요즘 재능 있는 사람들은 거의 모두가 우스꽝스러워질까봐 겁을 내고 있기 때문에 스스로 불행해지고 있는 거야. 단지 내가 놀란 것은 자네가 그렇게 빨리 그것을 느끼기 시작했다는 점이야. 하긴 난 벌써 오래 전부터, 비단 자네만이 아니라 다른 사람들에게서도 그런 사실을 발견해 왔어. 요즈음에 와서는 아이들까지도 그것 때문에 괴로워하게 되었으니 이건 도저히 정상적인 현상이라고는 볼 수 없어. 악마가 자존심이라는 탈을 쓰고 모든 세대를 망치고 있는 거야. 정말이지, 악마의 짓이라고밖에 할 수 없어" 그를 뚫어지게 응시하고 있던 콜랴의 예상과는 달리 알료샤는 웃지도 않고 그렇게 덧붙였다. "자네도 다른 모든 사람과 마찬가지야." 알료샤는 이렇게 말을 맺었다. "즉 대부분의 사람들과 같다는 뜻이지. 그렇지만 대부분의 사람들과 똑같은 인간이 되어서는 안 된다는 거야, 알겠니?"

"설사 모든 사람이 다 그렇더라도?"

"그렇지, 설사 모든 사람이 다 그렇더라도 자네만은 그렇게 되지 말아야 해. 사실 자네는 다른 사람들과는 달라. 지금도 자네는 자기의 나쁜 점과 우스꽝스러운 점을 인정하는 걸 부끄러워하지 않았어. 정말이지, 지금 세상에 그런 걸 깨닫는 사람이 있을까? 아무도 없을 거야. 뿐만 아니라 사람들은 자기 비판의 필요조차 느끼지 않고 있어. 자네만은 다른 모든 사람과 같은 인간이 되지 말게. 비록 그들과 같지 않은 사람이 자네 혼자밖에 없더라도."

"정말 훌륭해요! 역시 내가 당신을 잘못 보진 않았군요. 당신은 사람의 마음을 위로하는 방법을 알고 있어요. 아아, 카라마조프 씨, 난 당신을 얼마나 동경하고 있었는지 몰라요. 이전부터 당신을 만날 기회를 얼마나 고대하고 있었는데요! 당신도 역시 내 생각을 하고 있었나요? 아까 당신은, 당신 역시 날 생각하고 있었다 말했죠?"

"그럼, 나도 자네 얘길 듣고, 자네 생각을 했었지……. 하긴 자넨 어느 정도 자존심 때문에 그렇게 물었겠지만, 난 상관없어."

"카라마조프 씨, 우리의 대화가 마치 사랑 고백 같다고 생각지 않으세요?" 콜랴는 허물없는 듯하면서도 어딘지 모르게 수줍은 목소리로 말했다. "이건 우스꽝스럽지 않죠, 그렇죠?"

"전혀 우스꽝스럽지 않아. 또 설사 그렇다 해도 상관없어. 이건 좋은 일이니까."

알료샤는 밝게 미소지었다.

"그렇지만 카라마조프 씨, 당신 자신도 조금 부끄럽게 생각하고 있는 것 같군요……. 당신의 눈을 보면 알 수 있어요."

콜랴는 어딘지 능청스럽게 그러나 어떤 행복을 느끼는 듯이 미소지었다.

"무엇이 부끄러워?"

"그럼 왜 얼굴을 붉히죠?"

"그야 자네가 얼굴을 붉게 만드니까 그렇지." 알료샤는 소리 내어 웃었다. 정말 알료샤는 얼굴이 빨갛게 물들어 있었다. "하긴 조금 부끄러운 것 같기도 해. 그렇지만 왜 그런지 나도 모르겠어……." 그는 부끄러운 듯이 얼버무리면서 중얼거렸다.

"아아, 당신이 나와 함께 있는 것을 부끄러워하기 때문에 오히려 이 순간 당신을 얼마나 사랑하고 또 존경하는지 몰라요! 그건 당신도 나와 꼭 같기 때문이에요!" 콜랴는 완전히 환희에 싸여 외쳤다. 그의 두 뺨은 빨갛게 달아오르고 눈은 빛나고 있었다.

"그렇지만 콜랴, 자넨 앞으로 매우 불행한 사람이 될 거야."

갑자기 알료샤는 무엇 때문인지 그렇게 말했다.

"알아요, 나도 알고 있어요. 아, 당신은 모든 걸 미리 다 아시는군요!"

콜랴는 이내 맞장구를 쳤다.

"그러나 전체적으로는 역시 인생을 예찬할 거지?"

"그럼요! 만세! 당신은 예언자예요! 아아, 카라마조프 씨, 우린 너무도 마음이 잘 맞는군요. 지금 내가 무엇보다 기뻐하는 것은, 당신이 나를 당신과 대등한 인간으로 대해 준 일입니다. 그렇지만 나와 당신은 대등할 수가 없어요. 암, 대등할 수가 없고말고요. 당신이 나보다 훨씬 위예요. 그렇지만 우린 서로 마음이 잘 맞을 거예요. 지난 한달 동안 나는 자신에게 줄곧 이렇게 말해 왔어요. '나와 카라마조프 씨는 대번에 마음이 맞아 영원한 친구가 되지 않으면, 무덤에 들어갈 때까지 영영 원수가 되어 버릴 거다!'라고 말예요."

"그런 말을 하면서 이미 자네는 날 좋아하고 있었던 거야!"

알료샤는 즐거운 듯이 웃었다.

"맞아요, 무서울 정도로 사랑하고 있었어요! 당신을 사랑했고, 당신이 너무 좋아서 여러 가지로 상상하고 있었어요. 그런데 당신은 어떻게 그렇게도 앞일을 잘 아시나요? 아, 의사 선생님이 나왔어요. 뭔가 하고 싶은 얘기가 있는 것 같아요. 보세요, 얼마나 끔찍한 얼굴인지!"

7 일류샤

의사는 다시 털가죽 외투에 몸을 감싸고 모자를 쓴 채 방에서 나왔다. 그는 화가 나는 듯 거의 불쾌한 표정을 짓고 있었다. 그것은 무언가 더러운 것이라도 만지게 될까봐 끊임없이 두려워하고 있는 듯한 기색이었다. 그는 현관 쪽으로 시선을 돌렸다가 험악한 눈초리 그대로 알료샤와 콜랴를 보았다. 알료샤는 문간에서 마부에게 손짓했다. 그러자 의사를 태우고 왔던 마차가 입구로 돌아왔다.

대위는 의사를 따라 똑바로 달려나와서 사죄라도 하듯 그 앞에 허리를 굽실거리며 마지막 한마디를 들으려고 그를 붙잡았다. 가련한 대위의 얼굴은 죽은 사람이나 다름없었고 그 눈은 겁에 질려 있었다.

"선생님, 선생님...... 아까 그 말씀이 사실입니까?"

그는 이렇게 말을 꺼냈으나 다 말하지 못하고 절망적인 모습으로 손뼉을 마주쳤을 뿐이었다. 그리고 의사의 다음 한 마디로 가련한 자식에게 내려진 선고가 어쩌면 뒤바뀔지도 모른다는 마지막 희망을 담고 간절하게 의사를 쳐다보았다.

"어쩔 도리가 없군요! 나는 신이 아니니까."

의사는 성의없이 상투적인 조용한 목소리로 대답했다.

"의사 선생님...... 그럼 이제 얼마 안 남았단 말인가요....... 곧일까요?"

"만일의 각오를 해두는 것이 좋을겁니다."

의사는 한마디 한마디 힘을 주어 이렇게 말하고는 고개를 돌리고 마차를 향해 현관을 나오려 했다.

"선생님, 제발!" 대위는 두려워하는 기색으로 다시 한번 의사를 붙들었다. "선생님...... 그럼 아무리 해도 살릴 수 없단 말씀입니까?"

"나로서는 도저히 어쩔 도리가...... 없소!" 의사는 짜증을 내며 대답했다. "하지만, 음......" 그는 갑자기 걸음을 멈추었다. "혹시 당신이 지금 곧 잠시도 지체하지 않고(이 '지금 곧 잠시도 지체하지 않고'라는 말에는 엄격함보다 거의 분노가 담겨 있어 대위는 자기도 모르게 몸을 움찔 떨었을 정도였다)......환자를 시라쿠사로 데리고 간다면...... 이곳과는 다른 따뜻한 기후 덕분에 어쩌면...... 혹시......"

"시라쿠사라고요!" 말뜻을 잘 알아듣지 못하는 듯 대위는 소리쳤다.

"시라쿠사는 시칠리아에 있습니다."

콜랴가 설명을 해주기 위해 별안간 큰 소리로 내던지듯 말했다. 의사가 그를 쳐다보았다.

"시칠리아요? 의사 선생님." 대위는 어리둥절해서 소리쳤다."보시다시피, 이런 형편입니다!" 그는 방안의 세간을 가리켰다. "저 아이들 엄마와 가족들은 어떻게 하고요?"

"아니, 가족들은 시칠리아로 가는 것이 아니오. 당신 가족은 카프카스로 가는 거요. 이른봄에...... 딸은 카프카스로 보내고 부인...... 부인도 류머티즘을 고치기 위해서 역시 카프카스에서 규정대로 온천 요양을 마치고...... 그런 뒤 곧 파리로 가서 정신과 의사인 레펠레티에 선생의 병원에 입원시키는 것이 좋겠소. 내가 그 사람에게 소개장을 써줄 수 있어요. 그러면 만에 하나라도......"

"선생님, 선생님! 보시다시피 이런 형편인걸요."

아무것도 바르지 않은 현관의 통나무 벽을 가리키며 대위는 다시 절망적으로 두 손을 내저었다.

"아니, 그건 내가 알 바 아니오." 의사는 소리없이 웃었다. "나는 다만 마지막 방법이 뭐냐는 당신의 질문에 의학이 대답해 줄 수 있는 것을 말했을 따름이오. 그러니 그 밖의 것은...... 미안하지만......"

"걱정할 것 없습니다, 의원님. 그 개는 안물어요."

의사가 문지방에 서 있는 페레즈본을 조금 불안한 듯이 바라보는 것을 깨닫고 콜랴가 퉁명스럽게 소리를 질렀다. 콜랴의 목소리에는 분노의 기운이 서려 있었다. 그가 선생님이라고 하지 않고 일부러 '의원님'이라고 부른 것은 나중에 그가 설명했듯이 '모욕을 주기 위한' 것이었다.

"뭐라고?" 의사는 놀란 듯이 고개를 쳐들고 콜랴를 쏘아보았다. "이…… 이 아이는 도대체 누굽니까?"

의사는 알료샤에게 해명이라도 구하는 듯이 그 쪽으로 고개를 돌렸다.

"페레즈본의 주인이에요, 의원님. 저의 인격에 대해서는 염려 마십시오."

콜랴는 다시 또렷하게 말했다.

"즈본?"

의사는 되풀이했다. 페레즈본이 무엇인지 몰랐던 것이다.

"아, 여기가 어딘지도 모르시는군. 잘 가시오, 의원님. 시라쿠사에서 만납시다."

"뭣하는 녀석이야, 이…… 이 녀석은? 대체 뭣하는 놈이오?"

의사는 무섭게 화를 내며 물었다.

"선생님, 저 애는 이 읍내의 중학생입니다. 장난꾸러기지요. 개의치 마십시오." 알료샤는 얼굴을 찌푸리면서 재빨리 말했다. "콜랴, 이젠 그만둬!" 그는 크라소트킨에게 소리쳤다. "선생님, 신경 쓰지 마십시오." 이번에는 다소 초조한 어조로 되풀이했다.

"이 녀석…… 때려줄 테다……. 채찍으로 때려 주겠어!"

필요 이상으로 격분한 의사는 발을 쾅쾅 구르며 소리를 질렀다.

"하지만 의원님, 나의 페레즈본은 어쩌면 정말로 물지도 몰라요!" 콜랴는 새파래진 얼굴로 눈을 번쩍이며 떨리는 목소리로 말했다. "이리 와, 페레즈본!"

"콜랴, 한마디만 더하면 나는 영원히 너와 절교할 테다!"

알료샤는 명령하듯 소리쳤다.

"의원님, 니콜라이 크라소트킨에게 명령을 할 수 있는 사람이 이 세상에 꼭 한 사람 있습니다. 바로 이분이지요." 콜랴는 알료샤를 가리켰다. "나는 이분의 말을 듣겠습니다. 안녕히 가십시오!"

그는 번개같이 그 자리를 떠나 문을 열고 재빨리 방으로 들어갔다. 페레즈본도 그 뒤를 따라 달려갔다. 의사는 어처구니 없다는 표정으로 알료샤를 바라보면서 그대로 5초 가량 서 있더니 이윽고 느닷없이 침을 탁 뱉고는 큰소리로 고함을 지르면서 서둘러 마차 쪽으로 걸어갔다.
"대체, 저건 뭐하는 녀석이야, 응? 나참, 어이가 없어서 원!"
대위는 의사가 마차에 오르는 것을 도와주었다. 알료샤는 콜랴를 따라 방으로 들어갔다. 콜랴는 벌써 일류샤의 침대 옆에 서 있었다. 일류샤는 그의 손을 잡고 아버지를 부르고 있었다. 곧 대위도 돌아왔다.
"아버지, 아버지, 이리 오세요…… 우리는……"
일류샤는 이상한 흥분에 사로잡혀 중얼거렸으나 뒤를 아무래도 더 이상 말할 기운이 없는 듯, 별안간 여윈 두 팔을 앞으로 내밀어 힘껏 두 사람을, 콜랴와 아버지를 서로 끌어안게 한 뒤 자기도 그들을 껴안았다.
대위는 갑자기 부들부들 몸을 떨면서 소리없이 흐느끼기 시작했다. 콜랴의 입술과 턱이 떨리고 있었다.
"아버지! 아버지! 가엾은 우리 아버지!"
일류샤는 고통스러운 듯이 신음했다.
"일류샤……. 얘야…… 방금 의사 선생님이 말씀하시는데…… 넌 나을 수 있다고…… 그러니까 행복해질 수 있다고…… 의사 선생님이……."
대위는 거기서 말을 끊었다.
"아아, 아버지! 나는 방금 의사가 뭐라고 했는지 알고 있어요……. 나는 봤는 걸요!"
일류샤는 그렇게 소리치고 아버지의 어깨에 얼굴을 묻으며 두 사람을 힘껏 끌어안았다.
"아버지, 울지 마세요…… 내가 죽거든 다른 착한 애를 얻으세요……. 내 친구들 가운데서 마음에 드는 애를 하나 골라 일류샤라는 이름을 붙이고 나 대신 귀여워해주세요……."
"그런 소리 하지 마, 영감. 넌 꼭 나을 거니까!" 크라소트킨은 성난 듯이 소리를 질렀다.
"하지만 아버지, 나를 절대로 잊으시면 안 돼요." 일류샤는 말을 이었다. "내 무덤에도 와 주셔야 해요……. 아 그리고 아버지, 언제나 늘 같이 산책하던 그 커다란 바위 옆에다 묻어 주세요……. 그리고 저녁때가 되거든 크라소트킨하고 같이 찾아오세요……. 페레즈본도 같이……. 나 기다리고 있을 테니까…….

아버지, 아버지!"

일류샤의 목소리가 뚝 끊어지고 세 사람은 얼싸안은 채 말이 없었다. 니노치카는 안락의자에 앉은 채 소리 죽여 울고 있었다. 모두가 우는 것을 보자 어머니도 갑자기 철철 눈물을 흘리기 시작했다.

"일류샤야, 일류샤야!"

그녀는 부르짖었다. 크라소트킨은 갑자기 일류샤의 포옹에서 빠져나왔다.

"잘 있어, 영감, 어머니가 식사 준비를 하고 기다리고 계실 거야." 그는 재빨리 말했다. "어머니에게 미리 말해 놓고 왔더라면 좋았을걸. 정말 유감이구나! 아마 무척 걱정하실거야! 하지만 밥 먹고 얼른 올게. 종일 밤새도록 있을게. 그리고 실컷 얘기해 줄게. 페레즈본도 데리고 오겠어. 하지만 지금은 데리고 가야지. 내가 없으면 마구 짖어서 귀찮게 굴 테니까. 그럼, 갔다올게!"

이렇게 말하고 그는 현관으로 달려나갔다. 그는 울고 싶지 않았지만 현관으로 나가자 역시 울고 말았다. 그 모습을 알료샤가 보았다.

"콜랴, 자넨 꼭 약속대로 와주겠지? 안 오면 일류샤가 꽤나 실망할 거야."

알료샤는 다짐하듯이 물었다.

"꼭 옵니다! 아, 내가 왜 진작 오지 않았는지 나 자신이 저주스러워요."

콜랴는 울면서 말했다. 이제는 우는 것을 부끄럽게 여기지도 않았다.

마침 이때 대위가 느닷없이 방에서 구르듯 달려나오더니 등뒤로 문을 닫았다. 그는 넋이 나간 표정으로 입술을 떨고 있었다. 그러더니 두 젊은이 앞에 서서 두 손을 위로 쳐들었다.

"아무리 좋은 애라도 싫다! 다른 애는 싫어!" 그는 이를 악물면서 거친 목소리로 소곤거렸다. '예루살렘아, 내가 너를 잊을진대, 내 오른손이……'(구약 성서 〈시편〉 137장 5절 중에서)

그는 목이 멘 듯 끝까지 말을 잇지 못했다. 맥없이 나무 벤치 앞에 무릎을 탁 꿇더니 두 주먹으로 머리를 감싸면서 어린아이처럼 훌쩍이기 시작했다. 그러면서도 울음소리가 방안에 들리지 않도록 필사적으로 목소리를 죽였다. 콜랴는 한길로 뛰어나왔다.

"안녕, 카라마조프 씨! 당신도 오실 거죠?"

그는 퉁명스러운 목소리로 화난 듯이 알료샤에게 소리쳤다.

"밤에 꼭 올게."

"저분은 예루살렘이 어쩌니 하고 말했는데…… 그게 뭐지요?"
"그것은 성경에 있는 말씀이야. '예루살렘아, 내가 너를 잊을진대' 다시 말해서, 내가, 만일 내가 갖고 있는 가장 소중한 것을 잊어버리거나, 그 대신 다른 것과 바꾼다면 나를 벌해 달라는 뜻이지……."
"알겠습니다, 그만하면! 그럼 꼭 오세요! 자, 가자, 페레즈본!"
콜랴는 거칠게 개를 부르더니 큰 걸음으로 성큼성큼 자기 집을 향해 걸어갔다.

제11편 이반

1 그루셴카의 집에서

알료샤는 중앙 광장 쪽으로 걸어갔다. 모로조바 부인 집에 살고 있는 그루셴카를 만날 생각에서였다. 그녀는 아침 일찍 페냐를 알료샤에게 보내 꼭 와달라고 신신당부했다. 페냐 말에 따르면 그녀가 왠지 어제부터 뭔가 커다란 불안에 사로잡혀 안절부절못하고 있다는 것이다.

미차가 체포되고부터 두 달 동안 알료샤는 스스로 마음이 내키거나 미차의 부탁으로 벌써 여러 번 모로조바의 집에 가보았다. 미차가 잡힌 지 사흘 만에 그루셴카는 심한 병에 걸려 거의 5주 가까이나 누워 있었다. 그중 일주일쯤은 혼수 상태에 빠져 있었을 정도였다.

그녀의 모습은 아주 딴판으로 변해 있었다. 외출할 수 있게 되고부터 벌써 거의 2주일이나 되었지만 그녀의 얼굴은 아직도 수척하고 누렇게 떠있었다. 그러나 알료샤의 눈에는 그런 모습이 오히려 더 매력적으로 보였다. 그는 그루셴카의 방에 들어갈 때, 그녀가 던지는 맨 처음 시선을 좋아했다. 그녀의 눈초리에는 사람의 마음을 꿰뚫는 듯한 무언가가 뚜렷하게 나타나 있었다. 거기에서는 무언가 정신적 변화를 볼 수 있었고 겸손하면서도 흔들림없는 기쁜 결심의 빛이 나타나 있었다. 미간에는 그다지 크지 않은 주름이 새겨져 그녀의 아름다운 얼굴에 무언가 깊이 생각하는 듯한 그림자가 깃들어서 얼른 보면 지나치게 엄숙한 느낌마저 주었다. 그전의 그 경박한 표정이나 언동은 흔적도 없었다.

그리고 또 하나 알료샤가 이상하게 생각하는 것이 있었다. 이 가련한 여자가 그토록 불행한 일을 당했으면서도, 다시 말해 약혼한 바로 그 순간에 남자가 무서운 범죄 혐의로 체포되고, 자기 자신이 병에 걸리고, 또 앞으로 미차에게 내려질 거의 피할 수 없는 법원의 유죄 판결로 장래를 위협받고 있는 형편임에도, 여전히 생동감 넘치는 명랑함을 잃지 않고 있다는 점이었다. 지난날 그녀의 오만한 눈초리에는 이제 평온함이 빛나고 있었다.

하긴 이따금 그 눈에는 역시 어떤 불길한 빛이 떠오를 때가 있었다. 그것은 여전히 변함없는 하나의 불안이 그녀를 엄습하여 좀처럼 사그라지지 않을 뿐더러 점점 더 그녀의 마음속에 번져가고 있었다. 이 불안의 원인은 바로 카체리나였다. 그루센카는 앓아누워서도 카체리나에 대해 헛소리를 했을 정도였다. 그녀가 카체리나와 미차의 관계를 의심하여 무서울 정도로 질투하고 있다는 것은 알료샤도 잘 알고 있었다. 하지만 카체리나는 자유롭게 옥중의 미차를 찾아갈 수 있었는데도 단 한번도 면회하러 간 적이 없었다. 이러한 일들이 알료샤를 꽤 곤란하게 했다. 그루센카가 오직 알료샤 한 사람에게만 속마음을 털어놓고 늘 여러 가지 의논을 해왔지만, 그로서는 단 한마디도 대답해줄 수 없는 일이 종종 있었기 때문이다.

그는 걱정스러운 얼굴로 그녀의 방에 들어갔다. 그녀는 집에 있었다. 미차를 만나고서 30분 전에 돌아왔던 것이다. 그녀가 테이블 앞에 있는 안락의자에서 뛰어 일어나 그를 맞이한 그 재빠른 동작으로 미루어, 알료샤는 그녀가 무척 자기를 기다리고 있었음을 알았다.

테이블 위에는 트럼프가 놓여 있어서 '바보게임'을 한 흔적이 보였다. 테이블 한쪽에 놓여 있는 가죽을 입힌 긴 의자에는 이불이 펴져 있고 그 위에 막시모프가 잠옷을 입고 모자를 쓴 채 누워 있었다. 그는 자못 행복한 미소를 짓고 있었으나, 병색이 뚜렷했고 무척 쇠약해진 모습이었다.

이 집 없는 노인은 두 달 전 그루센카와 함께 모크로예에서 돌아온 뒤부터 줄곧 여기서 묵으며 그녀 곁을 떠나지 않고 있었던 것이다. 그때 그는 그녀와 함께 진눈깨비 속을 지나 흠뻑 젖어 돌아와서는 긴 의자에 털썩 주저앉았다. 그러고는 겁먹은 듯이 애원하는 듯한 미소를 띤 채 그녀를 바라보았다. 그루센카는 심한 슬픔에 잠겨 있는데다 미열이 나기 시작했고 게다가 온갖 근심거리들로 해서 집에 돌아와서도 30분 넘게 막시모프의 존재를 잊고 있다가 문득 깨닫고 그를 가만히 바라보았다. 막시모프는 비굴한 표정으로 그녀의 눈을 들여다보면서 느닷없이 히히히! 웃었다.

그녀는 페냐를 불러 그에게 먹을 것을 주라고 일렀다. 그는 이날 온종일 거의 꼼짝도 하지 않고 앉아 있었다. 어두워져서 덧문을 닫은 페냐가 안주인에게 물었다.

"아씨, 이분은 주무시고 가나요?"

"그래, 긴 의자에 자리를 마련해 드려."

그루셴카는 늙은이에게 꼬치꼬치 물어본 끝에 그가 이제 정말 아무데도 갈 곳이 없는 사람임을 알았다.

"제 은인인 칼가노프 씨도 이젠 나를 돌봐줄 수 없다고 분명히 말씀하시면서 돈을 5루블을 주십디다."

"그럼 하는 수 없군요. 우리집에 계세요."

그루셴카는 측은한 듯이 미소를 지으면서 쓸쓸하게 말했다. 노인은 그 미소를 보자 저도 모르게 울상이 되면서 고마운 마음에 입술을 떨었다. 이리하여 그때부터 이 방랑자는 그녀의 집에 식객으로서 남게 되었던 것이다.

그녀가 앓는 동안에도 그는 이 집에서 나가지 않았다. 페냐와 음식을 만드는 그녀의 할머니 역시 그를 내쫓지 않고 먹여 주고 긴 의자 위에 잠자리를 펴주기도 했다. 그루셴카도 나중에는 그와 친숙해져서 미차를 찾아보고 돌아온 날 같은 때는 (그녀는 몸을 조금 추스르자 아직 다 낫기 전부터 미차를 면회하러 가기 시작했다) 슬픔을 잊기 위해 '막시모프 아저씨'를 상대로 온갖 부질없는 이야기를 하게 되었다. 노인도 뜻밖에 이것저것 재미있는 이야기를 해주곤 했으므로 이제는 그녀에게 없어서는 안 될 사람이 되어 버렸다.

어쩌다가 잠시 얼굴을 내미는 알료샤 이외에 그루셴카는 거의 아무도 만나지 않았다. 한편 그녀의 늙은 상인은 이 무렵 병이 매우 악화되어 누워 있었다. 거리에 떠도는 소문대로 그는 이제 '관에 한쪽 발을 집어 넣고' 있었던 것이다. 사실 그는 미차의 공판이 있은 뒤 1주일 만에 죽었다.

죽기 3주일 전 그는 죽을 때가 다가온 것을 느끼고 아들과 며느리와 아이들을 이층으로 불러모아 이제 한시도 곁을 떠나지 말라고 명령했다. 그러나 그루셴카는 절대로 오지 못하게 하고 만일 오거든 '부디 오래오래 즐겁게 살며 나에 대해서는 죄다 잊어버리라'고 전하도록 하인들에게 엄명을 내려두었다. 그러나 그루셴카는 거의 매일같이 그의 용태를 알아오라고 사람을 보냈다.

"드디어 오셨군요! 막시모프 아저씨, 좀 봐요." 그녀는 트럼프를 집어던지고 알료샤의 손을 잡으며 막시모프에게 기쁜 듯이 소리쳤다. "당신이 이제 다시는 안 오실 거라고 사람을 놀리지 뭐예요. 아아, 정말 당신이 오시지 않으면 안 될 곤란한 일이 생겼어요. 자, 이쪽에 앉으세요. 커피 드시겠어요?"

"네, 주십시오." 알료샤는 테이블 옆 의자에 앉으면서 말했다. "아, 배가 고프군요."

"그러시겠죠. 페냐, 페냐, 커피 가져온!" 그루센카가 소리쳤다. "벌써 아까부터 커피물이 끓어서 당신이 오시기를 기다리고 있었답니다. 피로시키(러시아 만두)를 가져와요, 뜨끈뜨끈한 걸로! 아 참, 알료샤, 오늘 이 피로시키 때문에 한바탕 소동이 일어났어요. 오늘 내가 피로시키를 그이한테 가져가지 않았겠어요. 그런데 참 어처구니가 없어서, 그이는 피로시키를 나한테 집어던지며 먹으려고 하지도 않잖아요. 하나는 바닥에 내동댕이치더니 마구 짓밟기까지 하더군요. 그래서 나는 '이걸 교도관에게 맡겨 놓을 테니까 만일 밤까지 안 먹을 때는 당신은 사람에 대한 증오를 먹고 살아가는 사람으로 생각하겠어요!' 이렇게 말해주고는 그냥 돌아와 버렸답니다. 그래서 또 싸우고 말았지요. 이 일을 어쩌지요, 찾아갈 때마다 꼭 한바탕 싸우고 마니."

그루센카는 흥분하여 숨도 쉬지 않고 얘기했다. 막시모프는 이내 겁을 먹고 눈을 내리깐 채 미소만 짓고 있었다.

"이번에는 뭣 때문에 싸우셨습니까?"

알료샤가 물었다.

"정말 어처구니 없는 일 때문이었어요! 글쎄 그이는 '옛 애인'에게 질투를 해가지고 '너는 왜 그 자식을 몰래 숨겨 두고 있지? 왜 그 자식을 돌봐주고 있는 거지?' 하는 게 아니겠어요? 밤낮 강짜예요, 언제나 나한테 질투를 하고 있는 거예요! 자나 깨나 질투! 지난 주엔 심지어 삼소노프까지 질투를 하더라니까요."

"하지만 형님은 '옛 애인'에 대해서는 알고 계시잖습니까!"

"그럼요, 알고 있지요. 처음부터 오늘에 이르기까지 훤하게 다 알고 있어요. 그런데 오늘 느닷없이 화를 내지 않겠어요. 그이가 한 말은 정말 창피해서 입에 담지도 못하겠어요. 정말 바보라니까! 내가 나올 때 나와 엇갈려서 라키친이 들어갔는데 혹시 그 사람이 부추기는지도 모르겠네요. 어떻게 생각하세요?"

그녀는 난처한 듯한 표정으로 덧붙였다.

"형님은 당신을 사랑하고 계십니다. 정말 깊이 사랑하고 계세요. 하지만 오늘은 공교롭게도 기분이 초조했던 거지요."

"물론 초조해질 수밖에 없지요. 내일이 공판일인걸요. 내가 간 것도 내일 일로 할 얘기가 있어서였어요. 정말 알료샤, 내일은 어떻게 될까요? 생각만해도 무서워요! 그이가 초조할거라고 하시지만, 나야말로 얼마나 초조한지 모르겠어요. 그런데도 그이는 엉뚱하게 옛 애인 이야기를 꺼내 가지고! 정말 바보야! 그런데 막시모프 아저씨에 대해서는 왜 질투를 안 하나 몰라."

"제 여편네도 강짜가 대단했습죠."

막시모프가 끼어들었다.

"어머, 영감님한테?" 그루센카는 자기도 모르게 웃음을 터뜨렸다. "그래, 누구 때문에 강짜를 부렸나요?"

"하녀들 때문이지요."

"막시모프 아저씨, 이제 그만 둬요. 농담할 때가 아니에요. 불덩이가 치밀어 오른다니까요. 그렇게 피로시키를 노려봐야 소용없어요, 안 드릴 거니까. 몸에 해로워요. 보드카도 안 돼요. 정말이지 이 양반한테도 꽤 신경이 쓰인다니까. 우리집, 꼭 양로원 같지 않아요?"

그녀는 깔깔 웃었다.

"난 뒷바라지를 해줄 가치가 없는 사람입니다. 아무 짝에도 쓸모없는 인간입죠." 막시모프는 울먹이는 소리로 말했다. "나보다 훨씬 쓸모있는 사람에게 인정을 베풀어 주셔야 하는데."

"어머, 막시모프 아저씨, 사람은 누구나 쓸모가 있는 거예요. 누가 누구보다 더 쓸모가 있는지, 어떻게 판단할 수 있어요? 알료샤, 난 그 폴란드 사람들이나 어서 없어졌으면 좋겠어요. 이번에는 그 사람들까지 앓기 시작할 것 같다니까요! 통 무슨 수작인지 모르겠어요. 난 그 사람한테도 갔다왔어요. 실은 미차에게 보란 듯이 그 사람에게 일부러 피로시키를 보낼 생각이에요. 난 그런 일도 없는데 미차는 내가 그 사람에게 피로시키를 보냈다면서 야단하잖겠어요. 그래서 일부러 보내 주려는 거예요. 얄미워서! 어머, 페냐가 편지를 갖고 왔네. 아니나다를까, 역시 그 폴란드 사람이 보낸 편지군. 또 돈 달라는 얘기네!"

실제로 무샬로비치는 여느 때처럼 미사여구를 늘어놓은 터무니없이 긴 편지를 보내 3루블만 빌려 달라고 요구해 왔다. 앞으로 석 달 안에 갚겠다는 차용증까지 함께 넣어서 보냈는데, 차용증에는 브루블레프스키까지 연명으로 서명했다. 그루센카는 지금까지 '옛 애인'한테서 이런 편지와 차용증을 여러 통 받아 놓고 있었다. 이런 일이 시작된 것은 그녀가 완쾌하기 약 2주일 전부터였다. 하기야 자기가 앓아누웠을 때 두 신사가 문병을 와 준 것을 그녀는 알고 있었다.

그녀가 받은 첫 번째 편지는 큼직한 편지지에 긴 사연을 알아보기 힘들 만큼 너절하게 쓴데다 가문의 문장(紋章)을 새긴 도장이 찍혀 있었는데, 도무지 이해하기 어려운 내용의 미사여구가 지루하게 적혀 있었다. 그루센카는 절반쯤 읽다가 무슨 소리인지 몰라 그만 집어던지고 말았다. 게다가 그 무렵 그녀는 편지를 읽을 정신도 없었다. 그 다음 날 두 번째 편지가 왔다. 그것은 무샬로비치가 잠시 동안만 2천 루블을 빌려 달라는 편지였다. 그루센카는 여기에도 답장을 보내지 않았다. 그러고나서도 연거푸 하루에 한 통씩 온 편지는 모두 마찬가지로 사뭇 거창하고 너절한 사연들이었는데 빌려 달라는 금액은 100루블, 25루블, 10루블로 차츰 줄어들어 마지막 편지에는 단 1루블만 빌려 달라면서 두 사람이 서명한 차용증을 함께 넣어서 보냈다.

그루센카는 갑자기 그가 불쌍해져서 저녁때 직접 그들이 있는 곳으로 달려갔다. 그녀는 그들 두 폴란드인이 몹시 궁색해져서 거지나 다를 바 없는 신세로, 먹을 것도 없고 장작도 떨어지고 담배도 물론 없었으며 하숙 안주인에게 진 빚으로 꼼짝달싹 못하게 되어 있었다. 모크로예에서 미차에게 울궈낸 200루블은 금세 어디론지 사라지고 없었다.

그러나 그루센카가 놀란 것은 그런 주제에 두 폴란드인은 거만하게 뻐기는 태도로 그녀를 맞이하곤 최상급 형용사를 남발하면서 마구 허풍을 떠는 것이었다. 그녀는 그저 웃어 버리고 '옛 애인'에게 10루블을 주었다. 그때 그녀는 이 사실을 즉시 미차에게 이야기했으나 미차는 조금도 질투하지 않았다.

그러나 그때부터 두 폴란드인은 그루센카를 붙잡고 늘어져서 매일 돈을 요구하는 편지로 그녀를 '집중공격'하게 되었고, 그녀는 그때마다 조금씩 돈을 보내 주었다. 그런데 오늘 느닷없이 미차가 맹렬하게 강짜를 부리기 시작한 것이다.

"내가 바보죠. 난 미차를 만나러 가는 길에 그들한테도 잠깐 들러 봤어요. 그 신사도 병에 걸려 누워 있더군요." 그루센카는 조급하게 다시 말하기 시작했다. "난 이 이야기를 웃으면서 미차에게 했죠. 그리고 그 폴란드인이 전에 내게 잘 들려주던 노래를 기타에 맞춰 불러 주더라면서, 아마 그렇게 하면 내가 옛정에 못 이겨 마음이 쏠리기라도 할 줄 알았나 보더라고 말했어요. 그랬더니 글쎄, 미차는 그만 화를 버럭 내면서 별의별 욕지거리를 마구 퍼붓지 않겠어요……. 그러니 나는 그 신사들에게 피로시키를 보내줄테에요! 페냐, 뭐라고? 또 그 계집애를 보내왔니? 그럼 그 애에게 돈 3루블하고 피로시키를 열 개쯤 종이에 싸서 보내 줘. 그러니까 알료샤, 내가 신사들에게 피로시키를 보내더라고 미차에게 꼭 얘기해줘요."

"아니요, 절대로 이야기하지 않겠습니다."

알료샤는 웃으면서 말했다.

"어머, 그이가 괴로워하고 있는 줄 아세요? 그이는 일부러 강짜를 부리는 거예요. 그러니까 그이로서는 어떻게 했든 상관없는 일인걸요."

그루센카는 괴로워하는 듯한 얼굴로 말했다.

"어째서 '일부러' 질투를 할까요?"

알료샤가 물었다.

"알료샤, 당신도 말귀를 못 알아들으시네. 그렇게 영리하면서 이 일만은 도무지 모르겠는 모양이죠? 나는 말예요, 그이가 나같은 여자에게 질투를 한다고 해서 기분이 상한 게 아니에요. 만일 그이가 조금도 강짜를 부리지 않았다면 그게 오히려 약이 올랐을 거예요. 나는 그런 여자랍니다. 나는 강짜를 부린다고 해서 화내지는 않아요. 내 마음속에도 잔인한 기질이 숨어 있어서 질투가 심한 편이니까요. 다만 내가 약이 오른 것은 그이는 조금도 나를 사랑하지 않으면서 일부러 강짜를 부려 보인다는 점이에요. 내가 아무리 멍청해도 장님이 아닌 이상 훤히 알 수 있어요. 그이는 오늘 불쑥 그 카차(카체리나) 이야기를 꺼내잖아요. 그 여자는 이러이러한 여자인데 내 재판을 위해 모스크바에서 의사를 불러왔다느니, 학식이 있는 일류 변호사를 불러 주었다느니, 하고 늘어놓지 않겠어요. 내 앞에서 침이 마르도록 칭찬하는 거예요. 미차는 그 여자를 사랑하고 있어요, 염치없이! 정작 자기가 나한테 미안한 짓을 하고 있으면서, 오히려 나한테 엉뚱한 트집을 잡아가지고 나를 먼저 나쁜 사람으로 만들려고 한단 말이에요. '네가 먼저 폴란드인과 관계를 가졌으니까 내가 카차와 관계를 가져도 아무상관 없다'면서 나 혼자에게만 죄를 덮어씌울 생각이야. 맞아요, 틀림없이 그래요! 나한테만 죄를 덮어씌울 생각인 거라구요! 일부러 트집을 잡아서, 그래, 그게 틀림없어. 그럼, 난……."

그루셴카는 자기가 어떻게 하겠다는 말도 채 하기 전에 손수건을 눈에 대고 흐느끼기 시작했다.

"형님은 카체리나 씨를 사랑하고 있지 않습니다."

알료샤는 분명하게 말했다.

"사랑하고 있는지 아닌지는 곧 내 스스로 확인할 거예요."

그루셴카는 손수건을 눈에서 떼고 서슬이 퍼런 어조로 말했다. 얼굴도 일그러져 있었다. 상냥하고 조용하고 쾌활한 그녀의 얼굴이 별안간 험악하고 표독스러운 표정으로 변하는 것을 보고 알료샤는 서글픈 생각이 들었다.

"이런 바보 같은 소린 이젠 그만둬야지!" 그녀는 갑자기 퉁명스럽게 말했다. "이런 일로 오시라고 한 건 아니니까요. 저, 알료샤, 내일은, 내일은 어떻게 될까요? 난 그게 걱정이 돼서 못 견디겠어요! 나 혼자만 애를 태우고 있는 것 같아요! 이 일을 걱정해 주는 사람이라곤 한 사람도 없어요. 모두 모르는 체하고 있어요. 하지만 알료샤만이라도 걱정해주시겠죠? 내일이 바로 공판날이잖아요? 공판 결과가 어떻게 될까요? 얘기좀 해주세요. 그건 하인이 한 짓이에요. 하인이 죽인 거야, 하인이! 아아, 하느님! 그이는 하인 대신 재판을 받습니다. 그이를 변호해 줄 사람이 한 사람도 없을까요? 그런데 재판소에선 한 번도 그 하인을 조사하지 않았잖아요, 네?"

"그 사람도 엄중한 심문을 받았습니다," 알료샤는 가라앉은 목소리로 말했다. "하지만 만장일치로 범인이 아니라는 결정을 내렸지요. 지금 그 사람은 지병을 앓고 있습니다. 그때부터 병이 난 것입니다. 간질을 일으킨 그때부터 정말 앓고 있어요."

"아아, 어쩌면 좋지! 그럼, 그 변호사를 만나서 사정을 직접 얘기 해주시지 않겠어요? 페테르부르크에서 3천 루블이나 주기로 하고 불러 온 사람이잖아요?"

"그 3천 루블은 우리 세 사람이 냈습니다. 나와 이반 형님과 카체리나 씨 이렇게 셋이서. 하지만 모스크바에서 의사를 부른 2천 루블의 경비는 카체리나 씨 혼자서 부담했습니다. 변호사 페추코비치는 돈을 더 요구했을지도 모르는데, 이 사건이 온 러시아에 크게 소문이 났고 따라서 자기 이름이 신문과 잡지에 화려하게 선전될 것 같으니까 오히려 명예를 위해 승낙했지요. 이 사건은 워낙 유명해졌으니까요. 나는 어제 그 사람을 만났습니다."

"그래 어땠어요? 그 사람에게 말씀하셨어요?"

그루센카는 조급하게 소리쳤다.

"그 사람은 그저 듣고만 있을 뿐 아무 말도 하지 않았습니다. 이미 확고한 견해가 섰지만 내 말도 참고하겠다고 약속하더군요."

"참고고 뭐고가 어디 있어요! 아, 너나없이 모두 사기꾼들이야! 모두 몰려와서 그이를 파멸시키고 말 거예요! 그런데 의사는, 카체리나 아가씨는 의사를 뭣하러 불렀을까?"

"감정인으로 부른 것입니다. 형님은 정신병자이며 발작이 나서 무의식중에 살인을 했다, 이렇게 꾸미자는 것이지요." 알료샤는 조용히 미소를 지었다. "그런데 형님이 그렇게 하려고 하지 않으십니다."

"맞아요. 그래요, 만일 그이가 죽였다면 그게 사실일 거예요!" 그루센카는 소리쳤다. "그때 그이는 정말 미쳐 있었어요! 그리고 그건 바로 나, 이 못된 나 때문이었어요! 하지만, 역시 그이가 죽인 건 아니에요, 그이는 죽이지 않았어요! 그런데 온 마을 사람들은 모두 그이를 원수처럼 여기고 그이가 죽인 걸로 되어 버리는 진술을 한걸요. 가게 점원도, 그 관리도, 더욱이 술집 사람들까지 전에 그런 말을 들었느니 어쩌니 말하고 있답니다! 모두 그이를 파멸시키려고 이 일을 떠들썩하게 퍼뜨리고 다니는 거예요."

"사실 증거가 너무 많이 늘어났거든요."

알료샤는 음울한 얼굴로 말했다.

"그리고 그리고리 말예요, 그리고리도 문이 열려 있었다고 우기고 있어요. 자기 눈으로 똑똑히 봤노라고 완강히 고집을 부리면서 도무지 물러서려고하지 않아요. 내가 바로 달려가서 따져 봤지만, 오히려 악을 쓰지 않겠어요!"

"그래요, 그게 형님에게는 가장 불리한 증거가 될지도 모르겠습니다."

"그런데, 미차가 미쳤다는 말이 났으니 말이지, 정말 그이는 지금 그런 상태예요." 그루센카는 무언가 큰 걱정거리라도 있는 것처럼 비밀이라도 털어놓듯이 소곤거렸다. "저, 알료샤. 진작 말하려고 했는데, 난 매일 그이한테 갈 때마다 이상한 생각이 들어요. 어떻게 생각하세요? 그이가 요즘 묘한 소릴 하기 시작했거든요. 무언가 자꾸만 지껄이는데 무슨 소린지 알아들을 수가 없어요. 그이는 뭔가 매우 고상한 말을 하고 있는데 나는 바보니까 이해하지 못하나보다,

이렇게도 생각해 봤죠. 하지만 난데없이 무슨 아귀 이야기를 꺼내면서, '어째서 아귀는 이렇게 비참할까? 나는 아귀 때문에 시베리아로 간다. 나는 아무도 죽이지 않았지만 시베리아에 가야만 한다!' 이런 소릴 한답니다. 대체 무슨 일일까요? 아귀가 뭐죠? 난 뭐가 뭔지 도무지 모르겠어요. 나는 그 말을 듣고 그저 울기만 했어요. 그이가 얘기를 너무 잘하는 데다 자기도 울지 않겠어요? 그래서 나도 함께 울어 버렸죠 뭐. 그리고 그이는 느닷없이 내게 입을 맞추고 한 손으로 성호를 긋곤 해요. 무슨 뜻일까요, 알료샤. 얘기 좀 해줘요. '아귀'가 대체 뭐예요?"

"어쩐지 라키친이 늘 형님한테 드나든다 했더니……." 알료샤는 빙그레 웃었다. "하지만, 그건 라키친 탓이 아닙니다. 어제는 형님한테 안 갔으니까 오늘은 가보겠습니다."

"맞아요, 그건 라키친 탓이 아니에요. 동생 이반이 그이의 마음을 흔들어 놓는 거예요. 이반 씨가 그이를 자주 찾아가고 있으니까, 그래서……."

그루센카는 거기서 갑자기 입을 다물었다.

알료샤는 깜짝 놀라 그루센카를 바라보았다.

"찾아가고 있다고요? 아니 정말 이반 형님이 거기를 찾아갔습니까? 미차는 이반이 한 번도 안 왔다고 자기 입으로 나한테 말했는데."

"어머…… 어머나, 나는 어째서 이 모양일까! 그만 지껄이고 말았으니!" 그루센카는 별안간 얼굴이 빨개지도록 당황하면서 이렇게 소리쳤다. "잠깐만요, 알료샤. 잠자코 계세요. 이제 하는 수 없지요, 그만 입밖에 내고 말았으니 사실대로 죄다 얘기하겠어요. 이반 씨는 그이를 두 번이나 찾아갔어요. 한 번은 이곳에 도착하자 마자 바로 갔죠, 그분은 즉각 모스크바에서 달려왔으니까요, 내가 아직 병들어 드러눕기 전이죠. 두 번째는 바로 1주일 전이에요. 그리고 미차에게는 자기가 온 것을 알료샤에게 말해서는 안 된다, 결코 누구에게도 말하면 안 된다, 몰래 왔으니 아무에게도 말하지 말라고 단단히 입을 막아 놓았대요."

알료샤는 깊은 생각에 잠겨 가만히 앉아 있었다. 그리고 무언가 골똘히 생각하는 것이었다. 그는 그루센카의 말에 명백하게 충격을 받고 있었다.

"이반 형과는 미차의 사건에 대해 한 번도 얘기하지 않았습니다." 그는 조용히 말을 꺼냈다. "아니, 도대체가 지난 두 달 동안 형님은 나한테 별로 말을 하지 않았어요. 찾아가면 언제나 싫은 얼굴을 합니다. 그래서 벌써 3주일이나 형님한테 가지 않았지요. 가만 있자……. 만일 이반이 1주일 전에 미차를 찾아갔다면…… 사실 지난 1주일 동안 미차의 마음 속에서 뭔가 변화가 일어난 것 같더군요……."

"맞아요, 변화가 일어난 거예요!" 그루셴카는 이내 맞장구를 쳤다. "그 두 사람 사이에는 틀림없이 무슨 비밀이 있어요. 전부터 있었던 거예요! 미차도 언젠가 나한테는 비밀이 있다고 자기 입으로 그랬는걸요. 그건 아마 미차가 말할 수 없는 비밀일 거예요. 전에는 쾌활한 사람이었잖아요. 하기야 지금도 쾌활하지만. 하지만 미차가 이렇게 머리를 내젓거나 방안을 이리저리 돌아다니고, 오른쪽 손가락으로 관자놀이의 머리를 잡아당기거나 할 때는 그에게 무슨 고민거리가 있는 거예요……. 난 잘 알아요……. 그렇잖고는 그렇게 쾌활한 사람이었는데, 오늘도 역시 쾌활해 보였지만."

"아까는 형님이 초조해하시더라고 했잖습니까?"

"초조해 하면서도 역시 쾌활했어요. 그이는 늘 초조해하지만, 그건 잠시 동안이고 곧 쾌활해진답니다. 하지만 갑자기 다시 초조해지기 시작해요. 하지만 알료샤, 그이는 정말 이해할 수 없는 사람이에요. 바로 눈앞에 그렇게 무서운 일이 기다리고 있는데도 이따금 아주 하찮은 농담을 하면서 재미있는 듯이 깔깔대고 웃는 거예요. 마치 어린애처럼."

"미차가 이반에 대해서는 내게 말하지 말라고 한 것이 사실입니까? 말하지 말라고, 정말 그렇게 말했습니까?"

"정말 그렇게 말했어요……. 말하지 말라고. 미차는 누구보다 알료샤를 두려워하고 있어요. 그러니까 틀림없이 무슨 비밀이 있는 거예요. 자기도 그러던걸요…… 비밀이라고……. 이봐요, 알료샤. 그이들한테 무슨 비밀이 있는지 좀 알아내서 나한테 알려 줘요." 그루셴카는 별안간 일어서서 애원하듯 말했다. "이 비참한 내가 어떤 운명의 저주를 받고 있는지 좀 알려 주세요! 오늘 오시라고 한 것은 그 때문이었어요."

"당신은 그것이 당신과 관련된 일이라고 생각하시는군요? 만일 그렇다면 형님이 굳이 당신 앞에서 그런 비밀 얘기를 하진 않습니다."

"그럴까요? 혹시 그이는 내게 얘기가 하고 싶었는데 솔직하게 말할 수가 없었는지도 몰라요. 그래서 다만 비밀이 있다고 살짝 내비치기만 하고 어떤 비밀인지 말하지 않았던 거예요."

"그럼, 당신은 어떻게 생각하십니까?"

"어떻게 생각하느냐고요? 마침내 올 것이 왔다, 이렇게 생각해요. 그 사람들 셋에서 나를 궁지에 몰아넣고 있는 거예요. 그건, 카챠라는 사람이 있기 때문이죠. 이건 모두 카챠가 한 짓이에요. 카챠 때문에 일어난 일이라구요. 미챠가 카챠를 '어쩌구저쩌구'해가며 칭찬하는 것도 내가 그렇지 않다는 것을 비꼰 거예요. 그건 말이죠, 그이가 나를 버리려는 속셈을 미리 암시해 준 거랍니다. 비밀이란 바로 이거예요! 세 사람이 한패거리가 돼서 꾸미고 있는 거야. 미챠와 카챠와 이반 셋이서 말이죠. 알료샤, 이건 전부터 물어 봐야겠다고 생각하고 있었어요. 그이는 한 1주일 전에 불쑥 나한테 이런 말을 털어놓더군요. 이반은 카챠에게 반해 늘 그 여자를 찾아간다는 거예요. 그게 사실일까요? 아니면 거짓말? 나는 신경쓰지 말고 솔직하게 당장 결판을 내려 주세요."

"나는 거짓말하지 않습니다. 이반은 카체리나를 사랑하지 않습니다. 난 그렇게 생각합니다."

"그것 보세요. 나도 그렇게 생각했다구요! 그이는 나를 속인 거예요. 염치없는 사람! 그이가 지금 나한테 강짜를 부리는 것은 나중에 트집을 잡기 위해서야. 그이는 정말 바보예요. 머리만 감추고 꼬리는 내놓는 격이지. 그이는 뭘 숨기지 못하는 사람이라니까요. 하지만, 두고 보라지, 두고 봐! 그이는 글쎄, '넌 내가 죽인 줄 알지?' 이런 소릴 하잖겠어요, 나한테 말이에요. 그런 말로 바로 나를 책망하려는 거예요! 마음대로 하라지! 두고 봐요, 재판때 내가 카챠를 혼내줄 테니까. 그 자리에서 사정없이 한마디 해줄 테니까…… 아니, 죄다 털어놓고 말 테야!"

그녀는 다시 구슬프게 울기 시작했다.

"그루셴카, 나는 이것만은 분명하게 말할 수 있습니다." 알료샤는 일어나면서 말했다. "첫째로 형님은 당신을 사랑하고 있다는 것입니다. 형님은 이 세상의 어느 누구보다 당신을 가장 사랑하고 있습니다. 당신만을 사랑하고 있어요. 그점에 대해선 내 말을 믿어 주셔야 합니다. 두 번째로 말해 둘 것은, 나는 형님의 비밀을 폭로하는 것을 원치 않는다는 것입니다. 하지만 만일 형님이 오늘 스스로 그것을 털어놓으신다면, 나는 그것을 당신에게 얘기해 주기로 약속했다고 솔직하게 말하겠습니다. 그런 뒤에 오늘 곧장 이리로 와서 알려 드리겠습니다. 하지만…… 그 비밀이라는 것은…… 아무래도…… 카체리나와는 아무런 관계가 없는 일일 것 같군요. 그건 아마 무슨 다른 일일 겁니다. 틀림없습니다. 아무래도…… 내 생각으로는 카체리나에 대한 것은 아닌 것 같습니다. 그럼, 잠깐 다녀오겠습니다!"

알료샤는 그녀의 손을 잡았다. 그루셴카는 아직도 울고 있었다. 그녀는 알료샤의 위로의 말을 그다지 믿지 않는 것 같았지만 적어도 슬픔을 밖으로 나타낸 것만으로도 한결 기분이 좋아진 것 같았다. 알료샤는 이대로 그녀와 헤어지는 것이 좀 아쉬웠지만 아직 할 일이 많았으므로 서둘러 자리를 떴다.

2 병든 발

처음 할 일은 호흘라코바 부인의 집에 가는 것이었다. 알료샤는 조금이라도 빨리 그 집에서의 볼일을 마치고 면회 시간에 늦지 않도록 미차를 방문할 생각으로 걸음을 재촉했다. 호흘라코바 부인은 벌써 3주일 전부터 앓고 있었다. 다름 아니라 한쪽 발이 부었기 때문인데, 부인은 아직 자리에 눕지는 않았지만 그래도 낮에는 매력적이면서도 예의에 벗어나지 않는 잠옷을 걸치고 침실 소파에 편안하게 기대고 있었다.

알료샤는 호흘라코바 부인이 환자이면서 오히려 전보다 더 모양을 내기 시작한 것을 눈치채고 자기도 모르게 악의없는 미소를 지은 적이 있었다. 여러 가지 실내모를 쓰기도 하고, 나비 모양의 리본 장식을 달기도 하고, 가슴이 드러나는 옷을 입기도 했다. 알료샤는 부인이 이렇게 모양을 내게 된 까닭을 알았지만 천박한 생각이라 하여 언제나 애써 지워 버리곤 했다. 그러나 요즘 두 달 동안 호흘라코바 부인을 찾아오는 손님 가운데 젊은 관리인 페르호친이 끼어있었던 것은 사실이다.

알료샤는 벌써 나흘이나 들르지 않았기 때문에 집에 들어서자마자 얼른 리즈한테 가려고 했다. 그의 볼일이란 바로 리즈에게 있었기 때문이다. 리즈는 어제 그에게 하녀를 보내 '매우 중대한 사정이 생겼으니' 곧 와달라고 간청해 왔다. 그것이 어떤 이유 때문에 알료샤의 흥미를 끈 것이다. 그런데 하녀가 리즈의 방으로 알리러 간 사이에 호흘라코바 부인이 누구에게 들었는지 벌써 알료샤가 온 것을 알고 '단 1분이라도 좋으니' 자기 방에 와달라고 청했다.

알료샤는 먼저 부인의 청을 들어주는 편이 좋겠다고 생각했다. 그가 리즈

곁에 있는 동안 부인은 줄곧 사람을 보낼 것이 틀림없기 때문이었다. 호흘라코바 부인은 유난히 화려한 옷을 입고 소파에 누워 있었는데, 꽤 흥분해 있는 듯했다. 그녀는 환호성을 지르면서 알료샤를 맞았다.

"아유, 오랜만이에요. 정말 정말 오랜만이에요! 꼬박 일주일 동안이나, 어머, 아니지, 나흘 전, 수요일에 오셨더랬지. 오늘도 리즈를 찾아오신 거지요? 나 몰래 살금살금 그 애한테 갈 생각이었죠? 틀림없어요. 이봐요, 알렉세이 씨, 그 애가 얼마나 내 속을 썩이고 있는지 모르실 거예요. 하지만 그 얘기는 나중에 하기로 해요. 그 얘기가 가장 중요하지만 나중으로 돌리겠어요.

귀여운 알렉세이 씨, 내가 우리 리즈에 관한 것을 죄다 털어놓겠어요. 조시마 장로가 돌아가신 뒤로는 하느님, 부디 그분의 영혼에 평화를! (그녀는 성호를 그었다) 그분이 돌아가신 뒤로 나는 당신을 성자처럼 생각하고 있어요. 새 양복이 썩 잘 어울리는데 어디서 그런 재봉사를 찾으셨죠? 하지만, 이것도 중요한 일은 아니에요. 나중에 얘기합시다. 제발 내가 이따금 당신을 알료샤라고 부르는 걸 용서하세요. 나는 이제 할머니가 다 됐으니까, 무슨 소리를 해도 상관없잖아요." 그녀는 요염하게 웃었다. "하지만 이것도 역시 뒤로 돌려요. 내게 가장 중요한 것은, 중요한 일을 잊어버리지나 않을까 하는 일이니까. 제발 내가 조금이라도 쓸데없는 말을 지껄이기 시작하거든 그쪽에서 주의를 주세요. '그 중요한 일이란 뭐지요?' 물어 보란 말예요. 아아, 지금 무엇이 중요한 일인지 내가 어찌 알겠어요! 알렉세이 씨, 리즈가 당신과의 약속을 어긴 뒤로는, 당신과 결혼하겠다던 저 어린애 같은 약속을 깨고부터는, 모든 게 오랫동안 바퀴의자에 앉아 있던 병약한 소녀의 어린애다운 공상 속의 장난이었다는 것을 물론 당신도 잘 이해하셨겠지요……. 덕분에 저애도 지금은 이제 걸을 수 있게 되었답니다. 카차가 당신의 그 불행한 형님을 위해 모스크바에서 불러온 새 의사 선생님이…… 아아, 내일은…… 참, 어쩌자고 내일 얘기를 꺼냈지! 내일 일은 생각만 해도 현기증이 나요! 무엇보다도 호기심 때문이지만……. 간단히 말하면, 그 의사 선생님이 어제 우리집에 와서 리즈를 진찰했어요……. 왕진료를 50루블이나 냈죠.

한데, 이것도 엉뚱한 소리네. 또 엉뚱한 소리를 꺼냈어요. 이제 그만 정신이 얼떨떨해지는군요. 나는 당황하고 있어서 정말 이제 뭐가 뭔지 도통 모르겠어요. 모두 뒤범벅이 돼버려서. 나는 당신이 지루해져서 별안간 달아나지나 않을까, 그게 걱정이 돼서 못견디겠어요. 이제 다시는 뵐 수 없게 되지나 않을까 하고. 아이구, 이 일을 어쩐담! 내 정신 좀 봐, 지껄이기만 하고 앉아서, 먼저 커피를 드려야지. 율리아, 글라피라, 커피 가져 오너라!"

　알료샤는 조금 전에 커피를 마셨다면서 얼른 사양했다.

"어디서요?"

"그루센카 씨 집에서요."

"그럼…… 그럼 그 여자한테 가셨군요? 아아, 그 여자가 모든 사람을 파멸시킨 거예요. 하기야 나는 잘 모르지만, 사람들 말을 들으면 그 여자가 뭐 지금은 성녀가 되었다고 합니다. 좀 늦었지만, 그 전에 필요할 때 그렇게 되었더라면 좋았을걸. 이제 와서 그게 무슨 소용이 있겠어요. 그래, 잠자코 들어 주세요. 알렉세이 씨, 잠자코 들어 주세요. 나는 지금 할말이 잔뜩 있는데, 결국 아무 말도 못하고 마는 꼴이 되고 말겠어요. 아아, 이 무서운 재판…… 나는 꼭 가보겠어요. 의자에 앉은 채로 데려다 달랠 참이에요. 앉아 있을 수는 있으니까요. 누가 함께 가주기만 하면 아무 일 없을 거예요. 아시겠지만, 나도 증인의 한 사람이잖아요. 아아, 나는 뭐라고 말할까. 뭐라고 말하면 좋을까요? 정말 뭐라고 말해야 좋을지 모르겠어요. 나도 선서를 해야잖아요. 네, 그렇죠, 그렇죠?"

"그렇습니다. 하지만 부인은 가실 수 있을 것 같지 않은데요."

"앉아 있을 수만 있다면 괜찮아요. 아아, 당신은 자꾸만 나를 뒷전에 밀어내려고만 하시네! 아아, 그 무서운 재판, 그 야만스런 범죄, 머잖아 모두 시베리아로 떠나고 말아요. 그런가 하면 결혼하는 사람도 있고, 세월은 유수같이 흘러 모든 것들이 금방 변하고 말아요. 그러다가 결국 모두 속절없이 나이를 먹고 관에 들어가고 마는 거지요. 다 하는 수 없는 일이죠. 아, 나는 이제 지쳐 버렸어요. 그 카챠…… cette charmante personne(그 매력적인 사람)이 내 희망을 완전히 부숴 버리고 말았어요. 그 사람은 형님 뒤를 따라 시베리아로 갈 거예요. 그러면 또 다른 형님은 다시 그 뒤를 따라가서 이웃 마을이나 어디 가서 살며 세 사람이 서로 괴롭히며 살게 되겠지요. 나는 그런 생각을 하면 미칠 것만 같아요. 하지만 무엇보다 곤란한 것은 저 성가신 세상의 소문들이죠. 페테르부르크나 모스크바 같은 데의 신문에도 몇천 번은 실렸을 거예요. 아 참 그렇지, 나에 대해서도 썼더군요. 내가 형님의 '정부'라나요. 나는 그런 천한 말을 입에 담지 못해요. 어쩌면 이럴 수가 있어요, 네? 어쩌면 이럴수가 있어요?"

"그건 도저히 있을 수 없는 일입니다. 어디에 어떻게 났습니까?"

"곧 보여드리겠어요. 어제 받아서 곧바로 읽어 보았죠. 이거 보세요, 페테르부르크의 〈슬루히(風聞)〉라는 신문이에요. 이 〈슬루히〉는 올해부터 발행되고 있는데, 나는 세상의 소문을 좋아해서 구독 신청을 했어요. 그런데 이번에는 내 머리 위에 벼락이 떨어지지 않았겠어요. 네, 이런 소문이에요. 여기, 여기에 나 있어요. 읽어 보세요."

그녀는 베개 밑에 넣어 두었던 신문을 알료샤에게 건네 주었다.

그녀는 낙담하고 있다기보다 완전히 두들겨 맞아서 녹초가 된 것 같은 모습이었다. 사실 그녀의 머릿속은 뒤죽박죽이 되어 있었는지도 모른다. 신문 기사는 매우 눈에 잘 띄게 편집되어 있었으며, 그녀에게는 물론 상당히 낯간지러운 인상을 줌직한 것이었으나, 다행히도 이 순간 그녀는 한 가지 일에 꾸준히 주의를 집중시킬 수가 없었으므로, 1분쯤 지나자 신문에 대한 것은 까맣게 잊어 버리고 전혀 다른 화제로 옮겨갔다.

이번의 무서운 재판 사건에 대한 소문이 이미 온 러시아에 퍼져 있다는 것은 알료샤도 진작부터 알고 있었다. 아아, 그는 지난 두 달 동안 형에 관한 것, 카라마조프 집안에 관한 것, 그리고 자기 자신에 관한 것을 정확한 보도와 함께 또한 얼마나 터무니없는 엉터리 보도를 읽었는지 모른다.

어떤 신문에는 알료샤가 형의 범행 뒤 공포에 질려 집을 나가서 수도원에 들어갔다느니 어쩌니 하고 씌어 있었다. 어떤 신문은 이것을 반박하여, 반대로 그가 조시마 장로와 함께 수도원의 금고를 털어 '삼십 육계를 놓았다'고 썼다.

참고로, 〈슬루히〉지에 난 이번 기사는 '스코트프리고니예프스크(슬프게도 우리의 도시는 이렇게 명명되어 있었다. 필자는 이 이름을 오랫동안 감추어 왔다) 특파원 발 카라마조프 사건에 관하여'라는 표제가 붙어 있었다.

기사는 짤막했으며 호흘라코바 부인이라고 이름이 직접 언급된 대목은 아무데도 없었다. 그리고 대체로 고유명사는 감추어져 있었다. 그저 이 소문이 자자한 재판 사건의 피고는 퇴역 육군대위이며 뻔뻔스럽고 난폭한 게으름뱅이인데, 농노제 지지자이며 호색한으로서 특히 '독수공방을 괴로워하는 귀부인'들에게 인기가 있었다고 씌어 있을 뿐이었다. 그 이른바 '독수공방을 괴로워하는 미망인' 중에 이미 과년한 딸까지 있는데도 지나치게 젊게 치장하는 한 부인은 이 사람에게 홀딱 빠져서 범행 불과 두 시간쯤 전에 그에게 돈 3천 루블을 제공했다. 그것은 곧 자기와 함께 시베리아의 금광으로 도망쳐 주기를 바랐기 때문이다. 그런데 이 악한은 마흔이 넘은 번민하는 중년 여인과 시베리아까지 가기보다는 차라리 아버지를 살해하여 3천 루블을 강탈하고 범행의 흔적을 없애는 편이 더 현명한 일이라고 생각했다는 것이다. 이 어처구니없는 기사는 당연한 결론으로서, 친아버지를 죽인 죄악과 낡은 농노 제도의 악폐에 대해서 심한 비난을 퍼부었다. 알료샤는 호기심에 끌려 끝까지 읽고는 다시 접어서 호흘라코바 부인에게 돌려주었다.

"네, 그렇죠? 나를 두고 하는 말이 아니고 누구겠어요?" 그녀는 다시 말을 꺼냈다. "그건 나예요. 나는 바로 그대로 그 한 시간 전에 그 사람에게 금광으로 가라고 권했으니까요. 그런데 그걸 새삼 '마흔이 넘은 번민하는 중년 여인'이라니! 나는 그런 일로 권한 것은 아니었어요. 이건 틀림없이 그 사람이 억지로 갖다붙인 거예요! 하느님, 부디 그 사람을 용서하소서. 저도 용서하겠습니다. 하지만, 이게…… 이게 대체 누구의 짓인지 아시겠어요? 당신 친구 라키친이에요."

"그럴지도 모르겠군요. 저는 아무것도 듣지 못했지만."

"그 사람이에요, 그 사람. '그럴지도 모른다'가 아니에요! 내가 그 사람을 집에서 쫓아낸걸요……. 그 이야기를 다 알고 계시잖아요?"

"부인께서 그 사람에게 앞으로는 찾아오지 말라고 말씀하신 것은 알고 있습니다. 하지만 무슨 까닭으로 그런 말씀을 하셨는지…… 적어도 부인한테서는 듣지 않았습니다만."

"그럼, 그 사람한테서 들으셨군요! 그 사람은 내 욕을 했죠? 심하게 욕을 했겠죠?"

"네, 그랬습니다. 그 사람은 밤낮 누군가의 욕을 하고 있는걸요. 그런데 부인이 그 사람의 방문을 금지하신 이유는 그 사람한테서도 듣지 못했습니다. 그리고 저는 요즘 그 사람하고 별로 만나지 않습니다. 우리는 친한 친구가 아니니까요."

"그렇다면 그 이유를 속시원히 말하겠어요. 할 수 없군요. 나도 지금은 후회하고 있죠. 그 일에 대해서는 내 자신에게도 책임이 없다고 할 수가 없는 점이 있거든요. 하지만 그것은 아주아주 사소한 것, 정말 하찮은 일이라서 어쩌면 잘못이 전혀 없을지도 몰라요.

사실은 말이에요(호흘라코바 부인은 갑자기 장난기가 가득한 표정이 되어 입언저리에 사랑스럽지만 어딘가 수수께끼 같은 미소를 지었다), 나는 이런 의아심을 품고 있어요…… 용서하세요, 알료샤. 나는 당신에게 어머니 같은…… 아니, 아니, 그 반대예요. 그보다는 지금 나는 당신을 내 아버지라 생각하고 말하겠어요……. 어머니는 이런 경우에는 전혀 관계가 없어요……. 마치 조시마 장로님에게 참회를 하는 기분인걸요. 그래요, 그게 가장 적절해요. 아까 나는 당신을 숨은 성자라고까지 했잖아요.

그런데 그 가엾은 젊은이, 당신 친구인 라키친말예요(아아, 난처해라 나는 그 사람에게 도무지 화를 낼 수가 없어요! 물론 화나고 밉기도 하지만 대수롭지 않은 일인걸요), 한마디로 말해 그 경박한 청년이, 글쎄, 무슨 일이 일어난 줄 아세요? 느닷없이 나에게 사랑을 느끼게 된 거예요.

나는 훨씬 나중에 가서야 문득 그걸 깨달았죠. 우리는 전부터 서로 아는 사이지만, 약 한 달 전부터 그 사람은 자주, 거의 매일같이 우리집을 찾아오게 되었어요. 하지만 나는 아무것도 몰랐지 뭡니까……. 그러다가 문득 머릿속에 불이 켜진 듯 눈치를 채고 깜짝 놀랐죠.

아시겠지만, 나는 이미 두 달 전부터 그 겸손하고 훌륭한 청년, 이곳 관청에 근무하는 표트르 페르호친을 우리집에 드나들게 하고 있어요. 당신도 그 사람을 자주 만나셨겠죠. 정말 훌륭하고 성실한 사람이지요. 그 사람은 매일 오는 것은 아니고 사흘에 한 번쯤 오지만(매일 온대도 아무 상관없죠), 언제나 깨끗한 옷차림을 하고 있어요.

본디 나는 말예요, 알료샤, 당신처럼 재능이 있고 겸손한 젊은이를 좋아해요. 그 사람은 나라의 정치를 맡길 수 있을 만한 두뇌를 갖춘데다 말솜씨가 여간 훌륭하지 않아요. 나는 언젠가 꼭 그 사람을 위해 힘이 되어 줄 생각이지요. 그이는 미래의 외교관이거든요. 그 무서운 날에도 한밤중에 나한테 달려와서 거의 다 죽어가는 나를 도와 주었답니다. 그런데 당신 친구 라키친은 언제나 뭉툭한 구두를 신고 들어와서는 융단 위를 질질 끌고 다녀요……. 아무튼 그 사람은 나한테 뭔가 암시를 주려고 했어요. 한번은 돌아갈 때 내 손을 무섭도록 꽉 쥐지 않겠어요. 그 사람에게 손을 잡히고부터 갑자기 한쪽 발이 아프기 시작한 거예요.

그 사람은 전에도 우리집에서 페르호친 씨와 만난 적이 있는데, 어떻게나 심하게 대하던지 그이를 마구 우롱한 끝에 무슨 소린지 모르지만 호통을 치고 하잖겠어요. 나는 무슨 일이 일어날까 겁이 났지만 두 사람을 바라보고 속으로 웃었답니다. 그런데 언젠가 나 혼자 앉아 있는데…… 아니, 아니야, 그때 나는 이미 병을 앓고 있었어요. 그래서 나 혼자 누워 있는데 라키친이 찾아와서, 이 일을 어쩌죠, 자기 시를 보여주지 않겠어요. 내가 앓고 있는 발을 읊은 짤막한 시였어요. 다시 말해서 내 아픈 발에 대해 운문을 적은 것인데, 잠깐 기다려보세요, 뭐라고 했더라?

예쁜 이 발이
살짝 병이 들어 앓고 계시네……

뭐 이런 것인데…… 나는 도무지 시를 욀줄 몰라요…… 저기 놓아뒀으니, 이따 보여드리겠어요. 정말 훌륭하다고밖에 표현할 수 없는 시였죠. 그건 내 발을 노래하기만 한 시가 아니라 멋진 사상이 깃들어 있는 교훈적인 시인데 그만 잊어버렸네요. 한마디로 말해서 앨범에라도 꽂아두고 싶어지는 시였어요. 물론 무척 고맙다고 인사를 했죠.

그래서 그 사람도 아주 기분이 우쭐해지는 것 같았는데, 내가 감사의 말을 채 끝내기도 전에 홀연히 페르호친 씨가 들어온 거예요. 그러자 라키친의 얼굴빛이 갑자기 흐려지더군요. 나는 페르호친 씨가 뭔가 그 사람에게 방해가 됐다는 것을 곧 눈치챘죠. 왜냐하면 라키친은 시를 다 읽고 난 뒤 필경 나한테 무슨 말을 할 생각이었던 거예요. 나는 벌써 그것을 눈치챘답니다. 그런데 바로 그때 페르호친 씨가 들어온 거지요.

나는 곧 그 시를 보여주었지요. 하지만 누가 지었다는 말은 하지 않았어요. 그 사람은 지금도 시치미를 딱 떼고 누가 작자인지 그때는 몰랐다고 말하고 있지만, 실은 그때 눈치챈 것이 틀림없어요. 그럼요, 틀림없어요. 그 사람은 일부러 모르는 체하고 있었던 거예요. 페르호친 씨는 곧 깔깔대고 웃으면서 비평을 하기 시작했어요. 엉터리 같은 시다, 아마 신학생이나 누가 썼나보지, 이러면서 말이에요. 정말 형편없이 가혹한 비판이었답니다! 그러자 당신 친구는 웃어 버리고 말면 그만인 것을, 마치 미친 사람처럼 되어 버리더란 말이에요……

나는 그때 두 사람이 격투라도 하지 않을까 더럭 겁이 다 나더라니까요.

라키친은 대뜸 '그건 내가 쓴 거요' 말하더군요. '내가 장난삼아 쓴 거란 말이오. 물론 시를 쓴다는 건 저속하기 짝이 없는 일이라고 생각하지만. 허나 내 시는 이래봬도 꽤 훌륭한 시란 말이오! 푸시킨이 여자의 발에 관한 시를 썼다고 해서 세상에선 기념비를 세운다고 야단들이지만, 내 시는 이래도 사상적 경향이 분명한 거요. 그러나 당신 같은 농노제 지지자에게는 휴머니즘 같은 것을 전혀 찾아볼 수 없어. 현대의 문화적 감정을 조금도 느끼지 못하거든. 당신은 시대에 뒤떨어진 사람이야. 뇌물을 받아먹는 관리란 말이야!' 이런 식이었답니다.

그래서 나도 큰 소리를 지르며 두 사람을 말렸죠. 하지만 페르호친 씨는 아시다시피 침착한 사람이라 갑자기 천연덕스럽게 고상한 태도로 돌변하더니 조롱하듯이 상대를 바라보며 듣고 있다가 끝에 가서 이렇게 사과하더군요. '나는 당신 작품인 줄 정말 몰랐습니다. 만일 알았더라면 그런 소리는 하지 않았을 것입니다. 만일 알았더라면 크게 칭찬을 해드렸겠지요……. 시인이란 툭하면 화를 잘 내니까요……' 한마디로 매우 훌륭한 태도를 가장하며 실은 실컷 조롱을 한 거예요. 그건 모두 조롱해서 한 말이라고 페르호친 씨도 나중에 말했지만, 나는 그때 그 사람이 정말로 사과하는 줄 알았어요.

그래서 나는 지금 꼭 당신 앞에서 이렇게 하고 있듯이 그때도 가만히 누워서 라키친이 내 집에서 나의 손님에게 욕설을 퍼부었으니 쫓아내 버린다면 그건 정당한 행위일까 아닐까 생각했죠. 정말이에요. 이렇게 옆으로 누워서 눈을 감고 정당한지 아닌지 곰곰이 생각해 보았지만 암만해도 답이 나오지 않는 거예요. 한참 이 생각 저 생각 고심하다보니 그만 가슴이 두근거리지 않겠어요. 호통을 칠까 말까? 한쪽에서는 호통을 치라고 하고 다른 쪽에서는 호통을 치면 안 된다고 하고.

그러다가 마침내 또 하나의 소리가 들리자마자 나는 발작적으로 고함을 지르고는 그대로 까무러치고 말았어요. 물론 큰 소동이 일어났죠. 그때 별안간 나는 일어나서 라키친에게 말했어요. '당신에게 이런 말을 하는 것은 가슴이 쓰라리지만, 이젠 우리집에 오지 않아 주셨으면 좋겠어요.' 그렇게 해서 그 사람을 쫓아낸 거예요. 알료샤, 내가 생각해도 정말 바보 같은 짓을 했어요. 실은 그 사람에게 조금도 화가 나지 않았으니까요. 그저 별안간, 이 '불쑥 별안간'

이라는 것이 중요한 점이지만, 그렇게 하는 것이 좋겠다는 생각이 들었던 거예요. 다시 말해서 그 연극은…… 아무튼 그 연극은 무척 자연스러웠어요. 왜냐하면 내가 울음을 터뜨릴 정도였으니까요. 그 뒤 며칠이나 울었죠. 그러다가 어느 날 식사를 마친 뒤에 갑자기 깨끗이 잊고 말았어요.

 벌써 그 사람이 오지 않게 되고부터 2주일이 되는데, 이제 정말 그 사람은 오지 않으려는 건가 하는 생각이 들더군요. 그런데 바로 어제 저녁 무렵에 이 〈슬루히〉지가 배달되어 온 거예요. 난 읽어 보고 깜짝 놀랐어요. 달리 누가 그런 걸 썼겠어요? 그 사람이 쓴 것이 틀림없어요. 그날 집에 가자마자 바로 그걸 써서 투고한 것이 신문에 난 거예요. 이건 2주일 전의 일이에요. 그런데 알료샤, 내가 대체 무슨 말을 하고 있죠? 해야 할 중요한 이야기는 아직 한마디도 하지 않고. 아, 왜 그런지 이런 말이 나도 모르게 저절로 입밖에 나오는군요!"

 "저는 오늘 무슨 일이 있어도 시간 안에 형님한테 가야 하는데요."

 알료샤는 애매하게 말을 꺼냈다.

 "아 참! 그 말에 지금 모든 것이 생각났어요. 그런데 알료샤, '심신상실'이란 대체 무슨 뜻이죠?"

 "'심신상실'이라니요?"

 알료샤는 은근히 놀라면서 되물었다.

 "법정용어로서의 심신상실 말이에요. 어떤 일도 용서된다는 심신상실, 이걸 일으켰던 게 밝혀지면 무슨 일을 하더라도 용서가 된다는 거예요."

 "그런데 그걸 왜?"

 "다름이 아니라, 그 카차가 말이에요…… 아아, 그 사람은 정말 귀여운 아가씨예요. 다만 그 아가씨가 누구를 사랑하고 있는 건지 도무지 모르겠네요. 요얼마 전에도 찾아왔는데 도저히 물어 볼 수가 없더군요. 게다가 그 사람 요즘엔 나한테 퍽 서먹서먹해져서, 다만 내 건강에 대해 물어 볼 뿐이지 다른 말은 한마디도 하지 않는걸요. 더욱이 그 말하는 투가 하도 냉랭해서 '에라 모르겠다, 마음대로 해라' 이런 기분이 들 정도였답니다……. 아 참, 심신상실 이야기를 하다 말았군요. 그 의사가 온 건 아시겠지요? 미친 사람을 감정할 수 있는 의사가 온 것 말이에요. 하기야 당신이 모를 까닭이 없지. 당신이 부른 것인데. 아니, 당신이 아니지, 카차야! 모든 것이 카차군요!

자, 가령 여기 제 정신을 가진 사람이 있다고 합시다. 그런데 그 사람에게 별안간 심신상실이 일어난 거예요. 의식도 똑똑하고 자기가 무엇을 하고 있는지도 잘 알고 있는데, 그런데도 심신상실 상태에 있는 거예요. 그러니까 드미트리에게 일어난 것이 아무래도 이 심신상실이 틀림없다는 얘기지요. 새로운 재판이 열리고부터 처음으로 이 심신상실이라는 게 알려지게 된 거랍니다. 이것은 새로운 재판 제도의 혜택이에요.

 그 의사는 그날 밤의 일을 나한테 묻더군요. 그 금광에 관한 얘기 말이에요. 그 당시 그 사람의 상태가 어땠냐고요. 그게 바로 심신상실 상태가 아니었을까요? 들어오자마자 '돈 돈, 3천 루블, 3천 루블을 빌려줘' 하고 떠들어대더니, 그대로 뛰어나가 느닷없이 사람을 죽인걸요. '죽이고 싶지 않다, 죽이고 싶지 않다' 하면서도 그냥 죽이고 만 거예요. 말하자면 이렇게, 죽이지 않겠다, 죽이지 않겠다고 마음속으로 싸우면서 죽여버린 거죠. 바로 그 점에서 그 사람은 용서받을 수 있다는 거예요."

 "하지만 실제로 형님은 죽이지 않았습니다."

 알료샤는 조금 무뚝뚝한 어조로 가로막았다. 그는 차츰 불안과 초조가 더해가고 있었다.

 "그건 나도 알아요. 죽인 것은 그리고리 영감일 거예요……."

 "뭐, 그리고리가!"

 알료샤는 소리쳤다.

 "그 사람이에요, 바로 그 사람이에요. 그리고리 영감이란 말이에요……. 드미트리에게 맞고 쓰러져 있다가, 한참만에 일어나서 문이 열려 있는 걸 보고 안으로 들어가 표도르 씨를 죽인 거예요."

 "아니, 왜 죽입니까? 왜 죽였을까요?"

 "말하자면 심신상실을 일으킨 거죠. 드미트리에게 머리를 얻어맞고 다시 정신이 들었을 때는 이미 심신상실 상태에 있었던 거예요. 그러고는 들어가서 죽인 거예요. 그 영감은 자기가 죽이지 않았다고 우기지만, 그건 아마 기억하지 못하기 때문인 것 같아요. 하지만, 만약에 드미트리가 죽였다고 한다면 오히려 그 편이 더 나아요, 훨씬 나아요. 사실은 역시 드미트리가 죽인 것이 틀림없어요. 그 편이 훨씬, 훨씬 나아요! 그야 물론 나도 자식이 부모를 죽인 것을 좋다고 하는 말은 아니에요. 나라고 그런 일을 칭찬할 수는 없죠. 오히려 자식은 부모를 존경해야 해요.

하지만 역시 그 사람인 편이 낫다고 생각해요. 그 까닭은, 만일 그렇다면 당신도 슬퍼하지 않아도 되거든요. 그 사람은 의식을 잃고, 아니, 의식은 있어도 자기가 무엇을 하는지 분간을 못하고 죽였다고 말할 수 있을 테니까요. 아마 틀림없이 그 사람은 용서받을 거예요. 그 편이 인도적인 걸요. 그러고는 사람들에게 새 재판 제도의 혜택을 알려 주는 거예요.

나는 전혀 모르고 있었지만, 사람들 말을 들어 보니까 그건 벌써 옛날부터 그랬다면서요. 어제 그 얘기를 듣고 얼마나 놀랐던지 당장 당신한테 사람을 보내야겠다고 생각했다니까요. 만일 그 사람이 용서된다면 그 사람을 법정에서 바로 집으로 불러 만찬에 초대하겠어요. 아는 사람들을 불러서 새 재판 제도를 위해 모두 건배할 생각이에요. 난 그 사람을 위험하다고 생각지 않아요. 게다가 아주 많은 손님들을 부를 테니까. 그 사람이 혹시 무슨 짓을 한다면 언제라도 당장 끌어낼 수 있을게 아니겠어요. 그 사람은 그 뒤에 어디 다른 도시의 치안판사가 되면 좋겠어요. 스스로 불행을 당한 사람은 누구보다 남의 옳고 그름을 잘 살필 테니까.

하지만 대체 지금 세상에 심신상실에 있지 않은 사람이 있을까요? 당신도 나도 모두 걸려 있는 거예요. 그런 예는 얼마든지 있어요. 어떤 사람은 앉아서 달콤한 노래를 부르고 있다가 갑자기 뭔가 언짢은 마음이 들어서 느닷없이 권총을 뽑아 마침 옆에 있던 사람을 쏘아죽였대요. 하지만 나중에 그는 용서받았다는 거예요. 나는 요새야 그런 이야기를 읽었는데 의사들도 모두 증명하고 있어요. 요즘 의사들은 모두 그런 것을 증명하고 있대요. 그런데 딱하게 우리 리즈도 지금 심신상실 상태에 있답니다. 어제도 그저께도 나는 그 애 때문에 울었어요. 그런데 오늘에야 그 애가 심신상실 상태에 있다는 것을 깨달았어요. 아아, 정말 리즈는 여간 속을 썩이지 않아요. 그 애는 완전히 머리가 돌아버린 것 같이 생각돼요. 그 애는 왜 당신을 오라고 했을까? 그 애가 오라고 했나요? 당신이 그 애를 보러 오셨나요?"

"그 사람이 와달라고 하더군요. 이제 그리로 가봐야겠습니다."

알료샤는 단호하게 일어섰다.

"아니, 잠깐만 알료샤, 어쩌면 이게 가장 중요한 일인지도 모르겠어요." 부인은 별안간 와락 울음을 터뜨리면서 소리쳤다. "맹세코 말하지만, 나는 진심으로 당신을 믿고 리즈를 맡깁니다. 그 애가 나 몰래 당신을 불러도 그런 건 아무렇지도 않습니다. 하지만 당신의 형님 이반에게는 그리 쉽게 딸을 맡길 수가 없어요. 하기야 나는 지금도 역시 그 사람을 남자다운 훌륭한 청년이라 생각하고 있지만서도. 그런데 어쩌지요, 나도 모르는 사이에 그 양반이 느닷없이 리즈를 만나러 왔단 말이에요."

"네? 뭐라고요? 언제?"

알료샤는 깜짝 놀라면서 물었다. 그는 이제 자리에 앉으려고도 하지 않고 선 채 듣고 있었다.

"지금 이야기하겠어요. 어쩌면 그 일로 당신을 오라고 했는지도 모르겠군요. 정말로 뭣 때문에 오라고 했는지 모르게 되어버렸지만. 이야기는 이래요. 이반은 모스크바에서 돌아온 뒤 우리집에 두 번쯤 왔어요. 한 번은 친지로서 찾아왔고, 한 번은 몇일 전 일이지만 마침 카챠가 와 있어서 카챠를 만나러 찾아왔어요. 물론 나는 그 양반이 그렇잖아도 매우 바쁘다는 것을 알고 있으니까 늘 와줄 것을 바라지는 않아요. vous comprenez, cette aftaire et la mort terrible de votre papa(당신도 아시죠? 그 사건과 당신 아버님의 무서운 죽음을) 그런데 우연히 들었는데 그 양반이 갑자기 또 찾아온 거예요. 그것도 나를 보러 온 것이 아니고 리즈를 보러 말이죠.

한 엿새쯤 전 5분쯤 있다가 가셨다는데, 나는 사흘이나 지나서야 글라피라 한테서 그 얘기를 듣고 정말 충격을 받았답니다. 그래서 곧 리즈를 불렀더니 그 애는 웃고 있잖겠어요. 그러고는 그 사람이 내가 누워 있는 줄 알고 리즈에게 내 건강을 물으러 왔다고 하더군요. 그건 물론 그랬을 거예요. 그런데 대체 리즈는, 리즈는, 아아, 하느님, 그 애가 얼마나 내 속을 썩이는지 아세요! 상상이 가세요? 언제였더라…… 나흘 전 밤이었어요. 전번에 당신이 다녀간 바로 뒤, 그 애는 밤중에 갑자기 발작을 일으켜서 소리를 지르고 비명을 지르고, 그 야말로 히스테리 발작을 일으켰어요. 대체 나는 어째서 한 번도 히스테리를 일으킨 적이 없을까요.

리즈는 그 다음 날도 또 그 다음 날도 발작을 일으켜서 그만 어저께의 그 심신상실 상태가 되어 버린 거예요. 그리고 불쑥 한다는 소리가 '나는 이반이 미워요, 어머니. 그 사람을 집에 들이지 말아 줘요. 집에 들어오지 못하게 거절해 줘요!' 하고 울부짖지 않겠어요.

나는 어안이 벙벙해서 이렇게 말했죠. '그 훌륭한 청년 신사의 방문을 뭐라고 말하며 거절하겠니? 그분은 그토록 학문이 높고 더욱이 그런 불행을 겪고 있지 않느냐'고. 왜냐하면 그런 소동은 뭐니 뭐니 해도 역시 불행한 일이지 결코 행복한 일은 못되거든요. 그렇잖아요? 그런데 그 애는 내 말을 듣고 깔깔대며 웃지 않겠어요. 게다가 무척 경멸하는 것처럼 웃더란 말이에요. 하지만 나는 '아무튼 웃어 줘서 다행이다. 이제 발작도 낫겠지' 생각하고 기뻐했어요. 그리고 형님은 나한테 말도 없이 그 애를 방문하거나 이상한 짓을 한다면 해명을 들어 보고 단호하게 출입을 막아 버릴 생각이었죠.

그런데 오늘 아침 리즈는 일어나자마자 느닷없이 율리아에게 신경질을 부리더니, 그래, 이 일을 어쩜 좋지요, 그 아이의 뺨을 찰싹 때리지 않겠어요. 이 얼마나 끔찍한 일이에요? 나는 우리집 하녀에게 말도 함부로 하지 않는데 말이지요. 그러더니 1시간쯤 지나자 그 애는 율리아의 다리를 끌어안고 입을 맞추는 거예요. 그러고는 율리아를 내게 보내서 '이제 엄마한테는 다시 안 간다, 앞으로 절대로 안 갈 생각이다.' 이런 말을 전하라고 하지 않았겠어요. 그런가 하면 내가 아픈 다리를 질질 끌고 제 방을 찾아갔더니 나한테 달려들어 입을 맞추고 울고 불고 하다가 그만 또 아무 말 없이 밖으로 뛰어나가 버리는 거예요. 도대체 뭐 때문에 그러는지 알 수가 있어야죠.

그러니 알렉세이 씨, 난 지금 당신밖엔 의지할 데가 없어요. 내 온 생애의 운명이 당신 손에 달려 있답니다. 제발 리즈한테 가서 모든 얘기를 들어봐 주지 않겠어요? 그것을 할 수 있는 사람은 당신뿐인걸요. 그리고 돌아오셔서 나한테, 그 애 어미인 나에게 얘기해 주세요. 당신도 짐작하시겠지만, 만약에 이런 일이 오래 계속됐다간 나는 죽어 버릴 수밖에 없어요. 죽어 버리거나 집을 뛰쳐나가는 수밖에 없다니까요. 나도 이젠 더 참을 수가 없어요. 여태까지 무던히도 참아 왔는걸요, 참는 것도 한계가 있지 않겠어요? 그 한계에 이르렀을 때…… 그때가 무서워요. 아, 페르호친 씨가 오셨네요!" 페르호친이 들어오는 것을 보고 호흘라코바 부인은 갑자기 얼굴을 빛내면서 소리쳤다. "늦으셨네요, 늦으셨어! 자, 앉으세요. 그리고 얼른 얘기를 들려줘요. 내 운명을 결정해 주세요. 그래, 어땠어요, 그 변호사는? 아니, 어디 가세요, 알렉세이 씨?"

"리즈한테 갑니다."

"그래요, 그럼 잊지 마세요. 방금 내가 부탁한 것을 잊지 마세요. 내 운명이 결정되는 것이니까, 정말 내 운명이!"

"물론 잊지 않습니다, 가능만 하다면…… 그러나저러나 이거 너무 늦었는걸."

알료샤는 총총히 걸어나가면서 중얼거렸다.

"아니에요, 돌아가는 길에 꼭 들러 주셔야해요. '가능하다면'이 아니에요. 아니면 난 죽어 버릴 거예요!"

호흘라코바 부인은 알료샤의 등 뒤에서 소리쳤으나 그는 이미 방에서 나가 버린 뒤였다.

3 작은 악마

알료샤가 리즈의 방에 들어가니 그녀는 늘 쓰던 바퀴의자에 비스듬히 누워 있었다. 그녀가 아직 걸어다니지 못할 때 사용하던 바로 그 의자였다. 그녀는 알료샤를 맞이하기 위해 몸을 움직이려 하지 않고 다만 찌르는 듯한 날카로운 눈초리로 뚫어질 듯이 그를 응시하고 있었다. 눈은 조금 붉게 부어오른듯했고 얼굴은 창백하고 누르스름했다. 지난 사흘 동안 그녀의 모습이 완전히 바뀌어 초췌해보이기까지 하는 데 알료샤는 놀랐다. 그녀는 손을 내밀지도 않았다. 그래서 그는 옆에 다가가 옷 위에 가만히 늘어져 있는 그녀의 가느다란 손가락을 살짝 건드려 보고 말없이 그 앞에 앉았다.

"난 다 알고 있어요, 당신이 바쁘게 감옥에 가려 하고 있는데도" 리즈는 날카로운 어조로 입을 열었다. "어머니가 당신을 두 시간이나 붙들어 놓고 방금 나와 율리아 이야기를 한 것도 알고 있어요."

"그걸 어떻게 알아요?"

알료샤가 물었다.

"엿들었죠. 아니, 왜 그렇게 날 빤히 쳐다보세요? 난 엿듣고 싶으면 엿들어요. 그게 뭐가 나빠요? 그러니까 사과는 하지 않겠어요."

"무언가 기분이 좋지않은 모양이군요?"

"아뇨, 오히려 기뻐 죽겠어요. 조금 전에도 서른 번이나 되풀이해 생각했지만, 나는 당신하고 결혼하지 않기로 한 것이 얼마나 다행인지 모르겠어요. 당신은 남편으로선 어울리지 않아요. 내가 당신한테 시집을 간다면 말이죠, 결혼 뒤에 사랑하게 된 어떤 남자에게 편지를 전해 달래도 아마 당신은 틀림없이 전해 줄 거예요. 그뿐 아니라 회답까지 받아다 줄 거야. 당신은 마흔이 되어도 역시 그런 편지를 여기저기 들고 다닐 거예요."

그녀는 별안간 웃어댔다.

"당신은 무척 짓궂으면서도 솔직하군요."

알료샤는 그녀에게 미소를 지어 보였다.

"당신한테는 부끄럽지 않으니까 솔직해질수 있는 거예요. 나는 말예요, 부끄럽지 않을 뿐 아니라 부끄러워할 생각조차 하지 않아요. 네, 당신한테 말예요, 당신에 대해서 말이죠. 알료샤, 어째서 나는 당신을 존경할 수 없을까요? 난 당신을 무척 사랑하고 있지만 조금도 존경은 하지 않아요. 만일 존경하고 있다면 당신 앞에서 부끄럼도 없이 이런 말은 못할 거 아녜요? 그렇죠, 네?"

"맞아요."

"그럼 내가 당신한테는 부끄러워하지 않는다는 말을 곧이들으세요?"

"아뇨, 곧이듣지 않습니다."

리즈는 다시 신경질적으로 웃기 시작했다. 그녀는 빠르고 거친 말투로 얘기했다.

"난 말예요, 감옥에 있는 당신 형님 드미트리에게 과자를 보내 드렸어요. 이 봐요, 알료샤, 당신은 정말 착한 사람이군요! 당신에 대한 마음이 식은 것을 이렇게도 빨리 인정해주셨으니 말예요. 그 때문에 오히려 더 당신을 사랑하게 될 것 같아요."

"리즈, 오늘은 무슨 일로 오라고 했어요?"

"당신에게 내 희망을 하나 말하고 싶었기 때문이죠. 난 말예요, 누군가에게 짓밟히고 싶어요. 나와 결혼해서 나를 짓밟고 나를 속이고 달아나 주었으면 좋겠어요. 나는 행복해지고 싶지 않아요!"

"차라리 엉망으로 망가지는 편이 좋겠군요?"

"네, 망가지는 것이 좋아요. 집 같은 건 불살라 버리고 싶은걸요. 나는 살며시 기어가서 집에 불을 지르는 광경을 상상하죠. 꼭 살며시 해야 해요. 모두들 끄려고 하지만 집은 자꾸만 타들어가요. 나는 알면서도 잠자코 있죠. 아아, 모든 게 시시하고 따분하기만 해요!"

그녀는 혐오의 빛을 드러내면서 한쪽 손을 내저었다.

"그건 아무 어려움 없이 풍족한 생활을 하고 있기 때문입니다."

알료샤는 조용히 말했다.

"그럼 가난하게 사는 편이 낫단 말예요?"

"그렇지요."

"그건 돌아가신 장로님이 당신에게 가르친 거지요. 그건 틀렸어요. 남들이 모두 가난하더라도 내가 부자라면 아무 상관 없어요. 난 혼자서만 과자를 먹고 크림을 핥고 아무에게도 안 줄 테야. 아, 아무 말 마세요, 아무 말도 말아 주세요." 알료샤가 입을 열려고 하지도 않았는데도 그녀는 손을 내저으며 제지하려고 했다. "당신은 전에도 그런 말을 곧잘 했죠. 난 다 기억하고 있어요. 이젠 지겨워요. 만일 내가 가난해진다면 누군가를 죽일 거예요. 또 부자가 되어도 역시 죽일지 몰라요……. 도저히 가만 있을 수가 있어야지! 난 곡식을 거둬들이고 싶어요. 귀리를 거둬들이고 싶어요. 난 당신한테 시집 갈 테니까, 당신은 농사꾼이, 진짜 농사꾼이 되면 좋겠어요. 우리 망아지를 길러요. 네! 당신 칼가노프라는 사람 아세요?"

"압니다."

"그 사람은 늘 걸어다니면서 공상을 한대요. 그 사람의 이론인즉, 사람은 뭣 때문에 참다운 생활을 할 필요가 있는가, 공상하는 편이 훨씬 낫다, 공상이라면 무슨 유쾌한 일이든 다 할 수 있지만, 공상이 없는 생활은 따분하다는 거죠. 그러면서도 그 사람은 곧 결혼해요. 나한테도 구애를 한걸요. 팽이 칠 줄 아세요?"

"압니다."

"그 사람은 꼭 팽이 같아요. 힘껏 돌려 놓고 채로 후려쳐 줘야 해요. 난 그 사람한테 시집가서 한평생 팽이처럼 돌려 줄테야. 당신은 나하고 앉아 있는 게 부끄럽지 않으세요?"

"천만에요."

"당신은 내가 신성한 얘기를 하지 않는다고 몹시 화를 내고 계시죠? 하지만 난 성인이 되고 싶지 않아요. 끔찍한 죄를 저지른 사람은 저세상에 가서 어떤 벌을 받나요? 당신은 그걸 잘 아시겠지요?"

"하느님이 나무라십니다."

알료샤는 조용히 그녀를 응시했다.

"나도 그랬으면 좋겠어요. 내가 저승에 가면 모두 나를 나무라겠지요. 그러면 나는 그들 면전에서 느닷없이 웃어 줄 테야. 알료샤, 나는 집을, 우리집을 불사르고 싶어 죽겠어요. 내 말 곧이 안 들으시죠?"

"왜요? 세상에는 그런 아이들이 흔히 있지요. 열두 살이나 그쯤 되는 애가 늘 뭔가 태우고 싶어서 실제로 불을 지르고는 하지요. 그것도 일종의 병입니다."

"거짓말, 거짓말. 그런 애가 있긴 하겠지만, 난 그런 걸 말하고 있는 게 아니란 말예요."

"당신은 나쁜 것과 좋은 것을 착각하고 있습니다. 그건 일시적인 위깁니다만, 아마 당신이 전에 앓았던 병 탓인지도 모르겠습니다."

"어머, 나를 경멸하시네요! 나는 다만 좋은 일은 하고 싶지 않고 나쁜 짓만 하고 싶을 뿐예요. 병은 아니에요."

"어째서 나쁜 짓이 하고 싶을까요?"

"이 세상에 좋은 일은 아무것도 남기고 싶지 않아서 그래요. 아아, 모든 것이 깡그리 없어지면 얼마나 좋을까! 이봐요, 알료샤. 나는 닥치는 대로 나쁜 짓을 해봐야지 하고 생각할 때가 있어요. 남몰래 오랫동안 나쁜 짓을 저지르면 결국은 모두가 알고 나를 따돌리지 않겠어요? 그런 때 나는 태연하게 사람들을 비웃어 줄 거예요. 이런 생각을 하고 있으면 정말 즐거워요. 알료샤, 어째서 그게 그렇게 즐거울까요?"

"글쎄요. 그건 무언가 좋은 것을 짓이기고 싶다든가, 혹은 지금 당신이 말했듯이 불을 지르고 싶다든가 하는 욕구일 겁니다. 그것도 흔히 있는 일이지요."

"나는 말뿐이 아녜요, 실제로 해치우고 말거예요."

"그럴 테지요."

"아아, 난 말이에요, 당신이 '그럴 테지요'라고 말해 줘서 더욱더 당신이 좋아졌어요. 당신은 결코, 절대로 거짓말을 하지 않는 분이거든요. 그런데 당신은 혹시 내가 당신을 놀리려고 일부러 이런 소릴 한다고 생각하실지도 모르겠네요."

"아뇨, 그렇게는 생각하지 않습니다……. 어쩌면 당신은 조금은 그런 욕구를 가지고 있을지도 모르겠군요."

"네, 조금은 갖고 있어요. 나는 절대로 당신한테 거짓말은 하지 않으니까."

그녀는 이상하게 눈을 빛내면서 말했다.

알료샤가 무엇보다 놀란 것은 그녀의 진지함이었다. 지금까지 그녀는 아무리 '진지한' 순간에도 명랑함과 장난기를 잃지 않았는데 이때의 그녀 얼굴에는 익살이나 장난기라고는 그림자조차 찾아볼 수 없었다.

"인간이란 간혹 죄악을 사랑할 때가 있는 법입니다."

알료샤는 깊이 생각하는 듯한 어조로 말했다.

"그래요, 맞아요! 당신은 내가 생각하고 있는 것을 그대로 말해 줬어요. 사람은 죄악을 좋아해요. 누구나 다 좋아해요. 순간이 아니라 언제나 좋아하는 걸요. 이 일에 대해 사람들은 마치 어느 날 거짓말을 하자고 약속하고 그때부터 줄곧 거짓말만 하고 있는 것 같아요. 사람들은 모두 나쁜 짓을 미워한다지만 마음 속으로는 모두 나쁜 짓을 사랑하고 있는 거예요."

"당신은 지금도 나쁜 책을 읽고 있군요?"

"읽고 있어요. 엄마가 읽고 베개 밑에 감추어 둔 것을 몰래 가져다가 읽죠."

"그렇게 자기를 망치는 짓을 하고도 양심의 가책을 받지 않나요?"

"나는 내 자신을 망쳐버리고 싶은걸요. 어떤 사내아이는 달리는 기차 밑에 누워 있었다잖아요. 참 운이 좋은 아이야! 지금 당신 형님은 아버지를 죽였기 때문에 재판을 받으려 하고 있죠. 그런데 사람들은 형님이 아버지를 죽인 것을 기뻐하고 있답니다."

"아버지를 죽인 것을 기뻐해요?"

"기뻐하죠, 모두 기뻐하고 있어요! 다들 끔찍한 일이라고 말하지만 속으로는 무척 기뻐하고 있어요. 누구보다 내가 가장 기쁜걸요."

"여러 사람들이 기뻐하고 있다는 당신의 말에는 어느 정도의 진실이 있군요."

알료샤는 조용한 목소리로 말했다.

"아아, 당신도 그런 생각을 하고 있다니!" 리즈는 감격하여 소리쳤다. "정말 그것이 수도사의 입에서 나온 말인가요? 알료샤, 믿지 않으실지 모르지만 난 당신을 너무너무 존경해요. 당신은 절대로 거짓말을 안 하시니까요. 저, 내가 우스꽝스러운 꿈을 꾸었는데 그 얘기를 하나 해드릴까요? 난 말예요, 이따금 악마의 꿈을 잘 꾸어요. 어쩌다가 밤중에 촛불을 켜고 방에 혼자 앉아 있으면 난데없이 주변에 악마가 가득 나타나요. 방구석이나 테이블 밑에서 말예요. 그리고는 문을 열려고 해요. 문밖에 우글우글하고 있는 악마들도 방에 들어와서 나한테 덤벼들려고 하지요. 드디어 슬슬 다가와서 당장에라도 나한테 달려들 기세길래 내가 얼른 성호를 그었더니 마귀새끼들은 모두 질겁을 하며 뒤로 물러났지만, 아주 달아나지는 않고 문간에 서거나 한구석에 쭈그리고 앉아서 기다리는 거예요. 그러다가 내가 별안간 큰 소리로 하느님 욕이 하고 싶어져서 마구 욕설을 퍼붓기 시작하자, 악마들이 금방 다시 내 주위에 우르르 몰려와서 기쁜 표정으로 나를 막 붙잡으려 하지 않겠어요. 그래서 다시 재빨리 성호를 그었더니 악마들은 뒤로 싹 물러나더군요. 그게 얼마나 재미있던지 숨이 다 막힐 지경이었어요."

"나도 그와 똑같은 꿈을 꾼 적이 자주 있습니다."

알료샤가 갑자기 말했다.

"정말이에요?" 리즈는 깜짝 놀라 소리쳤다. "아니, 알료샤, 날 놀리면 싫어요, 이건 매우 중대한 일이니까. 전혀 다른 두 사람이 똑같은 꿈을 꾸다니, 그럴 수가 있을까요?"

"그럴 수 있다고 생각합니다."

"알료샤, 농담이 아니에요. 정말 이건 중대한 일이에요." 리즈는 왠지 무척 놀란 기색으로 말을 계속했다. "중대하다는 것은 꿈을 말하는 것이 아니고 당신이 나와 같은 꿈을 꾸었다는 바로 그 점이에요. 당신은 나한테 한번도 거짓말을 한 적이 없어요. 그러니까 지금도 거짓말하면 싫어요. 정말로 그런 일이 있었어요? 나를 놀리는 건 아니죠?"

"정말입니다."

리즈는 무척 충격을 받았는지 잠시 동안 말도 하지 못했다.

"알료샤, 나한테 놀러 와주세요. 네? 좀더 자주."

별안간 간절한 목소리로 그녀가 말했다.

"나는 언제든지, 평생토록 이곳에 오겠습니다."

알료샤는 분명하게 말했다.

"당신에게만 말하지만" 리즈가 다시 입을 열었다. "나 자신과 또 한 사람 당신에게만 이 세상에서 당신 한 사람에게만 말하는 거예요. 나 자신에게 말하는 것보다 당신한테 말하는 편이 훨씬 마음이 편해요. 당신에게라면 조금도 부끄럽지 않은걸. 정말 조금도 알료샤, 어째서 당신에겐 조금도 부끄럽지 않을까요, 네? 알료샤, 유대인은 부활제 때 아이를 훔쳐와서 죽인다는데, 그게 사실이에요?"

"잘 모르겠어요."

"어떤 책에서 어느 재판에 대한 것을 읽은 적이 있어요. 한 유대인이 네 살 먹은 사내아이를 잡아다가 먼저 두 손의 손가락을 모두 자른 다음 벽에 못박아 죽였대요. 그러고는 나중에 조사를 받을 때 아이는 금방, 네 시간만에 죽었다고 말했대요. 네 시간이나 걸렸는데 금방이래요. 아이가 괴로워서 신음하고 있는 동안 유대인은 그 옆에 서서 황홀한 듯이 지켜보고 있었대요. 멋진 얘기죠?"

"멋있다고요?"

"그래요. 나는 이따금 그렇게 생각해요. 그 아이를 못박은 건 내가 아니었을까 하고. 아이가 매달려서 신음하고 있으면 나는 그 앞에서 설탕에 절인 파인애플을 먹고 있는 거예요. 나는 그걸 굉장히 좋아하거든요. 당신도 좋아하시죠?"

알료샤는 잠자코 아무 말도 하지 않고 바라보았다. 그 창백하고 누르스름한 얼굴이 갑자기 일그러지고 눈이 번뜩이기 시작했다.

"하지만 난 이 유대인 얘기를 읽은 날 밤, 밤새도록 눈물을 흘리면서 떨고 있었어요. 어린애가 울고 신음하는 것을 상상하면서 말이죠. 아이도 네 살이면 벌써 알 만한 것은 알거든요. 그런데 내 머리에서 이 파인애플절임이 도무지 떠나지 않는 거예요. 날이 새자 나는 어떤 사람에게 편지를 보내서 꼭 와 달라고 부탁했어요. 그 사람이 왔을 때 나는 불쑥 사내아이 얘기며 파인애플 설탕절임 얘기를 했죠. 죄다 얘기했어요. 하나도 빠뜨리지 않고 죄다. 그러고는 이렇게 말했어요. '참 멋진 얘기죠?' 그랬더니 그 사람은 갑자기 웃어대면서 이러는 거예요. '정말 좋은 얘기로군요.' 그러고는 벌떡 일어나서 나가 버렸어요. 겨우 5분 있었을 뿐이에요. 그 사람은 나를 경멸했던 거죠? 네, 알료샤? 말해주세요. 그 사람은 나를 경멸했을까요, 안했을까요?"

그녀는 눈을 번쩍이면서 의자 위에서 몸을 쭉 폈다.

"그럼" 알료샤는 동요를 느끼면서 말했다. "당신이 스스로 그 사람을 불렀습니까?"

"내가 불렀어요."

"그 사람에게 편지를 보냈나요?"

"네, 편지를 보냈죠."

"일부러 그 아이 얘기를 하려고?"

"아뇨, 전혀 그게 아니었어요. 그런데 그 사람이 들어오자마자 바로 그걸 물었죠. 그러자 그 사람은 그런 대답을 던지고 웃더니 일어나서 나가 버렸어요."

"그 사람은 당신에게 성실하게 행동했군요."

알료샤는 낮은 목소리로 말했다.

"하지만 그 사람은 나를 경멸하지 않았을까요? 웃지 않았을까요?"

"그렇지는 않습니다. 어쩌면 그 사람도 파인애플 절임 이야기를 믿고 있을지 모르니까요. 리즈, 그 사람도 지금 심한 병에 걸려 있습니다."

"그래요, 그 사람도 믿고 있을 거예요!"

리즈는 눈을 빛냈다.

"그 사람은 아무도 경멸하고 있지 않습니다. 다만 그 사람은 아무도 믿지 않을 뿐입니다. 믿지 않으니까 즉 경멸하는 것이 되는 셈이지요."

"그럼 나도, 나도?"

"물론 당신도."

"그것도 좋아요." 리즈는 묘하게 이를 갈면서 말했다. "그 사람이 방에 들어와서 웃기 시작했을때, 난 경멸당하는 것도 좋구나, 하는 기분이 문득 들었어요. 손가락이 잘린 사내아이도 좋고, 경멸당하는 것도 좋아요……."

그녀는 이렇게 말하더니 알료사를 정면으로 바라보면서 묘하게 짓궂은 웃음을 맹렬한 기세로 터뜨렸다.

"알료샤, 난 말예요…… 사실을 말하면 나, 알료샤, 나 좀 도와 줘요." 별안간 그녀는 안락의자에서 벌떡 일어나 그에게 몸을 던지며 팔을 벌려 그를 꼭 끌어안았다. "나 좀 도와 줘요." 그녀는 거의 신음하듯 중얼거렸다. "방금 말한 그런 얘기를 이 세상에서 당신말고 누구한테 할 수 있겠어요? 나는 정말로, 정말로, 사실을 말한 거예요! 나는 죽고 싶어요! 모든 것이 싫증이 났어요! 난 더 이상 살고 싶지 않아요, 모든 것이 싫어 죽겠다구요! 알료샤, 어째서 당신은, 나를 조금도, 조금도 사랑해 주지 않죠?" 그녀는 무아지경에 빠진 채 말을 마쳤다.

"아니요, 사랑합니다!"

알료샤도 기를 쓰고 대답했다.

"그럼, 나를 위해 울어 주실래요, 울어 주실래요?"

"울고말고요."

"내가 당신 아내가 되는 것을 싫다고 해서가 아니라, 오직 나를 위해서 울어 주시겠어요?"

"울고말고요."

"그래요, 고마워요! 나는 당신의 눈물 외에 아무것도 필요없어요! 다른 사람들은 모두 나를 괴롭히거나 말거나, 모두, 모두, 한 사람도 남김없이 나를 짓 밟거나 말거나 상관없어요! 나는 아무도 사랑하지 않는걸요. 정말 아무도 사랑하지 않아요. 사랑하기는커녕 미워해요! 자, 가보세요, 알료샤. 이제 형님한테 가실 시간이에요!" 그녀는 갑자기 알료샤에게서 몸을 떼었다.

"이대로 당신만 남겨두고?"

알료샤는 겁이 나는 듯이 말했다.

"형님한테 가세요. 면회 시간에 늦겠어요. 가보세요. 자, 모자. 미챠에게 나 대신 키스해 주세요. 자, 가보세요. 어서!"

이렇게 말하고 그녀는 거의 억지로 알료샤를 문 쪽으로 밀어냈다. 알료샤는 걱정된 표정으로 망설이면서 리즈를 바라보았다. 그때 문득 자기 오른손에 편지가 쥐어 있는 것을 깨달았다. 꼭꼭 접어 봉인한 작은 편지였다.

슬쩍 보니 '이반 카라마조프 님에게'라고 적혀 있었다. 그는 재빨리 리즈를 보았다. 그 얼굴은 거의 위협적인 표정으로 바뀌어 있었다.

"전해 줘요, 꼭 전해 주세요!" 그녀는 온몸을 떨면서 정신없이 명령했다. "오늘 중으로 곧! 그렇지 않으면 나는 독약을 먹고 죽을 테야! 내가 당신을 부른 건 바로 그 때문예요!"

그녀는 이렇게 말하고 재빨리 문을 쾅 닫아 버렸다. 달가닥거리는 고리쇠 소리가 들렸다. 알료샤는 편지를 주머니에 넣은 다음 호흘라코바 부인한테는 들르지 않고 곧장 층계 쪽으로 갔다. 그는 사실 부인에 대해 까맣게 잊고 있었다.

리즈는 알료샤가 나가자마자 곧 고리쇠를 벗기고 문을 조금 열어 그 틈에 자기 손가락을 넣고는 힘껏 문을 닫아 손가락을 짓이겼다. 10초쯤 지난 뒤 그녀는 손가락을 빼어 느릿느릿 조용하게 바퀴의자로 되돌아가서 앉아, 허리를 쭉 펴고 꺼멓게 변한 손가락과 손톱 사이에서 번져나오는 피를 가만히 들여다 보았다. 입술을 파르르 떨며 그녀는 재빨리 혼자 중얼거렸다.

"아아, 난 인간도 아니야, 인간도 아니야, 인간도 아니야!"

4 찬가와 비밀

알료샤가 감옥 문의 벨을 울렸을 때는 꽤 시간이 늦어서 땅거미가 지고 있었다(게다가 11월이라 해도 짧았다).

그러나 알료샤는 아무런 제약 없이 미차를 면회할 수 있다는 것을 알고 있었다. 이러한 일은 모두 이 도시도 다른 도시와 마찬가지였다. 예심 종결 뒤 처음 한동안은 친척이나 그 밖의 사람들의 면회도 일정한 수속을 밟을 필요가 있었으나, 그 뒤 차차 관대해진 것이다. 아니, 관대해졌다고까지는 할 수 없겠지만 적어도 미차를 찾아오는 사람들에 대해서는 어느새 몇 가지 예외가 생긴 것이다. 때로는 이 지정된 방에서 미결수와 단둘이서만 면회가 이루어지는 일조차 있었다. 그러나 그런 사람들은 매우 드물어서 그루셴카와 알료샤, 라키친 정도에 지나지 않았다.

그루셴카에게는 경찰서장 미하일 마카로프가 특히 호의를 베풀고 있었다. 모크로예에서 그루셴카에게 호통을 친 것이 늘 이 노인의 가슴을 아프게 했던 것이다. 그 뒤 그는 진상을 알게 됨에 따라 그녀에 대한 생각을 바꿔 버렸다.

이상하게도 그는 미차의 범죄를 굳게 믿고 있으면서도 그가 수감될 때부터 차차 그를 보는 눈이 부드러워지기 시작했다.

'본디 선량한 사람이었는데 술과 여자 때문에 스웨덴 사람처럼 신세를 망쳐 버린 거야.'

그리고 그가 마음속으로 품고 있던 그전의 공포심은 일종의 연민으로 바뀌었던 것이다.

한편 알료샤에 대해서는, 두 사람이 벌써 오래 전부터 잘 아는 사이로 서장이 그를 매우 좋아했다. 그 뒤 뻔질나게 감옥에 드나들기 시작한 라키친도 그의 이른바 '서장 따님'의 가장 친한 친구의 한 사람으로서 거의 날마다 그 집에 출입하고 있었다. 게다가 그는 평생을 착실하고 믿음직하게 근무한, 사람 좋은 노인인 간수장 집에서 가정 교사를 하고 있었다.

알료샤도 오래 전부터 이 간수장을 알고 있었다. 알료샤는 대체로 '고상한 이야기'를 좋아하는 이 간수장과는 오래전부터 특별히 가깝게 지내며 그의 이야기 상대가 되어 주고 있었다. 서장은 이반에 관해서는 결코 그를 존경하지는 않았으나 그의 예리한 주장을 두려워했다. 하기야 간수장 자신도, 물론 '스스로 깨달은 것'이긴 해도 역시 상당한 철학자였다. 그는 마음속으로 알료샤에 대한 어떤 누를 수 없는 호감을 품고 있었다.

지난 1년 동안 그는 마침 복음서의 외전을 연구하고 있었으므로 늘 자기의 느낌을 이 젊은 벗에게 전했다. 전에는 곧잘 알료샤를 만나러 수도원까지 찾아가서 그를 비롯하여 많은 사제들과 몇 시간씩 이야기를 나누곤 했다. 그런 까닭으로 알료샤는 시간이 다소 늦더라도 간수장을 찾아가기만 하면 잘 주선해주었던 것이다.

게다가 감옥에서는 가장 하급 교도관에 이르기까지 모두 알료샤와 친했다. 그러기에 교도관도 상사의 허가만 있으면 그다지 까다롭게 굴지 않았다. 미차는 언제나 호출을 받으면 감방에서 아래층의 면회실로 내려오게 되어 있었다.

알료샤는 방으로 들어가다가 마침 미차를 만나고 나오는 라키친과 마주쳤다. 두 사람은 뭔가 큰 소리로 이야기하고 있었다. 미차는 라키친을 배웅하면서 무엇 때문인지 몹시 웃어댔으나 라키친은 왠지 투덜거리고 있는 듯이 보였다. 라키친은 요즘 특히 알료샤와 만나는 것을 꺼렸고 만나도 거의 입을 떼지 않고 그저 묘하게 어색한 인사를 할 뿐이었다. 지금도 들어오는 알료샤를 보더니 짐짓 미간을 찌푸리며 외면했다. 모피깃을 단 크고 따뜻한 외투의 단추가 잘 끼워지지 않아 거기에 정신을 팔고 있는 척하는 것 같았다. 그러더니 그는 자기 우산을 찾기 시작했다.

"물건을 잊어버려선 안 돼."

그는 아무 말이라도 해야겠다는 생각에 이렇게 혼잣말을 했다.

"남의 물건도 잊어버려선 안 되지!"

미차는 이렇게 익살을 부리고는 자기 익살이 우스워 껄껄대고 웃었다. 라키친은 대번에 화를 냈다.

"그런 말은 당신네 카라마조프 사람들 같은 농노제의 애송이들에게나 하시오. 이 라키친에게는 말할 필요가 없어요!"

증오로 몸을 부들부들 떨면서 느닷없이 그는 소리를 버럭 질렀다.

"뭘 그렇게 화를 내나? 나는 그저 농으로 한 말인데!" 미차도 큰 소리로 말했다. "쳇, 어처구니없네! 저런 녀석들은 모두 똑같단 말야."

미차는 서둘러 밖으로 나가는 라키친의 뒷모습을 턱으로 가리키면서 알료샤에게 말했다.

"여태까지 앉아서 재미있게 웃고 있던 녀석이 금세 저렇게 화를 낸단 말야! 너한텐 아는 체도 하지 않잖아. 왜 그러냐, 싸우기라도 했니? 그보다 넌 왜 이렇게 늦었니? 난 널 기다리다 점심까지 굶었다. 하지만 괜찮아! 이제라도 보충하지 뭐."

"저 사람은 뭣하러 형님을 찾아옵니까? 이제 완전히 친해지셨나요?"

라키친이 나간 문 쪽을 턱으로 가리키며 알료샤가 물었다.

"라키친과 친해졌느냐고? 그런 것도 아냐…… 뭐 저 녀석은 돼지야! 저 녀석은 나를…… 비열한 인간이라고 깔아뭉개려 한단 말이야. 그래서 조금만 농담을 해도 기를 쓰고 덤비거든……. 저런 녀석은 익살이란 것을 도무지 몰라. 그게 제일 탈이야. 저런 자의 영혼은 어찌 그리 무미건조한지. 납작하고 메말랐거든. 마치 내가 처음 이곳에 끌려와서 감옥의 벽을 보았을 때 느꼈던 기분이 든단 말이야. 하지만 꽤 영리하긴 영리한 놈이지. 그나 저나 알렉세이, 이제 드디어 내 머리도 끝장났어!"

그는 긴 의자에 앉으면서 알료샤도 옆에 앉게 했다.

"네, 드디어 내일이 공판이군요. 그럼 형님은 이제 완전히 희망을 잃어버리신 겁니까?"

알료샤는 조심스레 떠보았다.

"너 그게 무슨 소리냐?" 미차는 묘하게 멍한 표정으로 알료샤를 쳐다보았다. "옳아, 공판 얘기를 하는 모양이구나! 쯧쯧, 어처구니없는 얘기다! 우린 지금까지 늘 쓸데없는 얘기만, 늘 이 공판 얘기만 하면서 정작 가장 중요한 일엔 입을 다물어 왔어. 그야 물론 내일은 공판이지. 그러나 지금 머리가 끝장났다고 한 건 그 얘기가 아니다. 머리는 그대로있지, 다만 그 머릿속에 들어있던 알맹이가 사라져버렸단 말이다. 왜 그렇게 비난하는 듯한 눈초리로 나를 보는 거냐?"

"형님, 그게 무슨 말씀입니까?"

"사상을 말하는 거야, 사상! 다시 말해서 에티카(윤리)말야. 대체 에티카가 뭘까?"

"에티카요?"

알료샤는 놀랐다.

"그래, 그런 학문이 있는거냐?"

"네, 있지요…… 하지만…… 솔직히 말해서 어떤 학문인지는 설명할 수 없습니다."

"라키친은 알고 있어. 라키친 녀석 별의별것을 다 알고 있단 말이야. 제기랄! 녀석은 수도사 같은 건 될 마음이 없어. 페테르부르크에 가려 하고 있지. 거기서 무슨 평론 분야에 한몫 끼겠다는 얘기야. 단 고상한 경향의 평론이지. 그래서 사회에 크게 공헌하고 크게 출세할지도 몰라. 저런 놈들은 출세의 명수들이거든! 에티카가 무엇이든 그런 건 아무래도 좋아. 나는 이제 마지막이다. 알렉세이, 나는 이제 마지막이야. 넌 하느님에게 사랑을 받고 있는 사람이다! 나는 누구보다 너를 사랑한다. 널 보면 심장이 떨린단 말이야. 그런데 카를 베르나르가 대체 누구냐?"

"카를 베르나르요?"

알료샤는 다시 놀랐다.

"아니 카를이 아니지. 가만 있거라, 내가 되는대로 지껄였구나. 클로드 베르나르(19세기 프랑스의 생리학자)다. 클로드 베르나르가 대체 누구냐? 화학자냐?"

"아마 학자일 겁니다. 하지만 사실은 저도 그 사람에 대해선 잘 모릅니다. 그저 학자라고만 들었지 어떤 학자인지는 모르겠습니다."

"뭐, 그까짓 인간 아무래도 좋아. 나도 모른다." 미챠는 소리쳤다. "어차피 보잘것 없는 놈팽이겠지. 그게 가장 사실 같구나. 어차피 모두 놈팽이들이니까. 한데 라키친은 파고 들게다. 조그마한 틈만 있어도 녀석은 파고 들어갈 거야. 그놈도 역시 베르나르야. 망할 놈의 베르나르 같으니! 쓸데없이 그런 녀석들만 늘어나는군!"

"형님, 도대체 왜 그러십니까?"

알료샤가 다그쳤다.

"그 녀석은 나와 내 사건에 관한 것을 기사로 발표하여 문단에 진출할 작정이라는구나. 그 때문에 나를 찾아온단다. 제 입으로 그러더군. 뭔가 경향적인 것을 쓰고 싶다나? '그는 죽일 수밖에 없었다. 왜냐하면 환경에 의해 병들어가고 있었기 때문이다.' 이런 식 말이다. 나한테 설명해 주더군. 사회주의의 색칠을 한다나. 그런 건 아무래도 좋아. 사회주의의 색깔이든 뭐든 그런 건 상관없는 일이지만 그 녀석은 이반을 싫어하고 미워하지. 너도 별로 좋아하지 않더군. 그런데도 내가 그 녀석을 쫓아 버리지 않는 것은 놈이 영리하기 때문이다. 그런데 녀석이 너무 우쭐대더란 말이야. 그래서 지금도 이렇게 말해줬지. '카라마조프네 인간들은 비겁자들이 아니라 철학자들이다. 왜냐하면 진짜 러시아인은 모두 철학자가 아니냐. 그러나 너같은 인간은 학문이야 했겠지만 철학자가 아니라 농노이다' 이렇게 말이야. 그랬더니 녀석은 증오에 가득찬 표정으로 웃더군. 그래서 또 이렇게 말해줬지. 사상에 대해서는 nonest disputandum(논해서는 안 된다)고 말이다. 제법 재치있는 야유라고 생각하지 않니? 이래서 나도 최소한 고전주의에 한몫 끼게 된 셈이지."

미차는 갑자기 껄껄대고 웃었다.

"어째서 형님은 끝장났다고 생각하십니까? 금방 형님이 그러셨지요?"

알료샤가 말을 가로막았다.

"어째서 끝장이 났냐고? 음! 실은 말이다…… 한마디로 말하면, 요즘 나는 하느님이 불쌍해졌다. 그래서 그런다!"

"하느님이 불쌍하다고요?"

"상상해보렴. 그건 바로 여기, 이 머릿속에 있는 신경에 대한 문제야, 즉 뇌수 속 어딘가에 신경이 있어……. —뭐, 그건 아무래도 좋다!— 이렇게 생긴 꼬리 같은 것 즉, 말하자면 그 신경에 꼬리가 있는 거야. 그래서 그 꼬리가 떨리기 시작한 순간…… 말하자면, 내가 눈으로 무엇을 본다고 하자. 이렇게 말이다. 그러면 그놈이 떨리기 시작하는 거야. 바로 그 꼬리가 말이다…… 이렇게 떨리면 이미지가 나타난다. 당장 나타나는 것이 아니고 잠깐 한순간, 1초가 지난 뒤에 나타나는 거야. 그러면 일종의 장면같은 것이 나타난다. 아니, 장면이 아니지. 장면은 무슨 얼어죽을! 어떤 이미지, 말하자면 어떤 물체랄까 사건같은 것이 나타나는 거야. 에잇, 뭐가 이리 복잡해! 그래서 나는 사물을 보고 또 생각하는 것이다. 왜냐하면, 그건 꼬리가 있기 때문이지, 내게 영혼이 있어서 그런 것도 아니고 내 안에 신의 모습이 있어서 그런 것도 아니다. 그런 건 모두 터무니없는 얘기란다. 어제 라키친이 와서 설명해주더군. 그 얘기를 들으니 마치 불에 덴 기분이더라. 알료샤, 이건 훌륭한 학문이야! 새로운 인간이 잇달아 나오고 있어. 그건 나도 알고 있지……. 하지만 역시 하느님이 불쌍하단 말이야!"
"하지만 뭐, 그것도 나쁘지 않습니다."
알료샤가 말했다.
"하느님이 불쌍하다는 얘기 말이냐? 그런데 화학이 있잖니. 알료샤, 화학이야! 어쩔 수 없는 일이지. 수도사님 옆으로 조금 비켜 주십시오, 화학님이 납십니다! 라키친은 하느님을 싫어하지, 끔찍하게 싫어해! 이게 그자의 약점이야! 그런데 녀석은 그걸 감추고 있어. 거짓말을 하는 거지. 연기하고 있는 거야. 이런 일도 있었지. '그래서, 자네는 평론가가 되어도 연기로 밀고 나갈 생각인가?' 내가 물었더니 그 녀석은 '아니, 그렇게 노골적으로는 허용해 주지 않을 걸요' 하고는 웃지 않겠니. 그래서 내가 다시 물었지. '하지만, 그렇게 된다면 인간은 대체 어떻게 되는 건가? 하느님도 내세(來世)도 없다면 말야. 그렇게 되는 날에는, 인간은 무슨 짓을 해도 상관없다, 이런 말이 되는 건가?' 그러자 녀석은 '아니, 그럼 당신은 그것도 모르고 있었습니까?' 하고 웃더란 말이야. '영리한 인간은 뭐든지 할 수 있지요. 영리한 인간은 교묘하게 단물을 빨아먹을 수도 있단 말입니다. 그런데 당신은 사람을 죽였지만 속절없이 덫에 걸려 감옥에서 썩어가고 있으니!' 이렇게 나한테 맞대놓고 지껄이지 않겠니, 진짜 돼지 같은 자식이야! 나도 전 같으면 당장에 번쩍 들어서 밖에 내던져 버렸겠지만, 지금은 잠자코 듣고 있는 수밖에 없어. 그 녀석은 여러가지로 제법 똑똑한 소리도 하고 글도 제법 잘 쓰거든. 한 주일 전에 그 녀석이 어떤 기사를 나한테 읽어 주었는데, 그때 거기서 석 줄가량 베껴 뒀지. 잠깐 기다려봐. 이게 그거다."
미차는 급히 조끼 주머니에서 종이 쪽지 하나를 꺼내어 읽었다.
"'이 문제를 해결하려면, 먼저 자기의 개성을 자기의 현실과 대치시킬 필요가 있다.' 어때, 넌 알겠니?"
"모르겠는데요."
알료샤는 호기심을 느끼고 미차를 바라보면서 그 말에 귀를 기울였다.
"나도 모르겠어. 모호하고 막연해서 말이야. 하지만 그대신 제법 재치가 있잖아. '지금은 모두가 이렇게 쓰고 있지요. 왜냐하면 환경이 그렇거든.' 이렇게 녀석은 말하는 거야……. 요컨대 환경이 무서운 거지. 거기다 그 녀석은 시도 쓰고 있거든, 그 비열한 자식이 말이야. 호흘라코바 부인의 발을 찬미하고 말이다, 하하하!"

"저도 들었습니다."

알료샤가 말했다.

"들었어? 그 시를 들었단 말이니?"

"아뇨."

"그 시는 내가 갖고 있지. 내가 한번 읽어주마. 아직 너한테는 얘기하지 않아서 모를 테지만, 거기엔 한 가지 재미있는 얘기가 있다. 정말 그 녀석은 나쁜 놈이야! 3주일 전에 그 녀석이 나를 놀릴 생각으로 '당신은 불과 3천 루블 때문에 덜컥 걸리고 말았지만, 나는 어느 과부와 결혼해서 15만 루블을 손에 넣게 되면 페테르부르크에 석조 가옥을 한 채 살 테니 두고 보시오.' 이런 말을 하지 않겠니.

그러고는 호흘라코바 부인을 슬슬 꾀고 있다는 얘기를 하면서, 그 여자는 젊었을 때부터 그다지 영리하지 못했지만 마흔이 되더니 완전히 바보가 돼버렸다고 말하더군. '하지만 무척 감상적인 여자죠. 그 점을 이용해서 그 여자를 내것으로 만들고 말 생각이오. 그런 다음 페테르부르크로 데리고 가 거기서 신문을 발행할 계획이오.' 이런 소리를 하면서 추잡스럽고 음탕한 침을 흘리고 있더란 말이다. 그것도 호흘라코바에게 침을 흘리고 있는 것이 아니고 15만 루블이라는 돈에 침을 흘리고 있는 거야. 그 녀석 매일같이 나한테 와서는 문제 없다, 문제없어, 틀림없이 함락시키고 말 테니 두고 보라면서 우쭐댔지. 그러면서 빙글빙글 천하게 웃곤 했어.

그런데 그 녀석 별안간 쫓겨나고 말았지. 그 표트르 페르호친이 승리를 홱 낚아챈거야. 페르호친 녀석, 대단한 놈이야! 녀석을 쫓아낸 상으로 그 바보같은 여자에게 몇번이라도 키스해 주고 싶을 정도라니까! 녀석이 그 시를 쓴 것도 뻔질나게 나한테 드나들 무렵이었지. '이렇게 시 따위를 써서 손을 더럽히는 것은 이번이 처음이오. 여자를 유혹하기 위해서지. 말하자면 유익한 사업을 위해서요. 그 바보 여자한테서 자본을 끌어내 그것으로 공익을 위해 크게 이바지하려는 것이니까.' 이런 소릴 해가면서 말이다. 그런 녀석들은 아무리 추악한 짓을 해도 꼭 공익을 위해서 한다고 떠들어대지.

그러면서 한다는 소리가 '하지만 아무튼 당신의 그 푸시킨보다는 더 잘 썼을 거요. 우스꽝스러운 시에 시민적 비애를 교묘하게 가미했거든.' 이러잖겠니. 하기야 푸시킨에 대해서 말한 것은 나도 알아듣지. 정말로 재간 있는 사람이라면 여자의 발에 대해서만 끄적거리고 있지는 않을테니까. 그러면서 그 녀석 자기의 그 시를 끔찍이도 자랑하거든! 그런 녀석의 자기 자랑은 정말 못 들어 주지. 이만저만해야 말이지.

〈사모하는 님의 병든 발이 낫기를 빌면서〉, 이런 제목을 붙여 놓았군. 여간 약은 놈이 아냐!

  어떤 발이던가 이 발은
  조금 부어오른 이 발은!
  의사에게 치료를 부탁하면
  붕대나 감아서 병신 만든다.

  발을 두고 나는 한탄 않으니
  그것은 푸시킨에게 맡기면 된다.
  내가 슬퍼함은 머리 때문
  사상을 이해 못하는 머리 때문.

  조금은 이해한 듯 보였을 때
  발이 그것을 방해했다!
  발을 고치지 아니하고는
  어이 머리가 영리해질까.

그놈은 돼지야, 진짜 돼지야. 하지만 그 바보 자식, 제법 재미있게 만들어 놨어! 사실 '시민적 비애'도 약삭빠르게 가미되어 있거든. 그랬으니 쫓겨났을 때는 화깨나 났을거야. 아마 이를 뿌드득뿌드득 갈았을 걸!"

"그 사람은 벌써 복수를 한걸요. 호흘라코바 부인에 관한 기사를 투고했어요."

알료샤는 〈슬루히〉지에 실린 기사 이야기를 간단히 미차에게 들려주었다.

"그래, 그 녀석이 틀림없어. 바로 그 녀석이야!" 미차는 미간을 찌푸리며 맞장구를 쳤다. "그건 그 녀석이야! 그 투서는…… 난 알아…… 그루셴카에 대해서도 매우 추잡스런 기사를 써서 투서했지…… 그리고 그 여자, 카챠에 대해서도 말야…… 음!"

그는 마음에 걸리는 듯이 방안을 걷기 시작했다.

"형님, 저는 한가롭게 이러고 있을 수가 없습니다." 잠시 입을 다물고 있던 알료샤가 말했다. "내일은 형님에게 굉장히 중대한 날입니다. 형님에 대한 하느님의 심판이 내려지는 날이 아닙니까……. 그런데 형님은 예사로 빈들거리면서 쓸데없는 말씀만 하시니, 전 놀랐습니다……."

"뭐 놀랄 것 없다." 미챠는 흥분하여 말을 가로챘다. "그래 그 구역질나는 짐승 같은 놈 얘기를 하란 말이냐? 그 살인자 얘기를 하란 말이냐? 그 얘기라면 이제 신물이 나도록 했잖아. 저 구역질나는 스메르자시챠야의 아들 얘기라면 이젠 더 하고 싶지 않다! 하느님이 그놈을 벌주실 거니까 두고 봐. 이제 아무 소리 마라!"

미챠는 흥분하여 알료샤에게 다가오더니 느닷없이 키스를 했다. 그 눈이 활활 불타고 있었다.

"라키친이란 놈은 이걸 모른단 말이야." 그는 신들린 듯이 힘차게 얘기하기 시작했다. "그러나 너는, 너는 뭐든지 이해해 주지. 그래서 너를 무척 기다리고 있었단다. 실은 진작부터 이 헐어빠진 벽 안에서 너한테 하고 싶은 얘기가 많았는데 정작 가장 중요한 얘기는 하지 않았다. 아직 그럴 때가 아니라는 생각이 들어서 말이지. 이제 드디어 그럴 때가 왔으니 가슴속을 다 털어놓고 싶구나. 알료샤, 나는 지난 두 달 동안 하나의 새로운 인간을 내 안에서 느꼈다. 내 안에 새로운 인간이 소생했단 말이다! 이 인간은 여태까지 내 안에 단단히 갇혀 있었기 때문에 만일 이번 타격이 없었더라면 끝내 밖으로 나오지 못했을 거야. 무서운 일이지!

나는 광산에 유배되어 20년 동안 쇠망치로 금을 파는 것쯤은 아무렇지도 않다. 그까짓 것쯤 조금도 무섭지 않아. 지금은 다른 것이 무섭단 말이야. 이 소생한 인간이 어디로 가버릴까 무섭단 말이다! 나는 거기 가서, 광산의 흙밑에서 나와 같은 죄수나 살인자에게서도 인간의 마음을 발견하고 얼마든지 그들과 합류할 수 있어. 왜냐하면 거기서도 생활하고 사랑하고 괴로워할 수 있을 테니까 말이다! 나는 이 죄수들의 얼어붙은 마음을 소생시킬 수 있어. 몇 해가 걸리건 그들을 위해 힘쓰고 갱도 속에서 숭고한 정신과 헌신적인 정신을 세상에 내보낼 수가 있어. 천사를 낳고 영웅을 되살려 놓을 수가 있단 말이야!

그런 사람은 많아. 몇백 명이고 있어. 우리는 모두 그들에 대해 죄를 짓고 있어! 어째서 나는 그때 그 순간에 '아귀(餓鬼)의 꿈을 꾸었는지 아느냐?' '어째서 아귀는 저렇게 비참할까?' 이 질문은 그 순간, 나에게는 하나의 예언이었어. 나는 그 '아귀'를 위해서 가는 거다. 왜냐하면 우리는 모두 모든 사람에게, 모든 '아귀'에게 죄가 있기 때문이지. 인간은 모두 '아귀'거든.

나는 모든 사람을 위해서 간다. 사실 누구든 한 사람쯤은 남을 위해서 가야 하지 않겠니? 나는 아버지를 죽이지는 않았지만, 역시 가야 해. 잠자코 운명을 받아들일 테다! 나는 여기서 이런 생각을 하게 된 거란다....... 이 다 벗겨진 벽에 둘러싸여서 말이다. 그러나 그런 인간은 많이 있다. 땅밑에서 쇠망치를 손에 든 인간들이 몇백 명이고 있다. 아아 그렇다, 우리는 쇠사슬에 묶여 있어 자유도 없다! 그러나 그때 우리는 커다란 슬픔 속에서 다시 소생하여 기쁨을 얻는 거다. 인간은 그 기쁨 없이는 살 수 없고 하느님도 존재할 수 없는 거다. 왜냐하면 신은 기쁨의 분배자거든. 기쁨은 신의 위대한 특권이란 말이다....... 아아, 인간이여, 기도 속에 녹아 버려라!

나는 그 땅밑에서 하나님 없이 어떻게 살아갈 수 있을까? 라키친의 말은 모두 거짓말이다. 만일 하느님이 지상에서 쫓겨나면 우린 땅밑에서 하느님을 만나는 거야! 유형수는 하느님 없인 못 산다. 유형수가 아닌 자들보다 더더욱 불가능해. 그러니 우리 지하의 인간들은 대지의 깊은 밑바닥에서 기쁨의 소유자인 신에게 비극적인 송가(頌歌)를 부른다! 기쁨의 원천인 신께 영광 있으라! 신과 신의 기쁨, 만세! 나는 신을 사랑한다."

미차는 거의 숨을 헐떡이면서 이 격렬한 이야기를 마쳤다. 얼굴은 창백하고 입술은 떨렸으며 눈에서는 눈물이 넘쳐흐르고 있었다.

"그래, 생활은 충만해 있어. 땅밑에도 생활은 있어!" 그는 다시 입을 열었다. "알렉세이, 내가 지금 얼마나 살고 싶은지, 이 다 벗겨진 벽에 둘러싸여서 존재와 의식에 대한 갈망이 얼마나 싹트고 있는지, 도저히 넌 믿지 못할 거야! 라키친은 이걸 알지 못해. 그 녀석은 집을 짓고 사람들에게 세를 주기만 하면 그만이거든. 아무튼 난 너를 기다렸어. 그런데 고통이 대체 뭐냐? 나는 설령 수많은 고통이 닥쳐오더라도 결코 무섭지 않아. 전에는 무서웠지만 지금은 무섭지 않단 말이다. 그래서 난 법정에서도 일체 대답하지 않을지도 몰라······. 내 안에는 지금 무엇이든 어떤 고통이든 이길 수 있는 힘이 있는 것 같은 기분이거든. 다만 그 어떤 순간에도 '나는 존재한다!'고 내 자신에게 말할 수 있다면 말이다. 몇천 가지 괴로움 속에서도 나는 존재한다는 거지. 고문에 시달리면서도 나는 존재해! 형틀에 매달려 있어도 역시 나는 존재하고 태양은 보인다. 설령 보이지 않더라도 태양이 있다는 것을 안다. 태양이 있다는 것, 그게 바로 온 생명인 거다. 알료샤, 나의 천사. 난 말이다, 갖가지 철학에 의해 질식해 버릴 것 같아, 빌어먹을! 이반이……."

"이반 형님이 왜요?"

알료샤가 말했지만 미차는 듣지 못한 것 같았다.

"실은 말이다. 난 전에는 이런 의문을 조금도 갖지 않았지만, 모든 것이 나의 내부에 잠재해 있었지. 나의 내부에서 정체를 알 수 없는 이상이 날뛰고 있었기 때문에 나는 주정을 하고 싸우고 난폭한 짓을 한 것인지도 몰라. 내가 싸움을 한 것은 나의 내부에 있는 그 이상을 가라앉히기 위해서였던 거야. 이상을 가라앉히고 눌러두기 위해서였던 거야. 이반은 라키친과는 달라. 그 녀석은 자기 사상을 감추고 있어. 그는 스핑크스야. 아무 말도 하지 않거든. 늘 잠자코 있어. 그런데 나는 신을 두고 괴로워하고 있어. 오직 이 문제만이 나를 괴롭힌단 말이야. 만일 신이 없으면 어떻게 될까? 만일 라키친의 말대로 신이란 인류가 만든 인공적인 관념에 지나지 않는다고 한다면 어떻게 될까? 그때는, 신이 없다면 그때는 인간이 대지와 세계의 우두머리가 되는 거지.

나쁘지 않아! 하지만 인간이 도대체 신없이 어떻게 선량할 수 있을까? 이게 문제야! 나는 늘 이걸 생각하고 있어. 그렇게 되면 인간은 누구를 사랑하면 되는 거지? 누구에게 감사하게 되지? 그리고 누구에게 감사해야 하는 거지? 라키친은 코웃음을 치면서 신이 없더라도 인류는 사랑할 수 있다고 하더라만, 그건 그 코흘리게 녀석이 주장하는 소리고 나는 그런 건 이해하지 못해. 라키친에게는 살아간다는 것이 아무것도 아닌 거야. 그 녀석은 오늘도 나한테 이렇게 말하더군. '당신은 무엇보다도 시민권의 확장에 노력하는 것이 좋을 거요. 아니면 쇠고기값이 오르지 않도록 뛰어다니든지. 인류에게 사랑을 표시하는 데는 그 편이 철학보다 훨씬 단순하고 가까우니까.' 그래서 나는 이렇게 놀려주었지. '뭐 자네라면 신이 없더라도 자기 이득이 된다면야 아마 쇠고기값을 올릴걸. 1코페이카를 가지고 2루블은 벌걸.' 그러자 녀석은 매우 화를 내더군.

그런데 대체 선행이란 무엇일까? 알렉세이, 가르쳐 다오. 나에게는 내 나름의 선행이 있고 중국인에게는 중국인의 선행이 있거든. 요컨대 선행이란 상대적인 거야. 어떠냐? 안 그러냐? 상대적인 것이 아니냐? 복잡한 문제지? 웃지 말고 들어 다오. 나는 이 문제 때문에 벌써 이틀 밤이나 잠을 못 이루고 있단다. 나는 지금 세상 사람들이 살아가면서 이 문제를 조금도 심각하게 생각하지 않고 있다는 데 놀랐어. 그저 공허한 생활에 급급하고 있단 말야! 이반에게는 신이 없어. 그 녀석한테는 이상이 있지. 나 같은 건 발 밑에도 못미치는 이상이. 하지만 아무튼 녀석은 말을 하지 않아. 암만해도 이반은 프리메이슨(비밀공제조합원)이 아닌지 모르겠어. 뭘 물어도 입을 열지 않거든. 녀석의 지혜의 샘물을 좀 얻어 마실까 하고 암만 물어도 대답을 않는구나. 하기는 한마디는 지껄이더군."

"무슨 말을요?"

알료샤가 다급하게 끼어들었다.

"내가 만일 그렇다면 모든 것을 용서받게 되는 거냐고 말했더니 그 녀석 얼굴을 찌푸리고 '우리 아버지 표도르 카라마조프는 돼지 같은 존재였지만 생각은 제대로 했지요' 하고 딴 소리를 하더군. 이 말밖엔 안했어. 그 애는 라키친보다 한 수 위야."

"맞습니다." 알료샤는 씁쓸하게 시인했다. "그런데, 이반 형님은 언제 여기 왔지요?"

"그건 나중에 얘기하마. 지금은 다른 얘기를 하자. 난 지금까지 이반 얘기를 너한테 조금도 하지 않았다. 언제나 뒤로 돌렸지. 내 문제가 정리되고 선고가 끝났을 때 이것저것 다 얘기하마. 죄다 얘기해 줄께. 거기엔 한 가지 무서운 문제가 있단 말이야……. 너는 거기에 대해 내 재판관이 되어 주겠지? 그러나 지금은 그 얘긴 꺼내고 싶지 않다. 지금은 얘기할 수 없어. 넌 내일의 공판 얘기를 하고 있지만, 솔직히 나는 거기에 대해서 전혀 아는 것이 없다."

"변호사와 얘기하셨나요?"

"변호사가 무슨 소용이 있니? 난 그 친구한테 죄다 얘기했지. 그자는 물렁한 도시녀석이야. 역시 베르나르의 한 족속이지. 내 말을 눈곱만큼도 안 믿는단 말이야. 처음부터 아예 내가 죽인 것으로 정해 놓고 덤비잖니. 나는 다 알지. '그렇다면 뭣 때문에 내 변호는 하러 왔소?' 하고 반문해 줬지. 그런 녀석 쇠똥이나 먹으라지. 더욱이 의사까지 불러다가 나를 정신병자로 만들 생각이야. 내가 응할 줄 아나보지! 카체리나는 또 '자기의 의무'를 마지막까지 다할 생각이지만 무리한 얘기지." 미차는 씁쓸하게 웃었다. "본성을 숨기고 있는 여자! 냉혹한 여자야! 그 여자는 내가 그때 모크로예에서 '말못할 분노를 숨기고 있는 여자'라고 저를 부른 것을 알고 있단 말이야! 누군가가 지껄인 거지.

아무래도 좋아, 이제 증거는 해변의 모래알처럼 불어났어. 그리고리도 자기 주장을 굽히지 않고. 그자는 정직하지만 바보야. 세상에는 바보이기 때문에 정직한 인간이 쓸어버릴 정도로 많아. 이건 라키친의 생각이지만. 그리고리는 나에겐 적이야. 때로는 친구가 되기보다 적으로 돌리는 편이 유리한 상대도 있지. 이건 카체리나를 두고 하는 말이야. 하긴 걱정이구나. 아아, 정말 걱정이 되어 죽겠어. 그 여자가 나한테서 4천5백 루블을 빌려 가려고 머리가 땅에 닿도록 절을 한 이야기를 법정에서 지껄이지 않을까 하고 말이다. 그 여자는 마지막까지 마지막 부채까지 다 갚지 않고는 직성이 풀리지 않을 거다. 난 그런 희생은 필요없어. 그 인간들은 법정에서 나를 욕보일 것이 분명하단 말이야. 정말 기가 차는군.

알료샤, 너 그 여자한테 가서 그 일을 법정에서 말하지 말라고 부탁해 줄래? 안 될까? 체, 하는 수 없지. 아무튼 꾹 참아 볼 수밖에! 하지만 난 그 여자를 불쌍하게 생각진 않는다. 자신이 그런 걸 원했으니까. 자업자득이지. 알렉세이, 난 일장연설을 해줄 테다." 그는 거기서 다시 소리없이 웃었다. "다만…… 다만 그루센카가, 그루센카가, 아아! 그 여자는 지금 무엇 때문에 그런 고통을 자기가 도맡으려 하고 있을까?" 그는 눈물을 글썽거리면서 소리쳤다. "그루샤 때문에 괴로워서, 그 여자를 생각하면 괴롭고 괴로워서 죽을 것만 같다. 그 여자는 아까도 나한테 와서……."

"나한테도 얘기했어요. 그 여자는 오늘 형님 때문에 굉장히 화가 났더군요."

"나도 안다. 내 성격은 대체 왜 이렇게 못돼먹었을까. 난 질투를 했지. 하지만 곧 후회하고 그 여자가 돌아갈 때는 입을 맞춰 주었어. 하지만 사과는 안 했지."

"왜 사과를 안 하셨지요?"

알료샤가 소리쳤다.

미차가 별안간 유쾌한 듯이 웃음을 터뜨렸다.

"말도 안되지, 알료샤, 좋아하는 여자에게는 미안하다고 사과해선 안 돼! 특히 좋아하는 여자에게는. 아무리 죄를 지었더라도 말이다! 여자란 알료샤, 여자란 도무지 정체를 알 수 없는 족속들이야. 하지만 난 여자에 대해서는 조금 알고 있지! 시험삼아 여자 앞에서 자기 죄를 인정하고 '잘못했소, 제발 용서해 주시오!' 말해 보렴. 그야말로 즉각 우박같은 잔소리가 쏟아져 내릴 테니까! 여자란 결코 순순히 용서해 주지 않는 성질이 있어. 도리어 형편없이 욕설을 퍼붓고 엉뚱한 말을 꺼내는데다, 결코 무엇 하나 잊어버리려 하지 않고, 하고 싶은 말을 실컷 퍼부은 끝에야 간신히 용서해 주지. 그래도 그건 아주 괜찮은편이야! 있는 것 없는 것 깡그리 들추어내서는 죄다 남자 쪽에 전가시켜 버린단 말이야.

너한테 일러 두지만, 여자에겐 이런 잔인성이 있단다. 우리가 살아가는 데 없어선 안 될 천사 같은 여자가 한 사람도 빠짐없이 이런 잔인성을 갖고 있더란 말이야! 이봐, 알료샤. 노골적으로 솔직하게 말하지만 말이다, 남자란 아무리 신분이 훌륭하더라도 반드시 여자 엉덩이 밑에 깔려서 살아갈 수밖에 없어. 이건 내 신념이다. 아니, 신념이 아니라 체험이지. 남자는 모름지기 마음이 관대해야 해. 여자에게 관대하다고 해서 남자 위신이 깎이지는 않아. 영웅도 그건 마찬가지지, 카이사르가 그 좋은 예거든! 하지만 그렇더라도 사과만은 무슨 일이 있어도 절대로 해서는 안 된다. 이 법칙을 잘 기억해 두어라. 여자 때문에 신세를 망친 너의 형 미차가 너에게 전수하는 거니까.

나는 사과 같은 걸 하지 않고 어떻게든 달리 그루센카를 위해 뭔가 해 줄테다. 나는 그 여자에게 경건한 마음을 품고 있어. 알료샤, 경건한 마음 말이다! 그런데 그 여자는 그걸 몰라. 내 사랑이 아직도 모자라다고 계속 믿고 있는 거야. 그래서 나를 괴롭히고 있는거지. 사랑으로 괴롭히고 있어. 전엔 어땠는지 아니? 전에 나를 괴롭힌 것은 그저 요부와 같은 육체의 곡선뿐이었지만, 이제 나는 그 여자의 영혼을 고스란히 내 영혼에 받아들여서 그 여자를 통해 인간이 된 거야! 우리는 결혼할 수 있을까? 그렇지 않아도 나는 질투로 죽어 버릴것 같은데. 매일 그런 꿈을 꾼다……. 그 사람, 내 얘기를 뭐라고 하더냐?"

알료샤는 그루센카가 한 말을 그대로 되풀이했다. 미차는 열심히 들으면서 몇번이나 질문까지 했으나 결국은 만족스런 표정이었다.

"그럼, 내가 질투하는 것을 그다지 화내고 있지 않단 말이구나?" 그는 소리쳤다. "암, 그래야지! '저도 잔인한 마음을 갖고 있어요' 했단 말이지? 아아, 나는 그런 잔인한 여자가 좋더라. 하기야 너무 강짜 새암이 세도 곤란하지, 싸우고 말 테니까. 하지만, 그래도 사랑한다. 한없이 사랑한다. 우리는 결혼할 수 있을까? 유형수도 결혼이 허용될까? 난 그게 의문이구나. 나는 그 여자가 없으면 살 수가 없어……."

미챠는 어두운 표정으로 방안을 돌아다녔다. 방안은 상당히 어두워져 있었다. 그는 갑자기 몹시 걱정이 되기 시작했다.

"비밀이라고, 그 여자가 비밀이 있다고 그러더냐? 우리 세 사람이 저한테 어떤 음모를 꾸미고 있다고? 카차도 거기 관계가 있다고 그러더란 말이지? 아니야, 그루센카, 그렇지 않아. 넌 잘못 생각하고 있어. 그건 여자의 어리석은 오해에 불과해! 알료샤, 이젠 어떻게 되든 상관없다! 너한테 우리의 비밀을 털어놔야겠어!"

그는 주위를 한바퀴 휙 둘러보더니 얼른 자기 앞에 서 있는 알료샤에게 다가가서 제법 은밀한 태도로 소곤거리기 시작했다. 그러나 실제로 아무도 두 사람의 말을 엿듣는 사람은 없었다. 늙은 교도관은 한쪽 구석의 나무의자에 앉아 졸고 있었고 감시원이 서 있는 곳에서는 두 사람의 말소리는 한마디도 들리지 않았다.

"우리의 비밀을 죄다 털어놓으마!" 미챠는 다급한 듯 소곤거렸다. "실은 나중에 밝히려 했지. 너하고 의논하지 않고 내가 뭘 결정하겠니? 너는 내가 가진 전부야. 난 이반이 한 수 위라고 말했지만, 넌 나의 천사야. 네 판단만이 모든 것을 결정하는 거야. 어쩌면 너야말로 최고의 인간이고 이반은 아닌지도 몰라. 알겠니, 이건 양심에 관한 문제다. 최고의 양심에 관한 문제. 나 혼자는 감당할 수 없을 만큼 중대한 비밀이어서 너한테 말할 때까지 모든 것을 미뤄왔단다. 하지만 역시 지금은 결정할 때가 아니구나. 역시 선고가 끝날 때까지 기다려야겠어. 선고가 내려지면 그때는 내 운명을 결정해 다오. 지금 결정하지 말고. 지금 얘기할 테니 잘 들어라. 그렇다고 당장 결정 하지는 마라. 가만히 기다리며 잠자코 있어야 한다. 죄다 털어놓지는 않겠다. 그저 골자만 간단히 말할 테니까 잠자코 있어야 해, 반문을 해도 안 되고 몸을 움직여도 안돼. 알겠지? 하지만 아아, 네 눈길을 어떻게 피할꼬? 너는 입을 꾹 다물고 있어도 그 눈이 결정을 내릴 테니. 난 그게 두렵다. 아니 정말 무서워!

알료샤, 실은 이반은 나에게 도망할 것을 권하고 있어. 상세한 얘기는 하지 않겠지만, 모든 준비는 다 되어 있어. 가만 있거라. 결론을 말하지 마. 그루센카를 데리고 미국으로 가라는 거야. 사실, 나는 그루센카 없이는 살아갈 수가 없어! 만일 시베리아에 가서 그루센카를 만나지 못하면 어떡하지? 유형수에게도 교회에서 결혼을 허가해 줄까? 이반은 아마 안 될 거라고 하더구나. 하지만 그루센카 없이 내가 어떻게 그 갱도 속에서 곡괭이를 들 수 있을까? 그 곡괭이로 내 머리를 박살내고 말거다!

그러나 한편 양심은 어떡하지? 고통이 두려워서 피하는 것이 되잖아! 신의 계시가 있었는데도 그 계시를 피하는 것이 된단 말이야. 정화(淨化)의 길이 있는데도 그것을 피하여 돌아가는 셈이 된단 말이야. 이반은 미국에서라면 '좋은 성격'만 갖고 있으면 갱도 속에서 일하는 것보다 더 많은 공헌을 할 수 있다고 말하더군. 하지만, 아까의 지하찬가는 어떻게 된다지? 미국이 다 뭐냐, 미국도 역시 사람 사는 세상이 아니냐! 미국에도 역시 사기와 속임수가 우글우글한다더라. 그렇게 되면 그저 형벌이 두려워 달아난 꼴이 되는 거지!

내가 너한테 이런 말을 하는 것은 말이다, 알렉세이, 이해해 줄 사람이 너밖에 없기 때문이야. 달리 아무도 없어. 다른 사람에게는 어리석기 짝이 없는 헛소리로 들릴 거다. 방금 너한테 말한 지하 찬가 같은 얘기는 모두 잠꼬대에 지나지 않을 거야. 사람들은 내가 돌았거나 바보라고 말할 거다. 하지만 나는 머리가 돌지도 않았고, 바보도 아니다. 이반도 찬가에 관해서는 알고 있지. 암, 알고있고말고. 그런데 거기에 대해선 대답을 하지 않고 그저 잠자코 있을 뿐이다. 그 앤 그 찬가를 믿지 않아. 잠자코 있어, 아무 말 하지 마라. 네 눈이 무슨 말을 하는지, 난 잘 안다. 넌 벌써 결론을 내렸어! 그러나 결정하지 말아 다오. 나를 불쌍히 여겨 다오. 난 그루샤 없인 못 산다. 공판이 끝날 때까지 기다려 다오!"

미차는 무아지경 속에서 이렇게 말을 맺었다. 그는 알료샤의 어깨를 두 손으로 잡은 채 열띤 눈으로 동생의 눈을 들여다보았다.

"죄수도 교회에서 결혼할 수 있을까?"

애원하는 목소리로 그는 벌써 세 번째 되풀이하고 있었다. 알료샤는 몹시 놀라서 충격에 휩싸였다.

"한 가지만 말씀해 주십시오." 알료샤는 말했다. "이반 형님은 완강하게 그걸 주장하고 있습니까? 그리고 그 일을 가장 먼저 생각해 낸 사람은 대체 누굽니까?"

"이반이야, 이반이 생각해 냈어. 그리고 강력하게 주장하고 있단다! 내내 얼굴을 비치지 않다가, 갑자기 일주일 전에 나타나서 느닷없이 그런 소리를 꺼내더구나. 그러고는 강력하게 주장하고 있어. 권하는 게 아니라 명령하는 거야. 난 이반에게도 너한테처럼 내 마음속을 죄다 털어놓고 찬가 얘기를 했다만, 이반은 내가 자기 명령을 들을 것을 의심치 않는단 말야.

도망치는 절차까지 얘기해 주면서 여러 가지 정보를 조사해 놓고 있어. 한데 그건 나중으로 돌리자. 아무튼 그 애는 거의 신경질적으로 강하게 주장하고 있어. 중요한 문제는 돈인데, 도망 비용으로 만 루블을 내겠다는구나. 미국까지는 2만 루블이 들지만 만 루블로 멋지게 실현시켜 주겠다면서."

"저한테는 절대로 말하면 안 된다고 했습니까?"

알료샤가 다시 물었다.

"절대로 누구에게도 말하면 안 된다, 특히 너한테는, 너한테는 무슨 일이 있어도 말하면 안 된다고 그러더군! 아마 틀림없이 네가 내 양심이 되어 나를 가로막을 것을 두려워하는 모양이야. 그러니 내가 너한테 얘기한 걸 이반에게는 말하지 말아야 한다. 말했다간 그야말로 큰일날 테니까!"

"말씀하신대로 판결이 나올 때까지는 결정할 수 없겠네요. 판결이 나오면 스스로 결정할 수 있을 겁니다. 그때 형님은 형님 안에 새로운 인간을 발견하시게 될거예요. 그 새로운 인간이 결정해 줄 것입니다."

"새로운 인간인지, 아니면 베르나르인지 그건 모르지만, 아무튼 그게 베르나르식으로 결정해 줄거란 말이지! 그러니까 나 자신도 그 경멸스러운 베르나르가 된 것 같은 기분이 드는구나!"

미차는 이를 드러내며 쓴웃음을 지었다.

"그런데, 형님은 이젠 무죄가 될 희망이 전혀 없다고 생각하세요?"

미차는 발작적으로 어깨를 으쓱하더니 고개를 옆으로 저었다.

"알료샤, 이제 갈 시간이야!" 그는 갑자기 서두르기 시작했다. "간수가 밖에서 소리쳤으니까 곧 이리로 올 거야. 이젠 늦었어. 규칙 위반이야. 얼른 나를 안고 키스해 다오. 나를 위해서 성호를 그어 다오. 알료샤, 내일의 십자가를 위해서 성호를 그어 다오……."

두 사람은 서로 얼싸안고 키스를 했다.

"하지만 이반 녀석" 미차가 갑자기 입을 열었다. "나에게 도망을 권하면서, 정말로 내가 죽인 줄 믿고 있단 말이야!"

서글픈 미소가 그의 입가에 떠올랐다.

"그렇게 믿고 있는지 어떤지, 형님이 물어보셨나요?"

알료샤가 물었다.

"아니, 물어 보지는 않았다. 물어 보고 싶더라만 그럴 수가 없더군. 그럴 용기가 없었어. 그러나 나는 눈빛으로 다 알 수 있지. 그럼, 잘 가거라!"

두 사람은 다시 한번 재빨리 작별의 포옹을 나눴다. 알료샤가 막 나가려고 하는데 미차가 다시 불러세웠다.

"내 앞에 서 다오. 그래, 그 자세로."

그는 이렇게 말하고 두 손으로 다시 알료샤의 어깨를 꽉 움켜잡았다. 그러자 그의 얼굴이 갑자기 창백해졌다. 어두컴컴한 속에서도 알아볼수 있을 만큼 기분 나쁠 정도로 눈에 띄었다. 입술은 일그러지고 눈은 뚫어질 듯 알료샤를 응시했다.

"알료샤, 하느님 앞이라 생각하고 정직하게 말해 다오. 너는 내가 범인이라고 믿고 있니, 아니면 그렇지 않다고 믿고 있니? 너 자신은 믿고 있니, 믿고 있지 않니? 정말 정직하게 말해야 한다. 거짓말 해선 안 돼!"

그는 알료샤를 향해 미친 듯이 소리쳤다.

알료샤는 무엇이 자신의 온몸을 뒤흔드는 듯한 기분이 들면서 심장을 뭔가 날카로운 것으로 찌르는 것같이 생각되었다.

"무슨 말씀이세요, 형님이……."

그는 난처한 듯이 소곤거렸다.

"진실, 진실을 말해라, 거짓말하면 안 돼!"

미차는 되풀이했다.

"저는 형님이 범인이라고는 단 한순간도 생각한 적이 없습니다!"

별안간 알료샤의 가슴속에서 이런 떨리는 목소리가 솟아나왔다. 그는 자기 말의 증인으로 하늘의 신을 부르기라도 하는 것처럼 오른손을 높이 쳐들었다.

미차의 얼굴이 순식간에 행복의 빛으로 밝게 빛났다.

"고맙다!" 의식을 잃었다가 처음으로 숨을 토해 낼 때처럼 그는 느릿하게 중얼거렸다. "이제야말로 너는 나를 소생시켜 주었어……. 사실, 여태까지 난 너한테 물어 보는 것을 두려워하고 있었다. 너한테는, 너한테는 말이다. 자, 이제 가 거라, 가도 좋아! 너는 나에게 내일을 위한 힘을 주었어. 하느님의 축복을 빈 다! 어서 가거라. 그리고 이반을 사랑해 주어라!" 미차의 입에서 자기도 모르 게 마지막 말이 튀어나왔다.

알료샤는 눈물을 흘리며 면회소에서 물러나왔다. 미차가 알료샤에게 조차 그토록 의구심을 품고 있었다는 것은, 그토록 동생을 믿고 있지 않았다는 것 은, 불행한 형의 영혼에 깃들어 있는 출구 없는 비애와 절망의 심연을 생생하 게 알료샤의 눈앞에 드러내 보여준 것 같았다.

깊고 한없는 연민이 대번에 그를 사로잡아 괴롭히기 시작했다. 꿰뚫린 그의 영혼은 고뇌하고 아파했다. '이반을 사랑해 주어라!' 방금 미차가 한 말이 문득 생각났다. 그렇다, 그는 지금 이반을 찾아가고 있었다. 그는 아침부터 꼭 이반 을 만날 일이 있었다. 그는 미차 못지 않게 이반이 염려되었는데 이제 미차를 만나고 난 지금은 이반이 더욱 걱정스러워진 것이다.

5 형님이 아니에요!

알료샤는 이반의 집으로 가는 도중에 카체리나가 빌려 살고 있는 집 옆을 지나가야 했다. 그녀의 집에는 창문마다 불이 켜져 있었다. 그는 문득 걸음을 멈추고 한번 들어가 봐야겠다고 생각했다. 1주일이 넘도록 카체리나를 만나지 못했던 것이다. 그러나 그때 그의 머릿속에, 어쩌면 지금 그녀의 집에 이반이 와 있을지 모른다, 더욱이 공판 전날 밤이니까 하는 생각이 떠올랐다.

그가 벨을 울리고 중국식 초롱 불빛이 희미하게 비치고 있는 층층대를 올 라가는 동안 마침 위에서 내려오는 사람이 있었다. 알료샤는 옆을 서로 스쳐 가는 순간 그 사람이 형이라는 것을 알았다. 카체리나와 헤어지고 나오는 모 양이었다.

"아, 너구나." 이반은 무뚝뚝하게 말했다. "그 사람한테 가는 거냐? 그럼 가 봐라."

"예."

"안 가는 게 좋을지도 모른다. 그 사람은 지금 몹시 '흥분하고' 있으니까 네 가 가면 신경이 더 날카로워질걸."

"아뇨, 그렇지 않아요!" 별안간 층계 위에서 조금 열린 문틈으로 이런 소리가 들려왔다. "알렉세이 씨, 거기서 오는 길이죠?"

"네, 형님한테서 오는 길입니다."

"내게 뭐 전할 말이 있어서 오셨나요? 들어오세요, 알료샤. 그리고 이반, 당신도요. 다시 올라오세요, 네?"

카차의 목소리에는 명령하는 투가 섞여 있었다. 이반은 잠시 망설이다가 알료샤와 함께 다시 들어가기로 했다.

"엿들었구나!"

이반은 화가 나는 듯이 입속으로 중얼거렸으나 알료샤의 귀에도 똑똑히 들렸다.

"실례지만 난 외투를 안 벗겠습니다." 응접실에 들어서면서 이반이 말했다. "그리고 앉지도 않겠습니다. 잠깐, 1분간도 안 있을 테니까요."

"앉으세요, 알렉세이 씨."

카체리나는 말했으나 본인은 그냥 서 있었다. 그동안 그녀는 별로 변한 것 같지는 않았으나 검은 눈이 불길한 불꽃처럼 번쩍이고 있었다. 나중에 생각났지만 알료샤는 이 순간 카체리나가 무척 아름답게 보였다.

"그이가 어떤 말을 전하랬죠?"

"그저 한 가지 뿐입니다." 똑바로 그녀의 얼굴을 바라보면서 알료샤가 말했다. "제발 자신을 소중히 하고 법정에서는 그 얘기를 하지 말아 달라고……(그는 약간 우물거렸다) 말하자면 두 분 사이에 있었던 일 말입니다……. 두 분이 처음 만났을 무렵…… 그 도시에서……."

"아, 돈 때문에 머리를 숙인 일 말이군요!" 그녀는 쓴웃음을 지으며 말했다. "대체 뭘까요. 그이가 걱정하는 것은 자기를 위해서일까요, 아니면 나를 위해선가요? 소중히 하라니, 누구를 소중히 하라는 거죠? 그 사람? 아니면 나? 네, 어느 쪽이죠? 알렉세이 씨?"

알료샤는 상대를 이해하려고 애쓰며 가만히 그 얼굴을 바라보았다.

"당신도, 그리고 형 자신도."

그는 조그마한 소리로 말했다.

"그럴 테지요." 그녀는 묘하게 독기가 서린 어조로 한마디씩 또박또박 떼어서 말하더니 갑자기 얼굴이 벌개졌다. "당신은 아직 나에 대해서 잘 모르는군요, 알렉세이 씨." 그녀는 엄격한 목소리로 말했다. "하기야 나도 아직 나 자신을 잘 모르지만. 아마 당신은 내일 증언이 끝날 때쯤이면 나를 구둣발로 짓밟아 버리고 싶어질지도 몰라요."

"당신은 정직하게 진술하실 겁니다. 그러면 그만입니다."

"여자는 이따금 정직하지 못할 때가 있어서요." 그녀는 뽀드득 이를 갈았다. "나는 불과 1시간 전까지만 해도 그 냉혈한을 건드리는 것을 마치 독벌레를 건드리는 것처럼 무서워했는데…… 그건 잘못이었어요. 그이는 역시 나에게는 인간이니까요. 그런데 정말로 그이가 죽였을까요? 죽인 건 그 사람일까요?" 그녀는 갑자기 신경질적으로 소리치면서 홱 이반 쪽을 돌아보았다.

그 순간 알료샤는 자기가 오기 1분 전까지도 그녀가 한두 번이 아니라 수십 번이나 이반에게 이 질문을 되풀이했다는 것과 결국 싸움까지 벌였다는 것을 눈치챘다.

"난 스메르자코프한테 다녀왔어요……. 당신이, 당신이 아버지를 죽인 범인은 그 하인이라고 하길래 난 당신말만 믿었어요!"

여전히 이반 쪽을 향한 채 그녀는 말을 계속했다.

이반은 짐짓 쓴웃음을 지었다. 알료샤는 그녀가 이반을 부르는 '당신'이라는 말투에 자기도 모르게 부르르 몸을 떨었다. 그는 두 사람의 그런 관계를 꿈에도 몰랐던 것이다.

"이제 그만 합시다." 이반이 가로막았다. "난 갑니다…… 내일 또 오지요."

이렇게 말하자마자 그는 홱 몸을 돌려 밖으로 나가더니 성큼성큼 계단 쪽으로 걸어갔다. 카체리나는 느닷없이 어딘지 명령하는 듯한 몸짓으로 알료샤의 두 손을 잡았다.

"저이 뒤를 따라가세요! 저이를 쫓아가서 붙잡아요! 1분이라도 저이를 혼자 둬서는 안 돼요." 그녀는 급하게 소곤거렸다. "저이가 이상해요. 당신은 저 사람이 이상해진 것 모르시죠? 환각증세예요. 신경성 열병이에요! 의사가 그랬어요. 가보세요, 저이 뒤를 쫓아가세요."

알료샤는 벌떡 일어나서 이반의 뒤를 쫓아갔다. 그는 아직 50걸음도 떨어져 있지 않았다.

"너, 무슨 볼일이냐?" 알료샤가 자기를 뒤쫓아온 것을 알고 돌아보았다. "내가 돌았으니 얼른 쫓아가라고 그녀가 그랬겠지? 난 다 알고 있다." 그는 초조한 말투로 덧붙였다.

"물론 그녀의 착각이겠지만, 형님이 아프신 것만은 사실입니다. 조금 전 그녀의 집에서 형님 얼굴을 유심히 봤는데, 완연한 병자의 안색이었습니다. 형님, 정말이에요!"

이반은 걸음을 멈추지 않고 그대로 걸어갔다. 알료샤도 그 뒤를 따라갔다.

"그런데 알렉세이, 어떻게 해서 사람이 미치는지 너 알고 있니?" 이반은 갑자기 무척 부드러운 목소리로 이렇게 물었다. 그 말에는 뜻밖에도 매우 소박한 호기심이 깃들어 있었다.

"아뇨, 모릅니다. 미치는 것에도 여러 종류가 있을 테니까요."

"그럼, 자기가 미쳤다는 것을 자기가 알 수 있을까?"

"그런 때는 자기를 똑똑하게 관찰하지는 못할 줄 압니다."

알료샤는 은근히 놀라면서 대답했다.

이반은 잠깐 동안 입을 다물었다.

"나하고 얘기하고 싶거든 제발 화제를 바꿔라."

이반이 불쑥 말했다.

"아 참, 잊어버리기 전에 형님에게 편지를 전하겠습니다."

알료샤는 조심스럽게 말하며 호주머니에서 리즈의 편지를 꺼내 이반에게 건네 주었다. 두 사람은 마침 가로등을 지나가던 중이어서 이반은 필적으로 대번에 누구라는 것을 알았다.

"아, 이건 그 작은 악마가 보낸 거로구나!"

그는 독기어린 웃음을 지으며 뜯어 보지도 않고 편지를 박박 찢더니 바람에 날려 버렸다. 종이 조각이 여기저기 휘날렸다.

"아직 열여섯도 안 됐을 텐테, 벌써 색기를 부린단 말이야!"

그는 다시 한길을 걸어가면서 경멸하듯 말했다.

"색기를 부린다구요?"

알료샤가 소리쳤다.

"뻔하잖아, 음란한 여자들이 하는 짓 말이다."

"무슨 말을 하는 겁니까, 이반. 그게 무슨말입니까?" 알료샤는 슬픈 듯이 열을 올리며 변호하기 시작했다. "그 여자는 어린앱니다. 그런 어린애를 모욕하시다니요! 그 여자는 환잡니다, 많이 아파요. 어쩌면 그 여자도 머리가 돌았는지 몰라요……. 나는 이 편지를 전해야만 했습니다……. 나는 오히려 형님한테서 무슨 말을 듣고 싶었습니다……. 그 여자를 구하기 위해서…….”
 "내 쪽에서 얘기할 건 아무 것도 없다. 설령 그 여자가 어린애라 하더라도 난 그 여자의 유모가 아니니까 말이다. 알렉세이, 이제 아무말도 하지 마라. 난 그런 거 생각하고 싶지도 않다."
 두 사람은 다시 잠시 동안 입을 다물었다.
 "그 여자는 내일 법정에서 어떤 태도를 취해야 하는지 가르쳐 주십사고 오늘 밤 밤새도록 성모 마리아에게 빌 거다."
 그는 다시 갑자기 증오가 담긴 어조로 통명하게 말했다.
 "형님은…… 형님은 카체리나 얘기를 하고 계시는 겁니까?"
 "그래. 그 여잔 미차의 구세주가 될 것인지, 아니면 미차를 파멸로 이끌 것인지, 기도를 드려서 자기 마음을 비추어 달라고 애원을 하는 거다. 자기 스스로 어떻게 해야 할지 모르고 있거든. 아직 태도를 정하지 못하고 있단 말이야. 나를 유모로 착각하면서 자기를 달래주길 바라지 않나."
 "형님, 카체리나는 형님을 사랑하고 있습니다."
 알료샤는 슬픈 마음으로 말했다.
 "그럴지도 모른다. 하지만 내 마음이 움직이지 않아."
 "그 사람은 번민하고 있어요. 왜 형님은 그 사람에게…… 이따금…… 기대를 갖게 하는 그런 말을 하십니까?" 알료샤는 조심스레 비난을 담아 말을 이었다. "형님이 그 사람에게 무슨 뜻이 있는 듯한 태도를 보인 것을 전 알고 있습니다. 이런 말씀을 드리는 건 실례지만."
 "나는 이런 경우 마땅히 필요한 태도를 취할 수가 없다. 완전히 손을 끊고 솔직하게 말할 수가 없단 말이다!" 이반은 초조한 듯이 말했다. "그 살인자에게 선고가 내릴 때까지 기다려야 해. 만일 내가 지금 그 여자와 관계를 끊으면 나에 대한 복수로 내일 법정에서 반드시 저 악당을 파멸시키고 말 거다. 왜냐하면 그 여자는 미차를 미워하고 있고 또 스스로도 미워하고 있다는 걸 알기 때문이다. 지금은 모두가 거짓말투성이야. 거짓말 위에 거짓말을 쌓아올리고 있는 거야! 내가 그 여자와 관계를 끊지 않고 있는 동안에는 그 여자도 나한테 희망을 품고 저 냉혈한을 파멸시키지는 않을 거다. 내가 미차를 재난에서 구해 내려 하고 있다는 것을 그 여자도 알거든. 아무튼 그 망할 놈의 선고가 내릴 때까지 기다리는 거다!"

'살인자'니 '냉혈한'이니 하는 말이 알료샤의 마음에 아프게 울려왔다.

"그런데, 대체 어떻게 그 사람이 미챠를 파멸시킬 수 있다는 겁니까?" 그는 이반의 말을 곰곰이 생각하면서 이렇게 물었다. "도대체 그 사람이 미챠를 말 한 마디로 파멸시킬 수 있는 증언을 할 수 있다는 말입니까?"

"넌 아직 몰라. 그 여자는 움직일 수 없는 증거 서류를 하나 갖고 있단 말이다. 그건 미챠가 직접 쓴 것인데 형이 아버지를 죽였다는 것을 수학적으로 증명하고 있어."

"그럴 리가 없습니다!"

알료샤가 소리쳤다.

"어째서 그럴 리가 없니? 난 내 눈으로 분명히 읽었는걸."

"그런 증거 서류가 있을 까닭이 없습니다!" 알료샤는 기를 쓰고 되풀이했다. "그럴 리가 없습니다. 왜냐하면, 형님은 범인이 아닌걸요. 형님은 아버지를 죽이지 않았습니다, 형님이 아니에요!"

이반은 갑자기 걸음을 멈추었다.

"그럼 넌 누가 범인이라고 생각하니?"

그는 얼른 듣기에 매우 냉담한 어조로 물었다. 그 물음에는 일종의 오만한 느낌마저 깃들어 있었다.

"누구라는 건 형님 자신이 잘 아시잖습니까?"

알료샤는 가슴을 파고드는 나직한 소리로 말했다.

"누구냐? 그 미치광이 바보에 지랄병장이라고들 하는 스메르쟈코프 말이냐?"

알료샤는 갑자기 온몸이 떨려오는 느낌이었다.

"누군지는 형님도 잘 아시면서."

힘없는 말이 그의 입에서 저도 모르게 새어나왔다. 그는 숨을 헐떡이고 있었다.

"도대체 누구냐, 누구야?"

이반은 거의 광포한 목소리로 소리쳤다. 지금까지 보여줬던 침착함은 깨끗이 사라지고 없었다.

"저는 그저 이것만은 알고 있습니다." 알료샤는 여전히 속삭이듯 말했다. "아버지를 죽인 것은 이반 형님이 아니라는 것은."

"'이반 형님'이 아니라고? 내가 아니라니, 대체 그게 무슨 소리냐?"
이반은 깜짝 놀랐다.
"아버지를 죽인 것은 형님이 아녜요, 형님이 아닙니다!"
알료샤는 단호하게 되풀이했다. 30초쯤 침묵이 흘렀다.
"내가 죽이지 않았다는 것은 나도 잘 알고 있다. 무슨 잠꼬대를 하는 거냐?"
창백하게 일그러진 웃음을 엷게 웃으면서 이반이 말했다. 그는 뚫어지게 알료샤를 쏘아보았다. 두 사람은 아직도 가로등 옆에 서 있었다.
"아뇨, 형님은 몇 번이나 자신이 범인이라고 자기 자신에게 말씀하셨습니다."
"언제 내가 그런 말을 했어? 나는 모스크바에 있었잖니? 언제 내가 말했어?"
이반은 넋을 잃은 듯이 중얼거렸다.
"형님은 끔찍했던 지난 두 달 동안, 혼자 계실 때 몇번이나 자기 자신에게 그렇게 말했습니다." 알료샤는 여전히 조그마한 소리로 한마디 한마디 끊어가면서 계속했다. 그러나 이제는 자기의 의지에 의해서가 아니라 어떤 저항할 수 없는 명령에 의해 정신없이 지껄이고 있는 그런 상태였다. "형님은 자기 자신을 책망하면서 범인은 나 이외에 아무도 없다고 스스로 인정하고 있었습니다. 그러나 죽인 것은 형님이 아닙니다. 형님은 잘못 알고 있습니다. 범인은 형님이 아닙니다. 제 말을 믿어주십시오. 형님이 아닙니다. 하느님이 이것을 형님에게 말씀하시기 위해서 저를 보내신 겁니다."

두 사람은 입을 다물었다. 이 침묵은 1분동안이나 계속되었다. 두 사람은 꼼짝도 하지 않고 서서 서로의 눈을 들여다보았다. 두 사람 다 얼굴이 창백했다. 갑자기 이반이 온몸을 떨면서 알료샤의 두 어깨를 꽉 잡았다.
"너, 우리집에 왔었구나!" 그는 어금니를 깨물면서 속삭이듯 말했다. "너는 그놈이 온 날밤, 우리집에 왔었지……. 정직하게 말해……. 너, 그놈을 봤지, 봤지?"
"누구 말입니까……. 미차말이에요?"
알료샤는 의아한 듯이 물었다.
"미차가 아냐, 그런 냉혈한은 똥이나 먹으라지!" 이반은 정신없이 소리쳤. "그놈이 우리집에 드나드는 것을 알고 있었니? 어떻게 알았지? 자, 말해 봐."
"그놈이 누굽니까? 누구를 말씀하시는지 전 통 모르겠는데요."
알료샤는 겁에 질린 목소리로 우물거렸다.

"아니, 넌 알고 있어……. 그렇잖으면 어떻게 네가…… 아니, 네가 모를리가 없어."

그러나 문득 그는 자기를 억제할 수 있게 된 듯 그 자리에 우뚝 선 채 무언가 곰곰이 생각하는 기색이었다. 소리없는 웃음과 함께 그의 입술이 일그러졌다.

"형님." 알료샤는 떨리는 목소리로 다시 입을 열었다. "제가 지금 그렇게 말한 것은 형님이 제 말을 믿어 주실 것을 확신하고 있기 때문입니다. 형님이 아니라는 말을 저는 형님이 죽을 때까지 믿습니다! 형님이 죽을 때까지 말입니다. 그 말은 하느님이 제 영혼에 형님에게 그렇게 말하라고 명령하신 것입니다. 비록 지금 이 순간부터 영원히 형님의 원한을 사는 한이 있더라도……."

그러나 이반은 이제 완전히 자제심을 되찾은 듯했다.

"알렉세이 군." 차디찬 미소를 지으면서 그는 말했다. "나는 예언자와 지랄병쟁이를 가장 싫어하지. 특히 신의 사자니 어쩌니 하는 것들은 딱 질색이야. 그건 너도 잘 알겠지? 지금부터 나는 너와 인연을 끊겠어. 이게 아마 영원한 이별이 될 거야. 제발 지금 당장 이 네거리에서 헤어지자. 이쪽 골목이 너의 집으로 가는 길이야. 특히 오늘 나한테 찾아오는 것은 절대 사절이다! 명심해 다오!"

그는 몸을 홱 돌리더니 안정된 걸음걸이로 옆도 보지 않고 성큼성큼 걸어가 버렸다.

"형님." 알료샤는 그 뒷모습에 대고 소리쳤다. "오늘 만일 형님에게 무슨 일이 일어나거든 가장 먼저 저를 생각해 주십시오……."

그러나 이반은 대답하지 않았다. 알료샤는 형의 모습이 완전히 어둠 속에 잠겨 버릴 때까지 네거리의 가로등 옆에 가만히 서 있었다. 이반의 모습이 사라지자 그는 발길을 돌려 골목을 따라 천천히 집을 향해 걸음을 옮겨 놓았다. 이때는 그도 이반도 따로 따로 방을 얻어 살고 있었다. 둘 다 텅 빈 아버지의 집에 살기가 싫어서였다. 알료샤는 어느 상인 집의 가구가 딸린 방에 세들어 있었고, 이반은 알료샤와 꽤 떨어진 곳에 살았다. 돈깨나 가진 어느 관리의 미망인이 소유하고 있는 훌륭한 저택의 널찍하고 기분 좋은 별채를 빌려서 거처하고 있었던 것이다.

그런데 이 별채에 딸린 가정부는 한 사람 밖에 없었고, 그것도 무척 늙어

귀까지 먹은 노파로 늘 류머티즘을 앓고 있었기 때문에 저녁 6시에 자고 아침 6시에 일어나는 형편이었다. 이반은 지난 두달 동안 이상하리만큼 까다로워져서, 늘 혼자 있는 것을 좋아했다. 그는 자기 방을 직접 치우고 다른 방은 좀처럼 들여다보지 않았다.

자기 집 문 앞에 온 그는 초인종 끈을 쥔 채 우뚝 멈추어섰다. 그는 여전히 증오로 온 몸이 떨리고 있는 것을 느꼈다. 갑자기 끈을 놓더니 침을 탁 뱉고는 몸을 돌려 전혀 마을 반대 방향으로 재빨리 걷기 시작했다.

그의 하숙집에서 2km쯤 떨어져 있는 아주 작고 기울어진 통나무 집을 향해 가고 있었던 것이다. 이 집에는 전에 이웃에 살면서 늘 표도르네 부엌에 수프를 얻으러 오곤 하던 마리아 콘드라치예브나가 살고 있었다. 전에 스메르자코프가 노래를 불러 주기도 하고 기타를 쳐주기도 했던 여자였다. 그녀는 그 전 집을 팔아버리고 지금은 거의 농가나 다름없는 이 통나무집에 어머니와 둘이서 살고 있었다. 병으로 다 죽어가는 스메르자코프도 표도르가 죽은 뒤 곧 이 모녀의 집에 와서 몸을 의탁하고 있었다. 지금 이반은 느닷없이 치솟은 어떤 억누를 수 없는 생각에 사로잡혀 그를 찾아 나선 것이다.

6 스메르자코프와의 첫 대면

이반이 모스크바에서 돌아온 뒤 스메르자코프를 만나는 것은 이번이 세 번째였다.

그 비극이 있은 뒤 처음으로 스메르자코프를 만나 이야기를 한 것은 그가 모스크바에서 돌아온 바로 그날이었다. 그 뒤 한두 주일 지나서 두 번째로 방문했다. 이 두 번째 방문을 끝으로 그는 스메르자코프를 더 찾지 않았으므로, 벌써 한 달 이상 그를 만나지도 않았고 그의 소식도 듣지 못하고 있었다.

이반이 모스크바에서 돌아온 것은 아버지가 죽은 지 닷새 뒤였으므로 물론 아버지의 관조차 보지 못했다. 장례식을 치른 것은 그가 도착하기 바로 전날이었다. 이반의 귀향이 늦어진 데는 까닭이 있었다. 이반의 모스크바 주소를 정확하게 몰랐던 알료샤는 전보를 치려고 카체리나에게 달려갔으나 그녀 역시 몰라서 자기 언니와 숙모 앞으로 타전했다. 이반이 모스크바에 도착하면 곧 그들 집에 다녀갈 것이라는 생각에서였다. 그러나 이반은 모스크바에 도착한 지 나흘만에야 처음으로 그들을 찾아갔던 것이다. 물론 그는 전보를 보자마자 당장 고향으로 돌아왔다.

돌아오자마자 그는 알료샤부터 만났는데, 알료샤와 이야기를 나누면서 몹시 놀란 것은 그가 이 도시의 모든 사람들의 의견과는 정반대로 미차를 손톱만큼도 의심하지 않고 진범으로서 대번에 스메르자코프를 지명했기 때문이었다. 그 뒤 그는 경찰서장이나 검사를 만나 예심과 구속 때의 상황 같은 것을 자세히 듣게 되자 더욱 더 알료샤의 생각에 놀라움을 느끼게 되었다. 그래서 결국 알료샤의 의견은 극단적인 형제애와 미차에 대한 연민에서 나온 것이라고 해석했던 것이다. 알료샤가 미차를 열렬히 사랑하고 있다는 것은 이반도 알고 있었다.

참고로 형 드미트리에 대한 이반의 감정에 대해 몇마디 짚어두고자 한다.

이반은 형 미차를 무척 싫어했다. 이따금 어쩌다가 동정을 느낄 때는 있었지만 거기에는 거의 혐오에 가까운 경멸의 감정이 섞여 있었다. 외모를 비롯해서 미차의 모든 것이 그에게는 불쾌하기 짝이 없었다. 그는 미차에 대한 카체리나의 사랑도 분노의 눈으로 바라보고 있었다.

그가 피고의 몸이 된 미차를 만난 것은 역시 돌아온 그날이었으며 이 면회는 미차의 범행에 대한 그의 확신을 약화시키지 못했을 뿐 아니라 오히려 더 강화시키고 말았다.

그때 미차는 불안에 사로잡혀 병적으로 흥분해 있었다. 그는 마구 지껄여 댔지만 초조해하고 있었고 얘기로 두서가 없었으며 말투는 날카로웠다. 몹시 격앙된 어조로 스메르자코프의 죄를 주장했으나 그 말은 도무지 조리에 맞지 않았다. 그가 가장 많이 언급한 것은 죽은 아버지가 자기에게서 '가로챈' 3천 루블에 대한 것이었다.

"그건 내 돈이야. 그건 내 돈이었어" 미차는 되풀이했다. "그러니까 설혹 내가 그 돈을 훔쳤다 하더라도 그건 잘못된 일이 아니야."

그는 자기에게 불리한 모든 증거에 대해서는 제대로 반론하지도 않고 자기에게 유리한 사실을 설명하는 데도 횡설수설 어리숙하기만 했다. 대체로 그는 이반에 대해서든 그 밖의 누구에 대해서든 자신을 변호하려는 마음이 조금도 없고, 오히려 화를 내거나 오만하게 자기에 대한 비난을 무시하면서 욕설을 퍼붓거나 흥분할 따름이었다. 문이 열려 있었다는 그리고리의 증언에 대해서는 그저 경멸의 빛을 띠고 웃으면서 "아마 악마라도 와서 열었나보지" 이렇게 말할 뿐이었다. 그러나 그러한 사실에 대해 논리적인 설명은 하지 못했다.

뿐만 아니라 '모든 것은 용서된다'고 주장하는 자들에게 자기를 의심하거나 심문할 권리가 없다고 난폭하게 말하여 첫 면회 때부터 이반을 화나게 만들었다. 대체로 그는 이때 이반에게 몹시 적대적인 태도를 보였다.

이반은 미차와의 면회를 마치자 그 길로 곧 스메르자코프를 찾아갔다. 그는 모스크바에서 서둘러 돌아오는 기차안에서 출발 전날 밤 스메르자코프와 나눈 마지막 대화에 대해 내내 생각했다. 여러 가지 일들이 그의 마음을 어지럽게 휘저었다. 갖가지 일들이 의심쩍게 여겨졌다. 그러나 예심 판사에게 진술할 때는 일단 그 대화에 대해서는 얘기하지 않고 스메르자코프를 만날 때까지 미루어 두기로 했다.

스메르자코프는 당시 시립 병원에 입원해 있었다. 게르첸시투베 의사와 이반이 병원에서 만난 바르빈스키 의사는 이반의 끈질긴 질문에 대해 스메르자코프의 간질병은 의심할 여지가 없다고 확답했다.

"그 끔찍한 사건이 있었던 날 그가 간질병 발작을 가장한 것은 아닐까요?" 하는 이반의 물음에 오히려 깜짝 놀랐을 정도였다.

그들의 설명에 의하면 이번 발작은 예사로운 것이 아니었고, 며칠 동안 계속 되풀이해서 환자의 목숨도 매우 위험했지만, 여러가지로 치료를 한 덕분에 간신히 생명은 건졌다는 것이다. 다만 아직 환자의 정신 상태에 '평생이라고 할 것까지는 없으나 꽤 오랫동안' (의사 게르첸시투베는 이렇게 덧붙였다) 부분적으로 이상을 초래할 가능성이 매우 높다고 단언했다.

"그럼 그 사람은 지금 미쳐 있는 셈이군요."

이렇게 묻는 성급한 질문에 대해 두 의사는 이렇게 대답했다.

"엄밀한 의미에서는 그렇다고 할 수 없으나 조금 비정상적인 점이 있습니다."

이반은 그 비정상적인 것이 어떤 것인지 자기가 직접 조사해 봐야겠다고 생각했다.

병원에서는 금방 면회가 허락되었다. 스메르자코프는 격리실에 수용되어 침대 위에 누워 있었다. 그 옆에는 또 하나의 침대가 놓여 있고 쇠약할 대로 쇠약해진 상인 한 사람이 누워 있었는데 온몸이 수종(水腫)으로 통통 부어올라 분명히 오늘 내일 하는 목숨인 듯했으므로, 그 사람 때문에 이야기를 못하거나 할 형편은 아니었다. 스메르자코프는 이반을 보자 의아한 듯이 히죽 이를 드러내며 처음에는 어딘가 겁에 질린 듯한 기색을 보였다. 적어도 이반은 그렇게 느꼈다. 그러나 그것은 불과 한 순간의 일이었고, 그 뒤에는 오히려 이상하도록 침착해져서 이반을 놀라게 했다.

이반은 한눈에 그가 매우 위중한 상태에 있다는 것을 확인했다. 그는 몹시 쇠약하여 혀를 놀리는 것조차 힘이 드는 듯 느릿느릿 말을 했다. 그리고 매우 수척해져서 얼굴이 누렇게 떠 있었다. 한 20분 만에 끝난 면회 동안에도 그는 끊임없이 머리가 아프다느니 팔다리가 빠지는 것 같다느니 하고 괴로움을 호소했다. 거세당한 수도사처럼 앙상한 그의 얼굴은 조그맣게 찌부러져 보였다. 관자놀이의 머리카락은 헝클어졌고 앞쪽에 한줌의 머리카락이 어설프게 일어서 있었다.

그러나 쉴새없이 깜박이며 무언가 암시라도 하는 듯한 왼쪽 눈은 옛날의 스메르자코프가 틀림없었다. '영리한 사람과는 잠깐만 이야기해도 말이 통한다'는 스메르자코프의 말이 문득 떠올랐다. 그는 스메르자코프의 발치에 있는 나무의자에 앉았다. 스메르자코프는 괴로운 듯이 침대 위에서 몸을 조금 움직이더니 아무 말도 하지 않고 입을 다문 채 별로 흥미도 없다는 표정이었다.

"나하고 얘기할 수 있겠나?" 이반이 물었다. "오래 걸리진 않을 거야."

"얼마든지 얘기할 수 있습니다." 스메르자코프는 힘없는 소리로 중얼거렸다. 그러고는 겸연쩍어 하는 이반을 격려라도 하는 듯이, 피치 못해 상대를 해주는 듯한 어조로 덧붙였다. "언제 돌아오셨습니까?"

"오늘 막 돌아왔지…… 이곳의 소동에 한몫 낄까 하고."

스메르자코프는 휴 한숨을 쉬었다.

"왜 한숨을 쉬나? 너는 전부터 알고 있었잖아?"

이반이 느닷없이 몰아세웠다.

스메르자코프는 무거운 태도로 한참 입을 다물고 있었다.

"그야 알지 않고 어떡합니까! 전부터 훤히 알고 있었지요. 다만 이런 결과가 될 줄은 생각도 못했습니다."

"이렇게 될 줄 몰랐다고? 이봐, 발뺌하면 용서하지 않겠어. 그때 너는 지하실 광으로 들어가면 대번에 간질을 일으킬 것이라고 예언했었지? 틀림없이 지하실 광이라고 말하지 않았나?"

"도련님은 증인 심문 때 그 말씀을 하셨나요?"

스메르자코프는 태연자약하게 이렇게 물었다.

이반은 갑자기 울화가 치밀었다.

"아직은 말하지 않았지만, 꼭 증언할 작정이다. 이봐, 넌 지금 나한테 해명할 일이 한두 가지가 아니야. 알겠나, 난 너한테 헛소릴 지껄이게 내버려두진 않을 테다!"

"제가 도련님한테 무슨 헛소리를 한다고 이러십니까? 저는 오직 도련님만을 하느님처럼 의지하고 있는걸요."

스메르자코프는 여전히 매우 침착한 태도로 이렇게 말했으나 잠시 눈을 감았다.

"첫째로" 이반은 말을 시작했다. "간질 발작은 예언할 수 없다는 것을 난 잘 알고 있어. 다 조사해 보고 왔으니 속이려고 해봤자 소용없어. 시일을 예언할 수는 없는 거야. 그런데 너는 그때 어떻게 시일뿐만 아니라 장소까지 예언할 수 있었지? 만일 네가 일부러 연극을 한 것이 아니라면 발작을 일으켜서 그 광에 떨어질거라는 것을 어떻게 미리 알고 있었느냐 말이야?"

"지하실 광에는 그렇잖아도 하루에 몇번이나 가야 합니다." 스메르자코프는 느릿느릿 말을 끌었다. "1년 전에도 저는 다락방에서 그렇게 떨어진 적이 있습니다. 발작할 날짜와 시간을 예언할 수는 없지만 그런 예감은 언제나 할 수 있는 법이랍니다."

"그런데 넌 정확한 시간까지 예언하지 않았어!"

"도련님, 제 간질병에 대해서는 여기 의사선생님에게 물어 보시면 잘 아시게 될 겁니다. 제 병이 진짜였나 꾀병이었나 당장 아시게 되지요. 전 이제 거기에 대해서 더는 아무것도 여쭐 말씀이 없습니다."

"하지만 지하실 광은? 그 광이라는 것을 어떻게 미리 알았지?"

"도련님은 그 광에 몹시 신경이 쓰이시는 모양이군요! 저는 그때 그 광에 들어갔을 때 너무나 무섭고 걱정이 돼서 견딜 수 없는 상태였습니다. 더구나 도련님과 그렇게 헤어지고, 이제는 이 세상에서 의지할 사람은 아무도 없구나 하고 생각하니 더욱더 무서워졌지요. 저는 그때 광 안으로 들어가서는 '그게 곧 일어나지 않을까, 발작이 닥쳐와서 굴러 떨어지지 않을까?' 걱정했습니다. 그런데 바로 그 걱정 때문에 별안간 목에 심한 경련이 일어나서······ 그래서 그만 거꾸로 굴러떨어지고 만 것입니다. 이 일로, 그리고 그 전날 밤, 문 옆에서 도런님과 얘기하면서 제 자신의 걱정이며 지하실 광에 관한 일 같은 것을 말씀드렸다는 것도, 저는 게르첸시투베 선생님과 예심 판사 니콜라이 씨에게 죄다 자세히 말씀을 드려서 그분들은 그걸 모두 예심 조서에 기록하셨습니다. 이곳 바르빈스키 선생님 같은 분은 그건 그렇게 생각했기 때문에 일어난 것이다, '넘어지지나 않을까?' 하는 불안에서 일어난 것이라고 모든 분들 앞에서 특별히 강조하셨습니다. 정말 진짜 발작이 일어났던 거예요. 그래서 당국에 계시는 분들도 '정말 그렇겠군. 말하자면 불안 때문에 일어난 것이 틀림없다'고 조서에 적어넣으셨습니다."

여기까지 말하고 난 스메르자코프는 정말 피곤한 듯 깊이 숨을 들이마셨다.

"그러니까 너는 벌써 그런 것까지 진술했다는 말이지?"

이반은 조금 당황해서 이렇게 물었다. 그는 그때 두 사람이 나눈 대화를 폭로하겠다고 말하면서 스메르자코프를 족칠 작정이었다. 그런데 그가 먼저 선수를 친 것이다.

"저는 아무것도 두려울 것이 없습니다! 뭐든지 사실을 있는 그대로 기록하는 편이 좋습니다."

스메르자코프는 단호하게 말했다.

"문 옆에서 우리가 나눈 말을 한 마디도 빠짐없이 다 얘기했나?"

"아뇨, 한 마디도 빠뜨리지 않았다고는 할 수 없습니다."

"간질 흉내를 낼 수 있다고 그때 나한테 자랑한 얘기도 했나?"

"아뇨, 그 말은 하지 않았습니다."

"그럼 묻고 싶은데, 너는 그때 왜 나를 체르마시냐에 보내려고 했지?"

"도련님이 모스크바로 가시는 것이 두려워서였습니다. 체르마시냐 쪽이 가까우니까요."

"거짓말 마! 너는 나를 떠나게 하려 했었지? 재난을 피해 떠나라고 말했잖나."

"그때 그렇게 말씀드린 것은 오로지 도련님에 대한 애정과 충성심에서 한 일이었습니다. 집안에 어떤 일이 일어날 것 같은 불길한 예감과 도련님이 측은한 생각이 들어서였지요. 하기야 도련님보다 제 자신이 불쌍했기 때문인지도 모르지요. 그래서 재난은 피해야 한다고 말씀드린 것은 곧 집안에 불행한 일이 일어날 거라는 것을 깨닫고 아버님을 보호하기 위해 남아 주셨으면 하는 마음에서였습니다."

"그렇다면 좀더 분명하게 말했으면 될 게 아냐, 바보 같으니!"

이반은 화가나서 버럭 소리를 질렀다.

"어떻게 그때 더 이상 분명하게 말씀드릴 수 있었겠습니까? 제가 그렇게 말한 것은 다만 혹시나 하는 걱정에서 한 것인데 만일 제가 노골적으로 그런 말씀을 드렸다간 도련님께서 화를 내실 것이 틀림없잖습니까? 저도 물론 드미트리 님이 무슨 소동이라도 일으키지 않을까, 그 돈도 자기 것이라고 생각하고 계시니 혹시 가져 가시지나 않을까 하고 걱정했지만, 설마하니 살인 사건까지 일으킬 줄이야 누가 알았겠습니까? 저는 그저 그분이 주인 나리의 이불 밑에 넣어 두었던 그 봉투 속의 3천 루블만 빼가실 줄 알았지 끝내 사람까지 죽일 줄이야. 도련님도 거기까지는 짐작하지 못하셨겠지요?"

"너도 뜻밖이었다고 하는데 내가 어찌 미리 예상하고 집에 남을 수 있었겠나? 어째서 그렇게 앞뒤가 맞지 않는 말만 하지?"

이반은 생각에 잠기면서 이렇게 말했다.

"그렇기는 합니다만, 제가 모스크바보다 체르마시냐로 가시라고 권한 것만으로도 짐작을 하실 수 있었을 텐데요."

"대체 그것만 가지고 어떻게 짐작할 수 있단 말이야!"

스메르자코프는 몹시 피곤한 기색으로 다시 한참 입을 다물고 있었다.

"제가 도련님께 모스크바보다 체르마시냐를 권해 드린 것은 도련님이 가까이에 계실 것을 바랐기 때문입니다. 모스크바는 너무 멀거든요. 게다가 드미트리 님도 도련님이 가까이 계신다는 것을 알면 그렇게 지나친 행동은 안 하실 줄 알았어요. 이것으로도 짐작이 가실 만한 일이 아닙니까? 뿐만 아니라 저에게도 무슨 일이 일어나면 도련님이 금방 달려오셔서 저를 보호해 주실 수 있다고 생각했지요. 그리고리 바실리예비치가 아프다는 것과 제가 발작을 겁내고 있다는 것을 미리 귀띔해드렸으니 말입니다. 또 돌아가신 주인님의 방에 들어가는 신호를 드미트리 님이 저한테 들어서 알고 계시다는 것을 도련님에게 일러드린 것도, 말하자면 드미트리 님이 필경 무슨 일을 저지를지도 모른다고 짐작하시고 체르마시냐에도 가시지 않고 이곳에 그냥 주저앉게 되실지도 모른다고 생각했기 때문입니다."

'이 녀석, 말투는 답답하지만 제법 조리 있는 소릴 하는군. 게르첸시투베는

정신 상태가 정상이 아니라고 했는데 별로 그런 것 같지도 않아.'
　이반은 문득 그런 생각이 들었다.
　"넌 그럴 듯한 소릴 해서 나를 속일 생각이지, 망할 녀석 같으니라구!"
　"하지만 솔직히 말해 저는 그때 도련님이 다 짐작하실 줄 알았지요."
　스메르자코프는 순진한 표정을 지으며 받아넘겼다.
　"짐작을 했으면 떠나지 않았을 거야!"
　이반은 다시 화가 치밀어올라 소리를 질렀다.
　"그런데 저는 도련님이 모든 것을 짐작하시고, 어디든지 달아나 버리자, 무서운 꼴을 당하지 않도록 되도록 빨리 재난을 피하자, 이렇게 생각하신 줄로만 알았습니다. 어디론가 달아나서 무서운 사건에서 자신을 지키기 위해서 말입니다."
　"너는 누구나 다 너 같은 겁장이로 아는 모양이구나?"
　"용서하십시오. 실은 도련님도 저와 같은 사람이라고 생각했지요."
　"물론 예상했어야 할 일이었다." 이반은 동요하면서 이렇게 말했다. "그래, 나는 네가 무언가 비열한 짓을 하겠구나 짐작하고 있었지……. 아무튼 너는 거짓말을 하고 있어. 또 거짓말을 하고 있단 말이야." 그는 갑자기 자신으로 돌아와 소리쳤다. "그때 너는 마차 옆에 다가와서 '영리한 사람과는 잠깐만 얘기해도 말이 통한다'고 말한 것을 기억하고 있겠지? 그러고 보면 너는 내가 출발하는 것을 기뻐하고 칭찬한 것이 아니냐?"
　스메르자코프는 다시 한번 한숨을 내쉬었다. 얼굴이 조금 상기된 것 같았다. 그는 약간 숨을 헐떡이면서 말했다.
　"제가 기뻐한 것은 도련님이 모스크바가 아니고 체르마시냐로 가시는 데 동의하셨기 때문입니다. 뭐니 뭐니 해도 훨씬 가까우니까요. 하지만 제가 그런 말을 한 것은 칭찬이 아니라 비난을 하기 위해서였습니다. 그걸 도련님은 깨닫지 못하신 거지요."
　"어떤 비난인가?"
　"그런 불행을 예감하고 계시면서 자기 부모를 버리고, 저희를 지켜 주려 하지 않으셨기 때문입니다. 왜냐하면 제가 그 3천 루블의 돈을 훔치기라도 한 듯이 의심을 받을 여지가 있었거든요."
　"야, 이놈아!" 이반은 다시 욕을 퍼부었다. "아니지, 가만 있어. 예심판사나 검사에게 그 신호 얘기를 했나?"

"죄다 사실대로 얘기했습니다."

이반은 다시 속으로 놀랐다.

"내가 그때 무언가를 생각했다면" 이반은 다시 말을 계속했다. "그건 네가 무언가 비열한 짓을 기도하고 있다는 것뿐이었어. 드미트리는 죽일지는 몰라도 훔치진 않는다, 나는 그때 이렇게 믿고 있었지……. 그런데 너는 어떤 비열한 짓을 할지 모른다고 생각하고 있었단 말이다. 사실 너는 네 입으로 그때 간질 발작을 흉내낼 수 있다고 하잖았나? 뭣 때문에 나한테 그런 말을 했지?"

"뭐라고 말씀하셔도 그건 제가 정직하기 때문입니다. 저는 이 세상에 태어나서 한 번도 일부러 그런 흉내를 낸 적은 없습니다. 그저 도련님에게 자랑을 하고 싶어서 그런 말을 했을 뿐이지요. 정말 어리석은 짓이었지요. 저는 그 무렵 도련님이 너무 좋아서 진심으로 솔직하게 대하고 있었거든요."

"하지만 형님은, 공공연하게 너를 지목하면서 아버지를 죽인 것도 너고 돈을 훔친 것도 너라고 주장하고 있어."

"그야 그분으로서는 그렇게 말할 수밖에 더 있겠습니까?"

스메르자코프는 이를 드러내고 씁쓸하게 웃었다.

"하지만 그렇게 많은 증거가 나타났는데 누가 그분의 말을 곧이 듣겠습니까. 그리고리도 문이 열려 있는 것을 보았구요. 이렇게 되면 이젠 어쩔 수 없을걸요. 뭐 아무래도 상관습니다. 목숨을 건지려고 필사적으로 몸부림을 치고 계시는 것이니까……."

그는 입을 다물었다가 갑자기 뭔가 생각난 듯이 이렇게 덧붙였다.

"아, 그렇군요! 얘기가 다시 되돌아갑니다만, 그분은 제가 한 짓이라고 우기면서 저한테 죄를 덮어씌우려 하고 계십니다. 저도 그 얘기는 들었습니다. 하지만 설령 제가 간질 흉내를 아무리 잘 낸다고 하더라도 말입니다, 제가 만일 그때 정말로 도련님의 아버님을 죽일 마음을 품고 있었더라면, 간질 흉내를 잘 낸다고 도련님께 미리 말할 까닭이 있겠습니까? 만일 그런 살인을 계획하고 있었다면 그 주인나리의 아드님인 도련님에게 사전에 불리한 증거를 미리 털어놓는 그런 바보가 있겠습니까? 게다가 상대는 친아들입니다, 있을 수 없는 일이지요. 대관절 이게 있을 수 있는 얘기라고 생각하십니까? 당치도 않습니다. 그런 어리석은 일은 절대로 있을 수 없지요. 사실 지금도 저와 도련님의 이런 얘기는 하느님밖에 듣는 사람이 없습니다. 그러나 만일 도련님이 검사나 니콜라이 판사님에게 말씀하신다 해도 결국 오히려 저에 대한 변호가 되고 말 것입니다. 왜냐하면 전에는 그토록 우직했던 자가 도대체 어떻게 이런 악당이 될 수 있겠느냐 생각하지 않겠습니까? 누구나 쉽게 알 수 있는 일이지요."

"이봐." 스메르자코프의 마지막 결론에 충격을 받은 이반은 대화를 그만 두려고 벌떡 자리에서 일어났다. "난 조금도 너를 의심하고 있지 않아. 너에게 죄를 덮어씌우는 것을 우스꽝스러운 일이라고까지 생각한 사람이야……. 그뿐 아니라 네가 나를 안심시켜 줘서 오히려 고맙게 여길 정도야. 오늘은 이만 돌아가지만 다시 오마. 그럼 몸조리 잘하게. 뭐 필요한 건 없나?"

"여러 가지로 감사합니다. 마르파가 저를 잊지 않고 필요한 것이 있으면 친절하게도 뭐든지 마련해 주고 있습니다. 친절한 분들이 날마다 찾아 주시지요."

"잘 있게. 난 네가 간질 발작을 가장 할 수 있다는 말은 아무에게도 하지 않을 테니까…… 충고해 둔다만 너도 말하지 않는게 좋을거다."

이반은 무슨 생각에서인지 별안간 그렇게 말했다.

"잘 알겠습니다. 도련님이 만약 증언을 안 하신다면, 저도 그때 문 옆에서 도련님과 나눈 얘기를 한 마디도 하지 않겠습니다……."

이반은 서둘러 그 자리를 떠났으나 복도를 한 열 걸음쯤 걸어갔을 때야 비로소 스메르자코프의 마지막 한마디에 어떤 모욕적인 뜻이 들어있음을 깨달았다. 그는 되돌아갈까 생각했으나 그 생각도 순간적으로 떠올랐을 뿐 금방 사라져 버렸다. 그래서 "바보같이!" 이렇게 중얼거리고는 더욱 빠른 걸음으로 병원을 나섰다.

그는 범인이 스메르자코프가 아니고 자기 형 미차 같다는 것을 알고 사실 안도감을 느끼고 있었다. 그러나 보통 사람이라면 그 감정은 정반대였어야 한다. 그런데 왜 그렇게 안심이 되었을까? 그때 이반은 그런 감정을 분석하고 싶지 않았다. 그리고 자신의 감정을 이리저리 파헤치는 것에 혐오감마저 느꼈다. 그로서는 한시라도 빨리 무엇인가 잊고 싶은 기분이었던 것이다.

그 뒤 며칠 동안 미차를 괴롭힌 많은 증거를 하나하나 상세하고 철저하게 조사하고 나서 그는 미차의 유죄를 완전히 확신하게 되고 말았다. 매우 하찮은 사람들, 이를테면 페냐와 그 할머니 같은 사람들의 진술은 거의 소름이 끼칠정도였다. 페르호친이나 술집, 플로트니코프네 가게, 모크로예 마을의 증인들에 관해서는 새삼 말할 것도 없었다.

특히 미차를 괴롭힌 것은 사소한 사실들이었다. 비밀 '신호'에 관한 증언은 문이 열려 있었다는 그리고리의 증언과 마찬가지로 예심판사와 검사를 놀라게 했다. 그리고리의 아내 마르파는 이반의 물음에 대해, 스메르자코프는 자기들 옆의 칸막이 뒤에서 밤새도록 앓고 있었으며, 그 자리는 '우리 침대에서 세 걸음도 떨어져 있지 않았다'고 했다. 자기는 꽤 깊이 잠들어 있었지만, 자주 눈을 떠 그 사람이 거기서 신음하고 있는 소리를 들었다고 분명히 말했다.

"줄곧 신음하고 있었어요. 밤새도록 끙끙거렸답니다."

이반은 또한 게르첸시투베와 만나, 스메르자코프는 미친 사람 같지 않고 그저 몹시 쇠약해 보일 뿐이라는 의견을 말했으나 그것은 다만 이 노의사의 미묘한 미소만 자아냈을 뿐이었다.

"그럼 선생은 그 사람이 지금 무엇에 열중하고 있는지 알고 계십니까?" 의사가 이반에게 물었다. "프랑스어 단어를 암기하고 있어요. 그 사람, 베개 밑에 노트를 숨기고 있는데, 누가 써줬는지 프랑스어 낱말이 러시아 글자로 적혀 있지요. 하하하!"

그 말을 들은 이반은 마침내 모든 의심을 버리고 말았다. 그는 이제 혐오의 감정 없이 형 드미트리를 생각할 수 없었다.

다만 한 가지 이상한 것은 알료샤가 범인은 드미트리가 아니고 '십중팔구' 스메르자코프라고 집요하게 주장하고 있는 점이었다. 이반은 언제나 알료샤의 의견을 존중하고 있었으므로 아무래도 석연찮은 기분이었다. 또 한가지 이상한 것은 이반과 함께 있을 때 알료샤는 결코 자기 쪽에서 미차에 대한 이야기를 꺼내지 않았으며, 그저 이반의 질문에 대답만 한다는 것이었다. 이반은 그것도 몹시 마음에 걸렸다.

그러나 그와 동시에 그는 그것과는 아무 관련이 없는 다른 일에 정신을 빼앗기고 있었다. 모스크바에서 돌아오자마자 며칠동안 그는 카체리나에 대해서 불길처럼 활활 타오르는 열정에 몸을 맡기고 있었다. 그러나 그 뒤 이반의 생애에 그림자를 드리우게 되는 이 새로운 정열에 대해서 지금 여기서 이야기할 계제는 못된다. 이것은 다른 이야기, 다른 장편 소설의 소재가 될 수 있는 이야기이지만, 앞으로 언젠가 그 소설을 쓰게 될지 어떨지는 필자도 모를 일이다.

그렇더라도 이 경우 이반에 대해 한마디 하지 않고 넘어갈 수 없는 일이 있다. 이반은 앞에서도 썼지만 그날 밤 알료샤와 함께 카체리나의 집에서 나왔을 때 '나는 그 여자를 사랑하지 않는다'고 말했지만, 그것은 새빨간 거짓말이었다. 하기야 그는 이따금 그녀를 죽이고 싶을 만큼 미워할 때도 있었으나 사실은 미칠 듯이 그녀를 사랑하고 있었다.

거기에는 여러 가지 원인이 겹쳐있었다. 미차의 사건에 심신의 충격을 받은 그녀는 다시 자기 곁으로 돌아온 이반을 마치 구세주처럼 여기고 정신없이 매달렸다. 그녀가 분노와 모멸과 굴욕을 느끼고 있던 바로 그때 마침 전부터 자기를 열렬히 사랑해주고(그렇다, 그녀는 그것을 너무 잘 알고 있었다) 머리도 마음도 자기보다 훨씬 뛰어나다고 늘 생각해 왔던 남자가 다시 나타난 것이다.

그러나 이 올곧은 처녀는 새 구애자의 억누르기 힘든 카라마조프식 격렬한 욕망을 보고 그 매력에 진심으로 끌리면서도 결코 상대가 원하는 대로 몸을 맡기지는 않았다. 동시에 그녀는 미차를 배반한 것을 늘 후회하고, 이반과 심하게 싸우거나 할 때면(그들은 정말 자주 싸웠다) 노골적으로 그에게 그런 말을 하곤 했다. 이반이 알료샤와 이야기하면서 '거짓말 위에 거짓말'이라고 말한 것은 이것을 뜻하는 것이었다.

물론 두 사람 사이에는 많은 허위가 있었다. 이반이 분개한것은 무엇보다도 바로 그 점이었다. 그러나 여기에 대해서는 나중에 말하기로 하자. 요컨대 그는 한때 거의 스메르자코프를 잊고 있었다.

그러다가 스메르자코프를 처음 찾아간 지 2주일쯤 지나자 다시 그 기괴한 상념이 이반을 괴롭히기 시작했다. 그는 끊임없이 자신에게 물었다. 어째서 나는 그때, 그 마지막 밤, 즉 출발하기 전날 밤에 아버지의 집에서 도둑처럼 발소리를 죽이고 계단으로 나가 아버지가 무엇을 하고 있나 알려고 귀를 기울였을까? 어째서 나중에 이 일을 생각하고 혐오감을 느꼈을까? 어째서 그 다음 날 길을 떠나는 도중 갑자기 그토록 기분이 우울해졌으며 모스크바에 도착했을 때는 왜 '나는 비열한 인간이다!' 하고 혼자 속으로 중얼거렸을까? 지금 그는 이러한 갖가지 괴로운 상념에 젖어 카체리나마저 곧 잊어버리고 말겠다는 기분이 들었다. 그토록 갑자기 이러한 상념들이 그를 지배하기 시작한 것이다!

바로 이런 것을 생각하면서 길을 걸어가다가 우연히 알료샤와 마주쳤다. 그는 곧 아우를 불러세우고 갑자기 질문을 퍼부었다.

"너 기억하고 있니? 우리가 식사를 끝내고 앉아 있는데, 드미트리가 집안에 뛰어들어와서 아버지를 때렸던 일을? 그리고 내가 밖에서 '기대(期待)의 권리'는 유보한다고 너한테 말했었지 아마. 그래서 너한테 한 가지 묻고 싶은데, 그때 넌 내가 아버지의 죽음을 바란다고 느꼈니?"

"네, 그렇게 느꼈습니다."

알료샤는 나지막하게 대답했다.

"하긴 사실 그랬으니까. 그때 굳이 짐작이고 뭐고 할 필요가 없었지. 그러나 너는 그때 '독사끼리 서로 잡아먹기'를, 다시 말해 드미트리가 아버지를 살해하기를, 그것도 가능한 한 빨리 하기를 바라고 있다고 생각하진 않았니?…… 게다가 나 자신도 기꺼이 도와 줄 마음이 있다고는 생각하지 않았니?"

알료샤는 조금 얼굴이 파래지면서 말없이 형의 눈을 들여다보았다.

"자, 말해 다오." 이반은 소리쳤다. "난 네가 그때 어떻게 생각했는지 알고 싶어 못 견디겠다. 나에게는 진실이 필요해, 진실이!"

그는 아까부터 일종의 증오를 품고 알료샤를 쏘아보면서 괴로운 듯이 숨을 내쉬었다.

"용서해 주십시오. 저는 그때 그렇게 생각했습니다."

알료샤는 속삭이듯이 그렇게 말하고는 '변명'은 한마디도 하지 않고 입을 다물어 버렸다.

"고맙다!"

이반은 툭 던지듯이 말하고는 알료샤를 남겨 둔 채 혼자 성큼성큼 집을 향해 걷기 시작했다.

그때부터 알료샤는 형 이반이 왠지 갑자기 자기를 멀리 하려고 애쓸 뿐 아니라 자기를 싫어하게 되었다는 것을 깨닫고 자기 쪽에서도 이제 이반을 찾아가는 것을 그만두어 버렸다.

그런데 이반은 그때 알료샤를 만난 뒤 자기 집으로 돌아가지 않고 별안간 다시 스메르자코프를 찾아갔던 것이다.

7 두 번째 방문

그 무렵 스메르자코프는 병원에서 퇴원해 있었다. 이반은 그의 새 거처를 알고 있었다. 그것은 다 쓰러져가는 조그만 통나무 집이었는데 현관을 사이에 두고 방이 두 개 있었다. 한쪽에는 마리야 콘드라치예브나가 어머니와 함께 살고 있었고 한쪽은 스메르자코프가 차지하고 있었다. 그가 어떤 이유로 그녀들과 같이 살고 있는지, 그냥 신세를 지고 있는지 혹은 돈을 내고 있는지 그것은 아무도 몰랐다. 나중에야 세상 사람들은 아마 마리야의 약혼자라는 형식으로 당분간 그냥 신세를 지고 있는 거라고 생각하게 되었다. 어머니도 딸도 그를 꽤 존경하며 자기들보다 훨씬 훌륭한 사람으로 보고 있었다.

이반은 탕탕 문을 두들겨 현관으로 들어가서는 곧 마리아의 안내로 스메르자코프가 차지하고 있는 '깨끗한 쪽' 방으로 들어갔다. 방안에는 장식용 타일을 붙인 난로가 있어서 후끈하게 더웠다. 네 벽에 바른 화려한 하늘색 벽지가 지금은 모두 갈기갈기 찢어져 그 안에서 무수한 바퀴벌레들이 떼를 지어 돌아다니며 끊임없이 부스럭거리고 있었다. 가구도 매우 초라해서 양쪽 벽 앞에 벤치가 하나씩, 테이블 옆에 의자가 두 개 놓여있을 뿐이었다. 테이블은 흔해 빠진 목재였으나 그래도 장미꽃 무늬가 있는 테이블보가 씌워져 있었다. 두 개의 조그만 창문 앞에는 각각 제라늄 화분이 한 개씩 얹혀 있고 방 한구석에는 여러 개의 성상(聖像)을 장식한 양문 장식장이 있었다.

테이블 위에는 우글쭈글한 그리 크지 않은 구리 사모바르(러시아의 찻주전자)와 찻잔 두 개가 놓인 쟁반이 있었다. 스메르자코프는 이미 차를 마신 뒤였으므로 사모바르의 불은 꺼져 있었다. 마침 그는 테이블을 마주하고 벤치에 앉아 수첩을 들여다 보면서 무언가 적어넣고 있었다. 옆에 잉크병과 나지막한 쇠촛대가 놓여 있었다. 촛대에는 스테아린 양초가 타고 있었다.

이반은 스메르자코프의 얼굴을 보는 순간 이제 병은 완전히 나았구나 하고 생각했다. 그의 얼굴은 전보다 훨씬 생기가 돌았고, 살도 찌고 앞머리는 깨끗이 빗어 올린데다 포마드까지 바르고 있었다. 그는 화려한 무명 잠옷을 입고 앉아 있었으나 오래 입은 것인 듯 상당히 낡아 보였다. 이반은 지금까지 한번도 본 적이 없는 코안경을 끼고 있었다. 이 하찮은 사실이 갑자기 이반의 울화를 더욱 돋우었.

'뭐야, 건방지게, 코안경을 다 끼고!'

스메르자코프는 천천히 고개를 들고 손님이 들어오는 것을 안경 너머로 가만히 바라보았다. 이윽고 그는 조용히 안경을 벗고 짐짓 벤치에서 가볍게 일어나는 시늉을 했다. 어쩐지 공손한 데가 전혀 없고 오히려 무척 성가시다는 듯이 그저 인사치레로 최소한 예의만 지킨다는 듯한 태도였다. 이반은 즉각 그 점을 느끼고 그것으로 모든 것을 간파하고 마음속에 새겨 넣었다. 그러나 무엇보다도 화가 난 것은 스메르자코프의 눈빛이었다. 그것은 노골적으로 증오를 드러낸, 불손하고 오만하다고도 할 수 있는 눈빛이었다. '뭣하러 또 찾아왔소? 얘기는 다 끝났을 텐데, 무슨 볼일로 다시 나타났느냐 말이오?' 이렇게 말하는 것 같았다. 이반은 간신히 자신을 억제했다.

"방이 무척 덥군."

그는 선 채로 이렇게 말하고 외투의 단추를 끌렀다.

"벗으십시오."

스메르자코프가 말했다.

이반은 외투를 벗어 소파에 던지고 떨리는 손으로 의자를 잡아 얼른 테이블 옆에 끌어다가 걸터앉았다. 스메르자코프는 이반보다 먼저 그 소파에 앉았다.

"우선, 우리 둘 밖에 아무도 없지?" 이반은 엄격한 어조로 다급하게 물었다. "아무도 듣는 사람이 없겠지?"

"아무도 듣고 있지 않습니다. 이미 보셨겠지만 사이에 현관이 있으니까요."

"그럼 내 말을 잘 들어. 그때 내가 병실에서 나올 때, 너는 대체 나한테 뭐라고 했지? 네가 간질 발작을 흉내낼 수 있다는 데 대해 내가 잠자코 있으면 너도 나와 문 옆에서 여러가지 얘기한 것을 예심 판사에게 말하지 않겠다고 했지? '여러 가지 이야기'가 무슨 뜻이냐? 무슨 뜻으로 그런 소릴 했지? 나를 협박할 셈이었나? 내가 너하고 뒤로 손을 잡고 있기라도 한단 말이냐? 아니면 내가 너를 두려워하고 있단 말이냐?"

이반은 어떠한 암시나 거래 같은 것 없이 정면 승부를 건다는 것을 상대에 알리려는 듯이 험악한 기세로 이렇게 말했다. 스메르자코프의 눈이 적의를 띠며 한번 번쩍 빛나더니 왼쪽 눈이 깜박거리기 시작했다. 그는 평소 습관대로 조심스럽고 절도있는 태도로 이내 대답했다.

"터 놓고 얘기하기를 원하신다면, 어디 한번 서로 뱃속을 열어 봅시다."

"그때 제가 말씀드리려 했던 건, 도련님은 아버지가 살해될 거라는 것을 미리 알고 있었으면서도 그 사실을, 외면하셨다는 겁니다. 그 뒤 세상 사람들이 도련님의 마음과 다른 여러 가지에 대해 좋지 않은 말을 할지도 모른다고 생각했기 때문입니다. 그때 제가 관리들에게 말하지 않겠다고 약속했던 것은 바로 그 점입니다."

얼핏 보기에 스메르자코프는 당황하지 않고 겉으로 보기에 자신을 억제하면서 말하고 있는것 같았으나 그 목소리에는 어딘가 결연하고 완고하며 악의가 배어있는, 뻔뻔스럽고 도전적인 울림이 들어 있었다. 그는 대담하게 이반의 얼굴을 빤히 쳐다보았다. 그래서 이반은 처음에는 눈이 부시는 듯한 기분이었다.

"뭐? 뭐가 어째? 너 지금 제정신으로 말하고 있는거냐?"

"물론입니다."

"그럼 내가 그때 살인이 날 것을 알고 있었단 말이냐?" 마침내 이반은 이렇게 소리치며 주먹으로 힘껏 테이블을 내리쳤다. "그리고 또 '다른 여러 가지'라는 건 뭐냐? 어 말해 봐, 이 비겁한 놈!"

스메르자코프는 입을 다문 채 여전히 그 뻔뻔스러운 눈초리로 이반을 응시하고 있었다.

"어서 말해, 이 더러운 사기꾼 같으니라구. '다른 여러 가지'가 뭐냐?"

"제가 아까 '다른 여러 가지'라고 한 것은 도련님도 그때 아버지의 죽음을 바라고 있었다는 것입니다."

이반은 벌떡 일어나서 스메르자코프의 어깨를 주먹으로 힘껏 내리쳤다. 그 바람에 스메르자코프는 비틀비틀 벽까지 뒷걸음을 쳤다. 그의 얼굴엔 금세 눈물이 넘쳐 흘렀다.

"도련님, 약한 자를 치다니 부끄럽지도 않습니까!"

그러고는 지금까지 줄곧 코를 풀어댄 파란 격자 무늬의 손수건으로 눈을 가리고 낮은 소리로 훌쩍거렸다. 1분쯤 지났다.

"이제 그만 해! 그쳐!" 이반은 다시 의자에 앉으면서 마침내 명령조로 말했다. "참는 데도 한계가 있어!"

스메르자코프는 눈에서 손수건을 뗐다. 그 주름 투성이가 된 얼굴의 모든 윤곽이 방금 받은 굴욕을 역력하게 나타내고 있었다.

"나쁜 놈 같으니, 그럼 그때 넌 내가 드미트리와 함께 아버지를 죽이려 하고 있다고 생각했단 말이지?"

스메르자코프는 원망스러운 듯이 말했다.

"전 그때 도련님의 마음을 알지 못했습니다. 그래서 그때 문간에서 도련님을 못 들어가시게 한 것입니다. 이 점에 대해 도련님을 시험해 보려고 말이지요."

"시험하다니, 뭘?"

"아버님이 조금이라도 빨리 살해되는 것을 바라고 계시나 어쩌나 하는 것 말입니다."

이반이 무엇보다 분개한 것은 스메르자코프가 완강하게 끝까지 버리지 않는 그 끈질기고 뻔뻔스러운 어조였다.

"네가 아버지를 죽였느냐?"

이반이 느닷없이 소리쳤다.

스메르자코프는 자못 경멸하듯이 빙그레 웃었다.

"제가 죽이지 않았다는 것은 도련님도 잘 아시잖습니까. 저는 영리한 사람이라면 이런 얘기는 두 번 다시 할 필요가 없다고 생각하는데요."

"그렇다면 어째서, 어째서 그때 나에 대해 그런 의심을 품었나?"

"이미 다 아시다시피, 그저 너무나 무서워서 의심을 했던 것입니다. 왜냐하면 그 무렵 저는 겁에 질려 있어서 누구든지 의심하게 되었으니까요. 그래서 도련님도 시험해 볼 작정을 한 것입니다. 그건, 만약에 도련님이 형님과 같은 것을 바라고 계신다면 그때는 모든 게 끝장나고, 저도 파리처럼 살해되고 말 거라 생각했기 때문입니다."

"이봐, 잠깐, 넌 2주일 전에는 그런 소릴 안 했어."

"병원에서 도련님과 얘기할 때도 역시 이런 말을 할 작정이었지요. 다만 구차하게 말하지 않더라도 짐작을 하실 거라고 생각했을 따름입니다. 도련님은 매우 현명한 분이니까, 노골적인 얘기는 좋아하지 않으실 줄 알았지요."

"무슨 말 같잖은 소리야! 하지만 대답해! 대답하란 말이야. 나는 끝까지 물러서지 않을 테니까. 어째서 넌 그때 그 비열한 마음속에 나에 대한 그 천한 의심을 품었느냐 말이다!"

"죽인다는 것은 도련님으로서는 도저히 할 수 없는 일이고, 또 그런 생각조차 못하셨을 겁니다. 하지만 누가 다른 사람이 죽여 줬으면 하는 생각쯤은 갖고 계셨는지도 모르지요."

"어쩌면 그렇게 태연스럽게 그런 소릴 할 수 있지? 내가 왜 그런 걸 바라지? 내가 그런 걸 바랄 까닭이 어디 있느냐 말이야."

"왜냐구요? 유산 문제가 있잖습니까?" 스메르자코프는 어딘지 모르게 복수의 빛을 띠며 독기 서린 어조로 말했다. "아버님이 돌아가시면 도련님 형제분들은 한 사람 앞에 4만 루블쯤 나누어 가질 수 있게 되어 있었습니다. 경우에 따라선 그 이상이 될지도 모르지요. 그러나 만일 표도르 님이 그 아가씨, 즉 아그라페나 님과 결혼해 보십시오. 그 아가씨는 결혼식이 끝나기가 무섭게 그 재산을 고스란히 자기 명의로 바꾸어 놓고 말 것입니다. 상당히 약은 사람이니까요. 그렇게 되면 도련님 3형제는 아버님이 돌아가셔도 1루블도 손에 들어오지 않을 것입니다. 그런데 그 결혼은 어려운 일이었을까요? 그야말로 다 된 밥이나 마찬가지였지요. 그 사람이 새끼손가락만 하나 움직이면 아버님은 어김없이 그 뒤를 따라 곧장 교회로 달려가셨을 테니까요."

이반은 간신히 자신을 억제하며 입을 열었다.

"좋아. 봐라, 이처럼 나는 튀어 일어나지도 않고 널 때리지도 않고 죽이지도 않는다. 그러니 어서 그 다음을 말해 봐. 네 말대로 한다면, 드미트리 형이 아버지를 죽일 것을 예상하고 오로지 그걸 기대하고 있었다, 이 말이지?"

"거기에 기대를 걸지 않고 어떡하시겠습니까? 그분이 살인을 하면, 그 순간 귀족의 권리도 신분은 물론, 재산도 깡그리 박탈당하고 유형수가 되고 말 것입니다. 그렇게 되면 아버님이 살해된 뒤 그분 몫은 도련님과 알렉세이 님 두 분이 절반씩 나눠가질 수 있잖습니까? 다시 말해 두 분은 각각 4만 루블이 아니라 6만 루블씩 차지하게 되는 셈이지요. 그러니까 도련님은 그때 누가 뭐라 해도 드미트리 님에게 기대를 걸고 계셨던 건 틀림없는 사실이지요!"

"이봐, 난 지금 굴욕을 견디며 듣고 있다! 잘 들어라, 악당놈아! 내가 만일 그때 누군가에게 기대를 걸었다면 그건 오히려 너지 드미트리가 아니야. 난 맹세코 말하지만 네가 무슨 더러운 짓을 하지 않을까 하는 예감을 느끼고 있었단 말이다……. 그때의…… 내 기분을 난 지금도 기억하고 있어!"

"저도 그때 조금은 그런 생각을 했어요. 도련님은 역시 나한테도 기대를 걸고 계시겠지 하는 생각 말입니다." 스메르자코프는 비웃듯이 히죽거렸다. "그래서, 그 때문에 도련님은 그때 제 앞에서 더욱 확실하게 자기의 정체를 드러내고 마신 거죠. 그 까닭은, 만일 제가 무슨 일을 저지를지 모른다고 생각하면서도 출발을 하신 것은, 말하자면 '넌 아버지를 죽여도 상관 없다, 나는 방해하지 않는다'라고 말씀하신 거나 다름이 없잖습니까."

"이 악당 놈! 넌 그렇게 해석했단 말이지?"

"그것은 또 체르마시냐로 가신 것 때문이기도 합니다. 생각해 보십시오! 도련님은 모스크바로 가실 생각으로 아버님이 아무리 체르마시냐로 가라고 하셔도 듣지 않으셨지요! 그런데 저같은 하찮은 인간의 한 마디에 당장 동의하시잖았습니까! 도련님이 그때 체르마시냐로 가시겠다고 동의하실 필요가 어디 있었을까요! 도련님이 제 말 한마디로 모스크바로 가는 것을 그만두시고 체르마시냐로 가신 것을 보면 뭔가 저한테 기대를 걸고 계신 게 아닙니까?"

"천만에, 맹세코 말하지만, 절대로 그렇지 않아!"

이반은 이를 갈며 소리쳤다.

"어째서 그렇지않습니까? 사실을 말하면 정반대였지요. 도련님은 아들의 몸으로서 그때 그런 소리를 한 나를 먼저 경찰에 끌고 가든지, 아니면 그 자리에서 따귀를 후려갈기든지 했어야 할 게 아닙니까? 그런데 어이없게도 도련님은 화를 내기는커녕 대번에 하잘 것 없는 내 말을 기꺼이 받아들여 곧 출발하시지 않았던가요? 그건 정말 어처구니없는 얘기예요. 도련님은 아버님의 목숨을 지키기 위해 남아 계시는 게 옳았으니까요……. 저는 도저히 그렇게 밖에는 해석할 수가 없었지요!"

이반은 얼굴을 잔뜩 찡그린 채 부들부들 떨리는 두 주먹으로 무릎을 꽉 짚고 가만히 앉아 있었다.

"그래, 그때 네 따귀를 갈겨 주지 못한 것이 한이다." 그는 씁쓸하게 웃었다. "너를 그때 경찰에 끌고 가는 것은 그때는 왠지 할 수 없었다. 누가 내 말을 믿어 주겠니. 그리고 나 자신도 아무런 증거를 제시할 수 없었으니까. 그러나 따귀를 갈겨 주는 것쯤은…… 아아, 분하게도 미처 생각지 못했구나. 설령 따귀 때리는 것이 금지되어 있다해도, 네 낯짝을 묵사발을 만들어 주는 건데."

스메르자코프는 거의 쾌감을 느끼면서 이반을 바라보고 있었다.

"살다 보면 일반적인 경우에," 그는 말을 하기 시작했다. 그것은 언젠가 표도르의 식탁 맞은 쪽에 서서 그리고리와 신앙에 관한 논쟁을 벌이면서 늙은이를 놀려 주던 때와 똑같이 자기 만족적이고 교훈적인 말투였다. "따귀를 때리는 것은 사실상 요즈음 법률에서 엄하게 금지되어 있습니다. 모두가 때리는 것을 그만두었지요. 하지만 특별한 경우에는 단지 러시아뿐만 아니라 세계 어디를 가든지, 가장 문명이 발달한 프랑스 공화국에서조차 역시 아담과 이브 때처럼 지금도 사람을 때리는 습관이 계속되고 있습니다. 그리고 그 습관이 사라진다는 보장은 어디에도 없습니다. 그런데 도련님은 그 특별한 경우에도 과감하게 그렇게 하시지 못했던 것입니다."

"그건 그렇고 넌 어쩌자고 프랑스어를 공부하고 있나?"

이반은 테이블 위에 놓여 있는 노트를 턱으로 가리켰다.

"나라고 프랑스말을 배워 교양을 높이면 안 된다는 법은 없지 않습니까? 저에게도 언젠가 유럽의 그런 행복한 나라에 갈 기회가 있을지도 모르지요."

"잘 들어, 이, 악당놈아." 이반은 눈을 번득이면서 온몸을 떨었다. "난 말이다, 네놈의 협박을 무서워하지 않는다. 그러니까 뭐든지 네 하고 싶은 대로 진술하려무나. 내가 지금 네놈을 때려죽이지 않는 것은 오직 이번 범죄에 대해 너를 의심하고 있기 때문이야. 네놈을 법정에 끌어내어 지금 이상으로 네놈의 그 가면을 벗겨 주고 말 테다!"

"하지만 제 생각으로는 그냥 계시는 게 좋을 것 같군요. 아무런 죄도 없는 나를 어떻게 범인으로 몰 수 있겠습니까. 그리고 누가 도련님의 말을 곧이들을까요? 그래도 굳이 말씀하신다면 나도 죄다 말해버릴 겁니다. 나도 나 자신을 지킬 필요가 있으니까요!"

"내가 지금 너를 무서워하는 줄 알아?"

"내가 지금 도련님에게 얘기한 것은 설사 법정에서는 믿어 주지 않더라도 항간에서는 곧이 들을겁니다. 그러면 도련님도 체면이 엉망이 돼버리지요."

"그것도 역시 '영리한 사람과는 잠깐만 이야기해도 말이 통한다'는 뜻인가, 응?"

"바로 그렇습니다. 그러니까 영리한 사람이 되십시오."

이반은 일어섰다. 분노로 온몸이 부들부들 떨고 있었다. 외투를 입고는 스메르자코프에게는 한 마디 대답도 하지 않고 얼굴을 쳐다보지도 않고 총총히 오두막집을 나섰다.

선선한 밤공기가 그의 기분을 후련하게 해주었다. 하늘에는 달빛이 교교히 비치고 있었다. 무거운 악몽 같은 여러 가지 상념과 감정이 그의 마음속에 부글부글 끓어올랐다.

'지금 당장 스메르자코프를 고소해 버릴까? 그런데, 뭘 고소하지? 그놈에게는 역시 죄가 없지 않나. 오히려 그놈이 나를 고소할걸. 사실, 그때 나는 왜 체

르마시냐로 갔을까? 뭣 때문에? 뭣 때문에? 뭣 때문에?'
계속하여 이반은 자신에게 묻고 있었다.
'그래, 나는 물론 무엇인가 예감하고 있었어. 그놈의 말이 맞아.'
문득 다시 그의 머리에 떠오른 것은 마지막 날 밤, 아버지의 집 계단에서 아래층의 기색을 살폈던 일이었다. 그 일을 생각하자 그는 뭐라 형용할 수 없는 고통이 느껴져 마치 무엇에 찔리기라도 한 것처럼 우뚝 걸음을 멈추고 말았다.
'그렇다, 나는 그때 그것을 예감하고 있었다. 그건 진실이야! 나는 바라고 있었다. 정말 나는 아버지가 살해되기를 바라고 있었던 것이다! 뭐? 내가 살인을 바랐다고, 정말 그랬을까? 스메르자코프를 죽여라! 지금 만일 스메르자코프를 죽일 용기가 없다면, 나는 살아 있을 가치조차 없다!'
이반은 집으로 돌아가지 않고 그 길로 곧 카체리나를 찾아갔다. 그의 뜻밖의 방문은 그녀를 놀라게 했다. 너무나 심상치 않은 모습이었기 때문이다. 그는 스메르자코프와의 대화를 세세한 점까지 남김없이 그녀에게 털어놓았다. 그러고는 아무리 카체리나가 타이르더라도 마음을 가라앉히지 못하고 줄곧 방안을 이리저리 돌아다니면서 이따금 화난 목소리로 괴상한 소리를 지껄여댔다. 그러다가 결국 그는 의자에 털썩 주저앉아 테이블에 팔꿈치를 세우고 두 손으로 머리를 감싼 채 주문처럼 기묘한 말을 했다.
"만일 범인이 드미트리가 아니고 스메르자코프라면 나도 그자와 공범입니다. 내가 그자를 사주했으니까요. 아니, 나는 정말로 그자를 사주했을까? 그건 어떤지 잘 모르지만, 아무튼 만일 범인이 그자고 드미트리가 아니라면, 물론 나도 살인자가 됩니다."
카체리나는 이 말을 듣더니 잠자코 일어섰다. 그리고 자기 책상으로 가서 그 위에 있던 상자를 열어 안에서 종이 한 장을 꺼내 이반 앞에 놓았다. 그것은 나중에 이반이 알료샤에게 형 드미트리가 아버지를 죽였다는 '수학적 증명'이라고 말한 바로 그 문서였다.
그것은 미차가 술에 취해 카체리나에게 써보낸 편지였다. 그것을 쓴 것은 그가 수도원으로 돌아가는 알료샤와 들판에서 만난 그날 밤, 그러니까 카체리나의 집에서 그루센카가 그녀를 모욕한 뒤의 일이었다.
그때 미차는 알료샤와 헤어지고 그루센카의 집으로 달려갔다. 그루센카와 만났는지 어땠는지는 모르지만, 아무튼 그는 그날 밤 술집 '수도'에 가서 여느때처럼 실컷 퍼마셨다. 이윽고 취한 김에 펜과 종이를 가져오게 하여 자기에게 중대한 증거 서류를 썼던 것이다. 그것은 극도의 흥분상태에서 쓴 요설(饒舌)로, 앞뒤가 맞지 않고 난잡하기 짝이 없어서, 아무리 보아도 '주정뱅이'의 편지였다. 그것은 마치, 술에 취한 사람이 집에 돌아와서, 나는 방금 모욕을 당했다, 나를 모욕한 자는 아무짝에도 쓸모 없는 악당이지만 나는 반대로 훌륭한 인간이다, 나는 언젠가 그 악당에게 복수를 해주고 말 테다, 하면서 눈물을 흘리고 주먹으로 테이블을 치며 마누라와 가족들에게 장황하고 너절한 넋두리를 기를 쓰고 늘어놓는 그런 종류의 것이었다.

그가 술집에서 얻은 종이는 흔해빠진 싸구려 편지지 조각이었으며, 그 뒷면에는 무슨 계산을 했던 흔적이 남아 있었다. 주정뱅이가 넋두리를 늘어놓으려니 당연히 지면이 모자랐다. 그래서 미차는 여백을 가득 채웠을 뿐 아니라 마지막 몇 줄은 이미 쓴 글 위에다 세로로 적어 놓았다. 그 내용은 다음과 같은 것이었다.

내 운명의 여인 카챠! 내일 나는 돈을 손에 넣어 당신의 돈 3천 루블을 갚겠소. 위대한 분노를 품은 여인이여, 잘 있으시오. 내 사랑이여, 안녕! 이젠 끝장을 냅시다! 내일 나는 모든 사람들에게 부탁해서 돈을 마련할 거요. 하지만 당신한테 맹세하거니와 만일 돈이 마련되지 않을 때는 이반이 떠나자마자 아버지한테 가서 그 머리를 박살내고 베개 밑에 있는 돈을 빼앗을 작정이오. 나는 징역살이를 하더라도 당신의 3천 루블은 꼭 갚아 주겠소. 그러니 당신은 나를 용서해 주오. 이마를 땅에 대고 사죄하리다. 왜냐하면 나는 당신에게 비열한 인간이었기 때문이오. 용서해 주오. 아니, 용서하지 말아 주오. 그편이 당신도 나도 마음이 편할 테니까! 나는 당신의 사랑보다 징역 쪽이 낫소. 나는 다른 여자를 사랑하고 있으니까. 당신은 그 여자를 오늘 똑똑히 알았겠지. 그러니 당신이 어찌 용서할 수 있겠소? 나는 내 돈을 훔쳐 간 도둑놈을 죽이겠소! 그리고 당신들 모두와 작별하고 시베리아로 가겠소. 아무도 모르게 물론 그 여자도 잊어버릴 테요. 나를 괴롭히고 있는 것은 당신뿐이 아니라 그 여자도 역시 마찬가지니까. 그럼 안녕!

PS : 나는 저주의 말을 썼으나 그래도 당신을 존경하고 있소! 나는 내 가슴의 소리를 듣고 있소. 양심의 줄이 한 가닥 남아서 소리를 울리고 있소. 차라리 내 심장을 두 조각으로 잘라 버렸으면 좋으련만! 나는 나를 죽이겠소. 그러나 먼저 그 '개'부터 죽여 줘야지. 그 '개'한테서 3천 루블을 빼앗아 당신에게 던져 줄 거요. 나는 당신에게 악당일지 몰라도 도둑놈은 아니오! 3천 루블을 기다리시오. 그 '개'는 자기 침대 밑에 장밋빛 리본으로 그 돈을 묶어 두었소. 나는 도둑이 아니오. 다만 내 돈을 훔쳐간 도둑놈을 죽이는 거요. 카챠, 나를 경멸하는 눈으로 보지 마시오. 드미트리는 도둑이 아니라 살인자요! 나는 꿋꿋하게 서서 당신의 오만을 견디지 않아도 되도록 아버지를 죽이고 나를 파멸시키리다. 당신을 사랑하지 않아도 되도록.

PPS : 당신의 발에 키스를 보내며, 안녕!
PPPS : 카챠, 누군가 나한테 돈을 빌려 주도록 하느님께 빌어주시오. 그러면 내 손에 피를 묻히지 않아도 될 테니까. 그러나 아무도 빌려 주지 않으면 피바다가 될거요! 제발 나를 죽여 주시오!

당신의 노예이자 적인
D. 카라마조프

이반은 이 '증거 서류'를 읽고 나자 확신을 갖고 일어섰다. 그렇다면 범인은 형이고 스메르자코프가 아니다. 스메르자코프가 아니라면, 즉 이반 자기도 아닌 셈이다. 이 편지는 갑자기 그의 눈에 수학적인 의미를 띠기 시작했다. 이제 그 편지로 봐서 미챠의 유죄를 의심할 이유가 전혀 없어졌다. 아울러 미리 말해 둘 것은, 미챠가 스메르자코프와 공모해서 죽였는지도 모른다는 의구심은 이반의 마음에 조금도 일어나지 않았다는 점이다. 또 그러한 일은 사실과도 들어맞지 않았다. 이반은 거기서 완전히 안도하고 말았다. 이튿날 아침 스메르자코프와 그의 조롱을 떠올렸을 때도 다만 경멸을 느꼈을 뿐이었다. 며칠이 지나니 스메르자코프의 말에 그토록 화를 낸 것이 스스로도 어처구니가 없을 정도였다. 그는 스메르자코프를 멸시해 버리고 그 일을 잊기로 했다. 그리하여 한 달이 지났다. 그는 이제 누구에게도 스메르자코프에 대해서 물어 보지 않았다. 그러나 그가 중병을 앓고 있으며 제정신이 아니라는 소식을 두 번쯤 지나가는 이야기로 들은 적은 있었다.

"결국 언젠가 발광하게 될 겁니다."

한번은 젊은 의사 바르빈스키가 이렇게 말했다. 이반은 그 말을 기억에 새겨 두었다.

그 달 마지막 주에 이반은 자기도 건강이 매우 나빠졌다는 것을 느끼게 되었다. 공판 전에 카체리나가 모스크바에서 부른 의사에게 진찰을 받으러 갔다. 그 무렵 그와 카체리나의 관계는 매우 악화되어 있었다. 두 사람은 서로 사랑하는 적과 같은 관계였다. 불과 한 순간에 지나지 않았지만, 카체리나가 격렬한 사랑을 가지고 미차에게 돌아선 사실은 이반을 미치도록 흥분시켰다.

기묘하게도 필자가 앞에서 쓴 카체리나의 집에서의 마지막 장면 때까지, 다시 말해서 알료샤가 미차를 면회하고 카체리나의 집에 들렀을 때까지 이반은 한 달 동안이나 그녀가 자신이 그토록 증오하고 있는 미차에 대한 '사랑'을 부활시켰음에도 불구하고 그녀의 입에서 미차의 범행을 의심하는 말을 한 번도 들은 적이 없었다.

그리고 또 한 가지 특기할 만한 것은, 이반이 미차에 대한 자기의 증오가 하루하루 커가고 있음을 느끼면서도 그 증오심이 카체리나의 사랑의 '부활' 때문이 아니라 미차가 아버지를 죽였기 때문이라고 생각했다는 점이다. 그는 스스로 이 점을 충분히 느끼고 자각하고 있었다.

그럼에도 불구하고 그는 공판 열흘 전에 미차를 찾아가서 형의 탈주 계획을 제안했다. 이 계획은 분명히 오래 전부터 생각해 온 것이었다. 그가 이런 행동을 한 데에는 다른 중대한 이유도 있었지만, 스메르자코프가 한 말에서 받은 치유할 수 없는 마음의 상처가 이유가 되었다. 그 상처란 미차가 죄를 뒤집어쓰는 편이 이반 자신에게 유리하다, 그렇게 되면 아버지의 유산을 알료샤와 둘이서 4만 루블이 아니라 6만 루블씩 나누어 가질 수 있다고 한 스메르자코프의 말이었다.

그는 미차를 도주시키는 비용으로 자신의 몫에서 3만 루블을 쓸 결심을 했다. 그때 미차한테서 집으로 돌아가던 도중 그는 심한 비애와 고민을 느꼈다. 자기가 미차의 도주를 바라는 것은 다만 3만 루블을 써 마음의 상처를 치유할 뿐만 아니라 달리 또 무슨 이유가 있는 듯한 느낌이 들었기 때문이다.

'속으로는 나도 똑 같은 살인자이기 때문이 아닐까?'

그는 그렇게 자문해 보았다. 무언가 아득한, 그러나 찌르는 듯한 감정이 그의 마음을 사로잡았다. 특히 지난 한 달 동안 그의 자존심은 매우 심한 고통을 느껴왔다. 그러나 여기에 대해서는 나중에 이야기하기로 하자.

이반은 알료샤와 이야기를 나눈 뒤 자기집 초인종을 누르려다가 갑자기 스메르자코프를 찾아가기로 결심했다. 그것은 별안간 그의 가슴속에 끓어 오른 일종의 독특한 분노에 쫓겨서였다. 그는 문득 카체리나가 조금 전에 알료샤 앞에서 자기에게 "그 사람이(즉 미차가) 범인이라고 나한테 우긴 사람은 당신이에요, 당신 한 사람 뿐이에요!" 라고 소리친 것이 생각났다.

이것을 생각한 순간 그는 자기도 모르게 망연자실했다. 왜냐하면 그때까지 그는 한 번도 미차가 살인자라고 그녀에게 단언한 적이 없었고, 오히려 스메르자코프한테서 돌아왔을 때는 그녀 앞에서 여전히 자기 자신을 의심했을 정도였기 때문이다. 도리어 그녀야말로 그때 그 '증거 서류'를 보여주면서 미차의 범죄를 증명하지 않았던가? 그런데 이제 와서 갑자기 그녀는, "난 스메르자코프를 직접 만나보고 왔어요!" 하고 소리치고 있는 것이다.

언제 갔을까? 이반은 전혀 모르고 있었다. 그러고 보면 그녀는 미차의 범죄를 완전히 믿고 있지는 않았던 것이다! 게다가 스메르자코프가 그녀에게 무엇을 가르쳐 줄 수 있었단 말인가? 대체 그자는 무엇을, 도대체 무슨 얘기를 했을까? 그의 마음속에서 무서운 분노가 활활 불타올랐다. 어째서 30분 전에는 그녀의 이 말을 흘려 듣고 당장 소리를 지르지 않았는지 스스로도 알 수가 없었다. 그는 초인종에서 손을 떼고 스메르자코프의 집으로 향했다. '이번에는 정말 그놈을 죽여 버릴지도 모른다.' 그는 걸어가면서 문득 그렇게 생각했다.

8 스메르자코프와의 세 번째이자 마지막 대면

아직 갈길은 절반이나 남았는데 그날 이른 아침과 마찬가지로 매서운 바람이 세차게 일더니 자잘한 싸락눈이 마구 쏟아지기 시작했다. 눈은 땅에 떨어져도 쌓일 겨를도 없이 바람에 흩날려 올라갔다. 그러다가 이내 정말 눈보라로 변하고 말았다. 스메르자코프가 살고 있는 곳에는 가로등이 거의 없었다. 이반은 어둠 속에서 눈보라도 깨닫지 못하고 거의 본능적으로 방향을 더듬으며 걸어갔다.

머리가 깨질 듯이 아프고 관자놀이가 욱신거렸다. 양쪽 손끝이 경련을 일으키고 있는 걸 느낄 수 있었다. 마리아의 집이 가까워졌을 때 그는 난데없이 주정뱅이 한 사람을 만났다. 누덕누덕 기운 외투를 걸친 키 작은 농부였는데 갈지자로 걸어오면서 투덜투덜 중얼거리기도 하고 욕지거리를 퍼붓기도 했다. 그러다가 갑자기 욕설을 그치더니 이번에는 쉰 목소리로 노래를 부르기 시작했다.

아아, 이반은 서울(페테르부르크)로 떠나갔네
나는야 그까짓 놈 기다리지 않을 테야.

그러나 그는 번번이 이 두 번째 구절에서 그치고 다시 누군가의 욕설을 퍼붓고는 갑자기 또 같은 노래를 부르기 시작하는 것이었다. 이반은 전혀 의식하지 못하는 가운데 아까부터 이 농부에게 무서운 증오를 느끼고 있었다. 그는 갑자기 그 남자를 의식하기 시작했다. 그러자 별안간 농부의 머리에 주먹을 한 대 갈겨 주고 싶어졌다.
마침 그때 두 사람은 서로 스쳐 지나가고 있었다. 그 순간 농부는 크게 비틀거리더니 갑자기 이반에게 부딪쳐왔다. 이반은 거칠게 그를 떠다밀어 버렸다. 농부는 밀려나가 얼어붙은 땅 위에 통나무처럼 나가떨어지더니 단지 한 번 "으익!" 크게 신음소리를 냈을 뿐 그대로 잠잠해졌다. 이반이 가까이 다가가 보니 그는 반듯하게 누워 꼼짝도 않고 기절해 있었다. '얼어죽겠군!' 이반은 이렇게 생각했지만 다시 스메르자코프의 집을 향해 걷기 시작했다.
그가 현관에 다가서자 마리야가 촛불을 들고 달려나와 문을 열어주었다. 그리고 파벨 씨(즉 스메르자코프)가 중병에 걸려있으며, 그렇다고 누워 있는 것은 아닌데 거의 제 정신을 잃었는지 차를 달라고 시켜 놓고 마시지도 않는다고 그에게 소곤거렸다.
"그래, 난폭하게 설치기도 하나?"
이반이 무뚝뚝하게 물었다.
"아뇨, 전혀 그렇지는 않아요. 매우 얌전해요. 다만, 너무 오래 얘기하진 말아주세요."
마리야가 부탁했다.
이반은 문을 열고 방안으로 한 걸음 들어섰다.
처음 왔을 때와 마찬가지로 방안은 무척 더웠으나 가구 배치에 조금 변화가 있었다. 벽 앞에 있던 벤치가 하나 없어지고 그 대신 마호가니 색의 가죽을 입힌 낡고 큼직한 소파가 놓여 있었다. 그 위에는 이불이 깔려 있고 산뜻한 흰 베개가 얹혀 있었다.

스메르자코프는 지난 번의 그 화려한 잠옷을 입고 소파에 앉아 있었다. 테이블을 소파 앞으로 옮겨 놓아 방안이 무척 좁고 답답해 보였다. 테이블 위에는 노란 표지를 댄 두꺼운 책이 놓여 있었으나 스메르자코프는 그것을 읽고 있는 것도 아니고 그저 아무것도 하지 않고 멍하니 앉아 있었다.

그는 말없이 느릿한 눈초리로 이반을 맞이했다. 보아하니 이반이 찾아온 것을 조금도 놀라워하지 않는 것 같았다. 그는 얼굴이 완전히 변해서 무척 여위어 누렇게 떠 있었다. 눈은 푹 꺼지고 아래쪽에는 퍼런 빛마저 띠고 있었다.

"자네, 정말 아픈 모양이군." 이반은 걸음을 멈췄다. "오래 방해하지 않을 테니까 외투도 안 벗겠네. 어디 앉을까?" 그는 테이블의 반대쪽으로 돌아가서 의자를 끌어당겨 앉았다. "왜 잠자코 바라보기만 하나, 나는 다만 한 가지 물어볼 것이 있어서 찾아왔어. 솔직한 대답을 듣기 전에는 절대로 돌아가지 않을 생각이야. 카체리나가 여길 찾아왔었지?"

스메르자코프는 여전히 입을 다문 채 조용히 이반을 바라보고 있더니 갑자기 한쪽 손을 저으며 얼굴을 돌려 버렸다.

"왜 그래?"

이반이 소리쳤다.

"아무것도 아닙니다."

"아무것도 아니라니?"

"네, 오셨습니다. 하지만 도련님과는 아무 상관없는 일입니다. 돌아가 주십시오."

"아니, 안 돌아간다! 언제 왔었는지 말해!"

"난 그 여자에 대해선 완전히 잊어버렸어요."

스메르자코프는 경멸하듯 빙그레 웃더니 갑자기 다시 이반 쪽으로 고개를 돌려 한 달 전에 만났을 때 보여준 미칠 듯한 증오의 눈초리로 그를 응시했다.

"보아하니 도련님도 편찮으신가보군요. 얼굴도 살이 쪽 빠지고 안색도 형편없네요."

"내 몸 걱정은 안해 줘도 좋으니까 묻는 말에나 대답해."

"게다가 눈은 왜 그렇게 누레졌나요? 흰자위가 완전히 누렇게 되셨군요. 뭔가 무척 걱정되는 일이라도 있나 보지요?"

그는 경멸하듯 빙그레 웃더니 갑자기 소리내어 웃어댔다.

"이봐, 아까도 말했지만 나는 네 대답을 듣기 전엔 절대로 돌아가지 않을 테다!"

이반은 무섭게 흥분해서 소리쳤다.

"왜 그리 못살게 구십니까? 어쩌자고 나를 이렇게 괴롭히지요?"

스메르자코프는 정말 고통스러운 듯이 말했다.

"으음, 제기랄! 난 너한테는 볼일이 없다. 묻는 말에 대답만 하면 곧 돌아간다."

"아무것도 대답할 말이 없어요!"

스메르자코프는 다시 눈을 내리깔았다.

"반드시 너한테 대답을 듣고야 말 테다!"

"도대체 뭘 그렇게 밤낮 걱정하고 계십니까!" 스메르자코프는 갑자기 눈을 들어 이반을 쳐다보았다. 그의 얼굴에는 경멸보다는 일종의 혐오의 빛이 떠돌고 있었다. "내일 공판이 열리기 때문입니까? 그렇다면 걱정할 것 없어요, 도련님에겐 아무 일도 없을 테니 집에 돌아가서 안심하고 쉬세요. 조금도 걱정할 것 없습니다."

"난 네 말을 못 알아듣겠다…… 내가 왜 내일을 걱정하겠나?" 이반은 놀란 것처럼 말했으나, 실은 그의 마음에 어떤 전율 같은 것이 차갑게 스치고 지나갔다. 스메르자코프는 빤히 그 모습을 지켜보고 있었다.

"못 알아듣……겠……다구요?" 그는 비난하듯이 한마디씩 끊어서 말했다. "현명한 양반이 속이 뻔히 들여다 보이는 이 따위 코미디를 연출하다니, 참 취미도 별나군!"

이반은 입을 다물고 그를 바라보았다. 이반은 이런 말투는 전혀 예상하지 못하고 있었다. 그것은 실로 오만 불손하기 짝이 없는 것이었다. 더구나 지난날 하인이 지금 그에게 이런 말버릇을 보이는 것은 예삿일이 아니었다.

"조금도 걱정할 것 없다고 말하잖습니까. 난 도련님 얘기는 하지 않을 테니까요. 증거가 있어야지. 저런, 손을 떨고 있군요. 왜 그렇게 손가락을 덜덜 떱니까? 자, 집으로 돌아가십시오. 죽인 건 도련님이 아니니까."

이반은 자기도 모르게 움찔했다. 알료샤가 생각났던 것이다.
"내가 아니란 건 나 자신이 알아······."
그는 얼버무렸다.
"알고 계신다고요?"
스메르자코프가 곧바로 말을 받았다.
이반은 벌떡 일어나서 스메르자코프의 어깨를 움켜 잡았다.
"죄다 실토해, 이 독벌레 같은 놈! 죄다 토해내란 말이다!"
스메르자코프는 꿈쩍도 하지 않았다. 그는 그저 광적인 증오에 찬 눈으로 이반을 뚫어져라 쏘아볼 뿐이었다.
"그럼 말하지요, 그분을 죽인 건 바로 여기 있는 도련님입니다."
그는 분노를 드러내며 이반에게 속삭였다. 이반은 마치 무언가 짚이는 것이라도 있는 것처럼 얌전하게 의자에 주저앉았다. 그리고 가증스럽다는 듯이 엷은 웃음을 지었다.
"너는 역시 그때 얘기를 하고 있는 거냐? 전번에 만났을 때와 같은 얘기를!"
"그렇습니다. 지난번에 나한테 왔을 때도 도련님은 모두 이해하셨으니 지금도 이해하시겠지요."
"네가 미쳤다는 것만은 나도 이해하지."
"참 어지간하시군요! 이렇게 마주보고 앉아서까지 뭘 그렇게 서로 속여가며 연극을 할 필요가 있습니까? 아니면 여전히 나한테만 죄를 덮어씌울 생각인가요? 도련님이 죽인 거예요. 도련님이 주범이란 말입니다. 난 도련님의 손발 노릇을 했을 뿐이에요. 도련님의 충실한 하인 리샤르였지요. 난 도련님말에 따라 해치웠을 뿐이니까요."
"해치웠다? 그럼 정말로 네가 죽였구나?"
이반은 온몸에 찬물을 덮어 쓴 듯이 소름이 쫙 끼쳤다. 무언가 뇌가 심한 충격을 받은 듯이 온몸이 오한으로 와들와들 떨리기 시작했다. 그제야 스메르자코프도 은근히 놀라면서 그를 바라보았다. 아마 이반의 놀라움이 너무 심한 데 충격을 받은 모양이었다.
"아니 그럼, 정말 아무것도 몰랐단 말입니까?"
스메르자코프는 못 믿겠다는 듯이 히죽 웃으면서 그렇게 중얼거렸다. 이반은 그대로 언제까지나 그를 응시하고 있었다. 마치 혀가 굳어버린 것 같았다.

아아, 이반은 서울로 떠나갔네
나는야 그까짓 놈 기다리지 않을 테야.

이 노래가 난데없이 그의 머릿속에서 울리기 시작했다.
"사실을 말하면, 이게 꿈이 아닌가 싶어 조금 무서워진다. 내 앞에 앉아 있는 너는 환상이 아닐까 하고."
그는 중얼거렸다.
"환상 따윈 여기 없습니다. 여기 있는 것은 우리 두 사람과 또 한 사람, 제3의 남자. 확실히 그 자는, 제3의 남자는 지금 이 자리에, 우리 두 사람 사이에 있습니다……."
"그건 누구야? 누가 있단 말이지? 누구야, 제3의 남자란?"
주위를 두리번거리며 누가 있나 하고 구석구석을 분주히 살펴보면서 이반은 놀란 목소리로 물었다.
"제3의 남자란 바로 하느님입니다. 바로 하느님의 섭리예요. 하느님은 지금 우리 곁에 계십니다. 그러나 암만 찾아봐야 눈에 띄진 않아요."
"네가 죽였다니, 그건 거짓말이다!" 이반은 미친 듯이 소리쳤다. "넌 미쳤거나 아니면 전번처럼 나를 놀릴 작정이지!"
스메르자코프는 조금 전과 마찬가지로 조금도 동요하지 않고 탐색하는 눈빛으로 가만히 이반을 지켜보았다. 그는 아직 아무리 해도 자기의 의구심을 물리칠 수가 없었다. 역시 이반은 '모든 것'을 알고 있으면서 '자기에게만 죄를 뒤집어씌우기' 위해 연극을 하고 있다는 느낌을 지울 수가 없었다.
"잠깐 기다리십시오."
마침내 그는 힘없는 소리로 말하고 별안간 테이블 밑에서 자기의 왼쪽 발을 꺼내 바지가랑이를 걷어올리기 시작했다. 그는 하얀 긴 양말에 슬리퍼를 신고 있었다. 느릿느릿 양말대님을 풀고 양말 안으로 손가락을 집어넣었다. 이반은 가만히 그것을 지켜보고 있다가 갑자기 움찔하고 놀라더니 경련과도 비슷한 무서운 공포에 사로잡혀 와들와들 떨기 시작했다.
"넌 미쳤어!"
그는 소리치며 벌떡 일어나서 뒤로 비틀비틀 물러나다가 등을 벽에 쿵하고 부딪치고는 그대로 온몸이 경직되어 벽에 착 달라붙고 말았다.

그는 미칠 듯한 공포에 사로잡혀 스메르자코프를 보고 있었다. 스메르자코프는 두려움에 떠는 이반의 반응 따위는 거들떠보지도 않고 여전히 양말 안을 뒤지고 있었다. 한참 손끝으로 무언가 집으려 하는 듯하더니 이윽고 집혔는지 그것을 꺼내기 시작했다.

이반은 틀림없이 무슨 서류나 종이 뭉치겠지 하고 짐작했다. 스메르자코프가 그것을 꺼내 테이블 위에 놓았다.

"이겁니다!"

그는 나직하게 말했다.

"그게 뭐야?"

이반은 몸을 떨면서 물었다.

"직접 보십시오."

스메르자코프는 여전히 나직한 소리로 말했다. 이반은 테이블 앞에 다가가서 그 종이 뭉치를 집어 풀어 보려고 하다가 마치 무서운 독사라도 만진 듯이 갑자기 손가락을 움츠렸다.

"손가락이 떨리는군요, 경련하고 있어요."

스메르자코프는 이렇게 말하며 슬슬 종이 뭉치를 끌렀다. 그 안에서 무지갯빛 백 루블짜리 지폐 세 다발이 나타났다.

"죄다 여기 있습니다. 세어 보나마나 3천 루블 고스란히 있습니다. 자 받으십시오."

그는 턱으로 돈을 가리키며 이반에게 말했다. 이반은 털썩 의자에 주저앉았다. 얼굴이 백지장처럼 하얗게 질려 있었다.

"사람을 놀래주는구나, 그런 양말에서……"

그는 기묘한 웃음을 엷게 지으면서 말했다.

"정말, 정말로 여태까지 모르셨단 말입니까?"

스메르자코프가 다시 한번 물었다.

"정말 몰랐다. 나는 내내 드미트리가 했다고만 생각하고 있었지. 형님! 형님! 아아!" 그는 갑자기 두 손으로 자기 머리를 움켜 잡았다. "그래, 너 혼자 죽였나? 형님 손을 빌리지 않고? 아니면 함께 했나?"

"모든 걸 도련님과 둘이서, 도련님과 함께 했을 뿐입니다. 드미트리 님에게는 아무 죄도 없습니다."

"좋아, 좋아…… 내 얘기는 나중에 하자. 어째서 내가 이렇게 떨고 있지…… 말도 제대로 못하겠군."

"그 무렵엔 그토록 대담하셨는데. '무슨 짓을 해도 상관없다'고 하시면서. 그런데 지금은 왜 그렇게 놀라시는지!" 스메르자코프는 신기하다는 듯이 중얼거렸다. "레모네이드라도 드시겠습니까. 지금 곧 가져오도록 하죠. 기분이 상쾌해질 겁니다. 하지만, 먼저 이것부터 감춰 놓아야지."

이렇게 말하고 그는 다시 지폐 다발을 턱으로 가리켰다. 그는 일어서서 문간으로 가 레모네이드를 가져오도록 마리아에게 시키려다가 돈이 그녀의 눈에 띄지 않게 무언가 덮을 것을 찾느라고 먼저 손수건을 꺼냈다. 그러나 오늘도 코를 풀어 손수건이 많이 더러워져 있었으므로 이반이 들어올 때 테이블 위에 있던 그 노랗고 두툼한 책을 집어들어 돈 위에 덮었다. 제목은 〈우리의 성인(聖人) 이사크 시린 신부의 말〉이라고 되어 있었다. 이반은 기계적으로 그 제목을 읽었다.

"레모네이드는 필요없어 내 걱정은 나중에 하고 자리에 앉아 얘기해 다오. 어떻게 죽였나, 전부 얘기해 다오……."

"외투나 벗으시죠. 안그러면 땀범벅이 될테니까요."

이반은 그제야 간신히 깨달은 듯이 외투를 벗어 의자에서 일어나지도 않고 벤치 위에 던졌다.

"얘기해, 어서 얘기해 다오!"

그는 약간 진정한 듯했다. 그리고 이제는 스메르자코프가 남김없이 말해 줄 것으로 믿고 가만히 기다리고 있었다.

"어떻게 해치웠나 그 말씀이죠?" 스메르자코프는 후유 한숨을 내쉬었다. "도련님의 말씀에 따라서 매우 자연스러운 방법으로 했습니다……."

"내 얘기는 제발 나중에 하자." 이반은 다시 가로막았으나 완전히 자제력을 되찾은 듯 이제는 아까처럼 소리를 지르지 않고 또렷한 목소리로 중얼거렸다. "어떻게 했는지 상세하게 들려 다오. 처음부터 차근차근, 하나도 빼먹어도 안 된다. 상세하게, 무엇보다 먼저 상세하게 얘기해 다오……."

"도련님이 떠나시고 한참 뒤 나는 지하실에 떨어졌지요……."

"발작으로 말이냐, 아니면 꾀병이었느냐?"

"그야 물론 꾀병이었죠. 모든 것이 완전히 연극이었으니까요. 난 유유히 계단 아래까지 내려가서 드러누워 신음하기 시작했죠. 그리고 실려 나갈 때까지 퍼덕거리고 있었습니다."

"아니, 잠깐! 그럼 그동안, 그리고 그 뒤에도, 병원에서도 줄곧 연극을 하고 있었나?"

"그건 아닙니다. 이튿날 아침 병원에 가기 전에 정말로 심한 발작이 왔습니다. 여러 해 동안 그렇게 심한 발작은 처음이었지요. 그래서 꼬박 이틀 동안 완전히 의식을 잃고 있었습니다."

"그래, 그래. 다음엔?"

"사람들은 언제나 그랬던 것처럼 나를 칸막이 뒤에 있는 침대에 눕혔습니다. 나는 그렇게 될 거란 걸 미리부터 알고 있었지요. 왜냐하면 내가 병이 나면 마르파가 언제나 자기 전에 자기 방 칸막이 뒤에 내 잠자리를 마련해 주었거든요. 그 여자는 내가 태어났을 때부터 언제나 잘해 주었죠. 밤새도록 저는 신음했습니다. 하기야 작은 소리였지만요. 그러면서 이제나저제나하고 드미트리 님을 기다렸지요."

"기다리다니? 너의 방에 오기를 말이냐?"

"내 방에 무슨 볼일이 있습니까? 아버님 방에 말이죠. 왜냐하면 그날 밤에 그분이 찾아온다는 것을 난 조금도 의심하지 않았으니까요. 그는 내가 없으니까 아무런 소식도 들을 수 없어서 담을 넘어서라도 집안에 들어가 보지 않을 수 없었거든요. 그런 것쯤 예사로 할 수 있는 사람이니까 틀림없이 그럴 줄 알았습니다."

"그러다가 만일 형이 안 오면?"

"그러면 아무 일도 일어나지 않았겠지요. 그분이 안오면 나도 무슨 일이고 단행하지 않았을 테니까요."

"그래, 그래…… 좀더 알아듣기 쉽게 말해 다오. 서두르지 말고. 그리고 무엇보다 하나도 빼먹어선 안 돼!"

"나는 그분이 주인님을 죽이기를 기다리고 있었던 겁니다……. 그건 틀림없는 일이었죠. 내가 그렇게 하도록 만들어 놓았으니까요……. 그 2, 3일 전부터 말입니다……. 첫째 그분은 그 신호를 알고 있었습니다. 그분은 그 무렵 의심과 분노가 쌓일 대로 쌓여 있었으니까 이 신호를 사용해서 집안으로 들어갈 것이 틀림없었죠. 그건 절대로 틀림없었습니다. 그래서 나는 그분이 오기를 기다리고 있었던 겁니다."

"잠깐 기다려." 이반이 가로막았다. "만일 형님이 아버질 죽이면 돈도 가져가 버릴 게 아니냐? 너도 그렇게 생각했을 텐데? 그렇다면 네 손에 들어오는 게 뭐가 있어? 난 그걸 모르겠는걸."

"사실 그분은 돈이 어디 있는지 절대로 알 수가 없었죠. 내가 그저 돈은 베개 밑에 있다고 가르쳐 줬을 뿐인데 실은 새빨간 거짓말이었습니다. 전에는 상자 안에 들어 있었지만, 주인님은 이 세상에서 오직 나만을 믿고 있었기 때문에 나중에 내가, 돈을 넣은 그 봉투를 성상 뒤 한쪽 구석에 옮겨 놓으라고 말씀드렸죠. 거기라면 특히 누가 갑자기 들어왔을 때 아무도 눈치채지 못할 테니까요. 그래서 그 봉투는 사실 주인님 방 한쪽 구석의 성상 뒤에 있었던 것입니다. 베개 밑에 넣어 두다니 우스꽝스런 얘기죠. 그러니 차라리 상자 안에 넣어서 자물쇠를 채워두는 편이 낫죠. 그러나 지금은 모두 베개 밑에 있었던 것으로 믿고 있으니 바보 같은 생각들 아닙니까.

그래서, 만일 드미트리 님이 아버님을 죽이더라도 보통 살인 때 흔히 그렇듯이 작은 소리에도 겁에 질려서 아무것도 찾지 못하고 달아나 버리거나 아니면 붙잡혀 버릴 것이 거의 틀림없었습니다. 그러면 나는 언제라도, 그 다음 날이나, 아니면 그날 밤에라도 성상 뒤에서 그 돈을 슬쩍해 버리고 고스란히 드미트리 님에게 뒤집어 씌울 수가 있죠. 그렇게 되기를 언제라도 기대할 수 있었던 겁니다."

"그러나 형님이 만일 아버지를 때리기만 하고 죽이지 않는다면?"

"만일 죽이지 않는다면 물론 나도 돈을 갖지 않고 그대로 놔두었겠지요. 하지만 또 이런 계산도 있었습니다. 만일 그분이 주인님을 때려서 기절을 시킬 때는 난 역시 돈을 훔치고 나중에 주인님을 때리고 돈을 훔쳐간 사람은 드미트리 님밖에 없다고 주인 나리에게 보고하는 겁니다."

"잠깐 기다려 다오……. 뭐가 뭔지 모르겠는걸. 그럼 역시 드미트리에게 죽이게 하고 돈은 네가 가졌단 말이지?"

"아니죠, 그분이 죽인 게 아닙니다. 하기야 지금이라도 도련님에게 그분이 범인이라고 말할 수는 있죠……. 하지만 이제 와서 거짓말을 하고 싶진 않습니다. 그건…… 그건, 설령 도련님이 사실상 지금까지 아무것도 모르고 있었다 하더라도, 또 내 앞에서 시치미를 떼고 자기 죄를 남에게 뒤집어 씌우기 위해 연극을 하지는 않았다 하더라도, 역시 도련님은 이 모든 일에 책임이 있으니까요. 왜냐하면 도련님은 살인이 일어날 것을 알고 있었을 뿐 아니라, 실지로 그것을 내게 맡겨 놓고, 모든 것을 다 알면서도 떠나 버렸으니까요.

그러니까 나는 오늘 밤, 이 사건의 주범은 도련님 한 사람이며, 내가 분명히 죽이기는 했지만 결코 주범이 아니라는 것을 도련님 눈앞에서 증명하고 싶은 것입니다. 법률상의 진짜 범인은 바로 도련님입니다!"

"뭐, 어째서, 어째서 내가 범인이냐? 아아! 하느님" 이반은 자기 얘기를 뒤로 미룬다는 결심을 잊어버리고 마침내 참지 못하고 소리쳤다. "그건 역시 그 체르마시냐를 두고 하는 말이냐? 그러나 잠깐, 내가 체르마시냐로 간 것을 설혹 네가 동의의 뜻으로 받아들였다고 하자. 대체 뭣 때문에 내 동의가 필요했나? 넌 지금 그것을 어떻게 설명할테냐?"

"도련님의 동의를 확인해 두면 도련님이 돌아오시더라도 없어진 이 3천 루블 때문에 소동을 일으키지도 않을 것이고 또 어쩌다가 드미트리 님 대신에 내가 당국의 혐의를 받거나 드미트리 님과 공범이라는 의심을 받을 때는 도련님이 나를 변호해 줄 것이라고 생각하고 있었거든요……. 그리고 유산을 손에 넣고 나면 그 뒤 평생 나를 돌봐 줄 것이라고 말이죠. 왜냐하면 그 유산을 상속받게 된 것은 뭐니 뭐니 해도 내 덕이니까요. 만일 아버님이 그루셴카와 결혼했더라면 도련님은 동전 한푼 받을 수 없었을 게 아닙니까?"

"아아, 그럼 너는 평생토록 나를 괴롭힐 작정이었구나!" 이반은 이를 갈았다. "하지만 만일 그때 내가 떠나지 않고 너를 고소했으면 어떻게 할 생각이었냐?"

"그때 도련님이 무엇을 고소할 수 있었겠어요? 내가 체르마시냐로 가라고 권한 것 말입니까? 그건 말도 안 되는 소리예요. 게다가 우리가 얘기한 뒤에 도련님이 출발하든 남아 있든 맘대로 하셨을 게 아닙니다. 만일 남아 있었더라면 아무 일도 일어나지 않았겠지요. 나는 도련님이 그런 걸 원하지 않는다는 것을 알고 아무것도 하지 않았을 테니까요.

그러나 만일 출발을 할 때는 그건 도련님이 나를 재판소에 고발하는 대신 이 3천 루블의 돈을 내가 가져도 좋다, 이렇게 말하는 증거라고 할 수 있지요. 게다가 도련님은 나중에 추궁하지도 못합니다. 왜냐하면 그렇게 되면 나는 법정에서 죄다 털어놓을 테니까요. 그렇다고 뭐 내가 훔치거나 죽였다고는 말하지 않죠……. 그런 말은 하지 않습니다……. 도련님한테 훔치고 죽이라는 교사를 받았지만 나는 응하지 않았다고 말하는 거예요. 그래서 그때 도련님의 동의를 받아 놓고 절대로 나중에 도련님한테서 괴로움을 당하지 않도록 해놓을 필요가 있었던 겁니다.

도련님은 아무런 증거도 갖고 있지 않지만, 나는 반대로 도련님이 아버님의 죽음을 무척 바라고 있었다고 폭로하기만 하면 언제라도 도련님을 눌러 버릴 수 있거든요. 그래서 그저 한마디만 지껄이면 세상 사람들은 모두 그것을 사실인 줄 알게 되죠. 그렇게 되면 도련님은 평생 치욕 속에 살게 됩니다."

"내가 그걸 바라고 있었다, 내가 정말 그것을 바라고 있었다, 이 말이지?"

이반은 다시 이를 갈았다.

"틀림없이 바라고 있었죠. 도련님이 동의를 한 것은 말하자면 내가 그 일을 해도 괜찮다고 무언중에 허락해 준 거나 같습니다."

스메르자코프는 가만히 이반을 바라보았다. 그는 매우 쇠약해져서 조그마한 소리로 나른하게 말하고 있었지만, 마음속에 감추어진 그 무엇이 그를 부추기고 있었고, 명백하게 무슨 꿍꿍이가 있는 것 같았다. 이반은 문득 그것을 예감했다.

"그래, 그 뒤는 어떻게 됐나?" 이반은 물었다. "그날 밤 얘기를 해다오."

"그 뒤라고 해야 뻔하잖습니까? 내가 누워서 듣고 있으니까, 주인님이 뭐라고 소리를 지른 것 같습니다. 하지만 그리고리 영감이 그전에 일어나서 나갔지요. 그러자 별안간 큰 고함소리가 들리더니 그 다음엔 잠잠해지더군요. 밖은 조용하고 캄캄했습니다. 나는 가만히 누워서 기다리고 있었지만, 심장이 두근거려서 도저히 더 참지 못하고 결국 일어나서 밖으로 나갔죠.

왼쪽을 보니 주인님 방의 정원으로 향한 창문이 열려 있지 않겠어요? 나는 주인님이 살아 있나 죽었나 확인하려고 다시 한 걸음 왼쪽으로 다가갔습니다. 그런데 주인님이 왔다갔다하며 한숨을 쉬고 있는 게 들리지 않겠습니까? 즉 아직 살아 계셨던 거지요. '이런 젠장!' 하고 나는 생각했죠! 창문에 다가서서 '접니다' 하고 주인님에게 말을 거니까, 주인님은 '왔다, 왔어! 달아났다!' 하시더군요. 드미트리 님이 왔다는 뜻이지요. '그리고리를 죽였다!' 하시기에 나는 '어디서요?' 속삭이듯 물었습니다. '저쪽 구석에서' 그쪽을 가리키면서 주인님은 여전히 조그마한 소리로 소곤거렸습니다. '잠깐만 계십시오.' 나는 한마디 남겨 놓고 정원 한구석으로 가보니 그리고리는 피투성이가 되어 기절해 있었습니다. 그렇다면 틀림없이 드미트리 님이 왔었구나 하는 생각이 퍼뜩 머리에 떠올라 이때 단숨에 해치워 버리자고 결심했습니다.

설혹 그리고리가 살아 있다 하더라도 기절했으니까 아무것도 알지 못할 것이기 때문입니다. 다만 걱정되는 것은 마르파가 공교롭게 잠이 깨지나 않을까 하는 것이었습니다. 그 순간 그런 생각을 하다 보니 잠시도 가만 있을 수가 없어 숨이 막힐 지경이었습니다. 그래서 다시 창밑으로 돌아가서 주인 나리에게 말했죠. '그분이 여기 왔습니다. 그루센카 아가씨가 여기 와서 안에 들어가고 싶어하십니다.'

그러자 주인님은 어린 아이처럼 부들부들 떨었습니다. '여기라니, 어디야? 어디?' 이렇게 말하고 한숨을 쉬었는데 내 말을 곧이듣지 않는 것 같더군요. '저기 서 계십니다. 문을 열어 드리십시오!' 내가 이렇게 말하니까 주인 나리는 반신 반의하면서 창문에서 이쪽을 내려다보았는데 문을 여는 것이 무서운 눈치더군요. 결국 나를 무서워하고 있구나 하는 생각이 들었죠.

그런데 정말 우스운 일도 다 있더군요. 그때 나는 문득 창문을 두들겨서 그루센카가 왔다는 신호를 할 생각이 들었습니다. 주인님은 말은 곧이 듣지 않았으면서 내가 창문을 탕탕 두들기며 신호했더니 대번에 문을 열어 주러 달려가시지 않겠습니까?

문이 열렸지요. 내가 안으로 들어가려고 하자 주인님은 앞을 가로막고 서서 들여보내주지 않으시더군요. '그 여잔 어디 있니? 그 여자가 어딨어?' 몸을 후들후들 떨면서 나를 바라보셨습니다. 이렇게 나를 무서워해서야 일이 잘 안 되겠구나 하고 나는 생각했죠. 방에 들어가지 못하지나 않을까, 주인님이 소리를 지르지나 않을까, 마르파가 달려오지나 않을까, 그 밖에 무슨 일이 일어나지나 않을까, 이런 생각을 하니 너무 무서워서 다리의 힘이 쭉 빠지고 말았습니다. 그때는 아무것도 깨닫지 못했지만 틀림없이 나는 그때 주인님 앞에 새파랗게 질려서 서 있었을 것입니다. '저기입니다, 그 창밑입니다. 못 보셨습니까?' 내가 주인님에게 소곤거렸더니 '그럼, 네가 가서 데려오너라, 네가 가서 데려와!' 하기에 '그런데 저분은 무서워하고 있어요. 고함소리에 놀라서 나무 숲에 숨어 있습니다. 주인님이 직접 서재에 가셔서 불러 보십시오!' 하고 나는 말했죠. 그랬더니 주인님은 얼른 창가로 가서 촛불을 창 턱 위에 놓고 부르시더군요. '그루센카, 그루센카, 거기 있니?' 그렇게 부르면서도 창밖을 내다보려고는 하지 않더군요. 나한테서 떨어지려고 하지 않는 것입니다. 무서웠던 게죠. 나를 무척 무서워하면서도 내 옆을 떠나려 하지 않았습니다. 나는 창가로 가서 밖으로 몸을 내밀면서 말했습니다. '아니올시다, 그분은 저기 저 수풀 속에 계십니다. 주인님을 보고 웃고 있네요. 보이지요?' 그랬더니 그제야 주인님은 곧이듣고 갑자기 몸을 부들부들 떨기 시작했습니다. 워낙 그루셴카에게 반해 있었으니까요. 주인님은 창밖으로 몸을 내밀었습니다.

그때 나는 주인님의 책상 위에 놓여 있던 그 쇠로 만든 문진(文鎭), 그 왜 기억하시죠, 1kg이 넘는 그놈 말입니다. 그놈을 집어들고 뒤통수를 힘껏 후려쳤습니다. 주인님이 외마디 소리도 지르지 못하고 금방 푹 쓰러지는 것을 다시 두세 번 후려갈겼지요. 세 번째 때릴 때 두개골이 깨지는 것을 손에 느꼈습니다. 주인님은 그대로 피투성이가 된 얼굴을 위로 하여 반듯이 쓰러져 버렸습니다.

내 몸을 살펴보니 다행히도 피가 한 방울도 튀지 않았기에 문진을 닦아 다시 책상 위에 놓고 성상 뒤로 가서 봉투에 든 돈을 꺼냈습니다. 그러고는 빈 봉투를 마룻바닥에 던져 놓고 장밋빛 리본도 그 옆에 두었죠. 이어 벌벌 떨면서 정원으로 나가 곧 텅 빈 구멍이 있는 사과나무로 갔습니다. 도련님도 그 구멍을 기억하실 겁니다. 전부터 나는 그 구멍을 눈여겨봐 두었다가 그 안에 천과 종이를 미리 준비해 두었었죠. 그래서 돈을 모두 종이에 싸고 다시 천으로 둘둘 감아서 구멍 깊숙이 집어 넣었습니다. 그 돈은 그 뒤 2주일 이상이나 거기 있었죠. 그러다가 병원에서 나왔을 때 처음으로 꺼내 왔습니다. 아무튼 그 뒤 나는 침대로 가서 누웠지만, '만일 그리고리가 죽어 버리게 되면 일은 매우 재미없게 될 것이다. 반대로 죽지 않고 정신을 차리면 아주 안성마춤인데. 그러면 그는 드미트리 님이 침입해서 주인님을 죽이고 돈을 훔쳐갔다는 증인이 되어줄 게 틀림없거든' 이렇게 생각하자 불안에 사로잡혀 열심히 신음소리를 내기 시작했습니다. 조금이라도 빨리 마르파를 깨우기 위해서였죠. 마침내 마르파는 잠이 깨서 나한테 달려오려고 하다가 그리고리가 옆에 없는 것을 깨닫고 밖으로 달려나갔는데 정원에서 비명을 지르는 소리가 들리더군요. 이리하여 밤새도록 소동이 일어났고, 나는 그제서야 완전히 마음을 놓을 수 있었죠."

그는 거기서 말을 그쳤다. 이반은 꼼짝도 하지 않고 그에게 시선을 고정시킨 채 입을 꾹 다물고 끝까지 듣고 있었다. 스메르자코프는 말을 하면서 이따금 이반을 살펴보기는 했지만 대체로 옆을 보고 있었다. 이야기를 마치자 그도 흥분했는지 거칠게 숨을 내쉬었다. 얼굴에는 땀이 흥건히 배어 있었으나 후회하고 있는지 어떤지는 알 수 없었다.

"잠깐만." 이반이 무언가 생각에 몰두하면서 말했다. "그럼 문은 어떻게 된 거냐? 만일 아버지가 너한테만 문을 열어 주었다면, 그전에 어떻게 그리고리가 문이 열려 있는 것을 보았을까? 그리고리는 너보다 먼저 보았다고 하지 않았나?"

이상하게도 이반은 조금 전과는 아주 딴판으로 노기가 전혀 들어있지 않은 매우 부드러운 목소리로 이렇게 물었다. 그래서 만일 이때 누가 문을 열고 문지방에 서서 두 사람을 바라보았다면, 두 사람이 무언가 일상적인 재미있는 화제를 가지고 사이좋게 이야기를 나누고 있는 중이라고 생각했을 것이다.

"그 문은 말이죠, 그리고리가 보았을 때 열려 있었다는 것은 그 사람이 그렇게 생각한 것뿐입니다." 스메르자코프는 소리없이 히죽 웃었다. "분명히 말하지만 그 사람은 인간이 아닙니다. 완고한 거세마나 같아요. 본 것이 아니라 다만 본 것처럼 느꼈을 뿐인데, 한번 그렇다고 우기기 시작하면 절대로 물러서지 않습니다. 그 사람이 그런 생각을 하게 된 것은 우리에게는 아주 다행한 일이죠. 왜냐하면 그렇게 되면 꼼짝없이 드미트리 님에게 죄가 돌아가고 말 테니까요."

"아니, 가만." 이반은 이렇게 말하면서 넋을 잃은 듯이 무언가 골똘히 생각하고 있었다. "이봐, 가만…… 아직도 무언가 너한테 물어 볼 것이 많았는데 잊어버렸다……. 머릿속이 혼돈이 돼서 자꾸 잊어버리는군……. 참, 그렇지! 이 설명도 좀 해다오. 왜 너는 빈 봉투를 마룻바닥에 던져 두었지? 왜 봉투째로 그냥 들고 나가지 않았어?…… 네가 이 봉투 얘기를 하고 있었을 때는 그렇게 하지 않을 수 없었겠지 하는 생각이 들었는데…… 어째서 그래야만 했는지…… 난 아무리 생각해도 알 수가 없어……."

"그건 까닭이 있어서 한 것입니다. 이를테면, 전부터 그 봉투에 돈이 들어 있다는 것을 알고 있는 사람, 즉 그 사정을 잘 알고 있는 사람이라면…… 가령 나처럼 내 손으로 그 돈을 봉투에 넣고 주인님이 봉인을 해서 겉봉에 글씨를 써 넣는 것을 직접 눈으로 본 사람이라면, 가령 그 사람이 주인님을 죽였을 경우 죽인 뒤에 그 봉투를 뜯어 볼까요? 더욱이 그렇게 다급한 판에 말이죠. 그런 짓을 하지 않더라도 그 안에 틀림없이 돈이 들어 있다는 것을 알고 있는데 말입니다. 아마 그렇게는 하지 않을 겁니다.

 나 같은 처지의 강도는 봉투를 뜯지 않고 주머니에 쑤셔넣기가 무섭게 한시 바삐 그 자리에서 달아나고 말죠.

 하지만 드미트리 님은 전혀 다릅니다. 그분은 봉투에 대해 얘기는 들었지만, 직접 본 적이 없습니다. 그러니까 만일 그분이 가령 베개 밑에서 봉투를 찾아냈다고 한다면 당장 뜯어 보고 틀림없이 그 돈이 들어 있는지 확인하는 것이 당연할 겁니다. 그러고는 나중에 증거물이 된다는 것은 생각할 겨를도 없이 그 자리에 봉투를 버리고 맙니다. 그분은 상습적인 도둑이 아니며 여태까지 한번도 남의 것을 훔친 적이 없습니다. 워낙 대대로 내려오는 귀족이니까요. 그래서 설령 그분이 도둑질을 할 결심을 했다 하더라도 다만 자기 것을 되찾을 뿐이지 훔치는 것이 아니지요. 그분은 전부터 그 일을 온 동네에 퍼뜨리고 다니지 않았습니까? '나는 영감쟁이한테 가서 내것을 되찾을 테다.' 이렇게 누구 앞에서나 큰소리를 치고 있었거든요.

 나는 심문을 받을 때 이런 뜻을 노골적으로 말하지는 않았지만 모르는 척하면서 슬쩍 풍겨 놓았죠. 검사 쪽에서 먼저 그런 생각을 한 것이지 내가 검사에게 암시한 것은 아니라는 식으로 말입니다. 그랬더니 검사는 이 암시에 상당히 매력을 느끼는 것 같더군요……."

 "아니, 그래, 너는 설마 그때 그 자리에서 그런 생각을 한 건 아니겠지?" 이반은 놀란 나머지 자기도 모르게 소리를 질렀다. 그는 섬뜩하여 다시 스메르자코프의 얼굴을 바라보았다.

 "그런 다급한 판에 그런 것을 어떻게 생각해 내나요? 오래 전부터 다 생각해 둔 거죠."

 "그렇다면…… 그렇다면 악마가 너를 도와준 거다!" 이반은 다시 소리쳤. "그래, 너는 바보가 아니야. 너는 내가 생각한 것보다 훨씬 영리해……."

 그는 벌떡 일어섰다. 그것은 방안을 잠시 걸어다니기 위해서였다. 그는 기분이 몹시 우울했다. 그러나 테이블 앞을 가로막고 있고 테이블과 벽 사이는 겨우 빠져나갈 정도의 공간 밖에 없었으므로 그는 그 자리에서 한 바퀴 돌고는 다시 자리에 앉았다. 거닐 수도 없다는 것이 갑자기 그를 화나게 한 건지도 모른다. 그래서 그는 조금 전과 같이 거의 미친듯이 고함을 지르기 시작했다.

 "이봐, 이 경멸스럽고 불행한 놈, 잘 들어 둬! 정말 모른단 말이냐? 내가 여태까지 널 죽여 버리지 않은 것은 다만 널 살려 뒀다가 내일 법정에서 해명하게 할 생각이었다는 것을? 하느님이 보고 계신다." 이렇게 말하면서 이반은 한쪽 손을 쳐들었다. "어쩌면 나한테도 죄가 있을지 모른다. 어쩌면 나는 내심 아버지가 죽었으면 좋겠다고 생각했는지도 몰라. 하지만 맹세코 말해 두지만, 나는 말이다, 네가 생각하는 것만큼 그런 악당은 아니다. 나는 전혀 너를 사주하지 않았는지도 몰라. 아니, 난 사주하지 않았어! 어쨌든 나는 내일 법정에서 자백하기로 결심했다. 죄다 말해 버릴 생각이야. 그러니까 너도 함께 법정에 나가야 한다! 네가 법정에서 나에 대해 무슨 말을 하든지, 또 어떤 증거를 제시하든지 난 그걸 인정할 테다. 난 이제 너를 무서워하지 않아. 뭐든지 내 스스로 먼저 인정해 버릴 테니까! 너도 자백해야 해! 반드시, 반드시 자백해야만 돼! 함께 가자! 난 이제 그렇게 하기로 결심했다."

이반은 당당하고 힘차게 이렇게 말했다. 그의 빛나는 눈만 보아도 그렇게 하기로 결심한 것이 분명했다.

"도련님은 지금 편찮으십니다, 난 알아요, 보기에 병자가 분명합니다. 눈빛이 완전히 누렇습니다."

스메르자코프는 그렇게 말했으나 그 말에는 조금도 비웃는 투가 없고 오히려 동정이라도 하는 것 같았다.

"같이 가야 한다!" 이반은 되풀이했다. "만일 네가 안 가더라도 어차피 난 혼자서라도 자백하고 말겠어."

스메르자코프는 무언가 곰곰이 생각하는 듯이 잠시 입을 다물었다.

"그렇게 할 수 있을까요? 도련님은 아마 법정에 나가지 않으실걸요."

이윽고 그는 단호하게 말했다.

"내가 무엇을 각오하고 있는지 넌 몰라!"

이반은 따지듯이 소리쳤다.

"하지만, 도련님. 죄다 털어놓아 버리면 그 치욕을 어떻게 감당하시려고요? 그리고 첫째 아무런 도움도 되지 않아요. 나는 서슴지 않고 이렇게 말할 겁니다. '저는 그런 말을 한 마디도 한 적이 없습니다. 도련님은 병 때문인지—아무래도 그런 것 같은데요—아니면 자신을 희생해서라도 형님을 살리고 싶은 동정 때문인지 저를 범인으로 내몰고 계십니다. 도련님은 언제나 나같은 사람을 파리나 등에쯤으로밖에 여기시지 않았으니까요' 하고 말입니다. 그래, 내가 이렇게 말하면 누가 도련님 말을 곧이듣지요? 또 어떤 증거가 있습니까?"

"닥쳐, 지금 네가 이 돈을 내게 보여준 것은 물론 나를 납득시키려고 그런 거지?"

스메르자코프는 지폐 다발 위에서 이사크시린의 책을 집어 옆에 놓았다.

"이 돈을 가져가십시오."

스메르자코프는 크게 한숨을 내쉬었다.

"물론 가져간다! 그런데 너는 이 돈 때문에 사람을 죽여 놓고 어째서 그토록 쉽게 나한테 주는 건가?"

"그런 돈은 이제 나에게 전혀 필요가 없습니다." 스메르자코프는 한쪽 손을 흔들면서 떨리는 목소리로 말했다. "처음 나는 이 돈을 갖고 모스크바나 아니면 차라리 외국에라도 가서 인간다운 생활을 시작해 보자는 꿈을 꾸었지요. 그것도 그 '무슨 짓을 해도 괜찮다'에서 온 것이죠. 바로 도련님이 가르쳐 준 것입니다. 그 무렵 나한테 몇 번이나 말하지 않았습니까. '만일 영원한 하느님이 없다면 어떤 선행도 없을 것이고 그렇게 되면 선행같은 건 필요도 없을 것이다.'라고 한 그 말 말입니다. 정말 그건 도련님의 말씀이 맞습니다. 그래서 나도 그런 생각을 했던 겁니다."

"자신의 머리로 생각해 낸 거겠지?"

이반은 일그러진 웃음을 씩 웃었다.

"도련님의 가르침에 따랐지요."

"그런데 돈을 돌려주는 것을 보니 이젠 하느님을 믿는 모양이구나?"

"아뇨, 믿지 않습니다."

스메르자코프는 속삭이듯이 대답했다.

"그럼 왜 돌려주나?"

"그만합시다…… 별거 아니니까요!" 스메르자코프는 또 한쪽 손을 내저었다. "도련님은 그때 늘 입버릇처럼 무슨 짓을 해도 상관없다고 말씀하셨는데, 그런 도련님이 지금은 왜 그리 떠시나요? 더욱이 자백하러 간다는 결심까지 다 하고…… 하지만 그런 일은 없을 걸요! 도련님은 결코 자백하러 가지 않을 겁니다!" 스메르자코프는 자신감 넘치는 단호한 말투로 단정하듯이 말했다.

"두고 보면 알아!"

이반이 말했다.

"그런 일은 없을 겁니다. 도련님은 너무 영리하니까요. 도련님은 또 워낙 돈을 좋아하지 않습니까? 보나마나입니다. 게다가 자존심이 강해서 명예도 사랑하구요. 더욱이 예쁜 여자는 더 말할 것도 없지요. 하지만 도련님이 가장 좋아하는 것은 평화롭고 풍족하게 사는 것, 그리고 누구에게도 머리를 숙이지 않는 것이지요. 누가 뭐래도 그게 도련님의 본심입니다. 그러니 법정에서 그런 치욕을 당하고 영원히 인생을 망쳐 버리는 그런 행동은, 아마 할 수 없을걸요. 결국 도련님은 주인님을 가장 많이 닮았습니다. 영혼까지 그분과 똑같이 닮았습니다."

"너는 바보가 아니구나." 이반은 무언가에 얻어맞은 듯이 이렇게 말했다. 얼굴이 갑자기 시뻘겋게 달아올랐다. "나는 지금까지 너를 바본 줄만 알고 있었는데, 이제 보니 굉장히 똑똑하군!"

새삼스러운 듯이 스메르자코프를 쳐다보면서 그는 말했다.

"나를 바보라고 생각한 것은 도련님이 오만해서 그렇습니다. 자, 돈을 받으십시오."

이반은 지폐 세 다발을 집어서 아무렇게나 주머니에 쑤셔넣었다.

"내일 법정에서 보여 주겠어."

"법정에서는 아무도 당신 말을 곧이 듣지 않을 겁니다. 지금 도련님은 많은 돈을 갖고 있으니까 다들 자기 금고에서 꺼내 온 돈인 줄 생각할걸요."

이반은 의자에서 일어섰다.

"한번 더 말해 두지만, 지금 내가 너를 죽이지 않는 이유는 오직 한 가지 바로 내일 네가 필요하기 때문이다. 알겠나? 이걸 잊지 마라."

"죽이려면 죽이시오, 지금 당장!" 스메르자코프는 느닷없이 묘한 표정으로 이반을 쳐다보면서 기묘한 어조로 말했다. "도련님은 아마, 그것도, 못할걸요." 그는 씁쓸하게 웃으면서 덧붙였다. "전에는 대담한 분이었지만 지금은 아무것도 못하거든요!"

"그럼 내일 보자!"

이렇게 소리치고 이반은 나가려 했다.

"잠깐만…… 다시 한번 그 돈을 좀 보여주십시오."

이반은 지폐를 꺼내 그 앞에 내밀었다. 스메르자코프는 한 10초 동안 가만히 그것을 들여다보았다.

"됐습니다, 가십시오." 그는 한쪽 손을 흔들며 말했다. "도련님!" 그는 다시 이반의 등뒤에다 대고 소리쳤다.

"뭐야?"

이반은 걸어가면서 돌아보았다.

"안녕히 가십시오!"

"내일 보자!"

이반은 다시 한번 소리치고 밖으로 나갔다. 눈보라는 여전히 휘몰아치고 있었다. 그는 처음 잠깐 동안은 힘차게 걸어갔으나 곧 다리가 휘청거리기 시작했다.

'이건 건강이 나빠진 탓이야.'

그는 이렇게 생각하면서 씁쓸하게 웃었다. 그러자 기쁨 비슷한 감정이 마음 속에 솟아났다. 그는 자기 내부에 한없는 강함을 느꼈다. 최근 그토록 그를 괴롭히고 있던 마음의 동요가 마침내 종지부를 찍은 것이다! 결심은 섰다.

'이제 이 결심은 절대로 변하지 않는다.'

그는 행복을 느끼면서 그렇게 생각했다. 그 순간 무언가에 발이 걸려서 하마터면 넘어질 뻔했다. 걸음을 멈추고 자세히 보니 아까 그가 때려눕힌 농부가 그 자리에 정신을 잃은 채 꼼짝도 하지 않고 쓰러져 있었다. 눈이 농부의 얼굴을 거의 다 덮고 있었다.

이반은 지체없이 농부를 잡아 일으켜 등에 들쳐 업었다. 오른쪽에 보이는 오두막 불빛을 향해 나아가서 덧문을 탕탕 두들겼다. 이윽고 대답을 하고 나온 집주인인 상인에게 3루블을 사례하겠다고 약속하고 농부를 파출소까지 데리고 가는 것을 도와 달라고 부탁했다. 상인이 옷을 챙겨 입고 나왔다. 그리하여 이반은 무사히 농부를 파출소에 데리고 가서 곧 의사의 진찰을 받게 했을 뿐만 아니라 인심 좋게 '갖가지 경비'를 지불했다. 그러나 여기서 자세한 이야기는 하지 않겠다. 다만 한 가지 말해두고 싶은 것은 그가 그 일에 거의 1시간이나 소비했다는 사실이다. 그러나 이반은 몹시 만족했다. 그의 사고는 잇따라 가지를 쳐 나가며 활발하게 움직였다.

'내가 만일 내일의 공판을 위해서 이렇게 굳은 결심을 하지 않았다면' 그는 갑자기 어떤 쾌감을 느끼면서 생각했다. '농부의 구출 따위에 1시간이나 소비하지는 않았을 것이다. 틀림없이 그 옆을 지나가면서, 얼어죽든지 말든지 침이

나 뱉어주는 게 고작이었을 걸……. 그나저나 이렇게까지 나 자신을 냉정하게 관찰할 수 있다니!' 그는 그 순간 더 큰 쾌감을 느끼면서 생각했다. '그런데 놈들은 나를 머리가 돈 사람으로 본단 말이야!'

자기 집 앞에 이르렀을 때 그는 갑자기 걸음을 멈췄다. '지금 바로 검사를 찾아가서 모든 것을 진술해 버리는 편이 좋지 않을까?' 그러나 그는 다시 집으로 발걸음을 옮김으로써 이 의문을 해결했다. '내일 모든 것을 한꺼번에 얘기하기로 하자!' 그는 마음속으로 이렇게 중얼거렸다. 그러자 이상하게도 거의 모든 기쁨과 자기 만족이 일시에 그의 가슴에서 사라져 버렸다.

그가 자기 방에 들어갔을 때 무언가 얼음처럼 차가운 것이 갑자기 심장에 닿은 듯한 느낌이 들었다. 그것은 바로 이 방안에 지금 현재, 그리고 전부터 존재하고 있었던 추억, 더 나아가서 뭔가 괴로울 만큼 꺼림칙한 것에 대한 예고였다.

그는 지친 듯이 소파에 털썩 앉았다. 할멈이 사모바르를 들고 왔다. 그는 차를 따라 놓았으나 입에 대지는 않고 할멈은 내일까지 볼일이 없다면서 돌려보내 버렸다. 소파에 앉아 있는 동안에 머리가 어질어질해졌다. 왠지 병이 들어 몹시 쇠약해진 듯한 기분이었다. 졸음이 왔으나 불안에 사로잡혀 소파에서 일어나 잠을 쫓기 위해 방안을 걸어다니기 시작했다.

이따금 가위 눌리는 듯한 기분이 들었다. 그러나 무엇보다도 마음에 걸리는 것은 병이 아니었다. 그는 다시 의자에 앉아 무엇을 찾기라도 하는 듯이 가끔 주위를 둘러보기 시작했다. 그것이 몇 번이나 되풀이되었다.

마침내 그의 눈은 지그시 어느 한 점을 쏘아보았다. 이반은 빙그레 웃었으나 그 얼굴은 이내 분노로 붉게 물들었다. 그는 오랫동안 그 자리에 앉아 두 손으로 턱을 단단히 고인 채 눈은 여전히 아까 그 한 점, 맞은쪽 벽 앞에 놓여 있는 소파를 노려보고 있었다. 분명히 거기 있는 무언가가, 어떤 대상이 그의 마음을 초조하고 불안하게 괴롭히고 있는 것 같았다.

9 악마, 이반의 악몽

필자는 의사가 아니지만 이반의 병이 어떤 것인지 독자 여러분에게 조금이나마 설명해야할 시기가 온 것 같다. 미리 한마디 해 두자면 그는 이날 밤 환각증에 걸리기 일보 직전에 와 있었다는 것이다. 이 병은, 오래 전부터 약해져 있으면서도 완강하게 저항하던 그의 육체 조직을 마침내 완전히 정복하고 만 것이었다.

필자는 의학을 전혀 모르지만 대담하게 상상해 보면 그는 사실 자기 의지를 극도로 긴장시켜 얼마 동안은 발병을 지연시키고 있었던 것 같다. 물론 그때 그는 얼마든지 병을 물리칠 수 있다고 꿈꾸고 있었다. 그는 자기가 건강하지 않다는 것을 알고 있었지만, 이러한 경우에 자기 생애에 있어서 하나의 운명적인 순간, 즉 떳떳이 나가야 할 곳에 나가서 대담하고 단호하게 할 말을 다 함으로써 '스스로 자신의 결백을 증명해야 할' 때에 몸져 눕는다는 것은 혐오를 불러일으킬 정도로 싫은 일이었다.

하기야 그는 한 번 모스크바에서 온 새 의사에게 진찰을 받으러 가본 적이 있었다. 이미 전에 말했듯이 카체리나의 우연한 충동에 의해 초빙된 그 의사는 이반의 증상을 듣고 세밀히 진찰한 뒤, 그가 일종의 뇌질환에 걸렸다고 진단했다. 그는 이반이 마지못해 진술한 어떤 고백을 듣고도 전혀 놀라지 않았다.

"그런 상태에 있는 사람이 환각에 빠지는 것은 흔한 일입니다" 의사는 단정했다. "하기야 더 자세히 진찰해 봐야 하지만…… 아무튼 시기를 놓치지 않도록 곧 치료를 하셔야 합니다. 그렇잖으면 큰일납니다."

그러나 이반은 의사의 적절한 권고대로 자리에 누워 안정을 취하려 하지 않았다.

'난 아직 걸을 수 있잖나. 다시 말해 아직 기력이 있단 말이야. 쓰러지면 그때 또 어떻게 하지 뭐. 누구든 좋은 사람이 간호해 주겠지.'

그는 한 손을 내젓고 이렇게 생각했다. 그리하여 이미 얘기한 바와 같이, 지금 그는 자기가 환각에 사로잡혀 있다는 것을 어렴풋이 의식하면서 맞은쪽 벽 앞에 있는 소파 위의 무엇인가를 끈질기게 쏘아보고 있었던 것이다. 거기에는 어떻게 들어왔는지, 사람이 한 명 앉아 있었다. 이반이 스메르자코프한테서 돌아왔을 때는 방안에 아무도 없었다.

그는 어떤 신사였다. 아니, 좀더 정확하게 말하면 이젠 그리 젊지않은 프랑스인들이 말하는 qui frisait la cinquantaine(쉰이 다 된) 러시아 신사였지만, 꽤 길고 아직 상당히 숱이 많은 검은 머리와 쐐기 모양으로 다듬은 턱수염에는 아직 그다지 백발은 보이지 않았다.

그는 갈색 양복을 입고 있었다. 꽤 솜씨 있는 재봉사가 지은 듯했으나 3년이나 전의 유행이어서 이젠 어지간히 낡아 있었다. 아마 사교계의 돈깨나 있는 사람이라면 이미 2년 전부터 이런 옷은 입지 않았을 것이다. 와이셔츠도 머플러처럼 긴 넥타이도 모두 일류 신사들이 쓸 만한 것들이었으나 와이셔츠도 가까이서 보면 때가 묻었고 폭 넓은 넥타이도 상당히 낡은 것이었다. 체크 무늬 바지도 몸에 꼭 맞기는 했으나 요즘 유행으로 봐서는 역시 좁아서 이제는 아무도 입지 않는 것이었다. 하얀 모직 중절모도 역시 계절에 안 맞는 물건이었다. 요컨대 그다지 넉넉잖은 사람이 복장을 단정히 갖춰입고 있다는 느낌을 주는 모습이었다.

말하자면 이 신사는 농노제 시대에 흥청거리던 옛 '흰손' 즉 몰락한 지주 계급에 속하는 사람인 것 같았다. 의심할 여지도 없이 지난날에는 훌륭한 상류 사회에 살면서 유력한 친구들을 갖고 있었으며 지금도 교우 관계는 유지하고 있는지 모르나, 젊은 날의 즐거운 생활은 이미 끝나고 농노제 폐지에 따라 서서히 영락하여 이제는 선량한 친구들의 집을 전전하며 신세를 지고 있는, 일종의 점잖은 식객이 되어 버린 사람이었다. 옛 친구들이 그를 집에 들여놓는 것은 그의 사교적이고 원만한 성품을 알고 있기 때문이며, 또 비록 말석이기는 하지만 어떤 사람과도 동석시킬 수 있는 단정한 사람이기 때문이었다.

그런 식객, 즉 원만한 신사는 재미있는 이야기를 하는 것과 카드놀이 상대는 잘하지만, 무슨 용건을 부탁 받아서 하는 것을 가장 싫어한다. 그들은 보통 혼자살며, 독신이거나 아이가 딸린 홀아비다. 아이가 있는 경우에는 어디 먼 숙모집이나 누군가의 집에 맡겨 두는 것이 보통이다. 신사는 그러한 친척이 있다는 것을 좀 창피하게 여기는지 고상한 사회에서는 그 사실에 대해 일체 입 밖에 내지 않는다. 자기 아이한테서 생일이나 성탄절 같은 때 간혹 카드를 받고, 이따금 답장도 보내지만 어느샌가 그 아이에 대해서도 까맣게 잊어버리고 만다.

이 뜻하지 않은 방문객의 용모는 온후하다고까지는 할 수 없으나 역시 원만한 얼굴이었으며 때와 장소에 따라 언제라도 분위기에 맞게 싹싹한 표정을 지을 수 있는 사람 같았다. 시계는 차고 있지 않았으나 검은 리본을 단 대모갑테 안경을 쓰고 있었다. 오른손 가운뎃손가락에는 모조 오팔이 박힌 큼직한 금반지를 끼고 있었다.

이반은 불쾌한듯이 입을 다물고 말을 건네려 하지 않았다. 손님은 조용히 앉아서 기다리고 있었다. 신사의 태도는 마치 식객이 위층 거실에서 사랑방으로 내려와 차라도 마시며 주인의 말동무라도 되려고 했으나, 주인이 무슨 걱정이라도 있는 듯 눈살을 찌푸리고 생각에 잠겨 있는 바람에 얌전하게 입을 다물고 있는 그런 모습과 비슷했다. 그러나 주인이 입만 떼면 언제라도 유쾌하게 응할 준비가 되어 있었다.

갑자기 그의 얼굴에 어떤 근심스러운 빛이 떠올랐다.

"여보게." 그는 이반에게 말을 건넸다. "실례지만, 한 가지 일러두고 싶은 것이 있어서 말이야. 자넨 카체리나 얘기를 들으려고 스메르자코프를 찾아가 놓고, 그 여자에 대해선 한마디도 물어 보지 않고 돌아 왔어. 아마 잊었던 모양이지……."

"아 참, 그렇군!" 이반은 재빨리 말했다. 그의 얼굴이 걱정스러운 듯 금방 흐려졌다. "맞아, 잊고 있었어……. 그렇지만 이젠 아무래도 좋아, 내일이면 모든 게 다 해결되니까." 그는 혼잣말처럼 중얼거렸다. "그런데 여보시오." 그는 짜증스러운 듯한 어조로 손님을 바라보며 말했다. "그건 당신이 아니더라도 기억해 냈을 거야. 왜냐하면 나는 지금 바로 그것 때문에 괴로워하고 있었거든. 그런데 당신이 웬 참견이지? 그러면 마치 당신이 알려 준 일이지 내가 스스로 깨달은 일이 아닌 것으로 믿어 버리게 되지 않나?"

"그렇다면 믿지 말게나." 신사는 상냥하게 웃었다. "신앙을 강요할 수는 없으니까. 게다가 신앙 문제에 있어서는 증거 특히 물적 증거 같은 건 아무 소용도 없거든. 사도 도마가 믿은 것은 부활한 그리스도를 보아서가 아니라 이미 그 전부터 믿고 싶어했기 때문이네. 이를테면 강신술사(降神術師)들을 들 수 있는데, 나는 그런 사람들을 무척 좋아하지……. 생각해 보게나, 그런 사람들은, 강신술은 악마가 저 세상에서 뿔을 보여주기 때문에 신앙에 무척 유익하다고 생각하고 있지. '이것은 저 세상이 실재(實在)하고 있다는, 이른바 물적 증거가 아닌가' 그 사람들은 이렇게 말하고 있네. 저 세상과 물적 증거, 기막힌 배합이 아닌가! 그건 좋다 치고, 악마의 실재가 증명되었다고 해서 신의 실재가 증명되겠는가? 나도 이상주의자에 끼고 싶군. 그러면 그들에게 이렇게 반론해 줄텐데. '나는 현실주의자지만 유물론자는 아니니까, 헤 헤 헤!' 이렇게 말이야."

"이봐." 이반은 별안간 테이블 저쪽에서 일어섰다. "나는 지금 마치 꿈이라도 꾸고 있는 기분이야……. 물론 꿈을 꾸고 있는 걸 거야……. 뭐든지 마음대로 지껄여 봐! 넌 전번처럼 내 약을 올리지는 못할걸. 그러나 왠지 창피한 생각이 드는군……. 난 방안을 걸어다니고 싶어……. 나는 지난번처럼 간혹 네 얼굴도 안 보이고 목소리도 안 들리게 되지만 네가 지껄이는 말은 다 알아. 왜냐하면 그건 나니까, 지껄이고 있는 것은 네가 아니라 나거든! 다만 한 가지, 지난 번 너를 만났을 때 나는 자고 있었는지 아니면 눈을 뜨고 너를 보고 있었는지 잘 모르겠단 말이야. 찬물에 수건을 적셔서 머리에 얹어야겠군. 그러면 아마 넌 증발해 버릴 거야."

이반은 방구석으로 가서 자기 말대로 수건을 물에 적셔 머리에 얹고 방안을 이리저리 걸어다니기 시작했다.

"우리가 이렇게 금방 허물없이 서로를 부를 수 있는 사이가 되어서 무척 기쁘군."

손님이 말을 꺼냈다.

"바보 같으니." 이반은 웃었다. "내가 왜 너에게 존칭을 써야 하지? 난 지금 정말 기분이 유쾌해. 다만 관자놀이가 쑤시는군…… 이마도 아프고…… 그러니 제발 지난번처럼 철학 냄새나는 얘기는 사양하겠어. 만일 잠자코 있지 못하겠거든 뭐 재미있는 얘기나 해줘. 식객이라면 식객답게 부질없는 세상 이야기나 하는 거야. 정말 성가신 친구에게 붙들리고 말았군! 하지만 난 널 두려워하지 않아. 두고 봐, 언젠가 널 납작하게 만들어 주고 말겠어. 난 정신 병원 같은 덴 절대로 끌려가지 않을 테니까!"

"C'est charmant(나쁘지 않군)' 식객이라는 것도. 그래, 나는 내 모습을 있는 그대로 보여주고 있어. 이 지상에서 내가 식객이 아니고 뭐겠는가? 그렇다 치더라도 나는 자네 얘기를 듣고 조금 놀랐는걸. 정말이야, 자네는 차차 나를 실재하는 것으로 해석하고 지난번처럼 자네 자신의 환상이라고 생각하지 않게 되었거든……."

"나는 단 1분도 널 실재한다고 생각한 적은 없어." 이반은 맹렬한 기세로 소리쳤다. "넌 허위고 나의 병이야. 환상이지. 다만 나는 어떡하면 널 사라지게 할 수 있는지 모를 뿐이야. 아무래도 한참 동안 괴로워해야겠지. 넌 내 환각이야. 나 자신의 화신. 내 한 단면의 화신…… 가장 메스껍고 어리석은 내 사상과 감정의 화신이란 말이야. 그러니까 만일 내게 널 상대할 여유만 있다면 이런 점에서 넌 확실히 나에게 흥미있는 그 무엇이 틀림없어……."

"실례지만, 실례지만 말이네, 한 가지 자네의 모순을 지적하겠네. 자네는 아까 가로등 옆에서 '너는 그자한테서 들었지? 그자가 나한테 드나든다는 것을 너는 어떻게 알았니?' 하면서 알료샤에게 호통을 치잖았는가. 그자란 나를 두고 한 말이지. 그러고 보면 자네는 불과 한 순간이긴 하지만 나의 존재를 믿었던 거네. 그렇지 않은가?"

신사는 가볍게 웃었다.

"아, 그건 인간만이 가진 약점이야…… 나는 널 믿을 수가 없었어. 난 지난번에 자고 있었는지 깨어 있었는지 그것조차 모른단 말이야. 그땐 널 꿈에서 본 것이지, 현실이 아니었는지도 몰라……."

"그런데 자네는 어째서 아까 그토록 알료샤를 몰아세웠나? 그는 사랑스러운 청년이야. 나는 조시마 장로의 일로 알료샤에게 죄를 지었지만."

"알료샤 얘기는 그만둬…… 비천한 주제에 건방지게!"

이반은 다시 웃었다.

"자네는 욕을 하면서 웃는군. 그건 좋은 징조야. 오늘은 지난번보다 훨씬 기분이 좋은가보군. 나는 까닭을 알지, 그건 위대한 결심을 했기 때문이야……."

"내 결심에 대해선 말하지 마!"

이반은 맹렬하게 소리쳤다.

"알았네, 알았어. c'est noble, c'est charmant(그건 훌륭하고 멋진 일이야). 자네는 내일 형님을 변호하러 가서 자기를 희생할 거니까……. c'est chevaleresque(그게 기사도지)."

"닥쳐, 걷어차 버릴 테다!"

"그건 조금 고마운 일이군. 자네가 나를 걷어차면 내 목적은 달성되는 셈이니까. 걷어찬다는 것은 즉 자네가 나의 실재를 믿고 있다는 증거지. 환상을 걷어차는 사람은 없거든. 농담은 그만 하고, 나는 아무리 욕을 먹어도 아무렇지도 않네만, 설령 그렇다해도 아무리 나같은 인간에게도 좀더 정중한 말투를 쓰는 게 좋지 않겠나. 바보니 비천하다느니 하는 말은 좀 심해!"

"널 욕하는 건 나를 욕하는 거야!" 이반은 또 웃었다. "넌 나야. 다른 얼굴을 한 나란 말이야. 넌 내가 생각하고 있는 것을 말하고 있어…… 넌 나에게 새로운 것은 조금도 들려주지 못해!"

"만일 내 생각과 자네 생각이 일치한다면 그건 오직 나의 명예가 될 뿐이네."
신사는 공손하게 그러나 위엄 있는 어조로 말했다.
"넌 다만 나의 더러운 생각, 더욱이 어리석은 사상만 들추고 있어. 넌 어리석고 야비해. 끔찍한 바보지. 정말 나는 못견디게 네가 싫어……. 아아, 나보고 어떡하라는 거야, 어떻게 하라는 거야!"
이반은 이를 갈면서 소리쳤다.
"여보게, 나는 역시 신사로서 처신하고 신사로서 대우받고 싶네." 손님은 어디까지나 식객답게, 처음부터 양보하고 들어가겠다는 듯한 일종의 악의없는 야심을 보이면서 말하기 시작했다. "나는 가난하지만…… 뭐 그렇다고 매우 정직하다고는 하지 않겠네……. 세상에서는 대체적으로 나를 타락한 천사쯤으로 말하고 있지. 사실 나는 내가 옛날에는 어째서 천사일 수 있었는지 도무지 상상이 가지 않네. 또 설령 그러한 때가 있었다 하더라도 이젠 잊어버려도 죄가 안 될 만큼 먼 옛날의 일이지. 그래서 지금은 그저 성실한 인간이라는 평판만을 존중하고 남에게 미움을 받지 않도록 세상의 흐름에 맞춰 살아가려고 노력하고 있다네. 나는 진정으로 인간을 좋아하네.
아아, 나는 여러 가지 점에서 무고한 죄를 덮어쓰고 있었단 말일세! 내가 이따금 이 지상에 내려오면 내 생활은 뭔가 정말로 실재하는 것처럼 흘러가지. 그것이 무엇보다 마음에 드는 점이라네. 나 자신도 자네와 마찬가지로 현실과 동떨어진 것 때문에 괴로움을 당하고 있으니까, 그만큼 이 지상의 현실주의를 사랑하고 있네.
자네들의 이 지상에서는 모든 것이 분명하게 구분되어 있고 모든 것에 공식이 있으며 모든 것이 기하학적이네. 그런데 우리한테는 일종의 부정 방정식(不定方程式)밖에는 없거든. 그래서 나는 이 지상을 걸으면서 공상하는걸세. 나는 공상하는 것을 좋아하네. 게다가, 이 지상에서는 미신을 믿게 돼. 제발, 웃지 말아 주게. 나는 내가 미신을 믿게 된다는 점이 마음에 드니까. 나는 여기서 자네들의 모든 습관에 따르고 있지. 나는 유료 목욕탕에 가는 것이 좋아졌어. 자넨 놀라겠지만, 장사치들이나 수도사들과 함께 욕탕에 들어앉아 있곤 한다네.
내가 꿈꾸는 것은, 인간으로 변하는 거라네. 특히 최종적으로는, 결국 원래대로 돌아갈 수 없도록, 몸무게가 $100kg$이나 되는 뚱뚱한 장사꾼 마누라가 되어 그 여자가 믿는 것을 나도 고스란히 믿고 싶네. 나의 이상은 교회에 들어가서 순진한 심정으로 촛불을 바치는 일이야. 정말이네. 그때야 비로소 나의 고통은 마침표를 찍게 되네.

그리고 자네들과 함께 의사의 진찰을 받는 것도 좋더군. 지난 봄 천연두가 번졌을 때 사회보호시설에 가서 예방주사를 맞았지. 그날은 정말 날아갈 것 같은 기분이었네. 슬라브 민족의 동포 운동에 10루블을 다 기부했을 정도니까……. 그런데 자넨 내얘길 듣지 않는군. 여보게, 자네 오늘은 몸이 좀 안좋아 보이는데." 신사는 잠시 입을 다물었다. "나는 자네가 어제 그 의사한테 간 것을 알고 있지……. 어떤가, 자네 건강은? 의사가 뭐라고 하던가?"

"이 바보!"

이반은 한마디로 잘라 버렸다.

"그렇지만 자네는 무척 영리하지. 자네 또 소리를 지르는가? 나는 뭐 별로 동정하는 게 아니라 그냥 물어봤을 뿐이니까 대답하고 싶지 않으면 안해도 돼. 최근에 다시 류머티즘이 도져서 말이야……."

"바보!"

이반이 다시 되풀이했다.

"자네는 밤낮 똑같은 소리만 하는군. 나는 지난해 지독한 류머티즘에 걸렸었지. 지금도 생각나네."

"악마도 류머티즘에 걸리나?"

"그야 물론이지. 나는 이따금 사람으로 변하니까. 인간의 살을 붙이고 있는 이상 그 결과로 병에 걸리는 것은 어쩔수 없는 일이지. 나는 악마니까 sum et nihil humanum a me alienum puto(모든 인간적 현상과 인연이 없을 수가 없다.)"

"뭐, 뭐라구? '악마니까 sum et nihil humanum……(모든 인간적 현상)'이 어쩌고 어째? 흥, 악마의 말치고는 제법 그럴 듯한데?"

"이제야 겨우 마음에 든다니 기쁘네."

"그런데 너 그 말은 나한테서 훔쳐간 것이 아니군." 이반은 충격을 받은 듯이 별안간 정색이 되었다. "난 그런 것은 한 번도 생각한 적이 없는데, 이상해……."

"C'est du nouveau n'est-ce pas?(이건 새로운 거네, 안그런가?) 이렇게 되면 깨끗이 죄다 털어놓고 말하지. 대체로 꿈속에서는, 특히 위장이나 뭔가가 좋지 않아 악몽에 시달릴 때, 인간은 이따금 매우 예술적인 꿈을 꾸는 법이라네. 그것은 매우 복잡하고 생생한 현실이나 일관된 줄거리가 있는, 자네 인간들의 가장 고상한 현상에서 셔츠의 단추 하나에 이르기까지, 놀랄 만큼 섬세하게 이어진 수많은 세계라네. 맹세해도 좋지만 그 섬세함이란 작가인 레프 톨스토이도 쓸 수 없을 정도의 것이지.

한편, 가끔 이러한 작가가 아닌 아주 평범한 사람들, 이를테면 관리나 칼럼니스트나 수도사 같은 사람들이 그런 꿈을 꿀 때가 있다네……. 여기에 대해서는 많은 문제점이 있지. 어느 장관이 나한테 고백한 일이네만, 가장 멋진 아이디어가 떠오르는 것은 죄다 잠자고 있을 때 라더군. 사실 지금도 그렇지 않은가? 나는 자네의 환각이지만, 마치 악몽에 시달리고 있을 때처럼 지금까지 자네 머리에 도무지 떠오르지 않았던 독창적인 말을 하고 있네. 그러니까 나는 결코 자네의 생각을 복제하고 있는 것이 아닐세. 그런데도 나는 역시 자네의 악몽에 지나지 않고, 그 이상의 아무것도 아니라네."

"거짓말 마라. 당신의 목적은 자기가 독립된 존재이며 결코 나의 악몽이 아니라는 것을 나더러 믿게 하려는 거야. 그러면서도 당신은 지금 자신이 꿈이었다는 것을 입증하고 있군."

"여보게, 나는 오늘 특별한 방법을 사용해 보았네. 나중에 설명해 주지. 가만있자, 내가 어디까지 얘기했더라? 그렇지, 나는 그때 감기에 걸렸어. 다만 자네들이 있는 세상에서가 아니라 거기서……."

"거기라니, 어디? 이봐, 넌 언제까지 여기 있을 참이야? 돌아갈 수 없나?"

이반은 거의 절망적으로 소리쳤다.

그는 걸어다니기를 그만두고 소파에 앉아 다시 테이블에 팔꿈치를 세워 두 손으로 꽉 머리를 싸맸다. 머리에서 젖은 수건을 벗겨 지긋지긋하다는 듯이 집어던졌다. 아무런 효과도 없었던 모양이다.

"자넨 신경이 망가졌어."

신사는 거리낌없는 태도로 그렇게 지적했지만, 거기에는 진심어린 친근함이 배어 있었다.

"자네는 내가 감기에 걸릴 수 있다는 사실 때문에 화를 내지만, 그건 매우 자연스러운 일일세. 당시 나는 어느 외교관의 저녁 파티에 참석하려고 부랴부랴 달려가던 중이었지. 그 파티는 늘 장관 부인이 되고 싶어하는 페테르부르크의 상류층 귀부인이 베푸는 파티였어. 나는 누구나 하듯이 연미복에 흰 넥타이와 장갑을 착용했지.

그런데 난 그때는 아직 말도 안 되는 곳에 있었기 때문에 자네들의 이 지상에 내려오려면 넓은 우주 공간을 날아야 했었네……. 물론 그것도 불과 한 순간에 날 수 있지만 태양 광선조차 8분이나 걸리니 생각해 보게나, 나는 연미복에다 가슴이 벌어진 조끼를 입었잖은가. 영혼들은 추위를 타지 않지만 인간의 살을 붙이고 있는 이상 아무래도…… 말하자면 나는 경솔하게 얇은 옷을 입은 채 출발한걸세. 그런데 우주 공간에는 물과 에테르 그리고 허공이 이어지니, 정말 엄청나게 춥더군……. 어찌나 춥던지 그건 이미 춥다는 말로는 표현할 수 없을 정도였지. 생각해 보게나, 영하 150도야!

시골 아가씨들은 흔히 이런 장난을 하지. 영하 30도로 내려갔을 때 타지방 남자에게 도끼를 핥게 하는 장난 말일세. 그러면, 대번에 혓바닥이 얼어붙어서, 그 바보의 혀껍질이 벗겨져 피투성이가 되고 말지. 그런데 이건 불과 30도일 때 이야기네. 그러니 150도나 되어보게. 도끼에 손가락이 닿는 순간 아마 부러지고 말걸세. 단…… 그곳에 도끼가 있다면 말이지만……."

"하지만 그런 곳에 도끼가 정말 있나?"

이반은 넋이 나간 듯이, 자못 불길한 기색으로 별안간 소리를 질렀다.

그는 온 힘을 다해 자기의 헛소리를 믿지 않으려고, 광기에 완전히 빠져 버리지 않으려고 필사적으로 저항하고 있었다.

"도끼?"

손님은 은근히 놀라면서 되물었다.

"그래, 대체 그런 데 도끼가 있으면 어떻게 되는거야?"

이반은 별안간 사나운 어조로 집요하다고 할 수 있는 집착을 보이며 소리쳤다.

"우주 공간에서 도끼가 어떻게 되느냐고? Quelle idée!(꽤 재미있는 발상인데!) 만일 훨씬 멀리까지 가버리면 위성이 되어서 뭔지도 모르고 지구 주위를 돌기 시작하겠지 뭐. 천문학자들은 도끼의 출몰을 계산하기 시작할 것이고 달력업자는 그것을 데이터에 기록할 것이고. 그뿐이지 뭐."

"넌 바보야, 바보가 틀림없어!" 이반은 화를 내며 말했다. "거짓말을 하려거든 좀더 그럴듯하게 해. 그렇지 않으면, 난 이제 안 들을테니까. 넌 현실론으로 내 생각을 꺾어 누르고 자신이 실재한다는 것을 내가 믿게 할 작정이지만, 난 너의 실재를 믿고 싶지 않아! 난 안 믿어!"

"아니, 나는 거짓말을 하진 않네. 모두 사실이야. 유감스럽지만 진실은 거의 모든 경우 멍청하게 보이거든. 자네는 아마도 나한테서 뭔가 위대한 것, 아니면 아름다운 것을 기대하고 있는 모양이군. 그렇다면 안됐네. 왜냐하면 내가 자네한데 줄 수 있는 건 고작해야……."

"바보 같으니, 억지같은 논리는 그만둬!"

"천만에, 억지같다니. 나는 몸 오른쪽이 완전히 마비되어 끙끙 신음하기 시작하고 있네. 의사란 의사에게는 다 보여 봤지만 훌륭하게 진찰해서 마치 손바닥을 가리키듯 증세를 죄다 얘기해 주기는 하는데 도무지 고치질 못하더란 말일세. 마침 그 자리에 감격을 잘하는 의대생이 있었는데 '비록 당신이 죽더라도 자기가 어떤 병으로 죽는지 속시원히 알게 되지 않습니까!' 하잖겠나? 그들의 수법이란 환자를 곧 전문가들에게 떠넘겨 버리는 것이거든. 그러면서 '우리는 진찰만 해드릴 테니 이러이러한 전문가를 찾아가시오. 그 사람이 병을 잘 고쳐 줄 거요.' 이러는거지.

자네에게는 모든 걸 밝히지만 지금은 무슨 병이든 다 고치는 그런 구식의 사는 없어지고 오직 전문의들만이 신문에 광고를 내고 있거든. 만일 코병을 앓으면 파리로 가라고 그러지. 거기 가면 유럽의 코 전문 의사가 고쳐 준다는 바람에 파리로 가면, 그 의사는 코를 진찰해 보고 '나는 당신의 오른쪽 콧구멍밖에 고치지 못하오. 왼쪽 콧구멍은 내 전문 밖이니까 비엔나로 가시오. 그곳에는 왼쪽 콧구멍을 고쳐 주는 특별 전문의가 있소.' 이러는 거야.

그래서 하는 수 없이 민간요법으로 고쳐 보기로 했지. 한 독일인 의사가 목욕탕 긴 의자에 누워 소금을 섞은 꿀로 몸을 문질러 보라기에 두 번 목욕하는 셈치고 목욕탕에 가서 온몸에 칠을 해보았지만 아무 소용 없더군. 실망해서 밀라노의 마티 백작에게 편지를 했더니 책 한 권과 물약을 보내 주었는데, 이것도 안 듣긴 마찬가지였어.

그런데 말일세, 놀랍게도 홉—네덜란드의 화학자 말이네—의 맥아 추출액으로 깨끗이 낫지 않겠나! 우연히 사온 것을 한 병반쯤 먹었더니 완전히 나아서 춤까지 줄 수 있게 되더란 말일세. 그래서 '감사하다'는 인사를 꼭 신문에 내기로 했지 뭔가. 어지간히 고마워야지.

그런데 또 성가신 일이 생기지 않았겠나. 글쎄, 어느 편집국에서도 내 글을 안 받아 주네그려. '아무래도 너무 복고풍인데요. 누가 곧이 듣겠습니까? le diable n'existe point(악마 같은 건 더 이상 없어요). 그러니 익명으로 내시는 게 좋겠습니다.' 이렇게 권하더군. 익명으로야 '감사합니다'고 뭐고 없지. 그래서 광고부 사원들을 보고 웃으면서 이렇게 말해 주었네. '지금 같은 시대에 하느님을 믿는다고 한다면 너무 구식이지만, 나는 악마다, 상대가 악마라면 상관없지 않은가 했더니 '정말 그렇군요. 악마를 믿지않는 사람은 아무도 없지요. 그러나 역시 안 되겠습니다. 우리 신문의 편집 방침에 어긋나니까요. 농담 형식을 빌린다면 모르겠습니다만.' 이런 소리를 하였지만, 생각해보니 농담치고는 그리 재치 있는 얘기가 아니더란 말일세. 끝내 실어 주지 않더군. 자네는 곧이 듣지 않겠지만 지금도 그 일이 가슴에 맺혀 있다네! 나에게는 최고의 감정, 이를테면 감사의 마음마저 단순히 나의 사회적 입장 때문에 정식으로 거부 당했으니 말일세."

"또 억지이론을 꺼내는군."

이반은 얄미운 듯이 이를 갈았다.

"천만에. 그러나 때로는 조금은 불평을 하지 않을 수가 없더군. 나는 무고한 죄를 뒤집어쓴 인간이거든. 첫째, 자네도 줄곧 나한테 바보, 바보 하잖았는가. 자네가 아직 너무 젊다는 증거지. 여보게, 무슨 일이고 지혜만으로는 안 되네! 나는 날 때부터 선량하고 쾌활한 마음의 소유자야. '나도 여러 가지 희극을 쓰고 있습니다.' (고골리의 희곡 〈검찰관〉의 주인공 흘레스타코프의 대사) 자네는 마치 나를 늙은 흘레스타코프로 아는 모양이지.

그러나 나의 운명은 훨씬 심각하네. 나는 도저히 나 자신도 알 수 없는 일종의 숙명에 의해 '부정(否定)'하도록 명령을 받고 있다네. 그런데 나는 본시 호인이라 부정이 몹시 서툴더란 말일세. 부정하라, 부정이 없으면 비평도 없다, '비평란'이 없으면 잡지가 아니며, 비평이 없으면 '호산나'만 남는다, 그러나 '호산나'만으로는 인생은 충족될 수 없다, 이 '호산나'가 회의(懷疑)의 용광로를 통과하지 않으면 안 된다. 뭐 이런 걸세.

그러나 나는 그런 일에 참견하지 않기로 했네. 내가 만든 것도 아니고 내게 책임도 없거든. 속죄의 산양을 끌어다가 비평란을 쓰게 하면 그것으로 인생의 1막은 끝나는 걸세. 우리는 이 코미디를 잘 알고 있지.

이를테면, 나는 솔직히 말해서 나의 멸망을 바라고 있네. 그런데 세상 사람들은 '아니, 살아 있어 다오. 자네가 없어지면 아무것도 남지 않게 된다. 만일 이 세상의 모든 것이 원만하고 완전하다면 아무 일도 일어나지 않아. 자네가 없으면 모든 사건이 없어지고 사건이 없으면 곤란하다.' 이런 말들을 한다네.

그래서 나는 내키지 않는 마음으로 이를 악물고 사건을 만들기 위해서 주문에 따라 어처구니없는 짓을 하고 있지. 그런데 인간은 그 뛰어난 두뇌에도 불구하고 이 코미디를 무언가 심각한 것으로 생각하더란 말인세. 이것이 인간의 비극이네. 그야 물론 괴로워하고 있지. 그러나…… 그 대신 그들은 살아 있어. 공상적이 아니라 현실적으로 생활하고 있네. 왜냐하면 고통이야말로 인생이거든. 고통없는 인생에 무슨 만족이 있겠는가? 모든 것이 하나의 끝없는 기도가 되어 버리네. 모든 것이 신성할지 모르나 좀 따분하지.

그런데 나는 어떤가? 나는 괴로워하고는 있지만 역시 살아있지는 않네. 나는 부정 방정식의 X야. 어떠한 시작도 끝도 없는 인생의 환영 같은 것이라네. 내 이름조차 잊어버렸거든.

자네는 웃고 있군……. 아니 웃는 것이 아니라 또 골을 내고 있는 게지. 자네는 영원히 골만 내고 있을 걸. 자네는 늘 지혜만 있으면 된다고 생각하는 것 같지만, 나는 다시 한번 자네에게 말하네, 천국에서의 생활도 신분도 명예도 다 버리고 100㎏이나 되는 장사꾼 마누라 몸에 깃들어서 하느님께 촛불을 바쳐 보고 싶네."

"아니, 넌 신을 안 믿지 않나?"

이반은 미운 듯이 소리없이 웃었다.

"뭐라고 말하면 좋을까, 자네가 만일 진지하게……."

"신은 대체 있나 없나?"

이반은 다시 소리치면서 거칠게 달려들었다.

"그럼 자넨 진지하단 말이지? 그런데 이 사람아, 나는 정말 모르네. 이거 큰 일날 소릴 해버렸군!"

"모르더라도 신은 봤을 테지? 아니, 넌 다른 존재가 아니야. 넌 나 자신이야. 넌 나 이외의 아무것도 아니야! 넌 쓰레기야. 넌 나의 환상이야!"

"만일 원한다면, 나도 자네와 똑같은 철학을 공유해도 좋아. 그게 가장 공평하겠지. 'Je pense donc je suis(나는 생각한다, 고로 존재한다)'야. 이건 나도 확실히 알고 있지. 그러나 내 주위에 있는 그 밖의 모든 것은, 즉 이 세계도 신도 악마조차도 이러한 것들이 모두 과연 독자적으로 실재하고 있느냐, 아니면 단순히 나 자신의 파생물로서 무한한 과거로부터 하나의 개성으로서 존재하고 있는 나의 '자아(自我)'가 점차 발전한 것에 지나지 않느냐……. 하지만 이런 이야기는 얼른 끝내버려야겠군. 자네가 금방이라도 덤벼들 눈치라서 말일세."

"차라리 무슨 우스운 이야기라도 한토막하는 게 어때!"

이반은 병적인 어조로 말했다.

"그런 얘기라면 마침 우리의 화제에 딱 좋은 것이 있지. 아니, 우스운 얘기라기보다 전설같은 거지만. 자네는 실제로 '보고 있으면서도 믿지 않는다'고 나의 불신을 나무라지만, 이 사람아, 그건 나 하나만의 문제가 아니라 저쪽에서는 지금 모두가 고민하고 있네. 까닭은 모두 자네들의 그 과학 때문이야. 원자(原子)니 오관(五官)이니 사대 원소(四大元素)니 하던 시대에는 아직 그런대로 정돈이 되어 있었지. 고대에도 원자는 있었으니까. 그런데 자네들이 '화학적 분자'니 '원형질(原形質)'이니 그 밖에 온갖 것을 발견한 것을 알고부터 우리는 오히려 질려 버렸다네. 말하자면 대혼란이 시작된 거지.

무엇보다 미신과 낭설이 퍼지기 시작했네. 그런 낭설은 이쪽에서도 자네들의 하계와 똑같아. 아니, 이쪽이 조금 더 많을 정도랄까. 드디어 밀고까지 시작됐어. 우리에게도 그런 종류의 '보고'를 접수하는 부서가 하나 있거든.

그런데 이 기괴한 전설이라는 것은 우리 중세(中世)의 것으로,—자네들의 중세가 아니라 우리의 중세야—100kg이나 되는 장사꾼 마누라 외에는 아무도 믿는 자가 없다네. 단 이것도 인간 세상의 마누라가 아니라 우리네 마누라지만. 하기야 자네들 세계에 있는 것은 모두 우리 세계에도 있지. 이건 금지되어 있지만 자네에게만은 우정을 생각해서 비밀을 털어놓겠네.

이 얘기는 천국에 관한 것인데, 이 지상에 심원한 사상을 가진 한 철학자가 있었다네. 그는 '법률도, 양심도 신앙도 모두 부정했다'는데, 그중에서도 특히 내세를 부정했지. 그러다가 그는 죽었다네. 그는 곧 암흑과 죽음으로 가는 줄만 알았지. 그런데 뜻밖에도 눈앞에 홀연히 내세가 나타나지 않았겠나. 그는 깜짝 놀라 분개하면서 '이건 나의 신념과 다르지 않은가!' 이렇게 말해서 그 때문에 재판까지 받았다네……. 여보게, 날 원망하지는 말아 주게. 나는 내가 들은 얘기를 그대로 옮기는 것뿐이니까. 말하자면 전설에 지나지 않는 것이니까……. 그래서 재판 결과 암흑 속을 천조(千兆) 킬로미터—우리 세계에서도 이젠 킬로미터를 사용하고 있지—나 걸어가라는 선고를 받았다네. 이 천조 킬로미터의 암흑을 빠져나가면 천국의 문이 열려서 모든 죄가 용서된다는 얘기야…….”

“너희 세계에서는 그 천조 킬로미터의 암흑 외에 어떤 고통이 있나?”

이반은 이상한 활기를 보이면서 얘기를 가로막았다.

“어떤 고통이라니? 아, 그건 묻지 말아 주게. 전에는 여러 가지가 있었는데 요새는 차차 도덕적인 것, 소위 양심의 가책 같은 어이 없는 것이 유행하기 시작하고 있다네. 이것 역시 자네들 세상에서, 자네들의 '풍속의 해이'에서 온 걸세. 그러니까 오직 덕을 본 것은 양심이 없는 것들뿐이지. 왜냐하면 양심이란 게 전혀 없으니 양심의 가책쯤 아무렇지도 않을 것이 아닌가. 그 대신 아직도 양심과 명예에 대한 관념을 가진 똑똑한 자들은 괴로워했지……. 사실 아직 준비되어 있지 않은 토대 위에 남의 제도를 고스란히 베낀 개혁을 가져오는 것은 백해무익한 걸세. 옛날의 화형 쪽이 오히려 낫지.

아무튼 천조 킬로미터의 암흑행을 선고받은 그 철인은 우두커니 서서 한참 주위를 두리번거리고 있다가 그만 길 한가운데에 드러누워 버리고는 '나는 걷고 싶지 않다. 내 신념으로는 절대로 걸을 수 없어!' 하고 말했다는 거네. 가령 러시아의 교양 있는 무신론자의 영혼과 고래의 뱃속에서 삼일 낮 삼일 밤을 앵돌아져 지낸 예언자 요나의 혼을 혼합하면, 꼭 이 길바닥에 드러누운 사상가의 성격이 형성되지.”

“대체 뭐 위에 누웠을까?”

“아마 뭔가 누울 만한 것이 있었겠지. 우습지 않나?”

“멋진 놈이다!” 이반은 여전히 묘하게 흥분하며 소리쳤다. 그는 지금 어떤 예기찮던 호기심을 느끼면서 듣고 있었다. “그래서 어떻게 됐나, 지금도 누워 있나?”

“그게 그렇지 않아. 한 천 년쯤 누워 있다가 일어나서 걷기 시작했다네.”

“에이, 바보 같으니!” 이반은 신경질적으로 한바탕 웃고는 무언가 골똘히 생각하는 눈치였다. “영원히 누워있는 거나, 천조 킬로미터 걷는 거나 마찬가지 아냐? 10억 년이나 걸려야 하잖아?”

“더 오래 걸리지. 공교롭게도 여기 연필과 종이는 없지만, 계산해 보면 알 수 있네. 그러나 그 사람은 벌써 오래 전에 목적지에 도달했네. 거기서부터 얘기가 시작되는 거야."

"뭐, 도달했다고? 도대체 어디서 10억 년이라는 세월을 가져왔지?"

"자네는 역시 이 지구를 생각하고 있군 그래! 그런데 이 지구는 10억 번이나 되풀이된 것인지도 모르잖는가. 지구의 연륜이 다하면 얼어서 금이 가고 산산 조각이 나서 여러 가지 구성 요소로 분해되었다가 다시 물이 암흑의 공간을 덮고 이어서 다시 혜성이 생기고 태양이 생기고 태양에서 지구가 생기는 거야. 이 순서는 이미 끝없이 되풀이되어 오고 있는지도 모르네. 그리고 모든 것이 한치도 어긋나지 않고 똑같은 거야. 도무지 견디기 어려운 지루한 얘기지……."

"그래서, 그래서, 도달한 뒤엔 어떻게 되었나?"

"천국의 문이 열려서 그가 안에 발을 들여놓은 순간, 겨우 2초도 채 되기 전에, 이것은 시계로 잰 2초를 말하는 거네, ─하기야 그의 시계는 내가 생각컨대 오래 전에 여행중 주머니에서 벌써 원소로 분해되었겠지만─시계로 2초도 지나기 전에 이렇게 소리쳤지. '이 2초 동안에 천조 킬로미터가 아니라 천조 킬로미터를 천조 곱하고 거기다 다시 천조 곱한 거리를 걸을 수 있다!'

한마디로 말해 그는 '호산나'를 노래한 걸세. 더욱이 그 도가 너무 지나쳤지. 그래서 거기 있던, 비교적 고상한 사상을 가진 자들은 처음엔 그와 악수하는 것조차 달갑지 않게 여겼을 정도네. 어쨌든 너무 성급하게 보수주의자로 변신했다고 해서지. 정말 러시아인 답지 않은가. 거듭 말하지만 이건 전설이네. 나는 그저 들은대로 옮길 뿐 아무것도 덧붙이지 않았어. 우리 쪽에서는 지금도 아직 이런 문제에 대해서 이 정도로밖에 이해하지 못하고 있네."

"이제서야 겨우 네 정체를 알았어!" 무언가를 간신히 떠올릴 듯이 마치 어린 아이처럼 들뜬 목소리로 이반은 소리쳤다. "그 천조 년의 전설, 그건 바로 내가 지은 거야! 나는 그 무렵 열일곱 살로 중학교에 다니고 있었지……. 나는 그때 이 이야기를 만들어서 콜로프킨이라는 친구에게 얘기했었지. 모스크바에서의 일이야……. 이 일화는 너무나 특이해서 도저히 다른 데서 소재를 빌려 올 수 없는 거야. 나는 다 잊어가고 있었는데…… 방금 무의식 속에서 머리에 떠올랐어. 그래, 완전히 나 자신이 생각한 것이지 네가 얘기한 게 아니야. 인간이란 어쩌다 보면 무수한 사건을 무의식적으로 회상할 때가 있지. 사형장으로 끌려갈 때조차 그렇다네……. 꿈속에서 생각이 나는 수도 있지. 그러니까 넌 즉 꿈이야! 역시 넌 꿈이지, 실재하지 않아!"

"자네가 기를 쓰고 나를 부정하는 걸로 미루어 보면" 신사는 웃었다. "자네는 아직 분명히 나를 믿고 있는 게 틀림없군."

"조금도 믿지 않아! 백분의 일도 안 믿어!"

"그러나 천분의 일쯤은 믿고 있지. 약도 소량이면 되는 것이 제일 강하다네. 고백하게, 자네는 믿고 있어. 비록 만분의 일이라도……"

"한순간도 안 믿어." 이반은 거칠게 소리쳤다. "하기는 널 믿고 싶으 마음이 없지는 않지만!" 그는 기묘하게 덧붙였다.

"거봐! 마침내 고백했군! 하지만 나는 호인이니까 이번에도 자네를 도와 주지. 알겠나, 정체를 알아낸 건 나지, 자네가 아니네! 나는 일부러 자네가 만든 이야기를, 자네가 이미 잊고 있는 이야기를 자네에게 들려준 거야. 자네가 완전히 나를 믿지 않게 하기 위해서 말일세."

"거짓말! 네가 나타난 목적은 너의 실재를 나더러 믿게 하기 위해서야."

"확실히 그렇지! 그러나 동요, 불안, 믿음과 불신의 싸움, 이러한 것들은 양심이 있는 인간에게, 이를테면 자네 같은 인간에게 때로는 목을 매는 편이 낫다고 여겨질 만큼 고통을 줄 수가 있는 법이네. 나는 말일세, 자네가 얼마쯤 나를 믿고 있다는 것을 알았기 때문에 그 이야기를 들려줌으로써 자네에게 결정적으로 불신을 심어주려 했던 걸세.

자네들을 믿음과 불신 사이에서 방황케 하는 것, 바로 거기에 내 목적이 있거든. 이건 새로운 방법이지. 자네는 나를 전혀 안 믿다가도 곧 또 내가 꿈이 아니라 실재라고 맞대놓고 나에게 주입하려 하는 거네. 난 잘 알고 있지. 그렇게 해서 나는 목적을 달성하게 되네.

하지만 내 목적은 고결하다네. 나는 자네 마음속에 매우 조그마한 신앙의 씨앗을 던져넣지. 그러면 그 씨앗에서 한 그루의 참나무가 자라는데, 그 자라나는 것이 엄청나서 자네가 그 위에 올라가면 '황야에서 수도하는 신부나 깨끗한 수녀들' 속에 한몫 끼고 싶어질 만큼 큰 나무란 말일세. 어쨌든 자네는 마음속으로 은밀하게 그것을 원하고 있네. 메뚜기를 먹으면서 영혼의 구원을 얻기 위해 사막을 향해 천천히 걸어가는 거야."

"악당 같으니, 그럼 넌 내 영혼을 구하려고 애를 쓰고 있단 말인가?"

"때로는 좋은 일도 해야 하잖겠는가. 자네는 화를 내고 있군. 아무래도 자네는 화를 내고 있는 모양이야!"

"어릿광대 같은 놈! 그러면서 넌 언젠가 황야에서 그 메뚜기를 먹으며 17년 동안이나 이끼가 낄 때까지 황야에서 기도한 성자를 유혹한 적이 있지?"

"여보게, 사실 나는 그것만 일삼았다네. 우주 만물을 다 잊고 그 성자 한 사람에게 매달려 있었을 정도였지. 왜냐하면 성자라는 것은 매우 값비싼 다이아몬드거든. 이런 사람 하나는 때로 하나의 성좌(星座)만큼 값어치가 있단 말일세. 우리 세계에는 특수한 수학이 있지. 만약 그것을 손에 넣으면 무엇과도 바꿀 수 없는 가치를 가지거든! 하지만 그들 가운데서도, 자네는 믿지 않겠지만, 정말 자네에게 못지 않을 만큼 지적으로 발달한 사람도 있네. 그들은 믿음과 불신 사이의 심연을 동시에 들여다볼 수 있지. 때로는 배우 고르부노프의 대사처럼 한 발짝만 더 나아가면 절벽에서 '거꾸로' 떨어질 것 같은 경우도 있단 말일세."

"그래서 넌 어떻게 됐어, 코를 떼일까봐 돌아왔단 말인가?"

"여보게." 손님은 설교조로 말했다. "때와 경우에 따라서는 코를 달고 돌아오는 편이 코를 완전히 잃어버리고 돌아오는 것보다 좋을 때도 있네. 바로 얼마 전 어떤 병에 걸린—틀림없이 전문의의 치료를 받았겠지만—후작(侯爵)이 얼마 전 예수회의 신부에게 참회하면서 한 말과 같네. 나도 마침 그 자리에 있었는데 참 재미있더군. '제발 제 코를 돌려주십시오!' 하면서 후작이 자기 가슴을 치니까 신부는 뺀질거리면서 이렇게 발뺌을 하더군. '아들아, 모든 것은 헤아릴 수 없는 하느님의 섭리에 의해서 이루어지는 것이니, 때로는 커다란 불행이 비록 눈에는 보이지 않더라도 커다란 이익을 가져오는 수도 있느니라. 설령 가혹한 운명이 그대의 코를 빼앗아갔다 하더라도 이젠 한평생 어느 누구고 그대에게, 코를 떼일 뻔했다는 소리를 하지 못하게 되었으니 바로 거기에 그대의 이익이 있는 것이니라.'

후작은 절망하여 소리쳤지. '신부님, 그것은 위안이 되지 않습니다! 저는 제 코가 있어야 할 자리에 붙어 있기만 하면 한평생 매일 코를 떼일 뻔해도 기뻐하겠습니다.' 그러자 신부는 한숨을 쉬면서 이렇게 대답했네. '아들아, 모든 행복을 다 가질 수는 없느니라. 그것은 지금도 그대를 잊지 않고 계시는 하느님을 원망하는 일이 아니냐? 왜냐하면 지금 그대가 커다란 소리로 외쳤듯이 코만 제 자리에 있으면 한평생 코를 떼일 뻔해도 기뻐하며 살 각오라면 그대의 희망은 이미 간접적으로는 이루어진 셈이니라. 왜냐하면 그대는 코를 잃음으로써 바로 그것에 의해 역시 코를 떼일 뻔한 일이 이루어진 셈이니까.'"

"흥! 말도 안 되는 얘기야!"

이반은 소리쳤다.

"아니, 이 사람아, 이건 오직 자네를 웃기고 싶어서 한 얘기네. 아무튼 이건 예수회의 궤변이지. 더욱이 한 마디도 틀리지 않고 지금 자네한테 얘기한 그대로일세. 바로 얼마 전에 있었던 일인데 그 친구는 무척 나한테 귀찮게 굴었지. 그 불행한 청년은 집에 돌아가서 그날 밤 권총으로 자살하고 말았네. 나는 마지막 순간까지 그 옆을 떠나지 않았다네……. 이 예수회의 참회실은 내가 기분이 울적할 때 기분전환 삼아 놀러 가기에는 기가 막힌 장소지.

또 한 가지 사건을 얘기해 줄까. 이거야말로 불과 2, 3일 전에 있었던 일이네. 스무 살쯤 먹은 금발의 노르망디 처녀 하나가, 인물이며 몸매며 마음씨가 정말로 군침이 돌 만한 아가씨인데, 늙은 신부를 찾아갔다네. 아가씨는 몸을 굽히고 좁은 틈새로 신부에게 자기 죄를 속삭였지. '뭐라고, 아가씨? 또 그런 어리석은 죄를 지었단 말이냐?…… 아아, 산타마리아(성모마리아) 님, 이게 웬일인가! 이번에는 다른 남자라고? 도대체 언제까지 그런 짓을 계속할 생각인가, 그리고 그대는 부끄럽지도 아니한가!' 하고 신부가 소리쳤지. '아아, 신부님.' 죄 많은 여자는 참회의 눈물을 흘리면서 대답했지. 'Ça lui fait tant de plaisir et à moi si peu du peine!(그 사람은 무척 즐거워했고, 저도 그다지 괴롭지 않았는 걸요!)'

이런 대답을 한번 상상해 보게나! 그래서 나도 기가 막혀서 할 말을 잊었지. 이건 자연 그대로의 부르짖음이거든. 이건 이 사람아, 청정무구(淸淨無垢)보다 낫다고 할 수 있네. 나는 그 자리에서 당장 여자의 죄를 용서해 주고 발길을 돌려 떠나려고 했으나 곧 다시 되돌아가지 않을 수 없었네. 가만히 들어 보니, 신부가 창살 너머로 여자와 오늘 밤의 밀회를 약속하고 있지 않겠나? 오직 신앙밖에 모르던 노인이었는데, 그렇게 순식간에 타락하고 말더란 말일세. 자연이, 자연의 진실이 승리를 차지한 걸세! 왜 그러나, 자넨 또 코를 다른 데로 돌리고 화를 내고 있군 그래? 대체 어떻게 하면 자네 마음에 들겠는가, 이젠 도무지 알 수 없군……."

"상관하지 마. 넌 내 머릿속을 끈질긴 악몽처럼 끝까지 노크하고 있어." 이반은 병적으로 신음했다. 그는 자기의 환영에 대해서 완전히 무력했다. "난 널 상대하는 게 지겨워졌어, 견딜 수가 없단 말이야! 널 쫓아 버릴 수만 있다면, 무슨 일이든 하겠어!"

"다시 한번 말하지만 요구 같은 건 하지 말아 주게. 나한테 '모든 위대한 것, 아름다운 것'을 요구해서는 곤란하네. 보게나, 나와 자네는 서로 사이좋게 살아갈 수 있지 않은가." 신사는 깨우쳐 주듯이 말했다. "사실 자네는 내가 불꽃 날개를 달고 새빨간 후광을 인 채, '천둥을 울리고 눈부시게 빛나면서' 자네 앞에 나타나지 않고 이런 겸허한 모습으로 나타난 데 대해 화가 난 모양이군. 첫째는 자네의 심미안이 모욕을 받았고 둘째로는 자네의 자긍심이 상한 거야. 나처럼 위대한 인간 앞에 어쩌면 이렇게 천한 악마가 나타났을까 하고 말일세. 사실 자네 안에는 저 벨린스키가 조소한 그 낭만적인 기분이 흐르고 있어. 하는 수 없지, 아직 젊으니까.

난 아까 자네한테 올 때 장난삼아 카프카스에서 근무한 진짜 퇴직 사등관(四等官)처럼 차리고 연미복에 '사자'와 '태양' 훈장을 달고 나타날까 하고도 생각했지만, 하다못해 '북극성' 훈장이나 '시리우스' 훈장쯤 된다면 모르지만 시시한 '사자'와 '태양' 훈장 같은 것을 연미복에 달고 왔다고 자네가 때리지나 않을까 겁이 나서 그만 둔걸세. 게다가 자네는 늘 나를 바보라고 부르지 않나.

하지만 나는 현명함에 있어서 자네와 어깨를 나란히 하고 싶다는 그런 터무니없는 야심은 갖고 있지 않네. 메피스토펠레스는 파우스트 앞에 나타나서 자기는 악을 바라지만 선한 일만 하고 있다고 자기 정체를 밝혀 보였지. 그런데 그 녀석이야 뭐라고 말하든 상관할 바 아니지만 나는 반대네. 나는 이 세상에서 진리를 사랑하고 진심으로 선을 바라는 유일한 자인지도 모르니까.

나는 십자가 위에서 죽은 예수가 오른쪽 옆에서 못박혀 죽은 도둑의 영혼을 자기 가슴에 안고 하늘로 올라갔을 때 '호산나'를 부르는 아기 천사들의 기쁜 환성과 천지를 뒤흔드는 천둥과도 같은 대천사들의 환희의 부르짖음을 들었다네. 그때 나는 모든 거룩한 것을 두고 맹세하지만, 사실 나도 이 찬송자들 사이에 끼어서 함께 '호산나'를 부르고 싶더군!

하마터면 찬양이 내 가슴속에서 튀어나갈 뻔했지……. 나는 자네도 알다시피 매우 다감하고 예술적 감수성도 강하거든. 그런데 상식이, 아아, 내 천성 중에서 가장 불행한 특질인 상식이, 나를 의무의 한계 안에 가둬 버리고 만걸세. 그리하여 나는 모처럼의 기회를 놓치고 말았네!

하기야 나는 그때, 내가 만일 호산나를 부른다면 어떻게 될까? 지상의 모든 것은 다 소멸해 버리고 사건이라고는 무엇 하나 일어나지 않게 되겠구나 하는 생각이 들었지. 그래서 나는 오직 나의 본분과 사회적 입장을 위해서 내 마음속에 생긴 이 좋은 기회를 누르고 불결한 일을 계속하게 된걸세. 누군가가 선의 명예를 남김없이 독점해 버렸기 때문에 내 몫으로는 단지 불결한 일만 남아있게 된 거지.

그러나 나는 속임수로 살아가는 명예를 부러워하지는 않네. 나는 허영을 좋아하지 않거든. 우주의 모든 존재물 가운데 왜 나만이 신분 높은 모든 훌륭한 사람들한테서 저주를 받아야 하고 걷어채여야 하는 운명을 짊어지고 있는 것일까? 하기야 인간의 몸속에 들어간 이상 때로는 이러한 결과를 겪어야 하긴 하지. 나는 물론 거기에 어떤 비밀이 존재한다는 것을 알고 있네. 그런데 사람들은 아무리 해도 그 비밀을 나한테 밝히려 하지 않더군. 그럴 수밖에 없는 것이, 내가 비밀의 진상을 깨닫고 느닷없이 '호산나'라도 불러 보게나. 그야말로 당장에 그 없어서는 안 되는 마이너스가 사라져 버리고 온 우주에 예지가 생기는 동시에 모든 게 종말을 고하고 신문이나 잡지도 폐간되고 말 게 아닌가. 왜냐하면, 그렇게 되면 아무도 신문이나 잡지를 사보지 않을 것이거든.

나도 알고 있네. 나는 결국 타협하고 자신의 천조 킬로미터를 걸어서 그 비밀을 알아낼걸세. 하지만 그런 사태가 일어날 때까지는 무뚝뚝한 얼굴로 마지못해 나의 사명을 다하게 될 걸세. 한 사람을 구하기 위해 수천 명을 망쳐놓는 거지. 옛날 한 사람의 의인 욥을 얻기 위해 얼마나 많은 사람을 죽이고 훌륭한 사람들의 명성을 더럽혀야 했던가! 덕분에 나는 몹시 호된 봉변을 당했지. 그래, 비밀이 드러날 때까지는 내게는 두 가지 진실이 있다네. 하나는 아직 조금도 알려지지 않았지만 저 세상 사람들의 진실이고 하나는 나 자신의 진실일세. 그러나 어느 쪽이 진짜인지, 그건 아직 모르겠네……. 자네, 졸고 있나?"

"당연하지." 이반은 화나는 듯이 투덜거렸다. "내 본성 안에 있는 모든 어리석은 것과 벌써 생명을 잃은 지 오래 된 것과 나의 지혜로 다 음미해 본 것과 썩은 고기처럼 내동댕이친 것들을 넌 마치 무슨 신기한 것처럼 새삼스레 권하고 있단 말이야!"

"또 마음에 안 드시는 모양이군! 난 문학적인 문구로 자네를 현혹시키려 했는데, 그 천상의 '호산나'는 사실 그럴 듯했지? 그리고 지금 그 하이네풍의 풍자적인 말투도. 안 그런가?"

"아니야, 난 그 따위 비열한 천덕꾸러기가 되었던 적은 한번도 없어! 어쩌다가 나의 영혼에서 너같이 천한 것이 태어났을까?"

"여보게, 나는 매우 매력적이고 사랑스러운 러시아의 젊은 귀족을 한 사람 알고 있어. 그 사람은 젊은 사상가로 문학과, 미술의 대단한 애호가이고 '대심문관(大審問官)'이라는 제목의 시를 지은 사람일세……. 나는 오직 이 사람 하나만을 염두에 두고 있었네!"

"'대심문관' 얘기를 입에 올리면 그냥 두지 않을 테다!"

이반은 수치심으로 얼굴을 붉히면서 소리쳤다.

"그럼, '지질학상의 변동'으로 할까? 자네도 기억하고 있지? 이것도 아주 훌륭한 서사시더군!"

"닥쳐, 닥치지 않으면 죽여버릴 테다!"

"나를 죽인단 말인가? 뭐, 그러지 말고 다 들어 보게나. 내가 온 것도 요컨대 이러한 만족을 맛보기 위해서니까. 아아, 나는 생활에 대한 갈망에 떨고 있는, 이와 같은 젊고 열렬한 친구의 공상을 굉장히 좋아하네! 자네는 지난 봄 이곳에 올 생각을 했을 때 이렇게 단정하지 않았나.

'거기에는 새로운 사람들이 있다. 그들은 모든 것을 파괴하고 식인(食人)으로부터 새 출발하려 하고 있다. 바보 같은 자들이다. 나한테 물어 보지도 않고! 내 생각으로는 아무것도 파괴할 필요가 없다. 오직 인류 속에 존재하는 신의 관념만 파괴하면 되는 것이다. 먼저 이 일부터 시작해야 한다! 먼저 이것부터, 이것부터 시작해야 한다. 아아, 아무것도 모르는 장님 같으니! 일단 인간이 한 사람도 남김없이 신을 부정해 버리면—그 시기가 지질학적인 주기와 병행해서 찾아올 것을 나는 믿고 있다—, 그때는 종전의 세계관, 특히 종전의 도덕은 식인같은 것을 시작하지 않더라도 자연히 멸망하고 새로운 것이 일어난다. 인간들은 인생이 줄 수 있는 모든 것을 인생에서 얻기 위해 하나가 될 것이다. 그러나 다만 현재, 이 세상에서의 행복과 기쁨을 얻기 위해서만 하나가 된다. 인간은, 신과 같은 거대한 긍지에 의해 위대해지고 거기서 인신(人神)이 출현한다. 인간은 의지와 과학으로 끝없이 시시각각 자연을 정복하면서 그때마다 커다란 기쁨을 얻을 것이다. 이 기쁨이 천국의 기쁨에 대한 과거의 바람을 대신하게 된다.

모든 인간은 한 번 죽으면 다시는 부활하지 않는다는 것을 알면서도 신처럼 자랑스럽게 태연히 죽음을 받아들인다. 그는 높은 자존심 때문에 인생이 순간에 지나지 않는다고 불평할 일이 아니라는 것을 깨닫고 아무런 보상도 바라지 않고, 자기의 동포를 사랑한다. 사랑은 삶의 한 순간에 만족을 줄 뿐이지만, 사랑이 찰나에 지나지 않는다는 자각은 오히려 사랑의 불꽃을 더 왕성하게 한다. 그것은 마치 지금까지 죽은 뒤의 영원한 사랑에 대한 기대 속에서 사랑의 불꽃이 만연히 번져나간 것에 못지 않는다…… 어쩌고 한 것이었는데 정말 그럴 듯하지 않은가!"

이반은 두 손으로 자기 귀를 막고 눈을 내리깐 채 가만히 앉아 있었으나 갑자기 온몸이 후들후들 떨리기 시작했다. 신사의 목소리는 계속됐다.

"그래서, '다음에 문제가 되는 것은 이런 점이다'하고 우리의 젊은 사상가는 생각했지. 다름이 아니라 과연 그런 시대가 언제든 올 것인가 안 올 것인가? 만일 온다면 그것으로 모든 것은 해결되고 인류도 최종적으로 그 형태를 갖추게 된다. 그러나 인류의 무지가 깊이 뿌리 내리고 있어서 어쩌면 천 년이 걸려도 잘 안 될지 모른다. 그러니까 지금 이 진리를 인정하는 자는 누구든 새로운 토대 위에 마음대로 자기의 기초를 세울 수 있다. 이런 뜻에서 '인간은 무슨 짓을 해도 상관없다'고 할 수 있는 것이다.

그리고 이러한 시대가 언제까지나 오지 않는다 하더라도 어차피 신도 영혼의 불사도 없는 것이니 그 새로운 사람은 이 세상에 오직 혼자뿐이라도 인신(人神)이 될 수는 있다. 그리고 인신이라는 새로운 지위에 오른 이상, 필요할 경우 종전의 노예들이 지녔던 도덕적 장애를 예사로 뛰어넘어도 상관없어야 한다. 신을 위한 법률은 없다. 신이 서 있는 곳이 곧 신의 자리인 것이다! 내가 서 있는 곳은 곧 일등석이 된다……. '무슨 짓을 해도 상관없다. 그뿐이다!' 이건 꽤 괜찮은 얘길세. 그런데, 만일 사기를 칠 생각까지 갖는다면 왜 그 때문에 진리의 재가(裁可)가 필요하단 말인가? 아무튼, 우리 현대 러시아인은 야단났네. 그들은 진리의 재가 없이는 사기 한번 칠 용기도 없거든. 그만큼 그들은 진리를 애지중지하고 있는걸세……."

손님은 자기 자신의 웅변에 신이 나서 차차 목소리를 높여 비웃듯 주인을 흘깃흘깃 바라보며 지껄여댔다. 그러나 그가 아직 말을 다 끝내기도 전에 이반은 느닷없이 테이블 위의 물컵을 그에게 집어던졌다.

"Ah, mais c'est bête enfin(아아, 이건 누가 뭐래도 바보 같은 짓이야)!" 손님은 소파에서 벌떡 일어나 옷에 튄 찻물을 손가락으로 털면서 소리쳤다.

"마틴 루터가 던졌다던 잉크병이 생각나는군! 자기는 나를 꿈이라고 생각하면서 그 꿈에다 대고 컵을 집어던지다니! 이건 여자들이나 하는 짓이야! 자네가 귀를 막고 있는 것은 다만 안 듣는 척하고 있을 뿐이라고 생각했는데 역시 그랬어……."

그때 별안간 밖에서 쾅쾅 사납고 끈질기게 창문을 두드리는 소리가 났다. 이반은 소파에서 벌떡 일어섰다.

"저것 보게, 창문을 두드리고 있어, 열어 주게나." 손님이 소리쳤다. "저건 자네 아우 알료샤야, 아주 뜻밖의 재미있는 보고를 갖고 왔을걸. 내가 장담하지!"

"닥쳐, 이 사기꾼아. 알료샤가 왔다는 건 내가 너보다 더 잘 알고 있어. 아까부터 그런 예감이 들었단 말이다. 동생이 왔으면 물론 빈손으로 오진 않았겠지. 뭔가 '소식'을 갖고 온 게 틀림없어!"

이반은 정신없이 소리쳤다.

"열어 주게, 열어 줘. 밖에는 눈보라가 치고 있어. 자네 아우가 왔잖은가. Monsieur, sait-il le temps qu'il fait? C'est à ne pas mettre un chien dehors(여보게, 이런 날씨에는 개도 문 밖에 내놓지 못하네)."

창문을 두드리는 소리는 계속되었다. 이반은 창가로 달려가려 했으나 갑자기 자신의 팔다리가 뭔가에 묶여 버린 듯한 기분이 들었다. 그는 있는 힘을 다해 그 사슬을 끊으려고 안간힘을 썼으나 소용 없었다.

창문을 때리는 소리는 점점 커지고 있었다. 마침내 사슬이 끊어졌다. 이반은 소파 위에서 벌떡 일어났다. 그러고는 이상한 듯이 주위를 둘러보았다. 두 자루의 초는 거의 다 타들어가고 있었고, 조금 전 방문객에게 분명히 집어던진 컵은 눈앞 테이블 위에 그대로 놓여 있었으며, 맞은편 소파에는 아무도 앉아 있지 않았다. 창문을 두드리는 소리는 여전히 계속되고 있었으나 방금 꿈속에서 들은 것처럼 심하지는 않고 오히려 매우 조심스러웠다.

"방금 그것은 꿈이 아니야! 그렇다, 맹세코 그건 꿈이 아니었어. 그건 실제로 있었던 일이야!"

이반은 이렇게 소리치며 창문으로 달려가 작은 창을 열었다.

"알료샤, 절대로 오지 말라고 했잖아!" 그는 거친 목소리로 동생에게 소리쳤다. "그래, 무슨 볼일이냐. 한마디로 말해, 한마디로, 알겠니?"
"한 시간 전에 스메르자코프가 목을 매어 자살했어요!"
알료샤가 밖에서 대답했다.
"현관으로 돌아와. 곧 열어 줄 테니까."
이반은 알료샤에게 문을 열어 주러 나갔다.

10 '그자가 그렇게 말했어!'

알료샤는 들어오자마자 1시간쯤 전에 마리아가 자기 집에 뛰어들어와서 스메르자코프의 자살을 전했다고 이반에게 이야기했다.
"제가 사모바르를 치우려고 그의 방에 들어갔더니, 글쎄 그이가 벽의 못에 매달려 있지 않겠어요"
"경찰에 알렸습니까?"
알료샤의 물음에 그녀는 아직 아무에게도 알리지 않았다고 대답했다.
"먼저 이리로 곧장 달려온 거예요, 줄곧 뛰어서."
그녀는 마치 얼 빠진 사람처럼 사시나무 떨듯 떨고 있었다고 했다.
알료샤가 마리야와 함께 그들의 오두막에 달려가 보니 스메르자코프는 여전히 그대로 매달려 있었다. 테이블 위에는 유서 한 통이 놓여있었다. 거기에는 '나는 누구에게도 죄를 돌리지 않기 위해 나 자신의 의지로 기꺼이 목숨을 끊는다'고 적혀 있었다. 알료샤는 유서를 테이블 위에 그대로 놓고 곧 경찰서장한테 달려가서 모든 경위를 보고했다.
"그러고는 거기서 바로 형님한테 온 것입니다."
이반의 얼굴을 들여다보면서 알료샤는 말을 맺었다. 그는 이반의 얼굴 표정에서 뭔가 충격을 받은 듯이 이야기하는 도중 한 번도 그에게서 눈을 떼지 않았다.
"형님." 갑자기 그가 소리쳤다. "병색이 완연하군요! 저를 보고 있으면서도 제 말은 못알아들으시는 것 같은데요."
"잘 왔다." 알료샤가 외치는 소리는 조금도 귀에 들어오지 않는 듯, 이반은 뭔가 생각에 잠긴 얼굴로 말했다. "하지만 난 그 녀석이 목을 매단 걸 알고 있었어."

"누구에게서 들으셨어요?"

"누구에게서 들었는지는 모르지만, 아무튼 알고 있었다. 가만 있거라, 내가 알고 있었던가? 그렇다, 그자가 말했지. 그자가 조금 전에 나한테 말했어."

이반은 방 한가운데 우뚝 서서 여전히 골똘한 생각에 잠긴 듯 고개를 숙이고 말했다.

"그자가 누굽니까?"

알료샤는 저도 모르게 주위를 돌아보며 물었다.

"그자는 살며시 사라져 버렸어."

이반은 얼굴을 들고 조용히 미소를 지었다.

"그자는 너를, 비둘기처럼 때묻지 않은 너를 두려워한 거야. 넌 '순결한 아기 천사'다. 드미트리는 너를 아기 천사라고 부르지. 아기 천사…… 천둥 같은 대천사의 환희의 부르짖음! 대체, 대천사가 뭘까? 어쩌면 하나의 별자리인지도 몰라. 하지만 별자리라는 것은 단지 어떤 화학분자에 지나지 않을지도 몰라……. 사자와 태양의 성좌라는 것도 있지. 너 모르느냐?"

"형님, 자리에 앉으십시오!" 알료샤는 은근히 놀라면서 말했다. "제발 의자에 앉으십시오! 형님은 지금 열에 들떠 헛소리를 하고 계십니다. 자, 베개를 베고 누우십시오. 수건을 축여서 머리에 얹어 드릴까요? 그러면 좀 나아질지 모릅니다."

"수건을 집어 다오. 그 소파 위에 있다. 아까 거기 던져 놓았지."

"없는데요. 걱정 마세요. 수건이 어디 있는지는 알고 있으니까요. 저것 봐, 저기 있잖습니까."

방 한구석에 있는 세면대에서, 접어둔 채 아직 한 번도 쓰지 않은 깨끗한 수건을 찾아와 알료샤가 말했다.

이반은 이상한 표정으로 수건을 보았다. 기억이 금방 그의 마음에 되살아난 듯이 보였다.

"가만 있거라."

그는 소파 위에 일어나 앉았다.

"나는 아까 1시간 전에 그 수건을 거기서 가지고 와 물에 축여 머리에 얹었다가 다시 저기 던져 놓았는데…… 어째서 말라 있을까? 수건이라곤 이 방안에 그것밖엔 없었는데."

"형님, 이 수건을 머리에 얹으셨다고요?"

알료샤가 물었다.

"그래. 그러고 방안을 돌아다녔지, 1시간 전에 말이다……

또 어째서 초가 이렇게 닳았을까? 지금 몇 시냐?"

"곧 12십니다."

"아니, 아니, 아니!" 이반은 별안간 소리치기 시작했다. "그건 꿈이 아니었어, 그자는 와 있었어. 저기 앉아 있었어, 저 소파에 말이다. 네가 창문을 두드렸을 때, 난 그자에게 컵을 집어던졌지…… 이 컵을 말이다……. 아니, 가만 있자, 지난 번에도 나는 자고 있었더랬지. 하지만 이번에는 꿈이 아니야. 전에도 이런 일이 있었지. 알료샤, 나는 요즘 꿈을 잘 꾼다……. 그러나 그건 꿈이 아니고 현실이야. 나는 깨어있는데 자고 있어……. 걷고 지껄이고 보고 하면서도 역시 자고 있어. 하지만 그자는 여기 앉아 있었어, 여기 있었어, 이 소파에 앉아 있었거든……. 무척 멍청해, 알료샤, 그자는 끔찍한 바보야."

이반은 별안간 웃음을 터뜨리더니 방안을 걸어다니기 시작했다.

"누가 바보라구요? 형님, 형님은 지금 누구 얘기를 하고 계십니까?"

알료샤는 다시 걱정스러운 듯이 물었다.

"악마야! 그자는 요즘 나를 자주 찾아온다. 벌써 두 번이나 왔지. 아니 세 번이나 왔어. 아니, 네 번이었던가? 그자는 이런 소릴 하면서 나를 놀리더군. '당신은 내가 보통 악마라서, 불꽃 날개를 가지고 천둥을 울리며 태양같이 빛나는 대마왕(사탄)이 아니라서 화가 났지요?' 이러면서 말이다. 하지만 그 녀석은 대마왕은 아니야. 거짓말장이야. 자칭 대마왕이지. 그 녀석은 평범한 악마야. 작은 놈팽이 악마야. 목욕탕엘 다 가거든. 그 녀석의 옷을 확 벗기면 아마 긴 꼬리가 나올걸. 꼭 덴마크 개의 꼬리처럼 길이가 70㎝나 되는 반질반질한 갈색 꼬리가. 알료샤, 너 춥지! 눈속을 걸어왔으니까. 차 마시고 싶지 않니? 뭐, 춥지 않아? 뭣하면 사모바르를 가져오게 할까? 이런 날씨엔 개도 밖에 내놓지 못하지……."

알료샤는 얼른 세면대로 달려가 수건을 축여와서 억지로 이반을 앉히고 수건을 머리에 얹었다. 그러고는 자기도 그 옆에 앉았다.

"너 아까 나한테 리즈에 대해서 뭐라고 했었지?" 이반은 다시 말을 꺼냈다 (그는 무척 말이 많아졌다). "나는 리즈를 좋아해. 그 아가씨에 대해 내가 너한테 뭔가 지나친 소릴 했는데, 그건 거짓말이었어. 난 그 아가씨를 좋아해…….
내일 카차의 일이 걱정이구나. 무엇보다도 그게 가장 두려워. 앞으로의 일이
말이야. 내일 그 여자는 나를 집어던지고 짓밟을 거야. 그 여자는 말이다, 내가
질투 때문에 미차를 곤경에 빠뜨리는 줄로 알고 있단 말이야. 그래, 확실히 그
렇게 생각하고 있어! 그런데, 사실은 그렇지 않아. 내일은 교수대가 아니라 십
자가가 기다리는 거야. 내가 왜 목을 매나? 알료샤, 나는 도저히 자살할 수 없
다는 것을 너는 아니? 그건 내가 비열하기 때문일까? 난 비겁하진 않아. 말하
자면, 살고 싶다는 갈망 때문에 그런 거지! 스메르자코프가 목을 맸다는 것을
나는 어떻게 알았을까? 그렇구나, 그것도 그자가 나에게 말했었지…….”

"형님은 누군가가 여기 정말로 있었다고 생각하시는군요."

알료샤가 의심스러운 듯이 물었다.

"그 구석 소파에 앉아 있었어. 네가 그자를 쫓아 주면 좋겠다만, 참 그렇지,
사실은 네가 쫓아 버린 거야. 그자는 네가 오자 곧 사라져 버렸으니까. 난 네
얼굴이 좋아, 알료샤. 내가 네 얼굴을 좋아한다는 것을 알고 있었니? 그런데,
그자는 나다, 알료샤. 나 자신이야. 나의 천하고 비열하고 경멸스러운 것의 분
신이란 말이야! 그래! 나는 '낭만주의자'지, 그자도 눈치챘어……. 하기야 이건
근거없는 중상이지만 말이다. 그자는 어처구니없는 바보야. 그러나 그게 즉 그
자의 강점이 될 수 있지. 그리고 교활해. 동물적으로 교활하거든. 그자는 내 울
화통을 터뜨릴 수 있는 수법을 알고 있더군. 내가 저를 믿고 있다고 놀리면서
귀를 기울이게 하질 않나, 나를 어린아이처럼 희롱하질 않나. 하지만 나에 대
해서 한 말 가운데는 진실이 참으로 많았어. 내가 나 자신에 대해선 도저히
그런 말을 못하지. 예, 알료샤, 알료샤." 이반은 매우 진지하게 마치 흉금을 털
어놓고 토로하는 듯한 말투로 덧붙였다. "난 말이야, 그자가 실제로 그자이고
내가 아니었으면 정말 좋겠는데!"

"그자가 형님을 무척 괴롭혔군요."

알료샤는 연민을 누를 수 없다는 듯이 형을 바라보며 말했다.

"나를 놀렸어! 그것도 참 근사하게 해치웠단 말야. '양심! 양심이란 무엇인가?
그따위 것은 내가 내 손으로 만들고 있잖아. 왜 나는 괴로워할까? 요컨대, 습
관 때문이지. 7천 년 이래 계속된 온 인류의 습관 때문이야. 그 따위 것은 내
동댕이치고 우리 모두 신이 되자꾸나.' 이건 그자가 말한 거야. 이건 그자가 말

했어!"

"그럼 형님이 아니군요? 역시 그자는 형님이 아니지요?" 시원하고 맑은 눈으로 형을 바라보면서 알료샤는 견디다 못해 저도 모르게 소리쳤다. "그까짓 것, 지껄이고 싶은대로 실컷 지껄이게 내버려두면 되잖습니까. 그런 자는 내버려두십시오, 아주 잊어버리세요! 형님이 지금 저주하고 계시는 것을 죄다 그자에게 내주십시오, 두번 다시 돌아오지 않도록 말입니다!"

"그래, 그런데 그자는 짓궂어. 나를 비웃었단 말이야. 알료샤, 그자는 뻔뻔스러운 놈이야." 이반은 분해서 떨리는 목소리로 말했다. "나를 중상했어. 온갖 욕설을 퍼부었어. 면전에서 나를 비방하더란 말이야. '아아, 자네는 참으로 훌륭한 선행을 하려 하고 있네. 아버지를 죽인 것은 납니다. 하인이 내 지시를 받고 죽인 것입니다, 하고 말하러 갈 참이지?' 이렇게 말이다……."

"형님." 알료샤가 가로막았다. "진정하십시오. 형님이 죽인 것이 아닙니다. 그건 거짓말입니다!"

"그자는 이렇게 말하더라, 그자가 말이다. 그자는 잘 알고 있거든. '자네는 참으로 훌륭한 선행을 하려 하고 있네. 그런데 자네는 선행을 믿지 않고 있어. 그러기에 자네는 화를 내고 괴로워한단 말일세. 그러기에 자네는 그렇게 복수심에 불타는 거야.' 이렇게 그자는 나한테 면전에서 맞대놓고 말했어. 그자는 스스로 자기가 하는 말을 잘 알고 있어……."

"그것은 형님이 하는 말이지 그자가 하는 말이 아닙니다!" 알료샤는 슬픈 듯이 소리쳤다. "형님은 병 때문에 헛소리를 하면서 스스로 자기를 괴롭히고 있어요!"

"아니야, 그자는 자기가 무슨 말을 하는지 잘 알고 있어. 그자는 '자네가 자백하러 가는 것은 자존심 때문이네, 자네는 일어서서 '죽인 것은 납니다. 어째서 당신들은 무서워서 벌벌 떨고 있는 것입니까? 당신들은 거짓말을 하고 있습니다! 나는 당신들의 의견을 경멸합니다! 당신들의 공포를 경멸합니다!' 하고 소리칠 작정이지?' 이렇게 말하는 거야. 그자는 나를 이렇게 말하고 있어. 그러고는 또 불쑥 '그러나 여보게, 자네는 여러 사람들한테서 칭찬을 받고 싶은 거야. 저 사람은 범인이다, 하수인이다, 하지만 어쩌면 저렇게 훌륭할까, 형을 구하기 위해 자백을 했단다, 이런 식으로 말일세.' 이런 소리도 하잖겠니. 하지만 알료샤, 이것도 물론 거짓말이야!" 이반은 갑자기 눈을 번들거리면서 소리쳤다. "나는 농노들한테 칭찬받고 싶진 않아! 그것은 그놈이 거짓말을 한 거야. 알료샤, 맹세코 그건 거짓말이야. 그래서 그놈에게 컵을 집어던졌더니 그 컵이 놈의 콧잔등에서 박살이 나더라."

"형님, 진정하십시오, 이제 그만두세요!"

알료샤는 애원하듯이 말했다.

"아니, 그자는 사람을 괴롭히길 잘해. 잔인한 놈이거든." 이반은 알료샤의 말에는 귀도 기울이지 않고 말을 이었다. "나는 언제나 그자가 뭣 때문에 오는가 짐작했었지. '자네가 자존심 때문에 자백하러 가는 것은 좋다 하더라도, 역시 마음속으로는 스메르자코프 혼자만 죄를 받아 징역살이를 하게 되고 미차는 무죄가 되며, 그리고 자신은 다만 정신적으로 재판을 받음으로써—알겠니, 알료샤, 그 녀석은 이렇게 말하면서 웃더군—세상 사람들에게 칭찬 받기를 바라고 있었다, 그러나 이제 스메르자코프는 죽었다, 목매달아 죽었다. 그러고 보면 내일 법정에서 자네 혼자 지껄이는 말을 누가 믿겠는가! 그래도 자네는 어쨌든 가려 하고 있다. 그래, 자네는 역시 갈 거야, 가겠다고 결심했으니까. 하지만 이제 이렇게 되어 버렸는데 대체 자넨 뭣하러 가는가?' 이런 소릴 그자는 하더구나. 무서운 말을 하는 놈이야. 알료샤, 나는 이런 질문을 참고 듣고 있을 수가 없다. 그런 질문을 나한테 하다니 그런 무례한 놈이 어디 있어!"

"형님." 알료샤가 가로막았다. 그는 두려워서 숨이 멎을 것 같았지만, 그래도 아직은 이반을 제정신으로 돌릴 수 있다고 희망을 걸고 있는 모양이었다. "아직 아무도 스메르자코프가 죽은 것을 모르는데, 알릴 겨를도 없었는데, 그자가 어떻게 그걸 알고 있단 말입니까?!"

"그자는 말했어." 이반은 한 점의 의심도 허락하지 않는 단호한 태도로 말했다. "사실은 말이야, 그자는 이런 말을 했어. '만일 자네가 선행을 믿으면서, 아무도 나를 믿지 않아도 좋다, 오직 신념을 지키기 위해서 가는 거다 라고 말한다면 아주 훌륭한 일이지만, 자네도 자네 아버지 표도르와 마찬가지로 돼지새끼가 아닌가? 선행이 대체 자네에게 있어서 뭐란 말인가? 만일 자네의 희생이 아무 소용도 없는 것이라면 대체 뭣하러 법정에 나가는가? 그건 뭣하러 가는지 자네 자신도 모르기 때문이야! 오오, 뭣 때문에 가는지 그것을 스스로 알기 위해서 자네는 결심을 했는가? 아직 결심을 하지 않았잖아? 자네는 밤새도록 의자에 앉아서 갈까, 가지 말까 하고 궁리를 할 거야. 그러나 결국은 가게 되겠지. 자네는 자기가 간다는 것을 알고 있거든. 어느 쪽으로 결정하든지, 그 결정이 자기 자신에게서 나오지 않았다는 것을 자넨 알고 있어. 자네는 갈 거야. 가지 않을 용기가 없거든. 왜 용기가 없느냐. 그건 자네 자신이 알아보게. 이건 자네의 수수께끼로 남겨 두겠네!' 이런 말을 하더니 별안간 벌떡 일어나서 가버렸어. 네가 오니까 가버린거야.

알료샤, 그자는 나를 겁쟁이라고 부르더라. 그 수수께끼의 해답은 즉 내가 겁쟁이라는 거야! 그런 독수리는 높은 하늘을 날지 못한다고 그자는 말하더란 말이야, 그자가! 스메르자코프도 역시 그런 소리 했었지. 그자를 죽여야 해! 카챠는 나를 멸시하고 있지? 한달 전부터 알고 있었던 일이야. 거기다가 리즈까지 경멸하기 시작했지! '칭찬받고 싶어서 간다'니, 그건 악질적인 거짓말이다! 알료샤, 너도 나를 경멸하고 있지? 나는 지금부터 다시 너를 미워할 것 같구나! 나는 그 냉혈한도 미워하고 있어, 그 냉혈한도 밉단 말이다! 그 따위 냉혈한은 구해주고 싶지도 않다. 감옥에서 푹 썩어버리라지! 찬가나 부르고 있으라 그래! 아아, 나는 내일 법정에 나가 놈들 앞에 서서 그 얼굴에 침을 뱉어 줄 테다!"

그는 흥분에 사로잡혀 벌떡 일어나더니 머리에 얹은 물수건을 내동댕이치고는 다시 방안을 걸어다니기 시작했다. 알료샤는 아까 이반이 한 말을 떠올렸다.

'나는 깨어있는데 자고 있어……. 걷고 지껄이고 보고 하면서도 역시 자고 있어.'

지금의 상태가 바로 그것이었다. 알료샤는 이반 곁을 떠나지 않았다. 얼른 달려가서 의사를 데려 올까 하는 생각이 퍼뜩 머리에 떠올랐으나 형을 혼자 두고 가는 것이 걱정되었다. 그렇다고 형 곁에 붙어 있어 줄 사람도 없었다.

이윽고 이반은 차차 의식을 잃어갔다. 그는 여전히 지껄이고 있었다. 쉴새없이 지껄였으나 하는 말은 뒤죽박죽이었고 혀도 마음대로 돌아가지 않았다. 그러더니 그 자리에서 갑자기 심하게 비틀거렸다. 알료샤가 재빨리 그를 붙잡았다. 다행히 별로 저항하지 않았으므로, 침대로 부축해 가서 간신히 옷을 벗기고는 이불에 뉘었다.

알료샤는 그 뒤 2시간이나 이반 곁에 앉아 있었다. 병자는 꼼짝도 않고 조용히 규칙적으로 숨을 쉬면서 깊은 잠에 빠져 있었다. 알료샤는 베개를 갖고 와서 옷도 벗지 않고 소파 위에 누웠다. 그는 잠들기 전 미챠를 위해, 그리고 이반을 위해 신께 기도했다.

그는 이반의 병이 무엇인가 차차 알게 되었다. '명예로운 결심에서 생기는 고통, 아아, 참으로 깊은 양심의 가책!' 그가 믿으려 하지 않았던 신과 진실이 여전히 복종을 거부하는 그의 마음을 정복하려 하고 있었던 것이다. '그렇다.' 베개를 베고 누운 알료샤의 머리를 뭔가가 스치고 지나갔다.

'그래, 스메르자코프가 죽었으니 이젠 아무도 이반의 진술을 믿지 않겠지만, 그래도 이반은 나가서 증언할 거야!' 알료샤는 조용히 미소지었다. '하느님이 틀림없이 승리하시겠지!' 그는 생각했다. '이반은 진리의 빛 속에서 일어서거나, 아니면 자기가 믿지 않는 것에 봉사한 탓으로 자신을 비롯한 모든 사람에게 복수하면서 증오 속에 멸망하게 되겠지.' 알료샤는 비통한 심정으로 이렇게 중얼거리고는 다시 이반을 위해 기도를 올렸다.

제12편 오판

1 운명의 날

여러 가지 사건이 있었던 다음 날 오전 10시, 이 시의 지방법원에서 드미트리 카라마조프의 공판이 시작되었다.

미리 분명하게 다짐해 두지만 법정에서 일어난 일을 빠짐없이 여러분에게 이야기하는 것은 도저히 불가능한 일이다. 충분히 상세하게 이야기하는 것은 말할 것도 없고 올바른 순서를 좇아서 전하는 것도 매우 어려운 일이다. 만일 모든 것을 빠짐없이 회상하여 거기에 상당한 설명을 붙인다면 한 권의 책, 그것도 상당히 두꺼운 책이 될 만하니까.

그러니 필자가 특히 필자 자신에게 흥미로웠던 점과 두드러지게 기억에 남는 것만 여러분에게 이야기한다고 해서 항의한다면 곤란하다. 아마도 필자는 대수롭지 않은 문제를 중요한 사항으로 생각하거나, 크게 눈에 띄는 중요한 점을 완전히 빼먹는 경우도 있을 것이다. 하지만 이런 변명은 그만두는 것이 좋은 것은 필자도 잘 알고 있다. 필자는 가능한 노력을 다하겠으니, 독자 여러분도 필자가 최선을 다했음을 자연히 이해하게 될 것이라고 믿고 있다.

법정에 들어가기에 앞서 먼저 그날 특히 나를 놀라게 한 것을 이야기하기로 한다. 하기야 놀란 것은 필자 혼자만이 아니었다. 나중에 들어 보니 모두 놀랐다는 것이다. 이 사건이 많은 사람들의 흥미를 불러일으킨 것도, 사람들이 재판이 시작되기를 열심히 기다리고 있었다는 것도, 이 사건에 대해 이곳 사교계에서는 최근 2개월 동안 여러 가지로 소문이 나돌고 관측하거나 규탄을 하고, 공상한 것도 모두 잘 알려진 일이었다. 또 이 사건이 온 러시아에서 화제가 되고 있다는 것도 알고 있었다. 그러나 이날 법정에 들어가서 처음으로 알게 되었지만, 이 사건이 단지 이곳뿐만 아니라 도처에서 남녀 노소 구별없이 그토록 열광적으로 또 그토록 분노를 불러일으키며 모든 사람들의 마음을 흔들어 놓을 줄은 단 한사람도 예상치 못한 일이었다.

이날을 위해 우리 읍에는 현청소재지뿐만 아니라, 러시아의 다른 여러 도시, 특히 모스크바와 페테르부르크에서도 많은 방청객들이 속속 모여들었다. 법률가들도 왔고, 몇몇 저명인사와 상류층 귀부인까지 찾아와 방청권은 눈 깜짝할 사이에 동이 났다. 재판관석 바로 뒤에는 특히 지위가 높고 이름 있는 남자 방청객을 위해 이례적이라고 할 수 있는 특별 방청석까지 마련되었다. 그곳에는 안락의자가 죽 배열되어 각계의 명사들이 자리잡고 있었는데, 우리 읍에서는 지금까지 한 번도 없었던 일이었다.

특히 부인들이 눈에 띄게 많았다. 우리 읍에 사는 부인들은 말할 것도 없고 다른 읍에 사는 부인들도 찾아와 그들이 방청객의 거의 반은 차지했다. 또 각지에서 찾아온 법률가만으로도 엄청난 수에 이르게 되자, 그들을 어디에 앉혀야 할 것인지조차 고민해야 했을 정도였다. 왜냐하면 사람들의 개인적인 연줄이나 청탁에 의해 방청권이 이미 오래 전에 한 장도 남김없이 다 나가고 없었기 때문이다.

나도 직접 보았지만, 법정 끝에 있는 연단 맞은쪽에 특별 칸막이가 임시로 설치되어, 각지에서 모여든 법률가들이 그 자리를 배정받았다. 그러나 자리를 많이 마련하기 위해 의자를 완전히 들어내는 바람에 그 법률가들은 선 채로 방청해야 했다. 그래도 그나마 다행으로 여길 정도였다. 그들은 '심리'가 이루어지는 동안 콩나물시루처럼 서로 어깨를 비비적대면서 내내 서있어야 했다.

몇 사람의 귀부인, 특히 다른 도시에서 온 부인들 중에는, 화려하게 성장을 하고 방청석에 나타난 사람도 있었지만, 대부분의 부인들은 옷차림에 신경 쓰는 것도 잊고 있었다. 그녀들의 얼굴에는 히스테릭하고 탐욕스러우며 거의 병적이라고도 할 수 있는 호기심이 드러나 있었다. 방청석에 모인 모든 사람들의 가장 두드러진 특징의 하나로 여기서 반드시 지적해 두고 싶은 것은, 나중에 다양한 관찰에 의해 증명된 것처럼, 적어도 대다수의 귀부인들은 미챠를 지지하며 그의 무죄를 믿고 있었다는 사실이다.

그 주된 이유는 어쩌면 미챠에게 여자들의 마음을 사로잡는 재주가 있다는 이미지 때문이었는지도 모른다. 그녀들은 라이벌 사이인 두 여자가 법정에 등장할 것을 알고 있었다. 그 가운데 한 사람인 카체리나가 특히 모두의 관심의 대상이었다. 그녀에 대해서는 어마어마한 소문들이 나돌았는데, 미챠가 범죄를 저질렀음에도 불구하고 그에게 쏟아 붓는 불길 같은 정열이 커다란 화제가 되었다. 특히 입방아에 오르내린 것은 그녀의 높은 자존심(그녀는 우리 읍내의 거의 누구의 집도 방문한 적이 없었다)과 '고상한 연줄'에 대한 것이었다. 그녀가 정부에 호소하여 유형지까지 죄인을 따라가서 어디든 지하광산에서 그와 결혼식을 올릴 수 있도록 허가해달라고 요청했다는 소문까지 있었다.

그녀들은 카체리나의 라이벌로서, 그루셴카에게도 그에 못지않은 흥분을 느끼면서 법정에 등장하기를 기다리고 있었다. 그녀들은 귀족적 긍지가 높은 아가씨와 '고급 창녀', 이 두 라이벌의 법정대결을 무서울 정도의 호기심을 품고 이제나저제나 하면서 잔뜩 기대를 품고 있었다. 하기는 읍내의 부인들에게는 카체리나보다 그루셴카 쪽이 이름이 더 잘 알려져 있었다. 그녀들은 전에도 이 '표도르 카라마조프와 그의 가련한 아들을 파멸시킨 악녀'를 본 적이 있었지만 이런 '매우 평범하고 전혀 미인이라고도 할 수 없는 러시아의 시골처녀'에게 아버지와 아들이 함께 어쩌면 그토록 반할 수 있었는가 하는 놀라움의 눈길을 거의 한 사람의 예외도 없이 보내고 있었다. 한 마디로 말해 그야말로 온갖 소문들이 난무했던 것이다.

이거 거의 확실하게 말할 수 있지만, 여자들과 반대로 남자들은 모조리 반미차 분위기로 가고 있었다. 엄격하게 찌푸린 얼굴을 하거나 증오로 똘똘 뭉친 얼굴도 있었는데, 후자가 대다수를 차지했다. 하기는 미차가 우리 읍에 머무는 동안 그들의 대부분을 개인적으로 모욕한 적이 있었던 것도 사실이다.

물론 방청객 가운데는 즐거운 표정으로 미차의 운명 따위는 아무래도 좋다고 생각하는 사람들도 있었지만, 그들도 눈앞의 사건에 대해서는 역시 흥미를 느꼈다. 너나없이 이 재판의 행방에 관심을 갖고 있었으며 남자들의 대부분은 단호히 미차가 엄벌을 받을 것을 바라고 있었다. 그러나 법률가들은 이와 달라서, 그들에게는 사건의 도덕적 측면보다 소위 현대의 법적인 측면이 더 중요했다.

사람들을 흥분시킨 또 하나의 사실은 유명한 페추코비치 변호사의 등장이었다. 그의 재능이 도처에 알려져 있었다. 그가 지방에 나타나서 형사상의 대사건을 변호한 것은 이번이 처음은 아니었다. 그가 변호한 사건은 언제나 러시아 전역에 전해져 오래도록 사람들의 기억에 남았다.

이곳의 검사와 재판관에 대해서도 온갖 일화가 전해지고 있었다. 검사 이폴리트가 페추코비치와 만나는 것을 두려워하고 있다느니, 그들 두 사람은 처음

법조계에 들어왔을 때부터 오랜 숙적이라느니, 자존심이 강한 이폴리트는 자신의 재능이 제대로 인정받지 못하고 있기 때문에, 또 페테르부르크 시절부터 늘 누군가에게 모욕을 당했다고 느끼고 있었기 때문에 이 카라마조프 사건을 계기로 숨을 돌린 뒤 단숨에 대세를 만회할 꿈을 꾸고 있지만 오직 페추코비치만을 두려워하고 있다느니 하는 소문이었다.

그러나 페추코비치에 대해 전전긍긍하고 있다는 추측은 반드시 옳은 것은 아니었다. 우리의 검사 이폴리트는 눈앞에 놓인 위험을 보고 기가 죽는 그런 사나이가 아니다. 오히려 반대로 위험이 크면 클수록 자존심도 그만큼 강해져서 더욱 기세등등 해지는 사나이였다.

아무튼 이폴리트 검사는 대단한 열정가였으며, 병적일 정도로 감수성이 강했던 것만은 인정해야 한다. 그는 어떤 사건에 자기의 온 마음을 쏟으며 그 사건의 해결에 자기의 운명과 재산이 걸려 있는 듯이 행동했다. 법조계에서는 이것을 비웃는 자도 있었다. 그는 이러한 자질로 인해, 비록 방방곡곡에 명성을 떨치지는 못한다 할지라도 이런 시골 재판소의 하찮은 지위치고는 꽤 널리 알려져 있었던 것이다. 더욱이 세간에서는 그의 심리분석에 대한 정열을 비웃고 있었다.

그러나 필자의 판단으로는 이것은 모두 오해였다. 우리의 검사는 많은 사람들이 생각하는 것보다는 훨씬 사려 깊고 진지한 성격을 갖고 있었던 것 같다. 그러나 이 병적인 인물은 법조계에서 경력을 쌓기 시작한 때부터 평생을 통해 끝내 자기의 지위를 구축하지 못했다.

이곳 재판장에 대해서는 그저 이 사람이 실무에 뛰어나고 매우 현대적인 생각을 가진데다 교양이 풍부하고 인간미 넘치는 인물이라고 할 수 있다. 이 사람도 상당히 자존심이 강했지만, 출세에 대해서는 그다지 연연해 하지 않았다. 그의 인생의 주된 목적은 시대의 선각자가 되는 것이었다. 게다가 그는 좋은 연고와 재산을 갖고 있었다.

이것도 나중에 안 일이지만, 그도 카라마조프 사건에 대해서는 상당히 열띤 견해를 갖고 있었다. 그러나 그것도 어디까지나 일반적인 의미에서이다. 그의 흥미를 일깨운 것은 이 사회의 현상과 그 분류, 그리고 이 나라 사회적 기반의 부산물 및 러시아적 요소의 특징으로서 이 현상을 취급하는 것이었다. 사건의 개인적 성격이나 그 비극적 의의와 피고를 비롯한 모든 사람들에 대해서는 꽤 무관심한 추상적인 태도를 갖고 있었다. 하기야 재판장으로서 이것은 마땅히 가져야 할 태도인지도 모른다.

법정은 재판관이 출석하기 한참 전부터 방청객으로 발디딜 틈도 없이 꽉 차 있었다. 법원은 꽤나 넓고 목소리가 잘 들리는 우리 고장에서 가장 훌륭한 고층 건물이었다. 한 단 높다랗게 나란히 앉은 재판관들의 오른쪽에는 배심원들을 위해서 테이블 하나와 안락의자가 두 줄 마련되어 있었다. 왼쪽에는 피고와 변호사의 자리가 있었다.

법정 중앙 재판관석에서 가까운 곳에는 '증거품'들이 놓인 테이블이 있었다. 그 위에는 피투성이가 된 표도르의 흰 명주 잠옷과 범행에 사용한 것으로 추정되는 구리로 만든 절굿공이, 소매에 피가 묻은 미차의 와이셔츠, 그때 피문은 손수건을 넣어서 뒷주머니 언저리에 피가 스민 양복 바지, 젖은 피가 꾸덕꾸덕 말라서 이젠 누렇게 변색한 손수건, 미차가 페르호친의 집에서 자살하려고 총알을 재어 두었다가 모크로예의 트리폰에게 몰래 압수당한 권총, 그루셴카를 위해 3천 루블의 돈을 넣고 겉봉에 메모를 해둔 봉투와 그 봉투를 묶었던 장밋빛 리본, 그 밖에 도저히 다 생각이 나지 않는 온갖 물건이 놓여 있었다. 좀 떨어져서 법정 안쪽에 방청석이 있었고 난간 앞에도 몇 개의 안락의자가 놓여 있었다. 그것은 진술을 마친 뒤 그냥 남아 있어야 하는 증인들의 자리였다.

오전 10시를 치자 세 사람의 재판관, 즉 재판장과 배석판사와 명예 치안판사가 나타났다. 물론 검사도 곧 출정했다. 재판장은 중키보다 좀 작은 몸집에 살이 쪘고, 치질을 앓는 듯이 혈색 나쁜 얼굴의 쉰 살 정도의 남자였다. 짧게 깎은 검은 머리에는 흰 머리가 희끗희끗 섞여 있었고 빨간 리본을 달고 있었는데 어떤 훈장이었는지는 기억나지 않는다. 필자가 본 바로는, 아니 필자뿐 아니라 모든 사람들의 눈에 비친 바로는, 검사의 얼굴은 무척 창백하여 거의 녹색에 가까운 얼굴을 하고 있었다. 왠지 하룻밤 사이에 갑자기 초췌해진 모습이었다. 필자가 그저께 그와 만났을 때는 평소와 조금도 다름이 없었기 때문이다.

재판관은 먼저 정리(廷吏)에게 배심원들은 다 출석했느냐고 물었다. 그러나 필자는 어차피 이런 식으로 계속 묘사해 나갈 수 없다는 것을 잘 알고 있다. 똑똑히 들리지 않는 대목도 있었고, 뜻이 모호한 데도 있었으며 또 잊어버린 것도 있으니 말이다. 그러나 무엇보다 중요한 이유는 앞에서도 말했듯이 만일 하나하나의 말과 경위를 빠짐없이 적어 나간다면 문자 그대로 시간과 종이가 모자라기 때문이다. 다만 필자가 알고 있는 것은 양쪽의, 즉 변호측과 검찰측에 의한 배심원 할당이 그다지 많지 않았다는 것이다.

그러나 열두 명의 배심원들의 얼굴은 기억하고 있다. 즉 네 사람의 이 지방 관리와 두 사람의 상인, 여섯 사람의 농민과 평민들이었다. 필자는 이 지방 사람들, 특히 부인네들이 재판이 시작되기 전에 조금 놀라면서 이런 질문을 던지던 걸 기억한다. "이런 미묘하고 복잡한 심리적 사건이 저런 관리들과 더욱이 저런 농부들이나 평민들의 결정에 맡겨진다는 말인가요? 저 따위 관리나 하물며 저런 농부들이 도대체 무엇을 알 수 있을까요?"

사실 배심원 가운데 이 네 사람의 관리는 늙어빠진 하급 관리로(그중 한 사람만은 조금 젊었지만), 이곳 사교계에 거의 알려지지 않고 적은 봉급으로 만족해하고 있는 사람들이었다. 그들은 아무데도 데리고 다닐 수 없는 늙은 마누라와 어쩌면 맨발로 마구 뛰어다니고 있을 많은 아이들을 거느리고, 한가할 때 어디가서 잠시 카드놀이를 즐기는 것이 고작이었고, 책이라곤 한 권도 읽은 일이 없을 것 같았다.

두 사람의 상인은 보기에 제법 의젓한 풍모를 갖추고 있었으나 왠지 묵묵히 입을 다문 채 긴장해 있었다. 그중의 한 사람은 턱수염을 깎아 버리고 독일인 같은 복장을 하고 있었고, 나머지 한 사람은 흰털이 섞인 턱수염을 기르고 목에는 빨간 끈에 매단 무슨 메달을 걸고 있었다.

평민과 농부들에 대해서는 아무것도 할말이 없다. 이 스코트플리고니에프스크의 평민들은 거의 농부들과 다름없었고 밭 농사를 짓는 자도 있었다. 그중 두 사람은 역시 독일풍 옷을 입고 있었는데 그 때문인지 나머지 네 사람보다 오히려 더 초라하고 누추해 보였다.

그러므로 사실 필자도 처음 그들을 보았을 때, '이런 자들이 이 사건에 대해 과연 무엇을 이해할 수 있을까?' 생각했는데 그것은 다른 사람들도 마찬가지였을 것이다. 그래도 그들은 엄숙하게 미간을 찌푸리고 뭔가 묘하게 당당하고 거의 위협적인 인상을 풍기면서 자리에 앉아 있었다.

이윽고 재판장은 퇴직 구등문관 표도르 카라마조프 살해 사건에 대한 심리를 시작한다고 선언했다. 그때 그가 정확히 어떤 말을 사용했는지는 필자도 기억하지 못한다. 정리는 피고를 데리고 오라는 명령을 받았다. 이윽고 미차가 나타났다. 법정 안은 물을 끼얹은 듯이 조용해져 파리의 날개 소리조차 들릴 정도였다.

다른 사람들은 어땠는지 모르지만, 필자는 미차의 모습을 보고 매우 불쾌한 기분이 들었다. 첫째, 그는 새로 맞춘 프록코트를 차려 입고 아주 멋을 부린 차림으로 출정했던 것이다. 뒷날에 들은 이야기지만 그는 일부러 이날을 위해 자기의 옷치수를 알고 있는 모스크바의 단골 양복점에 그 옷을 주문했다고 한다. 그는 어린 양가죽으로 만든 검은 새 장갑을 끼고 멋진 와이셔츠를 입고 있었다. 이리하여 그는 앞만 바라보면서 보통 70㎝ 정도의 큰 걸음으로 성큼성큼 걸어서 위축된 모습은 전혀 보이지 않고 앞만 노려보며 자기 자리에 가서앉았다. 동시에 저명한 변호사 페추코비치도 모습을 나타냈다. 그러자 법정 안에 무언가 압도당하는 듯한 술렁거림이 일었다. 그는 키가 후리후리하고 삐빼 마른 사람으로 가느다란 두 다리와 별나게 가늘고 긴 창백한 손가락, 말쑥하게 면도질한 얼굴과 얌전하게 빗어올린 짧은 머리, 이따금 조소인지 미소인지 분간못할 미소가 떠오르는 얇은 입술을 갖고 있었다.

나이는 마흔 안팎일까. 만일 그 독특한 눈만 아니라면 그의 얼굴은 대체로 보기 좋은 편이었다. 눈 자체는 조그맣고 무표정했으나 두 눈 사이가 두드러지게 가까워서 좁은 콧날이 겨우 그 사이를 가르고 있을 뿐이었다. 한마디로 말해 그의 얼굴 생김새는 누가 보아도 깜짝 놀랄 만큼 새를 방불케 하는 표정을 지니고 있었다. 그는 연미복에 흰 넥타이를 매고 있었다.

재판장은 먼저 미차를 향해 이름과 신분을 물었던 것으로 기억한다. 미차는 똑똑하게 대답했으나 왠지 이상하게 높고 새된 목소리여서 재판장은 머리를 한번 흔들며 놀란 듯이 그를 쳐다보았다.

이어서 심문을 받기 위해 출두한 사람들, 말하자면 증인들과 감정인들이 호명되었다. 그 명부는 길었다. 증인 가운데 네 사람은 출두하지 않았다. 전에 예심 때는 진술을 했으나 지금은 파리에 있는 미우소프와, 병 때문에 결석한 호흘라코바 부인, 지주 막시모프 그리고 갑자기 죽은 스메르자코프였다.

스메르자코프의 자살에 대해서는 경찰측에서 사망 증명이 제출되었는데 이 보고는 법정 전체에 심한 동요와 수군거림을 불러일으켰다. 물론 방청객 중 많은 사람들은 이 갑작스러운 자살 소식을 그때까지 전혀 모르고 있었기 때문인데 무엇보다 그들을 놀라게 한 것은 미차의 엉뚱한 행동이었다. 미차는 스메르자코프의 자살 소식을 듣자 느닷없이 의자에서 벌떡 일어나 온 법정이 꽝꽝 울리도록 이렇게 소리쳤다.

"개자식에겐 개죽음이 당연하지!"

필자는 변호사가 달려가고 재판장이 그를 향해 다시 그런 방자한 행동을 하면 엄중한 조치를 강구하겠다고 으르렁거린 일을 기억하고 있다. 미차는 연방 고개를 끄덕이며, 그러나 조금도 후회하는 빛 없이 몇 번이나 떠듬떠듬 조그마한 소리로 변호사에게 되풀이했다.

"이젠 안 합니다, 이젠 안 해요! 나도 모르게 입밖에 나와서! 이젠 안 합니다!"

물론 이 짤막한 삽화는 배심원과 방청객의 심증에 불리한 영향을 주었다. 그는 자기의 성격을 폭로함으로써 스스로 자기를 소개하고 만 것이다. 그가 이러한 인상을 준 뒤에 서기가 기소장을 낭독했다. 그것은 상당히 짧으면서도 매우 상세한 것이었다. 아무개는 왜 구속되었으며 어째서 재판을 받게 되었는가 하는 주요한 까닭만 설명되었는데 아무튼 이 기소장은 필자에게 강한 인상을 주었다. 서기는 잘 들리는 목소리로 분명하고 명쾌한 어조로 읽어갔다. 이제 이 비극의 전모가 숙명적인, 가차 없는 빛을 받아 사람들 앞에 뚜렷이 집약되어 재현된 것 같은 느낌이었다. 필자는 이 기소장이 낭독된 직후 재판장이 폐부를 찌르는 듯한 목소리로 미차에게 물은 것을 기억하고 있다.

"피고는 유죄를 인정하는가?"

미차는 자리에서 벌떡 일어섰다.

"저는 저 자신의 문란한 음주와 방탕에 대한 죄는 인정합니다." 그는 다시 괴상하게 큰 소리로 마치 제 자신을 잊은 듯이 소리쳤다. "나태와 방종에 대해서는 저의 죄를 인정합니다. 운명에 버림받은 그 순간, 저는 영원히 성실한 인간이 되기를 바랐습니다! 그러나 저의 적이자 아버지인 늙은이의 죽음에 대해서는 결단코 죄가 없습니다! 또 아버지의 돈을 훔쳤다는 데 대해서도 결코, 결코 죄가 없습니다. 그렇습니다, 죄가 있을 까닭이 없습니다. 드미트리 카라마조프는 비열한 인간일지 몰라도 도둑은 아닙니다!"

그는 이렇게 소리치고 자리에 앉았다. 분명히 그는 온몸을 부들부들 떨고 있었다. 재판장은 다시 피고를 향해 오직 질문에만 대답하면 되며 다른 말을 하거나 정신없이 소리치는 것을 삼가라고 짤막하게 타이르듯 말했다. 다음에 재판장은 심리의 개시를 명령했다.

증인들은 선서를 위해 출정하라는 명령을 받았다. 필자는 이때 한번에 모든 증인을 볼 수 있었다. 피고의 형제만은 선서하지 않고 증언해도 좋다는 허락을 받았다. 수도사와 재판장이 주의사항을 알리자 증인들은 물러나서 되도록 떨어진 곳에 자리를 잡았다. 이윽고 증인 한 사람 한 사람의 심리가 시작되었다.

2 위험한 증인

필자는 검사측 증인과 변호사측 증인이 재판장에 의해 무언가의 이유로 구별되어 있었는지 어떤지, 또 어떤 순서로 그들이 호출되었는지, 그런 것은 조금도 모른다. 어차피 구별도 되어 있었을 것이고 순서도 있었을 것이다. 다만 필자가 알고 있는 것은 검사측 증인이 먼저 호명되었다는 것이다.

다시 말하지만 필자는 이들의 심문을 모조리 순서를 따라서 써나갈 생각은 없다. 게다가 필자의 서술은 어떤 의미에서 필요없는 것이 될지도 모른다. 왜냐하면 검사의 논고와 변호사의 변론이 시작되자 그들의 토론 속에 모든 증거라든가 공술의 경과와 내용이 명료하고 특징적인 조명을 받으며 어느 한 점으로 집약되기 때문이다.

이 두 가지 유명한 변론을 필자는 적어도 필요한 데만은 상세하게 기록해 놓았으므로, 그 시기가 오면 독자 여러분에게 전하기로 한다. 그리고 그 변론에 들어가기 전에 갑자기 법정 안에서 발생하여 의심의 여지도 없이 재판 결과에 충격적이고 운명적인 영향을 끼친 뜻밖의 일에 관해서도 기술할 생각이다.

그래서 여기서는 다만 재판 시초부터 이 '사건'의 두드러진 특징이 부각되었고 모든 사람들이 그것을 명확하게 이해했다는 것만 이야기하는 데 그치기로 한다. 그것은 다름이 아니라 유죄를 주장하는 검찰측의 자료가 변호사측이 갖고 있는 자료보다 훨씬 우세하다는 것이었다.

이 무서운 법정에서 갖가지 사실이 집약되어 피비린내 나는 공포의 전모가 서서히 드러난 첫 순간에 모두가 그것을 깨달았던 것이다. 사람들은 이미 처음부터, 이 사건이 전혀 논쟁할 여지도 없고 의문이 끼어들 여지도 없는 것이며 실질적으로 변론 같은 것은 아예 불필요한 것이다, 다만 하나의 형식을 갖추는 데 지나지 않는다, 범인은 유죄, 틀림없는 유죄, 최종적으로 유죄판결이 내려질 것이다, 하는 것을 알고 있는 모양이었다.

필자의 생각으로는 매력적인 피고의 무죄가 증명되기를 그토록 간절히 바라고 있던 부인네들마저도 한 사람도 빠짐없이 그의 유죄를 확신하고 있었던 것 같다. 뿐만 아니라 그의 범죄가 완전히 인정되지 않았다면 오히려 부인네들은 실망했을 것이라는 생각조차 들었다. 왜냐하면 그래서는 피고가 마지막에 무죄를 선고받았을 때 극적인 효과가 충분하지 않기 때문이다.

그러나 정말 이상하게도 부인네들은 거의 다 마지막 순간까지 피고의 무죄 방면을 믿고 있었다. '유죄가 틀림없지만 요즈음 유행인 인도주의와 새로운 사상 및 새로운 감정에 의해 무죄가 선고될 것이다' 그들은 그렇게 생각하고 있었다. 그들이 그토록 조마조마해하면서 여기로 달려온 것은 바로 그런 까닭에서였다.

남자들은 오히려 유명한 페추코비치와 검사의 논쟁에 흥미를 느끼고 있었다. 비록 페추코비치 같은 천재라도 이렇게 실오라기같은 희망도 없는 뻔한 싸움에는 도저히 손을 대지 못할 것이라는 선입관 속에서 그의 행동거지 하나하나를 마른 침을 삼키며 지켜보고 있었다.

그러나 페추코비치는 모든 사람들에게 마지막까지, 즉 그가 변론에 들어갈 때까지 하나의 수수께끼였다. 이 방면에 대해 잘 아는 사람들은 그가 일정한 시스템을 갖고 있으므로 마음속에는 구상을 다 짜놓고 확고한 목적을 가지고 기다리고 있는 것이라고 예상했다. 그러나 그 목적이 무엇인지는 누구도 짐작할 수 없었다. 그러나 아무튼 그의 신념과 자신만은 한눈에 알 수 있었다. 그리고 그가 이곳에 온 지 겨우 사흘밖에 안 되었는데도 이미 충분히 사건의 진상을 파악하고 '세밀히 그것을 연구한' 것을 보고 그들은 매우 만족해했다.

이를 테면, 나중에 모두 유쾌하게 이야기를 주고받은 일이지만 그는 기민하게도 검사측 증인들을 잘 '유도해서' 당황하게 만들었고, 특히 그들의 도덕적인 평판에 먹칠을 했다. 그리하여 그들의 증언 자체를 깎아내린 것이다. 그러나 사람들은 그가 그렇게 하는 것은 일종의 여흥이 목적이며, 말하자면 자신의 변론에서 일종의 법률상의 빛나는 재치를 발휘하기 위해, 요컨대 일반적으로 사용되는 변호사의 상투 수단을 보여주기 위해서 그러는 것으로 생각했다.

왜냐하면 그런 '먹칠 행위'로는 아무런 결정적 이익을 가져오지 못한다는 것을 누구나 알고 있었기 때문이다. 게다가 짐작컨대 그 자신도 또한 따로 어떤 계획을 마련해 두었다가, 즉 다른 변호의 무기를 숨겨 두고 있다가 느닷없이 그것을 들고 나올 작정인 듯했으므로 그간의 사정은 그 자신이 가장 잘 알고 있었음이 틀림없다. 그러나 지금은 그도 자기의 실력을 의식하면서 까불고 희롱하고 있는 것처럼 보였다.

이를테면 살해된 표도르의 하인으로, '정원으로 나가는 문이 열려 있었다'는 매우 중요한 진술을 한 그리고리를 심문했을때 변호사는 자기가 질문할 차례가 되자 집요할 정도로 상대를 물고 늘어졌다. 그런데 여기서 일러 둬야 할 것은 그리고리가 법정의 엄숙함과 많은 방청객에도 불구하고 조금도 위축되는 기색 없이 오히려 위엄마저 느껴지는 침착한 태도로 법정 안에 들어선 일이다. 그는 아내 마르파와 단둘이서 이야기하듯이 여유만만하게 진술했다. 다만 여느 때보다 조금 공손했을 따름이다. 그를 당황하게 만드는 것은 불가능한 일이었다.

먼저 검사는 그에게 카라마조프의 가정 사정을 지루할 정도로 상세하게 질문했다. 그래서 이내 그 집안의 사정이 환하게 드러났다. 그 말투로 보나 태도로 보나 정말 이 증인은 솔직하고 공평해 보였다.

그는 깊은 경의를 가지고 죽은 주인에 관해서 진술했으나, 그래도 미차에 대한 표도르의 행동은, 공정하지 못했고, '주인 나리의 자식들에 대한 양육 방법은 옳지 않았다'고 말했다. 그리고 미차의 유년 시절을 이야기하면서 그는 이렇게 덧붙였다.

"어린시절 그 아이는, 만일 내가 돌봐주지 않았더라면 이에 물려 죽었을 것입니다."

"또 아버지로서 친 아들 것인 외가의 재산을 가로챈 것도 잘한 짓이 못되구요."

표도르가 아들의 재산을 가로챘다는 증거가 있느냐는 검사의 심문에 대해서 그리고리는 이상하게도 아무런 근거 있는 대답을 하지 않았으나 그러면서도 역시, 아들의 재산 상속에 관한 계산에 '부정'이 있었고, 표도르는 아들에게 '몇천 루블을 지불했어야 한다'고 강력하게 주장했다.

아울러 말해 두지만 그 뒤 검사는 이에 대한 질문을, 즉 표도르 카라마조프가 미차에게 지불해야 할 것을 지불하지 않았다는 것이 사실이냐는 질문을, 물어 볼 만한 증인에게는 빠짐없이 짓궂을 정도로 되풀이해서 물어 보았다. 알료샤와 이반도 예외가 아니었다. 그러나 누구에게서도 정확한 대답을 얻을 수는 없었다. 모두 그러한 사실을 긍정만 했을 뿐 조금이라도 분명한 증거를 제시하는 사람은 아무도 없었다.

그리고리가, 드미트리가 식당에 뛰어들어 아버지를 구타한 끝에 다시 와서 죽여 버리겠다고 협박한 뒤 돌아갔을 때의 광경을 이야기했을 때는 법정 안에는 음산한 공기가 가득 찼다. 더욱이 이 늙은 하인은 침착하고 군소리가 없는 독특한 어조로 이야기했는데 그것은 다시없는 웅변 효과가 있었다. 미차가 그 때 자기를 밀쳐 버리고 얼굴을 때리며 모욕한 것에 대해서는 이제 화도 다 풀렸으며 이미 용서했다고 말했다.

죽은 스메르자코프에 대해서 질문을 받자 그는 성호를 그으면서 꽤 재간이 있는 젊은이였으나 어리석고 병을 이기지 못한데다 믿음이 없었으며, 이 믿음이 없는 점은 표도르와 그의 장남에게서 배웠다고 말했다. 그러나 스메르자코프의 정직함에 대해서는 열렬하게 주장하며, 스메르자코프는 언젠가 주인이 잃어버린 돈을 발견했으나 자기가 슬쩍 갖지 않고 곧 주인에게 돌려주었고, 주인은 그 보상으로 '금화'를 주었으며, 그때부터 무슨 일이고 그를 신뢰하게 되었다고 말했다. 정원에서 들어가는 문이 열려 있었다는 데 대해서 그는 끝까지 자기 주장을 굽히지 않았다. 그에 대한 질문은 너무 많았으므로 필자는 지금 그것을 죄다 기억할 수는 없다.

마지막으로 변호측이 질문할 차례가 되었다. 그는 먼저 표도르가 '어떤 부인'을 위해 3천 루블을 감추어 두었다는 그 봉투에 대해 조사하기 시작했다.

"증인은 자기 눈으로 직접 그 봉투를 보았습니까? 당신은 그토록 오랫동안 주인 곁에 붙어 있지 않았던가요?"

이에 대해 그리고리는 그런 것은 본 적도 없고 또 '이번에 모두가 떠들 때까지' 누구에게서 들어 본 적도 없다고 대답했다. 페추코비치는 이 봉투에 관해서 물어 볼 수 있는 모든 사람에게 물어 보았다. 그 집요함은 검사가 재산 분배에 관해 물어 볼 때와 같았다. 그러나 그도 역시 봉투 이야기를 듣기는 했으나 본 적은 없다는 대답밖에 들을 수가 없었다. 변호사가 특별히 이 질문을 끈질기게 되풀이한 것을 사람들은 처음부터 알 수 있었다.

"그런데 미안하지만 한 가지만 더 물어 봅시다." 페추코비치가 별안간 말했다. "예심의 진술을 보면, 당신은 그날 밤 자기 전에 허리의 통증 때문에 발잠술인가 하는 이른바 약술을 마셨다던데 그 술의 성분은 무엇인가요?"

그리고리는 멍한 눈초리로 변호사를 바라보더니 잠시 침묵한 다음 이렇게 대답했다.

"샐비어 잎을 넣었습죠."

"샐비어 잎뿐이었나요? 다른 것은 생각 안 납니까?"

"질경이도 들어 있었습니다."

"고추도 들어 있었지요?"

페추코비치는 자못 호기심을 느끼는 듯이 물어 보았다.

"고추도 들어 있었습죠."

"뭐, 그런 여러가지가 들었겠지요. 그래, 그것을 모두 보드카에 담은 것이군요?"

"주정에 담았습니다."

방청석에서 소곤거리는 소리가 조그맣게 들렸다.

"그래요, 주정을 사용했군요. 당신은 그것을 등에 바른 다음 당신 부인밖에 모르는 어떤 영검 있는 주문을 외면서 나머지를 마셔 버렸다, 이 말이지요?"

"그렇습죠."

"대강 얼마나 마셨습니까? 대강 말해서, 한 잔입니까, 두 잔입니까?"

"컵으로 한 잔쯤 되었을 겝니다."

"컵으로 한 잔이라구요? 그럼 조그만 컵이라면 한 잔 반쯤 되었을지도 모르겠네요?"

그리고리는 대답을 하지 않았다. 그는 무언가 눈치를 챈 모양이었다.

"조그마한 컵에 한 잔 반이나 되는 알콜이라면, 제법 되는 양이군요. 증인은 어떻게 생각합니까? 정원에서 들어가는 문이 아니라 '천국의 문이 열려 있는 것'조차 보이지 않겠습니까?"

그리고리는 역시 묵묵부답이었다. 법정에는 웅성거리는 웃음소리가 일었다. 재판장이 조금 몸을 움직였다.

"증인도 똑똑하게 기억하지 못하는 게 아닐까요?" 페추코비치는 더욱더 상대를 물고 늘어졌다. "당신이 정원에서 들어가는 문이 열려 있는 것을 보았을 때, 자기가 잠을 자고 있었는지 깨어 있었는지?"

"똑똑히 서 있었는뎁쇼."

"서 있었다는 것만으로는 잠자고 있지 않았다는 증거가 되지 않지요(방청석에서 다시 작은 웃음소리가 일어났다). 그때 만일 누가 당신에게 무엇을 물었다고 한다면, 가령, 올해가 몇 년이냐고 물었다면 당신은 대답할 수 있었을까요?"

"그건 잘 모릅니다."

"그럼 올해는 기원 몇 년입니까? 그리스도 탄생 후 몇 년이지요? 알고 있습니까?"

그리고리는 박해자의 얼굴을 가만히 쳐다보면서 얼떨떨한 표정으로 서 있었다. 그는 사실 올해가 몇 년인지 모르는 모양이었다. 그것은 좀 기묘하게 느껴졌다.

"그렇다면, 당신 손의 손가락은 몇 갠가 알고 있겠지요?"

"저는 남의 고용살이하는 몸입니다." 그리고리는 갑자기 커다란 소리로 한마디 한마디 또렷하게 자르면서 말했다. "만약에 나리께서 저를 놀리신다면 저는 가만히 참고 있을 수밖에 도리가 없습니다."

페추코비치는 조금 주춤해진 모양이었다. 그때 재판장이 참견하여 좀더 적절한 질문을 하라고 주의를 주었다. 페추코비치는 이 말을 듣더니 정중하게 머리를 숙이고 자기 질문은 끝났다고 말했다. 물론 방청객과 배심원들 사이에는 약기운으로 '천국의 문을 보았을지도' 모를 우려가 있는데다 올해가 서기 몇 년인지조차 모르는 인간의 진술에 대해서 일말의 의심이 남았다. 요컨대 변호사는 아무튼 자기의 목적을 달성한 셈이었다. 그런데 그리고리가 퇴정하기 전에 또 한 가지 에피소드가 발생했다. 재판장이 피고를 향해 이상의 진술에 대하여 할말은 없느냐고 물었다.

"문에 관한 것 외에는 모두 저 사람의 말이 맞습니다." 미차는 커다란 소리로 말했다. "내 이를 잡아 준 데 대해서 고맙게 생각합니다. 때린 것을 용서해 준 데 대해서도 감사합니다. 저 늙은이는 한평생 정직했습니다. 아버지에게는 불도그 700 마리만큼이나 충성을 다했지요."

"피고는 말을 삼가시오!" 재판장이 엄숙하게 주의시켰다.

"저는 불도그가 아닙니다요." 그리고리도 툴툴거렸다. "그럼 내가 불도그입니다, 바로 납니다!" 미차가 소리쳤다. "만일 그게 실례였다면 불도그의 이름은 내가 차지하겠습니다. 그리고 저 사람에게는 사과합니다. 내가 짐승이었기 때문에 저 사람에게도 잔혹한 짓을 했습니다! 이솝에게도 잔혹한 짓을 했습니다."

"이솝이라니 누구를 말하는 겁니까?"

재판장은 다시 엄숙하게 물었다.

"그 어릿광대 말입니다……. 우리 아버지 표도르 카라마조프 말입니다."

재판장은 이번에도 엄한 어조로 언어 사용에 주의하라고 경고했다. "그런 말들이 재판관의 기분을 손상시킬 것이오!"

변호인은 증인 라키친을 심문할 때도 마찬가지로 기묘한 수완을 보였다. 한마디 해두지만, 라키친은 가장 유력한 참고인으로 검사도 그를 명백하게 중시하고 있었다. 사실 그는 모든 것을 알고 있었다. 놀랄 만큼 여러 가지 일을 알고 있어서 아무 집에나 출입하면서 모든 것을 보고 모든 사람들과 이야기를 했다. 그는 표도르 카라마조프를 비롯해서 카라마조프 집안의 내력을 상세하게 알고 있었다.

하기야 3천 루블을 넣은 봉투에 대해서는 미차에게 들어서 알고 있을 뿐이었으나, 그 대신 '수도'라는 술집에서 있었던 미차의 엉뚱한 행동, 즉 그를 불리한 입장으로 밀어넣는 언행을 상세하게 진술한 뒤, 퇴역 대위 스네기료프의 '수세미' 사건까지 이야기했다. 그러나 재산 배당에 대해서는, 표도르가 미차에게 얼마나 빚을 지고 있었는가 하는 특별한 점에 대해서는 라키친 역시 무엇 하나 진술하지 못하고 그저 카라마조프 집안의 혐오스러운 성격에 대한 매우 일반적인 얘기로 얼버무리는 수밖에 없었다.

"도무지 이해할 수 없는 카라마조프의 기질이고 보면, 도대체 어느 쪽이 잘못한건지 과연 누가 결정할 수 있겠습니까. 따라서 누가 누구에게 빚이 얼마나 있느냐 하는 것은 도저히 계산할 수 없습니다."

그는 또한 지금 심판받고 있는 이 범죄가 지닌 비극성을, 농노제와 그것을 대신할 수 있는 적절한 제도를 갖지 못하고 무질서에 빠져 있는 러시아의 낡은 생활습관의 산물이라고 논했다. 요컨대 그는 여기서 자기의 주장을 한바탕 피력하는 기회를 가진 셈이었다. 이 재판을 계기로 라키친은 자기를 세상에 소개하여 많은 사람들에게 알려지게 된 것이다.

검사는 증인 라키친이 이 범죄에 관한 논문을 잡지에 발표할 생각임을 알고 있었으므로 논고 때(나중에 소개하겠지만) 이 논문의 한 구절을 인용하기까지 했다. 말하자면 그는 이미 이 논문을 읽고 있었던 것이다. 라키친이 묘사한 광경은 운명적이고 음산하게 '미차의 유죄'를 강력하게 뒷받침하는 것이었다. 전체적으로 봐서 라키친의 서술은 그 사상이 독창적이고 진행 방법이 고상한 느낌을 주어 방청객을 완전히 매료시켰다. 그가 농노제와 무질서에 괴로워하고 있는 러시아에 대해 진술했을 때는 무심코 몇 군데서 박수마저 일어났다.

그러나 워낙 나이가 젊은 탓에 라키친은 조금 실언을 하고 말았고 페추코비치는 즉각 그 실언을 물고 늘어졌다. 다름이 아니라, 그루셴카에 대해 어떤 질문에 대답할 때 스스로 이미 의식하고 있는 성공에 우쭐해진 나머지, 그녀를 경멸하듯이 그만 '상인 삼소노프의 첩'이라고 말해버린 것이다. 그는 그 뒤 이 실언을 취소할 수만 있다면 아무리 비싼 대가라도 아끼지 않았을 것이다. 왜냐하면 페추코비치는 이 한마디로 당장 라키친의 정체를 간파했기 때문이다. 라키친은 제아무리 페추코비치라도 그런 짧은 시간 안에 그토록 상세하게 사건의 이면을 파헤쳤으리라고는 생각하지 못하고 방심했던 것이다.

"잠깐 묻겠습니다만." 변호사는 자신의 차례가 돌아오자 매우 우호적으로 은근한 미소까지 지으며 말했다. "당신은 이곳 교회 본부에서 발행한 《고 조시마 장로의 생애》라는 소책자를 쓰신 라키친 씨죠? 나는 그 심오한 종교적 사상으로 가득 찬 위대한 성직자에 대한 숭고하고 경건한 사모의 정이 넘치는 저서를 최근에 읽고 커다란 감명을 받았습니다."

"그 책은 출판할 생각으로 쓴 책이 아닙니다만, 어쩌다가 나중에 그만 인쇄가 되어 버려서."

라키친은 별안간 뭔가에 당황한 것처럼 거의 수치심마저 보이면서 얼버무리듯이 말했다.

"아니, 그건 훌륭한 책입니다! 당신 같은 사상가는 어떠한 사회현상에도 폭넓게 대응할 수 있을 것이고 또 반드시 그래야만 합니다. 돌아가신 장로님의 가호를 입어서 그 유익한 저술은 널리 읽히고 또 상당한 이익을 가져왔으리라 생각합니다……. 그런데 그보다는 당신에게 한 가지 물어 보고 싶은 것이 있습니다. 당신은 조금 전에 스베틀로바 양과 매우 친한 사이처럼 말했지요(그루셴카의 성은 '스베틀로바'였다. 필자는 이것을 이날 심리의 진행 중에 처음으로 알았다)?"

"나로서는 나의 모든 지인(知人)들에 대해서 책임을 질 수는 없습니다……. 나는 아직 젊으니까요……. 누구든 자기가 만난 사람 모두에 대해 책임을 질 수 있는 사람은 어디에도 없을 겁니다."

라키친은 느닷없이 얼굴이 새빨개졌다.

"압니다, 잘 알고 있습니다!" 페추코비치는 마치 자기 쪽이 무안해져서 필사적으로 사과라도 하는 사람처럼 이렇게 소리쳤다. "그 여성은 이곳의 엘리트 청년들을 평소 자기 집에 기꺼이 초대하고 있었으니까, 당신도 다른 사람들과 마찬가지로 그렇듯 젊고 아름다운 여성과의 교제에 흥미를 갖는다고 해서 조금도 이상할 것이 없습니다. 그러나…… 다만 한 가지 확인할 일이 있습니다. 우리가 들은 바에 의하면, 스베트로바 양은 두 달 전 카라마조프의 막내 아들 알렉세이 씨와 가까워지기를 열망하여 당시 아직도 수도복을 입고 있는 그를 곧장 자기 집에 데리고 오면 25루블의 사례금을 주겠다고 당신에게 약속했다지요? 들은 바에 의하면, 그 약속이 이루어진 것은 마침 이 사건의 발단이 된 그 비극적 사건이 일어난 날 밤이었다고 하는데, 당신은 정말 알렉세이 씨를 스베트로바 양의 집에 안내하고 그 자리에서 약속된 안내료를 받았는지 그 점에 대해 당신 자신의 입을 통해 듣고 싶습니다."

"그건 농담이었죠……. 어째서 당신이 그런 일에 흥미를 갖고 있는지 그 까닭을 모르겠군요. 나는 농담으로 그냥 받았지요, 나중에 돌려줄 생각으로……."

"그럼, 받긴 받았군요. 그러나 지금까지 돌려주지는 않았지요. 아니면, 돌려주셨던가요?"

"그런 아무 것도 아닌 일을……." 라키친은 중얼거렸다. "그런 질문에는 대답할 순 없습니다. 물론 돌려줄 생각이지만……."

재판장이 거기서 끼어들었고 변호인은 이것으로 라키친 씨에 대한 심문을 마친다고 선언했다. 라키친은 조금 체면을 구긴 채로 증언대에서 물러났다. 그의 매우 고상했던 연설에 대한 인상은 적잖은 타격을 입었다. 페추코비치는 그를 눈으로 쫓으면서 청중들을 향해 '여러분들의 고결한 고발자의 정체는 그저 이 정도랍니다'라고 말하는 것 같았다. 이때도 미차는 한 토막의 에피소드를 연출하지 않고는 넘어갈 수 없었다. 그루센카에 대한 라키친의 말투에 격분한 미차는 별안간 자기 자리에서 "베르나르 같은 놈!" 하고 소리쳤다. 라키친에 대한 심문이 끝나고 재판장이 피고를 향해 뭔가 할말이 없느냐고 물었을때 미차는 큰 소리로 외쳤다.

"저 자식은 피고인 나한테서도 어김없이 돈을 빌려갔어요! 더러운 베르나르 같은 놈! 저 출세주의자는 믿지 않아. 저놈은 죽은 장로까지 속여먹었단 말이오!"

물론 미차는 난폭한 말투에 대해 다시 주의를 받았지만 라키친을 납작하게 해 주는데는 성공했다.

한편 퇴역 대위 스네기료프의 진술도 좋지않게 끝났다. 그것은 전혀 다른 이유에서였다. 그는 헤지고 더러운 옷에 흙투성이 구두를 신고 법정에 나타났는데, 사전에 그토록 주의를 주었고 또 '검사'까지 해두었음에도 불구하고 술에 취해 있었다. 미차에게 받은 모욕에 대해서 질문받았을 때 그는 갑자기 대답을 거부했다.

"그런 사람은 아무래도 상관없습니다. 일류샤가 아무 말도 말라고 했으니까요. 하느님이 저 세상에서 보상을 해주실 겝니다."

"누가 말을 못하게 했다고요? 당신은 지금 누구를 얘기하고 있는 겁니까?"

"일류샤, 내 아들 말입니다. '아버지, 그 사람이 아버지에게 몹쓸 짓을 했지요!' 바위 옆에서 내 아들이 그렇게 말했지요. 그 애는 지금 죽어가고 있습니다······."

퇴역 대위는 별안간 소리내어 엉엉 울기 시작하더니 재판장의 발 아래 넙죽 꿇어 엎드렸다. 그는 방청객들의 비웃음을 받으면서 당장 법정 밖으로 끌려나갔다. 그래서 검사가 방청객들에게 주려던 심증은 뜻대로 되지 않았다.

그러나 변호사는 여전히 모든 수단을 다 써서 사건과 관련된 아주 사소한 점까지 죄다 알고 있다는 것을 보여줌으로써 점점 방청객들을 놀라게 했다. 이를테면 여관 주인 트리폰의 진술은 강한 인상을 주었는데, 물론 미차에게 매우 불리한 내용이었다.

그는 거의 손가락으로 헤아려가면서, 미차가 범행 한 달쯤 전에 처음으로 모크로예에 갔을때 쓴 돈이 3천 루블보다 적지 않았을 것이라고 주장했다.

"설혹 3천 루블에 얼마가 모자란다 하더라도 그것은 불과 얼마되지 않습니다. 집시 여자들한테만도 얼마를 뿌렸는지 모르니까요! 이가 들끓는 마을 농사꾼들한테조차 50코페이카짜리를 마구 '뿌려 대는' 추태 끝에 줄잡아도 25루블씩은 나누어 주었거든요. 그보다 많았으면 많았지 적진 않습니다. 그리고 그때 마을 사람들이 얼마나 저 사람의 돈을 훔쳤는지 한번 도둑질하는 재미를 본 놈은 절대로 그만두질 못해요. 게다가 돈이 하늘에서 저절로 떨어지는 거니까 도둑이 잡힐 리가 없지요! 정말 마을 사람들은 노상강도나 마찬가집니다, 양심이라고는 찾아볼 수가 없어요. 그리고 또 처녀들, 동네 처녀들한테 얼마나 많은 돈이 건너갔는지! 그때부터 마을 사람들은 부자가 되었답니다. 전에는 한 푼도 없었는데."

이렇게 그는 미차의 씀씀이를 하나하나 떠올려가며 이리저리 계산하여 정확한 숫자를 제시했다. 이리하여 미차가 뿌린 돈은 1천5백 루블뿐이며 나머지 돈은 향주머니안에 넣어 두었다는 가정은 도저히 성립될 수 없게 되었다.

"제 눈으로 분명히 봤습니다. 저 사람이 3천 루블의 돈을 쥐고 있는 것을 틀림없이 내 눈으로 봤다니까요. 그 정도 돈도 헤아릴 줄 몰라서야 어떡합니까!"

트리폰은 '나리'의 마음에 들려고 필사적으로 소리쳤다. 그런데 이윽고 변호사의 심문이 시작되었을 때 그는 트리폰의 진술을 전혀 반박하려 하지 않고, 별안간 주제를 바꾸어 마부 치모페이와 농민 아킴이 미차가 처음으로 흥청거리고 놀았을 때, 다시 말해 체포되기 한 달 전에 모크로예에서 미차가 술이 취해 떨어뜨린 100루블짜리 지폐를 현관 바닥에서 주워 트리폰에게 주었더니 트리폰이 두 사람에게 1루블씩 주었다는 사실로 이야기를 옮겨갔다. 그러고는 이렇게 물었다.

"그래, 당신은 그때 그 100루블을 카라마조프 씨에게 돌려줬나요?"

트리폰은 처음에는 이리저리 발뺌을 하다가 농민들이 불려나오게 되자 마침내 100루블을 주웠다고 고백했다. 단 "돈은 그때 드미트리 씨에게 즉시 돌려주었죠. 정직하게 돈을 저 양반에게 주었으나 저 양반이 그때 취해 있어서 기억하고 있을지 모르겠네요" 이렇게 덧붙였다. 그러나 그는 두 사람의 농민이 불려나올 때까지 100루블을 주운 것을 부인했으므로 술 취한 미차에게 돈을 돌려주었다는 진술은 자연 매우 의심쩍은 것이 되었다. 이렇게 하여 검사가 내세운 가장 위험한 증인 중의 한 사람은 역시 매우 수상한 인물로 간주되어 체면을 깎인 채 물러난 것이다.

두 사람의 폴란드인도 마찬가지였다. 그들은 오만하고 당당한 거동으로 법정에 나타났다. 그러고는, 먼저 자기들이 '황제폐하를 섬기고 있었다'는 것, '판 미차'가 두 사람의 명예를 사기 위해 3천 루블의 돈을 제공했다는 것, 미차가 거액의 돈을 갖고 있는 것을 자기들 눈으로 보았다는 것 등을 커다란 소리로 증언했다. 무샬로비치는 이야기를 하면서 이따금 폴란드말을 섞었는데, 그것이 다행히도 재판장이나 검사의 눈에 자기가 훌륭한 인물처럼 비치고 있는 듯이 보이자 나중에는 그만 용기백배해서 모든 얘기를 폴란드말로만 지껄여댔다.

그러나 페추코비치는 그들 역시 함정에 빠뜨려 버렸다. 다시 불려나온 트리폰은 요리조리 빠져 나가려고 안간힘을 썼으나, 결국 브루블레프스키가 카드를 자기 것과 그의 것을 몰래 바꿔치기한 일이며, 무샬로비치가 카드를 돌리면서 한 장 슬쩍 빼낸 사실을 자백해야 했다. 이것은 칼가노프도 자기 진술 때 확인을 했으므로 두 신사는 사람들의 조소를 받으면서 풀이 죽어 물러났다.

그 뒤로도 모든 위험한 증인들이 거의 모두 같은 봉변을 당했다. 페추코비치는 그들 한 사람 한 사람의 가면을 벗김으로써 고개를 푹 숙이고 물러나게 하는데 성공했다. 재판에 밝은 사람들과 법률가들은 감탄해서 바라보면서도 거의 확정적이라 할 수 있는 이와 같은 큰 죄상에 대해 그런 하찮은 일들이 무슨 소용이 있을까 하고 고개를 갸우뚱거렸다. 왜냐하면 자꾸 되풀이하는 것 같지만, 유죄 판결을 움직일 수 없는 사실인 데다가 점점 더 절망적으로 기울어가고 있다는 느낌을 모두 받고 있었기 때문이다. 그러나 그들은 이 '위대한 마술사'의 자신만만한 태도에서 그가 침착성을 잃지 않고 있음을 알고 희망을 버리지 않았다. '이만한 인물'이 멀리 페테르부르크에서 일부러 달려온 이상 빈손으로 돌아갈 까닭이 없었던 것이다.

3 의학 감정과 호두 한 자루

의학 감정도 피고에게 그다지 유리한 것이 못되었다. 그리고 이것은 나중에 안 일이지만, 페추코비치 자신도 이 의학 감정에 그다지 기대를 걸지 않고 있는 모양이었다. 본래 이 감정은 일부러 모스크바에서 이름난 의사를 불러들인 카체리나의 주장 때문에 이루어진 일이었다. 물론 이 감정 때문에 변호가 불리해진 것은 조금도 없었다. 아니, 어쩌면 조금은 유리한 점도 있었다.

그러나 한편에서는 의사의 조금 착오로 약간 우스꽝스러운 일이 일어나기도 했다. 감정자는 모스크바에서 온 그 명의와 지방 의사 게르첸시투베와 젊은 의사 바르빈스키였다. 뒤의 두 사람은 단순한 증인으로서 검사에게 소환되어 출두했다. 먼저 감정자로서 심문을 받은 것은 게르첸시투베였다. 이 의사는 벗어진 머리에다 남은 머리카락도 희끗하게 셌으며 중키에 굳건한 골격을 가진 70노인이었다.

그는 이 도시에서 매우 인기가 있었고 모든 사람들에게 존경을 받고 있었다. 양심적인 의사로, 인간적으로도 훌륭한데다 신앙심이 깊었다. 종파(宗派)는 '보헤미아의 형제'나, '모라비아의 형제'(分離派敎徒)인것 같았지만 필자도 확실한 것은 알지 못한다. 그는 벌써 오랫동안 이 도시에 살면서 언제나 상당한 위엄을 가지고 자기 자신을 지탱하고 있었다. 선량하고 박애정신이 풍부하여 가난한 환자나 농민들을 무료로 진료해 주기도 하고 일부러 가난한 오두막집과 농가를 찾아다니면서 환자를 돌보고 약값을 나누어 주기도 하였다. 그런 반면 그는 나귀처럼 어처구니없이 고집이 셌다. 무엇이든 한번 이렇다 하고 마음 먹으면 누가 뭐라 해도 요지부동이었다.

참고로 말해 둘것은, 이것은 이곳 사람들이 거의 다 알고 있는 일이었지만, 모스크바에서 온 의사가 이 도시에 도착한 지 2, 3일이 될까말까한 때부터 의사 게르첸시투베의 기량에 대해 매우 모욕적인 언사를 늘어놓았다는 것이다. 모스크바 의사는 25루블 이상의 왕진료를 받았는데도 이 도시의 일부 사람들은 그의 내방을 무척 기뻐하면서 돈을 아끼지 않고 앞을 다투어 진찰을 받았다. 이 환자들은 그가 올 때까지는 모두 게르첸시투베의 진료를 받고 있었으므로 모스크바 의사는 도처에서 그의 치료에 노골적인 비평을 퍼부은 것이다. 나중에는 환자를 대하자마자 곧 거리낌없이 "누가 당신을 이렇게 엉망으로 만들었소. 게르첸시투베였나요? 거참!" 하는 식으로 물어 보기 시작했다. 물론 게르첸시투베는 이 일을 죄다 알고 있었다.

이런 상태에서 세 의사가 심문을 받기 위해 번갈아 일어섰다. 게르첸시투베는 피고의 정신 능력이 정상이 아닌 것은 분명하다고 진술했다. 이어 그는 자기 의견을 진술하고(여기서는 생략하기로 한다), 그 이상성은 첫째, 피고가 저지른 과거의 온갖 행위에 의해 증명될 뿐 아니라, 지금 이 순간에도 뚜렷이 나타난다고 주장했다. 지금 이 순간이라는 것은 어떤 것을 말하며 그 이유를 설명하라는 요구를 받았을 때 노의사는 타고난 단순한 성격에서 솔직하게 설명했다.

"피고는 아까 법정에 들어올 때 이 상황에 맞지 않는 기묘한 행동을 보였습니다. 그는 군인 같은 걸음걸이였으며 눈도 똑바로 앞만 바라보았습니다. 본래는 여성들이 앉아 있는 왼쪽을 보았어야 합니다. 그 까닭은 그는 몹시 여성을 존중하는 사람이니까 지금 부인들이 자기를 어떻게 바라보고 있을지 반드시 생각했어야 했기 때문입니다."

노인은 독특한 어조로 이렇게 결론지었다. 여기서 한 가지 덧붙여 둘 것이 있다. 그는 러시아어를 즐겨 사용했는데 어쩐지 그 말 한마디 한마디가 독일어식으로 되어 버리곤 했다. 그렇다고 결코 기가 죽는 일은 없었다. 그는 언제나 자기의 러시아어를 모범적인 것, 즉 '러시아인보다 낫다'고 생각하는 약점을 갖고 있었기 때문이다. 그는 러시아의 속담을 인용하는 것을 매우 좋아했고, 더욱이 그때마다 러시아 속담은 세계의 속담 가운데 가장 훌륭하고 표현력이 풍부하다는 말을 잊지 않고 덧붙이는 것이었다. 또 그는 이야기하다가 자기도 모르게 아주 평범한 말을 잊어버리는 경우가 종종 있었다. 잘 알고 있는 말인데도 깜박 잊어버리고는 좀처럼 생각나지 않는 모양이었다.

하기야 독일어로 말할 때도 그런 일이 자주 있었다. 그런 경우 그는 마치 잊어버린 말을 붙잡기라도 하려는 듯이 언제나 자기 얼굴 앞에서 손을 흔들어 댔다. 그렇게 되면 어떤 사람도 그 깜박 잊어버린 말을 기억해낼 때까지 그에게 하던 이야기를 계속시킬 수가 없었다. 피고가 법정에 들어올 때 여자들 쪽을 보았어야 했다는 그의 진술은 방청석의 익살스러운 속삭임을 자아냈다. 이곳 부인들은 모두 이 노의사를 무척 사랑하고 있었고 평생 독신을 고수한 그가 경건하게 동정을 지키며, 여성을 고상하고 이상적인 존재로 보고 있다는 것을 알고 있었으므로, 생각지도 못한 그의 이와 같은 진술은 모든 사람에게 매우 기이하게 느껴졌던 것이다.

자기 차례가 되어 심문을 받았을 때 모스크바 의사는 피고의 정신 상태를 '극도로' 비정상적인 것으로 본다는 뜻을 매우 강력하게 단언했다. 그는 '심신상실'과 '조증'에 대해 여러가지 그럴 듯한 말을 한 다음, 수집한 갖가지 자료에 의해 피고는 체포되기 며칠 전부터 의심할 여지 없는 병적인 심신상실 상태에 빠져 있었으므로, 그가 만일 실제로 범행을 저질렀다면, 설령 그것을 의식하고 있었다 하더라도 거의 불가항력적으로 한 것으로, 다시 말해 그는 자기를 지배하고 있는 병적인 정신 충동과 싸울 힘이 완전히 결여되어 있었다고 결론지었다. 그리고 그는 심신상실 외에 조증의 징후도 인정했다. 그의 말에 따르면 그 증상은 앞으로 완전한 착란으로 즉시 이행하는 것을 예고하는 것이라고 했다(나는 내 나름의 말로 이야기하고 있지만 의사는 매우 학술적이고 전문적인 용어로 설명했다).

"그의 모든 행동은 상식과 논리에 어긋납니다. 나는 내가 보지 못한 것, 즉 범죄 행위와 그 끔찍한 사건 자체에 대해서는 말하지 않겠습니다만, 그저께 나와 얘기하는 동안에 피고는 뭐라고 설명할 수 없는 침착한 눈을 하고 있었습니다. 그는 전혀 필요 없는 경우에 웃기도 하고, 끊임없이 이해할 수 없는 흥분 상태에 빠지기도 하면서 '베르나르'니 '윤리'니 하는 기묘한 말과 필요없는 말을 늘어놓곤 했습니다."

그리고 의사는 특히 피고의 조증을 인정하는 주요 이유로서 다음과 같은 점을 들었다. 즉, 자기가 속아서 빼앗겼다고 생각하고 있는 3천 루블에 대해 언급할 때마다 그는 반드시 이상한 흥분상태를 보였지만, 그 밖의 실수와 치욕에 대해 이야기할 때는 아주 침착하고 조용하다는 것이었다. 그리고 끝으로 조사해 본 바에 의하면 그는 전부터 3천 루블에 관한 일을 언급할 때마다 꼭 정신없이 흥분 상태에 빠지기는 했으나 사람들이 그가 욕심이 없고 담백한 사람임을 증명하고 있다고 말했다.

"학식 있는 우리 동료의 의견에 의하면" 모스크바 의사는 끝에 가서 비꼬듯 이렇게 덧붙였다. "피고가 법정에 들어 올 때 부인들 쪽을 쳐다 보았어야 했는데도 정면을 보고 있었다고 합니다만, 이에 대해서 나는 그러한 단정은 우스꽝스러울 뿐 아니라 근본적으로 옳지 않다는 것만 말씀드리겠습니다. 왜냐하면 피고가 자기 운명이 결정되는 법정에 들어설 때 그렇게 정면만 응시하는 것은 이상하며, 그것은 사실상 그 순간에 피고의 정신 상태가 정상이 아니었음을 나타낸다는 징후라는 설에는 나도 완전히 동감입니다만, 그와 동시에 피고가 왼쪽 부인석이 아니라 오히려 오른쪽을 보고 변호사를 찾았어야 했다고 생각하는 바입니다. 왜냐하면 그는 지금 무엇보다도 변호사의 도움에 희망을 걸고 있기 때문입니다. 그의 운명은 완전히 이 사람에게 맡겨져 있으니까."

모스크바 의사는 자기 의견을 단호하고 집요하게 진술했다.

그런데 마지막으로 심문을 받은 의사 바르빈스키의 뜻하지 않은 결론은 박학한 두 감정자의 의견 차이에 독특한 우스꽝스러움을 가미했다. 바르빈스키 의견에 의하면, 피고는 지금도 전에도 완전히 정상적인 정신 상태에 있다는 것이었다. 하기야 체포되기 전에는 사실 아주 심한 흥분 상태에 빠져 있었지만, 그것은 아주 명백한 원인, 즉 질투, 분노, 끊임없는 만취 상태 등에서 일어난 것이라고 말할 수 있다. 그러나 이 흥분 상태를 방금 언급된 특별한 심신상실로 볼 수는 없다. 또 법정에 들어올 때 피고가 좌우 어느 쪽을 보아야 하는가 하는 문제에 대해서는, 그의 '조심스러운 의견에 의하면', 피고 본인이 실제로 그렇게 했듯이 정면을 보는 것이 마땅하다, 왜냐하면 지금 그의 운명을 좌우하는 재판장과 재판관들이 모두 정면에 앉아 있기 때문이다, 말했다.

"그러므로 그가 정면을 보면서 법정에 들어왔다는 것은, 말하자면 그 순간. 그의 정신 상태가 완전히 정상이었음을 증명하는 것입니다."

젊은 의사는 약간 열띤 어조로 자기의 '조심스러운' 증언을 끝맺었다.

"잘했어, 돌팔이 의사!" 미차가 자기 자리에서 소리쳤다. "저 사람 말이 맞아요!"

물론 미차는 제지당했지만 젊은 의사의 의견은 재판관에게도 방청객에게도 가장 결정적인 영향을 주었다. 그것은 나중에 안 일이지만, 모두가 그의 의견에 동의했기 때문이다. 그런데 이번엔 증인으로 불려나온 게르첸시투베가 정말 뜻밖에도 미차에게 유리한 증언을 했다. 이 도시의 오랜 주민으로서 오래 전부터 카라마조프 집안을 잘 알고 있던 그는 유죄를 주장하는 쪽에서 보기에 매우 흥미로운 몇 가지 진술을 한 다음 이렇게 말을 이었다.

"그러나 이 가련한 젊은이는 비교가 안 될 만큼 훨씬 더 훌륭한 운명을 차지할 수 있었습니다. 왜냐하면 이 사람은 어린 시절에도 성인이 된 뒤에도 훌륭한 마음씨를 갖고 있었기 때문입니다. 나는 그것을 알고 있습니다. 러시아에 이런 속담이 있습니다. '지혜로운 자가 한 사람 있으면 좋다. 그러나 지혜로운 손님이 찾아오는 것은 더욱 좋다. 그때는 지혜가 하나가 아니라 둘이 되기 때문이다'"

"그러니까 지혜는 많을수록 좋다, 이 말이죠?"

검사가 답답한 듯이 거들었다. 느릿느릿하고 지리한 어조로 이야기하며, 듣는 사람이 어떻게 생각하든 조금도 개의치 않고, 감자같이 따분하고 낙천적이며, 독일식 격언을 지나치게 사랑하는 노인의 버릇을 그는 벌써 오래 전부터 알고 있었던 것이다. 격언을 무척 좋아하는 노인이었다.

"아, 그렇지, 그렇습니다. 내가 말하는 것은 바로 그것입니다." 그는 끈질기게 주장했다. "한 사람의 지혜도 좋지만 두 사람이면 훨씬 더 좋습니다. 그러나 저 사람한테는 지혜로운 손님이 찾아오지 않았으므로 자기 지혜를 그대로 써버렸습니다. 그러면 대체 저 사람은 자기 지혜를 어디에 써 버렸을까요? 가만, 어디더라…… 아차, 그 말을 깜박 잊어버렸습니다그려." 그는 자기 눈앞에서 한 손을 내저으며 말을 계속했다. "아 참, '방탕'이지."

"방탕이라구요?"

"네, 그렇습니다, 방탕입니다. 그래서 나도 그렇게 말하고 있는 중입니다. 저 사람의 지혜는 방탕에 사용되었습니다. 그러다가 기어이 깊은 곳에 빠져서 길을 잃고 만 것입니다. 그러나 저 사람은 은혜를 아는 다감한 청년이었지요. 아아, 나는 이 사람이 아직도 요만한 어린애 때 일을 잘 기억하고 있습니다. 부친이 뒷마당에 방치해 두는 바람에 신도 신지 않고 단추가 하나밖에 없는 바지를 입고 땅바닥에서 뛰어다니고 있었지요……"

이 결백한 노인의 목소리에는 갑자기 감정적인 쓸쓸한 느낌이 서렸다. 페추코비치는 무엇을 예감한 듯 으스스 몸을 한 번 떨더니 곧 그 이야기에 정신을 집중시켰다.

"아아, 그렇지요, 나도 그 무렵엔 아직 젊었습니다……. 나는…… 에, 그렇군요, 나는 그때 나이 마흔다섯으로 이곳에 온 지 얼마되지 않은 때였습니다. 그 무렵 나는 이 아이가 불쌍해서 한 봉지쯤 사줘도 나쁠 거야 없겠지, 하고 생각했지요…… 가만, 뭐가 한봉지였지? 뭐라고 했는가 잊어버렸네, 애들이 퍽 좋아하는 건데, 뭐더라, 에에, 가만 있자……." 의사는 또 손을 내저었다. "나무 열맨데, 그걸 주워 모아서 애들에게 주는 것이지요……."

"사과인가요?"

"아, 아니! 봉지, 한 봉지라니까요! 사과는 열 개 스무 개하고 세지, 봉지라고는 세지 않지요……. 수량이 많은 것입니다. 모두 조그맣고 입에 넣어서 딱 까곤 하는 건데!"

"호두 말입니까?"

"아, 네, 호두입니다. 지금 막 그렇게 말하려던 참이었지요." 의사는 자기가 말을 잊은 적이 전혀 없었다는 듯이 천연덕스럽게 말했다. "나는 호두 한 봉지를 그 아이에게 갖다 주었습니다. 왜냐하면 그 아이는 한 번도 누구한테서도 호두 한봉지를 받아 본 적이 없었으니까요. 내가 손가락을 한 개 세워서, '애야! Gott der Vater(아버지이신 하느님)' 하고 말했더니 아이도 킥킥 웃으면서 Gott der Vater(아버지이신 하느님) 하고 말했습니다. 내가 Gott der Sohn(아들이신 하느님) 하고 말했더니, 그 애도 웃으면서 Gott der Sohn(아들이신 하느님) 하고 다시 웃으면서 잘 돌아가지 않는 혀로 말했습니다. 내가 다시 Gott der heilige Geist(성령이신 하느님) 하고 말했더니 그 애는 역시 웃으면서 열심히 Gott der heilige Geist(성령이신 하느님)을 되풀이했습니다. 그러고 나는 돌아왔지요. 사흘째 되는 날 그곳을 지나려니까 그애가 커다란 소리로 '아저씨, Gott der Vater, Gott der Sohn' 하고 말하더군요, 다만 Gott der heilige Geist을 잊어버렸으므로 다시 가르쳐 주었습니다. 나는 그 애가 측은해서 견딜 수가 없었습니다. 그러다가 그 뒤 그 애는 다른 곳으로 갔고 좀처럼 만날 수 없었습니다.

23년의 세월이 흐른 어느 날 아침, 이제 머리가 허옇게 세어 버린 내가 서재에 앉아 있는데 난데없이 씩씩한 젊은이 한 사람이 들어왔습니다. 나는 그가 누군지 금방 생각나지 않았지만, 그 사람은 손가락을 쳐들고 웃으면서 'Gett der Vater, Gott der Sohn und Gott der heilige Geist!' 하고 말했습니다. 저는 이 도시에 돌아오자마자 곧 호두 한 봉지에 대한 인사를 드리러 왔습니다. 그 무렵 아무도 저한테 호두 한 봉지를 준 사람이 없었는데, 선생님만은 저에게 호두 한 봉지를 주셨습니다' 하고 말하지 않겠습니까.

그때 나는 행복했던 나의 젊은 시절과 신도 신지 않고 밖을 뛰어다니던 불행한 아이가 생각나더군요. 저는 심장이 떨리는 기분이었습니다. 그래서 이렇게 말했지요. '자네는 감사할 줄 아는 청년이로군. 내가 어릴때 준 호두 한 봉지를 잊지 않고 있었단 말이지!' 나는 이렇게 말하고 저 사람을 끌어안고 축복해 주었습니다. 그러고는 울었지요. 이 사람도 울면서 웃더군요……. 러시아 사람은 울어야 할 때 곧잘 웃지요. 아무튼 이 사람은 울었습니다. 그것을 제 눈으로 보았지요. 그런데 지금은, 아아!"

"지금도 울고 있습니다, 독일인 선생님, 지금도 울고 있어요. 선생님은 하느님 같은 분입니다!"

미차가 별안간 자기 자리에서 소리쳤다.

누가 뭐라 해도 이 한 토막의 정경은 방청객들에게 좋은 인상을 주었다. 그러나 미차에게 가장 유리한 효과를 가져다준 것은 카체리나였다. 그러나 이것은 나중에 얘기하기로 한다. 대체로 피고에게 à décharge(유리한) 증인, 즉 변호인이 신청한 증인의 진술이 시작되자 운명은 갑자기 미차에게 진심으로 미소를 보내기 시작했다. 그것은 변호사조차도 전혀 예기치 않은 일이었다.

카체리나에 앞서 알료샤에 대한 심문이 있었다. 거기서 그는 문득 미차의 '유죄설'의 가장 중대한 근거에 대해 매우 유력한 반증이 되는 사실을 생각해 냈다.

4 행운이 미차에게 미소짓다

그것은 알료샤 자신도 참으로 예기치 않았던 일이었다. 그는 선서 없이 불려 왔다. 필자가 기억하는 한 검찰측도 변호측도 처음부터 지극히 동정어린 온화한 시선으로 그를 대했다. 전부터 그에 대한 평이 좋았다는 것은 금방 짐작할 수 있었다.

그는 겸허하고 온순하게 진술했는데 그 말 속에는 불행한 형에 대한 뜨거운 연민이 역력하게 흐르고 있었다. 그는 한 질문에 대답하는 가운데 형의 성격을 설명하면서, 미차는 거칠고 정열에 사로잡히기 쉬운 성격인지는 모르나 동시에 고결하고 자존심이 강하며 관대하여 누가 요구하면 자기를 희생하는 것도 마다하지 않는 사람이라고 말했다. 하지만 최근에 형이 그루센카에 대한 정열과 아버지와의 사랑의 쟁탈 때문에 몹시 견디기 힘든 상태에 있었다는 것은 그도 인정했다.

형이 돈을 빼앗을 목적으로 아버지를 죽였다는 가정을 그는 분연히 부정했다. 하지만 그 3천 루블이 미차의 마음속에서 거의 일종의 강박관념으로 변해 있었다는 것과, 형이 그 돈을 아버지에게 빼앗긴 유산의 일부로 생각하고 있었다는 것, 담백한 형이지만 이 3천 루블에 대해 얘기할 때마다 광분과 분노를 금치 못했다는 것등을 알료샤도 인정했다. 검사가 말하는 소위 '두 여성', 즉 그루센카와 카차의 경쟁에 대해서는 되도록 답변을 피하려 했고 한두 가지 질문에 대해서는 아예 대답하고 싶어하지 않았다.

"당신 형은 아버지를 죽일 생각이라고 당신에게 말한 적이 있습니까?" 검사가 물었다. "만일 대답할 필요가 없다고 생각하면 대답하지 않아도 좋습니다."

"노골적으로 말한 적은 없습니다."

알료샤가 대답했다.

"그럼 어떻게 말했습니까? 간접적으로 했나요?"

"한번은 형이 저한테, 자기는 아버지에게 개인적인 증오심을 품고 있다고 말한 적이 있습니다. 형은 잘못하면…… 혐오감이 극도에 달할 경우…… 아버지를 죽일지도 모른다며 자기 자신도 그것을 두려워하고 있었습니다."

"당신은 그 말을 듣고 그렇게 되리라 믿었나요?"

"믿었다고는 할 수 없습니다. 하지만 저는 늘 어떤 고결한 감정이 그러한 숙명적인 순간에 형을 구해주리라 믿고 있었습니다. 그리고 실제로 구원받았습니다. 왜냐하면, 저희 아버지를 살해한 것은 형이 아니기 때문입니다."

알료샤는 법정 안에 울리는 또렷한 목소리로 이렇게 단언했다.

검사는 진군 나팔 소리를 들은 군마처럼 부르르 몸을 떨었다.

"나는 당신의 신념이 오로지 당신의 성심에서 나온 것이라는 것을 믿습니다. 당신의 신념에 조건을 붙이지도 않을 것이고 또 그것을 불행한 형제에 대한 사랑과 혼동하지도 않겠습니다. 그것은 꼭 알아 주시기 바랍니다. 당신 가정에 일어난 비극에 대한 당신의 그 독특한 견해는 이미 예심 때부터 알고 있었습니다. 노골적으로 말해 당신의 견해는 매우 특수하며 검찰청에서 수집한 다른 모든 진술과 모순되는 것입니다. 그래서 집요한 것 같지만, 어떤 근거로 그러한 생각을 하게 되었는지, 한 걸음 나아가서 범인은 다른 사람, 다시 말해 당신이 예심 때 공공연하게 지적한 사람이며, 당신 형은 무죄라는, 그토록 확고한 신념에 어떻게 도달하게 되었는지 물어 볼 필요가 있습니다."

"예심에서는 그저 심문에 대답했을 뿐입니다." 알료샤는 침착하게 작은 소리로 대답했다. "제가 스스로 스메르자코프를 고발한 것은 아닙니다."

"어쨌든 그를 지적하지 않았습니까?"

"저는 형 드미트리의 말을 그대로 옮긴 것뿐입니다. 저는 심문을 받기 전에 형이 체포될 때의 상황이라든가 그때 형 자신이 스메르자코프를 지명했다는 얘기 같은 것을 들었습니다. 저는 형에게 죄가 없다는 것을 확신합니다. 따라서 만일 형이 범인이 아니라고 할 때……."

"그때는 스메르자코프인가요? 어째서 다른 사람이 아니고 스메르자코프지요? 왜 당신은 그렇게까지 형의 무죄를 확신합니까?"

"저는 형을 믿습니다. 형이 저한테 거짓말을 하지 않는다는 것을 저는 잘 알고 있습니다. 형의 얼굴 표정으로 형의 말이 거짓이 아니라는 것을 알았습니다."

"오직 얼굴 표정만으로? 그것이 당신이 가진 증거의 전부입니까?"
"그 밖엔 증거가 없습니다."
"그럼 스메르자코프가 범인이라는 데 대해서도 형의 말과 얼굴 표정 이외에는 아무런 증거가 없나요?"
"네, 달리 증거는 없습니다."

이것으로 검사는 심문을 마쳤다. 알료샤의 답변은 방청객들에게 큰 실망감을 안겨 주었다. 벌써 재판이 시작되기 전부터 거리에는 스메르자코프에 대한 온갖 풍문이 떠돌고있었다. 아무개가 무슨 말을 들었다느니, 누구누구가 이런저런 증거를 내놓았느니 하는 말들이 오갔던 것이다. 알료샤에 대해서도 그가 형에게는 유리하고 하인의 죄를 분명하게 밝히는 유력한 증거를 모았다는 소문도 있었다. 그런데 뜻밖에도 피고의 친동생으로서 당연한 정신적 신념 외에는 아무런 증거도 갖고 있지 않았던 것이다.

이윽고 페추코비치도 심문을 시작했다. 피고가 언제 알료샤에게 아버지에게 증오를 느낀다든가, 아버지를 죽일지 모른다는 말을 했는가? 또 그런 말을 들은 것은 참사가 일어나기 전 마지막으로 만났을 때였는가? 이러한 변호사의 질문에 대해 알료샤는 문득 무슨 생각이 났는지 갑자기 몸을 부르르 떨었다.

"방금 한 가지 사실이 생각났습니다. 그때는 뭔지 몰라서 저도 까맣게 잊고 있었습니다만, 지금 생각해 보니……."

알료샤는 이제야 갑자기 어떤 생각이 떠오른 모양으로, 어느날 밤 수도원으로 돌아가다가 길가 나무 옆에서 미차와 만났을 때의 일을 열심히 이야기했다. 그때 미차는 자기 '가슴 위쪽'을 손으로 두드리면서, 나에게는 내 명예를 회복할 방법이 있다, 그 방법은 여기 내 가슴에 있다고 몇 번이나 되풀이해서 알료샤에게 말했다.

"그때 저는 형이 가슴을 두드린 것은 자기의 마음을 말하고 있는 줄로만 알았습니다. 형의 목전에 다가온, 저에게조차 말할 수 없는, 어떤 무서운 파멸을 피할 수 있는 힘을 자기 마음속에서 발견할 수 있다, 이렇게 말하고 있는 것이라고 저는 생각했습니다. 저는 솔직히 말해서 그때 형이 아버지에 대해 말하고 있는 줄 알았습니다. 아버지에게 폭행을 가하고 싶은 생각이 일어나는 것을 무서운 치욕으로 알고 전율을 느끼고 있는 줄 알았지요. 그런데 그때 형은 자기 가슴에 있는 그 무엇을 가리키는 듯한 시늉을 했습니다. 이제야 생각이 납니다만, 저는 그때, 심장은 거기가 아닌데, 좀더 아래쪽에 있는데, 하는 생각이 퍼뜩 머리에 떠올랐습니다. 그러나 형은 더 위쪽, 이 근처를, 목 바로 밑을 두드리면서 자꾸만 그 근처를 손가락으로 가리켜 보였습니다. 저는 그때 멍청하게 다른 생각을 했습니다만, 어쩌면 형은 그때 1천5백 루블을 꿰매넣은 향주머니를 가리키고 있었는지도 모르겠습니다!"

"맞았어!" 미차가 갑자기 소리를 질렀다. "바로 그거야. 알료샤. 그때 나는 주먹으로 그 향주머니를 두드린 거였어."

페추코비치는 당황하여 얼른 미차 옆으로 달려가서 조용히 하라고 부탁하고는 끈질긴 어조로 알료샤에게 꼬치꼬치 캐물었다. 알료샤는 애써 당시의 일을 회상하면서 열심히 자기의 추측을 진술했다. 형이 그때 말한 치욕이란 틀림없이 카체리나에게 진 부채의 반액 1천5백 루블을 갖고 있으면서도 그녀에게 돌려주지 않고 다른 일, 즉 그루셴카가 승낙한다면 그녀를 데리고 달아날 비용에 쓰기로 결심한 것을 가리킨 것이다, 말했다.

"그렇습니다, 틀림없이 그렇습니다." 알료샤는 문득 흥분하여 이렇게 소리쳤다. "형은 그때 저에게, 치욕의 절반을, 절반을, 형은 몇 번이나 '절반'이라 했습니다. '지금 당장이라도 제거할 수 있는데, 의지가 약해서 그렇게 하지 못한다, 그것이 내 불행이다. ……할 수 없다, 그것을 실행할 용기가 없다는 것을 이미 나는 알고 있다'고 형은 소리쳤습니다!"

"그럼, 당신은 형님이 자기 가슴의 이 근처를 때린 것을 확실히 기억하고 있다는 말이지요?"

페추코비치는 탐욕스럽게 거듭 물었다.

"확실히 기억하고 있습니다. 그 까닭은, 그때 저는 심장은 좀더 아래 쪽에 있는데 형은 왜 저렇게 위를 칠까 하고 생각했기 때문입니다. 그리고 그때, 제 스스로 제 자신의 생각이 바보 같다고 느꼈습니다……. 그렇게 느낀 것을 지금도 기억하고 있습니다……. 그렇습니다, 그 생각이 퍼뜩 머리를 스치고 지나갔습니다. 그래서 지금 생각이 난 것입니다. 어째서 여태까지 잊고 있었을까요! 사실 형이 그 향주머니를 두드린 것은 치욕을 씻을 확실한 방법이 있지만 1천5백 루블을 돌려주지 않겠다는 뜻이었던 것입니다! 거기다가 형은 모크로예에서 체포되었을 때, 저는 사람들에게서 들어 알고 있습니다, 이렇게 소리쳤습니다. 자기 생애에서 가장 큰 치욕은, 카체리나에게 부채의 절반을, 그렇습니다,

절반입니다! 그 절반을 카체리나 씨에게 돌려 줌으로써 그 사람에게 도둑이 되지 않을 수 있는 방도를 갖고 있으면서도 그것을 돌려주지 않고, 돌려줄 결심이 서지 않았던 것, 그리고 돈을 돌려 줄 바에는 차라리 그 사람에게 도둑놈 소리를 듣는 편이 낫다고 생각한 것이라고요. 하지만 그 형은 얼마나 괴로웠을까요! 그 부채 때문에 얼마나 괴로워 했을까요!" 알료샤는 그렇게 소리치며 말을 맺었다.

물론 검사도 끼어들었다. 그는 알료샤에게 그때 일을 한 번 더 얘기해 달라고 요청했다. 그리고 피고가 정말 무엇을 가리키듯이 자기의 가슴을 두드렸는가, 아니면 단순히 자기 가슴을 주먹으로 친 데 지나지 않는 것은 아닌가 하고 몇 번이나 되풀이해서 집요하게 물었다.

"아뇨, 주먹이 아닙니다!" 알료샤는 소리쳤다. "손가락으로 가리켰습니다. 상당히 위쪽을, 여기 이 근처를 가리켰습니다……. 아아, 어째서 나는 여태까지 이 사실을 잊어버리고 있었을까요!"

재판장은 미차를 향해 이 진술에 대해 할말이 있느냐고 물었다. 그는, 모든 것이 사실 그대로이며 자기는 목 바로 밑 가슴팍에 감추어 둔 천 5백 루블의 돈을 가리킨 것이며 물론 그것은 수치스런 일이었다고 말했다.

"그 치욕을 부정하지 않겠습니다. 그것은 내 생애에서 가장 수치스런 행위였습니다!" 미차는 소리쳤다. "갚을 수 있었는데도 갚지 않았던 것입니다. 도둑놈이 되어도 좋으니 돈을 돌려주지 말자고 그때 저는 생각했는데, 무엇보다 가장 수치스런 것은 아마 갚지 않을 것이라고 나 스스로 전부터 알고 있었다는 사실입니다! 알료샤가 말한 것은 전부 사실입니다! 알료샤, 고맙다!"

이것으로 알료샤에 대한 심문은 끝났다. 그러나 한 가지라도 이러한 사실이 발견되었다는 것은 중대하고도 특기할 만한 일이었다. 아무튼 작지만 하나의 증거가 발견된 셈이었다. 그것은 단지 증거의 암시에 지나지 않지만 그래도 그 조그마한 향주머니가 있었고 그 안에 1천5백 루블이 들어 있었다는 것도, 피고가 예심 때 그 1천5백 루블은 "내것입니다!"하고 주장한 것도 다 거짓말이 아니었다는 증거로서 조금이나마 도움이 되었다. 알료샤는 기뻤다. 그는 얼굴을 빨갛게 붉힌 채 지정된 자리로 돌아갔다. 그는 오랫동안 입속으로 되풀이하고 있었다.

"어쩌다가 잊어버렸을까! 어째서 그걸 잊고 있었지? 어째서 이제야 겨우 생각이 났을까!"

카체리나의 심문이 시작되었다. 그녀가 모습을 나타내자 법정 안에 지금까지와는 다른 웅성거림이 일었다. 부인들은 확대경이며 쌍안경 같은 것을 꺼냈고, 남자들도 몸을 움직이기 시작했다. 그중에는 자세히 보려고 일어서는 사람까지 있었다. 나중에 사람들은 그녀가 나타나자 미차의 얼굴이 별안간 백지장처럼 하얗게 질리더라고 말했다.

온통 검은 옷차림으로 그녀는 정숙하게 몹시 조심스러운 태도로 지정된 자리로 다가갔다. 얼굴빛으로는 그녀가 흥분해 있다는 것을 알아볼 수 없었으나 검은 빛이 감도는 회색 눈동자에는 결연한 결심의 빛이 번득이고 있었다. 여기서 특기할 만한 것은, 나중에 사람들이 이구동성으로 단언한 것처럼 그 순간 그녀는 놀랄만큼 아름다웠다는 사실이다.

그녀는 낮은 소리이기는 했으나 온 법정안에 다 들리도록 또렷하게 진술을 시작했다. 그녀는 무척 침착했다. 적어도 침착하려 애쓰고 있었다. 재판장은 신중한 태도로 '마음의 상처'를 건드릴까봐 두려운 듯이, 그리고 이 커다란 불행에 충분한 유감의 뜻을 표하면서 정중하게 심문을 시작했다. 카체리나는 첫 번째 질문에 대해 자진해서 자기는 피고와 약혼한 사이였다고 말했다.

"저이가 저를 버리기 전까지는 말이에요……."

그녀는 조그마한 소리로 덧붙였다. 그녀가 친척에게 우송해 달라고 미차에게 맡긴 3천 루블에 대해서는 이렇게 밝혔다.

"저는 당장 우송해 달라고 저이에게 돈을 맡긴 것은 아닙니다. 저는 그때…… 그 순간에…… 저이가 돈에 매우 곤란을 겪고 있다는 것을 느끼고 있었기 때문에, 필요하다면 한 달쯤 융통해드려도 괜찮다는 생각으로 그 3천 루블을 내준 것이니까, 나중에 그런 빚을 가지고 그렇게까지 걱정할 필요는 없었던 거지요."

필자는 모든 질문과 거기에 대한 그녀의 답변을 일일이 상세하게 이야기하지는 않겠다. 다만 그녀의 진술에 대해서는 근본적인 의미만 진술하는 데 그친다. 그녀는 이어지는 질문에 대답했다.

"저는 저이가 아버님한테서 돈만 받으면 곧 부쳐 줄 것이라고 굳게 믿고 있었습니다. 저는 어떤 경우에도 저이가 욕심이 없고 성실하다는 것, 그리고 금전 문제에 있어서는 정말 더없이 고결하고 공정하다는 것을 믿고 있었습니다.

저이는 아버님한테서 3천 루블을 받을 수 있다고 확신하고 있었고, 몇 번이나 저에게도 그 얘기를 했습니다. 저이가 아버님과 사이가 좋지 않다는 것을 저도 알고 있었습니다. 그리고 저이가 아버님에게 늘 모욕을 당하고 있다고 생각했습니다. 저이가 아버님을 협박하는 말을 했는지 어떤지는 조금도 기억이 없습니다. 적어도 제 앞에서는 협박 비슷한 말을 한 번도 한 적이 없었습니다. 만일 그때 저를 찾아 왔더라면 3천 루블 때문에 걱정하지는 말라고 안심시켜 주었을 테지만, 저이는 그 뒤 한 번도 오지 않았습니다……. 그런데 저도 제 쪽에서 부를 형편이 되지 못했고…… 또 저는 저이에게 돈을 돌려 달라고 요구할 권리를 조금도 갖고 있지 않았습니다." 그녀는 별안간 이렇게 덧붙였다. 그 목소리에는 결연한 빛이 서려 있었다. "저는 언젠가 저이한테서 3천 루블 이상의 돈을 빌린 적이 있었으니까요. 그것도 돌려드릴 수 있는 아무런 보장도 주지 않았는데 빌려 준 것입니다……."

그녀의 목소리에는 일종의 도전적인 울림조차 느껴졌다. 이때 페추코비치가 물어 볼 차례가 되었다.

"그 일은 이 도시에서 일어난 일이 아니고 당신들이 서로 처음으로 알게 된 무렵의 일이지요?"

페추코비치는 즉각 무슨 유리한 사실이 숨어 있을 것을 예감하고 신중하게 얘기를 이어갔다(괄호로 묶어서 말해 두지만, 그를 페테르부르크에서 초빙해 온 것은 카체리나였다고 할 수 있었으나, 미차가 전에 저쪽에서 그녀에게 5천 루블을 준 일이며, 그 '이마가 땅에 닿을 듯이 머리를 숙였던 일'에 대해서는 조금도 알지 못했다. 그녀는 이 이야기를 그에게 숨기고 있었던 것이다. 이것은 놀라운 일이었다. 그녀는 마지막 순간까지 법정에서 이 이야기를 할 것인가 말 것인가 결정하지 못하고 어떤 영감이 작용하기를 기다리고 있었다고 생각하는 편이 옳을 것이다).

그렇다, 필자도 이때의 일을 결코 잊을 수가 없다! 그녀는 얘기하기 시작했다. 모든 것을 하나도 빠뜨리지 않고!

일찍이 미차가 알료샤에게 얘기해준 그 에피소드도, '이마가 땅에 닿을 듯이 머리를 숙인 일'도, 그 원인도, 자기 아버지에 대해서도, 자기가 미차를 찾아갔다는 것도 죄다 이야기했다.

그러나 미차가 카체리나의 언니를 통해서 '카체리나가 직접 돈을 받으러 오도록' 제의한 일에 대해서는 한마디도 하지 않았다. 그녀는 관대하게도 이 일을 숨기고 자기 쪽에서 격정에 사로잡혀 무언가를 기대하면서 돈을 빌리기 위해 젊은 장교한테 달려갔던 일을 조금도 부끄러워하지 않고 이야기했다.

이것은 실로 법정을 뒤흔드는 사건이었다. 필자는 조마조마한 심정으로 몸을 떨면서 귀를 기울였다. 사람들은 한마디도 빼놓지 않으려고 숨을 죽였고, 법정 안은 물을 끼얹은 듯이 조용했다. 이것은 그때까지 전례가 없는 일이었다. 그녀처럼 고집이 세고 오만불손하며 자존심 강한 여성에게서는 도저히 기대할 수 없는 솔직한 고백이고 자기 희생적인 태도였다. 더욱이 무엇 때문에? 누구를 위해서? 자신을 배신하고 모욕을 준 사람을 구하기 위해서였다. 조금이라도 그에게 도움이 될 좋은 인상을 사람들에게 주어서 그를 구하고자 하는 마음에서였다! 사실 있는 돈 없는 돈 모두 끌어모아 5천 루블이라는 거금을 내주고 순결한 처녀 앞에 정중하게 무릎을 꿇은 청년 장교의 모습은 확실히 훌륭하고 매력적이었다. 그러나 필자의 심장은 아프도록 죄어들었다! 그것은 나중에 어떤 중상이 만들어질 것 같은 나쁜 예감이 들었기 때문이었다(실제로 비방과 중상이 시작되었다!)!

그 뒤 온 도시 사람들은 악의에 찬 웃음을 웃으면서, 장교가 '정중하고 무릎만 꿇었을 뿐' 처녀를 그냥 돌려보냈다는 대목은 아무래도 곧이들리지 않는다고들 수군거렸다. 사람들은 거기에 '무엇인가 생략되어 있다'고 암시를 주었다. "설혹 생략되어 있지 않다하더라도, 사실 그 말대로라고 하더라도" 이곳에서 가장 존경받는 귀부인들은 말했다. "설혹 아버지를 구하기 위해서 한 일이라 하더라도 처녀로서 그런 짓을 하는 것은 별로 훌륭한 일이 못되지요."

그 총명하고 병적일 정도로 예민한 카체리나가 이런 숙덕공론이 일어날 것을 미리 예상하지 못했을까? 틀림없이 알고 있었을 것이다. 그런데도 불구하고 모든 것을 말해 버리기로 결심한 것이다! 물론 카체리나가 한 이야기의 진상에 대해서 이렇듯 추잡스러운 의심을 품은 것은 나중의 일이고, 처음 들었을 때는 모두가 오로지 신선한 충격을 받았을 따름이었다.

한편 재판관들은 경건한 태도로 쑥스러운 듯이 잠자코 그녀의 말에 귀를 기울이고 있었다. 검사는 이 이야기에 대해 한마디도 감히 물어 보려 하지 않았다. 페추코비치는 그녀에게 정중히 고개를 숙였다. 아아, 그는 이미 거의 승리한 기분이었다. 그는 많은 것을 얻었다. 고결한 마음에서 5천 루블을 아낌없이 베풀어준 사람이 나중에 3천 루블을 빼앗을 목적으로 아버지를 죽였다는 것은 도저히 앞뒤가 맞지 않는 이야기였다.
 페추코비치는 적어도 돈을 빼앗았다는 사실을 부정할 수가 있었다. '사건'은 갑자기 새로운 조명을 받기 시작했다. 사람들은 미차에 대해 일종의 동정 같은 것을 느끼게 되었다. 그는…… 그는 카체리나가 진술하는 동안 한두 번 자리에서 벌떡 일어났으나 다시 의자에 주저앉아 두 손으로 얼굴을 가렸다고 사람들은 말했다. 그러나 그녀가 진술을 마치자 그는 별안간 그녀에게 두 손을 내밀면서 울먹이는 소리로 이렇게 외쳤다.
 "카차, 당신은 왜 나를 파멸시키는 거요!"
 그는 법정 안에 가득 울리도록 소리 높여 울다가 곧 자기를 억제하고 다시 외쳤다.
 "아아, 이미 판결은 내려졌어!"
 그는 이를 악물고 두 손을 가슴에 십자로 포갠 채 화석처럼 굳어서 앉아 있었다. 카체리나는 법정에 그대로 남아 지정된 의자에 가서 앉았다. 그녀는 창백한 얼굴을 푹 숙이고 있었다. 옆에 있던 사람의 말을 들어 보면, 그녀는 열병에라도 걸린 듯이 오랫동안 부들부들 떨고 있었다고 한다. 이어서 그루셴카가 불려졌다.
 필자의 이야기는 지금 그 파국을 향해 다가가고 있다. 그 파국은 느닷없이 일어난 것으로 어쩌면 그것이 미차의 숨통을 끊어 놓은 건지도 모른다. 왜냐하면 필자가 믿는 바로는, 아니 법률가들도 나중에 모두 그렇게 말했지만, 만일 그 일만 없었던들 피고는 적어도 어느 정도 관대한 판결을 받았을지도 모르기 때문이다. 그러나 이 일은 뒤로 돌리고 먼저 그루셴카에 대해 조금 기술하기로 한다.
 그녀도 역시 검은 옷을 입고 여느 때의 그 멋진 검은 숄을 어깨에 걸치고 법정에 나타났다. 그녀는 흔히 뚱뚱한 여자가 그러는 것처럼 몸을 좌우로 가볍게 흔들면서 좌우 어느쪽도 거들떠보지 않고 지그시 재판장을 바라보면서, 사뿐사뿐 발소리도 없이 증언대 쪽으로 다가갔다. 필자의 눈에는 그 순간 그녀가 매우 아름답게 보였다. 나중에 부인들이 말한 것처럼 그렇게 창백해 보이지도 않았다.
 부인들은 그녀가 뭔가 단단히 결심한 듯한 악독한 표정을 하고 있었다고 하지만, 필자의 생각으로는, 그녀는 다만 스캔들에 굶주린 방청객들의 호기심으로 가득한, 경멸적인 시선을 숨막히도록 온 몸에 느끼며 초조해 하고 있었다 생각된다. 그녀는 경멸을 참지못하는 높은 자존심을 갖고 있었다. 누군가가 경멸하고 있지 않나 의심하는 것만으로도 벌써 후끈 반항심에 불타는 그런 성격의 여자였다.

그러나 동시에 물론 겁도 많았고 속으로 이 겁이 많은 점을 부끄럽게 여기기도 했다. 그러기에 그녀의 진술이 변덕스러운 것은 당연한 일이었다. 어떤 때는 노기를 띠고 어떤 때는 경멸하는 듯한 말투로 무섭도록 거칠어지는가 하면, 별안간 진심으로 자기 죄를 힐책하는 듯한 목소리로 말하기도 했다. 때로는 '어떻게 되든 무슨 상관이람. 할말은 다 해버려야지' 하는 식의 자포자기적인 말투가 되어 버렸다. 표도르와 가까워진 데 대해서는 "시덥잖은 얘기예요. 그 사람쪽에서 좋아서 따라다닌 것도 제가 책임져야 하나요?" 하고 야무지게 잘라 말하는가 하면 곧 그 다음에는 이렇게 덧붙이는 것이었다. "모두 제 잘못이에요, 저는 둘 다, 영감님도 이이도 놀려 주었던 거예요. 그러다가 결국 두 사람을 이런 꼴로 만들어 버렸어요. 모두 저로 인해 일어난 일이에요"

어쩌다가 문제가 삼소노프에 이르렀을 때는 뻔뻔스럽고 도전적인 어투로 대들었다.

"그게 무슨 상관이 있어요? 그 사람은 제 은인이에요, 제가 집에서 쫓겨났을 때 맨발인 저를 받아 주었으니까요."

그러나 재판장은 매우 정중한 말로 쓸데없는 다른 이야기는 하지 말고 묻는 말에만 대답하라고 주의를 주었다. 그루센카는 얼굴을 붉혔지만 눈은 빛나고 있었다.

그녀는 돈이 든 봉투를 보지 못했고 다만 표도르가 3천 루블을 넣은 무슨 봉투를 갖고 있다는 말을 그 '악당'에게서 들었을 뿐이라고 말했다. "하지만 그런 건 다 어이없는 얘기였어요. 그래서 저는 그저 웃어 주었지요. 제가 그런데를 뭣하러 갑니까?"

"지금 당신이 '악당'이라고 한 것은 누구를 말하는 것입니까?"

사이를 두지 않고 검사가 물었다.

"하인이에요. 자기 주인을 죽이고 어제 목을 맨 스메르자코프 말이에요."

물론 그녀는 즉시 어떤 근거로 그렇게 단정할 수 있느냐는 질문을 받았으나 역시 이렇다 할 근거를 대지는 못했다.

"드미트리 씨가 그렇게 말했습니다. 그이 말을 믿어주세요. 저 여자가 훼방을 놓아서 저이를 파멸시켜 버린 거예요. 죄다 저 여자가 원인이에요. 저 여자가."

증오에 못 이겨 몸을 떨기라도 하듯이 그루센카는 덧붙였다. 그녀의 목소리에는 표독스러운 악기가 서려 있었다.

그녀는 다시 그게 누구냐는 질문을 받았다.

"저 아가씹니다, 저 사람은 그때 저를 불러 초컬릿을 주면서 구워삶으려 했어요. 저 사람은 정말 수치심이라는 것이 눈곱만큼도 없더군요, 정말로……."

이번에는 재판장도 엄하게 그녀를 제지하며 말을 삼가도록 일렀으나 그녀의 마음은 이미 질투에 끓어오르고 있었다. 그녀는 거의 될대로 되라는 심정이었다……

"모크로예 마을에서 피고가 체포되었을 때" 검사가 회상하면서 물었다. "당신이 별실에서 달려나와 '모두 제 잘못입니다, 저도 함께 징역을 보내 주세요' 소리친 것을 모두 보기도 하고 듣기도 했는데, 그러고 보면 그때 당신은 피고가 아버지를 살해했다는 것을 알고 있었군요?"

"그때의 기분을 잘 기억하지 않습니다. 그때 사람들이 모두 저이가 아버지를 죽였다고 떠들어댔기 때문에, 저는 이것도 다 내가 나빠서 그렇다, 나 때문에 저이가 아버지까지 살해한 것이다, 하는 생각이 들었어요. 하지만 저이한테서, 자기에게 죄가 없다는 말을 듣고 대번에 저는 그 말을 믿어 버렸지요. 지금도 믿고 있어요. 언제까지나 믿을 거예요. 저이는 거짓말을 할 사람이 아니거든요."

페추코비치가 질문할 차례가 되었다. 필자는 그가 라키친에 관한 것이며 25루블에 대해 질문한 것을 기억하고 있었다.

"당신은 알렉세이 카라마조프 씨를 데리고 온 사례금으로 라키친에게 25루블을 주었다지요?"

"그 사람이 그 돈을 받았다고 조금도 놀라운 일이 아니에요." 그루센카는 경멸하듯 악의에 찬 미소를 지었다. "그 사람은 늘 저한테 돈을 뜯으러 왔으니까요, 한 달에 30루블 쯤은 가져간걸요. 그것도 대개 좋지 않은 일에 쓰기 위해서였지요. 먹고 마시기 위해서라면 제가 아니더라도 아무 걱정이 없었으니까요."

"당신은 어째서 라키친 군에게 그토록 관대했던가요? 무슨 특별한 이유라도?"

재판장이 끊임없이 안절부절못하며 몸을 움직이는 것도 무시하고 페추코비치는 계속 추궁했다.

"그 사람은 저의 사촌 동생이거든요. 제 어머니와 그 사람의 어머니는 친자매간이랍니다. 하지만 그 사람은 이런 사실을 아무에게도 말하지 말아 달라고 늘 저한테 부탁했어요. 저같은 사람이 사촌 누이라는 것을 몹시 부끄럽게 여기고 있었으니까요."

이것은 정말 예상 외의 새로운 사실이었다. 마을에서는 물론 수도원에서 조차 이것을 아는 사람은 아무도 없었다. 미차조차 모르고 있었다. 소문에 의하면 라키친은 자기 자리에 앉은 채 수치심 때문에 얼굴이 자주빛이 되었다고 한다. 그루센카는 법정에 들어서기 전에 라키친이 미차에게 불리한 진술을 한 것을 알고 화가 났던 것이다. 라키친이 한 조금 전의 연설과 그 고매한 취지, 농노제와 러시아의 미비한 공민권에 대한 공격은, 이때 청중의 마음속에서 완전히 말살되어 지워지고 말았다.

페추코비치는 여간 만족스럽지 않았다. 신은 다시 미차에게 미소를 보내고 있었다. 대체로 그루센카에 대한 심문은 그리 오래 걸리지 않았다. 그리고 그녀는 물론 두드러지게 새로운 사실을 진술하지도 못했다. 그녀는 방청객에게 매우 불쾌한 인상을 주었다. 그녀가 진술을 마치고 카체리나와 좀 떨어진 자리에 앉았을 때 수많은 경멸의 시선이 그녀에게 집중되었다. 그녀가 심문을 받고 있는 동안 미차는 줄곧 화석처럼 굳은 채 눈을 마룻바닥에 내리깔고 묵묵히 입을 다물고 있었다.

이어서 이반이 증인으로 등장했다.

5 뜻밖의 파국

미리 말해 두지만 이반은 알료샤보다 먼저 불려나갈 예정이었다. 그러나 정리는 그때 재판장에게, 증인이 갑작스러운 몸의 이상 또는 일종의 발작 같은 것 때문에 당장 나올 수는 없지만 회복이 되는 대로 법정에 나와 증언을 하기로 했다고 보고했다. 그러나 그때는 아무도 이런 사실을 몰랐고 나중에 가서야 알았다.

그의 출현은 처음에는 거의 누구의 주의도 끌지 못했다. 이미 중요한 증인들, 특히 연적 관계에 있는 두 여자들이 심문을 받은 뒤였으므로 방청객의 호기심은 이제 거의 다 채워져서 피곤함마저 조금 느끼고 있을 정도였다. 아직 몇 사람 더 증인 심문이 남아 있었으나 이미 증언된 모든 내용을 생각하면 특별히 새로운 진술은 나올 것 같지도 않았다. 시간은 자꾸자꾸 흘러갔다.

이반은 왠지 이상하리만치 느릿하게 걸어나왔다. 그리고 아무도 보지 않고 고개를 푹 숙인 채 미간을 찌푸리고 뭔가 생각에 잠겨 있는 것처럼 보였다. 차림새는 어디 하나 나무랄 데가 없었으나 표정은 적어도 필자에게는 병적인 인상을 주었다. 어딘지 다 죽어가는 사람처럼 흙빛을 띠었고 눈은 흐릿했다. 그는 그 눈을 들어 법정 안을 조용히 둘러보았다. 알료샤는 자기도 모르게 자리에서 벌떡 일어나며 "아아!" 하고 신음소리를 냈다. 필자는 그것을 기억하고 있다. 그러나 거기에 주목한 사람은 거의없었다.

재판장은 먼저 그를 향해 선서는 필요없다는 것과 진술을 해도 되고 묵비권을 행사해도 되지만 진술은 양심에 거리낌이 없도록 할 것 등을 설명했다. 이반은 멍한 눈으로 재판장을 바라보면서 듣고 있었다. 그러나 천천히 웃음을 띠더니, 놀란 듯이 자기를 바라보는 재판장의 말이 끝나자 느닷없이 소리내어 낄낄 웃기 시작했다.

"그리고 또 다른 건 없나요?"

이반은 커다란 목소리로 물었다. 법정 안이 조용해졌다. 모두 무엇인가 느낀 모양이었다. 재판장도 불안을 느끼기 시작했다.

"당신은…… 아직 건강이 완전히 좋아지지 않았나보군요."

그는 눈으로 정리(廷吏)를 찾으면서 말했다.

"재판장님, 걱정하실 것 없습니다. 저는 상당히 건강한 편이니까, 여러 가지로 흥미로운 이야기를 해드릴 수가 있습니다."

이반은 갑자기 의젓하고 침착해져서 공손히 대답했다.

"그럼 무슨 특별한 정보라도 진술할 생각이오?"

재판장은 여전히 미심쩍은 듯이 말을 이었다.

이반은 고개를 숙이고 잠시 망설이더니 이윽고 다시 고개를 들고 더듬거리면서 대답했다.

"아니…… 그런 건 아닙니다. 별로 특별한 정보는 없습니다."

심문이 시작되었다. 그는 왠지 전혀 내키지 않는 듯이 간단하게 대답했다. 어떤 내심의 혐오가 점점 더 심해지는 것을 느끼는 모양이었으나 그래도 답변은 논리정연했다. 그리고 웬만한 질문은 모른다고 피해 버렸다. 아버지와 드미트리의 금전 관계는 전혀 모른다, '그런 것은 마음에도 두지 않았다'고 말했다. 아버지를 죽인다고 협박한 것은 피고한테서 들었고 봉투에 넣은 돈에 대해서는 스메르자코프한테서 들어 알았다고 말했다.

"아무리 물어 봐야 똑같습니다." 그는 피곤한 모습으로 별안간 이렇게 가로막았다. "저에게는 특별히 진술할 말이 아무것도 없습니다."

"보아하니 당신은 아무래도 건강이 좋지 않은 것 같군요. 그리고 당신 기분도 이해할 만하고……."

재판장은 다시 머뭇거렸다.

그는 양쪽에 있는 검사와 변호사를 돌아보며 만일 필요하다면 심문을 하라고 말했다. 그때 별안간 이반이 힘없는 소리로 애원했다.

"재판장님, 제발 나가게 해주십시오. 몸이 몹시 좋지 않은 것 같습니다."

그는 이렇게 말하고는 허가도 기다리지 않고 홱 몸을 돌려 법정에서 나가려 했다. 그러나 네댓 걸음쯤 걸어가더니 갑자기 무슨 생각을 했는지 걸음을 멈추고 소리없이 조용히 웃으면서 다시 제자리로 돌아갔다.

"재판장님, 저는 꼭 그 시골 처녀 같아요……. 에, 아시겠지만 '가고 싶으면 가고, 가고 싶지 않으면 안 갈 테야.' 이렇게 말하면 모두들 처녀의 저고리나 모직 치마 같은 것을 들고 처녀 뒤를 따라가지요. 어떻게든 그것을 입혀서 결혼식에 데려가려는 것입니다. 그런데 처녀는 '가고 싶으면 가고, 가고 싶지 않으면 안 갈 테야' 하고 고집을 피웁니다……. 이건 러시아의 민족성이지요……."

"대체 무슨 말을 하고 싶은 겁니까?"

재판장이 엄격하게 물었다.

"뭐, 사실은" 이반은 느닷없이 지폐 다발을 꺼냈다. "보십시오, 이것이 그 돈입니다……. 저(그는 증거물이 놓여있는 테이블을 턱으로 가리켰다) 봉투 안에 들어 있던 돈입니다. 이것 때문에 아버지는 살해된 것입니다. 어디에 둘까요? 거기 사무관님, 이걸 전해 주십시오."

사무관은 지폐 다발을 받아들어 재판장에게 갖다 주었다.

"이게 그 돈이라면…… 이것이 어떻게 당신 손에 들어갔을까요?"

재판장은 은근히 놀라면서 물었다.

"어제 스메르자코프한테서, 그 살인자한테서 받았습니다……. 저는 그자가 목을 매기 전에 그자 집에 갔었습니다. 아버지를 죽인 것도 그놈입니다, 형이 아닙니다. 그놈이 죽였습니다. 그리고 내가 그놈을 사주했습니다……. 우리 아버지의 죽음을 원하지 않는 사람은 아무도 없었으니까……."

"대체 당신 제정신이오?"

재판장은 저도 모르게 소리쳤다.

"물론 제정신입니다……. 비겁할 정도로 제정신입니다. 여러분과 여기 있는 모든…… 돼지들과 마찬가지로!" 그는 갑자기 방청석을 돌아 보았다. "우리 아버지를 죽이고도 깜짝 놀라는 시늉을 하고 있군요." 그는 격렬한 경멸을 드러내면서 이를 갈았다. "모두다 서로 시치미를 떼고 있는 것입니다. 거짓말쟁이들 같으니! 모두 우리 아버지가 죽기를 바라고 있는 거요. 독사와 독사가 서로 잡아먹으려는 것과 같지……. 만약에 아버지를 죽이지 않았더라면…… 모두 툴툴거리면서 집으로 돌아가 버렸을 거요……. 구경거리가 보고 싶어 그러거든! '빵과 구경거리!'라고 하잖습니까. 하기야 나도 어지간했지만! 물 좀 없을까요. 물 좀 주십시오, 제발!"

그는 별안간 자기 머리를 움켜 잡았다.

사무관이 곧 그에게 다가갔다. 알료샤가 갑자기 벌떡 일어나서 소리쳤다.

"형님은 병이 들었습니다. 형님 말을 믿어서는 안 됩니다. 형님은 환각증에 사로잡혀 있습니다."

카체리나는 충동적으로 벌떡 자리에서 일어나 공포에 질려 꼼짝도 않고 이반을 쏘아보고 있었다. 미차도 일어서서 뭔지 모를 일그러진 웃음을 지으면서 집어 삼킬 것처럼 동생을 응시하면서 그 말을 듣고 있었다.

"조용히 해. 난 미치지 않았어. 다만 살인자일뿐이야!" 이반이 다시 이야기를 시작했다. "살인자에게 웅변을 기대한다는 것은 무리한 얘깁니다……." 그는 웬일인지 갑자기 이런 말을 덧붙이며 얼굴을 일그러 뜨리고 웃기 시작했다.

검사는 매우 당황한 듯 재판장 쪽으로 몸을 굽혔다. 재판관들은 황급하게 서로 뭐라고 소곤거렸다. 페추코비치는 더욱 더 열심히 귀를 기울였다. 법정 전체가 무엇을 기대하는 듯 숨을 죽였다. 재판장은 문득 정신을 차린 듯이 입을 열었다.

"증인, 당신의 말은 뭐가 뭔지 알아듣지 못하겠습니다. 또 법정에서 감히 못할 말투고요. 최대한 마음을 가라앉히고 이야기해 주시오……. 만일 진정으로 무슨 할말이 있으면 말이오. 만일 당신 말이 잠꼬대가 아니라고 한다면 당신은 무엇으로 그러한 자백을 뒷받침하겠소?"

"바로 그겁니다, 실은 증인이 없는 것이 문제지요. 스메르자코프란 자식이 저 세상에서 여러분에게 진술을 보낼 수는 없으니까요……. 봉투에 넣어서 말입니다. 여러분은 뭐든지 언제든지 봉투를 좋아하더군요. 봉투는 하나면 족합니다. 나는 증인이 없습니다……. 그자 하나밖에는."

그는 의미심장한 듯이 씁쓸하게 웃었다.

"그자가 누굽니까?"

"꼬리를 달고 있는 놈입니다, 재판장님, 이러면 규칙에 위반되지요! le diable n'existe point(악마는 더 이상 존재하지 않습니다)! 뭐, 개의하실 건 없습니다. 건달 같은 작은 악마니까요." 그는 갑자기 웃음을 그치고 무슨 비밀 이야기라도 하는 듯이 이렇게 덧붙였다. "그 녀석은 틀림없이 이 근처 어디에 있을 겁니다. 저기 증거물이 얹혀 있는 저 테이블 밑에라도 말입니다. 거기 아니고 다른 데 어디 있겠습니까? 실은 이렇습니다, 들어보세요. 나는 그 녀석에게 말해 줬지요. 잠자코 있을 수가 있어야지요. 그런데 그 녀석은 지질변동에 대한 얘기를 꺼내지 않겠습니까, 바보같이! 하지만 그 악마를 용서해 주십시오……. 그 녀석이 찬가를 다 부릅니다. 말하자면, 그게 더 마음 편해서 그런 거지요! 술취한 불한당이 '이반은 페테르로 떠나갔다네' 하고 소리지르는 거나 마찬가집니다. 하지만 나는 2초의 기쁨을 위해서라면 천조의 천조배라도 주겠습니다. 당신들이 내가 하는 말을 어떻게 알 수 있겠소! 아아, 여러분이 하는 일은 어쩌면 이토록 어리석기만 한단 말이오! 자, 그 녀석 대신 나를 묶어 주십시오! 그러기 위해 왔으니까요……. 어째서, 어째서 이렇게 어리석은 일 뿐일까?"

그는 이렇게 말하고 다시 생각에 잠긴 표정으로 서서히 법정 안을 돌아보았다. 이미 온 법정은 어수선하게 동요하기 시작하고 있었다. 알료샤는 자리에서 일어나 형 곁으로 달려갔다. 그러나 사무관이 벌써 이반의 팔을 붙잡고 있었다.

"이제 와서 뭘뭘 어쩌겠다는 거요?"

이반은 사무관의 얼굴을 지그시 들여다보면서 이렇게 소리친 뒤 사무관의 두 어깨를 움켜잡고 바닥에 힘껏 밀어버렸다. 곧 수위들이 우르르 달려와서 그를 제압했다. 그는 무서운 소리로 외치기 시작했다. 법정에서 끌려나가는 동안에도 계속 고함을 지르며 부질없는 소리를 외치고 있었다.

큰 혼란이 일어났다. 나도 모든 일을 순서대로 기억하지는 못한다. 나 자신도 흥분하고 있었으므로 잘 관찰할 수가 없었던 것이다. 다만 필자가 알고 있는 것은 나중에 소동이 가라앉고 사람들이 사태의 진상을 깨달았을 때에야 사무관이 호되게 꾸지람을 들은 일뿐이다.

하기야 사무관은, 증인이 1시간 전에 조금 몸이 좋지 않아 의사의 진찰을 받았으나, 법정에 나올 때까지는 내내 건강했고 이치에 맞는 말만 했으므로, 이런 사태가 일어날 줄은 정말 꿈에도 생각지 못했으며, 게다가 증인 자신이 꼭 진술을 하겠다고 주장했노라고 충분히 근거 있는 설명을 했다.

그러나 모두가 침착을 되찾고 완전히 정신들을 차리기 전에, 이 사건에 이어서 곧 새로운 소동이 일어났다. 카체리나가 히스테리를 일으킨 것이다. 그녀는 큰 소리로 비명을 지르면서 통곡하기 시작했다. 그러나 순순히 법정을 나가려 하지 않고 몸부림치면서 밖으로 끌어내지 말아 달라고 애원하더니 별안간 재판장을 향해 소리쳤다.

"당장, 지금 당장, 말씀드릴 것이 있습니다……. 이건 증거 서류입니다……. 편집니다! 받아서 읽어 보세요, 어서요! 이건 저 악당이 저기 저 사내가 쓴 편집니다!" 그녀는 미차를 가리켰다. "아버지를 죽인 것은 저 사람입니다. 여러분도 곧 아시게 될 거예요. 저 사람이 아버지를 죽이겠다고 저한테 써보낸 거예요! 아까 그 사람 이반은 환잡니다. 환각증에 사로잡혀 있습니다! 저는 그이가 환각증에 사로잡혀 있다는 것을 벌써 사흘 전부터 알고 있습니다!"

그녀는 정신없이 소리쳤다. 그녀가 재판장쪽으로 내민 편지를 정리가 받아들자 카체리나는 그대로 의자에 털썩 주저앉더니 얼굴을 가리고 발작하듯 몸을 떨면서 소리죽여 울기 시작했다. 그녀는 온몸을 부들부들 떨면서도 법정에서 끌려나갈까봐 두려워 가냘픈 신음소리마저 억제하고 있었다.

그녀가 내민 서류는 미차가 싸구려 요리집 '수도'에서 쓴 편지로 이반이 '수학적' 가치가 있는 증거라고 부르던 것이었다. 아아, 재판관들도 사실 이 편지의 수학적 가치를 인정하고 말았다. 이 편지만 없었던들 미차는 파멸하지 않았거나 적어도 그런 무서운 방법으로 파멸당하지는 않았을지 모른다.

되풀이해서 말하지만 필자는 자세히 관찰할 수가 없었다. 지금도 오직 모든 일이 혼돈된 모습으로 머리에 떠오를 따름이다. 아마 재판장은 그 자리에서 곧 새로운 증거 서류를 재판관들과 검사와 변호사와 배심원 모두가 돌려 보게 한 것으로 안다. 내가 기억하고 있는 것은 다시 카체리나에 대한 심문이 시작되었다는 것뿐이다. 이제 진정했느냐는 재판장의 친절한 물음에 카체리나는 얼른 소리쳤다.

"저는 괜찮습니다, 각오는 되어 있습니다! 여러분의 질문에 똑똑히 대답할 수 있습니다." 그녀는 행여나 상대편이 자기 얘기를 끝까지 들어주지 않을까 봐 몹시 걱정하는 기색이었다.

재판장이 그녀에게, 대체 이것은 어떻게 된 편지며 어떤 상황에서 받았는지 자세히 설명하라고 요구했다.

"제가 이 편지를 받은 것은 범행 전날입니다. 그러나 저 사람이 이 편지를 쓴 것은 또 그 하루 전날, 말하자면 범행 이틀 전, 요리집에서 쓴 것입니다, 보세요, 무슨 계산서에다 쓰지 않았습니까!" 그녀는 숨을 헐떡이면서 소리쳤다. "그 무렵 저 사람은 저를 미워하고 있었습니다. 자기가 비열한 짓을 하고는 저 창녀에게 가버렸으니까……. 그리고 또 나한테 3천 루블의 빚이 있었거든요! 네, 그래요, 저 사람은 자기가 비열한 짓을 했기 때문에 그 3천 루블이 마음에 걸려 못견뎠던 거예요! 3천 루블의 내력은 이랬답니다. 부탁이니 제발, 제 말을 한마디도 빠짐없이 잘 들어 주세요.

저 사람은 아버지를 살해하기 3주일 전 어느 날 아침 저를 찾아왔습니다. 저는 그때 저 사람이 돈이 필요하다는 것도, 왜 필요하다는 것도, 다 알고 있었습니다. 그것은 저 창녀를 꾀어서 함께 달아나는 데 필요했던 거지요. 저는 그때 저 사람이 변심해서 저를 버리려 한다는 것을 알고 있었기 때문에 제 스스로 그 돈을 저 사람 앞에 내밀었습니다. 모스크바에 있는 언니에게 부쳐 달라는 구실로 일부러 제공한 거지요. 그때 저는 돈을 주면서 저 사람의 얼굴을 쳐다보며 '한 달 뒤라도 상관없으니까' 마음내킬 때 부쳐 주면 된다고 말했지요. 그래요, 저는 그때 저 사람을 똑바로 바라보며 '당신은 나 대신 그 창녀에게 돌아가기 위해서 돈이 필요하지요? 그러니까 이 돈을 받아요, 내 손으로 당신에게 이 돈을 드립니다. 만일 이 돈을 받을 만큼 파렴치한 인간이라면 주저하지 말고 받아가세요!' 이렇게 말을 한 셈이지요. 저 사람이 그걸 모를리가 없습니다.

저는 저 사람의 정체를 파헤치고 싶었어요. 그래서 어떻게 되었을까요? 저 사람은 돈을 받았습니다. 돈을 받아 어디론가 들고 나가서는, 하룻밤 사이에 저 창녀와 둘이서 다 써버리고 만 거예요……. 하지만 저 사람은 알고 있었습니다. 제가 모든 것을 알고 있다는 것을. 거짓말이 아니에요, 그는 그때 깨닫고 있었어요. 제가 돈을 준 것은, 저 사람이 그 돈을 받을 만큼 파렴치한 인간인가 어떤가 하는 것을 시험하기 위해서였다는 것을 말입니다.

저는 저 사람의 눈을 보고 있었고 저 사람도 제 눈을 보고 있었습니다. 저 사람은 모든 것을 알고 있었던 것입니다, 모든 것을 알고 있었던 거예요. 그러면서도 돈을 받아가지고 가버린 것입니다! 제 돈을요!"

"그래 맞아, 카챠!" 미챠가 별안간 소리쳤다. "나는 당신의 눈을 보고 나를 모욕할 생각이란 것을 알았소. 그러면서도 그 돈을 받고 말았지, 당신의 돈을! 이 비열한 인간을 경멸해 주시오. 아무리 경멸을 당하더라도 그건 당연한 일이오!"

"피고인" 재판장이 불렀다. "한마디만 더하면 법정에서 끌어내고 말겠소."

"그 돈이 저 사람을 괴롭힌 거예요." 카챠는 발작적으로 조급하게 말을 이었다. "그래서 저한테 돈을 갚으려고 했지요. 네, 갚으려고 했어요, 그건 사실입니다. 하지만, 저 여자 때문에 역시 돈이 필요했던 거예요. 그래서 저 사람은 자기 아버지를 죽였어요. 그러고도 나한테는 돈을 갚지 않고 저 여자와 함께 그 마을로 가서 결국 붙잡히고 만 것입니다. 게다가 아버지를 죽이고 빼앗아온 돈마저 그 마을에서 탕진하고 말았어요. 이 편지는 아버지를 살해하기 전전날 저한테 쓴 거예요. 술에 취해서 쓴 거지요. 저는 그때 이것이 증오에 사로잡혀 쓴 편지라는 것을 대번에 알아차렸습니다. 그리고, 설령 아버지를 살해하더라도 내가 이 편지를 누구에게도 보여주지 않으리라는 것을 저 사람은 잘 알고 있었습니다. 틀림없이 알고 있었습니다. 그렇잖으면 이 편지를 썼을 리가 없지요. 저 사람은 내가 자기에게 복수를 하거나 자기를 파멸시키려 하지 않는다는 것을 잘 알고 있었던 것입니다. 하지만 읽어 보세요. 주의해서, 아주 주의해서 읽어 보세요. 저 사람이 어떻게 자기 아버지를 죽일지 미리 생각하고 있었던 것이나, 어디에 돈이 있는지 다 알고 있었다는 것이 죄다 이 편지에 적혀 있으니까요. 읽어 보세요, 하나도 빠뜨리지 말고 잘 읽어 보세요, 그 가운데

'나는 이반이 출발하면 곧 죽일 것이다'라는 대목이 있을 테니까. 그건 저 사람이 미리부터 어떻게 아버지를 죽일지 곰곰이 생각하고 있었다는 증겁니다."

카체리나는 조롱하는 듯한 미소를 지으며 재판관에게 암시했다. 아아, 그녀가 이 운명적인 편지를 구석구석 숙독하여 한자도 빠짐없이 연구한 것은 분명한 사실이었다. "저 사람도 취하지 않았더라면 저에게 그런 편지는 쓰지 않았겠지만, 아무튼 읽어 보세요. 거기에는 모든 것이 예고되어 있어요. 모든 것이 한치의 오차도 없이 그대로 실행된 거예요. 살인계획서라구요!"

그녀는 미친듯이 소리쳤다. 물론 그녀는 이제 자신에게 어떤 결과가 닥쳐올지는 안중에도 없었다. 하기는 그러한 결과를 이미 한 달 전부터 내다보고 있었는지도 모른다. 왜냐하면 그녀는 그 무렵부터 증오에 몸을 떨면서 '이것을 법정에서 읽어야 할까?' 생각하고 있었던 듯했기 때문이다. 그리고 지금 그녀는 낭떠러지에서 뛰어내린 것과 마찬가지였다. 지금도 기억하고 있지만, 그 자리에서 곧 서기가 큰 소리로 낭독한 편지는 사람들에게 충격적인 인상을 주었다. 미차는 이 편지를 인정하느냐는 질문을 받았다.

"제것입니다, 제 편집니다!" 미차는 외쳤다. "취하지 않았으면 안 썼을 것을! 카챠, 우리 두 사람은 여러 가지 일로 서로 미워했소. 하지만 카챠, 맹세코 정말 맹세코 말하지만, 나는 당신을 미워하면서도 사랑하고 있었소. 그런데, 당신은 그렇지 않았어!"

그는 절망에 싸여 두 손을 마주잡고 비틀면서 털썩 자리에 앉았다. 검사와 변호사가 번갈아 그녀를 심문하기 시작했다. 그것은 주로 '아까는 어째서 그런 증거를 감추고 지금과는 전혀 다른 태도로 진술했느냐?' 하는 것이었다.

"그래요, 저는 아까 거짓말을 했습니다. 명예와 양심을 거스르며 내내 거짓말만 했습니다. 하지만 저는 저 사람을 구하고 싶었어요. 저 사람은 그토록 저를 미워하고 경멸했으니까요!" 카챠는 미친 듯이 소리쳤다. "네, 저 사람은 저를 끔찍하게 경멸하고 있었습니다. 언제나 경멸하고 있었어요. 더욱이 그것은, …… 그것이 내가 그 돈 때문에 저 사람 발아래 꿇어엎드린 그 순간부터였어요. 저는 그것을 알아요……. 저는 그때 대번에 깨달았지만, 오랫동안 사실로 믿을 수가 없었습니다. 저는 몇 번이나 저 사람의 눈초리에서, '아무리 그래봤자 너는 그때 네 발로 나한테 오잖았어' 하는 뜻을 읽었습니다.

그래요, 저 사람은 몰랐던 거예요. 내가 그때 왜 자기한테 달려갔는지, 저 사람은 조금도 모르고 있었어요. 뭐든지 비열한 것밖에 생각할 줄 모르기 때문이에요! 저 사람은 자기 자를 가지고 남을 재고는 모두 자기와 같은 인간인 줄 알았던 거예요." 카차는 이제 완전히 이성을 잃고 이를 갈고 있었다. "저 사람이 나와 결혼할 생각을 한 것은 단지 내가 재산을 상속받았기 때문이랍니다. 그 때문입니다, 그 때문이에요! 나는 늘 그렇게 의심하고 있었어요! 네, 저 사람은 짐승이에요! 저 사람은 속으로, 내가 그때 돈을 받으러 간 것을 부끄럽게 여기고 한평생 기를 못 펼 것이 틀림없다, 그러니까 영원히 나를 경멸할 수 있다, 말하자면, 제멋대로 나를 쥐고 흔들 수가 있다. 이렇게 늘 확신하고 있었던 거예요. 그래서 나와 결혼할 생각을 하게 된 것입니다! 그래요, 그게 틀림없어요! 저는 저의 사랑으로, 무한한 사랑으로 저 사람에게 이기려고 시도했습니다. 저 사람의 배신마저 참아 보려고 했습니다. 그러나 저 사람은 아무것도 알지 못했습니다. 하기야, 도대체 저 사람이 무엇을 이해할 수 있을까요! 저 사람은 비열한 인간이에요! 저는 이 편지를 이튿날 밤에 받았습니다. 요리집에서 보내온 것을 말이에요. 그런데 저는 그날 아침에는, 바로 그날 아침까지도 모든 것을 용서할 생각이었어요, 모든 것을, 저 사람의 배신까지도!"

물론 재판장과 검사는 그녀를 진정시키려 했다. 그녀의 히스테리를 이용해서 이러한 진술을 듣는 것은 아무리 그들이라도 떳떳지 못했던 모양이다. 필자는 지금도 기억하지만 "당신이 얼마나 괴로울지 우리도 잘 알고 있습니다. 믿어 주십시오, 우리도 감정을 가진 인간이니까요" 하고 말하는 그들의 말을 들었다. 그러나 역시 그들은 이 히스테리로 거의 광란 상태에 빠진 여자한테서 필요한 증언을 끌어냈다. 마지막으로 그녀는 이반이 '비열한 살인자'인 자기 형을 구하려고 지난 두 달 동안 너무나 마음을 썼기 때문에 거의 미치기 직전에 있다고 아주 명확하게 진술했다. 그러한 명석함은 이렇게 긴장된 정신 상태에 있을 때도 비록 순간적이나마 이따금 섬광처럼 나타나는 법이다.

"그이는 괴로워했습니다." 그녀는 소리쳤다. "그이는 저한테, 자기도 아버지를 사랑하지 않았다, 어쩌면 자기도 아버지가 죽는 것을 바라고 있었는지 모른다, 이런 고백까지 하면서 밤낮으로 형님의 죄를 덜어주려고 애썼습니다. 네, 그이는 깊고 깊은 양심을 가진 사람이지요. 그래서 자기 양심 때문에 고통을 받은 거예요! 그이는 무슨 일이든 죄다 내게 털어놓았습니다. 늘 저희 집에 찾아와서 오직 한 사람의 친구로서 매일 저와 이야기했습니다. 네, 저는 그이의 오직 하나밖에 없는 친구였습니다. 그것을 또 저는 영광으로 생각하고 있습니다!" 그녀는 도전하듯 눈을 반짝이면서 느닷없이 소리쳤다. "그이는 두 번 스메르자코프를 찾아갔는데, 언젠가 한 번은 저희 집에 와서 만일 범인이 형이 아니고 스메르자코프라면(이곳에서는 많은 사람들이 스메르자코프가 죽였다는 터무니없는 소문을 퍼뜨리고 있었으니까요), 자기에게도 죄가 있을지 모른다, 왜냐하면 스메르자코프는 자기가 아버지를 사랑하고 있지 않다는 것을 알고 있었고, 또 자기가 아버지의 죽음을 바라고 있는 줄 알고 있었을지도 모르니까, 이렇게 말한 적이 있었습니다.

그때 이 편지를 꺼내 보였지요. 그랬더니 그이는 형님이 죽였다는 것을 확신하게 되어 무척 충격을 받았습니다. 피를 나눈 형이 아버지를 죽였다고 생각하니 도저히 견딜 수가 없었던 거예요. 한 일주일쯤 전에 만났을 때는 그 때문에 병이 난 것을 저도 잘 알 수 있었습니다. 그러다가 요즘은 제 앞에서까지 헛소리를 하게 되었어요. 저는 그이가 정신이 이상해져 가고 있는 것을 깨달았어요. 한길에서 사람들이 보는데도 걸어가면서 잠꼬대를 했지요.

제가 모스크바에서 모셔온 의사는 그저께 그이를 진찰하고 환각증 같은 병에 가깝다고 말했습니다. 모두 저 사람 때문입니다, 저 비열한 인간 때문이에요! 어젯밤 스메르자코프가 죽었다는 소식을 듣고 그이는 너무나 큰 충격을 받고 완전히 머리가 이상해지고 말았습니다……. 모든 것은 바로 저 비열한 인간 때문이에요……. 저 비열한 인간을 살리려는 마음 때문에 일어난 일이에요!"

아아, 물론 두말할 것도 없이 이러한 말이나 고백은 평생에 오직 한 번, 임종 때나 이를테면 단두대에 오르는 순간이 아니면 도저히 할 수 없는 것이다.

카차는 바로 그런 성격이었으며, 또 그러한 순간에 있었다. 그것은 그때 아버지를 구하기 위해 젊은 방탕자에게 자기 몸을 내던진 그 외곬수 기질의 카차였다. 그리고 아까 이 많은 방청객 앞에서 고상하고 순결한 태도로 미차를 기다리고 있는 운명을 조금이라도 경감시켜주려는 일념으로 '미차의 고결한 행위'를 이야기함으로써 처녀의 명예까지 희생한 그 자존심 강하고 순결한 카차였던 것이다.

그리고 지금, 그녀는 마찬가지로 자신을 희생시켰는데 그것은 이미 다른 남자를 위한 것이었다. 그녀는 그 순간 비로소 이 또 한 사람의 남자가 지금의 자기에게 얼마나 소중한 사람인지를 느끼고 알았던 것이리라! 그녀는 그 남자에 대한 배려에서 자기를 희생한 것이다. 그 남자가 '아버지를 죽인 것은 형이 아니라 자기'라고 증언함으로써 자신을 파멸시켰다는 생각이 갑자기 들어, 그 남자의 명예와 평판을 구하기 위해 스스로 희생하고 만것이다!

그러나 무서운 생각이 그녀의 머리 속에서 번득였다. 나는 미차와의 지난날의 관계를 이야기했을 때 거짓말을 하지는 않았을까? 하는 의문이었다. 문제는 거기에 있었다. 아니, 그녀는 자기가 이마가 바닥에 닿을 정도로 고개를 숙였기 때문에 미차가 자기를 경멸하고 있다고 말했지만 그것은 의도적인 중상은 아니었다! 그녀는 그렇게 믿고 있었다. 이마를 땅에 댄 순간부터, 그녀는 자기를 숭배하고 있던 소박한 미차가 자기를 비웃고 경멸하기 시작했다고 굳게 믿고 있었던 것이다.

그래서 그녀는 오직 자존심을 위해, 상처 입은 자존심을 위해 광적인 사랑을 미차에게 쏟기 시작했다. 그것은 사랑이라기보다 오히려 복수심과 비슷한 것이었다. 아아, 이 발작적인 사랑은 어쩌면 진정한 사랑으로 자라났을는지도 모른다. 카차는 무엇보다 그것을 바라고 있었으리라. 그러나 미차의 배신은 그녀에게 영혼까지 상처를 주고 말았고 그 영혼이 용서를 허락하지 않았던 것이다.

그런 참에 뜻하지 않게 복수의 기회가 찾아온 것이다. 치욕을 당한 여자의 가슴에 오랫동안 쌓여 있었던 모든 고뇌가 뜻하지 않게 한꺼번에 밖으로 분출해 나갔다. 그녀는 미차를 배반했지만, 동시에 자기 자신도 배반한 것이다. 물론 그녀는 할말을 다 해버리고 나자 갑자기 마음의 긴장이 풀리면서 부끄러워 견딜 수가 없었다. 또 다시 히스테리를 일으켜 그녀는 울부짖으면서 바닥에 쓰러졌고 그 길로 법정에서 끌려나가고 말았다. 그녀가 밖으로 끌려나가는 순간 이번에는 그루센카가 큰 소리로 울음을 터뜨리더니 누가 말릴 틈도 없이 자리에서 벌떡 일어나 미차 곁으로 달려갔다.

"미차! 당신의 뱀이 당신을 물고 말았어요! 저 여자는 기어코 자신의 정체를 드러내고 말았어요!"

그녀는 증오에 몸을 떨면서 재판관들을 돌아보며 이렇게 소리쳤다.

재판장의 손짓으로 사람들은 그녀를 붙들어 법정에서 데리고 나가려 했으나 그녀는 순순히 응하지 않고 몸부림을 치면서 미차가 있는 쪽을 향해 필사적으로 뒷걸음질 치려 했다. 미차도 소리를 지르면서 그녀 쪽으로 뛰어가려 했으나 결국 두 사람 다 꼼짝 못하게 붙들리고 말았다.

사실 이 광경을 본 부인들은 아마도 마음이 흡족했으리라 생각한다. 참으로 보기드문 장면이었으니 말이다.

이어서 모스크바 의사가 등장한 것으로 기억한다. 아마 재판장은 이반의 치료를 지시하려고 그전에 사무관을 보내 부른 것 같았다. 의사는 재판관에게 환자가 매우 위험한 환각증 발작을 일으키고 있으므로 서둘러 데리고 가야 한다고 말했다. 그리고 검사와 변호사의 질문에 대해 환자가 그저께 직접 진찰을 받으러 왔다는 것, 그때 곧 발작이 일어날거라고 예고했으나 환자가 치료를 원하지 않았다는 것 등을 증언했다.

"환자는 전혀 정상적인 정신 상태가 아니었습니다. 자기도 나한테 그런 말을 했습니다. 그는 대낮에 환상을 보기도 하고 오래 전에 죽은 사람을 길거리에서 만나고 밤마다 악마가 찾아오기도 한다고 말했습니다."

이 저명한 의사는 진술을 마치고 물러갔다.

카체리나가 내놓은 편지는 증거품에 첨가되었다. 재판관은 합의 끝에 심리를 계속하고, 이 두 사람(카체리나와 이반)의 뜻밖의 진술을 조서에 기입하기로 했다.

그러나 필자는 이제 그 뒤의 심리에 관해서는 쓰지 않기로 하겠다. 그 밖의 증인들의 진술은 저마다 모두 다른 특징들을 갖고는 있었으나 결국 그전의 진술을 반복하거나 뒷받침한 것에 지나지 않았다.

그러나 되풀이해서 말해 두지만 모든 증언은 검사의 논고에 잘 정리되어 있으므로, 필자는 지금까지 검사의 논고로 넘어가려고 한다. 사람들은 조금 전에 목격한 파국에 모두 흥분하여 열광하고 있었다. 그들은 궁금함을 참지 못하는 모습으로 어서 빨리 대단원의 막이 내리기를, 검찰과 변호 즉 각각의 논고와 변론, 그리고 재판장의 판결이 나오기를 기다리고 있었다. 페츄코비치는 카체리나의 진술에 타격을 받은 듯이 보였으나 검사는 기고만장했다. 심리가 끝났을 때 거의 1시간 가까이 휴식이 선언되었다. 이윽고 재판장이 재판의 재개를 선언하여 검사 이폴리트가 논고를 시작한 것은 꼭 밤 8시였던 것으로 기억된다.

6 검사의 논고. 성격론

이폴리트는 논고를 시작했다. 그는 이마와 관자놀이에 병적일 만큼 식은땀을 흘리고 온몸에 오한과 발열을 번갈아 느끼면서 신경질적으로 잘게 몸을 떨고 있었다. 이것은 그 자신이 나중에 밝힌 일이다. 그는 이 논고를 자기의 'chef d'oeuvre(걸작)'이자 자기 일생을 통틀어 위대한 걸작, 예를 들어서 자신의 '백조의 노래(마지막 작품)'으로 여기고 있었다.

사실 그는 그로부터 아홉 달 뒤에 악성 결핵으로 세상을 떠났다. 그러므로 만일 그가 자신의 마지막을 예감하고 있었다면, 사실상 결과적으로는 임종의 노래를 부르는 백조에다 스스로를 비유할 권리가 있었는지도 모른다. 그는 이 논고에 자기의 전심 전력을 기울이고, 모든 지성을 다 쏟았다. 그 때문에 그는 뜻밖에도 다음의 2가지 사실을 증명해 보여줬다. 그의 내부에도 시민적인 감정과 '저주할 의문'이(어디까지나 우리의 가련한 이폴리트의 재능에 있어서도) 숨어 있었다는 점이다.

어쨌든 그의 솔직한 말은 사람들을 감동시켰다. 그는 피고의 유죄를 진심으로 믿고 있었다. 그는 누구의 요청을 받은 것도 아니고 단순한 직무상의 요구 때문도 아니라, 진정으로 피고의 유죄를 인정하고 '복수'를 주장하면서 '사회를 구하고 싶은' 염원에 정말로 마음을 떨고 있었던 것이다. 이폴리트에게 반감을 품고 있던 이곳 부인들조차 큰 감명을 받았다고 고백했을 정도였다. 그 갈라진 목소리로 더듬더듬 말하기 시작했으나, 이윽고 그 목소리에 차츰 힘이 생기기 시작하여 논고가 끝날 때까지 변함없이 온 법정 안에 낭랑하게 울려 퍼졌다. 그러나 논고가 끝나자마자 하마터면 그는 실신하여 쓰러질 뻔했다.

"배심원 여러분." 검사는 논고를 시작했다. "이 사건은 온 러시아에 파문을 일으키고 있습니다. 그러나 얼핏 보기에, 이 사건이 뭐가 그렇게 놀라운 것인가? 뭐가 그렇게 무서운 것인가? 하는 느낌이 듭니다. 우리에게 있어서 특히 그런 느낌은 더 강합니다. 우리 국민들은 이러한 사건에 만성이 되어 있기 때문입니다. 그러나 우리의 공포는 오히려, 이러한 암흑 같은 사건조차 이미 사람들로 하여금 무서움을 느끼게 하기에 부족하다는 점에 있어야 하는 것입니다! 그러므로 우리는 나 자신의 습관을 무서워할 일이지 어느 개인의 죄악에 놀랄 필요는 없습니다. 이러한 사건, 다시 말해 좋지 않은 미래를 우리에게 예언해 주는 이 시대의 상징에 대한 우리의 냉담성과 미온적 태도는 대체 어디에 그 이유가 있는 것일까요? 그것은 우리의 냉소적인 마음에 있을까요, 아니면 아직 장년기에 있으면서도 이미 노쇠한 사회의, 지성과 상상력의 지나친 소모에 있는 것일까요? 혹은 또 우리나라 도덕성이 근본부터 흔들리고 있는 데 있을까요, 아니면 우리 사회에 도덕원리 같은 것이 애초부터 없었기 때문일까요?

나 자신이 감히 이 의문에 대답하지는 않겠습니다. 하물며 시민여러분 한 사람 한 사람이 이 난처한 질문에 틀림없이 고민하고 있을 뿐만 아니라, 괴로워 할 의무가 있기 때문에 더 말할 것도 없습니다. 우리나라의 신문은 아직 그 역사가 짧아서 지금도 대담성에서는 부족하지만, 그래도 사회에 대해 어느 정도 공헌을 해 왔습니다. 왜냐하면 만일 그것이 없었던들 방종스런 자유의지와 도덕의 퇴폐가 낳는 공포에 대해 다소나마 상세하게 알 수 없었기 때문입니다. 신문 잡지는 끊임없이 이들 공포를 게재하여 오로지 지금 폐하의 치세의 선물인 새로운 공개 재판을 보러 찾아오는 사람들뿐 아니라 모든 사람들에게 보도해 주고 있기 때문입니다. 우리가 거의 매일같이 읽고 있는 것이 무엇입니까? 아아, 그것은 이번 사건조차 퇴색하여 거의 평범하기 짝이 없는 것으로 여겨질 만큼 무서운 사건들의 보도인 것입니다. 그러나 가장 중요한 것은 우리 러시아의 국민적 형사 사건의 대부분이 어떤 보편적인 것, 다시 말해 우리 사회에 뿌리내리고 있는 모든 불행을 얘기하고 있고 그러한 보편적인 악과 싸우는 것은 이미 매우 곤란하다는 것입니다.

예를 들어 상류 사회에 속하는 한 사람의 훌륭한 청년장교가 있습니다. 그는 그 생활과 영달의 길을 내딛기가 무섭게 벌써 추호도 양심의 가책도 없이 비열하게도 야음을 틈타 자기의 은인이라고 할 수 있는 하급 관리와 그 하녀를 찔렀습니다. 그것은 자기의 차용 증서와 함께 관리의 돈을 빼앗기 위해서였습니다. '사교계의 쾌락과 장래의 출세를 위해' 필요하다는 것이 그 이유였습니다. 그는 주인과 하녀를 죽인 뒤 그들에게 베개를 베어 주고 사라졌습니다.

또 용감한 행위에 의해 많은 훈장을 받은 젊은 영웅이 있습니다. 그는 마치 강도처럼 큰길에서 은혜를 입은 장군의 어머니를 죽였습니다. 더욱이 자기의 동료를 한패에 끌어넣기 위해 '저 사람은 나를 친아들처럼 사랑하고 있으니까, 내 충고라면 무조건 믿고 전혀 경계하지 않는다'고 말했습니다. 이 자는 물론 악당이지만, 지금 현대에 있어서 악당이 이자 하나뿐이라고 말할 수는 없는 것입니다. 다른 자들은 살인까지는 하지 않더라도 내심으로는 이자와 마찬가지로 생각하고 느끼고도 있는 것입니다. 마음속은 이자와 마찬가지로 파렴치한입니다.

어쩌면 그는 고독 속에서 자신의 양심과 마주 대했을때 '대체 양심이란 무엇일까? 피를 흘리는 것을 죄라고 하는 것은 어쩌면 편견이 아닐까?' 스스로 물었을 지도 모릅니다. 어쩌면 사람들은 내 말에 반대해서 소리칠지도 모르겠습니다. 너는 병적이고 히스테릭한 인간이다, 러시아를 향해 기괴한 비방과 중상을 퍼부으며 헛소리를 하고 있는 터무니없는 놈이라고 말할지도 모르겠습니다. 마음대로 무슨말이든 하라고 하십시오, 아아, 만일 실제로 그 사람들의 말대로라면 아마도 내가 가장 먼저 기뻐할 것입니다! 그렇습니다, 나를 믿지 않아도 좋습니다, 나를 환자라고 생각해도 좋습니다. 그러나 이 말만은 기억해 주십시오. 만일 내 말에 10분의 1이라도, 20분의 1이라도 진실이 있다면, 그것은 무서운 일입니다!

보십시오, 여러분, 우리나라의 청년들은 잇달아 자살하고 있지 않습니까? 그들은 '죽으면 어떻게 되는가?' 하는 따위의 햄릿식 의문은 털끝만큼도 느끼지 않습니다. 이러한 의문은 그림자 만큼도 없습니다. 그들은 우리의 영혼과 내세에서 우리를 기다리는 모든 것에 대한 명제를, 그들의 내부에서 이미 오래 전에 가위표로 지우고 그 위에 모래로 덮어 버린 것 같습니다.

마지막으로 우리나라의 비참한 현실과 이 나라의 수많은 호색한들을 보십시오. 이 사건의 불행한 희생자 표도르 카라마조프도 그들 중의 어떤 자에 비하면 거의 아무 죄도 없는 어린 아이나 다름없습니다. 더욱이 우리는 그를 알고 있습니다. '그는 우리와 함께 살고 있었습니다'…… 그렇습니다, 언젠가는 우리나라뿐 아니라 유럽에서도 첫째가는 학자들이 러시아의 범죄 심리를 연구하게 되겠지요. 이 문제는 그만한 가치가 있습니다. 그러나 이 연구는 훨씬 나중에 좀 한가해졌을 때, 다시 말해 현재의 비극적 혼돈이 비교적 등뒤로 멀어졌을 때 비로소 이루어질 것입니다. 그때야말로 사람들은 나보다 훨씬 이지적으로 공평하게 관찰할 수 있게 될 것입니다.

그러나 오늘날에 있어서 우리는, 겉으로는 무서워하고 있거나, 무서워하는 체하면서 속으로는 오히려 그 광경을 즐기고 자기들의 게을러진 냉소적이고 게으른 무료함을 자극해주는 이색적이고 강렬한 감각을 사랑합니다. 혹은 어린아이처럼 그 무서운 환영을 뿌리치며 끔찍한 광경이 사라질 때까지 머리를 베개에 파묻고 있다가 그 뒤에 곧 쾌락과 유희 속에서 모든 것을 잊어버린 것입니다. 그러나 우리도 언젠가는 진지하고 사려 깊게 삶을 시작해야 합니다. 자기 자신에 대해서도 사회에 대하듯 하는 시선을 쏟아야만 합니다. 우리도 우리나라의 사회적 사건에 대해 하다못해 어떤 견해를 가지거나 적어도 가지도록 노력해야 합니다.

한 시대 전의 대문호는 그의 한 걸작(고골리의 《죽은 혼》)의 결말에서 러시아를, 미지의 목적을 향해 질주하는 트로이카(삼두마차)에 비유하며 이렇게 외쳤습니다. '아아, 트로이카여, 새 같은 트로이카여, 누가 그대를 고안했던가!' 그리고 이 똑바로 달려가는 트로이카를 만나면 국민들은 모두 경의를 표하면서 길을 비켜준다고 자랑스러운 듯이 열렬하게 덧붙였습니다.

그렇습니다, 여러분, 경의를 표하건 표하지 않건 물론 비켜서는 것은 좋은 일입니다. 그러나 천재가 아닌 내 눈으로 볼 때는, 이 위대한 예술가가 이렇게 이야기를 맺은 것은 어린애처럼 순진한 이상주의에 사로잡혔거나, 아니면 단순히 당시의 검열을 두려워했기 때문이라고밖에 생각할 수가 없습니다. 왜냐하면 만일 그의 트로이카에 자기의 주인공인 소바케비치나 노즈드료프 또는 치치코프 같은 사람들을 매어 놓았더라면 누가 몰고 간 그런 말을 가지고는 목적지에 닿을 리가 없기 때문입니다! 게다가 그것은 옛날 말들이며 오늘날의 우리나라 말에는 도저히 미치지 못합니다. 현대의 치치코프들은 훨씬 더 능수능란하니까요……."

여기서 이폴리트의 연설은 박수로 말미암아 중단되었다. 러시아 트로이카의 비유에 포함된 자유주의적 경향이 방청객들의 마음에 들었던 것이다. 하기야 그 박수는 두서너 군데서 일어났을 뿐이어서, 재판장도 청중들에게 '퇴정을 명한다'고 위협할 필요가 없었다. 다만 박수가 난 쪽을 한 번 쏘아보았을 뿐이었다. 그러나 이폴리트는 그만 우쭐해지고 말았다. 그는 여태까지 한 번도 박수갈채를 받은 적이 없었던 것이다! 오랜 세월 자신의 말을 사람들이 이렇게 경청해 준 적이 없었던 그에게 갑자기 온 러시아를 향해 부르짖을 수 있는 기회가 찾아온 것이다.

"실제로" 그는 말을 이었다. "이번에 별안간 온 러시아에 슬픈 명성을 떨친 이 카라마조프 일가는 대체 어떤 집안일까요? 내 말이 너무 과장된 것인지는 모르겠습니다만, 우리나라 현대의 지식계급에 공통적인 근본 요소가 이 가족 속에서도 언뜻언뜻 눈에 띄는 것 같습니다. 물론 모든 요소가 그렇다는 것은 아니고 '단 한 방울의 물에 비친 태양과도 같이' 현미경으로나 볼 수 있는 조그마한 섬광입니다만, 그러나 역시 그것은 무엇인가를 반영하고 있습니다. 무엇인가를 말하고 있습니다.

 방종하고 음탕하며 불행한 노인, 그토록 비참하게 삶을 마감한 이 '한 집안의 아버지'를 보십시오. 귀족 태생이지만 가난한 식객으로서 그 경력을 시작하여 뜻하지 않은 우연한 결혼을 통해 지참금으로 작은 재산을 장만하였지요. 그는 상당한 지능의 소유자이지만, 근본은 혐오스러운 사기꾼이었으며, 아울러 영합과 경거망동을 일삼는 어릿광대였습니다. 그리고 무엇보다도 고리 대금업자였지요.

 세월이 흐름에 따라, 다시 말해 재산이 불어감에 따라 점점 배짱이 커져서 비굴한 태도와 아첨이 사라지자, 다만 남을 조롱하는 심술궂은 냉소가(冷笑家), 호색한으로 변하고 말았습니다. 삶에 대한 갈망이 특별이 강하여 정신적인 면은 깨끗이 말살해 버리고 결국 육체적 쾌락말고는 인생에서 아무것도 인정하지 않게 되었으며, 자기 자식들마저 그런 식으로 교육했습니다.

 그는 아버지로서의 정신적인 의무같은 것은 조금도 갖고 있지 않았습니다. 오히려 그런 것을 비웃고 있었습니다. 어린 자식들을 하인들에게 맡겨 행랑채에서 양육시켰고 그들이 다른 데로 옮겨갔을 때는 오히려 기뻐했으며, 이내 그들을 잊어버리고 말았습니다. 이 노인의 도덕률은 모두, 'après moi le déluge(내가 없어진 뒤론 될 대로 되라)'는 것이었습니다. 그는 시민이라는 개념에 완전히 반대되는, 심지어 사회로부터 적대적이며 완전히 고립된 좋은 본보기였습니다. '온 세계가 다 불타 없어지더라도 나만 좋으면 된다'는 식이었으니까요.

 그리하여 그는 즐겁고 기쁘게 아직 20년이건 30년이건 그렇게 살기를 갈망했습니다. 그는 실제로 자기 아들의 돈을 가로채고, 다시 말해 아들의 어머니가 아들에게 물려준 재산을 넘겨 주지 않고 그 돈으로 아들의 연인을 가로채려 했습니다.

 그렇습니다, 나는 페테르부르크에서 오신 뛰어난 변호인 페츄코비치 씨에게만 피고에 대한 변호를 양보하고 싶지는 않습니다. 진실을 말하자면, 그가 아들의 마음속에 던져 넣은 갖가지 분노를 나도 잘 이해하고 있습니다. 그러나

이 불행한 노인에 관해서는 이제 그만 두기로 합시다. 이제 충분합니다. 그는 대가를 치렀으니까요. 그런데 우리가 생각해야만 할 점은 그가 아버지였다는 것입니다. 현대의 전형적인 아버지의 한 사람이었다는 것입니다. 그가 현대의 수많은 아버지들의 전형이라고 한다면, 내가 이 사회를 모욕하는 것일까요? 물론 현대의 아버지들 대부분은 그토록 냉소적이지는 않습니다. 왜냐하면 그들은 더 나은 교육을 받고, 더 나은 교양을 지니고 있기 때문입니다. 그러나 슬프게도 그들은 거의 표도르와 같은 철학을 갖고 있습니다. 아마 나는 염세주의자인지도 모르겠습니다. 그래도 상관없습니다. 저를 용서해 준다고 여러분은 약속하셨으니까요.

그러므로 미리 약속해 두기로 합시다. 여러분은 내 말을 믿지 않으셔도 좋습니다. 다만 내가 이야기할 수 있게 해주십시오. 내가 하고 싶은 말을 죄다 하게 해주십시오. 그리고, 내 말을 다소나마 기억해 주시면 더 바랄 것이 없습니다.

이번에는 한 집안의 아버지였던 이 노인의 아들들에 관한 이야기입니다. 그 중 한 사람은 지금 우리 눈앞의 피고석에 앉아 있습니다. 그에 대해서는 나중에 충분히 얘기하기로 하고 나머지 두 사람에 대해 잠깐 간단하게 언급하겠습니다.

이 두 형제 중 형은 현대 청년의 한 사람입니다. 그는 훌륭한 교육을 받고 매우 우수한 지능을 갖고 있습니다만, 아무것도 믿으려 하지 않고 많은 것을, 인생의 매우 많은 것을 부정하고 말살하고 있습니다. 그 점에 있어서는 아버지를 쏙 빼닮았지요. 그에 대한 소문은 우리도 들었습니다. 그는 이 도시의 사교계에서 환영을 받고 있습니다. 그는 자기 생각을 감추려하지 않았습니다. 오히려 그와 반대로 공공연히 말하고 있었습니다. 따라서 나도 그에 대해 어느 정도 솔직하게 말할 수 있는 용기를 얻은 셈입니다. 그러나 물론 그것은 개인으로서가 아니라 다만 카라마조프네 가족의 한 사람으로서 논하는 것입니다.

어제 이곳 변두리에서 간질에 시달리던 한 남자가 자살했습니다. 이 사건과 밀접한 관계를 가진 사람으로, 전에 이 집안에서 하인 노릇을 했지만 어쩌면 표도르 카라마조프의 사생아인지도 모르는 스메르자코프입니다. 그는 예심 때 발작적으로 눈물을 흘리면서 이 젊은 카라마조프 즉, 이반 카라마조프가 그 방약무인한 생각으로 자기에게 얼마나 공포를 심어 주었는가 하는 것을 이야기했습니다. '그분은, 이 세상에서는 무슨 일이든지 다 용서받는다고 생각하고 있습니다. 이제부터는 아무것도 금지되는 것이 없다고 늘 가르쳐주었습니다' 이렇게 그는 말했습니다. 아마 이 남자는 그러한 주장을 배우고 그것 때문에 완전히 미쳐버리고 만 듯합니다. 물론 고질인 간질병과 주인집에 일어난 무서운 소동이 그의 정신착란을 부채질한 것은 두말할 것도 없습니다. 그런데 이 남자는 아주 흥미로운 말을 했습니다. 그 지적은 총명한 관찰자의 말이라 할지라도 훌륭하다고 할 수 있는 것으로, 내가 여기서 이 말을 꺼내는 것도 바로 그 때문입니다. 다름이 아니라 '세 아들 중에서 성격적으로 아버지와 가장 닮은 사람은 바로 이반 도련님입니다' 그는 나한테 이렇게 말했습니다.

나는 이 말만 소개하고 이반에 대한 인물 묘사를 일단 끝내기로 하겠습니다. 왜냐하면, 더 이상 말하는 것은 점잖지 못한 일로 여겨지기 때문입니다.

그렇습니다, 나는 이제 이 이상의 결론을 끌어내어 이 청년의 장래에 대해 오직 파멸 밖에 없다는 따위의 불길한 예언을 할 생각은 없습니다. 본능적인 정의의 힘이 지금도 그의 젊은 마음속에 살아 있어서 가족에 대한 사랑의 감정이 불신이나 냉소적인 생활 태도에 의해서도 말살되지 않았음을, 오늘 우리는 이 자리에서, 이 법정에서 확인할 수 있었습니다. 이 불신이나 냉소적인 태도는 마음으로의 사상적 고뇌의 결과라기보다는 오히려 부친한테서 물려받은 것입니다.

다음엔 셋째아들에 대해서입니다만, 그는 경건하고 겸손한 청년으로 형과는 달리 음울하고 퇴폐적인 세계관을 갖고 있지 않습니다. 그는 우리나라의 사상적 지식 계급에 속하는 이론가들이 기묘하게 이름 붙인, 이른바 '민중의 근본'이라는 것에 합치하려 하고 있습니다. 아시겠지만 그는 수도원에 들어가 있었으며, 수도사가 될 뻔한 사람입니다. 그의 마음속에는 무의식적이기는 하겠지만 일찍부터 그 겁약한 절망이 나타난 것으로 보입니다.

오늘날 슬픈 우리 사회에 살고 있는, 대부분의 사람들이 이러한 절망을 안고 있습니다. 그들은 냉소적인 태도와 그 사회의 퇴폐를 두려워한 나머지 모든 악을 유럽 문명 때문이라고 독단하고 그들의 이른바 '어머니인 대지'로 달려가는 사람이 많습니다. 다시 말해 유령을 무서워하는 어린아이처럼 대지의 모성적 포옹에 몸을 맡기는 겁니다. 설혹 한평생을 나태와 무위 속에 지내는 한이 있더라도 그 무서운 환영만 보지 않는다면 된다는 생각으로 늙은 어머니의 시들어버린 유방에 매달려서 편안히 잠들려 하는 것입니다.

개인적으로서는 선량하고 재능이 풍부한 이 청년이 많은 행복을 누리기를 바랍니다. 나는 그의 순수한 이상주의와 민중의 본원에 대한 그 동경이 나중에 가서 세상에서 흔히 보듯이 정신적인 면에서는 암흑의 신비주의에 빠지지 않고, 또 정치적인 면에서는 맹목적 사이비 애국주의로 빗나가지 않게 되기를 바랍니다. 이 두 가지 요소는 그의 형을 괴롭히고 있는 유럽 문명, 즉, 왜곡된 채 간단하게 수용된 유럽 문명에서 생겨나는 너무 때이른 퇴폐보다 훨씬 더 심각한 해악을 국민들에게 끼칠 수 있기 때문입니다."

배타적인 민족주의와 신비주의에 대해 다시 두세 군데서 박수가 일어났다. 이폴리트는 이제 완전히 무아지경에 빠져 있었다. 그러나 지금까지의 연설은 이 사건과 거의 관계가 없었을 뿐 아니라 요점이 매우 애매했다. 그러나 사회에 대한 증오심이 불타고 있는 결핵 환자인 그는 하다못해 평생에 한 번이라도 하고 싶은 말을 실컷 토해 버리고 싶었다.

그 뒤 이 도시에 떠돈 소문을 들어 보면, 이폴리트는 언제가 한두 번 여러 사람 앞에서 이반과 논쟁하다가 궁지에 몰린 일을 잊지 않고 이런 때 복수해 주자는 야만적인 감정에 사로잡혀 이반의 성격 묘사를 들고 나온 것이 틀림없다는 것이었다. 그러나 그러한 단정이 옳은지 그른지 필자는 알지 못한다. 아무튼 지금까지는 서론에 지나지 않았고 그 뒤 이폴리트의 논고는 거침없이 핵심을 향해 다가가고 있었다.

"그러나 이제, 현대적인 집안의 가장인 표도르의 장남으로 이야기를 돌려야겠습니다." 이폴리트는 계속했다. "그는 우리 앞에, 피고석에 앉아 있습니다. 우리는 그의 무용과 인생과 행위를 눈앞에 파악하고 있습니다. 마침내 시기가 와서 죄다 표면에 드러나고만 것입니다. 두 동생들이 '유럽주의'나 '민중의 근본'을 신봉하고 있는 데 반해 그는 현상 그대로의 러시아를 대표하고 있습니다. 아, 그러나 러시아 전체를 대표하고 있는 것은 아닙니다. 만일 러시아 전체라면 그야말로 큰일이지요!

그러나 그에게서는 우리의 러시아, 즉 어머니인 러시아가 느껴집니다. 러시아의 체취가, 러시아의 목소리가 들려옵니다. 네, 분명히 그는 솔직합니다. 그의 내부에는 선과 악이 놀라운 형태로 뒤섞여 있습니다. 그는 문명과 실러를 애호하면서도 술집마다 쏘다니며, 주정뱅이 술친구들의 수염을 쥐어뜯고 있습니다. 그도 훌륭하고 선량한 사람이 될 때가 있습니다. 그러나 그것은 오직 그 자신이 훌륭하고 선량한 마음일 때에 한합니다. 뿐만 아니라 그는 더없이 숭고한 이상에 불타오를 때가 있습니다. 다만 그 이상은 저절로 실현되어야 한다는 조건이 붙어 있습니다. 하늘에서 자신의 눈앞에 떨어져야 합니다. 더욱 중요한 것은 무상이어야 한다는 것, 다시 말해 어떠한 대가도 지불할 필요가 없어야 합니다. 그는 지불하는 것은 무척 싫어하지만 받는 것은 굉장히 좋아하지요, 모든 일에서 그러합니다.

한번 그에게 주어 보십시오. 인생에서 얻을 수 있는 모든 행복을 주어 보십시오—사실 얻을 수 있는 모든 행복이라야 합니다. 그보다 조금이라도 깎으면 타협하지 않습니다. 그리고 어떤 경우에도 그 성격을 억제하려 하지 말고 내버려둬 보십시오. 그러면 그는 역시 훌륭하고 아름다운 인간이 될 수 있다는 것을 증명해 보여줄 것입니다. 그는 결코 탐욕스럽지 않습니다. 그러나 그에게 돈을 줘 보십시오. 되도록 많이, 되도록 많은 돈을 줘보십시오. 그러면 그가 그 비천한 금속을 얼마나 멸시하며 겨우 하룻밤의 향락을 위해 얼마나 인심좋게 그것을 탕진해 버리는지 알게 될 것입니다. 만일 꼭 필요할 때 돈을 주는 사람이 아무도 없더라도 어떻게 해서든 그것을 손에 넣는 것을 보시게 될 것입니다. 그러나 거기에 대해서는 뒤로 돌리고 순서를 좇아 이야기하기로 하겠습니다.

먼저 우리 앞에는 아버지에게 버림받은 가련한 어린애가 있습니다. 그애는 아까 존경할 만한 이곳 시민이, 유감스럽게도 외국 출신이긴 합니다만, 이곳 시민이 말씀하신 대로 '신도 신지 않고 뒷마당에서' 뛰어다니고 있었습니다. 다시한번 되풀이합니다만, 나도 피고를 변호하는 점에 있어서는 결코 남에게 지지 않습니다. 나는 검사인 동시에 변호인입니다. 그렇습니다, 나도 인간입니다. 나는 유년 시절 자신의 집에 대한 첫 인상이 인간의 성격에 어떠한 영향을 주는지 잘 알고 있습니다.

그런데 그 아이도 이윽고 성장해서 훌륭한 청년이자 장교가 되었습니다. 그는 난폭한 행동을 하고 결투를 벌이곤 했기 때문에, 풍요한 러시아의 변경 도시로 보내져 거기서 근무도 하고 또한 방탕한 생활을 보내고 있었습니다. 물론 큰 배는 항해도 큰 법이어서 밑천이 필요합니다. 무엇보다 먼저 돈이 필요하지요. 그래서 오랫동안 논쟁한 끝에 마침내 아버지한테서 마지막 6천 루블을 받기로 타협했고, 그 돈이 도착했습니다. 여기서 주의해야 할 것은 그가 아버지에게 증서를 써주었다는 사실입니다. 말하자면, '이제 더 이상 요구하지 않겠다. 아버지와의 유산 시비는 이 6천 루블로 결말을 짓겠다'는 뜻의 문서가 남아 있는 것입니다.

그 무렵 그는 처음으로 고결하고 훌륭한 교양을 가진 한 젊은 처녀를 만나게 되었습니다. 여기서 그 내용을 상세하게 언급하는 것을 그만두기로 하겠습니다. 그것은 여러분이 조금 전에 들은 바와 같이 명예와 자기 희생에 관한 문제이므로 나는 더 감히 말하지 않겠습니다. 경박하고 방종하기는 했지만, 참된 고결함과 고상한 사상 앞에 무릎을 꿇은 젊은이의 모습은 우리의 눈에 무척 바람직하게 비쳤습니다. 그런데 그 바로 다음, 같은 이 법정에서 참으로 뜻밖에 손바닥을 뒤집듯이 그 이면이 드러났습니다. 나는 여기서도 또한 추측을 삼가고 왜 그렇게 되었나 하는 분석은 하지 않기로 하겠습니다. 그러나 거기에는 그렇게 될 수밖에 없는 몇 가지 이유가 있었습니다.

왜 그런 일이 일어났을까요? 이 여성은 오랫동안 감추어 두었던 분노의 눈물을 흘리면서 남자 쪽이 먼저 자기를 경멸했다고 진술했습니다. 말하자면 이 여성의 부주의한, 혹은 신중하지 않았다고 할 수 있는 행위 때문입니다. 그러나 그것은 역시 관대하고 고결한 마음에서 나온 행위였습니다. 그는, 이 처녀의 약혼자인 그는 맨 먼저 조롱하는 미소를 지었다고 합니다. 그리고 상대가 상대인 만큼 그녀는 이 조소만은 도저히 참을 수가 없었습니다.

남자가 이미 자기를 배반했다는 것을 알고 있었습니다―남자가 배반한 것은, 여자가 장차 어떤 일이라도, 심지어 자기의 변심조차도 참고 견디는 것이 당연하다고 믿었기 때문입니다만. 그것을 알면서 여자는 일부러 그에게 3천 루블의 돈을 주었습니다. 그때 그것은 약혼자의 변심을 돕기 위해 제공하는 돈이라는 것을 분명하게, 너무나 분명하게 알 수 있도록 했던 것입니다. '어때요, 받겠어요? 그토록 파렴치한이 될 수 있어요?' 여자는 시험하는 눈초리로 무언의 질문을 했습니다. 그는 여자의 얼굴을 보고 그 속셈을 훤히 알아채고도―아까 본인이 여러분 앞에서 인정했습니다만―태연하게 그 돈을 착복하여 새 애인과 함께 불과 이틀 동안에 탕진해버리고 만 것입니다.

대체 우리는 어느 쪽을 믿어야 할까요? 첫 번째 이야기, 마지막 남은 생활비를 내고 자선에 몸을 던진 고결한 충동쪽일까요? 아니면, 저 가증스러운 선행의 이면쪽일까요? 인생에서 두 극단과 마주칠 경우에는 그 중간에서 진리를 구하는 것이 보통입니다만, 이 경우에는 결코 그렇게 할 수가 없습니다. 첫 번째의 경우, 그는 진정으로 고결했고, 두 번째의 경우 그는 진심으로 비열했다는 것이 가장 정확할 것입니다. 그러면, 왜 그러느냐? 그는 진폭이 넓은 카라마조프식 기질의 소유자이기 때문입니다.

결국 나는 이 말을 하고 싶었습니다. 즉 그와 같은 인간은 극단적인 모순을 양립시킬 수가 있고, 두 심연을 동시에 들여다 볼 수가 있는 것입니다. 우리 머리 위에 있는 천상의 심연과 우리 발밑에 있는 가장 천하고 악취나는 타락의 심연을 볼 수가 있는 것이죠.

카라마조프집안을 가까이에서 직접 보아온 젊은 관찰자, 다시 말해서 라키친 군이 아까 진술한 훌륭한 의견을 여러분은 기억하고 계실 것입니다. 라키친 군은 '끝없이 분방한 성격을 가진 그들에게는 저열한 타락의 감각이 고상하고 고결한 감각과 마찬가지로 필요불가결한 것'이라고 말했습니다만, 사실 그렇습니다. 실로 그들에게는 끊임없이 이 부자연스러운 혼합이 필요한 것입니다. 두 개의 심연, 동시에 두 개의 바닥 모를 심연을 들여다보는 것, 이것이 없으면 그는 불행하고 또한 불만이며 그 존재는 충실해지지 않는 것입니다. 그는 극단적입니다. 어머니인 러시아의 대지처럼 광대합니다. 그는 모든 것을 삼키고 그 모든 것과 타협할 수 있습니다!

그런데 배심원 여러분, 피고는 아까 이 3천 루블에 대해 언급했기 때문에 여기서 잠깐 앞질러서 한마디 하고 싶습니다. 생각해 보십시오. 그러한 성격의 소유자인 그가 그러한 수치, 그러한 불명예, 그러한 극단적인 굴욕을 참고 그 3천 루블을 받았는데, 생각 좀 해보십시오. 바로 그날 3천 루블의 절반을 떼어 향주머니에 꿰매 넣고는 온갖 유혹과 극도의 결핍과 싸우면서 그 뒤 한 달 동안이나 목에 걸고 있었다고 합니다!

여러 술집에서 취해 있었을 때도, 경쟁자인 자기 아버지의 유혹으로부터 애인을 빼앗기 위해 꼭 있어야 하는 돈을 누구라는 목표도 없이 빌리러 거리로 뛰어나갔을 때도, 그는 감히 이 향주머니에 손을 대려고 하지 않았다고 합니다. 자신이 그토록 질투하고 있던 늙은이의 유혹에서 애인을 구해 내기 위해서 그는 향주머니를 열 수도 있었을 것입니다. 그리고 애인 곁에서 떠나지 않고 가만히 지켜보며 그녀가 마지막에 가서 '나는 당신 거예요' 말하는 것을 기다렸다가 그날이 오면 지금의 파멸적인 처지에서 벗어나 조금이라도 먼곳으로 둘이서 달아나면 되었던 것입니다.
 그러나 그는 그렇게 하지 않았습니다. 그는 자기 향주머니에 손도 대지 않았던 것입니다. 대체 무슨 이유로 손을 대지 않았을까요? 그 첫 이유는 앞에서도 말했듯이 '나는 당신 거예요. 어디든지 데려다줘요' 여자가 이렇게 말했을 때 두 사람의 도주 비용으로서 필요했다는 것입니다. 그러나 이 첫 번째 이유는, 피고 자신의 말을 빌리면, 두 번째 이유 때문에 힘을 잃고 맙니다. 그의 말을 들어 보면, 자기가 이 돈을 갖고 있는 동안은 '비열한 사나이이기는 해도 도둑은 아니다.' 왜냐하면 언제든지 자기가 모욕한 여자를 찾아가서 사취한 돈의 절반을 내놓으면서 '자, 이렇게 나는 네 돈의 절반을 써버렸다. 이것은 내가 의지가 약하고 부도덕한 인간이라는 증거다. 그러니 비열한 사나이라고 불러도 좋다—나는 피고가 한 말을 그대로 말합니다. 그러나 나는 비열한 인간일지는 몰라도 도둑놈은 아니다. 왜냐하면 만일 내가 도둑놈이라면 이 나머지 절반을 너한테 가져오지 않고 다른 절반과 마찬가지로 내 주머니에 넣어버렸을 테니까' 이렇게 언제라도 말할 수 있기 때문입니다, 이 얼마나 놀라운 변명입니까! 몹시 난폭한 동시에 그런 굴욕을 겪으면서까지 3천 루블에 대한 유혹을 물리치지 못했던 약한 인간이, 별안간 이렇게 굳건한 극기심을 발휘해서 천여 루블의 돈을 손도 대지 않고 목에 걸고 있었다니 말입니다! 이것은 지금 우리가 분석하고 있는 성격과 조금이나마 일치할까요? 아닙니다.
 그럼 진짜 드미트리 카라마조프라면 설령 실제로 돈을 향주머니에 꿰매 넣겠다고 결심했다 하더라도 그런 경우에 마땅히 어떤 행동을 할 것인가, 거기에 대해 지금부터 여러분께 이야기하겠습니다. 우선 첫 유혹이 생겼을 때 말하자면 첫 절반의 돈을 쏟아부은 새 애인을 또 다시 위로해 줘야 할 일이 생겼을 때, 그는 그 향주머니를 열고 그 안에서 처음에는 백 루블쯤 꺼냈겠지요, 왜냐하면 반드시 절반을, 꼭 1천5백 루블을 돌려줘야 하는 것도 아니고 1천4백 루블이라도 상관없기 때문입니다. 정말 어느 쪽이라도 결국은 같은 것이 됩니다.
 '나는 비열한 인간이지만 도둑놈은 아니다. 천4백 루블만이라도 돌려 주러 왔으니까. 만일 도둑놈이라면 깡그리 차지할 일이지 한푼이나마 돌려주겠는가.'
 이런 생각인 것입니다. 그러나 그러고 한참이 지나자 다시 주머니를 열어 두 번째의 100루블을 꺼내고, 이어 세 번째, 네 번째를 꺼내는 식으로, 불과 한 달의 마지막 무렵에는 마침내 마지막 100루블만 남겨 놓고 모두 꺼내고 말 것입니다. 그러고는 100루블만이라도 돌려주러 가면 된다, 누가 뭐라고 하더라도 '비열한 사나이이기는 하지만 도둑놈은 아니다. 2천9백 루블은 써버렸지만 100루블은 갚았거든. 도둑놈이라면 그 돈조차 안 갚는다.' 이렇게 말할 것입니다. 그러다가 다시 무일푼이 되어 버리면 이번엔 그 마지막 100루블에 눈독을 들이고는 '100루블쯤 가져가 봐야 무슨 소용이 있나, 차라리 이것도 써버려라!' 이렇게 혼자 중얼거렸을 것입니다.

진짜 드미트리 카라마조프라면 틀림없이 이렇게 행동했을 것입니다. 이것이 우리가 아는 그입니다! 그러나 향주머니에 대한 이야기는 상상도 못할 만큼 현실과 모순되고 있습니다. 무엇이든 가정 못할 일이란 없습니다만, 이것만은 정말 터무니없는 얘깁니다. 그러나 이 문제는 나중에 다시 논하기로 하겠습니다."

이폴리트는 부자간의 재산 시비와 가족 관계에 대해 이미 법정에서 밝혀진 것을 순서대로 진술한 다음, 다시 이 유산 분배 문제에 대해 누가 옳고 누가 그르다는 것을 지금까지의 증거로 결정짓는 것은 불가능하다고 결론짓고, 이어서 미차의 머리에 고정 관념처럼 박혀 버린 3천 루블에 대해 의학적으로 감정하기 시작했다.

7 범행 경위

"의사의 감정은 피고의 정신이 정상이 아니며 그가 조증이었다는 것을 입증하려고 했습니다. 그러나 나는, 피고는 틀림없이 정상이며 그것이 가장 불리한 점이라고 단언합니다. 만일 그가 정상이 아니라면 아마도 좀더 영리하게 했을 것입니다. 피고가 조증이 있다는 말에는 나도 동의합니다만, 단 그것은 오직 한 가지 점에서만 그렇습니다. 이 점에 대해서는 의사의 감정에서도 지적하고 있습니다만, 피고는 아버지한테서 3천 루블을 더 받아야 한다고 생각하고 있었다는 점입니다. 그러나 피고가 이 3천 루블의 문제에 대해서 항상 무서운 집착을 가지고 있었다는 사실을 설명하기 위해서는 그의 조증 경향보다 비교도 할 수 없을 정도로 적절한 관점을 발견할 수 있다고 생각합니다. 내 개인으로서는 젊은 의사 바르빈스키 씨 의견에 완전히 찬성합니다. 바르빈스키 씨는 말하기를, 피고는 완전히 정상적인 지적 능력을 갖고 있었고, 또 지금도 갖고 있다, 다만 극도로 격분해서 증오감에 사로잡혀 있었을 뿐이라고 했습니다. 바로 그것입니다. 피고가 항상 이성을 잃어버릴 만큼 격분하고 있었던 이유는 3천 루블이니 뭐니 하는 금액에 있었던 것이 아닙니다. 거기는 어떤 특별한 원인이 숨어 있어서 그의 분노를 부채질했던 것입니다. 그 원인은 바로…… 질투였습니다!"

여기서 이폴리트는 그루셴카에 대한 피고의 파멸적인 정열을 구석구석 묘사해 보여주었다. 그는 관계가 시작된 맨 처음부터, 즉 피고가 '때려줄' 목적으로 '젊은 여자'를 찾아갔을 때부터 이야기를 시작했다.

피고 자신의 말을 인용하면서 이폴리트는 다음과 같이 설명했다.

"그러나 때려 주는 대신 여자의 발 아래 무릎을 꿇고 말았습니다. 이것이 이 연애의 발단입니다. 이와 때를 같이 해서 피고의 아버지인 노인도 이 여자에게 추파를 던졌습니다. 이것은 놀라운 운명의 일치였습니다. 왜냐하면 두 사람 다 전부터 이 여자를 보기도 하고 이 여자에 대해 듣기도 했는데 아무렇지 않다가 마침 때를 같이 해서 갑자기 두 사람의 마음이 불타기 시작하여 카라마조프 특유의 억제할 수 없는 정열에 사로잡히고 말았으니까요.

그런데 조금 전 그 여자 자신이 '저는 두 사람 다 놀리고 있었습니다' 이렇게 진술했듯이 여자는 갑자기 두 사람을 놀려 주고 싶어졌습니다. 처음에는 그렇지 않았는데 별안간 그런 생각이 여자의 머리에 떠오른 것입니다. 그래서 결국 두 사람이 다 그 여자앞에 패배자로서 무릎을 꿇게 된 것입니다. 돈을 신처럼 숭배하고 있던 노인은 여자가 자기 집에 찾아오면 주겠다고 당장 3천 루블을 준비했습니다. 그러다가 여자가 자기 정식 아내가 되어 줄 것을 승낙하기만 하면 자기 이름으로 되어 있는 모든 재산을 기꺼이 여자 발 아래 내던지고 싶을 만큼 후끈 달아 올라 버렸습니다. 이것은 확실한 증거가 있는 일입니다.

한편 피고 쪽으로 봐서는 그것은 명백한 비극이었습니다. 지금 우리가 보고 있는 것처럼 말입니다. 그러나 그것은 바로 젊은 여자의 '희롱'이었던 것입니다. 마성을 지닌 이 여자는 불행한 젊은이에게 가냘픈 희망마저 주지 않았던 것입니다. 진정한 희망은 피고가 자기를 학대하는 여자 앞에 무릎을 꿇고 경쟁자인 아버지의 피로 물든 두 손을 내민 마지막 순간에 처음으로 주어졌습니다. 말하자면, 피고는 바로 그러한 상황에서 체포되었던 것입니다.

'저도, 저도 그이와 함께 감옥에 보내 주세요. 제가 그이를 이렇게 만들었어

요. 제가 누구보다도 가장 죄가 많아요!'

피고가 체포되던 순간 여자는 진정으로 뉘우치고 이렇게 소리쳤습니다. 이 사건의 기록을 자청하고 나선 재간 있는 어느 청년, 다시 말해 앞에서 이미 소개한 라키친 씨는, 이 여주인공의 성격에 대해 참으로 적절하고 개성적인 몇 줄의 문장으로 이렇게 규정했습니다.

'그녀는 자기를 유혹하고 자기를 버린 약혼자에 의해 젊은 나이에 환멸과 기만, 타락과 배반을 경험하고 이어서 빈곤을 겪으면서, 고지식한 가족들의 저주를 받다가 마지막으로 지금도 그녀가 은인으로 받들고 있는 어느 부유한 노인의 보호를 받게 되었다. 그녀의 젊은 마음은 많은 선량한 요소를 갖고 있었겠지만 이미 일찍부터 분노가 깃들어 있었다. 그리하여 재산을 모으겠다는 타산적인 성격이 싹터갔다는 것이다. 즉 사회에 대한 냉소와 복수심이 형성된 것이다.'

이러한 성격론을 들어 보면 그 여자가 단순히 희롱하기 위해서, 짓궂은 희롱을 하기 위해서 두 사람을 조소했다는 데 수긍이 갑니다. 그리하여 지난 한 달 동안 희망 없는 사랑에 고민하며 도덕적으로 타락했고, 약혼녀를 배신하고 자신의 명예를 더럽힌 채 남의 돈을 착복한 피고는 설상가상으로 자신의 끊임없는 질투 때문에 거의 제 정신을 잃고 광란할 지경에 이르렀던 것입니다. 더욱이 그 질투의 상대는 누구였습니까? 다른 사람 아닌 자기의 친아버지였던 것입니다!

그리고 무엇보다 견디기 어려웠던 것은 미치광이 같은 노인이 그 3천 루블의 돈을 가지고 피고가 사랑하는 여자를 유혹하려 하고 있다는 점이었습니다. 더욱이 그 돈은 피고가 자기의 것, 즉 어머니가 자기에게 물려준 유산인 줄 알고 아버지에게 따지고 있던 바로 그 돈이었습니다! 그렇습니다, 이것은 피고로서 참으로 견디기 어려운 일입니다. 그 점은 나도 동감입니다! 이런 상황에서는 사실 조증이 나타날 만도 합니다. 문제는 돈이 아니라, 지긋지긋한 냉소적인 태도로 그 돈을 이용해서 그의 행복을 파괴하려 한 점에 있는 것입니다!"

다음으로 이폴리트는, 피고가 어떻게 아버지를 죽일 생각을 하게 되었는가 하는 문제로 옮겨가서 사실에 의해 그것을 검증해 갔다.

"처음 그는 다만 여기저기 술집을 돌아다니면서 큰소리만 쳤습니다. 꼬박 한 달 동안 큰소리만 치며 돌아다녔습니다. 그는 어울리는 것을 좋아했습니다. 그리고 모든 것을, 자기가 품고 있는 가장 위험한 사상까지 남들에게 애기해주는 것을 무척 좋아했습니다. 허심탄회하게 애기하기를 좋아했고 게다가 왠지 모르지만, 그들에게서 충분한 공감을 얻고 싶어했습니다. 자기의 근심, 불안에 끼어들어 동정하고 맞장구쳐 주기를 바랐고 자기 기분에 거슬리는 말은 하지 말 것을 요구했습니다. 그렇게 하지 않으면 화를 내고 술집을 두들겨 부수며 행패를 부렸던 것입니다(여기서 퇴역 대위 스네기료프의 일화가 소개되었다).

지난 한 달 동안 피고와 만나서 그의 말을 들어 본 사람은, 그것이 단순한 위협이나 성난 외침으로 끝나는 것이 아니라 언젠가 곧 그 위협이 실행으로 옮겨질지도 모른다는 것을 예감하게 되었습니다. (여기서 검사는 수도원에서의 가족 모임과 피고와 알료샤의 대화, 그리고 피고가 저녁식사를 마친 아버지 집에 뛰어들어가 폭행을 자행했을 때의 난폭한 광경을 이야기했다.) 피고가 아버지와의 갈등을 살인으로 처리해 버리려고 미리 빈틈없이 계획을 꾸며 놓고 있었다고는 나도 단언하고 싶지 않습니다. 그러나 그러한 생각은 몇 번이나 피고의 마음을 엄습했습니다. 그는 이것을 골똘하게 생각해 보았습니다. 그것을 뒷받침하는 증거와 증인, 그리고 그 자신의 자백도 있습니다. 배심원 여러분, 사실 나는, 피고가 미리 충분한 의식을 가지고 범죄를 계획하고 있었다고 인정하기를 오늘까지 주저해 왔습니다. 피고는 이미 전부터 몇번이나 그 파멸적인 순간을 생각했으나, 그것은 다만 마음 속으로 생각하고 하나의 가능성으로 인정했을 뿐, 아직 실행의 시기도 방법도 정하지 않고 있었다고 나는 확신하고 있었습니다. 그러나 그 주저도 오늘까지, 그렇습니다, 오늘, 카체리나 베르호프체바 씨가 법정에 제출한 그 운명적인 문서를 볼 때까지였습니다.

여러분, 여러분도 그 여자가 '이것은 계획서입니다. 살해계획서입니다!'하고 외친 것을 들으셨겠지요! 그 여자는 불행한 피고가 술에 취해 쓴 불행한 편지를 이렇게 불렀습니다. 사실 이 편지는 살인의 계획과 그 계획의 모든 의미가 숨겨져 있었습니다.

이 편지는 범행 바로 이틀 전에 쓴 것입니다. 피고는 그 끔찍한 계획을 감행하기 이틀 전에 아버지가 만일 그 다음 날 돈을 주지 않을 때는 '이반이 출발하는 대로 곧' 그를 죽이고 '장밋빛 리본으로 묶은 봉투에 들어 있는' 그 돈을 베개 밑에서 꺼내겠다고 분명히 하고 있습니다. 이제 범행이 미리 계획되었다는 사실을 인정할 수 밖에 없는 것입니다. 어떻습니까, '이반이 출발하는 대로 곧'이라고 한 것을 보면, 벌써 완전히 심사숙고하여 순서까지 정해 놓고 있었던 것이 아니겠습니까! 그리고, 결과는 어떻습니까, 모든 것이 편지에 쓰인 대로 실행된 것입니다!

미리 계획되고 숙고되었다는 것은 이제 의심할 여지가 없습니다. 범죄는 강탈의 목적으로 수행된 것이 분명합니다. 이것은 실지로 선언되고 문서로 기록되고 서명된 일입니다. 피고도 자신의 서명을 부인하지 않았습니다.

혹은, 취중에 쓴 것이라고 말할 사람이 있을지도 모르겠습니다. 그러나 그렇다고 해서 죄가 가벼워지는 것은 아닙니다. 아니, 그것은 오히려 더 중대한 일입니다. 왜냐하면 취중에 쓴 것은 평소에 생각해둔 일이기 때문입니다. 평소에 생각하지 않았으면 취중에도 쓸 수 없으니까요.

그러면 왜 그는 자기 계획을 여기저기 술집에서 떠벌렸던가! 그런 일을 미리 계획하고 있는 인간이라면 잠자코 숨기고 있었어야 한다고 말하겠지요.

옳은 얘깁니다. 그러나 그가 떠벌린 것은 아직도 그러한 계획이나 예정이 결정되어 있지 않고 다만 희망과 충동만 있을 무렵의 일이었습니다. 그래서 그도 나중에는 그다지 떠벌리지 않게 되었던 것입니다. 이 편지를 썼을 때 그는 그 요리집 '수도'에서 실컷 술을 마셨지만 여느때와 달리 말수도 적고 잠깐 당구를 쳤을 뿐 한쪽 구석에 자리잡고 앉아 아무와도 얘기를 하지 않았습니다. 다만 이곳 어느 가게의 점원을 내쫓았을 뿐입니다. 그러나 이것마저도 그의 싸우는 버릇 때문에 거의 무의식적으로 한 일이었습니다.

그는 술집에만 들어가면 언제나 그런 소동을 벌였습니다. 하기야 마지막으로 결심하면서 피고는 온 도시에 너무 떠벌리고 다녔으므로 이 계획을 실행했을 때 발각과 고발로 이어지지나 않을까 하는 두려움이 당연히 머리속에 떠올랐을 것입니다. 하지만 이젠 어쩔 수가 없다, 이미 떠벌린 사실은 취소할 수 없는 것이니까. 전에도 나를 도와 준 요행이 이번에도 나를 살려 주겠지.' 여러분, 그는 자기의 운에 기대를 걸었던 것입니다.

게다가 그는 온갖 수단을 써서 숙명적인 순간을 피하려고 했습니다. 피비린내 나는 사태를 피하기 위해 무척 노력했다는 것은 나도 인정합니다. '나는 내일 모든 사람들한테서 3천 루블의 돈을 부탁해 볼 참이오.' 이렇게 그는 독특한 말투로 썼습니다. '그러나 만일 사람들이 빌려주지 않으면 피를 흘릴 따름이오.' 다시 한번 되풀이합니다만, 그는 취중에 쓴 그대로 술이 깼을 때 범행을 실행했던 것입니다."

이렇게 말하고 이폴리트는 미차가 범죄를 피하기 위해 돈을 손에 넣으려고 여러 가지로 애를 쓴 전말을 상세하게 설명했다. 그는 미차가 삼소노프를 방문했던 일이며 랴가브이한테까지 찾아간 일 따위를 증거를 통해 모두 설명했다.

"이 여행을 위해서 시계를 팔아 버린 그는—그러나 본인은 그때 돈을 천 5백 루블이나 갖고 있었다고 합니다. 설마하는 생각이 들지 않습니까!—이 도시에 남아 있는 사랑의 대상이 자기가 없는 동안 표도르에게 가버리지나 않았나 하는 질투와 의심에 시달리며, 피곤에 지쳐 굶주린 채 냉소를 받으면서 마침내 이 도시로 돌아왔습니다. 다행히 여자는 표도르에게 가지는 않았으므로 그는 자기가 직접 여자를 그 보호자 삼소노프의 집으로 데려다 주었습니다—이상하게도 그는 삼소노프에 대해서는 질투를 느끼지 않았습니다. 이것은 이 사건에서 가장 특이한 심리적 특성입니다.

이어서 그는 '뒷마당'의 감시장소로 달려갔습니다. 거기서 그는 스메르자코프가 간질발작을 일으켰고 또 한 사람의 하인은 병들어 누웠다는 것을 알았습니다. 방해자는 모두 제거되었고, 더욱이 그는 '신호'를 알고 있었습니다. 이런 강렬한 유혹이 어디 있겠습니까! 그러나 그는 아직 자기 자신에게 저항했습니다. 그는 이곳에 잠시 머물면서 우리 모두에게 존경을 받고 있는 호흘라코바 부인을 찾아갔습니다. 일찍부터 그의 운명에 동정하고 있던 이 부인은 가장 현명한 충고를 하려고 했습니다. 말하자면 그 방종과 추한 연애, 무절제한 술집행각과 젊은 정력의 비생산적인 낭비를 버리고 시베리아의 금광으로 가라고요. '그곳에는 당신의 그 폭풍같은 힘과 모험을 갈구하는 낭만적인 성격의 배출구가 있을 거예요.' 이렇게 권했던 것입니다."

이폴리트는 이 대화의 전말과 피고가 뜻밖에 그루센카의 거짓 행위, 다시 말해 그녀가 삼소노프 집에 가지 않았다는 것을 안 순간을 얘기했다. 그리고 그녀가 자기를 속이고 지금 아버지에게 가 있지나 않을까 생각하고 순간적으로 분노가 치솟아 괴로워하다가, 이 질투가 심한 남자는 불행하게도 이내 광란 상태에 빠지고 말았다고 설명하고, 마지막으로 이 사건의 파멸적인 의미를 강조하면서 말을 맺었다.

"만일 하녀가 그에게 그루센카가 '틀림없는 옛 애인'과 함께 모크로예에 있다고만 말했더라도 결코 아무 일도 일어나지 않았을 것입니다. 그런데 하녀는 무서워서 당황한 나머지 그저 아무것도 모른다는 소리만 되풀이했던 것입니다. 그 자리에서 피고가 하녀를 죽이지 않은 것은 곧장 자기를 배신한 애인을 미친듯이 뒤쫓아갔기 때문입니다.

그러나 여기서 주의해야 할 일이 있습니다. 피고가 앞뒤를 분간하지 못할 정도로 광분한 상태에서도 절굿공이를 집어들고 나갔다는 점입니다. 왜 하필이면 절굿공이를 집었던가? 왜 다른 연장을 집어들지 않았던가? 만일 그가 한 달 동안이나 이 계획을 생각하고 준비해 왔다면 무엇이든 조금이라도 흉기가 될 만한 것이 눈에 띄면 당장 그것을 집어들었을 것이 틀림없습니다. 또 어떤 물건이 흉기로 사용될 수 있을까 하는 것은 벌써 한 달 이상이나 생각해 온 일입니다. 그러기에 순간적으로 그 절굿공이를 아무런 주저 없이 흉기로서 집어들었던 것입니다. 그가 이 무서운 흉기를 무의식적으로 모르고 집었다고는 생각할 수 없는 일입니다.

이윽고 그는 자기 아버지의 정원에 나타났습니다, 장애물도 없고, 볼 사람도 없고, 밤이 깊어서 주위는 캄캄합니다. 질투의 불꽃이 활활 타올랐습니다. 여자가 저 안에 있다, 자기의 경쟁자인 아버지의 품에 안겨 있다, 지금 나를 비웃고 있을지도 모른다, 이런 의심이 마음속에 일어나 숨이 막힐 지경이었습니다. 이제는 의심뿐만이 아니었습니다. 의심은커녕 속은 것이 분명했습니다. 여자는 저 안에, 저 불이 켜진 방안에, 칸막이 뒤에 있는 것이 분명하다…….

그리하여 불행한 피고는 '살며시 창문으로 다가가서 점잖게 안을 들여다본 뒤 얌전하게 단념하고는 무서운 죄를 저지르기 전에 현명하게도 불행을 피해 서둘러 그 자리를 떠났다.'고 합니다. 우리더러 그렇게 믿으라는 얘기지요. 피고의 성격을 알고 그의 정신 상태가 어땠는지 이해하고 있는 우리에게 말입니다. 우리는 피고의 정신 상태를 사실에 의해서 잘 알고 있지만 더 중요한 것은, 그는 어느 때라도 문을 열고 집안에 들어갈 수 있는 신호를 알고 있지 않았습니까!"

여기서 이폴리트는 이 '신호'와 관련하여 스메르자코프에 대해 상세하게 설명할 필요가 있다면서 그에게 살인 혐의를 두려고 하는 사정을 충분히 고찰하고 단숨에 그 문제를 확실하게 처리하기 위해 잠시 논고를 중단하고 스메르자코프에 대한 이야기를 시작했다. 이같은 시도를 하는 그의 태도는 매우 주도면밀하여 사람들은 그가 스메르자코프에 대한 혐의에 경멸의 빛을 보이면서도 내심으로는 그것을 매우 중시하고 있음을 깨달았다.

8 스메르자코프론

"첫째, 어떠한 이유로 그러한 혐의가 생겼을까요?" 먼저 이폴리트는 이 질문으로 입을 열었다. "가장 먼저 스메르자코프가 범인이라고 소리친 것은 피고 자신이며 체포되기 직전이었습니다. 그러나 그는 처음 그렇게 소리치고부터 오늘 공판에 이르기까지 스메르자코프의 범죄를 증명할 만한 사실을 하나도 제시하지 못하고 있습니다. 아니, 증명할 수 있는 사실은커녕 단순히 상식적으로 수긍할 만한 사실의 암시조차 제시하지 못하고 있습니다. 그 밖에 스메르자코프의 범죄를 확신하는 사람은 불과 세 사람뿐입니다. 피고의 두 동생과 스베트로바(그루센카)양, 이 세 사람입니다. 그러나 두 동생 중에서 이반이 오늘 처음으로 이 의혹을 진술했는데, 그것은 명백한 질병과 정신착란의 발작에 의해 열에 들뜬 상태에서 한 증언입니다. 무엇보다 지난 두 달 동안, 우리도 잘 알고 있듯이, 그는 형의 범죄를 확신하고 있었고 그러한 생각에 반론할 마음조차 가져 본 적이 없었던 것입니다. 그러나 이에 관해서는 나중에 이야기하기로 하겠습니다.

다음으로 이반의 동생은 아까도 우리에게 말했듯이, 스메르자코프의 범죄를 증명할 만한 사실을 조금도 갖고 있지 않습니다. 다만 피고의 말과 '눈빛'에 의해 그렇게 믿고 있을 뿐이며, 이와 같은 중대한 증언은 아까 두 번이나 동생의 입을 통해 나온 것입니다.

그런데 스베트로바는 더 중대한 진술을 했습니다.

'피고의 말을 믿어주세요, 저이는 거짓말을 할 사람이 아닙니다.'

피고의 운명과 아주 큰 이해관계를 가진 이 세 사람이 제공한 스메르자코프 유죄론의 실증적 증언은 고작해야 이것밖에 없습니다. 하지만 그럼에도 스메르자코프에 대한 혐의는 여태까지 세간에서 수없이 입에 오르내렸고 지금도 소문이 나돌고 있습니다. 대체 이것이 믿을 수 있는 일이겠습니까? 상상할 수 있는 일이겠습니까!"

이때 검사 이폴리트는 '흥분과 광기의 발작으로 말미암아 스스로 목숨을 끊은' 스메르자코프의 성격을 간단히 묘사할 필요를 느꼈다. 검사의 말에 의하면, 스메르자코프는 지능이 좀 낮지만 막연하게나마 약간의 교양을 지니고 있었고 자기의 지능으로는 감당하기 힘든 철학사상에 현혹되어 완전히 혼란에 빠져 있었고 책임과 의무에 대한 현대의 학설에 겁을 먹고 있었다.

이것을 그에게 가르쳐 준 것은 실제적으로는 거의 그의 주인(혹은 그의 아버지였는지도 모르지만) 표도르 카라마조프의 방탕한 생활이었고, 이론상으로는 그를 상대로 여러 가지 기괴한 철학 이야기를 해준 아들 이반이었다. 아마 이반은 심심풀이로, 또는 마음속에 응어리진 냉소의 배출구가 없었기 때문인지 즐겨 스메르자코프에게 그런 이야기를 했던 것이다.

"그는 자기 입으로 나에게 주인 집에서 보냈던 마지막 며칠 동안의 정신 상태를 얘기해 주었습니다." 이폴리트는 설명했다. "이것은 다른 사람들도, 이를테면 피고 자신과 그의 동생, 하인 그리고리까지, 말하자면 그와 가깝던 사람들 모두가 똑같이 증언하고 있습니다. 뿐만 아니라 스메르자코프는 간질 발작으로 건강을 해쳐서 '마치 암탉처럼 겁이 많았다'고 합니다. '그 녀석은 내 발아래 엎드려 구두에 입을 맞추었다'고 피고는 우리에게 말했습니다. 아직 그때만 해도 피고는 그러한 진술이 자신에게 얼마나 불리하다는 것을 의식하지 못했던 것입니다. '그 녀석은 간질병에 걸린 암탉입니다.' 피고가 그 독특한 말투로 스메르자코프를 이렇게 평했습니다. 그래서 피고는 그를 자기 앞잡이로 삼고—이것은 피고 자신도 증언했습니다—마구 협박했기 때문에 결국 그는 피고의 첩자가 되고 염탐꾼이 되기를 승낙하게 된 것입니다.

그리하여 그는 이 가정의 첩자로서 자기 주인을 배신하여 돈이 든 봉투의 소재와 주인 방에 들어가는 신호 같은 것을 피고에게 일러바쳤던 것입니다. 어떻게 일러바치지 않을 수 있었겠습니까?

'죽일 것 같았습니다, 죽일 거라는 것을 이내 알았습니다.' 그는 예심 때 이렇게 말했습니다. 벌써 그때는 그를 협박하던 폭군이 붙잡혀서 두번 다시 복수하러 올 염려는 없었는데도 그는 여전히 벌벌 떨고 있었습니다. '그 사람이 밤낮 저를 의심하고 있어서 저는 무서워 벌벌 떨고 있었습죠. 그래서 어떻게든 그 사람의 노여움을 가라 앉히려고 부랴부랴 비밀이란 비밀은 모조리 알아다가 일러바쳤던 것입니다. 그러면 제가 자기에게 나쁜 생각을 품지 않는다는 것을 알고 아무 일 없이 용서해줄 줄 알고 말씀입니다.' 이것은 스메르자코프가 한 말입니다. 나는 이 말을 기록해 두었기 때문에 정확하게 기억하고 있습니다. '저는 그 사람이 호통만 치면 그 앞에 무릎을 꿇곤 했었지요.'

본디 정직한 젊은이라 주인이 잃어버린 돈을 주워서 돌려주고부터 주인의 깊은 신임을 얻고 있었습니다. 그러므로 가련한 스메르자코프는 은인으로 받들고 있던 주인을 배신한 것이 후회되어 매우 번민했던 것으로 생각해야 합니다. 박식한 정신과 의사가 증언한 것을 들어 보면 심한 간질병을 앓는 사람은 항상 병적으로 부단한 자책에 빠지기 쉽다고 합니다. 그들은 흔히 아무런 근거도 없이 걸핏하면 무슨 일에, 혹은 누군가에게 자기 '죄'를 인정하고 양심의 가책을 느끼며 괴로워합니다. 그들은 언제나 과대한 망상에 빠져 모든 잘못과 범죄를 자기 탓으로 돌립니다. 그리고 이런 사람들은 단순한 공포와 두려움 때문에 실제로 범죄자가 되는 일도 있습니다. 뿐만 아니라 그는 자기 눈앞에서 일어나고 있는 여러 가지 사건으로 해서 무언가 좋지 않은 일이 일어날 것을 예감하고 있었습니다.

표도르 카라마조프 씨의 둘째 아들 이반 카라마조프 씨가 사건 직전 모스크바로 떠나려 했을 때, 스메르자코프는 그에게 제발 가지 말라고 애원했습니다. 하지만 그때도 그 겁약한 성격으로 말미암아 자기가 품고 있는 의구심을 분명하게 털어놓지 못하고 다만 가볍게 암시를 주는 데 그쳤습니다. 그러나 이반은 그 암시를 깨닫지 못했던 것입니다.

여기서 주의할 것은 그가 이반을 자기보호자처럼 생각하고 이 사람만 집에 있으면 무서운 일은 절대로 일어나지 않을거라고 믿고 있었다는 점입니다. 드미트리 카라마조프의 '취중' 편지의 한 구절을 떠올려 주시기 바랍니다. 그는 '이반이 떠나는 대로 곧 아버지를 죽이겠다'고 썼습니다. 이것으로 알 수 있듯이 이반의 존재는 곧 집안의 평온과 질서의 보장처럼 모두가 생각하고 있었던 것입니다.

그런데 이반은 떠나 버렸고 스메르자코프는 젊은 도련님이 떠난 지 1시간 뒤에 간질 발작을 일으켰습니다. 이것은 아주 당연한 일이었습니다.

아울러 여기서 말해 둬야 할 것은, 공포와 일종의 절망에 시달리고 있던 스메르자코프가 그 2, 3일 동안 특히 강하게 곧 발작을 일으키지 않을까하고 예감하고 있었다는 것입니다. 그 이전도 발작은 언제나 정신적으로 긴장하거나 동요했을 때 발생했다고 합니다. 물론 이 발작의 시일을 예측할 수는 없는 일이나 모든 간질병 환자가 발작이 일어날 듯한 징후를 미리 느낄 수 있다는 것은 이미 의학이 증명하고 있는 일입니다.

그래서 이반이 집을 떠나자마자, 스메르자코프는 자신이 버림받은 것같은 외로움과 불안을 느끼면서 집안 일 때문에 지하실 광으로 갔습니다. 그는 광계단을 내려가면서 생각했습니다. '혹시 발작이 일어나지 않을까, 만일 그렇다면 어떡하지?' 바로 그러한 기분, 그러한 상상, 그러한 의심 때문에 언제나 발작 직전에 일어나는 목의 경련이 일어나서 그는 정신을 잃고 지하실 바닥으로 굴러떨어지고 만 것입니다.

그런데 이 가장 자연스러운 사건을 의심해서, 그건 일부러 꾀병을 부린 것이라고 넌지시 지적을 하는 사람들이 있습니다! 그러나 만일 일부러 한 짓이라면, 당장 '무엇 때문에?'라는 의문이 생깁니다. 어떤 타산, 어떤 목적이 있었을까요? 나는 이제 의학을 들추진 않겠습니다. 과학도 거짓말을 하고 실수도 한다, 의사는 진짠지 꾀병인지 반드시 분간하지는 못한다, 이렇게 말하는 사람도 있으니까요, 그렇다면 그렇다고 해 두지요. 그러나 그전에, 왜 꾀병을 부릴 필요가 있었던가? 하는 질문에 먼저 대답해야 할 것입니다. 만약 살인을 계획하고 있었다면 간질 발작 따위를 일으켜 오히려 집안 사람들의 주의를 자기에게 집중시키는 행동을 했을까요?

배심원 여러분, 여러분도 아시겠지만, 범행이 있었던 날 밤, 표도르 카라마조프 집에는 모두 다섯 사람이 있었습니다. 첫째, 표도르 카라마조프 자신입니다만, 그가 자살하지 않은 것은 두말할 것도 없습니다. 둘째, 하인 그리고리, 이 사람도 하마터면 살해당할 뻔했습니다. 세째로, 그리고리의 아내인 하녀 마르파, 이 여자가 자기 주인을 죽였다고 생각하는 것은 그 생각 자체가 부끄러울 정돕니다. 그렇다면 남는 것은 피고와 스메르자코프 두 사람뿐입니다. 그런데 피고는 자기가 죽이지 않았다고 완강하게 주장하고 있으니까 어쩔 수 없이 스메르자코프가 죽인 것이 되고 맙니다. 다른 결론은 나올 수가 없습니다. 그 밖에는 아무도 없으므로 달리 범인을 들 수가 없는 것입니다.

이렇게 해서 어제 스스로 목숨을 끊은 가엾은 남자에 대한 '교활하고' 터무니없는 유죄설이 나오게 되었던 것입니다! 말하자면, 단순히 달리 혐의를 걸 만한 사람이 없었기 때문에 그가 의심을 받은 데 지나지 않는 것입니다! 만약에 어느 다른 사람에게, 누구든 여섯 번째 사람에게 그림자만큼이라도 의심스러운 점이 있었더라면 피고는 스메르자코프를 지명하기가 부끄러워 그 여섯 번째 사람을 들추었을 것으로 확신하는 바입니다. 왜냐하면 스메르자코프에게 이 살인죄를 덮어씌운다는 것은 절대로 불합리하기 때문입니다.

그러나 여러분, 심리 분석은 그만두기로 하겠습니다. 의학적인 관점의 비평도 그만두겠습니다. 아니, 그뿐 아니라 논리 그 자체도 버리겠습니다. 그리고 사실을, 오직 사실만을 고찰해서 사실이 우리에게 무엇을 말해주나 살펴보기로 하겠습니다. 가령, 스메르자코프가 죽였다 하면, 대체 어떻게 죽였을까요? 혼자 했겠습니까, 아니면 피고와 공모해서 죽였겠습니까?

먼저 첫 번째의 경우, 말하자면 스메르자코프 혼자서 죽였을 경우를 생각해 봅시다. 그가 죽였다고 한다면 물론 어떤 목적이 있어야 합니다. 무엇 때문이라는 까닭이 있어야 합니다. 스메르자코프는 피고가 갖고 있는 증오감이나 질투심 같은 범행의 동기가 없으므로, 범인이 그라고 한다면 의심할 여지 없이 오직 돈만이 목적일 것입니다. 그 3천 루블의 돈 때문입니다. 주인이 그 돈을 봉투에 넣는 것을 그는 목격했습니다.

그런데 범행을 음모한 그는 미리 다른 사람에게, 더욱이 매우 깊은 이해 관계를 갖고 있는 피고에게 그 돈에 관한 것과 신호에 관한 것, 봉투가 어디에 있고 겉봉에는 뭐라고 씌어 있으며 무엇에 싸여 있는가 하는 것을 죄다 가르쳐 주었습니다. 더욱이 무엇보다 중대한 것은 주인 방에 들어가는 '신호'를 가르쳐 주었다는 것입니다. 어째서 그는 이렇게 자기 자신을 배반하는 행위를 했을까요? 자신과 마찬가지로 주인의 방에 침입해 들어가서 그 봉투를 훔쳐낼 우려가 있는 경쟁자를 만들기 위해서였을까요?

그것은 무서워서 가르쳐 준 것이 아니냐고 말할 사람이 있을지도 모르겠습니다. 하지만 과연 그럴까요? 그토록 엄청난 짐승 같은 행위를 예사로 계획하고 실행할 수 있는 사람이 이 세상에서 자기 혼자밖에 모르는 일을, 자기만 잠자코 있으면 이 세상에서 아무도 짐작하지 못할 일을, 그래 공공연하게 남에게 밝힐 수 있겠습니까? 아니 아무리 겁이 많은 사람이라 하더라도 그러한 범죄를 꾸미고 있었다면 무슨 일이 있더라도 절대로 남에게 누설하지 않을 것입니다. 적어도 봉투와 신호 얘기만은 하지 않았을 것입니다. 그것을 밝힌다는 것은 장차 자기 자신을 배반하는 결과가 되기 때문입니다. 만일 누가 정보를 제공해 달라고 요청한다면 적당히 만들어서 얼버무리거나 거짓말을 할 일이지, 요긴한 점을 실토할 리가 없습니다.

되풀이해서 말합니다만, 만일 그가 하다못해 돈 얘기만이라도 하지 않고 있다가 주인을 죽이고 돈을 훔쳤다면 이 세상에서 그를 의심할 사람은 아무도 없었을 것입니다. 왜냐하면 그 사람 외에 아무도 그 돈을 본 사람이 없고, 그 돈이 집안에 있었다는 것을 몰랐으니 말입니다. 설사 그가 살인죄를 덮어 쓰더라도 무슨 다른 동기에서 죽였다고 볼 것이 틀림없습니다. 그러나 그에게서 그럴 만한 동기를 발견한 사람은 아무도 없었습니다. 아니, 오히려 그가 주인에게 귀염을 받고 신뢰를 얻고 있다는 것을 세상 사람들은 알고 있었습니다.

그러니까 만일 혐의를 받는다고 하더라도 그는 가장 나중에 해당될 사람이며, 우선 누구보다 먼저 혐의를 받을 사람은 그러한 동기를 가진 자, 자기 입으로 외치고 있던 자, 조금도 감추려 하지 않고 노골적으로 드러내고 있었던 자, 요컨대 의심받아야 할 사람은 피해자의 아들 드미트리 카라마조프여야 하는 것입니다. 스메르자코프가 죽이고 돈을 훔쳤는데 죄는 아들이 덮어쓴다……. 이편이 범인 스메르자코프로 봐서 훨씬 유리하지 않겠습니까? 그런데, 그는 범행을 계획하고 있으면서도 드미트리에게 돈과 봉투와 신호에 관한 것을 가르쳐 주었다는 얘깁니다. 이렇게 논리적이고 이렇게 명명백백한 얘기가 또 있을까요? 이처럼 명백한 사리가 있을까요!

스메르자코프가 계획한 범행의 날이 왔을때, 그는 일부러 간질 발작이 일어난 체하면서 발을 헛디뎌 계단에서 굴러떨어졌습니다. 뭣 때문에 그랬을까요? 그렇게 되면 결국, 첫째, 아무도 집을 지킬 사람이 없으므로 몸조리를 할 생각이던 하인 그리고리가 몸조리는 뒤로 미루고 집을 경비하게 됩니다. 둘째, 주인이 아무도 집을 지킬 사람이 없다는 것을 알고 평소에도 감추려 하지 않았듯이 아들의 침입을 몹시 두려워하고 불안해하면서 경계를 더욱 엄중히 하게 됩니다.

마지막으로 이건 두말할 것도 없이 가장 중요한 일입니다만 스메르자코프는 평소에 다른 사람과 떨어져 혼자 부엌에서 기거했고 출입구도 따로 있었으므로 간질을 일으키면 당장 별채 한쪽에 있는 그리고리의 방으로 옮겨져서 내외의 침대에서 세 걸음밖에 안 되는 칸막이 뒤에 뉘어지게 됩니다. 그가 발작을 일으키기만 하면 주인과 성질이 꼼꼼한 마르파가 나서서 언제나 그렇게 하고 있었습니다. 그런데 그 칸막이 뒤에 누워 있으면 진짜 환자처럼 보이기 위해서 그는 줄곧 신음소리를 내야하고 따라서 그리고리 내외는 밤새도록 잠을 자지 못하게 됩니다—이것은 그리고리 내외가 증언한 일입니다. 그래 이러한 일들이 몰래 일어나서 주인을 살해하는 데 편리하단 말입니까!

또 어떤 사람은, 그가 꾀병을 부린 것은 혐의를 피하기 위한 것이며, 돈에 관한 것과 신호를 피고에게 가르쳐 준 것은 피고를 사주해서 그로 하여금 침입해 들어가 아버지를 죽이게 하기 위해서라고 주장할지도 모르겠습니다. 그러나 피고가 살해하고 돈을 훔쳐서 나갈 때 어쩌면 요란한 소리가 나서 증인들이 잠을 깰지도 모릅니다. 그때 어떨까요, 스메르자코프도 어슬렁어슬렁 일어나서 나가볼 작정이었을까요? 그렇게 나가서 어떻게 하려고 했을까요? 다시 한번 주인을 죽이고 이미 누가 훔쳐간 돈을 빼앗기 위해서요?

여러분, 여러분은 웃으십니까? 나 자신도 이러한 가정을 한다는 것이 부끄러운 생각이 듭니다. 그런데 이 일을 어떻게 합니까, 피고는 이렇게 주장하고 있으니 말입니다. 피고는 자기가 그리고리를 쓰러뜨리고 소동을 일으킨 다음 집에서 나간 뒤 저놈이 일어나서 안으로 들어가 주인을 죽이고 돈을 훔쳐 갔다고 주장하고 있습니다.

분노한 나머지 제정신을 잃은 아들이 그저 얌전하게 창문 안을 들여다보기만 하고 안으로 들어가는 신호를 알고 있으면서도 수확물을 고스란히 스메르자코프에게 남겨 주고 물러가리라는 것을 스메르자코프가 어떻게 미리 계산할 수 있었을까요? 이런 이야기는 이제 새삼 언급하지 않겠습니다. 여러분, 나는 진지하게 묻겠습니다. 스메르자코프는 도대체 언제 그 범죄를 저지를 기회가 있었습니까? 그 시간을 가르쳐 주십시오. 왜냐하면 그것을 모르고는 그를 고발할 수 없기 때문입니다.

그러나 어쩌면 간질발작은 진짜였지만 환자는 별안간 의식이 돌아와 고함 소리를 듣고 밖으로 나갔을지도 모르겠습니다. 만약 그렇다면 어떻게 되는 것일까요? 그는 주위를 돌아보며 '그래, 어디 주인님이나 슬슬 죽이러 가볼까?' 이렇게 혼자 중얼거렸다고 합시다. 그런데, 그때까지 기절하여 누워 있던 그가 어떻게 그동안에 일어난 일을 알았을까요? 여러분, 아무리 그렇지만 이러한 공상에도 한계라는 것이 있습니다.

그러나 영리한 사람들은 이렇게 말할지도 모르겠습니다. '만약 두 사람이 한 패라면? 두 사람이 공모해서 죽이고 돈을 나누어 가졌다면 어떻게 되지?'

그렇습니다, 이것은 참으로 그럴 듯한 혐의입니다. 첫째, 우선 이러한 의심을 뒷받침할 수 있는 증거가 얼마든지 있습니다. 말하자면, 한쪽은 범행을 맡아서 온갖 고생을 하고 한쪽은 간질병 흉내를 내면서 태평하게 누워만 있는 것입니다. 더욱이 그것은 미리 사람들에게 의심을 품게 하고 주인과 그리고리에게 불안감을 조성하기 위해섭니다. 두 공모자가 도대체 어떤 동기에서 그러한 어리석은 계획을 생각해 냈을까요? 무척 흥미로운 일입니다.

하기야 스메르자코프는 적극적인 공범이 아니라 말하자면 수동적이고 희생적인 복종이었는지도 모릅니다. 아마 스메르자코프는 협박에 못 이겨 다만 살인을 방해하지 않겠다는 승낙만 했겠지요. 그는 드미트리가 아버지를 죽이는 데도 자기는 소리 한번 지르지 않고 반항도 하지 않았다는 비난을 받을지 모른다고 예감하고 드미트리가 범행을 하는 동안 마치 간질 발작을 일으킨 것처럼 가장해서 누워 있게 해달라고 억지로 타협한 것이라고 생각할 수도 있습니다. '당신은 마음대로 죽이십시오, 나는 구경이나 하고 있을 테니' 이런 기분으로 말입니다.

만일 그렇다 하더라도 발작은 집안에 소동을 불러오게 되니까 드미트리도 그것을 예상하고 그런 제안에 동의할 리가 없지요. 그러나 이 점은 양보를 해서 그가 그런 승낙을 했다고 합시다. 그렇다 하더라도 역시 드미트리 카라마조프가 살인자요, 직접적인 하수인이요, 주범인 것은 변함이 없습니다. 스메르자코프는 다만 수동적인 공범자, 아니 공범자라기보다 공포 때문에 본의 아니게 묵인한 자에 지나지 않는 것입니다. 그것은 재판관 여러분도 반드시 인정하실 겁니다.

그런데 사실은 어떻습니까? 피고는 체포되자 곧 오로지 스메르자코프 한 사람에게 책임을 떠넘기고 그 사람에게만 죄를 덮어 씌우고 있습니다. 공범은커녕 오로지 그 사람 혼자에게만 모든 죄를 떠넘기고 있습니다. '그놈이 혼자서 했습니다, 그놈의 짓입니다.' 그는 이렇게 주장하고 있는 것입니다! 대번에 서로 죄를 떠넘기는 그런 공범자는 지금까지 한번도 본 적이 없습니다. 게다가 그것은 카라마조프 자신에게 매우 위험한 일입니다. 왜냐하면 주모자는 그 자신이고 스메르자코프가 아니기 때문입니다. 공모자는 다만 묵인만 하고 칸막이 뒤에서 자고 있었을 뿐입니다. 그런데 피고는 그 자고 있던 사람에게 죄를 덮어씌우려 하고 있습니다. 그렇게 하면 스메르자코프가 몹시 화가 나서 자기 자신을 방어할 생각으로 부랴부랴 진실을 불어 버릴 염려가 있습니다. 두 사람이 다 살인에 관여했으나 '나는 죽이진 않고 다만 무서워서 못 본 체했을 뿐입니다' 이렇게 말입니다.

　스메르자코프는 법정은 내 죄의 정도를 가려 줄것이다. 설령 처벌을 받는다 하더라도 죄다 나한테 뒤집어씌우려는 주모자보다는 훨씬 가벼울 것이다, 이런 정도는 계산할 수 있었을지도 모릅니다. 그러나 그렇다면 그는 하는 수 없이 이 모든 것을 자백했어야 옳았지만 전혀 그렇게 하지 않았습니다. 주범이 어디까지나 그에게 죄를 떠넘기고 끝내 그를 그렇게 유일한 범인이라고 주장하고 있는데도 스메르자코프는 공모의 기미를 조금도 보이지 않았습니다. 또한 우리의 예심에 답해서 돈이 들어 있는 봉투와 신호에 대한 것은 자기 자신이 피고에게 가르쳐 주었고, 만일 자기가 아니었더라면 피고는 아무것도 몰랐을 것이라고 말했습니다. 만일 실제로 그가 공범이고 자기에게도 죄가 있다면 예심 때 대번에 순순히 그 얘기를, 다시 말해 자기가 모든 것을 피고에게 가르쳐 주었다는 얘기를 그리 쉽게 자백할 리가 없지 않습니까? 오히려 이리저리 말을 둘러대며 반드시 사실을 왜곡하고 축소시키려 했을 것입니다. 그럼에도 불구하고 그는 사실을 왜곡하지도 않았고 축소시키려고 애쓰지도 않았습니다. 그런 행동을 할 수 있는 것은 오직 공모의 죄를 입을 염려가 없는 죄 없는 자뿐입니다. 그리하여 그는 고질인 간질병과 이번 참극으로 말미암은 병적인 우울증의 발작으로 간밤에 목을 매고 죽었습니다.

　그는 자살하기 직전에 '나는 누구에게도 죄를 씌우지 않기 위해 나 자신의 의지에 따라 스스로 목숨을 끊는다'는, 독특한 말투로 유서를 적었습니다. 범인은 나 자신이지 카라마조프가 아니다, 이렇게 간단하게 한마디 유서에 덧붙이면 될 것을 그는 그렇게 하지 않았습니다. 어떤 점에 대해서는 양심적인 책임을 느끼면서 다른 점에 대해서는 그 책임을 느끼지 않았던 것일까요?

　그런데 조금 전에 3천 루블의 돈이 이 법정에 제출되었습니다. '이 돈은 다른 증거물과 함께 테이블 위에 놓여 있는 저 봉투에 들어 있었던 것입니다. 내가 어젯밤 스메르자코프한테서 받은 것입니다.' 이반 카라마조프 씨는 이렇게 얘기했습니다. 그런데 배심원 여러분, 여러분도 조금 전의 비참한 광경을 기억하고 계실 테니까 상세하게 다시 설명하지는 않겠습니다만, 감히 두어 가지 의견을 말씀드리려 합니다. 매우 사소한 점을 들겠습니다. 그것은 사소하기 때문에 아무도 생각이 미치지 못하고 잊어버릴 우려가 있기 때문입니다. 같은 말을 자꾸만 되풀이하는 것 같습니다만, 첫째, 스메르자코프는 양심의 가책을 견디지 못해서 어제 돈을 내놓고 자살했습니다—만일 양심의 가책이 없었더라면 돈을 내놓지 않았을 것이기 때문입니다. 물론 스메르자코프는 어젯밤 처음으로 내게 죄를 고백했다고 증인 이반 카라마조프 씨는 증언했는데 그건 그렇다고 칩시다. 그렇잖으면 그가 지금까지 잠자코 있었을 리가 없습니다. 이리하여 스메르자코프는 자백을 했습니다. 그런데 나는 다시 되풀이합니다만, 어째서 스메르자코프는 자기 유서에 모든 진실을 밝히지 않았을까요? 죄 없는 피고에게 무서운 재판이 내일로 다가온 것을 그도 알고 있지 않았습니까? 돈만으로는 아직 증거가 되지 않습니다.

나뿐 아니라 이 법정에 와 있는 두 인물은 이미 일주일 전에 이반 카라마조프 씨가 5푼 이자의 5천 루블짜리 채권 2장, 즉 1만 루블을 현금으로 바꾸기 위해 현청소재지의 한 도시에 송부한 사실을 그야말로 우연한 기회에 알았습니다. 내가 이런 얘기를 꺼내는 것은 돈이라는 것은 일정기한 내에는 누구라도 융통할 수 있다는 것을 말하고 싶어섭니다. 그러므로 3천 루블의 돈을 제출했다고 해서 반드시 그것이 그 돈이다, 다시 말해서 그 상자, 또는 그 봉투에서 나온 돈이라는 증거는 되지 않는다는 얘기지요.

마지막으로 이반은 어제 그렇게 중대한 정보를 진범한테서 듣고서도 시치미를 떼고 있었습니다. 왜 그는 그 사실을 당장 보고하지 않았을까요? 왜 아침까지 기다렸을까요?

나는 그것을 추측해 볼 권리가 있다고 생각합니다. 이미 일주일 전부터 건강을 해쳐서 의사나 가까운 사람들에게 환상을 보았느니, 망령을 만났느니 말하고 있던 그는 바로 오늘 별안간 그를 엄습한 강한 환각증의 일보 직전에 있었던 셈인데, 난데없이 스메르자코프가 죽었다는 소식을 듣고 문득 어떤 생각이 떠올랐습니다. 그 녀석은 이제 죽은 인간이니 죄를 그 녀석에게 뒤집어씌우고 형을 구하자. 다행히 나는 돈이 있으니 지폐 다발을 들고 가서 스메르자코프가 죽기 전에 주더라고 말하자, 바로 이런 생각이었지요.

여러분은, 비록 죽은 사람이라도 남에게 죄를 덮어씌우는 것은 좋지 않다, 아무리 형을 구하기 위해서라도 거짓말을 하는 것은 좋지 않다고 말씀하시겠습니까? 옳은 말입니다. 하지만, 만일 그가 무의식중에 거짓말을 했다면 어떻게 될까요? 별안간 하인이 죽었다는 소식을 듣고 충격을 받고 완전히 실성해서 만약 실제로 그랬던 것처럼 생각했다고 한다면 어떨까요? 여러분은 조금

전의 광경을 보았을 것입니다. 그가 어떤 정신 상태에 있었는가 보았을 것입니다. 그는 똑바로 서서 말을 했습니다만, 어디를 보아 그가 제 정신이었다고 생각하십니까?

그 잠꼬대 같은 증언에 이어서 등장한 것이 피고가 카체리나 양에게 보낸 편지입니다. 그것은 범행 이틀 전에 쓴 것으로 범행의 상세한 계획서입니다. 그러고 보면 우리는 새삼스레 범행 계획서나 그 작성자를 찾을 필요가 없습니다. 범행은 꼭 그 계획서대로 작성자에 의해 행해졌습니다. 그렇습니다, 배심원 여러분, '씌어 있는 그대로' 행해졌던 것입니다! 방안에 틀림없이 자기 애인이 있다고 굳게 믿고 있던 피고가 아버지의 방 창문 앞에서 겁을 집어먹고 얌전하게 달아난다는 것은 너무나 어처구니없고 자연스럽지 못한 일입니다.

그는 방에 침입해서…… 결행했습니다. 아마도 자신이 극도로 증오심을 품고 있는 연적이 눈에 띄자마자 분노의 불길이 확 치솟아 흥분이 극도에 달해서 범행을 저지른 것으로 추측됩니다. 그 절굿공이로 일격에 쓰러뜨린 뒤 구석구석 찾아보았으나 여자는 거기에 없었습니다. 그러나 베개 밑에 손을 넣어 돈이 든 봉투를 끄집어내는 것을 잊어버리지는 않았습니다. 그 찢어진 봉투는 지금 저 테이블 위에 다른 증거물과 함께 놓여 있습니다. 내가 이런 말을 하는 것은 여기서 매우 특징적인 어떤 상황에 주목해 주었으면 해서입니다. 그것은 내 생각으로는 가장 중대한 의의를 지니고 있습니다.

만일 이것이 경험 있는 살인자였다고 칩시다, 살인의 목적은 오직 강탈입니다. 아시겠습니까? 그런 살인자가 과연 이번 사건에서처럼 시체 옆에 빈 봉투를 던져두고 가겠습니까? 만일 스메르자코프가 강도질을 하기 위해 죽였다면 피해자의 시체 위에서 봉투를 뜯어 보는 성가신 짓을 할 필요 없이 그것을 가지고 곧바로 도주했을 것이 틀림없습니다. 왜냐하면 봉투안에 돈이 들어 있다는 것을 확실히 알고 있었기 때문입니다. 돈을 봉투에 넣고 봉인하는 것을 자기 눈으로 보았으니까요. 사실, 만일 그가 봉투째 가지고 달아났더라면, 강도 행위는 아무도 알 수 없었을 것입니다.

배심원 여러분, 나는 감히 질문합니다. 스메르자코프가 그런 짓을 하겠습니까? 빈 봉투를 방바닥에 버리고 가겠습니까?

아닙니다, 그런짓을 하는 것은 분노가 폭발하여 앞뒤를 분간 못하게 된 범인입니다. 도둑이 아니고 그때까지 한 번도 물건을 훔친 적이 없는 살인자가 틀림없습니다. 게다가 베개 밑에서 돈을 꺼내도 그것은 훔치는 것이 아니라 자기 것을 도둑한테서 되찾는 것일 뿐입니다. 왜냐하면 이것이 그 3천 루블에 대한 드미트리의 생각이었고, 그 생각이 거의 편집광적인 상태에 이르고 있었기 때문입니다. 그래서 그는 처음 목격한 봉투를 손에 들자 겉봉을 찢어 안에 돈이 제대로 있나 없나 확인하고 그 돈을 주머니에 넣기가 무섭게 방바닥에 떨어진 찢어진 봉투가 나중에 자기의 죄상을 말해 줄 유력한 증거물이 될 줄도 모르고 그대로 달아나고 만 것입니다. 그것은 모두 범인이 스메르자코프가 아니라 카라마조프였기 때문입니다. 그는 그런 것은 생각지도 않았고 상상도 못했던 것입니다. 게다가 어떻게 그럴 수 있었겠습니까?

그는 달아났습니다. 그러다가 문득 자기를 쫓아오는 늙은 하인의 고함소리를 들었습니다. 늙은 하인이 그를 붙들고 놓지 않자 그는 절굿공이로 때려눕혔습니다. 피고는 측은한 생각이 들어서 늙은 하인 곁에 뛰어내렸다고 했습니다. 어떻습니까, 피고의 진술에 의하면, 그때 그가 뛰어내린 것은 측은한 생각과 동정 때문이며, 어떻게 도와 줄 수 없을까 하고 그의 상태를 확인하기 위해서였다고 합니다. 그러나 그런 경우 그런 동정을 나타내고 있을 경황이 있었을까요? 아니, 그가 뛰어내린 것은 오직 범죄의 유일한 증인이 살아 있나 없나 확인하기 위해서 그랬을 뿐입니다. 그 이외의 감정과 동기는 이런 경우 모두 자연스럽지 못합니다! 그런데 여기서 주의해야 할 사실은 그가 그리고리를 위해서 손수건으로 애써 그의 머리를 닦아 준 사실입니다. 그러나 그는 상대가 죽었다고 생각하고 당황하다가 온몸이 피투성이가 된 채 다시 자기 애인의 집으로 달려갔습니다. 대체 그는 어찌된 까닭으로 자기가 피투성이가 되어 있고 곧 범행이 발각될거라는 것을 생각지 못했을까요? 피고의 말을 들어보면, 자기가 피투성이라는 걸 전혀 깨닫지 못했다고 합니다. 그것은 인정할 수 있는 일이며 얼마든지 있을 수 있는 얘깁니다. 그런 순간 범죄자에게 흔히 있는 일입니다. 한편으로는 악마처럼 치밀하고 한편으로는 가장 단순한 것도 생각지 못하는 것입니다. 그때, 그의 머릿속에는 오직 여자가 어디 있나 하는 생각뿐이었습니다. 한시바삐 여자의 소재가 알고 싶어 그 집으로 달려가 보니 뜻밖에도 여자는 '틀림없는 옛 애인'과 함께 모크로예로 갔다는 놀라운 소식이 기다리고 있었던 것입니다."

9 전속력의 심리분석. 질주하는 트로이카. 검사 논고의 결론

논고가 여기까지 오자 검사 이폴리트는 신경질적인 변론가가 즐겨 쓰는 수법. 즉 엄밀하게 시간축에 따라 서술하는 방법을 택했다. 다시 말해 그들은 자기의 분방한 충동을 누르기 위해 일부러 엄밀한 틀을 설정하는 것이다.

이폴리트는 그루센카의 '틀림없는 옛 애인'에 대해 특별히 상세하게 설명하고 이 문제에 대해 몇 가지 흥미로운 견해를 얘기했다.

"그때까지 모든 남자들에게 미칠 듯한 질투를 느껴온 카라마조프는 이 '틀림없는 옛 애인'에 부딪치자 그만 갑자기 기가 죽고 위축되어 버렸습니다. 특히 기묘하게 여겨지는 것은 이 예기치 않은 경쟁자한테서 일어날 새로운 위기에 대해 그때까지 조금도 주의를 기울이지 않았다는 것입니다. 그는 언제나 그것을 먼 장래의 일로 생각했습니다. 카라마조프는 언제나 현재에만 살고 있기 때문입니다. 그는 그 남자의 존재를 만들어낸 인물이라고까지 생각했던 모양입니다. 그러나 그의 상처받은 마음은 한순간에 모든 것을 깨달았습니다. 이 여성이 왜 새로운 연인의 존재를 숨겼는지, 왜 아까도 자기를 속였는지. 그것은 새로 나타난 이 경쟁자가 그녀에게 있어서는 결코 상상이나 지어낸 얘기가 아니라 오히려 여자의 전부이자 이 세상의 모든 희망이라는 것을, 깨닫고 당장 꼬리를 내린 것입니다.

배심원 여러분, 어쩐지 나는 피고의 마음속에 숨어있는 이 뜻밖의 일면을 그냥 무시하고 넘어가고 싶지가 않습니다. 피고는 어떤 일이 있더라도 이러한 심경의 변화를 일으키지 않을 것 같은 사람이지만, 그 순간 그의 마음속에 갑자기, 진실을 원하는 억제할 수 없는 욕구와 이를 인정해야 한다는 생각이 들었습니다. 여성에 대한 존경, 그녀의 마음의 권리! 더욱이 그것은 그 여자 때문에 자기 아버지의 피로 손을 물들인 바로 그 순간에 일어난 일입니다! 그리고 그 피가 그 순간에 복수를 부르짖은 것이라고 할 수 있습니다. 왜냐하면 그는 자기 영혼과 이 세상에서의 모든 운명을 망친 그 순간에 저도 모르게 이렇게 느끼고 자문했을 것이기 때문입니다. '나는 그 여자에게 무엇이었던가? 나 자신의 영혼 이상으로 사랑하는 이 여성에게 있어 이런 경우 나는 어떤 의미를 갖는 것일까? 이 옛 애인, 다시 말해, 일찍이 자기가 버린 여자에게 후회의 정을 보이며 다시 찾아와 새로운 사랑을 바치고 결백한 언약을 맹세하면서 행복한 생활의 부활을 약속하고 있는 이 틀림없는 옛 애인과 비교하여, 나는 과연 어떤 존재일까? 그리고 나같은 불행한 남자가 이제와서 이 여자에게 무엇을 줄 수 있는가? 무엇을 제안할 수 있는가?'

 카라마조프는 모든 것을 깨달았던 것입니다! 자기의 범죄가 모든 길을 막아 버렸고 자기는 이미 사형 선고를 받은 죄인에 지나지 않으며 이 세상에 살아갈 가치도 없는 인간이라는 것을 깨달은 것입니다! 이 자각은 그를 압도하고 그를 분쇄해 버렸습니다. 그래서 그는 금방 광기에 찬 어떤 계획을 착안했습니다. 그것은 카라마조프의 성격으로 보아 무서운 환경에서 벗어날 수 있는 오직 하나뿐인 숙명적 해결법으로 생각되었을 것입니다.

 그 해결법은 바로 자살이었습니다. 그는 관리 페르호친 씨에게 저당 잡힌 권총을 찾으러 달려갔습니다. 그는 달려가면서 방금 아버지의 피를 손에 묻히면서 탈취한 돈을 호주머니에서 모두 꺼냈습니다. 그렇습니다, 이제 그에게 가장 필요한 것은 돈이었습니다. 카라마조프는 죽는다, 카라마조프는 권총으로 자살한다, 모든 사람들의 기억에 남겠지! 확실히 그는 시인이었나 봅니다! 그러기에 그는 자기 목숨을 마치 양초에 켠 촛불처럼 태워버린 것입니다!

 '그 여자에게 가자, 그 여자에게 가자. 거기서, 아아, 거기서 온 세상 깜짝 놀라도록 성대한 잔치를 베풀자. 모든 사람의 기억에 남아 길이 세상의 화제가 될 만한 전대미문의 커다란 주연을 베풀자. 거친 고함소리와 미칠 듯한 집시의 노래와 춤 속에서 잔을 들어 내가 숭배하는 여자의 새로운 행복을 축하해 주자. 그러고는 곧 그 자리에서 여자의 발 아래 엎드려 그 면전에서 내 두개골을 박살내 버리는 거다, 내 인생을 처형하는 거다, 그러면 여자도 언젠가는 미차 카라마조프를 회상하며 미차가 자기를 사랑한 것을 깨닫고 가련하게 미차를 애도해 주겠지.'

 여기에는 그림 같은 아름다운 광경, 낭만적인 흥분, 카라마조프 특유의 야성적인 분방함과 감수성이 넘치고 있습니다. 배심원 여러분, 그러나 거기에는 뭔가 다른 것도 있습니다. 영혼 속에서 외치고, 쉴새없이 마음의 문을 두드리며, 죽도록 가슴을 괴롭히는 그 무엇이 있습니다. 그 무엇이라는 것은 다름이 아니라 양심입니다. 배심원 여러분, 그것은 양심의 재판입니다. 그것은 무서운 양심의 가책입니다!

 그러나 권총은 모든 것을 해결해 줄 것입니다. 권총은 유일한 출구입니다. 그것 말고는 구원이 없습니다. 그 순간 카라마조프가 저세상에는 뭐가 있을까? 하고 생각했는지 또 카라마조프가 햄릿처럼, 저세상에서는 어떻게 되는 것일까? 하고 생각했는지 나는 모릅니다—아니, 배심원 여러분, 저세상에는 햄릿이 있지만 이쪽에는 아직 당분간 카라마조프가 있을 뿐입니다!"

여기서 이폴리트는 미차가 준비하는 모습이며 페르호친의 집에서 있었던 일, 식료품 가게와 마부들과의 교섭, 이러한 광경을 상세하게 펼쳐 보였다. 증인들이 뒷받침한 갖가지 언동을 그는 인용했다. 그리하여 이 묘사는 청중들의 확신에 크나큰 영향을 주었다. 무엇보다도 이렇게 수집된 모든 사실들이 사람들을 움직인 것이다. 미칠 것 같은 혼란에 빠져 더 이상 자신의 몸도 지킬 수 없는 이 남자의 유죄는 반박할 여지도 없이 명백했다.

"이제 그는 자기를 지킬 필요도 없었습니다." 이폴리트는 말했다. "그는 하마터면 죄다 자백해 버릴 뻔했던 적이 두세 번 있었습니다. 거의 자기 죄를 암시하기까지 했지만, 끝까지 다 말하지는 못했습니다.(여기서 증인들의 진술이 인용되었다.) 그는 도중에 마부를 붙들고, '이봐, 자네는 지금 살인자를 태우고 있어!' 이렇게 외친 적도 있었습니다. 그러나 역시 모든 것을 말할 수는 없었습니다. 그는 우선 모크로예 마을로 가서 그 극시(劇詩)를 완성해야 했던 것입니다.

그런데, 불행한 미차를 기다리고 있었던 것은 무엇이었을까요? 모크로예에 도착한 그는 채 몇 분도 되기 전에 눈치챘고 마침내 완전히 깨달았습니다. '틀림없다'던 자신의 경쟁자는 어쩌면 전혀 '틀림없다'고 말할 만한 상대가 아닌지도 모른다, 자신이 새로운 행복을 축복하고 축배를 드는 것을 원하지 않고, 받아 들일 마음도 없다는 것을 말입니다.

그러나 배심원 여러분, 여러분은 예심에 의해 이미 사실을 알고 계실 것입니다. 경쟁자에 대한 카라마조프의 승리는 시비할 필요마저 없는 것이 되었습니다. 여기서, 아아, 여기서 그의 영혼에는 전혀 새로운 국면이 열렸던 것입니다. 그것은 그의 마음이 그때까지 경험한 것은 물론 장차 경험하게 될 모든 것 가운데 가장 무서운 국면이었습니다. 배심원 여러분, 나는 단언합니다!" 이폴리트는 소리쳤다. "상처받은 본성과 죄를 지은 마음은 이 지상의 그 어떤 심판보다 완벽하게 그에게 복수한 것입니다! 뿐만 아니라 법정과 이 세상의 형벌은 본성의 형벌을 덜어주는 것이며, 이 순간 범죄자의 영혼을 절망의 심연에서 구해 주는 것으로서 없어서는 안되는 것입니다. 왜냐하면 그녀가 자기를 사랑하고 있고 자기를 위해 틀림없는 옛애인을 뿌리치고 '미차'에게 새로운 생활을 권하면서 자기에게 행복을 약속하고 있음을 알았을 때, 카라마조프가 어떠한 공포와 정신적 고통을 느꼈을지는 상상조차 할 수 없는 일이기 때문입니다. 게다가 그것을 알았을 때가 어떤 때였습니까? 그때는 그에게 있어서 모든 것이 종말을 고하고 모든 것이 불가능하게 되었을 때였던 것입니다!

여기서 나는 그 당시 피고가 처해 있던 상태의 진정한 본질을 확인하기 위해 한 가지 중대한 사실을 지적해 두고자 합니다. 피고가 사랑하는 여성은, 마지막 순간까지 그가 체포되는 바로 그 순간까지 그에게는 벼랑의 꽃이었고, 몹시 갈망하고 있으면서도 도저히 손에 넣을 수 없는 존재였던 것입니다.

그런데 왜, 왜 그는 그때 자살하지 않았을까요? 왜 그는 한번 마음먹은 계획을 포기했을까요? 어째서 자기 권총의 소재마저 잊어버렸을까요? 그것은 사랑에 대한 이 무서운 갈망과 그때 바로 그 자리에서 이 갈망이 충족될 수 있을지도 모른다는 희망이 그를 제지했기 때문입니다.

그는 성대한 파티에 정신이 몽롱하기는 했지만, 자기와 더불어 축배를 들어 주는 애인 곁에 딱 붙어앉아 있었습니다. 어느 때보다 아름답고 매혹적인…… 그녀 곁을 떠나고 싶지 않았습니다. 그녀를 황홀하게 바라보고 싶었습니다. 그녀를 앞에 두고 그는 거의 녹아버릴 것 같은 기분이었습니다. 이 격렬한 갈망은 한순간, 체포된다는 공포뿐 아니라 양심의 가책마저 압도해 버렸습니다! 그러나 그것은 불과 한순간에 지나지 않았습니다.

나는 범인의 그 당시 정신 상태를 상상할 수 있습니다만, 그의 마음은 세 가지 요소에 압도되어 노예처럼 완전히 굴종하고 있었습니다. 첫번째 요소는 만취와 탁한 공기, 난장판과 춤추는 발소리, 떠나갈 듯한 노랫소리, 그리고 술에 취해 벌개진 얼굴로 노래하고 춤추며 그를 보고 웃는 그 여자였습니다. 두 번째 요소는, 무서운 대단원은 아직 훨씬 뒤의 일이다, 적어도 가깝지는 않다. 고작해야 내일 아침쯤 붙잡으러 찾아오겠지, 하고 그를 위로해 주는 막연한 희망이었습니다. 그러고 보면 아직 몇 시간은 남아 있다, 그만한 시간이면 충분하다, 충분하고도 남을 정도다, 몇 시간이 지난 뒤 천천히 생각해도 늦지 않다, 그는 이렇게 생각했던 것입니다.

아마도 그는 교수대로 끌려가는 죄인과 마찬가지 기분으로 있었겠지요. 그러한 죄인들은 아직도 먼 길을 지나 몇천 명이나 되는 구경꾼 앞을 걸어가서 모퉁이를 돌아 다시 다른 길로 나간다, 그 길 끝에 가야 그 무서운 광장이 있다, 이렇게 생각하기 마련입니다! 사형수는 그 치욕의 마차를 타고 행진을 시작할 때, 자기 앞에는 아직도 무한한 생명이 있다고 생각할 것이 틀림없습니다. 나는 그렇게 상상합니다.

그러나 이윽고 집들은 사라지고 마차는 점점 형장에 가까워집니다. 그러나 그래도 그는 놀라지 않습니다. 다음길까지 돌아가자면 아직도 멀다. 그래서 그는 여전히 늠름하게 주위를 둘러보며 자기를 쳐다보는 수천 명의 냉담하고 호기심에 찬 군중들을 내려다봅니다. 그러고는 자기도 그들과 같은 인간이라는 기분이 드는 것입니다. 이윽고 다음 거리로 돌아가는 모퉁이에 이릅니다. 아아! 그래도 아직 걱정 없습니다. 아직 먼 길이 남았습니다. 많은 집들이 아무리 뒤로 사라져 가더라도 그는 역시 아직 얼마든지 집이 남아 있다고 생각하겠지요. 이렇게 마지막까지 형장에 도착할 때까지 계속하는 것입니다.

생각컨대 그때 카라마조프도 그런 심경이었을 것입니다. '아직 당국의 손이 뻗지는 않겠지. 아직 적당히 피할 길은 있겠지. 뭐, 아직은 변명의 계획을 세울 여유는 있겠지. 아직도 항변의 방법을 생각해 낼 여유는 있겠지. 그러니까 지금은, 지금은, 여자가 이렇게 아름답지 않느냐!' 이렇게 생각했을 것입니다. 물론 그의 마음은 우울과 공포로 가득 차 있었습니다. 그러나 그는 그 돈의 절반을 떼어 어디다 감추어 둘 여유는 있었습니다. 그렇잖으면 방금 아버지의 베개밑에서 꺼내온 3천 루블의 절반이 어디로 사라졌는지 설명이 되지 않습니다. 그가 모크로예에 온 것은 처음이 아니었고, 이미 전에도 거기서 2주일이나 논 적이 있었으므로 이 해묵은 큰 목조집은 곳간에서 복도 구석구석에 이르기까지 훤히 알고 있었습니다. 내 상상으로는 그 돈의 일부를 체포되기 직전에 그 집안의 어느 틈새나 갈라진 자리, 마룻바닥 밑이나 혹은 다락에라도 감추어 둔 것 같습니다.

왜? 뻔한 일입니다. 파국이 곧 다가올지도 모르기 때문입니다. 물론 그는 그 파국을 어떻게 맞이할 것인지 생각하고 있지도 않았고 또 생각할 여유도 없었습니다. 게다가 머리가 욱신거리고 마음은 자꾸만 그 여자에게 끌려가고 있었습니다. 그러나 돈은, 돈은 어떤 환경에 떨어지더라도 필요한 것입니다. 인간은 돈만 있으면 어디를 가나 대접을 받습니다.

여러분은 이러한 경우 이러한 타산을 하는 것이 자연스럽지 못하다고 생각하시겠습니까? 그러나 그 자신의 주장을 들어 보면, 그는 범행 한 달 전에, 그가 가장 불안해했던 아슬아슬한 시기에 3천 루블 중에서 절반을 떼어 향주머니에 넣고 꿰맸다고 합니다. 이것은 물론 사실이 아닙니다. 이에 대해서는 곧 설명하겠습니다만, 그러나 그렇다 치더라도 카라마조프에게 있어서 그런 생각은 익숙한 일, 늘 마음속에 생각해 왔던 일입니다. 뿐만 아니라 그 뒤 그는 예심판사에게 1천5백 루블을 주머니에(그런 것은 일찍이 존재한 적도 없습니다) 넣어 두었다고 말했는데, 그것은 그 순간 별안간 영감에 의해 향주머니라는 것을 생각해 냈는지도 모릅니다. 왜냐하면 그 2시간 전에 그는 절반의 돈을 무슨 일이 있을 때 자기가 갖고 있어서는 좋지 않다면서 잠시 아침까지 모크로예의 어디엔가 감추어 두었기 때문입니다.

배심원 여러분, 두 개의 심연을 상기해 주십시오. 카라마조프는 그 두 개의 심연을 동시에 들여다 볼 수가 있습니다! 우리는 그 집안을 수색했지만 돈은 발견되지 않았습니다. 그 돈은 지금도 거기 있는지 모르겠고, 또 그 다음날 사라져서 지금 피고가 갖고 있는지도 모르겠습니다.

아무튼 그는 체포될 때 그 여자와 함께 있었고, 그 앞에 무릎을 꿇고 앉아 있었습니다. 여자가 침대에 드러눕자 그는 그쪽으로 두 손을 내밀며 한 순간 모든 것을 잊었고, 심지어 경찰관이 가까이 다가오는 소리조차 귀에 들리지 않을 정도였습니다. 그는 아직 답변할 말을 생각해 두지 않고 있었습니다. 그도 그의 두뇌도 불시에 붙잡히고 만 것입니다.

이리하여 그는 재판관 앞에 자신의 운명을 결정할 사람들 앞에 서게 되었습니다. 배심원 여러분, 우리는 직업상 범죄자 앞에서 거의 공포를 느끼고 그 사람이 무서워질 때가 종종 있습니다. 그것은 그의 동물적 몸부림을 보는 순간입니다. 범죄자는 모든 것이 끝났음을 느끼면서도 여전히 적과 싸우고, 동시에 앞으로도 끝까지 싸울 생각을 하고 있습니다.

모든 자기 보존의 본능이 한꺼번에 눈을 떴을 때, 그는 자기 자신을 지키려고 뭔가 알고 싶은 듯이 꿰뚫어보는 것 같은 고통스러운 눈길로 여러분을 바라보며 여러분의 표정과 생각을 읽으려고 합니다. 또, 적이 어느 쪽에서 쳐들어 올 것인가 대비하면서 자기의 어지러운 마음속에서 일시에 수천 가지 방법을 궁리합니다. 그러면서도 그것을 감히 입밖에 내는 것을 무서워합니다. 잘못 입을 놀릴까봐 두려운 것이지요! 인간의 영혼을 추락시키는 이 굴욕적인 순간, 영혼의 지옥을 돌아다니며 자기 구원을 바라는 동물적인 갈망…… 이것은 공포가 아닐 수 없습니다. 그것은 때로는 예심판사의 마음에도 죄인에 대한 연민과 전율을 불러 일으킵니다.

실제로 그때 우리는 그것을 목격했습니다. 처음에 그는 어리둥절해하고 있었습니다. 그러다가 공포 때문에 자기의 명예를 더럽히는 말을 두세 마디 뇌까렸습니다. '피다! 응보다!' 이런 소리를 하더니 곧 자신을 억제했습니다. 무슨 말을 해야 할지, 어떻게 대답해야 할지, 그에게는 도무지 준비가 되어 있지 않았습니다.

그저 '아버지의 죽음에 대해선 죄가 없습니다!'라는 근거없는 부정이 준비되어 있을 뿐, 그것이 당장의 방벽이었고 그 방벽 저쪽에서 그는 다시 바리케이드같은 것을 쌓을 생각을 하고 있었습니다. 최초의 자승자박 같은 외침 뒤, 그는 우리의 질문에 앞질러서 황급히 이렇게 덧붙였습니다. 말하자면, 하인 그리고리의 죽음만이 자기에게 책임이 있다고 해명한 것입니다. '그의 피를 흘리게 한 것은 납니다. 그러나 아버지를 죽인 것은 누굴까요? 여러분, 누가 죽였을까요? 만일 내가 아니라면 누굴까요?' 이렇게 말입니다.

어떻습니까, 그것과 똑같은 질문을 하러 간 우리에게 거꾸로 이렇게 물은 것입니다. 그는 '만일 내가 아니라면' 하고 선수를 쳤습니다. 이것은 동물적인 교활한 지혜입니다. 이것은 카라마조프적인 단순함과 조급함입니다! 내가 죽이지 않았다, 내가 죽였다고 생각하기만 해봐라, 그냥 안 둔다. '나도 죽일 생각은 했습니다. 여러분, 죽일 생각을 하기는 했습니다' 그는 부랴부랴 이렇게 자백했습니다. 그는 당황하고 있었습니다, 네, 굉장히 당황하고 있었습니다!—'그러나 나는 무죄입니다. 내가 죽이지 않았습니다!' 그는 한 걸음 양보해서 죽일 생각은 있었다고 말했습니다. 그것은 결국 나는 이렇게 아주 정직한 인간이니까 범인이 아니라는 것을 믿어 달라는 뜻입니다.

사실 이런 경우, 죄인은 이따금 믿을 수 없을 정도로 경솔해져서 함정에 걸리기 쉬워지지요. 그점을 노려서 예심판사가 짐짓 예사로운 표정으로 '그럼 스메르자코프가 죽인 것이 아닐까?' 하고, 순진한 질문을 던져보았습니다. 그러자 아니나다를까 그는, 우리가 앞질러서 불의의 기습을 한 것으로 생각하고 버럭 화를 냈습니다. 그는 아직 충분한 준비가 되어 있지 않았고, 또 스메르자코프를 들추어내는 데 가장 좋은 기회도 포착하지 못하고 있었던 것입니다. 그는 여느 때와 같이 금방 극단으로 나가서, 스메르자코프는 죽이지 못한다,

그 사람은 살인할 위인이 못된다고 열심히 항변하기 시작했습니다.

그러나 그것을 믿어서는 안 됩니다. 그것은 그의 교활한 지혜에 지나지 않습니다. 그는 결코 스메르자코프가 범인이라는 생각을 포기한 것이 아닙니다. 포기하기는커녕 오히려 반대로 다시 한번 끄집어낼 생각이었던 것입니다. 왜냐하면 스메르자코프 외에는 아무도 끌어낼 사람이 없었기 때문입니다. 그러나 지금은 좋은 기회를 놓쳐 버렸으니 다음 기회를 노려야겠다고 생각한 것입니다.

그래서 그는 다음날이나 혹은 며칠이 지난 뒤에 적당한 기회를 보아 자기 쪽에서 '어떻습니까. 나는 당신들보다 훨씬 더 강력하게 스메르자코프설을 부인해 왔습니다. 그건 기억하시겠지요. 그러나 이제는 나도 그가 죽였다는 것을 확신하게 되었습니다. 그놈입니다. 바로 그놈이 범인입니다!' 이렇게 외칠 참이었던 것입니다. 그러나, 얼마 동안은 우리에게 동조하며 음울하게 화를 내며 부정하지요, 그동안에 초조와 분노에 못 이겨 마침내 자기는 아버지의 방 창문을 들여다보기만 하고 얌전하게 돌아갔느니 어쩌니 하는, 참으로 바보 같고 터무니없는 변명을 했습니다.

요컨대 그는 아직 사태를 파악하지 못하고 있었던 것입니다. 깨어난 그리고리가 어떤 진술을 했는지도 모르고 있었습니다. 이윽고 우리는 몸수색을 하기 시작했습니다. 그것은 그를 분개시켰지만, 오히려 그에게 힘을 주기도 했습니다. 3천 루블의 돈이 모두 발견되지 않고 겨우 1천5백 루블만 나타났기 때문입니다. 그리고 당연한 일이지만 화가 나서 입을 다물어 버리고 부정을 계속하고 있는 동안에 그는 비로소, 문득 그 향주머니에 대한 아이디어가 머리에 떠오른 것입니다. 물론 그는 자기의 허구가 자연스럽지 못함을 느끼고 고심했습니다. 어떻게든 더 자연스럽게 보이도록 해서 그럴 듯한 이야기가 되도록, 고심했습니다.

이런 경우 예심에서 가장 먼저 해야 할 임무, 가장 중요한 과제는 무엇일까요? 그것은 상대에게 준비할 틈을 주지 않고 불리하고 자연스럽지 못하고 모순에 찬 말을 하도록 기습을 가하는 일입니다. 느닷없이 그리고 넌지시 무언가 새로운 사실이나 상황을 알려서 그로 하여금 무심코 지껄이게 하는 것이 긴요한 것입니다. 다만, 그 사실은 매우 중대한 의미를 지니고 있고 더욱이 그때까지 범인이 전혀 예상하지 못한 뜻밖의 내용이어야 합니다.

그러한 사실은 이미 준비되어 있었습니다. 그렇습니다, 전부터 준비되어 있었던 것입니다. 그것은 바로 다시 깨어난 하인 그리고리의 진술이었습니다. 그는 문이 열려 있었다, 그리고 피고는 그리로 달아났다고 주장했는데, 피고는 이 문에 대한 일을 까맣게 잊고 있었습니다. 그리고리가 문이 열려 있는 것을 볼 줄은 꿈에도 생각지 못했던 것입니다. 따라서 그 효과는 놀라웠습니다. 그는 펄쩍 뛰면서, 우리를 향해 외쳤습니다. '스메르자코프가 죽였습니다, 그건 스메르자코프입니다!'

이렇게 그는 미리 마련해 둔 가장 소중한 비장의 무기를 꺼냈지만, 그것은 참으로 어처구니없는 형태로 나타난 것입니다. 왜냐하면 스메르자코프는 그가 그리고리를 때려 눕히고 달아난 뒤가 아니면 범행을 저지를 수가 없었기 때문입니다.

그래서 우리는 피고에게, 그리고리는 쓰러지기 전에 문이 열려 있는 것을 보았고, 또 그가 자기 침실에서 나올 때 칸막이 뒤에서 스메르자코프가 신음하고 있는 소리를 들었다고 일러주었습니다. 그러자 카라마조프는 그만 어깨를 축 늘어뜨리더군요. 존경하는 나의 동료로서 명석한 두뇌의 소유자인 넬류도프 예심판사가 나중에 나한테 들려준 얘깁니다만, 그는 그 순간 눈물이 나도록 피고가 측은해졌다고 합니다. 피고가 사태를 만회할 생각으로 그 있지도 않은 향주머니 얘기를 부랴부랴 꺼낸 것은 바로 이때였습니다. 이렇게 된 이상 하는 수 없군요, 제 이야기를 한번 들어 보십시오, 하고 말입니다!

배심원 여러분, 이미 말했습니다만, 한 달전에 돈을 향주머니 안에 넣어 꿰매 두었다는 이 조작된 얘기는, 단순히 어처구니없을 뿐만 아니라 도저히 있을 수 없는 속임수라고 생각합니다. 이처럼 사실 같지 않은 설명이나 불합리한 거짓말은 현상금을 걸고 찾아도 찾지 못할 것입니다.

이렇게 의기양양해 하는 이런 종류의 소설가를 덫에 걸어서 꼼짝 못하게 하는 것은 무엇보다도 이야기의 세부(細部)입니다. 현실에는 이러한 세부가 항상 넘쳐나고 있는데도 이를 의식하지 못하는 불행한 작자에 의해 언제나 무의미하고 불필요한 하찮은 일로 경시되어 한번도 머리에 떠오르지 않습니다. 그렇습니다, 그들은 그 순간 그런 세부를 생각할 겨를이 없습니다. 그들의 머리는 그저 커다란 전체를 만들어 낼 뿐입니다. 그래서, 지금 그런 사소한 질문을 해서 어떡하겠다는 거야? 하며 코웃음을 치는 것이 고작이지요.

그러나 바로 거기에 함정이 있습니다. 먼저 피고에게 묻습니다.
'당신은 그 주머니의 재료를 어디서 구했습니까, 누가 기워 주었나요?'
피고는 대답합니다. '내가 기웠습니다.'
'그럼, 천은 어디서 났지요?'
그러면 피고는 화를 버럭내며, 그런 쓸데없는 질문을 하는 것은 자기를 모욕하는 거나 같다고 말합니다. 그런데 그것이 진심인 것입니다. 정말 진심입니다! 그러나, 그들은 모두 그런 식입니다.
'내 셔츠를 찢었지요.'
피고가 대답합니다.
'아, 그래요, 그럼 내일 당신이 벗어 놓은 옷 가운데 그 찢어진 셔츠가 있나 없나 찾아봅시다.'
어떻습니까, 배심원 여러분, 만일 실제로 그 셔츠가 나타난다면—만일 그러한 셔츠가 실제로 있었다면 반드시 피고의 가방이나 일용품 상자 속에 있어야 할 테니까요—그것은 이미 분명한 사실이 됩니다. 그의 주장을 뒷받침하는 유력한 사실인 것입니다. 그러나 그는 그런 것을 침착하게 생각하지 못합니다.
'기억이 잘 안 나지만, 어쩌면 셔츠를 찢은 것이 아니고, 안주인의 모자였나…….'
그는 이렇게 말합니다.
'어떤 모자인가요?'
'내가 안주인 집에서 집어온 것입니다. 안주인 집에 뒹굴고 있더군요. 헌 베 조각입니다.'
'그럼, 확실히 그렇게 기억하고 있는 거지요?'
'아니, 확실히 기억하는 건 아닙니다.'
그는 이렇게 말하며 마구 화를 냅니다. 그러나 생각해 보십시오, 그런 일을 기억하지 못할 까닭이 없잖습니까!…… 인간에게 있어서 가장 무서운 순간, 이를테면 처형장 같은 데 끌려갈 때 오히려 이런 자질구레한 일들이 기억에 남는다고 합니다. 모든 것을 깡그리 잊고 있던 자가 도중에 언뜻 눈에 뜨인 초록빛 지붕이나, 십자가에 앉아있던 까치라든지, 이런 것들이 오히려 생각나는 법입니다. 사실 그는 향주머니를 만들때 남의 눈을 피한 것이 틀림없습니다. 바느질을 하면서, 자기 방에 누가 들어오지나 않을까, 누구에게 들키지나 않을까, 하는 두려움 때문에 비열하게 고심을 한 일을 기억하고 있어야 할 것입니다. 희미하게 문을 두드리는 소리만 나도 부랴부랴 칸막이 뒤로 뛰어들었을 것이 분명합니다—그의 방에는 칸막이가 있었습니다.

그러나 배심원 여러분, 내가 왜 이런 일을, 이런 사소한 사실을 여러분에게 얘기하고 있는 것일까요?" 이폴리트는 별안간 소리쳤다. "다름이 아니라, 피고가 이 마당에 이르러서까지 이 바보 같은 허구를 완강하게 고집하고 있기 때문입니다! 그에게는 운명적인 그날 밤 이래 꼬박 두 달 동안 피고는 아무것도 분명히 밝히지 못했습니다. 꿈 같은 그전의 진술을 뒷받침할 만한 현실적 상황은 하나도 첨가하지 못하고 있는 것입니다. 그런 것은 사소한 일입니다, 명예를 걸고 당신들은 내 말을 믿어야 합니다, 이렇게 그는 말합니다!

아아, 그것을 믿을 수만 있다면 우리도 얼마나 기쁘겠습니까. 참으로 명예를 걸고라도 믿고 싶은 마음 간절합니다! 사실, 우리는 인간의 피에 굶주린 승냥이가 아닙니다. 제발, 피고에게 이익이 될 만한 사실을 하나라도 좋으니 들어 주십시오. 그러면 얼마나 기쁠지 모르겠습니다. 그러나 그것은 오관(五官)으로 느낄 수 있는 현실적인 사실이어야 합니다. 친동생이 주장하듯, 피고의 표정에서 얻은 결론이나, 피고가 어둠 속에서 자기 가슴을 친 것은 향주머니를 가리킨 것이 틀림없다는 따위의 주장은 곤란합니다. 우리는 새로운 사실을 기대합니다. 그리고 새로운 증거가 나타날때는 누구보다 먼저 기소를 취소하겠습니다. 당장 취소하겠습니다. 그러나 지금은 정의가 절규하고 있으므로 우리는 끝까지 종전의 주장을 고수해야 합니다. 추호도 철회할 수 없습니다."

이렇게 말하고 이폴리트는 결론을 내렸다. 그는 열병에라도 걸린 듯이, 피를 위해, '비열한 약탈을 목적으로' 친자식에게 살해된 아버지의 피를 위해 절규했다. 그는 비극적이고 또한 용서할 수 없는 사실의 총체적 의미를 극명하게 지적했다.

"여러분은, 천재로 알려진 피고의 변호인에게서 무슨 말을 들으시더라도(이폴리트는 더이상 억제할 수가 없었다.) 또, 그의 입에서 여러분의 마음을 뒤흔드는 감동에 찬 웅변이 아무리 많이 쏟아지더라도, 여러분은 지금 우리의 신성한 정의의 법정에 계신다는 것을 기억해 주십시오. 여러분은 우리의 정의의 옹호자이고, 우리의 신성한 러시아와 그 기초와 그 가족 제도와 그 거룩한 것의 옹호자라는 것을 깊이 기억해 주시기 바랍니다! 그렇습니다, 여러분은 지금 이 자리에서 온 러시아를 대표하고 계시며, 여러분의 판결은 이 법정뿐만 아니라 온 러시아에 울려 퍼지는 것입니다. 그리고 온 러시아는 자기의 변호인이고 심판관인 여러분의 판결을 듣고, 그로 말미암아 격려를 받기도 하고 또 실망하기도 할 것입니다.

러시아를 괴롭혀서는 안 됩니다. 그 기대를 배반해서는 안 됩니다. 우리의 운명의 트로이카가 전속력으로 달려가는 그 끝에는 어쩌면 파멸이 기다리고 있을지도 모르니까요. 이미 오래 전부터 온 러시아인들은 두 손을 쳐들고 소리치면서, 미친 듯이 달리는 방약무인한 트로이카의 질주를 막으려고 안간힘을 써왔습니다. 설령 다른 국민들이 일단 거침없이 달리는 그 트로이카에게 길을 비켜준다 하더라도 그것은 그 시인(고골리)이 바란 것처럼 경의를 표하기 위해서가 아니라 단순한 공포 때문인 것입니다. 이 점을 특히 명심해 주시기 바랍니다.

혹은 공포 때문이 아니고, 공포에 대한 혐오감 때문인지도 모릅니다. 아직은 그러니까, 사람이 길을 비켜주는 동안은 그래도 좋습니다. 그러나 훗날, 갑자기 길을 비켜주는 것을 그만둘지도 모릅니다. 자기 자신을 구하기 위해, 개화와 문명을 위해, 광포하게 질주하는 환영(幻影) 앞에 완강한 장벽이 되어 우뚝 서서 그 미친 듯한 방종의 질주를 막으려 할는지도 모릅니다! 유럽에서는 그 불안의 소리가 이미 들려오고 있습니다. 그 소리는 벌써 울려 퍼지기 시작했습니다. 여러분, 자식의 친부 살해를 무죄로 하는 판결을 내림으로써 그 소리를 더욱 도발하고, 점점 드높아지는 그 증오를 부추기는 일이 없도록 하시기를 간절히 바라는 바입니다!"

한마디로 말해서 이폴리트는 매우 흥분해 있었지만 충분히 감동적으로 논고를 매듭지을 수 있었다. 사실 그가 청중에게 준 감명은 대단한 것이었다. 그는 논고가 끝나자 얼른 법정에서 나갔고 앞에서 말했듯이 별실에서 거의 정신을 잃고 쓰러질 뻔했다.

법정에서는 박수 갈채가 일어나지는 않았지만 진지한 사람들은 모두 감격하고 있었다. 다만 부인네들은 그다지 만족스러워하지 않았지만 그래도 검사의 웅변에는 모두가 감탄하고 있었다. 더욱이 그들은 논고의 결과는 조금도 두려워하지 않고 다만 페추코비치에게 모든 기대를 걸고 있었으므로 '저 사람이 변론을 시작하면 물론 틀림없이 완전한 승리를 거두게 될 것이다!' 안심하고 있었다.

사람들은 모두 미챠를 바라보았다. 그는 두 주먹을 움켜쥐고 이를 악문 채 고개를 푹 숙이고 검사의 논고가 끝날 때까지 묵묵히 입을 다물고 있었다. 그러나 어쩌다가 고개를 쳐들고 열심히 귀를 기울일 때도 있었다. 특히 그루센카의 이름이 나올 때는 반드시 그렇게 했다. 검사가 그녀에 대한 라키친의 의견을 전했을 때는 그의 얼굴에 경멸과 분노의 미소가 떠올랐다. 그는 충분히 들을 수 있는 소리로 "베르나르 같은 놈!" 하고 뇌까렸다.

검사가 모크로예에서의 심문 때 미챠를 괴롭힌 경위를 이야기하자 그는 매우 호기심에 찬 표정으로 열심히 귀를 기울였다. 논고 가운데 어떤 대목에서는 펄쩍 뛰면서 무슨 소리를 지르려 하다가 간신히 자기를 억제하고 다만 경멸하듯 어깨를 으쓱할 뿐이었다.

이 논고의 종결 부분, 특히 검사가 모크로예에서 피고를 심문했을 때의 검사의 공훈은 나중에 이곳 사교계에서 화제가 되었고 이폴리트는 좋은 웃음거리가 되었다.

"그 친구 기어이 참지 못하고 자기 수완에 대한 자랑을 늘어 놓더군."

재판장은 잠시 휴정을 선언했는데 그것도 불과 15분인가 20분밖에 되지 않았다. 방청객 사이에서 말소리와 고함소리가 들려왔는데 필자는 그러한 대화를 기억하고 있다.

"빈틈없는 논고군요!"

한 패거리 중에서 신사 한 사람이 험악한 표정으로 말했다.

"하지만 너무 심리 분석에 치우친 것 같습니다."

이렇게 대꾸하는 소리도 들렸다.

"하지만, 모두 사실이니까요, 반론의 여지가 없는 진실입니다!"

"그래요, 저 사람은 상당한 수완가예요."

"정말 논리정연하게 잘 정리했더군요."

"우리의 생각까지 정리 해주었어요." 다른 목소리가 끼어들었다. "논고의 첫 부분에서 우리 모두도 표도르 카라마조프와 같다고 말하잖았습니까."

"논고의 끝에 가서도 그랬지요. 하지만 그건 거짓말입니다."

"거기다가 애매한 점도 상당히 있었어요."

"좀 지나치게 열을 올립디다그려."

"불공평합니다, 불공평해요."
"아니에요, 아무튼 잘하더군요. 그 사람 오랫동안 오늘 같은 날이 오기를 손꼽아 기다리고 있다가 마침내 울분을 다 토해 내고 만 거지요."
"변호사는 뭐라고 말할까요?"
다른 그룹에서는 이런 말들이 오가고 있었다.
"하지만 페테르부르크에서 온 변호사에게 들으랍시고 그런 소릴 한 것은 좀 심했어요. '마음을 뒤흔드는' 어쩌고저쩌고 한 걸 기억하시오?"
"그래, 그건 좀 서툴렀어."
"너무 조급했던 거지요."
"워낙 신경이 예민한 사람이거든요."
"우린 이렇게 웃고 있지만, 피고의 기분은 어떨까요?"
"맞아, 미차의 기분은 어떨까?"
"그런데, 변호사는 무슨 말을 할까?"
또 다른 그룹은 이렇게 말하고 있었다.
"저 끝에 앉아 있는 확대경을 가진 여잔 누구야? 저 뚱뚱한 부인 말이야."
"어느 장군의 부인인데 이혼했어. 내가 잘 알지."
"어쩐지, 확대경을 들고 있더라니."
"쓰레기같은 여자야."
"아니, 제법 매력이 있는 여잔데."
"저 여자 옆으로 두 사람 건너서 여자가 앉아 있잖아. 그쪽이 나은걸."
"그나저나 모크로예에서는 용하게도 미차의 꼬리를 잡았지?"
"용한지는 몰라도 또 그 얘기를 꺼내니 말이야. 검사는 그때도 몇 번이나 집집마다 찾아다니면서 자랑했잖아."
"지금도 말을 안 할 수 없었던 게지. 정말 자부심이 강하더군."
"워낙 불운한 사람이거든, 하하!"
"게다가 화를 잘내. 그 논고는 미사여구가 많고 문장도 너무 길었어."
"거기다 위협도 했지. 온통 위협뿐이었잖아. '저세상에는 햄릿이 있지만 우리나라에는 아직 당분간 카라마조프가 있을 뿐입니다!' 하고 말이야. 참 어이가 없더군."
"그 말은 자유주의자들을 빈정거린 거야. 무서워하고 있거든!"

"거기다가 변호사도 무서워하죠."
"아, 페츄코비치 선생은 뭐라고 말할까?"
"무슨 말을 하든 러시아의 농부들에게 통하지 않을걸요."
"자네, 그렇게 생각하나?"
또 다른 쪽에서도 대화가 한창이었다.
"하지만 트로이카 얘기는 꽤 좋았어. 남의 나라 얘기를 한 대목 말이야."
"다른 나라에서 기다리고 있진 않을 거라고 했는데, 그 점은 정말이야."
"그건 무슨 뜻이지?"
"지난 주의 일인데, 영국 의회에서 한 의원이 허무주의자 문제를 가지고 우리 러시아인을 야만국민이라고 불렀을 뿐 아니라, 그자들을 개화시키기 위해 이제 슬슬 간섭해도 좋은 시기가 되지 않았느냐고 정부에 질의를 한적이 있지. 이폴리트는 그 의원을 두고 말한 거야. 틀림없어, 그 의원 얘기야. 지난 주에도 그런 말을 했거든."
"하지만, 그건 영국의 도요새들이 감히 할 수 있는 일이 못되네."
"도요새라고? 어째서 못하나?"
"우리가 크론시타트 항을 폐쇄하면 그들은 굶어죽게 돼, 대체 어디서 곡물을 구하겠어?"
"미국이지 뭐. 요즘에는 미국서 수입하고 있잖은가."
"정말인가?"
이때 벨이 울렸으므로 모두 서둘러 자기 자리로 돌아갔다. 페츄코비치가 등장했다.

10 변호사의 변론·양날의 칼

명성이 자자한 변호사의 첫마디가 울리자 장내는 물을 끼얹은 듯이 조용해졌다. 방청객의 시선이 모두 그에게 집중되었다. 그는 매우 솔직하고 확신에 찬 어조로 간명하게 변론하기 시작했으며 조금도 오만한 데가 없었다. 애써 말을 수식하려 하지도 않았고 비통한 말투나 감정에 호소하는 문구도 쓰지 않았으며, 마치 서로 공감하는 친밀한 사람들끼리 이야기를 주고 받는 것 같은 투였다.

그의 목소리는 아름답고 탄력 있고 게다가 정감마저 깃들어 있었다. 그 목소리 자체에서 벌써 성실과 솔직함을 느낄 수 있었다. 그러나 곧 이 웅변가가 별안간 비장한 심경으로 비약하여 '무언가 신비한 힘으로 사람들을 감동시킨다'는 것을 모두 깨달을 수 있었다.

그의 말은 이폴리트만큼 정연하지는 않았을지 모르나 말이 쓸데없이 장황하지 않고 오히려 그보다 정확했다. 다만 한 가지 부인들의 마음에 들지 않은 것은 변호사가, 변론하는 내내 묘하게 등을 구부리고 있는 일이었다. 그것은 절을 하고 있는 것도 아니고, 마치 방청객들을 향해 그대로 날아가기라도 하려는 듯한 자세로 그 긴 등을 중간쯤에서 구부리고 있었는데, 꼭 가느다란 등 한가운데에 손잡이라도 달려 있어서 그것 때문에 거의 직각으로 꺾여 있는 것처럼 보였다.

그는 처음에는 산만한 어조로 사실을 이것저것 닥치는대로 끌어와 체계도 없이 말하고 있는 듯 싶었으나 끝에 가서는 훌륭하게 매듭을 짓곤 했다.

그의 변론은 두 부분으로 나눌 수 있었다. 전반은 비판이자 검사의 논고에 대한 반박이었으므로 때로는 짓궂고 신랄했다. 그러나 후반으로 들어가자 갑자기 노조와 전략이 일변하더니 단숨에 감동적으로 고조되어 올랐다. 법정을 가득 메운 사람들은 그것을 기다리고 있었다는 듯이 감격하여 웅성거리기 시작했다.

변호사는 곧바로 문제의 핵심으로 들어갔다. 먼저 자기의 활동 무대는 페테르부르크지만 피고를 변호하기 위해 러시아의 각 도시를 찾아다닌 것은 이것이 처음은 아니라고 말하고, 자기가 변호의 수고를 아끼지 않는 피고들은 모두 죄 없는 사람들이라 확신하거나 미리 그렇게 예감하고 있거나 둘 중의 하나라고 설명했다.

"이번 사건도 그렇습니다. 처음 신문 기사를 읽을 때부터 나는 피고에게 매우 유리한 뭔가가 느껴져 강하게 마음이 끌렸습니다. 한마디로 말해 나는 무엇보다도 어떤 법률상의 사실에 흥미를 느꼈습니다. 그러한 사실은 보통 재판 사건에서 흔히 볼 수 있는 것이지만, 이번 사건만큼 완전한 형태와 지극히 개인적인 특징을 가진 예는 드문 일이라고 생각합니다. 이러한 사실은 변론의 마지막에 가서 공표해야 할 성질의 것이지만, 처음부터 말씀드리기로 하겠습니다. 왜냐하면, 나는 효과를 숨겨 두거나 인상을 적당히 손질하지도 않고 바로 본론으로 들어가버리는 결점을 갖고 있기 때문입니다. 이것은 나의 입장에서 보면 무모한 일인지는 모르지만, 그 대신 성실한 태도라고 생각합니다.

 나의 견해와 결론은 이렇습니다. 말하자면, 피고를 불리하게 만드는 사실이 압도적으로 누적되어 있지만, 동시에 그 사실을 하나하나 관찰해 보면 비판할 만한 것은 하나도 없다는 것입니다!

 세상의 풍문을 듣고 신문의 보도를 보는 동안 나의 이러한 신념은 점점 더 굳어졌습니다. 마침 그때 뜻밖에도 피고의 친척한테서 변호하러 와달라는 부탁을 받았습니다. 그래서 얼른 이곳에 달려온 나는 그 신념을 더욱 굳힐 수가 있었습니다. 내가 이 사건의 변호를 맡은 것은 이 무서운 사실의 누적을 타파하기 위해섭니다. 다시 말해, 기소의 이유가 되고 있는 사실들이 모조리 증거가 충분치 않고 동시에 허풍에 지나지 않는다는 걸 입증하기 위해섭니다."

 변호사는 이렇게 말하고 갑자기 언성을 높였다.

 "배심원 여러분, 나는 이곳에 처음으로 왔습니다. 따라서 내가 받은 인상에는 선입견이 조금도 없습니다. 피고는 거칠고 방자한 성격을 가진 인물인 것 같은데, 나 자신은 지금까지 한번도 그에게서 모욕을 받은 적이 없습니다. 그런데 이 도시의 많은 사람들은 전에 그에게서 모욕을 당한 일이 있기 때문에 처음부터 피고에게 반감을 품고 있는 것입니다. 물론 이곳 사람들의 도덕적 감정이 분개한 것도 당연하다는 것을 나는 잘 알고 있습니다. 피고는 난폭하고 방종한 사람이었으니까요.

 그러나 피고가 이곳 사교계에서 받아들여지고 있었던 것도 사실입니다. 뛰어난 재능을 갖고 계시는 검사의 가정에서도 환영을 받고 있을 정도였습니다 (변호사가 이렇게 말했을 때 청중 사이에서 두세 군데 웃음 소리가 일어났다. 그 소리는 금방 억제되었으나 그래도 사람들의 귀에 들어왔다. 이곳 사람들은 그 사정을 알고 있었는데, 검사는 마지못해 미챠를 출입시키고 있었던 것이다. 그것은 검사의 부인이 왠지 그에게 관심을 가지고 있었기 때문이다. 부인은 매우 높은 식견을 지닌 훌륭한 여성이었으나 공상을 좋아하고 고집이 세어 이따금 주로 하찮은 일을 가지고 남편한테 대드는 경우가 있었다. 하기야 미챠가 그리 자주 방문한 것도 아니었다). 그러나 그럼에도 나는 감히 이렇게 가정하고 싶습니다. 저의 논적인 검사께서는 독립적인 지성과 공명정대한 성격을 갖추고 계심에도 우리의 불행한 피고에 대해서 무언가 그릇된 선입견을 품고 계시는지도 모르겠습니다. 물론 그것은 있을 수 있는 일입니다. 가련한 피고는 그러고도 남을 짓을 했습니다. 사람은 도덕적 감정, 특히 미적 감정(美的感情)에 상처를 입으면 때로 어떤 타협도 용서치 않을 경우가 있습니다. 물론 우리는 그 찬란하게 빛나는 논고를 통해서 피고의 성격과 행위에 대한 날카로운 분석을 들었고 사건에 대한 준엄한 비판의 태도를 보았습니다. 특히 사건의 진상을 설명하기 위해 개진하신 깊은 심리 분석은 만일 존경하는 논적이 피고의 인격에 대해 조금이라도 악의를 띤 의식적인 편견을 갖고 계셨다고 한다면 도저히 불가능할 정도로 깊은 통찰로 가득찬 것이었습니다.

그러나 이런 경우 사건에 대한 매우 의식적인 악의를 띤 태도보다 더욱 나쁜 치명적인 것이 있습니다. 그것은 이를 테면 일종의 예술적, 유희적 본능에 사로잡혔을 경우입니다. 특히 심리적 통찰력을 풍부하게 타고났을 경우 더욱 심합니다. 나는 페테르부르크에 있었을 때 이곳으로 출발하기 전에 이미 충고를 받고 있었습니다. 아니, 나 자신 누구의 주의를 받지 않더라도 이곳에서 나의 반대측에 서는 사람이 깊고 치밀한 심리분석의 명수이며, 이 점에 있어서 일찍부터 아직 젊은 우리 법조계에 일종의 특별한 명성을 떨치고 있는 분이라는 것을 알고 있었습니다.

그러나 여러분, 심리학은 심오한 학문인 동시에 양쪽에 날을 가진 도끼와도 같은 것입니다(이때 청중 속에서 웃음소리가 일어났다). 물론 여러분은 이 진부한 비유를 용서해 주실 줄 압니다. 나는 그다지 웅변에 재주가 없는 편이라서 말입니다. 그러나 지금 검사의 논고 중에서 우선 한 가지 예를 들기로 하겠습니다.

피고는 한밤중에 어두운 정원을 달려나가 담을 뛰어넘으려 하다가 자기 발을 붙잡고 매달리는 하인을 절굿공이로 후려갈기고는 자기도 다시 뛰어내려 꼬박 5분 동안 피해자 곁에서 그를 돌보았습니다. 그것은 그가 죽었나 살았나 확인하기 위해서였습니다. 그런데 검사는, 피고가 그리고리 노인 옆에 뛰어내린 것은 측은한 생각이 들어서였다는 피고의 진술을 아무리해도 믿으려 하지 않습니다.

'아니, 그런 순간에 그런 감정이 일어날 수 있는 것일까? 그건 자연스럽지 못하다. 그가 뛰어내린 것은 자기 범행의 유일한 증인이 살아 있나 죽었나 확인하기 위해서였다. 따라서 이것은 피고가 이미 범행을 저질렀다는 것을 입증하는 것이다. 이런 경우 어떤 다른 동기, 다른 충동, 다른 감정이 있을 수 없기 때

문이다.'

검사는 이렇게 말했습니다. 과연 이것은 심리학적 설명입니다.

그러면 지금 그 심리 분석을 사실과 한번 대조해 봅시다. 단, 다른 측면에서 말입니다. 그러면 역시 검사의 주장에 못지 않게 그럴듯하게 들리게 됩니다. 범인이 밑으로 뛰어내린 것은 증인이 살아 있나 죽었나 확인하려는 경계심 때문이었다고 가정합시다. 그런데 검사 자신이 목격한 바에 의하면 피고는 자기 손으로 죽인 아버지의 서재에 이 범죄를 입증하는 유력한 증거물, 다시 말해 3천 루블이 들어있다고 겉봉에 써놓은 봉투를 찢어서 버리고 오지 않았습니까? '만일 그가 그 봉투만 가져갔더라면 이 세상의 누구도 그런 봉투가 있었다는 것도 그 안에 돈이 들어 있었다는 것도 몰랐을 것이다. 따라서 그 돈이 도둑맞은 것도 전혀 알려지지 않았을 것이다.' 이것은 검사 자신의 말입니다.

이렇게 보면, 하나의 경우에 있어서는 피고는 전혀 경계심이 없이 당황 끝에 앞뒤를 잊고 방바닥에 증거물을 남겨 놓은 채 달아나면서, 2분 뒤 또 한 사람을 때려죽였을 때는 별안간 냉혹하고 타산적인 계산을 드러낸 셈입니다.

그러나 그것도 좋다고 합시다. 그것이야말로 심리학의 미묘한 부분이니까요. 그러한 상황에 처하면 인간은 누구나 카프카스의 독수리처럼 잔인하고 예민해지는가 하면, 다음 순간에는 곧 가련한 두더지처럼 눈먼 겁장이도 될 수 있습니다. 그러나 만일 그가 범행을 저질러 놓고 그 범행을 목격한 자의 생사를 확인하기 위해 뛰어내릴 만큼 잔인하고 계산적이었다고 한다면, 왜 새로운 희생자를 상대로 5분이나 소비하여 다시 새로운 증인을 만들어 내는 그런 위험을 무릅썼을까요? 어째서 그는 피해자의 머리에서 흘러나오는 피를 손수건으로 닦아 주는 짓을 해서 그 손수건이 뒷날의 증거가 되는 행위를 했을까요?

그가 그토록 계산적이고 잔인하다면, 오히려 담에서 뛰어내렸을 때 쓰러진 하인의 머리를 다시 한번 그 절굿공이로 박살내어 숨통을 끊음으로써 목격자를 처치하여 자기 마음에서 모든 불안을 없앴어야 하는 것이 아닙니까? 그리고 또, 그는 범행 목격자의 죽음을 확인하기 위해 정원에 뛰어내리면서 그 자리에 또 하나의 증거품, 즉 그 절굿공이를 남겨 두었습니다.

그 절굿공이는 두 여자한테서 들고 온 것이니까 그들은 뒷날 그것을 자기들 것이라고 진술하여 피고가 그것을 자기들 집에서 가지고 갔다는 사실을 증언할 수 있는 것입니다. 게다가 피고는 그 절굿공이를 길바닥에 두고 잊어버렸거나 방심한 상태에서 떨어뜨린 것도 아닙니다. 왜냐하면 그것은 그리고리가 쓰러져 있는 자리에서 열다섯 걸음이나 떨어진 곳에서 발견되었기 때문입니다.

대체 무엇 때문에 그런 짓을 했을까 하는 의문이 자연히 일어납니다. 그 까닭은 바로 이렇습니다. 그는 한 인간을, 오랜 세월 부리고 있던 하인을 죽인 것을 슬퍼하며 저주의 말과 함께 그 흉기를 멀리 내던지고 만 것입니다. 그렇잖으면 그토록 힘껏 집어던질 까닭이 어디 있겠습니까? 또, 만일 그가 한 인간을 죽인 것에 대해 고통과 연민을 느낄 수 있었다고 한다면, 그것은 물론 자기 아버지를 죽이지 않았기 때문입니다. 만일 이미 자기 아버지를 죽인 뒤였더라면 제2의 피해자에게 연민을 느끼고 다시 뛰어내릴 까닭이 없습니다. 그때는 벌써 다른 감정이 일어나는 것이 당연합니다. 남에 대한 연민은커녕 자기 자신부터 구하자는 감정이 일어나야 할 것입니다. 그건 당연히 그렇게 되어야 합니다. 되풀이해서 말하지만, 그는 5분동안이나 그런 식으로 시간을 낭비하는 대신 단숨에 피해자의 두개골을 때려부수고 말았을 것입니다. 그런데 연민의 정이나 선량한 감정이 일어날 여지가 있었던 것은 그전에 양심에 부끄러울 짓을 하지 않았기 때문입니다.

이렇게 보면 지금 제가 말한 것은 완전히 다른 심리학 입니다. 배심원 여러분, 지금 내가 일부러 심리 분석을 해본 것은, 인간의 심리라는 것은 마음대로 자유로이 해석할 수 있다는 것을 알기 쉽게 보여드리고 싶어서입니다. 문제는 심리학을 누가 어떻게 이용하느냐 하는 것입니다. 심리학은 가장 성실한 사람들조차 무의식적으로 소설가로 만들어 버릴 우려가 있습니다. 배심원 여러분, 나는 심리 분석의 남용과 악용을 감히 경고하는 바입니다."

여기서 다시 청중 속에서 동의를 나타내는 웃음소리가 일어났다. 그것은 모두 검사를 향한 웃음이었다. 필자는 변호사의 변론을 처음부터 끝까지 소개하는 대신 그중에서 가장 긴요한 부분만 간추려 소개하기로 하겠다.

11 돈은 없었다, 강탈 행위도 없었다

변호사의 변론 가운데 모든 사람들을 깜짝 놀라게 한 점은 그 불길한 돈 3천 루블은 처음부터 존재하지 않았으며 따라서 피고가 그 돈을 강탈할 수도 없었다는 주장이었다.

변호사는 변론을 진행해 나갔다.

"배심원 여러분. 다른 지방에서 이곳에 온, 어떤 선입견도 갖고 있지 않은 사람들은 이 사건에서 하나의 특징을 발견하고 경이를 느끼게 됩니다. 그것은 피고의 강탈죄를 추궁하면서, 도대체 무엇을 강탈당했나 하는 의문에 대해서는 사실상의 증거를 전혀 제시하지 못하고 있다는 것입니다. 3천 루블의 돈이 강탈되었다고 했습니다. 단 그 돈이 실제로 있었느냐 하는 것을 아는 사람은 아무도 없습니다.

생각해 보십시오. 첫째, 어떻게 해서 우리는 돈이 있었다는 것을 알게 되었습니까? 그리고 누가 그것을 보았습니까? 현재까지 그 돈을 자기 눈으로 보았고, 서명된 봉투에 들어 있었다고 말한 것은 하인 스메르자코프 한 사람뿐입니다. 그는 사건이 일어나기 전에 그 얘기를 피고와 피고의 동생 이반 카라마조프 씨에게 했습니다. 그리고 스베틀로바 양도 그것을 듣고 알고 있었습니다. 그러나 세 사람이 다 자기 눈으로 그 돈을 보지는 않았습니다. 본 것은 역시 스메르자코프 한 사람입니다.

그런데, 여기서 한 가지 의문이 생깁니다. 말하자면 설사 그 돈이 정말로 있었고 그것을 스메르자코프가 보았다 하더라도 그가 마지막으로 본 것이 언제냐 하는 것입니다. 만일 주인이 그 돈을 베개 밑에서 꺼내 가지고 스메르자코프 몰래 다시 문갑 안에 넣어 두었다고 한다면 어떻게 됩니까?

스메르자코프의 말을 들으면, 그 돈은 이부자리 밑에 즉 베개 밑에 있었다고 합니다. 그렇다면 피고는 그 돈을 베개 밑에서 꺼내야 했다는 얘깁니다. 그런데 이불은 조금도 흐트러진 흔적이 없었습니다. 이것은 예심 조서에 상세하게 기록되어 있습니다. 피고는 어떻게 이불에 주름하나 남기지 않을 수 있었을까요? 그뿐 아니라 그날 밤 특별히 깔아 놓았던 눈처럼 흰 화사한 시트를 어떻게 그 피투성이 손으로 더럽히지 않을 수 있었을까요?

그래도 방바닥에 봉투가 떨어져 있지 않았느냐고 말할지 모르겠습니다. 이 봉투에 관해서도 한마디 해둘 가치가 있습니다. 나는 아까 재능있는 검사가 자기 입으로, 여러분도 기억하고 있겠지만, 자기 입으로 이 봉투에 대해 언급하신 말에 적잖이 놀랐습니다. 여러분도 들으셨겠지만 검사는 그 논고에서, 스메르자코프가 범인이라는 가정의 부조리를 설명하기 위해 봉투 문제를 인용해서 '만일 이 봉투가 없었더라면, 이 봉투를 강탈자가 가지고 달아나서 증거물을 방바닥에 남겨 놓지 않았더라면, 그 봉투가 있었다는 것도 또한 그 안에 돈이 들어 있었다는 것도 아무도 몰랐을 것이고, 따라서 그 돈을 피고가 강탈해 갔다는 것도 알지 못했을 것'이라고 말하셨습니다. 그러니까 검사는, 다만 겉봉에 글을 써놓은 이 찢어진 종잇조각 한 장이 피고의 강도행위를 증명하며 '그것만 없었더라면 아무도 강탈 행위가 있었다는 것은 물론 돈이 있었다는 것도 몰랐을 것'이라고 인정한 셈입니다.

그러나 방바닥에 이 종잇조각이 떨어져 있었다는 사실 하나가, 과연 그 봉투에 돈이 있었다는 것과 그 돈이 강탈당했다는 것을 입증할 수 있는 것이겠습니까? '그러나 봉투에 돈이 있었다는 것은 실지로 스메르자코프가 보지 않았느냐'고 대답하실지 모르겠습니다. 그러면, 그가 그 돈을 마지막으로 본 것이 언제일까요? 대체 언제일까요? 지금 나는 바로 그 점을 묻고 있는 것입니다. 나는 스메르자코프를 만났는데, 그는 그 돈을 범행 이틀 전에 보았다고 했습니다! 그렇다면, 이런 사정을 가정해 볼 수도 있습니다. 말하자면, 표도르 노인은 혼자 집에 틀어박혀서 애인이 오기를 애타는 심정으로 기다리다가 무료한 나머지 문득 봉투를 꺼내 개봉해 버리자고 생각한 거지요. '봉투만 보아서는 믿지 않을지도 모른다. 무지갯빛 지폐 30장이 더욱 효과가 있을걸. 틀림없이 침을 흘릴 게다.' 이렇게 생각하고 봉투를 찢어 버리고 돈을 꺼낸 것이 아닐까요? 주인의 손이 버젓이 봉투를 방바닥에 버린 셈입니다. 그게 무슨 증거가 되지나 않을까 하고 걱정할 필요는 물론 없습니다.

어떻습니까, 배심원 여러분. 이러한 가정, 이러한 사실은 매우 있음직한 일이 아닙니까? 이것은 왜 불가능할까요? 만일 이와 비슷한 일이 있다고 한다면 강탈죄는 저절로 사라지고 마는 셈입니다. 돈이 없는데 어떻게 강탈을 한단 말입니까? 만일 봉투가 방바닥에 떨어져 있었다는 것이 그 안에 돈이 들어 있었다는 증거가 된다면, 그와 반대로 봉투가 방바닥에 뒹굴고 있다는 것은 이미 그 안에 돈이 없었기 때문이다, 말하자면 주인이 그 전에 돈을 꺼냈기 때문이다, 이렇게 주장하지 못할 까닭이 어디 있을까요?

'그렇다고 하더라도 만일 표도르 카라마조프 자신이 봉투에서 돈을 꺼냈다고 한다면 그 돈은 대체 어디다 두었을까? 어디다 두었길래 가택을 수색했을 때 끝내 찾지 못했을까?' 이런 반박이 있을지도 모르겠지만, 첫째, 그의 문갑에서 일부 돈이 발견되었습니다. 둘째, 표도르는 이미 그날 아침이나 그 전날 밤에 돈을 꺼내어 다른 용도에 쓰거나 지불을 하거나 어디 부쳤을지도 모릅니다. 그리고 마지막으로 자기 생각이나 행동 계획을 완전히 바꾸어 버리고, 더욱이 그것을 스메르자코프에게 알릴 필요가 전혀 없다고 생각했는지도 모릅니다. 만일 이러한 가정이 설령 가능성만으로라도 성립될 수 있다면, 어떻게 그토록 집요하게, 그토록 단정적인 태도로 피고를 규탄할 수 있겠습니까? 그가 별안간 강도질을 할 목적으로 아버지를 죽였다느니, 실제로 강도 행위를 했다느니 하는 말을 어떻게 할 수 있겠습니까?

이것은 이미 창작의 범주에 속하는 것입니다. 만일 무엇을 도둑맞았다는 것을 증명하려면, 그 도둑맞은 것을 보여주거나 아니면 적어도 그것이 존재하고 있었다는 확실한 증거를 제시해야 합니다. 그런데 그러한 것을 본 사람이 아무도 없는 것입니다.

얼마 전 페테르부르크에서 이런 사건이 있었습니다. 겨우 열여덟 살밖에 안 된, 아직 어린애 같은 젊고 가난한 행상인이, 대낮에 도끼를 들고 환전상(換錢商)에 뛰어들어가서 매우 전형적이고 잔인한 수법으로 주인을 살해한 다음 1천5백 루블의 현금을 갖고 달아났습니다.

5시간 뒤에 그는 검거되었는데, 다만 15루블만 썼을 뿐, 거의 전액에 가까운 나머지 돈을 고스란히 갖고 있었습니다. 뿐만 아니라 범행을 저지른 뒤에 가게로 돌아온 점원은 단순히 돈을 도둑맞았다는 것뿐만 아니라 도둑맞은 돈이 어떤 돈이라는 것까지, 다시 말해 무지갯빛 지폐가 몇 장, 푸른 것이 몇 장, 빨간 것이 몇 장, 금화가 몇 개라는 것까지 상세하게 경찰에 신고했습니다. 과연 붙잡힌 범인은 신고한 것과 같은 지폐와 금화를 갖고 있었습니다. 더욱이 범인은 자기가 사람을 죽이고 돈을 탈취해 갔다는 것을 정직하게 속시원히 자백했습니다.

배심원 여러분, 내가 증거라고 부르는 것은 이런 것을 말하는 것입니다! 그렇게 되면 나는 그 돈을 눈으로 보고 손으로 만져보아 알 수 있기 때문에 그 돈이 없었다고 말할 수가 없는 것입니다. 그러면, 이번 경우는 어떨까요? 더욱이 이 일은 인간의 생사가 걸린 문제입니다. 인간의 운명이 걸린 문제인 것입니다.

'그럴지도 모르지만, 그는 그날 밤 유흥에 돈을 뿌렸다. 더욱이 1천5백 루블의 돈을 갖고 있었다. 대체 이 돈은 어디서 났을까?' 이렇게 생각하는 분이 계실지도 모르겠습니다. 그러나 1천5백 루블만 발견되고 나머지 절반이 아무리

해도 발견되지 않았다는 사실은 그 돈이 전혀 별도의 돈이었다는 것, 봉투에도 아무도 들어가 본 적이 없는 돈이었다는 것을 입증하는 것이 아닙니까.

시간적으로(그것도 매우 엄밀하게) 계산해 보더라도, 피고는 하녀들 있는 데서 곧장 관리 페르호친 씨의 집으로 달려갔고, 도중에 자기 집에도 아무데도 들르지 않았으며 그뒤에도 줄곧 사람들과 함께 있었다는 것은 예심에서도 확인되고 또 증명된 일입니다. 그렇다면, 피고가 3천 루블 중에서 절반을 따로 떼어 시내 어디에다 감춰두는 것은 불가능한 일입니다. 이것이 즉 검사로 하여금 돈의 절반을 모크로예 마을에서 어딘가 벽틈에라도 감추어 두었겠지 하는 가정의 근거가 된 것입니다. 그렇다면 차라리 래드클리프의 괴기소설에 나오는 우돌포 성(城)의 지하실에다 숨겨 놓았다고 말하는 편이 낫지 않겠습니까, 여러분? 그런 억측은 너무나 현실과 동떨어져 있고 너무나 소설적입니다. 그래서 이 오직 하나의 가정, 말하자면 모크로예에 숨겨 놓았다는 가정만 사라진다면 강탈죄는 순식간에 없어지고 마는 것입니다.

왜냐하면 그때는 1천5백 루블의 돈이 어디로 갔나 알지 못하게 되기 때문입니다. 만일 피고가 아무데도 들르지 않았다는 것이 증명된다고 한다면 대체 그 돈은 어떤 기적에 의해 사라져 버렸을까요? 더욱이 우리는 그러한 진부한 소설로 한 인간의 일생을 말살하려 하고 있지 않습니까!

'그렇다 치더라도 그는 자기가 갖고 있는 1천5백 루블의 출처를 충분히 설명하지 못했다, 뿐만 아니라 그날 밤까지 그가 돈을 갖고 있지 않았다는 것은 모두가 다 알고 있는 일이다.' 여러분은 이렇게 말하실지도 모르겠습니다. 그러나 도대체 누가 그걸 알고 있다는 겁니까? 피고는 돈의 출처에 대해 명쾌하고 확실하게 진술하고 있습니다.

배심원 여러분, 만일 여러분이 내 의견을 듣겠다고 하신다면 말하겠습니다만, 이 이상 확실한 진술은 없었고, 또 있을 까닭도 없습니다. 뿐만 아니라 그 진술은 피고의 성격과 정신과 가장 잘 일치하고 있습니다. 그런데 검사는 자작 소설 쪽이 더 마음에 드신 것입니다. 피고는 의지가 약한 사람이라서 약혼자가 내주는 3천 루블의 돈을 염치없이 받을 정도니까, 그 절반을 향주머니 안에 넣어 꿰맬 까닭이 없다, 또 설사 그랬다 하더라도 이틀만에 한 번씩 향주머니를 끌러서 100루블씩 꺼내 한 달동안에 죄다 써 버린 것이 틀림없다고 검사는 말하셨습니다. 더욱이 이 주장은 어떠한 반박도 허용하지 않는 완강한 어조로 개진되었습니다. 그러나 만일 사건의 진상이 전혀 그와 반대여서, 다시 말해 검사가 창작한 소설과 전혀 달라서, 거기에 완전히 다른 인물이 존재한다면 어떻게 될까요? 문제는 바로 검사가 전혀 다른 인물을 만들어 냈다는 점에 있는 것입니다!

혹 여러분은 이렇게 반박할지도 모릅니다. '피고가 범행 한 달전, 카체리나 베르호프체바 양한테서 받은 3천 루블의 돈을 모크로예 마을에서 한꺼번에, 하룻밤 사이에 1코페이카도 남기지않고 다 써버린 데 대해서는 뚜렷한 증인이 있다. 그렇다면 피고가 절반을 따로 떼어 놓을 수가 없잖은가' 그런데 그 증인이라는 자들은 어떤 사람인가? 그 증인들이 어느 정도 정확한가 하는 것은 이미 이 법정에서 폭로되지 않았습니까? 뿐만 아니라 남의 손에 있는 빵은 언제나 커보이는 법입니다.

더욱이 그 증인들 가운데 돈을 세어 본 사람은 아무도 없습니다. 다만 자기 눈대중으로 판단한 데 지나지 않는 것입니다. 사실 막시모프 같은 증인은 피고가 2만 루블이나 쥐고 있었다고 말하지 않았습니까? 배심원 여러분, 심리분석이란 양날의 칼과도 같은 것입니다, 그러므로 그 반대쪽 날을 대면 어떤 결론을 얻을 수 있는지 살펴볼까 합니다.

이 비극적인 사건이 일어나기 한 달 전에 피고는 카체리나 이바노브나한테서 3천 루블의 송금을 부탁받았습니다. 그런데, 과연 그 여자는 그 돈을 아까 말한 대로 모욕과 경멸의 마음으로 의뢰했을까요? 그 점이 문제인 것입니다. 이 문제에 대한 그 여자의 맨 처음 증언은 결코 그렇지 않았습니다. 전혀 달랐습니다. 두 번째 증언 때 우리는 처음으로 증오와 복수의 부르짖음을 들었습니다. 오랫동안 간직해 왔던 증오의 외침을 들었습니다. 그런데 증인이 처음에 불확실한 증언을 했다면 두 번째 증언도 역시 불확실한 것일지 모른다는 결론을 낼 수 있게 됩니다. 검사는 두 사람의 로맨스에 대해 언급하는 것을 '원하지 않는다, 감히 원하지 않는다.' 이렇게 말했습니다. 그것도 좋습니다. 나도 그 문제는 언급하지 않겠습니다.

그러나 다음 한 가지만은 인정해야 합니다. 말하자면, 우리의 결백하고 도덕심이 강하며 존경할 만한 카체리나 베르호프체바 양 같은 아가씨가 명백하게 피고를 파멸시킬 목적으로 법정에서 한 첫 증언을 가볍게 뒤집었습니다. 그렇다면 그 변경된 증언은 공평하고 냉정한 것이 아니라는 점만큼은 분명하다는 것입니다. 여러분, 복수심에 사로잡힌 여자는 대체로 과장하기 마련이라고 판단할 권리가 우리한테 없다고 하시진 않겠지요?

그렇습니다, 확실히 그 여자는 돈을 내주었을 때 품었던 굴욕과 모멸을 과장하고 있습니다. 사실 여자는 그 돈을 받을 수 있는, 특히 피고 같은 경박한 인간이 쉽게 받을 수 있는 그런 태도로 돈을 건넨 것이 틀림없습니다. 무엇보다도 피고는 그때 계산상 자기 소유가 될 3천 루블의 돈을 곧 아버지한테서 받을 수 있으리라고 기대하고 있었습니다. 그것은 실로 경솔한 생각이었습니다. 그러나 말하자면 그 경솔성 때문에 피고는 아버지가 반드시 3천 루블을 자기에게 줄 것이다, 그 돈을 받기만 하면 부탁받은 돈은 언제든지 우송할 수 있으며 따라서 부채도 깨끗이 정리할 수 있을 것이라고 굳게 믿고 있었던 것입니다.

그런데 검사는 피고가 그날 받은 돈을 둘로 나누어 절반을 주머니 안에 넣고 꿰맸다는 말을 아예 인정하려 하지 않았습니다. '그것은 피고의 성격과 다르다. 피고가 그런 감정을 품었을 리가 없다'고 검사는 말했습니다. 그런데 당신은 입으로, 카라마조프의 성격은 광대하다고 소리치지 않았습니까? 당신은 자기 입으로, 카라마조프는 두 개의 심연을 동시에 볼 수 있다고 외치지 않았습니까?

정말 카라마조프는 두가지의 측면과 두 개의 심연을 갖춘 천성을 갖고 있습니다. 그래서 호화판으로 놀고 돈을 마구 뿌리고 싶은 누를 수 없는 욕구를 느끼고 있는 경우에도 만일 다른 측면에서 무엇인가에 자극을 받으면 곧 멈출 수 있는 것입니다.

다른 측면이란 곧 사랑입니다. 바로 그때 화약처럼 타오른 사랑입니다. 그런데 그 사랑을 위해서는 돈이 필요했습니다. 애인과의 유흥에 필요한 것보다 훨씬 더 필요한 것입니다. 만일 그 여자가 '나는 당신 거예요, 당신 아버지는 싫어요.' 이렇게 말한다면 그는 여자와 함께 달아나야 합니다. 그러려면 여러 가지로 비용이 듭니다. 이것이 유흥보다 훨씬 중대한 문제였던 것입니다. 카라마조프가 이것을 모를 까닭이 없지 않습니까?

그렇습니다, 그를 괴롭힌 것은 바로 그 점, 그 걱정이었습니다. 그는 무척 걱정했습니다. 그가 돈을 둘로 나누어서 만일의 경우를 위해 절반을 감추어 둔 것이 어째서 믿을 수 없는 얘기입니까?

그런데, 시간은 점점 흘러가는데도 표도르 파블로비치는 피고에게 3천 루블을 주지 않을 뿐더러 반대로 그의 애인을 유혹하기 위해 그 돈을 준비해두고 있다는 소문까지 들려 왔습니다. '만일 아버지가 그 돈을 주지 않으면 나는 카체리나에게 도둑놈이 되고 만다'고 그는 생각했습니다.

그래서, 늘 향주머니에 넣고 다니는 1천5백 루블을 카체리나 앞에 내놓고 '나는 비열한 사나이일지 몰라도 도둑놈은 아니다' 선언하고 싶은 생각이 든 것입니다. 이런 까닭으로 피고는 1천5백 루블을 애지중지 간직하면서 결코 주머니를 끌르지도 않았고 또 100루블씩 꺼내지도 않았다는 사실에 대해 이중의 이유가 성립되는 것입니다. 검사는 어째서 피고에게도 명예심이 있다는 것을 부정하시는 것입니까?

그렇습니다, 그는 명예를 중시하는 마음을 갖고 있습니다. 하기야 그것은 방향을 잘못 잡은 그릇된 명예심인지도 모릅니다. 그러나, 아무튼 명예심은 있습니다. 더욱이 그것은 정열이라고 할 수 있을 정도로 강렬했습니다. 피고는 그것을 증명한 것입니다. 그러나 사태가 악화되어 질투의 고통이 극도에 달하자 평소의 의심, 다시 말해 전부터 품고 있던 두 가지 의문이 끓어오르던 피고의 머리에 더욱더 괴로운 형태로 모습을 드러낸 것입니다. '만일 이것을 카체리나에게 돌려주면, 그루센카는 어떻게 데려가나?'

피고가 그 한 달 동안 그토록 무절제하게 술을 들이켜며 술집이란 술집을 모조리 휩쓸고 다닌 것도, 말하자면 그 괴로움을 견디지 못해서였는지도 모릅니다.

결국 이 두가지 의문은 결국 한계점에 달하여 마침내 그를 절망 속에 몰아넣고 말았습니다. 그는 동생을 아버지에게 보내 마지막으로 그 3천 루블을 청구했지만, 그 대답을 듣기도 전에 자기가 뛰어들어가서 여러 사람이 보는 가운데 아버지를 구타했습니다.

그렇게 된 이상 이제 누구한테서도 돈을 구할 수 있는 희망이 사라졌습니다. 얻어맞은 아버지가 돈을 줄 리도 만무했지요. 그날 밤 그는 자기 가슴을, 바로 향주머니를 걸어 둔 곳을 두드리면서, 자기는 비열한 사나이가 되지 않아도 되는 방법을 갖고 있지만 결국 비열한 사나이로 그치고 말 것이 틀림없다, 왜냐하면, 그 방법을 사용할 만한 정신력도 없고 그럴 만한 배짱도 없다는 것을 스스로 잘 알고 있기 때문이라고 자기 동생에게 말했습니다. 왜 검사는 알료샤 카라마조프 씨의 진술을 믿지 않는 것일까요? 그는 그토록 결백하게, 그토록 성의를 가지고, 아무런 잔재주를 부린 흔적도 없이 정직하게 진술하지 않았습니까?

또 그와 반대로, 어째서 검사는 돈이 어느 틈새에, 우돌프 성의 지하실 같은 데 숨겨져 있다는 걸 나더러 믿으라고 하는 것입니까? 같은 날 밤 동생과 얘기한 뒤 피고는 그 운명적인 편지를 썼습니다. 그 편지야말로 피고의 죄상을 뒷받침하는 가장 중요하고 유력한 증거가 되었습니다! 사람들에게 부탁해 보고 아무도 빌려주지 않을 때는 이반이 출발하는 대로 곧 아버지를 죽이고 베개 밑에서 장밋빛 리본으로 묶은 봉투를 꺼낼 작정이다. 이건 틀림없는 살인 계획서이다, 범인은 그가 아니고 누구겠느냐, '편지에 씌어 있는 대로 실행되었다!'고 검사는 절규했습니다.

그러나, 우선 첫째로, 편지는 술에 만취한 상태에서, 게다가 몹시 흥분 상태에서 쓴 것입니다. 둘째로, 봉투에 대해서는 역시 스메르자코프에게 듣고 쓴 것이며 그 자신은 봉투를 본 적이 없었습니다. 세째로, 그 편지는 피고가 쓴 것이 틀림없지만 정말 씌어 있는 대로 실행되었을까요? 그것을 무엇으로 증명할 수 있습니까? 피고는 실제로 베개 밑에서 봉투를 끄집어 냈을까요? 과연 돈을 발견했을까요? 아니 그보다는, 과연 돈이 정말로 들어 있었을까요? 피고는 과연 돈을 강탈할 목적으로 달려갔을까요? 이 점을 잘 생각해 주시기 바랍니다! 그는 돈을 강탈하기 위해서가 아니라, 오직 자기를 그토록 괴롭히고 있는 여자의 행방을 확인하려고 달려간 것입니다. 계획대로, 다시 말해 편지에 씌어 있는 그런 뜻으로 달려간 것이 아니었습니다. 미리 생각해 두었던 강도질을 하기 위해서가 아니라 별안간 질투심에 사로잡혀 저도 모르게 달려간 것입니다. '그렇더라도 역시 달려가서 아버지를 죽이고 돈을 강탈한 것이 틀림없다'고 여러분은 말하실 것입니다. 그런데, 결국 그가 살인을 했을까요? 어떻습니까? 나는 강탈혐의를 분연히 부인하는 바입니다. 강탈당한 것을 정확하게 증명할 수 없는 이상, 강탈혐의를 씌울 수는 없는 일입니다. 그것은 원칙입니다! 또한, 그는 살인을 했을까요? 강탈하지 않고 살인만 했을까요? 그것은 과연 증명되어 있습니까? 그것도 역시 허구가 아닐까요?"

12 그리고 살인도 없었다

"배심원 여러분, 한 인간의 생사에 관한 일이므로 신중하게 고려해 주시기 바랍니다. 검사는 마지막까지, 다시 말해 오늘 공판이 시작될 때까지 피고가 완전히 예정된 계획에 의해 살인을 감행했는지 어떤지 판단을 하지 못했고, '술에 취해' 쓴 이 운명적인 편지가 오늘 법정에 제출되기 전까지 망설이고 있었다고 분명히 말했습니다. 이것은 우리도 확실히 들은 바입니다.

'편지에 씌어 있는 대로 실행했다!'고 검사는 주장하고 있습니다. 하지만, 나는 되풀이해서 말하겠습니다. 그가 달려간 것은 오직 여자를 찾기 위해, 여자의 소재를 알기 위해서였습니다. 이것은 움직일 수 없는 사실입니다. 만일 그 여자가 집에만 있었던들, 그는 아무데도 달려가지 않고 그 곁에 남아 그 편지에서 다짐한 일을 실행하지 않았을 것이 틀림없습니다. 그는 별안간 아무 생각 없이 달려나갔으므로, '술에 취해' 쓴 편지 따위는 그때 까맣게 잊고 있었는지도 모릅니다.

'그러나 절굿공이를 쥐고 가지 않았느냐'고 말하실지 모르겠습니다. 그러나 검사는 단 하나의 절굿공이를 기초로 피고가 그 공이를 흉기로 알고 쥐고 갔다는 이유를 설명하기 위해 실로 장황한 심리 분석을 했습니다. 그런데 이때 나의 머리에는 아주 평범한 생각 하나가 떠올랐습니다. 그것은, 만일 이 절굿공이가 눈에 띄기 쉬운 선반 위에, 피고가 들고 나간 그런 선반 위가 아니라, 어디 벽장에라도 들어 있었더라면, 그때는 피고의 눈에 띄지 않았을 테니까 그는 그 흉기를 들지 않고 맨손으로 달려갔을 것입니다. 그러면 아무도 죽이지 않았을지도 모릅니다. 도대체 어떻게 그 절굿공이를 흉기 소지 및 범행의 계획성을 뒷받침하는 증거라고 단정할 수 있겠습니까?

하긴 피고는 전에 여러 술집에서 아버지를 죽이겠다고 공언했지만, 이틀 전날 밤, 술에 취해 편지를 쓴 날 밤, 술집에서 도대체가 얌전했고, 어떤 가게의 상인과 말다툼을 했을 뿐이었습니다. 피고는 '역시 싸움을 안하고는 못 배기는 사람'이라는 거지요.

그러나 나는 그 점에 대해 이렇게 대답하고 싶습니다. 만일 피고가 계획대로, 말하자면 편지에 씌어 있는 대로 아버지를 죽일 꿍심을 품었다면, 그는 아마 상인과 싸우지 않았을 것이고, 또 애초에 술집 같은 데 가지도 않았을 것이라고 말입니다. 왜냐하면, 그러한 일을 꾸미고 있는 인간은 정적과 고독을 찾아 남의 이목을 끌지 않도록 몸을 감추고, '될 수 있는 대로 사람들이 자기를 잊게 하려고' 애를 쓰기 때문입니다. 그것은 계산이라기보다 본능적으로 그렇게 하는 것입니다.

배심원 여러분, 심리학은 양날을 가진 칼입니다. 그리고 우리도 심리학을 이해할 수 있습니다. 지난 한 달 동안 피고가 여러 술집에서 마구 떠벌린 내용은 흔히 아이들이나 술꾼들이 싸움을 하면서, 서로 '너, 죽을 줄 알아!' 하고 말하는 것이나 같습니다. 그러나 그들은 정말로 죽이지는 않잖습니까. 그러니, 이 운명적인 피고의 편지도 마찬가집니다. 술에 만취하여 흥분해서 쓴 거지요. 주정뱅이가 술집에서 나와 '죽여 버리겠어, 네놈들을 모조리 죽여 버리고 말겠어!' 이렇게 소리지르는 것과 같은 것이 아닐까요!

어째서 그렇지 않다고 할 수 있는가? 어째서 그럴리가 없다는 것인가? 어째서 이 편지는 운명적인 것이고 그 반대로 반 농담이라고 해서는 안 되는 것인가?

그것은 바로 그 아버지의 시신이 발견되었기 때문입니다. 흉기를 들고 정원에서 달아나는 피고의 모습을 한 증인이 보았기 때문입니다. 그리고 그 증인 자신이 피고한테 해를 입었기 때문입니다. 그러기에 모든 것이 편지에 씌어 있는 대로 실행된 것이 되어 버렸고, 그 편지는 반농담이 아니라 운명적인 것이 되고 만 것입니다.

덕분에 우리는 '정원에 있었으니까 틀림없이 그가 죽인 것이다'라는 견해에 도달했습니다. 거기에 있었으니까 '틀림없다'는 겁니다. 요컨대 '거기에 있었으니까' '틀림없다'고 하는, 이 두 개의 단어에 기소 이유의 전부가 남김없이 담겨 있는 것입니다. 그러나 설령 '거기에 있었다 하더라도' 그것이 '틀림없다'는 것을 의미하지 않는다면 어떻게 되겠습니까?

물론 나는 여러 사실들을 짜맞출 수 있다면 그것은 분명히 설득력이 있다고 생각합니다. 그러나 그 사실들을 하나하나 개별적으로 검토해 보십시오.

이를테면, 피고가 아버지의 방 창문 앞에서 달아났다는 진술을 어째서 검사는 믿으려 하지 않을까요? 별안간 범인의 마음을 사로잡은 '경건한' 감정과 정중한 기분에 대해서 검사는 아까 비꼬기까지 하신 것을 떠올려 보십시오. 그러나 만일 실제로 그러한 감정이, 비록 경의까지는 아니더라도 일종의 경건한 감정이 솟았다고 한다면, 어떻게 하시렵니까? '그 순간, 어머니가 나를 위해 기도를 해주신 것이 분명하다'고 피고는 예심 때 진술했습니다. 이렇게 해서 그는 아버지 집에 그루센카가 없는 것을 확인하자 곧 달아났던 것입니다.

'그러나 창 너머로는 그런 것을 확인할 수 없다'고 검사는 반대하실 겁니다. 하지만, 왜 확인이 안 될까요? 피고의 신호로 창문이 열려 있었는데요? 그때 표도르 씨가 뭐라고 말하면서 소리를 지르는 것을 듣고 방안에 그루센카양이 없다는 것을 짐작했을지도 모르지 않습니까? 어째서 우리는 자기가 상상하는 대로, 상상하고 싶은 대로 모든 것을 가정해야 하는 것입니까? 현실 생활에서는 가장 섬세한 소설가도 놓쳐버리는 무수한 사실들이 한 순간에 일어날 수 있는 것입니다.

'그건 그렇다. 그러나 그리고리는 문이 열려 있는 것을 보지 않았는가. 그러니까 피고는 집안에 있었던 것이다. 따라서 그가 죽인 것이 틀림없다'고 말할지도 모릅니다. 배심원 여러분, 그런데, 바로 그 문 말입니다만…… 그 문이 열려 있었다고 증언한 사람은 꼭 한 사람밖에 없습니다. 더욱이 그 증인이란 사람의 상태가…… 하지만 상관없습니다. 문이 열려 있었다고 합시다. 피고가 딱 잡아떼고, 이런 경우 흔히 있을 수 있는 자기 방위를 위해 거짓말을 했다고 합시다. 뭐, 그의 입장에서 보면 그것도 전혀 이해할 수 없는 것은 아닙니다. 그래서 피고가 집안에 들어갔다고 합시다. 그래서 어쨌다는 애깁니까? 대체 어째서 집에만 들어가면 반드시 죽인 것이 되는 거지요?

그는 난폭하게 이 방 저 방 마구 설치고 다녔을지도 모릅니다. 아버지를 밀어 넘어뜨렸을지도 모르고 어쩌면 심지어 구타까지 했을지도 모릅니다. 그러나 그루센카 양이 없다는 것을 확인하고는 기뻐하면서 달려나가 버렸을 지도 모릅니다. 그녀가 없었으니 아버지를 죽이지 않아도 된 것을 기뻐하며 달아났을 수도 있는 것입니다. 그러기에 그는 1분 뒤에 담에서 뛰어내려, 분노 끝에 해치고만 그리고리 곁에 있었던 것입니다. 그러기에 그는 결백한 감정으로 동정과 연민의 정을 느낄 수 있었던 것입니다. 말하자면, 아버지를 죽이고 싶은 유혹을 물리치고, 결백한 감정과 죄를 범하지 않은 사실에 스스로 기쁨을 느끼고 있었기 때문입니다.

검사는 모크로예 마을에서의 피고의 끔찍한 상태를 웅변을 통해 소름이 끼치도록 묘사하셨습니다. 말하자면 사랑이 다시 그의 눈앞에 펼쳐지고 그를 새로운 생활로 손짓하고 있었지만 그의 등뒤에는 피투성이가 된 아버지의 시체가 뒹굴고 다시 그 뒤에는 형벌이 기다리고 있었기 때문에 피고는 이미 사랑을 나눌 수 없게 되었다는 얘깁니다만, 그래도 검사는 역시 그의 사랑을 인정하고 그것을 자신의 장기인 심리 분석으로 설명하셨습니다. '술에 취했을 때나 범인이 형장에 끌려가는 순간에도 아직 시간은 충분하다고 생각하는 심리' 말입니다. 그러나 다시 묻겠습니다만, 검사는 여기서도 또 하나의 다른 인물을 창조하신 것이 아닐까요? 만일 자기 아버지의 피를 흘린 것이 사실이라면, 그 순간에 아직도 연애를 생각하고 법관에 대한 속임수를 생각할 만큼, 피고는 그토록 거칠고 모진 인간일까요?

아닙니다, 결코 그렇지 않습니다. 그는 여자가 자기를 사랑하고 있고, 새로운 행복을 약속하며 손짓하고 있음을 안 순간, 나는 맹세할 수 있습니다, 그는 그때 자살하자는 욕구를 두 배 아니 세 배로 강하게 느꼈을 것이고 틀림없이 자살해 버렸을 것입니다. 다만 그때 그의 등 뒤에 아버지의 시체가 뒹굴고 있었다면 말입니다! 그리고 결코, 권총을 둔 장소도 잊어버리지 않았을 것입니다!

나는 피고의 됨됨이를 잘 알고 있습니다. 검사가 헐뜯는 포악함이나 둔감하고 냉혹한 마음은 그의 성격과 전혀 일치하지 않습니다. 그러면 자살했을 것입니다. 그건 확실합니다. 그가 자살하지 않은 것은 '어머니가 기도해 주셨기' 때문이고 아버지의 피에 대해 결백했기 때문입니다. 그는 그날 밤 모크로예에서 충성스런 하인 그리고리를 해친 것만 한탄하면서, 늙은이가 정신을 차려서 일어나 주기를, 자기가 가한 타격이 치명상이 아니기를, 그래서 자기도 죄를 면할 수 있게 되기를 마음속으로 하느님께 빌고 있었던 것입니다. 어째서 사건을 이렇게 해석해서는 안 되는 것일까요? 피고가 거짓말을 하고 있다는 확실한 증거를 우리는 갖고 있는 것일까요?

실제로 아버지의 시체가 있지 않느냐, 또 그가 달아나지 않았으냐, 그가 죽이지 않았다면 대체 누가 그 노인을 죽였단 말인가 하고 여러분은 지적하실 것입니다.

되풀이해서 말합니다만, 거기에 검사측의 논리가 모두 들어 있습니다. 다시 말해서, 피고가 죽이지 않았다면 대체 누가 죽였을까? 피고를 대신할 만한 사람이 없지 않느냐는 거지요. 배심원 여러분, 정말 그럴까요? 과연 피고 외에는 혐의를 둘 만한 자가 없을까요? 아까 들은 바로는 그날 밤 그 집에 있었거나 출입한 자를 하나하나 헤아려서 결국 다섯 사람의 이름이 나왔습니다. 그중의 세 사람은 결백하다는 데는 나도 동의합니다. 살해된 본인과 그리고리 노인과 그의 아내, 이 세 사람입니다.

그렇다면 남은 것은 피고와 스메르자코프 뿐입니다. 그런데 검사는, 피고가 스메르자코프를 들먹이는 것은 달리 아무도 지명할 만한 사람이 없기 때문이다, 만일 그 이외에 누구든 여섯 번째 사람이 있었고, 적어도 그 그림자라도 보였더라면 피고는 스메르자코프에게 죄를 덮어씌우기가 부끄러워 당장 그 여섯 번째 사람을 지명했을 것이다, 이렇게 주장했습니다.

그러나 배심원 여러분, 그렇다면 그것과 반대되는 결론을 내려서는 왜 안되는 것일까요? 여기 두 사람의 인물, 즉 피고와 스메르자코프가 있습니다. 그런데 나의 입장에서 보면 여러분들이 피고에게 죄를 돌리는 것은 다만 그밖에 죄를 돌릴 만한 사람이 보이지 않기 때문이며, 그 한 사람이 눈에 띄지 않는 것은 여러분이 선입견에 의해 스메르자코프는 전혀 혐의가 없다고 아예 제쳐놓았기 때문입니다. 스메르자코프의 이름을 드는 것은 당사자인 피고와 그의 두 아우 그리고 그루센카 양뿐입니다. 그러나 이 밖에도 스메르자코프에 대해 언급하는 사람들이 몇명 있습니다. 그것은 막연하기는 하지만 사회에서 뭔가의 의문과 혐의가 숙성하고 있다는 증거입니다. 무언가 개운치않은 풍문이 거리에서 들리고 있습니다. 어떤 기대가 느껴집니다.

그리고 마지막으로 몇 가지 사실의 대립도 그것을 뒷받침하고 있습니다. 물론 그것은 솔직하게 말해서 아직 뚜렷한 것은 아닙니다만, 매우 독특한 성격을 띠고 있습니다. 첫째, 범행 당일에 일어난 간질 발작인데, 검사는 왠지 그 발작의 진실성을 열심히 변호하려고 애를 쓰고 계십니다. 다음은 재판 전날 스메르자코프가 별안간 자살한 일입니다. 그리고 다시 피고의 바로 아래 동생이 오늘 법정에서 그 앞의 두 사람에 못지 않을 만큼 난데없이 진술한 증언입니다. 그는 그때까지 형의 범죄를 믿고 있었는데 오늘 느닷없이 돈까지 꺼내놓고 역시 스메르자코프를 범인으로서 지목했습니다.

그렇습니다, 물론 나도 이반 카라마조프 씨가 환각증에 사로잡힌 환자이며 그의 진술은 죽은 사람에게 죄를 전가하고 형을 구하자는 절망적인 시도인지도 모른다는 것을, 더욱이 열에 들떠 생각해 낸 시도인지도 모른다는, 재판관 및 검사 여러분의 생각을 지지하는 바입니다.

그러나 또다시 스메르자코프의 이름이 들먹여졌다는 것에 왠지 어떤 수수께끼 같은 점이 느껴지는군요. 배심원 여러분, 아무래도 거기에는 아직 충분히 설명되지 않은, 확실하게 규명되지 않은 그 무언가가 있는 것 같은 기분이 듭니다. 어쩌면 앞으로 그것이 설명될 때가 있을지도 모릅니다. 그러나 여기서는 더 이상 깊이 들어가지 않고 나중에 다시 한번 다루기로 하겠습니다.

아까 재판장님께서는 심리를 계속한다고 결정하셨습니다만, 그것을 기다리는 동안 나는 여기서 잠깐 죽은 스메르자코프의 성격 분석에 대해 한마디 지적 해두고자 합니다. 검사가 시도하신 스메르자코프 성격론은 참으로 섬세하고 매우 날카로운 주장이었습니다. 그러나 나는 검사의 천재성에는 경의를 표하지만 그 분석의 본질에는 도저히 동의할 수가 없습니다.

나는 스메르자코프를 찾아가서 그와 얘기해 보았습니다. 그가 나에게 준 인상은 전혀 달랐습니다. 그가 건강을 해친 것은 틀림없었습니다. 그러나 그 성격과 마음에 있어서는 검사가 결론을 내리신 것처럼, 그렇게 약한 인간은 결코 아닙니다. 더욱이 나는 그의 내부에 겁약한 점을, 검사가 그토록 특징적으로 그려내신 나약한 점을 발견할 수가 없었습니다.

그에게는 애초에 순박한 데가 전혀 없고, 오히려 나는 어린애 같은 천진함 속에 숨어 있는 무서운 시기심과 매우 많은 것을 꿰뚫어볼 수 있는 지력을 발견했습니다.

그렇습니다! 검사는 너무나 가볍게 그를 단순한 저능아로 간주해 버렸지만, 나는 그에게서 매우 강한 인상을 받았습니다. 그가 철저하게 속이 검고 한없이 야심적이며, 복수심이 강하고 사악할 정도의 질투심을 지닌 인간이라는 확신을 얻고 돌아왔습니다. 나는 두세 가지 정보를 수집했는데 그는 자기 자신의 출생을 증오하고 부끄럽게 여기고 '스메르자스차야한데서 태어났다'는 것을 생각할 때마다 이를 갈았다고 합니다.

그는 어렸을 때의 은인인 늙은 하인 그리고리 내외마저 존경하지 않았습니다. 그리고 러시아를 저주하면서 프랑스에 가서 귀화할 것을 꿈꾸고 있었습니다. 프랑스에 가고 싶지만 자금이 모자란다고 전부터 늘 말하고 있었다고 합니다.

그는 자기 이외에 아무도 사랑하지 않을 뿐더러 이상하리만치 자존심이 강했던 것 같습니다. 좋은 옷과 깨끗한 셔츠와 번쩍번쩍 빛나는 구두를 문명이라고 생각했습니다. 또한 자기를 표도르의 사생아라 생각하고 있었으므로—

여기에는 상당한 증거가 있습니다—정실 자식들과 비교해서 자기의 처지를 증오하는 것은 얼마든지 있을 수 있는 일이지요. 그들은 모든 것을 갖고 있는데 자기는 아무것도 없었고, 그들은 온갖 권리가 주어져서 유산까지 상속받는데 자기는 한낱 요리사에 지나지 않는다고 생각했을 겁니다.

그는 나에게, 표도르 카라마조프 씨가 봉투에 돈을 넣는 것을 자기가 도와주었다고 말했습니다. 그는 물론 그 돈의 용도를 혐오스럽게 생각했을 것이 틀림없습니다. 그만한 돈이 있으면 자기의 새 생활을 시작하는 데 충분했으니까요. 뿐만 아니라, 그는 반들거리는 무지갯빛 지폐로 3천 루블이나 되는 큰 돈을 태어나 처음으로 보았습니다—나는 특히 이 점을 캐물어 보았습니다—. 네, 시기심이 많고 자부심이 강한 인간에겐 절대로 큰 돈을 보여주는 법이 아닙니다. 그런데 그는 태어나 처음으로 그런 큰 돈을 보았던 것입니다. 무지갯빛 지폐 다발의 인상은 당장에 그 결과가 나타나지는 않았지만 그의 상상력에 병적인 영향을 준 것만은 틀림없습니다.

재능이 풍부하신 검사는 스메르자코프에게 살인죄를 적용하는 데 대한 온갖 찬성론과 반대론을 세밀히 살핀 끝에, 그가 간질 발작을 흉내 낼 필요가 어디 있겠느냐는 의문을 제기하셨습니다. 그렇습니다. 그것은 결코 꾀병이 아니었는지도 모릅니다. 발작은 지극히 자연 발생적으로 일어나 매우 자연스럽게 가라앉았고 병자는 얼마 안 가서 제정신을 차린건지도 모릅니다. 설사 완전히 쾌유하지는 않더라도 곧 제정신을 차리고 의식을 회복하는 것은 간질환자에게 흔히 있는 일입니다. 검사는 스메르자코프가 살인을 할 겨를이 언제 있었느냐고 반문하시지만, 그 시간을 지적하는 것은 그다지 어려운 일이 아닙니다. 말하자면, 그리고리 노인이 담을 뛰어넘어 달아나는 피고의 다리를 붙잡고 온 이웃에 다 들리는 큰 소리로 '이 애비를 죽인 놈아!' 소리치는 순간, 그는 문득 정신을 차리고 깊은 잠에서 깼는지도 모르겠습니다. 왜냐하면 그는 다만 자고 있었을 뿐이니까요. 간질 발작 뒤에는 언제나 깊은 잠이 따르기 마련입니다.

조용한 어둠 속에서 일어난 이 심상찮은 고함소리는 스메르자코프의 잠을 충분히 깨울 수 있었을 것입니다. 더욱이 마침 그때 그의 잠은 그다지 깊지 않았을 것입니다. 물론 그 1시간 전부터 잠에서 깨어나던 중이었는지도 모릅니다. 그래서 그는 일어나자마자 아무 생각 없이 거의 무의식적으로 무슨 일일까 하고 소리 난 쪽으로 나가 보았습니다. 그의 머리는 여전히 발작 때문에 멍했고 사고력은 아직 흐리멍덩했지만 아무튼 그는 정원으로 나가서 불빛이 흘러나오는 창문으로 다가갔습니다.

주인은 물론 그가 온 것을 기뻐하며 무서운 사건을 알렸습니다. 그때 문득, 몽롱했던 판단력이 머릿속에서 단숨에 확 깨어났습니다.

그는 놀라서 당황하고 있는 노인한테서 상세한 경위를 들었습니다. 그의 혼란에 빠진 병적인 두뇌 속에서는 차차 한 가지 생각이 구체적으로 형성되어 갔습니다. 그것은 무섭고도 지극히 매력적이고 논리정연한 생각이었습니다. 말하자면, 주인을 죽이고 3천 루블의 돈을 탈취한 뒤 그 죄를 큰아들에게 뒤집어 씌우자는 것이었습니다. 이 경우, 큰아들 외에 혐의를 걸 만한 사람이 없다, 큰아들 외에는 의심받을 사람이 없다, 실제로 그는 여기 왔었고 훌륭한 증거도 있다, 그는 이렇게 생각한 것입니다. 돈이라는 수확물에 대한 무서운 욕망이 완전범죄의 가능성과 함께 숨막히도록 그의 마음을 사로잡았습니다.

그렇습니다, 이와 같은 뜻밖의 억제하기 힘든 충동은 기회만 있으면 언제라도 찾아올 수 있는 법입니다. 더욱이 무엇보다도 무서운 것은 그 생각이 1분 전까지만 해도 사람을 죽인다는 것은 꿈에도 생각하지 않았던 '살인자'의 머릿속에 불쑥 일어난다는 사실입니다!

스메르자코프도 그러한 충동에 쫓겨 주인 방으로 들어가서 그 계획을 실행한 것이 틀림없습니다. 그럼 어떤 흉기를 사용했을까요? 그런 건 아무런 문제도 되지 않습니다. 맨 먼저 눈에 들어온 정원의 돌일지도 모릅니다. 무엇 때문에, 무슨 목적으로 그런 짓을 했을까요? 다름이 아니라 3천 루블이라는 돈은 그가 새로운 생활을 시작하는 데 충분했기 때문입니다.

아니, 나의 이러한 주장은 결코 모순된 것이 아닙니다. 돈은 실제로 있었는지도 모르니까요. 그리고 스메르자코프만이 그 돈이 어디 있는지 알고 있었습니다.

그럼 돈이 들어 있던 봉투는, 방바닥에 버려져 있던 봉투는 어떻게 된 걸까요? 아까 검사는 이 봉투에 대해서 매우 섬세하게 설명하셨습니다. 말하자면, 방바닥에 봉투를 버리고 가는 것은 비상습적인 도둑이며 카라마조프 같은 인간이 하는 짓이다, 절대로 스메르자코프가 아니다, 그였다면 이런 범죄의 증거물을 버리고 가진 않는다고 말입니다.

배심원 여러분, 아까 이 말을 들으면서 나는 별안간 언젠가 들은 적이 있는 얘기를 다시 한번 듣는 듯한 기분이 들었습니다. 그렇습니다! 실은 드미트리 표도로비치라면 봉투를 그런 식으로 버리고 갔을 거라는 주장과 추리를 나는 바로 이틀 전에 스메르자코프 자신의 입을 통해 들은 것입니다. 더욱이 내가 놀란 것은 그가 짐짓 순진한 체하면서 앞질러 변죽을 울리며 나에게 그런 생각을 불어 넣으려 하고 있다, 내가 스스로 그렇게 판단하도록 끊임없이 유도하고 있다는 느낌이 들었습니다. 예심 때도 그는 그것을 암시한 것이 아닐까요? 재능이 풍부한 검사에게도 역시 그가 그런 생각을 불어넣은 것은 아닐까요?

그렇다면 그리고리의 늙은 아내는 어떻게 된 거냐고 반문하시겠지요. 노파는 그 옆에서 밤새도록 병자가 신음하는 소리를 들었다고 합니다. 그야 물론 들었겠지요. 그러나 그건 매우 모호한 데가 있습니다. 나는 어느 부인이 밖에서 개가 밤새도록 짖는 바람에 한 숨도 자지 못했다고 불평하는 소리를 들은 적이 있습니다. 나중에 알아보니 그 개는 두세 번밖에 짖지 않았다는 얘기였습니다. 이것은 얼마든지 있을 수 있는 일입니다. 만일 사람이 자다가 별안간 신음소리를 들었다고 합시다. 잠이 깬 그는 편한 잠을 방해 받았다고 투덜거리지만 곧 또 잠이 들고 맙니다. 2시간쯤 지났을 때 다시 신음소리가 들리고 그는 또 잠이 깼다가 다시 잠이 듭니다. 마지막으로 또 신음소리를 듣고 잠이 깼다가 다시 잠이 듭니다. 이렇게 하룻밤 사이에 세 번 잠이 깼다고 합시다. 아침이 되면 그는 누가 밤새도록 신음하는 바람에 한숨도 제대로 못 잤다고 불평을 늘어놓을 것입니다. 그러나 그는 2시간씩 자고 있는 동안에 일어난 일은 전혀 알지 못하고 잠이 깬 몇 분 동안만 기억하고 있으므로 그것으로 밤새도록 줄곧 편한 잠 방해를 받았다고 생각하는 것은 당연한 일입니다.

그렇다면 왜 스메르자코프는 유서에서 고백하지 않았느냐며 검사는 목청을 높여 이렇게 물으셨습니다. '한편으로는 양심의 가책을 느끼면서 한편으로는 그것을 느끼지 않는다는 걸까요?'

그러나 실례지만 양심의 가책이란 이미 후회하는 마음을 뜻합니다. 그러나 이 자살자에게는 후회하는 마음이 있을 리가 없습니다. 있는 것은 절망 뿐이죠. 절망과 후회는 완전히 다른 별개의 감정입니다. 절망은 때로 증오에 차 있어서 절대로 타협을 허락하지 않을 때가 있습니다. 그래서 자살자는 스스로 목숨을 끊으려 하는 순간, 평생 원망하고 있던 자들에 대한 증오를 몇배나 강하게 느꼈는지도 모릅니다.

배심원 여러분, 무엇보다도 오판(誤判)의 가능성을 경계해 주시기 바랍니다. 지금 내가 말씀드린 얘기 가운데 진실성이 결여된 부분이 있습니까? 만약 내 얘기에 잘못된 곳이 있으면 지적해 주십시오, 있을 수 없는 일, 앞뒤가 맞지 않는 말이 있으면 찾아 주십시오.

만일 내가 설정한 가정에 조그마한 가능성의 그림자, 진실에 대한 힌트가 희미하게나마 보인다면 제발 유죄 판결을 보류해 주십시오. 그런데 나의 가정은 과연 그림자에 지나지 않을까요?

맹세코 말하겠습니다만, 지금 여러분에게 말씀드린 살인에 대한 나 자신의 설명을 나는 진심으로 굳게 믿고 있습니다. 더욱이 화가 나고 유감스럽게 생각하는 것은 피고 위에 산더미처럼 쌓여 있는 많은 논고의 사실 가운데 조금이라도 반증이 제기되지 않은 것이 하나도 없는 데도 다만 그러한 사실이 누적되었다는 이유만으로 불행한 피고가 파멸에 직면해 있다는 것입니다.

그렇습니다, 이 누적된 사실의 산더미는 참으로 무서운 것입니다. 그 피, 손가락에서 흘러 떨어지던 그 피, 피투성이가 된 옷, '애비를 죽인 놈아!' 하는 고함소리에 고요가 깨진 그 어두운 밤, 머리가 깨져서 쓰러진 그 고함소리의 주인공, 그리고 많은 발언과 증언과 몸짓과 성난 고함소리. 아아, 그 모두는 대단한 영향력을 갖고 있어서 사람들의 신념을 매수하기에 족합니다. 그러나 배심원 여러분, 그것들은 과연 여러분의 신념마저 매수할 수 있을까요? 부디 상기해 주십시오. 여러분에게는 한없는 권한, 사람을 체포하고 심판할 수 있는 권한이 부여되어 있습니다. 그러나 권리가 크면 클수록 그 적용은 점점 더 무서운 것이 됩니다!

나는 내가 한 말을 한 마디도 양보하고 싶지 않지만, 가령 한 걸음을 양보해서 불행한 한 순간만 아버지의 피로 손을 물들였다는 논고에 한 순간만 동의한다고 합시다. 그러나 이것은 정말로 하나의 가정에 지나지 않는 것이며, 되풀이해서 말합니다만, 나는 피고의 결백을 단 1초도 의심하지 않습니다.

그러나 지금 설사 우리의 피고가 아버지를 살해하는 죄를 지었다고 가정합시다. 하지만 내가 그러한 가정을 인정했다 하더라도, 꼭 들어주셔야 할 말이 있습니다. 나는 여러분에게 그 말씀을 드리지 않고는 직성이 풀리지 않을 것 같습니다. 왜냐하면 나는 여러분의 마음과 이성에서 일어날 커다란 투쟁을 예상하기 때문입니다.…… 배심원 여러분, 여러분의 마음과 이성에까지 끼어든 나를 용서해 주십시오. 그러나 나는 어디까지나 성실하고 공평하고 싶습니다. 우리 다같이 모든 노력을 다해 진실해집시다!"

이때 꽤 요란한 박수 소리가 일어나서 변호사의 말이 중단되었다. 사실 그의 이 마지막 말에는 너무나 성실함이 배어 있었으므로 사람들은 실제로 그에게 특별히 무슨 할말이 있으며, 그것은 틀림없이 매우 중대한 내용일거라 생각했던 것이다.

그러나 재판장은 이 박수 소리를 듣고 만일 또 다시 '이러한 일'이 되풀이될 때는 방청객 모두에게 '퇴정을 명령하겠다'고 소리 높이 경고했다. 장내는 순식간에 조용해졌다. 페츄코비치는 지금까지와는 전혀 다른 뭔가 새롭고 맑은 정감이 넘치는 어조로 변론을 이어갔다.

13 사상의 밀통자

"다만 산더미처럼 누적된 사실만이 우리의 피고를 파멸시키는 것은 아닙니다, 배심원 여러분." 그는 목소리를 높였다. "그렇습니다, 우리의 피고를 진정한 의미에서 파멸시키는 것은 오직 하나의 사실입니다. 그것은 늙은 아버지의 시체입니다! 이것이 단순한 살인이었다면 어땠을까요? 여러분은 이번의 모든 증거를 통일된 집합체로서가 아니라 하나하나 분리해서 검토한 끝에 그것이 하잘것 없는 불완전하고 공상적인 성격을 띠고 있음을 발견하고 기소를 취하하고 말 것입니다. 적어도 단순한 선입견으로 한 인간의 운명을 파멸시키는 일을 주저하실 것입니다. 참으로 슬프게도 피고는 그러한 선입견을 사도 할말이 없는 사람입니다.

더욱이 이것은 보통 살인이 아니라 자기 아버지를 죽인 것입니다! 이것은 너무나 끔찍한 일이라 그 때문에 이러한 하잘것없고, 증거가 불충분한 기소 사실이 적당히 의미가 있고 증거도 충분한 사실인 것처럼 되고 말았습니다. 더욱이 그것은 오로지 선입견에 의해서 그렇게 된 것입니다. 이러한 피고를 어떻게 무죄로 할 수 있겠는가? 어떻게 부모를 죽인 자가 처벌을 받지 않을 수 있겠는가. 모든 사람들이 마음속에서 본능적으로 이렇게 느끼고 있는 것입니다. 그렇습니다. 자기 아버지의 피를 흘린다는 것은 무서운 일입니다. 그것은 나를 낳아준 사람의 피, 나를 사랑해준 사람의 피, 우리를 위해서라면 목숨도 아끼지 않는 사람의 피인 것입니다. 어릴 때부터 우리의 병 때문에 걱정하고 우리의 행복을 위해 평생을 고생해왔으며, 오직 우리의 기쁨과 성공만을 위해서 살아온 그런 사람의 피를 흘리다니! 그러한 아버지를 죽인다는 것은 생각조차 할 수 없는 일입니다!

　배심원 여러분, 아버지란 무엇일까요, 참된 아버지란 무엇일까요? 아버지, 이 얼마나 위대한 말입니까? 얼마나 위대한 사상이 포함된 이름입니까? 나는 지금 참된 아버지란 어떤 것이며, 어떤 책임을 가진 것인가 말씀드렸습니다. 하지만 이번 경우, 우리가 지금 처리하려고 골머리를 앓고 있는 이 사건에서 죽은 표도르 카라마조프는 방금 내가 말한 아버지의 개념과는 전혀 맞지 않는 사람입니다.

　그것은 불행한 일입니다. 그리고 사실상 이런 불행한 아버지도 세상에는 없지 않아 있습니다. 그러니 이 불행을 좀더 접근해서 관찰해 보기로 합시다. 배심원 여러분, 눈앞의 판결이 중대하다고 해서 추호도 두려워할 필요는 없습니다. 아까 재능이 풍부하신 검사가 말씀하신 교묘한 말투를 빌린다면, 어린애나 겁 많은 여자처럼 어떤 사상을 확 내던져 버려서는 안 됩니다. 그런데 나의 존경하는 논적—그는 내가 아직 첫마디를 발언하기 전부터 논적이었습니다—은 그 열렬한 논고 속에서 몇번이나 이렇게 소리치셨습니다. '나는 누구에게도 피고에 대한 변호를 양보하지 않겠다. 피고에 대한 변호를 페테르부르크에서 온 변호사에게만 맡길 생각은 없다. 나는 고발자인 동시에 변호인이다!' 이렇게 몇 번이나 선언하셨습니다. 그런데 만일 이 무서운 피고가 아직 어릴 적 아버지 집에 살고 있었을 때 단 한 사람에게 귀염을 받아 호두 한 봉지를 얻은 것에 대해 23년동안이나 그 은혜를 잊지 않고 있었다면, 그와 반대로 이러한 사람은 박애로운 의사 게르첸시투베 씨의 말씀처럼 '신도 신지 않고, 단추가 하나밖에 남지않은 바지를 입고 집 뒷마당을' 뛰어다녔던 일도 23년 동안 잊지 않고 있었을 것입니다. 그것을 검사는 빠뜨리신 것 같습니다.

　아아, 배심원 여러분, 어째서 우리에게는 이 '불행'을 좀더 접근해서 관찰할 필요가 있는 것일까요? 이미 다 알고 있는 일을 왜 되풀이할 필요가 있는 것일까요? 우리의 피고는 자기 아버지의 집에 와서 무엇을 목격했을까요? 대체 왜, 무슨 이유로 우리의 피고를 무감각한 이기주의자요, 괴물로 묘사할 필요가 있는 것일까요? 과연 그는 통제가 되지 않는 인간입니다. 조잡하고 난폭합니다.

그 때문에 지금 그는 우리의 심판을 받고 있는 것입니다. 그러나 그의 운명에 대해 책임이 있는 자는 누굽니까? 그가 훌륭한 자질과 깨끗하고 다정다감한 마음을 가졌으면서 그와 같이 형편없는 교육을 받은 것은 대체 누구의 책임입니까?

누가 그에게 올바른 상식과 분별심을 가르쳐 주었습니까? 그가 학문을 갈고 닦았습니까? 소년 시절에 누구든 그를 조금이라도 사랑해준 사람이 있었습니까? 나의 의뢰인은 다만 신의 비호 아래, 다시 말해 정말 야생동물처럼 성장했습니다. 그는 오랜 이별 끝에 아버지와 만나기를 갈망했을지도 모릅니다. 그는 그전에 자기의 유년시절을 꿈처럼 회상하고는 그 시절에 본 지긋지긋한 환영을 떨쳐 버리고자 애를 쓰면서 자기 아버지를 변호하고 포옹하려고 진심으로 바라고 있었는지 모릅니다.

그런데 어떻습니까? 그를 맞아 준 것은 쓰라린 조소와 시기심과 금전 문제로 생긴 갈등뿐이었습니다. 그는 매일 '코냑을 마시면서' 지껄이는 메스꺼운 잡담과 비속한 처세훈을 들었고, 끝에 가서는 자기 아들 돈으로 아들의 애인을 빼앗으려는 아버지를 보았던 것입니다. 그렇습니다, 배심원 여러분 이 얼마나 추악하고 참혹한 일입니까! 그런데 이 노인은 오히려 아들의 불손함과 잔인성을 뭇 사람들에게 호소하여 사교계에서 그의 얼굴을 먹칠하고 방해와 중상 모략을 일삼았을 뿐 아니라 아들의 차용 증서를 사모아서 그를 감옥에 집어넣으려 했습니다.

배심원 여러분, 나의 의뢰인은 얼핏 보기에 잔인하고 난폭하고 저돌적인 사람이지만, 때로는 세상에 보기 드문 부드러운 마음의 소유자입니다. 다만 그것이 밖으로 나타나지 않을 뿐입니다. 웃지 말아 주십시오. 제발 나의 생각을 비웃지 말아 주십시오! 재능있는 검사는 아까 나의 의뢰인이 실러를 사랑하고 있다는 것, '아름다운 것과 고상한 것'을 사랑하고 있다는 것을 들추어내면서 무자비하게 비웃으셨습니다만, 내가 만일 검사의 입장에 있었다면 결코 그렇게 비웃지는 않았을 것입니다. 그렇습니다, 그러한 성품을, 너무나도 오해받기 쉬운 그러한 성품을 나는 끝까지 변호하렵니다. 이러한 성품은 언제나 다정한 것, 아름다운 것, 진실된 것에 굶주리고 있습니다. 말하자면 자기의 거칠고 잔인한 성격과 대비를 이루는 이러한 성품은 무의식적으로 그러한 것에 굶주리고 있습니다, 정말로 굶주리고 있는 것입니다.

겉으로는 정열적이고 잔인해 보이지만, 일단 무언가를, 이를테면 여자를 사랑하게 되면 고통과도 같은 사랑을 쏟아부을 줄 압니다. 그리고 그것은 반드시 정신적이고 고상한 사랑입니다. 다시 한번 부탁드립니다만, 제발 웃지 말아 주십시오. 그것은 이러한 기질의 사람에게서 가장 흔히 볼 수 있는 일이니까요. 이러한 인간은 그 정열을, 때로는 매우 거친 정열을 도저히 감추질 못할 뿐입니다. 그것이 충격을 주기 때문에 사람들은 그 점만을 보고 그 사람을 보지는 않는 것입니다. 뿐만아니라 그들의 정열은 이내 꺼져 버리고 맙니다만, 무척 난폭한 사람들은 고결하고 아름다운 여성 곁에서 자기 혁신을 구합니다. 회개한 다음 더 나은 고결하고 성실한 인간이 될 가능성을 구하는 것입니다. 그는 '고상하고, 훌륭한 것'이 아무리 비웃음을 사는 말이라도 개의치 않습니다!

나는 아까 나는 피고와 카체리나 베르호프체바 씨의 사랑 애기는 감히 언급하지 않겠다고 말했습니다! 그러나 한두마디 정도는 상관없겠지요. 우리가 아까 들은 것, 그것은 증언이 아니고 복수심에 불타는 여자의 광적인 울부짖음에 지나지 않습니다. 그 여자는, 그렇습니다, 그 여자는 피고의 변심을 비난할 자격이 없습니다. 왜냐하면 그 여자 자신부터 변심했기 때문입니다. 만일 그 여자가 조금이라도 깊이 생각해 보는 여유를 가졌더라면 결코 그런 진술은 하지 않았을 것입니다! 그렇습니다, 그 여자의 말을 믿어서는 안 됩니다. 나의 의뢰인은 그 여자가 말한 것과 같은 그런 '비겁자'는 아닙니다!

저 책형을 당한 위대한 박애주의자는 십자가의 죽음을 각오하고, '나는 착한 목자이니라. 착한 목자는 그 양을 위해 자기의 영혼을 내버리나니, 이는 한 마리의 양도 멸망시키지 않기 위함이니라'라고 말했습니다. 우리 역시 한 사람의 영혼도 멸망시키지 말도록 합시다!

나는 방금 아버지란 무엇을 의미하는지 물어 보고, 그것은 위대한 언어이고 귀중한 이름이라고 부르짖었습니다. 배심원 여러분, 언어라는 것은 공정하게 다루어야 합니다. 그러므로 나는 대상을 내나름의 언어로, 내나름의 이름으로 부르고 싶습니다.

살해된 카라마조프 노인 같은 아버지를 아버지라고 부를 수는 없습니다. 또 그렇게 부를 자격도 없습니다. 아버지라 불릴 자격이 없는 아버지에 대한 사랑만큼 어리석고 불가능한 것은 없습니다. 사랑은 무에서 만들어지는 것이 아닙니다. 무에서 창조할 수 있는 것은 오직, 신 뿐입니다.

'아버지된 자여, 그 자식을 슬프게 만들지 말지어다!' 사랑에 불타는 마음에서 어느 사도(使徒)는 이렇게 쓰고 있습니다. 내가 지금 이 거룩한 말씀을 인용한 것은 나의 의뢰인을 위해서가 아닙니다. 모든 아버지들을 위해서 한 말입니다. 그럼, 도대체 누가 나에게 아버지들을 가르칠 권한을 주었던가? 그건 누가 준 것이 아닙니다. 다만 나는 인간으로서 한 시민으로서 'vivos voco!(살아 있는 모든 것에 호소하다)'라고 소리높이 말하겠습니다. 우리는 이 지상에 그다지 오래 살 것도 아닌데 많은 나쁜 짓을 하고 많은 나쁜 말을 지껄입니다. 그러므로 우리 모두가 한 자리에 모인 이 좋은 기회를 이용해서 서로 좋은 애기를 나누지 않으시렵니까?

나도 마찬가집니다, 나는 이 자리에 있는 동안 이루어진 기회를 이용하렵니다. 신의 뜻에 따라 우리에게 주어진 이 연단은 결코 무의미한 것이 아닙니다. 온 러시아가 이 법정에 선 우리의 말을 듣고 있습니다. 나는 단순히 이 법정에 모인 아버지들만을 위해서 말하는 것이 아니고 모든 아버지들을 향해 소리치는 것입니다. '아버지된 자여, 그 자식을 슬프게 만들지 말지어다!' 그렇습니다, 우리는 먼저 그리스도의 말씀을 실천한 뒤에 비로소 자식된 자의 의무를 물을 수가 있는 것입니다. 그렇지 않으면 우리는 아버지가 아니고 오히려 내 자식의 적입니다. 또 자식은 자식이 아니고 우리의 적입니다. 더욱이 우리 스스로가 그들을 적으로 돌린 것입니다!

'너희가 남을 잰 그 저울로 너 자신도 재어지리라.'

이것은 내가 한 말이 아니고 성경의 가르침으로, 말하자면 네가 남을 재면 남도 너를 잰다는 뜻입니다. 그러니 만일 자식이 우리가 재는 대로 우리를 쟀다고 한다면 어떻게 자식을 나무랄 수가 있겠습니까?

요즈음 핀란드에서 일어난 사건입니다만, 한 하녀가 남몰래 애를 낳았다는 혐의가 있어 조사를 해보았더니 다락 위 한쪽 구석 벽돌 뒤에서 그 하녀의 트렁크가 발견되었습니다. 이 트렁크가 있는 줄은 아무도 몰랐는데 열어 보니 그 안에 하녀가 죽인 영아의 시체가 들어 있었습니다. 이건 하녀가 자백한 사실인데, 그 안에서 전에 자기가 낳자마자 죽인 영아의 해골이 둘이나 더 발견되었습니다.

배심원 여러분, 이것이 과연 어머니라 할 수 있겠습니까! 그렇습니다, 여자가 그 애들을 낳은 것만은 틀림없습니다. 그러나 과연 그 여자를 어머니라 부를 수 있을까요? 그 여자를 어머니라는 신성한 이름으로 부를 수 있는 자가 우리 가운데 누가 있을까요?

우리 용기를 냅시다! 배심원 여러분, 우리는 용감해집시다. 오히려 오늘 우리는 그렇게 할 의무가 있습니다. '금속'이라든가 '유황'이라는 말을 두려워하고 있던 모스크바 상인의 아내(오스트롭스키의 희곡에 나오는 인물)처럼, 어떤 종류의 말이나 관념을 무서워해서는 안 됩니다. 아니 오히려 최근의 진보가 우리의 발전에 크게 기여했다는 것을 증명해줍시다. 그리고 솔직하게 말하는 겁니다. 자식을 낳은 것만으로는 아직 아버지가 아니다, 아이를 낳아서 아이에 대한 의무를 다한 사람만이 아버지라고 말입니다.

물론 아버지라는 말에는 다른 뜻과 다른 해석도 있어서 '나의 아버지는 비록 냉혈한이라도, 아이들에게 악한이기는 하더라도 나를 낳은 이상 역시 아버지다' 이렇게 주장하는 사람도 있습니다. 그러나 이것은 신비주의적인 부친관이라고 할 수 있는 성질의 것이지 이성으로는 승인할 수 없습니다. 이것은 오직 신앙에 의해서만 승인할 수 있을 뿐입니다. 아니 더 정확히 말하면, 신앙에 의지하여 받아들여질 수 있는 것입니다. 그러한 예는 이 밖에도 많이 있어서, 이성으로는 승인할 수 없는 것을 종교가 믿도록 명령합니다.

그러나 그것은 실생활의 범위 밖에 있는 것입니다. 실제 생활의 범위 안에서는, 단순히 자신의 권리를 가질 뿐 아니라 그 자체가 많은 의무를 부과하는 실생활의 범위 안에서는, 우리가 만일 인도주의자, 즉 그리스도 교도가 되기를 원한다면, 우리는 이성과 경험에 의해서 옳다고 생각하고 분석의 용광로를 거친 신념을 실천에 옮겨야 하고 실천할 의무가 있는 것입니다. 한마디로 말해, 이성적으로 행동해야 한다는 겁니다. 꿈속이나 망상 속에서처럼 무분별하게 행동해서는 안 됩니다. 그것은 바로 남에게 해를 끼치지 않기 위해섭니다. 인간을 괴롭히거나 멸망시키지 않기 위해섭니다. 그때야말로 비로소 참된 그리스도 교도의 행동이 되는 것입니다. 단순히 신비주의적이기만 한 것이 아니라 이지적이고 인류애로 가득찬 행위가 되는 것입니다!"

이때 법정 여기저기에서 열렬한 박수 소리가 일어났는데, 페츄코비치는 자기의 변론을 중단시키지 말고 끝까지 계속하게 해달라고 부탁하는 듯이 두 손을 내저었다. 법정 안이 금방 조용해졌다. 변호사는 말을 계속했다.

"배심원 여러분, 여러분은 이러한 문제들이 우리의 아이들, 웬만큼 청년이 되어서 판단력이 생겼는데도 우리의 아이들과 아무런 관계도 없을 거라고 생각하십니까? 아닙니다, 관계가 없을 수 없습니다. 우리는 아이에게 불가능한 자제를 강요할 수는 없습니다!

아버지로서의 자격이 없는 아버지의 모습은, 더욱이 자기 동무인 다른 아이들의 훌륭한 아버지와 비교할 경우 저도 모르게 청년의 마음속에 괴로운 의문을 불러일으키게 됩니다. 그런데 이 의문에 대해 그에게 돌아오는 것은 판에 박은 듯한 상투적인 대답 뿐입니다. '아버지가 너를 낳았다. 너는 아버지의 혈육이다. 그러니 너는 아버지를 사랑해야 한다'는 것입니다. '그러나 나를 낳을 때 아버지는 나를 사랑하고 있었을까?' 청년은 자기도 모르게 이런 의문을 일으킵니다. 그리고 점점 더 의식하면서 이렇게 묻습니다. '대체 아버지가 나를 낳은 것은 나를 위해서일까? 아버지는 그 순간에, 틀림없이 술에 취해 욕정을 일으킨 그 당시에는 나를 생각하지 않았다. 내가 남자인지 여자인지도 몰랐다. 다만 나에게 음주벽을 물려줬을 뿐이며, 그것이 아버지가 나에게 준 은혜의 전부이다……. 아버지가 나를 낳고 한평생 나를 사랑하지 않았는데 왜 나는 아버지를 사랑해야만 하는가?'

그렇습니다, 여러분은 이 의문을 아마도 잔인하고 무례하다고 생각하실 것입니다. 그러나 미숙한 청년에게 불가능한 자제심을 요구해서는 안 됩니다 '천성을 문간으로 쫓아내면 이번에는 창문으로 날아 들어온다'는 말과 같습니다. 더욱이, 우리는 '금속'이나 '유황'을 두려워해서는 안 됩니다. 우리는 신비주의 개념이 명령하는 대로가 아니라, 이성과 박애심의 명령에 따라 문제를 해결합시다.

그러면 어떻게 해결해야 하겠습니까? 이렇게 하면 됩니다. 아들을 아버지 앞에 세워 놓고 일부러 이렇게 질문하게 하는 것입니다. '아버지, 가르쳐 주십시오, 왜 제가 아버지를 사랑해야 하는 것입니까? 아버지, 가르쳐 증명해 주십시오, 왜 제가 아버지를 사랑해야 하는 것입니까?' 이렇게 해서 만일 그 아버지가 제대로 알기 쉽게 대답하고 증명할 수만 있다면, 그것은 신비주의 적인 편견에 의지하지 않고 이성적이고 자각적이며, 엄밀한 의미에서 인도적 기반 위에 세워진 참된 가정입니다.

그러나 만일 아버지가 그것을 증명하지 못할 때는 그 가정은 대번에 파탄이 오고 맙니다. 그는 아들에게 있어서 아버지가 아닙니다. 그 아들 쪽에서는 장차 자기 아버지를 남으로 보고 심지어 자기의 적으로까지 간주할 수 있는 자유와 권리를 얻게 됩니다. 배심원 여러분, 우리의 이 연단은 진리와 건전한 이해력의 학교가 되어야 합니다!"

이때 변호사는 도저히 제지할 수 없는, 거의 열광적인 박수로 인해 변론을 중단해야 했다. 물론 방청객의 전부는 아니었지만 그 반은 확실히 박수를 쳤다. 박수를 친 것은 아버지와 어머니들이었다. 위쪽의 여자 좌석에서는 요란스레 외치는 소리가 들려왔다. 손수건을 흔드는 사람도 있었다.

재판장은 힘껏 종을 울리기 시작했다. 그는 방청객의 행동에 화가 난 모양이었으나 그렇다고 아까 위협한 것처럼 차마 '퇴정'을 명할 수는 없었다. 그것은 특별석에 앉아 있는 고관들과 연미복에 훈장을 단 노인들까지 박수를 치고 손수건을 흔들었기 때문이다. 그래서 겨우 소동이 가라앉았을 때에야 재판장은 여느 때의 그 '퇴정을 명령하겠다'는, 그전의 엄숙한 위협을 되풀이하는 것으로 만족해야 했다. 페츄코비치는 득의만면한 얼굴로 더욱 여세를 몰아 변론을 계속해 나갔다.

"배심원 여러분, 여러분은 담을 타넘고 아버지의 집에 침입한 아들이 마침내 자기를 낳아준 적이자 박해자인 한 인간과 마주보고 선, 저 끔찍스런 밤을 기억하고 계실 것입니다. 그때 일은 오늘 몇 번이나 이 자리에서 되풀이되었습니다.

나는 소리높여 주장합니다……. 아들이 그때 뛰어든 것은 결코 돈 때문이 아닙니다. 아까도 말씀드렸듯이 그에게 강탈의 죄를 묻는 것은 어리석기 짝이 없는 일입니다. 또 그가 아버지의 집에 침입해 들어간 것은 살해하기 위해서가 아닙니다. 결코 그렇지 않습니다. 만일 그가 미리 그런 마음을 품고 있었다면 적어도 흉기쯤은 미리 준비해 두었을 것입니다. 그는 자신도 무엇 때문인지 모르면서 그저 본능적으로 절굿공이를 들고 나갔을 뿐입니다. 또 그가 신호로 아버지를 속였다고 합시다. 아버지 방에 침입했다고 합시다. 나는 이미 그러한 전설을 앞으로도 믿지 않겠다고 말했지만, 그래도 그렇다고 해둡시다. 다만 1분간만 그랬다고 가정합시다!

배심원 여러분, 나는 신께 맹세합니다만, 만일 표도르가 피고의 아버지가 아니고 전혀 남인, 하나의 박해자에 지나지 않았다고 한다면, 피고는 방마다 뛰어다니면서 이 집에 여자가 없다는 것을 확인한 다음 자기의 경쟁자에게 아무런 위해도 가하지 않고 곧 달아났을 것이 분명합니다. 혹은 조금 때리거나 밀어붙이는 것쯤은 했을지도 모르지만 그저 그뿐일 것입니다. 왜냐하면 피고는 그 경우 그런 자를 상대하고 있을 겨를이 없었기 때문입니다. 여자의 소재를 확인해야 했기 때문이지요.

그러나 그 사람은 아버지였습니다. 더욱이 평소에는 언제나 이름뿐인 아버지, 어릴 때부터 몹시 미워한 상대, 자신의 적, 자신의 박해자였습니다. 게다가 지금은 괴물같은 연적이 아니겠습니까! 그래서 증오심이 저도 모르게 확 불타올라 그의 판단력을 흐려 놓았습니다.

모든 일은 한 순간에 일어났습니다! 이것은 광기와 착란의 충동으로 일어난 일종의 심신상실입니다. 게다가 자연계의 발작이기도 합니다. 동시에 영원한 법칙에 복수하려는 억제할 수 없는 무의식적인 자연의 착락이었던 것입니다. 자연계에 있어서는 모든 것이 그렇습니다.

그러나 피고는 그래도 역시 살해하지 않았습니다. 나는 이것을 주장합니다. 나는 이것을 소리치고 싶습니다. 그렇습니다. 그는 다만 지긋지긋한 분노에 못 이겨 절굿공이를 한 번 휘둘렀을 뿐입니다. 살해할 의사도 없었고, 또 살해했다는 것도 몰랐습니다. 만일 그 무서운 절굿공이만 손에 쥐고 있지 않았더라면, 그는 그저 부친을 구타했으면 했지 살해하지는 않았을 것입니다. 그래서 그는 도주하면서 자기가 위해를 가한 노인이 죽은 줄은 몰랐습니다.

이런 살인은 살인이 아닙니다. 이러한 살인은 존속 살인도 뭐도 아닙니다. 아니, 그런 아버지를 죽인 것은 존속 살해라고 부를 수가 없습니다. 이러한 살인은 다만 일종의 편견에 의해서만 존속 살해라 이름 지을 수 있는 것입니다!

그러나 이러한 살인이 실제로 있었을까요? 정말로 일어났을까요? 나는 다시 진심으로 여러분에게 호소합니다!

배심원 여러분, 만일 우리가 그를 유죄로 한다면, 그는 자기 자신에게 이렇게 말할 것입니다. '이 사람들은 나의 운명을 위해서, 나의 교육을 위해서, 나의 인간 형성을 위해서 아무것도 해주지 않았다. 나를 더 나은 인간으로 만들기 위해 아무것도 해주지 않았다. 이 사람들은 나에게 먹을 것과 마실 것도 주지 않았다. 알몸으로 감방에 갇혀 있는 나를 찾아 주지도 않았다. 그런 사람들이 나를 유형지로 보내는 것이다. 이제 이것으로 나는 청산을 다한 셈이니까 그들에게 진 빚은 없다. 이젠 영원히 그 누구에게도 빚이 없다. 눈에는 눈, 그들이 나에게 잔인한 처사를 한다면 나도 잔인해질 뿐이다.'

배심원 여러분, 그는 아마도 이렇게 말할 것입니다! 맹세코 다시 말합니다만, 여러분이 만약 유죄 판결을 내린다면 그것은 다만 피고의 마음을 편하게 해 줄 뿐입니다. 양심의 고통을 덜어 줄 뿐입니다. 피고는 자기가 흘린 피를 저주할지언정 슬퍼하지는 않을 것입니다. 동시에 여러분은 피고의 내부에 숨쉬고 있는, 참된 인간이 될 가능성을 말살해 버리는 것입니다. 왜냐하면 그는 이제부터 죽을 때까지 악의를 품은 두더지같은 인간으로 생애를 보내게 될 것이기 때문입니다.

여러분이 상상할 수 있는 한의 가장 무서운 형벌로 피고를 벌하려 하는 것은 그것으로 그의 영혼을 영원히 구원하여 소생시키기 위해서가 아닙니까? 만일 그렇다면 여러분의 따뜻한 자비로 그를 압도해 버리십시오! 그러면 여러분은 그의 영혼이 어떻게 전율하는지 보시게 될 것입니다.

'어떻게 내가 이 자비를 견딜 수 있을까! 과연 나는 이만한 사랑을 받을 가치가 있는 것일까!' 이러한 피고의 영혼의 부르짖음을 들으시게 될 것입니다!

배심원 여러분, 나는 알고 있습니다. 나는 그의 마음을 알고 있습니다. 거칠기는 하지만 고결한 마음의 소유자입니다. 그 마음은 여러분의 자비 앞에 무릎을 꿇을 것입니다. 그 마음은 위대한 사랑의 행위를 구하여 불타올라 영원히 부활을 이룩할 것입니다.

세상에는 자기의 마음속에 갇힌 채 세상을 적으로 돌리고 비난하는 사람들이 있습니다. 그러나, 그런 사람들의 영혼에 자비를 베풀어 보십시오. 사랑을 보여주십시오. 그 영혼은 대번에 자기의 행위를 저주하게 될 것입니다. 왜냐하면 그 영혼에는 선량한 영혼의 싹이 수없이 잠재해 있기 때문입니다. 이런 영혼은 쑥쑥 자라나고 뻗어가서 신의 자비와 사람들의 공명정대함을 깨닫게 될 것입니다. 그는 회개하는 마음과 눈앞에 놓인 무수한 의무에 전율하고 압도되어 버릴 것입니다. 그때는, '이제 빚을 다 갚았다'고 하지 않고 '나는 모든 사람들에게 죄가 있다. 나는 누구보다도 가치 없는 인간이다' 이렇게 말하게 될 것입니다. 그는 회한과 뼈를 깎는 수난의 기쁨에 눈물 흘리면서 이렇게 외칠 것입니다. '세상 사람들은 모두 나보다 훌륭하다. 그들은 나를 파멸시키려 하지 않고, 오히려 구해 주지 않았는가!'

그렇습니다, 여러분은 손쉽게 그 자비의 행위를 실천할 수 있습니다. 왜냐하면 진실에 조금이라도 가까운 증거가 없는데, '유죄'라고 선고하는 것은 여러분에게 너무나 괴로운 일이기 때문입니다. 한 사람의 죄 없는 자를 벌하기보다는 오히려 열 사람의 죄 있는 자를 용서하라, 지나간 세기의 영광된 우리나라 역사에서 울려 퍼지는 이 위대한 목소리가 여러분은 들리십니까?

이제 보잘것없는 인간인 내가 새삼 여러분에게 러시아의 재판은 단순한 형벌이 아니라 파멸한 인간을 구제하기 위한 것이라고 말하지 않아도 너무나 잘 알고 계실 겁니다! 만일 다른 나라에 법률과 형벌이 있다면 우리 러시아에는 영혼과 지혜를 갖춥시다. 파멸한 자들은 구원받고 다시 태어나는 겁니다. 만일 그것이 가능하다면, 러시아와 러시아의 재판이 정말로 그런 것이라면, 러시아는 전진해 나아갈 것입니다, 부디 위협하지 말아 주시기 바랍니다.

모든 국민들이 마지못해 길을 양보한다는, 저 미쳐 날뛰는 러시아의 트로이카를 들먹이며 위협하는 것은 그만두십시오!

미쳐 날뛰는 트로이카가 아니라 위대한 러시아의 전차가 당당하고 용감하게 목적지를 향해 나아가고 있는 것입니다. 나의 의뢰인의 운명은 오로지 여러분의 손안에 있습니다. 우리 러시아의 정의의 운명도 여러분 손안에 있습니다. 여러분은 그것을 구하실 것입니다. 여러분은 그것을 수호하실 것입니다. 여러분은 정의를 수호하는 사람이 존재한다는 것을, 정의가 선량한 사람의 수중에 있다는 것을 입증하시게 될 것입니다!"

14 농부들이 고집을 관철하다

그리하여 페츄코비치는 변론을 마쳤다. 이제는 정말 폭풍 같은 방청객의 감격을 누를 수가 없었다. 그것을 제지한다는 것은 엄두도 못낼 일이었다. 여자들은 울고 있었다. 남자들도 눈물을 흘리는 사람이 많았다. 고관들조차 두 사람이나 눈물을 흘리고 있었다. 재판장도 단념하고 종을 울리는 것도 망설였다.

"그와 같은 열광을 방해하는 것은 신을 방해하는 것과 마찬가지예요."

이 말은 나중에 이곳 부인들이 외친 소리다. 웅변을 토해낸 변호사는 진심으로 감동하고 있었다. 그런데 바로 이런 순간에 우리의 이폴리트가 '반박을 시도하기' 위해 다시 일어난 것이다. 사람들은 증오의 눈으로 그를 바라보았다.

"뭐라구요? 어떻게 한다구요? 또 반박한다는 거예요?"

부인들은 서로 소곤거렸다. 그러나 설혹 그 자신의 아내까지 포함한 온 세계의 여성들이 다 반대하더라도 이때 이폴리트를 제지하는 것은 불가능한 일이었다.

그는 흥분한 나머지 창백한 얼굴로 부들부들 떨고 있었다. 그의 입에서 나온 처음 한마디, 첫 문장은 전혀 의미를 알아들을 수 없을 정도였다. 그는 괴로운 듯이 숨을 헐떡이면서 횡설수설 분명찮은 발음으로 지리멸렬하게 말했지만 이윽고 침착을 되찾기 시작했다. 필자는 그의 두 번째 논고 중에서 다만 몇 가지 어구를 들어 두는 데 그치기로 한다.

"…… 나는 소설을 지었다고 해서 비난을 받았습니다. 그러나 변호사의 변론은 소설 위에 소설을 지은 것이 아니고 무엇이겠습니까? 다만 시(詩)가 부족했을 따름입니다. '표도르 카라마조프 씨는 연인을 기다리는 동안 봉투를 찢어서 방바닥에 버렸다'느니 어쩌니 했을 뿐 아니라, 표도르 씨가 이 놀라운 행위의 사이사이에 한 말까지 인용하셨습니다. 이것이 과연 서사시가 아니고 무엇이겠습니까? 그가 돈을 꺼냈다는 증거가 대체 어디에 있습니까? 그때 그가 한 말을 대체 누가 들었단 말입니까? 지능이 모자라는 스메르자코프는 자신이 사생아라는 것 때문에 사회에 복수한다는, 일종의 바이런식 주인공으로 바뀌었습니다. 이것이 바로 바이런식 서사시가 아니고 무엇이겠습니까? 만일 자기 아버지 집에 침입한 아들이 아버지를 죽이기는 했으나, 동시에 죽인 것이 아니라는 대목에 이르러서는, 이미 소설도 아니고 서사시도 아니며 스핑크스가 낸 수수께끼처럼 자신도 풀 수 없는 문제입니다.

그가 죽였으면 역시 죽인 겁니다. 죽였지만 죽이지 않았다는 것은 무슨 뜻입니까? 누가 그것을 이해할 수 있단 말입니까? 다음으로 우리는, 우리의 연단은 진리와 건전한 이해력의 학교라는 말을 들었습니다. 그런데 이 '건전한 이해력'의 학교에서, 맹세와 함께 울려퍼진 공리(公理)라는 것은 애비를 죽이는 것을 존속 살해라 부르는 것은 일종의 편견에 지나지 않는다는 장엄한 선언이었습니다!

그러나, 만일 존속 살해가 편견이고 자식 한 사람 한 사람이 자기 아버지에게 '아버지, 나는 왜 아버지를 사랑해야 하지요?' 묻게 된다면 우리는 과연 어떻게 될까요? 사회의 기초는 어떻게 될까요? 가정은 어떻게 되어갈까요? 존속 살해가 모스크바 상인의 아내가 두려워한 '유황'에 지나지 않는다면, 장차 러시아 법정의 가장 존귀하고 가장 신성한 전통은 단순히 하나의 목적을 달성하기 위해, 다시 말해 용서해서는 안 되는 것을 용서하기 위해 파괴되고 무시되고 맙니다.

변호인은 피고를 대자비로 압도하라고 외쳤습니다. 그런데, 이거야말로 범인에게 필요한 것으로, 내일이라도 여러분은 피고가 얼마나 압도되었는지 알게 될 것입니다. 그리고 변호사가 오직 피고의 무죄만을 주장한 것은 겸손이 너무 지나친 것 아닙니까? 왜 자손을 비롯해서 새로운 세대의 사람들에게 영원히 자신의 공적을 남기기 위해 존속 살해 기념장학회라도 창설하자고 주창하시지 않습니까? 변호사는 성서와 종교를 개정해서 그것을 모두 신비주의로 간주하고, 건전한 사상과 이성의 분석에 의해 확증된 진정한 그리스도교는 오직 우리에게만 있다고 말씀하셨습니다. 이렇게 하여 우리 앞에 사이비 그리스도 상이 세워진 것입니다! '그대 남을 재듯 스스로를 재라'고 변호사는 외치면서, 동시에 그리스도는 스스로를 재듯 남을 재라고 가르쳤다고 추론하셨습니다. 더욱이, 이것이 진리와 건전한 이해력의 연단에서 나온 말인 것입니다!

이제는, 변론 전날에 성서를 읽는다는 것은, 단지 뭐니 뭐니 해도 상당히 독창적인 이 서적을 이만큼 터득하고 있다는 것을 과시하기 위해서이며, 이 책도 필요에 따라 어떤 효과를 가져다 줄지도 모르다는 정도의 기분인 것입니다!

그러나 그리스도는 그렇게 하지 않도록, 그런 행위를 삼가도록 명령하셨습니다! 왜냐하면 그것을 행하는 것은 악의 세계이기 때문입니다. 그러나 우리는 용서해야 합니다. 또 한쪽 뺨을 내밀어야 합니다. 자기를 모욕한 자가 우리를 재듯 그들을 재선 안 됩니다. 신은 우리에게 이렇게 가르치시기는 했지만, 자식이 아버지를 죽이는 것을 금하는 것이 편견이라고 가르치시지는 않았습니다. 우리는 진리와 건전한 이해력의 연단에서 우리 하느님의 성서를 정정해서는 안 됩니다. 그런데 변호사는 불손하게도 이 하느님을 그저 '십자가에 못박힌 박애주의자'라고만 불렀습니다. 그것은 그리스도를 '당신은 우리의 하느님'이라 찬양하는 러시아 정교에 반대되는 것입니다……"

이때 재판장이 끼어들어, 보통 이러한 경우에 어느 재판장이나 그러하듯, 너무 과장된 언사를 함부로 남발하여 직무의 한계를 벗어난 논쟁을 일삼지 말라고, 정신없이 앞뒤를 잊은 검사에게 주의를 주었다. 그러나 법정 안은 조용해지지 않았다. 방청객들은 동요했고 불만의 고함소리마저 들렸다. 페츄코비치는 반박이라고 할 만한 행동은 하지 않았다. 그는 연단에 올라가 한 손을 가슴에 대고 화난 목소리로 위엄에 찬 말을 몇 마디했을 뿐이었다.

그는 '소설'과 '심리 분석'에 대해 가볍게 야유한 다음, 어느 대목에서 '주피터여, 그대는 노했노라, 고로 그대는 틀렸노라'라는 문구를 인용했다. 이 문구는 방청객들 사이에 호의적인 웃음소리를 자아냈다. 그것은 이폴리트가 도무지 주피터와 닮지 않았기 때문이다. 이어서 페츄코비치는 자기가 젊은 세대에게 존속 살해를 허용했다는 비난에 대해서는 아예 반박할 필요를 느끼지 않는다고 점잖게 말했다. '가짜 그리스도' 문제, 그리고 그가 그리스도를 신이라 부르지 않고 '십자가에 못박힌 박애주의자'라고 불러 '러시아 정교의 정신을 어기고 진리와 건전한 이해력의 법정에서 감히 할 수 없는 말'을 했다는 비난에 대해서는, '중상'이라고 암시하면서, 자기가 이곳에 올 때는 적어도 이곳 법정에서 '한 시민으로서 그리고 충실한 한 국민으로서의 자질을' 비난받는 일은 없을 거라 굳게 믿었다고 비꼬아 말했다.

이 말에 대해 재판장은 그에게 마찬가지로 주의를 주었다. 그래서 페츄코비치는 목례를 하고 답변을 마쳤다. 그러자 그를 격려하는 웅성거림이 온 법정 안에 일기 시작했다. 이폴리트는, 이곳 부인들의 의견에 의하면, '완전히 코가 납작해지고 말았다'는 것이었다.

다음에 피고의 발언이 허락되었다. 미챠는 일어섰지만 많은 말을 하지는 않았다. 그는 육체적으로나 정신적으로 지칠대로 지쳐 있었다. 아침에 법정에 들어왔을 때의 그 당당하고 힘찬 모습은 거의 찾아볼 수 없었다. 그는 이날 자신의 운명과 관련된 무언가를 경험하고, 그것이 지금까지 이해하지 못했던 매우 중요한 무언가를 가르쳐 주고 계시한 것 같았다. 목소리는 힘이 없었고, 이제 아까처럼 소리지르지도 않았다. 그 말에서는 어딘가 새롭고 온화한 것이 느껴졌다.

"배심원 여러분, 이 마당에 내게 무슨 할말이 있겠습니까! 심판의 날이 왔습니다. 나는 내 위에 하느님의 오른손이 놓여진 것을 느끼고 있습니다. 길을 잘못 든 인간의 마지막이 온 것입니다! 그러나 나는 하느님 앞에 선 마음으로 여러분께 말씀드립니다. '나는 아버지의 피에 대해서는...... 나는, 무죄입니다!' 마지막으로 다시한번 되풀이합니다만, '나는 죽이지 않았습니다!' 나는 방탕아였지만 선을 사랑했습니다. 줄곧 올바르게 살기를 원하면서도 짐승같은 생활을 해 왔습니다. 검사님 감사합니다. 나에 대해 나 자신도 모르는 많은 것을 가르쳐 주셨습니다. 그러나 내가 아버지를 죽였다는 얘기는 틀렸습니다, 그것은 검사님의 실수입니다! 나는 또 변호사님에게도 감사를 드립니다. 나는 그 변론을 들으면서 울었습니다. 그러나 내가 아버지를 죽였다는 것은 맞지 않습니다. 그런 것은 가정조차 할 필요가 없습니다!

그리고 의사들의 말도 믿지 말아 주십시오. 나는 제정신입니다. 다만 영혼이 괴로워하고 있을 뿐입니다. 만일 여러분이 나를 용서해 주신다면, 석방시켜 주신다면, 나는 여러분을 위해서 기도를 드리겠습니다. 좀더 나은 사람이 될 것을 약속하겠습니다. 하느님 앞에서 맹세하겠습니다. 그러나 만일 처벌을 받더라도, 나는 내 머리 위에서 칼을 부러뜨리고 부러진 그 조각에 입을 맞추겠습니다! 하지만 부디 용서해 주십시오! 나의 신을 나한테서 빼앗지 말아 주십시오! 나는 내가 어떤 기질인지 알고 있습니다. 그렇게 되면 나는 틀림없이 신을 원망하게 될 것입니다! 나의 마음은 괴로워하고 있습니다……. 여러분, 용서해 주십시오!"

그는 거의 쓰러지듯 자리에 앉았다. 목소리가 갈라져서 힘겹게 마지막 말을 마쳤다. 그뒤 법정은 배심원을 위한 질문들을 정리하기 시작했고 원고와 피고에게 결론을 내리도록 요구했다. 그러나 필자는 상세한 것은 쓰지 않기로 한다. 마지막으로 배심원 모두가 논의를 하기 위해 퇴정했다. 재판장은 몹시 지쳐서 매우 힘없는 목소리로 주의를 촉구했다.

"아무쪼록 공평하게 숙의해 주십시오. 변호인의 웅변에 흔들려서는 안 되지만 아무튼 여러분의 책임이 중대하다는 것을 잊지 마시기 바랍니다"

배심원들이 퇴정한 뒤 공판은 휴정이 선언되었다. 방청객들은 자리에서 일어나, 걸어다니거나 하고 싶었던 이야기들을 서로 나누기도 하고, 구내 식당에서 가볍게 식사도 할 수 있었다. 시간은 상당히 늦어져서 거의 밤1시에 가까웠다. 그래도 돌아가려고 하는 사람은 한 사람도 없었다. 모두 긴장해서 집에 돌아가 잘 기분이 아니었던 것이다. 사람들은 가슴을 두근거리면서 재판 결과를 기다리고 있었다. 그러나 모두가 다 가슴을 두근거리고 있는 것은 아니었다. 부인들은 기다리는 것에 지루함을 느꼈을 뿐이지 마음은 태평했다. '틀림없이 무죄다.' 이렇게들 생각하고 있었으므로 법정 안의 모든 여성들은 열광적으로 환호성을 지를 극적인 순간에 대비하여 마음의 준비를 하고 있었다. 솔직히 말해서 남자들 중에도 반드시 무죄가 될 것이라고 생각하고 있는 사람들이 많았다. 어떤 사람은 기뻐하고 어떤 사람은 얼굴을 잔뜩 찌푸리고 앉아 있었으며 개중에는 풀이 죽어 시무룩한 표정을 짓고 있는 자도 있었다. 그들은 무죄가 되기를 바라지 않았던 것이다! 페츄코비치는 성공을 확신하고 있었다. 그는 사람들에게 둘러 싸여 축하를 받고 있었다. 모두가 찬사를 보내느라 야단들이었다.

"변호사와 배심원들 사이에는 눈에 보이지 않는 줄이 연결되어 있습니다." 나중에 들으니 페츄코비치는 어느 그룹에게 이와 같이 말했다고 한다. "그것은 변론 때 벌써 연결이 되어 버리는 것이며 분명히 예감할 수가 있지요. 나는 그것을 느꼈습니다. 확실히 있습니다. 승리는 우리의 것입니다. 안심하십시오."

"하지만, 저 농부들이 지금부터 뭐라고 말할는지요?"

심각한 표정을 한 신사 한 사람이 몰려 서 있는 신사들에게 다가가면서 말했다. 그는 뚱뚱하게 살이 찐 곰보로 이 근교의 지주였다.

"농부들뿐만이 아닙니다. 그 가운데는 관리가 네 사람이나 있지요."

"그렇습니다, 관리도 있습니다."

군 의회의원이 끼어들면서 말했다.

"그런데 여러분은 나자리예프를 아십니까? 프로호르 이바노비치 말입니다. 그 훈장을 단 상인도. 배심원인데."

"그게 어쨌다는 겁니까?"

"굉장히 머리가 좋은 친구지요."

"하지만 한마디도 하지 않던데요?"

"말수가 적지만 오히려 그편이 나아요. 그 친구는 페테르부르크에서 온 사람에게 가르쳐 달라고 부탁하지 않아도 되거든요. 자기가 오히려 온 페테르부르크를 가르칠 수 있을 정도니까요. 애가 열 둘이나 됩니다. 대단하지 않습니까!"

"그런데, 저 양반들. 정말 무죄로 해줄까요?"

다른 그룹에서 이곳 젊은 관리 한 사람이 큰 소리로 말했다.

"틀림없이 무죄예요."

이런 단호한 목소리도 들렸다.

"무죄가 아니면 치욕입니다!" 관리가 소리쳤다. "설사 그가 죽였다 하더라도 그 부친이 그런 사람 아닙니까! 게다가 피고는 정신이 없었으니까……. 그는 사실 절굿공이를 한 번밖에 휘두르지 않았어요. 그런데 부친이 쓰러진 겁니다. 다만 이런 때 하인을 들먹인 것은 좋지 않았어요. 그건 단순히 우스꽝스런 얘기에 지나지 않아요. 내가 변호사라면, 죽였지만 그에겐 죄가 없다, 그뿐이다, 제기랄! 이렇게 말해 주는 건데.”

"변호사도 그렇게 말했지요. 다만, '그뿐이다 제기랄!' 소리는 안 했지만."

"아니, 미하일 씨, 거의 그렇게 말한 거나 다름없어요" 다른 목소리가 맞장구를 쳤다. "염려없습니다, 여러분. 이곳에서는 정부의 본처의 목을 벤 여배우가, 그것도 사순절에 무죄가 됐으니까요."

"하지만, 죽이지는 않았지 않소?"

"마찬가집니다, 마찬가지예요! 어차피 죽이려고 벤 거니까."

"그런데, 변호사가 자식 얘기를 한 대목은 어땠습니까? 훌륭하지 않았습니까?"

"정말 훌륭했어요!"

"신비주의에 대한 것은 어떻고요. 신비주의에 대한 얘기 말입니다, 네?"

"신비주의는 이제 지긋지긋합니다" 누군가가 소리쳤다. "그보다 이폴리트의 처지가 되어 보십시오! 이폴리트의 운명이 앞으로 어떻게 될 것인가 상상해 보십시오! 검사 부인은 내일이라도 미차의 적이라 하여 남편의 눈을 파낼 거요."

"여기 와 있습니까?"

"오긴 누가 와요? 여기 와 있었다면 당장 그 자리에서 눈을 파내려고 덤볐을 겁니다. 이가 아프다면서 집에 있지요, 헤헤헤!"

"하하하!"

또 다른 무리에서도 서로 이야기를 주고받느라 여념이 없었다.

"하지만, 미차는 역시 무죄가 되겠죠?"

"조심하지 않으면 내일 '수도'가 뒤집어지는 대소동이 일어나서 한 열흘쯤 밤낮으로 마시게 될지 모르겠군."

"벌어먹을 녀석!"

"벌어먹을 녀석은 틀림없으나 그런 녀석이 없으면 안 돼요. 그 친구 거길 안 가고 어딜 가겠습니까?"

"여러분, 그건 확실히 웅변이었습니다. 그러나 제 애비 대가리를 절굿공이로 박살을 내는 건 좋지 않아요. 그런 걸 용서해 주었다간 세상이 어떻게 되겠습니까?"

"그런데, 전차 이야기는 어때요, 전차는?"

"맞아요, 짐마차를 전차로 변조해 버렸더군."

"하지만 내일이면 전차를 다시 짐마차로 변조해 놓을걸요. '모든 것은 필요에 따라서' 달라지니까요."

"아주 빈틈 없는 친구들이 많아졌어요. 여러분, 대체 우리 러시아에는 정의가 있는 것일까요, 아니면, 전혀 없는 것일까요?"

이때 벨이 울렸다. 배심원들은 꼬박 1시간 동안 협의를 했다. 방청객들이 다시 자리에 앉았을 때는 깊은 침묵이 법정을 지배하고 있었다.

배심원들이 법정에 들어 왔을 때의 광경을 필자는 지금도 기억하고 있다. 드디어 운명의 순간이 왔다. 나는 여기서 그 내용을 하나하나 순서대로 열거하지는 않겠다. 첫째, 그런 건 죄다 잊어버렸다. 다만 필자가 기억하고 있는 것은, "피고는 강탈을 목적으로 계획적으로 살해했습니까?"하는 재판장의 중요한 첫 질문에 대한 배심원의 대답뿐이다. 하기는 이 질문도 말을 그대로 기억하고 있는 것은 아니다.

모든 것이 얼어붙은 것처럼 조용해졌다. 수석 배심원은 가장 나이가 젊은 관리였는데, 그는 얼음같은 법정의 정적을 깨뜨리고 분명하게 소리 높이 선언했다.

"그렇습니다, 유죄입니다!"

이어 다른 모든 점에 대해서도 역시 마찬가지로 유죄라는 대답이 되풀이 되었다. 거기에는 조금도 정상 참작이 없었다. 그것은 아무도 예기치 못한 일이었다. 거의 대부분의 사람들이 적어도 정상은 참작해 줄것으로 믿고 있었던 것이다. 죽은 듯한 법정의 정적은 깨지지 않았다. 유죄를 바라는 사람도 무죄를 바라는 사람도 모두 문자 그대로 완전히 화석이 되어 버린 것 같았다.

그러나 그것도 처음 몇 분 동안에 지나지 않았다. 이윽고 무서운 혼돈이 일어났다. 남자들 중에서는 무척 만족해하는 사람이 적지 않았다. 그중에는 기쁨을 감추려 하지도 않고 두 손을 맞잡는 자조차 있었다. 불만을 느끼는 사람들은 몹시 낙담한 듯이 어깨를 으쓱하기도 하고 소곤소곤 말을 주고받기도 하였으나 그래도 아직 뭐가 뭔지 잘 모르겠다는 표정들이었다.

그러나 부인들은 굉장했다. 필자는 난동이라도 일으키지 않을까 하고 가슴이 조마조마했을 정도였다. 처음 그녀들은 자기 귀를 못믿겠다는 듯한 표정들이었으나 곧 절규가 순식간에 온 법정을 가득 채우고 말았다.

"그게 무슨 말이죠? 아니, 대체 어떻게 된 거죠?"

부인들은 모두 자리에서 벌떡 일어났다. 그녀들은 반드시 지금 당장 판결이 취소되고 다시 한번 새로 하게 될 것으로 생각하는 것 같았다.

그때 미차가 자리에서 벌떡 일어났다. 그는 두 손을 앞으로 내밀면서 비통한 목소리로 울부짖었다.

"하느님과 그 무서운 심판의 날을 두고 맹세합니다. 나는 아버지의 피에 대해서 무죄입니다! 카차, 나는 너를 용서해주마! 형제여, 벗이여, 부디 그 사람을 용서해 주십시오!"

그는 마지막까지 말하지 못하고 법정 가득히 울려 퍼지는 소리로 울음을 터뜨렸다. 그것은 그의 평소 목소리와는 다른, 뜻하지 않은 새로운 목소리, 과연 어디서 터져 나온 것인지 알 수 없는 괴상한 목소리였다.

그러자 2층 가장 뒤쪽의 구석진 자리에서 가슴을 찌르는 듯한 날카로운 여자의 울음소리가 들려왔다. 그루셴카였다. 그녀는 아까 누군가에게 부탁해서 변론이 시작되기 전에 다시 법정에 들어와 있었던 것이다. 미차는 법정에서 끌려나갔다. 판결 발표는 내일로 연기되었다.

법정 전체가 걷잡을 수 없는 대소동에 휘말려들어갔다. 그러나 필자는 이미 밖에 나와 있었으므로 소동을 듣지는 못했다. 다만 현관 출입구에서 들은 말을 몇 마디 기억하고 있을 따름이다.

"20년은 광산에서 흙냄새를 맡아야겠군."

"최소한 그쯤은 되겠지."

"그래, 농부들이 나귀처럼 고집을 부린 거야."

"우리의 미차도 이제 끝났어!"

에필로그

1 미차의 탈주 계획

　미차의 공판이 끝난 지 닷새째 되는 날 아침, 아직 9시가 되기 전에 알료샤는 카체리나의 집을 방문했다. 그것은 그들 두 사람에게 있어서 매우 중요한 용건에 대해 마지막 의논을 하기 위해서였는데 그 밖에 그녀에게 전할 말도 있었다.

　그녀는 언젠가 그루셴카가 찾아왔을 때와 같은 방에서 그를 맞아들였다. 바로 옆방에는 망상증에 걸린 이반이 인사불성인 채로 누워 있었다. 카체리나는 그 공판 바로 뒤에, 장차 반드시 일어날 세상의 숙덕공론이나 비난은 일체 무시하고 의식을 잃은 병든 이반을 자기 집으로 데려왔던 것이다.

　동거하고 있던 두 사람의 친척 부인들 가운데 한 사람은 공판이 끝나자마자 곧 모스크바로 떠났으나 한 사람은 아직 남아 있었다. 그러나 설령 두 사람이 다 떠나 버리고 없더라도 카체리나는 결심을 바꾸지 않고 환자를 간호하기 위해 밤낮으로 그 머리맡에 붙어 있었을 것이다.

　이반은 바르빈스키와 게르첸시투베의 치료를 받고 있었다. 모스크바의 의사는 병세의 진행을 미리 말해 주기를 거부하고 모스크바로 돌아가 버렸다. 남아 있는 두 의사도 카체리나와 알료샤를 격려하고 있었지만 아직은 확실한 희망을 줄 수가 없는 모양이었다.

　알료샤는 하루에 두 번씩 형을 문병하고 있었으나 오늘은 특별한 용건이 있어서 찾아온 것이다. 그는 그 용건을 꺼내기가 좀 거북했지만, 마음이 몹시 조급했다. 다른 데도 급한 볼일이 있어서 얼른 그쪽으로 가지 않으면 안 되었다. 두 사람은 벌써 15분쯤 이야기하고 있었다. 카체리나는 창백하고 초조해 보였으며 동시에 또 병적으로 흥분해 있었다. 지금 알료샤가 무슨 볼일로 일부러 찾아왔는지 그녀는 훤히 짐작하고 있었던 것이다.

　"그 사람의 결심에 대한 일이라면 걱정 마세요." 그녀는 딱딱한 말투로 단호하게 힘주어 말했다. "어차피 그이는 그렇게 밖에 할 수 없는걸요. 달아날 수밖에 없어요! 저 불행한 사람, 명예와 양심의 주인공인 그 사람, 아니 드미트리가 아니라 문 저쪽에 누워 있는 사람 말이에요. 형님을 위해서 자기를 희생한 사람 말이에요." 카체리나는 눈물을 반짝이면서 덧붙였다. "저 사람은 벌써 오래 전부터 탈출 계획을 나한테 말해 줬어요. 실은 저이는 벌써 준비해 놓았대요…… 당신한테도 어느 정도는 얘기했지만…… 아마 여러 사람들과 함께 시베리아로 호송될 때 여기서 세 번째 중계수용소에서 탈주시키게 될 거예요. 네, 그때까지 아직 여러 가지 일이 남아 있어요. 이반은 이미 그 세 번째 중계수용소의 소장을 만나보고 왔답니다. 그런데 호송대 대장이 누가 될지 알 수가 없어요. 미리 알 수도 없구요. 아마 내일이면 상세한 계획서를 보여드릴 수 있을 거예요. 그것은 공판 바로 전날 이반이 무슨 일이 있을 때를 대비해서 나한테 두고 간 거예요…… 아, 참, 그때예요. 기억하시죠, 그 왜, 우리가 다투고 있다가 당신한테 들켰잖아요. 그이가 계단을 내려가고 있는데 마침 당신이 오셔서 내가 그를 다시 불렀던 날, 기억나세요? 그때 우리가 왜 싸웠나 모르시겠어요?"

"아뇨, 모르겠습니다."

알료샤가 말했다.

"그이는 물론 당신에겐 감추고 있었지만 그 싸움은 이 탈주 계획 때문에 일어난 거예요. 그이는 그 사흘 전에 계획의 중요한 내용을 말해 주더군요. 그때부터 싸움이 시작된 거예요. 그러고는 사흘 동안 줄곧 싸웠죠 뭐.

왜 싸웠느냐 하면 말예요, 만일 드미트리가 유죄 판결을 받으면 그 계집과 함께 외국으로 달아날 거라고 그이가 말하기에 난 그만 화가 났어요. 왜 화가 났느냐고요? 그건 말할 수 없어요. 나 자신도 모르겠는걸요…… 네, 물론 나는 그때 그 여자 때문에, 그 계집 때문에 화가 난 거예요. 그 여자가 드미트리와 함께 외국으로 달아난다는 말을 들었으니까요!" 카체리나는 분노로 입술을 떨면서 느닷없이 소리쳤다.

"이반은 그때 내가 그 계집 때문에 화를 내는 걸 보고, 대번에 내가 질투하고 있는 줄 안 거예요. 말하자면, 내가 아직도 드미트리를 사랑하고 있다고 생각한 거죠. 그래서 그때 처음으로 싸움을 시작했답니다. 난 변명하고 싶지도 않았고 또 사과할 수도 없었어요. 이반 같은 사람마저 내가 아직도 그전처럼 드미트리를 사랑하고 있는 줄 알다니 정말 서글퍼 못 견딜 지경이었어요……

더욱이 그 훨씬 전에, 드미트리를 사랑하고 있지 않다, 오직 당신 한 사람만을 사랑하고 있다고 분명히 밝혔는데도 말이에요! 나는 단지 그 계집에 대한 증오심 때문에 화를 낸 거예요!

그 뒤 사흘이 지나서, 마침 당신이 찾아오신 그날 밤, 그이는 봉함 편지 한 통을 갖고 와서, 만일 자기에게 무슨 일이 생기면 즉시 이것을 뜯어 보라고 말하지 않겠어요. 네, 그이는 자기가 병에 걸릴 것을 예감하고 있었던 거예요! 그이는 그 봉투 안에 상세한 탈주 계획서가 들어 있으니까, 만일 자기가 죽거나 중병에 걸리거든 나 혼자서라도 미차를 도와 주라는 거였어요. 그러면서 만 루블쯤 되는 돈을 나한테 두고 갔어요. 검사는 누구에게 들었는지, 그이가 그 돈을 환전상에 바꾸러 보낸 것을 어떻게 알고 논고 때 그런 말을 하더군요.

난 너무나 갑작스러운 일이라 심한 충격을 받았지요. 이반은 아직도 내가 미차를 사랑하고 있는 줄 알고 늘 안절부절못하면서도, 형님을 구하겠다는 생각을 버리지 않고 나한테, 장본인인 나한테 드미트리의 구출을 부탁한 거였어요.

아아, 그건 바로 희생이에요! 아니, 알렉세이 씨, 이러한 자기희생은 당신도 충분히 이해할 수 없을 거예요! 나는 존경심을 억제하지 못하고 그이 발 아래 무릎을 꿇을 생각까지 했지만, 그러다간 미차가 구제되는 것을 기뻐한다는 엉뚱한 오해를 할지 모른다는 생각이 문득 들기에(그이는 틀림없이 그렇게 생각했을 거예요!), 그이가 그런 오해를 할 가능성이 있다는 생각만으로 그만 갑자기 화가 나서, 그이 발에 입맞추는 대신 또다시 싸움을 시작하고 만 거예요.

아아, 나는 정말 몹쓸 여자예요! 난 그런 성격이에요, 끔찍하게 못된 성격인 걸요! 네, 그래요. 나는 이런 짓을 하다가 결국 그이에게 버림받고 말 거예요. 그이도 드미트리와 마찬가지로 더 좋은 여자가 나타나면 그리로 돌아서고 말 거예요. 하지만, 그렇게 되면…… 아, 그렇게 되면 난 도저히 견디지 못할 거예요, 자살하고 말 거예요!

그런데 그때, 당신이 오시기에 내가 당신에게 소리쳐서 그이도 함께 불렀잖아요. 그때 그이가 당신과 함께 들어서면서 적의에 찬 경멸의 눈초리로 나를 노려보지 않겠어요. 그래서 나도 모르게 그만 분노가 폭발한 거예요. 그래서, 기억하고 계시죠? '드미트리 씨가 살인범이라고 주장한 것은 저이에요, 저이뿐이에요' 하고 느닷없이 당신에게 소리쳤죠?

또다시 그이를 화나게 만들려고 일부러 그런 거짓말을 한 거였죠. 그이는 한 번도, 절대로 한 번도 미차가 사람을 죽였다고 주장한 적이 없어요. 그건 오히려 나였지요. 네, 모든 것이 나의 무서운 분노가 원인이었어요!

법정에서 그런 저주스러운 일막을 준비한 것도 바로 나였어요! 그이는 말이에요, 자기는 고결한 인간이다, 설령 내가 드미트리 씨를 사랑하고 있더라도 복수심이나 질투심 때문에 형님을 파멸시키지는 않는다는 것을 나한테 증명해 보이려 한 거예요. 그래서 법정에 나간 거랍니다…… 모든 것이 나 때문이에요, 나 한 사람의 잘못이에요!"

처음으로 카차의 이런 고백을 들은 알료샤는 지금 그녀가 극심한 고통에 괴로워하고 있다는 것을 느꼈다. 말하자면 극도로 오만한 마음이 아픔을 참으며 그 자만심을 때려부수고 비애에 짓눌려 쓰러지려 하고 있는 것이었다.

미차가 유죄 판결을 받은 지금 그녀는 감추려고 안간힘을 쓰고 있지만, 알료샤는 그녀의 끔찍한 고통의 원인을 또 하나 알고 있었다. 그러나 지금 만일 그녀가 스스로 그것을 고백하고 그 굴욕을 견디려 한다면, 오히려 알료샤가 고통을 느낄 것이 틀림없었다.

그녀는 법정에서의 자기의 '배신 행위'에 괴로워하고 있는 것이었다. 그녀의 양심은 그녀에게 알료샤 앞에서 눈물을 흘리고 통곡을 하면서 미친 듯이 꿇어 엎드려 사죄할 것을 명령하고 있었다. 그것을 알료샤는 예감하고 있었던 것이다. 그러나 그는 그러한 순간이 두려워 괴로워하고 있는 여자를 용서해주고 싶었다. 그러자니 자기가 방문한 용건을 꺼내기가 더욱더 어려워졌다. 그녀는 다시 미차 이야기를 꺼냈다.

"염려 말아요, 염려할 것 없어요. 그이 일은 걱정 안 하셔도 돼요!" 카차는 다시 완강하고 단호하게 말했다. "그이는 뭐든지 잠시뿐인걸요. 난 그 사람의 성격을 잘 알아요. 그이 마음을 잘 알고 있어요. 안심하세요. 그인 결국 탈주에 동의할 거예요. 게다가 지금 당장 하는 것도 아니니까, 아직 천천히 생각하고 결심할 시간이 있잖아요. 그때까지는 이반도 병이 다 나아서 자기가 직접 주선하겠죠. 그렇게 되면 나는 아무것도 하지 않아도 되고요. 걱정 마세요. 반드시 동의합니다. 그리고, 그이는 벌써 동의한거나 마찬가지예요. 그 계집을 혼자만 남겨 두고 갈 수 있겠어요, 그이가? 그런데 그 여자를 유형지까지 같이 보내 주진 않을 테니 도망하는 수밖에 없잖겠어요? 다만 그이는 당신을 두려워하고 있어요. 당신이 도덕적인 입장에서 탈주에 반대하지 않을까 그걸 두려워하고 있답니다. 만일 이런 경우 그토록 당신의 허락이 필요하다면, 당신도 관대하게 허락해 주시지 않으면 안 될 거예요." 카차는 비꼬듯 덧붙였다.

그녀는 잠시 입을 다물고 엷게 웃은 뒤 다시 입을 열었다.

"그이는 저기서 말예요, 찬가가 어떠니, 자기가 짊어져야 하는 십자가가 어떠니, 의무가 어떠니 하고 강의를 해요. 이반이 그 무렵 자주 나한테 이 얘기를 해 줬어요. 그이가 어떤 식으로 얘기하는지 당신이 아시면 좋으련만!"

그녀는 감정을 못 이긴 듯 갑자기 소리쳤다. "그이가 저 불행한 미차 얘기를 나한테 해줬을 때 얼마나 미차를 사랑하고 있었는지! 그 순간 또 얼마나 미차를 미워하고 있었는지! 아아, 그걸 당신이 아시면 좋으련만! 그런데 나는 아아, 나는 그때 오만하게도 그이의 말과 그이의 눈물을 조롱하면서 건성으로 듣지 않았겠어요! 아아, 매춘부! 나야말로 정말 매춘부예요! 내가 그런 태도로 대했기 때문에 그인 환각증을 일으키고 만 거예요! 하지만 그이는, 유죄 선고를 받은 그 사람은, 대체 고통을 참고 견딜 각오가 되어 있을까요?" 카체리나는 초조한 듯이 말을 맺었다. "게다가 그런 사람이 고민할 수 있을까요? 그런 남자는 결코 고민하지 않아요!"

이 말에는 일종의 증오와 혐오에 찬 모멸의 느낌조차 들어 있었다. 그런데 사실은 그녀 자신이 그를 배반한 것이다.

'아니 어쩌면 미차에게 미안한 생각이 들기 때문에, 그래서 때로는 미차가 미워지는지도 모른다' 알료샤는 속으로 생각했다. 그는 그것이 제발 '이따금'으로 그쳐 주었으면 좋겠다고 생각했다. 그는 카체리나의 마지막 말 가운데 도전적인 느낌을 받았으나 응하지 않았다.

"그래서 오늘 좀 오시라고 한 것은, 그이를 설득해 주시겠다는 약속을 듣기 위해서였어요. 당신 생각으로는 탈주한다는 것이 결백한 일이 못 되고 비겁한…… 그리고…… 뭐라고 할까요…… 비그리스도교적인 일일까요, 네?" 카체리나는 다시 도전하듯 목소리에 힘을 주며 물었다.

"아뇨, 결코 그렇지는 않습니다. 형님에게 다 얘기하겠습니다……" 알료샤는 중얼거리듯이 말했다. "형님은 오늘 당신이 와 주시기를 원하고 있습니다." 그는 카체리나의 눈을 똑바로 들여다보면서 갑자기 토해내듯이 말했다.

그녀는 몸을 꿈틀 떨고는 소파에 앉은 채 그에게서 조금 물러났다.

"내가…… 내가 정말 그렇게 할 수 있을까요?"

그녀는 얼굴이 새하얗게 질려서 중얼거렸다.

"할 수 있고말고요. 그리고, 꼭 그렇게 하셔야 합니다!" 완전히 기운을 얻은 알료샤는 약간 강경한 어조로 말을 꺼냈다. "형님에게는 당신이 무척 필요합니다. 특히 지금은, 만일 그럴 필요가 없다면 이런 말을 꺼내 가지고 처음부터 당신을 괴롭히지는 않을 것입니다. 형님은 환잡니다. 마치 정신이 이상해진 것 같습니다. 그러고는 밤낮 당신이 와 주셨으면 하고 말하고 있습니다. 형님은 화해하기 위해서 와 달라는 것이 아닙니다. 다만 당신이 거기 가서, 문간에서 잠깐 얼굴만 보여 주시면 됩니다. 형님도 그 뒤 많이 변했습니다. 당신에게 많은 죄를 지었다는 것도 깨닫고 있습니다. 그러나 당신에게 용서를 빌려는 것도 아닙니다. '나는 도저히 용서받을 수 없는 인간이다' 스스로 이렇게 말할 정도니까요. 잠깐 문간에서 얼굴만 보여 주시면 됩니다……"

"하지만, 너무 갑작스러워서……" 카체리나는 중얼거렸다. "하기야 난 얼마 전부터 당신이 그런 말을 하러 오지 않을까 짐작은 하고 있었어요…… 그이가 나를 부를 것은 뻔한 일이니까요, 하지만, 그럴 수는 없어요!"

"하실 수 없는 일인지는 모르겠습니다만, 꼭 그렇게 해 주셔야겠습니다. 사정이 이렇거든요. 기억해 주십시오. 형님은 처음으로 당신을 얼마나 모욕했는지 깨닫고 충격을 받았습니다. 태어나서 처음 있는 일입니다. 여태까지 그렇게 완전히 깨달은 적은 한 번도 없었습니다! 당신이 와 주시지 않으면 '평생 불행하게 지내지 않으면 안 된다'고 형님은 말하고 있습니다. 들어 보십시오. 20년 형을 선고 받은 형님이 아직도 행복해지길 바라고 있습니다……. 가련하지 않습니까? 한번 생각해 보십시오. 당신은 죄 없이 파멸한 한 남자를 찾아가시는 겁니다."

알료샤의 입에서 저도 모르게 도전적인 말이 튀어나왔다. "형님에게는 죄가 없습니다, 형님 손은 피에 물들지 않았습니다! 지금부터 견뎌야 할 무수한 고통을 위해 그분을 방문해 주십시오…… 찾아가서 어둠 속으로 떠나가는 형을 전송해 주십시오…… 문간에라도 서 있어 주십시오…… 그렇게 하지 않으면 안 됩니다!" 알료샤는 '그렇게 하지 않으면!'이라는 말에 특히 힘을 주어 말했다.

"그렇게 하지 않으면 안 되겠죠…… 하지만…… 난 그럴 수 없어요……" 카체리나는 신음하듯 말했다. "그인 나를 쳐다보겠지요…… 난 견디지 못할 거예요."

"두 분의 눈은 다시 한 번 마주쳐야 합니다. 만일 지금 그 결심을 하지 않으면, 당신은 평생 괴로워하시게 될 겁니다."

"차라리 평생 괴로워하는 편이 낫겠어요."

"가지 않으면 안 됩니다. 가야합니다."

알료샤는 다시 집요하게 힘을 주어 말했다.

"하지만, 왜 오늘이어야 하나요? 왜 지금이 아니면 안 되죠? 난 환자를 혼자 두고 나갈 수가 없어요……"

"잠깐이면 됩니다, 아주 잠깐이면 됩니다. 만일 당신이 안 가시면 형님의 열병은 밤까지 더욱 심해질 겁니다. 나는 거짓말을 하지 않습니다. 제발 가련하게 여겨 주십시오!"

"나야말로 가련하게 생각해 줘요."

카체리나는 괴로운 듯이 상대를 원망하더니 슬프게 울기 시작했다.

"그럼, 가 주시는 거지요?" 그녀의 눈물을 본 알료샤는 단호하게 말했다. "나는 한 걸음 먼저 가서 형님에게, 지금 당신이 오신다고 알려드리겠습니다."

"아뇨, 그런 말은 절대로 하지 마세요!" 카체리나는 깜짝 놀라 소리쳤다. "가겠어요. 하지만 미리 말하진 마세요. 가더라도 안에는 들어가지 않을지도 모르거든요…… 어떻게 할지 아직 모르겠어요……"

그녀의 목소리가 거기서 중단되었다. 숨을 쉬는 것이 괴로워 보였다. 알료샤는 나가려고 일어섰다.

"그러다가 누굴 만나거나 하면?"

그녀는 다시 창백해져서 조그마한 목소리로 말했다.

"그러니까 지금 당장 가시면 아무도 만날 걱정이 없습니다. 아무도 오지 않습니다. 정말입니다. 기다리겠습니다."

알료샤는 다짐을 두고 방에서 나갔다.

2 한순간 거짓이 진실이 되다

알료샤는 미차가 누워 있는 병원을 향해 걸음을 재촉했다. 판결이 있은 지 이틀 뒤, 미차는 신경성 열병에 걸려 이곳 시립병원 수인 병동(囚人病棟)에 수용되었던 것이다. 그러나 알료샤와 그 밖의 많은 사람들(호흘라코바와 리즈 같은 사람들)의 청원으로 의사 바르빈스키는 미차를 다른 죄수들과 한방에 넣지 않고 특별히 주선하여 전에 스메르자코프가 입원했던 작은 독실에 넣었다.

물론 복도 끝에는 경비원이 서 있고 창문에는 쇠창살이 있었으므로 바르빈스키도 이 규칙에 어긋나는 관대한 조치 때문에 걱정을 할 필요는 없었다. 그는 선량하고 인정 많은 청년이었다. 그는 미차 같은 남자에게 별안간 살인범이나 사기꾼 같은 인간들 속에 내던져지는 것이 얼마나 괴로운 일인지 알고 있었기 때문에 천천히 그런 공기에 익숙해지도록 할 생각이었다.

친척이나 친지들의 면회도, 의사나 간수는 물론 서장도 묵인해 주고 있었다. 그러나 요즘 미차를 찾는 사람은 오직 알료샤와 그루셴카뿐이었다. 라키친도 두 번쯤 면회를 간청했으나 미차는 바르빈스키에게 부탁하여 그를 들여 보내지 않도록 해놓았다.

알료샤가 들어갔을 때 미차는 병원에서 입는 가운을 걸치고 초산수(醋酸水)에 적신 수건을 머리에 둘둘 감은 채 침대 위에 앉아 있었다. 그는 초점 잃은 눈으로 들어오는 알료샤를 바라보았다. 그 눈에 일종의 공포 같은 것이 얼핏 떠올랐다.

그는 재판 당일부터 늘 깊은 생각에 잠겨 있었다. 어쩌다 보면, 한 30분쯤 아무 말도 없이 옆에서 보기에도 딱할 만큼 무언가 골똘히 생각하며 괴로워하고, 눈앞에 사람이 있다는 것도 잊어버리곤 했다. 설사 침묵을 깨고 자기 쪽에서 말을 하기 시작해도 언제나 느닷없이, 그것도 정말 아무 필요도 없는 말을 꺼내기 일쑤였다.

또 어쩌다가 괴로운 표정으로 알료샤를 바라볼 때도 있었다. 그는 알료샤보다 그루셴카와 함께 있는 편이 더 마음이 편한 모양이었다. 하기야 그루셴카와는 거의 말을 주고받지도 않았지만, 그녀가 들어오기만 하면 그의 온 얼굴은 기쁨으로 빛났다. 알료샤는 아무 말없이 침대에 앉아 있는 미차 곁에 나란히 앉았다. 이날 미차는 불안한 기분으로 알료샤를 기다리고 있었으나, 물어 볼 용기가 나지 않았다. 카체리나가 방문을 승낙한다는 것은 생각지도 못할 일이라고 여긴 탓도 있었다. 동시에 만일 그녀가 오지 않으면 무언가 엄청난 일이 일어나고 말 것 같은 기분이었다. 알료샤는 그의 그러한 기분을 잘 알고 있었다.

"트리폰이 말이다." 미차는 걱정스러운 듯이 입을 열었다. "자기 여관을 다

부숴 놨다는구나. 마루 판자를 들어 내고, 벽 널빤지를 뜯어 내고 '복도'까지 온통 쑥밭을 만들어 버렸단다. 검사가 그 1천5백 루블의 돈이 거기 어디 감추어져 있다고 하는 바람에 그 돈을 찾는다고 그런다나. 돌아가자마자 그런 얼빠진 짓을 시작했대. 악당 같으니라구, 깨소금맛이다! 여기 경비병이 어제 나한테 말해 주더구나. 거기서 왔거든."

"형님." 알료샤가 불렀다. "그 사람은 옵니다. 하지만 언제가 될지는 모르겠습니다. 오늘이 될지, 아니면 2, 3일 안이 될지, 어쨌든 옵니다. 오기는 확실히 옵니다."

미차는 몸을 부르르 떨었다. 그리고 무언가 말하려 하다가 그대로 입을 다물고 말았다. 이 소식은 그에게 큰 충격을 준 모양이었다. 그는 알료샤와 카체리나의 대화 내용을 자세히 알고 싶어 못 견딜 지경이었으나 지금 그것을 물어 보기가 두려운 모양이었다. 만일 무언가 카체리나의 잔인하고 모멸적인 말이라도 듣는다면 그 순간 당장에 칼이라도 맞은 사람처럼 될 것이 틀림없었다.

"그 사람은 여러 가지 얘기를 하다가 이런 말을 했어요. 나더러, 제발 탈주에 대해 형님의 양심을 안심시켜 드리라고요. 만일 그때까지 이반이 완쾌되지 않으면 자기가 맡아서 주선하겠다고요."

"그 얘긴 벌써 들었다."

미차는 생각에 잠기면서 말했다.

"그럼, 형님은 그루센카에게 이 얘기를 하셨습니까?"

"말했지. 그 사람은 오늘 아침엔 안 올 거다" 그는 슬금슬금 동생을 쳐다보았다. "밤까진 안 온다. 어제 내가 그 사람한테 카체리나가 여러 가지로 움직여 주고 있다고 말했더니, 아무 말없이 입을 삐죽거리더군. 그러고는 '마음대로 해 보라지 뭐!' 이렇게 말했을 뿐이야. 중대한 일이라는 건 납득이 간 모양이더라만, 난 그 이상 그루센카를 시험해 볼 용기가 안 나더라. 그 사람도 이젠 알고 있는 게 아닐까? 카체리나가 사랑하고 있는 것은 내가 아니라 이반이란 걸 말이다."

"알고 있을까요?"

알료샤는 저도 모르게 물었다.

"아니야, 아마 모를 거야. 어쨌든 오늘 아침엔 안 온대." 미차는 다시 재빨리 다짐했다. "그 사람에게 내가 부탁해 둔…… 말이 있지…… 어쨌든 이반은 누구보다 똑똑한 녀석이야. 그 앤 살아야 해, 우린 아무래도 좋지만. 이반은 꼭 완쾌될 거다."

"생각해 보십시오, 카체리나 씨는 이반 형님을 몹시 걱정하면서도 형님이 완쾌되리라고 믿고 있어요."

"그게 말하자면 죽는다고 생각하고 있단 증거야. 사실을 생각하기가 무서워서 완쾌된다고 믿으려 하는 거지."

"하지만 형님은 원래 몸이 튼튼해서 저도 완쾌할 것으로 기대하고 있습니다."

알료샤는 불안한 듯이 말했다.

"물론이지, 꼭 나을 게다. 그러나 카차는 이반이 죽을 거라고 믿고 있단 말이야. 그 사람도 불행이 끊이지 않는구나……"

침묵이 찾아왔다. 미차는 무언가 중대한 문제로 고민하고 있었다.

"알료샤, 나는 그루셴카를 무척 사랑하고 있어." 그는 별안간 눈물 어린 떨리는 목소리로 입을 열었다.

"하지만, 그 사람이 그곳에 함께 갈 수는 없을 거 아니에요." 알료샤는 얼른 형의 말을 받아 말했다.

"그래서 너한테 해 둘 말이 있다." 별안간 어딘지 모르게 들뜬 듯한 목소리였다. "만일 도중이나 거기 가서 관리들에게 두들겨 맞기라도 한다면, 나는 가만있지 않을 거다. 아마 그놈을 죽이고 나도 총살당할걸. 왜냐하면 그런 일이 20년이나 계속될 테니 말이야! 여기서도 벌써 나를 '너'라고 부르고 있어. 간수들이 나를 보고 '너'라고 부른다니까. 간밤에도 누워서 밤새도록 나 자신에 대해 생각해 보았어, 아무래도 나는 각오가 덜 된 모양이야! 받아들일 수가 없어! 나는 '찬가'를 부르고 싶었는데, 간수들한테 '너' 소리를 듣는 건 도저히 참을 수가 없어. 그루샤를 위해서라면 뭐든지 참겠다, 뭐든지…… 그러나, 매를 맞는 것만은…… 하지만, 그 여자는 거기 함께 갈 수 없을 거야."

알료샤는 조용히 미소를 지었다.

"형님, 그 일에 대해서 마지막으로 말씀드립니다만, 제가 거짓말을 안 한다는 건 잘 아시겠지요. 형님, 형님은 아직 마음이 약하십니다. 지금 말한 그런 십자가는 아직 젊어지지 못하십니다. 그뿐 아니라, 마음이 약한 형님에겐 그런 위대한 순교자의 십자가 같은 건 필요가 없어요. 만일 형님이 아버지를 살해했다면, 십자가를 피하려 하시는 형님을 나도 슬퍼할 것입니다. 하지만 형님은 죄가 없습니다. 그런 십자가는 형님에겐 너무 무겁습니다.

형님은 고통을 받음으로써 자기 내부에 또 하나의 인간을 소생시키려고 하셨어요. 제 생각으로는 설혹 형님이 어디로 달아나시더라도, 그 또 한 사람의 인간을 잊어버리지만 않으신다면, 그것으로 족하다고 봅니다. 형님이 이 십자가의 고통을 피하시는 것은 자기 내부에 더 큰 의무를 느끼시는 계기가 될 것입니다. 그리고 이 끊임없는 고통은 장차 형님의 생애에서 형님이 새로운 인간으로 태어나는 것을 도울 것입니다. 어쩌면 거기 가시는 것보다 더 나을지도 모릅니다.

왜냐하면 거기 가셨다가는 형님은 견디지 못하고 오히려 하느님께 불만을 갖게 되어, 나중에는 나는 청산을 다했다는 생각을 품으시게 될 테니까요. 사실 그 점에 대해서는 변호사가 한 말이 맞습니다. 누구나 다 그런 무거운 짐을 질 수 있는 것은 아닙니다. 사람에 따라서는 절대로 불가능할 경우도 있습니다…….

꼭 제 의견을 듣고 싶으시다면, 지금 말씀드린 그런 것입니다. 만일 형님이 탈주해서 다른 사람이, 이를테면 호송장교나 병사가 책임을 지게 된다면, 저도 탈주를 '용서하지 않겠지만' 말씀입니다" 알료샤는 이렇게 말하고 빙그레 미소 지었다. "그러나(이것은 그 세 번째 중계수용소 소장이 이반 형님에게 한 말입니다만), 잘만 하면 그다지 큰 문제가 되지 않고 아주 가벼운 벌로 그칠 것이라는 얘깁니다. 물론 뇌물을 쓰는 것은 좋지 않은 일입니다. 이런 경우에도 좋지 않은 일임에는 틀림없지만. 저는 이제 일체 이론을 들먹이지 않겠습니다. 그러니까 만일 이반 형님과 카체리나 씨가 형님을 위해 뒤에서 움직여 달라고 부탁한다면 저도 가서 뇌물을 쓰게 될 테니까요. 제가 이런 말을 하는 것도 형님에겐 모든 것을 사실대로 말하지 않으면 안 되기 때문입니다. 그러니까 형님이 어떻게 행동하시든 저는 형님의 행위를 심판할 입장이 아닙니다. 하지만, 알아주십시오. 저는 결코 형님을 책망하지 않습니다. 거기다가 제가 이 사건에서 형님을 심판한다는 건 우스운 얘기가 아닙니까? 자, 이것으로 모두 검토한 셈이군요."

"하지만 그 대신 나는 내 스스로 나를 심판하지 않으면 안 되게 된단 말이야!" 미차가 소리쳤다. "나는 달아나겠어. 이건 네가 말하지 않아도 결정된 일이야. 미챠 카라마조프가 어찌 달아나지 않고 배기겠니? 그 대신 스스로 나 자신을 심판하여 다른 곳에 가더라도 죽을 때까지 용서를 구하며 기도하겠어! 이렇게 말하니까 왠지 예수회 사람들의 말투 같구나…… 우리가 지금 이렇게 얘기를 주고받는 게 그렇지 않니, 응?"

"그렇군요."

알료샤는 조용히 미소를 지었다.

"나는 네가 언제나 진실을 말하고 조금도 숨기지 않아서 좋더라!" 기쁜 듯이 웃으면서 미챠가 큰 소리로 말했다. "말하자면 나는, 우리 알료샤가 예수회 수도사라는 꼬리를 잡은 셈이지! 이건 너한테 키스 세례를 퍼부어야 할 일이군! 자 그러면 그 나머지를 들어 다오. 내 마음의 나머지 절반도 너한테 열어 보일 테니까. 내가 곰곰 생각한 끝에 결심한 건 이런 거야.

나는 비록 돈과 여권을 가지고 미국으로 달아나더라도 기쁨을 얻는 것도 아니고 행복을 얻는 것도 아니고 사실상 전혀 다른 징역살이를 간다는 생각으로 나 자신을 격려하고 있어. 미국은 정말 시베리아와 다를 게 없는 곳이야! 시베리아 뺨칠지도 몰라. 알렉세이, 솔직하게 말해서 훨씬 더 나쁘다! 난 그 미국이란 나라가 싫어. 비록 그루샤가 나와 함께 가더라도 말이다. 첫째, 그 사람을 봐. 대체 누가 그 사람을 미국 여자로 보겠니! 그 사람은 러시아 여자야, 머리끝에서 발끝까지 러시아 여자란 말이다. 그 사람은 어머니인 러시아가 그리워서 향수병에 걸릴지도 몰라. 그러면 나는 밤낮 그 사람이 나 때문에 힘들어하고 나 때문에 십자가를 짊어지고 있는 것을 보지 않으면 안 된단 말야. 그 사람에게 무슨 죄가 있니? 그리고 나도 어떻게 미국의 농부들하고 같이 살아갈 수 있겠어? 그 녀석들은 모두 나보다 좋은 인간들인지는 모르지만, 역시 농사꾼은 농사꾼이야. 벌써부터 나는 미국이 싫어 죽겠어! 설사 그들이 하나같이 훌륭한 기술자건 뭐건 상관없어. 그들은 결코 내 동무가 아니야. 내 영혼의 벗일 수는 없어. 나는 러시아를 사랑해. 알렉세이, 나 자신은 비열한 사나이지만, 나는 러시아의 신을 사랑하고 있어! 그래, 나는 틀림없이 거기서 뻗어 버릴 것 같아!" 그는 갑자기 눈을 빛내면서 소리쳤다. 그의 목소리는 눈물 때문에 떨리고 있었다.

"그래서, 알렉세이, 난 결심했어. 한번 들어 봐다오!" 그는 흥분을 누르면서 말을 이었다. "그루셴카와 둘이서 그곳에 도착하면, 거기서 곧 어디든 인적이 드문 곳으로 가서 야생 곰들과 함께 농사를 지을 참이다. 거기는 아직도 어딘가 인적 없는 곳이 있지 않겠니! 뭐 얘길 들어 보면 거기는 어딘가 지평선 끝에 아직도 피부가 붉은 인디언이 살고 있다는구나. 우리는 거기까지, 마지막 모히칸족의 나라까지 찾아갈 참이다. 그리고 나도 그루샤도 곧 문법 공부를 시작하는 거야. 3년 동안 일하면서 문법을 공부하는 거지. 그래서 어떤 영국인과 비교해도 지지 않을 만큼 영어를 익힐 참이다.

영어를 다 익히고 나면 그때는 이제 미국과는 작별이지. 미국인이 되어 가지고 다시 이 러시아로 돌아온단 말야. 걱정할 것 없어, 이곳엔 오지 않을 테니까. 북쪽이나 아니면 남쪽 어디 먼 시골에 숨어 버리면 돼. 그때까진 나도 변할 거고 그 사람도 역시 변하겠지. 미국 의사한테 부탁해서 얼굴에 사마귀나 뭐나 만들어 달라지 뭐. 그 녀석들은 기술자니까 그까짓 건 아무것도 아닐 거다. 그렇잖으면 한쪽 눈을 뽑아서 애꾸가 되든지 허연 수염을 육칠십 센티나 기르든지(러시아가 그리워 머리도 하얗게 셀 거야). 그렇게 하면 아무도 알아보지 못할걸. 만일 발각될 때는 다시 시베리아로 가면 되잖아? 재수가 없는 걸 어떡하니. 아무튼 돌아와서 어느 시골에 파묻혀 농사를 지으련다. 그리고 한평생 미국인 행세를 할 생각이야. 그 대신 러시아 땅에 뼈를 묻게 되는 셈이야. 이게 내 계획이다. 절대로 변경할 수 없어. 찬성해 주겠니?"

"찬성하겠습니다."

알료샤는 말했다. 형에게 반대하고 싶지 않았기 때문이다.

미챠는 잠시 침묵을 지키다가 다시 입을 열었다.

"그런데, 재판에선 정말 교묘하게 넘어가고 말았어. 어떻게! 그럴 수가 있을까!"

"그렇지 않더라도 역시 유죄는 됐을 겁니다!"

알료샤는 한숨을 쉬면서 말했다.

"그래, 이 도시 사람들은 내게 진력을 내고 있는 거야. 마음대로 하라지, 이제 나도 정말 지긋지긋해졌다!"

미챠는 괴로운 듯이 신음했다.

다시 두 사람 사이에 잠시 침묵이 흘렀다.

"알료샤, 지금 당장 나를 죽여다오!" 그가 느닷없이 소리쳤다. "그 사람은 올까, 안올까, 말해다오! 그 사람 뭐라고 하던? 어떻게 말하던?"

"온다고는 했지만, 오늘이 될지 언제가 될지 모르겠습니다. 그 사람도 괴롭거든요!"

알료샤는 주저하는 눈초리로 형을 바라보았다.

"흥, 그야 당연하지, 당연히 괴롭겠지! 알료샤, 난 그걸 생각하면 미칠 것만 같다. 그루샤는 늘 나를 보고 있어서 내 마음을 이해하고 있어. 아아, 하느님, 제 마음을 진정시켜 주십시오. 뭘 원하고 있느냐고! 카챠를 원하고 있는 거다. 대체 나는 옳은 정신인가? 이건 바로 카라마조프식의 모독적인 무절조야! 그래, 나는 괴로워하는 것이 불가능한 인간이니까! 비겁자, 오직 그뿐이다!"

"아, 그 사람이 왔습니다!"

알료샤가 소리쳤다.

그 순간 카챠가 홀연히 문간에 모습을 나타냈다. 그녀는 거기서 어찌할 바를 모르는 눈초리로 미챠를 바라보면서 걸음을 멈췄다.

미챠는 거의 튀어오르듯이 자리에서 일어났다. 그 얼굴에 공포의 빛이 떠올랐다. 그의 얼굴이 하얗게 질리더니 곧 겁먹은 듯, 애원하는 듯한 미소가 언뜻 입술에 떠올랐다. 다음 순간 그는 저도 모르게 두 손을 카챠에게 내밀었다.

그것을 보더니 카챠는 얼른 그 앞으로 달려가 두 손을 잡고는 그를 밀어붙이듯 침대에 앉히고 자기도 그 옆에 앉았다. 그리고 언제까지나 그 손을 놓지 않고 가늘게 떨리는 손으로 꼭 쥐고 있었다. 두 사람은 몇 번이나 무슨 말을 꺼내려다 그만 두고 가만히 입을 다문 채 기묘한 웃음을 지으면서 꼼짝도 하지 않고 서로의 얼굴을 들여다보고 있었다. 이렇게 2분쯤 지났다.

"날 용서해 준 건가, 응?" 마침내 미챠가 중얼거리듯이 말했다. 그리고 알료샤를 돌아보고 너무나 기뻐서 얼굴을 일그러뜨리며 소리쳤다. "넌 알겠지, 내가 무엇을 묻는가! 알겠지?"

"그래서 난 당신을 사랑한 거예요, 당신은 정말 관대한 사람이거든요!" 카챠는 자기도 모르게 소리쳤다. "그리고, 내가 당신을 용서할 일은 아무것도 없어요. 오히려 나야말로 당신의 용서를 빌어야 해요. 하지만, 용서받든 용서받지 못하든, 당신은 내 마음속에 영원한 상처로 남을 거예요. 그리고 나도 역시 당신 마음속에, 그렇지 않다면 거짓말이에요……"

그녀는 숨을 들이마시려고 말을 끊었다.

"내가 뭣 때문에 온 줄 아세요?" 그녀는 흥분하여 황급하게 다시 말을 이었다. "당신의 발에 키스하려고 왔어요, 당신 손이 잡고 싶어서 왔어요. 이렇게 꼭, 아프도록. 기억나요? 모스크바에서도 이렇게 당신 손을 잡았었죠. 그리고 또 당신이 나의 하느님이고, 나의 기쁨이란 것을 새삼 말하려고 왔어요. 내가 미치도록 당신을 사랑하고 있다는 것을 당신에게 말하고 싶었어요."

그녀는 괴로운 듯 신음하며 이렇게 말하고 별안간 열렬하게 그의 손에 입을 맞췄다.

그녀의 눈에서 눈물이 넘쳐흘렀다. 알료샤는 놀란 모습으로 말없이 서 있었다. 지금 눈앞에 펼쳐지고 있는 광경을 전혀 예상하지 못했던 것이다.

"사랑은 끝났어요, 미차!" 다시 카챠가 말을 꺼냈다. "하지만, 그 끝나 버린 추억이 나한테는 아프도록 소중해요. 이건 언제까지나 잊지 말아 주세요. 하지만, 이제부터 1분 동안만이라도 할 수 있었으면서도 하지 못한 일을 해도 괜찮겠죠?" 미소로 얼굴을 일그러뜨리고 중얼거리듯이 속삭이면서 그녀는 기쁜 눈빛으로 미차의 눈을 들여다보았다. "당신도 지금은 다른 여자를 사랑하고 나도 다른 남자를 사랑하고 있지만, 그래도 나는 역시 영원히 당신을 사랑할 것이고, 당신도 마찬가지일 거예요. 아시겠어요? 네, 나를 사랑해 주세요, 죽는 날까지 사랑해 주세요!" 어딘가 위협이라도 하는듯한 떨리는 목소리로 그녀는 소리쳤다.

"사랑할거야. 그리고…… 알고 있어, 카챠?" 미차는 한 마디마다 숨을 쉬면서 말했다. "나는 닷새 전의 그때도, 그날 밤에도 당신을 사랑하고 있었어, 당신이 쓰러져서 실려 나간 그때 말이야…… 죽을 때까지! 그대로, 영원히 그대로……"

그들 두 사람은 거의 무의미한, 미친 넋두리 같은 말을 서로 소곤거렸다. 그 말은 어쩌면 진실과는 거리가 먼 것이었는지도 모른다. 그러나 적어도 그 순간만은 진실이었다. 그들 자신도 자기들의 말을 한결같이 믿었다.

"카챠." 미차가 갑자기 큰 소리로 불렀다. "당신은 내가 죽였다고 믿었어? 지금은 안 그런 줄 알지만, 그때…… 당신이 그 증언을 했을 때 말이야…… 그래, 그때는 그걸 믿고 있었지, 그렇지?"

"그때도 믿진 않았어요! 한 번도 믿은 적이 없어요! 당신이 미워서, 갑자기 스스로 그렇게 믿게 한 거예요, 그 순간에 말예요…… 증언을 할 때는…… 그렇게 믿으려고 했고 그렇게 믿었어요…… 하지만 증언을 마치고 나니 다시 대번에 믿을 수 없게 되어 버렸어요. 정말이에요. 아아, 깜빡 잊고 있었네요, 나는 나 자신을 벌할 생각으로 여기 왔는데!" 그녀는 갑자기 지금까지의 사랑의 속삭임과는 다른 전혀 새로운 말투와 표정으로 말했다.

"당신도 많이 괴롭지? 더구나, 여자의 몸으로!"

미차는 저도 모르게 뇌까렸다.

"이제, 그만 돌아갈게요." 그녀는 소곤거렸다. "또 오겠어요, 지금은 괴로워서……"

그녀는 일어서려다가 별안간 외마디 소리를 지르더니 뒤로 물러섰다. 어느새 그루셴카가 소리도 없이 방안에 들어온 것이다. 그것은 아무도 예상하지 못한 일이었다. 카차는 그대로 입구로 걸어나가다가 그루셴카와 스치고 지나갈 때 갑자기 걸음을 멈추더니 백묵처럼 하얘진 얼굴로 조용히 속삭이듯 말했다.

"나를 용서해 주세요!"

상대편은 카차를 지그시 바라보고 있더니 잠깐 뜸을 두었다가 증오에 찬 표독스러운 목소리로 대답했다.

"홍, 우습군요! 당신도 나도 둘 다 서로를 미워하고 있으니까요, 둘 다 못된 건 마찬가지예요. 용서하다니, 어느 쪽이 용서하는 거죠, 댁인가요, 아니면 난가요? 어쨌든, 저이를 도와 주기만 하면 난 한평생 댁을 위해서 기도해 드리겠어요."

"당신은 용서하고 싶지 않단 말이지."

미차는 비난을 담은 목소리로 그루셴카에게 미친 듯이 소리쳤다.

"걱정 안 해도 돼요. 당신을 위해 반드시 저이를 구해낼 테니까!" 카차는 재빨리 이렇게 소곤거리고는 방에서 달려나갔다.

"당신은 저 사람을 용서해 줄 수 없단 말인가? 저쪽에서 먼저 '용서해 달라'고 말했잖아."

미차는 다시 비통한 소리로 외쳤다.

"형님, 이분을 비난해선 안 됩니다. 형님에겐 그럴 권리가 없습니다!"

알료샤가 갑자기 열을 올리며 형에게 말했다.

"그런 소린 오만한 여자의 입에 발린 말이에요. 진심으로 하는 말이 아니라구요." 그루셴카가 가시 돋친 목소리로 말했다. "만일 당신을 구해낸다면, 뭐든지 용서해 주겠지만……"

그녀는 마음속의 무언가를 지그시 억누르듯이 그대로 입을 다물고 말았다. 그녀는 아직 평정을 되찾을 수가 없었던 것이다. 나중에 안 일이지만 그녀는 이때 정말로 우연히 들어왔던 것이고 그런 일을 당하리라고는 전혀 예상하지 못했던 것이다.

"알료샤, 저 사람을 쫓아가거라!" 갑자기 미챠가 맹렬한 기세로 동생을 돌아보았다. "그녀에게 말해…… 뭐라고 말하나…… 아무튼, 이대로 돌려보내면 안 돼!"

"저녁때 다시 오겠습니다!"

알료샤는 이렇게 말하고 카챠의 뒤를 쫓아갔다.

그는 병원을 나와서 카체리나를 따라잡았다. 그녀는 총총걸음으로 걸어가다가 알료샤가 옆에 오자마자 빠르게 얘기하기 시작했다.

"안 돼요, 난 그 여자 앞에서 나를 벌줄 수는 없어요! 내가 그 여자에게 용서해 달라고 한 것은, 어디까지나 나 자신을 벌주고 싶어서 그런 거예요. 그런데 그 여잔 용서해 주지 않았어요…… 그래서 난 그 여자를 좋아해요!"

카체리나는 증오에 일그러진 목소리로 그렇게 덧붙였다. 그 눈은 노골적인 증오로 번들거리고 있었다.

"형님도 이렇게 될 줄은 꿈에도 몰랐습니다." 알료샤는 중얼거렸다. "형님은 그 사람이 오지 않을 줄 알고……"

"물론 그랬겠죠. 하지만, 그런 얘긴 이제 그만둡시다."

그녀는 자르듯이 말했다. "저, 난 오늘의 그 장례식에 같이 갈 수 없게 됐어요. 조화만 보내 놓았습니다. 돈은 아직 있겠죠? 하지만, 만일 필요하다면, 앞으로도 난 결코 그 사람들을 모른 척하지 않을 거라고, 그렇게 전해 주세요…… 자, 여기서 헤어져요, 내 걱정은 말고 어서 가 보세요. 당신도 늦었잖아요, 오후 예배의 종이 울리네요…… 어서 가 보세요!"

3 일류샤의 장례식. 바위 옆의 인사

실제로 그는 늦고 말았다. 모두들 그를 기다리고 있다가 더 기다리지 못하고 꽃으로 장식된 깨끗한 관을 교회당 안으로 옮겨 놓고 있는 참이었다.

그것은 가련한 소년 일류샤의 관이었다. 그는 미챠의 판결 선고가 있은 지 이틀 뒤에 숨을 거두었다.

알료샤가 문 앞에 다가가니 일류샤의 어린 동무들이 환호하며 맞아 주었다. 오랫동안 기다리고 있던 아이들은 그가 온 것이 여간 기쁘지 않았다. 소년들은 열두 명쯤 모여 있었는데 모두 어깨에 가방을 메고 있었다.

'아버지가 무척 우실 거야. 제발 아버지 곁에 있어줘.'

임종 때 일류샤가 남긴 말인데 소년들은 그 말을 잊지 않고 기억하고 있던 것이다. 콜랴 크라소트킨이 소년들의 선두에 서 있었다.

"카라마조프 씨, 와 주셔서 얼마나 기쁜지 모르겠어요!" 콜랴는 알료샤에게 손을 내밀면서 소리쳤다. "이곳은 정말 참혹해요. 정말 보고 있을 수가 없을 정돕니다. 스네기료프 씨도 오늘은 취하지 않았어요. 그분이 오늘은 한 모금도 안 마신 걸 우린 다 알고 있는데, 꼭 취한 사람 같아요…… 난 웬만한 일엔 끄떡도 안하는데, 오늘은 정말 괴롭군요. 카라마조프 씨, 저, 시간이 있으시다면 한 가지 물어 볼 일이 있어요, 집 안에 들어가시기 전에요."

"뭐지, 콜랴?"

알료샤는 잠시 걸음을 멈추었다.

"선생님의 형님은 무죄입니까, 아니면 정말로 유죄입니까? 아버지를 죽인 사람은 형님입니까, 하인입니까, 우린 선생님 말씀을 곧이 듣겠습니다. 말씀해 주세요. 나는 이 일을 생각하느라 나흘 밤이나 자지 못했습니다."

"하인이 죽인 거야, 형님에겐 죄가 없어."

알료샤가 대답했다.

"거봐, 내 말이 맞지?"

스무로프 소년이 느닷없이 소리쳤다.

"그럼, 그분은 정의를 위해서 죄 없이 희생되어 사라지는 것이군요!" 콜랴가 소리쳤다. "하지만, 사라지긴 해도 그분은 행복합니다! 나는 그분이 부럽습니다!"

"대체 무슨 말을 하는거지? 어째서 그런 말을? 어째서지?"

알료샤는 은근히 놀라면서 물었다.

"나도 언젠가 정의를 위해서 나 자신을 희생할 생각이거든요."

콜랴는 열광적으로 말했다.

"하지만, 이런 일로 희생되는 건 소용없어요. 이런 수치스럽고 무서운 사건 때문에 말이야!"

"물론…… 온 인류를 위해서 죽기를 원해요. 수치스러운 건 아무래도 상관없어요. 우리의 이름 같은 건 어떻게 되든 상관없어요. 나는 선생님의 형님을 존경합니다!"

"나도 존경해요!"

뜻밖에 아이들 중 한 명이 그렇게 소리쳤다. 전에 트로이의 창건자를 알고 있다던 그 소년이었다. 그는 이렇게 소리치자마자 역시 그때처럼 귀뿌리까지 작약 꽃잎처럼 붉어졌다.

알료샤는 방으로 들어갔다. 일류샤는 주름 잡힌 흰 레이스로 장식된 하늘색 관 속에 두 손을 포갠 채 눈을 감고 누워 있었다. 얼굴은 수척했지만 살아 있을 때와 거의 변함이 없었다. 그리고 이상하게도 시체에서는 거의 냄새가 나지 않았다. 그 얼굴은 진지함 그 자체였고 생각에 잠긴 듯한 표정을 짓고 있었다. 십자로 포개진, 마치 대리석으로 깎은 듯한 손은 특히 아름답게 보였다. 그 손에는 꽃이 쥐어져 있었다. 그리고 관 안팎은 오늘 아침 일찍 리즈 호흘라코바가 보내온 꽃으로 온통 장식되어 있었다. 그 밖에 카챠가 보내온 꽃도 있었다. 알료샤가 방문을 열었을 때, 퇴역 대위는 떨리는 손에 꽃다발을 들고 사랑하는 아들의 시신 위에 꽃을 뿌리고 있었다.

그는 알료샤가 들어오는 것조차 거들떠보지 않았다. 아무도 보고 싶지 않았던 것이다. 훌쩍훌쩍 울고 있는 실성한 자기 아내까지 보지 않으려 했다. 그녀는 아픈 다리로 일어서서 죽은 아이를 되도록 가까이서 들여다보려고 애를 쓰고 있었다. 니노치카는 의자에 앉은 채 소년들의 부축을 받아 관 옆에 다가앉았다. 그녀는 그대로 죽은 동생에게 얼굴을 갖다대고 역시 소리 없이 울고 있는 모양이었다.

스네기료프는 보기에는 얼굴에 생기가 돌고 있었으나, 어딘지 방심한 것 같기도 하고 화가 난 것 같기도 했다. 그 몸짓과 이따금 뇌까리는 말투는 거의 실성한 것처럼 보였다.

"아가, 귀여운 내 아가!"

그는 일류샤를 들여다보며 줄곧 아이를 불러댔다. 일류샤가 살아 있을 때부터 그는 "아가, 귀여운 내 아가!" 하면서 귀여워하는 버릇이 있었다.

"여보, 나도 꽃을 줘. 그 애가 손에 쥔 그 흰 꽃을 줘!" 실성한 '엄마'는 흐느끼면서 소리쳤다. 일류샤의 손에 쥐어진 흰 장미꽃이 무척 마음에 들었는지,

아니면 기념으로 갖고 싶었는지, 아무튼 그녀는 몸부림을 치면서 꽃 쪽으로 손을 내밀었다.

"아무에게도 안 줘. 아무것도 못 줘!" 스네기료프는 차갑게 내뱉듯이 그렇게 소리쳤다. "이 꽃은 이 아이 거야, 당신 것이 아니란 말야. 모두 죄다 이 아이 거다. 당신 건 하나도 없어!"

"아빠, 엄마에게 꽃을 드려요!"

니노치카가 눈물에 젖은 얼굴을 들고 말했다.

"아무것도 안 준다. 엄마에겐 더군다나 안 돼! 엄마는 이 아이를 귀여워하지 않았어. 그때만 하더라도 애 대포를 빼앗아 버렸잖아. 일류샤가 엄마에게 선물했지." 일류샤가 그때 자기 대포를 엄마에게 양보해 준 것이 생각났는지 퇴역 대위는 갑자기 흐느껴 울기 시작했다. 실성해 버린 가련한 '엄마'도 두 손으로 얼굴을 가리고 조용히 흐느꼈다. 아버지가 언제까지나 관 옆을 떠나려 하지 않고 있는데 벌써 출관 시간이 다 된 것을 보고, 소년들이 한덩어리가 되어 관을 둘러싸고 한꺼번에 들어올리기 시작했다.

"교회 묘지에는 안 묻을 테다!" 느닷없이 스네기료프가 소리쳤다. "바위 옆에 묻을란다. 우리들 바위 옆에! 일류샤가 그래 달라고 말했어. 묘지에는 못 가져간다!"

그는 벌써 사흘 전부터 바위 옆에 묻겠다고 고집을 부리고 있었다. 그러나 알료샤를 비롯하여 콜랴 집주인 할머니, 할머니의 누이, 소년들 모두 이에 반대했다.

"꼭 목매달아 죽은 송장처럼 더러운 바위 옆에다 묻다니, 그게 무슨 심보야." 집주인 할머니가 엄하게 말했다. "교회 구내에는 버젓이 십자가를 세운 묘지가 있잖아. 거기 묻히면 모두 기도를 해줄 수도 있지. 교회당 찬송가도 들리겠다, 신부님이 날마다 고마운 기도문 읽는 소리도 일류샤의 귀에 들어갈테니, 마치 그애 무덤 옆에서 읽어 주는 거나 다름없잖아."

마침내 대위는 체념한 듯이 손을 흔들며 말했다.

"아무데로나 마음대로 메고 가!"

소년들은 관을 들어 올려 밖으로 나가다가 엄마 앞에서 잠시 멈추고 관을 내려놓았다. 엄마가 일류샤와 마지막 작별을 할 수 있게 하기 위해서였다.

지난 사흘 동안 늘 떨어진 자리에서 일류샤를 바라보고 있던 그녀는 지금 바로 앞에서 소중한 일류샤의 얼굴을 들여다보고는 온몸을 부들부들 떨면서 신경질적으로 흰머리를 관 위에서 앞뒤로 흔들어 대기 시작했다.
"엄마, 일류샤에게 성호를 긋고 축복해 주세요, 입맞춰 주세요"
니노치카가 엄마에게 말했다. 그러나 엄마는 묵묵히 무슨 자동 인형처럼 머리를 앞뒤로 흔들 뿐이었다. 그 얼굴은 타는 듯한 슬픔 때문에 일그러져 있었다. 그러더니 갑자기 자기 가슴을 주먹으로 때리기 시작했다. 관이 들려나갔다. 니노치카는 관이 자기 앞을 지나갈 때 죽은 동생의 입술에 마지막 입맞춤을 했다. 알료샤는 방에서 나갈 때 집주인 할머니에게 남아 있는 사람들을 부탁하려 하자 할머니는 알료샤의 말이 채 끝나기도 전에 대답했다.
"알고 있어요, 저 사람들 걱정은 말아요. 나도 그리스도교 신자니까."
이렇게 말하고 할머니는 울었다. 교회까지는 그다지 멀지 않아서 불과 300걸음 정도 거리였다. 청명하고 고요한 날씨였다. 추위가 닥쳐와 있었지만 그리 대단치는 않았다. 예배시작을 알리는 종소리가 아직도 울려 퍼지고 있었다.
스네기료프는 흐트러진 모습으로 허둥지둥 관을 따라갔다. 그는 여름철에 입는 짧은 헌 외투를 걸치고 있었다. 차양이 널찍한 낡은 중산모는 쓰지 않고 손에 들고 있었다. 그는 무언가 해결할 수 없는 걱정거리를 안고 있는 듯이 갑자기 손을 뻗어 관을 잡으려고 관 든 사람들을 방해하기도 하고 관 주위를 돌아다니면서 어떻게든 사람들 틈에 끼어들어가려고 애쓰고 있었다. 꽃 한 송이가 눈 위에 떨어졌다. 그러자 그는 그 꽃을 잃으면 무슨 큰일이라도 나는 듯이 달려가서 그것을 집어들었다.
"아, 빵을, 빵을 잊어 버리고 왔구나."
그는 매우 놀라면서 느닷없이 소리쳤다. 소년들은 그 말을 듣고 얼른, 빵은 자기들이 틀림없이 가지고 와서 호주머니 안에 넣어 두었다고 말해 주었다. 그는 얼른 그것을 꺼내 보고 비로소 마음을 놓았다.
"일류샤가 그렇게 말했습니다, 일류샤가." 그는 즉각 알료샤에게 설명했다. "어느날 밤, 내가 그 애 침대 옆에 앉아 있는데 그 애가 갑자기 '아빠, 내 무덤에 흙을 덮을 때, 빵가루도 함께 뿌려 주세요. 참새가 날아오도록 말이에요. 참새가 날아오면 난 혼자가 아니라는 걸 알고 기쁠 테니까!' 이런 말을 하잖겠습니까."
"그건 아주 좋은 생각이군요. 될 수 있으면 자주 갖다 주는 것이 좋겠어요."

"매일 갖고 가겠습니다, 매일!"

대위는 완전히 활기를 되찾아 이렇게 중얼거렸다. 이윽고 일행은 교회에 도착하여 그 한가운데에 관을 내려놓았다. 소년들은 관을 빙 둘러싸고 예배가 진행되는 동안 예의바르게 서 있었다. 그 교회는 오래되고 가난하여 성상(聖像)의 금은 장식이 꽤 많이 벗겨져 있었다. 그러나 그런 교회가 오히려 기도하는 데는 더 좋은 법이다. 예배가 진행되는 동안 스네기료프도 얼마간 조용해졌으나 역시 이따금 자기도 의식하지 못하고 까닭 모를 불안에 사로잡혔다.

그는 관 옆에 다가가서 관덮개며 화환을 고치는가 하면 다음에는 촛대에서 초가 한 자루 떨어진 것을 보고 허둥지둥 달려가서 제자리에 세우느라고 오랫동안 꾸물거리곤 했다.

그것이 끝나자 겨우 마음이 진정되어 희미하게 불안한 빛을 띤 채 멍한 표정으로 죽은 사람의 머리맡에 얌전하게 서 있었다. 《사도행전(使徒行傳)》이 낭송된 뒤 그는 갑자기 자기 옆에 서 있는 알료샤를 돌아보며 《사도행전》은 저렇게 읽는 법이 아니라고 소곤거렸다. 그러나 그 까닭은 말하지 않았다. 할렐루야의 성가가 시작되자 그도 따라서 함께 부르더니 노래가 다 끝나기 전에 무릎을 꿇고 교회 돌바닥에 이마를 갖다대고 꽤 오랜 시간을 엎드려 있었다.

이윽고 매장할 때가 되어 사람들에게 촛불이 하나씩 주어졌다. 넋이 나간 것 같은 아버지는 다시 허둥대기 시작했다. 슬픈 가락의 장송곡은 그의 마음에 더욱 커다란 감동을 주었다.

그는 갑자기 몸을 움츠리면서 소리 죽여 훌쩍거렸다. 처음에는 소리를 억누르고 있었지만 나중에는 큰 소리로 통곡하기 시작했다. 사람들이 마지막 작별을 하고 관뚜껑을 닫으려하자, 그는 귀여운 아들의 죽은 모습을 가리지 못하게 하려는 듯이 일류샤의 시신을 몸으로 덮고 감싸안으면서 그 입술에 수없이 입을 맞췄다.

사람들이 간신히 그를 달래어 거의 강제로 계단에서 내려가게 했을 때 그는 느닷없이 손을 쑥 내밀어 관에서 꽃을 몇 송이 집어들었다. 그리고 가만히 그 꽃을 들여다보고 있더니, 문득 어떤 새로운 생각이 머리에 떠올랐는지 한동안 무슨 중요한 일을 잊어버린 듯한 표정이 되었다. 그리하여 서서히 골똘한 생각에 잠기기 시작한 듯, 사람들이 관을 묘지 쪽으로 옮겨갈 때에도 아무 방해도 하지 않았다.

묘지는 교회 바로 옆의 울타리 안에 있었다. 그 비싼 땅값은 카체리나가 지불해 주었다.

절차대로 의식이 끝나자 인부들이 관을 구덩이 안에 내려놓았다. 그러자 스네기료프가 손에 꽃을 쥔 채 나직하게 몸을 굽히고 구덩이 안을 들여다보았다. 소년들은 깜짝 놀라 그의 외투를 잡고 뒤로 끌어냈다. 그는 무슨 일이 진행되고 있는지 잘 모르는 것 같았다. 사람들이 흙을 덮기 시작하자 그는 갑자기 걱정스러운 듯이 떨어지는 흙을 손가락으로 가리키며 뭐라고 중얼거리기 시작했다. 그러나 무슨 말을 하는건지 아무도 알아들을 수가 없었다. 그러다가 다시 갑자기 얌전해졌다. 그때 사람들이 그에게 빵을 뿌리라고 일렀다. 그러자 그는 몹시 흥분하여 빵을 꺼내더니 그것을 뜯어서 조금씩 무덤 위에 뿌렸다.

"자, 새들아, 날아온. 자, 참새들아, 어서 날아온!"

그는 초조한 어조로 중얼거렸다. 아이들 중의 누군가가, 꽃을 들고 있으면 빵을 뜯기가 불편할 테니 누구에게 잠깐 맡겨 놓으면 어떠냐고 말했다. 그러자 그는 꽃을 누구에게 맡기기는커녕 마치 누가 빼앗기라도 할까봐 갑자기 경계하기 시작했다. 매장이 끝나고 빵조각도 다 뿌려진 것을 확인하자 그는 뜻밖에도, 매우 침착한 모습으로 유유히 발길을 돌려 집 쪽으로 걸어가기 시작했다. 그러나 그의 걸음걸이는 점차 바빠져서 나중에는 달려갈듯이 다급해졌다. 소년들과 알료샤가 그 뒤를 따라갔다.

"엄마에게 꽃을 줘야지, 엄마에게 꽃을 줘야지! 아까 그렇게 무안을 다 주고"

그는 큰 소리로 중얼거렸다. 누군가가 모자를 써야 한다, 무척 추워졌으니 모자를 쓰라고 말하자 그 말에 몹시 화가 나는 듯이 그는 모자를 눈 위에 내동댕이치면서 소리쳤다.

"모자는 필요 없다, 모자는 필요 없어!"

스무로프가 모자를 집어들고 뒤따라갔다. 소년들은 모두 울기 시작했다. 특히 콜랴와 트로이의 창건자를 알고 있는 그 소년이 가장 심하게 울었다. 스무로프도 대위의 모자를 든 채 엉엉 울고 있었다. 그러나 거의 뛰다시피 걸어가면서도 길가의 눈 위로 빨갛게 보이는 벽돌 조각을 주워들고 후루루 무리를 지어 날아가는 참새떼를 향해 집어던질 만한 여유는 있었다…… 물론 그것은 맞지 않았다. 그는 울면서 줄곧 종종걸음으로 걸어갔다.

절반쯤 되는 곳에 이르렀을 때 대위는 다시 걸음을 멈추고 깊은 생각에 사로잡힌 듯이 한 30초 가량 서 있더니, 갑자기 교회당 쪽으로 홱 몸을 돌려 방금 떠나온 무덤을 향해 달리기 시작했다. 소년들이 우르르 달려가 사방에서 그에게 매달렸다. 그러자 그는 패배자처럼 힘없이 눈 위에 쓰러져 몸을 부들부들 떨며 소리 지르고 흐느껴 울면서 울부짖기 시작했다.
"아가 일류샤야, 귀여운 내 아가"
알료샤와 콜랴가 그를 안아 일으키며 달래고 위로했다.
"대위님, 이제 그만 하세요. 남자답게 참으셔야죠."
콜랴가 중얼거렸다.
"꽃이 다 망가집니다." 알료샤도 말했다. "'엄마'가 꽃을 기다리고 계시잖습니까. 그분은 가만히 앉아서 아까 일류샤의 꽃을 얻지 못해서 울고 계실겁니다. 집에는 아직 일류샤의 침대도 남아 있고요……"
"참 그렇군, '엄마'한테 가야지." 스네기료프는 갑자기 생각이 났다. "침대를 치워 버릴라, 침대를 치워 버릴라!"
그는 정말 침대를 치워 버릴까봐 겁이 나서 이렇게 말하더니 벌떡 일어나 집을 향해 달려갔다.
이제 집까지는 그리 멀지 않았다. 그들도 스네기료프와 함께 달렸다. 스네기료프는 황급히 문을 열어젖히고 아까 매정하게 호통을 쳤던 아내에게 소리쳤다.
"엄마, 소중한 엄마, 일류샤가 임자에게 꽃을 보내 왔소. 딱하게도 임자는 다리가 아파서 말이오!"
그는 이렇게 말하며 조금 전 눈 속에 쓰러질 때 꽃잎이 떨어진 언 꽃다발을 그녀에게 내밀었다.
그러나 바로 그 순간 죽은 아들의 침대 앞 한구석에 일류샤의 구두가 한 켤레 단정하게 놓여 있는 것이 그의 눈에 들어왔다. 그것은 방금 집주인 할머니가 가지런히 놓아 둔 것으로, 누덕누덕 기운 낡은 적갈색 구두였다. 그는 두 팔을 쳐들고 그 앞으로 달려가 무릎을 탁 꿇고는 한 짝을 집어들고 마구 입을 맞추면서 소리쳤다.
"아가, 일류샤야, 아가, 네 발은 어디 갔니?"
"당신은 그 애를 어디 데리고 갔어? 당신은 그 애를 어디 데리고 갔어?"

반 실성한 대위의 아내는 비단을 찢는 듯한 목소리로 이렇게 소리쳤다.

이때 니노치카가 울음을 터뜨렸다. 콜랴는 집밖으로 달려나갔다. 그 뒤를 따라 다른 아이들도 밖으로 나왔다. 맨 나중에 알료샤까지 살짝 빠져나왔다.

"실컷 울도록 내버려두는 게 좋아." 그는 콜랴에게 말했다. "이젠 도저히 위로해 드릴 방법이 없는걸. 한참 있다가 들어가자."

"그래요, 도저히 안 되겠어요. 아아. 끔찍한 일이에요!" 콜랴도 맞장구를 쳤다. "저 카라마조프 씨." 그는 다른 사람에게 들리지 않도록 갑자기 목소리를 낮추며 말했다. "나는 슬퍼 죽겠어요. 만일 일류샤를 다시 살아나게 할 수만 있다면 이 세상에 가진 걸 다 내놓아도 아깝지 않겠는데!"

"아아, 나도 그렇단다." 알료샤가 말했다. "카라마조프 씨, 어떻게 생각하세요. 오늘밤 우리가 여기 오는 것이 좋을까요? 대위님은 또 술을 진탕 마실 거예요."

"그렇겠는걸. 그럼, 우리 둘이만 오지 뭐. 우리 둘이서 저분들 곁에, 엄마와 니노치카 곁에 1시간쯤 있어 주면 될 거야. 여럿이서 우 몰려오면 저분들이 또 일류샤 생각을 하게 될 테니까." 알료샤가 충고했다.

"지금 저기서 집주인 할머니가 식사 준비를 하고 있는 모양이에요. 아마 추도식 만찬이라도 시작하려는가 봐요. 신부님도 오실 거래요. 카라마조프 씨, 우리도 지금 저기 가야 할까요?"

"물론 가야지."

"하지만, 이상해요, 카라마조프 씨. 이렇게 슬픈 때에 난데없이 크레이프(얇은 핫케이크의 일종)같은 걸 다 내놓다니. 우리의 종교로 봐서도 부자연스런 일 아니에요?"

"게다가 연어구이까지 나온대요."

트로이의 창건자를 알고 있던 소년이 큰 소리로 말했다.

"진지하게 부탁하는데 말이야, 카르타쇼프, 다시는 그런 바보 같은 농담으로 얘기를 방해하지 말아 줘. 너하고 말을 하고 있는 것도 아니고 네가 이 세상에 있는지 없는지 알고 싶지도 않으니까!"

콜랴는 화가 나는 듯이 소년을 돌아보며 자르듯이 말했다.

소년은 얼굴이 벌개졌으나 뭐라고 대꾸할 용기는 없었다. 그러는 사이에 그들은 조용히 오솔길을 거닐고 있었다. 갑자기 스무로프가 큰 소리로 말했다.

"이것이 일류샤의 바위예요. 아까 이 아래에 묻고 싶다고 한 바위예요."

그들은 묵묵히 커다란 바위 옆에 걸음을 멈추고 섰다. 알료샤는 바위를 바라보았다. 전에 스네기표프가 들려준 일류샤의 이야기, 일류샤가 아버지에게 매달려 울면서 "아빠, 아빠, 그 사람은 정말 아빠에게 몹쓸 짓을 했어요!" 하고 소리쳤다던 그때의 광경이 알료샤의 기억 속에 떠올랐다. 무언가가 그의 가슴속에서 꿈틀거리며 움직인 듯이 느껴졌다. 그는 진지하고 엄숙한 표정으로 일류샤 친구들의 귀엽고 밝은 얼굴을 빙 둘러보면서 갑자기 얘기를 시작했다.

"이 자리에서 너희들에게 잠깐 해둘 말이 있다."

소년들은 알료샤를 에워싸고 금방 기대에 찬 시선으로 알료샤를 쳐다보았다.

"여러분, 우리는 이제 곧 헤어져야 합니다. 내가 두 형님들과 함께 지내는 것도 이제 불과 얼마 남지 않았어요. 형님 한 분은 유형을 떠나야 하고, 또 한 분은 다 돌아가실 지경이 되어서 침대에 누워 계십니다. 하지만 나는 곧 이 도시를 떠나야 해요. 아마 오랫동안 돌아오지 못할 것 같아요. 그러니까, 우리는 헤어져야 합니다. 하지만 우리는 이 일류샤의 바위 옆에서, 첫째는 일류샤를, 둘째는 우리 서로를 결코 잊지 않겠다는 맹세를 합시다. 우리는 앞으로 한평생 어떤 일이 일어나더라도, 또 설사 20년 동안 만날 수 없다 해도 우리가 그 가엾은 소년을 함께 장사 지내 주었다는 것을 잊지 않도록 합시다.

여러분도 기억하고 있지요? 그는 저 다리 옆에서 여러분이 던진 돌에 맞았지만 나중에는 모든 사람들한테서 사랑을 받게 되었습니다. 그는 훌륭한 소년이었습니다. 선량하고 용감한 소년이었습니다. 그는 아버지의 명예와 아버지가 받은 심한 모욕을 쓰라리게 느꼈고, 그 때문에 분연히 일어섰습니다. 그러므로 여러분, 첫째 우리는 죽는 날까지 그를 잊지 않도록 합시다. 우리는 아무리 중요한 일로 바쁠 때도, 명예를 얻고 싶을 때도, 커다란 불행에 빠졌을 때도, 어떠한 때라도, 일찍이 이 고장에서 서로 마음을 통하고 솔직한 감정으로 맺어져서 멋진 시간을 함께 보낸 것, 그리고 그러한 감정에 의해 저 가엾은 소년을 사랑하는 동안 우리가 실제보다 훨씬 훌륭한 인간으로 성장한 것을 결코 잊지 않도록 합시다.

나의 귀여운 아기 비둘기들. 여러분을 아기 비둘기라고 부르게 해 줘요. 지금 여러분의 선량하고 귀여운 얼굴을 바라보고 있으니, 저 파르스름한 잿빛

새가 생각나서 그럽니다. 귀여운 여러분, 여러분은 내가 하는 말의 뜻을 잘 알아듣지 못할지도 모릅니다. 나는 이따금 매우 알아듣기 힘든 얘기를 하니까. 하지만, 그래도 여러분은 언젠가는 내 말을 기억하고 때로는 그것을 깨닫게 될 거예요.

모름지기 즐거운 날의 추억만큼, 특히 어린 시절 부모님 밑에서 지내던 날의 추억만큼, 그 뒤의 생애에 귀중하고 힘차고 건전하고 유익한 것은 없습니다. 여러분은 교육이라는 것에 대해서 여러 가지 까다로운 얘기를 듣지요. 그러나 어릴 때부터 간직되어 있는, 이러한 아름답고 신성한 추억이야말로 무엇보다도 훌륭한 교육일지도 모릅니다.

살아가는 가운데 그러한 추억을 많이 만든 사람은 한평생 구원을 받습니다. 만일 그러한 것이 하나라도 우리들의 마음에 남아 있다면 그 추억은 언젠가 우리들을 구해 줄 것입니다.

어쩌면 우리는 앞으로 악한 인간이 될지도 모릅니다. 어떤 때는 눈앞에 있는 악한 짓을 물리치지 못하는지도 몰라요. 타인의 눈물을 비웃게 될지도 모릅니다. 아까 콜랴 군이 '모든 인류를 위해서 목숨을 바치고 싶다'고 외쳤지만 어쩌면 그런 사람들을 향해 악한 마음으로 조소를 퍼부을지도 모릅니다. 물론 그런 일이 있어서는 안 되지만, 만일 우리가 그러한 악인이 되었다고 하더라도 이렇게 일류샤를 묻은 일이며, 죽기 전의 며칠 동안 그를 사랑한 일, 지금 이 바위 옆에서 서로 다정하게 얘기를 나눈 일 같은 것을 회상한다면, 설령 우리가 잔인하고 비뚤어진 인간이 되었다 하더라도 지금 이 순간 우리가 선량한 인간이었다는 것을 마음 속으로 비웃는 일은 없을 것입니다!

그보다 오히려 이 하나의 추억이 우리를 커다란 악으로부터 지켜 줄 것입니다. 그러고는 지난날을 되돌아보고 '나도 그 시절에는 선량했다. 대담하고 정직한 사람이었다'고 말할 것입니다. 하기야 마음속으로 킥킥거리고 웃어도 상관 없습니다. 사람이란 흔히 선량하고 훌륭한 행위를 보고 비웃고 싶어하는 법이니까. 그건 다만 경박한 마음의 소행입니다. 하지만 여러분, 나는 확신합니다. 여러분은 설령 웃더라도 이내 마음속으로 '아니, 웃는 것은 좋지 않다, 이것은 웃을 일이 아니야!' 이렇게 말할 것이 틀림없습니다."

"반드시 그럴 거예요, 카라마조프 씨. 나는 그 말씀을 알아들을 수 있습니다, 카라마조프 씨!"

콜랴가 두 눈을 반짝이면서 소리쳤다. 다른 소년들도 몹시 흥분하여 역시 뭔가 소리치려 하다가 꾹 참고 감격에 젖은 눈으로 알료샤를 지그시 쳐다보았다.

"내가 이런 말을 하는 것은 바로 우리가 행여나 나쁜 인간이 되지나 않을까 두려워하기 때문입니다." 알료샤는 계속했다. "하지만 우리가 나쁜 인간이 될 리는 없겠지요? 그렇잖아요, 여러분? 우리는 무엇보다 먼저 선량해야 합니다. 다음으로 정직해야 합니다. 그 다음엔 결코 서로를 잊어서는 안됩니다. 이 말을 한 번 더 되풀이하겠습니다. 맹세코 말하지만 나는 결코 여러분을 한 사람도 잊지 않을 겁니다. 지금 나를 쳐다보는 여러분의 얼굴을 비록 30년이 지나더라도 하나하나 회상할 것입니다. 아까 콜랴 군은 카르타쇼프군에게, 우리는 '카르타쇼프 군이 이 세상에 있는지 없는지' 알고 싶지도 않다고 말했는데, 카르타쇼프 군이 이 세상에 살고 있다는 사실과, 그가 트로이 얘기를 했을 때처럼 얼굴을 붉히지 않고 지금은 아름답고 선량하며 명랑한 눈빛으로 나를 바라보고 있다는 것을 어떻게 잊을 수가 있겠어요?

여러분, 사랑하는 여러분, 우리 모두 일류샤 군처럼 관대하고 용감한 사람이 됩시다. 콜랴 군처럼 영특하고 용감하고 마음이 넓은 사람이 됩시다(게다가 그는 어른이 되면 더욱더 슬기로워지겠지만). 또 카르타쇼프 군처럼 수줍어하고 영리하고 사랑스러운 사람이 됩시다.

물론 나는 이 두 사람만 얘기하는 것이 아닙니다! 여러분, 여러분은 한 사람 한 사람 모두 나에게는 두고두고 사랑스런 사람들입니다. 나는 여러분을 모두 내 마음속에 넣어 두겠습니다. 그러니 여러분도 부디 나를 각자 마음속에 넣어 두세요!

그런데, 우리가 앞으로 죽을 때까지 잊지 않고 떠올릴 사람은 누구일까요? 또 이 솔직하고 훌륭한 마음으로 우리를 맺어준 사람은 누구일까요? 그건 바로 일류샤입니다. 선량한 소년, 귀여운 소년, 우리에게는 영원히 소중한 그 소년입니다! 앞으로 우리들 마음에는 그 아이에 대한 아름다운 추억이 영원히 살아있을 것입니다, 영원히 변하는 일 없이!"

"그래요, 그래요, 영원히 변하는 일 없이."

소년들은 저마다 얼굴 가득 감동의 빛을 띠면서 명랑하고 낭랑한 목소리로 커다랗게 외쳤다.

"그의 얼굴도, 옷도, 다 해진 신발도, 관도, 그 죄 많은 가련한 아버지도, 그리고 그 소년이 아버지를 위해 혼자서 용감하게 모든 학급에 대항한 것도 모두 기억합시다!"

"기억해요, 기억할게요!" 소년들은 다시 소리쳤다. "그 애는 용감했어요, 그 애는 정직했어요!"

"아, 난 그 애를 얼마나 좋아했는지 몰라!"

"그래요, 여러분, 아아, 귀여운 나의 친구, 인생을 두려워해선 안됩니다! 뭐든지 올바르고 훌륭한 일을 했을 때는, 인생이 얼마나 아름답게 여겨지는지 몰라요!"

"그래요, 맞아요!"

소년들은 감격에 겨워서 서로 고개를 끄덕였다.

"카라마조프 씨, 우린 선생님이 좋아요!"

참다못해 한 목소리가 외쳤다. 카르타쇼프의 목소리 같았다.

"우린 선생님이 좋아요. 선생님이 좋아요!"

다른 아이들도 모두 되풀이했다. 소년들의 눈에 눈물이 반짝이고 있었다.

"카라마조프 만세!"

콜랴가 환희에 소리를 질렀다.

"그리고 떠나간 그 아이를 영원히 기억합시다!"

알료샤가 다시 정감이 깃든 목소리로 덧붙였다.

"영원히 기억해요!"

소년들이 그의 말을 받아서 되풀이했다.

"카라마조프 씨!" 콜랴가 소리쳤다. "우린 모두 죽었다가 다시 부활하여 새 생명을 얻고, 또 서로 만날 수 있다고, 일류샤도 만날 수 있다고, 종교에서는 가르치고 있는데 그게 정말일까요?"

"우리는 반드시 부활하여 반드시 서로 다시 만나 유쾌하고 즐겁게 옛날 일을 얘기하게 될 거야."

알료샤는 반은 웃고 반은 감동하면서 대답했다.

"아아, 그렇게 된다면 얼마나 좋을까요!"

콜랴는 저도 모르게 소리쳤다.

"자, 이제 얘기는 이 정도로 하고 일류샤의 추도식에 가기로 하자. 그리고 걱정 말고 크레이프를 맘껏 먹자구나. 그건 옛날부터 내려오는 좋은 관습이니까." 알료샤는 웃으면서 말했다. "자, 가자! 지금부터 우리는 서로 손을 잡고 가는 거야."

"영원히 죽는 날까지 이렇게 손에 손을 잡고 가도록 해요! 카라마조프 만세!"

콜랴가 다시 한번 감격하여 소리치자 다른 소년들도 입을 모아 일제히 환성을 질렀다.

《카라마조프 형제들》에 나타난 작가혼

채수동

    도스토예프스키는 1821년 11월 11일(옛 러시아력으로 10월 30일) 모스크바에서 태어나 1881년 1월 28일 페테르부르크에서 생애를 마쳤다. 그는 페테르부르크의 공병사관학교를 졸업한 뒤 장교로 군에 복무하였고, 한편 호프만, 발자크 등을 탐독하면서 창작을 시작했다.
    그가 작가로서 인정받은 작품은 스물네 살에 발표한 처녀작 《가난한 사람들》이었고, 이어서 《이중인격(二重人格)》《백야(白夜)》등을 계속 발표했다.
    이렇게 작가로서 활동하는 동안 그는 서유럽 사상에 경도되어, 사회주의 사상을 연구하고 있던 페트라솁스키 서클에 참가했다.
    그러나 1848년 서유럽 혁명이 일어나 니콜라이 1세 정부의 탄압이 강화되자 페트라솁스키 등과 함께 체포되어 사형선고를 받았다. 그 뒤 황제의 특사로 감형되어 시베리아로 유배된다. 초기 작품에서는 비판적 리얼리즘의 경향이 강하나 한편 신비적, 환상적 색채도 농후하다. 이러한 두 경향은 인간의 고통을 감지한 데서 나타난 것이지만, 그는 이것을 현실의 변혁으로 해결하려고 하는 경향과 신비적 환상에서 구하려는 경향을 동시에 보여 주었다.
    그러나 시베리아 유형에서의 체험과 사색은 그를 마침내 사회주의나 벨린스키 이후의 혁명적 민주주의와 손을 끊고 방향을 바꾸게 하였다. 가장 중요한 동기는 죄수들에 대한 신비적·종교적 관점이었다. 유형에서 풀려난 그는 페테르부르크로 돌아와 다시 문학 활동을 시작했다.
    비평가들은 그의 작품에서 강렬한 현실 의식을 발견하고 이를 진보적 사상으로 끌어들이려고 했으나 그는 불만을 품었을 뿐 아니라 오히려 반발했다. 《무엇을 할 것인가》의 사상에 반발하여 《지하 생활자의 수기》를 썼으며 이어 《죄와 벌》을 반동 잡지 〈러시아 통보(通報)〉에 발표했다.
    그의 문학은 후대 작가들에게 큰 영향을 주었을 뿐만 아니라 오늘날까지 철학·종교·사회 등 모든 분야에 새로운 문제를 제기해 주고 있다.

《카라마조프 형제들》에 대하여

《카라마조프 형제들》은 도스토예프스키의 마지막 작품이다. 이 장편소설은 처음부터 단행본으로 출판된 것이 아니라, 그가 죽기 2년 전인 1879년부터 죽기 바로 전 해인 1880년까지 2년에 걸쳐 잡지 〈러시아 통보〉에 연재되었다. 즉 1879년에 제1편 〈어느 집안의 내력〉부터 제9편 〈예심(豫審)〉까지 발표되었고, 1880년에는 제10편 〈소년들〉부터 〈에필로그〉까지 모두 완결되었다.

이 소설이 단행본으로 출판된 것은 도스토예프스키가 죽기 얼마 전인 1881년에 상트페테르부르크 출판사에서 낸 것이 처음인데, 이 판에 의하면 제1권에는 제1부와 제2부, 제2권에는 제3부와 제4부, 그리고 제3권에는 에필로그를 수록하여, 3권 1책으로 3천 부를 초판 인쇄한 것으로 되어 있다.

도스토예프스키의 부인은 남편의 원고에 대해 어느 편지에서 이렇게 말했다.

'내가 훼손 없이 온전하게 보관할 수 있었던 원고는 이 《카라마조프 형제들》뿐이다. 아울러 내가 가지고 있는 원고는 이미 출판된 내용과 그다지 차이가 없다는 점을 말해 두고 싶다……'

이 원고는 그 뒤 작가의 손자인 표도르 도스토예프스키(1921년 죽음)에게 물려졌고 다시 국립은행에 보관되었으나, 지금은 어디 있는지 알려지지 않고 있다.

《카라마조프 형제들》의 소재는 작가가 시베리아 유형 시절에 옴스크 감옥에서 사귄 어느 퇴역 육군 소위의 실화에 근거를 둔 것이다. 일린스키라는 이름의 이 청년 장교는 전에 보병 대대에 근무하다가 자기 아버지를 죽였다는 혐의로 재판을 받은 끝에 20년의 강제노동 선고를 받았는데, 200명 가까운 옴스크 감옥의 죄수들 가운데 귀족 출신인 이 존속 살해범이 유독 도스토예프스키의 마음을 끌어서, 결국 《죽음의 집의 기록》 첫 부분에 나오는 주인공의 모델이 되었다. '이상하게도 존속 살해범 한 사람이 내 기억에서 떠나지 않는다'고 작가는 말하고 있다.

도스토예프스키는 《죽음의 집의 기록》 제4판이 나온 지 3, 4개월 뒤에 시베리아에서 온 편지 한 통을 받았는데, 거기에는 그가 존속 살해범으로 그린 그 소위가 실은 무죄 판결을 받았다는 사실이 밝혀져 있다. 아직 젊은 나이에 그토록 무서운 죄목 아래 파멸된 인생을 살아온 그의 이야기는 작가로 하여금 비극의 깊이를 적나라하게 표현할 수 있는 직접적인 동기가 되었고, 그의 문학 작품에 다시없이 귀중한 자료가 되었다.

《카라마조프 형제들》을 쓰기 위해 작가가 준비한 첫 번째 노트에서 형은 일린스키라는 이름으로 표시되어 있다. 이 이름은 그 뒤에도 드미트리 카라마조프라는 실제 주인공의 이름과 함께 계속 사용되고 있다.

도스토예프스키(1821~1881)

이 노트에서 일린스키 소위의 사건이 《카라마조프 형제들》의 최초 구상에 끼친 영향이 얼마나 큰 것이었는가 하는 문제를 살펴보는 것은 그리 어렵지 않다. 드미트리 카라마조프의 이야기와 함께 이 소설의 가장 중요한 삽화 중의 하나인 '이상한 방문객'에 관한 소재(素材) 역시 일린스키 사건에서 취재한 것이다. 즉, 소위의 동생이 자기 생일 파티 자리에서 손님들에게 자기의 범행을 고백하는 장면은 이 소설 제6편 '러시아의 수도사' 중 조시마 장로의 이야기 속에 그대로 재현되고 있는 것이다.

이 소설의 줄거리를 이루고 있는 아버지 살해 사건이 실제로 일어난 것이 1840년대 후반기였다는 점은 당시 러시아군의 인사 기록에서도 찾아볼 수 있다. 즉 일린스키 소위가 퇴역 명령을 받은 것이 1845년이었고, 도스토예프스키는 시베리아의 옴스크 감옥에 있었던 1850년 초에 그곳에서 '귀족 출신의 존속 살해범'을 만났던 것이다. 이와 같은 자료들을 종합해 볼 때, 우리는 일린스키 아버지의 살해범은 자기 형을 유죄로 만들기 위해 '멋들어지게' 증거를 조작한 소위의 동생이었다는 결론을 내릴 수 있다. 1850년대 말에 이르러서야, 즉 범행을 저지른 지 12년이 지난 뒤에야(그리고 형인 일린스키가 감옥에 갇힌 지 12년이 지난 뒤에야) 동생은 양심의 가책을 견디다 못해 죄 없이 복역하고 있는 형을 구하고 마땅한 죗값을 치르기 위해 모든 것을 자백하기로 결심한 것이다. 그는 체포되어 기소되었고, 아버지 살해에 대해 새로운 재판이 시작되었다. 그 결과 진범은 강제노동의 형을 선고받았고 옴스크 감옥에 복역 중이던 죄 없는 형은 석방되었다. 그러나 유감스럽게도 도스토예프스키의 사문서집(私文書集)에는 그의 가장 뛰어난 구상 중의 하나인, 이 소설에 빛을 더해줄 죄 없는 형에 대한 시베리아의 편지가 보존되어 있지 않다.

1870년대 중반기의 준비 노트에 작가는 《카라마조프 형제들》에서 사용할 몇 개의 계획을 기록하고 있다. 예를 들면 '그런데 형제 가운데 하나는 무신론자이며 절망 속을 헤매고 있다' '다른 하나는 열광적인 신자이다. 셋째인 막내는 미래 세대에 속하는 인물로, 정력적이며 그들과는 판이하게 다른 사람이다' '그리고 가장 새로운 세대는 어린이들이다' 이런 말들이다.

이 작품에 대해서는 1875년의 다른 노트들도 관련을 갖고 있다. 《미성년》의 준비 노트 가운데 들어 있는 '위대한 종교 심판관—대심문관' 및 '악마의 세 가지 유혹에 대하여' 그리고 그 얼마 뒤 기록된 '영국에서 예수를 재판하다'에서 발전을 본 몇 개의 수기는 이 작품 제5편 '긍정과 부정'에 사용되었다. 이와 같은 기록들 중에는 스메르자코프의 어머니인 백치 리자베타 스메르자스차야에 대한 스케치도 들어 있다.

이 작품의 첫 번째 이야기에서는 1830~1840년대의 러시아 교양계급, 미래의 주인공의 어린 시절, 형사 범죄의 공모 등이 그려진다.

두 번째 이야기는 대주교 티혼 자돈스키 수도원이 무대이며, 열세 살의 불량한 '니힐리스트 소년'이 여기 맡겨지는데 티혼이 '자신을 이기는 자는 세계를 이긴다'라고 가르쳐 극기(克己) 정신을 불어넣는다. 이 수도원에는 지난날 《철학 편지》로 러시아의 정치·문화를 철저하게 부정하여 당국으로부터 미치광이 취급을 받은 차다예프가 갇혀 있어, 푸시킨·벨린스키 등이 찾아온다. 또한 도스토예프스키와 톨스토이가 높이 평가하고 있던 《수도사 파르페니의 러시아·몰다비아·터키의 성지 순례 여행기》(1856)의 저자 파르페니 등도 이 수도

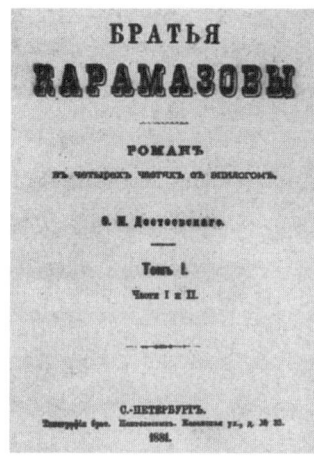

▲《카라마조프 형제들》(1881) 속표지
상트페테르부르크에서 간행된 초판.

▶옵티나 푸스틴 수도원
원작에 나오는 수도원 모델. 스타라야루사 소재.

원에 있었던 것으로 되어 있다.

세 번째 이야기는 주인공의 청년 시대로 실증주의(實證主義)와 무신론에 마음이 끌린 그에게서 자긍(自矜)과 인류 멸시가 나타난다. 거기에 고리대금업자가 축재에 대한 관념을 불어넣어 준다. 위업(偉業)과 악업과의 무서운 대비가 겉으로 드러난다. 이 이야기에서 위대한 죄인의 범죄는 정점(頂點)에 다다른다.

네 번째 이야기에서는 주인공의 심각한 정신적 위기가 그려진다. 그는 순례자가 되어 러시아 국내를 돌아다닌다. 그리고 뜻하지 않게 전기(轉機)·사랑·겸허성(謙虛性)에 대한 갈망에 사로잡힌다.

다섯 번째 이야기에서는 죄인의 완전한 갱생이 예정되고, 주인공은 이미 모든 것을 초월하여 관용적인 인간이 된다. 그리고 양육원을 세우고 자선가가 된 뒤 자기 죄를 고백하고 죽어 간다.

이 구상이 다시 발전하여 《위대한 죄인의 생애》는 《카라마조프 형제들》과 그 후편에 해당하는, 즉 알료샤가 주인공으로 활약하는 12년 뒤의 이야기가 될 예정이었다. 그로스만은 1965년에 출판한 평전(評傳)에서 《위대한 죄인의 생애》가 단편적으로 완성된 것이 《악령》과 《미성년》과 《카라마조프 형제들》이라고 작가의 창작 노트에 따라 논술하고 있다.

이렇게 몇 차례 구상의 변혁을 거친 뒤, 1878년에 시작하여 2년 뒤에 완성한 것이 장편 《카라마조프 형제들》이다. 소설의 머리말이라고도 할 수 있는 '지은이로부터'에서 도스토예프스키는 이 소설이 두 가지 이야기로 이루어진다는 구상을 밝히고, 전편에서는 13년 전, 즉 1860년대의 중간 시기를, 그리고 후편에서는 현대, 즉 1880년대를 그린다고 말하고 있다. 그러나 《카라마조프 형제들》을 완성한지 석 달 뒤에 그는 죽었으므로, 작가의 말대로 판단한다면 현재 우리가 읽는 《카라마조프의 형제들》은 미완(未完)의 대작인 셈이 된다. 그러나 이 소설은 속편이 있을 것이라는 것을 전혀 생각할 수 없을 만큼 완벽한 작품이라고 할 수 있다.

이 소설의 방대함과 심오한 사상성에 비해 스토리 전개는 놀라울 정도로 단순하다. 또한 재판 부분과 에필로그를 제외한다면 소설 전체가 불과 사흘 동안에 일어난 일을 다루고 있다. 이 점은 도스토예프스키의 작품 구성법에서 나타나는 독특한 수법의 하나로, 다른 작가에게서는 도저히 찾아볼 수 없는 특징이다.

이 치밀한 구성법은 그의 5대 장편으로 일컬어지는 《백치》《악령》《죄와 벌》《미성년》《카라마조프 형제들》의 공통적인 현상으로 이른바 '비현실적 현실'의 작품 세계를 그린 놀라운 수법이라 하겠다.

퇴역 육군 중위 드미트리 표도로비치 카라마조프는 어머니의 유산 문제로 아버지 표도르와 늘 대립하다가 그루센카라는 요염한 여인을 놓고 아버지와 추악한 쟁탈전을 벌인다. 그는 술김에 아버지를 죽여 버리겠다고 호언장담하기도 하고 실제로 아버지를 두들겨 패기도 하지만, 내면적으로는 고결한 품성과 공명정대한 마음씨를 가진 순진한 청년이다. 한편 아버지를 증오하기로는 동생 이반도 마찬가지였는데, 그는 뛰어난 지성과 천재적인 두뇌를 지닌 철저한 무신론자로 '신이 없다면 모든 것이 허용된다'는 이론을 갖고 있다. 이 이론은 맹목적인 행동주의자인 하인 스메르자코프(실제로는 역시 표도르의 아들이지만)에게 그대로 흡수되어, 스메르자코프는 주인 표도르를 살해하고 만다. 그러나 드미트리에게 혐의가 씌워져서 그는 재판 끝에 유죄 판결을 받아 유형을 떠나게 되고, 동생 이반은 발광하고 만다. 이것이 이 작품의 간단한 줄거리다.

미국판 〈카라마조프 형제들〉
명배우 율브리너가 드미트리 역을, 마리아 쉘이 그루셴카 역을 맡았다. 리처드 브룩스 감독 작품. 1957.

그러나 이 간단한 이야기에 그 당시 러시아의 모든 것이 포함되어 있다. 이 작품에는 군인·수도사·법관·귀부인·학생·아이들·지주·농부 등 온갖 직업과 계급의 인물들이 등장하며, 아버지 표도르로 대표되는 몰락한 지주계급의 방탕과 안일(安逸)주의, 이반의 무신론, 알료샤의 광신적 경향, 콜랴 크라소트킨으로 구체화된 니힐리즘, 호흘라코바 모녀의 감정분열증, 파라폰트 신부의 자기기만적 신앙, 상인 삼소노프와 그루셴카로 대표되는 악질적 치부(致富)주의, 라키친의 세속적 출세주의, 스네기료프 대위의 현실 도피주의, 그리고 주인공 드미트리의 난폭할 정도로 강렬한 생활력과 영원에 대한 뜨거운 동경 등이 풍부한 작품 세계를 이루고 있다.

도스토예프스키는 이 작품에 나오는 여러 인물들의 영혼과 인간성을 끝까지 파헤치고 '마지막 한 점까지' 꿰뚫어 봄으로써 불안한 시대에 태어났던 러시아인들의 고뇌와 애환을 그리는 데 성공했고, 마침내 인간과 신(神) 사이에 중요한 가교(架橋)를 놓을 수가 있었던 것이다.

이 작품에 등장하는 모든 인물들은 카라마조프 집안이 지니는, 아니 모든 러시아인이 지니는 온갖 인간적인 특징을 잘 나타내고 있다. 카라마조프 집안 중 인색과 육욕과 시기심은 주로 아버지 표도르에게, 무의지(無意志)와 정서적인 감수성과 방종한 생활 습성은 맏아들 드미트리에게, 정신적·종교적 무구성(無垢性)은 알료샤에게, 지성과 에고이즘과 탐욕스런 생활 의욕은 둘째 아들 이반에게, 그리고 비굴한 노예 기질과 악마적 집념은 사생아인 스메르자코프에게 각각 부여되고 있다. 이들의 공통적인 성격, 이른바 '카라마조프 기질'이라는 것도 가장 인간적인 본능, 즉 육욕과 물욕과 허영심 등이 보통 인간보다 과장된 것에 지나지 않는다. 이제 이들 등장인물의 성격 하나하나를 해부해 보기로 하자.

이 집안의 가장(家長)인 표도르 파블로비치 카라마조프는 18세기 말엽에서 19세기 초에 이르는 러시아 지주계급의 전형적인 인물이다. 이들은 프랑스의 계몽철학과 무신론의 영향을 받았고, 더구나 그것을 수박 겉핥기식으로 적당히 소화하였기 때문에 지극히 부정적이고도 시니컬한 인생관을 지니게 되었고, 생활 태도 역시 불성실하고 어릿광대식이었다. 이들은 인생 자체를 공허하고 무의미한 것으로 생각한 나머지 인생의 유일한 목적은 육체적 쾌락(성욕과 식도락과 음주 등)이라 보고, 이 목적을 달성하기 위해서 재산을 모았고, 또 재산을 모으기 위해 수단 방법을 가리지 않았다. 표도르 역시 아내의 지참금을 노리고 '뺑소니 결혼'을 한 뒤 그 재산을 가로챘으며, 일생 동안 집요하게 육욕을 추구해 왔다. 그는 나이 쉰 살이 넘어서도 딸 같은 나이의 그루센카에게 반해, 아들 드미트리와 추악한 싸움을 벌이는가 하면, 드미트리의 젊음에 대항하기 위한 방편으로 3천 루블이란 돈을 유혹의 미끼로 던진다. 그는 신이나 인간의 본질 등에 관해 심각하게 생각해 본 적이 없으면서도 모든 신성한 것에 대해 조소와 야유를 퍼부으며 시종일관 어릿광대짓으로 만족한다.

그러나 사상적인 면에서는 긍정과 부정, 그 어느 쪽에도 신념을 갖지 못한 채 내세에 대한 막연한 불안 속에서 더욱더 육욕에 탐닉한다. 결국 표도르는 서유럽 문명에 최초로 접촉한 한 러시아 지주계급의 우스꽝스러운 희화로 그치고 말았는데, 여기에 직접 모델이 된 것은 작가 자신의 아버지였다는 유력한 설이 있다.

카라마조프 집안의 아버지 표도르는 표면에 나타난 특징으로 보면 확실히 도스토예프스키의 아버지와 닮은 점이 적지 않다. 표도르는 이름뿐인 지주 귀족으로, 거의 맨손에서 출발하여 남의 집 더부살이를 해 온 사람이다. 그는 두 번째 아내가 죽은 뒤 오데사로 가서 유대인들과 사귀어 장사 요령을 터득하고

러시아판 영화 〈카라마조프 형제들〉 장남 드미트리와 그루셴카의 사랑과 갈등을 중심으로 한 이 이야기를 약 4시간에 걸쳐서 정통 사실주의 수법으로 풀어 낸 대작. 이반 피리예프 감독 작품. 1968.

고향으로 돌아와, 여기저기 목로주점을 차리고 돈놀이를 시작하여 10만 루블에 가까운 돈을 모았다. 도스토예프스키가 《작가의 일기》에서 목로주점을 가리켜 민중을 타락시키는 근원이라 하여 자주 공격한 것을 생각하면, 표도르가 목로주점으로 돈을 벌었다는 설정은 꽤 의식적인 것이라고 할 수 있겠다.

그는 스스로도 완전히 타락해 버렸고, 동시에 주위 사람들까지 타락으로 끌어들이는 존재이다. 그는 여성을 성(性)의 대상으로만 본다. 어쨌든 이제까지 각별한 성적 만족을 얻지 못했던 것은 맨 처음 아내뿐이고, 그 밖에는 추녀거나 노처녀거나 그에게는 성적 쾌락의 대상이 될 수 있었다. 그러나 50대라는 나이에도 불구하고 음란한 생활이 그에게 성적인 노화(老化)를 가져와 그는 초조해진다. 그루셴카에 대한 남다른 집착도 자기의 무력함을 얼버무리려는 초조감에서 나온 것이다. 신을 믿지 않고, 그런가 하면 무신론자도 아닌 채 술에 취해서는 러시아는 돼지우리다, 러시아 농군은 두들겨 팰 필요가 있다고 푸념하는 그는 실로 농노제의 껍데기를 궁둥이에 붙인 낡아 빠진 러시아 지주의 퇴폐적인 모습을 생각하게 한다.

이렇게 어릿광대 노릇을 하면서도 표도르는 끝까지 당당하고 때로는 꽤 영리한 사람으로 묘사되어 있다. 사실 그의 퇴폐적인 핏속에는 놀랄 정도로 강한 효모(酵母)가 섞여 있어서 그것이 세 아들 속에서 거인적인 발육을 이루게 된다. 즉 그의 무기력하고 퇴폐적인 정욕에서는 남성적이고 정력적이며 진지한 드미트리가 태어났고, 그의 천박하고도 교활한 냉소주의에서는 이반의 '대심문관'이 생겨났으며, 그의 감상주의에서는 알료샤의 빛나는 인류애가 탄생되었던 것이다.

장남 드미트리는 그런 면에서 볼 때 분명히 아버지 표도르의 어떤 일면을 그대로 확대한 인물이다. 전처의 소생이며 또한 아버지에 대해 당당히 재산 상속권을 주장할 수 있는 유일한 아들이었던 드미트리는 아버지로부터 분방한 정열을 물려받았다. 술과 방탕에 빠져 멈출 줄 모르고 오욕(汚辱)의 구렁텅이로 빨려들어가는 그는 확실히 구원받을 수 없는 사나이로 보인다. 그루셴카의 육체에 현혹되자 약혼녀를 배반하고 아버지를 적대시하면서 죽여 버리고 싶도록 미워한다. 하지만, 그러한 그의 마음속에서는 항상 고결(高潔)함과 비천(卑賤)함이 싸우고 있었다. 그는 머리 위에 펼쳐지는 고매한 이상의 심연(深淵)과 눈 아래 널린 지극히 저열하고 악취가 물씬거리는 타락의 심연, 양쪽을 동시에 바라볼 수가 있다.

그로스만의 지적대로, 그가 실러의 《환희의 노래》로 시작할 작정이었던 알료샤에 대한 고백을 같은 실러의 《엘레우시스의 축제》로 시작한 것은, 결코 그의 기억 착오나 우연이 아니다. 괴테의 시 《신성(神性)》의 한 구절 '인간이여, 고결하라'를 읊조리고 '가는 곳마다 눈에 비치는 것은 굴욕에 우는 사람의 모습뿐'이라는 《엘레우시스의 축제》를 읊조리는 드미트리는 민중의 고뇌에 대한 깊은 동정을 마음 깊이 간직하고 있는 인물이다.

그는 왕성한 생활력이 이끄는 대로 충동에 몸을 맡기고 방종한 생활을 누리지만 그의 영혼에는 이러한 악마적인 요소 외에도 막연하나마 고결한 감정이 뿌리내리고 있었다. 그는 일찍이 오만하기 짝이 없는 사교계의 여왕을 굴복시키기 위해 비열하고 저속한 계획을 꾸미지만, 막상 카체리나가 겁을 잔뜩 집어먹은 채 자기 앞에 나타났을 때는 말없이 그녀에게 돈을 주어 돌려보내고 만다. 그리고 자살하기 위해 칼을 꺼내들었다가 그냥 칼등에 입만 맞춘 채 다시 칼집에 꽂아 넣고 만다. 이러한 행동은 그가 얼마나 충동에 지배되고 있는지를 단적으로 나타내고 있다. 그는 실제로 아버지를 죽일 결심을 했지만, 마지막 순간에 '돌아가신 어머니가 나를 악마의 손에서 지켜 주셨다'고 자기 입으로 표현한 것처럼, 그의 영혼에 숨어 있는 순결성이 야수적 충동을 억제하여 그를 무서운 죄악으로부터 구해 준다. 그 뒤 그는 존속 살해의 누명을 쓰고 유죄 판결을 받아 유형에 처해지게 되지만, 인류의 위대한 고난 앞에 머리 숙이고 고통을 통해 자기 자신을 정화하기 위해 기꺼이 운명의 십자가를 지기로 결심한다.

사실 도스토예프스키의 작품에 등장하는 음산한 인물들 가운데 드미트리처럼 밝고 건강한 성격을 지닌 사람은 찾아보기 힘들 정도이다. 더욱이 그가 아버지를 살해했다는 무서운 혐의를 지고 있음에도 그 점이 더욱 두드러져 보이는 것은 놀라운 일이다.

둘째 아들 이반은 카라마조프 집안의 사상적인 체계를 대표하고 있다. 그는 일찍이 어머니를 잃은 뒤로 아버지 표도르에게 버림받고 외가 쪽의 먼 친척 집에 맡겨져 교육도 제대로 받지 못했지만, 자기 힘으로 대학을 졸업하고 새로운 세대의 대표적 지성인이 된다. 그는 천재적인 두뇌와 뛰어난 사고력을 바탕으로 서유럽적 사상에 자신의 사상을 가미하여 독특한 무신론을 창조해 낸다. 그는 아버지로부터 물려받은 교활하고도 탐욕적인 에고이즘과 자부심이 이지적인 면으로 극도로 발전한 인물로, 신이니 영생이니 하는 모든 신비주의적 요소의 존재를 인정하지 않는다. 신이 없는 이상 남을 사랑해야 한다는 법칙도 존재할 수 없고 따라서 '모든 것이 허용될 수 있다'는 결론에 도달한다.

이반은 대학 이과(理科)를 졸업한 스물넷의 총명한 청년인데 그런 그에게도 역시 카라마조프의 피는 흐르고 있다. 형의 약혼녀 카체리나를 향한 미칠 듯한 연정에 그의 성격이 나타나는 것이다. 스메르자코프가 지적한 대로 아버지와 가장 성격이 닮은 아들은 얼른 보아서는 전혀 다른 타입인 이반이다. 그는 신의 불사(不死)를 부정하고 이 세상에서는 모든 것이 허락된다는 독자적 이론을 고집한다. 그의 무신론은 도스토예프스키가 《죄와 벌》의 주인공 라스콜리니코프의 초인론(超人論), 《악령》에 나오는 키릴로프의 인신론(人神論), 또 만년의 그의 작품에서 끈덕지게 전개되어 온 한 줄기 사상의 연장선 위에 존재하고 있으며, 결국은 그것을 집대성한 것이다.

그는 자기 자신도 아버지의 죽음을 바라고 있었다는 사실, 아버지를 '죽이고 싶도록' 증오하고 있었다는 사실, 그리고 '모든 것이 허용된다'는 자기의 이론을 하인 스메르자코프가 맹목적으로 흡수하여 마침내 아버지 표도르를 살해하고 말았다는 사실을 인정하게 된다. 그렇다면 죄인은 이반 자신이었다는 결론이 된다. 하수인은 스메르자코프였지만 교사자(敎唆者)는 어디까지나 자기인 것이다. 이반은 고민 끝에 결국 미쳐 버린다. 그러나 아이러니컬하게도 그가 미쳐 버렸기 때문에 형 드미트리의 무죄는 결국 증명되지 못하고 만다. 이반은 너무나 철저한 무신론자였기 때문에 오히려 이 지상에 충만된 피와 굶주림에 괴로워해야 했고, 현실로서 존재하는 인류의 불행은 그의 모든 비극의 원인이 되었다.

셋째 아들 알료샤는 이 추악한 카라마조프 집안에서 천사 같은 유일한 인물이다. 그는 이반과 같이 표도르의 후처 소생으로, 어린 시절을 역시 이반처럼 외가 쪽의 친척 집에서 불우하게 보냈으나 이반과는 달리 스스로 학업을 중단하고 수도원에 들어간다. 이 소설의 마지막에 있는 소년들에 대한 알료샤의 연설 대목은 특히 인상적이다. 물론 작가가 알료샤를 이 소설의 주인공으로 설정하여 장차 집필할 예정이었던 이 소설의 속편에서 주로 다룰 의도였음은 의심할 바 없지만, 이 작품에서도 알료샤의 역할은 커다란 비중을 차지하고 있다. 그는 추악한 카라마조프의 세계에 종교적인 밝은 빛을 비쳐 주고 있는 천사 같은 존재로, 누구에게나 사랑받는 청년이다. 그럼에도 많은 독자들은 알료샤의 존재에 대해 조금 뜻밖으로 생각할 것이다. 왜냐하면 표도르의 고집불통, 드미트리나 이반의 강렬한 개성과 비교할 때, 알료샤는 어쩌면 그림자같이 희미한 존재처럼 느껴지기 때문이다. 하지만, 이 소설에서 일어나는 모든 사건이 그의 행동에 따라 생긴다는 것을 생각할 때 그는 틀림없는 주인공이라고 할 수 있다.

그는 누구에게나 사랑받고, 천사로 불리며, 신뢰를 얻는다. 드미트리가 열렬한 마음을 고백하는 대상도, 이반이 자작 극시 '대심문관'을 얘기해 주는 대상도 이 알료샤이다. 정직하고 사념이나 악의가 조금도 없는 그는, 그래도 역시 자기 내부에 카라마조프의 피가 흐르고 있다는 것을 느끼고 있다. 학생 시절, 친구들이 여자 이야기나 음담패설을 입에 올리면 귀를 막고 바닥에 엎드려 듣지 않으려고 한, 정도 이상의 수치심은 그가 자기 내부의 그와 같은 피를 의식하고 있었기 때문이라고 생각된다. 본디 그는, 이쪽도 아니고 저쪽도 아닌 생활은 불가능한 인물로 우리 앞에 제시되었다. 수도원 생활만이, 어둠에서 뛰쳐

나와 빛으로 돌진하려고 몸부림치는 자신의 영혼의 궁극적 이상을 단숨에 지시해 줄 것으로 느끼고 불사(不死)를 위해 살 것을 결심하자, 그는 학업을 중단하고 즉시 그 길로 뛰어든다. 그러므로 만약 자기 내부의 카라마조프의 피가 미쳐 날뛰었다면 그도 형 드미트리와 같이 진구렁에 굴러 떨어졌을지 모르며, 또는 불사를 믿지 않았으면 둘째 형 이반처럼 철저한 무신론자가 됐을지도 모른다. 그것은 그 자신이 가장 잘 알고 있다.

다음으로 카라마조프 집안의 하인 스메르자코프에 대해 잠깐 살펴보기로 하자. 그는 백치이며 냄새나는 여자 스메르자스차야와 표도르 카라마조프 사이에서 태어난 사생아로, 정신과 육체가 모두 불건전한 인간이다. 그는 심한 간질병 환자인데다 결벽증까지 지니고 있고, 서유럽의 천박한 풍조를 새로운 시대의 문명이라고 생각한다. 또한 무신론자 이반의 사상을 전면적으로 받아들인 그는 카라마조프 집안의 하인으로 겉보기에는 충직하게 일하고 있지만 아버지에 대한 증오는 누구보다 깊었다. 좋은 옷을 입고 구두를 윤이 나게 닦는 일에서 서유럽 문명을 느끼는 천박한 인간이면서도 간악하고 영리한 그는, 드미트리뿐만 아니라 이반까지도 아버지의 죽음을 원한다는 것을 꿰뚫어 보고, 이반의 '모든 것이 허용된다'는 이론을 실천한다. 게다가 드미트리에게 모든 혐의가 씌워지도록 계획을 짜고 사전에 자신의 알리바이를 만들어 놓은 다음, 아무런 주저 없이 아버지를 죽이는 죄를 감행한다.

여기까지가 카라마조프 집안의 가족인데 여기에 그루셴카와 카체리나라는 두 아름다운 여성을 배치하는 것으로 카라마조프의 세계가 구성된다. 그루셴카는 처음에는 악녀로 등장한다. 표도르와 짜고 악랄한 방법으로 돈을 벌며, 자기에게 열을 올리는 아버지와 아들을 적당히 번갈아 희롱하고, 카체리나를 심술궂게 비웃는 그녀는 확실히 악의에 찬 여성일지도 모른다. 그러나 과연 그녀는 세상 사람들이 '짐승'이라든가 '매춘부'라고 욕을 퍼부을 만큼 몸도 마음도 완전히 더러워진 여성일까? 결코 그렇지는 않다. 알료샤는 처음 그녀를 만났을 때 어린아이 같은 순진한 표정에 감동한다. 열일곱 살에 소녀의 티 없는 사랑을 송두리째 바친 폴란드 장교에게 버림을 받고 실의의 밑바닥에서 늙은 부자 상인 삼소노프의 정부가 된 그녀가, 이 사회에 악의와 원한을 품었다고 해서 이상할 것은 조금도 없다.

그러나 그녀는 자포자기로 몸을 망치는 짓은 하지 않았다. 숱한 사내들이 유혹해도, 표도르가 무지갯빛 지폐 다발로 낚으려 해도 그녀는 끝내 정조를 지킨다. 그런데 자기를 버린 사나이가 돌아오자 그녀는 5년 동안 흘리던 눈물을 멈추고 즉시 모든 것을 허락하는 것이다. 알료샤는 그녀의 영혼 깊숙이 감춰진 이 정결(淨潔)을 발견해 내고 그녀를 '누이'라 부른다. 이 작품에서 그루셴카는 '서른 살까지는 완전히 조화를 잃은 한순간의 덧없는 아름다움'을 지닌 여성으로 그려졌다.

그루셴카는 《백치》의 여주인공 나스타샤처럼 어린 나이에 지독한 굴욕을 체험하고, 그 굴욕의 부단한 아픔 속에서 격정적이고 그늘 짙은 성격을 키워 온 것이 사실이지만, 한편 마치 암코양이나 암표범 같은 야성적 매력이 넘치고 있어서, 그 매력에 사로잡혀 광기에 가까운 행동으로 치닫는 드미트리와의 관계는 남녀 간의 관계의 원형을 그린 것으로 지극히 인상적이다. 작품 속에서는 직접적인 성적(性的) 묘사는 한 군데도 나오지 않지만, 어쨌든 그루셴카는 세계문학이 그린 여주인공 중에서 가장 섹시한 여성의 하나로 부각되고 있다. 단순한 러시아 여성, 상인계급의 타산적이고도 아름다운 여성인 그루셴카는 드미트리의 참된 사랑에 굴복하여 결국 옛 애인을 버리고 드미트리와 함께 새로운 세계로 떠나기로 결심하게 된다.

이와 반대로 카체리나는 지극히 자존심 강한 오만한 여성이다. 여학교를 갓 나왔을 때 아버지를 구하기 위해 정조를 버리기로 결심한 그녀는, 드미트리가 뜻밖에도 돈만 던져 주었을 뿐 털끝 하나 건드리지 않고 돌려보낸 일로 해서 오히려 자존심에 상처를 받았다. 만약 이때 드미트리가 그녀를 품었더라면 그녀는 아버지를 구하기 위해 자기를 희생했다는 고결한 행위에 만족하면서 드미트리를 경멸해 버릴 수 있었을 것이다. 그래서 이번에는 드미트리를 구하기 위해 굳이 그와 약혼한다. 드미트리는 그녀가 사랑하는 것은 자기의 덕행이지 결코 그 자신이 아니라는 것을 알고 있다. 또 알료샤도 그녀를 보고 형이 영원히 사랑할 수 있는 여성은 아니라고 느낀다.

카체리나는 뛰어난 미모와 귀부인다운 품위를 지니고 있지만 자기 자신의 아름다움과 미덕에 지나치게 심취한 나머지 진심으로 남을 사랑할 줄 모른다.

성격이 강하고 칼날 같은 신경의 소유자인 그녀는 자기가 원해서 드미트리와 약혼을 하긴 했지만, 실은 드미트리를 사랑한 것이 아니라 자기 자신의 미덕과 관대함을 사랑한 데 지나지 않는 것이다.

이런 점에서 볼 때, 성격이 강한 점으로는 드미트리의 생모인 아젤라이다 이바노브나 미우소바를 닮았고 자존심이 강한 점에서는 《죄와 벌》에 나오는 폐병 앓는 여인 카체리나 마르멜라도프를 연상케 한다.

약혼자의 동생 이반을 만나게 된 카체리나는 이반의 뛰어난 지성과 두뇌에 매혹되어 그를 사랑하게 되지만, 그녀의 자존심은 자기가 이반을 사랑하고 있다는 사실을 끝내 인정하려 들지 않는다.

그녀가 자기의 진정한 사랑에 눈뜨게 되는 것은 법정에서 사랑하는 남자가 환각증 발작을 일으킨 뒤의 일이다. 그녀는 법정에서 이반의 환각증을 보고 여태까지의 태도에서 돌변하여 약혼자인 드미트리의 유죄를 결정적으로 증명하는 편지를 공개한다. 이 편지 때문에 드미트리는 결국 유죄 판결을 받게 되고 카체리나는 새로운 비극 속에 자신을 밀어넣고 마는 것이다.

이 소설의 진행과는 별로 관계가 없는 것 같아 보이면서도 실제로는 중요한 위치를 차지하고 있는 조시마 장로는, 도스토예프스키가 러시아 수도사의 이상형으로 그려 보고자 했던 인물이다. 즉, 《악령》의 티혼 장로, 《미성년》의 마카르 노인 등에서 시도했던 진정한 러시아 종교인의 완전한 모습이라고 하겠다.

조시마 장로는 이 작품에서 이반의 논리적인 변증법적 부정론에 대해 정면으로 반박하지 않고 간접적인 방법, 즉 자기 자신의 존재로써 이를 분쇄하고 있다. 조시마 장로의 가장 두드러진 특징은 그가 흔히 있는 고행자형(型)의 수도사, 즉 음울하고 권위를 찾는 수도사가 아니라 감격에 찬, 밝은 마음의 소유자라는 데 있다.

소설 《카라마조프 형제들》은 이 주요 인물들이 짜내는 사랑과 미움의 드라마이다. 음탕한 노인 표도르가 어느 날 밤 살해됨으로써 이 피비린내 나는 끈적끈적한 인간극은 마침내 정점에 다다르게 된다.

이 소설을 마무리하는 작업과 함께 도스토예프스키는 열 권의 단행본 출판을 준비하고 있었다. 이 사실은 〈러시아 통보〉 11월호에 광고되었으며, 이 소설이 단행본으로 출판된 것은 잡지에 마지막 장이 게재된 날과 거의 일치한다.

이 소설은 초판이 나왔을 때 독자들로부터 열광적인 찬사를 받았다. 이보다 먼저 1879년에 제1편부터 제4편까지 단행본으로 출판되었을 때, 이미 한 익명의 비평가는 〈골로스〉 잡지 6월호에 다음과 같은 작품평을 게재했다.

'……《죽음의 집의 기록》과 《죄와 벌》은 작가의 예리한 관찰력에서 나온 것이다. 이와 같은 관찰력은 작가를 우리 인간의 죄악과 악행을 파헤치는 데 있어서 가장 위대한 사람들과 견주기에 충분하다. 그러나 《카라마조프 형제들》에서 작가가 보다 높은 차원에 도달했다고 한다면 지나친 말일까? 나는 여태까지 도스토예프스키의 작품을 모조리 읽었지만, 그의 앞에 놓여진 주관(主觀)을 외과 의사의 칼날 같이 예리하게 해부한 이 작품처럼 감동적이고 훌륭하다고 느꼈던 소설은 일찍이 한 번도 없었다…….'

하기는 작가 자신도 《카라마조프 형제들》을 자기의 창작물 가운데 새로운 진경(進境)을 보인 작품이라고 생각하고 있었다.

도스토예프스키의 부인이 자기의 수첩 속에 간직하고 있던 자료에 의하면, 작가는 이 작품에 나오는 대심문관, 조시마 장로의 죽음, 카체리나가 달려갔을 때의 드미트리와 알료샤의 장면, 재판 장면, 검사와 변호사의 연설, 일류샤의 장례식, 수도원에 온 아낙네들과의 대화, 이반과 스메르자코프 사이에 있었던 세 차례의 대화 등을 스스로 높이 평가하고 있었다고 한다(이 내용은 작가의 부인이 1883년 7월 하순 무렵 스트라호프에게 보낸 편지에 나타나 있다).

사실상 도스토예프스키의 염원을 이룩한 소설 《카라마조프 형제들》은 그의 광범위한 창작 계획을 실천에 옮긴 것이다. 이 소설에는 작가의 창작 생활 거의 전반에 걸쳐, 그의 의식 속에 부침(浮沈)했던 모든 사상들이 여러 각도에서 구체화되었다. 죄 없이 아버지를 살해한 혐의로 기소된 육군 소위 일린스키 드미트리의 이야기와 함께 이 작품에는 '어린이, 오직 어린이들을 위한, 어린이를 주인공으로 한 소설' '위대한 파계자의 생애' '루스키 캉디드' '예수그리스도에 관한 편(篇)' '40일 제사', 시(詩), 러시아에서 농노제 개혁의 혼란을 상징하는 '무질서'의 서사시적 묘사 등의 계획이 부분적으로 반영되었다.

작가의 근본적인 철학 사상과 함께 도스토예프스키의 이 마지막 소설은 그의 성격 묘사에 있어서 새로운 다양성을 가져왔다.

멋들어진 사람이 있는가 하면 자기를 억제하지 못하는 성격인 '위대한 범법자'가 있고, 법망을 뚫고 범죄를 저지르는 젊은 사상가가 있는가 하면 빈곤과 질병 속에서 죽어 가는 자기 가족을 보며 술에 취해 괴로움을 달래는 인간이 있고, 상류사회의 매춘부가 있는가 하면 자존심 강한 약혼녀가 있으며, 생각 깊은 미성년자가 있는가 하면 히스테리 소녀가 있고, 또한 현명한 노인이 있는가 하면 뛰어난 탐구자도 있다.

비평가들은 《카라마조프 형제들》에 대해 많은 호평을 보내면서도 작품의 주인공들에 대해 인간 본성의 몇 특성을 추상적으로 구체화시킨 것뿐이지 실제로 존재하는 사람은 아니라고 평하고 있다.

1881년 러시아 비평가 가운데 한 사람인 알렉세예프는 이 작품에 대해 이렇게 재미있는 결론을 내리고 있다.

'……도스토예프스키의 이상은 높고 또 한편으로는 인간적이다. 그러나 그 높은 이상에서 꺼낸 정치적 교훈은 오류 투성이이고 내용을 제대로 갖추지 못했다. 작가는 아마도 자기의 교훈을 따르는 추종자를 단 한 사람도 찾아내지 못할 것이다. 그러나 그의 창작이 감정과 사상을 일깨울 것은 분명하다. 독자들은 그의 설교는 무시할 수 있을지 모르지만, 그의 기법(技法)과 극적 사건의 구성은 절대로 무시할 수 없을 것이다. 왜냐하면 모든 것이 작가의 열렬한 인간애와 고통받는 인간의 영혼을 깊숙이 꿰뚫어 보는 능력을 보여 주었기 때문이다. 도스토예프스키가 어둠의 옹호자가 되려고 온갖 노력을 기울였음에도 불구하고, 결과적으로 그는 횃불이 되고 만 것이다……'

도스토예프스키 연보

1821년　　11월 11일(옛 러시아력(曆) 10월 30일) 모스크바의 말린스키 시립병원에서 일등군의(一等軍醫) 미하일 안드레비치 도스토예프스키와 마리야 표도로브나 도스토예프스카야의 둘째 아들로 태어나 표도르라 이름지어지다.

1834년(13세)　모스크바에 있는 체르마크가 경영하는 기숙학교(寄宿學校)에 입학하다.

1837년(16세)　2월 27일 어머니 마리야 표도로브나 도스토예프스카야 죽다.

1838년(17세)　1월 16일 공병 학교에 정식 입학. 이때부터 발자크·위고·호프만 등의 소설 탐독하다. 가을 진급시험에 낙제하다.

1839년(18세)　6월 16일 자기 영지 농노(農奴)들의 원한을 산 아버지 비명(非命)에 죽다.

1840년(19세)　호메로스·실러 및 프랑스 고전 비극 탐독. 11월 29일 하사관, 12월 27일 수습사관이 되다.

1841년(20세)　이 해가 시작될 무렵《마리아 스튜어트》《보리스 고두노프》의 극작을 시도했으나 둘 다 지금은 남아 있지 않다. 8월 5일 공병 소위로 임관하다.

1842년(21세)　8월 11일 중위보(中尉補)로 진급하다.

1843년(22세)　8월 12일 공병 학교를 졸업하다.

1844년(23세)　전해 끝 무렵에서 이해 첫 무렵에 걸쳐 발자크의《외제니 그랑데》번역. 조르주 상드의 번역도 시도함. 10월 19일 중위로 진급하면서 그토록 바라던 제대가 허락되다. 이해가 끝날 무렵부터《가난한 사람들》을 쓰기 시작하다.

1845년(24세)　5월 초《가난한 사람들》완성. 네크라소프와 벨린스키의 격찬을 받다. 여름에《분신(分身)》을 쓰기 시작. 가을《아홉 통의 편지에 담긴 소설》을 쓰다. 풍자 신문 〈즈브스칼〉 발행을 계획하다.

1846년(25세) 1월 15일 《가난한 사람들》을 네크라소프가 편집하는 〈페테르부르크 문집〉에 발표. 2월 1일 《분신》을 〈조국의 기록〉에 발표. 봄, 페트라솁스키와 알게 되다. 10월 《프로하르친 씨》를 발표, 12월 《네트치카 네즈바노바》를 쓰기 시작하다.

1847년(26세) 이해 첫 무렵 벨린스키와 사이가 나빠지고 페트라솁스키와 가까워지다. 《아홉 통의 편지에 담긴 소설》을 〈현대인〉 1월호에 발표. 《주부(主婦)》를 〈조국의 기록〉 10·11월호에 발표. 《가난한 사람들》이 단행본으로 출간되다.

1848년(27세) 《폴준코프》 발표. 《약한 마음》 《유부녀》 《정직한 도둑》 《크리스마스 트리와 결혼식》 《백야(白夜)》를 〈조국의 기록〉에 발표하다.

1849년(28세) 《네트치카 네즈바노바》를 〈조국의 기록〉 1·2·5·6월호에 발표. 3월 페트라솁스키 집에서 열린 모임에서 벨린스키가 고골리에게 보낸 편지를 낭독하다. 4월 23일 페트라솁스키 사건으로 다른 회원들과 함께 붙들려 페트로 파블롭스크 요새 감옥에 감금되다. 여기에 감금된 동안 《작은 영웅》 《첫사랑》을 쓰다. 12월 22일 사형선고를 받고 형장에 끌려갔으나 황제 특사로 4년간의 시베리아 유형과 4년간의 병역 근무를 선고받고 24일 밤에 페테르부르크를 출발하다.

1850년(29세) 유형지인 옴스크에 도착하여 복역을 시작하다.

1854년(33세) 2월 15일 형기 만료. 3월 2일 일개 병졸로 시베리아 국경수비연대 제7대대에 편입되다. 가을, 그 마을 세무관리 이사예프의 아내 마리아 드리트리예브나 이사에바와 사랑을 속삭이다.

1855년(34세) 《죽음의 집의 기록》 쓰기 시작. 5월 이사예프 집안이 쿠즈네츠크로 전임. 8월 이사예프 죽다.

1856년(35세) 2월 15일 근무 성적이 좋아 하사관으로 진급되다. 3월 24일 황제에게 사면(赦免) 탄원서를 내다. 10월 1일 칙명으로 그 대대의 기수(旗手)가 되다.

1857년(36세) 2월 6일 마리아 드미트리예브나 이사에바와 쿠즈네츠크에서 결혼하다. 4월 18일 옛 신분으로 돌아가라는 칙명이 내리다. 8월 《작은 영웅〉을 〈조국의 기록〉에 발표하다. 이해 끝 무렵 사표를 제출하고 모스크바에서의 거주를 허가해 달라고 요청하다.

1859년(38세) 3월 18일 소위로 임관됨과 동시에 예편. 거주지는 트베리로 한정됨. 7월 2일 트베리에 도착, 여기에 살면서 가을에 '거주지 선택의 자유'의 탄원서를 황제에게 내다. 12월 27일 페테르부르크에서의 거주 허가가 내려 트베리를 떠나다.

1861년(40세) 형과 함께 편집한 잡지 〈브레먀(時代)〉 창간, 《학대받은 사람들》을 1월호부터 연재. 연재가 끝나자 단행본으로 내다. 《죽음의 집의 기록》을 1월부터 〈러시아 세계〉에 연재했으나 4월부터는 〈브레먀〉로 옮겨 처음부터 다시 게재, 이듬해에 완결하다.

1862년(41세) 《죽음의 집의 기록》을 단행본으로 내다.

1863년(42세) 5월 폴란드 문제에 대한 스트라호프의 논문 〈운명적인 문제〉(4월호) 때문에 〈브레먀〉가 발행 정지 처분을 받다. 《도박자》를 구상.

1864년(43세) 3월 24일 〈브레먀〉를 계승한 새로운 잡지 〈에포하(世紀)〉 창간호를 내다. 《지하실에서의 수기》를 창간호에 게재. 4월 16일 아내가 결핵으로 죽다. 이해 끝 무렵부터 이듬해 첫 무렵에 걸쳐 마르타 브라운과의 연애 사건 일어나다.

1865년(44세) 안나 크루코프스카야에게 구혼했으나 거절당하다. 4월 〈에포하〉 폐간되다. 스슬로바와 사랑을 속삭이며 룰렛에 열중, 궁핍하여 《죄와 벌》을 쓰기 시작하다. 사랑에 실패하다. 출판업자 스텔로프스키에게 저작권을 팔아 버리다.

1866년(45세) 《죄와 벌》을 〈러시아 통보〉 1·2·4·6·8·11·12월호에 연재 발표하다. 10월 《도박자》를 구술하여 탈고하자마자 전집 3권 속에 수록하고 곧이어 단행본으로 출간하다.

1867년(46세) 2월 15일 스니트키나(20세)와 페테르부르크에서 결혼하다. 9월 《작가의 일기》 계획, 이해 끝 무렵에 《백치》를 쓰기 시작하다. 이해에 《죄와 벌》을 단행본으로 출간하다.

1868년(47세) 《백치》를 〈러시아 통보〉 1·2·4~12월호에 연재, 이어 단행본으로 출간. 2월 22일 제네바에서 맏딸 소피아가 태어났으나 5월에 폐렴으로 죽다. 《무신론자(無神論者)》《카라마조프 형제들》의 원형을 구상하기 시작하다.

1869년(48세) 스트라호프가 편집하는 잡지 〈자랴(黎明)〉에 관계하다. 다닐렙스키의 논문 〈러시아와 유럽〉에 크게 공명. 9월 14일 둘째 딸 류보프 출생. 《영원한 남편》을 쓰기 시작, 12월 초에 탈고하다.

1870년(49세) 《영원한 남편》을 〈자랴〉 1·2월호에 연재. 1월부터 《악령》을 쓰기 시작하여 이듬해에 탈고. 《죄와 벌》 제4판이 나오다.

1871년(50세) 《악령》을 〈러시아 통보〉 1·2·4·7·9·11월호에 연재, 제2편까지 완결했으나 그 뒤 1년간 중단. 7월 8일 페테르부르크로 돌아오다. 7월 16일 맏아들 표도르 태어나다. 《영원한 남편》 단행본으로 출간되다.

1872년(51세) 《악령》 제3편을 〈러시아 통보〉 11·12월호에 발표하여 완결하다. 이해가 끝날 무렵 메세체르스키 공작이 경영하는 극우 주간지 〈시민(市民)〉 편집국에 초빙되어 입사하다.

1873년(52세) 《작가의 일기》를 〈시민〉 1호에서 50호까지 1년에 걸쳐 연재. 《악령》을 단행본으로 출간하다.

1874년(53세) 2월 끝 무렵부터 정식으로 〈시민〉 편집자가 되다. 3월 끝 무렵 검열법 위반으로 구속되다. 《미성년》 쓰기 시작하다.

1875년(54세) 네크라소프의 요청으로, 그가 편집하는 잡지 〈조국의 기록〉에 《미성년》 발표. 1·2·4·5·9·11·12월호에 연재하여 완결. 여름에 서부 독일에 머물다. 8월 둘째 아들 알렉세이 태어나다. 《죽음의 집의 기록》 제4판이 나오다.

1876년(55세) 1월부터 개인 잡지 〈작가의 일기〉를 매월 발간. 《미성년》 단행본으로 출간하다.

1877년(56세) 1월부터 12월까지 계속 〈작가의 일기〉 발간하다.

1878년(57세) 5월 둘째 아들 알렉세이 죽다. 여름 《카라마조프 형제들》을 쓰기 시작. 《죄와 벌》 제5판이 나오다.

1879년(58세) 《카라마조프 형제들》을 〈러시아 통보〉 1·2·4·5·6·8·9·10·11월호에 연재. 이해 1876년의 《작가의 일기》 재판(再版), 《학대받은 사람들》 제5판 나오다.

1880년(59세) 《카라마조프 형제들》을 〈러시아 통보〉 1·4·7·8·9·10·11월호에 연재. 5월 25일 모스크바의 작가·저널리스트가 주최한 도스토예프스키를 위한 축하회가 열리다. 8월 〈작가의 일기〉를 복간(復刊), 푸시킨 기념제에서 연설하다.

1881년(60세) 1월 〈작가의 일기〉 마지막 호가 나오다. 1월 28일 오후 8시 30분 페테르부르크에서 세상을 떠나다. 1월 31일 페테르부르크 대성당 묘지에 묻히다. 《카라마조프 형제들》 단행본으로 출간되다.

채수동
한국외국어대학 러시아어과 졸업. 미국 뉴욕대학 대학원 수료(러시아문학). 미국 콜럼비아대학 대학원 수학(러시아문학). 주러시아대사관 총영사. 주수단대사관 대사. 한국외국어대학교 러시아문학 강의. 지은책《한 외교관의 러시아 추억》. 옮긴책 똘스또이《인생이란 무엇인가》《사람은 무엇으로 사는가》《이반 일리치의 죽음》도스토예프스키《죄와 벌》《악령》《백치》《미성년》

World Book 273
Фёдор Миха́йлович Достое́вский
БРАТЬЯ КАРАМАЗОВЫ
카라마조프 형제들 Ⅱ
도스토예프스키 지음/채수동 옮김
1판 1쇄 발행/1987. 7. 1
2판 1쇄 발행/2007. 12. 25
3판 1쇄 발행/2018. 2. 20
발행인 고정일
발행처 동서문화사
창업 1956. 12. 12. 등록 16-3799
서울 중구 다산로 12길 6(신당동 4층)
☎ 546-0331~6 Fax. 545-0331
www.dongsuhbook.com
잘못 만들어진 책은 바꾸어 드립니다.

*

이 책은 저작권법(5015호) 부칙 제4조 회복저작물 이용권에 의해 중판발행합니다.
이 책의 한국어 문장권 의장권 편집권은 저작권 법에 의해 보호받으므로
무단전재 무단복제 무단표절 할 수 없습니다.
이 책의 법적문제는 「하재홍법률사무소 jhha@naralaw.net」에서 전담합니다.
사업자등록번호 211-87-75330

ISBN 978-89-497-1660-2 04080
ISBN 978-89-497-0382-4 (세트)